韓國外來語大辭典

韓美教育研究院 編

東洋書籍

머 리 말

오늘날 첨단정보화 산업의 급속한 발전으로 세계화 시대를 당하여 새로운 전문용어들이 쏟아져 나오고 있다. 외래용어들이 그대로 우리말과 같이 변하여 외래어 홍수시대에 살고 있는 것이다.

엄연한 우리말이 있음에도 불구하고 신문 잡지 방송 등에서 외래어를 그대로 우리말 화 하는 경향이 있다. 최근에 등장한 이런 용어를 중심으로 이미 출간된 외래어 책들을 참고하여 본서에 약 <u>3,5000</u> 여개의 단어를 수록했다.

본서에 수록하지 못한 외래어나 오류부분은 독자 여러분들의 질책 그리고 지도로 계속 수정 보완할 것을 약속드린다.

본서 출판에 뜻을 같이 하신 편찬위원 여러분의 2개년에 걸쳐 함께 노고하신 은공에 심심한 사의를 표하고 본서의 출판을 맡아주신 출판사 동양서적 안영동 사장님께 감사드린다.

2009. 5.

한국외래어대사전
편찬위원장

일 러 두 기

1. 외국어의 약어표시

원어(原語)의 국적과 종족의 언어는 [ ] 안에 넣어서 약어를 표시했다.

[그]	그리스어	[만]	만주어
[네]	네덜란드어	[말]	말레이어
[네팔]	네팔어	[멕]	멕시코어
[노]	노르웨이어	[몽]	몽골어/몽고어
[도] [독]	독일어	[미]	미국어
[라]	라틴어	[바]	바리어
[러]	러시아어	[범]	범어
[벨]	벨기에어	[인네]	인도네시아어
[브]	브라질어	[일]	일본어
[실]	실런어	[중]	중국어
[아]	아랍어	[터]	터키어
[아시]	아시리아어	[티]	티베트어
[아이]	아이티어	[페]	페르시아어
[아프]	아프가니스탄어	[페니]	페니키아어
[아프리]	아프리카어	[페루]	페루어
[에]	에스파냐어	[포]	포르투갈어
[에스키]	에스키모어	[폴]	폴란드어
[영]	영어	[프]	프랑스어
[유]	유럽어	[핀]	핀란드어
[이]	이탈리아어	[하]	하와이어
[이란]	이란어	[한]	한국어
[이집]	이집트어	[히]	히브리어
[인]	인도어	[힌]	힌두스타니어

2. 전문어의 약어표시

전문어는 그 어휘의 소속 분야를 분류하여 〈 〉안에 약어를 표시했다.

약어	분야	약어	분야
〈가〉	가톨릭	〈물〉	물리
〈건〉	건축	〈미〉	미술·공예·조각
〈경〉	경제	〈미용〉	미용
〈고〉	고적·문화재	〈민〉	민속
〈고고〉	고고학	〈법〉	법률
〈고무〉	고무공업	〈복〉	복식
〈곤〉	곤충	〈불〉	불교
〈골〉	골프	〈사〉	사회
〈공〉	공업	〈사진〉	사진
〈과〉	과학	〈생〉	생물·생리
〈광〉	광물·광업	〈생화〉	생화학
〈광고〉	광고·선전	〈선〉	선박
〈교〉	교육	〈섬〉	섬유·직물
〈국〉	국명	〈성〉	성서
〈군〉	군대	〈수〉	수학
〈그〉	그리스도 교	〈스〉	스키
〈기〉	기계·기술	〈식〉	식물
〈낚〉	낚시	〈식품〉	식품·영양
〈논〉	논리	〈신〉	신화
〈농〉	농업	〈신문〉	신문
〈동〉	동물	〈심〉	심리학
〈등〉	등산	〈야〉	야구
〈라〉	라디오	〈약〉	약학
〈무〉	무역	〈어〉	어류
〈무용〉	무용	〈언〉	언어학
〈문〉	문학·문화	〈역〉	역사

〈연〉	연예·연극	〈조〉	조류
〈영〉	영화	〈종〉	종교
〈요〉	요리	〈지〉	지명
〈우〉	우주 과학	〈지리〉	지리·지학
〈원〉	원자력	〈책〉	책이름
〈원예〉	원예	〈천〉	천문
〈유〉	유통	〈철〉	철학
〈윤〉	윤리	〈철도〉	철도
〈의〉	의학	〈체〉	체육
〈이〉	이슬람교	〈컴〉	컴퓨터
〈인〉	인명	〈텔〉	텔레비전
〈인류〉	인류·인종	〈토〉	토목
〈인쇄〉	인쇄	〈편〉	편집·교열
〈자〉	자동차	〈항〉	항공
〈잡〉	잡지	〈해〉	해사·해양·항해
〈전〉	전기·전자	〈화〉	화학
〈전신〉	전신·전화	〈회〉	회사
〈정〉	정치		

3. 지리용어의 약어표시

지리 용어의 약어는 아래와 같이 표시했다.

만	B. Bay	산	Mt.	Mountain
운하	Can. Canal	산맥	Mts.	Mountains
사막	Des. Desert	반도	Pen.	Peninsula
내해(만)	G. Gulf	고원	Plat.	Plateau
섬	I. Island	강	R.	River
제도·군도	Is. Islands	해협	St.	Strait
호	L. Lake			

목   차

ㄱ ---------- 9

ㄴ ---------- 32

ㄷ ---------- 53

ㄹ ---------- 85

ㅁ ---------- 130

ㅂ ---------- 176

ㅅ ---------- 221

ㅇ ---------- 296

ㅈ ---------- 425

ㅊ ---------- 438

ㅋ ---------- 445

ㅌ ---------- 496

ㅍ ---------- 523

ㅎ ---------- 568

가가린 (Yurii Alekseevich Gagarin, 1934~1968) 〈인〉 소련의 우주 비행사.

가고일 [gargoyle] 〈건축〉 고딕식건축의 빗물받이(괴물이나 괴인의 모습을 하고 있음. 파리의 노틀담 사원의 것이 유명)

가글 [gargle 영]
① 양치질. 양치질 용약.
② 〈자〉라디에이터(radiator)속에 배수하여 세척하는 일.

가글 파이프 [영 gargle pipe]
① 방출관.
② 〈자〉흡기 매니폴드(mani-fold)에 괸 생 개솔린을 뿜어버리는 파이프.

가나 [일] 50개로 된 일본의 음철 문자로 두 가지의 서체가 있음.

가나 (Ghana) 〈아프〉아프리카의 서부, 황금해안(Gold Coast)에 있는 영 연방 안의 공화국. 1957년 독립. 1960년 공화국 성립. 수도는 아크라 (Accra). (→) 아크라.

가나안 [히 Kanaan]
① 이스라엘 지방의 옛 이름.
② 약속의 땅. ¶~ 농장. ▷ 경기도 소사에 있는 김용기 장로가 개척한 모범 농장을 가나안 농장이라 함.

가네트 Garnett, Richard(1835~1906) 영국의 圖書館 學者, 文學家.

가네포 [GANEFO] 〈체육〉신흥국 스포츠 대회. games of new Imerging force의 약자.

가넷 [garnet] ① 석류석(石榴石).
② 진홍색의 보석. 우미(優美)·견실 (堅實)·승리(勝利)를 뜻함.
③ 검붉은 색.
④ 〈광물〉마그네슘·쇠등의 금속 원소를 포함하고 있는 규산염 광물.

가니시 [영 garnish] ① 장식물.
② 화려한 의상.

가닛 스타 [영 garnet star] 〈천〉석류석성(石榴石星). 진홍빛 별.

가다로그 [catalog] 목록서, 영업안내서.

가돌레산 [gadoleic acid] 〈화학〉고래·대구 등 간유에서 나는 지방산.

가드 [girder bridge 영] 도로상의 철교, 육교

가드 [프·영 guard]
① 감시인. 수위. 호위병. 보초. (→) 보디가드(body guard)
② 〈체〉펜싱·권투·총검술 등에서의 방어의 자세, 또는 방어자 농구에서 자기편 바스킷(basket)에 공을 못 넣도록 막아내는 사람.
③ 〈자〉방호구 보호기. 위험 방지 장치. 차바퀴의 흙받이, 그라인더 숫돌의 개, 벨트의 씌우개 등.

가드너 에바 (Ava Gardner, 1922~) 〈인〉미국의 여배우.

가드넷 [영 guard net] 〈자〉방호 쇠그물. 길 위의 낙석(落石)을 방지하는 쇠그물.

가드램프 [영 guard lamp] 위험 방지등, 도로 공사 현장 따위에 설치함.

가드레일 [영 guard rail]
① 〈철도〉차바퀴의 탈선을 막기 위

ㄱ

해 교량, 건널목이나 급커브, 분기점, 교차점 등에서 본선 레일과 나날이 베풀어 놓은 보조 레일.
② 교통안전 방호용 울짱. 쇠로 만든 난간.

가드링 [영 guard ring] 덧반지. 반지가 빠지지 않도록 위에 덧끼는 반지.

가드 맨 [guard man] 감시인. 호위자. ▷ 현금·귀금속·중요 인물 등의 호위를 목적으로 한 민간 직업인.

가든 골프 [garden golf] 정원에서 하는 골프.

가든 시트 [영 garden seat] 〈자〉 영국의 2층 버스 등에 있는 1인 또는 2인용 옥상 걸상.

가든 트랙터 [영 garden tractor] 〈자〉 비교적 작은 원예용 트랙터. 정원용 견인자동차. 정원·과수원 등에서 경작에 사용함. 핸드 트랙터(hand tractor)라고도 함.

가라나 [guarana] 남아메리카 산의 나무 열매를 이겨서 말린 것.

가라오케 [일]
① 노래가 없는 빈 오케스트라.
② 반주만 녹음하여 누구나 자기 나름대로 반주에 맞추어 노래를 부를 수 있게 한 것.

가루다 [포 → 일] 놀이 딱지의 하나. 골패.

가르보 그레타 (Greta Garbo, 1905~) 〈인〉 미국의 여배우.

가르손 [프 garconne] 말괄량이 아가씨. 남자 같은 여자. ▷ garcon의 여성 명사.

가르송 [프 garcon] 소년. 식당에서 심부름꾼.

가론 [galon] 〈복〉 평평한 장식끈. 금사, 은사, 견사, 양모 등으로 만들며 의복이나 가구에 붙이는 장식. 용량 단위.

가룽빈가 [범 kalavinka]
① 불경에 나오는 사람 머리.
② 새 몸에 용의 꼬리가 달린 상상의 새.

가먼트 [garment] 의복, 특히 긴 웃옷·외투 따위.

가베라 [화 gerbera] 〈식〉화란의 국화.

가벨 [영 gavel] 구미의 의회나 법정 등에서 의장이나 재판장이 사용하는 나무망치.

가뱅, 장 (Jean Gabin, 1904~1986) 〈인〉 프랑스의 배우.

가보로네 [Gaborone] 〈지〉 보츠와나 공화국(Republic of Botswana)의 수도. (→) 보츠와나.

가보트 [프 gavotte] 우아한 2박자의 댄스 또는 그의 곡.

가볼러지 [garbology] 쓰레기학. 쓰레기처리와 재생에 대한 연구.

가봉 (Gabon/Gabonese Republic) 〈국〉 아프리카 서부 기니 만(Guinea B.)에 면한 적도(赤道) 바로 아래 오고웨 강(Ogowe R./Ogooue R.) 유역에 있는 공화국. 1888년 프랑스의 식민지, 1910년 프랑스령 적도 아프리카에 편입, 1960년 프랑스 공동체 내의 일원으로 독립. 수도는 리브르빌(Libreville). (→) 리브르빌.

가비알 [gavial] 〈동물〉 인도산의 턱이 긴 악어.

가비지 컬렉션 [영 garbage collection] 〈컴〉 프로그램에 보다 큰 영역의 필요가 생겼을 때 빈 리스트(list)를 사용하게 하고, 반대로 불필요한 영역이 생겨지면 이를 빈 리스트에 연결하도록 하는 일. 미국어로 가비지는 폐기물, 쓰레기를 말함.

가슈 [미 gouache] 아라비아 고무 등을 집어넣어서 만든 불투명한 수채화구. 또 고무수채화법. 과슈.

가스 [네·영] gas [도] Gas [포] gas 벨기에의 화학자 헬몬트(Janvon Helmont)가 그리스어에서 chaos힌트를 얻어 만든 말.
① 기체.
② 석탄 가스·천연 가스·독(毒)가스 등의 약칭.
③ 가스등(燈) (gas-lamp) : 가스사(絲)·가스사 직물(織物) 등의 약칭.
④ 안개, 연무.
⑤ 개솔린(gasoline)의 약칭.
⑥ 방귀. 영어 표기로는 개스. 한자 표기는 와사(瓦斯).

가스 녹 [영 gas knock] 〈자〉연료의 옥탄 가 [휘발유] 또는 세탄 가 [디젤] 가 낮기 때문에 일어나는 노킹(knocking) 현상.

가스 돔 [영 gas dome] 기실. 가스 저정기. 연료 펌프의 분출압(噴出壓)을 평균되게 하는 공기실.

가스 등(燈) [네 gas lamp] [도 Gas Lampe] [영 gas-lamp] 〈유〉석탄가스를 도관(導管)으로 끌어 점등케 하는 등. 가스램프. 보통 맨틀(mantle)을 사용한 백열(白熱) 석탄가스등을 말함. 1792년 영국서 발명했음. 한자 표기로는 와사등(瓦斯燈).

가스 레인지 [gas range] 연료용 가스를 사용하는 서양식 조리용 가스대.

가스 버기 [영 gas buggy] 속어로서 구식 자동차. 원시 자동차.

가스 블랙 [영 gas black] → 가스 카본(gas carbon).

가스 사(絲) [영 gassed yarn/singe yarn] 〈섬〉소모(singeing)를 행한 실.

가스 세이버 [영 gas saver] 휘발유 절감기. 휘발유 절약에 필요한 첨가물 또는 기구류.

가스 실 [絲] [네] gas+실 [영] gassed yarn 주란사실. 무명실의 거죽에 난 솜털 같은 섬유를 가스 불에 태워서 반드르르하게 윤을 낸 실. 가스사(絲)라고도 함. 가스사 직물은 주란사 실로 짠 직물임.

가스 아이언 [영 gas iron] → 가스 다리미.

가스엔진 [gas engine] 가스를 이용하는 내연 기관.

가스 이온 [영 gas ion] 〈화〉하전(荷電, electric charge)을 가진 가스 분자. 플러스 하전의 것과 마이너스 하전의 것이 있다. 가스에 방사선을 가하거나 방전(放電)할 때 발생함.

가스 카본 [영 gas carbon] 〈화〉석탄 가스의 제조 과정에서 생기는 탄소, 순도가 높은 탄소. 가스 탄(炭) (gas coal), 카본 블랙(carbon black). 가스 블랙(gas black)이라고도 함. 전극(電極), 카본 브러시 재료, 카본 파일 재료로 쓰임. (→) 가스 탄(炭)·카본 블랙.

가스코뉴 만(灣) (Golfe de Gascogne) 〈지〉남프랑스피레네산맥(Pyrellnees)에서 가론 강(Garonne R.) 유역까지의 지역을 가스코뉴 지역이라고 하는데, 이 지역에 임해 있는 만.

가스 탄(炭) [영 gas coal] 가스 제조용 석탄. 40%이상의 가스를 함유함. 가스 카본(gas carbon)이라고도 함. (→) 가스 카본.

가스 터빈 [gas turbine] 〈물리〉회전식 내연 기관.

가스트로카메라 [gastrocamera] 위의 내부를 촬영하는 초소형 카메라. 일반적으로 '위 카메라'라고 부름.

가스트린 [그] [도·영·프] gastrin 〈생화〉위액 분비 촉진 호르몬.

가슨, 그리어 (Greer Garson, 1908~) 〈인〉미국의 여배우.

가십 [gossip] 소문. 본래는 아기의 세례식에 입회하는 대부(代父)·대모

(代母)의 뜻이었음. 대부로서 타인의 가정에 들어갈 기회가 많고 이것저것 보고 들은 일을 실제 이상으로 과장해서 말하는 것에서 유래. 흥미 본위의 인물평 기사.

가십멍거 [gossip-monger] 문단이나 정계에서 풍설을 이야기하며 돌아다니는 사람.

가와바따 야스나리 (川端康成, 1889~1972) 〈인〉 일본의 소설가, 노벨상 수상. 대표작 "설국"이 있다.

가우스 [gauss] 〈물리〉 자계(磁界)의 강도 단위.

가우초 [gaucho] 남아메리카의 소몰이.

가이 [guy] ① 배의 받침 밧줄. ② 전주의 받침 쇠줄.

가이 [미 guy] ① 묘한 복장의 남자. ② 놈, 자식.

가이드 [영 guide]
① 안내. 안내자. 인도자(引導者).
② 여행안내서. 가이드 북(guide book). → 가이드 북.
③ 〈컴〉 컴퓨터를 사용할 때, 특히 회화형 처리의 경우, '회화' 곧 컴퓨터와 이용자의 메시지의 수수를 원활하게 하기 위해 다음 입력 사항을 유도 안내하는 일. 'GUIDE'는 IBM 사의 컴퓨터 유저(user) 단체명.

가이드 라인 [영 guide line] 〈경〉 단기 외자 보유고 규제 (短期 外資保有高 規制). 기본선. 지도 목표.

가이드 로프 [guide rope] 〈항공〉 기구나 비행선 등을 끄는 밧줄.

가이드 바 [영 guide bar] 〈자〉 안내봉. 클러치(clutch) 판 부착용 선터링 막대기.

가이드 베어링 [영 guide bearing] 〈자〉 안내 베어링. 클러치(clutch) 축의 끝을 차지하는 베어링.

가이드 웨이 [영 guide way] 안내 도로. 고속도로의 인터체인지(interchange) 까지 안내하는 도로.

가이드 타임 [영 guide time] 〈광고〉 안내 메시지를 노래에 실어 방송하는 시간대.

가이드 포스트 [영 guide post] 도로 안내 표지. 길잡이 기둥.

가이드 핀 [영 guide pin] 안내 핀.

가이들리스 [영 guideless] 〈등〉 안내인을 동반하지 않는(등산).

가이사 [그 Kaisai] 〈기독교〉 로마의 '카이사르'를 가리키는 말. 로마 황제의 칭호.

가이스트 [독 Geist] 〈철학〉 정신. 혼.

가이아나 (Guyana/Cooperative Republic of Guyana) 〈국〉 남미 대륙의 동북 해안에 있는 공화국. 1498년 콜럼버스(Christopher Columbus)가 발견, 1612년 네덜란드령, 나라 이름은 인디오(Indio)말로 '물이 풍부한 나라'라는 뜻. 수도는 조지타운 (Georgetown). (→) 조지타운.

가일 [gaile] 〈곡〉 교활, 간계, 기만.

가젯 [영 gadget] 〈곡〉 부인용의 어깨걸이 가방.

가젯 [영 gazette] 관보, 신문.

가젯 백 [gadget bag] 어깨에 매는 핸드백.

가터 [garter] ① 〈의상〉 양말 대님. ② 영국 최고의 훈장.

가터벨트 [garter belt] 〈당구〉 양말을 달아매기 위해서 허리에 단 띠.

가트 [영 GATT] 〈경〉 General Agreement on Tariffs and Trade의 약칭. 1947년 제네바 회의에서 조인된 관세와 무역에 관한 일반 협정.

가트 [gut] 테니스 라켓의 그물. 흔히 '카트'라고 발음됨.

간가 [범] Ganga 〈역〉 베다에 나오는 강 이름. 현재의 갠지스 강(Ganges R.).

간다라 (Gandhara) 〈지〉 파키스탄(Pakistan)의 서북부, 페샤와르(Pashawar) 지방의 옛 이름.

간다르바 [범] Gandharva〈신〉베다에 나오는 천상의 악사로서 아프사라스(Apsaras)의 배우자. 반신(半神)의 인간으로서도 나타남. (→) 아프사라스.

간디 (,Mohandas Karamchand Gandhi, 1869~1948) 〈인〉 인도의 민족 독립운동 지도자.

간디, 인디라 (Indira Gandhi, 1917~1984) 〈인〉 인도의 여성 총리. 2남은 신자이 간디(Sinjay Gandhi, 1947~).

간디즘 [Gandhiism] 인도 간디주의, 피동적 저항주의.

간떼라 [포 candela→ 네 kandelaar→ 일] 작은 석유등. 호롱등.

갈 gal 〈물〉 가속도의 cgs단위. 갈릴레이(Galileo Galilei)의 이름에서 유래함. 1갈은 1cm 매초 매초 비율의가속도. 1gal = 1cm/sec. 갈론의 약어.

갈락토오스 [galactose] 〈화학〉 색이 없고 여섯모가 진 결정.

갈락토제 [galaktose] 〈화〉 포도당의 이성체.

갈란테 [이 galante]우아하고 아름답게.

갈로 로망 어(語) [라·영] Gallo-Romance 〈언〉갈로는 갈리아(Gallia) 곧 골(Gaul)의 뜻. 7~10세기에 프랑스 지방에서 사용되던 언어. 라틴어에서 전화(轉化)한 말.

갈로쉬 [ABM=Galosh] 탄도탄요격 미사일 러시아 모스크바 주변에 배치된 미사일 방어 조직. 1967년 모스크바 퍼레이드에서 공개된 적이 있으나 상세한 것은 알려져 있지 않음.

갈로시 [galosh] 고무 덧신.

갈롭 [독 Galopp] 〈음악〉 15세기에 유행한 4분의 2박자의 무용곡.

갈륨 [Gallium] 〈화〉 희유금속원소, 기호. Ga.

갈릴레이, 갈릴레오 (Galileo Galilei, 1564~1642) 〈인〉 이탈리아의 물리학자, 천문학자.

갈바노미터 [영 galvanometer] 검류계, 전류계.

갈바니, 루이지 알로이시오 (Luigi Aloisio Galvani, 1737~1798) 〈인〉 이탈리아의 의학자, 물리 학자.

감란 [인도네시아 gamelan] 〈음〉 타악기를 중심으로 5인이 20종류의 악기를 연주하는 음악, 가메란이라고도 함.

감마 [gamma]
① 희랍문자의 제3자(r).
② 질량의 단위로 100만분의 1그램. ~글러블린(~globulin) 〈약〉 혈액의 액상성분의 단백질에서 얻은 혈장 단백질의 일종. ~필드(~field) 방사선 농장 하나의 구조를 설치하여 중앙에 방사선장치를 놓고 동식물의 개량이나 증수를 도모하는 농장. ~레이 방사선의 하나로서 방사선 물질에서 발생하는 매우 파장이 짧은 전자파.

감마(선) [그 gamma 線] 〈물리〉 방사성 물질에서 나오는 전자파(電磁波).

감보지 [영 gamboge] 〈미〉 수채화에 사용되는 회색의 화구. 독성이 있다.

감비아 (Gambia/Republic of Gambia) 〈국〉 아프리카 서쪽 해안 감비아 강(Gambia R.) 유역에 있는 공화국. 1783년 영국 연방의 식민지 보호령으로 있다가 1963년 자치권획득, 1970년 독립. 1982년 세네갈(Senegal)과 연방 정부를 구성하여 세네감비아 연

ㄱ

방 공화국의 일원이 됨. 수도는 반줄(Banjul). (→) 반줄.

갓 파더 [영 God father] 친부모 대신에 이름을 지어준 사람. 마피아의 두목.

개그 [gag] 〈연극〉 연극이나 영화에서, 본 줄거리 사이에 임기응변으로 넣은 대사나 우스갯짓. 간투 대사(間投臺詞).

개그맨 [화 gagman] 〈영·극〉 개그를 전문으로 고안하여 드라마의 대본에 쓰는 사람.

개더 [영 gather]
① 수집하다. 축적하다.
② 단축하다. 주름지게 하다.
③ 〈자〉 주름. 앞바퀴의 토인(ton in).

개더링 [영 gathering]
① 모임. 수집. 집적(集積).
② 주름. 주름내기, 라디에이터(radiator)의 방열(放熱) 지느러미 곧 핀(fin)에 낸 주름.

개더 스커트 [gather(ed) skirt] 〈의상〉 주름 치마.

개런티 [영 guarantee/guaranty money] [도 Garantie]
① 〈영·연〉 보증금. 사례금. 사전에 계약된 출연료(出演料). 출장료.
② 〈자〉 새 차에 대한 일정 기간의 보증. 담보.

개러지 [프] > [영] garage
① 〈자〉 자동차의 차고. 또는 수리 공장. 일본에선 1960년 무렵부터 임대 차고가 유행함. 영어 표기에 개라지 가라지등도 있으며, 프랑스어 표기로는 가라주가 됨.
② 〈항〉 비행기 격납고.

개러지 램프 [영 garage lamp] 자동차 차고 램프, 자동차 수리 공장에서 작업 때 사용하는 보호 덮개가 달린 전등. (→) 개러지 ①.

개러지 맨 [영 garage man] 개러지

(garage)에서 일하는 사람. 수리 요원. (→) 개러지 ①.

개먼 [영 gammon] 〈식품〉 도살 직후 소금절이 돼지 갈비의 아래 부분고기.

개바딘 [영 gabardine]
① 마른모꼴 편직의 방수부지.
② 옛날 유태인등이 입던 헐거운 상의.
③ 레인코드.

개버딘 [영 gaberdine] 〈섬〉 능선이 위 방향에 대하여 45°혹은 63°가 되도록 경사 밀도를 많게 한 2/2 또는 3/1의 능직물이며, 일반적으로 무지 염색함.

개블 [gavel] ① 의장. 사회자.
② 경매자의 망치.

개서 [영 gasser] ① 천연 가스 우물.
② 〈자〉 자동차의 속칭.

개소맷 [영 gasomat] 〈자〉 개솔린(gasoline)과 오토맷(automat)의 혼성어. 급유소. 주유소. 개솔린 스탠드(gasoline stand). → 개솔린 스탠드.

개솔린 [도 Gasolin] [미 gasolene/gasoline] [프 gazoline] [러 gazolin] 휘발유. 미국에선 개솔린, 영국에선 페트롤(petrol), 독일에선 벤친(Benzin)이라고도 함. 개설린으로도 표기됨.

개솔린 걸 [미] gasoline+ [영] girl 개솔린 스탠드 곧 주유소에서 휘발유를 판매하는 여자. 주유소의 여자 판매원.

개솔린 게이지 [영 gasoline gauge/gasoline Gauge] 〈자〉 탱크에 들어 있는 휘발유의 양을 표시하는 계기. 전자식 텔리 게이지(tele Gauge)가 많음.

개솔린 기관(機關) [미 gasoline engine] 〈기〉 → 개솔린 엔진.

개솔린 믹스처 [영 gasoline mixture] 휘발유와 공기와의 혼합 기체. 연료에 필요한 공기량은 휘발유의 약 15배임.

개솔린 스탠드 [영 gasoline+ stand]

〈자〉휘발유 급유소. 자동차 주유소. 휘발유 가두 판매소. 피딩 스테이션(feedtng station), 가스 스테이션(gas station), 개소맷(gasomat)이라고도 함.

개솔린 엔진 [미 gasoline engine] 〈기〉개솔린을 연료로 하는 내연 기관(內燃機關). 자동차·항공기 따위의 동력 기관에 쓰임. 1884년 독일에서 발명함. 개솔린 기관.

개솔린 파이프 [영 gasoline pipe] 휘발유를 통하게 하는 파이프.

개스킷 [영 gasket]
① 〈선〉돛을 붙잡아매는 줄. 또는 띠 모양의 범포(帆布).
② 〈기〉이음 틈을 메우는 데 쓰는 섬유판. 전극료(전隙料) (→) 패킹(packing).

개스트로노믹 [gastronomic] 미식가의, 식도락가의. ▷ gastronomist는 미식 또는 식도락.

개이 [영 gay] 향기로운, 쾌활한, 화미한, ~ 보이(~) 남색가, 여장의 남자.

개짓-백 [gadget bag] (간단한 기계 따위의) 도구나 부속품을 넣는 주머니.

개프 [gaff] 〈요트〉돛 위쪽 끝에 있는 둥근 재목.

개프 넛 [cap nut] 〈전기〉두껑 가락지.

갠지스 강(江) (Ganges R.) 〈지〉인도(India)에 있는 큰 강.

갠트리신 [영 antrisin] 〈약〉최신의 설파제.

갠트리 크레인 [영 gantrycrane] 문형으로 만든 이동크레인.

갠트차트 [영 Ganttchart] 일정계획, 수순계획. 미국 간트의 안.

갤라타민 [영 galantamine] 〈약〉소아마비의 치료약.

갤란트 [영 gallant] 친절한, 은근한, 정중한.

갤란트리 [영 gallantry] 부인에 대한 정중성. 친절성.

갤러리 [영 gallery] ① 회랑, 보랑. ② 화랑, 미술품 진열장.

갤러리아 [이 galleria] 유리로 된 높은 천장이 있는 아케이드 상점가.

갤런 [gallon] (야드·파운드법의) 액체 용량의 단위, 1갤런은 약 4.5리터(영국) = 약 3.8리터(미국)

갤럽 [여론조사) [영 Gallup] Gallup(갤럽) 박사를 소장으로 하는 미국여론조사협회. (American Institute of Public Opinion)가 하는 여론 조사.

갤럽 [영 gallop] 말 등의 뜀박질, 속보

갤럽 폴 [Gallup poll] 미국의 조세프 갤럽 박사가 1935년 프린스턴 대학 안에 설치한 미국 여론 조사소 (American Institute of Public Opinions)의 통칭.

갤로스 [gallows] 교수대(絞首臺).

갤로시 [영 galosh] 〈복〉방수의 오버 슈즈, 비 구두.

갤로웨이 [Galloway] 스코틀랜드 원산의 작은 말의 품종.

갤로웨이 튜브 [galloway tube] 〈기계〉증기 기관의 일부.

갤로핑 인플레이션 [galloping inflation] 〈경제〉악성 인플레이션. 통화가 팽창하여 물가가 급격히 오르는 현상.

갤리 [galley] 고대·중세에 지중해 연안에서 사용된 대형 배. 많은 노예나 죄수에게 노를 젓게 했음. 옛 그리스, 로마시대.

갤리 사쇄(試刷) [영 galley-proof] 교정용의 시쇄. 교정쇄. 교정지. (→) 갤리(galley)

갤버노미터 [galvanometer] 〈물리〉

ㄱ

검류계(檢流計).

갤브레이스, 존 케네스 (John Kenneth Galbraith, 1908~) 〈인〉 미국의 경제학자. 캐나다 태생.

갬블러 [gambler] 노름꾼, 도박사.

갬비어 [gambier] 지혈제로 쓰이는 빈랑고(檳榔膏).

갭 [gap] ① 간격, 차이, 틈.
¶ 세대적인~을 좁혀 보자.
② 산등성이의 갈라진 틈.

까르프 (家榮福 = 지러푸) : 한국의 「까르프」 상표. 집안에 즐거움과 복이 돈다는 뜻.

갱 웨이 [gang way] 배의 현문.

거널 [gunwale ; gunnel] 괴도라치.

거니 직(織) [영 gunny cloth] 〈섬〉 일반적으로 황마사를 경위사에 사용한 마대용 평직물 또는 능직물.

거더 [girder] ① 구름다리.
② 〈건축〉 도리. 대들보.

거더 브리지 [일 ← girder bridge] (도로・철도 노선 위에 놓인) 철교나 육교.

거들 [영 girdle] 〈복〉 부인용 하의. 고무들이 콜셋.

거버너 [governor]
① 〈기계〉 조속기, 조절기.
② 주지사. 통치자.
③ 두목 대장.

거버너빌리티 [영 governability]
① 통치 가능성.
② 통치자의 능력.

거스 컨트롤 [girth control] 너무 살이 찌지 않도록 조심하는 일.

거스트 [gust] 돌풍, 광풍, 격정, 큰 기쁨.

거즐러 [guggler] 숲고개, 대식가.

거전 [gudgeon] ① 키의 축받이.
② 모샘치 고기.

거전 핀 [gudgeon pin] 피스톤 핀. 이축(耳軸).

거츠 [영 guts] 원기가 있는, 용기 있는. 근성이 있는.

거치프 [영 kerchief] 어모의 커다란 색 모양이 있는 천.

거터 [영 gutter] 〈교정〉 아레이의 양 겨드랑에 있는 홈. 핀에 도달하기 전에 홈에 들어가면 득점이 되지 않는다.

거피 [영 guppy] 〈동〉 열대어의 일종.

건 너트 [gun nut] 총을 다루거나 모으고 쏘는 것을 무엇보다도 좋아하는 사람.

걸리 [영 gully] ① 홈, 하수.
② 물이 마른 계곡.

걸프 [gulf] 만(灣). 바다가 둥글고 우묵 들어간 곳.

것 [영 gut] 장선(腸腺), 양, 돼지 등의 장으로 만든 실로서 라켓의 망이나 악기의 현(鉉)에 사용한다.

게놈 [genom] 〈생〉 염색체의 기본이 되는 총 유전인자.

게 도루세 [프 Quaid orsay] 프랑스 외무성. 세느강의 오루세 하반에 있으므로 이와 같은 이름이 생겼다.

게렌데 [Gelande] 스키나 등산의 연습장. 스키장.

게루트네루(씨균) [Gartner's germ] 〈의〉 식중독균, 급성장염을 일으키는 티프스균과 비슷하다. 게루트네루씨가 발견한 것.

게르마늄 [Germanium] 〈화〉 주로 석탄 속에 포함되는 희유원소로서 회백색의 여린 결정체. 기호 Ge.

게르망 [Germane] 독일계 민족.

게리맨더링 [gerrymandering] 1912년에 Gerry가 미국 매사추세추주 지사로 있을 때 자기에게 유리하게 하기 위하여 선거구를 고친 모양이 영어 salamander「도룡뇽」과 비슷한데서 두 단어(黨語)를 합하여 만든 말로 자당에 유리하도록 선거구를 고치는 것. 예로써 반대당이 강한 지구를 억지로 분할하거나 자당에 유리한 지역적 기반을 멋대로 결합시켜 당선을 획책하는 것.

게릴라 [영 guerrilla] 유격대. 소수부대로 적의 의표를 찌르는 기습전법으로 전과를 올리는 것.

게르버 시험(試驗) [영 Gerber test] 〈식품〉 유지방의 시험법.

게리맨더 [미 gerrymander] 〈정〉 자당(自黨)에 유리하게 제멋대로 하는 선거구 개정. Gerry+salamander의 합성어. 게리 (Elbridge Gerry, 1744~1814)가 주지사 시대에 개정한 선거구 지형에서 비롯된 말.

게릴라 [에 guerra] [포 guerrilha] [프 guerilla] [도 Guerilla] [영 guerilla/guerrilla] 유격전. 유격대. 파르티잔(partisan). (→) 파르티잔.

게마인샤프트 [독 Gemeinschaft] 〈사〉 공동체, 공동사회. 혈연, 지연, 정신적 결합 등의 애정을 토대로 한 초타산적, 비합리의 사회. 상대어는 게젤샤프.

게뮤트 [Gemut] 감정, 심정.

게바라, 에르네스토 체 (Ernesto Che Guevara, 1928~1967) 〈인〉 라틴아메리카의 게릴라 지도자.

게바루드 [Gewald] 폭력, 힘.

게발트 [독 Gewalt]
① 힘, 권력, 폭력.
② 실력 투쟁.

게슈타르트 [Gestalt] 〈심〉 형태, 경험으로 주어지는 하나로 합쳐진 전체로서의 형태.

게쉬탈트심리학 [Gestaltpsychologie] 심리사상을 요소로 분석하고 결합함으로써 정신현상을 파악하려는 의식. 심리학의 요소관을 배격하고 정신을 통일적으로 이해하려는 심리학설.

게슈타포 [도 Gestapo] [영·프] 독일의 비밀경찰. Geheime Staatspolizei의 약어. 1933년 창설되어 1945년에 해산.

게슈펠트 [Gesperrt]
① 교통중지. 출입 금지.
② 〈인〉자간이나 행간을 벌린 조판법.

게스트 [영 guest] ① 초대객
② 〈방〉 텔레비, 라디오에서 레귤러 출연이 아니라 특별히 1회만 출현하는 사람.

게스트 멤버 [guest member] 임시 회원.

게오르규, 콘스탄트 비르질 (Constant Virgil Gheorghin, 1916~) 〈인〉 루마니아의 소설가. 25시의 작가.

게오폴리틱 [독 Geopolitik] 지정학, 정치와 지리의 관계를 연구하는 학문.

게이 Gay, John (1685~1732) 영국 詩人, 劇作家.

게이너 Gaynor, William Jay (1849~1913) 미국의 法律家. 뉴욕 市長.

게이 [일] 〈인쇄〉줄. 선. ▷ 영어로는 ruled line.

게이 [gay] ① 명랑한.
② 바람기가 있는.
③ 동성연애(同性戀愛). 동성연애자. ¶ ~ bar(동성연애자가 모이는 술집). ▷ 영어에서는 남녀 양쪽의 동성연애자를 가리킴.

게이 리브 [Gay Lib] 게이의 해방. 또는 그 운동.

게이밍 시뮬레이션 [영 Gaming Simulation] 〈경〉 경제현상이나 인간 활동을 모델로 해서 게임을 생각하여 그 결과로부터 방향, 시작의 예측이나 결정을 시도하는 방법.

ㄱ

게이 바 [Gay bar] 여장(女裝) 남자가 서비스하는 바.

게이 보이 [gay boy] 여장(女裝) 남자. 매춘남(賣春男). 미동(美童). 남색(男色).

게이블 [gable] 〈건축〉 박공. 박풍.

게이지 [영 gauge] ① 철도, 계기. ② 표준치수, 표준규격. ③ 철도궤도의 너비.

게이지 [gage] 담보, 저당물.

게이터 [영 gaiter] 감는 각반.

게이트 [영 gate] ① 여닫는 문. 수문(水門), 개찰구. 굴로 된 문. ② 〈컴〉 회로. 집적 회로(IC)의 집적도(集積度)의 단위.

게이트웨이 [gateway] ① 문이 있는 출입구. 관문. ② 〈컴〉컴퓨터 네트워크나 데이터 통신 네트워크를 서로 접속시키는 장치.

게인 [gain] 얻다. 이익. 획득하다.

게임 [영 game] ① 승부, 경기, 유희. ② 수렵의 획물. ~디스(~decuce) 〈경〉 테니스의 40대40, 탁구의 10대10, 경식 탁구의 20대20, 배구의 14대14 등을 말하며, 계속해서 2점을 따지 않으면 또 다시 게임듀스가 된다. ~셋(~set) 시합종료.

게임 올 [game all] 〈테니스〉두 편이 모두 같은 점수일 때.

게임 이론(理論) [영 theory of games] ① 〈경〉어떤 환경 아래 놓여진 인간 행동의 합리성을 게임을 모델 삼아서 추구하는 수학적인 이론. 경쟁기업의 행동 및 현대의 경제 현상 분석에 적용됨. ② 〈컴〉오퍼레이션스리서치 (operations reserch)의 한 이론으로 사회 시스템 속의 책략을 다룬 것. 헝가리 수학자 노이만(J. L. von Neumann)과 경제학자 슈테론(Morgen Stern)이 개발했음.

게임 카운트 [game count] 시합 득점수. ¶ ~ 원투.

게임 포인트 [game point] 〈체육〉 승패를 결정하는 최후의 한 점.

게젤샤프트 [Gesellschaft] 이익사회, 계약·협정 등의 이익계산에 기초하여 결합된 사회의 뜻, 도시나 국가가 그것에 해당한다. 상대어는 게마인샤프트.

게터 [getter] 〈전기〉 전구 안에 넣어 까맣게 되는 것을 방지하는 물질.

게토 [이 ghetto] > [도 Getto] [영·프 ghetto] ① 유태인 지구. 유태인 부락. 특수부락. ② 뉴욕의 흑인 특수 구역.

게티즈버그 (Gettysburg) 〈지〉 미국 펜실베이니아(Pennsylvania) 주의 남부, 요크(York)시 서남쪽에 있는 공업도시.

게페우 [러·각국] G. P. U. 소련의 국가 정치 보안부. 비밀경찰. Gosudarstvennoe Politicheskoe Upravlenie의 약어. 1934년에 폐지.

겔 [영·도] Gel 〈식품〉 콜로이드 용액이 응고되어 젤리 모양으로 된 것.

겔 [geld] 게루트의 약. 금, 금전.

겔 고무 [영 Gel rubber] 〈고무〉 일정한 용매에 불용성인 원료 고무의 부분.

겔렌데 [독 Gelande] 스키 연습장, 스키장.

겟세마네 [그 gethsemane] ① 예루살렘 교외에 있는 언덕으로 예수가 십자가에 매달리기 전에 기도한 곳. ② 고난의 언덕.

겟 투 [미 get two!] 〈야〉 병살. 더블 플레이(double play).

경제협력개발기구 (OECD : Organization for Economic Cooperation and Development) 선진국간의 경제그룹, 세계 경제의 안정 성장과 무역의 확대·가맹국에 의한 개도국 원조의 촉진도모, '96년 우리나라 가입 확정.

고갱, 외젠 앙리 폴 (Eugene Henri Paul Gauguin, 1848~1903) 〈인〉 프랑스의 화가.

고골리, 니콜라이 바실리예비치 (Nikolai Vasilievich Gogoli, 1809~1852) 〈인〉 러시아의 소설가, 극작가.

고기토 엘고슴 [라 cogito ergo sum] 〈철〉 - 나는 생각한다, 고로 나는 존재한다 - 프랑스의 철학자 데카르트(1596~1650)의 말.

고글 [goggles] 바람막이 안경.

고나도트로픽 [gonadotropic] 성(性) 샘 자극 호르몬.

고노와따 [일] 海鼠腸 〈요〉 해삼 창자로 담은 것. 일본 요리의 한 가지.

고노코켄 [Gonokokken] 〈의〉 임균.

고니오미터 [goniometer] 〈물리〉 측각기, 전파 방향을 알아내는 안테나.

고디언 남 스티치 [Gordian Knom stich] 매듭을 짓는 자수 방법.

고딕 [영 Gothic] ① 고트족.
② 〈건〉 서양 중세의 건축양식으로 문, 창, 기둥등 상부가 모두 높은 첨탑형으로 되어 있다.
③ 〈인〉 고딕활자.

고로 [화 grof]
① 고로프·그레인과 같음.
② 〈야〉 grounder의 사투리. 지상을 구르는 공.

고로게 [프 → 영 croquette → 일] 서양 요리의 하나. 고기를 잘게 썰어 찐 감자와 섞어 밀가루와 계란·빵가루를 묻혀 기름에 튀긴 것. → 크로켓.

고로프 크렌 [화 grof grein] 〈복〉 화란에서 건너온 것으로 거칠고 조밀한 모직물.

고리/고리짝 [프 colis] [일] (行李) [한] 여행 때 짐을 넣는 상자. 프랑스어 콜리에서 온 말.

고리치아 (Gorizia) 〈지〉 이탈리아의 프리울리베네치아줄리아(Friuli-Venezia Giulia) 자치주에 있는 현.

고리키, 막심 이바노비치 (Maxim Ivanovich Gor'ki, 1868~1936) 〈인〉 러시아의 소설가. 본명은 Aleksei Maximovich Peshkov. 대표작은 <어머니>.

고블랑 [화 obelin] 〈복〉 면직물의 일종으로 파괴의 고블랑사제로서 벽걸이용이나 가구의 커튼으로 사용한다.

고블렛 [영 goblet] 다리가 달린 소형의 컵

고비 사막 (沙漠) (Gobi Des.) 〈지〉 몽고 고원의중부에 있는 사막.

고 비하인드 [영 go behind] 〈경〉 아마레슬링에서 상대의 뒤로 도는 것.

고스트 [영 Ghost] 유령. ~이미지(~image) 〈망〉 텔레비의 화면에 나타나는 난상. ~스토리(~story) 괴담. ~타운(~town) 쇠퇴한 거리, 유령가. ~라이터(~writer) 대작가. 그림자의 작가.

고스트 라이터 [ghost writer] 〈문학〉 대필자. 대작가.

고스펠 [영 Gospel] 〈종〉 ① 복음.
② 신약성서의 4복음.

고시폴 [영 gossypol] 〈식품〉 면실 종자 중에 있는 독성 물질.

고아 (Goa) 〈지〉 인도(India) 서부에 있던 옛 포르투갈(Portugal)령 식민지.

고어 [영 Gore] 〈복〉 옷의 섶. 옷감의 모자라는 곳에 덧붙인 천. 3각근.

19

ㄱ

고어 스커트 [gored skirt] 〈의상〉 몇 장의 무를 이어 만든 스커트.

고저스 [프>영 gorgeus] 호화스러운. 번쩍번쩍 광이 나는.

고즈 [영 gauze] 〈섬〉 약연사로 평조직으로 짜고 표백후 풀먹임 하지 않고 위생용 재료·내의 등에 사용함. → 가제(Gaze)

고지 컷 [미 Gorge cut] 〈복〉 몸에 꼭 맞게 꿰맨 부분. 고지는 프랑스어의 목(골쥬)의 의미.

고카트 [영 Gocart] ① 유아차. ② 유원지에 있는 엔진이 달린 유희용 자동차.

고타마, 싯다르타 (Siddhartha Gotama) 〈인〉 석가가 출가하기 전, 태자 때의 이름.

고투 리스 [영 GOTO less] 〈컴〉 프로그래밍(programming)에 고투 문(GOTO文)을 사용하지 않는 것. 프로그램은 하나의 문장을 쓰는 것과 같이 이를 나중에 읽는 경우, 고투 문이 있으면 기술 순서가 흐트러져 읽기 어려워지기 때문에 이를 사용하지 않음.

고투 문(文) [영 GOTO] 〈컴〉 순번대로가 아닌 별도의 문장 번호로 건너뛰어 실행시키는 명령, BASIC언어의 분기(分岐) 명령.

곤돌라 [gondola] ① 베니스의 작은 배. ② 비행선이나 가구, 케이블카에 매단 망 태.

곤돌라 디스플레이 [영 gondla display] 〈유〉 대량 상품을 충분히 고객이 볼 수 있도록 양감(量感)이 있게 연구된 입체 진열. 시각적으로는 눈높이가 가장 잘 팔리는 장소임.

골고타 [Golgotha] 그리스토가 처형된 땅. 언덕.

골뎀 텍스 [goldem tex(tile)] 옷감의 상표.

골드 러시 [영 gold rush] 새로 발견된 금광이 많은 곳에 사람이 쇄도하는 것. 황금광(黃金狂).

골드 트랜시 [프 > 영 gold tranche] 〈경〉 국제수지가 악화될 경우 IMF 가맹국이 기금으로부터 간단히 융자를 얻을 수 있는 부분을 말한다.

골든 [영 golden] ① 금의, 황금의 ② 귀중한, 굉장한. ~아워(~hour) 〈방〉라디오, TV에서 가장 시청률이 높은 시간대. 대략 저녁 7~9시.

골든볼 [golden ball] 월드컵 축구에서 최우수 선수에게 주는 상.

골든 비 [golden bees] 황금벌.

골든 글로브(상) [Golden Glove (賞)] 헐리우드 외국인 기자 협회가 그 해 최우수 영화의 각 부문과 남녀 배우에게 주는 상.

골든 시즌 [golden season] 좋은 때. ¶ 제작자들이 노리는 ~.

골든 아워 [golden hour] ① (방송·텔레비전에서) 청취자가 가장 많이 듣고 보는 시간. ② 출퇴근 시간. ③ 행복한 때.

골든 에이지 [golden age] 황금시대.

골든 웨딩 [golden wedding] 금혼식. 즉 결혼 50주년 기념식.

골든 위크 [golden+ week] 연휴가 겹친 주간.

골든 캐스트 [golden cast] 영화나 연극에서, 일류 배역.

골든 타임 [golden time] TV·라디오 등의 방송 시간대에서 오후 7시~10시 사이. 가장 시청 인구가 많은 시간대.

골든 패러슈트 [golden parachute] 〈경제〉 회사 간부가 받는 고액의 퇴직 보상. ▷ 기업의 합병이나 매수로 경영진이 교체될 때 퇴직 중역이 받는 보상금을 '황금의 패러슈트'라고 부름.

골라 파르떼 [이 colla parte] 〈음악〉 반주의 박자는 선율에 따름.

골류 [불 gorgo] 〈지〉 양안의 암벽이 좁아진 높고 커다란 암구.

골리즘 [Gaullism] 강대국으로써의 위대함과 영광을 추구하는 민족주의. 외교 대통령을 중심으로 하는 강력한 행정 우위의 체제. 드골대통령 말기에는 앙가주망 [參與] 사상을 포함한 사회 개혁.

골 바 [goal bar] 〈축구〉 골문 위에 가로 건너지른 나무.

골 에어리어 [goal area] 〈체육〉 (축구나 핸드볼 등의) 골 앞에 그어진 선 안쪽.

골위붕겐 [Chorubungen] 음악교본.

골 저지 [goal judge] 〈체육〉문심. 골 문을 지켜보는 심판.

골즈워디 Galsworthy, John (1867~1933) 영국의 小說家, 劇作家.

골 카운트 [goal count] 〈농구〉 상대방의 파울을 물리치고 넣은 숫을 그대로 인정한 후 파울은 파울대로 적용하는 것.

골 크리스 [goal crease] 〈아이스하키〉 골 앞에 레드 라인으로 들려 있는 지역.

골 포스트 [goal post] 〈축구〉 양쪽 코너로부터 같은 거리에 있는 두 개의 기둥.

공 [gong] 〈권투〉 각 라운드의 시작과 끝을 알리는 종.

공자 孔子 (전 552~479) 중국의 春秋時代 魯나라 大哲學者, 儒敎의 始初.

공쿠르 상(賞) [프 Prix Goncourt] > [영 Goncourt Prize] 〈문〉 공쿠르 형제상. 형 Edmond de Goncourt (1822~1896), 아우 Joule Goncourt(1830~1870)의 유지로 1902년 창설. 공쿠르 아카데미가 매년 그 해외 최고 소설 작품에 주는 상. 상금은 5000프랑.

공혼족(恐婚族) [중] 공훈족이라고도 하는 결혼공포증(신조어)

과라나 [영 guarana] 〈식품〉 남미(南美) 음료.

과테말라 (Guatemala/Republic of Guatemala) 〈국〉 중앙 아메리카 서북부에 있는 공화국. 마야(Maya) 문명의 중심지였으나 1524년 에스파냐의 식민지가 되었다가 1821년 멕시코 제국(Mexico 帝國)에 합병, 1823년 중미(中美) 연방에 가입, 1839년 독립. 1847년 공화국이 됨. 수도는 과테말라시티(Guatemala). (→) 과테말라 시티.

관자 管子 (?~전 645) 중국의 春秋時代 齊나라 政治家, 經世家, 管仲의 敬神.

관세무역일반협정 (GATT ; General Agreement on Tariffs and Trade) : 본부(제네바), 우리나라 가입 * WTO ☞ 관세와 통상의 불합리성 제거, 물자교류 촉진과 고용수준 향상.

괴테, 요한 볼프강 폰 (Johann Wolfgang von Goethe, 1749~1832) 〈인〉 독일 최대의 문호.

교즈 [중 ciaotzu] 교즈(餃子). 산둥지방에서는 교자라고 함.

구아노 [guano] 〈지학〉 해조의 똥이 바닷가 암석에 쌓여 변질된 덩어리.

구아노신 [guanosine] 〈생화학〉 커피 잎과 딸기에서 발견되는 수정기.

구아니딘 [독 Guanidin] 〈화학〉 무색 흡습성(吸濕性)의 결정.

구아닌 [guanine] 〈생화학〉 핵단백질의 분해 산물.

구아르 검 [영 guar gum] 〈식품〉 과즙

21

ㄱ

의 혼탁 안정제. 과검이 원래의 표기.

구아시 [gouache] 진흙물감, 아라비아 고무, 수지에 녹인 불투명한 그림물감.

구즈베리 [영 gooseberry] 〈식〉 북미 원산의 범의귀과 낙엽 소관목으로 가지가 많고 과물은 소구형으로 열매는 잼을 만든다. 딸기의 한 종류, 수구외 (順具利)

굴덴 [화 gulden] 화란의 통화단위, 프로린, : 길다. 길덴.

굴루타민 [영 glutamine] 〈화〉 달타민산의 유도체. 식물의 체내에서 단백질이 합성되는 경우의 중간 생성물로 무색의 침상결정. ~산(~acid) 식물의 단백이나 우유의 단백에 많이 포함되는 아미노산의 일종.

굽타 (Gupta) 〈역〉 320~550년 무렵에 인도를 통치한 왕조.

굿 윌 [영 good will] 호의. 친절. 친선.

굿 윌 게임 [Good will game] 하계 올림픽과 그 다음 하계 올림픽 사이에 미국과 러시아가 4년마다 번갈아 개최하는 국제 종합 경기 대회.

그라데이션 [gradation] 진한 색채부터 차차 흐리게 그림을 그리는 법.

그라라트 [crarat] 넥타이, 옷깃 장식.

그라미 [영 gourami] 투어, 열대어의 일종.

그라벤 [독 Graben] 〈지학〉 지구(地溝). 해구(海溝). 열곡(裂谷).

그라시스유 [glass fiber] 녹는 유리를 고속도로 뽑아 만든 인조 섬유. 가늘지만 같은 굵기의 쇠보다 당기는 힘에서 강하고 짧은 양털 모양의 것은 '그라스울' 이라고도 한다.

그라스 코트 [grass court] 〈테니스〉 잔디를 심어 만든 코트.

그라스텍스 코트 [grasstex court] 〈테니스〉 미국에서 유행되고 있는 탄력성 있는 파이버(fiber)로 만들어진 코트.

그라스 호퍼 [grass hopper]
① 지상 활주만을 연습하는 데 쓰는 비행기.
② 로봇 기상 관측기.

그라운드 [영 ground] ① 토지.
② 기초, 든저.
③ 운동장, 야구장, 경기장. ~시트(~sheet) 캠프에서 땅위에 까는 방수포. 〈야〉 비가 올 때 수침을 방지하기 위해서 구장에 크게 까는 방수포. ~스트록(~stroke) 〈정〉 한번 지상에 떨어진 다음 바운드하는 공을 치는 것. ~매너(~manner) 시합에서의 선수의 태도. ~룰(~rule) 경기장의 조건에 따라 정해진 규정. ~레슬링(~wrestling) 레슬링의 침기.

그라우팅 [grouting] 〈건축〉 시멘트로 메우기(지하수 공법에서 작업).

그라운드 레슬링 [ground wrestling] 〈레슬링〉 누어서 행하는 기술.

그라운드 스트로크 [ground stroke] 〈테니스·피구〉 공이 한 번 땅에 떨어져 튄 다음 받아 치는 일.

그라운드 시트 [ground sheet] 천막이나 막가사 등에 끼는, 방수가 된 깔개.

그라운딩 [grounding] 〈럭비〉 트라이할 때와 같이 손에 잡은 공을 지면에 대는 일.

그라울러 [growler]
① 딱딱거리는 사람.
② 맥주 담는 그릇.

그라이딩 [grinding] ① 제분(製粉).
② 주입식 교수(敎授)

그라이프 [gripe] 속박, 불평꾼.

그라인더 [grinder] ① [농업] 분쇄기.
② [기계] 연마반(硏磨盤).

그라탕 [프 gratin → 일] 빵가루와 치

즈를 발라 오븐에 구운 요리.

그라테 [프 Grate] 〈등〉 미근(尾根) 영국에서는 리지(ridge).

그라프 [영 graph] 〈수〉 수량 관계를 도형으로 나타낸 것. 도표. 화보. 그래프로 표기되기도 함.

그라피티 무브먼트 [graffiti movement] '그라피티'란 벽이나 바위에 긁어서 그린 그림이나 문자·낙서를 말함. 1960년대말 뉴욕의 거리 곳곳에 그림과 낙서가 범람하기 시작했고, 흑인 같은 소수민족들이 일으킨 운동은 다른 계층에 확대되고 현대 도시의 황량한 비인간적 환경 개선으로 정착한 새 문화 운동.

그란디오소 [이 grandioso] 〈음악〉 웅대히. 장쾌히.

그란차코 (Gran Chaco) 〈지〉 남아메리카(America)의 파라과이 강 중상류 유역에 펼쳐진 열대 초원 지역.

그란터 [grantor] 양도인, 수여자.

그람 [프 gramme] 무게의 단위 ~톤(~ton) 1000킬로그램. ~칼로리(~calorie) 열량의 단위. 1그램의 물을 1도 높일 때에 요하는 열량.

그랑프리 [프 grand prix] 대상. 베니스의 국제영화제의 최고상이 유명한데, 기타 스포츠에도 있다. ~레이스(~race) 레이싱 드라이버의 1년간의 통산성적에 의해 세계 1위를 결정하는 국제경기.

그래뉴 당(糖) [영 granulated sugar] 〈식품〉 작은 결정의 설탕.

그래데이션 [영 gradation] 사진이나 TV의 화면의 농담도. 단계적 변화.

그래모폰 [영 gramophone] 평원판을 사용한 축음기.

그래뷰어 [영 gravure] 사진촬영에 의해 제판된 요판(凹版)에 의해, 사진, 그림 등의 농담을 표현 인쇄하는 방식.

그래스루트 [grassroots] 일반 민중. 지방 농민. 민초.

그래스루트 데모크라시 [grassroots democracy] 풀뿌리 민주주의. 일반 대중의 생활에 뿌리 내려 민중이 참가하는 민주주의.

그래파이트 [영 graphite] 흑연, 흑묵.

그래프 [graph]
① 〈수학〉도식. 곡선·직선·점·설명문 수치 정보 등이 들어 있는 도면.
② 〈컴퓨터〉 자료 구조에서 공집합이 아닌 정점 V와 간선 E의 두 집합으로 이루어지는 것. 따라서 임의의 그래프 G는 G = (V, E)로 표시.

그래픽 [영 graphicgraph] 사진화보. 도해. ~아트(~art) 〈미〉 판화, 디자인, 전위선도 등의 선묘기술. ~디자이너(~designer) 〈미〉 그래픽 디자인을 하는 사람. ~디자인(~design) 〈미〉인쇄효과를 생각하여 마무리의 효과를 계산하며 디자인을 하는 것. ~드라마(~deama) 선정광고에서의 표를 찌른 문자, 사진 등이 만들어내는 드라마 효과.

그래픽 디스플레이 [영 graphic display] 〈컴〉 도형의 표시가 가능한 디스플레이. 컬러 표시가 가능한 것과 모노크로(monochrome) 곧 흑백 디스플레이의 2종류가 있음. (→) 캐릭터 디스플레이(character display)

그래픽 디자이너 [graphic designer] 그래픽 디자인을 하는 사람.

그래픽 디자인 [영 graphic design] 〈광고〉인쇄 기술을 써서 복제 양산(複製量産)되는 시각적 디자인.

그래픽 소프트웨어 [영 graphic software] 〈컴〉 기계 설계·건축 설계 따위의 설계도를 화면에 표시할 때 필요한 도형 표시 프로그램이 간단히 짜여질 수 있도록 고안된 프로그램.

그래픽 아트 [graphic art]
① 평면 위에 도형을 만드는 모든 기술의 총칭.
② 판화(版畵).

그랜드 [영 grand] ① 광대한, 웅대한.
② 당당한.
③ 주요한, 중요한. ~오페라(~opera) 〈극〉 노래와 음악만의 대사가 없는 가극. ~스탠드(~stand) 정면 관람석. ~슬램(~slam) 〈야〉 만루홈런.

그랜드 슬램 [grandslam]
① 〈야구〉 만루 홈런.
② 〈테니스〉 한선수가 그 시즌의 주요 경기를 모두 이기어 제패(制覇)하는 일.

그랜드 오페라 [grand opera] 〈음악〉 규모가 크고 비극적인 요소가 강한 가극.

그랜드 캐니언 (Grand Canyon) 〈지〉 미국 유타(Utah) 주로부터 애리조나(Arizona) 주에 걸친 큰 계곡.

그랜빌 Grenville (Grenville), George, Earon Landsdowne (1677~1735) 영국의 詩人, 劇作家.

그램퍼스 [grampus] 〈동물〉 범고래.

그레고리 (曆) [영 Gregorian Calander] 태양력의 뜻. 로마교황 Gregorius 13세가 구력의 유리우스역을 1582년에 개정하였다.

그레나다 (Grenada/State of Grenada) 〈국〉 중앙 아메리카 서인도 제도 동남부, 윈드워드 제도(Windward Is.) 남단에 있는 섬나라. 1498년 콜롬버스가 발견, 프랑스령을 거쳐 1762년 영국령, 1958년 서인도 제도 연방에 가입, 1962년 영령 윈드워드 제도에 편입. 1966년 자취권 획득, 1974년 영연방 일원으로 독립. 수도는 세인트조지스(St. George's) (→) 세인트 조지스.

그레이 [영 grey] ① 회색, 쥐색.
② 박발의, ~켤(~collar) 오토메이션 기계 등 관리하는 근무자의 별칭.

그레이드 업 [grade up] 등급을 올림. 질을 향상시킴. 격을 높임.

그레이 마켓 [grey market] 회색 시장. 프리미엄을 내지 않으면 상품을 살 수 없는 시장. 암시장보다 불법성이 가벼움.

그레이 매터 [grey matter] 〈생물〉 회백질.

그레이엄 빵 [미 graham bread] 〈식품〉 기울 있는 채 만든 빵.

그레이 존 [gray zone]
① 이도 저도 아닌 상태. 애매한 범위.
② 회색 지대의 어느 초강대국의 세력권에 들어있는지 불분명한 지역.

그레이 칼라 [gray collar] 화이트칼라(사무직) 와 블루칼라(육체 노동직) 의 중간적 존재. 기술의 진보에 따라 기계화 되어 가는 직업 성격에 종사하는 사람들을 일컬음.

그레이트 [영 great] 커다란, 위대한. ~데인(~Dane) 〈등〉 덴마크산의 대형번견. ~브리테인(~Britain) 대 브리테인국 - 잉글랜드섬, 스콧랜드섬, 웰즈섬의 총칭.

그레이티스 [gratis] 무료로, 공짜로.

그레이프너츠 [영 grapenuts] 〈식〉 곡물을 처리하여 만든 인조나무의 열매.

그레이프 바인 [grape vine]
① 포도 덩굴.
② 비밀 정보망.

그레이프 큐어 [grape cure] 〈의학〉 포도 식요법.

그레이프 프루트 [영 graphfruit] 〈식〉 미국산의 왕귤나무의 일종.

그레이 하운드 [grey hound]
① 빠른 개의 종류.
② 자동차의 회사명. (장거리 운행)

그레인 [영 grain] ① 곡립, 곡류. ② 본드제의 무게의 단위, 약 0.065그램.

그레잉 [graying] 사회의 고령화.

그레코 로망 [라>프] greco romain [영 GrecoRoman/Graeco Roman] ① 〈미〉 그리스 영향이 강한 로마 미술. 그레코 로망시대. ② 〈체〉 레슬링 시합 방법의 하나.

그로그램 [프 grosgrain] 〈의상〉 비단이나 인견들의 골진 천.

그로밋 [gromet] 배의 밧줄 고리.

그로브 [grove] 작은 숲. 교외의 집이나 가로수가 늘어진 길.

그로슈 법칙(法則) [영 Grosch's law] 〈컴〉 컴퓨터의 하드웨어(hard ware)에 관한 경험적인 법칙의 하나. 가령 1억 원짜리 컴퓨터 2대로 할 수 있는 일은 2억 원짜리 1대를 사용하는 편이 훨씬 경제적이라는 이론임. 하지만 마이크로컴퓨터(micro-computer)·미니컴퓨터(mini-computer)의 발달로 이 법칙은 반드시 성립하지 않게 되었음.

그로스 [영 gross] 수량의 단위, 12다르, 고로스.

그로스그레인 [영 grosgrain] 〈섬〉 위사를 동일 개구에 몇을 넣음으로써 굵은 두둑을 나타낸 두둑 직물.

그로스 리세션 [gross recession] 〈경제〉 GNP가 성장하고 있는데도 불구하고 대국적으로 불황의 느낌을 갖게 되는 상황.

그로스톤 [영 grosston] ① 총 톤수. ② 무게의 단위, 2,240 파운드.

그로츠 [영 groats] 〈식품〉 껍질을 제거한 귀리.

그로카리즘 [glocalism] 그로바리즘과 로카리즘의 합성으로 지구적으로 생각하고 지방적으로 행동함.

그로테스크 [프·영 grotesque] ① 괴상하고 기괴함. ② 익살스럽고 우스꽝스러움. ③ 〈미술〉 과거주의. 15세기말 로마에서 발굴된 동굴 [grotta] 안의 기괴한 장식에서 유래됨.

그루만 [불 gourmand] 대식가, 건담가.

그루메 [불 gourmet] 〈요〉 식통.

그루브 [groove] 홈. 바퀴자국.

그루페 [독 Gruppe] 동료, 집단, 그룹.

그룬드 [독 Grund] 토대, 기초, 영어의 그라운드.

그룸드 오어 [groomed oar] 무게를 가볍게 하기 위하여 홈을 파낸 노.

그룹 웨어 [group ware] 〈컴퓨터〉 소규모 공동 작업에 적합하도록 설계된 소프트웨어.

그리니치 (Greenwich) 〈지〉 영국 런던 (London) 시내에 있는 주택 도시. 천문대가 있음.

그리드 [영 greed] 탐욕, 욕망.

그리드 [영 grid] 〈전〉 음양의 진공관의 중간에 있으며, 그 전류의 교류를 조정하는 제 3극의 진공관. 망 모양으로 만든 금속.

그리드 바이어스 [grid bias] 〈전기〉 격자 바이어스.

그리스 [그 Graikoi] [라 Graecia] [영 Greece] 〈국〉 유럽 동남부, 발칸 반도(Balkan Pen) 남단과 그 부근의 여러 섬으로 이루어진 공화국. 1829년에 독립 왕국이 되고, 1924~1935년 일시 공화국. 1946년부터 왕제복고, 1973년 다시 공화제를 실시함. 수도는 아테네(Athine). (→) 아테네.

그리스도 [그 kristos] 예수 왕 구세주.

그리스도 교(敎) [포·에 cristianismo] [네]chriendomst] [도Christentum] [영Christianity] [프christianisme

ㄱ

〈유〉〈종〉 그리스도(Christ)가 선교와 그의 생애를 통하여 비롯된 종교. 야소교(耶蘇敎). 가톨릭 [天主敎] 과 개신교(改新敎)의 총칭.

그리스 박스 [grease box] 차축의 기.

그리스당 [화 christao]
① 천주교, 절지단(切支丹). 천문 19년에 자비엘이 처음으로 일본에 전달한 천주교.
② 그리시탄의 승려들이 포교에 사용한 이화학응용의 기술.

그리시니 [이 grissini] 〈식품〉 이탈리아제의 막대기 모양의 빵.

그리지 울 [영 greasy wool] 〈섬〉 양에서 깎아낸 채의 양모로서 지방질·식물질·사토 등의 불순물을 함유한 것.

그리타 [범 ghrta] 버터의 용액을 뜻함. 이는 〈데다〉에서 대표적인 양식이며, 제사의 공물(供物)로서 사용됨.

그리크 [영 Greek] ① 하구, 작은 항구.
② 도랑, 작은시내.

그리프 [독 Griff] 〈등산〉 손잡이.

그리핀 [girffin] 머리는 독수리, 날개에 사자 몸을 한 괴수.

그릭 [Greek] 희랍어. 희랍 사람.

그린 [영 green] ① 녹색의 ② 미숙한.
③ 잔디, 초원.
④ 청물. ~에이지(~age) 젊은 세대. ~카(~car) 일본의 국철이 소화 44년 5월부터 종래의 1등차로 바꿔서 편성한 차량, 크로바 마크가 붙어 있다. ~티(~tea) 녹차. ~하우스(~house) 온실. ~피스(~peas) 푸른 완두. ~(~fee) 〈권〉 4회 출장 선수. 앞날이 있는 젊은 사람.

그린 [grin] 씩웃다. (고통, 실망 등)참으며 억지로 웃다.

그린 라운드 [Green Round] 환경 보존을 주제로 한 다자간 국제 협상.

그린 라이트 [green light] 푸른 등, 청신호.

그린라인 [영 greenline] 모스크바와 파리사이의 직통 전신기.

그린 룸 [green room] 배우 휴게실.

그린 마요네즈 [green mayonnais] 삶은 야채를 썰어 넣은 마요네즈 소스.

그린마케팅 [Green Marketing] 에너지를 효율적으로 향상시키는데 마케팅 활동을 말함.

그린 모니터 [영 green monitor] 〈컴〉 녹색 텔레비젼에 대응하는 디스플레이(display) 모니터. 흑백 모니터보다도 눈의 피로가 적은 것이 특징임. 디스플레이 모니터에는 3가지 형태(모노크로, 그린, 컬러)가 있는데, 이 중에서 모노크로는 흑백 텔레비젼, 컬러는 컬러 텔레비젼에 대응함.

그랜백 [greenback] 미국 본토불의 지폐. 뒷면이 초록색임.

그린 수프 [영 green soup] 〈요〉 그린 피스(green peas) 곧 완두를 사용한 묽은 녹색의 수프.

그린 피 [green fee] 〈골프〉 코스 사용료.

그린피스 [Greenpeace] 전투적인 국제 환경 보호 단체. 핵무기 반대·야생 동물 보호 등 환경 보호를 주창하는 국제적인 단체.

그린 피즈 [green peas] 완두의 한 종류. 청완두.

그린 혼 [green horn] 풋내기.

그릴 [grill(room)] 석쇠에 굽거나 남비에 지진 음식을 파는 간이식당.

그립 [grip] 라켓·배트·골프채 등의 손잡이 목각판 등을 통틀어 일컫는 말.

글라스 [영 glass] 〈화〉 초자, 글라스, 규산과 알칼리 염유를 혼합하여 가열해서 만든 물질. 옛날에는 비드로 갸만이라고 하였다. ~파이버(~fiber) 유리섬유. 실 모양으로 만든 유리로서 단열, 방음, 절연 재료 외에 장식용의 직물 등에 사용된다. ~블록(~block)〈건〉벽 등에 사용하는 유리제의 소형 블록.

글라스노스트 [러 glasnost] 정보 공개·개방(고르바초프 소련 공산당 서기가 추진한 개혁 정책 중의 하나).

글라스 스테이지 [glass stage] 천장을 유리로 만든, 영화나 사진 촬영을 위한 건물.

글라스 울 [glass wool] 초자면(硝子綿).

글라시스 [glacis] 감사의 뜻.

글라이더 [glider] 활공기. 발동기 없이 바람을 타고 날게 된 항공기.

글라이드 박스 [glide+ 독Wachs] 〈스키〉활강 경기를 할 때 스키에 칠하는 왁스.

글라이드 패스 [glide path] 계기 비행 때 무선 신호에 따라 활강하는 길.

글라이딩 [영 gliding] 공중활주, 활공.

글래머 [영 glamour] 매력, 매력적인 아름다움. ~걸(~girl) 매력적인 남성을 매료하는 몸집이 큰 육체미의 여성. ~스톡(~stock)〈경〉투자가에게는 매력이 있는 주식.

글래머 스톡 [glamor stock]〈경제〉투자인에게 매혹적인 주(株).

글래스고 매지스트레이트 [영 Glasgow magistrate]〈식품〉훈제(燻製)청어.

글래신페이퍼 [영 Glassine paper] 반투명지, 유리종이.

글램패션 [영 glamfashion]〈복〉매혹적인 복장.

글러브 [영 glove]〈체〉야구·권투 등에서 선수가 사용하는 가죽 장갑. 야구에선 미트(mitt)라고도 함. (→) 미트.

글레이서 [영 glacier] 빙하.

글레이스 [영 glace] ① 우아, 우미 ② 〈종〉신의 기호. ③ 식전식후의 기도.

글로리어 [라 gloria] ① 〈종〉로마교에서 영광, 후광. ② 〈복〉세로 실은 견(絹), 가로 실은 모사의 평직 포지 양산에 사용한다.

글로바 리스트 [영 globalist] 전세계적으로 활약하는 사람.

글로버(탑) [glover 塔]〈화학〉황산 제조의 연실법(鉛室法)에서의 반응 장치의 하나.

글로벌리즘 [globalism] 세계통합주의.

글러벌리제이션 [globalization] 세계화.

글로벌 쿼터 [global quota]〈경제〉무차별 수입. 외화 예산 할당.

글로불린 [라>독·영·프·러] globulins 〈식품〉물에 안 녹고 소금물에 녹는 단백질.

글로브 [영 globe] ① 지구. ② 천체. ③ 지구의. ~피시(~fish)복. ~마스터(~master) 군인 200명 정도를 수용하는 미국의 대형 수송기.

글로브라마 [영 globrama] 로켓이나 우주선에서 본 지구전체의 상.

글로빈 [라>독·영·프] globins 〈식품〉헤모글로빈 속의 단백질 성분.

글로서리 [glossary] ① 특수한 주제·분야 등에 관한 용어 사전. ② 권말의 용어 해설. ▷ 혀·언어를 뜻하는 그리스어에서 유래.

글로 스타터 [glow starter]〈물리〉점등관(點燈管) 불을 붙이는 관.

글로시 [glossy] 사진의 확대·밀착에 쓰는 인화지.

글로칼리제이션 [glocalization] 한편

으로 세계화가 한편으로 지방화가 함께 진전되어 열리는 추세의 시대로 현지의 기업 풍토나 문화를 존중하는 경영 방식.

글로키듐 [glochidium] 쌍패류 돌조개과에 속하는 담수 조개의 새끼.

글록시니아 [영 gloxinia] 〈식〉 바위담배과의 다년초. 남미원산.

글루미 [영 gloomy] 음산한, 우울한.

글루시드 [영 glucide] 〈식품〉 사카린의 별명.

글루카곤 [glucagon] 〈의〉 췌장에서 분비되는 호르몬.

글루코사민 [영glucosamin] 〈식품〉 글루코스의 아미노 유도체(誘導體)

글루코사이드 [glucoside] 〈화학〉 배당체(配糖體).

글루코산 [영 glucosan] 〈화〉 글루코스의 중합체(重合體).

글루코스 [미 glucose] 〈화〉 포도당.

글루코스 시럽 [영 glucose syrup] 〈식품〉 제과용 감미제.

글루쿠론(산) [영 glucuron산] 〈약〉 간장의 해독제

글루타민 [glutamine] 〈화학〉 글루탐산의 유도체. 식물체의 싹 튼 종자 속에 많이 들어 있으며, 암모니아 대사(代謝)에 중요한 구실을 함.

글루텐 [독 Gluten] 〈화〉 식물종자의 주성분을 형성하는 단백질. 회갈색의 덩어리. 소맥분의 전분을 물로 씻은 다음에 얻어진다.

글루타민 산(酸) [도 Glutaminsaure] [영 glutamin acid] 〈화·식품〉 아미노 산의 일종. 백색 결정. 조미료로 쓰임.

글루타티온 [glutathion] 〈화학〉 황산이 섞인 글루탐산의 화합물.

글루탐산 [MSG, Monsodium Glutamate] 〈화학〉 아미노산의 하나. 백색 결정으로 물에 녹음. 밀에 많으며, 화학조미료의 원료로 쓰임.

글루테닌 [glutenin] 〈화학〉 밀에 함유된 글루텔린(glutelin).

글루텐 [독 Gluten] 〈화학〉 식물의 종자 중에 있는 주성분인 단백질. 과자의 원료.

글루텐 피드 [gluten feed] 〈화학〉 옥수수로 글루코오스와 녹말을 만들 때 생기는 것.

글루텔린 [도·영·유 glutelin(s)] 〈생화〉 식물성 단순 단백질의 한 무리.

글루토스 [영 glutose] 〈식품〉 3위의 탄소가 카톤형인 6탄당.

글리 [영 glee] ① 즐거움, 환희 ② 〈음〉 반주가 없는 3부이상의 합창곡.

글리새드 [영 glissade] 〈등〉 눈의 경사면을 활강하는 것.

글리세 [프 glisser] 〈펜싱〉 상대의 칼을 눌러 미끄럽게 하면서 찌르는 동작.

글리세라이트 [glyceride] 〈화학〉 점극성의 액체.

글리세롤 [일 glycerol] 〈화〉 글리세린 (glycerine)이라고도 함. → 글리세린

글리세이드 [glissade] 〈등산〉 눈의 경사면을 내려가는 기술로써 몸 뒤로 피켈(pickel)을 끌고 몸의 균형을 유지하면서 두 다리를 가지런히 모으고 무릎을 약간 굽힌 채 눈 위를 미끄러져 내려가는 기술.

글리시닌 [도·영 glycinin] 〈식품〉 콩 속의 단백질.

글리시르리자 [영 glycyrrhiza] 〈식품〉 감초.

글리신 [독 Glycine] 〈화학〉 맛이 단

무색 결정의 아미노산 신진 대사를 증진시킴.

글리신 [영 glycine] [도 Glycin]
① 〈식품〉 사카린과 섞어 감미료로 씀. 글리코콜 (glycocoll). (→) 글리코콜.
② 〈사진〉 현상(現像) 약의 일종.

글리아딘 [gliadin] 〈화학〉 밀과 보리에 들어 있는 알콜에 녹는 식물성 흰자질.

글리코겐 [그 > 도 Glykogen] [영 glycogen] [프 glycogene] 〈생화〉 동물의 간이나 근육에 들어 있는 다당질.

글리코콜 [도 Glykokoll] [영 glycocoll] 〈식품〉 아미노 초산(酢酸). 각종 단백질의 주요 성분임. 글리신(glycine)이라고도 함. (→) 글리신①

글리 클럽 [glee club] 〈음악〉 미국과 일본의 학생 사이에서 행해지고 있는 남성 합창단.

글림프스 [영 glimpse] 흘겨보는 것.

기 [영 ghee] 〈식품〉 우유·염소젖·양젖으로 만들며 인도에서 많이 먹음.

기가 [그 gigas > 영 giga] 그리스어 '거인'의 뜻에서 온 말. 10억 배.

기가사이클 [영 gigacycle] 〈전〉 주파수의 단위. 기호는 Gc. 1Gc는 1000 메가사이클.

기그 [영 gig] 선박에 설치되어 있는 구명용 보드.

기그 [gig] ① 작살.
② 보풀이나 털을 세우는 기계.
③ 재즈나 록 연주회.

기나 [스 → 네 kina] 규나(規那). 꼭두서니과에 속하는 상록 교목 또는 관목. 높이 약 25m

기나 알칼로이드 [quina alkaloid] 〈화학〉 기나피(皮) 중의 알칼로이드 종류.

기네스 [영 Guinnes] 흑맥주(黑麥酒)의 상품명의 하나. 본디는 아일랜드의 더블린(Dublin) 시에 있는 양조 회사의 이름에서 비롯되었음.

기네스 북 [영 Guinness Book of Record] 〈책〉 흑맥주(黑麥酒) 제품을 내는 기네스(Guinness)가 영국서 매년 발행하는 세계 신기록 집.

기네토카메라 [kinetocamera] 영화 촬영기.

기뇰 [프 quignol] 손가락으로 조종하는 인형극.

기니 [Guinea]
① (Revolutionary People's Republic of Guinea) 〈국〉 아프리카 서해안에 있는 인민 공화국. 북은 세네갈 강(Senegal R.), 남은 쿠네네 강(Cunene R.)에 이르는 해안 지방임. 1890년 세네갈(Senegal)에서 분리되어 프랑스령 기니로 프랑스 식민지였다가 1958년 독립. 수도는 코나크리(Conakry). (→) 코나크리
② 영국의 옛날 통화. 21실링에 해당하는 금화.

기니비사우 (Guinea-Bissau/Republic of Guinea - Bissau) 〈국〉 아프리카 서해안에 있는 공화국. 대서양에 면한 삼각주와 비자고스 제도(Bijagos Is.)로 이루어져 있음. 1897년 포르투갈의 식민지. 1956년부터 무장 독립 투쟁을 벌여, 1974년 독립. 수도는 비사우(Bissau). (→) 비사우.

기니아 픽 [guinea pig] 설치류에 속하는 작은 짐승.

기드 [kid → 일] 염소 새끼나 영양 가죽의 뜻으로 염소 새끼 가죽의 장갑이나 구두. ¶ ~화.

기믈릿 [gimlet] 송곳. 나무 송곳.

기믹 [미 gimmick]
① gimmer (트릭의 반지)와 magic (마술)의 혼성어. 남을 속이기 위

ㄱ

한 장치.
② 〈광고〉 광고 용어에서는 나쁜 의미가 아니고 '새것·새 연구물' 등의 의미로 쓰임.
③ 〈델〉 특수 시각 효과.

기본 [gibbon] 긴 팔 원숭이.

기브슨 믹스 [영 Gibson mix] 〈컴〉 컴퓨터의 성능을 알기 위한 실행 속도를 나타내는 단위, 기브슨(Gibson) 이란 IBM사에 근무했던 사람의 이름에서 왔음.

기브 웨이 [give way] 〈보트〉 노를 천천히 젓기 시작하는 것. 처음 한 두 번 서서히 노를 젓는 것.

기실렌 [프 xylene → 일] 콜탈액 속에 있는 성분의 하나.

기야만 [화 giamant] 금강석의 사투리. 유리, 열처리물의 조각용에 사용되었다. 그 후에 폴트갈인에 의해 비드로(bidro)와 혼동되어서 유리와 동의어가 되었다.

기어 [gear] 〈기계〉 ① 톱니바퀴.
② 제동기.

기어 레이션 [gear ration] 자전거 기어의 배율.

기어 체인지 [gear change] 자전차의 전환 장치.

기요틴 [프 guillotine] 사형을 집행하는 단두대. 1789년에 프랑스 Guillotine이 발명함.

기프노페치아 [gipnopedia] 수면 중에 어학 등을 학습하는 수면 학습법

기프트 [영 gift] ① 증여.
② 선물. ~쿠폰(~coupon) 선물용 구입권. ~숍(~shop) 외국인용 선물점. ~체크(~cheque) 은행에서 취급하는 증답용 수표.

기프트 광고(廣告) [영 gift ad.] 〈광고〉 광고주가 소비자·주주·관련 업종 등에 배포하는 선물.

기프트 체크 [gift check] 상품권.

길더 [화 guilder] 화란의 통화 단위, 2루펜.

길드 [영 guild] 〈경〉 중세의 유럽에서 행하여진 동업조합. 당시, 이것으로 봉건 귀족에 대항한 것. ~소시얼리즘(~socialism) 〈사〉 제1차 세계대전중 영국에서 일어난 사회주의로서 프랑스의 급진적 산업조합(산디칼리즘)과 국가사회주의를 합친 개량주의로서 임금제도를 폐하고 길드를 설치하여 생산을 관리하려고 하는 것.

길로틴 [프 guillotine] 단두대. 프랑스 혁명시, 의사 길로틴에 의해 고안된 사형대.

길른 [kiln] 가마솟, 노.

길버트 [영 gilbert] 〈이〉전자력의 단위.

길트 [gilt] 금도금한, 금색의. ~톱(~top) 서물들의 절단면에 금박을 입히는 것. ~에지드(~edged) 금연 증권. ~타입(~type) 두꺼운 종이에 금박을 입히고 사진을 붙인 것.

길트 에지 [gilt edge] 〈도서관〉 금박 단면(斷面)

김나지움 [그 > 라 gymnasium] [도 Gymnasium] [영 gymnasium]
① 체육관, 체육 학교.
② 독일, 그밖에 중부 유럽, 북 유럽 여러 나라의 고등 중학교.

깁스 [독 Gips] ① 석고 붕대.
② 외과(外科)에서 고약으로 바르고 붕대로 잘 감는 것.
③ 석고로 만든 고착붕대. ~베드(~bed) 〈의〉 카리에스 환자를 눕히는 고정침대.

까르똥 [프 carton] ① 〈미술〉 화판.
② 마분지 또는 종이 상자.
③ 거스름돈을 담아 손님에게 내주는 종이.

까르맹 [프 carmin] 빨간 물감의 하나.

30

까르보나도 [스 carbonado] 브라질산의 금강석의 하나.

까발리에르 [프 cavaliere] 춤 상대하는 남자. 기사(騎士).

꾸냥 [중 姑娘] 중국처녀.

ㄴ

나겔 [독 Nagel] ① 발톱.
② 〈음〉 하프의 발톱.
③ 〈동〉 구두창의 정.

나과 (Nagus) 〈지〉 도미니카(Dominica) 공화국의 마리아 트리니다드 산체스 (Maria Trinidad Sanchez) 주의 주도.

나나 [미 NANA] 북미신문연맹(North American Newspaper Alliance의 약). 나나 통신을 발행.

나노 [독·영·프]
① 10억분의 1을 뜻하는 접두어. 10. 미터법의 여러 단위 이름에 붙여서 씀. (→) 밀리(milli) · 마이크로(micro) · 피코(pico)
② 〈컴〉 시간 단위로 10억분의 1초를 말함. → 나노 세컨드(nano second).

나노세컨드 [영 nano second] 〈컴〉 10억분의 1초. 나노 초(秒)라고도 함. 시간의 단위.

나디 [범 nadi] ① 시내. 흐르는 물.
② 〈신〉 보통 여성으로 인격화하여 강의 신.

나라타주 [프 narratage] 〈영〉 영화에서 화면에 맞추어 하는 회상(回想) 이야기식으로 말하는 것. 영어 표기로는 내러테이지.

나란진 [영 Naringin] 〈식품〉 키니네보다 더 쓴맛 나는 배당체(配糖體).

나레이터 [영 narrator]
① 이야기 상대.
② 라디오, 텔레비, 영화 등에서 진행을 보는 사람. 시사해설자는 커멘테이터.

자. 인민파. 19세기 후반 러시아에서 자본주의를 비판하고, 농본주의적 급진 사상을 가지고 농민을 주체로 한 혁명적 계급.

나르시시즘 [narcissism] 그리스 신화의 미소년 나르시소스에서 나온 말로 정신 분석학 용어로 '자기 색정', 문학에서는 '자기 도취'.

나무 [범 Namas] 귀의(歸依). 불교도가 기도할 때 쓰는 말.

나미비아 (Namibia) 〈국〉 아프리카 대륙의 서남부, 대서양 기슭에 있는 나라. 1652년 네덜란드인이 진출한 이래, 네덜란드와 영국이 식민지로 분할 지배, 1886년 독일이 영유하여 오다가 1920년 남아프리카 연방의 위임 통치령, 1949년 이후는 그 속령(屬領). 1967년 현재의 명칭으로 변경. 1979년 자치 정부 수립, 1983년 남아공(南阿共)의 직접 통치, 1985년 잠정 정부 수립. 수도는 빈트후크 (Windhoek). (→) 빈트후크.

나보코프 navokov, Viadimir (1899~) 러시아 태생 미국의 小說家, 批評家.

나사 [영 NASA]National Aeronautics and space Administration의 약 미 항공 우주국. 우주개발의 모든 것을 관리하고 있는 곳.

나사렛 [그 Nazareth] 〈기독교〉 예수가 자란 팔레스타인의 한 마을.

나사로 [그 Lazarus] 〈기독교〉
① 베다니에 사는 마리아와 마르다의

동생.
② 어려움과 고통의 생활을 하지만 내세에 희망을 둔 믿음의 사람.

나사콤 [영 NASAKOM] 인도지나(印度支那)의 민족주의·종교·공산주의의 3세력의 일체화를 꿈꾼 체제. 인도네시아가 주도함.

나사트란 [영 NASATRAN] 〈컴〉 나사(NASA)에서 최초로 작성한 구조 해석(構造解析) 프로그램. 건축 구조의 응력 계산 진동 계산이나 항공기·선체의 설계 등을 할 수 있어 기계·건축 분야에선 불가결한 프로그램의 하나임.

나셀 [프 Nacelle] ① 항공기의 엔진실. ② 기구에 매단 망태, 곤도라.

나소 [nassau] 〈골프〉 매치 플레이를 할 때 먼저 전반 9구명을 구분으로 하여 승부를 정하고 다음에 후반 9구명을 구분으로 하여 정한 후 다시 18구명 전체를 구분으로 하여 승부를 결정하는 방법.

나소 (Nassau) 〈지〉 바하마 연방(聯邦) (Commonwealth of Bahamas)의 수도. 서인도 제도 북부, 바하마 제도 (Bahamas Is.)중의 뉴프로비던스 섬 (New Providence I.)에 있는 항구 도시. (→) 바하마.

나우 [영 now] 금일적, 금일의 현재적이라는 의미의 말.

나우루 (Nauru/Republic Nauru) 〈국〉 서태평양, 적도 바로 아래 나우루 섬(Nauru I.)에 위치한 공화국. 1888년 독일령, 1949년 오스트레일리아 신탁 통치 전관국(專管國) 시대를 거쳐 1968년 공화국으로 독립. 수도는 나우루(Nauru). (→) 나우루 〈지〉.

나우루 (Nauru) 〈지〉 나우루 공화국 (Republic Nauru)의 수도. (→) 나우루 〈국〉

나이궁 [독 Neigung] 〈스키〉 도약 전의 허리를 굽힌 상태.

나이드라지드 [nydrazid] 결핵약의 상품명.

나이브 [영 naive] 소박한, 순진한.

나이브테 [naivete] 순진, 소박.

나이스타틴 [영 nystatin] 〈약〉방선균항생물질의 일종. 곰팡이성 병의 특효약.

나이신 [영 Nisin] 〈식품〉 항생 물질.

나이아시틴 [영 Niacytin] 〈식품〉 가수 분해되지 않고는 이용되지 않음.

나이아신 [미 Niacin] 〈생화〉nicotinic acid와 in과 약합성어, 니코틴 산 (nicotinic 酸)의 미국 상품명.

나이지리아 (Nigeria/Federal Republic of Nigeria) 〈국〉 서아프리카 기니만 (Guinea B.)에 면한 연방 공화국. 니제르 공화국(Republic of Niger)의 남부 니제르강(Niger R.) 하류에 위치하고 있음. 15세기 이래 영국, 에스파냐의 노예 매매 시장이었다가 1879년 영국 식민지, 1960년 영 연방 내의 일원으로 독립, 1963년 공화국이 됨. 수도는 라고스(Lagos). (→) 라고스.

나이키 [그 > 미] Nike
① 〈신〉 그리스 신화에서 날개 달린 여신. 승리의 여신. 그리스어 nike(승리)에서 온 말.
② 〈군〉 미국의 대공 유도탄의 일종.
③ 미국의 상품명.

나이키 아렉스 [Nike Ajax] 〈군〉 미육군의 지대공 유도탄.

나이키 제우스 [미 Nike Zeus] 〈군〉 미국의 ICBM (대륙간 탄도탄) 이나 IRBM (중거리 탄도탄) 요격용 지대공 미사일. 속도 4마하, 사정 380km

나이키 쥬스 [Nike Zeus] 〈군〉 미국의 요격용의 지대공 미사일.

나이키 허큘리스 [미 Nike Hercules] 〈군〉 미국의 지대공 미사일. 전장

ㄴ

12.4.m, 직경 61㎝, 무게 4000㎏, 속도 3.5마하, 사정거리 160㎞, 탄두가 핵탄두용과 비 핵탄두용이 있다.

나이터 [일 nighter] 〈야〉 야간 경기. 영어로는 나이트 게임(night game)이라고 함. (→) 나이트 게임.

나이트 [영 Knight]
① 중세의 기사, 기사도를 지키는 선비.
② 영국의 작위로서의 칭호가 보내진다.

나이트 드레스 [영 night-dress] 〈복〉 잠옷.

나이트로젠 마스터드 [영 nitrogen mustards] 제암제의 하나. [질소성의 독사스]라고 하는 것 같이 암이나 악성종양이 세포 분열하는 것을 방지하는데 강력한 효과가 있다.

나이트륨 [영 nightrium] 〈의〉 주로 학생의 밤의 결핵요양시설.

나이트 캡 [영 night cap]
① 〈복〉 취침할 때 머리에 쓰는 그물 모양으로 뜬 모자.
② 잠자리에 들기 전에 마시는 술. 자리 술.

나이트 클로즈 [night clothes] 〈의상〉 어린이의 자리옷.

나이트 테이블 [영 night table] 침대 옆에 두는 작은 테이블.

나이티 [영 nighty] 배감기, 잠옷.

나이팅게일 데이 [Nightingale Day] [적십자의 모]라고 하는 프로렌스 나이팅게일(1820~1910 영국)의 탄생일을 기념하는 날 5월 12일

나인 [독 nein] 노, 아니오. 부. 상대어는 야(ja).

나인 볼 [nine ball] 〈당구〉 공을 9개 가지고 하는 놀이.

나인틴 홀 [nineteen hole(s)] 〈골프〉 한 라운드 즉 18홀을 끝내고 쉬는 데서 유래된 말로 쉬는 장소.

나인 핀즈 [nine pins] 9개의 곤봉을 사용하는 볼링 게임.

나일 강 (江) (Nile R.) 〈지〉 아프리카 (Africa) 동북부를 흐르는 강.

나일론 [미 nylon] 탄소, 수소, 질소를 원료로 한 폴리아미드계의 합성섬유. 상품명. 1938년 미국의 듀폰사가 개발하였다.

나일론 직물 (織物) [영 nylon fabric] 〈섬〉 주로 나일론사를 사용한 직물.

나지 [NADGE] NATO(북대서양 조약기구)의 전자대공방위체계. NATO Air Defence Ground Environment의 약.

나찰 (羅刹) [범 raksas/rakshas] 〔중 羅刹〕 〈불〉 악귀. 라크샤스의 중국어 표기. → 라크샤스(raksas).

나치 [도 Nazi / Nazis] 〈정〉 독일의 국가 사회주의 노동당. 또는 그 당원. 당 이름 Nationalsozialistische Deutsche Arbeiterpartei의 준말로 나치. 나치의 복수형인 Nazis는 Nationalsozialist준말. 나치스의 약.

나치스 [nazis] 나치당(National Sozialist)의 약어. 정식으로는 독일국민사회주의 노동당이라고 한다. 1919년에 히틀러에 의해 결정되어 반민주, 반공, 반유태 민족주의를 제창하여 독제정치를 제창하였다.

나치즘 [Nazism] 〈정〉 독일국쇄주의.

나코티즘 [영 narcotism] 마취, 마약중독.

나크 [Knack] 비결. 묘책. 묘탑.

나타스 [NATAS] 〈컴퓨터〉 신종 컴퓨터 바이러스의 하나. 영문 표기를 거꾸로 읽으면 사탄. 컴퓨터를 처음 작동할 때나 파일을 설치할 때 어느 한 경우에만 피해를 입힌 기존 것과 달리 이 바이러스는 양쪽 어느 경우에도 발생하여 퇴치를 어렵게 함.

나탈 (Natal) 〈지〉
① 남아프리카 (S.Africa) 공화국의 동

쪽에 있는 주.
② 브라질(Brazil) 동북부, 리우그란데 두노르테(Rio Grande do Norte)주의 도시.

나토 [NATO] 〈정〉 북대서양조약기구, North Atlantic Treaty Organization의 약. 구 소련권에 대항하기 위해서 1949년에 결성된 안전보장동맹기구로서 본부는 프랑스에 있었으나 프랑스가 나토군사위를 이탈하였기 때문에 1967년 브뤼셀로 옮겼다.

나트 [영 knot] ① 〈복〉 매듭.
② 해리, 해로의 단위로 약 1,852미터.
③ 배의 속도를 나타내는 단위.

나트륨 [Natrium] 〈화〉 은백색의 부드러운 금속원소이며 기호Na. 별명을 소듐이라고 하며 천연에는 암염, 칠레초석에 염으로서 존재한다.

나트륨 브라인 [natrium brine] 나트륨 소금물.

나트륨아말감 [natrium amalgam] 〈화학〉 나트륨과 수은의 합금.

나프타 [페·그>라>포·네·도] Naphtha> [영 naphtha] 〈화〉 석유화학의 기본 원료. 조제(粗製) 휘발유. 영어 표기로는 냅서

나프토퀴논 [naphthoquinone] 〈화학〉 화합물의 하나.

나프톨 [독 Naphthol] 〈녹〉 무색 작은 잎사귀 모양의 침상결정체로서, 석탄산과 비슷한 냄새와 매운맛의 약제.

나프티오메이트 [영 naphthiomate] 1962년 일본에서 개발된 수충약.

난(卵) 알부민 [영 ovalbumin / egg Albumin] 〈식품〉

난다데비 산(山) (Nanda Devi Mt.) 〈지〉 히말라야(Himalaya)의 최고봉.

난센스 [미 nonsense] 무의미한 것. 바보스러운 것. 영국선 buncombe/guff /hovey /malarkey 라고도 함.

논센스로도 표기됨.

날리지 워커 [knowledge worker] 기계가 할 수 있는 업무는 자동화하고 보다 고도한 지적 노동에 전념할 수 있는 노동자.

날코틴 [Narkotin] 〈화〉 아편 알칼로이드의 일종. 아편에 포함되는 무색 침상의 결정, 마취작용이 있으며 해열제에 사용한다.

남(南) **아프리카 공화국**(共和國) (South Africa/Republic of South Africa) 〈국〉 아프리카의 맨 남쪽 끝에 있는 공화국. 1488년 이래 네덜란드인이 개척, 1814년 영국이 할양받았음. 1910년 영국의 자치령으로 남아프리카 연방이 되었다가 1961년 영연방에서 탈퇴, 공화국 출범, 수도(행정 수도)는 프리토리아(Pretoria). 입법 수도는 케이프타운(Capetown), 사법 수도는 블룸폰타인(Blomfontein). (→) 프리토리아.

남(南) **예멘** (Yemen/Peopele's Democratic Republic of Yemen) 〈국〉 예멘인민 민주 공화국. 아라비아 반도 남단 아덴 만(Aden B.)에 임해 있는 공화국. 1937년부터 영국의 직할 식민지로 있던 아덴(Aden)이 1963년 남아라비아 보호령과 통합, 남예멘 연방이 성립. 1967년 남예멘 인민공화국으로 독립. 1970년 국명을 예멘 인민 민주 공화국으로 개칭. 수도는 아덴. (→) 아덴.

납 [영 Knob] 손잡이, 핸들, 문이나 기계의 잡는 부분.

낫 아웃 [not out] 야구에서 세 번째 스트라이크를 포수가 못 받았을 때, 스트라이크 아웃으로 인정하지 않아 타자는 일종의 타구를 친 셈이 되어 1루에까지 무사히 달려 살게 됨.

낫웨이트 [not weight] 〈권투〉 아마추어 권투의 중량에 의한 시합 체급의 하나.

내레이션 [라 > 영 narration]
① 설화, 이야기.
② 〈라〉 대화 이외의 이야기 부분.
③ 〈텔·연〉 화면이나 무대의 진행에 따라 해설 또는 설명하는 화면(무대) 밖의 목소리.

내로게이지 [narrow-gauge] 궤도가 좁은 철도.

내로 스커트 [narrow skirt] 〈의상〉 도련이 좁은 스커트.

내밍 [영 naming] 상품이나 회사 또는 기획물에 이름을 붙이는 것. 정확한 이름은 상품이나 회사의 이미지를 보다 높이는데 도움이 된다.

내블 [영 navel] ① 배꼽.
② 〈식〉 네이블오렌지의 약칭. 배꼽형의 돌기가 있는 브라질 원산 오렌지의 변종. 수분, 감미가 많은 과실.

내세리즘 [영 Nasserism] 〈정〉 낫셀주의, 이집트의 낫셀 대통령의 사상으로 동서 양진영에는 중립을 유지하고, 자국의 사상, 민족의 통일을 겨냥하고 나아가서 유럽제국에 대해서는 그들의 경제 지배를 타파하는 것을 목표로 한 정책.

내셔널 [영 National]
① 국민적, 민족적, 국가적.
② 국립, 국영.

내셔널 게임 [national game] 〈체육〉 국기.

내셔널 리그 [미 National League] 〈체〉 아메리칸 리그 (American League) 와 함께 미국의 2대 야구 연맹의 하나. 1876년 창립, 처음엔 8팀이었는데, 1962년부터 2개 팀이 더 참가하여 현재는 10개팀. (→) 아메리칸 리그 (American League) → 메이저 리그 (Major League).

내셔널리스트 [영 Nationalist] 민족주의자, 국가주의자.

내셔널리제이션 [영 nationalization] 국유화. 국영화.

내셔널리즘 [영 Nationalism] 민족주의, 국가주의.

내셔널리티 [영 Nationality] 국민성, 국적.

내셔널 브랜드 [영 national brand] 〈유〉 메이커가 자사(自社) 제품만이 아니라 위탁 생산품에 대해서 붙인 브랜드로서 전국적으로 알려진 것. ↔ 프라이비트 브랜드 (private brand).

내셔널 아이덴티티 [영 national identity] 민족적 동일성.

내셔널 체인 [영 national chain] 〈유〉 전국적으로 점포를 전개하고 있는 체인 스토어 (chain store).

내셔널 컨벤션 [영 national convention] 미국 대통령 선거가 있는 해에 열리는 정당의 전국 대회.

내셔널 컨센서스 [영 national consensus] 국민 세론(世論)의 합의. 일치한 국민 의식.

내셔널 프러덕트 [영 national product] 국민 생산. GNP는 국민 총생산.

내추라마 [미 naturama] 〈영〉 미국의 리퍼보락사가 작성한 시네마스코프의 일종.

내추럴 [영 natural] ① 자연의, 천연의.
② 〈음〉 본위기호.

내추럴 그립 [natural grip] 〈골프〉 가장 자연스럽게 쥐는 방법.

내추럴라이제이션 [영 naturalization] 귀화(歸化). 순화(馴化).

내추럴라이즈 [naturalize]
① 외국인을 귀화시킴. 시민권을 부여함.
② 외국의 문물을 받아들임.
③ 동식물을 이식함.

내추럴리즘 [영 naturalism] 자연주의.

내추럴 셀렉션 [natural selection] 다윈의 진화론에 근거를 이룬 학설로 자연 도태.

내추럴 숄더 [natural shoulder] 〈의상〉 패드(pad)를 넣지 않고, 신체의 어깨선을 자연스런 그대로 살린 어깨.

내추럴 체인지 [natural change] 우회전에서 좌회전으로 옮겨가는 족형.

내추럴 커브 [natural curve] 〈구기〉 자연적 곡구(曲球).

내추럴 턴 [natural turn] 오른쪽으로 도는 족형의 하나.

내츄랄 톱 [natural top] 룸바의 한 스텝으로 정면으로 짝을 짓고 교차하는 스텝과 옆으로 벌리는 스텝을 교대로 사용하며 오른편으로 90°쯤 돌아가는 족형(足型).

내프론 [nephron] 〈생물〉 신장 실질부를 구성하고 있는 무수한 관.

낵 [영 knack]
① 영화의 타이틀에서 유행한 말. 남성이 여성을 헌트하는 것.
② 〈복〉 유행을 받아 들여 어딘지 매력적이다 라는 말.

냅 [영 nap] 〈복〉 직물의 표면에 나오는 잔털.

냅색 [영 knapsack] 하이킹 등에 가지고 가는 배낭모양의 백.

냅킨 [napkin] 식사할 때 가슴이나 무릎에 덮는 천. 종이로 만든 것도 있다.

냅킨 직물(織物) [영 napkin cloth] 〈섬〉 마 또는 면 등의 평직 또는 문직의 냅킨용 직물.

냇 워킹 [영 networking]
① 가정과 직장 이외의 장소에서 자주적 조직과 그의 활동.
② 퍼스컴 통신을 매체로 하여 시민이 자주 넷워크를 만들려고 하는 운동.

너드 [nerd] 안경 쓰고, 무거운 책가방을 들고 다니며 공부만 하는 학생. 공부 벌레.

너리싱 [영 nourishing] 양분이 있는, 영향이 있는.

너벨티 [영 novelty] ① 신안, 신기,
② 진물광고, 성냥, 타올, 카렌다, 연필, 수첩, 손수건 등에 상표나 선전문을 넣어서 배포하는 것.

너브 [영 nerve] 〈고무〉 미가황 고무의 강도 · 경도(硬度) · 탄성 · 인성(靭性) 등의 정도를 감각적으로 나타내는 종합 용어.

너빙 [영 nubbing] 〈식품〉 통조림 공업 용어. topping과 tailing을 말함.

너스 뱅크 [영 nurse bank] 간호원의 자격증을 소유하고 가정주부로 되어 있다는 잠재 간호원을 등록시켜서, 취업에 관한 정보의 제공이나 재교육 등을 하고 있는 시설.

너클 [영 knuckle] ① 손가락의 관절.
② 〈야〉너클볼의 약, 손가락의 관절을 이용해서 던지는 회전하지 않는 공.
③ 보트에서 너클포어의 뜻.

너클볼 [knuckleball] 〈체육〉
① 〈야구〉 손가락을 이용하는 변화구로, 회전은 없으나 치기 어려운 볼.
② 〈탁구〉 서브를 할 때 공을 손가락으로 누르거나 공에 흠을 만들어 넣어주는 것.

너클 암 [knuckle arm] 자동차의 조향 장치 구조의 일부.

넌 [프 non] ① 아니요, 부, 노.
② 불, 비, 무 등의 접속어.

넌불 [프 nonbre] ① 수.
② 서물 등의 페이지 맥임.

넌파레일 [nonpareil] 〈인〉 활자의 하나, 7호 활자보다 조금 크다.

넘버링 머신 [numbering machine] 자동 기호기.

넛메그 [영 nutmeg] 〈식〉 육두구, 요리의 향료로 사용함.

넘버 플레이트 [number plate] 도로 경주 때 자전거에 붙이는 번호. 자동차에 붙이는 번호판.

네거티브 리스트 [영 negative list] 〈무〉 수입을 원칙적으로 자유화하고 예외의 제한 품목만을 열거한 것. 예외적 수입 제한·금지 품목표.

네거티브 리스트 시스템 [negative system] 원칙적으로 수입은 자유화하되 예외적으로 수입을 제한·금지하는 품목만을 열거하는 형식의 상품 품목표.

네거티브 어프로치 [영 negative approach] 〈광고〉 상품의 효용성을 직접적으로 소구(訴求)하지 않고, 역으로 부정적인 입장에서 상품의 특성을 어필(appeal)하는 광고 수법. "25세 이하는 사용하면 안됩니다." 라는 화장품의 광고 따위.

네군도 [negundo] 단풍나무의 하나. 낙엽활엽 교목임.

네글렉트 [영 neglect] ① 무시하는 ② 투창

네글리제 [라>프 neglige] [영 negligee] 〈복〉 약식 복장에서 온말. 여성용 실내옷, 또는 잠옷.

네덜란드 (Netherlands/Kingdom of Netherlands) 〈국〉 유럽의 서북부에 있는 입헌 왕국. 네덜란드어 표기로는 Koninkrijk der Nederlandan. 16세기 이후 에스파냐의 통치 아래 있다가 1581년 독립. 1795년 프랑스에 점령당했으나 1814년 벨기에와 함께 통일 공화국 수립. 1830년 벨기에와 분리, 2차대전 때 독일에 점령당함. 1944년 연합군에 의해 해방됨. 옛 이름은 홀랜드(Holland). 한자 표기로 화란(和蘭). 수도는 암스테르담 (Amsterdam) (→) 암스테르담.

네로 (Nero, 37~68) 〈인〉 고대 로마의 황제, 폭군.

네루, 자와할랄 (Jawaharlal Nehru, 1889~1964) 〈인〉 인도의 정치가, 총리.

네마토다 [독 Nematode] 선충류의 총칭. 회충, 요충, 십이지장충 등을 말하며 가축에 기생하여 작물을 해친다.

네메시스 [Nemesis] 희랍신화에서 복수의 여신.

네버 해픈 [영 never happen] 강하게 부정을 표시하고 "결코 다시 생기지 않는다."는 의미로 쓴다.

네부카드네자르 2세 (Nebuchadnezzar Ⅱ, 기원전 605~562) 〈인〉 신바빌로니아의 왕.

네뷸라이저 [영 nebulizer] 〈의〉 약제용의 분무기.

네비게이숀 (Navigation) 위치추적장치.

네비게이터 (navigator) 진로설정자, 항법사, 자동주행장치.

네사글라스 [NESA glass] 전도유리. 유리의 표면에 산화주석의 피막을 입힌 것.

네세사리 [영 necessary] 필요한 〈용례〉 네세사리 이블(필요악).

네스토리우스 (Nestorius, ?~450) 〈인〉 고대 시리아, 비잔틴 제국(Byzantine)의 콘스탄티노프 대주교. 그리스도의 신성(神性)과 인성(人性)의 일치를 부정하여 "마리아는 예수의 어머니이지, 신의 어머니가 아니다." 라는 주장이 이단으로 몰려 추방되었음. 그 일파가 페르시아로부터 인도, 중국에까지 퍼졌는데, 특히 중국에선 경교(景敎)로 호칭되기도 함.

네스트 [영 nest] ① 보금자리. 소굴. ② 〈컴〉 서브루틴(subroutine) 또는 데이터(data)를 계층 레벨이 다른 서브루틴 또는 데이터 속에 넣어

각기 하나 하나가 반복적으로 실행되게 하거나, 넣기 빼기할 수 있도록 하는 것. 네스팅(nesting). → 네스팅.

네스트 테이블 [nest table] 대·중·소의 테이블을 포개 놓은 형식의 것으로, 장소를 차지하지 않는 편리함이 있음. '네스트'는 보금자리. 은신처, 안식처.

네스팅 [영 nesting] 〈컴〉 서브루틴(subroutine) 또는 데이터(data)를 계층 레벨이 다른 서브루틴 또는 데이터 속에 넣어 그들 하나하나가 반복적으로 실행되게 하거나, 넣고 빼고 할 수 있도록 하는 것. 네스트(nest)라고도 함.

네·스·파 [프 n'estcepas] 가볍게 강조하는 말. 그럴 것이다, 그렇지 않다.

네슬러(액) [Nessler] 〈화학〉 암모니아의 유무를 실험하는 물약.

네슬르 [프 Nestle] 〈회〉 스위스의 식품가공 회사.

네시 [영 nessie] 영국, 북 스코틀랜드의 내스호에 서식한다고 하는 괴수의 애칭.

네오 [희 neo] 신, 새로운 의미의 접두어.

네오딤 [Neodymium] 은백색의 희토류원소의 하나. 기호. 네오디뮴이라고 함.

네오로맨티시즘 [neoromanticism] 〈문학〉 신낭만주의.

네오리버럴 [neo-liberal] 미국에서 대기업 옹호의 공화당 보수에는 반대하나, 대노조의 힘이 강한 민주당 주류에도 반발하는 층(1948년의 민주당대통령 후보선에서 게리 하트를 지지한 층).

네오리얼리슴 [이 neo-realismo] 〈예술〉 2차 대전 후 이탈리아에서 일어난 영화 예술 운동.

네오머컨틸리즘 [neo-mercantillism] 〈경제〉 신중상주의.

네오멘델리즘 [Neo-Mendelism] 수정된 멘델의 유전 법칙.

네오밀 [neomeal] 젖을 뗀 아기 영양식의 상표명.

네오살바르산 [독 Neosalvarsan] 매독주사용의 비소제(砒素劑).

네오슈거 [neosugar] 설탕과는 약간 다른 저칼로리의 천연 감미료.

네오임프레셔니즘 [neo-impressionism] 〈예술〉 신인상주의.

네오콜로니얼리즘 [neocolonialism] 신식민주의(2차 대전 후, 식민지의 독립을 인정하면서 독립한 신흥국을 군사적 경제적으로 지배하려는 생각.)

네오테니 [neoteny] 유형성숙(幼形成熟). 형태는 어린데도 성적(性的)으로는 성숙한 것.

네오폴리스 [영 Neopolis] 신도시, 신개시

네오프렌 [영 Neoprene] 아세틸렌을 주원료로 한 합성고무의 하나. 미국의 듀폰사에서 발매한 상품명. 내약품성, 내유성, 전기 절연성도 우수하며 가소성이 강하다.

네오프로이디즘 [neo-Freudism] 〈심리〉 신프로이드주의.

네오휴머니즘 [neohumanism] 〈철학·문학〉 신인문주의.

네온 [독 Neon] 〈화〉 공기 중에는 극히 미량으로 존재하는 무미, 무취, 무색의 희가스류 원소이며 기호는 Ne. 번호 10.

네온 램프 [neon lamp] 네온 전구.

네올리지 [영 Neology] 신어, 신어학.

네올로지스트 [neologist]
① 〈문학〉 신어를 창조·수입하는 사람.
② 새 교의를 주장하는 사람.

네올로지즘 [neologism]

39

① 신어 창조 또는 신어.
② 신학상의 신교.

네우마 [라 neuma] 〈음악〉 중세의 성가 악보에 쓰이던 음표.

네이멍구/내몽고 (內蒙古) 〈지〉 중국의 북부, 고비 사막 이남의 땅.

네이밍 [영 naming]
① 이름 짓기, 명명(命名)
② 〈유〉상품명의 선전. 상품이나 서비스 캠페인 등에 상품명을 붙여 선전하는 일.

네이블 오렌지 [navel orange] 가운데가 배꼽처럼 튀어 나온 귤. 브라질 원산.

네이비 블루 [navy blue] 영국 해군 제복과 같은 짙은 감색.

네이선 (Robert Gruntal Nathan, 1894~) 〈인〉 미국의 소설가. 작품에 <제니의 초상> 등이 있음.

네이선 보고서(報告書) [영 Nathan Report 미국 네이던 협회가 한국 전쟁 [6.25사변] 뒤 UNKRA와 계약을 맺고 작성한 한국 경제 재건계획.

네이쥬 [neige] 눈. 〈요〉 난백을 거품 일게 하여 담설(淡說)과 같이 장식한 과자, 요리.

네이추어 [영 nature] ① 본성. 본질.
② 자연.   ③ 조화

네이추어리즘 [영 naturism] 자연숭배, 자연요법.

네이티브 스피커 [native speaker] 화제·연구 대상이 되어 있는 어떤 언어를 모국어로 하는 사람.

네이팜 [napam] 〈군사〉
① 가솔린의 젤리화제(jeiiy 化劑)
② 폭탄의 종류 네이팜탄.

네이팜탄 [미 napalm(탄)] 〈군〉 휘발유(naphtha)와 야자유(palm)의 합성어. 강렬한 유지소이탄으로 폭발했을 때 800도 이상의 고열을 발생하며

2000평방미터 이상을 태워 버린다.

네이프라인 [영 napeline] 〈곡〉 목줄기, 목덜미의 선.

네일 [영 nail] ① 발톱.   ② 못.
③ 〈복〉 천을 측정하는 길이의 단위로 16분의 1야드 또는 2인치 1/4, 즉 발톱의 길이 정도라는 데서 나온 말.

네일 파일 [nail file] 손톱 다듬기.

네일 폴리시 [nail polish] 매니큐어액(液).

네임 게터 [영 name getter] 〈광고〉 다이렉트 메일(direct mail) 곧 광고 우편용의 고객 명단을 수집하기 위한 아이디어나 방법.

네코림 [NECOLIM] Neo-Colonialism and Imperialism의 약. 인도네시아의 스카르노 대통령시대에 지적한 것으로서 신식민지주의와 제국주의의 합체한 주장으로서 이것에 절대 반대한다는 것.

네크로만티즘 [영 necromantiam] 무술, 강신술.

네크로포비아 [영 necrophobia] 공사병, 극단으로 죽음을 겁내는 병.

네크 스프링 [neck spring] 〈체조〉 누워 두 다리를 위로 들었다가 내리면서 허리를 대지 않고 일어나는 것.

네크 포인트 [neck point] 〈의상〉 목둘레선과 어깨선이 마주치는 점.

네클렛 [necklet] 작은 목걸이.

네클리스 [necklace] 목이나 가슴을 장식하는 여성용 목걸이.

네킹 [necking]
① 목을 끌어안고 입 맞추기.
② 〈건축〉 기둥의 목도리, 목 부분의 쇠사리 장식.

네트 [net] ① 〈경제〉 순 이익.
② 안에 든 물건의 무게.
③ 그물망, 올가미.

네트 [러 net] 아니오, 부정의 말.

네트 게임 [net game] 〈테니스〉 네트 가까이 서서 행하는 플레이.

네트 샷 [net shot] 〈배드민턴〉 네트 옆에서 치는 것.

네트 오버 [net over] 〈테니스·탁구〉 라켓 또는 몸의 일부가 네트를 넘는 경우로 반칙임.

네트워크 [network] '그물 조직'이라는 뜻에서 온 말.
① 〈라·텔〉 유선 연락 방송망, 동시 방송 중계를 위해 여러 방송국을 연결한 통신망. 준말로는 '네트(net)'
② 〈컴〉 컴퓨터를 이용한 통신망, 또는 컴퓨터끼리 서로 통신하는 것을 목적한 컴퓨터 네트워크(Computer network). → 컴퓨터 네트워크.

네트워트 아키텍처 [영 network architecture] 〈컴〉 네트워크 시스템의 구조. 조합 구조. 복수의 컴퓨터나 단말기가 각각 어떻게 일 분담을 하고 서로가 어떤 약속에 따라 통신을 할 것인가를 결정지어주는 조합 구조를 말함.

네트 인 [net in] 〈테니스〉 친 공이 네트에 맞고 상대편 코트로 들어갔을 때 세이프가 되며 서브일 때는 다시 하게 됨.

네트 코드 샷 [net cord shot] 〈테니스〉 그물을 스치고 들어간 공.

네트 코드 스트록 [net cord stroke] 〈테니스〉 네트 코드 샷.

네트 포스트 [net post] 〈테니스〉 네트를 치는 기둥.

네트 폴라이트 [net flight] 〈배드민턴〉 셔틀콕이 그물에 닿을락 말락하게 넘어가는 것.

네트 플레이 [영 net play] 〈체〉 배구나 테니스의 경우 네트 옆에서 플레이 하는 것.

네티즌 [netizen] 네트워크(net work)와 시티즌(citizen)의 합성어로 네트워크로 이루어진 가상 사회[cyber space]의 구성원이란 의미를 지닌 신조어.

네팔 (Nepal/Kingdom of Nepal) 〈국〉 히말라야 산맥(Himalaya)중에 있는 민주국가. 1814~1816년 영국과의 전쟁에서 패배 영국의 보호아래 있다가 1923년 독립. 라나 족의 군벌(軍閥) 정치 계속, 1951년 트리브나 국왕이 왕정 복귀, 입헌 군주제 확립. 2007년 왕정이 무너지고 의회 민주주의로 탈바꿈. 수도는 카트만두(Kathmandu) (→) 카트만두.

네펠라이트 [nephelite] 〈광물〉 수정에서 나는 6각형의 금속.

네펠리나이트 [nephelinite] 〈광물〉 검고 무거운 화성암.

네포스 [NEFOS] 인도네시아의 스카르노 대통령이 1965년 4월에 설명한 기성세력(올레포스)에 대한 신흥세력의 의미. New Emerging Force의 약.

네포티즘 [영 Nepotism] 친척 등용. 족벌 정치. 연고 채용제.

네프로제 [Nephrose] 〈의〉 열병, 중독 등에 수반되는 신장병의 일종. 부종이나 담백뇨가 나오는 증상이 된다.

넥 [영 neck] ① 목. ② 넥 라인의 약. ③ 애로.

넥타 [그 > 라 > 영 nectar]
① 〈신〉 그리스 신화에서 신들이 마신 술.
② 〈식품〉 펄프질 많은 과육(果肉) 음료.

넥 포인트 [영 neck point] 〈복〉 어깨선과 옷깃이 합치는 점.

넬슨 (Nelson) 〈지〉
① 뉴질랜드(New Zealand)를 이루는

남섬의 주요 도시의 하나.
② 캐나다(Canada) 브리티시컬럼비아(British Colombia) 주에 있는 도시.
③ 〈프로레스링〉 상대의 등 뒤에서 양손을 어깨 밑으로 넣어서 두 손을 잡고 상대의 목을 죄는 기술, 아마 레스링에서는 금지되어 있다.

넵 [러 NEP] 신경제 정책, Novaya Economicheskaya Politica의 약.

넵 사(絲) [영 nep yarn] 〈섬〉 넵을 넣어 만든 실.

넵튜늄 [영 neptunium] 〈화〉 초우란 원소, 기호Np · 원자번호 93 · 화학적 성질은 우란 · 1940년에 발견, 회토류 원소와 비슷하다.

넵튠 [라 Neptune] ① 〈천〉 해왕성.
② 로마 신화에서 해신, 용신

넷 [영 net] ① 망. ② 순량.
③ 〈골프〉 파운드의 타수로부터 핸디수를 뺀 수.
④ 〈정구 · 탁구 · 배구〉 중간의 칸막이 망.
⑤ 〈야〉 포수의 후방에 쳐 놓은 망.
⑥ 〈방〉 네트워크 내에 방송 중계하는 것.

넷스케이프 네비게이터 [Netscape Nevigator] 〈컴퓨터〉 인터넷 검색.

노 게임 [no game] 〈야구〉 무효 시합. 두 팀이 서로 5회전의 공격을 끝내지 못했을 때, 자연 조건 또는 그 밖의 이유로 게임을 지속할 수 없으면 구심(球審)이 '노 게임'을 선언함.

노기스 [Norius] 노리우스의 사투리, 부척이 달려 있는 금속제 기구로서 구(球)나 구명의 지름이나 두께 등을 측정하는 것.

노긴 [영 noggin] 〈식품〉 액량(液量)의 단위로 씀.

노니즘 [nonism] 정신적 · 육체적 건강에 해로운 음식이나 행동을 철저히 멀리하는 극단적인 절제주의.

노듈 [nodule] 〈광물〉 바위 덩어리 유피.

노듈라 [nodular] [광물] 주철의 일종으로 둥그런 흑연 조직임.

노드 [node] ① 마디.
② 〈컴퓨터〉 네트워크의 분기점이나 단말 장치의 접속점.
③ 활동이나 조직의 중심점.
④ 〈컴퓨터〉 도표나 그래프에서의 교차점. 노드는 어떤 상태나 사건 · 시간의 수렴 · 경로나 흐름의 교차를 나타내는 데 사용.

노드 컴퓨터 [영 node computer] 〈컴〉컴퓨터 네트워크 내의 통신로의 접합점. 곧 마디(노드)에 설치되는 컴퓨터. 교차점에서 통신 처리를 전담함.

노디시전 [no decision] 〈권투〉 무판정 시합.

노라 (Nora) 〈문〉 노르웨이의 극작가 입센(Henrik Ibsen)의 희곡 〈인형의 집〉의 여 주인공의 이름. (→) 노라이즈(Noraism).

노라이즘 [영 Noraism] 부인이 독립한 인격자로서 살기 위해 과거의 인습에서 빠져나오려는 주의. 입센(Ibsen)의 〈인형의 집〉의 여주인공 '노라(Nora)'에서 비롯된 말. (→) 노라.

노런 스토킹 [영 norun stocking] 〈곡〉 세로의 봉합 자국이 없으며 전선(伝線)하지 않는 부인용 양말..

노르딕 [영 nordic (events)] 〈체〉 스키에서 거리 경기 · 점프 경기 · 복합경기 등 3종목의 경기의 총칭.

노르마 [러 norma] ① 표준, 기준.
② 노동의 책임량, 기준량.

노르만(인) [Normanne→〈일〉] 스칸디나비아반도에 사는 사람.

노르무 [러 norme] 법칙, 기준, 규범.

노르웨이 (Norway/Kingdom of

Norway) 〈국〉 스칸디나비아 반도(Scandinavia Pen.)의 서부를 차지하는 입헌 군주국. 1376년부터 덴마크령, 1814년 스웨덴의 통치령으로 있다가 1905년 스웨덴과의 같은 군주 아래서의 연합 왕국에서 분리하여 독립 왕국이 됨. 한자 표기로는 나위(那威)>낙위(諾威). 수도는 오슬로(Oslo). (→) 오슬로

노르웨이 밴드 [Norway band] 스키복 아랫바지의 밑을 매는 띠.

노 리턴 [no return] 〈골프〉 경기자가 기권하거나 스코어 카드를 내지 않는 것.

노멀 댄스 [normal dance] 스퀘어와 대항무의 두 가지 춤.

노멀라이징 [normalizing] 정상화. 표준화.

노멀 톤 [normal tone] 〈영화〉 영화촬영 방법의 하나.

노모그래프 [영 nomograph] 표준적으로 계산하기 위한 조건계산표.

노모그램 [nomogram] 계산 도표.

노모스 [희 nomos] 관습.

노몬 [gnomon] 해시계의 바늘.

노미날 [nominal] ① 액면.
② 이름뿐인. ¶ ~ 한.
③ 〈철학〉 유명론.

노미날 레이트 [nominal rate] 〈경제〉 양국 화폐의 평가에서 생기는 환시세.

노미날리즘 [영 nominalism] 〈철〉 유명론, 명목론.

노미날 프라이스 [nominal price] 〈경제〉 명목 가격. 화폐 가격.

노미널 [영 nominal] 명목상의. 이름뿐인.

노미네이션 [영 nomination] 지정. 지명.

노바델록스 [영 novadelox] 〈식품〉 밀가루 처리에 사용되는 과산화 벤졸의 상품명.

노벨 (Alfred Bernhard Nobel, 1833~1896) 〈인〉 스웨덴의 화학자, 공업 기술자.

노벨 [영 novel] 소설, 이야기꺼리.

노벨레테 [독 Novellette]
① 단편소설. ② 서정 소곡

노벨렛 [영 novelette] ① 단편소설.
② 〈음〉 소품곡, 피아노 악곡의 하나.

노벨륨 [영 nobelium] 〈화〉 방사성 원소의 하나, 기호 No. 노벨 연구소에서 1975년에 발견되었으므로 이와 같은 이름이 있다.

노벨상 [영 Nobel prize] 다이너마이트를 발명한 스웨덴의 알프레드 노벨의 유언과 재산에 의해 1896년에 결정된 상. 물리, 화학, 의학, 문학, 평화의 5부분에 나누어져 있으며, 1901이래, 매년 5인의 공로자에게 주어져 있는 세계적인 권위를 가진 상.

노벨티 [라 > 프 > 영 novelty]
① 진기 한 것.
② 신형(新型) 상품.
③ 〈광고〉 사명(社名), 상품명을 찍어서 무료, 배표하는 것. 때로는 할인 가격으로 제공하는 것도 있음. 광고주(廣告主)가 주는 선물의 총칭.
④ 〈유〉 판매 촉진의 목적으로 소비자에게 무료로 배포되는 일용 잡화.

노보카인 [영 novocaine] 국소마취제의 하나. 독성이 적고 코카인보다 뛰어나다.

노브 [knob] 혹. 손잡이.

노블 [영 noble] ① 귀족.
② 귀한, 고결한, 고귀한.

노블 [영 novel] ① 소설, 이야기꺼리.
② 새로운, 신기한.

노블락 [novolak] 〈화학〉 페놀수지

(樹脂)의 하나.

노블레스 [프 nebelesse oblige] 신분이 높은 자가 짊어지는 의무. 도덕성.

노블레스 오블리지 [nebelesse oblige] 사회 고위층의 높은 도덕적 의무.

노비스 [novice] 초보자.

노뿌앙 [no + 프 point] 〈펜싱〉불확실한 찌르기.

노사이드 [no side] 〈럭비〉'경기 끝남' 이라는 심판의 선언.

노쇼 [no-show] 나타나지 않는 것. 불출석(不出席)(항공·호텔 관계에서는 예약해 놓고도 오지 않는 사람, 노동관계에서는 정해진 직장에 나오지 않는 것. 정치적 항의로서의 결근을 말함.)

노스탈지아 [영 nostalgia] 망향, 향수, 홈숙.

노어(의 상자배) [Noah's ark] 〈종〉신이 인간의 타락을 한탄하여 대홍수를 일으키어 모두 사멸시켜 버리는데, 그 때 정의인 노아와 그의 일족만을 남기도록 노아에 명하여 만들어진 배. 대홍수에서 모든 생물은 죽지만 노어의 상자배속에 집어넣은 것은 살아남는다.

노어 회로(回路) [영 NOR-] 〈컴〉논리 회로의 하나. 노어(NOR)는 부정합(否定合)이라고도 함. 입력을 X, Y, 라고 하면, X, Y의 논리합(論理合)의 부정을 출력하는 회로임.

노에마 [그 noema : 독 Noema] 〈철학〉의학의 대상면. ↔ 노에시스.

노에시스 [그 noesis] 〈철학〉의식의 작용면. ↔ 노에마.

노에제네시스 [noegenesis] 〈심리〉새 것을 낳는 사고 작용.

노엘 [Noel] 크리스마스찬가.

노 와이드업 [미 Nowidup] 〈야〉투수가 팔을 머리위로 흔들어 투구하는 동작을 하지 않고 벨트의 상부 근처에서 감지기 투구하는 투법.

노이로제 [독 Neurosis] 〈의〉신경계통에 질환은 없으나 정신병적인 현상을 일으키는 신경증.

노이론 [독 Neuron] 〈생물〉뉴론. 신경성 세포.

노이만 (Johann Ludwing von Neumann, 1903~1957) 〈인〉헝가리 태생의 수학자. 1930년 도미, 힐버트 공간(Hilbert 空間)의 이론 양자역학(量子力學)의 기초를 세우고, 2차대전 당시부터 '게임 이론'(theory of games)을 연구, 오퍼레이션스 리서치(operations reserch) 등 수리(數理) 경제학을 창시. 1954년 미국의 원자력 위원. (→) 게임 이론(理論).

노이에 자하리히카이트 [Neue Schlichkeit] 〈예〉신극물주의, 제1차 세계대전 후에 독일에서 일어난 신 예술사상.

노이에 탄쯔 [독 Neue Tanz] 제1차 세계대전 후 독일에 일어난 신무용.

노이즈 리미터 [noise limiter] 잡음 제한기.

노이즈 필터 [영 noise filter] 〈컴〉입력 신호 중 잡음을 낮게 눌러 필요한 신호만을 남기기 위한 여과기와 같은 회로.

노일 직물(織物) [영 noil cloth] 〈섬〉견방사를 사용하여 직물 표면에 보풀을 나타낸 평직 또는 능직물.

노자 老子 (전 604? ~ ?) 중국의 春秋時代 思想家, 老莊思想의 始祖.

노즈 [nose] 〈골프〉클럽 대가리의 끝. 토우(toe)라고도 함.

노즈 다이브 [nose dive]
① 비행기의 급강하.
② 주가(株價)의 폭락.

노즈 베일 [nose veil] 〈의상〉 여자의 코밑까지 씌우는 베일.

노즐 [영 nozzle] 〈기〉 압력을 가한 기체나 액체의 분출구.

노치 [영 notch] 재료역학에서 홈, 가장자리의 오목.

노치라벨 [영 notch label] 새긴 눈금이 있는 접는 검.

노치백 [영 notchback] 승용차의 후부가 단이 져 있는 것. 교통의 상자형의 자동차를 말함. 상대어는 패스트 백.

노치 백 스타일 [notch back style] 승용차 뒤가 유선형으로 되어 트렁크가 차내에 들어간 형.

노칼라 [no collar] 〈의상〉
① 깃 없이. ② 깃 없는 웃옷.

노커 [영 knocker]
① 방문자가 두드리는 현관문의 두드림 장치.
② 〈야〉 노크를 하는 사람.

노크 [영 knock] ① 때리다. 두드리다.
② 〈야〉 각 야수에게 공을 쳐서 포구의 연습을 하는 것.

노크 업 [knock up] 〈테니스·배구〉 난타. 아무렇게나 하는 연습.

노크 온 [knock on] 〈럭비〉 공이 플레이어의 손이나 팔에 맞아서 상대측의 데드볼 라인의 방향으로 나가는 것.

노 클러치 [no clutch] 자동차의 자동 변속 장치. ▷ 영어로는 automatic transmission.

노킹 [영 knocking] 내연 기관의 기통(氣筒) 안에서 개솔린이 너무 빨리 발화하거나 비정상적으로 타면서 폭발을 일으키는 현상. 이러한 폭연(爆燃, detonation)의 결과로 생기는 기관의 출력 감소나 파손을 방지하기 위하여 앤티녹 제(antiknock 劑)를 혼입함. (→) 앤티녹·옥탄 가(價)(octane number)

노 타임 [no time] 쉬었다가 다시 시작할 때 심판이 쓰는 말.

노 타치 [no touch] ① 닿지 않은 것.
② 관여하지 않는 것.

노택스 [nortax] 무세(無稅).

노털 〔중 老頭兒〕 ① 노인.
② 노련한 사람.

노트 〔knot〕
① 한 시간에 1해리를 달리는 배의 속도.
② 〈요트〉 로프의 매듭 맺는 꼴.

노트 [영 note] ① 기호. ② 각서.
③ 주석. ④ 〈음〉 음부. ⑤ 필기.

노트 회로(回路) 〔영 NOT-〕 〈컴〉 논리 회로의 하나. 부정(否定) 회로.

노티드 [noted] 저명한, 유명한.

노틸러스 [영 nautilus] ① 앵무조개.
② 미국의 세계최초의 원자력 잠수함.

노 파트 [no part] 머리를 자르지 않는 것.

노 하우 [미 > 영 know how] 지식·기술·방법·기술에 관한 정보. 비결. 기술 지도료(指導料).

노혼(지대) [영 nohorn지대] 경적을 울리지 않는 지대.

노히트·노런 〔미 nohitnorun〕 〈야〉 투수가 상대팀 전원에게 안타와 득점을 허용하지 않는 것.

노히트 노런 게임 〔미 no-hit, no-run game〕 〈야〉 투수가 상대팀에 대해 실책이나 4구로 주자를 내고서도 무안타·무득점으로 누른 시합. 영패(零敗) 게임.

녹다운 가구 〔knockdown furniture〕 조립식 가구. 몇 개의 부품으로 분해해서 세트로 파는 것으로, 집에 가지고 와서 자신이 직접 조립하는 가구.

녹 다운 수출(輸出) [영 knock down export] 〈무〉 해외 현지에 조립 공

장을 설치하고 부품을 수출하여 현지에서 조립하는 수출 방식.

녹 배트 [knock bat] 〈야구〉수비 연습을 시키기 위해서 쓰는 방망이로 경기용보다 얇음.

녹 아웃 블로 [영 knock out blow] 〈체〉권투에서 상대가 녹아웃이 되는 타격. 녹 아웃은 붙여 쓸 경우는 노카웃으로도 표기함.

녹탐불 [프 noctambule] 몽유병자.

녹턴 [영 nocturne] 〈음〉야상곡.

녹토비전 [영 noctovision] 암흑속에서도 물체를 볼 수 있는 전자기계장치. 야간의 정찰, 동물의 야간생활의 생태를 탐지할 수 있다. 텔레비와 조합시키면 암야 방송도 할 수 있다.

논 글레어 [영 non-glare] 〈컴〉디스플레이(display) 화면의 무반사 처리.

논버벌 커뮤니케이션 [영 non-verval communication] 〈텔〉언어 이외의 방법으로 표현하는 커뮤니케이션. 전달 방법은 주로 시각. 예를 들면 사진 일러스트레이션·도표 제스처 등이다.

논살랑 [nonchalant]
① 게으른, 무관심한.
② 칠칠치 못한.

논시퀀스 [nonsequence] 족형의 이어 맞추기가 자유로운 것.

논 얼라인먼트 [non alignment] 미국과 러시아 양 진영에 가담하지 않은 외교 정책.

논 인텔레이스 [영 non-interlace] 〈컴〉브라운관의 주사(走査) 표시 방법의 일반적인 것인데, 브라운관 면을 1회의 주사로 1화면을 나타내는 방식.

논임팩트 프린터 [영 nonimpact printer] 〈컴〉인자(印字)하는 지면에 감열(感熱) 방식이나 화학 처리 등으로 인자하는 프린터. 열로 감열지(感熱紙)에 인자하는 것은 서멀 프린터(thermal printer), 잉크를 노즐로부터 분출시켜 인자하는 것은 잉크젯 프린터(inkjet printer), 레이저 광선 열로 인자하는 것은 레이저 프린터(laser printer), 발광 다이어트를 이용한 것은 포토 프린터(photo printer)라고 함.

논 커머셜 어나운스먼트 [영 non-commercial announcement] 〈라·텔〉프로예고, 방송국명 고지, 공공 단체로부터의 고지 등 커미셜 이외의 고지를 말함.

논 파레일 [영 non-pareils] 〈식품〉과자류 장식용 은립(銀粒).

논퍼렐 [nonpareil] 〈인쇄〉6포인트 활자.

논 퍼스널 커뮤니케이션 [화 non-personal] 〈광고〉판매원 등 사람을 중간에 넣지 않는 정보 전달. 매스컴 외에 다이렉트 메일(direct mail)·포스터(poster) 등 일부의 미니 미디어에 의한 것까지 포함함.

논폴리티컬 [일←nonpolitical] 정치에 무관심한 사람. 학생 운동이나 대학 문제에 관심이 없는 자.

논프로 [non-professional] 직업적이 아닌 사람.

논픽션 [nonfiction] 〈문학〉기록 문학 수기. 자서전. 사실 근거한 전기.

놈 [norm] 기준. 규범.

놈브로 nombre 〈인쇄〉페이지 매기기

농샬랑 [프 nonchalant]
① 무사태평한.
② 칠칠하지 못한.
③ 무관심. 무신경함.

농피귀라티프 [프 non-figuratif]
① 비구상(非具象)의.
② 〈미술〉비구상 미술.

누가 [프 nougat] 백색의 부드러운 엿으로 호도나 땅콩 등을 넣은 양과자의 일종.

누드 [영 nude] ① 벌거벗은, 나체. ② 〈미〉 나체화, 나체사진.

누드 스튜디오 [nude studio] 도시나 관광 지대에서 누드모델을 찍은 사진 촬영 장치가 되어 있는 곳.

누디 [영 nudie] 나체의 여자.

누디슴 [영 nudism] 나체주의.

누디안 [영 nudian] 나체애호주의자.

누미디아 (Numidia) 〈지〉 아프리카 (Afeica) 북안, 현재의 알제리 (Algerie) 북부에 있었던 고대 누미디아(Numidia) 인이 살던 곳.

누벨 [프 nouvelle] ① 새로운. ② 통신, 정보.

누벨 바그 [프 nouvelle vague] 〈영〉 1958년 이후 수 년 동안 프랑스에 나타난 새로운 영화의 경향. 새 물결. 영어로는 new wave. 프랑수와 지로의 'nouvelle vague'에서 비롯된 말.

누벨 오브세르바퇴르 [프 Nouvelle Observateur] 프랑스 좌익계 정기 간행물(定期刊行物).

누보 [식] [프 nouveau식] 〈예〉 알 누보식의 약어. 20세기 초 프랑스에 출현한 건축이나 공예상의 양식으로 장식이 없는 솔직한 구성이 특징.

누보 [프 nouveau] ① 새로운, 최근의 ② 정신 나간, 부득요령한. ③ 19세기말에 일어난 예술 등으로 같은 굵기의 단조로운 선을 많이 사용한 도안 양식이 특징이다.

누보 로망 [프 nouveau-roman] 〈문〉 앙티 로망(anti-roman). 새 소설. 근대 소설의 개념을 거부하고 형식·수법의 혁신(이야기 자체나 줄거리의 모호함, 심리 묘사의 부정, 작중 인물의 해체 등)을 특징으로 하는 1950년대 이후부터 주목된 프랑스 현대 소설의 한 경향. (→) 앙티 로망.

누보 마레 [프 nouveau maries] 신혼부부.

누보터 [프 nouveate] 신기한 유행품.

누스 [그 nous] 〈철학〉 정신. 이성.

누악쇼트 (Nouakchott) 〈지〉 모리타니 회교 공화국(Islamic Republic of Mauritania)의 수도. (→) 모리타니.

누클레오시드 [영 nucleoside] [도 Nucleosid] 〈화〉 질소를 포함한 염기(塩基)와 당(糖)이 결합해서 된 배당체(配糖體)꼴을 이룬 화합물의 총칭. 핵산(核酸)을 구성하는 성분의 하나임.

누클레인 [nuklein] 핵산. 생물체의 성분의 하나로서 동식물의 핵중에 포함되어 있다.

누트리아 [영 nutria] 〈동〉 바다삵, 비바과에 속한다. 남미산의 수륙양서로 헤엄을 잘치고 모피가 고급품이다.

뉘른베르크 (Nuruberg) 〈지〉 서독 바이에른(Bayern) 주 제2의 도시. 루스벨트(Franklin Delano Roosevelt)가 취한 새 정책. 대공황 탈출 정책·경제 재건정책의 총칭.

뉘앙스 [프 nuance] 색조·음색·미·감정 등의 미묘한 차이. 음영(陰影). 언어의 의미·감정·음색 등의 기묘한 차이.

뉴딜 [미 New Deal] 〈경〉 1933년 대공황을 빠져나가기 위해 미국 대통령 Roosevelt가 실시한 경제부흥, 사회 복지 증진 정책.

뉴라운드 [영 New Round of Multinational Trande Negotiation] 〈경〉 1980년대 후반부터 1990년대까지의 세계 무역 질서에 대한 기본을 결정하게 될 GATT를 중심으로 한 다자간(多者間) 무역 체제.

뉴라이트 [영 New Right] 신보수주의. 보수 정당 속의 진보파. 우파그룹.

뉴 레프트 [New Left] 신좌익. 나라

47

ㄴ

에 따라 의미가 약간씩 다르지만 공산당에 반기를 든다는 점이 공통된 특징.

뉴로-컴퓨터 [neuro-computer] 〈컴퓨터〉 음성 인식·문자 인식·영상 처리 등에 사용되는 신경망.

뉴로틱 [영 neurotic]
① 신경증의, 신경과민의.
② 이상신경증의 인간을 그린 영화를 뉴로틱 영화라고 함.

뉴론 [영 neurone] 〈의〉 신경세포와 신경섬유의 총칭.

뉴론산 [영 nuisance] ① 미혹한 행위. ② 공해, 음, 냄새, 연기 등으로 타인의 건강이나 재산상의 이익을 침해하는 불법행위.

뉴매틱 케이슨 [pneumatic caisson] 둘레와 천장이 있는 궤.

뉴매틱 해머 [pneumatic hammer] 〈공업〉 공기 마치(방망이).

뉴 미디어 new media 〈영〉 통신 기술·컴퓨터 등의 발전으로 신문·TV에 이어 새로 등장한 정보 매체. 쌍방향 다 채널의 특성을 가진 도시형.

뉴 보이스 [new+voice] 신인 가수(歌手).

뉴 세라믹 [영 new ceramics] 도자기와 흡사한 인공적인 새로운 재료. 유리 섬유나 인조 보석 따위.

뉴스릴 [newsreel] 뉴스. 영화.

뉴스 릴리스 [영 news release] 〈광고〉 기사 제공을 목적으로 보도 가치가 있는 정부나 공공단체 기업 등의 정보를 기사화해서 매스 미디어에 배포하는 인쇄물.

뉴스몽거 [news-monger] 재잘거려 소문을 퍼뜨리는 사람.

뉴스 센스 [news sense] 보도 가치에 관한 감각.

뉴스 쇼 [영 news show] 〈라·텔〉 연출을 가미한 뉴스 프로그램.

뉴스 애널리스트 [영 news analyst] 뉴스 해설자. 사실에 입각한 뉴스의 분석·해설을 하는 사람.

뉴스 캐스터 [영 news caster] 〈라·텔〉 뉴스를 자기가 편집하고, 해설을 곁들이는 사람.

뉴에이지 뮤직 [new age music] 고전 음악, 민속 음악, 환경 음악, 재즈, 록(rock), 현대 음악 등 여러 요소를 포함한 새로운 장르의 연주 음악.

뉴질랜드 (New Zealand/Dominion of New Zealand) 〈국〉 오스트레일리아 대륙 동쪽, 남태평양에 있는 섬나라. 1642년 네덜란드인 타스만(Tasman)이 발견, 1840년 영국 직할 식민지로 있다가 1907년 영 연방 자치령. 1947년 독립, 한자 표기로 신서란(新西蘭). 수도는 웰링턴(Wellington). (→) 웰링턴.

뉴질랜드 프로세스 [영 New Zealand process] 〈식품〉 고기에 사용되는 건조 조작.

뉴커머(즈) [newcomer(s)]
① 새로 온 사람. 신참자.
② 대도시에서 근교의 마을로 이사 온 사람.

뉴 크리티시즘 [new criticism] 1930년 경에 미국에서 일어난 현대 미국의 주류를 이룬 문예 비평으로 언어의 뉘앙스를 존중함.

뉴클레인 [독 Nuclein] 핵단백질의 하나.

뉴클리어 로켓 [nuclear rocket] 〈항공〉 핵로켓.

뉴클리어 멤부렌 [nuclear membrane] 〈생물〉 핵막(核膜).

뉴클리어 에너지 [nuclear energy] 〈항공〉 핵에너지.

뉴클리어 캐이퍼빌리티 [nuclear capability] 〈항공〉 핵무기 적재 능력.

뉴클리어 캡처 [nuclear capture] 〈원자〉 핵포획.

뉴클리어 트랜스퍼런시 [nuclear transparency] 〈원자〉 핵투명도.

뉴클리어 페이스 [nuclear phase] 〈생물〉 핵상(核相).

뉴클리어 프로펄션 [nuclear propulsion] 〈항공〉 핵추진.

뉴클리오닉스 [nucleonics] 〈물리〉 원자핵 공학.

뉴턴 [newton] 〈물리〉 힘의 MKSA 단위.

뉴트럴 [영 neutral]
① 중립의 불편부당의.
② 회색의, 색이 거무칙칙함.
③ 자동차에서 변속기의 기어가 몰려 있지 않은 위치.

뉴트럴 드로(우) [neutral throw] 〈수영〉 레프리 볼. 경기 중단의 이유가 분명치 않을 때. 심판원이 반칙이 일어난 곳으로 던져 주는 것.

뉴트럴리즘 [neutralism] 중립주의. 공산주의 진영에도 민주주의 진영에도 속하지 않는 중립 정책.

뉴트럴 존 [neutral zone] 미식축구·스케이팅에서 중립 지역.

뉴크럴 코너 [영 neutral corner] 〈체〉 권투에서 4개의 코너 중 양쪽의 진(陳)이 되어 있지 않은 나머지 2개의 코너를 말함. 중립 코너.

뉴트로다인 [neutrodyne] 〈기계〉 중화용 축전기를 가진 라디오 수신장치.

뉴트로 마카로니 [영 nutro-macaroni] 〈식품〉 인도서 만듦.

뉴트로 비스키트 [영 nutro-biscuit] 〈식품〉 인도서 시작.

뉴트론 [영 neutron] 〈이〉 중성자, 원자 속의 소립자중 하나. 원자핵 파괴에 중요.

뉴트리노 [영 neutrino] 〈이〉 중성미자. 원에 포함되는 중성자로서 종래의 것보다 미세한 것.

뉴 푸어 [new poor] 가난하지는 않지만 생활에 여유가 없다고 느끼고 있는 계층(특히 샐러리맨 세대에 많으며 평균 생활수준의 향상으로 대부분이 품고 있는 중류 의식 환상(中流意識幻想)의 붕괴에 의해서 나타났다고 함).

뉴 프런티어 [영 New Frontier] 신개척정신. 캐네디(John Fitzgerald Kennedy) 미국 대통령의 정책 표어.

뉴헤브리디스 제도 (諸島) (New Hebrides Is.) 〈지〉 남태평양 솔로몬 제도 (Solomin Is.)의 동남쪽에 있는 대소 80여 개의 섬으로 된 제도.

ㄴ

니 [knee] 〈요트〉 주재(柱材), 곡재(曲材) 무릎, 무릎관절.

니거 [미 nigger] 니그로와 같은 뜻.

니그로 [독 negro] 흑인, 일반적으로 중부 아프리카 원주민의 흑인종을 말함.

니그로 민스트럴 [Negro minstrels] 19세기 중엽에 일어난 흑인 악극단.

니그로신 [nigrosine] 〈화학〉 염료의 하나.

니그로이드 [Nigroid] 아프리카 출신의 미국 흑인이나 그 자손.

니그로 스피리추얼 [영 negro spiritual] 〈음〉 흑인 영가.

니그리토 [Negrito] 오세아니아와 동남아시아에 사는 키가 작으며 살갗이 검은 인종. 준흑인(準黑人).

니농 [프 ninon] 〈섬〉 경위사에 편연 생사를 사용한 시퐁보다 밀도가 많고 엷은 평직물로 제직한 후숙한 견직물.

니들 레이스 [needle lace] 바늘로 뜬 레이스.

니들 빔 [needle beam] 〈건축〉 든 머리보.

ㄴ

니 라인 [knee line] 무릎 선 장식.

니렝스 [영 knee length] 〈복〉양말이나 오버 등의 무릎까지 닿는 크기의 것.

니르바나 [범→영 nirvana] 〈불교〉 열반.

니모닉 코드 [영 nemonic code] 〈컴〉컴퓨터의 내부 정보는 모두 O과 1의 조합으로 표현되고 있는데, 이러한 정보 코드에 기억하기 쉬운 문자 코드를 대응시켜 이해하기 쉽게 한 부호. 예를 들면 A는 가산(add), S는 감산(sudtract), R는 레지스터(redister) 등으로 되어 있으나 이것도 중앙 처리 장치(CPU)에 따라 다르다.

니미츠호 [Nimitz 號] 미국 해군이 1975년 4월 3일 진수시킨 세계 최대의 9만톤급 핵 항공모함. 6천 3백명의 승무원을 태울 수 있으며 13년간 연료 공급 없이 항해할 수 있음. 고 (故) 체스터 니미츠 제독의 이름을 본땃음.

니발린 [niballin] 〈약〉소아마비의 치료약.

니벨룽겐 [Nibelungen] 〈인류〉고대 독일의 전설적인 왕족 니벨룽 (Nibelung)을 시조로 한 난쟁이 족속.

니블 [영 nibble] 〈컴〉4비트(bit)로 구성되는 정보의 단위. 보통 영수자 (英數字)나 한글 문자는 8비트로 표현되며, 이 8비트를 가리켜 바이트 (byte)라고 부른다. (→) 비트.

니 속스 [영 knee sockes] 〈복〉무릎까지 올라오는 양말.

니스 [영 varnish] 와니스의 약어. 알콜 등으로 용해시킨 도료.

니 슬랙스 [knee slacks] 〈의상〉무릎아래까지 내려오는 짧은 바지(특히 부인용).

니안산 [Nhan San(베트남)] 베트남 민주공화국의 대표적 일간지. 베트남 노동당의 중앙기관지.

니어미스 [영 nearmiss] 〈항〉항공기의 접촉 직전의 이상접근.

니어 폴 [영 near fall] 〈체〉레슬링에서 상대를 폴(fall) 직전 상태에 이르게 하는 것.

니오븀 [Niobium] 〈화〉회유금속원소의 하나, 기호 Nb. 회백색으로 융점이 높고, 산이나 알칼리에 침해되지 않는다. 보통 탄탈과 더불어 산출되며 전연성이 풍부함. 니오브 콜론븀이라고 함.

니제르 (Niger/Republic of Niger) 〈국〉 아프리카 대륙 서부의 사하라 사막 남쪽에 있는 공화국. 1904년 프랑스령 서 아프리카에 편입, 1958년 프랑스 공동체 내의 자치국으로 있다가 1960년 완전 독립. 수도는 니아메 (Niamey). (→) 니아메.

니츠 텅 [영 neat's tongue] 요리에서 쓰이는 식용 소의 혀.

니치 [영 niche] 〈건〉꽃병이나 조각 등을 두기 위해서 벽면에 파 놓은 오목한 구조.

니카라과 (Nicaragua/Republic of Nicaragua) 〈국〉중앙 아메리카 중부에 있는 공화국. 1502년 에스파냐령, 1822년 멕시코 제국(Mexico 帝國)에 병합. 1823년 중미(中美) 연방을 거쳐 1838년에 분리 독립. 1948년 완전 독립. 1983년 영세 중립국 선언. 수도는 마나과(Managua). (→) 마나과.

니캡 가드 [kneecap guard] 무릎 근처에서 졸라매게 된 느슨한 반바지(등산이나 골프 칠 때에 입음).

니커 보거스 [미 Knicker Bockers] 〈복〉소매를 주름잡아 무릎까지 닿는 반즈봉으로 완만한 것. 여행이나 골프 등에 사용되지만 본래는 자전거 탈 때 입는 즈봉이었다. 니커라고 줄여서 부른다.

니켈 [영 nickel] 금속원소의 하나. 박

동. 기호 Ni. 은백색으로 녹슬지 않으며, 알칼리에도 강하고, 자성이 있으며 전연성이 풍부하기 때문에 도금, 합금 등에 사용된다.

니콜프리즘 [nicol prism] 편광(偏光) 프리즘의 하나.

니콜롬 [영 nichrome] 전기저항, 내열조선(條線).

니트 [영 knit] 짜다, 뜨다, 사뜨다. 〈용례〉니트웨어.

니트 [nit] [물리] 휘도(輝度)의 단위.

니트 [nit] ① 깨끗한. 정연한. 깔끔한 ② 위스키의 스트레이트.

니트라민 [독 Nitramine] 〈화학〉질소 원자와 결합한 니트로기를 가진 화합물.

니트로 [영 nitro] 초산과 다른 것과의 화합물을 나타내는 접두어.

니트로-글리세린 [독 Nitroglyzerin] 〈화학〉글리세린을 발연(發煙) 질산과 황산의 혼합액에 반응시켜 만든 무색의 액체. 다이너마이트·무연 화약 등에 이용됨.

니트로벤제 [독 Nitrobenzen] 〈화학〉니트로벤졸.

니트로벤젤 [독 Nitrobenzol] 〈화학〉니트로벤젠. → 니트로벤진.

니트로벤진 [독 Nitrobenzin] 〈화학〉벤젠에 진한 황산과 진한 질산의 혼합물을 반응시켜 만든 엷은 황색의 액체. 아닐린의 원료로 중요함.

니트로-셀룰로오스 [독 Nitro+cellulose] 〈화학〉셀룰로오스를 진한 황산과 진한 질산의 혼합액에 반응시켜 만든 질산에스테르. 솜화약·셀룰로이드 등의 원료로 쓰임.

니트로소 헤모글로빈 [미·영 nitroso+haemoglobin] 〈식품〉소금에 절인 육류의 붉은 색.

니트로페놀 [독 Nitrophenol] 〈화학〉연료의 원료로 쓰임.

니트로포스카 [독 Nitrophoska] 〈농업〉비료의 세 요소인 질소·인산·칼리를 다 포함한 비료.

니트론 [독 Nitron] 〈화학〉질산 이온의 특수 분석 시약.

니트릴 [독 Nitril] 〈화학〉시안기가 직접 탄소 원자에 결합한 화합물의 족.

니트웨어 [영 Knitwear] 〈복〉털실 등으로 짠 의복. 본디는 메리야스의류, 주로 스웨터류를 가리킨 데서 나온 말.

나이드 드레스 [knitted dress] 〈복〉수편 또는 기계편의 의복.

니팅 [영 knitting] 〈복〉편물, 수편물, 기계편물이라고도 함.

니파 [영 nipah] 니파야자, 말레이어의 Nipah에서 나온 말. 동인도 필리핀 등에서 생산하는 야자의 일종.

니퍼 [영 nippers] 집게, 철사절단기.

니페 [독 Nife] 〈지〉지구의 중심부, 니켈(Ni)과 철(Fe)로 만들어졌다고 생각한데서 연유한다.

니프트 [neaped] 조수가 낮아 배가 진행에 방해를 받는 것.

니플 [nipple] ① 젖꼭지(비슷한 물건). ② 차의 주유 장치.

니홀드 [knee hold] 〈레슬링〉무릎을 잡아 넘어뜨리는 기술.

니힐 [영 nihil] 허무, 니힐리즘, 니힐리스트의 약.

니힐리스트 [영 nihilist] 허무주의자.

니힐리스틱 [영 nihilistic] 허무적인, 허무주의의.

니힐리즘 [영 nihilism] 허무주의.

닉슨, 리처드 밀하우스 (Richard Milhous Nixon, 1913~1994) 〈인〉

미국 제37대 대통령. 워터게이트 사건으로 중도 사임.

닉슨 독트린 [Nixon Doctrine] 1969년 7월 25일 닉슨 미대통령이 의회에 보낸 1970년대의 미국 외교 정책 평화를 위한 신전략이라는 외교 교서에 수록된 기본 원칙. 내용은 우방국(友邦國)의 자조 방위(自助防衛)를 요구하고 있으며 협상의 시대를 선언.

닉슨 쇼크 [영 Nixon shock] 〈경〉 닉슨(Nixon) 미국 대통령에 의한 달러 방위 정책의 발표가 해외에 미친 충격을 일러 부르는 말. 특히 대미(對美) 수출 의존도가 높은 한국·일본·중남미 제국에 큰 충격을 주었음.

난히드린 시험(試驗) [영 ninhydrin test] 〈화〉단백질의 색채반응의 하나.

닐로트 [Nilot] 나일강 상류에 사는 여러 종족을 통틀어 이르는 말.

닐슨 리서치 [Nielsen research] 미국 닐슨사(社)의 TV시청률 조사.

님다 바이러스 [Nimda Virus] 의미없는 문자로 전파되며, 첨부파일을 실행하지 않아도 자동으로 컴퓨터를 감염시킨다.

님비 [NIMBY = not in my backyard] '내 뒷마당에는 안된다'는 뜻을 가진 'not in my backyard'의 머리글자를 딴 신조어. 지역 이기주의.

님포마니아 [nymphomania] 여성의 색정광의 뜻.

님프 [nymph] ① 아름다운 소녀. ② 〈신화〉 그리스 신화에서 들·시내·샘·하천·나무에 사는 요정들.

닙핀(정지) [kniffin] 포도 정지법의 하나.

ㄷ

다그마 [미 DAGMAR] 광고 이론의 하나로, 미국의 라셀 콜리의 저서 'Defining Advertising Goals For Measured Advertising Results' 의 머리글자. 광고에 의한 목적을 확정하여 효과를 측정하는 것.

다뉴브 강(江) (Danube R.) 〈지〉 볼가 강(Volga R.)에 다음 가는 유럽서 둘째로 긴 강. 독일의 서남부 슈바르츠발트 [黑林] 산맥(Schwarz wald Mts.)에서 발원하여 유럽 각국을 지나 흑해로 들어감. 독일어 표기는 도나우 강(Donau R.). (→) 도나우 강.

다닝 스티치 [darning stitch] 뜨개질의 한 방법.

다다 [프 dada] ① 말〈馬〉특기. ② 다다이슴 (dadaisme) [영어 표기로 다다이즘(dadaism)], 또는 다다이스트(dadaiste) [영어 표기로 dadaist] 의 준말. (→)다다이즘 (dadaism)

다다이스트 [프 dadaist] 〈예〉다다이즘파의 예술가.

다다이즘 [프 dadaisme] [영 dadaism] 1916년 스위스 취리히(Zurich)를 중심으로 일어난 문학·예술의 새 사상. 전통적 형식을 배제하고 허무적인 쾌락을 추구했음. 준말 다다(dada)는 프랑스어로 말 [馬] 을 뜻하며 이는 우연히 붙여진 이름이다. 프랑스어 표기로는 다다이슴. 이 사상은 뒤에 쉬르레알리슴(surrealisme)의 제창과 함께 그쪽에 흡수되어 대체로 1924년에 끝났음. (→) 다다.

다디크라반 [범 Dadhikravan] 〈신〉「베다」에 나오는 성스런 말의 이름.

다라이라마 (達賴喇摩) 〈인〉티베트 라마(Lama)교의 교주. 티베트의 정신적 지도자.

다루가치 [몽 darughachi] [중 達魯花赤] 〈역〉'진압에 종사하는 우두머리' 란 뜻에서 온 말. 단사관(斷事官). 진수자(鎭守者). 원(元) 나라의 벼슬 이름. 한자 표기로 달로화적(達魯花赤). 몽골 초기의 중요 관직의 하나로 점령 지구 지배를 위해 그 중심 도성에 파견된 황제권 대행자였으나 원 나라 때는 지방 관청의 장관직으로 되었음.

다르다넬스 해협(海峽) (Dardanelles) 〈지〉 터키(Turkey)와 유럽 사이의 좁은 해협.

다르마굽타 (Dharmagupta, ?~616) 〈인〉 인도의 중. 한자 표기는 '달라급다'(達摩笈多). 인도 4성 중 둘째 계급 인크샤트리(kastriy) 곧 왕족으로 태어나 23세에 출가하여 대소승(大小乘)에 통하고, 수(隋)에 건너가 양제의 명을 받아 경론(經論) 번역함.

다리우스 1세(世) (Darius, 기원전 558 ~486) 〈인〉고대 페르시아 제국의 왕.

다마스코 [라 > 이 damasco] [영 damask] 〈섬〉주자 바닥에 큰 무늬 모양을 낸 무늬 직물(테이블용·실내 장치용).

다마루 [damaru] 인도와 티벳에서 쓰이는 북의 한 종류.

다마르(나무) [dammar] 으름과에 속하는 교목의 총칭.

다마스크 [영 Damask] 〈복〉 가구에 쓰이는 비단 천.

다마스쿠스 (Damascus) 〈지〉 시리아 공화국(Arad Republic of Syria)의 수도. 시리아 서남부 사막 지대에 있는 오아시스 도시. 기원전 2000년 무렵에 세운 세계에서 가장 오래된 도시의 하나. (→) 시리아.

다모이 [러 damoy] ① 집으로. ② 귀국운동의 합성어.

다비드 (David, 기원전 1013?~973?) 〈인〉 고대 이스라엘의 왕. 다윗.

다스드 [영 DASD] 〈컴〉 Direct Access Storage Device의 약칭. 데이터의 호출이 스피디하게 될 수 있는 직접 액세스(access) 기억 장치. 하드디스크 장치나 플러피 디스크 (floppy dusc) 장치, 자기(磁氣) 드럼 장치 등을 말함.

다스터(코트) [duster(coat)] 〈의상〉 간편하고 편리하게 입을 수 있는 코트 원어의 뜻은 '먼지 터는 사람이 입는 코트.'

다오넬라 [daonella] 조개의 한 종류.

다우게니쯔 [독 Taugenichts] 쓸모 없는 사람.

다우너 [downer] 주저앉은 소.

다우닝(가) [영 Downing가] ① 영국수상관저가 있는 런던가의 이름. ② 영국정부의 대명사. ③ 수상관저.

다우스 [douse ; dowse] ① 돛을 내리다. ② 문을 닫고 불을 끄다.

다우스 [범 Dyaus] 「베다」에 나오는 말. 하늘의 신. 천신(天神).

다우얼 핀 [dowel pin] 〈공업〉 두 면이 꼭 붙게 만든 못, 비슷한 돌기.

다우존스 산식 [Dow-jones 算式] 다우존스의 산식으로 계산한 주식의 평균가. '다우존스 산식'이란 창안자인 미국의 다우(Dow, C. H. 1851~1901)와 존스(jones E. D)의 이름에서 유래한 것으로, 증권 거래소에서 매매된 주식.

다우존스 애버리지 [Dowjones average] 〈경제〉 다우식 평균 주가(株價).

다우트 [doubt] 트럼프 놀이의 한 가지 의심, 의혹 불확실한, 의심스러운.

다운 [영 down] ① 아래로, 내려가서. ② 〈야〉 아웃. ③ 〈권〉 맞아서 쓰러진 것. 〈골프〉 상대방 경기자에게 지고 있는 구멍의 수 또는 스트로크의 수.

다운 사이징 [down sizing] ① 〈컴퓨터〉 중앙 처리 장치에 집중되어 있는 정보 처리 능력을 사용자에게 분해함으로써 중앙 처리 장치의 소형화를 가능케 하는 것. ② 기업이 비대해진 조직을 팀제로 개편하여 효율적으로 외부 여건에 적응케 하는 것.

다운 스윙 [down swing] 〈골프〉 클럽을 아래로 내려치듯이 흔드는 동작.

다운 스타일 [down style] 내린 머리.

다운톤 펌프 [downton pump] 배에서 쓰는 펌프의 하나.

다운 홀 [down haul] 내린 밧줄.

다운 힐 [down hill] 〈스키〉 활강. 내려 닫기.

다운 힐 레이스 [down hill race] 〈스키〉 활강 경기. 내려 달리기.

다울라기리 [Dhaulagiri] 히말라야 산맥 중의 한 봉우리 다울라기리. 제1봉은 8천 172미터, 제2봉은 7천 750이나 되는데 미답사봉 중에 가장 높다고 함. 또한 어떤 나라도 성공 못하고 있다고 함.

다위니즘 [영 Darwinism] 〈생〉 생물

진화론(生物進化論). 생물 진화는 자연 도태와 적자생존에 의한 것이라는 영국 생물학자 다윈 (Charles Robert Darwin)의 이름에서 비롯한 말.

다워리 [dowry] 신부가 시집 갈 때 가지고 가는 돈. 지참금.

다윈, 찰스 로버트 (Charles Robert Darwin, 1809~1882) 〈인〉영국의 생물학자, 진화론자.

다이 [영 die] ① 주사위.
② 다이스(복수는 dice).
③ 펀칭다이.

다이내믹 램 [영 dynamic RAM] 〈컴〉반도체 기억 소자(記憶素子)의 하나. 1비트(bit)의 기억에 MOS 트랜지스터와 저항에 의한 전하(電荷)의 축적을 이용한 RAM.

다이내믹 미터 [dynamic meter] 지표(地表)상에 있어서 중력 포텐셜을 나타내는 단위.

다이내믹 스피커 [dynamic speaker] 〈물리〉마그네틱 스피커. 확성기의 하나.

다이너모 언어(言語) [영DYNAMO-] 〈컴〉시스템 다이내믹스(SD)용의 시뮬레이션(simulation) 언어.

다이너마이트 [dynamite] 폭발약의 하나.

다이너모 [dynamo] 발전기. 전동기를 겸한 기계.

다이너모 미터 [dynamo menter] 전력계.

다이너미즘 [dynamism] ① 힘.
② 〈철학〉역본설(力本說).
③ 동적인 것.

다이너스 클럽 [영 Diners club] 국제적인 조직을 갖는 미국의 신용판매 회사.

다이너즘 [영 dynamism]
① 〈철〉물력론.
② 힘.
③ 동적인 것.

다이닝 키친 [dining kitchen] 식당을 겸한 부엌.

다이렉트 [영 direct]
① 직접의, 지름길의.
② 일직선의, 똑바른.

다이렉트 마케팅 [direct marketing] 〈경제〉소매상 등을 이용하지 않고 소비자에게 상품을 직접 판매하는 방법(통신 판매 따위).

다이렉트 메서드 [direct method] 직접 교수법. 모국어를 보조 수단으로 사용하지 않고 외국어 그 자체를 이용해서 가르치는 방법.

다이렉트 메일 [미 direct mail advertizing] 〈광고〉우송(郵送) 광고. 광고 우편. 직접 타깃(target)이 되는 사람에게 우송하기 때문에 이런 말이 생겼음. 약호 DM.

다이렉트 메일 캠페인 [영 direct mail cam paign] 〈광고〉다이렉트 메일 곧 광고 우편을 시리즈화 하든지 집중 우송(集中郵送)하든지 해서 광고 우편을 중요한 매체의 하나로 이용하여 캠페인을 하는 것. (→) 다이렉트 메일.

다이렉트 액세스 [direct access] 〈컴퓨터〉데이터의 기억 위치가 어디든 간에 직접 데이터를 기억시키거나 빼내는 일.

다이렉트 어드레싱 [영 direct addressing] 〈컴〉명령어의 어드레스 부에 번지를 직접 지정하는 가장 단순한 어드레싱(번지 지정).

다이로닌 [thyronine] 〈생화학〉일종의 아미노산.

다이록신 [thyroxine] 〈생화학〉치즈에서 나는 푸토마인.

다이멘션 [영 dimension]

① 세로, 가로, 높이의 치수.
② 〈복〉 용적, 크기.
③ 〈수〉 차원.

다이모니온 [그 daimonion] 〈철학〉 신력적(神力的)인 것.

다이모스 [독 Deimos] 〈천문〉 화성의 제2 위성.

다이버 [영 diver] ① 잠수부.
② 〈경〉 수영경기의 다이빙 선수.

다이버전스 [divergence] 분기(分岐). 발산(發散).

다이브 [dive] ① 물속에 들어가다.
② 비행기가 급강하 하다.

다이브 태클 [dive tackle] 〈럭비〉 뛰어드는 태클.

다이빙 [영 diving]
① 물속으로 들어가는 것. 잠수.
② 〈경〉 수영의 다이빙 경기에서 여러 가지 모양으로 다이빙하여 기술과 폼의 아름다움을 경쟁하는 것.
③ 〈항〉 비행기가 급강하하는 것.

다이빙 패스 [diving pass] 〈럭비〉 뛰어 올라 멀리 공을 패스하는 것.

다이스 [영 dice] ① 주사위 놀이.
② 〈요〉 코뿔소의 눈. 다이아몬드의 약.

다이스 [영 dices] 〈기〉 수나사를 깎는 공구.

다이아나 [Diana] 〈신화〉 제우스신의 아들.

다이아몬드 게임 [diamond game] 실내에서 하는 놀이의 하나로, 다이아몬드 꼴의 줄을 그은 말판을 사용함.

다이아몬드 드릴 [diamond drill] 〈기계〉 까만 다이아몬드를 끝에 단 바위 뚫는 기계.

다이아몬드 보링 [diamond boring] 다이아몬드 비트(bit)를 사용한 회전식 보링.

다이아몬드 빗 [diamond bit] 〈기계〉 다이아몬드를 날카롭게 만들어 넣은 보링에 쓰이는 깎는 기계.

다이아몬드컷 슬리브 [diamond-cut sleeve] 〈의상〉 소매 붙임을 어깨 부분에서 삼각형으로 날카롭게 한 소매.

다이아몬드 하버 (Diamond Harbour) 〈지〉 인도(India) 동남부, 서뱅골 (Bengal) 주에 있는 항구.

다이아지오트로피즘 [diageotropism] 〈생물〉 횡지성.

다이아후람 [diaphram] 사진 조리개.

다이알 [dial]
① 시계 · 저울 · 나침판의 지침면(指針面).
② (라디오 · 전화기) 돌리개.

다이알 게이지 [dial gauge] 축의 중심이 비뚤어진 것들을 검사하는 측정기.

다이알 인디케이터 [dial indicator] 다이알 게이지.

다이애드 [dyad] ① 2개군(二個群).
② 〈화학〉 2개의 원소의 원소.
③ 〈생물〉 2개 염색체.
④ 〈수학〉 두 벡터 a와 b를 나란히 쓴 ab.

다이애미트럴 피치 [diametral pitch] 〈기계〉 톱니바퀴의 이의 수를 피치원(圓)의 직경으로 나눈 수치.

다이어 [영 dia] 다이어몬드, 다이어드 램과 같음.

다이어그램 [영 diagram]
① 그림, 도표. ② 철도의 발착시각표.

다이어그램 배송 [영 diagram delivery system] 〈유〉 미리 배송 지역을 관장하여 그중의 순행 루트, 출발 시간, 도착 시간, 귀착 시간을 정해 놓고 그에 따라 배송을 하는 시스템.

다이어드 [그 > 영 diode]
① 〈전〉 진공관.
② 〈컴〉 하드웨어를 형성하는 회로 소자(回路素子)의 하나.

다이어렉틱 [독 Dialektik] 〈철〉변증법.

다이어먼드 [그>라>프>영 diamond]
① 〈광〉 금강석. 보석의 하나.
② 〈체〉 야구장의 내야(內野).
③ 트럼프 카드의 마름모꼴 무늬.
④ 〈인쇄〉 최소 활자 다음의 활자. 4.5포인트 활자.
⑤ 은어로는 여간수.

다이어쇽 [영 diashock] 시계 등의 내진장치.

다이어진 [영 Diazine] 〈약〉 설파제의 일종으로 폐병이나 임질병에 유효. 상품명.

다이어텀 [diatom] 〈식물〉 규조 식물 (珪藻植物).

다이어트 [영 diet] ① 의회.
② 정식. ~ 푸트(~food) 식이요법을 할 때의 요법, 보통으로는 살을 찌지 않게 하기 위해서 영양이 없고 만복감을 주는 식물의 뜻.

다이어프램 [영 diaphragm] 사진의 조리개.

다이얼렉트 [영 dialect] 방언, 사투리.

다이얼로그 시엠 [영 dialogue] 〈광고〉 대화 형식의 CM. 광고 상품의 품질이나 성능, 특징 등을 두드러지게 나타내게 하는데 적합함.

다이오드 [영 diode] 〈전〉 2극체, 반도체의 제품으로 2극 구조의 것. 검파나 정류, 증폭, 발진의 작용에 사용된다. 전자계산기, 전파 망원경, 레이더 등에 사용된다. 에사키 다이오드가 유명.

다이옥신 [dioxin] 주로 소각장에서 흘러나오는 것으로 알려진 유독물질.

다이제스트 [영 digest] ① 요약, 적요.
② 식물을 소화하다.

다이졸 [diazole] 〈화학〉 질소와 유황의 한 원자씩을 가지는 화합물.

다이·캐스트 [영 die casting] 형주물, 금속을 용해하여 형틀에 집어넣어서 만드는 대량생산의 방식.

다이 캐스팅 [die casting] 〈공업〉 압력으로 틀에 흘러 내려가게 하는 주조 방법.

다이 컷 [영 die-cut] 광고물에 대한 주의 환기를 위해 형체를 올리는 것. 변형을 주기 위해 구멍을 뚫는 것.

다이코토미 [영 dichotomy]
① 논리학의 2분법.
② 2개로 분열하는 것.

다이폴 안테나 [영 dipole antenna] 단파.

다이플레서 [diplexer] 한 방송국이나 안테나에 의한 두 개의 독립된 신호를 동시에 보내거나 발하는 기계. 복신기(複信機).

다인 [영 dyne] 〈이〉 힘의 절대단위. 1그램의 물체에 매초 1센티의 속도를 발생시키는 힘.

다임러 [도>영 Daimler] 〈자〉 처음으로 자동차 안에 내연 기관을 붙인 독일인 기사 고틀리브 다임러 (Gottlieb Daimler)의 이름에서 온 말.
① 영국 BLMC제의 고급 자동차 이름.
② 독일 다임러 벤츠(Dailmler-Benz)사의 고급 자동차 이름. (→) 다임러 벤츠

다임러 벤츠 [독 Daimler-Benz]
〈회〉 서독의 자동차 회사명. 다임러 (Gottlieb Daimler, 1834~1900)와 벤츠(Karl Benz, 1884~1929)가 1926년에 창설. 이 회사제 자동차에 다임러·벤츠 등이 있음.

다지 [영 dodge]
① 이리저리 움직이다. 몸을 비키다.
② 축구, 배구 등에서 교묘하게 풋워크를 살려서 몸을 피하면서 나아가다.

다지 라인 [영 Dodge line] 점령하의 일본의 경제자립을 지시한 점령군 총사령부의 경제고문, 조셉다지의 기본

ㄷ

구상. 정부지출이나 보조금의 삭감. 중단, 어음레이트의 설정 등이 방침이 되었다.

다지볼 [dodgeball] 〈체육〉 구기의 하나로서, 공으로 상대편을 맞추고 상대편이 던지는 공에 맞지 않도록 피하며 진행하여 맞지 않은 수가 많은 편이 이김.

다징 [dodging] 〈축구〉 몸을 피하는 것.

다츠 [영 darts] 〈복〉 신체의 선에 맞춘 누비 바느질.

다카 (Dacca) 〈지〉 방글라데시 (Bangladesh)의 수도. 갠지스 강 (Ganges R.)의 삼각주 위에 있는 도시. (→) 방글라데시.

다카르 (Dakar) 〈지〉 세네갈 공화국 (Republic of Senegal)의 수도. 아프리카 최서단 베르데(Verde) 곶의 남쪽에 있는 대서양에 면한 항구 도시. 상항(商港)이며 전략적으로 중요한 군항(軍港)임. 1857년에 건설, 1902년 프랑스령 서아프리카의 수도를 거쳐 2차 대전 뒤부터 세네갈의 수도가 됨. (→) 세네갈.

다 카포 [이 da capo] 〈음〉 한곡을 연주한 다음 또 다시 처음부터 연주하라는 뜻. 다시 한번 처음부터. DC로 약함.

다큐멘터리 [documentary] 기록성이 높은 예술작품. 소설·영화·방송 드라마 등에 붙여 쓰는 말임.

다큐멘트 [document] 공문서.

다크 마켓 [dark market] 암시장.

다크샤 [범 Daksa]
① 능력 있는, 유능한, 인격화된 외적이거나 내적인 힘.
② 〈신〉 베다에 나오는 의지의 신. 아디타(Aditya) 신들 중의 한 신. (→) 아디타.

다크스 훈트 [독 Dachshund] 허리가 길고 다리가 짧은 독일산 사냥개.

다크 에이지 [Dark Ages] 〈중세의〉 암흑 시대.

다크 오픈 [dark open] 〈연극〉 어두운 채로 막을 여는 일.

다크 체인지 [dark change] 〈연극〉 막을 내리지 않은 채 불만 끄고 무대를 돌리는 일.

다크 호스 [dark horse]
① 〈경마〉 예상외로 우수한 경기자.
② 〈정치〉 숨은 유망주(유망주).

다키아 (Dacia) 〈지〉 유럽(Europe) 중앙에 있던 옛 지방의 이름. 현재의 루마니아(Rumania)에 해당.

다트 [dart] 〈의상〉 원래 의복의 형(型)을 만들기 위해서 평면인 천을 입체화하여 잡아 접는 것.

다트리 [범 datr] 「베다」에 나오는 말. 주는 사람. 본래는 결혼을 위해 자기의 딸을 주는 아버지를 뜻함. 「리그베다」에서는 '조물주'의 뜻으로 쓰이고 있음.

다후다 [포 tafeta→일] 감촉이 차고 불에 약하고 매끈매끈한 천.

닥터 [doctor] 의사. 박사.

닥터 스톱 [영 doctor stop] 〈체〉 권투 시합 도중에 선수가 부상해서 시합의 속행이 위험하다고 보았을 때, 의사의 판단에 따라 부상자를 진 것으로 선언하여 시합을 중지하는 것.

닥트 [영 duct] 〈건〉 조절한 공기를 보내는 통.

닥트리네어 [영 doctrinaire] 공론가, 순이론가.

닥트린 [영 doctrine] ① 신조, 교의. ② 주의, 의견.

단치히 (Danzig) 〈지〉 폴란드(Poland)의 발트 해(Baltic Sea) 연안에 있는 도시. 옛 이름은 그다니스크(Gdansk). (→) 그다니스크.

단테 Dante Alighieri (1265~1321) 이탈리아의 詩人.

달러 유전스 [영 dollar usance] 달러로 표시된 수입품의 대체(對替) 어음의 지불 기한. 유전스(usance bill)란 어음의 지급기한을 말하며 유전스 빌(usance bill)의 경우 어음의 제시후 일정 기한 그 지급을 연장할 수 있어 수입대금을 결제할 때 이 방식을 택하면 많은 편의를 얻을 수 있음.

달리 [영 dolly] ① 인형의 애칭.
② 이동식의 촬영기의 틀. 전후좌우로 이동할 수 있다.

달리 백 [영 dolly back] 〈방〉 클로즈업한 카메라를 후퇴시키는 것.

달리인 [영 dollyin] 〈방〉 카메라를 이동하여 클로즈업 하는 것.

달 [영 dull] 둔한, 느린, 지루한.

달라 [범 dharma] 법(法)·진리·본체·궤범(軌範)·교법·이법(理法) 등의 뜻.

달마 스위치 [일] 〈전기〉 뚱뚱보 스위치.

담 [프 dame] 부인.

당케 [독 danke] 고맙다.

대공산권수출조정위원회 (COCOM) 본부(파리), NATO(북대서양조약기구)와 협력, 공산권에 군수물자 수출금지.

대비스컵 [영 Daviscup] 원필리핀총독 미국인의 대비스가 1912년에 기증한 테니스의 세계 선수권자에게 주어지는 승배.

대빗 [davit] 배나 닻을 매다는 철주나 기둥.

대시 [영 dasy]
① 구(句)와 구사이의 접속 기호 「-」
② 〈수·과〉 문자의 어깨에 붙이는 기호 「'」
③ 〈체〉 돌진. 역주(力走). 권투에서 맹렬히 돌진하여 상대를 난타하는 일.
④ 소량. 가미(加味).
⑤ 모르스 부호의 긴 부호 「-」

대시 [영 Dash] 미국해군의 어뢰탑재의 무인 헬리콥터. 대잠병기. Daon Anti-Submarine Helicopter의 약.

대시 폿 [dash pot] 〈물리〉 제진기(制振器). 충격 완화기.

대즐러 [영 dazzler] 〈컴〉 컬러 텔레비전과 마이크로컴퓨터를 연결하는 인터페이스(interface).

대포딜 [영 Daffodil] 〈식〉 나팔수선화.

댄디 [dandy] 멋쟁이. 멋 내는 신사.

댄디이즘 [dandyism] 19세기 초엽 영국과 프랑스의 상류층이 멋을 부린 데서 유래. 멋을 부림. 치장.

댄 부이 [dan buoy] 작은 부표(浮漂).

댄서 [영 dancer] ① 무용가.
② 댄스홀이나 스테이지의 무희.

댈톤(안) [Dalton안] 〈교〉 미국의 댈톤 시의 중학교에서 버커스트 여사가 실시, 시도한 자유교육법.

댐퍼 [damper]
① 〈전기〉 제동자(制動子).
② 온도 조절기.
③ 〈음악〉 피아노의 줄을 눌러 울리지 않게 하는 제음기. 악음기(弱音器).
④ 악평. 생트집.

댐프 [damp] ① 습기. ② 의기소침.
③ 갱내의 유독 가스.

댐프트 웨이브 [damped wave] 〈전기〉 남폭전파.

댐핑 [damping] ① 〈전기〉 제동.
② 온도 조절.

댐핑 코일 [damping coil] 〈전기〉 제동코일.

댑스터 [영 dabster] 달인, 명인.

더그아웃 [dug-out]
① 마상이 [獨木배].

② 〈군사〉 참호(塹壕). 지하호.
③ 야구장의 선수석.

더그 클러치 [dog clutch] 〈기계〉 클러치의 일종.

더머스탯 [thermostat] 〈물리〉 온도 조절을 자동적으로 행하는 장치.

더멀 스타터 [thermal stater] 〈전기〉 형광 방전등에 불을 켜는 관.

더미 [영 dummy]
① 〈체〉 축구·럭비에서 공으로 상대편 주의를 끌게 하고 그 틈에 몸을 날쌔게 놀려 상대방 방어를 뚫고 나가는 짓.
② 〈映〉 위험한 장면에 쓰는 대역(代役)인형. 트릭의 한 가지.
③ 양복·양장 등 견본을 걸어 놓는 마네킹(manmequin)
④ 〈광고〉 진짜처럼 보이는 pop광고.

더미스터 [thermister] 〈화학〉 산화니켈과 과산화망간의 합금.

더반 (Durban) 〈지〉 남아프리카 (Africa) 공화국 동부, 나타르(Natar) 주의 항구 도시.

더브 스티치 [dove stitch] 뜨개질 방법의 하나.

더블 [double(s)] 〈테니스〉 복식 시합으로 한 편에서 선수 둘씩 출전함.

더블 넬슨 [double nelson] 〈레슬링〉 상대방의 뒤쪽 겨드랑이 밑으로 두 팔을 넣어 목으로부터 뒤통수를 걸어 눕히는 방법으로 반칙임.

더블 드리블 [double dribble] 〈농구〉 드리블을 두 번 하는 것으로 벌칙이 적용됨.

더블렛 [doublet]
① 〈전기〉 2중선(線).
② 〈인쇄〉 무의식의 중복.
③ 쌍둥이.　④ 몸에 끼는 웃옷.
⑤ 이중 렌즈.　⑥ 이중어(二重語).

더블류스타일 포드 [W-style-for-ward] 〈축구〉 포드 중 양쪽 윙과 센터 포드가 앞쪽에 위치하고 두 인너가 뒤로 처지는 공격 방법.

더블린 (Dublin) 〈지〉 아일랜드 공화국 (Republic of Ireland)의 수도. 옛 이름은 에블라나(Eblana). 아일랜드 섬 (Ireland I.) 동안의 더블린 만(Dublin B.)에 흘러드는 리페이 강(Liffey R.) 어귀에 있는 항구 도시. 8세기 이래의 고도. (→) 아일랜드.

더블 바순 [double bassoon] 〈음악〉 목관 악기의 하나. 음색에 무거운 느낌이 있어 관현악의 가장 낮은 음부를 맡음.

더블 배럴 [double barrel]
① 옆으로 된 쌍줄박이 엽총.
② 2연발 총.

더블 브랜드 [영 double brand] 〈유〉 → 더블 춉 (double chop)

더블 블랭킷 스티치 [double blanket stitch] 자수 종류의 하나.

더블블레스트 [double-breasted] 〈의상〉 가슴에 두 줄의 단추가 달린 옷.

더블 스컬 [double scull] 둘이 타는, 노가 작은 배.

더블 스토핑 [double stopping] 〈음악〉현악기의 두 줄을 동시에 누르는 것.

더블 스틸 [double steal] 〈야구〉 두 사람이 동시에 도루(盜壘)하는 것. 이중 도루.

더블 자키 [double jockey] 두 사람이 이야기를 곁들여 음악을 들려주는 프로그램.

더블즈 게임 [doubles game] 〈테니스〉 복식 시합. 4명의 선수가 2명씩 나누어져 실시하는 시합.

더블 체인 스티치 [double chain stitch] 자수 종류의 하나.

더블 춉 [영 double chop] 〈유〉 메이

커와 유통업자 쌍방의 브랜드(brand)를 하나의 상품으로 기입하는 것.

더블 클러치 [double clutch] 고속도 위치에서 저속도 위치로 감속할 때 위험 방지를 위하여 드라이빙 기어의 회전 속도와 드라이브 기어의 회전 속도의 차이를 감소시켜서 변속을 용이하게 하고자 하는 방법.

더블 킥 [double kick] 〈축구〉공을 차는 동작의 일종으로 공을 차지 않는 다리를 앞으로 들었다가 아래로 내리는 순간 반동을 이용하여 다시 공을 차는 동작.

더블 톤 [double tone] 〈인쇄〉짙은 색 잉크와 옅은색 잉크를 써서 두 개의 판으로 2색 인쇄를 하는 것.

더블 파울 [double foul] 〈농구·배구〉양쪽이 동시에 반칙을 범하는 것.

더블 펀치 [double punch] 〈권투〉격법의 일종이며 한쪽 손을 자기의 방어에 사용하면서 다른 한쪽 주먹으로 비슷한 장소를 두 번 연속하여 타격하는 것.

더블 폴트 [double faults] 〈테니스〉서브를 두 번 다 패 하는 것.

더블 프린팅 [double printing] 사진이나 영화의 이중 밀착.

더블 플레이 [미 double play] 〈야〉병살.

더블 플롯 [double plot] 〈문학〉일원적(一元的) 이주제(二主題).

더블 헤더 [영 double header] 〈야〉하루 사이에 두 번 똑같은 팀과 시합을 하는 것.

더블 헬리컬 기어 [double helical gear] 〈기계〉이가 옆으로 비스듬한 톱니바퀴.

더비 [영 Derby] 경마(競馬)에 쓰는 말로 네 살 짜리 말의 특별 레이스. 영국 더비 경(Derby 卿)의 1780년 창설함.

더비 타이 [Derby tie] 견직물로 만든 긴 넥타이.

더빙 [dubbing]
① 방송이나 영화 등에서 대사·반주 음악 등 2종 이상의 녹음을 동시에 재생해서 하나의 완성 녹음을 만드는 일.
② 녹음이 끝난 필름이나 테이프에 다른 음이나 화면을 추가, 합성하는 일.

더빙 머신 [dubbing machine] [기계] 더빙에 쓰이는 기계.

더스키 [영 dusky] 거무스레한, 회색빛을 띤.

더스터 [영 duster] ① 먼지.
② 주방의 쓰레기를 버리는 장치.
③ 먼지털개, 걸레. ④ 산분기.
⑤ 먼지를 피하기 위한 가벼운 코트. 더스터 코트.
⑥ 〈야〉머리나 얼굴을 겨냥해서 투수가 던지는 불법적인 투법의 독칭.

더스트 슈트 [영 dust chute / dust shoot] 고층 아파트·학교 등에 있는 쓰레기 흠통. 고층 건물의 쓰레기를 맨 아래층으로 내리게 하는 가로 흠통으로 된 공동(空洞) 설비.

더치 [영 Dutch] 화란의, 화란풍의, 화란어 사람.

더치 오븐 [영 Dutch oven] 〈식품〉네덜란드식 식품굽는 그릇.

더치 코코아 [영 Dutch cocoa] 〈식품〉묽은 알칼리 용액을 처리하여 빛과 맛 등을 개선한 코코아.

더킹 [영 ducking] 〈체〉권투에서 몸통을 흔들며 상대의 공격을 피하는 방법. 또는 레슬링에서의 허리굽혀 빠져나가기.

더퍼 [영 duffer] 〈골프〉서투른 골의 뜻. 더프에서 나온 말.

더프[영 duff] 〈골프〉타구할 때, 타봉이

ㄷ

자기 앞의 땅에 맞아 공을 헛치는 것.

더플 [벨기에 duffel]
① 〈복〉 벨기에의 더플산의 두꺼운 외투지.
② 캠프용의 의류. 모포에 사용하는 포지.

덕 [영 duck] ① 오리.
② 〈복〉 즈크.
③ 〈군〉 미군의 수륙양용전차.

덕트 [duct] ① 〈생물〉 관(管)
② 〈전기〉 전선 홈.
③ 〈건축〉 어두운 홈.

던 [영 dun] 〈식품〉 소금에 절인 생선에 곰팡이 작용으로 갈색화되는 것.

던존 [dungeon] 지하 감옥.

던스트 [영 dunst] 〈식품〉 밀 배유(胚乳)서 만든 가루. 녹말.

덜 게임 [dull game] 전의를 상실한 활기 없는 경기.

덜스 [영 dulse] 〈식품〉 자홍색의 식용 해조(海藻).

덜씨머 [dulcimer] 〈음악〉 세모꼴로 된 옛날의 현악기로 피아노의 전신.

덤 [Therm] 〈물리〉 최대 밀도의 물 1파운드를 화씨 1도 높이는데 요하는 열량으로 약 252칼로리에 해당함.

덤덤(탄) [dumdum탄] 〈군〉 납의 탄두를 가진 소총탄. 명중하면 심한 부상을 입는다. 영국이 인도의 덤 · 덤 공장에서 제조하였으나 1907년에 헤이그의 군사협정에서 금지 되었다.

덤버튼 오크스 회의 [Dumbarton Oaks Conference] 국제 연맹에 대처할 국제 연합의 설립을 결정. 그 현정 초안을 작성한 회의 1944년 미국 '워싱턴' 교외의 '덤버튼 · 오오크스'에서 미 · 러 · 영 · 중 등 4개국 사이에 열림.

덤 벨 [영 dumb bell] 체조기구의 일종으로 아령이라고도 함.

덤보 [Dumbo] 미해군 구명 수색기. 비행정.

덤 안테나 [dumb antenna] 〈전기〉 모의(模擬)공중선. 흡수 공중선.

덤웨이터 [dumbwaiter] 소화물을 위아래로 나르는 승강기.

덤퍼 [dumper] 〈기계〉 짐을 한꺼번에 쏟아 낼 수 있게 된 차.

덤프 [dump] ① 더머. 한꺼번에 퍼냄.
② 〈컴퓨터〉컴퓨터 내의 메모리 복사.

덤프 카 [영 dump+car] 〈자〉 화물을 한꺼번에 부리는 트럭. 미국에선 덤프 트럭(dump truck). (→) 덤프 트럭.

덤프 트럭 [미 dump truck] 〈자〉 화물을 한꺼번에 부리는 트럭. 덤프 카(dump car) (→) 덤프 카.

덤핑 [영 dumping]
① 하대를 기울여서 적하를 하차하는 것.
② 〈경〉 채산을 무시하여 상품을 해외사장에 투매하는 것.
③ 저 가격에 의한 투매.

덩샤오핑/등소평 (鄧小平) 〈인〉 중공의 정치국 상무 의원. 중공 최고 지도자.

데나리 [라 denarii] 고대 로마시대의 은화.

데노미네이션 [영 denomination] 〈경〉 통화의 호칭명의 단위를 절하하는 것. 예를 들어 한국에 100원을 1원으로 바꿔 부르는 것.

데니, 조지 허처슨 (George Hutcheson Denny, 1870~1955) 〈인〉 미국의 교육가.

데니시 [Danish] 〈동물〉 덴마크에서 나는 말(馬).

데니어 [denier] 명주실이나 인조견사의 굵기를 재는 단위. 1데니어는 450미터의 실이 0.05그램일 때를 말함.

데니어 [denier] 부정, 거부자.

데닐 [영 denier] 생사나 인조섬유의 굵기의 단위로서 1데닐은 길이 450미터이며 무게는 0.05그램.

데님 [영 denim] 〈섬〉경사에 20's 이하(면번수)의 색사, 위사에 표백사 또는 색사를 사용하는 두꺼운 직물(아동복·작업복 감 등).

데덴덤 [dedendum] 〈기계〉톱니바퀴에서 톱니의 뿌리 부분을 연결하는 원과 피치원(pitch 圓)의 거리.

데드 [dead] ① 죽은.
② 〈야구〉사구(死球).
③ 〈골프〉구멍 6인치 이내에 공이 멎어 있는 상태.
④ 〈농구〉경기 중의 틈. 골 성립 직후라든지 연장 시간의 직후 등

데드로크 [deadlock] 막다름. 교착 상태.

데드맨 디바이스 [영 deadman device] 〈철도〉운전자가 급병. 기타의 이유로 운전불능이 되었을 때에 자동적으로 브레이크가 작동해서 정차하는 장치.

데드 볼 [dead ball]
① 〈축구〉경기가 잠시 중지된 상태.
② 〈야구〉사구(死球), 즉 투수가 던진 공이 타자의 몸에 닿는 일이며 타자는 그대로 제1루로 갈 수 있음.

데드볼 라인 [deadball line] 〈체육〉장방형 경기장의 짧은 쪽의 두 끝줄.

데드 스톡 [영 dead stock]
① 〈경〉잠자고 있는 자본. 비가동(非可動) 자본.
② 〈유〉제품의 라이프 사이클이 짧든지 성숙기를 넘어 팔리지 않는 상품은 '불요 재고'로 됨. 사장품.

데드아이 [deadeye] 〈기계〉세구명 활차(滑車).

데드 어스 [dead earth] 〈전기〉완전 접지(完全接地) 어스.

데드 엔드 [dead end]
① 〈전기〉차단.
② 막다른 골목.

데드 웨이트 [dead weight] 나르는 기구 자체의 무게.

데드 존 [dead zone] 테니스 코트의 중앙

데드 코일 [dead coil] 〈전기〉사선류(死線輪).

데드 히트 [dead heat] 육상 경기에서 승패를 가리기 어려울 정도로 주자가 거의 동시에 들어오는 대접전.

데디케이션 [영 dedication] 책의 헌사(獻詞). 저자가 자기의 저서를 선배, 지인, 연고자 등에게 제공하는 것. 제막식. 개통식. 개관식.

데디게이트 [영 dedicate] 저서 등을 헌정한다. 바치다. 드리다, 또는 남에게 물건을 보낼 때도 이 말을 씀.

데라시네 [프 deracine]
① 뿌리째 뽑힌. 송두리째 날려 버린.
② 뿌리 없는 풀. 조국이나 고향을 떠난 사람들(체제 속에 있으면서 그 체제의 인간이 될 수 없는 사람들, 엘리트로 민중이나 노동자가 될 수 없는 인간. 심정적 혁명가로 무국적(無國籍)적인 동조자).

데라파주 [프 derapage] 〈스키〉사이드슬립. 스키드라고도 함.

데르마톨 [독 Dermatol] 차몰식자산 창연의 상품명. 누런 가루로 무색 무취임.

데리스 [라 derris] 〈식〉열대산 콩과 의소관목. 독성을 가지고 있으므로 농약에 사용 된다.

데리스 (비누) [derris] 살충제의 하나. 데리스에서 짜낸 물과 가루비누를 섞은 것.

데릭 [영 derrick] 기중기의 일종으로 선박 등의 하물의 적하에 사용된다.

데마 [독 Damagogie → 일] 역선전. 중상.

ㄷ

데마고고스 [그 demagogos] 민중 지도자.

데마고그 [영 demagogne]
① 고대의 인민지도자.
② 선동정치가, 민중선동가.

데마고기 [Damagogie] 선동, 중상, 악선전, 유언비어.

데머리지 [영 demurrage] 채선료, 하역 또는 출항하지 않고 정박한 분을 용선자가 선주에게 지불하는 요금.

데먼스트레이션 효과 [demonstration effect] 〈경제〉 개인의 소비는 소득의 증대에 의존하지만, 그 외에 이웃 사람들의 소비 행위에도 영향을 받는 것(이웃이 비디오를 샀으니까 나도 산다고 하는 따위).

데먼스트레이터 [demonstrator] 제품의 사용법을 실연(實演)하는 사람. 데모하는 사람.

데모니시 [Demonish] 악마적인, 초자연적인.

데모크라틱 [영 democratic] 민주적인, 민주주의.

데모크랫 [영 Democrat]
① 〈정〉 미국 민주당. 상대어는 리퍼브리칸.
② (d~) 민주주의자.

데미 [영 demi] 하프사이즈의 소형 카메라.

데미글러브 [demi-glove] 〈의상〉 손가락이 없는 장갑(손등까지 오는 것과 손가락의 반까지만 오는 것이 있음.)

데미시즌 [영 demi season] 〈복〉 여름 겨울의 중간복, 합착.

데미콘 [영 demicon] demi airconditioner의 약. 습도, 온도 조절 장치.

데미타스 [프 demitasse] 작은 커피컵.

데밍, 윌리엄 에드워즈 (William Edwards Deming, 1900~) 〈인〉 미국의 물리학자, 응용 수학자.

데바 [범 deva] 〈신〉 '왕이여'의 뜻으로도 사용됨.

데바다타 [범 Devadatta] 〈불〉 석가모니의 사촌 아우. 곡반왕(斛飯王)의 아들. 출가하여 석가의 제자가 되었으나 부처의 위세를 시기하여 스스로 새로운 부처가 되려다 실패하고 죽었음. 한자 표기는 '제바달다'(提婆達多).

데본 [Devon] 〈동물〉 영국 Devon지방 원산의 작고 활동적인 소.

데본(기) [Devon 紀] 지질 시대 고생대 중. 석탄기 전 시대로 양서류와 육생 식물이 나타남.

데뷔 [프 debut] 첫 출연. 첫 등장. ¶ 사교계에 ~하다.

데뷔탕 [프 debutant(e)] 데뷔탕트. 데뷔하는 사람. 신인. 입문자(데쥐탕트로 발음하며 여성형으로 첫무대를 밟는 여배우, 또는 사교계에 처음으로 등장하는 영애(슈愛)).

데브리 [프 debris]
① 〈지〉 암석 등의 파편. 부스러기.
② 〈등〉 사태에 의한 퇴설.

데블드 럽스터 [deviled lobster] 새우를 빵가루에 굴려 오븐에 넣어 구운 것.

데블드 에그 [deviled egg] 달걀과 마요네즈 소스로 만든 음식.

데블로킹 [deblocking] 〈컴〉 블로킹한 데이터를 원래의 복수개(複數個)의 데이터로 분할하여 복원하는 일.

데블즈 클로 [devil's claw] 쇠사슬을 거는 강한 갈퀴.

데비트로 세람 [영 devitro ceram] 〈화〉 유리로 만들며 유리의 성질을 상실하고 결정화된 요업 제품. 바이로 세람.

데빗시스템 [영 debit system] 〈경

기〉지역별 월부 저금, 블록 시스템이라고도 한다.

대산 [프 dessin] 하회(下繪), 소묘(描).

데샤티나 [러 desyatina] 러시아 지적(地積)의 단위.

데생 [프 dessin] 〈예술〉묘사. 형태와 명암을 주로 하여 단색으로 그린 그림. 특히 목탄으로 그린 것. 소묘(素描) 하회(下繪)

데스트랙션 [영 destruction] 파병, 멸망.

데솔레이션 [영 desolation] 황폐, 쇠망.

데스 마스크 [death mask] 죽은 자(者)의 얼굴에서 형을 떠 만드는 얼굴.

데스모스틸러스 [영 desmostylus] 고생물로서 제3기, 중세기에 살고 있던 하마와 같은 포유류.

데스 에듀케이션 [death education] 죽음에 대비하는 교육(미국과 유럽을 중심으로 퍼지고 있음. 호스피스와 유치원을 병설하거나, 학회·사회 강좌 등도 열리고 있음.).

데스칼레이션 [영 descalation] 계급적 축소. 상대어는 에스컬레이션.

데스캔트 [descant] 〈음악〉따라 부르는 가락.

데스크 오딧 [desk audit] 현장 검사.

데스티니 [영 destiny] 운명, 숙명.

데스패치 [영 despatch] 발송, 속달.

데스퍼레이트 [영 desperate] 절망적인, 미치듯이.

데스폿 [영 despot] 전제군주, 압제자.

데시 [프 deci] 10분의 1의 뜻. (용례) 데시미터. 데시리터.

데시덴트 (Decedent) 망자, 죽은 사람.

데시벨 [decibel] 〈물리〉
① 전화의 발명자 Bell에서 나온 말로 bel의 10분의 1

② 소리의 세기를 표준음의 세기에 비교한 수량의 단위.

데시전 메이킹 [decision making] 〈경〉의사결정, 경영자가 경영정책을 결정하는 것.

데시밀 [영 decimal] 〈수〉10진수.

데시벨 [영 decibel] 〈이〉음향의 단위로서 db(dB)라고 줄여서 쓴다. 기초음의 200사이클의 에너지와 압력을 측정하는 각 음의 대비수를 취한 것.

데시케이터 [desiccator] 〈화학〉건조기의 하나.

데신 [프 Crepe de chine] 크레이프 도시누의 약. 얇고 부드러운 비단. 고급 부인복용.

데아트론(상) [프 Theatron(상)] 동연극기자회상. 연극기자의 선정으로 그 해의 최우수의 연기자에 주는 상. 데이트론은 희랍어로서 관람석의 뜻.

데우스-엑스-마키나 [deus ex machina] 소설 등 작품 속에서 절박한 장면을 해결책으로써 처치하는 힘의 사람이나 신(神)

데이라이트 [영 daylight]
① 일광, 주간. ② 공연(空然).

데이라이트 타입 [영 daylight type] 옥외용 카메라 필름.

데이 멘 [영 day man] 일용노무자. 정확하게는 day lobourer라고 쓴다.

데이비스, 제퍼슨 (Jefferson Davis, 1808~1889) 〈인〉미국의 정치가. 미국 남부 연방 대통령.

데이비스 컴 [영 Davis cup] 정구 용어로서 데이비스(Davis)가 창설한 정구 세계 쟁패전의 우승배. 매년 쟁패 국제 시합이 열림.

데이비스 해협(海峽) (Davis St.) 〈지〉그린란드(Greenland)와 배핀 섬(Baffin I.) 사이의 해협.

데이 앤드 데이트 [day and date] 요일과 날짜가 나오는 팔목시계.

데이지 [영 daisy] 〈식〉엉거지과에 속하는 다년초. 꽃은 이른 봄부터 오랫동안 피며 백, 핑크, 적 등 색채가 다채롭다.

데이터 [data]
① 추론(推論)의 바탕이 되는 사실·자료·논거 등. ¶~ 소유권.
② 〈컴퓨터〉자료. 물체·생각·조건·상황·요인 등을 설명하는 어떠한 사실을 숫자, 문자, 기호로 표시하는 일반적인 술어. 컴퓨터로 처리되거나 만들어지는 정보의 기본적인 요소, 자료 조사·관측값·측정값 등과 같이 실험이나 관측, 조사의 결과를 그대로 정리한 자료 또는 정보.

데이터 링크 [data link] 〈컴퓨터〉데이터 전송에 있어 전송 통제 차례에 따라 통제되는 두 개의 데이터 단말 장치와 그 사이의 데이터 회선.

데이터 베이스 [data base] 〈컴퓨터〉상호 연관된 데이터의 집합으로 어느 특정 조직의 응용 시스템들이 공동으로 사용하기 위해 컴퓨터가 접근할 수 있는 매체에 통합·저장한 운영 데이터의 집합.

데이터 베이스 매니지먼트 시스템 [database management system] 〈컴퓨터〉데이터 베이스의 1차원적인 관리와 서비스를 하고 있는 체계화된 프로그램군(群).

데이터 크래프트 [영 data craft] 데이터를 처리하는 전문직 기술.

데이터 통신 [data communication] 〈컴퓨터〉중앙의 컴퓨터와 단말기 장치를 전화·전신 회로에 연결하여 정보의 처리·전달을 하는 일.

데이터 파일 [data file] 〈컴〉데이터 처리의 목적에 적합하도록 필요한 데이터를 조직적으로 정리한 데이터의 집단. 일반적으로 천공 카드나 자기 테이프·자기 디스크 등에 의하여 구성되며 Tape File, Disk File 등으로 불리지만, 이것은 파일 매체에 대한 총칭이며 업무면에서는 '지불금 파일'·'재고품 파일' 등으로 불린다.

데이터 프로세싱 [영 data processing] 경영자의 의사 결정을 신속히 하기 위해 경영 정보의 효율적 처리와 자료 작성을 위한 체계화된 사무 처리 방식.

데이 팩 [day pack] 당일치기 하이킹 따위에 쓰는 가벼운 색(sac).

데일리 메일 [영 Daily Mail] 〈신문〉영국의 일간지명.

데일리 미러 [영 Daily Mirror] 〈신문〉영국의 일간지명.

데일리워터스 (Daily Waters) 〈지〉오스트레일리아(Australia) 북부, 로퍼 강(Roper R.) 상류에 있는 도시.

데일리 익스프레스 [영 Daily Express] 〈신문〉영국의 일간지명.

데일리 헤럴드 [Daily Herald] 영국의 노동당 편을 드는 일간지.

데임 [dame] ① 부인, 주부, 귀부인. ② 여자 ③ 유행.

데자 뷔 [프 deja vu] 이미 본 듯한 느낌. 실제로는 한번도 경험한 일이 없는데 어떤 체험을 전에 해 본 것 같은 느낌이 드는 착각.

데치조 [이 deciso] 〈음악〉분명하게.

데카 [theca] 〈생물〉협막벽.

데카 [deca] ① 열, 십 ¶~ 비타민. ② 미터법에서 각 단위 위에 붙여 10배의 뜻을 나타냄. ¶~ 리터.

데카다니즘 [영 decadanism] 〈문〉퇴폐주의.

데카당 [decadant]

① 〈문〉 퇴폐파. 19세기말, 프랑스에서 일어난 문학예술에 있어서 반사회적, 퇴폐적인 경향.
② 반사회적인 퇴폐적 경향.

데카당리즘 [프 decadentisme] 퇴폐주의, 반사회적, 향략적, 악마파.

데카당스 [프 decadence]
① 반사회적이며 퇴폐적인 것.
② 〈예술〉 19세기 말의 퇴폐적인 예술 운동.

데카르 [decare] 면적의 단위로 10아르.

데카르트 Descartes, Rene (1596~1650) 프랑스의 哲學者, 數學者.

데카리터 [decalitre] 10리터.

데카메론 [Decameron] 르네상스 시기에 이탈리아 소설가 보카치오(Boccaccio)가 쓴 10편으로 된 이야기. 페스트 감염을 피해 교외 별장에 모인 10명의 남녀가 열을 동안 하루에 한 가지씩 이야기한 것을 모아서 소설이 된 것.

데카슬론 [영 decathlon] 〈경〉 10종 경기, 100미터 경주, 넓이뛰기, 투포환, 높이뛰기, 400미터, 110미터, 원반던지기, 봉고도, 투창, 1500미터의 10종.

데칼로그 [영 decalogue] 십계.

데칼린 [독 Dekalin] 나프탈린에 수소를 가하여 만드는 액체. 발동기의 땔감이 됨.

데칼코마니 [프 decalcomanie] [영 decalcomania] 〈미〉 특수 화지에 그린 그림이나 도안을 도기·유리·목재·금속 등에 입히는 등사 화법. '등사술'이란 뜻에서 온 말.

데코라티브 아트 [영 decorative art] 장식 미술.

데코레이터 [decorator]
① 장식(업)자.
② 쇼윈도를 가게의 특징이나 상품·계절에 맞춰서 장식하는 직업.

데콜라 [영 Decola] 장식판의 상품명. 석탄산수지를 침투시킨 종이를 겹쳐서 압력을 가해서 또 다시 멜라민 수지를 바른 것. 또한, 베니아판에 가공한 것도 있다.

데콜루테 [프 decolletee]
① 노골적인, 직선적인.
② 〈복〉 로프 데콜루테의 약칭.

데쿠파주 [decoupage] 장식 공예.

데크 [deck] ① 갑판(甲板).
② 열차의 출입구.

데크 글라스 [deck glass] 커버 글라스.

데크리 나이사이 [라 decree nisi] 〈법률〉 혼인 무효의 가판결(假判決).

데크 빌리어드 [deck billiard] 갑판 위에서 하는 당구 비슷한 놀이.

데크 체어 [deck chair] 배의 갑판·주택의 거실·베란다 등에서 쓰기에 편리한 접는 방식의 간편한 의자.

데킬라(효과) [Tequila(效果)] 통화 위기가 한 나라에만 국한되지 않고 인접 국가에도 영향을 미치는 것.

데탕트 [Detente] 동서화해·긴장완화라는 뜻. 1972년 미국·러시아·중국관계 개선 이후 키신저 외교의 상징. 1975년 유럽 안보 협력 회의를 계기로 데탕트 시대가 왔다고 함. ▷ 국제 관계의 긴장 완화.

데토네이션 [영 detonation] 석유엔진의 운전 중에 일어나는 급격폭발, 압축화, 기통온도, 연료의 불량 등의 원인에 의한다.

데파트먼트 [영 department]
① 부분, 과, 국. ② 성.

데포 [depot] ① 저장소. 보관소.
② 출장 판매소.
③ 등산 용구나 스키를 도중에다 보관해 두는 일.
④ 버스나 철도 역.

ㄷ

데폴메 [deformer] 〈미〉 대상을 예술적으로 변형, 재조성하는 것.

데프스 봄 [영 depth bomb] 〈군〉 폭뢰, 잠수함 폭격용.

데프스 인터뷰 [영 depth interview] 〈심〉 심층면접법. 심리면접 조사의 일종으로 최면술을 사용하여 마음속에 감추어 둔 것을 찾아내려는 면접법.

데프 시어터 [deaf theater] 청각 장애자를 중심으로 한 극단. 농아자 극단.

데피니션 [definition] 정의(正義). 한정(限定).

덱스타 (연고) [dextar 軟膏] 일종의 콜드 크림.

덱스트란 [dextran] 피의 대용으로 쓰이는 약제.

덱스트린 [독 Dextrin] 〈화〉 호정(糊精), 접착제에 사용한다. 전분에 지아스타제를 작용시켜서 만드는 백색분말의 탄수화물.

덱스트린 류(類) [영 dextrins] 〈식품〉 영양적으로는 전분과 동등하며, 공업적으로는 종이나 직물의 접착제에 사용됨.

덴 [den] ① (짐승의) 굴.
② (있기에) 편한 사실(私室).
③ 서재.

덴마크 (Denmark/Kingdom of Denmark) 〈국〉 북유럽의 입헌 군주국. 10세기에 바이킹(viking) [海賊] 왕국 건설, 12~14세기에 해운(海運)으로 국세가 가장 떨쳐 한때 노르웨이, 스웨덴까지 병합하였으나, 1864년 프로이센·오스트리아 연합군에 패한 뒤부터는 모범적인 농업국이 됨. 한자 표기는 단국(丹國)>정말(丁抹). 수도는 코펜하겐(Copenhagen). (→) 코펜하겐.

덴트(종) [dent] 옥수수의 1종.

덴트콘 [dentcorn] 〈농업〉 말에 먹이는 큰 옥수수.

데니에 매존 [derniere masion] 최후의 집이라는 뜻으로, 종야 영업의 주점 등을 말한다.

델라웨어 [영 Delaware]
① 미국 대서양안의 주명.
② 작은 알갱이의 일종.

델리 [프 delit]
① 민법상의 고의적 불법 행위.
② 형법상의 경범.

델리 (Delhi) 〈지〉 인도(India)의 서북부, 자무나 강(Jamuna R.) 우안의 도시 지역.

델리게이션 [영 delegation] 대표단.

델리카시 [영 delicacy] ① 미소, 섬세.
② 가냘프다. 부드러운.

델리케이트 [영 delicate]
① 섬세한, 미묘한. ② 민감한.

델리킷 [delicate]
① 섬세한, 신경이 예민한.
② 연약한.
③ 미묘한. ¶~ 한 문제.

델린 [영 delrin] 〈화〉 가볍고 열에 강한 합성수지로, 플라스틱의 강이라고도 한다. 엔진 베어링에도 사용한다.

델리져(현상) [Dellinger 현상] 〈이〉 태양면의 폭발이 원인으로 일어나는 자기 태풍 때문에 일어나는 단파 통신의 장해. 수분에서 수십분에 이를 때가 있다. 미국의 전기학자 존 하워드 델린서가 발견한 현상.

델마토 [독 Dermato] 〈의〉 황색분말로, 요드포름의 대용품.

델스베르크 (Delsberg) 〈지〉 → 들레몽(Delemont).

델타 (線) [delta] 〈물리〉 하전 알맹이가 물질을 지나갈 때 물질 중에 이차적으로 생기는 에너지가 많은 전자선.

델타 메탈 [delta metal] 〈화학〉 합금의 하나. 구리, 아연 등으로 만든 놋쇠.

델타 사인 [delta sign] 3각형의 교통 표시.

델터 [히 > 그 > 포·네·도·영·프·러 delta]
① 〈지〉 삼각주.
② 여성 하복부의 삼각 지대.
③ 그리스어 넷째 자모일 때는 델타로 표기함.

델파이법 [영 Delphi method] 각계의 전문가의 의견을 들어서 미래를 예측하는 세론 조사.

델포이/델피(Delphoe/Delphi/Delphoi) 〈고〉 고대 그리스(Greece)의 유적지. 옛 이름은 피토(Pytho). 아폴론 신전(Apollon 神殿)이 있던 성지. 델피(Delphi)라고도 표기함.

델피닌 [delphinine] 〈화학〉 신경통 치료제가 되는 참제비고깔 꽃에 들어 있는 안토시안.

뎅(열) [독 Dengue열] 〈의〉 모기의 매개에 의한 고열전염병으로 열대지방에 많다. 갑자기 고열이 나며 근육, 관절이 아프고 추출물이 나온다.

도 [이 do] 〈음〉 도레미파의 7음계의 첫째음.

도가 [toga → 일] 옛 로마인의 겉옷. 토거.

도그 [dog] 〈공업〉꺾쇠. 쇠갈고리. 개.

도그 레이스 [영 dog race] 개의 경쟁.

도그마 [영 dogma] ① 독단.
② 〈종〉 교의.

도그마티즘 [영 dogmatism] 독단론, 독단적 태도.

도그매틱 [dagmatic] 독단적.

도그 태그 [dog tag] 인식표. 미국 군인이 성명·인식 번호를 새긴 금속제 판으로 목에 걺.

도그 패들 [dog paddle] 개 헤엄.

도꾜/동경(東京) 〈지〉 일본의 수도, 옛 이름은 에도(江戸) (→) 일본(日本)/저팬(Japan)

도나까이 [아이누 tonakai →] 사슴 비슷한 짐승. 순록(馴鹿).

도나우 강 (江) (Donau R.) 〈지〉 볼가 강(Volga R.)에 다음 가는 유럽서 둘째로 긴 강. 독일의 서남부 슈바르츠발트 [黑林] 산맥(Schwarzwald Mts.)에서 발원, 유럽 각국을 관류하여 흑해로 들어감. 영어포기로는 다뉴브 강(Danube R.). (→) 다뉴브 강.

도넛(현상) [영 doughnut현상] 도시개발에서 역전이 공지화된다. 역전은 지가가 비싸므로 공지로서 남고, 멀리 떨어진 주변은 토지의 가격이 비교적 싸므로 주택이 들어서 그것이 도넛 모양이 되기 때문에 생긴 이름이다.

도넛 [영 doughnut]
① 소맥분에 계란과 설탕을 섞어서 고리 모양으로 만들어 기름에 튀긴 과자.
② 레코드판의 일종으로 중심에 커다란 구멍이 있으며 1분간에 45회전 하는 것. 도넛과 비슷하여 붙여진 이름.

도데카포니 [영 dodecaphony] 12음적 기법, 현대음악을 대표하는 음악의 작곡수업.

도도 [dodo]
① (지금은 멸종한) 날지 못하는 큰 새의 이름.
② 시대에 뒤떨어진 사람. 얼간이.

도돈파 [영 dodon-pa] 1920년대에 전국적으로 유행한 리듬, 또한 그 춤.

도란 [독 Dohran] 유성 화장품으로 무대화장 등에 사용한다. 도란은 독일의 제조회사명.

도리스(식) [Doris 式] 〈건축〉 고대 그리스의 Doris사람들이 시작한 건축

ㄷ

양식의 하나. 기둥이 짧고 굵은 만두형의 기둥 머리장식이 특징임.

도리아(식)[라 Doria style] 〈건〉 고대 희랍의 건축양식의 하나로 팔레논 신전의 대표적 건물이다.

도릭 [doric]
① 〈음악〉 교회선법(敎會旋法)에서 'd'에서 시작하는 것.
② 〈건축〉 그리스의 도리아 양식의.

도머 윈도 [dormer window] 다락방 채광용의 작은 삼각 지붕의 창.

도메스틱 [영 domestics] 〈섬〉 20~30's 정도의 실을 사용하여 바닥을 평직으로 한 거친 줄무늬 또는 바둑무늬 직물. 국내산, 가정의.

도메스틱 사이언스 [영 domestic science] 가정 과학. 생활 과학. 의식주·육아 등의 과학적 연구.

도메스틱 크레디트 [domestic credit] 〈경제〉 현금 신용장.

도메인 [Domain] 인터넷 주소. 인터넷 사이트에서 기억하기 쉬운 문자로 바꾸어 놓는것을 말한다.

도미노 [domino(theory)]
① 〈음악〉 전음계적 음계의 제5도, 속음(屬音)
② 도미노 골패(骨牌)가 차례로 넘어지듯이 어떤 지역의 공산화가 차례로 인접 지역에 파급되어 간다고 하는 이론.

도미노 [영 domino]
① 서양카루타의 일종으로, 28매의 직4각형의 패로 행하는 유희.
② 〈복〉 후드 붙임의 외투, 또는 가장무도회용의 여유 있는 후드 붙임의 비단외투.

도미니언 [영 dominion] ① 지배권.
② 영토. ③ 자치령.

도미니카[라 dominica] 〈그〉그리스도교에서 쓰는 말로서 주일, 일요일을 뜻함. 라틴어 dominus(주님)에서 온 말.

도미니카 공화국 (共和國) (Dominica/Dominican Republic) 〈국〉 중앙 아메리카 카리브 해외 에스파뇰라 섬(Espanola I.) 동쪽 반을 차지하는 공화국. 예부터 에스파냐의 지배를 받다가 1795년 프랑스령, 1809년 다시 에스파냐령. 1844년 공화국으로 독립. 수도는 산토도밍고(Santo Domingo) (→) 산토도밍고.

도미니카 연방 (聯邦) (Dominica/Commonwealth of Dominica) 〈국〉 중앙 아메리카 카리브 해 소앤틸 제도(Lesser Antilles Is.)의 남부, 윈드워드제도(Windward Is.) 북단에 있는 영 연방 공화국. 1493년 콜럼버스가 발견, 1815년까지 영국과 프랑스의 분할 식민지, 1967년 자치권 획득, 1978년 영 연방 공화국으로 독립. 수도는 로조(Roseau). (→) 로조.

도미닉스 [Dominicus] 〈종〉 스페인의 수도승으로 도미닉스파의 교조.

도미세존 [demi saison] 〈복〉 합착. 춘추에 입는 옷.

도미타스 [demitassen] 보통의 커피컵의 절반 정도의 크기, 데미타스 또는 데미라고도 한다.

도미티아누스 (Augustus Domitianus, 51~96) 〈인〉 로마의 황제.

도밍고 [스 Domingo] 일요일.

도버 해협 (海峽) (Dover St.) 〈지〉 영국과 프랑스(France) 사이의 해협.

도비 직물(織物) [영 dobby cloth] 〈섬〉 도비 기(機)로 짠 직물의 총칭.

도세트 혼 [Dorset Horn] 큰 뿔을 가진 영국 Dorsetshire지방의 양.

도스 [Dos] 〈컴퓨터〉 Dos는 디스크 사용자와 하드웨어, 하드웨어와 소프트웨어 등을 중계해 사용자가 컴퓨터 시스템을 원활하게 사용할 수 있도록 도움. 마이크로소프트사가 만든 MS-DOS가 많이 사용되고 있음. Disk operation system의 약자.

도스킨 〔영 doeskin〕〈섬〉주자적으로 부드러운 광택이 있게 도스직 가공을 한 고급 모직물 또는 이와 비슷한 직물 (주로 예복용).

도스토예프스키, 표도르 미하일로비치 (Fuodor Mikhailovich Dostoevski, 1821~1881)〈인〉러시아의 소설가.

도시 게릴러 〔urban guerrillas〕산악이나 밀림, 농촌 지대를 근거지로 유격 활동을 벌이는 '게릴러'에 대하여, 도시 자체에 근거를 두고 지하 활동을 하면서 파괴 활동을 벌이는 과격파.

도시미터 〔dosimeter〕〈물리〉사람의 몸이 받는 방사량을 재는 기구.

도시지 〔dosage〕〈의학〉
① 약 먹이는 것 투약
② 한 번에 먹는 약의 양.

도어 로킹 핸들 〔door locking handle〕자동차의 문 잠그는 손잡이.

도어 베드 〔door bed〕들어올려서 반회전하면 문짝처럼 보이는 접이식 침대(방을 넓게 쓸 수 있음) ▷ 영어로는 in-a-door-bed.

도어엔진 〔door-engine〕압축 공기의 힘으로 차의 문을 여닫는 장치.

도어 윈도 〔door window〕차의 옆에 달린 창문.

도어 체크 〔영 door-check〕〈건〉스프링 문이 갑자기 잠기는 것을 제어하는 장치.

도어 캐처 〔door catch〕자동차 문 손잡이.

도어 투 도어 〔door to door〕
① 호별 직송(戶別直送).
② 호별 방문 판매. 각 가정에 배달.

도요토미 히데요시 (豊臣秀吉, 1536~1598)〈인〉일본 근대의 무장, 정치가.

도일리 〔영 doily〕탁상용 깔개, 꽃병 깔개.

도큐먼테이션 〔영 documentation〕기록된 정보나 문헌 등의 자료를 수집, 정리해서 각종 요구에 대응할 수 있도록 체계화하는 전체적인 관리.

도키지 〔영 dockage〕〈식품〉밀 속에 뒤섞여 있는 이물.

도킹 〔docking〕
① 정박, 부두에 들어가는 것.
② 2개의 사물이 합침.
③ 우주 공간에 인공위성이나 우주선을 결합시키는 것. 미국은 1966년에 '제미니 8호'와 '아제나·로키트'가 성공. 러시아는 1976년에 성공. 우주정거장의 설치. 조난 우주선의 구호에 필수적인 기술.

도킹 〔Dorking〕영국 Dorking지방에서 나는 닭.

도트 〔영 dot〕① 점, 구독점.
② 〈복〉포지 등의 물방울 모양.

도트 매트릭스 〔dot matrix〕〈컴〉다수의 점을 매트릭스 모양으로 배열하고, 그 조합으로 문자를 출력하는 방식.

도트 맵 〔dot map〕점의 크고 작음, 또는 설피고뱀에 의하여 분호를 표시하는 지도.

도티 〔힌 > 영 dhoti / dhoties〕〈섬〉인도에서 힌두교 남자가 입는 면직물의 일종으로서 면사의 폭이 0.3~0.7㎝가 되는 직물.

도티드 스위스 〔영 dotted swiss〕〈섬〉론에 비슷한 얇은 면직물로서 작은 점이 동일한 간격으로 배열된 직물.

도프 〔영 dope〕
① 경주마에 먹이는 자극제.
② 자동차의 출력 중진용의 혼합 연료.

도핑 〔영 doping〕흥분제사용. 출전선수가 능력배증을 위해서 자극제를 사용하는 것으로 이것은 부정행위로서

ㄷ

금지되어 있다. 사람뿐 아니라 경마에도 흔히 사용되는 부정행위이다.

도하 (Doha) 〈지〉 카타르(State of Qatar)의 수도. 카트르 반도(Qatar Pen.) 동쪽 기슭에 위치함. (→) 카타르.

독 [영 dock]
① 선박의 건조나 수리를 위한 선거.
② 수리소의 별명.

독 마스터 [dockmaster] 조선소장.

독트린 [라·프 > 영 doctrine] 〈도〉 Doktrin 교의(教義). 주의. 가르침. 학설.

돈 강(江) (Don R.) 〈지〉 소련 러시아 (Russia) 공화국 서부에 있는 큰 강.

돈트 포옴 [d'Hondt form] 구속(拘束) 명부식 비례 대표제의 선거에서의 당선자 선출의 한 방식(각 정당의 득표수를 비례 배분하여 당선자를 결정함). ▷ 고안자인 벨기에의 수학자 V.돈트의 이름에서.

돈 후안 [스 Don Juan] 호색한. 바람둥이. 스페인의 전설적 방탕아의 이름.

돌로로소 [이 doloroso] 〈음악〉 슬프게.

돌로마이트 [영 dolomite] 〈광〉 고회석, 백운석, 유리 내화벽돌 등에 사용한다.

돌리 [dolly] 영화나 TV의 이동 촬영을 위한 자동차.

돌리나 [dolina] 〈지학〉 석회정.

돌몬 슬리브 [dolman sleeve] 터키인이 사용하는 '돌먼'이라는 외투의 소매(소매 둘레가 길고 여유 있게 손목에서 꼭 붙은)를 닮은 소매.

돌멘 [켈트어 > 프 > 도 Dolmen] [영 dolmen] 〈고고〉 고인돌. (→) 멘히르(Menhir)·알리뉴망(alignement)·스톤 서클(stone circle)

돌멘 [터키 dolmen] 〈역〉 커다란 돌로 만든 묘로서, 신석기시대, 청동기시대의 것이라고 한다. 돌로 만든 테이블이라는 뜻.

돌체 [이 dolce] 〈음악〉 달콤한, 부드러운.

돌톤플랜 [미 Doltonplan] 〈교〉 미국의 교육자 파카스트 여사가 달톤시의 중학교에서 실시한 자유교육법.

돌핀 [영 dolphin] 〈어〉 돌고래. 해돈.

돔 [영 dome] ① 둥근지붕, 둥근천정. ② 〈등〉 두근매의 산마루. 기숙사.

돔라 [러 domra] 〈음〉 만도링과 비슷한 구소련의 3현의 국민악기.

돔부리 [일] ① 뚝배기 그릇. ② 뚝배기 그릇에 담은 덮밥.

동 [Dong] 베트남 민주공화국의 통화단위.

동키 [영 donkey] ① 〈동〉 당나귀. ② 어리석은 자.

동키호테 (모델) [Don Quixote Model] (세르반테스의 풍자소설과 그 주인공의 이름에서) 현실을 무시하고 과대망상적인 공상을 실현하려는 인간형.

두루 [through] 〈테니스〉 그물 눈 사이로 빠져나간 공.

두리안 [말레이어 durian] 〈식〉 동남아시아 원산의 과주, 또는 그의 과실. 특유의 냄새가 있으며 맛이 좋다. 두리오라고도 한다.

둠즈데이 [doomsday]
① 최후 심판의 날. ② 판결일.

듀공 [dugong] 바닷소 종류의 젖빨이 짐승.

듀드 [영 dude] 복장에 집착하는 사람, 멋을 부리는 사람.

듀럴루민 [영 duralumin] 〈이〉 구리, 마그네슘, 망간, 규소 등을 포함한 알루미늄합금.

듀럼 소맥(小麥) [영 durum whest]

〈식품〉경질형 밀.

듀레론 [독 Deuteron] 〈이〉중양자, 듀레리움의 원자핵.

듀리언 [durian] 열대지방의 늘 푸른 딸기나무.

듀스 어게인 [deuce again] 〈테니스〉듀스가 된 후 다시 두 편이 1점씩 얻어같은 점수가 되었을 때.

듀어 (병) [Dewar(瓶)] 〈물리〉스코틀랜드의 화학자 Dewar이 개량한 마법병.

듀얼 [영 dual] 2중의, 표리가 있는.

듀얼리즘 [dualism] 선악 2원설. 양음 2원설.

듀얼 코트 [영 dual cost] 〈복〉표리 양쪽 사용이 가능한 코트. 거죽이 스프링 코트(spring cost), 뒤집어 입으면 레인 코트(rain cost)가 되는 것.

듀엣 [이 duetto > 도 Duett] [영 duett] [러 duet]
 ① 〈음〉두개의 독주 악기로 하는 이중주. 2명의 가수의 의한 이중창.
 ② 젊은 남녀 커플(couple).

듀오 [duo] 〈음악〉2인조. 2중주를 하는 두 사람.

듀이, 존 (John Dewey, 1859~1952) 〈인〉미국의 철학자, 교육학자.

듀크 [duke] ① 공작.
 ② 유럽제국에 유통된 금화.

듀터론 [deuteron] 〈화학〉중양자.

듀트리움 [Deuterium] 〈화〉중수소, 기호D. 수소폭탄에 사용된다.

듀플렉스 [영 Duplex] 〈방〉동시에 송수신할 수 있는 양방향 전송의 설비. 2개 유니트의 집.

듀플리케이션 [영 duplication] 〈광고〉같은 개인이나 가정에 복수의 광고 매체가 중복해서 도달하는 것.

드 골 De Gaulle, Charles Andre Joseph Marie(1890~1971) 프랑스의 軍人, 제5공화국 大統領.

드라마 [그 > 라 > 포・네・도・영・러 drama] 희곡・각본・연극・극시(劇詩). 독일・러시아어 표기로는 드라마, 영어 표기로는 드라머.

드라마 리그 [drama league]관극 연맹.

드라마 타이즈 [drama tize] 사건・소설 따위를 각색하여 극적으로 표현함.

드라마트루기 [dramaturgie] 극작술, 연극론.

드라마티스트 [영 dramatist] 극작가, 각본가.

드라이서 Dreiser, Theodore (1871~1945) 미국의 編集者, 作家.

드라이 리허설 [dry rehearsal] 카메라를 사용하지 않고 행하는 프로.

드라이버 [영 driver]
 ① 자동차의 우수수.
 ② 나사돌리개.
 ③ 〈골프〉최장타용 나무머리 클럽. [용례] 오너 드라이버.

드라이브 [drive]
 ① 차를 재미로 타는 것. ¶~ 하다.
 ② 〈탁구〉공을 몰아치는 것.
 ③ 〈하키〉원거리에 보내는 강한 패스와 슛.
 ④ 〈테니스〉코트의 후반부에서 세게 치는 것.

드라이브 샤프트 [drive shaft]구동축.

드라이브 인 [drive in] 〈체육〉상대팀에 파고 들기.

드라이브 피니언 기어 [drive pinion gear] 〈기계〉전동 소치차 [召致]

드라이빙 데이트 [영 driving date] 드라이브하면서 데이트를 즐기는 것.

드라이빙 피니언 [driving Pinion] 구동대(大)치차.

드라이 샴푸 [dry shampoo] 말린채

샴푸.

드라이 세이빙 [영 dry shaving] 물이나 비누를 쓰지 않고, 전기면도기로 수염을 깎는 것.

드라이 아이스 [dry ice] 탄산가스를 압축하여 액체화한 후 급히 팽창시켜 만든 눈모양의 탄산 고체. ▷ 냉각제의 일종.

드라이엘 슈랏 [Dreierschritt] 〈스키〉 평지활주.

드라이커리 [영 drycurry] 〈요〉 카레가루, 고기, 야채 등을 볶은 것을 쌀밥에 섞어서 또다시 볶은 것.

드라이 컷 [dry cut] 말려 자르기.

드라이 톱 [영 dry top/dry combed top] 〈섬〉 기름을 그다지 함유하지 않은 울톱.

드라이 프라잉 [영 dry frying] 〈식품〉 실리콘이나 식물 엑스 등의 접착제를 써서 튀기는 것.

드라큐마 [drachina]
① 그리스의 은화.
② 영국과 미국의 약을 다는 저울의 단위로 3.8879g에 해당.

드랑퀼라이저 [tranquillizer] 정신안정제. 진정제를 근대화한 것으로 쓸데없는 공포감을 제거함.

드래그 라인 [drag-line] 흙을 긁어 모으는 버킷이 달린 굴착기.

드래그 번트 [미 drag bunt] 〈야〉 드래그는 끌린다의 뜻. 배드를 흔드는 것이 아니라 밀어내는 기분으로 가볍게 볼에 대고, 내야에 굴러가게 하여 1루에 갈려고 하는 타법.

드래스틱 [영 drastic] 격렬한, 철저한.

드래크마 [화 drachma] 16분의 1온스. 약 3.8879그램.

드래프트 [draft] ① 도안.
② 초안, 초고.
③ 〈경제〉 환어음.
④ 징병.
⑤ 운동선수의 선발.

드래프트(제) [미 draft system] 〈체〉 프로 야구신인 선택제도로서 신인 획득을 희망하는 구단이 추첨으로 순번에 의해 그의 선수를 선택하여 교섭하는 제도로서 지명된 선수는 반드시 그 팀에 입단해야 한다. 이것은 계약금의 상승을 방지하기 위해서 만들어 졌다.

드래프트 [영 draft] ① 초고, 기초.
② 형지를 만들기 위한 제조.
③ 하회(下繪).

드래핑 [영 draping] 〈복〉 입체재단. 몸에 포지를 대고서 디자인 재단한다.

드램 [dram] 영국의 무게의 단위.

드러그 스토어 [미 drug-store] 의약품을 중심으로 하는 소매업자. 전문 약국(pharmacy)이 아니고 화장품・일용잡화・식료품 등 폭넓게 물품을 갖춘 소매 업태를 말함.

드러머 [영 drummer] 〈음〉 북을 치는 사람. 고수.

드러스트 [thrust] 〈펜싱〉 세이버에 있어서 찌르는 동작.

드레서 [dresser] 옷을 멋지게 입은 사람.

드레슈홀드 커런트 [threshhold current] 〈전기〉 한계 전류.

드레스 리허설 [dress rehearsal] 〈연극〉 실제로 연극할 때 입을 옷을 입고하는 무대 연습.

드레스 메이커 [dress maker] 여자 옷 제조자.

드레스 슈트 [dress suit] 여자의 야회복.

드레스 업 [dress up] 정장하다. 멋내다.

드레스 폼 [dress form] 〈의상〉 몸에서 허리까지의 사람 형상의 틀.

드레시 [영 dressy] 〈복〉 사치품으로 부드러운 정장을 하는 것을 말함, 상대어는 스포티.

드레싱 [영 dressing] ① 〈복〉 복장. ② 〈요〉 생선이나 야채요리의 위에 뿌리는 소스의 일종.

드레싱 룸 [dressing room] 옷을 갈아 입는 방. 화장실.

드레이프 [영 drape] 천에 완만한 주름을 붙이거나 하여 보기 좋게 정리하는 것. 원뜻은 덮다. 장식하다의 뜻.

드레이프 네크라인 [drape neckline] 〈의상〉 목둘레에 자연스럽게 주름이 잡힌 모양.

드레이프트 스커트 [draped skirt] 〈의상〉 스커트의 앞 또는 옆에 좋아하는 드레이프를 넣은 스커트.

드레이프트 슬리브 [draped sleeve] 〈의상〉 일부에 드레이프를 단 소매.

드레인 [영 drain] 하수구, 배수구.

드레인 콕 [drain cock] 〈건축〉 배수관(排水管) 마개.

드레인 탱크 [drain tank] 〈건축〉 배수(排水) 탱크.

드레인 파이프 [drain pipe] 〈건축〉 배수 파이프.

드레인 플러그 [drain plug] 〈건축〉 배수 플러그.

드레저 [영 dredger] ① 흙 배설기. ② 물밑의 토사, 암석을 퍼 올리는 설비가 달린 준설선.

드레징 [dredging] 준설 작업.

드렌처 [영 drencher] 화재일 때, 건물의 주위에 수막을 쳐서 유소(類燒)를 방지하는 장치. 호우.

드로 [영 draw] 무승부.

드로그 [drogue] 바람의 방향을 가리키기 위한 기류(旗流).

드로백 [영 draw back] 되돌려줌. 할증.

드로슈케 [Droschke 프] 1두 또는 2두 견인 포장마차.

드로 업 [throw up] 〈테니스〉 서브를 넣기 위하여 공을 던져 올리는 동작.

드로 오프 [throw off] 〈핸드볼〉 시합을 시작할 때 또는 다시 시작할 때 중위나 전위가 던지는 처음 공.

드러워 [thrower] 던지기 선수.

드로윙 [throwing] 던지기.

드로인 [throw in] 〈축구〉 터치 라인 밖으로 나간 공을 던져 넣는 것.

드로잉 [drawing] ① 제도(製圖). 설계도를 그림. ② 〈예술〉 소묘(素描). 데생.

드로잉 룸 [drawing room] 응접실. 그림방.

드로잉 페이퍼 [drawing paper] 그림 용지.

드로틀 [throttle] 〈기계〉 내연 기관의 기화기에 달려 공기량을 가감하는 판막.

드로틀 밸브 [throttle valve] 드로틀 판막.

드론 [drone] 무인 비행기. 무선 조정기.

도른 게임 [drawn game] 〈체육〉 이기고 짐이 없이 비긴 시합.

드론 워크 [drawn work] 레이스의 일종. 좋은 마로 짠 천의 씨나 날을 뽑아 그 자리에 모양을 넣은 베.

드롬빈 [thrombin] 〈생물〉 응혈 작용을 하는 핏속의 성분.

드롭 [영 drop] ① 방울. ② 낙하. ③ 낙제. ④ 향료를 가한 엿과자. ⑤ 〈야〉 투수의 투구가 타자의 근처에서 갑자기 낙하하는 것.

드롭 샷 [drop shot] 〈테니스〉 컷을

75

ㄷ

써서 공을 역회전시킴으로써 그물 앞에 떨어지게 치는 방법.

드롭손데 [영 dropsonde] 비행기에서 낙하산을 이용하여 고층기상을 관측하기 위해서 낙하시키는 탐측, 발신기기 장치.

드롭 숄더 [drop shoulder] 〈의상〉 어깨 끝을 보통보다 떨어뜨린 모양.

드롭 아웃 [drop out]
① 〈테니스〉 드롭 킥의 하나.
② 학교 중퇴.

드롭 커브 [영 drop curve] 〈야〉 타자의 앞에서 급격히 아래로 변화하는 투구.

드롭 킥 [drop kick] 〈럭비〉 공이 땅에 떨어졌다 다시 뛰어 오를 때 차는 일.

드롭트 퍼프 슬리브 [dropped puff sleeve] 〈의상〉 소매 다는 선이 정상의 위치에서 떨어져 그 끝에 부푼 소매가 달린 소매.

드롭트 골 [dropped goal] 〈럭비〉 드롭킥한 공이 골문 가로 막대를 넘어서 된 골로, 3점이 됨.

드롭 해머 [drop hammer → 일] 〈기계〉 내려치는 망치.

드롭 핸들 [drop handle] 자전거 손잡이가 밑에 붙어 있는 것.

드루 패스 [through pass] 〈축구〉 상대방과 상대방의 사이로 공을 빼내어 패스하는 것.

드리 런 [three run] 〈야구〉 타자를 포함한 세 주자(走者) 또는 그에 의한 득점. 쓰리 런.

드리머 [dreamer] 꿈을 꾸는 사람 즉 몽상가.

드리 모어 [three more] 〈탁구〉 시합 전에 세 번 실패할 때까지 연습을 허용한다는 심판의 선언. 쓰리 모어.

드리배거 [three-bagger] 〈야구〉

드리베이스 힛.

드리 베이스 힛 [three base hit] 〈야구〉 3루타. 쓰리 베이스 힛.

드리블 [dribble] 〈체육〉
① 공을 두 발로 번갈아 차며 나가는 것.
② 농구에서 공을 손으로 튀기며 나가는 것.
③ 배구에서 공이 한 사람의 몸에 두 번 이상 닿는 반칙.

드리블 어택(戰법) [dribble attack(戰法)] 〈축구〉 혼자서 공을 몰아 상대방을 뚫고 들어가는 전법.

드리 스피드 플레이어 [three speed player] 세 가지 속도를 다 사용 할 수 있는 축음기.

드리아르 [three Rs] 실제적으로 쓸모가 있는 사람의 3가지 조건. 즉 리딩(reading)·라이팅(writing)·애리드머틱(arithmetic).

드리쿼터 [threee-quarter]
① 쓰리쿼터. 지프와 트럭의 중간형의 자동차. 적재량이 3/4톤인데서 온 이름.
② 〈체육〉 드리쿼터백.

드리쿼터백 [three quarter back] 〈럭비〉 스탠드오프의 뒤에 자리 잡은 네 사람. 드리쿼터.

드리프트 [drift] ① 해류(海流) 속도. ② 편차(偏差).

드리핑 [영 dripping] 〈미〉 막을 드리우는 것. 흘리는 것.

드리핑 유(油) [영 dripping -] 〈식품〉 미탈색 미처리 지방.

드릴러 [thriller] 스릴러. 스릴을 느끼게 하는 예술작품.

드릴링 [drilling] 훈련. 구멍 뚫기.

드릴링 [thrilling] 스릴. 오싹함.

드림게임 [미 dream game] 〈야〉 프로야구에서 올스타전의 뜻. 수많은 스타플레이어가 모여서 행하는 시합. 꿈의 구연이라고도 한다.

드미퐁 [프 demi-fond] 유도자의 유도에 의한 자전거 경기.

드와이안 [doyen] 외교관의 단장.

드워트 [thwart] 조수석의 좌판(座板).

디그니티 [영 dignity]위엄, 위의. 존엄.

디그리 [degree] ① 자격. 학위.
② (온도 등의)도. 정도.

디기탈리스 [화 digitalis] 〈식〉 참깨과의 다년초로 잎에서 강심제를 만든다.

디나르 [dinar] 이란·이라크의 화폐 단위.

디노미네이션 [라 > 도·프·영] denomination 〈경〉화폐 단위의 절하(切下).

디노사우루스 [Dinosaurus] 중세대에 군서하였던 공룡의 일종.

디덕션 [deduction] ① 공제(액)
② (논리에서) 연역법.

디도스 [Ddos] 정보방해, 컴퓨터에 바이러스를 투입해 놓고 일시에 공격 목표물을 향해 공격을 해 마비시키는 행위.

디디램(브) [dithyramb] 희랍 서정시의 한 형식.

디-램 [D-RAM] 〈컴〉 컴퓨터 기억장치의 하나. 기억된 내용은 주기적으로 재충전만 시켜주면 계속 유지되고, 컴퓨터 기억장치로 가장 많이 사용된다.

디럭스 에디션 [deluxe edition] 〈도서관〉 호화판(版).

디레귤레이션 [diregulation] 정책 규제측의 완화의 뜻. 민간 활력을 도입하기 위해서는 필요한 토양이라고 한다.

디렉터 [영 director] ① 지휘자.
② 중역, 지배인. ③ 〈영〉 감독.
④ 〈방〉 프로그램 연출 담당자.

디렉토리 [directory]
① 주소록. 전화부.
② 〈컴퓨터〉 디스크에 들어 있는 파일의 일람표.

디렉트 메소드 [direct method] 외국어 교육에서 자국어를 사용하지 않고 외국어만으로 가르치는 학습법.

디렉트메일 [DirectMail] 직송우편

디솔브 [영 dissolve]
① 〈방〉 영화나 영상을 서서히 지우나가 다음의 화면으로 변화하는 기법.
② 의회, 회사를 해방하다.

디르함 [영 dirham]
① 모로코의 화폐 단위.
② 회교국의 무게의 단위.

디맨드인플래 [demand inflation] 〈경〉 수요 인플레, 수요가 너무 많아서 생기는 인플레.

디머 [영 dimmer] 어두침침하게 하는 장치. 자동차 헤드라이트의 감광장치.

디먼 [독 Damon] 악령. 귀신. ▷ 영어로는 demon.

디메릿 [영 demerit] 결점, 단점, 상대어는 매릿(merit).

디멘션 [영 dimension] ① 넓이, 규모.
② 차원.

디뮤엔도 [dimmuendo ehr] 〈음〉 점차 약하게 연주하라. dim이라 약함.

디미뉴션 [diminution] 〈음악〉 주제의 시가(時價)를 축소하여 나타내는 일. 예컨대 4분음표를 8분음표로.

디미티 [영 dimity] 〈섬〉 경위사에 30~40's(면번수) 또는 60~80's 단사를 사용하여 평직으로 제직한 것으로서 바닥실 이외에 평행사 또는 굵은 실로써 경 줄무늬 또는 바둑무늬를 나타낸 직물(여름철 부인복·아동복·커튼감 등).

디바이더 [divider] 칸막이. 가름쪽.

ㄷ

디바이디드 스커트 [devided skirt] 가랑이가 갈라진 스포츠용 스커트.

디바이드 앤드 룰 [영 divide and rule] 분권 정치·분할 지배·분할 통치. 토착민의 여러 세력을 서로 싸우게 해서 지배자에 대한 반항을 방지하려고 영국이 전통적으로 사용해온 식민지 정책. '분할하여 지배하라', '지배하기 위해선 분할하라'는 뜻.

디바이스 [device] 장치. 정치(定置) 고안. 의장(意匠). 문장(紋章). 의지. 소망.

디방 [프 divan] 쿠션이 있는 벤치.

디밸류에이션 [devaluation] 〈경영〉 평가 절하. 디노미네이션.

디버그 [debug] 〈컴퓨터〉 오류 수정.
① 프로그램 상의 오류 부분을 찾아내어 이를 정정하는 것.
② 고장 진단 루틴과 같이 컴퓨터가 스스로 잘못된 동작을 감지하여 고치는 프로그램.

디버깅 [debugging] 〈컴퓨터〉 일단 작성된 프로그램들이 정확한가를 조사하는 과정. 이 작업은
① 기계에 넣기 전에 책상 위에서 주어진 문제대로 프로그램이 작성되었는가를 순서도와 메모리의 작업 영역표에 실제 데이터를 넣어서 수작업으로 정확한 결과가 나오는가를 검사하는 디스크 상의 검사와,
② 컴퓨터를 이용한 표준표 데이터로 메인루틴을 조사하는 컴퓨터를 사용한 검사.
③ 실제 데이터를 사용하는 조사 등 3 단계로 나누어 진행, 또한 이 작업은 프로그램의 한 스텝 한 스텝을 추적해 나가는 추적 기능을 이용해도 좋지만, 프로그램 처리 내용이나 기억 장치의 내용을 덤프하여 오류 수정 보조기(degugging aid)를 이용하는 것이 바람직함.

디베르띠멘또 [이 divertimento] 〈음악〉오락에 알맞도록 짜인 무도곡의 하나.

디베이팅 소사이어티 [debating society] 토론회. 논쟁 학회.

디보다사 [범 Divodasa]〈신〉「베다」에 나오는 말. 천계(天界)의 뱀이라는 뜻. 인드라(Indra)와 아슈빈(Asvin)의 보호를 받는 사람의 이름이기도 함.

디보션 [영 devotion]신앙, 귀의(歸依).

디비 [d.b.=decibel] 〈물리〉데시벨. 전량(음향)의 강도를 측정하는 단위.

디비덴드 [영 dividend] 〈경〉 배당금.

디비전 [division] 나눗셈. 구분. 사단(師團). 조(組).

디비지 [이 divisi] 〈음악〉 관현악의 현(弦)부로 돌로 나누어 연주하는 것.

디서넌스 [dissonance] 〈음악〉 불협화음. 어울리지 않는 소리.

디센서스 [영 decensus] 부분적인 합의. 상대어는 콘센서스.

디센트릴리제이션 [영decentralization] 분권화, 담당자의 창의를 살리도록 일부 권한을 위양하는 것. 상대어는 컨센트레이션(집중화)

디셀 [dessert qnf] ① 디저트.
② 부드러운 비스켓.

디스엥게이지먼트 [영disengagement]
① 〈정〉 동서의 군사력을 끊고, 비무장지대를 동서간에 설치하여 군사력의 접촉을 피하려고 하는 것.
② 해방, 해임.

대스 인텔리 [영 dis-intelligentsia] 디스인텔리겐차의 약. 학력은 있으나 인텔리다운 지성이 없는 사람.

디스인플레이션 [영 disinflation] 〈경〉인플레이션을 억제하면서 급격하게 디플레로 이항시키는 정책을 취하지 않고 서서히 각 요인을 억제하여 인플레의 진행을 저지하는 정책.

디스일루션 [disillusion] 〈문학〉환멸. 각성(覺醒).

디스커뮤니케이션 [영 discommunica-tion] 〈광〉표면은 정보를 받은 사람에게 호출을 멈추거나 전달을 단념하고 있는 것 같이 보이게 하고 오히려 주의를 환기시켜서 보다 강한 인상을 주려고 하는 전달방식.

디스커버러 [미 discoverer] 1959년에 미국이 쏘아 올린 군사위성. 발견자.

디스커스 [영 discus]
① 〈경〉 원반, 원반던지기.
② 열대어의 일종.

디스커스 드로 [discus throw] 〈체육〉 원반 던지기, 투원반.

디스켓 [diskette] 〈컴〉 자성 물질로 입혀진 얇고 유연한 원판으로 플로피 디스크 장치 내의 저장 매체.

디스켓(상표명) [Diskette] 〈컴〉 플로피 디스크의 IBM에서의 호칭.

디스코테크 [프 discotheque > 영 discotheque] 레코드음악으로 춤추며 마시는 차, 프랑스어 discotheque (레코드集)에서 뜻이 변한 말.

디스쿠르 [프 discours] 논술. 담화.

디스쿨링 [deschooling] 탈학교화(脫學校化).

디스크(대상) [Disque Grand Prix] 프랑스에서 연간에 발매된 레코드 중 최우수 작품에 주는 상.

디스크 [영 disk]
① 원반.
② 축음기의 레코드.
③ 전자계산기에서 자기디스크의 기억장치의 약.

디스크(형) 노즐 [disc(形)nozzle] 〈농업〉 레코드판 모양의 파이프 주둥이.

디스크 드라이브 [disk drive] 〈컴퓨터〉 보조 기억 장치의 하나. 처리 장치에 부착할 수 있도록 설계된 매체로 여러 개의 자기 디스크로 구성. 다른 디스크 팩과 교환 가능하도록 설계되어 있음.

디스크립션 [영description]기술, 묘사.

디스크-브레이크 [disk brake] 자동차의 원판 브레이크.

디스크 자키 [영 disk jockey] 〈라〉 음악 프로 담당 아나운서, 레코드를 틀면서 엽서를 읽든지 말을 하면서 하는 라디오 프로그램 아나운서, 약어는 디제이(DJ). 디스크(disc, disk)는 레코드, 자키(jockey)는 기수(騎手)의 뜻임.

디스크 클러치 [disk clutch] 〈기계〉 원판(圓板) 클러치.

디스크 파일 [disk file] 〈컴퓨터〉 데이터가 디스크에 수록되어 있는 파일.

디스클로저 [영 disclosure]
① 주식투자가의 보호를 위해서 증권 발행회사의 결산 내용을 공표하는 것.
② 투자신탁위탁 회사가 투자신탁의 운용 내용을 공개하는 것.
③ 드러냄, 폭로, 밝힘.

디스타일 룩 [영 distyle look] 〈복〉 나팔바지.

디스턴스 [영 distance] ① 간격, 거리 ② 원방, 원경.

디스턴스 레이스 [distance race] 〈체육〉 거리 경주.

디스템퍼 [영 distemper] ① 불기염. ② 어린 개에 많은 급성전염병.

디스토마 [독 Distoma]〈동〉사람, 말 등의 간장, 폐장에 기생하는 흡혈기생충.

디스토피아 [distopia] 현대 사회의 부정적인 측면들이 극단화되어 초래할지 모르는 암울한 미래상.

디스트리뷰터 [distributer] 〈전기〉 배전기(配電器).

디스패치 모니 [영 dispatch money]

ㄷ

디스펜시아 [영 dyspepsia] 소화불량, 위약. 〈경〉 신적(양륙)활인반환금, 용선계약보다 빨리 선적, 육양했을 때, 선주로부터 용선자에게 축소일수분의 요금을 환불하는 것.

디스펩시아 [영 dyspepsia] 소화불량, 위약.

디스페어 [despair] 낙담, 자포자기. 절망.

디스펜서 [dispenser] ① 약제사. ② 자동 판매기. ③ 자동 현금 인출기.

디스포저 [영 disposer] 주방의 생선, 야채의 찌꺼기를 분쇄하여 하수에 흘려보내는 장치.

디스포절 백 [disposal bag] 더러운 것이나 생리용품의 처리 주머니.

디스프로슘 [dysprosium] 〈화학〉 자성(磁性)이 강한 원소의 하나.

디스플레이 [라 > 프 > 영 display] ① 〈광고〉 전시. 진열. 또는 그것을 위한 조형물. ② 동물이 짝짓기 전에 하는 일종의 구애(求愛) 동작.

디스플레이스트 피플 [displaced people] 난민. 유민. 보트 피플 등의 정식 명칭.

디스플레이 유니트 [display unit] 〈컴〉 전자계산기의 출력 장치의 일종으로, 용지에 기록을 하는 것이 아니라 브라운관의 표면에 글이나 도형으로 표시하기도 하고 지면에 그림을 그려서 나타내는 장치, 특히 브라운관 디스플레이 장치를 가리킬 때가 많음.

디스플린 [discipline] ① 훈련. 단련. ② 징벌. 징계. ③ 훈육. ④ 통제. 규율.

디시 워셔 [dish washer] 접시 닦는 사람(기계).

디씨 [D.C.=이 dacapo] 〈음악〉 다 카포. 처음으로 되돌아가서 연주하는 기호.

디아벌로 [diabolo] 북통처럼 생긴 팽이, 또는 그 팽이를 실위에 놓고 실의 양 끝을 잡고 교대로 올려내려 돌리는 놀이.

디아세틸 [도 > 영 diacetyl] 〈식품〉 버터의 맛의 성분.

디아스타제 [도 Diastase] [영·프 diastase] 〈화·약〉당화 효소. 엿기름으로 만든 아밀라제(Amylase). 1833년 페이앵(A. Payen)과 페루소즈(Perusoz)가 전분 당화 작용하는 것을 디아스타제로 이름 붙였음.

디아조늄 (염) [독 Diazonium] 〈화학〉 향내나는 제1급 아민의 산성 용액에 아질산을 작용시켜 얻는 염.

디아조(반응) [독 Diazo(反應)] 〈화학〉 향내나는 제1급 아민으로부터 디아조화(化)에 의하여 디아조늄염을 만들고, 여기서 여러 가지의 화합물을 합성하는 모든 반응.

디아텔미 [독 Disthermie] 〈의학〉 전열요법(電熱療法).

디야크 [dajak] 보르네오 섬의 미개인.

디어브로민 [theobromine] 〈화학〉 알칼로이드의 하나.

디어필린 [theophyline] 〈화학〉 차 잎에 들어있는 알칼로이드의 하나.

디에이 [DA=documents against acceptance] 〈경제〉 인수인도(引受引渡).

디오게네스 Diogenes (전 410경~325) 그리스의 冷笑主義 哲學者.

디오니소스 형(型) [도 Dionysos-] 〈예·문〉 니체(F.W. Nietzsche)가 처음 쓴 용어, 격정적·도취적·음악적·동적·군집적인 특징을 가진 예술상의 하나의 형. 무용·음악·서정시의 본질이기도 함. (↔) 아폴론 형(型) (Apollon)

디오니시우스 1세(世) (Dionysius Ⅰ, 기원전 430~367) 〈인〉 시라쿠사(Siracusa)의 참주.

디오더런트 샴푸 [deodorant shampoo] 살균 작용이 있는 특수 샴푸(두피 표면의 세균을 죽여 악취를 방지함).

디오덜라이트 [theodolite] 〈기계〉 경위의(經緯儀). 망원경을 수직축과 수평축과의 둘레에서 돌 수 있게 한 장치로 천체용(天體用)과 측량용(測量用)이 있음.

디오라마 [프 diorama] 〈예술〉 투시도(透視圖). 긴 천에 그림을 그려, 빛을 전후좌우에서 빛을 비춰 암실의 관객에게 보이는 그림.

디오클레티아누스 (ADiocletianus, 기원전 245~313) 〈인〉 로마의 황제.

디옵테르 [독 Diopter] 〈광물〉 조준의(照準儀).

디옵트리 [독 Dioptrie] 렌즈의 강도의 단위. 초점거리 1미터의 렌즈의 강도.

디우레틴 [독 Diuretin] 〈의학〉 희고 냄새 없는 가루로 된 극약.

디이즘 [theism] 〈철학〉 유신론(有神論).

디인 [theine] 〈화학〉 카페인. 다소(茶素).

디자인 [영 design]
① 설계도, 하회(下繪).
② 도안, 의장.

디자인 폴리시 [영 design policy] 기업체의 광고 정책으로 디자인을 통일하는 것.

디저트 코스 [dessert coures] 정식의 최후 과정으로 나오는 과일, 아이스크림 따위.

디젤 노크 [diesel knock] 〈기계〉 엔진이 느린 속도로 돌 때 귀에 거슬리게 들리는 소리.

디젤 엔진 [영 Diesel engine] 〈기〉 독일인 디젤이 만든 것으로서 중유와 공기와의 혼합기체로 운전하는 내연기관, 디젤기관.

디졸브 [dissolve] (영화·텔레비전에서) 하나의 장면을 지우면서 다음 장면을 서서히 떠오르게 하는 기법.

디즈니랜드 [Disneyland] 로스앤젤레스 교외에 월트 디즈니가 개설한 세계 최대의 유원지. 동화의 나라·과학의 나라·모험의 나라 등으로 나누어져 있음.

디즈레일리, 벤저민 (Benjamin Disraeli, 1804~1881) 〈인〉 영국의 정치가 작가.

디즈멀 사이언스 [dismal science] 토마스칼라일이 경제학을 가리켜 한 말로 '음침한 학문' 이란 뜻.

디지타이저 [digitizer] 좌표 판독 장치 (컴퓨터에 도형 정보를 입력하기 위한 장치).

디지털 [Digital] 계수식의 방법. 손가락의 피아노건.

디지털리스 [독 Digitalis] 혈삼과에 속하는 다년초. 디지털리스의 잎을 말려 가루로 만든 강심제.

디지털 컴퓨터 [영 digital computer] 계수형 전자계산기. 정보를 수치에 의해 계산하는 계산기. 일반적으로 전산기라고 하면 이것을 말한다.

디지털 텔레비전 [digital television] 〈전기〉 신호를 디지털 처리한 텔레비전.

디지털 통신 [digital communication] 음성과 같이. 연속적으로 변화하여 셀 수가 없는 아날로그 정보를 0과 1두 가지의 신호로 조합하여 보내는 통신 (잡음을 방지하고 비밀 유지에 뛰어남).

디지털 피비엑스 [digital private branch exchange] 〈전기〉 디지털화된 구내 전화교환기(사무 자동화의 중핵으로 주목되고 있음.)

디지털 회로 [digital circuit] 〈컴〉구별 가능한 복수 개의 물리 상태를 취하는 소자 또는 소회로를 사용하여 그 물리 상태로 정보를 다루는 회로. 전류나 전위의 '고·저·1·0'이나 스위치 개(開)·폐(閉) 등에 이용. 디지털 회로에 의해서 각종의 게이트·플립플롭·레지스터·가산기·누산기 등과 같은 논리 블록을 구성. 마이크로 전자 공학의 발달에 따라서 이들 논리 블록의 크기가 작아질 뿐만 아니라 성능이나 신뢰성이 향상되고, 가격이 저렴해짐. 이와 같이 마이크로 전자화된 디지털 기술이 마이크로컴퓨터를 탄생시킨 것.

디지톡신 [독 Digitoxin] 〈의학〉디지털리스의 잎에서 얻는 식물 심장독(心腸毒)의 하나.

디지트 [digit] 〈통신〉아라비아 숫자 0에서 9까지.

디질류전 [영 disillusion] 환멸.

디치 [ditch] 도랑. 호(濠).

디카빌리 [미 dikabilly] 무대에서 커다란 동작으로 흥분을 시키는 째즈. 로비칼리와 더불어 유행하였다.

디캐들론 [decathlon] 〈체육〉10종 경기.

디컨스트럭션 [deconstruction] 탈구축(脫構築) (텍스트가 갖는 복수의 의미에 의거하여, 본래의 의미를 약간 바꿔 새로운 의미를 구축하려고 하는 일)

디코더 [decoder] 〈컴퓨터〉해독기(解讀器) (부호화된 입력 신호를 해독하여 출력 신호를 내는 논리 소자.

디코드 [decode]
① 암호·정보 등을 해독 또는 번역하는 일
② 〈컴퓨터〉부호화된 정보를 원래의 상태로 되돌리는 일.

디콕 [D. Cock=drain cock] 차의 도어 엔진의 압축 공기를 배출하여 문이 열리게 하는 손잡이 장치. 배수 마개.

디쿠마롤 [도 Dikumarol] 〔영·프 dicumarol〕〈화〉혈액 응고 방지제.

디쿠마린 [프 > 영 dicoumarin] 〈식품〉수술 후 혈전 방지에 씀.

디키 [영 dicky] 〈복〉
① 남자의 예복에 붙이는 가슴만 가리는 백색의 단단한 천.
② 여자의 것은 앞만을 가리는 브라우스풍의 것.

디킨즈 Dickens, Charies(John Hufiam) (1812~70) 영국의 作家.

디태처블 코트 [detachable coat] 〈의상〉안을 지퍼로 떼었다 달았다 할 수 있는 코트.

디터런트 갭 [deterrent gap] 〈군사〉미소간의 핵억지력(核抑止力)의 격차(특히 러시아측의 핵 전력의 우위를 말함).

디테리오레이션 [deterioration]
① 변질.
② 산에 오래 머물러 있으므로 생기는 신체적 장애.

디태미니즘 [영 determinism] 〈철〉결정론. 인간의 의지는 모두 원인에 의해 규정된다는 설.

디태치드 코트 [영 detached coat] 〈복〉안감을 떼어낼 수 있는 겨울옷과 가을 옷 겸용의 오버코트.

디텍터 [영 detector]
① 〈전〉무선전신의 검파관.
② 발견기.

디텍티브 [영 detective] 탐정, 형사.

디텍티브 스토리 [detective story] 〈문학〉탐정소설.

디텐트 [detent] 〈기계〉방아쇠. 멈춤쇠.

디패팅 [defatting] 탈지(脫脂).

디팩토 [프 defacto] 사실상.

디퍼렌셜 [differential]
① 〈기계〉차동장치(差動裝置)
② 〈수학〉미분.
③ 관세. 차별액.

디퍼렌셜 기어 [영 differential gear] 차동기어.

디퍼렌셜 피니언 기어 [diffential pinion gear] 〈기계〉차동소치차(差動小齒車).

디퍼지 [depurge] 〈정치〉추방 해제.

디페닐 [영 diphenyl]〈식품〉수확 후 과실의 곰팡이 방지 처리에 사용 됨.

디포 [depot] 미국에서는 정거장 또는 연대 본부라는 뜻으로, 우리나라에서는 창고나 저장소라는 뜻으로 많이 쓰임.

디포메이션[영 deformation]개악, 변형.

디포스겐 [diphosgene] 〈화학〉독가스로 쓰이는 질식성 무색 액체.

디포테이션 [deportation] 추방, 귀향, 유형.

디폴마시오 [deformation] 〈미〉제작의 대상이나 자연을 주관적인 선호에 의해서 변형해 표현하는 것.

디폴트 [default]
① 〈경제〉채무 불이행.
② 경기 등에 불출전. 결석.
③ 〈컴퓨터〉암묵지정(暗默指定). 생략시 해석(이용자가 지정을 생략했을 때 해석되는 값)

디폿 [영 depot] ① 창고, 집적소
② 출장판매소.   ③ 정거장
④ 백화점등이 각지에 설치한 배송소.

디퓨저 [영 diffuser] 〈이〉살포기.

디퓨젼 [영 diffusion] 살포, 확산, 보급.
~ 인덱스(~index) 〈경〉경기동향지수.

디프레이션 [영 depression]
① 의기소침.
② 〈경〉물가저하, 불경기.

디프로그래밍 [deprograming] 철저히 믿는 사람을 설득해서 깨우치게 함. 세뇌된 사람을 본래대로 되돌림.

디프로스터 [영 defroster] 서리제거장치. 자동차 에어컨에 장치되어 있다.

디프 백그라운드 [deep background] 기자 회견이나 신문 기사에 뉴스 제공자가 요구하는 협정의 일종으로 발언의 직접 인용이나 설명한 사람의 이름을 밝히지 않는 취재 형식.

디프 키스 [deep kiss] 혀를 깊게 넣어서 하는 키스. 프렌치 키스.

디프테리아 [diphtheria] 어린아이(2~7세)의 급성 전염병의 하나.

디플레 갭 [영 deflation gap] 디플레이션 갭의 약. 불경기가 되어 물가의 값이 떨어져 화폐의 가치가 올라가는 치를 말함.

디플레이션 [영 deflation] 〈경〉수요보다 공급이 상회하는 상태. 통화의 유통량과 물품과 균형이 깨져서 통화가 감소하였기 때문에 생기는 불경기. 물가는 내려가고 사업은 부진하게 되고 실업자가 증가하는 현상. 상대어는 인플레이션.

디플렉션 [영 deflection] ① 휨, 굽음.
② 빛의 굴절.

디플렉터 [deflector] 전향 장치.

디플로레이션 [영 defloration] 〈의〉정신분열 병.

디플로마티스트 [영 diplomatist] 외교관.

디피니션 [영 definition] 정의

디피컬티 [영 difficulty] 곤란, 궁박.

디히드로 초산(醋酸) [영 diehydroacetic acid] 〈식품〉곰팡이 발육을 억제하는 효과가 있음.

딕소트로피 [thixotropy] 〈화학〉요변성(搖變性).

딕시 랜드 째즈 [미 Dixie Land jazz]

83

미국의 뉴올리언즈에 생긴 째즈가 시카고에서 대 유행 했을 무렵의 초기의 전통적 째즈의 스타일.

딕타폰 [영 dictaphone] 속기용의 구술녹음기. 통신을 엽서정도의 크기의 플라스틱 녹음 테입에 녹음해서 보내는 것.

딕테이션 [영 dictation] 받아쓰기, 구술.

딕테이터 [영 dictator]
① 고대 로마의 집정관.
② 독재자.

딕테이팅 머신 [dictating machine] 발로 조작할 수 있는 테이프 리코더(회의 등의 구술(口述)기록에 쓰임).

딘 [영 dean] ① 〈종〉 관구장.
② 〈교〉 생활지도의 담당교사. 총장.

달드린 [영 dieldrin] 유기염소계의 농약. 파리, 구데기, 모기, 진디 등에 유효하며, DDT나 BHC보다 살충효과는 높지만, 잔류성이 큰 것이 결점.

딜러 [영 DEALER] ① 거래인, 상인.
② 특약점의 소매점.
③ 트램프의 어미.

딜러스 미팅 [영 dealer's meeting] 〈유〉 메이커가 거래 판매업자를 소집해서 행하는 새 상품의 설명이나 판매 계약에 대한 말을 하는 모임.

딜러 헬프스 [영 dealer helps] 〈유〉 판매점 원조. 효과적인 마키팅을 하려면 메이커는 소비자에 대한 판매 촉진만으로는 불충분하고, 유통 업자를 통해서 소비자에게 소구(訴求)하는 것도 불가결하다. 구체적으로는 경영 상담·정보 제공·금융 원조·인적 원조 등이 있음.

딜레마 [영 dilemma] ① 판가위, 모순.
② 〈철〉 양도논법.

딜레잉 더 게임 [delaying the game] 〈배구〉 경기자가 경기 진행을 더디게 하는 행동.

딜레탄트 [프 dilettante] 문학, 예술의 애호가.

딜레탄티즘 [프 dilettantisme] 취미적으로 예술을 하는 것.

딜리버리 [영 delivery] ① 배달, 인도.
② 도서관의 출납구.

딤불 [thimble] 배의 싸우는 고리, 바끝. 돛의 마찰을 막는 쇠붙이.

딥세시스 [영 dipsesis] 〈식품〉 극단적인 갈증.

딥 [dip] 오이를 물에 넣는 것.

딥티크 [diptych] 〈도서관〉 나무 상아 또는 철로 만든 두 개의 관으로 구성되어 있으며 안쪽판 표면에 밀칠을 하여 그 위에 철필로 쓸 수 있게 된 로마시대의 판.

딩고 [dingo] 개와 비슷한 짐승으로 오스트레일리아에서 야생 육식함.

딩기 [영 dinghy] 경쟁용의 소형 요트의 일종. 구명 보트.

딩크-족 [DINK 族] 자기 생활을 위하여 의도적으로 자녀를 두지 않는 고소득 계층. Double Income No Kids의 약어.

따뚜 [tatto] 문신. 귀영나팔. 신호소리 (인도) 망아지.

따빼 [프 taper] 〈펜싱〉 칼끝은 안 닿은 확실하지 않은 찌름.

따삐 [프 tapis] 양탄자.

뗑호아 [중 頂好] 좋아. 오케이.

뛰뛰 [프 tutu] 〈발레〉 순백색 천에 주름을 잡아 달아 나부끼게 한 스커트.

ㄹ

라가빌 [독 Lagerbier] 병들이 맥주. 라가는 저장의 뜻. 생맥주에 반해서 하는 말. 상대어는 생맥주(draught beer).

라거 [rugger] 러시아식 축구. 럭비 시합.

라거 비어 [lager-beer] (생맥주가 아닌)저장맥주. 병이나 깡통에 들어 있는 저장맥주. ↔ 생맥주.

라게 [독 Lage] 체위, 영어의 포즈.

라게르 [네 Lager > 독 Lager → 일]
① 저장맥주. ② 광맥
③ 베어링. 축받이.
④ 〈건축〉 돌보받이.

라겔 [러 lagari] 포로수용소, 숙박소.

라고 [Laos 의 사투리] 키셀의 축부분.

라고스 (Lagos) 〈지〉 나이지리아 연방공화국(Federal Republic of Nigeria)의 수도. 해안의 간석지로 된 라고스섬(Lagos I.)에 있는 항구 도시. 예전에는 노예 매매 상인의 휴게지였음. 1925년부터 근대적 시설을 갖춤. (→) 나이지리아.

라그라뢱 [독 Ragrarok] 〈신화〉 신들과 괴물들의 종국적인 싸움.

라넝클러스 [ranunculus] 미나리 아재비과에 속하는 다년초.

라놀린 [lanoline] 〈화학〉 양털에 붙어있는 지방질로 만든 기름. 연고의 재료.

라니냐 [에 la nina] 엘니뇨 현상이 시작되기 전이나 끝난 뒤에 예년보다 강한 무역풍이 지속될 때 일어나는 기후 변동 현상.

라니 니켈 [Raney nickel] 〈화학〉 (발명자 Raney의 이름에서 유래) 니켈. 규소(硅素) 또는 니켈. 알루미늄 합금을 알칼리 용액으로 처리하고 규소 또는 알루미늄을 용출 시킨 가루모양의 니켈.

라니탈 [이 lanital] 이탈리아제(製)의 인조 양모(羊毛).

라도가 호(湖) (Ladoga L.) 〈지〉 소련과 핀란드(Finland)의 국경 지방에 있는 호수.

라돈 [독 radon] 〈화〉 희가스 원소의 하나, 기호 Rn.

라듐 [독 Radium] 〈물리〉 방사성 원소, 1898년에 프랑스 퀴리부부가 발견함. Rm.

라듐(천) [독 Radium 泉] 라듐의 함유량이 많은 광천(鑛泉). 류머티즘에 효과가 있다고 함.

라드 [rad] 〈물리〉 방사선 흡수량을 나타내는 단위.

라드 [영 lard] 〈식품〉 돼지의 위와 콩팥 주위의 지방에서 뺀 것이 최상품.

라디시데이션 [라 > 영 radicidation] 〈식품〉 병원균의 수를 검출량 이하로 감소시키는데 충분한 선량(線量)으로 쓰이는 식품 처리.

라디안 [radian] 〈수학〉 각도의 이론상의 단위. 원의 반경의 길이와 같은 호(弧)의 길이가 원의 중심에서 이루는 각, 호도(弧度).

라디얼 [radial impeller] 방사상(放射

ㄹ

狀) 날개 바퀴.

라디얼 더미 [radial dummy] 방사선 더미.

라디에스테시즈 [독 Rediesthesis] 〈물리〉 물체 자체가 내 쏘는 기운으로 그 물체를 알 수 있다는 학설.

라디오그래머폰 [radiogramophone] 라디오를 겸용할 수 있는 전축.

라디오그래프 [radiograph] 방사선 사진, 특히 뢴트겐 사진.

라디오그래피 [radiography] 방사선 사진술.

라디오그램 [radiogram]
① 무선. 전보. 라디오 텔레그램.
② 라디오그래머폰. ③ X선.

라디오 닥터 [radio doctor] 라디오에 출연하여 질병과 보건 등의 질문에 대한 상의와 해설을 담당한 의사.

라디오 덕트 [radio duct] 〈물리〉 지상 10~15㎞ 안의 전파 진행에 굴절이 많은 범위 안에서 전파를 포착하여 이를 먼 거리에까지 전달시키게 되는 대기층.

라디오 디텍터 [radio detector] 검파기.

라디오 로케이터 [radio locator] 전파 탐지기.

라디오 리싸이틀 [radio recital] 독주회나 독창회를 리사이틀이라고 하는데, 라디오 경우는 독창·독주회뿐만 아니라 실내악까지 포함하여 일류 연주가에 의한 방송을 말한다.

라디오 미터 [radio meter] 폭사계(輻射計)

라디오 바서 [독 Radio Wasser] 라듐 수용액으로 만든 투명 무색의 액체.

라디오비전 [영 radiovision] 텔레비전 CM의 효과를 라디오 CM에 의해 재생하는 것.

라디오 비컨 [radio beacon] 무선송신소. 무선 표지(無線標識).

라디오악티늄 [독 Radioactinium] 〈화학〉 토륨의 방사선 동위 원소 ('동위원소'란 원자 번호는 같으나 원자량이 다른 원소)

라디오 웨이브 [radio waves] 라디오 주파수를 가진 전자파.

라디오 존데 [독 Radiosonde] 〈기상〉 전파를 위하여 자동적으로 상층의 기상 상태를 측정하는 기계.

라디오 컴퍼스 [radio compass] 항해 무선방향 탐지기.

라디오콘덕터 [radioconductor] 〈전기〉 검파기(檢波器).

라디오 텔레폰 [radio telephone] 무선전화(기).

라디오 토륨 [radiothorium] 토륨의 방사선 동위 원소. (토륨은 화학기호 Tn, 번호 90.

라디오 플레이 [radio play] 방송 무대극.

라디올라리어 [독 Radiolarie] 방산충(放散蟲).

라디움 [요법] [독 Radium 療法] 라디움 방사선에 의한 치료법.

라딩 [영 larding] 〈식품〉 붉은 살코기에 지방을 가해 장시간 조리해도 마르지 않게 하는 방법.

라르게시모 [이 larghessimo] 〈음악〉 가장 폭이 넓고 느리게.

라르고 [이 largo] 〈음악〉 극히 느린 악장.

라링고폰 [laryngophone] 후두송화기 (喉頭送話機)

라마 [Lama] 〈불교〉 티베트어로 '무상자'의 뜻으로, 라마교의 고승.

라마 [Lama] 낙타과에 속하는 동물.

라마 [Lama] 라마승 '라마'는 스승의 뜻으로 본래 '다라이' 라마. '판젠' 라마에만 쓰던 존칭.

라마 (교) [lama 敎] 티베트 불교.

라마르크(설) [Lamarckism] 〈생물〉 동식물에 있어서 환경의 변화가 구조 변화를 일으킨다는 진화설(進化說).

라마야나 [범 Ramayana] 〈문〉고대 인도의 2대 서사시중의 하나.「다른 하나는 마하바라타(Mahabharata)임」 발미키(Valmiki) 작으로 전해지는 이 작품은 기원전 5~3세기 무렵 코살라(Kosala) 왕국의 왕자인 영웅 라마(Rama)가 마왕 라바나(Ravana)에게 약탈된 아내 시타(Sita)를 도로 빼앗는 모험 무용담임. (→) 마하바라타

라마르키즘 [Lamarckism] 프랑스의 동물학자 라마르크의 진화 학설. ▷ 생물의 형질 중 잘 쓰이는 것은 발달하고 잘 쓰이지 않은 것은 퇴화하여 나중에 소멸한다는 '용불용설(用不用說)의 법칙'과 같은 것.

라메 [lame] 〈복〉금사, 은사로 짠 포지.

라멘 [독 Rahmen] 〈건〉철골, 철근 건조물의 틀형의 골조.

라멘또조 [이 lamentoso] 〈음악〉슬픈 듯이.

라멘타빌레 [이 lamentabile] 〈음악〉슬픈 듯이.

라미네이트 [영 laminate] 금속, 목재 등을 얇게 편 것.

라버 [영 lover] 연인, 애인.

라베카 [포 rabeca] 호궁(胡弓)과 비슷한 표튜걸 악기의 하나임.

라벤더 [영 lavender] 〈식〉서양자소. 화학제층이나 양수의 원료.

라벨 [프>영 label] 패키지 또는 상품 그 자체에 상품의 품명·품질·사이즈·가격·취급법 등을 표시한 첩지(貼紙). 상표. 레테르(letter) (→) 레테르.

라보니 [그 rabboni] 〈성경〉 라삐. 선생님.

라보드 [larboard] 〈요트〉 좌현.

라보라토리 [laboratory] 연구실. 실험실.

라비 [헤브라이 rabbi]
① 나의 스승, 선생.
② 유태교의 법률학자.

라비넨쭈크 [독 Lawinenzug] 때때로 눈사태가 통과하는 길.

라비올리 [이 ravioli] 〈식품〉얇게 민 밀가루 반죽에 다진 고기를 넣고 사각형으로 접어 만든 것.

라사 [범 Rasa] 〈신〉베다에 나오는 세계를 둘러싼 신화적인 강.

라셀 [독 Rassel] 〈의〉호흡기 등에 이상이 있을 때 들리는 수포음.

라스아시르 곶(Ras Assir) 〈지〉아프리카(Africa) 대륙의 최동단에 있는 곶.

라스텍스 [Lastex] 라텍스를 고무실로 만든 후 무명실을 덧얽어 만든 실.

라스트 나인 [last nine] 〈골프〉 18구멍 중에서 후반의 9구멍을 말함.

라스트 다운 [last down] 〈미식축구〉 네 번째인 마지막의 스크러미지.

라스트 랩 [last lap] 〈육상〉최후의 일주(一週).

라스트 스퍼트 [last spurt] 〈육상〉 마지막 질주. 라스트 스피드.

라스트 에이트 [last eight] 〈체육〉 최후의 8명, 또는 8조.

라스트 콜 [last call] 〈체육〉소집원이 경기자에게 출장을 통고하는 최후(3번째) 토고.

라스트 포어 [last four] 〈체육〉마지막 4명, 또는 4조.

라스트 헤비 [last heavy] 〈체육〉최후의 노력. 라스트 스퍼트에 해당됨.

ㄹ

라슨 스타일 [larson style] 〈육상〉 뛰어 넘는 방법의 하나.

라싼 [lassan] 〈음악〉 헝가리 민속 무곡의 일종.

라쎄믹 [racemic] 〈화학〉 포도산(酸).

라쎌 [russel] ① 라쎌차. 제설차. ② 눈이 왔을 때 눈을 제치며 나가는 일.

라오스 (Laos/Laos People's Democratic Republic) 〈국〉 인도 지나(印度 支那) 반도(Indochina Pen.) 중앙부 메콩 강(Mekong R.) 중류 지역에 있는 입헌 왕국. 1950년 프랑스 연합의 하나로서 독립, 1954년 완전 독립. 1975년 파테트라오의 라오스 인민 민주 공화국 수립. 수도는 비엔티안(Vi-entiane). (→) 비엔티안.

라오쭈 [중 老酒] 찹쌀 또는 조 수수로 양조한 중국의 술.

라오콘 [이 laokon] 그리스 신화에 나오는 아폴로 신의 신관(神官).

라우탈 [lautal] 〈화학〉 알미늄 합금의 하나. 알루미늄・구리・규 소・망간 따위가 그 성분임.

라우터 [router] 공작 기계의 하나로 나무나 금속을 깎는 대패.

라우펜 인 데르 에베네 [독 Laufen in der Ebene] 〈스키〉 평지 활주.

라우헨 [독 Rauchen] 〈스키〉 ① 연기를 뿜음. ② 눈보라가 날림.

라우히나 [범 Rauhina] 〈신〉 베다에 나오는 인드라(Indra)에게 정복되었던 악마의 이름.

라운더즈 [rounders] 구기의 하나로 야구의 전신임.

라운드 [round] ① 연속. 과정. 순환. 회전. ② 〈야구〉 이닝, 즉 한 회전. ③ 〈육상〉 제1, 제2예선, 준결승, 결승을 각각 말한다. ④ 〈골프〉 구장의 일주. ⑤ 〈음악〉 윤창(輪唱).

라운드 댄스 [round dance] 원무(圓舞).

라운드 더 헤드 스트로크 [round the stroke] 〈배드민턴〉 머리 둘레치기.

라운드 로빈 [round robin] 구기・골프에서, 전부가 한 번씩 대전할 수 있도록 짝을 짓는 것.

라운드 마치 [round march] 오열 원진으로 추는 4분의 2박자의 춤.

라운드 어바우트 [round about] 원형으로 나가는 것. 원을 그려서 추는 춤.

라운드 턴 [round turn] 뱃머리를 바람부는 쪽을 향해서 닻을 던지는 것.

라운드 플라워 [round flower] 한 줄로 둥글게 서서 안쪽을 향해 추는 간단한 4분의 4박자의 춤.

라운드 헤드 스틱 [round head stick] 〈스키〉 머리가 둥근 채.

라이 [lie] 칠 때 공이 잘 안정되어 치기 쉬운 상태에 있는 것.

라이 (보리) [rye] 호밀.

라이겐 [독 Reigen] 체조의 하나. 야외 윤무(輪舞).

라이너 [liner] ① 〈야구〉 직구(直球). ② 정기선(定期船). 정기 항공기. ③ 실린더의 일부. ④ 〈의상〉 외투의 안.

라이노타이프 [linotype] 〈인쇄〉 주조 식자기.

라이니아 [rhynia] 〈식물〉 원시적 양치 식물.

라이닝 [lining] ① 〈의상〉 안감. ② 안을 바치기. ③ 〈건축〉 관벽. ④ 속옷. 속바지.

라이더 [rider] 타는 사람. 기수(騎手).

라이더 컵 [rider cup] 〈골프〉영 · 미 양국간의 직업 대항 경기.

라이덴(병) [독 Leydener Flasche; Leyden(jar)] 〈전기〉축전기(蓄電器).

라이드 [ride] 유원지의 타는 기구.

라이 디텍터 [lie detector] 거짓말 탐지기.

라이딩(병) [영 Leidenzar] 〈전〉축전기의 일종. 화란의 라이딩 대학에서 고안되었다.

라이딩 [영 riding] ① 승마, 승마술. ② 〈경〉레슬링에서 적의 움직임을 제어하는 것.

라이베리아 (Liberia/Republic of Liberia) 〈국〉아프리카 서부, 사하라 사막(Sahara Des.) 서남쪽 끝 대서양에 면해 있는 흑인 공화국. 1822년 미국 식민협회가 해방 노예를 이주시켜 건설한 나라로, 1847년 독립. 수도는 몬로비아(Monrovia). (→) 몬로비아.

라이브 [영 live] 〈방〉생방송의, 실황의. 보통은 [살아있다고]의 뜻.

라이브러리 바인딩 [library binding] 〈도서관〉도서관 제본.

라이브러리 에디션 [library edition] 〈도서관〉도서관용 출판물.

라이브 액션 [live action] 만화 영화에 있어서 배우나 실경을 촬영한 장면에 만화의 인물이나 동물을 섞어 넣은 장면.

라이센스 생산 [licence 生産] 해외에서 개발된 제품을 라이센스료(料)를 지불하고 생산하는 방법.

라이스 뱅크 [rice bank] 〈경제〉동남아의 쌀의 수요 · 공급을 관장하는 기관.

라이스 카레 [rice and curry → 일] 쌀밥에 양념한 카레즙을 친 음식. '카레라이스'라는 말은 일본 간도지방에서 쓰이는 말이 수입된 것임.

라이스 페이퍼 [영 rice paper] 〈식품〉대만 특유의 매끄러운 먹을 수 있는 하얀 종이.

라이신 [lysine] 〈생화학〉아미노산의 일종.

라이아스 [lias] 청색 석회암.

라이어 [lyre] 〈음악〉악보 걸이.

라이온스 클럽 [Lions Club] 유력한 실업가를 회원으로 한 봉사 단체. ▷ Lions란 liberty(자유), intelligence(지성) our nations's safety(우리나라의 안전)의 두문자(頭文字).

라이저 [riser] 〈건축〉계단의 수직 높이.

라이즈 [rise] 상체가 뜨고 발끝으로 서는 것.

라이즈 앤드 폴 [rise and fall] 왈츠를 출 때 상체가 올랐다 내렸다 하는 것.

라이징 바운드 [rising bound] 〈테니스〉공이 높이 뛰어 오르는 것.

라이징 볼 [rising ball] 〈테니스〉떠 오르는 공.

라이카 · 사이즈 [영 leica size] 〈사〉독일의 라이카 카메라의 화면치수. 36×24밀리. 라이카 판. 라이카는 독일어.

라이크 애즈 위 라이 [like as we lie] 〈골프〉양 팀이 동수를 쳤을 때.

라이트 [영 right] ① 똑바른, 직선의. ② 올바른, 적당한. ③ 우, 우익. ④ 〈야〉우익, 우익수의 약. ⑤ 정의, 공정. ⑥ 권리.

라이트 [영 light] ① 가벼운, 경쾌한. ② 〈복〉밝은 색. 조명. 불빛.

라이트 가드 [right guard] 〈미식축구〉센타의 오른쪽에 자리 잡은 선수.

라이트(급) [light 級] 〈권투〉주니어에서 60kg이하, 시니어에서 60kg 이하의 급.

ㄹ

라이트 딜리버리 트럭 [light delivery truck] 경화물 나르는 트럭.

라이트 레드 [light red] 〈예술〉서양화 재료의 하나.

라이트모티브 [독 leitmotiv]
① 주요동기.
② 〈음〉악곡 중에서 반복하여 중요한 관념이나 인물 등을 상징하는 주도악곡.

라이트 미들 웨이트 [light middle weight] 〈권투〉시니어부 체급의 하나로 75kg 이하.

라이트 사이드 [right side] 스퀘어 댄스에서 세 번째의 쌍.

라이트 서비스 코트 [right service court] 〈테니스〉바른쪽 서비스 코트.

라이트 스탠드 [right stands] 오른쪽 관람석.

라이트 스트레이트 [right straight] 〈테니스〉오른팔을 쭉 뻗어 상대를 치는 것.

라이트 앤드 레프트 [right and left] 스퀘어 춤에서 레이디즈 크로스하여 위치를 바꿔 다시 처음 위치로 돌아가는 것.

라이트 앵클 록 [right ankle rock] 다른쪽 발의 앞, 또는 뒤에서 다른 발의 바깥편에 내놓아 앵클 록하는 동작.

라이트 업 [light up] 불을 켜는 것.

라이트 엔드 [right end] 〈미식축구〉스크러미지 라인 제일 바깥쪽에 있는 선수로 잘 뛰는 선수가 담당.

라이트 오브 웨이 [right of way] 〈요트〉항로선.

라이트 오페라 [light opera] 〈음악〉경가극(輕歌劇).

라이트 오픈 [light open] 연극에서 조명이나 불이 켜 있는 채로 막을 여는 일.

라이트 이너 [right inner] 〈축구〉포드의 오른편 안쪽에 있는 경기자로 '라이트 인사이드' 라고도 부름.

라이트 인사이드 [right inside] 〈체육〉하키·축구에서, 센터와 윙 사이에서 활동하는 선수.

라이트 체인지 [light change] 조명이나 불이 켜 있는 채로 무대를 전환시키는 것.

라이트 체크 컷 [right check cut] 〈펜싱〉세이버 공격의 1종으로 오른쪽 마스크를 찌르는 공격.

라이트 커튼 [light curtain] 연극에서 불이 켜 있는 대로 막을 내리는 것.

라이트 크로스 [right cross] 〈권투〉좌편. 혹은 스트레이트를 친 뒤 상대방이 전진하는 곳을 우편에서 좌편으로 크로스한 것처럼 치는 것.

라이트 크로스 스티치 [right cross stitch] 뜨게질 방법의 하나.

라이트 크로스 턴 [right cross turn] 오른쪽 발로 오른쪽으로 걸어 돌아가는 것.

라이트 태클 [right tackle] 〈미식 축구〉스크러미지 라인에 있고 오른쪽 가드의 바로 옆에 있는 선수.

라이트 트레이닝 [light training] 〈체육〉가벼운 훈련.

라이트 트월 [right twirl] 오른쪽으로 걸어 도는 것.

라이트-팬 [light pen] 〈컴퓨터〉자막에 글자나 도형을 수정하거나 이동시킬 수 있는 입력 장치.

라이트 플레인 [light plane]
① 마력이 약한 발동기를 갖춘, 성능이 나쁜 비행기.
② 간단한 모형 비행기.

라이트 하프 [right half] 〈체육〉축구·하키 등에서 하프 백.

라이트 하프 코트 [right half court]

90

〈탁구〉복식 시합 때 자기편 코트의 서비스 라인의 오른쪽 코트.

라이트 핸더 [Right hander] 〈체육〉 오른손잡이.

라이트 핸드 스윙 [Right hand swing] 〈역도〉두 발 사이에 놓인 아령을 오른손만으로 팔을 굽히지 않고 머리 위로 올리는 것.

라이트 호핑 턴 [Right hopping turn] 한쪽 발로 뛰어 오른쪽으로 도는 것.

라이팅 뷰로 [writing bureau] 접이식 책상.

라이프 [영 life] ① 생명, 명. ② 생활. ③ 일생, 생애.

라이프 보이 [life buoy] 구명대.

라이프 보트 [life boat] 구명정.

라이프 사이클 [영 life cycle]
① 본래는 인간이 태어나서 죽을 때까지에 이르는 단계.
② 〈유〉유통 혹은 마케팅 분야에서는 제품이 시장에 도입되어 쇠퇴하기까지의 단계를 말함. 제품 프로덕트 사이클. 제품 라이프 사이클 등.

라이프 스타일 [영 life style]
① 생활양식, 생활 체계.
② 〈광고〉라이프스타일 광고는 소비자의 생활양식에 호소해서 상품을 사도록 하는 광고.

라이프 워크 [life work] 필생의 사업.

라이프 자켓 [life jacket] 구명 동의(救命胴衣). 구명대(救命帶).

라이플 (총) [rifle 銃] 선조(線條) 총. 구멍 표면에 흠을 가진 총.

라이헤르트 마이슬 가(價) [영 Reihert-Meissl value] 〈식품〉유지 중의 휘발성 지방산의 측정에 사용함.

라인 [line] 선 도로, 또는 시(詩)의 행(줄)을 말하며 언더라인(under line)은 주의하여야 할 글 밑에 친 줄, 즉 밑줄.

라인 댄스(line dance)는 레뷰(희극단)에서 댄서들이 한 줄로 서서 춤추는 것.

라인 강(江) [Rhein] 〈지〉서유럽(Europe)의 큰 강. 독일을 흐른다.

라인 드라이브 [line drive] 〈야구〉 라이너(liner). 즉, 외야 또는 내야 쪽으로 친 직선적 타구.

라인란트 [Rheinland] 〈지〉서독 서부, 라인 강(Rhein R.)의 중류와 하류 유역 일대의 지방.

라인 샤프트 [line shaft] 〈기계〉전도축(傳導軸). 선축(線軸).

라인 스위치 [line switch] 〈통신〉 전화의 자동 교환을 담당하는 스위치.

라인스톤 [영 rhinestone] 독일의 라인 지방산의 인조다이아몬드.

라인 아웃 [영 line out] 〈야〉주자가 누선(壘線)의 3피트 나가서 뛰면 아웃. 〈체〉럭비에서는 공이 터치라인 밖으로 나갔을 때, 송구에선 공이 사이드 라인 밖으로 나가는 일.

라인 앤드 스텝 [line and staff] 라인이란 기업 활동의 직업적 집행 조직이며, 스테프란 기업의 의사 결정과 경영 계획의 작성을 위한 정보 조언 기능을 하는 전문적인 부분.

라인 에디터 [line editor] 〈컴퓨터〉 행 단위(行單位)로 편집을 하는 기능이 있는 프로그램.

라인 오브 디렉션 [line of direction] 원무에서 행진하는 방향의 선.

라인 오브 플라이트 [line of flight] 〈골프〉볼이 날아가는 선.

라인즈 맨 [line's man] ① 선심(線審) ② 〈골프〉전위.

라인 크로스 [line cross] 〈체육〉경기 중 라인을 밟는 반칙.

라인 키퍼 [line keeper] 〈체육〉라인즈 맨.

ㄹ

라인 테이프 [line tape] 〈테니스〉코트를 구획하는 헝겊으로 만든 테이프.

라인 패스 [line pass] 〈테니스〉사이드 라인에 따라서 내어 던진 공. 사이드 패스.

라인 플러터 [line flutter] 줄로 늘어서서 추는 4분의 3박자 춤.

라인 플레이 [line play] 〈미식축구〉주로 센타에서 받은 백이 직접 라인을 찌르는 플레이.

라일 관(管) [영 ryle tube] 〈식품〉시험식후 일정간격으로 위의 내용물의 검체를 꺼내는 장치.

라일라이 [중 來來] 오라 오라.

라임 [rime] 운(韻). 압운(押韻).

라임 [영 lime] ① 보리수나무.
② 레몬보다 작은 신맛의 과실.
③ 석탄.

라임라이트 [limelight]
① 강렬한 수은등의 광선.
② 무대에서는 주연 배우를 비추는 조명.
③ (전하여) 세상의 주목을 모으는 대상(입장).

라임에이드 [limeade] 탄산 소다를 탄 달게 한 라임 쥬스.

라자냐 [범 rajanya] 〈불〉인도의 네 계급중 제2의 계급인 왕족. 왕을 라잔(rajan)이라고 함.

라즈베리 [raspberry] 나무 딸기.

라지 이닝 [large inning] 〈야구〉득점수가 많은 회(回).

라치 [latch] 톱니.

라커룸 [locker room] 각자의 소지품을 넣어두는 자물쇠 달린 방. ▷ (체육 시설에) 옷을 갈아입는 방.

라카제 [도 · 영 laccase] 〈식품〉세균 · 감자 · 버섯 등에 있는 효소.

라켄 [영 laken] ① 부포.

② 〈복〉아마로 짠 천.

라켓 [racket ; 프 requette]
① 〈테니스〉공을 치는 채.
② 탁구용 채.

라켓 오버 [racker over] 〈테니스〉라켓이 네트 저쪽으로 넘어간 것으로 반칙이 됨.

라켓 카버 [racker cover] 〈테니스〉채를 넣는 주머니.

라켓 프레스 [racker racket press] 〈테니스〉라켓이 뒤틀리지 않게 하기 위하여 쓰이는 나무로 된 틀.

라크 [rack → 일] 〈기계〉평판(平板)톱니바퀴.

라크 [lac → 일] 라크 벌레가 나무 가지에 분비한 노란 진 같은 물질로 라크칠의 원료임.

라크샤스 [범 raksas/rakshas] 〈불〉베다에 나오는 밤의 악마, 마귀. 나찰. 사람을 잡아먹으며, 지옥에서 죄인을 못 살게 군다고 함. (→) 나찰.

라킬라 (L'Aguila) 〈지〉이탈리아 중부지역인 라킬라 지방을 지진 6.3도의 강진이 발생. 200여명의 사망자와 2,000여명의 부상자를 내고 10만 여명의 이재민을 낸 지진이 2009년 4월 7일에 있었다.

라테 [독 Ratte] 〈생물〉의학 실험용으로의 흰 쥐.

라테라이트 [laterite] 〈광물〉홍토(紅土).

라텍스 [영 latex] 고무나무의 유액. 생고무.

라 트라비아타 [이 La Traviata] 〈음악〉춘희(椿姬).

라티오 [라 ratio] ① 추리. 추리력.
② 이성. 학설. ③ 비율.

라틴 리듬 [영 Latin rhythm] 〈음〉
→ 라틴 아메리칸 리듬(Latin American rhythm).

ㄹ

라틴 무드 [Latin mood] 리듬이 주류를 이루는 중남미 음악을 무드풍으로 편곡하여 듣게 하는 경우를 라틴 무드라고 함.

라틴 아메리칸 리듬 [영 Latin American rhythm] 〈음〉라틴 아메리카 음악의 리듬. 남아메리카, 중앙 아메리카 등의 음악 리듬의 총칭. 탱고(tango), 삼바(samba), 바이용(baiao), 룸바(rumba), 맘보(mambo) 등의 리듬. 줄여서 라틴 리듬(Latin rhythm)이라고도 함.

라틸람바 [범 ratilambha] 〈불〉몸에 바르면 시름과 악한 마음이 없어지고 즐거움을 얻는다는 약. 번역하여 득희락(得喜樂)으로도 씀. 한자 표기 '아람바'(阿藍婆).

라파 [영 la·pa] ① 나팔. ② 대언장담.

라포르 [프 rapport] 일치나 조화를 특징으로 한 관계.

라피나드 [프 raffinade] 〈식품〉가장 정제된 최상급의 설탕. 당정(糖精).

라피노스 [도 Raffinose] [영 raffinose] 〈식품〉면실·비트(beet)·당밀 등의 당류.

라파다멘테 [이 rapidamente] 〈음악〉빠르게.

락 [네 lac → 일] 나무 진 같은 물질로 니스나 물감의 원료.

락사톨 [laxatol] 〈의학〉완화제의 상품명. 백색 결정 가루임.

락타제 [독 laktase] 유당을 가수분해하는 효소.

락토겐 [독 laktogen] 건조분말 우유, 분말 밀크.

락토제 [독 laktose] 유당, 우유에서 단백질, 지방을 빼고 증발 결정시킨 것.

락토크롬 [영·프 lactochrome] 〈식품〉우유 중의 색소의 일종.

락토플라빈 [독 Laktoflavin] 〈화학〉비타민 B2.

락트알부민 [도·영 lactalbumin] 〈식품〉유단백질의 일종.

란도셀 [영 rensel] 아동용의 등에 지는 가방.

란셋 [영 lancet] 〈의〉가느다란 작은 칼.

란제리 [프 lingerie] 〈의상〉여성의 양장 속옷이나 얇은 실내복의 총칭.

란체라 [ranchera] 〈음악〉아르젠친의 민요.

랄고 [이 largo] 〈음〉가장 천천히 연주하라.

랄·플·랄 [프 l'art pour l'art] 예술의 위한 예술.

람 [영 rhm] 방사선 유효강도.

람바다 [lambada] 브라질의 관능적인 춤과 노래.

람비끼 [포 alambique → 일] 증류기.

랑게 한스(당) [영 islands of Langerhans] 〈의〉췌장에 있는 세포균으로 홀몬, 인슐린을 분비한다.

랑군 (Rangoon) 〈지〉버마(Burma)의 수도. 이 나라의 남쪽에 있는 이라와디 강(Irrawaddy R.) 삼각주에 위치한 항구 도시. 한자 표기로는 난공(蘭貢). (→) 버마.

랑그싼 [langshan] 닭의 한 종류로 몸이 무겁고 큰 고기 먹기 위한 닭. 랭샨.

랑데뷰 [프 rendezvous]
① 회합. 만날 약속 또는 장소. 집합 장소.
② 남녀의 밀회. ▷ 데이트.
③ 낭만.
④ 우주선의 공간에서 만남.

래그 [영 lag] 느린보, 추월당하는 것.

래그타임 [lagtime] 〈음악〉제2박과 4박에 악센트를 주는 4분의 4박자의 재즈.

ㄹ

래깅 [lagging] ① 틀 살.
② 〈아이스하키〉 반칙의 하나. 고의로 시간을 끌려고 퍽을 자기편끼리 주거니 받거니 하는 것.

래더 [ladder] 체조용 사다리.

래드 [영 rad] 〈이〉 방사선량의 단위로 1그램에 100엘그 주는 양.

래디칼리스트 [영 radicalist] 급진주의자.

래디칼리즘 [영 radicalism] 급진주의.

래디컬 [영 radical] 급진적, 과격한.

래미 [말 > 영 Ramee / ramie] 〈식〉 모시풀. 쐐기풀과에 딸린 여러해살이풀. 간혹 리어(rhea)라고도 함.

래미네이션 [lamination]
① 〈전기〉 전동차용 연철판(電動車用軟鐵板).
② 연철판으로 만들기.

래마킨 [프 ramequin > 영 ramekin] 〈식품〉 도자기 혹은 토기 그릇에 치즈(cheese)·빵·계란 등 혼합물을 넣고 조그마한 틀로 구운 것. 또는 그 과자를 담아 식탁에 내놓는 도자기 그릇.

래버러토리 [laboratory]
① 연구실. 실험실.
② 제작소. ③ 사진 현상소.

래버린드 [labyrinth] 미궁. 미로.

래벤더 [lavender]
① 꿀풀과에 속하는 상목 반교목.
② 라벤다로 만든 향유.

래빗 [rabbit] 〈물리〉 공기관을 통하여 원자로 안팎으로 견본을 운반하는 궤. 〈동〉 토끼.

래빗 안테나 [rabbit antenna] 근거리의 텔레비전 수신기의 안테나. 토끼의 귀처럼 두 개가 붙어 있음.

래빗 펀치 [rabbit punch] 권투에서 상대편이 앞으로 굽혔을 때 뒤를 때리는 것.

래셔널 [영 rational] 합리적인, 도리를 분별한.

래셔널리스트 [영 rationalist] 합리주의자.

래셔널리제이션 [rationalization] 합리화, 산업 합리화.

래셔널리즘 [영 rationalism] 합리주의.

래스 [영 lath] 〈건〉 석회와 찰흙을 볼가사리의 액체로 반죽한 것으로 모르타르 등을 바르는 하지.

래스키 Laski, Harold Joseph (1893~1950) 영국의 政治學者. 사회학자.

래스터 [영 raster] 텔레비의 브라운관에 나타나는 가는 횡선의 모양.

래윈 [영 rawin] 고층기상 관측기의 하나.

래치 [latch]
① (도어(door)·문의) 걸쇠. 빗장. 고리. 톱니.
② 〈컴퓨터〉 어떤 순간의 데이터치(直)를 다른 데이터가 들어올 때까지 보존하는 일종의 기억 소자(素子).

래칫 [ratchet] 톱니바퀴의 일종. 깔쭉 톱니바퀴.

래카디지컬 [lackadaisical] 센티멘탈(sentimetal)과 마찬가지로 감상적인 이라는 뜻의 형용사임.

래쿼 [영 Lacquar] 〈식품〉 통조림 용어로 주석 깡통 위에 고무질이나, 수지를 발라 가열 경화시킨 것.

래크 레일 [rack rail] 보통 레일의 가운데에 부설하여 톱니바퀴를 맞물리기 위한 톱니 달린 레일.

래틀린 [ratline] 새끼 사다리.

래티스 [lattice] 창살. 창살 모양의 무늬.

래퍼 [영 wrapper]
① 포장지. 책의 커버.
② 〈복〉 느슨한 부인용 실내복. 화장복. 외투류는 랩(wrap). (→) 랩.

래퍼라운드 스커트 [raperound skirt] 〈의상〉 옆을 꿰매지 않은 스커트.

래프팅 [rafting] 고무 보트를 타고 계곡의 급류를 헤쳐나가는 놀이.

래플 [영 lapel] 〈복〉 옷깃의 접어제침.

래핑 [lapping] 〈기계〉 회전 연마반(回轉研磨盤)으로 갈기.

래핑 머신 [영 wrapping machine] 〈기〉 포장 기계. 특히 내용물을 포장하는 기계.

래핑 클로스 [영 Lapping cloth] 〈섬〉 모직물 정리 가공의 증융기 등의 언더 클로스로 사용되는 두꺼운 고급 면직물.

랙 [영 lac] 목재에 바르는 도료. 랙층으로 만든다.

랙 [rack] 평판에 이를 새긴 것으로서 작은 톱니바퀴가 맞물려, 회전 운동을 직선 운동으로 바꾸는 기계.

랙 [lack] 결핍. 부족.

랙스 [영 lax] 〈식품〉 노르웨이산 연어의 훈제를 기름에 담근 통조림.

랙 조버 [영 rack jobber] 〈유〉 주로 슈퍼마켓 등 소매점에서 진열 스페이스를 빌어, 진열 용구를 그들 소매점에 갖고 들어가 그곳에 상품을 진열하여 위탁 판매 형식으로 소매점에 판매시키는 도매상.

랙테인 빵 [영 lactein bread] 〈식품〉 milk loaf의 별명.

랙토미터 [영 lactometer] 〈식품〉 우유의 비중 측정계.

랙톤 [lactone] 〈화학〉 옥시산의 한 분자의 수신기와 유기산기가 모여 한 분자의 물을 방출해 내는 것과 같은 구조를 가진 화합물의 총칭.

랜 [LAN] 좁은 지역 안의 건물들을 광섬유나 케이블로 연결하여 음성·화상·자료 등을 교환할 수 있도록 만든 정보 근거리 통신망. ▷ Local Area Network

랜덤 [프 > 영 Random] 무작위.

임의. 닥치는 대로. 되는 대로한.

랜덴 [randan] 3인이 젖는 배.

랜드 드릴 [land drill] 육상에서 행하는 수영 연습.

랜드 로버 [land rover] 영국제 사륜구동(驅動) 자동차.

랜드새트 [LANDSAT←land+satellite] 미국이 발사한 지구 자원 관측 위성.

랜드슬립 [landsslip] 사태(砂汰).

랜드 연구소 [RAND=Research and Development Corporation] 캘리포니아주 산타모니카에 있는 군사 문제 연구 기관. 1948년에 창설된 비영리 기관이며 컴퓨터 개발 군사 전력 연구에 권위가 있음.

랜드일렉트로닉스 [일 ← land+electronics] 부동산 관리기술의 전산화(각종 배관, 토지의 특성, 건물의 양과 질 등을 전산화하여 도심의 재개발 등에 이용하는 일).

랜서즈 [lancers] 〈음악〉 퀴드릴의 하나로 악곡과 무용이 모두 느림.

랜야드 [ranyard] 〈요트〉 배 안에서 쓰는 가는 밧줄.

랜타늄 [lanthanium] 〈화학〉 회토류 원소의 하나.

랜턴 [영 lantern] 초롱. 산에서 사용하는 등잔, 각등(角燈).

랜턴 슬리브 [lantern sleeve] 〈의상〉 마치 초롱과 같은 느낌이 들게끔 부풀은 소매.

랠리 [영 rally]
① 자동차경기 ② 〈정·탁〉 연타
③ 회복, 복구 ④ 대회

램 [lam] 〈야구〉 타격. 맞추기.

램 [RAM←Randam Access Memory] 〈컴퓨터〉 임의 접근 기억장치, 사용자의 임의로 사용이 가능한 기억 장치. 범용 계산기에서는 수치 호출 메모리를 자기디스크와 같이 데이터 파일에 있어서의 등속 호출 방법으로 정의하고 있는 경우도 있음. 마이크로컴퓨터에서는 일반적으로 static RAM이 사용되며 미니컴퓨터나 범용 컴퓨터에서는 dynamic RAM(고속호출 가능)을 많이 사용. 또 전원 전압이 끊어져도 내용이 소멸하지 않는 불휘발성 RAM(nonvolatile RAM)도 실용화되기 시작.

램 [영 REM] 〈생〉 Roentgen Equivalent Medical의 약어. 방사선이 생체에 미치는 단위. 1램은 1뢴트겐의 엑스선이 생체에 주는 장해의 선량(線量). 1밀리램은 그 10분의 1.

램 거트 [lamb gut] 〈테니스〉 양의 창자로 만들어 엮는 라켓줄.

램 양모(羊毛) [영 lamd wool] 〈섬〉 생후 6~7개월 이내인 양에서 깎은 부드러운 양모.

램 제트 [ram jet] 제트 엔진의 하나.

램푼 [lampoon] 풍자(諷刺). 풍자문(諷刺文).

램프 [ramp] ① 경사로.
② 자동차도로의 진입로.
③ 비행기의 승강용 사다리.

램프 스탠드 [lamp stand] 서재나 침실에 넣는 전기스탠드.

램프웨이 [rampway] 고속 도로가 교차하는 곳에 높이가 다른 두 개의 길을 교차 시키는 도로.

램프 하우스 [lamp house] 영사기의 영사용 광원을 보지하는 장치.

램핑 [ramping] 경사짐.

랩 [lap]
① (옷 등의) 앞자락. 늘어진 자락.
② 〈체육〉 경기에서 코스의 한 바퀴. 또는 수영의 한 왕복.
③ 비행기의 항정(航程).
④ 〈기계〉 회전 연마반.

랩/래프 [영 wrap] 〈복〉 외투류. 야회복 위에 입는 느슨한 외의(外衣). 부인용 실내복이나 화장복은 래퍼(wrapper). (→) 래퍼

랩 [영 rap] ① 〈복〉 느르뜨린 천.
② 〈경〉 코스의 일주.
③ 〈음악〉 랩뮤직. 이야기하듯이 노래함.

랩 디졸브 [rap dissolve] 영화나 텔레비전에서 하나의 화면이 꺼져가면서 그 위에 다음 화면이 서서히 나타나는 일.

랩 뮤직 [rap music] 이야기하듯이 부르는 음악. 멜로디보다는 음성에 강약을 가하여 리드미컬하게 들려주는 대사 중심의 음악.

랩 보드 [lap board] 자전거 경기할 때 선수에게 남은 횟수를 알려주는 큰 번호판.

랩소디 [영 rhapsody] 〈음〉 광상곡, 자유형식의 일종의 환상곡.

랩 코트 [wrap coat] 야회복 위에 걸치는 여자용 외투의 하나.

랩콘 [rapcon=radar approach control] 〈항공〉 레이다 유도 관제.

랩 타임 [lap time] 〈체육〉 육상 경기·수영 따위에서 전 코스 중 일정 구간마다의 도중 계시(途中計時). 트랙을 일주하는 데 소요되는 시간, 또는 10,000m 등 장거리 경기에서 1,000m마다 실시하는 도중 계시. 마라톤에서는 5,000m마다의 소요시간을 스플릿(split) 타임이라 함.

랩톱 [laptop] 무릎 위에 올려놓고 사용할 수 있을 정도로 가볍고 작은 휴대용 컴퓨터. 모니터 부분을 자판과 마주 보게 접을 수 있어 비행기·기차 등 전원이 없는 곳에서도 사용할 수 있음. ▷ 랩톱 컴퓨터.

랭드로스(곽) [langthroth frame] 벌집틀의 하나.

랭킹 플레이어 [ranking player] 매년의 랭킹에서 10위 안에 드는 선수.

러거 [영 rugger] 〈경〉럭비의 뜻. 축구에 대하여.

러그 [영 lug] 돌기, 돌단.

러그 [영 rug] 〈복〉영국산의 두꺼운 모직물.

러너 업 [영 runner up] 〈경〉준 우승자.

러닝 디스어빌리티 [learning disability] 〈의학〉학습 능력 불능. 아이의 지능은 정상인데 읽고 쓰기, 계산 등을 못하는 일(약/LD)

러닝 메이트 [running mate] 두 직 중에서 아래 직을 위한 선거 출마자. ¶부통령 후보는 대통령 후보의 ~다.

러닝 샷 [running shot] 〈농구〉3보 달리면서 공을 던져 놓는 것.

러닝 슛 [running shoot] 〈체육〉달리면서 슛하는 것.

러닝 스탁 [running stock] 〈경제〉재생산을 계속하기 위하여 기업체가 늘 가지고 있는 제품 및 원재료.

러닝 스텝 [running step] 종종 걸음으로 뛰는 동작.

러닝 스티치 [running stitch] 1자를 띄어 놓듯이 놓아 가는 뜨개질의 한 방법.

러닝 캐치 [running catch] 〈핸드볼〉달려가면서 공을 받는 동작.

러닝 타임 [running time] 〈연극〉흥행 시간. ¶~2시간 40분의 필름.

러닝 패스 [running pass] 〈체육〉달리면서 던지는 것.

러닝 펀트 [running punt] 〈럭비〉달리면서 공이 땅에 닿기 전에 하는 펀트 킥.

러더 [rudder] 배의 키.

러더 라인 [rudder line] 〈요트〉요크 라인(yoke kine).

러버 [rubber] ①지우개.
②〈탁구〉라켓에 붙이는 울퉁불퉁한 면으로 되어 있는 고무판.
③〈배드민턴〉세 게임 중 두 게임을 미리 다른 팀을 이긴 것으로 하는 방식.
④〈야구〉본루.

러버 실크 [rubber silk] 고무를 입힌 견직물.

러버도 [lurboard] 좌 현.

러브 [love] ①사랑. 애인
②〈테니스〉득점이 없을 때.

러브 게임 [영 love game]
①〈체〉테니스에서 한 쪽이 무득점인 시합.
②연애 유희.

러브네스트 [love-nest] 사랑의 보금자리.

러브 매치 [lovr-match] 연애 결혼.

러브 세트 [love set] 〈테니스〉1세트 중 한 쪽 팀이 한 게임도 얻지 못하였을 때.

러브 어페어 [love affair] 연애 사건. 정사(情事).

러브 차일드 [love child] 사생아.

러브 테크 호텔 [love tech hotel] 체육 시설, 풀장, 가라오케 등 모든 시설을 갖춘 러브호텔.

러브 헌트 [love hunt] 사랑을 찾아다니는 일.

러블 릴 [rubble reel] 〈식품〉밀 같은 물건을 씻는 기계.

러서포드 [영 Rutherford] 방사선 붕괴의 양을 나타내는 단위. 기호 rd.

러셀 [russel] 큰 눈이 왔을 때 눈을 쳐내며 나가는 일. ¶~차=제설차(除雪車).

러셀 卿 Russell, Bertrand Arthur William, 3rd Earl Russell (1872~1970) 영국의 哲學者, 數學者.

ㄹ

러스크 [rusk] 빵이나 카스테라를 얇게 썰어 버터나 설탕을 발라 구운 음식.

러스킨 Ruskin, John (1819~1900) 영국의 作家, 批評家.

러스터 [luster] 호색자(好色者).

러시 레이스 [ruch race] 양군이 상대편 진지에 돌입하는 놀이.

러시 스토핑 [ruch stopping]〈럭비〉상대방의 공격을 몸으로 막아내는 것.

러시 택틱스 [rush tactics]〈등산〉하루의 행동 시간을 길게 하여 장거리 코스를 한꺼번에 오르려는 방법.

러시 프린터 [rush print] 편집이 안된 촬영 직후의 영화 필름.

러치 [lurch] 현이 한 쪽으로 쏠린 채 질주하는 것.

러프 [luff] 배를 바람 부는 쪽으로 돌리기.

러프 [rough] ① 조잡한. 난폭한.
② 〈의상〉 감촉이 거칠어 칠함.
③ 〈골프〉 코스 내의 정비되어 있지 않은 곳.
④ 원안(原案).
⑤ 〈테니스〉 라켓의장식용 거트가 매끄럽지 않은 쪽의 면.

러프 레이아웃 [영 rough layout] 실제의 광고 사이즈에 맞추어 각 디자인 요소의 배치를 가리키는 스케치(sketch)적인 레이아웃.

러프 페이퍼 [영 rough paper] 거죽이 거칠거칠하고 부푼 인쇄용지의 한 가지, 준말로는 러프.

러피지 [영 roughage] 〈식품〉 식물성 식품중의 비소화성 탄수화물.

럭비 [rugby] 각각 15사람씩의 두 팀이 한 개의타원형의 공을 상대방의 진지로 몰고 나아가 손으로 공을 골안 땅에 대는 편이 이기는 시합.

럭스 [lux] ① 비누의 상표명.
② 〈물리〉 조도(照度)의 단위

럭키 세븐 [lucky seven]
① 야구 시합의 9회 중 7회째.
② 7이라는 숫자를 행운이 있다고 생각하는 것.

럭키 존 [lucky zone]〈야구〉외야 양익이 넓은 야구장에서 본루타가 되어 관객의 인기를 끌 목적으로 양익의 그라운드 안쪽에 울타리를 쳐서 본루에서의 거리를 좁힌 구역.

럭키 펀치 [lucky punch]〈권투〉우연히 맞아 효과 있는 타격.

런 [run] ① 흥행의 계속. 또는 순번.
② 야구에서 한 바퀴 돌아옴.
③ 배 밑의 가장 뒷부분.
④ 〈골프〉공이 땅을 스쳐 지나가는 것.
⑤ 〈컴〉컴퓨터 프로그램을 연속적으로 1회 실행시키는 것을 말하며 조작원이 개입하지 않은 채 또는 거의 개입하지 않은 상태에서 하나가 복수의 루틴을 실행하는 것.

런너 [runner] 〈식물〉섬포지(손덩쿨).

런닝 [running] ① 달리기.
② 달기의 뜻을 가진 형용사, 또는 복합어의 일부를 형성함.

런 다운 [run down]〈야구〉협살(挾殺).

런던 시렁크 [영 London Shrunk] 런던에서 만든 양모생지.

런아바우트 [runabout] 작은 발동선.

런 앤드 힛 [run and hit]〈야구〉힛 앤드 런.

런업 [run-up]〈육상〉도움 달리기.

런업 샷 [run up shot]〈골프〉공을 낮게 때려 땅을 스치며 구멍으로 접근시키는 방법.

런 오브 페이퍼 [영 run of paper]
① 윤전기에서 두루 마리 종이에 인쇄하는 신문.
② 〈광고〉 게재 위치가 어느 곳이나

ㄹ

런즈 배뎃 인 [runs batted in] 〈야구〉 타격 득점수.

런지 [lunge]
① 〈하키〉 스틱을 한쪽 손에 들고 공을 찌르듯이 하고 행하는 태클.
② 〈펜싱〉 찌르기, 또는 베기.

런치 [영 launch] ① 소기정.
② 함선 등에 실려 있는 대형 보트.

럼 [rum] 술의 종류.

럼 (육) [rump 肉] 소의 궁둥이 살.

럼 주(酒) [영 rum] 〈식품〉 발효시킨 당밀에서 증류해 얻은 증류주.

럼퍼 페이퍼 [lumper paper] 〈경제〉 목재 어음.

레가타 [regatta] 단정 경조. 보트 경주.

레가토 [이 legato] 〈음〉 음을 스무스하게 연결한다.

레가티씨모 [이 legatissimo] 〈음악〉 가장 원활하게.

레갈리엔 [독 Regalien] 국왕의 절대권.

레거즈 [영 leggurds] 〈경〉 야구나 크리켓 등의 정강이 받이.

레게 [영 reggae] 자메이카에서 발생한 흑인록 음악.

레겐데 [독 Legende] 〈음악〉 시사적인 기분의 악곡.

레구민 [독 Legumin] 〈화학〉 흰자질의 하나. 두부는 레구민이 염분으로 엉긴 것임.

레굴루스 [라 Regulus] 항성(恒星)의 이름.

레귤러 카스토머 [regular customer] 단골손님.

레귤레이터 [regulator] ① 조정기.
② 정리자. ③ 표준 시계.

레그 가드 [leg guard] 〈아이스하키〉 골키퍼의 정강이에 댄 보호대.

레그 다이빙 [leg diving] 〈축구〉 태클.

레그 쇼 [leg show] 여자가 다리를 들어 보이는 쇼.

레그 워머 [leg warmer] 다리 토시.

레그 포지션 [leg position] 〈발레〉 기본자세.

레그민 [Legumin] 〈화〉 두소(頭素).

레깅즈 [leggings]
① 정강이 부분을 보호하기 위하여 대는 헝겊이나 가죽 조각. 각반.
② 어린이 양복의 하나.

레나 강(江) (Lena R.) 〈지〉 시베리아 (Siberia)의 큰 강.

래넷 [rennet] 프랑스 원산의 사과 이름.

레넷 [rennet] 치즈의 원료로 송아지의 위 벽막이나 위 속에 엉긴 젖.

레늄 [rhenium] 〈화학〉 드문 희금속 (稀金屬) 원소의 하나.

레니니즘 [영 leninism] 〈사〉 레닌주의.

레닌(상) [영 Lenin prize] 과학, 문학, 예술, 발명 및 생산성향상의 공로자에게 주는 상. 스탈린상의 개칭.

레닌 [rennin] 〈생물〉 젖을 응고시키는 위액 중의 효소.

레닌 [renin] 〈생물〉 신장 안에 생기는 단백질로 고혈압이 주로 원인이 됨.

레니에 3세(世) (Rainier III, 1923~) 〈인〉 모나코의 국왕.

레닌 (Nikolai Lenin, 1870~1924) 〈러〉 러시아의 공산주의 혁명가. 볼셰비키 당 창설자.

레닌그라드 [Leningrad] 〈지〉 소련의 발트 해(Baltic Sea) 연안에 있는 주요 도시.

레닛 [영 rennet] 〈식품〉 응결유. 치즈 제조와 정킷(junket) 제조에 이용.

99

ㄹ

레더 [영 lather] ① 때리다, 후려치다.
② 레더크로스의 약.
③ 비누거품, 땀투성이

레더 [leather] 축구 골키퍼가 사용하는 무릎대. 합성 피혁, 인조 가죽. 무드질 가죽.

레더 [ladder] 사다리.

레더 코트 [leather coat] 모조 가죽으로 만든 저고리나 외투.

레더 클로드 [leather cloth] 방수포의 하나.

레드 [영 red] ① 적색.
② 공산당의 이칭.

레드 라인 [red line] 아이스하키 링크 가운데 그은 빨간 선.

레드 북 [red book] 공무원록. 관공서의 직원 명단으로, 직위·직책·성명 등이 기록되어 있음.

레드 카드 [red card] 〈축구〉 빨강 딱지. 와일드 플레이를 한 선수에게 퇴장을 명하는 표시로 보여 주는 카드.

레디 메이드 [ready made] 기성품. 기성복.

레디 믹스 [ready mix] 〈건축〉 시멘트 공장에서 미리 섞어 콘크리트 공사 현장으로 가져오는 시멘트·모래·자갈의 혼합물.

레디아 [redia] 〈생물〉 흡혈류 발육의 제2단계로서 주머니 모양의 벌레.

레데르 [네 letter → 일] 상표.

레마 [lemma] 〈수학〉 한 정의를 인도하는 도중에 얻어지는 명제.

레몬 그라스 [lemon grass] 포아풀과에 속하는 다년초.

레몬 린스 [lemon rinse] 머리 감은 후에 레몬즙을 탄 물에 헹구는 일.

레몬 스콰시 [lemon squash] 레몬즙을 탄 소다수.

레몬 옐로 [lemon yellow] 〈미술〉 서양화의 채색의 하나. 노랑색.

레미니쎈스 [reminiscence] 〈심리〉 공부한 직후보다 나중에 기억이 새로워지는 일.

레 미제라블 [프 Les Miserables] 〈책〉 프랑스의 소설가 유고 (Victor Marie Hugo, 1802~1885)의 소설명. 1862년 발표.

레바논 (Lebanon/Republic of Lebanon) 〈국〉 서아시아의 지중해 동안에 있는 공화국. 고대 페니키아인의 나라로 1920년 터키의 지배에서 벗어나 프랑스의 위임 통치를 거쳐 1946년 독립. 수도는 베이루트 (Beirut). (→) 베이루트.

레버 [lever → 일] 〈기계〉 지레.

레베담 [프 lebe dame] 허영 부인 또는 아침에 눈뜨면 온 종일 유행만을 생각하며 동경하는 여자.

레벤 [독 Leben] ① 생명, 라이프.
② 인생, 생활.

레벨링 [영 labellin] 품질, 성능, 내용 등을 제품의 포장상표에 인쇄 표시하는 것.

레뷰 [영 review] ① 조사.
② 평론, 서평.

레뷰 [프 revue →] ① 비평.
② 극영화. 오페라의 여러 요소를 취해서 음악과 무용을 섞은 가극을 연출하는 희극단.

레뷰 걸 [revue girl] 경희극에 출연하는 여자.

레브레이트 [revirate] 과부가 죽은 남편의 형제와 다시 결혼하는 풍속.

레비틴 [영 levitin] 〈식품〉 난황 단백질의 하나.

래서프로시티 [reciprocity] 〈경제.호혜주의(互惠主義). 상호의 이익·의

무를 존중하는 상법적 행위.

레세·페루[프 laissezfaire]방임, 방임 정책. 특히 경제상의 자유방임주의.

레소토 (Lesotho/Kingdom of Lesotho) 〈국〉아프리카 남부, 남아프리카 공화국 영토에 둘러싸인 내륙의 섬과 같은 입헌 군주국. 옛 이름은 바수톨란드(Basutoland). 1843년 영국의 보호령, 1884년 영국의 통치령을 거쳐 1966년 왕국으로 독립. 수도는 마세루(Maseru). (→) 마세루.

레스비안 [영 Lesbian] 여성동지의 동성애.

레스큐[영 rescue]구조하다. 구제하다.

레스토랑 [restaurant] [불]식당, 대중 음식점.

레스트 [영 rest] ① 휴식, 쉬는 것. ② 〈정·탁〉공이 인플레에 있는 것. ③ 〈음〉휴지.

레스트레이닝 라인 [restraining kine] ① 〈육상〉 발 구름선. ② 〈미식축구〉 정지선.

레스트레이닝 서클 [restraining circle] 〈농구〉점프하는 선수 이외의 선수가 방해하지 못하기 위한 반경 1.8m의 원.

레스팅 가드 [resting guard] 〈펜싱〉 경기 중의 휴식 방법.

레스푸블리카 [라 respublica] 공공의 사물. 국사(國事).

레시버 [영 receiver] ① 수취인. ② 〈전〉 수신기, 수화기.

레시타티프 [프 recitatif] [도 Rezitativ] [이 recitativo] [영 recitative] 〈음〉 낭독조의 가창(歌唱). 서사(敍事)를 가창하므로 서창(敍唱) 이라고도 함. 가극이나 종교극 등에서 대사를 말하듯이 노래하는 부분. ↔ 아리아.

레시테이션 [영 recitation] 낭독, 임창.

레시틴 [독 Lecithin] 〈생화학〉인을 포함하는 유기질의 하나. 뇌·척수·혈액 등에 들어 있음.

레아 [그 > 라 > 도·영 Rhea]
① 〈신〉그리스 신화에 나오는 자연생성(自然生成)을 맡아보는 여신. 키벨레(Cybele)의 옛 이름. 우라누스(Uranus)와 게(Ge)사이의 딸. 코르노스(Cronos)의 아내. 제우스, 데메테르(Demeter)·헤라(Hera)·포세이돈(Poseidon)·플루토(Pluto)의 어머니.
② 〈천〉토성(土星)의 제5 위성(衛星).

레어 [rhea] 새 이름. 아메리카 타조.

레오 [leu(루마니아)] 루마니아의 화폐 단위.

레오나르도 다 빈치 Leonardo Da Vinci (1452~1519) 이탈리아 플로렌스의 畵家, 彫刻家, 建築家, 科學者.

레오1세(世) (Leo Ⅰ, 390?~461) 〈인〉로마 교황.

레오스탯[영 rheostat] 〈전〉가변저항기.

레오폰 [leopon] 표범(leopard)의 수컷과 라이온(lion)의 암컷의 투기.

레올로지 [영 rheology] 유동학, 물질의 변형, 유동을 연구하는 과학.

레우 [불가리아 lev] 불가리아의 화폐 단위.

레이건, 로널드 (Ronald W. Reagan, 1912~) 〈인〉미국 제40~41대 대통령.

레이다 [영 > 도 radar] 전파탐지기. 전파를 발사하여 그 반사를 받아 반사시간이나 방향으로 상대방 물체와의 거리, 방향 및 상대방 물체의 상태나 위치를 수상관(受像管)에 비추어 알아내는 장치. radio detect-ing and ranging의 약칭.

레이다 돔 [미 radar dome] 〈건〉레이다 용의 원형 건물.

101

ㄹ

레이다 마스트 [radar mast] 레이다 돛대.

레이다 망(網) [영 radar fence/radar screen] 〈군〉 레이다를 많이 장치하여 그 가시(可視) 범위로 삼은 방위 태세. 통합된 표적 자료를 제공하기 위해 여러 레이다를 하나의 부서로 연결하는 조직망.

레이다 비컨 [영 radar beacon → 레이컨(racon)] 전파 감지기 표지.

레이다스코프 [영 radarscope] 레이다의 전파 영상기.

레이다 존데 [영 radar + 도 Sonde] 반사체(反射體)를 띄워, 레이다 반사를 측정하는 관측 방법. 기구(氣球)까지의 직거리가 정확히 측정됨.

레이더스 [raiders] 주식을 사들인 뒤 그 회사 경영진에 압력을 넣어 자기 주식을 비싸게 팔아 부당 이득을 챙기는 사람.

레이돔 [radome] 항공기의 외부 레이더 안테나용 플라스틱 덮개.

레이디오아이소토프 [radioisotope] 방사선을 갖고 있는 동위 원소로서 칼륨·루비듐 등 천연적인 것 외에 원자로·사이클로트론 등으로 생산하는 인공적인 것도 있음. 농학·의학·생물학 연구. 또, 암·종 치료 등에 쓰임.

레이디즈맨 [ladies(ladys)man] 여자라면 맥을 못 추는 남자란 뜻.

레이디 킬러 [lady killer] 바람둥이 미남. 여성 섭렵자.

레이블 [Label] 〈도서관〉
① 청구 번호를 기재하여 책 등의 하단의 일정한 자리에 붙이는 종이.
② 목록 카드함(函).
③ 상표. 레떼르, 라벨. ¶ 등록사의 ~를 입수하려면.

레이블 홀더 [label holder] 〈도서관〉 목록 카드함.

레이서 [racer → 일] 스포츠용 자전거.

레이서 슈즈 [racer shoes] 경기용 가죽 구두.

레이션 [영 ration] ① 〈군〉 휴대식량. ② 식량 등의 배급량.

레이션 박스 [ration box] 식량 보급 상자.

레이스 [race] 경주. ¶ 보트 ~. 인종, 혈통, 품종, 민족, 가계, 명문.

레이스 [lace] ① 옷 가장자리의 장식. ② 그물처럼 짠 천. 레이스.

레이스 사(絲) [영 lace yarn] 〈섬〉 레이스용 실.

레이스 페이퍼 [lace paper] 레이스로 된 종이.

레이스 홀 [영 lace hole] 〈고무〉 끈 구멍.

레이시즘 [영 racism] 〈사〉 인종주의.

레이싱 그로밋 [lacing grommet] 노나 돛 끝의 밧줄 고리.

레이싱 요트 [racing yacht] 경주용 요트.

레이아웃 [영 lay-out]
① 각종 표현 요소를 담은 지면의 정리와 배치. 편집.
② 〈인쇄〉 광고물이나 인쇄물을 만들 때 문자나 사진이나 일러스트레이션(illustration)이나 로고타입(logo type) 등을 정해진 평면상의 가장 가능적 또는 효과적인 장소에 배열하는 조형 작업.
③ 〈복〉 양재(洋裁)의 본뜨기 (pattern) 종이의 배열.
④ 〈체〉 높이 뛰기 등에서 몸을 옆으로 쓰러뜨리는 것.
⑤ 정원(庭園) 같은 것의 설계.

레이야드 룩 [영 layered look] 〈복〉 2중복.

레이엣 [프 layette] ① 가벼운 상자. ② 〈복〉 산의(産衣) 한벌.

레이오프 [영 layoff] 〈경〉 일시해고.

레이온 [rayon] 인조 견사. ¶~ 크레프.

레이윈존데 [독 Rawinsonde] 〈기상〉 라디오존데와 레이윈을 함께 갖춘 장치.

레이저 [영 LASER] Light amplification by stimulated emission of radiation의 약. 주파수와 위상이 일정한 단색광을 만들어 내는 장치. 살인광선, 광선포.

레이존 데트르 [프 rasion d'etre] 〈극〉 존재이유, 존재가치.

레이즌 유(油) [영 raisin oil] 〈식품〉 건포도 코팅 용 기름.

레이캬비크 (Reykjavik) 〈지〉 아이슬란드(Iceland)의 수도. 세계에서 가장 위도가 높은 수도. (북위 64°10', 서경 21°58').

레이커 [raker] 살살이 캐냄.

레이컨 [영 racon] 〈항〉 레이다 비컨 (radar beacon)의 축약 합성어. 레이다 용 비컨. 레이다용 무선 표지. 신호 전파를 발사하여 항공기나 선박의 레이다에 자기 위치나 방향의 신호를 보내서 알리는 것. (→) 비컨(beacon).

레이크 [영 lake] 호수, 웅덩이 〈화학〉 수산화물과 염료를 결합시킨 녹지 않는 안료.

레이크 [rake] 〈농업〉 고무래. 써래. 갈퀴, 부지깽이 난봉꾼, 방탕자, 돌출부.

레이크도저 [rakedozer] 〈농업〉 고무래.

레이팅 [영 rating] ① 평가, 견적. ② 배의 등급. ③ 〈방〉 시청률.

레인 [lane] 〈육상〉 좁은 길의 뜻으로 구획된 달림길 [走路].

레인보우 볼 [rainbow ball] 〈야구〉 빨간 공.

레인저 [영 ranger] ① 국경경비대.
② 기습공격을 위한 특수부대.
③ 살림감시인.

레인지 [range] ① 항속거리. 사정.
② 범위. 구역.
③ 요리용 화덕. ▷ 난로.

레인지 비컨 [range beacon] 무선 향도(嚮導) 장치.

레인지-파인더 [range-finder] 거리측정기.

레인 햇 [rain hat] 비가 내릴 때 쓰는 방수포의 모자.

레일 [rail] ① 철길. ② 궤도.

레일 너스 [rail nurse] 〈당구〉 알을 모아 놓는 한 방법.

레일 본드 [rail bond] 전기 철도에서 레일의 전기 저항을 감소하기 위하여 레일의 접촉 부분에 동선을 용접하여 두 레일을 연결한 선.

레일 클럼프 [rail clump] 〈토목〉 난간 밑창.

레일 펜스 [rail fense] 〈스케이팅〉 오른편의 외곡 후진으로 시작하여 왼다리의 내곡으로 옮겨지는 형.

레임 덕 [lame duck] 〈정치〉 '절름발이 오리'라는 뜻으로 임기 종료를 앞둔 대통령 등의 지도자. 통치적 누수(漏水) 현상.

레저 [laser] 일정의 주파수의 위상(位相)으로 빛을 내는 장치.

레저 산업(産業) [영 leisure industry] 여가 산업. 여가를 즐기는 사람을 대상으로 하는 유흥·오락·관광 산업 등을 가리킴.

레제드라마 [Lesedrama] 〈주〉 상영을 예정하지 않는 낭독용의 희곡.

레저브와 [프 reservoir] 저수지. 급수조(給水槽).

레전드 [legend] 전설. 신화. 성인(聖人).

레조넌스 [resonance] 〈전기〉 공진.

103

ㄹ

레조널리즘 [영 regionalism] 지방분권주의.

레조네이터 [resonator] 〈전기〉공진기.

레조마크 [영 reseaumark] 〈사〉휨을 알기 위한 십자기호.

레조르시놀 [resorcinol] 〈생화학〉 레조르신.

레조르신 [resorcine] 〈화학〉물감·제도·의약·사진 등에 쓰이는 약품.

레종 데타 [프 raison d'etat] 〈정치〉국가 이유.

레종 데트르 [프 raison d'etre] 존재 이유. 존재 가치.

레종 도뇌르 [프 raison dhonneur] 프랑스의 최고 훈장.

레주메 [resume qnf] 요약, 적요. 내용을 압축해서 쓴 것. 이력서.

레즈비언 [영 Lesbian] 동성애를 하는 여성. 동성애를 즐기는 여성.

레즈비언 러브 [Lesbian love] 여성 간에 동성애.

레지던스 [영 residence] ① 거주. ② 고층집합주택의 일종. ③ 고급아파트.

레지던트 [resident] 전문의 수련자.

레지던셜 호텔 [residential hotel] 주거용 호텔. 도심부에 세워져 회사원 등이 이용함.

레지벨리티 [legibility] 읽기 쉬운 것.

레지빌리티 [영 legibility] 가독성(可讀性). 가시성(可視性). 문자의 읽기 쉬운 정도. 예를 들면, "틀리게 읽기 쉬운 디자인은 레지빌리티가 얕다"고 말할 수 있음.

레지쇠르 [프 regisseur] ① 무대 감독. ② 무용 훈련 담당자.

레지스터 [register] ① 금전 등록기. ② 회계 담당. ③ 〈연극〉 배우가 얼굴 표정이나 동작으로 감정을 나타내는 일. ④ 〈컴퓨터〉 컴퓨터 내부 구성 요소의 하나로, 특정량의 데이터를 기억할 수 있으며 데이터를 고속으로 접수하거나 전송할 수 있음. 산술적, 논리적 전송상의 조작을 용이하게 하기위한 하나 또는 둘 이상의 단어를 임시로 저장할 수 있음.

레지스턴스 [resistance] ① 제2차 세계대전 중에 프랑스에서 행하여진 독일에의 저항운동. ② 저항, 반항.

레지오널리(균) [regionala] 병원·호텔·극장 등 대형 건물에 설치된 냉각탑에서 냉방병의 원인이 되는 병. 냉각수와 필터를 갈아주어야 병균을 막을 수 있고, 표본 검사에서 L당 평균 10만 마리 이상이 검출될 경우호흡기 질환이나 설사·복통·근육통 등을 유발하고 심할 경우 폐렴으로 이어질 수 있음.

레이온·드뉘르 [프 Legion d'honneur] 나폴레온이 제정한 기사훈장, 최고 훈장.

레진 [resin] 〈화학〉유기물이 쌓여 송진(resin)처럼 피는 것.

레치따띠보 [이 recitativo] 〈음악〉 낭음조(朗音調). 서창(敍唱). 말하듯이 하는 노래.

레커 [영 wrecker] 사고 차나 주차위반 차를 들어올리고 운반하는 트럭.

레코드 브레이커 [record breaker] 〈체육〉기록을 깨친 사람.

레코드 콘서트 [record concert] 레코드를 듣는 음악회.

레퀴엠 [영 requiem] 〈종〉진혼제, 미사의 일종. 평화가 원뜻. 진혼곡.

레크레이션 [recreation] 기분전환, 휴식, 오락.

ㄹ

레클라이닝(식) [reclining 式] 걸상을 뒤로 젖힐 수 있게 되어 있는 것. 1970년에 고속버스 안내원들에 의하여 도입됨.

레클람 [독 reclam] 독일의 레클람사의 문고본. 빙판.

레터링 [영 lettering] 디자인에 문자를 넣을 때 그 문자를 고안하는 것.

레테 [그 lethe] 그리스의 신화의 망각의 강. 저승의 강으로 그 물을 마시면 과거를 잊어버린다고 함.

레테르 [라>네 letter] [도·영 letter] [프 lettre] ① 문자.
② 〈경〉 상품에 붙이는 종이나 헝겊 조각. 라벨(label) 상표.
③ 뜻이 바뀌어 한국에선 패(牌). 얼굴에 붙어 있는 별명. (→) 라벨.

레토르트 [retort] 건·증류용(乾蒸溜用) 가열 용기.

레토릭 [rhetoric] 수사학(修辭學)에서의 수사법. 응변술. 정말도 거짓말도 아닌 묘한 미사(美辭). 과장. 매력. 설득력.

레트 [let] 〈테니스〉서브한 공이 먼저 네트에 맞은 뒤 서비스 코트에 들어간 것.

레트 인 [let in] 〈테니스〉레트로 코트에 들어간 것 흔히 네트 인으로 오해됨.

레퍼렌덤 [네 referendum] 〈정치〉 국민 투표. 인민 투표.

레퍼리 드로 [referee throw] 〈핸드볼〉 심판이 공을 땅에 수직으로 던지는 것.

레퍼리 볼 [referee ball] 수구(水球)에서 양편이 모두 반칙을 했을 때, 심판원이 공평하게 공을 던져 시합을 시작하는 일, 또는 그 공.

레퍼리 타임 [영 referee time] 〈체〉 농구에서 심판원이 시합 중에 필요에 따라서 명하는 잠시 경기를 쉬게 하는 시간.

레퍼토리 [영 repertory] ① 저장소.
② 〈극〉 극단이나 연극가의 상연 프로그램.

레퍼토리 시스템 [영 epertory system] 〈예술〉 미리 순서를 정하고 상연하는 제도. 영리가 목적이 아니라 예술적 중점을 둠.

레페(반응) [영 reppe reaction] 〈화〉 독일인 레페의 고안에 의한 합성화학의 반응.

레포츠 [leports] 레저(leisure)와 스포츠(sports)의 합성어. 여가를 즐기기 위한 스포츠.

레프라 [독 lepra] 〈의〉나병. 한센씨병.

레프리제 [독 Reprise]
① 〈의학〉백일해에서 기침 끝에 나는 휘파람 현상.
② 반복. 재개(再開).
③ 〈음악〉주제 등 반복.

레프트 가드 [left guard] 〈체육〉 왼쪽 수비.

레프트 백 [left back] 〈체육〉 왼쪽 백.

레프트 슈프룽 [leap + 독 Sprung] 〈스키〉 언덕을 내려 달릴 때 앞의 장애물을 뛰어 넘는 것.

레프트 엔드 [left end] 〈미식축구〉 스크러미지 라인의 제일 바깥에 있는 선수.

레프트 온 베이시즈 [left on bases] 〈야구〉 베이스에 남아 있는 선수.

레프트 윙 [left wing] 〈축구·하키〉 좌익 선수.

레프트 인사이드 [left inside] 〈하키〉 5인의 공격수 중 중앙과 좌익 사이에 위치하는 선수.

레프트 필더 [left fielder] 〈야구〉좌익수.

레프트 하프 코트 [left half court]

ㄹ

〈탁구〉 복식 시합 때 자기편 코트서비스 라인의 왼쪽 코트.

레프트 호핑 턴 [left hopping turn] 왼쪽으로 뛰어 돌기.

레플렉스 [영 reflex] ① 반사. ② 영상. ③ 반사식 카메라의 약.

레플리카 [이 leplica] ① 묘사, 복사. ②〈경〉우승컵의 복제.

레피티션 프레스 [repetition press] 바벨을 두 팔로 어깨에 올려놓고 두 팔의 힘만으로 밀어 올리는 운동.

렉시콘 [영 lexicon]사전. 특히 희랍어, 라틴어, 헤브라이어의 사전을 가리킴.

렌더링 [영 rendering] 〈식품〉 지방을 끓여내는 것. 번역, 반란, 묘사.

렌더즈 [영 lenders] 대금업, 대금방법.

렌더 탤로 [영 rendered tallow] 〈식품〉 비누와 초에 사용되는 지방.

렌저 [ranger] ① 삼림 감시인. ② 국경경비대. ③ 미유격부대.

렌즈 콩 [영 lentils] 〈식품〉라틴어 Lens esculents의 여러 변종의 종자로 완두·강남콩과 같은 무리.

렌즈 터렛 [lens rurret] 카메라 앞부분에 각종의 렌즈를 장치한 회전 원판.

렌지 [영 range] ① 배치, 열. ② 화구가 있는 조리대.

렌치 [wrench] 나사못이나 파이프 같은 것을 비틀어 돌리는 연장.

렌트 [영 lent] 〈종〉 4순절.

렌트겐 [roentgen] ① X선 ② 방사량의 강도의 단위.

렌티어 [독 rentier] 금리생활자.

렘 [영 ream] 양지전판 1000매의 뜻.

렘 [REM] 〈의〉인체 렌트겐 당량, 생물체에 주는 방사능의 피해를 나타내는 단위. roentgren Equivalent Medical의 약.

렘마 [lemma] ① (논증·증명의) 보조 정리. ② (문장·토론의) 주제. 테마.

렙 [영 rep] 〈이〉 생리적 렌트겐 당량.

렙토스피라균 [leptospirosis] 1886년 웨일(weil)씨에 의하여 열성·충혈성·활당 환자에게 처음으로 분리된 병원체. 수인성 전염병의 하나. 개나 가축 등에 백신 접종을 하는 예방법.

렛리지오소 [이 religioso] 〈음악〉경건히.

로가리즘 [영 logarithm] 대수, 라고 약함.

로간베리 [loganberry] 딸기의 일종.

로고 [logo] (상표 등의) 심벌마크. ▷ 'Logo'는 교육용으로 개발된 프로그래밍 언어(그래픽 등에 적합).

로고스 [영 logos] ①〈철〉 ②〈종〉크리스트의 이칭. 성령.

로고타입 [영 logotype] 사명(寺名)이나 상품명을 특별히 디자인한 문자로 해서 마크처럼 사용하는 것.

로그 [log] ① 통나무. ② 배의 속도를 재는 측정기. ③〈컴〉메시지·데이터의 기록.

로그롤링 [logrolling] 선거운동을 도와주고 그 대가를 받거나 이권을 얻는 행위. 원래는 통나무 굴리기의 뜻으로 서로 협력해서 통나무를 모으거나 강물에 굴려 넣는 놀이에서 유래.

로그 롤링 레이스 [log rolling race] 통나무 굴리기 경주.

로그 북 [log book] 선내 일지.

로그아웃 [Logout] 사용을 끝내다.

로그인 [Login] ①통나무, 프로그램 진행기록. ②컴퓨터 사용개시, 경과기록.

로날락 [영 lonalac] 〈식품〉 나트륨을 함유하지 않은 밀크 제품의 상품명.

로 네클라인 [low neckline] 〈의상〉 목의 선이 드러나 보이게 한 재단법.

로다민 [영 rhodamine] 적색염료의 일종.

로댕, 프랑수아 오귀스트 르네 (Francois Auguste Rene Rodin, 1840~1917) 〈인〉 프랑스의 조각가.

로더 [영 loader] 석탄 등의 적입기. 〈컴퓨터〉 외부 기억 장치에 있는 프로그램을 주기억 장치에 넣어주는 프로그램.

로데오 [스 rodeo] ① 멀리 돌라. ② 일종의 승마대회. 카우보이들의 목축 경기회. 사나운 말이나 소를 타고 오래 이겨내는 경기로 유명함.

로돕신 [rhodopsin] 〈생화학〉 시홍소 (視紅素).

로듐 [독 rhodium] 〈화〉은백실의 백금 원소, 기호 Rh.

로드 (load) ① 전기의 부하. ② 〈기계〉 무게, 기계 각 부분에 가해지는 힘. ③ 〈컴퓨터〉 프로그램을 실행할 수 있도록 그것을 주기억 장치에 읽어 넣는 것.

로드 [load] ① 막대. ② 〈도서관〉 도봉(導捧). ③ 〈기계〉 칸.

로드 [영 lord] ① 〈종〉 크리스토. ② 영국귀족의 존칭.

로드 게임 [road game] 〈야구〉 본거지 밖에서 하는 시합.

로드 레이서 [road racer] 도로 경주용 자전거.

로드 레이스 [road race] 도로 경주.

로드 롤러 [road roller] 길바닥을 굳고 고르게 다지는 기계.

로드 쇼 [road show] 영화 특별 독점 개봉. 직역하면 '노변 홍행'의 뜻으로 본래 새로 나온 연극을 노변에서 무료 공연하는 것에서 유래.

로드스 방식 [Rhodes formula] 적대 관계에 있는 당사자들이 직접대하지 않고도 협상을 할 수 있도록 중계자가 당사자 사이를 왕래하면서 진전시키는 방법. 1948년 팔레스타인 전쟁(戰爭)을 수습할 때 랄프·번치가 쓴 방법.

로드 스탬프 [road stamp] 길에 소석회(消石灰) 가루를 뿌려 글자를 써서 광고하는 방법.

로드 아웃 [rowed out] 〈경조〉 노 젓는 사람이 배를 젓다가 코스 중도에서 지쳐 버리는 상태.

로드 워크 [road work] 〈권투〉 체력이나 완력을 양성하기 위하여 노상에서 행하는 트레이닝으로 속도를 가감하여 달리기도 하고 새로 복싱·줄넘기 등을 하는 노상 훈련.

로드 워킹 [road walking] 〈육상〉 워킹 레이스.

로드 클로즈드 [road closed] 〈경마〉 막힌 길과 같이 만들어진 장애물.

로드 테스트 [load test] 〈항공〉 하중 시험. 짐을 싣는 실험.

로드 팩터 [load factor] 〈도서관〉 하중(荷重) 배수.

로딩 프레셔 [loading pressure] 〈항공〉 하중 압력(荷重壓力).

로란 [LORAN=long range navigation] 〈통신〉 항공기·선박이 2국(局)에서 전파를 수신하여 자기 위치를 산출하는 장치.

로렐라이 (Lorelei) 〈지〉 라인 강 (Rhein R.) 중류의 오른쪽 강가에 있는 큰 바위의 이름.

로리스 [loris] 늘보 원숭이.

로마 (Roma) 〈지〉 이탈리아 공화국 (Republic of Italia)의 수도. 이탈리아 반도의 중부 티베르 강(Tiber R.)에 연하여 있는 고도. 로마 제국의 수

ㄹ

도였으며, 예전의 가톨릭 [천주교]의 총 본산의 땅은 바티칸 시국 (Vatican 市國)이 되었음. 1871년 이탈리아 왕국의 수도로 부활. 한자 표기로는 나마(羅馬). (→) 이탈리아.

로마나이즈 [영 romanize] 로마자로 쓰는 것.

로마네스크 [프 > 영 Romanesque] 〈건·미〉 10세기 무렵서 12세기에 걸쳐 유럽 여러 나라에서 일어난 동양적 요소를 수용·가미한 건축미술의 양식. 11세기에서 12세기에 걸쳐 유럽에 퍼진 그리스도교 미술·건축 양식.

로마노 [romanow] 검푸른 껍질이 붙은 굳은 치즈.

로마노프 (Romanov) 〈역〉 러시아 전제 왕조(1613~1917).

로마니스 [영 Romanist] 〈종〉 카톨릭교도, 로마구교도.

로마 클럽 [The Club of Rome] 1973년 3월 스위스 법인체로 설립된 민간단체. 자원의 고갈·공해·개발도상국의 인구 증가·군비 증강 등 인류의 생존을 위협하는 제반(諸般) 문제에 대한 해결책 등의 목적을 둔 단체.

로만 [프 roman] 〈문〉 소설, 특히 장편소설.

로만 로즈 [Roman nose] 매부리코.

로만스 [영 romance] ① 연예소설. ② 중세의 전기소설.

로만티즘 [러 romantizm] [프 romantisms; romanti(ci)sm] 낭만주의.

로망 [프 roman] 장편 소설.

로망 포르노 [roman porno] 흥미 위주로 성(性)을 묘사한 일종의 포르노 영화.

로맨스 [romance] ① 가공적 문학. ② 연애 사건 연애. ③ 〈음악〉 서정적 곡조.

로맨스 룸 [romance room] 술집 같은 곳의 비밀실.

로맨스 시트 [romance seat] 남녀가 가지런히 앉게 되어 있는 자리.

로맨스 카 [romance car] 로맨스 시트가 마련되어 있는 차.

로맨티시스트 [romanticist] ① 낭만주의자. 낭만파 시인. ② 꿈을 쫓는 사람.

로맨티시즘 [romanticism] 낭만주의.

로메 (Lom'e) 〈지〉 토고 공화국 (Republic of Togo)의 수도. 기니 만 (Guinea B.)에 면한 무역항. (→) 토고.

로물루스 (Romulus,, 기원전 8세기경) 〈인〉 전설상의 로마 건국자.

로밍 [roaming] ① 국제통화기능 ② 계약하지 않은 통신사의 서비스를 받을 수 있는 것.

로밴드 [roband] 돛의 꼭대기를 돛대에 다는데 사용하는 끈실.

로벨리아 [영 robellia] 〈식〉 도라지과의 관상용 식물.

로보토미 [독 lobotomie] 〈의〉 대뇌 전두엽의 수술.

로 블로 [low blow] 〈권투〉 상대방의 허리띠 아래를 때리는 반칙.

로브 [lob] 〈테니스〉 상대방이 네트 가까이 붙을 때 공을 상대방 머리 위로 높이 올려서 상대방을 네트로부터 떨어지게 만들기 위한 타구.

로브 [lobe] 〈공업〉 기계의 안전장치.

로브 [lobe] 〈의상〉
① 소매가 길고 폼이 헐렁한 옷.
② 승복(僧服). 법복(法服). 도련까지 내려뜨린, 긴 헐거운 겉옷. 법복. 식복으로 사용됨.

로브 데콜테 [프 robo de colltee] 〈의상〉 귀부인의 최고 예복으로 남자

ㄹ

로브라우 [lowbrow] 지성의 정도가 낮은 사람. ↔ 하이브라우.

로브 몽탕트 [프 rode montante] 여자의 통상 예복.

로브 사(絲) [영 rove yarn] 〈섬〉아마 슬라이버(sliver)를 조방기로 약연한 것. 끈·망 등에 사용함.

로브 슛 [lob shoot] 〈야구〉내야수나 포수가 가볍게 던지는 공.

로브스터 [영 lobster] 큰 새우, 대하. 가제.

로빌 [rhovyl] 폴리염화비닐 섬유의 하나.

로빙 [lobbing]
① 〈원자〉정당과 원외 이익 단체를 연결하는 역할을 하는 일.
② 〈테니스〉공을 높이 쳐서 상대방의 머리 위로 넘겨 보내는 일.
③ 〈축구〉높이 치솟게 하는 공.

로빙[영 roving]알짱거리다, 떠어다니다.

로사리오 [포 rosario]
① 〈종〉구교의 수주(數珠)
② 성모마리아의 기도.

로샷하 테스트 [rorschach test] 〈심〉성격진단법.

로 스쿨 [law school] 전문 법과 대학원. 대학 4년을 졸업해야 입학 자격이 주어지는 미국의 로스쿨은 3년제 학부에는 법학 교육 과정이 없다. 케이스 중심의 실무 교육을 하는 로스쿨을 졸업하면 각주의 대학원이 관장하는 변호사 시험에 응시한다. 합격률은 80%선. 최상의 30%선은 연방 검사 및 주요 법률 회사로 가고, 10%~20%는 주 검사 및 기업 변호사로 그리고 나머지는 개업한다.

로스터 [영 roaster] ① 식용의 닭고기.
② 고기, 생선을 굽는 기구.

로스토우 이론 [Rostows theory] 미국의 경제학자 로스토우가 발표한 경제성장의 여러 단계에 관한 이론. 경제성장의 일반적·공통적 경향을 단계적으로 구별하고 이를 역사적·통계적으로 이해하려는 것. 개발단계, 이륙단계, 성장단계, 성숙단계, 안정단계.

로스툴 [영 rooster] 화덕에 쓰는 쇠로 만든 발.

로스트 [영 roast] 〈식품〉
① 불에 굽다.
② 불고기에 적당한 소, 돼지양의 어깨 등심, 허벅지 등 부분의 살.

로스트 볼 [lost ball] 〈경기〉경기 중 행방불명이 된 공. 골프의 경우 5분의 경과되면 '로스트 볼'이 됨.

로스트 비프 [roast beef] 뜨거운 잿더미에 묻거나, 불에 직접 쬐어 구운 쇠고기.

로스트 제너레이션 [lost generation] 제1차 대전을 치른 후 기존 문화에 회의를 품고 생의 방향 감각을 잃은 사람들.

로스트 타임 [lost time] 〈럭비〉경기 도중에 지체된 시간.

로스팅 [영 roasting] 〈식품〉밀폐된 오븐에서 구운 고기.

로스 해(海) (Ross Sea) 〈지〉남극 대륙의 태평양 쪽에 있는 만입부.

로열 아케데미 [영 Royal Academy] 영국 왕립 미술원. 왕립 미술 협회라고도 함. 회화·조각·건축의 육성 발전을 목적함. 해마다 2회 전람회 주최. 1768년 조지 3세가 창립. 회원 40명, 준회원 30명. 미술학교의 경영과 미술전 개최가 주요 사업임. 〈로열 아카데미 회보〉(1800년 창간)는 권위 있는 학술 간행물로 현재까지 계속되고 있음.

로열 로드 [royal road] 왕도. 지름길.

로열 마스트 [royal mast] 배의 제일

ㄹ

높은 돛.
로열 스테이 [royal stay] 가장 큰 유지색(維持索).
로열티 [loyalty] 충성, 충실.
로열티 [loyalty] ① 왕권. 왕위. ② 저작권 사용료. 인세. 특허권 사용료.
로욜라, 이그나티우스 (Ignatius Loyola, 1491~1556) 〈인〉에스파냐의 가톨릭 성직자. 예수회 창립.
로우그 (rogue) 불량, 건달.
로우그 스테이트 [rogue state] 불량국가. 죠지 부시 행정부가 북한, 이란, 시리아 등을 지칭해 사용.
로워 슈라우드 [lower shroud] 낮은 돛대 밧줄.
로워 탱크 [lower tank] 자동차 냉각기의 일부로 아랫쪽 물통.
로윙 [rowing] 〈경조〉노를 사용하여 배를 젓는 것.
로 웨이스트 [low waist] 〈의상〉스커트를 낮게 입도록 한 것.
로이드(안경) [celluloid] 셀룰로이드로 굵게 테를 한 안경.
로이타 [Reuter] Reuter씨가 시작한 영국의 통신사 이름.
로자닐린 [rosaniline] 〈화학〉자홍색 색소.
로자리오 [포 rosario→] 천주교에서 쓰는 십자가가 달린 염주.
로저 [roger] 알았다. 좋다.
로제트 [rosette] ① 장미꽃 장식. ② 〈전기〉 천장으로부터 전등선을 끌기 위하여 반자에 다는, 하얀 사기로 만든 반구형의 기구. ③ 장미 모양의 금강석.
로즈마리 [영 rosemary] 〈식〉지중해지방 원산의 상록수. 그의 꽃이나 잎

에서 박녹색의 향유가 나온다.
로지 [영 lodge] 산장, 오막살이.
로지아 [이 loggia] 〈건축〉옆에 벽이 없는 방. 복도나 거실로 씀.
로지칼 [영 logical] 이론적, 논리에 맞는.
로진 백 [영 rosin bag] 〈야〉미끄러지는 것을 막는 분을 넣은 봉지. 로진(rosin)은 송진 또는 수지(樹脂)를 뜻하는 말임.
로징 [영 lodging] 하숙, 임대 거실.
로칼라이저 [localizer] 〈전기〉방화(防火)선 경종 탐지기.
로칼 룰 [local rule] 〈골프〉 코스마다의 사정에 의한 특별 규칙.
로칼리즘 [영 localism] 지방 제1주의, 지방근성.
로칼리티 [locality] ① 소재지. ② 향토색. 그 지방의 풍속.
로칼 콜렉션 [local collection] 〈도서관〉향토 자료. 도서관이 소재하는 지역 사회와 밀접한 관계가 있는 자료.
로칼 크레디트 [local credit] 〈경제〉 수입자로부터 개설되어 온 신용장을 대충(對充)으로 하여, 국내의 다른 업자를 위하여 발행된 신용장. (local L/C)
로칼 프로그램 [local program] 자국 관내의 청취자를 대상으로 하는 지역적 성격이 강한 방송 프로.
로커 [영 locker] 3면을 널빤지로 두르고 안에 선반을 달아 물건을 넣어 두는 것.
로커 [영 rocker] ① 요동의자. ② 〈스케이트〉 스쿨피규어의 기본형.
로커빌리 [rock-a-billy←rock and roll+hillbily song] 〈음악〉열광적인 리듬의 재즈 음악.
로커스트 빈 [영 locust bean] 〈식품〉메뚜기 콩. 아프리카 일부에선 식량으로 이용함.

로컬라이즈 [localizer] 계기 착륙용 유도 전파 발신기.

로컬 브랜드 [영 local brand] 〈광고〉 한정된 지역에만 판매되는 상품의 상표.

로컬 스폰서 [영 local sponsor] 〈광고〉 한 개 지역의 방송사(放送社)의 프로그램 시간 또는 스폿(spot)을 구입해서 방송하는 광고주(廣告主).

로컬 체인 [영 local chain store] 〈유〉 지방 시장을 중심으로 체인을 전개하고 있는 체인 스토어(chain store), 상권이 확대되면 리저널 체인(regional chain)이라고 함.

로컬 커뮤니케이션 미디어 [영 local communication media] 〈광고〉지역을 한정하여 그 곳을 대상으로 한 매체.

로케이션 세트 [location set] 〈영화〉 자연 풍경을 그대로 배경으로 하여 무대 장치로서 배치.

로케이션 헌팅 [location hunting] 적당한 촬영장소의 물색.

로켓 [영 rocket] 작은 사진 등을 넣어서 목에 거는 넥리스풍의 장식.

로켓 [영 rocket] ① 봉화, 불화살. ② 고속 추진장치.

로켓 엔진 [locket engine] 로켓 기관.

로코코 [라>프>영rococo 도Rokoko] 〈미〉 프랑스의 루이 15세 때인 18세기에 유행한 단아한 곡선, 패각(貝殼) 장식을 특징으로 한 미술·건축 양식. 바로크(baroque)의 반동으로 유행하였음.

로쿤 [영 rockoon]기구를 단 로켓을 상공에서 발사시켜 사정을 연장하여 고공관측을 하는 것.

로크 Locke, John (1632~1704) 영국의 哲學者.

로크 링[rock ring] 〈기계〉피스톤 핀이 빠져 나가지 못하도록 하는 고정 고리.

로크아웃 [lockout] 공장 폐쇄. 노동 쟁의에 대항하여 사용자측이 공장·사무실 등을 일시 폐쇄하는 일.

로크트 니 워킹 [locked knee walking] 걷기(競步). (무릎의 관절을 펴고 걷게 규정되어 있는 데서).

로큰롤 [rock n roll] 전후(戰後) 미국에서 발생한 열광적 연주·댄스의 한 형태. 약어로 R&R.

로키 [Loki] 북유럽에서 파괴와 재난의 신.

로키 [low-key] 〈연극〉 화면이 어둡고 명암의 대비가 적은.

로킹 [영 rocking]
① 흔들어 움직이는 것.
② 몸을 전후좌우로 움직이는 것.

로킹 체어 [rocking chair] 흔들 의자.

로타리(건조기) [rotary 乾燥機] 〈농업〉 도래 말림틀. 회전하는, 교차로, 윤전기, 경운기.

로타리 라인 스위치 [rotary line switch] 〈통신〉 회전선 스위치.

로타리 시스템 [rotary system]
① 〈전기〉 회전 방식.
② 로타리식 교통 정리법.

로타리 엔진 [rotary engine] 〈기계〉
① 항공기용 기관의 형식으로 기관 자체가 회전함.
② 둥근 통 모양의 자동차 엔진의 하나.

로타리 옵셋 [rotary offset] 윤전식 옵셋 인쇄기.

로타리 턴 [rotary turn] 여자의 오른발 전진.

로타리 포토그래뷰어 [rotary photogravure] 그래뷰어 윤전식 사진 요판(寫眞凹版).

로타미터 [rotameter] 〈기계〉 액체의 흐르는 양을 재는 장치.

로 태클 [low tackle] 〈럭비〉 낮은 자

111

ㄹ

세로 하는, 바짝 달려 들기.

로터 [영 rotor] ① 〈전〉 회전자. ② 〈기〉 축차.

로터 드럼 [rotor drum] 바람통.

로터리 [영 rotary] ① 환상교차로. ② 회전기 ③ 회전식 제설차.

로터 펌프 [rotor pump] 회전 펌프의 하나.

로털 [영 laotouer] 노인, 노련자. 老頭兒라고 쓴다.

로테논 [rotenone] 〈화학〉 데리스 뿌리의 주성분. ▷ 사람이나 가축에 독성이 적은 살충제.

로테르담 (Rotterdam) 〈지〉 네덜란드 (Netherlands) 서남부, 라인 강(Rhein R.) 하구에 있는 도시.

로테이션 [영 rotation] ① 〈농〉 윤작. ② 〈야〉 투수의 등판 순서.

로테이션 팀웍 [rotation teamwork] 〈배드민턴〉 선수들이 위치를 바꿔가며 싸우는 작전.

로톤다 [rotonda] 원형 건물.

로트 [lot]
① 〈경제〉 생산품의 제도 단위.
② 일정 수량에 대한 호칭.
③ 택지의 한 구획.
④ 〈경제〉 경매품의 한 벌 한무더기. 로트 시스템 lot system (공업) 일관(一貫) 작업의 하나. 공장의 생산 과정에서 부분품이 일정한 무더기가 되면 자동적으로 다음 작업 부분으로 운반되는 방식.
⑤ 제비뽑기, 추첨.

로트 아이언 [Wrought iron] 연철(鍊鐵).

로 티어스 [low tierce] 〈펜싱〉 방어 방법의 하나.

로 틴 [영 low teens] 틴에이저의 연소자. 중학생정도의 연령.

로포드 로브 [lowford lob] 〈테니스〉 네트를 겨우 넘겨 치는 방법.

로프 [영 rope] 〈섬〉 끈, 마, 면, 합성 섬유 등으로 만든 실을 2올 이상 합쳐 꼬고 이것을 다시 3가닥 이상 합쳐 꼰 것.

로프 게임 [rope game] 줄 당기기.

로프 다운 [rope down] 〈권투〉 로프에 몰려 무방비 상태로 공격을 받을 때 다운(down)으로 간주하는 것.

로프 브레이크 [rope brake] 축마력 측정기의 하나.

로프 웨이 [rope way] ① 쇠줄 철도. ② 〈스키〉 스키장에 올라가는 힘을 덜기 위하여 로프로 끌어 올리는 설비가 되어 있는 길.

로프트 [loft]
① 제일 위층(뉴욕 등에서는 저소득자의 주거나 예술가의 아틀리에로 되어 있는 것이 많음)
② 〈골프〉 공을 높이 침.
③ 〈골프〉 클럽 헤드(club head)의 면(面)의 경사도.

로 하이드 [영 low hide] 카우보이가 신는 피혁제의 물건.

로 허들 레이스 [low hurdle race] 〈체육〉 200m 저장애 육상 경기. 출발 때, 남자는 오른팔을 구부리고 여자는 어깨로부터 뒤로 걸치고, 전진 후퇴하는 동작.

록 뮤직 [rock music] 전기 악기를 구사한 압도적인 음향과 강렬한 리듬의 박진감 있는 대중적·통속적 음악.

록소이 [영 locksoy] 〈식품〉 가늘게 잡아늘인 쌀의 마카로니라고 할 수 있는 중국 식품.

록스 [영 locks] 〈섬〉 스커팅 할 때 선별대 밑에 떨어진 양모.

록스 [lox=liquid oxygen explosive] 〈화학〉 액체 산소 폭약.

록 스텝 [rock step] 앞뒤·좌우로 몸

・발을 흔드는 것.

록우드 [logwood] 콩과에 속하는 교목.

록 파이버 [rock fiber] 화산암으로 만든 섬유.

록 페스티벌 [rock festival] 1969년 미국 우드스탁에서 열린 록 음악 경연 대회. 사랑・자유・평화라는 슬로건을 내세운 이 페스티벌에는 각 지역 젊은 선남선녀(善男善女)들이 모여 경연을 갖고, 행사를 즐김.

록펠러, 존 데이비슨 (John Davison Rockefeller, 1839~1937) 〈인〉 미국의 자본가. 미국의 석유왕.

록 하켄 [rock+〈독〉Haken] 암벽 등반에서 발을 디딜 수 있도록 바위에 박는 철제 쐐기.

론 [영 loan] 〈전기〉 전파항법. Long Range Navigation의 합성어.

론 [영 lawn] 〈섬〉 경위사에 60's 이상의 면사를 사용한 밀도가 작은 평직물로서 표백 후 약간 풀먹임하여 마직물과 같은 느낌을 주게 한 면직물(손수건・블라우스・조화・자수 가공 생지 등). 한랭사(명주).

론도 [이 rondo]
① 경쾌한 무곡으로 합창과 독창이 서로 번갈아 섞여서 구성됨.
② 주제가 세 번 이상 반복되는 회전 기악곡.

론드레스 [londress] 대형 엽권담배. 런던 형의 뜻.

론 워드 [loan word] 외래어, 차용어.

론 코트 [lawn court] 〈테니스〉 잔디밭으로 만든 코트.

론 테니스 [lawn tennis] 〈테니스〉 론 코트 위에서 하는 테니스.

롤 [영 roll] ① 회전하다, 굴리다.
② 감다. ③ 배가 옆으로 흔들리다.

롤 [role] 〈연극〉 역. ¶줄리엣의 그

것과는 전혀 반대의 ~이라.

롤 간격 (間隔) [영 nip] 〈고무〉 밀(mill) 도는 실린더의 롤과 롤 사이의 간격.

롤드 캐비지 [rolled cabbage] 양배추를 데쳐서 국물에 넣어 익힌 음식.

롤드 포테이토 [rolled potato] 소금물에 삶은 감자를 데울 때 간을 맞춰 부친 달걀 위에 얹고 말아서 썰어 놓은 것.

롤라마이트 [영 rolamite] 새로운 기계 소자.

롤러 [영 roller] ① 〈인〉 잉크봉.
② 원통으로 회전하는 것. ③ 정지기.

롤러진 면 (綿) [영 roller ginned cotton] 〈섬〉 롤러 진으로 조면한 솜.

롤링 [영 rolling] ① 회전.
② 압연(壓延).
③ 배・비행기 등의 흔들림.

롤링 초크 [rolling chock] 〈항해〉 배 밑에 괴는 쐐기모양의 나무토막.

롤백 [rollback]
① 통제에 의한 물가인하 정책.
② 〈정치〉 상대자를 막는 입장에서 벗어나 공세를 취하는 정책. 콘테인먼트 정책.
③ 〈속어〉 원위치로 돌아옴.

롤 백 폴리시 [영 roll back policy] 〈정〉 제자리로 되돌리는 정책.

롤 스티치 [roll stitch] 러닝 스티치를 먼저 놓고 촘촘히 떠가는 뜨개질 방법.

롤업 타이틀 [roll-up title] 영화・TV에서 아래에서 위로 이동하는 자막. 마지막 장면에서 제작 관계자 등을 열기(列記)함.

롤 오버 [roll over] 높이뛰기에서 옆으로 넘는 것.

롤인 [roll in] 〈축구〉 공이 굴러들어감.

롤 크러셔 [roll crusher] 롤을 사용한 분쇄기.

113

ㄹ

롤 페이퍼 [rolled paper] 한쪽이 반들반들한 얇은 종이.

롤플레잉 [role-playing] 〈심리〉역할 연기. 개인 및 집단의 사회적 적응을 높이기 위한 치료 및 훈련의 한 방법.

롤핑 [rolfing] 마사지 건강법. 강한 마사지로 자세를 교정하면 건강해진다고 함.

롬 [영 loam] 점토나 유기물이나 모래가 섞인 토양, 농작에 적합하다.

롬 [ROM→Read Only Memory] 〈컴퓨터〉ROM에 기억되어 있는 내용을 읽어낼 수만 있을 뿐, 사용자가 ROM에 어떤 내용을 기록할 수 없도록 되어 있는 기억 장치의 한 부분. 판독 전용 기억장치로서 여러 종류가 있음. 제조과정에서 프로그램되는 것이 가장 기본적인 ROM이며, 사용자가 한번 프로그램하는 PROM, 특수한 빛이나 전기적인 신호로서 내용을 지우고 다시 프로그램 할 수 있는 EPROM이 있음. ROM은 설계된 mask ROM과 사용자가 데이터를 기억시킬 수 있는 PROM으로 대별할 수 있고, ROM의 최대 특징은 전원이 끊어져도 ROM에 기억된 내용은 소멸되지 않는다는 것.

롬니 [Romney] 켄트 지방의 롬니 원산의 양.

롬니[Mitt Romeny]44대 미대통령 공화당 예선 후보자. 매사추세추전 주지사. 예수 그리스도 후기 성도 교회 신도.

롬바드가 [Lombard Street] 런던 금융 시장을 뜻하는 은행가 이름. 영국 자본주의의 시장이며 세계 금융의 중심지였던 롬바드가가 뉴욕의 월가로 빼앗김.

롬퍼 룸 [영 romper room] 아이들의 놀이방.

롬퍼스 [영 rompers] 〈복〉상의와 팬티가 붙은 어린애의 놀이복.

롬빅 안테나 [rhombic antenna] 〈통신〉능형 공중선(陵形空中線).

롯 [영 lot] 생산품의 하나의 결산량. (용례) 생산 롯.

롱 [영 long] ① 길다. ② 키가 큰. ③ 장시간의 ④ 〈탁〉 장타법.

롭스터 조인트 [lobster joint] 〈기계〉파이프의 자재접합부(自在接合部)

롭스터 후라이 [lobster fry] 새우 꼬리만 붙여 놓고 빵가루를 바르고 기름에 튀겨 낸 음식.

롯데마트 [樂天瑪特 = 러덴마터) 즐거운 날 쇼핑하기라는 뜻.

롱 가드 [long guard] 〈펜싱〉세이버의 공격 자세의 하나.

롱기 [힌·페 lungi/lungyie] [영 lungi/lungie/loongye/longie] ① 〈섬〉버마, 인도 등에서 쓰이는 직물의 일종. ② 〈복〉인도인의 하반신에 두르는 천.

롱 드라이브 [long drive] 〈체육〉공을 멀리 치는 것.

롱 런 [long run] 연극·영화의 장기 흥행.

롱런 시스템 [long run system] 〈연극〉관객에 따라 기간을 신축 상연하는 제도.

롱 밀크 [영 long milk] 〈식품〉스칸디나비아의 산유(酸乳).

롱 서키트 어필 [영 long circuit appeal] 〈광고〉감성보다 합리적인 동기에 호소하려는 광고. 상품의 정확한 정보를 준 뒤 구매 의욕을 만들어 내려는 것.

롱 쇼트 [long short]
① 〈테니스〉바운드한 공이 높이 올라갔을 때에 공을 밑으로 누르듯이 하여 라켓에 직각으로 맞도록 치는 방법.
② 영화에서 카메라를 멀리 떨어뜨려서 넓은 장면을 찍는 일.

롱 숏 [long shot] 가능성이 없는 시도,

ㄹ

기대와 결과의 큰 차이.

롱 스윙 [영 long swing] 〈야〉 장타(長打). 뱃(bat)을 길게 잡고 장타를 노리는 타법.

롱 스트라이드 [long stride] 〈육상〉 넓은 걸음으로 달리는 것.

롱 스프린트 [long sprint] 〈육상〉 넓은 걸음의 달리기.

롱 아이언 [long iron] 〈골프〉 원거리타에 사용하는 아이언 (餓頭棒).

롱 점프 [long jump] 원거리 뛰기.

롱 톤 [long ton] 미국에서 쓰는 톤의 단위의 하나로 2,240파운드.

롱 페그 [long pag] 〈야구〉 포수가 제2루에 공을 던지는 것.

롱 프리머 [long primer] 〈인쇄〉 10포인트 활자.

롱 플레잉 [long playing] 엘리판. 오래 돌아가는 축음기판.

롱 혼 [long horn] 뿔이 긴 소.

롱 홀 [long hole] 〈골프〉 티(tee)에서 구멍까지의 거리가 긴 것.

롱 혹 [long hook] 〈권투〉 큰 혹.

롱 히터 [long hitter] 〈야구·골프〉 장타자(長打者).

롱 히트 [long hit] 〈야구〉 장타(長打).

루 [프 roux] 〈식품〉 육즙과 소소를 진하게 할 때 사용되는 밀가루와 버터로 만든 것.

루르 (Ruhr) 〈지〉 서독의 서북부, 루르 강(Ruhr R.)과 리페 강(Lippe R.) 사이에 자리한 유럽 굴지의 공업 지대.

루마니아 (Rumania/Socialist Republic of Rumania) 〈국〉 유럽 동부, 발칸반도(Balkan Pen) 북부에 있는 사회주의 공화국. 나라 이름은 '로마인이 사는 땅' 이란 뜻. 14세기에 왈라키아(Walachia)·몰다비아(Moldavia) 두 나라를 세웠으나 오스만 터키 제국(Osman Turkey 帝國)의 지배를 받음. 1857년 양국 합병, 1881년 왕국이 되었다가 1947년 인민 공화국, 1965년 사회주의 공화국으로 개칭. 한자 표기로 나마니(羅馬尼). 수도는 부쿠레슈티(Bucuresti). (→) 부쿠레슈티.

루골 [Lugols] 〈약학〉 루골 용액.

루나 [영 luna] 달의, 반달형의 〈신화〉 달의 여신.

루나 파크 [Lunar park] ① 달세계. ② 밤의 오락장.

루네산스 [불 Renaissance] ① 재생, 재흥. ② 〈문〉 문예부흥.

루데삭 [러 roedzak] 피임용삭, 컴돔.

루드라 [범 Rudra] 〈신〉 베다에 나오는 폭풍우의 신.

루드베키어 [rudbeckia] 엉거사과에 속하는 원예 식물.

루르 [프 loure] 3박자의 리듬의 무곡.

루멘 [영 lumen] 광속의 단위.

루멘 [rumen] 반추 동물의 첫째 위(胃).

루미날 [독 Luminal] 〈의학〉 진정·수면제의 상품명.

루미네선스 [luminescence] 〈물리〉 열이 없는 발광.

루미놀 [독 Leminol] 혈액 중에 포함되는 물질.

루바브 [rhubarb] 〈식물〉 여뀌에 속하는 다년생풀.

루바시카 [러 rubashka] 러시아식 남자 윗저고리. 화가들이 즐겨 입음.

루버 [영 louver] 자동차의 방열구멍.

루불 [러 → 영 rouble] 러시아 은화의 이름.

루불 블록 [rouble bloc] 소련의 루불

115

화가 통용되는 지역. 즉 소련의 세력권 내에 있는 여러 나라의 경제권. 모스크바에 '루불권의 무역 수지를 통합하는' 루불 풀(rouble pool)'이 설치됐음.

루브리케이션 [lubrication] 급유, 윤활, 주유.

루비 [ruby]
① 〈인쇄〉7호 활자로 가장 작은 것임.
② 강옥석. 홍보석 [紅玉]

루비듐 [독 rubidium] 〈화〉은백색의 방사성 희유 알칼리금속. 기호 Rb.

루비 스피넬 [ruby spinel] 〈광물〉붉은 수정돌 [紅火晶石]

루비콘 [이 Rubicon] 이태리 북부를 흐르는 강. julius caesar가 「주사위는 던져졌다」 라고 말하고 건넌 강. 단호한 조치를 말함. 결연함을 의미하기도 함.

루빅 큐브 [rubiks cube] 마법의 정육각체(正六角體) 헝가리의 루빅 박사가 고안한 장난감. 27개의 정육면체로 된 퍼즐의 상품명.

루선 [영 lucerne] 〈식·식품〉자주개자리.

루소 Rousseau, Jean Jacques (1712~78) 프랑스의 哲學者, 作家, 政治學者.

루쉰/노신 (魯 迅, 1881~1936) 〈인〉중국의 문학가.

루스리프 [loose-leaf] 용지를 자유롭게 끼웠다 뺐다 할 수 있는 공책.

루스 볼 [loose ball] 〈미식축구〉어느 팀의 것도 아닌 흐르는 공.

루스 스크럼 [loose scrum] 〈럭비〉엉성한 스크럼.

루스 임피디멘트 [loose impediment] 〈골프〉코스에 고정시키지 않은 장애물. 즉 낙엽이나 돌 같은 것.

루스 헤드 [loose head] 〈럭비〉타이트 스크럼에서 바깥쪽으로 머리를 내고 있는 앞 줄.

루시페린 [luciferin] 개똥벌레 같은 것의 몸 안에 있는 발광 물질.

루아르 강 (江) (Loire) 〈지〉프랑스 (France) 중앙부를 동서로 흐르는 강.

루안다 (Luanda) 〈지〉아프리카 서남부에 있는 앙골라(Angola) 공화국의 수도. 대서양에 면한 무역항. (→) 앙골라.

루이사이트 [lewisite] 독가스의 하나.

루이센코이즘 [영 Lysenkoism] 〈생〉구소련의 생물학자. 루이센코의 학설이며, 생물이 발생의 동안에 외계와 반응하여 영향을 주는 변화가 점차 유전하는 것으로서 유전자라는 형질을 결정하는 것은 아니라는 것.

루이 14세(世) (Louis XIV, 1638~1715) 〈인〉프랑스의 국왕. 태양왕으로 불림.

루즈 [영 loose] ① 단정하지 못한.
② 자유의.

루즈 [프 rouge] ① 빨간. ② 입술연지.

루지 [luge] 활강용 썰매. 동계 경기의 일종으로 1964년 동계 올림픽부터 정식 종목이 됨.

루칼룩스 램프 [영 lucalox lamp] 나트륨램프와 비슷한 새로운 등화. 수은 등의 2배는 밝다.

루클라게 [독 Rucklage] 〈스키〉몸을 뒤로 눕힌 자세.

루키 [영 rookie] ① 〈야〉신인.
② 신병.

루타 [ruta] 운향과에 속한 다년초.

루터, 마르틴 (Martin Luther, 1483~1546) 〈인〉독일의 종교 개혁가.

루터베이거 [rutabage] 뿌리는 누런 순무의 일종.

루테늄 [Ruthenium*] 은백색의 단단하

ㄹ

고 여린 금속원소. 기호 Ru. 펜촉 등에 사용함.

루테슘 [독·영 Lutecium] 〈화학〉 회토류 원소의 하나.

루테인 [영·독 lutein] 〈화학〉 난소의 황체 세포 안에 있는 호르몬으로 황색 색소.

루트맵 [route-map] 노선도(路線圖).

루트 세일 [영 route sales] 〈유〉 메이커나 세일즈맨(salesman)이 담당 지역을 일정한 순서대로 정기적으로 순회하면서 직접 소매점에 판매하는 것. 고객을 정해진 순서로 찾아가 돌아가면서 판매하는 방법.

루틴 [영 routine] ① 일과의 정해진. ② 계산기에 어느 특정의 기능을 시키기 위해서 일련의 명령의 프로그램의 단편.

루틴 [독 rutin] 〈약〉 배당체의 일종.

루페 [독 lupe] 확대경, 돋보기.

루프 [loop] ① 동그라미. 고리. ② 〈스케이트〉 스쿨 피겨의 기본형의 하나로서 서클의 지점에서 작은 원을 그림. ③ 동그란 피임 기구. 여성용. ④ (선로의) 동그란 선. ⑤ 여자가 남자의 팔 밑으로 돌면서 처음 위치로 돌아가는 족형. ⑥ 〈컴〉 되풀이해서 실행되는 부분.

루프 드라이브 [loop drive] 〈테니스〉 공을 급히 밑으로 떨어지게 치는 방법.

루프 안테나 [loop antenna] 〈통신〉 고리 안테나.

루프홀 [loophole] ① 도망칠 길. ② 법률의 결함(허점).

루피 [영 rupee] 인도, 루안다, 파키스탄의 화폐의 단위.

루피아 [인도네시아 rupiah] 인도네시아의 화폐단위.

룩 [look] 유행 스타.

룩셈부르크 (Luxemburg/Grand Duchy of Luxemburg) 〈국〉 벨기에·독일·프랑스 세 나라 사이에 있는 입헌 군주국. 963년 시그프리드 백작이 건국. 1815년 빈 회의 결과 대공국(大公國)으로 독립. 1867~1944년까지 영세 중립국이었으나 1948년 중립을 포기하였음. 수도는 룩셈부르크 (Luxemburg). (→) 룩셈부르크 〈지〉

룩스 [영 lux] 〈이〉 밝기의 단위.

룩 히드 사건 [Lock heed 事件] 미국 군수 업체 록히드사가 일본의 고관에게 뇌물을 줌으로써 빚어진 사건, 1976년 미키(三木) 수상이 정치 생명을 걸고 강력 수사 끝에 다나카 [田中] 전 수상을 체포했으며, 전후의 민주개혁에도 불구하고 명치유신 이래 오랫동안 구조화된 보수 금권 정치의 구조적 오직(汚職)으로서 전후 최대의 혼란에 직면케한 사건.

룬 (문자) [Rune(文字)] 고대 게르만족이 사용했던 알파벳 문자.

룬제 [독 runse] 〈등〉 물의 침식에 의해 암벽이나 산허리에 생긴 암구.

룰라 [영 ruler] ① 지배자, 주도권. ② 정규.

룰렛 [프 roulette] ① 구슬치기 도박의 일종. ② 양재용구의 접선기. ③ 작은 인두. 고데.

룸 라이트 [room light] 자동차 등의 내부의 등.

룸바 [영 > 에 rumba] 〈음〉 ① 중앙아메리카, 쿠바의 민속 무용. 4분의 2박자의 곡으로 추며, 트로피컬 리듬(tropical rhythm)의 대표적인 것. 1930년 무렵부터 세계적으로 퍼짐. ② 일종의 사교댄스. 곡은 4분의 4박자로 룸바 폭스트롯(rumba foxtrot)

117

ㄹ

으로 꾸며져 있음.

룽가 [이 lunga] 〈음악〉
① 한 소절. 유지.　② 연음.

룽기 [lungi] 버마·인도에서 사용하는 허리띠, 렁기.

룽제 [영 lunge] ① 폐, 폐장.
② 폐결핵의 속칭.

뤼센코 (Trofim Denisovich Lysenko, 1898~1976) 〈인〉 소련의 농업 기술자, 육종(育種) 학자. 새 유전 학설 제창. 환경과 조건의 변화가 생물의 유전적 성질을 결정하며 변화시킬 수 있다고 하여, 종래의 멘델(Morgan)·모르간(Morgan)파의 유전 법칙을 부인함. (→) 뤼센코 학설(學說) (Lysenkoism)

뤼센코 학설(學說) [러 lysenkoizm > 도 Lysenkoismus / 영Lysenkoism / Lysenko's theory / 프 lysenkoisme] 〈생〉 소련의 뤼센코(Trofim D.Lysenko)가 제창한 새 유전 학설. 염색체의 유전자(遺傳子)에 의해서만 유전이 결정된다는 멘델(Mendel) 등의 유전 법칙에 대항하여, 환경의 영향 등에 의하여 체세포(體細胞)에 생긴 변화가 차츰 다음 대에 유전한다는 곧 획득 형질(獲得形質)의 유전을 주장한 설. 1965년 이 학설은 잘못이라 하여 거의 돌보지 않게 되었음. (→) 뤼센코(Trofim Denisovich Lysenko)

류규(제도) (琉球 諸島) 〈지〉 일본 난세이(南西) 제도 중 오끼나와(沖繩)현에 속하는 도서군.

류사오치/유소기 (劉少寄, 1898~1969) 〈인〉 중공의 중앙 인민 정부 부주석.

류신 [영 leucine] 〈식품〉 비교적 식품 속에 많은 필수 아미노산의 일종.

류코신 [영 leucosin] 〈식품〉 밀의 수용성 단백질의 하나.

류트 [lute] 현악기의 하나로 기타와 비슷함.

류화 [중 lu-fa] 마작의 푸른색으로 발(發)이라고 쓴 패.

르네상스 [프 Renaissance] '재생'의 뜻으로 14-16세기에 이탈리아에서 일어나 유럽을 휩쓴 예술·문화의 혁신 운동.

르완다 (Rwanda/Republic of Rwanda) 〈국〉 아프리카 동남부 내륙에 있는 공화국. 예부터 왕국이었으나 19세기말부터 독일령, 벨기에령을 거쳐, 1959년 왕정을 타도, 공화국이 됨. 수도는 키갈리(Kigali). (→) 키갈리.

르왕 [프 Reuen] 프랑스와 르왕지방 원산의 육용 오리의 한 품종.

르포 [프 reportage] 현지 보고. 보고문. 보고 문학.

르포르타주 [프 reportage]
① 보고 기사.
② 기록 문학. 보고 문학.

리간드 [ligand] 〈화학〉 배위자(配位子).

리강야오(李光耀) 〈인〉 싱가포르의 총리.

리거 [영 leaguer] 〈야〉 미국 야구에서 리그 소속의 선수.

리거 [rigger] ① 색구 붙이는 사람.
② 〈공업〉 기체 정비원.
③ 〈기계〉 대륜(帶輪). 대차(帶車).

리고동 [프 rigaudon; rigodon] 프랑스 무곡의 이름.

리고로소 [이 rigoroso] 〈음악〉 박자를 정확하게.

리고리즘 [영 rigorism] 엄격주의.

리귤리트 플라워 [ligulate flower] 〈생물〉 혀 꽃.

리그 [rig] 석유의 굴착 장치. 해상의 석유 생산 기지.

리그노이드 [영 lignoid] 〈건〉 콘크리트 등을 굳히는 물질.

118

ㄹ

리그니츠 (Liegnitz) 〈지〉→ 레그니차 (Legnica).

리그닌 [라 > 독·영·프 lignin] 〈식품〉 고분자의 방향족 화합물.

리그닌 [독 lignin] 〈화〉목질소, 목재섬유를 연결하는 것.

리그로인 [ligroin] 〈화학〉벤진의 하나. 용제로서 고무풀 제조에 쓰임.

리글리 만(灣) (Wrigley B.) 〈지〉남극 대륙에 있는 미국령의 만.

리깅 [rigging] 색구 준비.

리깅 플랜 [rigging plan] 범장(帆裝) 계획.

리넨 [라>네 linnen] [도 Linnen] [영 linen] 〈섬〉마·아마사(亞麻絲)를 원료로 한 얇은 천.

리노륨 [영 linoleum] 바닥에 까는 깔개. 아마포에 암니유, 고무 등을 바른 것.

리놀륨(판인쇄) [독 Linoleum (print)] 리놀륨판을 사용하여 목판 인쇄처럼 매장(每張)마다 찍어내는 인쇄 방법의 일종.

리노베이션 [renovation]
① 수리(修理). 수복(修復)
② 개조, 쇄신. 개혁.

리니어 프로그래밍 [linear programming] 〈경제〉분석표를 이용하여 자원이 효과적으로 분배되도록 계획을 세우는 방법.

리닌 [linen binding] 〈도서관〉아마를 재료로 한 제본.

리니언시프로그램 [Leniency Program] 세금자진신고자 감면제도

리닛 [일 linetron > 영 linnet] 〈섬〉면, 또는 화학 섬유 직물에 마가공을 한 것(가구용 덮개·여름 셔츠·손수건·부인 옷감 등). 리넨(linen)과 테토론(Tetoron)의 혼방 천.

리다이트 [lyddite] 주로 피크린산으로 된 강력한 폭발약.

리더십 서베이 [영 readership survey]
① 신문·잡지의 기사나 광고의 열독율(熱讀率) 조사. 독자 조사.
② 〈광고〉주목율(注目率) 조사.

리터치 [retouch] 그림·조각·사진 등에서 수정 또는 가필.

리덕션 기어 [reduction gear] 감속 장치. 감속 톱니바퀴.

리듀스트 매스 [reduced mass] 〈원자〉환산 질량.

리드 [lead] ① 인도하다. 앞장서다.
② 〈음악〉화성의 주음부.
③ 〈화학〉납.

리드 [read] 〈컴퓨터〉입력 장치에서 정보를 판독하는 일. 읽다, 해독하다, 독서.

리드 [lid] 뚜껑. 표지. 덮개.

리드 [독 Lied] 가곡.

리드 [reed] ① 갈대. ② 관악기의 혀.

리드 레그 [lead leg] 도약 경기의 발 구름을 하는 순간, 들어 올리는 다리.

리드 오프 [lead off] 〈야구〉러너가 베이스로부터 떨어지는 것.

리드 온리 메모리 [영 read only memory] 〈컴〉약칭 ROM. 읽기 전용 메머리. 전원이 나가더라도 그 내용이 지워지지 않고 남아 있는 비휘발성(지구성) 메모리. 바꿀 필요가 없는 시스팀 프로그램 등을 ROM으로 해 둔다. 롬에는 마스크 처리를 하는 마스크롬과, 이용자가 써넣을 수 있는 피롬(PROM), 전기적(電氣的) 또는 광학적으로 내용을 지울 수 있는 이피롬(EPROM)이 있다.

리드인 [lead-in] 안테나를 송(수)신기로 연결하는 선.

리드 커네리 그래스 [reed canary grass] 마초의 일종.

ㄹ

리듬 [영 rhythm] 〈음〉 규칙적으로 분절된 운동. 그의 음, 음률. 장단.

리듬 댄스 [rhythm dance] 사교춤 중 비교적 자유로운 형의 춤.

리듬 앤드 블루스 [rhythm and blues] 〈음악〉 흑인들의 원시적인 재즈의 하나.

리디아 (Lydia) 〈역〉 터키(Turkey) 반도의 서부 지방에 있었던 옛 왕국.

리딩 뱅크 [leading bank] 〈경제〉 그 나라의 금융 시장을 이끌어 가는 은행. 다른 은행들은 이 선도 은행의 정책 결정에 따라 금리의 폭이나 신상품 등을 결정.

리딩 인더스트리 [leading industry] 〈경제〉 주도적인 산업. 인기 있는 산업.

리딩 히터 [영 leading hitter] 〈야〉 수위타자, 최고타율타자.

리라 [이 lira] 이태리, 터키의 화폐단위.

리라 [영 lyra] 〈음〉 고대의 하프.

리라이트 [영 rewrite] 타인의 문장을 고쳐 쓰는 것.

리라이트 맨 [rewrite man] 신문 편집의 정리 부원.

리럭턴스 [reluctance] 〈전기〉 자기(磁氣) 저항. 혐오, 항쟁. 싫어함.

리리시즘 [lyricism] 서정성. 서정시적인 분위기. 시(詩) 양식의 하나였으나, 지금은 예술 전반에 걸쳐 사용됨.

리리칼 [영 lyrical] 서정적.

릭 [영 lyric] 〈문〉 서정시.

리릭 소프라노 [lyric soprano] 서정적 소프라노에 적합한 목소리.

리릭 테너 [lyric tenor] 서정적 테너에 적합한 목소리.

리마 (Lima) 〈지〉 페루 공화국 (Republic of Peru)의 수도. 안데스 산맥(Andes Mts.) 서쪽 리마크 강 (Rimark R.) 기슭에 있는 고도(古都). 1535년에 스파냐 인 피사로(Francisco Pizarro)가 건설. (→) 페루.

리마 빈 [Lima bean] 미국산의 크고 흰 콩.

리마 선언 [Lima Declaration] 1971년 10월 페루의 수도 리마에서 아시아·아프리카·라틴 아메리카 등 개발도상국 95국이 모여서 '무한한 공존은 더 이상 있을 수 없다'라는 전제 아래 채택한 선언.

리마인더 광고 (廣告) [영 reminder ad.] 〈광고〉 지금까지 소비자에게 호소한 기업명이나 상품명의 임팩트(impact)를 유지하고 높이기 위하여 실시되는 광고.

리마크 [영 remark] ① 주의, 비고. ② 고장적요.

리머 [영 reamer] 구멍을 크게 하거나 수정하거나 하는 공구. 리모컨 리모트 컨트롤의 약.

리머 펀치 [reamer punch] 구멍 뚫는 연장.

리메인 [remain] 〈럭비〉 옵사이트 위치에 고의로 남아 있는 것.

리모넨 [limonene] 정유(精油)에 들어 있는 레몬 비슷한 향기가 나는 액체.

리모닌 [영 limonin] 〈식품〉 발렌시아 오렌지(valencia orange)의 중과피(中果皮)중에 있는 쓴맛의 주성분.

리모델링 [Remodeling] 개조. 모양을 고치다.

리모트 [영 remote] ① 멀다, 원방의. ② 먼 미래의. ③ 근소한.

리모트 컷 오프 [remote cut off] 〈전기〉 원거리 단절.

리모트 피컵 [remote pick up] 국외 중계.

라미트 맨 [limit man] 〈육상〉 핸디캡

경주에서 맨 나중에 출발하는 사람.

리밍 [reaming] 구멍을 크게 하기.

리바운드 [rebound]
① 〈농구〉 백보드나 링에 맞고 튀어 나오는 공.
② 〈럭비〉 공이 손·발·다리 이외의 곳에 맞고 상대편 쪽을 나가는 일.

리바운드 범퍼 [rebound bumper] 자동차의 되튀기 완충기.

리바이벌 [영 revival] 재생, 부활.

리바이아산 [영 leviathan] ① 거대한 것. ② 원뜻은 구약성서의 거대한 수서동물.

리버 [lever] ① 지렛대.
② 팔의 힘으로 몸을 수평으로 세우는 운동.

리버리지 [reverage] 지레작용, 목적을 위한 수단, 권력, 세력.

리버서 [reverser] 조선 역동기(逆動機).

리버서블 코트 [reversible coat] 〈의상〉 안팎 겸용(양면) 코트.

리버서블 패브릭 [reversible fablic] 〈의상〉 안팎으로 쓸 수 있는 직물(織物)의 총칭.

리버럴리스트 [liberalist] 자유주의자.

리버스 그립 [reverse grip] 〈역도〉 한 손은 위로, 딴 손은 아래로부터 쥐는 방법.

리버스 롤 [reverse roll] 파마한 머리를 가다듬을 때 감아 올리는 롤을 반대로 안쪽으로 감는 방식.

리버스 서비스 [reverse service] 〈테니스〉 공을 거꾸로 돌려 서브하는 것.

리버스 턴 [reverse turn] 좌로 도는 족형.

리버스 트위스트 서비스 [reverse twist service] 〈테니스〉 서브 때 라켓의 면 오른쪽으로부터 왼쪽으로 빼듯이 하여 공을 돌려 치는 법.

리버스 패스 [reverse pass] 〈럭비〉 처음 예정했던 방향을 바꿔 반대쪽으로 패스하는 것.

리버시블 [영 reversible]
① 역으로 할 수 있는
② 법령 등에서 취소할 수 있는

리버티 라인 [liberty line] 〈의상〉 긴 스커트에, 실루엣이 가는 스타일.

리벌류션 [영 revolution]
① 혁명, 변혁.
② 회전.

리벌버 [영 revolver] 연발총. 윤동식(輪動式) 권총.

리베이트 [프 > 영 rebate] 거래선에 대한 계속적인 판매 촉진을 목적으로 행해지는 이익 배분. 일정 기간의 거래액 등을 기준으로 지급되는 것임. 커미션(commission). (→) 커미션

리베터 [riveter] 머리 큰못을 박고 죄는 기계나 사람.

리베트(죄기) [rivetting] 〈건축〉 머리가 큰못을 박아 죄는 것.

리베틴 [영 livetin] 〈식품〉 노른자의 수용성 단백질.

리벳 [rivet] 리베트. 대갈못.

리벳 섕크 [rivet shank] 〈건축〉 머리 큰못의 뿌리.

리보 [LIBOR] 런던의 은행 금리 국제 금융 거래의 기준.

리보스 [ribose] 〈생화학〉 리보 핵산의 당성분.

리보즈 [영 ribose] 〈식품〉 생리학적으로 특히 중요한 5탄당.

리보플라빈 [riboflavin] 〈생물〉 비타민 B_2.

리본 리버스 [ribbon reverse] 〈인쇄〉 타자기의 리본 돌리개.

리볼빙 시스템 [revolving system] 〈

121

ㄹ

경제〉 회전 사용 제도. ▷ 마이너스 통장처럼 총 사용 한도를 정하고 한도액 안에서 회전이 자유롭게 쓰고 돈을 갚아 나가는 제도.

리부 [범 Rbhu] 「베다」에 나오는 3인의 신성한 세공인의 이름. 리부(또는 리부크샨), 바자(Vaja), 비부반(Vibbuvan)으로 구성됨. (→) 바자·비부반

리브레토 [이 libretto] 〈음악〉 대규모의 성악곡, 특히 가극의 대본 또는 가사.

라비도 [독 libido] 철기심.
① 〈심리〉 라틴어로 '욕망'이란 뜻.
② 프로이드(Freud)의 정신 분석학 용어로서 성(性) 충동을 일으키는 에너지.

리비아 (Libya/Socialist People's Libyan Arab Jamahiriya) 〈국〉 북아프리카, 지중해 연안 중앙부로부터 사하라 사막(Sahara Des.)의 일부인 리비아 사막(Libys Des.)에 걸친 공화국. 1912년 이탈리아의 식민지. 1951년, 시레네이카(Cyrenaica)·트리폴리타니아(Tripolitania)·페잔(Fezzan)의 세 주로 구성되는 연합 왕국(聯合王國). 1969년 공화국 수립. 수도는 트리폴리(Tripoli). (→) 트리폴리.

리비우스 (Titus Livius, 기원전 59~기원후 17) 〈인〉 고대 로마의 역사가.

리비저니즘 [revisionism] 수정 (사회)주의.

리비툼 [이 libitum] 〈음악〉 자유롭게.

리빙 [영 living] ① 생활. ② 현행의.

리빙 스페이스 [living space] 생활 공간.

리빙 키친 [living kitchen] 식당과 거실을 겸한 방.

리빠이 [중 理牌 lippai] 〈마작〉 패를 정리하는 것.

리사이틀 [recital] 독주회. 독창회, 독연회(獨演會) 발표회.

리세 [불 lycee] 관립의 중학교, 수업연한 7년.

리세션 [라 > 영 recession] 〈경〉 일시적 불경기, 호경기로부터의 경기 후퇴. (→) 디플레이션(deflation) 점령지 등의 환부(還付) 반환.

리셉타클 [receptacle] 〈전기〉 소켓. 콘센트.

리소스 [영 resources]
① 자원, 재원, 자산.
② 수단, 방법.

리소좀 [lysosome] 인체 세포 내에 있으며 세균이나 바이러스 등이 침입하면 파괴하는 조직체.

리솔 [독 lysol] 〈약〉 크레졸 석감액, 소독용으로 사용.

리스 [독 riss] 〈등산〉 바위가 갈라진 틈.

리스너빌리티 [영 listenability] 가청성(可聽性). 듣기 쉬운 정도의 것.

리스 맨션 [lease mansion] 구입 후의 관리일체를 업자가 맡고, 세입자 모집 등도 업자가 책임지는 방식의 임대용 주택.

리스본 (Lisbon) 〈지〉 포르투갈 공화국 (Republic of Portugal)의 수도. 이 나라 서남부 테조 강(Tejo R.) 하구, 대서양에 임한 항구 도시. 풍경이 아름다운 양항(良港). 포르투갈어로는 Lisboa (→) 포르투갈

리스크 매니지먼트 [영 risk management] 〈경〉 기업 경영이나 조직 운영에 따르는 리스크(위험)의 악영향으로부터 자산·사업 수행력을 최소 비용으로 보호하는 경영 수법.

리스크 파이넌스 [risk finance] 〈경제〉 기업이 위험 발생시의 자금을 준비하기 위해 보험을 드는 일.

ㄹ

라스크헷지 [riskhedgy]
 ① 〈경제〉 위험. 회피.
 ② 방벽. 울타리.

리스트 [영 wrist] 팔꿈치, 손목.

리스트럭처링 [restructuring] 사업 등의 재구성.

리스트 렌틀 [영 list rental] 리스트 임대료.

리스트 밴디지 [wrist bandage] 〈체육〉 손목의 관절을 보호하기 위하여 또는 피로를 방지하기 위하여 손목에 매는 고무 포제의 띠.

리스트 샷 [wrist shot] 〈골프〉 살짝 치기 위해서 조금 휘두른 것.

리스트 하우스 [영 list house] 다이렉트 메일(direct mail)의 발송할 곳의 명부를 정비해 놓고 그 명부를 임대하는 업자.

리스폰스 커브 [response curve] 〈전기〉 감응 곡선.

리시버 [영 receiver] ① 수령자.
 ② 전화·라디오 등의 수화기
 ③ 〈체〉 정구·탁구 등에서 서브된 공을 받는 선수. 스트라이커 아웃(striker-out). ↔ 서버

리시틴 [독 lecithin 영]인지질. 계란이나 대두 등에 많이 포함되며 버터를 만드는데 사용한다. 지방 비슷한 화합물.

리아스(식 해안) [Rias (coast)] 침식된 땅이 바닷물에 씻겨 복잡한 해안선을 이룬 것.

리액터 [영 reactor] 원자로.

리액턴스 [reactance] 전기 단위의 하나. 유도 저항.

리얄 [이란 rial] 이란, 사우디아라비아의 통화.

리어 [영 rhea] ① 〈동〉 미국 타조.
 ② 〈식〉 래미(ramie-plant). 모시풀

리어 밤바 [rear bumper] 자동차의 후면 완충기.

리어 벤틸레이터 [rear ventilator] 자동차의 앞쪽 앞에 달린 세모 유리창.

리어 볼트 [rear vault] 〈체조〉 안마에 있어서 두 다리를 돌릴 때 한 손에 체중을 얹고 방향을 바꾸며 도는 것.

리어 액슬 샤프트 [rear axle shaft] 자동차의 후차축(後車軸)

리어 엔진 버스 [rear engine bus] 엔진이 차체 뒤에 있는 버스.

리어 윈도 [rear window] 자동차의 뒤창.

리언 [lien] 〈법률〉영국 법률상의 선취득권.

리얼리스틱[영 realistic]현실적, 실재적.

리얼리즘 [영 realism] ① 현실주의
 ② 〈문〉 사실주의 ③ 〈철〉 실제론.

리얼리티 [영 reality] 실현성, 실현감.

리얼 프라이스 [real price] 〈경제〉 실질 가격. ↔ 노미널 프라이스.

리엔지니어링 [reengineering] 〈경제〉 기업이 생존을 위하여 기존의 모든 관행이나 제도·체제를 무시하고 기업을 재창조하는 경영 전략.

리오그란데 강 (江) (Rio Grande R.) 〈지〉 미국과 멕시코(Mexico)의 국경 지대를 흐르는 강.

리올러지 [영 rheology] 〈식품〉 물질의 변형과 유동의 과학.

리요필레이션 [영 lyophilastion] 〈의〉 동결 건조, 혈액, 산소 등의 생으로 오래 보전하여 수분을 주면 회복할 수 있다.

리우데자네이루 (Rio de Janeiro) 〈지〉 1960년까지의 브라질(Brazil)의 옛 수도.

리저널 네트워크 [영 regional network] 지방 방송국끼리 형성하는 지역 네트워크. 전국 네트워크에 대

ㄹ

응해서 쓰이는 말.

리저널 쇼핑센터 [영 regional shopping center] 〈유〉 지역적인 규모의 상권을 갖는 대규모 쇼핑센터. 주택지에서 떨어진 곳을 지역 개발해서 설치함.

리저브 콜렉션 [reserve collection] 〈도서관〉 대기 도서. 대출하지 않는 책들.

리전트 스타일 [regent style]
① 영국 상류 계급의 점잖은 풍채.
② 조발의 한 형식.

리절츠 매니저먼트 [영 results management] 〈경〉 기업체로서의 총 목표를 정해서 그로부터 할중하여 각 부분의 목표를 산출하여 그것을 달성시키는 방법.

리젠슬라롬 [독 risen slalom] 〈스키〉 회전 경기. 소프드와 회전의 복합경 기.

리젼 [region] 지방. 지역.

리조솜 [lysosome] 저항 조직. 세포내 침입하는 이물질을 파괴하는 조직체.

리조트 [영 resort] 휴양지. 행락지. 피서지. 피한지(避寒地).

리졸 [독 Lysol] 크레졸의 비누 용액.

리지 [영 ridge] ① 산의 등
② 지붕의 허리.

리진 [영 lysine] 체외에서 섭취하는 성장촉진 작용을 갖는 필수 아미노산.

리처드 3세(世) (Richard Ⅲ, 1452~1485) 〈인〉 영국 요크(York) 왕조 최후의 왕.

리치 [영 reach]
① 〈체〉정구에서 네트 플레이를 할 때, 좌우에 대한 공격과 수비의 범위. 권투에선 앞으로 뻗은 팔의 길이.
② 〈광고〉 광고의 도달하는 양.
③ 신문에서는 발행 부수, TV에서는 시청자수.

리치 [leech] 돛의 가장자리.

리치 라인 [leech line] 돛의 가장자리 선.

리카 [영 liquor] 향료가 들어간 강한 양주, 리큘.

리카도, 데이비드 (David Ricardo, 1772~1823) 〈인〉 영국의 경제학자.

리카도 효과 [Ricardo effect] 임금보다도 소비자의 가격이 급히 상승할 때는 실질 임금은 그만큼 저하되는데 이런 경우는 공장 설비보다는 노동자를 확보하는 것이 타산적이라고 하는 이론.

리커런트 교육 [recurrent education] 한 번 사회 활동을 한 사람이 다시 학교에 재입학할 수 있도록 하는 평생 교육 구상. ▷ OECD(경제 협력 개발 기구)가 제창함.

리커런트 너브 [recurrent nerve] 〈생물〉 회귀 신경(回歸神經).

리커버리 [recovery] 〈펜싱〉 훈련 용어로, 본 자세로 돌아오는 것. 병의 쾌유, 회복 회수, 복귀.

리커버링 [recovering] 〈도서관〉 개장(改裝), 표지 바꿔 달기.

리버커 샷 [recover shot] 〈골프〉 과실로 인하여 떨어졌던 난국을 만회하려는 샷.

리컨스트럭션 [영 reconstruction] 개조, 재건.

리케치아 [독 rikettsia] 〈의〉 비루수보다 다소 큰 세균의 일종. 발진 티브스나 음벌레 충류의 병원균, 미국의 리겟이 발견.

리코일 [recoil] 〈사냥〉 총을 쏠 때의 반동.

리코핀 [영 lycopin] 〈식품〉 토마토 속에 있는 적색 색소.

리콜 [recall] ① 국민 소환.
② 결함이 있는 상품을 회수해서 수리하는 것.
③ 〈경조〉 부정 출발하였을 때 다시

ㄹ

리콜(제) [recall (制)] 〈정치〉소환 제도.

리코르 [라 > 프 liqueur > 네 likeur [도 Likor] [영 Liqueur] [러 likyor] 〈식품〉증류한 알콜에 설탕·과실 향기를 첨가해 만든 술.

리쿠르구스 (Lycourgos / Lycurgus) 〈인〉기원전 9세기 무렵의 스파르타의 입법자.

리퀘스트 [영 request] ① 요망, 요구. ② 〈방〉 시청자의 희망으로 방송되는 프로그램이나 곡목.

리퀘스트 프로그램 [request program] 청취자의 희망에 의하여 보내는 라디오와 텔레비전 프로.

리크 [영 leak] 〈전〉누전. 〈식물〉부추. 누수.

리크루트 [영 recruit] ① 사람을 모집하다. ② 인재등용 인재개발.

리크루팅 애드 [영 recruiting ad.] 〈광고〉신인·신졸자(新卒者)를 대상으로 한 모집 광고. 대학 신문이나 학생 잡지 등을 이용하는 일이 많음.

리클라이닝 시트 [영 reclining seat] 뒤로 경사지는 시트.

리타이어 [retire] 은퇴. 퇴직. 후퇴.

리터러처 [literature] ① 문학. 문예. ② 문학 연구. ③ 문헌.

리터치 [영 retouch] ① 그림·조각·문장·사진의 수정, 가필. 또는 인쇄 원판의 수정. 인쇄물을 잘 하자면 리터치는 빼놓을 수 없는 작업임. ② 〈야〉먼저의 베이스(base, 壘)로 되돌아 와서 닿는 것.

리턴 스프링 [return spring] 자동차 브레이크의 일부로, 반발 용수철.

리턴 패스 [return pass] 공을 되돌려 주는 것.

리테누토 [이 ritenuto] 〈음악〉좀 느리게.

리토그랩 [영 litograph] 석판인쇄, 석판화.

리토트 [retort] ① 증류기. ② ~ 식품 (retortable pouched foods) 〈식〉조리가 끝난 식품을 특수 가공한 주머니에 넣고 열탕으로 덥혀서 먹는 인스턴트식품.

리토폰 [lithopone] 〈화학〉 황산 바륨과 황화아연으로 된 흰 안료.

리투아니아 (Lithuania) 〈지〉소련을 구성하는 공화국 중 하나.

리튬 [독 lithium] 〈화〉금속중, 가장 가벼운 원소. 기호 Li. 번호 3.

리트리버 [retriever] 총 맞은 짐승이나 새를 물어오는 사냥개.

리트머스 [영 litmus] 〈화〉리트머스 이끼로부터 채취하는 색소. 보랏빛이나 산에는 빨갛게, 알칼리에는 파랗게 변색한다.

리티아(운모) [lithia] 〈광물〉운모(雲母)의 하나.

리파이너리 가스 [refinery gas] 석유를 정제할 때에 생성되는 가스의 총칭.

리파인 [영 refine] 세련. 정련. 연마하다.

리파인먼트 [refinement] ① 고상, 우아. ② 교화(敎化).

리파제 [독 Lipase] 〈화학〉중성 지방산을 지방산과 글리세린으로 가수 분해 시킨 효소.

리퍼블리캔 [영 republican] 〈정〉미국 공화당원.

리페 [독 Rippe] 큰 산줄기에서 갈빗대처럼 뻗어 있는 바위로 된 작은 능선.

리페인트 볼 [repainted ball] 〈골프〉

ㄹ

낡아서 다시 페인트를 칠한 공.

리포 · 라이터 [repo writer] 탐방기자, 취재기자. reportage(불) writer(영) 의 합성어.

리포르타주 [프 reportage]
① 보고, 리포트. ② 통신, 보도.

리포밍 [reforming] 〈물리〉열 또는 촉매의 작용에 의하여 가솔린 성분의 탄화수소의 구조를 변화시켜 품질을 향상시키는 조작.

리포스트 [riposte] 〈펜싱〉반격.

리포이드 [독 lipoid] 〈생〉동식물의 체내에 포함된 지방과 비슷한 화합물.

리포팅 · 시스템 [영 reporting system] 보고제도.

리폼 [영 reform] ① 개선, 개혁.
② 〈복〉 다시 만들다.

리프란 [프 refrain] 반복의 구.

리프레시먼트 [영 refreshment]
① 기분을 상쾌하게 하는 것.
② 피로를 푸는 음식물.

리프레인 [refrain] 〈음악〉 후렴. (시 · 악곡 등의) 되풀이되는 부분.

리프 미터 [leap meter]도약계(跳躍計).

리프 스프링 [leap spring] 자동차 바퀴의 현가용으로 쓰는, 이가 가늘고 긴 강철판을 굽혀 길이 순서로 쳐 놓은 것.

리프 크링글 [leap cringle] 돛의 축범부(縮帆部).

리프트 [lift] ① 승강기(昇降機).
② 〈골프〉 친 볼을 땅에서 주위 올리는 것.
③ 광산 갱내의 양수 펌프 스키어를 정상에 운반하는 기중기.
④ 들어올리다.

리프트백 [liftback] 뒷문이 있는 자동차.

리플 [영 ripple]
① 잘게 이는 물결. 세파.

② 얇은 천으로 울퉁불퉁한 평직의 목면.

리플레이션 [영 reflation] 〈경〉인플레이션(inflation)이나 디플레이션(deflation)의 폐해를 막아 정상 상태로 유지하기 위해 실시하는 계획적인 통화 팽창. 통제 인플레이션이라고도 함. 1930년대 미국에서 호칭된 용어로, 당시 세계적 불황을 극복하기 위해 여러 나라에서 취해진 정책.

리플렉스 카메라 [reflex camera] 렌즈를 통해 들어오는 빛을 거울로 반사시켜 위에서 보면서 핀트로 맞추는 카메라.

리플렉터 [영 reflector]반사기, 반사경.

리플렛 [영 leaflet] ① 전단광고.
② 소책자. ③ 승강기.

리플릿 [영 leaflet] 〈광고〉접는 식의 광고 선전 인쇄물. 한 장짜리 인쇄물 광고. 광고로 뿌리는 종이 조각 전단이나 접은 다이렉트 메일(direct mail) 용 등이 있음.

리피트 [라 > 영 repeat performance] 재방송. 되풀이하다. 반복하다.

리필 [refill] 소비자가 용기를 보관하고 내용물만 교환해 쓰는 상품.

리하빌리테이션 [영 rehabilitation] 〈의〉 사회복귀, 병상이 완치되어 본래의 직장으로 복귀하는 것. 재활.

리히텐슈타인 (Liechtenstein / Principality of Liechtenstein) 〈국〉 스위스와 오스트리아 사이, 라인 강 (Rhein R.) 최상류 지역 산중에 있는 작은 입헌군주국. 12세기에 건국. 1719년 공국(公國), 1866년 오스트리아의 보호 아래 있다가 1918년 독립. 외교 대표권은 스위스로 이양됨. 수도는 파두츠(Vaduz). (→) 파두츠.

리히트그래픽 [독 Lichtgraphik] 추상광화, 전위사진예술.

린네르 [프 liniere] 야마로 짠 얇은

직물의 총칭.

린네트 [linnett] 리넌 모조포(模造布).

린덴 [독 Linden] 〈식〉보리수.

린스 [영 rinse] ① 주입하다.
② 세발한 후의 알칼리성을 중화시키는 세발중화제.

린시드 오일 [영 linseed-oil] 아마유(亞麻油). 아마인유(亞麻仁油). 도료, 와니스(varnish), 인쇄 잉크, 인주(印朱), 보일유(boiled) 등의 제조에 쓰임. 린시드 유(油)라고도 함.

린위탕 [林語堂, 1895~1976] 〈인〉중국의 문학가. 철학자.

린치 [영 lynch] 사적제제, 사적형벌.

린컨 [Lincoln] 영국의 Lincoln 지방 원산의 양의 종류.

린터 [영 linter] 〈섬〉조면후의 씨앗에서 채취한 단섬유.

린트 [lint] ① 외과용(外科用)가제.
② 아마(亞麻).

린포르짜또 [이 rinforzato] 〈음악〉특히 그 소리를 강하게.

릴 [영 reel]
① 실타래, 얼래, 감아올리다(낚시줄)
② 〈영〉필름1권, 약 1000피트.
③ 녹음테이프의 감는 틀.

릴랙스 [영 relax] 느슨해짐, 힘을 빼다. 긴장을 풀다.

릴랙제이션 [영 relaxation]김빼기, 긴장을 푸는 방법. 유유자적함. 한숨 돌림.

릴레이 [영 relay] ① 숙마, 고대자.
② 중계

릴레이 밸브 [relay valve] 자동차 구조의 하나. 연결 판막.

릴레이셔널 데이터 뱅크 [relational data bank] 개인용 단말기·퍼스컴 등을 데이터 뱅크와 회선으로 이어, 필요한 데이터를 데이터 뱅크에서 호출하고 목적한 정보를 얻는 퍼스널 지향(志向)의 데이터 뱅크 수법.

릴레이셔널 데이터 베이스 [영 relational date base] 〈컴〉관계 데이터 베이스. 베이스의 구조가 주로 테이블형(표 형식)으로 되어 그 처리가 테이블 조작인 것처럼 보이는 것을 말함. IBM사의 QBE 언어, SEQUEL 언어 등이 특히 유명함.

릴레이 존 [relay zone] 〈육상〉바톤을 다음 사람에게 넘겨주는 구역.

릴레이 피스톤 [relay piston] 〈기계〉연결 피스톤.

릴로케이터블 기능(機能) [영 relocatable] 〈컴〉이동 기능. 프로그램을 주기억의 다른 장소에 재배치할 수 있는 기능. 어셈블러(assembler)나 컴파일러(compiler) 등의 프로그래밍 언어로 만드는 오브젝트 프로그램(object program) [기계어(機械語)로 고쳐진 프로그램]을 릴로케이터블 해두면 다른 프로그램과 함께 연결하여 사용할 수 있음.

릴로케이트 [영 relocate] 〈컴〉재배치. 주기억 장치 내에서 프로그램을 이동시키는 것을 말함.

릴롱궤 [Lilongwe] 〈지〉말라위 공화국(Republic of Malawi)의 수도. 종전의 수도명은 좀바(zomba)였음. (→) 말라워.

릴리 [lily] 나라꽃. 백합꽃.

릴리스 [release] 해방(解放). 석방, 면제 풀어놓다. 닌도자료(press).

릴리스 베어링 [release bearing] 〈기계〉방출 베어링.

릴리 얀 [lily yarn] 수예 재료의 하나. ¶~ 자수.

릴리즈 [release] ① 양도. 기권.
② 〈영화〉영화의 발매 또는 개봉.
③ 〈사진〉카메라의 셔터를 누르는 줄.

ㄹ

릴리폰드 [영 lilypond] 작은 분수지.

릴리프 [영 relief] ① 원조, 구조. ② 교대, 휴식. 〈야구〉 구원 투수.

릴리프 피처 [relief pitcher] 〈체육〉 구원 투수.

릴케, 라이너 마리아 (Rainer Maria Rilke, 1875~1926) 〈인〉 독일의 시인.

림 [limb] ① 팔다리. ② 〈천문〉 해나 달의 둘레.

림 [영 ream] 연(蓮), 양지의 한 뭉치로 500매.

림 [영 rim] ① 바퀴의 외곽. ② 모자의 챙.

림(鋼) [rimmed(steel)] 〈금속〉 비등강(沸騰鋼).

림버 [limber] 선체(船體)의 저골 양쪽의 구멍.

림보 [limbo] 맘보와 재즈를 합쳐서 만든 무용곡.

림 클러치 [rim clutch] 〈기계〉 회전체의 원주면의 마찰에 의해서 연결하는 클러치.

립 싱크 [lip sync] TV나 발성 영화에서 프리스코어링이나 포스트스코어링의 경우에 출연자의 입의 동작과 음성이 일치하도록 녹음하는 일.

립톤(차) [Lipton(茶)] 영국의 립톤회사에서 만든 홍차.

링가 [범 linga] 양석(陽石). 인도에서 숭배하는 신의 표상임.

림프 [lymph ; 독 Lymphe] 〈의학〉 임파.

링게르 [독 Ringer(sche)Losung] 〈의학〉 링게르액 ▷ 구급용 주사액의 일종으로 혈액 대신 쓰는 소금물. 링거액(Ringer solution).

링과폰 [Linguaphone] 어학 학습용 레코드의 상표명.

링 그로브 [ring grove] 피스톤 구조의 하나. 바퀴 홈.

링 기어 [ring gear] 자동차의 내륜 치차(톱니바퀴).

링 노트 [ring notebook] 영어로는 ringbook. 고리 공책. 종이를 빼고 넣기 간편함.

링반데룽 [독 Ringwandlung] 짙은 안개 속에서 야간에 행동을 할 때 자기는 똑바로 가고 있는 것 같지만 실제로는 빙빙 돌고 있는 행진.

링 밸런스 [ring balance] 압력의 차를 측정하는 고리 모양의 천평.

링 버너 [ring burner] 화구가 둥근 고리 같이 배열된 난방 난로.

링 볼트 [ring bolt] 〈공업〉 고리 수나사.

링 북 [ring book] 용지를 자유롭게 뺐다 꺼웠다 할 수 있는 쇠고리가 달려 있는 공책.

링커 [linker] 〈체육〉 축구에서 공격과 수비를 연결하는 선수.

링커 [rinker] 스케이트 타는 사람.

링케지 [linkage] ① 연쇄. ② 〈생물〉 같은 염색체의 유전자가 항상 잇달아 유전하는 일.

링컨, 에이브러햄 (Abraham Lincoln, 1809~1865) 〈인〉 미국 제16대 대통령.

링크 [영 rink] 스케이트장, 아이스링크.

링크 [영 link]
① 연결한다. 연결·연동(連動) 장치.
② 야드 파운드법에서 1체인(chain)의 100분의 1. 길이의 단위의 하나. 1링크 = 25분의 1로드(rod) = 약 20.12cm
③ 〈컴〉 둘 이상의 오브젝트 프로그램을 하나로 통합하여 하나의 프로그램으로 만드는 것. 실행 때 매크로(macro) 명령에 의해 주기억 위에 프로그램을 읽고 그것에 컨트롤

을 넘기는 것. 표제어 간의 의미상의 관계를 표시하는 기호 등을 말함.

링크 [link(s)] 골프장. 링크스.

링크 시스템 [link system] 연계 무역 제도. 수입과 수출을 수량 또는 가격에 서로 연관시켜 수출에 한하여 수입을 허가하는 제도.

링크(제) [link (制)] 〈경제〉수입 제한의 한 방법으로 상품 원료를 자유로이 수입시키는 제도.

링크 휴즈 [범 link fuse] 〈전기〉연접 휴즈.

링키지 에디터 [영 linkage editor] 〈컴〉결합 편집 프로그램에 관한 일을 하는 것.

마 [범 mara] 일에 생기는 헤살. ¶ ~가 들었는지 하나도 되는 일이 없다.

마가다 [범 Magadya > 중 摩竭陀/摩伽陀] 〈역〉기원 6세기에서 기원전 1세기까지 중부 인도 갠지스 강 (Ganges R.) 유역, 지금의 비하르 (Bihar) 주 남부 지방에 있던 왕국. 석가가 성도(成道)한 나라. 시수나가(Sisunaga), 난다(Nanda), 마우랴 (Maurya) 등 여러 번 왕조가 바뀌었으나 아쇼카 왕(Aska 王)은 이 나라를 중심으로 인도 통일 왕국을 건설했음. 한자 표기는 '마가타'(摩伽陀)/ '마갈타'(摩竭陀)

마가반 [범 maghavan]
① 「베다」에 나오는 말. 제사의 보수를 아낌없이 베푸는 자
② 〈신〉인드라(Indra)의 별칭.

마가쟁 [프 magasin] ① 창고.
② 큰 상점. 백화점은 그랑 마가쟁 (grand magasin).

마거리트 [marguerite] 엉거시과에 속하는 다년생 떨기나무. 카나리아 섬이 원산지임.

마그나 [영 magna] 커다란 위대한.

마그나 카르타 [라 Magna Carta] 대헌장(大憲章). 1215년 영국 John왕이 인민의 자유를 승인한 칙허장(勅許狀). 영국이 근대 헌법의 근거가 된 맨처음의 문서.

마그나 플럭스 [magna flux] 전자 탐광법.

마그날륨 [독 Magnalium] 〈화학〉 마그네슘이 든 알루미늄 합금.

마그넘 [영 Magunnum] 국제보도사진가의 단체명. 크다는 뜻.

마그네리즘 [영 magnerism] 틀에 박힌 신선미가 없는 것. 타성에 빠지는 것.

마그네마이트 [magnemito] 〈화학〉분말로 된 자석을 섞은 다이너마이트. 자기 탐지기로 쉽게 탐지할 수 있기 때문에 폭탄 불법 소지나 도난을 방지하는데 도움이 됨.

마그네사이트 [영 Magnesite] 〈광〉 마그네슘의 원광석. 시멘트·벽돌·마그네슘의 원석.

마그네슘 [독 Magnesium] 〈화학〉 은백색의 금속 원소. 기호 Mg.

마그네시 설파 [독 Magnesii Sulfas] 〈화학〉 황산 마그네슘.

마그네시아 (Magnesia) 〈지〉
① 고대·테살리아(Thessalia) 동부의 지방. 현 터키 지방.
② 그리스(Greece)의 주.

마그네시아 시멘트 [네·독·영 magnesia cement] 산화마그네슘, 염화마그네슘의 용액에 섞어 만든 시멘트.

마그네타이트 [magnetite] 〈광물〉 자철광(磁鐵鑛).

마그네토 [magneto] 영구 자석식의 작은 발전기.

마그네트런 [magnetron] 〈이〉전자관. 극초단파를 발신하는 특수한 진공관의 일종.

마그네트 라인 [magnet line] 〈의상〉 모자·어깨선·스커트의 겉모양이 자

석 모양으로 된 실루엣.

마그네트론 [독 Magnetron] 〈물리〉 자전관(磁電關).

마그네틱 [영 magnetic] 자기를 띤, 자석식의.

마그네틱 릴럭턴스 [magnetic reluctance] 〈전기〉 자기 저항.

마그네틱 스피커 [magnetic speaker] 〈전기〉 자기(磁氣) 확성기.

마그네틱 카드 [magnetic card] 자기(磁氣) 카드. ▷ 무인 개찰구나 은행의 현금 카드에 이용되고 있음.

마그네틱 플러그 [magnetic plug] 점화전(點火栓).

마그녹스 [magnox] 〈화학〉마그네슘을 주로 한 합금의 하나.

마그누스 (효과) [독 Magnus(效果)] 〈물리〉도는 공이 공기 속을 날 때 그 진로가 어떤 방향으로 쏠리는 현상.

마그니스터 [magnister] 〈물리〉트랜지스터에 맞먹는 회로 소자.

마그니토고르스크 (Magnitogorsk) 〈지〉 소련 우랄 산맥(Ural Mts.) 남단의 광공업 도시.

마그니튜드 [영 magnitude] 지진의 규모의 크기를 나타내는 단위.

마그데브르그 [독 Magdeburg] 〈물리〉 금속제의 속이 빈 반구 두 개를 맞추고 그 안의 공기를 뽑아 버려 외부의 기압으로 뗄 수 없게 한 실험 장치.

마그마 [그 > 라 > 독·영·프 magma]
① 〈지리〉 암장(岩漿). 바윗물
② 〈식품〉 감자당 정제 중에 생기는 감자당의 결정과 시럽의 혼합물.

마그마레저바 [magma-reservoir] 〈지학〉 암장 저수지.

마그마베이슨 [magma-basin] 〈지학〉 암장 반층(岩漿盤層).

마그마 스토핑 [magmatic stoping] 〈지학〉 암장 채광(岩漿採鑛).

마그마포켓 [magma-pocket] 〈지학〉 암장혈(岩漿穴).

마까롱 [프 macaron] 편도(扁桃) ·밀가루 · 설탕 등을 넣어 만든 과자.

마끄라메 [macrame → 일] 〈의상〉 매듭실 레이스.

마끼 [프 maquis] 2차 대전 중 독일에 저항한 프랑스의 게릴라대. 밀림, 미궁.

마나마 (Manama/Manamah) 〈지〉 바레인(Bahrain)의 수도.

마나스 [범 manas] 「베다」에 나오는 말. 정신. 의식. 넓은 의미로는 지적 작용이나 정서에 의한 '마음'을 뜻함. 내적 기관, 이해력, 아는 힘, 심정, 양심, 사상, 개념, 상상, 사고, 의향, 욕망, 의지, 기분, 성향 등의 뜻을 지님.

마나슬루 [힌 > 영 Manaslu] 〈지〉 네팔의 히말라야 산계(山系) 중 8위의 고봉(高峰). 8,125m

마나이즘 [멜 → 영 mana+ism] 〈종교〉 마나주의. 멜 마니.

마냐 [엘 → 영 mana]
① 태평양 제도의 원주민이 믿는 초자연력.
② 위신. 권력. 권위.

마냐 [manna] 마나나무의 껍질에서 나는 진으로 설사약으로 씀. → 만나.

마냐 [범 Manya] 「베다」에 나오는 말. '존경받을 만한' 이라는 뜻. 마나 (Mana)의 아들. 아가스타(Agastya)와 동명.

마네킹 걸 [mannequin girl] 판매할 옷·장신구 따위를 착용하고 사람들에게 보여서 구매욕을 돋우는 직업여성.

마노미터 [manometer] 〈기계〉유체의 압력을 측정하는 계기.

마누 [범 Manu] 「베다」에 나오는 인류의 조상. 인도의 고대 법전의 이름으로 유명하나 이는 원래 전설적인 성인의 이름임. 법전.

마누바 [프 manoeuvre]
① 〈군〉 기동 연습, 작전.
② 시범대행진.

마니아 [그 > 라 > 영·러 mania]
[도 Manie] 편집광. 열광자 광(狂).

마니엘 [프 maniere] 〈예〉 표현방법, 형.

마니페스트 [독 Manifest]
① 선언. 선언서. ② 공산당 선언.

마닐라 (Manila) 〈지〉 필리핀 공화국 (Republic of Philippines)의 수도. 루손섬(Luzon I.) 마닐라 만(Manila B.)에 임한 항구 도시. 한자 표기로는 마니라(麻尼剌). (→) 필리핀.

마닐라 로프 [manilarope] 마닐라삼을 원료로 하여 만든 밧줄.

마닐라(삼) [manila hemp] 삼의 종류.

마닐라(지) [manila] 목재 펄프에 마닐라삼을 섞어서 만든 종이.

마다가스카르 (Madagascar/Democratic Republic of Madagascar) 〈국〉 동아프리카의 인도양 서쪽에 있는 큰 섬인 마다가스카르 섬(Madagascar I.)을 영토로 하는 민주 공화국. 1886년 프랑스의 식민지였다가 1960년 프랑스 공동체내의 말라가슈(Malagache) 공화국으로 독립. 1975년 국호를 마다가스카르 민주 공화국으로 개칭. 수도는 안타나나리보(Antananarivo). (→) 안타나나리보.

마도로스 [네 matroos → 일] 주로 외항선(外航船)의 선원을 가리키는 말.

마도로스 파이프 [네 matroos+영 pipe] 꼬부라진 흡연 파이프. 담뱃대의 대통이 큰 파이프.

마돈나 [이 madonna] 〈종〉성모마리아 my lady의 뜻.

마드라스 체크 [madras check] 인도의 원산지 Madras의 이름에서 나온 말, 두 가지 또는 세 가지 색의 실로 네 모 모양으로 짜낸 무늬.

마드로미코시스 [madromycosis] 흑(黑) 곰팡이병.

마드리갈 [프·영·포·독·러 madrigal] 목가. 연가. 음악과 결부된 서정시. 14세기 이탈리아에서 일어남.

마드리드 (Madrid) 〈지〉 에스파냐 (Espana)의 수도. (→) 에스파냐

마드무아젤 [프 mademoiselle] 미혼 여성에 대한 칭호. 양. 미스(Miss). 준말로 Mlle.

마띠네 [프 matinee]
① 오후에 상연하는 연극.
② 부인들의 실내복.

마띠네 뽀에띠 [프 matinee poetique] 프랑스 국립 극장에서 일요일 오후의 시 낭송회.

마띠에르 [프 matiere] 〈미술〉
① 미술품에서 재질적 효과.
② 재료.

마라스키노 [maraschino] 유고슬라비아의 marasca 앵두로 만드는 혼성주.

마라카스 [maracas] 리듬 악기의 하나. 마라카나무 열매를 말려 그 속에 마른 열매나 구슬을 넣어 소리를 냄.

마라톤 댄스 [Marathon dance] 오래 춤추는 경기.

마레카나이트 [marekanite] (동 시베리아의 강 Marekanks이름에서) 둥그런 자갈로 부서진 진주 바위.

마로니에 [프 marronnier] 밤나무 변종의 하나. 서울 문리대 광장의 이름으로 유명.

마론 [프 marron] 〈식〉 밤.

마롱 [프 marron] 마로니에 열매.

밤의 하나.

마루카 [핀랜드 marka] 핀랜드 통화의 단위.

마루트 [범 Marut]
① 〈신〉 베다에 나오는 무리를 지어 다니는 폭풍우의 신.
② 바람.

마르 [독 Marr] 〈지학〉 화산이 터져서 생긴 화구.

마르그레테 2세(世) (Margrethe Alexandrine Torhidur Ingrid, 1940~) 〈인〉 덴마크의 여왕.

마르다 [그 Martha] 신약 성서에 나오는 예수의 친구.

마르땡갈 [프 martingale] 〈체육〉 펜싱에서, 칼과 손이 떨어지지 않도록 매놓은 끈.

마르도니우스 (Mardonius, 기원전 5세기경) 〈인〉 페르시아의 장군.

마르멜로 [프 marmelo → 일] 장미과에 속하는 낙엽 떨기나무.

마르모뜨 [프 marmotte] 쥐의 일종. 애완용 또는 의학상 실험용으로 키움.

마르서스(주의) [영 Malthus주의] 마르서스가 제창한 인구증가의 학설.

마르세유 (Marseille) 〈지〉 지중해에 있는 프랑스(France) 최대의 무역항.

마르셀석감 [프 Saron de Maeseille] 올리브유를 원료로 한 중성석감.

마르스 [라 Mars] 〈신화〉 군신(軍神).

마르코 폴로 (Marco polo, 13~14세기경) 〈인〉 이탈리아의 여행가. 「동방견문록」의 저자.

마르크 [독 Mark] 독일의 화폐단위.

마르크스, 카를 하인리히 (Karl Heinrich Marx, 1818~1883) 〈인〉 독일의 사회주의 경제 철학자, 정치학자.

마르크시즘 [도 Marxismus > 영 Marxism] [프 marxisme] [러 marksizm] 마르크스 주의.

마르키시즘 [Marxism] 〈사〉 마르크스가 제창한 과학사회주의.

마르키스트 [영 Marxist] 〈사〉 마르크스주의자.

마르탄다 [범 Martanda] 〈신〉 '죽음에 이르게 하는 일' [死卵] 이라는 뜻에서 나온 말. 아디티(Aditi)의 여덟번째 아들이며, 수랴(Surya)임. 간접적인 의미로 인간은 그의 자손임. (→) 아디티 · 수랴.

마르텐사이트 [martensite] 굳고 부스금속.

마르텔라또 [이 martellatto] 〈음악〉 하나하나에 힘을 넣어서.

마르텔레 [이 marteler] 〈음악〉 쇠망치로 치다.

마리나드 [프 > 영 marinade] 〈식품〉 고기 조리하기 전에 담그어 풍미 내는 혼합물. 영어 표기로는 매리네이드.

마리너 [영 Mariner] 대마의 잎을 건조시켜서 분말로 만든 것으로서 담배에 섞어서 사용하면 시간이나 공간의 감각을 잃어버려 상상력을 강하게 한다고 한다. 자기상실로부터 범죄에 빠지는 원인이 될 때가 많다.

마리아치 [mariach] 멕시코의 거리 음악단.

마리아 테레지아 (Maria Theresia, 1717~1780) 〈인〉 오스트리아의 대공비(大公妃)이며, 헝가리와 보헤미아의 여왕.

마리 앙투아네트 (Marie Antoinette, 1755~1793) 〈인〉 프랑스 루이 16세의 왕비.

마리오넷 [marionette] 인형극의 조종 인물.

마린 [영 marine] 해병대.

마림바 [marimba] 〈음〉금속제의 공명관을 붙인 목금.

마마이트 [영 Marmite] 〈식품〉
① 밀봉용 뚜껑 있는 철제의 깊은 남비.
② 수프 스톡을 말하는 조리 용어.
③ 야채 엑스로 맛을 낸 효모 추출물에 대한 상품명.

마멀레이드 [그＞라＞포＞프＞영 marmalade] 〈식품〉오렌지·레몬 따위로 만든 잼.

마메이드 [영 mermaid] 인어.

마모니즘 [mammonism] 고대 희랍의 부재보란 뜻의 '마몬'에서 온말. 재산을 모으는 것을 유일한 생활 목적으로 삼는 무리를 경멸하여 쓰는 말. 마모니스트는 배금주의자(拜金主義者) 즉 수전노.

마모트 [러 mammot] 맘모스(mammoth). 홍적기(洪積期) 시대에 산 큰 코끼리로, 화석으로 남아 있음.

마못 [marmot] ① 〈동물〉기니피그.
② 실험용으로 쓰여지는 사람.
③ 다른 사람에게 잘 이용당하는 사람.

마블 [영 marble] ① 대리석.
② 장난감의 유리구슬.
③ 서물의 표지나 면지.

마블 크러스트 [marble crust] 햇빛을 받지 않아 대리석처럼 굳은 눈 껍질.

마세 [프 masse] 빌리야드의 문이나 여닫이가 잘 맞게 하는 것.

마세루 (Maseru) 〈지〉레소토 왕국(Kingdom of Lesotho)의 수도. (→) 레소토.

마셜 제도 (諸島) (Marshall Is.) 〈지〉미국의 신탁 통치령인 태평양 상의 제도.

마셜 플랜 [Marshall Plan] 1947년 미국 국방 장관 마셜이 제안한 종합적 대(對) 유럽 원조 계획.

마소히스무스 [독 Masochismus] 피학대 음란증.

마소히즘 [영 masochism] 변태성욕의 일종. 상대에게 학대되어 성의 쾌감을 맛보는 것. 상대어는 사디즘(sadism)

마송 [프 macon] ① 석수장이.
② 공제 비밀 결사의 회원.

마슈 (검출법) [marsh] 미량의 비소. 특히 아비산을 검출하는 방법.

마슈 가스 [marsh gas] 〈화학〉메탄 가스.

마슈륨 [masurium] 〈화학〉원소의 이름.

마슈 멜로 [marsh mellow] 당아욱 뿌리의 점액에 설탕과 캐러멜 등을 섞어 만든 고무 모양의 과자.

마슈켈 강 (江) (Mashkel R.) 〈지〉이란(Iran)과 파키스탄(Pakistan) 사이로 흐르는 강.

마스끄 [프 masque] 16세기 궁전에서 행하여 진 가면극.

마스카라드 [mascarade] 가장무도회, 가면가장, 마스카레드.

마스코트 [프 mascotte ＞ 영 mascot / mascotte] [도 Maskotte] 프랑스의 동남부 옛 지방인 프로방스(Provence)의 마녀 마스코(masco)의 지소사(指小사)임. 부적, 행운을 가져다주는 물건. 수호신. 영어 표기로는 매스컷.

마스쿨린 [masculine] 남성다운. (여성이) 남자 같은.

마스크롬 [영 mask ROM] 〈컴〉제조할 때 마스크를 사용해서 정보를 써넣는 ROM. 피롬(P - POM / programmable ROM)과 견주어 다시 써넣지는 못하지만, 집적도가 높고 대량 생산의 경우 단가가 싸지는 이점이 있음. (→) 롬(ROM)·리드 온리 메머리(read only memory).

마스크 워크 [mask work] 〈영화〉영화 촬영에서 배우가 일인이역으로, 한 화면에 나와야만 할 경우에, 화면의 일부를 잘라서 두세 번으로 촬영해서 합하는 일.

마스킹 메소드 [영 masking method] 〈인쇄〉인쇄판의 체판 공정에서 디자인 요소에 마스크를 걸고 재인법(再認法)에 의해 효과를 측정하는 법.

마스터 [영 master] ① 주인, 지배인. ② 대학원졸업자. ③ 습득하다.

마스토바 [mastaba] 고대 이집트 왕묘의 한 형식으로 돌이나 벽돌을 무덤 위에 세운 것.

마스터 배치 [영 master batch] 〈고무〉원료 고무에 배합제를 혼합할 때, 배합약품을 소정 처방보다 높은 함유량을 갖도록 미리 별도로 혼합한 것.

마스터 베이션 [영 mastar bation] 자위, 수음.

마스터 슬레이브 [master slave] 방사능이 강한 물질을 다루기 위하여 쓰는 조작기.

마스터 실린더 [master cylinder] 〈기계〉주통(主筒).

마스터 오브 세러머니 [master of ceremonies] 의식의 진행자. 사회자. ▷ 약자는 MC.

마스터즈(보고) [영 mastar's report] 미국의 마스터즈 박사에 의한 성문제의 보고서.

마스터 키 [master key] 호텔 등에서 비상시에 쓰이는 모든 방을 열 수 있는 열쇠.

마스터 파일 [master file] 〈컴퓨터〉중심이 되는 파일.

마스터 플랜 [영 master plan] 기본이 되는 계획.

마스터피스 [masterpiece] 걸작. 명작.

마스토돈 [mastodon] 유사전(有史前) 제3기 살았던 화석이 된 큰 코끼리.

마스트 [mast] 돛대.

마스트 드윗 [mast thwatt] 돛대를 세우기 위한 구멍.

마스티시즘 [영 mysticism] 신비주의.

마스티프 [mastiff] 영국 원산의 투견.

마쎌링 [marcelling] 머리를 물결 모양으로 지지기.

마쎌링 [marcelling rod] 머리를 물결 모양으로 감아 지지는 고대의 하나.

마쎌 웨이브 [marcel wave] 물결 모양의 머리.

마시 맬로 [영 marsh mallow] 〈식품〉누가(nougat) 보다는 수분이 많고, 포도당이 적은 부드러운 설탕 과자.

마야 [영 maya] 중앙아메리카의 오랜 민족.

마에스토소 [이 maestoso] 〈음악〉장엄하게.

마오리 [Maori] 뉴질랜드의 원주민.

마오쩌둥/모택동 (毛澤東, 1893~1976) 〈인〉중공 당 주석.

마요라나 [라 > 포 majorana] 〈식품〉여러 가지 방향성 식물의 잎을 말린 것. 많이 사용되는 풀은 majorana hortensis (1년생) · origanum majorana(多年生 灌木)임. 마요란([도 Majoran] [영 marjoram] [프 marjolaine])으로도 표기함.

마우리아 (Maurya, 기원전 322?~185) 〈역〉인도의 왕조.

마우스[독 Mause]의학 실험에 쓰는 쥐.

마우스 [mouse] 〈컴퓨터〉컴퓨터 입력 장치의 하나. ▷ 생김새가 쥐처럼 보인다고 붙여진 이름.

마우스트랩 [mousetrap] 〈체육〉미식축구에서 유인 공격법의 하나.

마우스피스 [mouthpiece]
① 〈체육〉 권투 선수가 입안에 넣는 것으로 혀를 깨무는 것을 방지함.
② 〈음악〉 악기 등의 입에 대는 부분.

마우싱 [mousing] 드린 밧줄의 끈실을 붙잡아 매는 것.

마우어 하켄 [독 Mauer Haken] 암벽에 박는 갈퀴 같은 못.

마운드 [mound]
① 〈체육〉 야구에서, 투수판.
② 골프에서 코스의 위에 있는 언덕.

마운드 맨 [mound man] 〈체육〉 야구에서, 투수판에 서 있는 사람.

마운트 [영 mount] 산. 물건을 올려놓는 대. 반지의 거미날.

마운틴 마치 [mountain march] 노르웨이의 등산 행진곡.

마운틴 뮤직 [영 mountain music] 〈음〉 미국남부의 아파라치아 산악지대의 농민이나 나무꾼사이에 일어난 음악.

마운틴 바이크 [mountain bike] 산과 들에서도 달릴 수 있게 탄탄하게 되어 있는 발동기 자전거. ▷ 약자는 MTB.

마운틴 볼 [mountain ball] 〈체육〉야구에서, 던진 공이 중간에서 높아지는 것.

마운틴 패스 [mountain pass] 〈체육〉 럭비 등에서, 느리게 던지는 것.

마운팅 [mounting] ① 승마.
② 포가(砲架). 대포 설치 장비.

마이그레이션 [영 migration] 〈고무〉 이행(移行).

마이너 [minor] ① 이류의.
② 작은 편의. ③ 연소(年少)의
④ 미성년자. ⑤ 〈음악〉 단조(短調).

마이너 리그 [미 minor league] 〈체〉 미국 야구 기구내의 메이저 리그 (major league)외의 모든 리그를 통틀어 일컬음. 그 도시의 인구수에 따라 다섯 급 [3A·2A·A·B·C] 이 있고, 독자적 흥행을 하며 메이저 리그에 선수를 공급함. (→) 메이저 그리 (major league).

마이너스 서티 [minus thirty] 경식 테니스의 핸디캡의 하나로 강한 편이 2점을 주고 시작하는 것.

마이너스 포티 [minus forty] 경식 테니스의 핸디캡의 하나로 강한 편이 3점을 주고 시작하는 것.

마이너스 피프티 [minus fifty] 경식 테니스의 핸디캡의 하나로 강한 편이 1점을 주고 시작하는 것.

마이너 페널티 [minor penalty] 〈체육〉 아이스하키에서 스틱 없이 나왔을 때에 벌칙으로 주는 2분간 퇴장.

마이소지니스트 [misogynist] 여자를 싫어하는 사람.

마이스터게장 [독 Meistergesang] 일종의 기교시. 공장가(工匠歌).

마이스터징거 [Meistersinger] 15세기부터의 독일 기교 시 작가.

마이실린 [mycillin] 스트렙토 마이신과 페니실린의 복합체.

마이오신 [myosin] 〈생물〉소금 용액에 녹고 물에 녹지 않는 근육의 혈구소.

마이지 (산석굴) (麥積山 石窟) 〈고〉 중국 간쑤(甘肅) 성 텐수이(天水)현의 석굴 사원.

마이카 [mica] 운모(雲母).

마이카돈 [micadon] 〈물리〉마이카 콘덴서.

마이 카스 [영 private cars > 일 my cars] 한 가족이 2대 이상의 자가용 차를 갖는 것. (→) 마이카(my car).

마이 컴 [영 my computer] 자가용 컴퓨터. 영어는 퍼스널컴퓨터(personal computer).

마이카 콘덴서 [mica condenser] 〈물리〉 마이카 돈. 금속판의 사이에 전기 용량을 크게 하기 위하여 운모를 끼운 축전기.

마이코시스 펑고이드 [mycosis fungoid] 〈의학〉곰팡이병.

마이크로 [영 micro] ① 극수. ② 100만분의 1의 뜻의 접두어. 마크로라고도 함.

마이크로디섹션 [microdissection] 〈생물〉현미 해부.

마이크로게 [microphone location 의 약] 〈방〉현장에 마이크를 가지고 나가서 그 자리에서 방송하는 것.

마이크로톰 [microtome] 현미경으로 보기 위하여 물건을 얇게 써는 칼.

마이크로리더 [microreader] 마이크로 필름에 수록된 문서·책 등을 읽기 위한 영사 장치.

마이크로 리스폰스 [micro response] 확성기 감응.

마이크로마이크로 [micro-micro] 100만분의 1의 100만분의 1.

마이크로마이크로 패럿 [micromicro farad] 패럿에 해당하는 전기 용량의 단위.

마이크로 모 [micro mho] 〈전기〉세밀한 전기 전도율의 단위.

마이크로모듈 [micromodulle] 〈전기〉정방형의 자기(磁氣)나 유리판에 여러 소자(素子)를 붙인 작은 회로.

마이크로미터 [micrometer] 〈물리〉정밀한 기계의 부분의 치수나 종이의 두께.

마이크로밸런스 [microbalance] 〈물리〉미량 저울.

마이크로서저리 [microsurgery] 〈의학〉현미경으로 대상물을 확대시키면서 시행하는 세밀한 수술.

마이크로소프트 (Microsoft) 〈회〉컴퓨터소프트웨어 회사

마이크로솜 [microsome] 〈물리〉세포의 세포질 속에 있는 작은 알.

마이크로스위치 [microswitch] 〈통신〉소형(小型) 스위치.

마이크로 스케치 [micro sketch] 마이크 묘사.

마이크로스코피 [microscopy] 현미경으로 하는 검사.

마이크로스코픽 스트레스 [microscopic stress] 〈항공〉현미경 적응력.

마이크로스탯 [microstat] 프리즘을 장치한 사진 복사기로 찍은 음화상을 인화지에 직접적으로 밀착시켜 만든 음화 마이크로 사진.

마이크로슬라이드 [microslide] 현미경의 물건을 두는 얇은 조각.

마이크로암미터 [microammeter] 〈전기〉마이크로 암페어를 재는 기구.

마이크로어낼러시스 [microanalysis] 미시적 분석. 가계 또는 기업과 같이 한 나라의 국민 경제를 형성하고 있는 개별적 경제 주체의 행동을 분석하여 국민 경제에 일어나는 현상을 분석하는 방법.

마이크로 옴 [micro ohm] 〈전기〉100만분의 1옴.

마이크로웨이브 [microwave] 극초단파.

마이크로일렉트로닉스 [micro electronics] 집적 회로의 고밀도화·미소화를 추구하는 전자 공업 기술.

마이크로카드 [microcard] 책·잡지·신문 등의 기사를 각 페이지마다 작은 카드의 인화지에 축사(縮寫)시킨 것.

마이크로카드 리더 [microcard reader] 마이크로카드를 확대하여 볼 수 있는 기계.

마이크로컴퓨터 [microcomputer] 〈컴퓨터〉1개 내지 수개의 LSI 마이크

로프로세서를 중심으로 데이터 기억용의 RAM. 처리 프로그램 기억용의 ROM및 입출력 인터페이스로 이루어지는 프로그램 기억용의 입출력 인터페이스로 이루어지는 프로그램 내장식 컴퓨터. 미니컴퓨터보다 한층 더 소규모인 컴퓨터. 주요 처리 기능이 반도체 직접회로로 만들어진 하드웨어 및 소프트웨어로 구성된 완성된 소형 전자계산기를 일컫는 일반적인 용어. 그 기능과 구조에 있어서 가격·크기·수행 속도·연산 능력의 차이를 제외하고는 미니컴퓨터와 비슷함.

마이크로케이블 [microcable] 〈통신〉 외부의 전파의 영향을 막도록 피복한 권선(捲線).

마이크로코즘 [microcosm] 〈철학〉소우주. 우주의 축도로서의 인간.

마이크로퀴리 [micro + 프 curie] 백만분의 일 퀴리.

마이크로파이로미터 [micropyrometer] 〈기계〉아주 가는 물체의 온도를 재는 데 쓰는 광고온계(光高溫計)의 한 가지.

마이크로패럿 [microfarad] 〈전기〉전기 용량의 단위.

마이크로페그마타이트 [micro pegmatite] 화강암의 일종.

마이크로페인 [micropane] 유리에 밀착시킨 마이크로 사진.

마이크로포토미터 [microphotometer] 사진원판의 미소부의 빛의 투과율을 재는 장치.

마이크로폰 트랜스포머 [microphone] 〈전기〉마이크 변압기.

마이크로프로그램 [microphone transformer] 〈컴퓨터〉중앙 처리 장치 내에 존재하는 마이크로 논리부 시스템에 의해 변환되어지는 기본 명령어들이 나열되어 있는 것. 프로그래머가 관계하는 컴퓨터 개개의 기계 명령을 간단한 기본 동작(micro-operation), 즉 마이크로 명령의 조합으로 분해해서 생각하고 하드웨어는 이 기본 동작을 실행하도록 하여 개개의 기계 명령을 마이크로 명령의 조합으로 변환하는 알고리즘을 프로그램의 형식으로 표현한 것. 마이크로프로그램은 제어용 메모리 마이크로 프로그램용 ROM에 기억시킴.

마이크로세서 [microprocessor] 〈컴퓨터〉컴퓨터의 논리적 처리 기능의 중추인 프로세서 부분을 1개 내지 수개의 LSI로 집적한 것. 마이크로컴퓨터의 CPU에 해당하는 것으로 통상 메모리는 포함하지 않음. 마이크로컴퓨터의 CPU를 말하고 연산부·제어부·레지스터부의 3개 부분으로 구성.

마이크로프린트 [microprint] 금속에 밀착시킨 마이크로 사진.

마이크로플레이트 [microplate] 금속에 밀착시킨 마이크로 사진.

마이크로피셰 [microfiche] 마이크로필름의 한 종류. 마이크로필름 가운데 보존에 필요한 용적이 제일 작고 정리가 간편함.

마이크로피시 [microfiche] 인쇄물을 축소해서 보전하기 위한 작은 카드 모양을 한 필름. ▷ 신문 1페이지를 26분의 1로 축사하면 엽서 크기의 필름에 약 30페이지가 수록 가능함.

마이크로필름 [microfilm] 도서·신문 등의 출소 복사를 위해 필름에 현상한 음화 또는 양화의 사진.

마이크로헨리 [microhenry] 〈전기〉100만분의 1헨리.

마이크론 [micron] 〈물리〉1미터의 백만분의 1. 미크론.

마이토마이신 [mytomycin] 〈약〉일본에서 발견된 제암항생물질.

마이트 [영 mite] ① 진드기, 치즈벌레. ② 잔돈, 적으나마 정성어린 성금.

마이트 [영 might] ① 힘, 체력. ② 지력.

마이트 가이 [might guy] 완력이 있는 사내.

마이티·마우스 [영 mighty mouse] 〈군〉미해군의 공대공미사일. 1949년에 실용화. 한국전쟁에 위력을 발휘하였다.

마이포스 [MIPOS] 〈컴퓨터〉문서 작성. 송신 일반 업무 처리. 유선 TV방송 시청. 사이버 쇼핑.

마인드 셰어 [영 mind share] 〈광고〉 시장 점유율에 대해서 광고 상품 또는 기업에 대한 소비자의 지명도, 이해도 태도의 변용도 등 소비자의 심리과정에서의 셰어를 말함.

마인 캠프 [독 Mein Kampf] 히틀러의 저서 [나의 투쟁]의 원제. 1942년에 간행.

마일드 인플레이션 [mild inflation] 〈경제〉물가의 급속한 앙등 경향.

마일 런 [mile run] 한 마일 경기.

마일 레이스 [mile race] 마일 단위의 경주.

마일리지 서비스 [mileage service] 항공 여행 거리에 따라서 점수를 계산하여 주는 여러 가지 혜택.

마일스톤 [milestone]
① 마일 표석(標石). 이정표.
② 역사 등에서의 획기적인 사건.

마일포스트 [milepost] 배의 속력을 재기 위하여 바닷가에 세운 기둥. 이정표.

마임 [(panto)mime]무언극, 판토마임.

마자르 [Magyar] 헝가리를 세운 몽고족의 한 갈래.

마젠타 [영 magenta]
① 루비보다 진한 적자색.
② 트리페닐메탄계의 염기성 염료.

마젤란 (Ferdinand Magellan, 1480?~1521) 〈인〉포르투갈의 항해가.

마젤란 해협(海峽) (Magellan St.) 〈지〉남아메리카(America) 남단과 푸에고 섬(Fuego I.) 등의 도서 사이에 있는 해협.

마조리카 [일 majolica] 15세기쯤 이탈리아에서 발달한 도자기.

마조히스트 [독 Masochist] 피학대 음란증이 있는 사람. 변태 성욕자.

마즈다 [페르샤 mazda] 조로아스타교의 광의 신. 일본차 상품명.

마즈르카 [mazurka] 〈음〉폴란드의 경쾌한 민속 무용곡.

마지날 [marginal]
① 한계적인. 한계에 가까운.
② 〈경제〉 판매 가격이 공급되는 최종의 한 단위를 생산하는 데 필요한 추가 생산비를 겨우 보상하는 것.

마지날 노트 [marginal note] 난외주(欄外註).

미자날 유틸리티 [marginal utility] 〈경제〉한계 효용(限界效用).

마지노(선) [프 Maginot線] 제2차 세계대전 전에 프랑스가 독일의 국경 마지노에 구축한 요색선.

마지노 라인 [프 Maginotline] 제2차 세계 대전 전에 프랑스가 독일의 국경 마지노에 구축한 요새의 선.

마지팬 [영 marzipan] 〈식품〉설탕 과자 또는 케이크용 데커레이션(Decoration)을 말함. 아먼드 페이스트(almond paste), 마치페인(marchpane)이라고도 함.

마진 [영 margin] ① 이윤.
② 거래의 증거금.

마진 릴리스 [margin release] 〈인쇄〉타자의 여백 해제.

마진 머니 [margin money] 〈경제〉보

139

통 은행인이 업자에게 신용으로 줄 경우에 보증금으로 걷는 현금.

마진 스톱 [margin stop] 〈인쇄〉 타자의 여백 쐐기. 가로줄 맞추개.

마진 트랜스액션 [margin transaction] 〈경제〉 주식에서, 신용 거래.

마짱 [중 麻將 machiang] 마작. 실내 오락의 하나로 상아나 골재에 대를 붙인 다섯 가지 패로 보통 네 사람이 함.

마챈트 [영 merchant] 상인, 특히 무역상.

마첸다이저 [영 merchandiser] 슈퍼마켓의 사입. 진열, 판매촉진으로부터 고정처리까지 일련의 업무를 담당하는 사람.

마첸다이징 [영 merchandising] 〈경〉 상품화 계획. 적정한 가격, 수량, 개발 등의 계획을 세워서 팔리는 제품을 만드는 기본적인 부분.

마치 [march] 행진곡.

마칭 스텝 [marching step] 이동하는 스텝의 총칭.

마카로니 [라>이>네·프·영 macaroni] [독 Makkaroni] [러 makaroni] 〈식품〉 일종의 면류. 이탈리아 명산. 서양식 국수.

마카로니(인견사) [macaroni(人絹絲)] 중공(中空) 인견사.

마카로니 치즈 [macaroni cheese] 마카로니와 치즈를 섞어 구워서 굳힌 음식.

마칸틸리즘 [영 mercantilism] 〈경〉 중상주의. 자본주의를 국가권력으로 보호, 육성하는 정책.

마케도니아 (Macedonia) 〈지〉
① 발칸(Balcan) 반도 중앙부의 지방.
② 발칸 반도에 있었던 옛 왕국.

마케팅 코스트 [marketing cost] 유통경비.

마켓 리더 [market leader] 〈경제〉 구매·소비 활동면에서 리더가 되는 사람.

마켓 매커니즘 [market mechanism] 〈경제〉 시장의 구조.

마켓 바스켓(방식) [market basket(方式)] 〈경제〉 임금 산정의 한 방식.

마켓 클레임 [market claim] 〈경제〉 할인의 구실로 내놓은 청구.

마크 더 볼 [mark the ball] 골프에서, 공 또는 공의 위치를 표시하는 것.

마크라메 [macrame] 〈복〉 끝을 묶어 합쳐서 주머니나 모양 등을 만드는 수예. 터키어로 손수건의 뜻.

마크라메 레이스 [macrame lace] 명주실·릴리얀 등을 재료로 하여 만든 수예의 하나. 매듭실 레이스.

마크로 [영 macro] ① 거대, 거시적. ② 〈경〉 거시적 경계동향. 국민총생산 등 경제전체의 움직임. 상대어는 마이크로.

마크로코스모스 [makrokosmos] 〈천〉 대우주. 상대어는 마크로코스모스.

마크 맨 마크 [mark man mark] 럭비에서, 꼭 상대방을 막는다는 원칙.

마크 시트 [mark sheet] 입시(入試)나 앙케이트 등에서 이용하는 회답 방식. 컴퓨터에서 채점이나 집계를 할 수 있도록 회답 용지에 인쇄된 번호·기호 에다 연필로 칠함.

마크업 인플레이션 [mark-up inflation] 〈경제〉 대기업이 물가를 올리리라고 예측되기 때문에 생기는 물가 상승.

마키 광고(廣告) [영 marquee ad.] 〈광고〉 영화관 입구 챙(차양의 준말)에 하는 광고. 마키(marquee)는 대형 천막 또는 챙을 뜻함.

마키라도라 [스 maquiladora] 멕시코의 보세 가공 제도, 또는 그 공장. 선진국의 기업에서 부품을 받아, 기술 지도를 받고 가공하여 제품을 납품함.

마키아벨리 (Niccolo Machiavelli,

1469~1527) 〈인〉 이탈리아의 정치 사상가. 「군주론」의 저자.

마키팅 리서치 [영 marketing research] 〈경〉시장 조사. 유효 수요와 공급의 관계에 관한 과학적 연구. 기업에서 소비와 생산과의 관련 연구, 판매성이 큰 제품의 조사, 도매와 소매의 관계 등을 주요 대상으로 삼는다. 마킷 리서치(market research)라고도 함.

마키팅 커뮤니케이션 [영 marketing communication] 〈광고〉소비자에 대해 기업이 행하는 제품이나 기업에 관한 정보를 전달하는 활동의 총괄 호칭.

마켓쉐어 (Market Shane) 〈경〉 시장점유율 시장 점거율.

마킹 카드 [marking card] 〈체육〉 점수 적는 표.

마타하리 [독 Matahari] '아침의 태양'이라는 뜻. 1차 대전 때 독일의 스파이로 연합군측의 군기를 탐지하다가 프랑스에서 잡혀 죽은 여자의 이름.

마테리얼리즘 [materialism] ① 〈철학〉유물론. ② 물질주의.

마탈리 [범 Matali] [신] 「베다」에 나오는 야마 및 조상의 영들과 동거하는 신의 이름.

마터호른 (Matterhorn) 〈지〉 알프스(Alps)의 한 준봉.

마테 [포 mate] 남아메리카의 파라과이, 브라질산의 차.

마테 차(茶) [mate-] 〈식품〉 파라과이 또는 브라질 차.

마트 [영 Mart] 시장, 백화점과 같이 대자본으로 영업하는 소매점.

마티네 [프 matinee] ① 영화나 음악회의 주간흥행. ② 부인의 평상복.

마티니 칵테일 [martini cocktail] 진(gin)과 베르뭇(vermout)이 주성분인 칵테일 [混合酒]

마티에르 [라 > 프 matiere] ① 〈미〉 그림의 재료. 그림물감을 사용할 때의 재질적(材質的)인 효과. ② 재료. 재질(材質).

마팅게일 [martingale] 제2사장(斜檣)을 위한 아래쪽 유지색(維持索). 밧줄.

마펫 [영 mappet] 조종하는 인형, 손가락인형. 마리오넷(marionette)과 퍼핏(puppet)의 합성어.

마푸토 (Maputo) 〈지〉 모잠비크 인민공화국(People's Republic of Mozambique)의 수도, 모잠비크의 남부 마푸토 강(Maputo R.) 기슭의 도시. 종전의 수도는 인도양에 면한 델라고아 만(Delagoa B.) 남쪽의 무역항인 로우렌수 마르케스(Lourenco Marques)였음. (→) 모잠비크.

마플론 [mouflon] 남유럽산(産)의 들염소.

마하 [독 mach] 〈이〉 비행체의 속도를 측정하는 단위로서 1마하는 음속(시속 약 1200㎞)와 같으며 마하수라고 함.

마하바라타 [범 Mahabharata > 도 · 영 Mahabharata/Mahabharatam] 〈문〉 고대 인도의 2대 서사시 중의 하나. 다른 하나는 라마야나(Ramayana) 힌두 교도의 근본 성전(聖典)임. 기원전 5세기 무렵 카우라바스족(Kauravas 族)과 판다바스 족(Pandavas 族) 사이에 벌어진 왕조의 전쟁 이야기를 노래한 것임.

마하비라 바르다마나 (Mahavira Vardhamana, 기원전 444~372경) 〈인〉 인도의 자이나 교(Jaina 敎)의 개조.

마헤 [독 Mache] 〈물리〉 공기·온천 등에 포함되어 있는 에마나치온의 농도의 단위.

마헤슈바라 [범 Mahesvara > 중 摩醯首羅] 〈불〉대자재천(大自在天). 준말

141

로 자재천(自在天). 본디는「베다」에 나오는 시바(Siva)가 불교에 유입되어 달리 이르는 말임. 마헤슈바라 곧 대천세계(大千世界)의 우두머리. 만물창조의 신. 팔이 여덟, 눈이 셋이며 천관(天冠)을 쓰고, 흰 소를 타고 세 갈래 창을 잡고 있음. 한자어로는 마혜수라.

마헤수라 [범 Mahesvara > 중 摩醯首羅]〈불〉마헤슈바라의 한자어 표기. → 마헤슈바라(Mahesvara)

마호가니 [영 mahogany]〈식〉전단과의 교목. 재질은 단단하고 물에 강하므로 가구에 쓰인다.

마호멧(敎) [영 mahomet]〈종〉회교. 아라비아의 마호멧이 증조가 되는 종교. 신을 알라라고 함. 성전은 코란. (또는 Mohammed 570~632) 아라비아의 이슬람교 창시자.

막스웰 [maxwell]〈전기〉자기의 흐름의 C.G.S. 전가석 단위.

막시스트 [Marxist] 막스주의자.

막시즘 [Marxism]〈정치〉칼 막스(Marx)의 사회주의.

만국우편연합 (UPU : Universal Postal Union) : 우리나라 가입 ☞ 국제우편업무의 발전 도모, 사회·문화·경제의 국제간 정보교환.

만나 [히 mana→그 manna] 이스라엘 백성이 이집트를 탈출하여 광야에서 방황할 때 하나님이 내려 주신 음식.

만다린 [영 mandarin] 중국인풍의. 청조 관원의 원의.

만델라, 넬슨 (Nelson Mand딤, 1918~)〈인〉남아프리카 공화국의 흑인 해방 운동 지도자. 대통령.

만돌린 [이 mandolino → 프 mandolin → mamdolin → 일]
① 비파와 비슷한 현악기의 하나.
② 임신하여 배부른 여자.

만드릴 [mandrill] 아프리카에 사는 비비의 한 종류.

만만데[영 man-man-te]천천히, 느긋이.

만사드 [프 mansard]〈건〉도중에서 각도가 갑자기 내려간 지붕. 프랑스의 건축가의 이름에서 나온 말. 이중(二重) 지붕.

만세루(萬歲樓)〈역〉진(晉) 나라 윤주(潤州)의 성벽 서남 모퉁이에 세운 누각.

만작 [manjak] 니스를 만드는 데 쓰이는 휘광. 피치나 아스팔트.

만, 토마스 (Thomas Mann, 1875~1955)〈인〉독일의 소설가. 노벨 문학상 수상.

말 [marl]〈광물〉대리석.

말라게냐 [러 malaguena]〈음악〉즉흥적인 화성을 사용하는 무용곡.

말라르메, 스테판 (Stephane Mallarme, 1842~1898)〈인〉프랑스 상징주의의 대표적 시인.

말라위(Malawi/Republic of Malawi)〈국〉아프리카의 동남부, 말라위 호 (Malawi L.)의 서안과 남안에 면하고 있는 공화국. 나라 이름은 '불꽃의 나라' 라는 뜻. 1883년 영국령, 한때 '영령(英領) 중앙 아프리카'로 불렸음. 1907년 니아살랜드(Nyassaland), 1953년 로디지아 니아살랜드(Rhodesia Nyassaland) 연방에 편입. 1964년 독립, 말라위가 됨. 수도는 릴롱궤(Lilongwe). (→) 릴롱궤.

말레(Male)〈지〉몰디브 공화국 (Republic of Maldives)의 수도. 인도양 북부, 몰디브 제도(諸島) (Maldives Is.) 중앙부의 말레 섬 (Male I.)에 위치함. (→) 몰디브.

말레이시아 (Malaysia/Federation of Malaysia)〈국〉말레이 반도(Malay Pen.)와 보르네오 섬(Born대 I.) 북부 지역으로 이루어진 영 연방 내의 독립국. 1957년 독립. 1963년 말레이시아 연방이 됨. 수도는 콸라룸푸르 (Kuala Lumpur). (→) 콸라룸푸르.

말레인(시험) [mallein(test)] 비저 진단에 사용하는 알레르기 반응.

말론(산) [malon (酸)] 〈화학〉무색 결정인 유기 이염기산(二鹽基酸)의 하나.

말름 [malm] 석회암.

말리 (Mali/Republic of Mali) 〈국〉아프리카 대륙 서북부 내륙에 있는 공화국. 1895년 프랑스 보호령, 1958년 프랑스 공동체내의 자치국. 1960년에 공화국으로 독립함, 수도는 바마코 (Bamako). (→) 바마코.

말리그노리핀 (반응) [독 Malignoripin (反應)] 〈의학〉말리그노리핀의 존재 여부 검사에 의한 암의 조기 발견법.

말린 [marline] 두 오라기로 된 가는 밧줄.

말링 스파이크 [marling spike] 요트에서, 밧줄이 꼬인 것을 펴는 쇠뭇 비슷한 것.

말코니 리그 [malconi rig] 요트의 마스트를 일컫는 말로 무선 전신주 (malconi pole)와 비슷하게 보임.

말타 [Malta] 지중해 Malta섬에 유행하는 간혈병.

말타제 [독 maltase] 〈화〉맥아당을 분해시키는 효소.

말토스 [독·영·프 maltose] 〈식품〉맥아당(麥芽糖). 2분자의 글루코스로 된 2당류.

말피기(씨관) [malpighi(氏管)] 곤충의 소화기에 달려 있는 실 모양의 끝이 막힌 배설 기관.

맘모니스트 [영 mamonist] 수전노.

맘모니즘 [영 mamonism] 배금주의.

맘보 스타일 [mambo style] 〈의상〉부드러운 모양의 브라우스. 가는 리본과 같은 넥타이. 좁은 칼라의 웃옷. 바지 부리가 6인치의 좁은 바지.

망가닌 [독 Manganin] 〈화학〉합금의 하나.

망고스틴 [영 mangosteen] 〈식품〉인도 원산의 과실.

망구스 [mangoos] 인도·이집트 원산으로 뱀이나 들쥐를 잡아먹는 짐승.

망그로브 [mangrove] 〈생물〉홍수림 (紅樹林).

망또 드 구르 [프 manteau de cour]유럽의 군주국에서 궁중 예식 때 입던 옷.

망사르드(지붕) [프 mansarde]프랑스 건축가가 고안한 지붕.

매거북 [magabook] 잡지(magazine)와 책(book)의 중간 형태의 출판물.

매거진 [영 magazine] ① 잡지. ② 〈사〉 필름의 감는 통.

매거진 랙 [magazine rack] 주간지·신문 등을 정리하여 넣어 두는 곳.

매그니토 [magneto] 〈전기〉전자석 기계. 특히 영구 자석이 달린 교류 발전기.

매너리즘 [mannerism] 문체가 독창성이 없고 일정한 기교가 버릇처럼 쓰이는 경향.

매뉴스크립트 [영 manuscript] ① 원고, 사본. ② 〈영·방〉대본.

매뉴얼 [영 manual] ① 안내, 편람. ② 손으로 하다. 수공의.

매니시 [영 mannish] 여성이 남성과 같은, 남자성격의.

매니시 스타일[영 mannish style] 〈복〉여성이 남성과 같은 스타일을 하는 것.

매니어 [영 mania] 열광, 심취, 열중광.

매니지먼트 [영 management] 회사 등의 경영, 관리.

매니지먼트 리절트 [영 management result] 경영 관리 수법의 하나. 일을 하는 성적(능력)에 의해 사람을 평가 하는 것.

매니지먼트 버터플라이 [management butterfly] 국경을 초월하여 경영·관리를 지도하는 사람.

매니지먼트 사이언스 [영 management science] 〈경〉경영 과학. 관리 과학. 경영에서 의사 결정 기법을 수리적으로 탐구하려는 연구를 말함.

매니지먼트 사이클 [영 management cycle] 〈경〉경영이란 계획·조직·지령·조정·통제의 5개 기능을 순환시키는 것인데, 이 순환 과정을 매니지먼트 사이클이라고 함.

매니지먼트 엔지니어 [management engineer] 〈경영〉경영 관리의 진단·지도·상담을 맡은 사람.

매니지먼트 컨설턴트 [management consultant] 〈경영〉경영 컨설턴트 기업의 고문이 되어 경영에 관하여 조언(助言)을 하고 지도·상담을 함.

매니토 [manito] 아메리카 인디언들의 종교적인 한 관념.

매니토이즘 [manitoism] 매니토 신앙.

매니패스트 [manifesto] 선언서. 성명서. 호소문 고시. 공포. 공고.

매니페스토 [manifesto]
① 선언서. 성명서.
② 적하(積荷) 목록.

매니페스트 [dud manifest] ① 선언서.
② 선장이 세관에 보이기 위한 적하목록.

매니폴드 [manifold] 하나의 큰 관에서 갈라진 관. 즉 분기관.

매니퓰레이터 [영 manipulator]
① 조종자.
② 〈기〉위험한 작업을 인간대신으로 일하는 장치.

매닐 [독 manier] 〈미〉예술에 있어서 양식. 유의.

매드리걸 [영 madrigal]
① 〈음〉자유로운 형식을 가진 성악곡.
② 서정의 단시.

매드 파티 [영 mad party] 미국의 대학에서의 일종의 난행파티.

매디슨 어베뉴 [영 Madison Avenue] 미국의 광고 중심가.

매러케인 [marocain] 명주 등의 묵직한 크레이프 복지(服地)나 그 옷감으로 만든 옷.

매리골드 [marigold] 국화의 하나. 오렌지 빛깔.

매리너 [Mariner] 미국의 금성(金星) 로켓.

매리샛 [미 Marisat] 〈우〉maritime satellite의 약어. 미국의 해상 통신위성.

매리 타임 [maritime]
① 바다 위의. 해운상의.
② 해안 가까이 사는. 연해의.
③ 뱃사람다운.

매리트 [merit] ① 장점. ② 가치.
③ 업적.

매리포사이트 [mariposite] 〈광물〉캘리포니아산(産)의 맑고 푸른 크로늄을 함유하는 마이카.

매버릭(maverick)이단아, 무소속정치가.

매스 [영 mass] ① 집단, 대중.
② 〈예술〉양감(量感). ③ 질량.

매스 데모크라시 [mass democracy] 현대의 대중 사회를 막연하게 휩싸고 있는 비이성적인 민주주의.

매스 드리블 [mass dribble] 럭비에서, 여러 선수가 한꺼번에 하는 드리블.

매스 발리볼 [mass volleyball] 여럿이 두 편으로 나누어 공을 드리블 혹은 토스하여 상대편 코트로 넘기는 놀이.

매스세일 [mass sales] 〈경제〉대량 판매. 대량 소비와 함께 현대 자본주의 사회의 중요한 요소가 되어 있음.

매스 소사이어티 [mass society] 매스컴을 통하여 이룩되는 대중 사회.

매스 스타트 [mass start] 많은 경주자가 동시에 출발하는 것.

매스 커뮤니케이션 [영 mass communication] 〈사〉사회적인 대량 통보(通報). 대량 전달. 한꺼번에 많은 사람에게 정보를 전달하는 것. 준말로는 매스컴. ↔ 퍼스널 커뮤니케이션(personal communication)

매스 컨섬션 [mass consumption] 〈경제〉대량 소비.

매스트 스타트 [massed start] 자전거 경기에서. 집단 발주(發走).

매스틱 [mastic] 〈화학〉나무껍질에서 얻는 의약으로 아스트리젠트와 향료 또는 와니스의 성분으로 쓰임.

매스 패션 [mass fashion] 〈의상〉기성복. 대량 생산되는 옷.

매스 패스 [mass pass] 럭비에서, 집단으로 공을 패스하는 것.

매시 [영 mash] 갈아뭉갠 것.

매시브 [그 > 라 > 프 > 영 massive] 크고 무거운. 몸집이 큰. 묵직한, 듬직한.

매시브 어택 [영 massive attack]〈광고〉신제품 발매 때에 하는 대량 집중 공격. 단기간에 대량의 광고량을 투입하는 광고 전략.

매시 아이언 [mashie iron] 골프 클럽의 종류.

매시 통 [영 mash tub] 〈식품〉양조에 쓰는 용기.

매씨프 [massif] 〈지학〉
① 주요 산의 덩어리.
② 지각의 뭉치.

매저키즘 [masochism]피학적 음란증.
▷ 프랑스어로는 마조쉬즘(maso chisme) 독일어로는 마조히즈무스(Masochismus).

매즐린 [영 maslin/mashlum] 〈식품〉귀리와 소맥의 혼합물. 잡곡 빵.

매지션 [영 magician] 마법, 마술사.

매직 [영 magic] ① 마법, 기술.
② 주법, 불가사의의 힘.

매직 글라스 [magic glass] 〈건축〉옆에서만 볼 수 있도록 만든 유리.

매직 마진 [magic margin] 타이프 라이터의 한 부분.

매직 미러 [magic mirror] 밝은 쪽에서는 보통 거울로 보이지만 어두운 쪽에서는 그것을 통해 반대쪽을 볼 수 있는 유리.

매직 아이 [magic eye] 〈전기〉수신기가 수신 전파에 동조하는 정도를 나타내기 위한 진공관.

매직 잉크 [magic ink] 휘발유성의 잉크가 나오는 붓의 상품명.

매직 폰 [magic Phone] 전화 요금이 나오지 않도록 한 장치. 전화를 받은 쪽의 전화기에서 전기 신호가 나오지 않도록 하는 장치를 달아서, 건 쪽의 요금이 나오지 않도록 함.

매직 핸드 [magic hand] 위험한 일을 사람이 직접 손으로 하지 않고 대신 기계가 조작하는 장치.

매치 [영 match] ① 조화하다.
② 대항시합.

매치 메이트 [match mate] 호적수. 경쟁자.

매치 보드 [match board] 손가락의 운동 속도와 놀리는 것을 검사하는 기구.

매치 페널티 [match penalty]〈체육〉아이스하키에서 고의로 상대방 경기자에게 부상을 입었을 때, 책임을 질

145

경기자는 남은 시합 기간 중 퇴장시킴.

매치 포인트 [match point] 〈체육〉 승패를 결정지을 최후의 1점. 듀스 같은 경우 두 번째의 득점.

매치 플레이 [match play] 골프에서, 구멍마다 상대방과의 스트로크 수를 비교하여 18개 구멍중 이긴 구멍이 많은 편을 그 경기의 승자로 하는 방법.

매칭 [matching] 〈컴퓨터〉 두 개 이상의 항목에 대해서 같은 지의 여부를 검사하는 것.

매카시즘 [McCarthyism] 1950년 2월 매카시 미 상원의원이 국방성내의 용공 분자 1백여 명의 축출을 요구하여 일어난 반공 선풍. 지식인과 군인이 지도 용공 분자로 몰아쳤다. 루즈벨트 대통령의 뉴딜, 트루먼 대통령의 페어딜 등도 연관시켜 심판(마녀사냥). 최근 이 말은 무모한 반공 정신의대명사화 되어졌다. ▷ 매카시 상원의원의 이름을 땀. 1954년 12월 맹렬한 비난에 시달리다가 상원 결의에 의해 해임. 1957년 사망.

매크로코즘 [macrocosm] 〈철학〉 대우주(大宇宙).

매크로 프로그래밍 [macro programming] 〈컴〉 EDP 시스템을 제어하는 명령이 직접 실행되는 것이 아니고, 특별한 읽기 전용 기억 장치 안에 기억되어 있는 일련의 명령어. 마이크로 명령의 실행을 개시시키는 것.

매클로이(근력시험) [McCloy's(strength test)] 매클로이가 만든 팔의 근력을 구하는 공식에 의한 검사.

매킨토사이트 [mackintoshite] 〈광물〉 (미국 화학자 James Mackintosh에서) 우라늄·토륨·쎄륨의 규산염.

매킨토슈 [mackintosh] 방수 직포의 일종. 고무 방수포, 방수 외투. ▷ 약어로는 (mack).

매터니티 [영 maternity] 임산부.

매터도 [라 mactator / mactatorem > 에 > 독·영·미·프·러 matador]
① 투우사.
② 〈군〉 미국 공군이 1950년에 완성한 지대공 미사일.

매터도어 [matador]
① 실재하지 않는 사실을 있는 것처럼 꾸며 상대방을 중상 모략하여 교란시키는 정치적 술책. 흑색선전.
② 미국 공군이 보유하는 지대지 '미사일'의 하나. 전장 12m, 폭 9m, 시속 9백 70㎞
③ 투우사.

매터혼(계획) [Project Matterhorn] 미국의 수폭 에너지 평화 이용 계획. 캘리포니아대학 리버모어 연구소와 프린스턴 대학에서 담당하여 연구하고 있다. 석유(石油) 에너지가 고갈된 뒤 이에 대체될 에너지를 연구.

매트 [mat]
① 도약·연립·회전 같은 운동을 할 때 바닥에 까는 깔개.
② 신에 묻은 흙을 털기 위한 문턱에 두는 깔개.
③ 거적. 돗자리.

매트 [matte] 〈공업〉 구리 광석을 녹여 붙일 때 생기는 황화물.

매트리즘 [matrism] 모계 중심주의.

매트릭스 부기 [matrix bookkeeping] 〈경제〉 행렬 부기(한 장의 챠트에 분개장·원장·시산표(試算表)·손익계산서·대차 대조표를 겸하는 방식).

매트 워크 [mat work] 매트를 사용하는 운동.

매트 시스템 [mat system] 〈체육〉 야구에서, 만루 수비 전법.

맥루한 이론 [McLuhan Theory] 캐나다의 토론토대 교수 맥루한이 그의 저서 '미디어의 이해'에서 해명한 이론. 사물의 본질을 파악하려면 반환경적·

반일상적으로 사물을 보아야 한다는
데서 출발 '미디어는 메시지다'라고 함.

맥시 [maxi] 〈의상〉 (치마나 스커트의
길이가) 아주 긴 (것). ↔ 미니.

맥시 스타일 [maxi style]
① 긴 스커트 차림.
② 1970년에 시작된 헤어스타일의 하
나. 전체를 부풀리면서 귀밑 머리
만 꼬부림.

맥심 [영 maxim] 격언, 금언.

맥아더, 더글러스 (Douglas MacArthur, 1880~1961) 〈인〉 미국의 군인. 유
엔군 총사령관. 육군 원수.

맨더린 슬리브 [mandarin sleeve]
〈의상〉 소매끝이 넓으며 뒤쪽 끝이 터
져 있는 것(중국 청조 시대에 입던 관
복의 소매).

맨드릴 [mandrel] ① 〈광물〉 곡괭이.
② 〈의상〉 선반의 심봉.

맨션 [프 mansion]
① 고층집합주택의 일종. ② 주택.

맨스홀트 플랜 [영 manshalt plan] 〈정〉
구주경제공동체의 농업문제 담당의
맨스홀트씨가 1968영 제창한 [ECC
농업개혁에 관한 각서].

맨토(반응) [Mantoux 反應] 〈의〉 결핵
의 트베루클린 반응을 방지하는 방법.

맨투맨 오펜스 [man to man offence]
〈체육〉 한 사람이 한 사람씩 맡아 공
격하는 것. 1대 1공격.

맨틀 [영 mantle] 가스·맨틀의 약, 가
스스토브 등의 불에 씌워서 열을 발생
하는 곳.

맨틀피스 [mantelpiece] 벽난로 위와
옆에 두른 장식 구조.

맨파워 [영 manpower] ① 인재.
② 육체노동에 의한 인력.

맨 프라이데이 [man Friday] 충실하고
유능한 부하. 충복. 오른 팔.

맨하탄 플랜[영 manhattan plan] 〈국〉
제2차 세계대전중의 미국의 원폭제조
계획.

맨홀 [manhole] 하수관 입구. 포도를
검사하기 위한 암거식 하수도 등의 출
입 구멍.

맬라콘 [malacon] 〈광물〉 지르콘
(zircon)이 갈색으로 변한 것.

맬릿 [mallet] ① 방망이.
② 폴로에 있어서 공을 치는 나무 막대기.

맵 [map] 〈컴〉 어셈블러, 컴파일어,
랭귀지에디터, 또는 리로케이터블 로
우더로부터 만들어지는 출력의 일종.
프로그램 서브루틴, 변수 또는 배열과
같은 요소의 번지를 나타냄. 프로그
래머가 컴퓨터 내부에 있어서 자기 프
로그램의 피라미터 발견에 도움이 됨.

맹글 [mangle] 시트 등의 주름을 펴는
기계.

맹자 孟者 (372~289) 중국의 戰國時代
哲學者. 이름은 柯, 亞聖이라 칭함.
공자 사상을 계승 발전시킴. 성선설
을 주장 〈맹자〉 7편은 사서중의 하나.

머니 그러버 [money grubber] 배금주
의자.

머니 론 [money loan] 〈경제〉주식 구
입을 위한 대부.

머니터리즘 [monetarism] 〈경제〉 통
화주의. 경제 성장은 통화량의 조정
으로 가능하다는 이론.

머니플레이션 [manipulation] 교묘한
처리. 속임수.

머니플레이터 [manipulator]
① 〈기계〉 원격 자동 조종 장치.
② 시세 조작자.
③ 사기꾼.
④ 사진기의 건판 끼우개.

머드 [mud] 진흙.

머들러 [영 muddler] 음료를 뒤섞는 기

147

ㅁ

다란 스푼.

머린 랜칭 [marine ranching] 해양 목장(양식 등으로 대규모의 재배 어업을 하는 일).

머린 레이다 [marine rader] 선박용 전파 탐지기.

머린-비프 [marine beef] 인공 쇠고기.

머메이드 [mermaid] 인어(人魚).

머미 [mummy] 미이라, 오랫동안 보존된 시체.

머서리제이션 [mercerization] 1850년 '머씨'가 발견한 면포 면사를 가성소다로 빛을 내게 하는 것.

머서 보드 [영 mother board] 〈컴〉 각종 기능 보드. 시스템 버스에 연결되어 있으며, 이것으로 보드 하나 하나가 기능적으로 결합됨. 메머리(memory)나 마이크로프로세서(microprocessor) 및 외부 장치와의 인터페이스(intergace) 등을 이것에 접속하여 조립함으로써 컴퓨터가 만들어져 있음.

머슈 [프 monsieur] 미스터. …씨(남자).

머스캣 [muscat] 향기 있는 포도 종류. 포도주의 원료로 쓰임.

머스컷(향취) [muscat odor] 포도의 향기.

머스코바다이트 [muscovadite] 갈색 설탕빛의 돌.

머스코비(오리) [muscovy(duck)] musk duck에서 온 말. 멕시코이남·남브라질에 많은 오리의 종류.

머스크 [musk]
① 사향. ② 사향. 노루.

머스크랫 [muskrat] 〈동물〉설치류 동물의 하나.

머스크멜론 [muskmelon] 〈식물〉멜론의 하나. 향내가 좋은 서양 참외.

머스터드 가스 [mustard gas] 미란성(靡爛性) 독가스.

머스터드 소스 [mustard sauce] 겨자를 넣은 소스.

머스티프 [mustiff] 영국 원산의 투견.

머시 볼 [영 mussy ball] 〈야〉 실책이 많은 시합.

머즐린 [muslin] 모슬린. 메리스. 캘리코(calico) 무명.

머즐린 [영 muslin] 〈섬〉 경위사에 단사를 사용한 평직 또는 능조직의 부드러운 직물. 보통 무지 염색 또는 날염한 것임.

머천다이저 [영 merchandiser]
① 자동판매기.
② 〈유〉소매 기업에서 상품에 관한 모든 활동에 대하여 책임을 지는 사람.

머천다이저 제(制) [영 merchandiser system] 〈경〉 주로 상사·도매상·소매상등 판매업에서 상품마다 담당자를 정해 상품에 관한 모든 책임과 권한을 가지게 하는 제도.

머천다이징 [라>프] [영 merchandising /merchandizing] 〈경〉 상품화 계획. 상품의 수량·가격·판매 시기 등을 적정화하기 위한 과학적인 계획.

머천다이징 카톤 [영 merchandising carton] 디스플레이(display) 겸용의 상품 수송용 종이 상자. 접는 식으로 된 상자인데 상품의 수송과 pop 광고로서의 기능을 겸하고 있음.

머천트 [라 > 프 > 영 merchant] 상인.

머캐덤 [macadam] 영국 이 처음 흙바닥에 자갈을 깐데서 유래된 말로
① 도로 포장시에 까는 밤자갈.
② 밤자갈을 깐 포도.

머캐벨리즘 [영 Machiavellism] 권모술수주의. 이탈리아의 정치가 머캐벨리의 사상으로 목적을 위해서는 수단을 가리지 않는 주의.

148

머캡탄 [mercaptan] 〈화학〉티오알콜.

머컨탈리즘 [mercantillism] 중상주의(重商主義).

머큐로크롬[영 mercurochrome] 〈약〉 수은 화합물의 일종으로 강한 소독제.

머큐리 [mercury]
① 체중을 지탱하는 쪽의 팔은 뒤로, 반대쪽의 팔은 위로 뻗치는 것.
② 〈천문〉 수성.
③ 〈화학〉 수은.
④ 로마 신화의 신 이름. ▷ 상업·가축·경기·여행·웅변술 등의 수호신.

머큐리 계획 [project Mercury] 미 항공 우주국 유인 위성 비행 계획. 1958년 10월 2일 발족. 1959년 4월 9일 최초의 우주 비행사 7명의 훈련. 1962년 2월 20일 글렌 중령 등 MA6호~7호가 성공했음. 소련보다 약 10개월 늦음.

머터니티 드레스 [maternity dress] 〈의상〉 임신복.

머테리얼 [materi]
① 재료, 자료.   ② 물질적.

머틀 [myrtle] 〈식물〉 천인화(天人花).

머티어리얼 걸 [material girl] 돈과 물질이면 전부라고 생각하는 물질욕 중심의 여자.

머티어리얼리즘 [materialism] 유물론(唯物論).

머프 [영 muff]
① 〈복〉 모피로 통형으로 만들어 손을 보온하는 것.
② 〈체육〉 야구에서, 나는 공을 못 잡는 것.

머프트 볼 [muffed ball]
① 〈체육〉 야구 등에서 나는 공을 못 잡는 것.
② 〈체육〉 미식축구에서, 공이 손에 잡히지 않고 땅에 떨어진 것.

머플 [muffle] 소음기.

머플러 [muffler] ① 권투에서 글러브.
② 목에 두르는 천.
③ 〈기계〉 자동차·오토바이 등의 소음기(消音器).

머플(로) [muffle(爐)] 열을 가하려고 하는 물체에 직접 불꽃을 대지 않고 전도나 복사에 의해서 뜨겁게 하는 구조의 난로.

먼슬리 [monthly] ① 월간 잡지.
② 월경(月經).

먼츠메탈 [Muntz metal] 〈공업〉 발명가 G. F. Muntz의 이름에서 60%의 구리를 포함한 징크(zinc)의 합금.

멀라인 니글렉트 [malign neglect] 악의(惡意)가 있는 무시(無視). 예를 들면, 국제 외환 시장의 달러 가치가 내려가는 것에 대한 미국의 자세가 각국의 적극적인 대책을 무시하는 듯한 태도로 보이는 것.

멀칭 [mulching] 〈농업〉 나무뿌리를 보호하기 위하여 나무 밑에 깔아 두는 물건(톱밥·잎·줄기·짚) 뿌리 덮개.

멀티 [multi-] ① 많은. 여러
② 영상 음성 문자 등의 혼합 매체.

멀티(상법) [영 multi level marketing plan] 피라밋식으로 판매권을 조직화하는 상법.

멀티내셔널 [multinational]
① 다국적의.   ② 세계 기업.

멀티 덜 타프타 [영 multi dull taffeta] 〈섬〉 경위사에 무연 무광사를 사용하고 위사의 밀도가 레이온 평직보다 많은 숙직물.

멀티미디어 [multimedia] 혼합 다중 매체 예술적 전시나 교육 장소에서, 테이프·영화·레코드·사진·슬라이드 등의 미디어를 합쳐서 이용하는 것.

멀티박스 [multibox] 외국 극단의 공연시에 이어폰을 사용, 자국어로 대사를 들을 수 있는 장치.

멀티 브랜드 메일링 [영 multi brand mailing] 〈광고〉 하나의 다이렉트 메일(direct mail) 중에 복수의 브랜드(brand) 광고가 들어 있는 것. 복수 기업의 타이업(tie up) 광고 곧 제휴 광고에 이용됨.

멀티버시티 [영 multiversity] 다원적 대학. 종래의 유니버시티(대학)의 관념을 초과하는 맘모스대학.

멀티스크린 [multiscreen] 세 개 이상의 분할된 스크린에 다른 화상을 비추는 또는 그러한 스크린.

멀티 스튜디오 [영 multi studio] 〈방〉 하나의 부조정식에 의해 둘 이상의 스튜디오를 연결하여 하나의 프로그램을 제작할 수 있게 되어 있는 복합 스튜디오.

멀티워크스테이션 [multiworkstation] 〈컴〉 다기능(多機能) 처리 단말. 복합 단말(복수의 장치가 서로 연결된 워크스테이션으로, 문서처리·데이터 처리·이미지 처리·전자 메일(電子 mail)등 복수의 기능을 수행할 수 있음.

멀티윈도 [multiwindow] 〈컴퓨터〉 디스플레이 위의 한 개의 화면을 복수(複數)로 분할하여 상이(相異)한 정보를 동시에 제시하는 방법.

멀티퍼퍼스룸 [영 multipurposeroom] 주부의 직업실로 동시에 아이들도 놀 수 있는

멀티 프로그래밍 [multi-programming] 〈컴퓨터〉 여러 개의 루틴이나 프로그램이 기계의 각 부분을 공유하거나 시차를 두고 엇갈려 사용하는 방법. 복수의 독립한 프로그램을 주기억 장치에 넣어 양쪽 명령을 실행시킴으로써 복수의 독립한 프로그램을 동시에 취급하기 위한 수법. 어떤 하나의 계산기 시스템으로서 두 개 이상의 프로그램을 동시에 처리하는 것. 프로그램을 실행하려면 resource라고 불리워지는 계산기 시스템의 각종 기구가 필요하며 이러한 resource를 각 프로그램에서 공유함으로써 효과 있게 복수 프로그램을 실행할 수 있음.

멀티프로세서 [multiprocessor] 〈컴〉 거의 같은 성능을 가지는 2대 이상의 프로세서가 있는 시스템에서 전 프로세서가 주 메모리를 공유하고 하나의 OS에 의해서 동작하는 컴퓨터 방식.

멀티프로세서 시스템 [multiprocessor system] 〈컴퓨터〉 복수의 컴퓨터가 대등한 자격으로 결합되어 있고, 각각 독립하여 가동하는 시스템.

멀티프로세싱 [multiprocessing] 〈컴퓨터〉 다중처리(복수의 처리 장치를 연결하여 하나의 프로그램을 동시에 평행적으로 실행하는 일).

멀티·플래시 [영 multi flash] 〈사〉점멸 속도가 매우 빠른 발광장치.

멀티플 초이스 [영 multiple choice method] 〈교〉 다지 선택법(多肢選擇法). 객관 테스트의 대표적 방법의 하나 OX등으로 선정케 함.

멀티플 파울 [multiple foul] 〈체육〉농구에서, 한 팀의 선수들이 거의 잇달아 저지르는 파울.

멀티플 퍼퍼스 디스플레이 [영 multiple purpose display] 〈광고〉 여러 페이지의 광고. 신문·잡지의 동일호(號)에서 단일 광고주(廣告主)가 똑같은 내용의 광고를 복수의 페이지에 걸쳐 게재하는 것.

멀티플 퍼포즈 [multiple purpose] 〈건축〉 다목적(多目的).

멍키 스테이 [multiple stay] 유지색(維持索).

메가 [영 mega] 접두사로.
① '크다'는 뜻의 합성어를 이룸.
② 100만배의 뜻의 합성어를 이룸.

메가데스 [magadeath] 핵 전쟁에서 1백만명을 살해할 수 있는 핵물질의 양. 한 나라를 전멸시킬 수 있는 양을 1칸

(kafn)이라고 하며, 세계 전체 양은 비치(beach)라는 단위로 쓴다.

메가론 [megaron] 건축 양식의 하나. 앞에 주랑 현관이 있고 사면이 벽에 둘러 싸여 있음.

메가바 [megabar] 압력의 단위.

메가사이클 [megacycle] 〈전기〉주파수의 단위로 백만 사이클.

메가와트 [megawatt] 〈전기〉백만 와트.

메가톤 [그<독·영·프 megaton] 〈물〉질량의 단위로서 100만톤. 주로 핵폭탄의 위력을 표시할 때 사용함. 기호 Mt.

메가폰 [megaphone] 확성 나팔. 부피가 큰 종이. 또는 생철로 만든 원뿔 모양으로 된 것으로 입에 대고 확성기 대용으로 쓰는 물건.

메갈로 [megalo] '큰'이란 뜻의 합성어를 만듦. ¶메갈로폴리스(megaloplis) = 큰 도시.

메갈로폴리스 [그>도·영·프 megalopolis] 몇 군데의 거대 도시(巨大都市)가 연이어 만든 띠 모양의 도시군(都市群). 거대 도시. 그리스어 megalo (큰)+polis(도시)에서 만들어진 말.

메그옴 [megohm] 〈전기〉백만 옴.

메나 [영 MENA] 〈통〉이집트의 중동 통신사. Middle East News Agency 의 약어.

메네스 (Menes, 기원전 3400?) 〈인〉이집트 제1왕조의 첫 왕.

메노 알레그로 [이 meno allegro] 〈음악〉그리 빠르지 않게.

메뉴에토 [menuetto] 〈음〉2인이 추는 장중한 무곡.

매니스커스 [meniscus]
① 〈물리〉액체 기둥의 거브(curve)진 표면.
② 〈의학〉오목렌즈.

메니에르 [프 meuniere] 생선에 밀가루를 발라 구운 것.

메니페스토 [manifesto] 선거공약검증 운동.

메달리온 [medallion] 대형 상패(大型賞牌). 대형 메달.

메달 스코어 [medal score] 골프에서, 18홀을 끝내는 데 필요한 스트로크의 총계.

메달 플레이 [medal play] 골프에서, 총 타수가 적은 편을 이긴 것으로 하는 경기 방법.

메데시모 템포 [이 medesimo tempo] 〈음악〉같은 속도로.

메도크 (Medoc) 〈지〉프랑스(France) 서남부, 지롱드 강(Girond R.)의 서안 지방. 프랑스의 메독산의 적포도주.

메도 페스큐 [meadow fescue] 〈농업〉유럽산 건초용 풀.

메독 [프 medoc] 프랑스의 메독산 적포도주.

메두사 [그 medusa] 추한 마녀.

메들리 레이스 [medley race] 혼합 경쟁으로 여러 행태의 달리기로써 승부를 겨루는 것.

메들리 릴레이 [medley relay] 수영 경기에서 4인이 한 조가 되어 배영·평영·버터플라이·자유형 순으로 한 사람이 1백미터씩 수영하는 것을 말함.

메들리 릴레이 레이스 [medley relay race] 육상에서 혼합 계주.

메디신 볼 [medicine ball] 체조 용구의 하나로 사슴의 털과 소가죽으로 만든 것.

메디아 [영 media] 매체, 방법.

메디안 [median]
① 〈수학〉대표치(代表値). 미디언. 중간수. 중점(中點).
② 〈생물〉중동맥(中動脈).

메디안떼 [이 mediante] 음계의 셋째음.

메디오닌 [독 Methionin] 〈생화학〉 설파를 포함한 간장의 기능을 촉진하는 아미노산.

메디움 [Medium] 중개물, 매개물.

메디치 (Medici) 〈역〉 르네상스 시대 이탈리아의 명문가.

메디컬 소셜 워커 [medical social worker] 의료사회 복지 사업에 관여하는 사람.

메떼이에 [프 metayer] 〈농업〉 농업 경영의 형태.

메띠에르 [프 metier] ① 손재주. ② 〈예술〉 창작가로서의 기교.

메로고니 [merogony] 〈생물〉 인공적 단성 생식의 하나. 난편(卵片) 생식. 동정 생식.

메르시 [프 merci] 감사. 생큐.

메르크마르 [독 merkmal] 표지, 지표.

메리고라운드 [merry-go-round] 목마. 걸상 따위를 둘레에 놓고 어린이들이 타서 빙빙 돌아가게 만든 놀이 시설.

메리노 [스 merino] ① 〈동〉 스페인 원산의 양의 일종. ② 메리노 양모. 메린스 메리노의 사투리, 당나라 축면.

메리야스 [스 medias → 일] ① 면사나 모사로 촘촘히 짠 직물. ② 그런 천으로 만든 속옷.

메리 위도 [merry widow] 쾌활한 미망인.

메라테륨 [라 moeritherium] 긴 코 달린 옛 짐승의 하나.

메리트 [merit] ① 장점. 가치. ② 〈경제〉 가격·임금·보험료 등에 비원칙적인 차이를 두는 이점. 사용 가치. 경제 효과. 능률급. ③ 공적, 공리.

메리트 시스템 [merit system] 근무 상태·능률·능력 등을 세밀히 조사하여 봉급·상여금 등의 차별을 두는 제도 능률급제(給制).

메린스 [스 / 포 / 영 / 프 merinos] ① 일종의 모직포. ② 모슬린.

메머리 비전 [영 memory] 〈광고〉 소비자에게 특정 기업이나 상품(브랜드)명을 인지시키든지, 기업·상품에 대한 상상력을 환기시키는 데에 열쇠가 되는 요소. 강력한 CM 표현 기법이 필요한데 특수한 음향 효과나 음악 등이 이에 해당함.

메모랜덤 [Memorandum] 외교 문서의 하나로 각서를 뜻함. 즉 구술서처럼 형식을 갖춘 것은 아니지만 국가간의 합의 사항을 표시하기 위하여 교환됨.

메모리얼 [영 memorial] 기념의, 추도의.

메모 벨트 [memo belt] 플라스틱계 녹음대.

메모와르 [프 memoire] 회고록, 회상록, 기록.

메사 [스 mesa] 〈지학〉 굳은 수평 바위의 층의 둘레가 무너짐에 따라 가파롭게 된 탁상지형(卓狀地形).

메사이어 [헤브라이 messiah] ① 〈종〉 고대의 유태인이 대망하고 있던 구세주. ② 크리스트교에서 크리스트가 구세주이라는 것을 나타내는 존칭. 메시아.

메세 [독 messe] 시, 견본시.

메세나 [독 messena] 처음에는 예술·문화·과학에 대한 후원과 보호자라는 뜻인데, 지금은 반대급부나 영리적 목적을 바라지 않으면서 민간 기업이 예술면을 지원한다.

메소(산) [meso (酸)] 〈화학〉 동일 산화물에 물을 타서 세 가지 산이 생기는 경우에 염기로의 크기가 중간이 되는 산.

메소디스트 [영 methodist] 크리스트교

신파의 일종.

메소메리즘 [mesomerism]
① 〈화학〉 한 유기 화합물의 구조가 두개이상의 구조식으로 표시된 때와 유기 전자론적 이성현상.
② 〈심리〉 최면술.

메소토륨 [독 mesothorium] 〈화〉고방사성의 라듐의 동위원소.

메소토미 [mesotomy] 〈화학〉광학 활성체의 등량. 혼합물로부터 우선성, 좌선성의 광학 활성체를 나누는 일.

메소트론 [영 mesotron] 〈이〉 중간자, 소립자의 하나로 중전자.

메소포타미아 (Mesopotamia) 〈지〉 서남 아시아(Asia)의 유프라테스 강 (Euphrates R.)과 티그리스 강(Tigris R.)의 유역.

메스 [네 mes]
① 〈의학〉 외과용 해부칼.
② 은유적으로 날카로운 비판. ¶ 그의 연설은 집권당의 독재에 ~를 가했다.

매스-시린더 [measuring cylinder] 〈화학〉 액체의 부피를 잴 수 있도록 만들어진 눈금이 그어진 시험관.

메스티소 [스 mestizo] 스페인이나 포르투갈 사람과 아메리카 인디언 사이의 튀기.

메시 [mesh]
① 장갑·양말 등을 만드는 망직(網織).
② 가루의 크기를 나타내는 단위.
③ 필터의 눈.

메시마킹 [mesh marking] 골프에서, 공의 거죽에 보이는 격자형.

메시아 [히 mahsiah ; 아 meshiha] 구세주.

메시지 송 [message song] 〈음악〉메시지를 담은 노래. 가사에 특정의 주장을 담아 행동의 변혁을 촉구하는 노래(월남전 반전가(反戰歌) 등).

메시지 스위칭 [message switching] 〈컴퓨터〉 메시지 교환. 컴퓨터나 단말기(端末機)를 통신 회선으로 연결하여 정보를 서로 교환하는 일.

메신저 [messenger] 심부름꾼, 배달원.

메이데이 [Mayday]
① 비행기 · 선박의 조난 신호.
② 국제 노동절 (5월 1일).

메이드 [maid]
① 소녀, 처녀 독신의 여자. 보통 노처녀를 올드미스라고 하는데 정확히 말하면 올드 메이드라 해야 할 것임.
② 잡역 심부름을 하는 여자.

메이든 [madien] 초심자.

메이든 워크 [maiden work] 작가로서 처음에 쓴 작품. 처녀 작품.

메이스 [mace] 당구에서, 꼭대기가 납작한 큐(cue).

메이스 [mace] 〈군사〉미국 육군의 지대지(地對地) 유도탄.

메이슨 [영 mason] 석공.

메이저 [major] ① 육군 소령.
② 〈음악〉 장조. 장음계.
③ 전공과목.
④ 큰 편의 많은 편의. 주요한, 일류의.

메이저 리그 [미 major league] 〈체〉 미국의 직업 야구의 최고 기구 호칭. 아메리칸 리그(American League)와 내셔널 리그(National League)로 형성되어 있으며, 각 10개 팀으로 편성되어 있다. 양 리그의 우승팀 사이에 해마다 월드 시리즈(word series)가 행해짐. 대(大)리그. (→) 마이너리그 (minor league).

메이저 파울 [major foul] 〈체육〉수구에서 큰 반칙.

메이저 페널티 [major penalty]아이스 하키에서, 싸움이 일어났을 경우를 말하여 책임질 경기자를 5분간 퇴장시킴.

메이즈 [영 maize] 옥수수.

메이즈 [영 maze] 미로.

메이즈 런 [maze run] 모두가 한 줄로 서서 여러 가지 스텝으로 꼬불꼬불 행진하는 것.

메이크업 [make-up]
① 〈영〉 배우의 분장. 회장.
② 〈인쇄〉 조판물. 면의 조판. 신문에선 대장. 면의 교정지. 또는 신문 광고 스페이스에 어느 광고를 넣는가를 배정·정리하는 일.

메이크 오버 [make over] 〈의상〉 고쳐 만들기.

메이킹 아웃 [영 making out] 미국의 학생어. 베팅.

메이트 [영 mate] ① 동료, 부인.
② 선원.

메이파즈 [영 meifatz] 할 수 없다.

메이폴 [maypole] 봄을 축하하려고 세우는 꽃으로 꾸민 기둥. 영국의 풍속이며 국내 여자 대학에서 흔히 5월의 여왕을 뽑을 때 세움.

메이폴 댄스 [maypole dance] 큰 장대에 긴 리본을 돌아 걸어가며 추는 포크 댄스.

메이폴 컬 [maypole curl] 〈미용〉 꽃기둥.

메이플라워(호) [영 may flower] 1620년에 빌그림·파다즈라는 종교단체가 대선하여 미국으로 건너갔을 때의 배의 이름.

메인덱 [maindeck] 본 갑판.

메인 라인 [main line] 본선 간선.

메인 마스트 [main mast] 배의 중앙의 함선의 제일 큰 돛대.

메인 베어링 [main bearing] 배의 중심 축받이.

메인 빔 [main beam] 배의 전폭.

메인 샤프트 [main shaft] 〈기계〉주축.

메인 스탠드 [main stand] 특별 관람석.

메인 스테이 [main stay]
① 큰 돛대를 받치는 밧줄.
② 기계를 조종하는 중요한 줄.

메인 시트 [main sheet] 큰 돛대의 돛을 조종하는 세로 밧줄.

메인 이벤트 [main event] 〈체육〉 최종적인 제일 중요한 시합. (흥행·주최 등에서) 그 날의 주요시합이나 상연물.

메인 제트 [main jet] 자동차의 주(主) 분사관.

메인 카드 [main card] 도서관의 기본 카드. 기본 기입을 한 목록 카드.

메인터넌스 [maintenance]
① 유지(維持), 관리. 보수.
② 〈컴퓨터〉 시스템이나 프로그램의 수정·보수.

메인 톱마스트 [main topmast] 배의 제일 큰 중단 돛대.

메인플레임 [mainframe] 〈컴퓨터〉 수백명의 사용자가 동시에 다양한 정보를 처리할 수 있는 대형 컴퓨터.

메인 해치 [main hatch] 배의 중부 승강구.

메인 홀드 [main hold] 배의 중부 선창.

메일 오더 [영 mail-order] 통신 판매. 메일 오더 셀링(mail-order selling)의 준말. (→) 메일 오더 셀링.

메일 오더 셀링 [영 mail-order selling] 〈유〉소비자가 카탈로그(catalogue) 속에서 자기의 좋아하는 것을 선택. 그것을 우편 주문하여 현품을 받게 하는 판매 방법. 통신 판매. 준말로 메일 오더(mail-order).

메일 슈트 [mail chute] 우편물 수송을 위하여 윗 층에서 아래층으로 설치한 관.

메일 크레디트 [mail credit] 수출 어음을 사들인 은행.

메저 [measure] ① 계량. 계량기.
② 〈음악〉 소절 또는 박자.
③ 페이지의 넓이.

메저링 실린더 [measuring cylinder]
체적(體積) 눈금이 있는 기통(汽筒).

메저링 플라스크 [measuring flask]
용적 눈금이 있는 병.

메저먼트 카드 [measurement card]
〈체육〉 체위를 측정하고 체격상의 특이한 사항을 기록하는 카드.

메조 [이 mezzo] 〈음〉 중간음.

메조넷 [maisonnette] 〈건〉 1층과 2층을 하나의 거주로 하고, 3층과 4층을 또 하나의 거주로 하는 조립아파트.

메조릴리보 [이 mezzo-rilievo] 〈미술〉 반육조(半肉彫).

메조 소프라노 [이 mezzo soprano]
〈음악〉 소프라노와 알토의 중간 음역, 또는 그런 음역으로 노래하는 성악가.

메조토룸 [라 mesothorium] 〈화학〉 방사성 원소의 하나.

메조틴트 [mezzotint] 〈미술〉 일조의 그물 동판(銅版).

메존 [프 maison]
① 집, 가정. ② 가족. ③ 저택.

메첸 [madchen]
① 소녀. 처녀. ② 애인.

메카 [아라비아 mecca]
① 회교교도의 마호멧이 태어난 토지. 마호멧교의 성지
② 변하여 귀의, 숭배하고 있는 사람의 동경의 토지.

메카닉스 [mechanics]
①기계학. ② 역학.

메카니즘 [mechanism]
① 기구. 기계장치.
② 작품의 내용을 지탱하는 기교.
③ 〈철학〉 기계론.
④ 〈심리〉 심리 과정. ¶ 무의식적 방호 수단인 ~.

메커니컬 디스플레이 [영 mechanical display] 기계 장치에 의해 움직이거나 회전하고 빛이 점멸하는 등 아이디어를 실현한 디스플레이(display) 기계화된 전시장을 이용한 진열.

메커트로닉스 [mechatronics] 전자 공학 기술과 기계를 결합시킨 것.

메케르 버너 [Meker bunner] 분젠 버너(Bunsen burner)에 있어서 불구멍에 두꺼운 쇠구물을 붙여 만든 버너.

메타 [meta-] 접두어로서, 초(超)·고 차원이라는 뜻.

메타 [그 meta]
① 넘어서. 뒤에는.
② 〈화학〉 벤젠. 나프탈린 등에서 1~3의 위치 또는 그 위치의 치환제.
③ 백색의 고형 연료.

메타네프로 [metanephros] 〈생물〉후신(後腎).

메타몰포제 [독 metamorphose]
① 변형, 변신.
② 〈음〉 변주를 포함하여 주제가 자유로운 변화를 말함. 리스트가 채용한 명칭.

메타바사이트 [metabasite] 〈광물〉변질된 바위.

메타볼라이트 [metabolite] 〈광물〉동화 작용된 돌.

메타사이콜로지 [metapsychology]
〈생〉〈심리〉 초의식(超意識) 심리학.

메타센터 [metacenter] 〈물리〉떠 있는 물건의 기울기의 중심. 경심(傾心), 외심점(外心點).

메타알데히드 [독 Metaaldehyd] 〈화학〉 화합물의 이름.

메타크러머시 [metachromasy] 〈생물〉 세포를 색소로 염색할 때 염색된 세포의 빛이 본디의 색소와 다른 현상.

ㅁ

메타퍼 [metaphor] 〈문학〉은유. 암유.
메타포[영 metaphor]수자로서 은유의 뜻.
메타플라시아 [metaplasia] 〈생물〉화성. 한 조직에서 다른 조직으로 직접 변화하는 것.
메타플래즘 [metaplasm]
① 〈생물〉 후형질(後形質). 부형질.
② 〈문학〉 어형 변화.
메타피직 [독 Metaphysik] 〈철학〉 형이상학.
메타피직스 [영 metaphysics] 〈철〉 형이상학, 순수철학.
메탁사이트 [metaxite] 〈광물〉섬유가 많은 사문석(蛇紋石).
메탁세니아 [metaxenia] 〈생물〉 수컷의 특징이 배(胚)나 이외의 과피(果皮)에 나타나는 형상.
메탄 [독 Methan] 〈화학〉식물질이 썩어서 나는 가스.
메탄가스 [독 Methan + 네/영 gas] 〈화학〉메탄. 탄화수소의 하나.
메탈릭 [영 metallic] 금속의, 금속성의.
메탈 라스 [metal lath] 〈건축〉벽에 대는 구멍 난 철사망.
메탈리콘 [metallicon] 〈화학〉 권총모양의 분사기에 금속선을 넣고 전열이나 가스로 녹여 압축 공기나 수소로 쇠붙이에 뿜어 녹슬지 않게 하거나 접합하는 방법.
메탈 케틸 [metal ketyl] 〈화학〉 케톤에 알칼리 금속을 부가한 화합물.
메타플로엠 [metaphloem] 〈생물〉 후생체 관부.
메토 [METO=Middle East Treary Organization] 중동 조약 기구.
메톨 [metol] 사진 현상약의 하나.
메트로 [프 metro] 지하철.

메트로놈 [Metronom] 〈음〉음곡의 속도를 진자식으로 측정하는 기계.
메트로폴리스 [영 metropolis] 대도회, 수도.
메트로폴리탄 [영 metropolitan]수도의.
메트리컬 [영 Metrecal] 〈식품〉 체중 감소용 식사의 상품명.
메트로 드 발레 [프 mairte de ballet] 발레단의 책임자.
메트릭 [독 Metrik] 시학. 운율학.
메트릭(역학) [matrix (力學)] 양자 역학이 생기기 전까지의 양자론을 타개하기 위하여 하이젠베르크가 대응 원리를 지도 원리로 하여 발전시킨 역학.
메트릭 톤 [metric ton] 그램톤. 즉 1,000g
메트헤모글로빈 [methemoglobin] 〈생물〉물에 녹는 적갈색의 투명한 화합물.
메티에 [프 metier] 〈미〉직인으로서의 기법.
메티오닌 [그 > 도 Methionine] [영·프 methionine] 〈식품〉필수 아미노산의 일종.
메틸 [영 methyl] 〈화〉 알킬기의 하나.
메틸 레드 [methyl red] 〈화학〉 암자색의 결정체 물감.
메틸렌(청) [프 methylene (靑)] 〈화학〉 순청색의 염기성의 물감.
메틸렌 블루 [methylene blue] 티아진 염료의 하나.
메틸 바이올렛 [methyl violet] 〈화학〉 곱고 값싼 보랏빛의 염기성 물감.
메틸에테르 [독 Methylather] 〈화학〉 메틸알콜에 농황산을 가하고 이를 증류하여 얻은 에테르.
메틸오렌지 [methylorange] 〈화학〉 물에 녹이면 산성에서 빨강, 중성과 알카리성에 노란빛을 냄.

메틸 프로파민 [도·영 methyl pro pamin] 〈화〉필로폰(philopon) 곧 '히로뽕'의 학술명. (→) 히로뽕.

멕시코 (Mexico/United Mexican States) 〈국〉아메리카합중국의 남부, 중앙아메리카 북반주에 있는 연방 공화국. 로키 산맥의 연장인 시에라마드레 산맥(Sierra Madre Mts.)이 남북으로 뻗은 중앙에 아나우악 고원(Anahuac Plat.)과 유카탄 반도(Yucatan Pen.)를 주로 차지하고 있는 나라, 6세기 무렵 마야 제국(Maya 帝國), 12~13기에 아즈텍족(Aztec族)이 지배, 1519년 에스파냐에 정복당함. 1821년 독립. 1824년 연방 공화국. 1846~1848년 미국과의 전쟁에서 영토의 반을 잃음. 스페인어 표기는 메히코(Mejico), 한자 표기는 묵국(墨國) 묵서가(墨西哥), 수도는 멕시코 시티(Mexico City).(→) 멕시코 〈지〉

멕시코 (Mexico/Mexico City) 〈지〉 멕시코 연방 공화국(United Mexican States)의 수도. 멕시코, 또는 멕시코 시티라고 표기함. 옛 아즈텍 제국(Aztec 帝國)의 수도. 1521년 에스파냐인 코르테스(Cortes)가 정복한 뒤 노바 에스파냐의 총독이 설치되어 왔음. 1921년 독립 뒤 멕시코의 수도가 됨. (→) 멕시코 〈국〉

멘델레븀 [mendelevium] 〈화학〉 1956년 캘리포니아 대학에서 인공적으로 만든 초우라늄 원소.

멘델레예프 (Dmitri Ivanovich Mendeleev, 1834~1907) 〈인〉 러시아의 화학자.

멘델리즘 [영 mendelism] 〈생〉오스트레일리아의 식물학자 멘델이 1868년에 발표한 유전의 법칙.

멘델스존 (Felix Mendelssohn, 1809 ~1847) 〈인〉 독일의 작곡가이며 피아니스트.

멘세비즘 [menshevism]사회 민주주의.

멘세비키 [러 Mensheviki] 소수파 (러시아 사회 민주 노동당 2차 대회에서 레닌의 볼셰비키와 분열한 우파).

멘스 [Menstruation →] 월경(月經).

멘제스 [독 menses] 〈의〉멘스, 월경.

멘즈 더블즈 게임 [mens doubles game] 테니스에서, 남자 복식 시합.

멘즈 싱글 게임 [mens single game] 테니스에서, 남자 단식 경기.

멘쯔 [영 mientz] 체면, 면목.

멘탈리스틱 [mentalistic] 〈심리〉정신 작용을 중시한. 심리면을 중시한.

멘탈리티 [영 mentality] 정신작용, 심리적인 작용.

멘탈 사이언스 [mental science] 심리과학. 정신과학.

멘탄 필로소피 [mental philosophy] 심리학.

멘탈 헬스 [mental health] 〈의학〉정신적 건강. 정신 위생.

멘토 [mentor] 지도자, 후원자, 스승, 은사.

멘트 [mention의 준말] 말하다, 언급하다.

멘톨 [독 menthol] 〈화〉박하의 성분의 하나, 박하뇌. 흥분제. 청량제.

멘히르 [브리타니아어 > 독 Menhir] [영 menhir] 〈고고〉선돌. 1개의 긴 거석을 세운 거석 기념물. (→) 알리뉴망(alignement)·스톤 서클(stone circle)·돌멘(Dolmen) 〈건축〉선사 시대 건조물의 하나.

멜기세덱 [라 Melchizedek] 〈성서〉 살렘의 왕으로 하나님의 제사장. 예수그리스도 후기성도 교회에서는 대신권이라 함.

멜라노포르 [melanophore] 〈생물〉

화학〉멜라신을 함유하는 유색체(有色體).

멜라니즘 [melanism]
① 〈생물〉 피부가 검어지는 것.
② 검은색을 지닌 인종.

멜라닌 [독 melanin] 〈의〉 동물의 표피에 있는 검은 색소.

멜라민 [melamine] 〈화학〉 석회질소를 원료로 하는 합성 물질.

멜라민수지 [melamine resins] 석회질소로부터 만들어지는 멜라민에 포르말린을 반응시킨 합성수지. 투명해서 자유롭게 채색됨. 내수성・내열성에 뛰어나 식기 용기 등 합판 접착제 가구 도료 등에 씀.

멜라콜리 [영 melancholy] 우울.

멜라콜리어 [영 melancholia] 우울증.

멜로 [영 mellow]
① 부드러운. ② 적당한 ③ 온건한.

멜로나이트 [melonite] 〈광물〉 캘리포니아 Melones 광산에서 나는 니켈 텔루라이드.

멜로드라마 [melodrama] 감상(感傷)적인 통속극. 가곡류. 본래는 음악의 반주에 쓰였음.

멜로디오소 [이 melodioso] 〈음악〉 가요적으로 선율적으로.

멜로린 [영 mellorine] 〈식품〉 비(非)버터 지방으로 만든 아이스크림.

멜로스 [이 melos] 〈음악〉 노래. 선율.

메롤우 [mellow] ① (과일이) 잘 익은.
② 술이 잘 빚어진.
③ (소리・빛깔 따위가) 부드럽고 아름다운.

멜론 슬리브 [melon sleeve] 〈의상〉 멜론과 같이 둥글고 부풀게 만든 소매.

멜리나이트 [melineite] 강력한 화약.

멜리스(선) [mehlis (船)] 평형 동물의 암컷 생식선에 붙어 있는 선양체(腺樣體).

멜라싸 [melissa] 꿀풀과에 속하는 다년초. 지중해 원산으로 향미료임.

멜버른 (Melbourne) 〈지〉 오스트레일리아(Australia) 동남부, 빅토리아(Victoria) 주의 주도.

멜본 [melbourne] ① 구두의 상표명.
② 호주의 멜본 원산의 가죽으로 만든 구두.

멜세이에이즈 [프 Marseillaise] 프랑스의 국가.

멜턴 [영 melton > 도 Molton] 〈섬〉 축융 가공하여 바다 조직을 보풀로 덮은 방모 직물 또는 이와 비슷한 직물. 영국의 레스터셔(Leicestershire) 주의 지명에서 비롯된 말.

멜헨 [marchen] 옛날이야기, 동화.

모 [mho] 〈이〉 역음. ohm을 역으로 한 말. 전기전도의 단위.

모가디슈 (Mogadishu) 〈지〉 소말리아 민주 공화국(Democratic Republic of Somalia)의 수도. 아프리카 동쪽 끝 인도양 연안에 있는 항구 도시. 모가디시오(Mogadiscio)로도 표기됨. (→) 소말리아.

모겟 [영 Moguette] 의자나 전차의 좌석에 덮는 두꺼운 모직물.

모나 돌로기 [독 Monadologie] 〈철학〉 단자론(單子論).

모나돌로지 [monadology] 〈철학〉 모나드론, 단자론.

모나드 [monad] 〈철학〉 실재의 단위. 단자론(單子論).

모나드 [프 monade] ① 일가원소.
② 단세포 동물. ③ 〈철학〉 단원.

모나리자 [Mona Lisa] 1500년경 이탈리아의 화가 다빈치가 그린 미소 짓는 여자의 그림.

모나미 [프 monami] 나의 친구. 애인.

(남성형 ami, 여성형 amie).

모나자이트 [monazite] 〈광물〉단사정계(單斜晶系).

모나즈(석) [monaz (石)] 〈광물〉 광석의 이름.

모나코 (Monaco/Principality of Monaco) 〈국〉 프랑스의 동남쪽 귀퉁이, 이탈리아 국경에 가까운 지중해 연안에 있는 작은 입헌 공국(公國). 10세기에 그리말디 가(家)가 모나코 왕이 되어 프랑스의 보호 아래 통치해 오다가 1793년 프랑스에 합병됨. 1861년 왕국으로 재건, 1911년 입헌 군주국. 수도는 모나코(Monaco), (→) 모나코 〈지〉

모나키 [monarky] 군주 정체. 군주 정치.

모나키스트 [monarchist]군주정체론자.

모나키즘 [monarchism]군주정치주의.

모내드녹 [monadnock] 〈지리〉 잔구(평원한 가운데 고립된 언덕)

모네라 [monera] 일정한 꼴이 없는 원형질 덩이, 아베바 무리.

모네타리스트 [영 monetarist] 경제정책에 대해서는 통화정책이야말로 주심의 키라고 주장하는 경제학자 그룹.

모네타이트 [monetite] 흰 노랑 결정의 광물.

모네터리[영 monetary survey] 〈경〉 IMF(국제통화기금)의 채용하고 있는 방식에 의해, 기금가맹국의 중앙은행이 작성하고 있는 각종 금융기관의 통합대차 대조표.

모넬메탈 [monel metal] 〈화학〉 니켈과 동의 합금.

모노가미스트 [monogamist] 일부 일처주의자.

모노그래프 [monograph] 전공 논문(특정 분야를 테마로 한 연구 논문).

모노그램 [monogram] 합일문자. 두 개 이상의 글자를 한 글자 모양으로 도안화한 글자.

모노디이즘 [monotheism] 일신교(一神敎).

모노마니아 [monomania] 편집광. 한 가지 일에만 병적으로 집착하는 부분적 정신 이상.

모노머 [monomer] 〈화학〉 중합체의 기초 물질 또는 구성단위.

모노섹스 [monosex] 〈의상〉 남녀의 구별이 없는 옷. 유니섹스.

모노스포랜지움 [monosporangium] 〈생물〉 단포자상.

모노스포어 [monospore] 〈생물〉홀포자(包子)

모노컬러 [monocolor] 〈연극〉 모노크롬. 단색화.

모너컬처 [monoculture] 〈농업〉 단작(單作).

모노컬처 경제 [monoculture economy] 면화, 쌀, 생고무, 홍차 등 소위 1차 상품들을 2~3종 생산·수출하는데 불과하여 경제 전체의 동향이 이들 몇 종류의 1차 상품의 생산.

모노코드 [monochord] 〈음악〉악기의 일 현의 음향 측정기.

모노크로미터 [monochrometer] 〈물리〉 어떤 특정한 과장의 광(光)만을 분리시키는 장치.

모노크롬 [monochrome]
① 〈미술〉 단색화.
② 〈연극〉 단색 영화. 흑백 영화. ▷ 사진.

모노클 [monocle] 단안경(單眼鏡).

모노타이프 [monotype] 인쇄물의 활자의 주조와 조판을 동시에 처리하는 자동 식자 주조기.

모노타이프 클라스 [monotype class] 단일형 요트.

모노토너스 [영 monotonous] 단조로운, 변화가 없는, 꾸준히.

모노톤 [monotone] ① 단조. ② 한 가지 색으로 나타내는 것.

모노포니 [monophony] 단성부 음악.

모노폴리 [monopoly]
① 독점(權). 전매(權).
② 독점 기업. 전매 공사.

모노플레인 [monoplane] 단엽 비행기.

모놀로그 [그>네 monoloog] [도 Monolog] [영·프 monologue] 〈연〉
① 독백. ② 독연(獨演) 각본.

모놀로그 시엠(CM) [영 monologue] CM 독백CM. 등장인물이 혼자서 독백하는 것을 가리키는 연극 용어에서 유래함.

모놀로그 앙데르와르 [프 monologue interieur] 〈심리〉 내적 독백.

모뉘망 [프 monument] 모뉴멘트. 기념물.

모니 [범 muni → 중 牟尼] '선인(仙人)'의 뜻으로 선가의 존칭.

모니즘 [monism] 일원론(一元論).

모니터 [영 monitor]
① 매스컴에서 사외에 있으면서 프로그램이나 기사 등을 비평하거나 감상을 말하는 자.
② 〈방〉 방신, 수신 상태의 조정 또는 그의 장치.

모니터링 포스트 [영 monitaring post] 방사능 관측장치.

모니터링 포인트 [monitoring point] 원자력 연구소. 원자력 발전소. 원자력선의 기항지 등에서 이들 시설로부터 방출되는 방사선이 주변에 미치는 영향을 조사하기 위해 대기, 토양, 초목, 해수 동물 등을 채취해 방사선을 조사.

모니터 제도(制度) [영 monitor system] 전문가나 소비자 시청자를 조직해서 자사(自社)의 상품, 제공 프로그램, 광고 등에 관한 의견이나 비판을 보고 받는 제도.

모니터 프로그램 [monitor program] 〈컴퓨터〉 컴퓨터의 처리 능력을 최대한으로 발휘하도록 컴퓨터내에서의 작업을 감시하고 제어하며, 컴퓨터를 사용하기 쉽게 하기 위한 기능을 구비한 관련 프로그램. 컴퓨터 내의 각종 resource (자원), CPU, 메모리, 입출력장치, 프로그램, 데이터 등을 관련하고 제어하는 기능을 가지며, 컴퓨터 내에서의 처리를 능률적으로 원활하게 동작케하는 프로그램. supervisor (슈퍼바이저, 슈퍼바이저 프로그램)라고도 부른다. operating system(오퍼레이팅 시스템, OS, 운영조직)도 거의 같은 의미로 사용됨.

모닐리아 [monilia] 〈생물〉 모닐리아병의 발원체. 곰팡이의 한 가지.

모닝 드레스 [morning dress] 부인들이 아침에 입는 드레스. 약간 화려한 평상복.

모닝 컵 [morning cup] 아침에 우유 등을 넣어 마시는 컵으로, 보통 커피잔보다 큼.

모닝 코트 [morning coat] 남자 예복의 한 가지.

모더놀로지 [modernology] 고고학(考古學)에 대해서, 고현학(考現學) 현대의 사회·풍속을 연구하는 학문.

모더니스트 [영 modernist]
① 현대주의자.
② 유행을 쫓는 자.

모더니즘 [영 modernism]
① 현대주의. ② 새로운 것.

모더니티 [modernity] 현대성. 근대성.

모더스 비벤디 [영 modus vivendi] 화해안, 잠정협정.

모던 댄스 [modern dance] 현대 춤 전통적인 발레와 달리 개성적 표현을 추구하는 것임.

모던루인 [modernruin] 시대에 뒤떨어진 사람.

모던 보이 [modern boy] 멋쟁이 남자.

모던 아트 [modern art] 근대 미술.

모던 재즈 [modern jazz] 1940년 이후에 나온 것으로 재즈 기본 리듬에 즉흥연주와 고전 수법을 가미한 것.

모던 크래프트 [modern craft] 생활 양식 속에 일거리가 될 요소를 넣으려는 경향.

모던토픽 [moderntopic] 근대적인 화제로 영화 이야기. 스포츠 이야기. 곡선미의 이야기. 여담 등 모던 보이나 모던 걸 들이 즐겨 이야기하는 화제를 말함.

모데레이터 [moderator]
① 〈원자〉 감속재(減速材).
② 사회자.

모데스트 [modest] 수줍은, 겸손한 등의 뜻을 가진 형용사. 또 모데스트걸은 수줍고 조심성스러운 아가씨를 말함.

모델 데지그네이션 [model designation] 〈항공〉 형식 식별.

모델링 [modelling]
① 모형 제작. 소상술.
② 〈미술〉 실체감 표현법.

모델 세트 [model set] 세트의 모형.

모델 카 레이싱 [model car racing] 모형 자동차 경주.

모뎀 [MODEM-Modulator Demodulator] 변복조장치.

모듈 [영 module] 〈건〉건축물의 각 부분의 상대적인 균형을 측정하는 기준이 되는 척도.

모듈러 [modular] 기준의, 규격화된 계수의.

모듈러스 [영 modulus] 〈고무〉 특정 신장(特定伸張) 때의 인장 응력(tensile stress).

모듈러 커디네이션 [modulation] 〈건축〉 건축 재료의 공업(工業) 규격.

모듈레이션 [modulor]
① 〈음악〉 전조. 변조. 억양.
② 〈무선〉 조정. 조음.

모듈로르 [프 modulor] 〈건〉인간의 치수에 맞추어 산출한 건축. 가구 등의 규격치수.

모드 [mode]
① 〈수학〉 최대의 도수를 가지는 변량의 수치.
② 〈음악〉 선법(旋法).
③ 양식. 방법. 방식. 유행형.

모드 [영 mode] 유행.

모디파이 [영 modify]
① 수식하다.
② 수정하다. 적응시키다.

모디파이드 풋볼 [modified football] 간이 축구. 쉽게 고친 축구.

모디피케이션 [영 modification] 수식, 수정, 변경.

모라 [mora] 〈언어〉음절의 길이를 재는 단위.

모라토리엄 [영 moratorium] 〈경〉지불유예. 경제공포 등의 경우 법령으로 일체의 채무의 변채를 일정기간 유예시키는 것.

모랄리티 [morality]
① 도덕관념. 도덕성.
② 16세기경 서구에서 성행하던 교훈극.

모랄 서포트 [moral support] 정신적 원조.

모랄 센스 [moral sense] 도덕 의식.

모랄 펄류션 [moral pollution] 도덕을

더럽히는 것. 정신적·도덕적 공해 (moral은 도덕상의라는 뜻이고, pollution은 대기 오염·수질 오염 등의) 오염.

모럴 [프 morale]
① 사기, 일에의 의욕. ② 도덕, 윤리.

모럴리스트 [영 moralist] 도덕자, 도학자

모럴 서베이 [영 moral survey] 〈경〉회사 시책에 대한 종업원의 의견 조사. 모럴(moral)은 집단의 결합도·응집도·사기(士氣)를 뜻함.

모럴 해저드 [moral hazard] 도덕적 해이, 위험.

모레누 [프 moraine] 빙하에서 운반된 돌등의 퇴적.

모레이비앙카 [moravianka] 체코슬로바키아의 포크 댄스.

모레인 [moraine] 〈지학〉빙하에 의한 퇴석(堆石).

모렌도 [이 morendo] 〈음악〉차차 느리고 약하게.

모랜느 [프 moraine] 빙하가 다른 돌과 암초가 쌓인 것.

모로케인 크레이프 [영 morocain crape/moloquin] [프 crepe morocain] 〈섬〉
① 경사에 생사, 위사에 Z연 강연사를 2올 합사한 생사와 S연 강연사를 2올 합사한 생사를 교대로 넣은 직물.
② 경사에 레이온 사, 위사에 SZ강연 레이온 사를 2올 교대로 사용하고 곰보가 심히 나타난 크레이프(crape)의 일종.

모로코 (Morocco/Kingdom of Morocco) 〈국〉아프리카 대륙 서북부에 있는 입헌 군주국. 1912년 프랑스와 에스파냐의 보호령, 1956년 완전 독립. 국호를 모로코 왕국으로 정함. 수도는 라바트(Rabat). (→) 라바트.

모르겐로트 [도 Morgenrot] 독일어 Morgen(아침)+Rot(주홍색)에서 온 말. 아침놀. 새벽 빛. 특히 저녁 놀은 글뤼헨(Gluhen). (→) 알펜글뤼헨(Alpengluhen).

모루히네 [네 morphine] 〈약학〉야편의 구성분인 알칼로이드의 마취제. 몰핀. → 모르핀.

모르그 [프 morgue]
① 거만한 모양.
② (신원 불명의) 시체 공시소(公示所)
③ 신문사의 자료실.

모르모란도 [이 mormorando] 〈음악〉고요히. 나즈막히, 말하듯이.

모르스(부호) [영 morse code] 전신부호, 미국의 전기기사 모르스의 창안. 장단 2종의 선을 다양하게 배합하여 문자로 대용한 것.

모르스 코드 [morse cord] 전신 부호 (미국 모르스 창안).

모르와 Maurois, Andre (本名 Emile Salomon Wilhelm Herzog) (1885~1967) 프랑스의 小說家, 隨筆家, 轉記 作家.

모르텐트 [독 Mordent] 〈음악〉장식음의 하나. 주요 음에서 2도 아래를 거쳐 다시 주요 음으로 돌아옴.

모리민 [moreamin] 아미노산과 칼로리원이 함유된 영양 주사제.

모리셔스 (Mauritius) 〈국〉인도양 서남부 마다가스카르 섬(Madagascar I.)의 동쪽 모리셔스 섬(Mauritius I.)에 있는 입헌 군주국. 1598년 네덜란드에 점령되었다가 1721년 프랑스령, 1810년에 영국의 직할 식민지. 1968년 영연방의 일원으로 독립. 수도는 포트루이스(Port Louis). (→) 포트루이스.

모리스 댄스 [morris dance] 모리스

무곡에 맞추어서 추는 춤.

모리즈 [mores] 관습. 도덕적 규칙.

모리타니 (Mauritanie/Islamic Republic of Mauritania) 〈국〉 아프리카 대륙 서북부에 있는 회교 공화국. 1920년 프랑스 식민지, 1958년 프랑스 공동체 내의 자치국. 1960년 독립. 1976년에 에스파냐가 서부 사하라 남부 3분의 1을 병합했으나 1979년 이를 포기, 1984년 폴리사리오 민주 공화국(SAOK)을 승인함. 수도는 누악쇼트(Nouakchott). (→) 누악쇼트.

모멘탈리즘 [momentalism] 찰나주의.

모멘텀 [momentum] 〈경기〉(역학) 운동량. 힘. 계기, 요소.

모멘트 [영 moment]
① 순간. ② 기회. ③ 〈기〉 능률.

모멘트 뮤지컬 [moment musical] 〈음악〉 주로 피아노곡에 쓰이는 환상적 소품의 이름.

모모스 [이 momos] 〈신화〉 조롱·야유의 신.

모미즘 [momism] 여가장주의(女家長主義). 어머니 중심의 가정.

모바일 [mobile] 아동의, 이동하는 식의. 자동화나 이동용 장비를 지칭.

모브 [영 mob] ① 대중, 군중.
② 인민, 남을 모함하는 사람.

모브신 [mob scene] 〈연극〉 군중이 나오는 장면(모함자).

모비미엔토 [스 movimiento] ① 이동. ② 배달이나 이사와 같은 일(각종 배달중개 메신저의 서비스업 전망세).

모빌 [mobile] 〈미술〉 움직이는 조각 (철사나 실로 금속판 등을 매달아 미묘한 밸런스를 이루며 움직임).

모빌 (유) [mobile(oil)] 자동차용 윤활유의 하나.

모빌리지 [영 mobillage] 자동차가 캠프하는 지정지역. 모빌과 빌리지(村)의 합성어.

모션 피칭 [motion pitching] 〈야구〉 타자를 혼동시키려고 팔을 이리저리 휘둘러 던지는 것.

모션 픽쳐 [motion picture] 영화.

모스 그린 [영 moss green] 황색을 띤 이끼와 같은 녹색. 모스는 이끼.

모스크 [영 mosque] 〈종〉회교의 사원, 예배당.

모스크바 (Moskva) 〈지〉 소비에트 사회주의 공화국 연방(Union of Soviet Socialist Republics)의 수도. 러시아 평원 중앙부 볼가 강(Volga R.)의 분류인 모스크바 강(Moskva R.)에 면한 소련 최대의 도시. 모스크바 대공국의 수도. 1714년 러시아의 수도가 페테르스부르그(Petersburg) [현재의 레닌그라드] 로 옮겨간 시기를 거쳐, 1918년 이래 다시 수도가 됨. 한자 표기로는 막사과(莫斯科). (→) 소련/소비에트.

모스키토 웨이트 [mosquito weight] 〈권투〉 아마추어 권투의 중량에 의한 급수의 하나(42kg 이하).

모스 트랜지스터 [MOS transistor] 〈컴퓨터〉 산화막에 의해서 전기 통로에서 절연된 게이트 전극에 전압을 걸어 전류 통로를 제어하는 전기 효과 트랜지스터. PMOS, NMOS, CMOS 등이 있다.

모스트·밸류어블·블레이어 [영 most valuable player] 〈야〉 최우수 선수, MVP로 약함.

모슬린 [muslin] 메린스(merinos). 머즐린.

모아브 (Moab) 〈역〉 현재의 요르단(Jordan) 서남부에 있던 고대 왕국.

모올 [프 mogol]
① 인도 모올 지방에서 생산된 데서 온 말로, 단자 비슷한 부직(浮織)의 직물.

② 금실 은실 등을 섞은 것.
모와레 [moire]
① 다후다로 짜낸 장력이 강한 견직물의 하나.
② 〈인쇄〉재복제할 때 생기는 얼룩.

모일렌그라하트 식(食)
[도 Meulengracht diet] 〈식품〉위궤양 환자용 식이.

모잰드라이트 [mosandrite] 〈광물〉스톡홀름의 K. G. Mosander의 이름에서 세리움 금속의 구산염.

모잠비크 (Mozambique/People's Republic of Mozambique) 〈국〉아프리카 대륙 동남부, 인도양에 면해있는 인민 공화국. 1498년 바스코 다 가마(Vasco de Gama)가 발견, 16세기 무렵부터 포르투칼의 식민지. 1975년 포르투갈과 독립 협정 체결, 인민 공화국 출범. 공용어는 포르투갈어. 수도는 마푸토(Maputo). (→) 마푸토.

모잠비크 해류(海流) (Mozambique) 〈해〉남적도 해류의 일부. 아프리카 동안을 남하하여 모잠비크 해협을 통과함. 아굴라스(Agulhas) 해류라고도 함.

모젤(총) [독 Mauser총] 독일인 모젤이 발명한 원거리용 연발총.

모즈 [영 mods] 표어, 좌우명.

모차르트, 볼프강 아마데우스
(Wolfgang Amadeus Mozart, 1756 ~1791) 〈인〉오스트리아의 작곡가.

모카신 [moccasin]
① 북아메리카 토인이 신는 노루 가죽신. 뒤축이 없음.
② 골프용의 단화. ¶~인디언식.

모카신 테이프 [북미 인디언어 > 영 moccasin tape] 〈고무〉코테. 사슴가죽으로 만든 뒤축 없는 신의 코테라는 뜻에서 온 말.

모케트 [프 moquette] 〈섬〉의자감 등에 사용하는 경 파일 직물.

모크 리노 [영 mock leno/imitation gauze] 〈섬〉외용관 가제 직물에 유사한 직물(부인복·블라우스·셔츠 감 등).

모터 [motor] ① 모르타르
② 약 절구. ③ 박격포.

모터 글라이더 [motor glider] 발동기를 장치한 활공기.

모터 댄스 [motor dance] 혼자 추는 4분의 3박자의 미국 춤.

모터 드릴 [motor drill] 전기로 돌리는 송곳.

모터라이제이션 [영 motorization] 생활의 자동차화. 자동차 시대. 자동차가 대중 생활 속에 광범하게 파고들어 영향을 주는 현상.

모터 스위퍼 [motor sweeper] 도로청소차.

모터 스쿠터 [motor scooter] 한쪽 발을 스케이트하는 모터 기구.

모터 코치 [motor coach] 버스.

모터 파이어 엔진 [motor fire engine] 볼 자동차.

모터팬 [motorfan] 선풍기.

모터풀 [motorpool] 주차장. 자동차 집합소. 수송부.

모테토 [이 motetto] 〈음악〉성서의 가사에 의한 무반주 합창곡.

모텔 [영 motel] 자동차 여행자가 차와 함께 숙박할 수 있는 호텔. motorists hoter의 합성어.

모텟 [motet] 경문가(經文歌). 천주교의 음악으로 성서, 시편에서 딴 가사에 반주가 없는 합창곡.

모토 [motto] 표어. 금언. 좌우명. ¶일찍 일어나는 것은 그의 생활의 ~다.

모토크로스 [영 motocross] 스피드웨이의 코스가 아니라 산림원야의 단주에 의한 자동차 경주.

모토피아 [영 motopia] 모터(motor)와 유토피아(utopia)의 합성어로 미래도시의 하나.

모티베이션 [영 motivation] 심리, 행동의 동기부여.

모티베이션 리서치 [영 motivation research] 구매 동기 조사.

모티브 [프 motif]
① 문학·예술 등의 표현 동기가 된 중심 사상.
② 〈음악〉 음악을 구성하는 최소 단위로 악절(樂節)의 기본이 되는 것.
③ 〈의상〉 뜨개질의 단위가 되는 도안·무늬.

모파상, 기 드 (H. R. A. Guy de Maupassant, 1850~1893) 〈인〉 프랑스의 소설가.

모파트 [영 mopart] 개러지 딸린 아파트, moter와 apart의 합성어.

모펫 [영 mopet] 소형엔진을 단 경오토바이.

모폴로지 [morphology]
〈언어〉 형태론. 형어형론에 관한 공부.
〈지리〉 지형학.

모프 [mop] 자루 걸레. 자루가 달린 걸레.

모하메드 (Mohammed) 〈인〉 → 마호메트(Mahomet).

모헤어 [아 > 이 > 영 mohair] 〈섬〉
① 앙고라염소(Angora goat)의 털. 또는 그 털로 짠 직물, 모헤어 직(織)
② 모헤어 플리스(mohair fleece).

모헤어 플러시 [mohair plush] 비로도의 한 가지. 감의 씨와 날은 목면사. 털은 모헤어로 되어 있음.

모헤어 플리스 [mohair feece] 부인용 고급 오바지로 모헤어를 써서 표면에 부드러운 털이 나게 한 방모움(紡毛絨).

모호크 [Mohawk]
① 〈스케이팅〉 방향 전환의 한 방법.
② 프리 스케이팅(free skating) 및 페어 스케이팅(pair skating)에 쓰이는 형.

몬드 [프 monde] 세계, 사회.

몬로 닥트린 [영 monroe doctrine] 〈정〉 미국의 제5대 대통령 몬로가 1827년에 제창한 정책. 미국과 유럽 간의 상호불간섭주의.

몬셰리 [moncheri] 나의 사랑하는 사람.

몬스터 탱커 [monster tanker] 〈공업〉 초대형 유조선.

몬스테라 [monstera] 관엽 식물의 하나.

몬시뇨르 [monsignor=Msgr] 고위 성직자에 대한 경칭.

몬조니(암) [monzoni(巖)] 화성암의 하나.

몬테네그로 (Montenegro) 〈지〉 유고슬라비아(Yugoslavia) 연방을 구성하는 공화국의 하나.

몬테소리메서드 [Montessori method] 어린이의 자주성을 존중해 주는 교육법. ▷ 이탈리아의 여성 교육가 M. 몬테소리가 제창.

몬티 (새) [monti] 되새.

몬파리 [프 mon paris] 우리파리. 샹송의 이름.

몰 [라/영/독/프 mol] 〈화학〉 그램분자. 물분자.

몰 [mall] 〈음악〉 단조(短調). 단음계.

몰 [moll] 나무 그늘이 있는 산책로식의 상점가. 수목(樹木)이 있는 쇼핑센터로 보행자 전용인 경우가 많음.

몰다비아 (Moldavia) 〈지〉 소련을 구성하는 공화국의 하나.

몰드 [영 mould] 형, 주형.

몰드 룩 [mold look] 〈미용〉 가볍게

찰싹 머리에 붙은 헤어스타일.

몰디브 (Maldives/Republic of Maldives) 〈국〉몰디브 제도(諸島)(Maldive Is.)를 영토로 하는 공화국. 영어 표기로는 맬다이브. 1887년부터 영국의 식민지로 되었다가 1948년 실론(현 스리랑카) 독립과 함께 영국의 보호령 1953년 회교 군주국을 폐지하고 공화국 선포. 1965년 완전 독립. 수도는 말레(Male). (→) 말레.

몰디브 제도(諸島) (Maldive Is.) 〈지〉 스리랑카(Sri Lanka)의 서남쪽에 산재하는 산호도.

몰렉트로닉스 [영 molectronics] 극소 전자나 전자장치를 초소형화한 것. molecular와 디-ectronics의 합성어.

몰리넬로 [이 molinello] 펜싱의 세이버에 있어서 칼을 빼면서 배는기술.

몰리브덴 [그>라>도 Molybdan] [프 molybdene] 〈화·광〉금속 원소의 일종. 수연.

몰몬(교) [mormon교] 미국에서 일어난 그리스도교의 일파. 예수 그리스도 후기 성도 교회의 별칭. 가장 성실한 신도들의 집단으로 교세가 급속도로 확장됨. 미국에서 신도수가 네 번째로 많은 교회.

몰타 (Malta/Republic of Malta) 〈국〉 지중해의 중부, 이탈리아 시칠리아 섬(Sicilia I.) 남쪽 해상의 몰타 섬(Malta I.)에 있는 공화국. 1814년 영국령, 1947년 자치권 획득, 1964년 영 연방 내의 독립국. 1974년에 공화국이 됨. Molta로도 표기함. 수도는 발레타(Valleta). (→) 발레타.

몰포제니시스 [morphogenesis] 〈생물〉형태 생성.

몰피니 설파스 [morphini sulfas] 황산 몰핀.

몽고(蒙古) / 몽골리아 (Mongolia/Mongolian People's Republic) 〈국〉동시베리아의 외몽고의 대부분을 차지하고 있는 사회주의국가. 1924년 몽고 인민 공화국 선포. 1946년 중국(당시 國府)으로부터 정식 분리 독립함. 1960년 사회주의 헌법 공포. 수도는 울란바토르(Ulan Bator). (→) 울란바토르.

몽골로이드 [Mongoloid] 몽고 인종에 속하는 사람.

몽골리스무스 [mongolismu] 〈의〉몽고박치.

몽골리안 [영 mongolian] 몽골족. 몽골계의.

몽구스 [mongoose] 〈동물〉사양 고양이과에 속하는 동물의 총칭. 독사의 천적.

몽그렐 아이언 [mongrel iron] 골프에서, 철제 클럽의 일종.

몽따나르 [프 nomtanards] 영화나 사진의 편집 구성의 한 수법. 화면 구성.

몽따뀔 [프 monticule] 손으로 쥘 수 있는 칼자루의 부속품 전체.

몽키하우스 [영 mokey house] 유치장.

몽타주 [프 montage]
① (영화·TV) 두 카메라로 촬영하여 한 화면에 반반씩 넣는 것.
② 범죄 수사에 있어서 범인의 인상착의를 중심으로 만들어진 사진(필름의 화면 조립의 기법으로 인물 추정화).

몽타주 레코드 [프 montage + 영 record] 몽타주 사진과 같은 방법으로 레코드를 하나로 편집해 만든 유성기판.

몽테뉴, 미셀 에켐 드 (Michel Eyquem de Montaigne, 1533~1592) 〈인〉 프랑스의 문필가, 철학자.

몽파르나스 [프 Montparnasse] 프랑스 파리의 한 지역으로, 예술가들이 모이는 장소.

무굴 (Mughul) 〈역〉 인도의 몽고계 왕조(16~19세기).

무니 스코치 [영 mooney scorch] 〈고무〉 가공 공정의 안정성을 위한 표시. 즉 무니 점도계(粘度計)로 측정된 미가황 고무의 스코치(초기 가황)시간을 나타내는 것.

무니엘 [프 meuniere] 〈요〉 소맥분에 버터를 발라서 쪄낸 생선요리.

무데하르[스 Mudejar]기독교 통치 아래 남은 회교도 또는 그들의 건축 양식.

무드 뮤직 [mood music] 기분을 내기 위한 음악.

무드 컨디셔닝 [영 mood conditioning] 기분 조정. 능률 향상이나 위험 방지를 위해 가벼운 음악을 틀어 주어 직장의 분위기를 부드럽게 해주는 일.

무디 [moody] 무드가 있는, 분위기가 좋은.

무디스 [Moodis] 1900년에 설립된 미국의 대표적인 신용 평가 기관. 전세계 국가를 대상으로 채무 상호나 능력 등을 종합 평가해 국가별 등급을 발표하고 있음.

무라 [범 mura] 「베다」에 나오는 말. 뿌리를 의미하여 성기(性器)를 뜻하기도 함. 물라(mula)와 같은 뜻으로 쓰임. (→) 물라.

무란 루주 [프 Moulin Rouge] 빨간풍차, 프랑스의 극장명.

무무 [하와이 muumuu] 〈복〉하와이의 부인복.

무브넷 [영 movenet]움직이는 주택설비.

무브먼트 [movement]
① 운동·정치·사회·문학·예술적인 동향을 말함.
② 〈음악〉진행 악장. 박자.
③ 〈미술〉곧게 선 자세로부터 변화한 꼴. 동양화의 꼴.

무비올라 [moviola] 발성 영화용 편집장치.

무솔리니, 베니토 (Menito Mussolini, 1883~1945) 〈인〉 이탈리아의 총리, 정치가, 파시즘적 독재자.

무슈 [프 munsieur]
① 남자에의 경어, 호칭.
② 어른, 신사.

무스카리 [라 muscari] 〈식물〉 백합과에 속하는 식물.

무스카린[muscarine] 〈화학〉무미 무색의 투명한 알칼로이드, 곰팡이에서 남.

무스카트 (Muscat) 〈지〉 오만 토후국(土侯國) (Sultanate of Oman)의 수도 영어 표기로는 머스캣. 17세기 포르투갈 동방 무역의 거점으로 번영하였음. (→) 오만.

무스콘 [muscone] 〈약학〉 사약의 방향(芳香) 주성분.

무스크[포 musk]사향, 향료로 사용된다.

무아레 [프 moire]물결 무늬. 규칙적으로 분포된 점이나 선이 겹쳐서 된 무늬.

무어(전등) [moore (電燈)] 미국의 전기 기사 가 만든 발전등.

무자반트 [범 Mujavant] 〈역〉 베다에 나오는 소마(soma) 초가 자란다는 산의 이름.

무지크 [독 misik] 음악, 뮤직.

무지크 [러 muzhik] 러시아 제정시대의 농민.

무직티렉토르 [독 Musikdirector] 〈음악〉지휘자.

무초 [스 mucho] 좀 더 많이.

무코이드 [mucoid] 〈화학〉생물에 의해 생기는 점액 물질의 총칭.

무크 [영 mook] 잡지와 단행본의 합성어. 단행본과 잡지의 두 가지 성격을 가진 서적. 1970년대에 처음으로 런던에서 만들어 진 말.

무트 [Mut] 〈민속〉 이집트 사람들이 숭배한 어머니 신.

묵 [영 mook] magazine(잡지)와 북(서적)의 합성어로 그 중간의 서적물.

문라이트 소나타 [Moonlight sonata] 베토벤의 월광곡.

문테르 [독 Munter] 〈음악〉 쾌활하게.

문 피시 [moon fish] 송사리의 일종.

물(석) [mull (石)] 영국 mull섬에서 처음 발견된 알루미늄의 규산염. 광물.

물라 [범 mula] 「베다」에 나오는 말. 뿌리·근본·기초·본원·근원·원인·발단 등의 뜻. 무라(mura)라고도 함. (→) 무라.

물라토 [Mulato] 백인과 흑인 사이의 혼혈인.

물랭 루즈 [프 Mulin-Rouge] 파리에 있는 뮤직홀 및 댄스홀의 이름. '붉은 풍차'라는 뜻인데, 이는 1889년 개관 이래 입구에 일류미네이션(illumination)의 빨간 풍차를 장식했으므로 이 이름이 생겼음.

뭇솔리니 Mussolini, Penito (1883~1945) 이탈리아의 獨裁者.

뭉고 [영 mungo] [도 Mungowolle] [프 laine mungo] 〈섬〉 축융·모제품 등의 넝마에서 얻은 재생모.

뮈토스 [독 Mythos] 신화.

뮌헨 (Munchen) 〈지〉 서독 바이에른 주의 주도.

뮤 [영 mu]
① 길이의 단위, 미크론을 나타낸다.
② 희랍문자오

뮤신 [라 > 영 mucin] 〈식품〉 천연 단백질과 단수화물의 복합체.

뮤젯 [영 musette] 〈음〉 풍적, 바람피리. 소형 오브네.

뮤즈 [muse] 그리스 신화에 나오는 시극·음악·미술을 지배하는 아홉 여신의 총칭. 시적 영감. 시혼(詩魂).

뮤지카 다 키메라 [이 musica da camera] 실내악(室內樂).

뮤지카 아라비아트 [이 musica arabiata] 희극 음악.

뮤지컬 드라마 [musical drama] 방송 순서의 음악극.

뮤지컬 코메디 [musical comedy] 〈음악〉 음악 희극.

뮤지컬 플레이 [musical+play] 〈음악〉 음악극.

뮤지크 [러 muzhik] 러시아 제정 시대의 농민.

뮤직 세러피 [music therapy] 〈의학〉 음악요법(정신 장애자 등에게 음악을 감상시키거나 노래·연주를 시켜 치료에 도움이 되게 하는 일)

뮤추얼 펀드 [mutual fund] 증권 투자를 목적으로 하는 회사의 주식을 일반인이 사는 형태의 펀드.

뮤코 [영 mucoplysaccharides] 〈식품〉 다당류(多糖類).

뮤테이션 디오리 [mutation theory] 〈생물〉 돌연변이설.

뮤토스 [그 mythos] ① 신화.
② 어떤 사회에 특유한 가치관.

뮤턴트 [영 mutant] 〈생〉 돌연변이체.

뮤트 [영 mute]
① 〈기〉 악기에 붙이는 약음기.
② 말을 안하다.

뮬 [영 mule]
① 〈동〉 노새, 암말과 숫당나귀 사이에 태어난 잡종.
② 〈기〉 정방기.
③ 철도에서 화차를 밀어 올리는 장치.

미그 [러 MiG] 구소련 공군의 전투기. 미코얀과 그레비치의 두 기사 이름의 머리글자.

미그레닌 [라 migraeninum/Migraenin] [도 Migranin] [영 migrainine] 〈약〉안티피린(Antipyrin) · 카페인(caffeine) · 구연산 [lemon 酸]을 합해서 만든 진통제. 독일 헤히스트사 제품의 상품명.

미그마타이트 [migmatite] 화성암과 수성암 성분이 섞인 돌.

미너렛 [minaret] 회교 사원. 외곽 귀퉁이의 가늘고 긴 탑.

미네랄 워터 [mineral water] ① 광천수(鑛泉水) ② 탄산수.

미네랄 테러빈 [mineral terebin] 테러빈유의 대용 석유 제품.

미네르바 [그 Minerva] 로마 신화의 지혜 · 공예 · 기예의 여신.

미네스트로니 [이 minestrone] 〈요리〉이탈리아식 국물.

미네장 [독 Minnesang] 중세 독일의 궁전에서 행해지는 기사의 연애가(歌).

미네징거 [독 Minnesinger] ① 즉흥적으로 연애시를 지어 부르는 사람. ② 중세기의 대중 음악가.

미네트(광) [minette (鑛)] ① 페물광. ② 프랑스로렌스 지방의 철광석.

미노르카 [스 menorca] 〈동〉지중해의 미노르카섬의 원산의 닭. 레그혼과 비슷하나 더 큼.

미노스(미술) [minos (美術)] 〈미술〉기원전 2000~1400년경에 전성한 고대 크레타(Kreta) 문명의 예술.

미뇽 [프 mignon] ① 사랑하는 사람. ② 괴테의 소설 '이탈리아 소녀'의 이름. ③ 토마스가 지은 가극.

미뇽 [프 mignonne] 〈인쇄〉7포인트 활자.

미뉴엣 [minuet] 〈음〉고풍으로 원만한 4분의 3박자의 프랑스 무곡.

미뉴엣 스텝 [minuet step] 3박자의 스텝의 하나. 잠시. 촌시.

미니멀 레이트 [영 minimal rate] 〈광고〉어느 매체의 광고 요금 중 가장 싼 요금을 100만부당으로 고친 수치.

미니멈 에쎈셜즈 [minimum essentials] 최소 요구 기준.

미니스터 [영 minister] 대신, 대사, 장관.

미니스테리얼 [독 Ministeriale] 중세 독일에서 비자유인 출신의 고관.

미니아뛰르 [프 miniature] ① 중세기 경전(經典) 사본의 상식용 밀화. ② 작은 그림. 또는 공예품.

미니어처 골프 [miniature golf] 〈골프〉실내 또는 정원 내에 만드는 모의 골프 링크를 말함.

미니어처 셋 [miniature set] 영화 촬영을 위한 축소형 장치.

미니어추어 [영 miniature] ① 소형, 모형. ② 〈미〉세밀도.

미니언 [영 minion] ① 베트, 마음에 드는 ② 〈인〉7포인트 활자.

미니컴퓨터 [minicomputer] 〈컴〉소형이며 주로 계측 제어(計測制御) · 프로세스 제어 · 기술 계산 등의 전자계산기(퍼스널 컴퓨터 보다 능력이 높음)

미니코미 [영 mini communication] 소수를 상대로 하는 전달방식.

미니콥터 [minicopter] 〈항공〉소형 헬리콥터.

미니테이프 [minitape] 작은 녹음기.

미니트맨 [minuteman] 〈군사〉미 공군의 지대지(地對地) 미사일.

미니트 투 미니트 플로필 [영 minute to minute profile] 라디오 · TV 프로그램에 대한 시청자의 호오감(好惡

169

感)·관심도를 나타내는 지수(指數)를 오디언스 프로필(audience profile)이라 부르며, 프로그램의 1분마다의 오디언스 프로필을 미니트 투 미니트 프로필이라고 함. CM의 효과적인 상을 생각하는데 참고가 됨.

미다스 [Midas] 그리스 신화에서 손에 닿는 것은 무엇이나 황금으로 변하게 한 프리기아의 왕.

미다스 위성 [Midas] 미국이 군사적 목적으로 개발한 미사일 탐지용 위성. 주 임무는 적국이 발사한 각종 탄도 유도탄을 조기 발견하는 것으로 위성 안에는 적외선 탐지기가 있어 '미사일'의 배열을 탐지할 수 있다.

미드 [영 MEED] 〈책〉 「중동 경제지」 Middle East Economic Digest의 약어.

미드쉽 [midship] 〈요트〉 배의 중앙부.

미드 아이언 [mid iron] 〈골프〉 제2아이언.

미드웨이 섬(Midway I.) 〈지〉 하와이 제도(Hawaii Is.) 서북쪽에 있는 섬.

미드코트 라인 [midcourt line] 〈배드민턴〉 센터 라인.

미드필드 게임 [mid-field game] 〈축구·기타〉 경기장 중앙에서의 플레이.

마들러 [middler] 〈육상〉 중거리 선수.

마들링 [영 middling] 〈섬〉 미면 등급의 하나로서 스트릭트 미들링 다음가는 것. 비고 : 약호 M.

마들 매니지먼트 [middle mangement] 〈경영〉 중간 관리.

마들웨이트/마들 급(級) [영 middle weight] 〈체〉 중량급의 하나. 권투에서는 160파운드(72.57kg), 레슬링에서는 82kg 이하를 말함.

마들 포어 [middle foure] 보트 레이스 용어로 '에이트' 의 가운데 네 사람.

마들 핸드 [middle hand] 〈탁구〉 몸 중

앙에서 라켓을 가지고 공을 치는 동작.

마들 헤비 웨이트 [middle heavy weight] 〈역도〉 체중 90kg까지의 급.

미디 [middy]
① 〈의상〉 미니(아주 짧은 것)와 맥시(아주 긴 것)의 중간. 알맞은 길이의
② 미 해군 사관후보생. 해병학교 생도.

미디네뜨 [프 midinette] 상점에서 물건 파는 여자.

미디 블라우스 [middy blouse] 〈의상〉 길이는 힙(hip)까지 내려오고 통이 넓은 블라우스.

미디어 레프리젠테이티브 [영 media representative] 〈광고〉 매체의 스페이스나 타임을 매체사(媒體社)를 대리해서 광고주나 광고 대리점에서 판매하는 업무를 대행하는 대리점.

미디어 믹스 [영 media mix] 〈광고〉 광고 계획 입안 때 예상되는 광고 대상에 효과적인 광고 메시지가 도달하도록 각 매체의 양적·질적 특성을 고려해서 가장 효율이 높은 매체의 조합(組合)을 결정하는 것.

미디어 바이어 [영 media buyer] 〈광고〉 광고 매체의 구입을 담당하는 사람. 광고 대리점 내에서 미디어 슈퍼바이저(supervisor)의 감독하에서 광고 계획에 따라 스페이스·타임을 구하는 사람.

미디어 슈퍼바이저 [영 media supervisor] 〈광고〉 광고 대리점 내의 매체(媒體) 감독자.

미디어 스케줄 [영 media schedule] 광고출고의 매체명. 광고 게재의 일시, 광고의 스페이스(타임), 광고 요금 등을 적은 실시의 명세서 및 예정표.

미디어스페이스 [Mediaspac] PC, TV, 전화 등으로 연결된 정보와 아이디어 이미지를 하나의 통합된 순환 시스템으로 보는 개념.

미디어크래시 [mediacracy] 대중에의

정보 전달 매체인 신문·방송 등이 거대한 힘을 가지고 사회를 움직이게 되는 경향.

미디어플래너 [영 media planner] 〈광고〉광고 대리점의 매체 부문에서 광고주(廣告主)를 위하여 매체 계획을 세우는 사람.

미디엄 아이언 [medium iron] 〈골프〉중거리 타에 쓰는 제4, 5, 6 아이언.

미디오크라시 [mediocracy] 우수한 인물이 아닌, 평범한 인물이 지배해 가는 범용한 정치.

미디 자켓 [middy jacket] ① 수영복. ② 수영복과 비슷한 여자나 어린이 옷.

미라주기 [프 Mirage] 다스 회사가 개발 제작한 것으로 속도는 음속의 2배가된다. 58년 프랑스 공군의 주력기가 된 이래 제3국 각국으로 수출되고 있으며 67년 중동(中東)의 6일 전쟁(戰爭)에서 큰 몫을 했다.

미라클 플레이 [miracle play] 〈연극〉기적극.

미란다 [miranda] 피통치자가 정권 권력에 대하여 무조건적으로 신성함과 아름다움을 느끼고 예찬하는 비합리적 상황을 가리키는 말(세익스피어의 희곡 「템페스트」 여주인공의 딸 이름에서 따온 말)

미란다 원칙 [miranda 原則] 〈법률〉구속 영장 청구하는 사실을 미리 알리는 적용.

미르 [러 mir] 소련의 공동체와 그 구성자 전원.

미르라 [독 Myrrha] 아프리카산 감람과에 속한 식물에서 채집한 고무 수지.

미리큐리 [millicurie] 1000분의 1큐리.

미모니스트 [mimmonist] 수전노.

미모사 [mimosa] 〈식물〉함수초. 아카시아.

미모사이트 [mimosite] 〈지학〉미모사의 꼬투리로 생각되는 화석 열매.

미무 [프 mime] 〈발레〉설명의 부분으로 오페라의 서창(敍唱)에 해당됨.

미믹 [영 mimic] ① 흉내. ② 〈극〉 몸짓. 손짓.

미사 [영 missa] 〈종〉카톨릭의 성만찬회.

미셔너리 세일즈맨 [영 missionary salesman] 단순히 상품의 판매만을 목적으로 하지 않고 상품 취급점에 대한 계몽·상담 등에 역할의 중점을 둔 판매원. 미셔너리(missionary)는 '선교사'의 뜻.

미셀 [micell] 〈화학〉콜로이드에 있는 복잡한 입자로 된 구조의 단위.

미션(회) [mission (會)] 선교회.

미소저니 [misogyny] 여성혐오증.

미솔로지 [영 mythology] 신화, 신화학.

미스 [myth] 신화(神話).

미스 더 글러브 [miss the glove] 〈골프〉볼을 헛 치는 것.

미스리드 [영 mislead] ① 오류로 이끌다, 방황시키다. ② 악사에 끌어들이다.

미스 앤드 아웃 레이스 [miss and out race] 자전거 경주 방법의 하나.

미스언더스탠딩 [misunderstanding] 오해.

미스저지 [misjudge] 〈체육〉잘못된 판정.

미스캐스트 [miscast] 잘못된 배역.

미스콘덕트 [misconduct] 〈체육〉부정 행위.

미스콘덕트 패널티 [misconduct penalty] 〈아이스하키〉임원에 대하여 폭언을 하였을 때의 벌칙으로 10분간 퇴장.

미스큐 [miscue] 〈당구〉잘못 치는 것.
미스테리 [영 mystery]
① 괴기소설 또는 영화.
② 추리소설.   ③ 신비, 괴기.

미스테리오소 [이 misterioso] 〈음악〉신비롭게.

미스테리 헌터 [mystery hunter] 〈문학〉신비로운 것을 좋아하는 사람.

미스트랄 [mistral] 〈기상〉프랑스 남부에서 불어오는 마른 북풍.

미스트리스 [mistress] ① 주부.
② 여주인.   ③ 정부(情婦).

미스티시즘 [mysticism] 신비주의.

미스티피케이션 [영 mystification]
① 연기에 둘러싸인, 속이는 것.
② 신비화

미스틱 [mystic] 신비적.

미스프린트 [misprint]
① 인쇄를 잘못함.
② 동사(영/mimeograph)를 잘못하여 한국식 용법으로 됨.

미스필드 [miss-field] 〈럭비〉볼이 손 또는 팔뚝에 스치고 떨어지는 것.

미시 [missy] 젊은 여성. 아가씨들.

미시아 (Mysia) 〈역〉터키(Turkey) 반도에 있던 고대 국가.

미싱 스테이 [missing stay] 〈요트〉횡범선(橫帆船)이 태킹(tacking)에 실패하는 것.

미오겐 [독 Myogen] 〈화학〉미오씨노겐 근육 안에 있는 물에 녹는 단백질.

미오글로빈 [myoglobin] 헤모글로빈과 비슷한 색소 단백질.

미오신 [독 Myosin] 〈화학〉근단백질의 주요 성분.

미이라 [프 mirra] 사람이나 동물의 시체를 오래 동안 보존해 온 것. 천연적인 것과 인위적인 것이 있음.

마이즘 [meism] 자기 중심주의(자기 이외에는 무관심한 생활 태도, 또는 자기 중심적인 삶의 방식) ↔ 유이즘.

미잔트로프 [프 misanthrope]
① 인간혐오, 염세가.
② M~ 〈문〉모리엘의 희곡명.

미장센 [프 mise en scene] 〈연극〉무대에 관한 전체적 플랜.

미장트로프 [프 misanthrope] 염세가. 교적을 싫어하는 사람.

미장트로피슴 [프 misanthropisme] 염세주의.

미저리 인덱스 [misery index] 〈경제〉실업률과 물가 상승률을 합쳐 지수화(指數化)한 빈곤 지수.

미제라블[영 Miserable]비참한, 불쌍한.

미제트 하우스 [midget house] 〈건축〉작은 집.

미젯 [영 midget] 소형, 작은 것.

미주개발은행(IDB) 본부(워싱턴), 미주 내의 경제·사회개발 프로젝트에 융자.

미주기구 (OAS : Organization pf American States) 본부(워싱턴), 아메리카 대륙의 평화 안전 협력기구.

미즈 [Ms.]여성의 경칭. 미혼·기혼을 불문하고 붙일 수 있으며, 여성 해방 운동에서 생겨난 말.

미추린(농법) [Michurin(農法)] 야로비농법.

미카도 [mikado] 개미벌의 일종.

미켈란젤로 Michelangelo (Michlo Buonrrroti) (1475~1564) 이탈리아의 彫刻家, 畫家, 詩人.

미코플라스마 [Mycoplasma] 바이러스와 세균의 중간 성질을 지닌 미생물.

미크런 [프 micron] 〈물〉물리학상의 길이단위. 100만분의 1.

미크로 [독 micro] ① 100만분의 1. ② 미소, 극미의 뜻의 접두어.

미크로그람 [프 microgramme] 100만의 1그람.

미크로네시아 (Micronesia) 〈지〉적도 이북, 날짜 변경선 서쪽의 구역에 속하는 태평양의 섬들.

미크로메트르 [프 micrometre] 정밀기의 치수. 종이 두께 같은 길이를 재는 기구.

미크로솜 [microsome] 세포질 속에 있는 알(입자).

미크로코스모스 [독 Mikrokosmos] 〈철학〉 소우주(小宇宙).

미크로톰 [독 Mikrotom] 현미경으로 보기 위하여 물건을 얇게 써는 칼. 마이크로톰(영/microtome).

미크론 [독 Micron;micron] 〈물리〉 전기나 음향의 파장과 단위. 한 메트르의 백만분의 하나.

미크롬 [프 microhm] 전기 저항의 단위.

미크루기 [micrugy] 현미경을 사용하여 작은 조각기로 행하는 기술.

미클롱 제도(諸島) (Miquelon Is.) 〈지〉 캐나다(Canada) 뉴펀들랜드 섬(Newfondland I.) 남쪽에 있는 프랑스(France)령의 제도. 영어 표기는 미켈론 제도.

미터그라스 [meterglass] 유리컵에 눈금을 새긴 미터법의 약량계.

미터 톤 [meter ton] 미터법에서의 대중량의 단위.

미토겐(선) [Mitogen (線)] 〈생물〉 생물체에서 방사되는 일종의 자외선.

미투제품 [metoo제품] 경쟁사 제품을 모방해서 인기에 편승한 제품.

미트 [프 > 영 mitt] 〈야〉 포수·1루수가 공을 받기 위해 손에 끼는 가죽 장갑. 글로브(glove). 미튼(mitten).

미트 [영 meet] ① 〈야〉 타자가 공에 잘 배트에 맞추는 것. ② 만나다. 마주치다.

미트라 [범 Mitra] ① 친구. ② 〈신〉「베다」에 나오는 본래 아디타(Aditya) 신들 중의 하나로서 계약 또는 우의의 신. 낮이나 호흡과 동일시되기도 하며, 태양을 지배하는 신이 되기도 함.

미튼 [영 mitten] 〈복〉엄지손가락만 별도로 되어 있는 장갑. 스키에 사용한다.

미하일 로마노프 (Mikhail Romanov, 1596~1645) 〈인〉 러시아 황족을 구성한 첫 번째 황제.

미하일로비치, 알렉세이 (Aleksei Mikhailovich, 1629~1676) 〈인〉 러시아의 황제. 농노제를 확립하고, 우크라이나(Ukraina)를 합병하여 드네프르 강(Duepr R.) 왼쪽 기슭을 얻음.

믹서 [mixer] ① 춤출 때 파트너 체인지. ② 분쇄 혼합기.

믹소크산틴 [도 Myxoxanthin] 〈식품〉 해조류 중에 있는 카르티노이드 색소.

믹소트로피즘 [mixotrophism] 〈생물〉 혼합 영양.

믹스 [mix] ① 〈스키〉 건조된 싸락눈 위를 오르내릴 때 쓰는 왁스. ② 〈야구〉 투구할 때 던지는 방법으로 곡구나 직구를 섞는 것. ③ 혼합하다.

믹스 마치 [mix march] 앞에 선 사람을 향해 두 줄로 둥글게 서서 추는 춤.

믹스트 노테이션 [mixed notation] 〈도서관〉 혼합 기호.

믹스트 더블즈 [mixed doubles] 남녀 혼합복식의 테니스나 탁구.

민다나오 섬 (Mindanao I.) 〈지〉 필리핀(Philippines)의 큰 섬.

민스 [mince] 얇게 자른 고기.

민스 로스트 [mince roast] 쇠고기를 주로 하여 여러 가지 야채류를 만든 요리.

민스미트 [라>프>영 mincemeat] 〈식품·요〉 다진 고기에 향신료를 많이 넣고 사과·건포도를 섞은 것.

민스 볼 [mince ball] 고기를 다져 양념을 섞어 밀가루를 바르고 후라이한 음식.

민스 에그즈 [mince eggs] 얇게 자른 고기에 달걀을 씌운 서양 요리.

민스트럴 댄스 [minstrel dance] 미뉴엣 스타일의 장중한 춤.

민스 파이 [mince pie] 썬 고기와 과실로 만든 파이.

민즈테스트 [영 means test] 자산조사. 민즈는 자산의 뜻.

밀 Mill, John Stuart (1806~73) 영국의 哲學者.

밀 [영 mill] 〈고무〉 내림·혼합·가온 등 고무 가공을 위해 두 개의 롤을 구비한 기계. 방앗간.

밀 [영 mil] 길이의 단위. 전선의 지름 등을 측정한다. 0.001인치.

밀라네제 [독 Milanese] 본래 이탈리아 밀라노에서 생산 된 것으로 가는 그물 모양의 줄이 서 있는 메리야스 천.

밀라노 (Milano)
① 〈지〉 이탈리아(Italia) 롬바르디아(Lombardia) 자치주의 주도. 이탈리아의 상공업 도시로 견직업이 발달한 곳.
② 견직물의 상표명.

밀레니엄 [millenium] 천년간, 천년의, 천년제.

밀레니엄 버그 [millenium bug] 컴퓨터가 2000년이 되면 1900년인지 2000년인지 분간하지 못해 잘못된 연산처리와 오작동으로 세계적인 컴퓨터 대란(大亂)이 발생할 것이라는 가설적 상황.

밀레투스 (Miletus) 〈역〉 터키(Turkey) 반도에 있던 고대 이오니아(Ionia) 최강의 도시 국가.

밀로나이트 [mylonite] 암석이름. 압쇄암(壓碎岩).

밀롱가 [스 milonga] 〈음〉 라틴음악의 일종. 중미의 하바나에서 발견된 리듬으로 알렌틴으로 들어가서 현재의 알렌틴 탱고가 되었다.

밀류 [프 milieu] 〈사〉 환경, 주위.

밀리 [영 milli] ① 1000분의 1.
② 밀리미터, 밀리그램의 약.

밀리가르 [milligar] 가속도의 단위.

밀리그램 [milligram] 1그램의 1,000분의 1.

밀리렌트겐 [독 Millirontgen] 렌트겐의 1,000분의 1

밀리몰 [millimol] 1,000분의 1몰. 농도의 단위.

밀리 미크론 [프 milli micron] 길이의 단위의 하나. 1,000분의 1마크론.

밀리바 [영 milibar] 1000분의 1바(bar). 압력의 단위로서 특히 기압을 나타내는 데 쓰임. 기호는 mb 또는 mbar. (→) 바.

밀리볼트 [millivolt] 〈물리〉 전압의 실용 단위. 1,000분의 1볼트.

밀리암메터 [milliammeter] 전류계의 하나.

밀리암페어 [milliampere] 〈전기〉 1,000분의 1암페어.

밀리오네아 [영 millionaire] 백만장자, 큰 부자.

밀리올라이트 [miliolite] 〈생물〉 밀리오라과의 화석 껍질.

밀리외 [프 milieu] 〈문학〉환경. 소설에서의 배경. 분위기.

밀리터리 마치 [military march] 군대 행진곡.

밀리터리즘 [영 militarism] 군국주의.

밀리터리 프로그램 시스템 [영 military program system] 〈경〉업무 관리를 일괄해서 총합적 조직적으로 하는 제도.

밀리턴트 [영 militant] 전투적, 호전적.

밀링 [영 milling] 〈기〉금속에 구멍을 뚫는 공구. 프라이스전반.

밀링 머신 [milling machine] 〈기계〉프라이스전반 커터로 평면깎이. 홈파기, 톱니바퀴와 같은 일을 하는 기계. 절삭기(切削機).

밀크메이드 댄스 [milk maid dance] 목장에서 젖 짜는 여자의 동작을 묘사한 춤.

밀크 푸드 [milk food] 우유를 증발시켜 굳힌 다음 식염, 설탕, 전분 같은것을 넣어서 만든 고형의 식품.

밀크 홀 [milk hall] 우유를 주로 파는 경식점.

밀크 플랜트 [영 milk plant] 우유처리장, 우유정제소.

밀키 [영 milky] ① 우유와 같은. ② 유백색.

밀키 햇 [milky hat] ① 〈의상〉등산모와 비슷한 중철 모자. ② 우유와 같은 유백색.

밉스 [MIPS] 〈컴퓨터〉컴퓨터가 1초 동안 얼마나 많은 양의 명령을 실행할 수 있는가를 나타내는 단위. 1초에 백만 개의 명령을 실행하는 것을 1밉스라 한다. Million Instruction Per Second의 약어.

밍크 [mink] ① 북미 원산의 짐승. ② 그 털가죽. ¶~ 오바.

ㅂ

바 [영 bar > 도]
① 몽둥이. 막대기. 빗장.
② 〈물〉압력 단위의 하나. 100만 다인(dyne)의 힘이 1㎠에 작용할 때의 압력을 1바라고 함. (→) 밀리바(milibar)

바가 [범 Bhaga] 〈신〉「베다」에 나오는 행운의 신.

바가본드 [영 vagabond] 부랑자, 방랑자.

바겐 [영 bargain] 귀한 물건을 싸게 손에 넣다. 투매품.

바켓 [프 baggette] ① 가는 막대.
② 마대와 같이 기다란 팬.
③ 막대 모양의 프랑스 빵.

바그다드 (Baghdad) 〈지〉이라크 공화국(Republic of Iraq)의 수도. 티그리스강(Tigris R.) 중류 기슭에 있음. 762년에 사라센 제국(Saracen 帝國)의 수도로 된 뒤 대상 무역 중심지로 번영해 오다가 13세기에 몽고의 침입으로 자주 파괴되었음. 1921년 이라크 왕국의 성립으로 수도가 됨. (→) 이라크.

바기나 [프 vagina] 〈의〉질. 원의는 칼집.

바긴 세일 [미 bargain-sale] 투매(投賣). 마구 싸게 파는 일. 줄여서 바긴(bargain)이라고도 함. 표기는 '바겐'이 아니고 '바긴'임.

바긴 스토어 [bargain store] 유행에 처진 물품 등을 싸게 파는 상점.

바나나 킥 [banana kick] 〈체육〉축구에서, 공이 곡선을 그리게 차는 일.

바나나 피그 [영 banana figs] 〈식품〉건조 바나나의 한 가지.

바나듐 [독 vanadium] 〈화〉백색으로 경도가 높은 회유원소, 기호 V. 철강이나 황산 제조의 매체로서 사용된다.

바네이다 〈건축〉되튀기판.

바누아투 (Vanuatu/Republic of Vanuatu) 〈국〉남태평양의 공화국. 1906년 이래 영국·프랑스의 공동 통치령. 1978년 자치권 획득. 1980년 독립. 수도는 빌라(Vila)이며 포트빌라(Port Vila)라고도 표기함. (→) 빌라.

바니 걸 [bunny girl] 클럽 등에서 토끼 귀와 꼬리를 단 수영복 모습으로 접객하는 여성.

바니싱 [영 Vanishing] 소실하다. 제로가 되다.

바닐라 [영 vanilla] 〈식〉난과의 열대간의 덩굴초. 열매는 향료나 약용이 된다.

바다란티 [범 vadharyanti]「베다」에 나오는 말 바다랴(vadharya)의 현재 분사인 이 말은 바즈라(vajra) 곧 번개·금강저(金剛杵)를 바란다는 뜻.

바·드 [프 pas de] 한사람이 춤추는 것의 뜻.

바디 [영 birdie] 〈골프〉표준타수보다 1스트록 적은 타수이며 홀인하는 것.

바디 스웨이 [body sway] 상체가 좌우로 기울어지는 것.

바라문 교 (婆羅門敎) [범 Brahmana> 영 Brahmanism > 중 婆羅門敎] 〈종〉'범천(梵天, Brahman)'에서 온 말.

브라흐만 족(brahman 族)의 유지 발전에 깊이 관련된 인도의 한 종교. 불교 이후의 오늘날의 바라문교는 신바라문 교 또는 인도교(印度敎)라고 지칭함. 「베다」성전의 신앙인 범천을 중심으로 하여 난행고행과 조행 결백을 주지로 삶음. 브라흐만 교, 또는 브라만 교도로 표기 사용해 왔음.

바라에티 [영 variety] ① 다양성, 변화. ② 노래와 춤등 다양하게 엮은 연예.

바라타 〔범 Bharata〕〈신〉「베다」에 나오는 일종의 아그니(Agni)의 아들. 또는 바라타 왕의 후예.

바락 [영 barrack] ① 가건축. ② 판자집, 가설가옥. ③ 군대의 휴양소, 병사.

바란스 마크 [balance mark → 일] 타이어에 있는 균형 조직.

바란스 웨이트 [balance weight] 〈기계〉 균형 추

바레인 (Bahrain) 〈국〉 페르시아 만 (Persia B.) 서안에 있는 토후국(土候國). 1971년 완전 독립. 바레인 토후국을 이루는 여러 섬 중에서 가장 큰 섬은 바레인 섬(Bahrein I.). 수도는 마나마(Manama). (→) 마나마.

바로미터 [영 barometer] ① 기압계, 청우계. ② 일정의 표준, 지침.

바로 코트 [영 barroe coat] 〈복〉 옷깃과 옷자락을 주름잡은 유아용의 유아용포대기.

바로크 [프 baroque] 〈미〉르네상스 후기 유행한 복잡, 화려한 예술 양식.

바루루 [프 valeur] 〈미〉색가, 광가, 같은 색의 명암의 정도.

바루비타르 [독 barbital] 〈약〉 페로나르의 약국방명.

바르도, 브리지트 (Brigitte Bardot, 1934~) 〈인〉 프랑스의 여배우.

바르샤바 (Warszawa) 〈지〉 폴란드 인민 공화국(Polish People's Republic/Polska RzeczpospolitaLadowa)의 수도. 비스툴라 강(Vistula R.)기슭에 있는 상공업 도시. 1609년 폴란드 왕국의 수도가 되어, 1919년 공화국의 수도를 거쳐 오늘에 이름. (→) 폴란드.

바르샤바조약기구 (WTO : 우호협력 상호 원조 조약) 가맹국(소련・폴란드・체코・동독・헝가리・루마니아・불가리아, 알바니아는 탈퇴 : 7개국), NATO에 대응하는 소련・동구권 군사방위조약기구. '91년 7월 공식 해체.

바르셀로나 (Barcelona) 〈지〉 ① 에스파냐(Espana)의 주. ② 베네수엘라(Venezuela) 안소아테기(Anzoategui) 주의 주도. 흑색의 비단 능직의 스카프.

바리다제 [독 varidase] 〈약〉 고름을 녹여서 흐르기 쉽게 하는 약.

바리에이션 [variation] 변화. 다양성.

바리케이드 [영 barricade] ① 장해물, 방책, 가로상의 흙이나 차량 등에서 구축한 급조 성채. ② 학원분쟁의 경우에 책상이나 로커 등에서 장해물로서 사용되는데 반권력의 심볼로서 고유의 의미를 갖게 되었다.

바리콘 [variable condenser 의 약어] 〈전〉 가변축전기.

바바로어 [bararois] 〈요〉 우유, 설탕, 초코렛 등으로 만든 과자.

바바수 유(油) [영 babassu oil] 〈식품〉 브라질 팜너트(palm nut)에서 얻어지는 식용유.

바버리즘 [그 > 라 > 영 barbarism] [러 barbarizm] 야만. 미개. 만행. 야비. 바버리(barbary) > 바베어리언(barbarian)에서 온 말. 프랑스어 표기로는 바르바리슴(barbarisme).

바베르 (Baber, 1483~1530) 〈인〉 인

ㅂ

도 무굴(Mughul) 제국의 건설자.

바베이도스 (Barbados) 〈국〉 서인도 제도. 윈드워드 제도(Windward Is.) 동쪽의 바베이도스 섬(Barbados I.)을 차지하는 독립국. 1627년부터 영국령. 1968년 자메이카(Jamaica) 등과 서인도 제도 연방을 구성. 1966년 영연방 내의 독립국이 됨. 수도는 브리지타운 (Bridgetown). (→)브리지타운.

바베큐 [영 barbecue] 〈요〉
① 고기를 통째로 굽는 것.
② 야외에서 하는 통째로 구운 요리.

바벨 [영 barbell] 양단에 철구를 붙인 체육용 철봉.

바벨탑 [영 babel탑]
① 구약성서에 있는 이야기.
② 가공의 계획.

바부르 (Babur) 〈인〉→바베르(Baber).

바브엔만데르 해협(海峽) (Babelmandeb St.) 〈지〉 홍해(Red Sea)에 있는 해협.

바비큐 [아이 > 에 > 미 barbecue] 〈요〉 아이티어 barboka > 에스파냐어 barbacoa에서 온 말. 통구이. 돼지·소 등을 통으로 구운 고기구이. 야외 요리(B.B.Q.).

바빌론 (Babylon) 〈지·역〉 바빌로니아 (Babylonia)의 고대 도시.

바세도(씨병) [basedow씨병] 〈의〉 갑상선의 기능이 이상하게 흥분하기 때문에 일어나는 내분비질환.

바소비엔느 [프 varsobinne] 사교춤의 하나.

바수 [범 Vasu] 〈신〉「베다」에 나오는 떼를 지어 다니는 한 부류의 신들. 본래 자연 현상을 인격화한 것임.

바수톨란드 (Basutoland) 〈지〉 아프리카(Africa) 남부 레소토(Lesotho)의 독립 전의 이름.

바스(당) [vaath당] 실리아에 발족한 아랍부흥사회당. 1940년에 성립하였다.

바스챕 [영 bath chap] 〈식품〉 돼지 뺨과 턱뼈를 소금에 절여 훈제한 것.

바스켓 [영 basket] ① 망태, 자루.
② 농구의 골의 밑바닥이 없는 망.

바스크 [basque] 〈복〉 상체로부터 허리까지 찰싹 몸에 밀착하여 소매근처에 넓어진 스타일. 바스크인의 복장.

바스킷 직(織) [영 basket weave] 〈섬〉 평직을 경위 방향으로 변화 확대한 조직.

바스테르 (Basse terre) 〈지〉 세인트크리스토퍼네비스 연방(Federation of St. Christopher-Nevis)의 수도. 세인트크리스토퍼 섬(Saint Christopher I.) [구칭 Saint Kitts] 에 있는 항구 도시. (→) 세인트크리스토퍼네비스.

바스토슈파티 [범 Vastospati] 〈신〉 「베다」에 나오는 가택의 신. 또는 주거의 신.

바스트 [bust] ① 〈미술〉 흉상.
② 〈의상〉 여성의 가슴둘레.

바시슈타 [범 Vasistha] 「리그 베다 (Rig Veda)」의 제7 만달라(Madala Ⅶ)를 지었다고 생각되는 종족의 이름. 또는 그 시인의 이름. "그대들 신들은 항상 축복으로써 우리를 지키시라"는 후렴을 특징으로 하고 있음.

바시티 매치 [varsity match] 〈럭비〉 대학의 대항 경기.

바아투르 [페 Bahadur] [터 Baghatur > 몽 Ba'atur] 〈역〉 용사. 영웅, 결사대. 처음에는 유목 기사들에게 붙여진 자랑스런 칭호였으나 후기에는 칸이 수여하는 일정 칭호가 되었음. 원(元) 때의 한자 표기로는 바투르 군(拔都魯軍)이라고 하였음.

바오 다이 (保大 /Bao Dai, 1914~) 〈인〉 베트남의 정치가, 구엔 왕조(阮

朝)의 마지막 황제.

바오루코 (Bahoruco) 〈지〉도미니카 (Dominica) 공화국의 주.

바요넷 [bajonett ehr] ① 총검. ② 〈사〉 카메라의 스프링 붙임 개폐기.

바우 [bow] ① 이물.　② 춤출 때 절.

바우사이드 [영 bow side] 바우는 선수, 축선의 뜻. 보트의 정수에 가장 가까운 노 젓는 쪽. 보통 정수(艇首)를 향해서 우측.

바우 스러스터 [영 bow thruster] 〈배〉선수의 회전을 용이하게 하는 장치.

바우 스프리트 [bow sprit] 뱃머리 앞에 튀어나온 몽둥이. 원재(圓材).

바우어 [bower] 뱃머리에 구비해 둔 말.

바우처 [voucher] 영수증. 증인, 증거물, 보증인.

바우처 시스템 [voucher system] 〈경〉지불표제도.

바우트 [bout] 〈권투〉1시합 1승부.

바우티스모 [영 bautismo] 크리스트교의 세례, 명명식.

바우하우스 [독 bauhaus] 〈미〉1919년에 독일의 와이마르에 건축가 W·그로뷰즈에 의해 설립된 조형학교.

바운더 [영 bounder] 〈군〉구소련의 고속제트 폭격기로, 엔진 6기 장비하고 있다.

바운더리 라인 [boundary line] 〈테니스〉 토크의 구획선.

바운드 [영 bound] 〈경〉공이 지상에 떨어져 튀어 오르는 것.

바운드 패스 [bound pass] 〈핸드볼〉지면에 공을 튕기며 행하는 패스.

바운스 [영 bounce]
① 야단치다. 큰소리치다.
② 튕겨 돌아오다. 빗나가다.

바이노럴 [binaural]
① 두 귀(용)의 귀가 둘 있는
② 〈음악〉 입체 음향. 스테레오 장치.

바이또 [네 beitel → 일 baito] 바이트. 공작(工作) 기계에 사용하는 자르는 기구.

바이라이너 [영 by-liner] 신문잡지의 필자명이 들어간 기사.

바이라인 [byline] 신문·잡지의 팔자명을 넣는 행.

바이런, 조지 고든 (George Gordon Byron, 1788~1824) 〈인〉영국의 낭만파 시인.

바이링궐 [bilingual] 2개 국어. 2개 국어 교육. 2개 국어를 말하는 사람.

바이마라너 [독 Weim araner] 독일 사냥개의 하나.

바이마르 헌법 [Wermar Constitution] 1차 대전 후인 1919년 바이마르에서 열린 의회에서 제정된 독일 공화국의 헌법. 국민주권·삼권분립·보통선거 등을 규정한 것. 당시로서는 가장 민주적인 헌법이었음.

바이메탈 [bimetal] 팽창력이 서로 다른 2종류의 금속을 맞붙여서 얇은 판 모양으로 만든 것. 자동스위치 등에 사용한다.

바이브레이션 [vibration] 진도. 성악의 목청 떨기.

바이브레이터 [vibration] 진동기, 전기안마기.

바이샤 [범 vaisya] 〈불〉 인도의 4계급 중 제3 계급인 상민.

바이스 [vice ; vise] 나사를 죄어서 공작물을 고정시키는 조이개.
바이스 [영 vice] ① 악습, 악덕.② 만력.

바이스케 [영 basket] 바스켓의 속어로 주로 항만 노동자가 사용하였다. 토사 등을 담아서 운반하는 망태.

ㅂ

바이슨 [영 bison] 〈동〉미국산의 야생우.

바이시클 모터크로스 [bicycle motocross] 〈체육〉자전거로 산과 들을 달리는 경기 ▷ 그 자전거를 BXM라고 함.

바이시클 폴로 [bicycle polo] 자전거를 이용한 팀 경기의 하나.

바이아 (Bahia) 〈지〉온두라스 (Honduras)의 주.

바이 아메리칸 정책 [Buy-American Policy]
① 아이젠하우 미 대통령이 달러 방위를 위해 발동한 미국 상품 구매 대책.
② 공공 수요의 자국 상품 구매 우선주의. 제2차 세계 대전 후 미국 정부가 수혜국(受惠國)이 받은 그 원조 금액에 대하여 이 정책을 적용한 데서 널리 쓰이던 말.

바이어스 [bias] 〈복〉포지를 비낌으로 지르는 선. 바이어스.

바이어스 마킷 [영 buyers market] 파는 사람과 사는 사람의 경쟁에서 사는 사람이 강해진 시장.

바이어스 테이프 [영 baias tape] 〈고무〉선치기.

바이어슬론 [영 biathlon] 〈경〉스키의 20킬로 레이스의 도중에 4개소에서 5발씩 사격을 하는 것.

바이어즈 크레디트 [buyers credit] 〈경제〉수출국의 금융 기관이 수입업자에게 직접 자금을(신용으로) 대부하는 것.

바이얼런트 딕 [violent dig] 〈골프〉깊은 벙커에 들어갔을 때 공을 꺼내듯이 강하게 치는 것.

바이얼레이션 [violation] 체조에서, 경기 규칙 위반.

바이엘 [독 bayer]
① 〈음〉피아노 교본의 명칭.

② 〈약〉독일의 소염제. 약품 제조 회사 이름. ¶~ 아스피린.

바이오그라퍼 [biographer] 전기(傳記) 작가.

바이오그래피 [영 biography] 일대기. 전기.

바이오닉스 [영 bionics]
① 생체공학, 생물공학, 생물체의 기능 구조를 전산기나 기계공학에 응용하여 그 뛰어난 작용을 인공적으로 만들려고 하는 연구.
② biology(생물학)와 electronics(전자 공학)의 합성어. 바이오테크놀러지(biotechnology). (→) 바이오테크놀러지.

바이오리듬 [영 biorhythm] 인체 주기율(週期律). 인체의 활동주기. 인간의 신체·감정·지성의 컨디션은 각각 탄생일로부터 23일, 28일, 33일의 일정 주기가 있다는 설.

바이오에너지특스 [bioenergetics] 몸과 마음의 작용을 결합시키는 심신 단련법의 일종.

바이오인더스트리 [bioindustry] 생물 공학 산업. 유전자 산업.

바이오칩 [bio-chip] 생물화학소자. 컴퓨터의 소재인 칩의 소재를 종래의 실리콘으로부터 단백질과 유기질분자로 바꾼 것. 이것에 의해서 보다 인간에 가까운 지각을 가진 컴퓨터가 완성될 것으로 기대된다.

바이오클린 시스템 [bioclean system] 〈의학〉수술실을 무균 상태로 하여 장기 이식 등의 수술·치료를 하는 방식.

바이오텔레미트리 [bio-telemetry] 생태 연구를 위하여, 물고기나 짐승 등에 부착한 초음파 발신기.

바이오트론 [biotron] 생물사육시험장치.

바이오틴 [biotin] 〈화학〉비타민 B 복합체의 일종인 비타민 H로서 결정체

ㅂ

의 산.

바이온 [영 baiao] 〈음〉브라질의 서북부에 생긴 민요. 2/4박자.

바이웅 [포 > 영 baiao] 〈음〉브라질 북부의 민요. 4분의 2박자로 아바네라(habanera)를 변형한 리듬.

바이칼 호(湖) (Baikal I) 〈지〉동 시베리아(Siberia) 남부에 있는 아시아(Asia) 제일의 담수호.

바이콜러지 운동(運動) [영 bicology -] 자동차를 타고 돌아다니는 것을 그만 두고 자연 속에서 자전거를 타는 것으로 환경과 건강을 회복하려는 운동. 준말로 바이콜러라고도 함. bicycle(자전거)+ ecology(생태학)의 합성어. 미국에서 시작된 시민운동.

바이크 [영 bike] bicycle의 속어.
① 자전거.
② 모터바이크의 약. 자동자전거, 소형오토바이.

바이킹(계획) [viking계획] 미국의 우주 개발 계획에서 화성 표면에의 연착륙을 겨냥하고 있다.

바이킹 [영 biking] 자전거 여행을 의미하는 신어.

바이킹 [영 viking]
① 8세기경부터 10세기에 걸쳐서 유럽의 서북해안을 휩쓸던 북유럽의 해적.
② 〈요〉날라다 주는 사람 없이 각자가 자유로이 먹을 수 있는 요리.

바이탈리티 [영 vitality] 생활력, 활력, 원기, 생기.

바이탈즈 [vitals] 급소. 핵심. ▷ '바이탈' 은 극히 중요한 이라는 뜻.

바이트 [영 byte] 〈컴〉8비트(bit)를 정보의 단위로 하는 것을 말함. 1바이트로 숫자・알파벳・한글 등을 표현하는 데 이용됨. 8비트 마이크로 프로세서(nicroprocessor)에서는 내부의

연산(演算)이나 데이터 전송 등은 1바이트 단위로 처리됨.

바이트 [독 arbeit] 알바이트의 약어. 내직. 근로. 「알바」라는 신조어로도 쓰임.

바이트 [영 bite] ① 씹다. 물다. 식사. ② 〈기〉절삭물의 인물(刃物).

바이파이 [영 bifi] 〈음〉입체녹음, 입체재생. bi는 2중의 뜻으로 마이크와 스프커를 사용하므로 이와 같은 이름이 있다.

바이파티즌 (bipantisan) 초당적인.

바이 패스 [영 by path]
① 간도, 자동차만이 다니는 도로.
② 가스등의 보조관.

바이패스 필터 [by-pass filter] 〈기계〉측관 여과기.

바이 플레이어 [영 by player] 〈극〉겨드랑, 조연배우.

바인더 [binder] ① 〈건축〉작은 보. ② 〈음악〉결합제. ③ 붕대.

바인더 [binder] ① 접합제.
② 철한 파일 등의 표지.
③ 〈기계〉농업용의 자동 수확 결속기.

바인딩 [binding] 함께 칠해서 하나로 함. 제본.

바일랑갈 [영 bilingual] 고국어의, 2개 국어간의.

바주카 [미 bazooka] 〈군〉휴대용 대전차(對戰車) 로킷포.

바즈라 [범 vajra] 「베다」에 나오는 말.
① 주로 인드라(Indra)가 휴대하는 무기로서 천둥・벼락・번개를 상징 함.
② 〈불〉불교 경전에서는 금강저(金剛杵).

바지[barge]밑이 편편한 짐배. 거룻배.

바지라인 시스템[영 bargeline system] 〈해운〉작은 운반선을 여러척 연결하여 예인선으로 항해하여 기항지에

ㅂ

서 그 항구에의 작은 운반선을 떼어내는 방식.

바질루스 [독 bazillus] 〈의〉 병균. 사회를 해치는 자.

바질리스크 [영 basilisk] 희랍의 신화로서 한번 노려보면 사람이 죽는다고 하는 뱀의 왕. 뱀 모양의 날개와 다리가 있는 생물.

바질리카 [영 basilica]
① 고대 로마에서 재판이나 집회를 위해서 세운 직사각형의 공회당.
② 4세기 이후의 크리스트교사원의 한 형식.

바차스파티 [범 Vacaspati] 〈신〉 「베다」에 나오는 인간 생활을 주재하는 신선. 언어의 신. 또는 웅변의 신. 바차스(vacas)는 '말'·'언어'라는 뜻.

바츠 [범 Vac]
① 〈신〉 「베다」에 나오는 언어의 신. 바크(Vak)와 같은 이름임.
② 언어, 소리, 말.

바카라 [영 baccara] 도박적인 카드놀이의 일종.

바캉스 [프 vacance] 휴가, 휴식, 레저.

바캉스 모드 [프 vacance mode] 휴가 차림.

바커스 [영 bacchus] ① 음주.
② 로마신화의 술의 신, 희랍신화의 디오니소스에 해당함.

바코드 [Bar Code] 상품의 포장지에 그 상품의 정체를 표시하는 것.

바타 [영 barter] 물물교환, 교역, 금전 지불을 하지 않는 무역.

바터 시스템 [영 barter system] 〈경〉
① 화폐를 매개로 하지 않는 물물 교환 제도.
② 무역 용어로서 거래국과 동액의 수출과 수입을 해서 하나의 어음 결제로 처리하는 무역 방식. 바터 제(制), 바터 무역. 기브 앤드 테이크(주고받기) 무역.

바토무슈 [프 bateau-mouche] 파리 센 강의 유람선. 바닥이 평평하고 유리를 끼워서 밖이 잘 보이는 배.

바통 존 [baton zone] 육상 경기에서 바통을 넘겨주는 지역(20m 구역).

바통 드윌러 [baton twirler] 악대의 선두에 서서 지휘봉을 돌리며 지휘하는 사람.

바투 (Batu, 1207~1255) 〈인〉 몽골 제국(Mongol 帝國) 킵차크 칸국의 시조.

바트 [Baht] 태국의 통화단위.

바티스카프 [프 bathyscaphe] 깊은 (bathys)와 배(scaphe)의 합성어. 스위스의 파카르 박사가 발명한 심해 잠수정.

바티칸 (Vatican/Vatican City State) 〈국〉 원명은 바티칸 시국(市國) (Stato della citta del Vaticano). 로마시의 서북부에 있는 세계 최소의 독립국. 1378년 아래 로마 교황(敎皇)의 주재지, 1929년 이탈리아가 바티칸의 주권·독립을 인정한 라테라노 조약(Laterano 條約)에 의해 건국. 수도는 바티칸(Vatican). (→) 바티칸 〈지〉.

바프티스마 [영 baptisma] 우연한 사건, 돌발사건.

바하마 (Bahamas/Commonwealth of Bahamas) 〈국〉 서인도 제도의 북부에 있는 바하마 제도(Bahamas Is.). 등 약 700개의 섬으로 이루어진 입헌군주국. 1492년 콜럼버스(Christopher Columbus)가 발견, 1783년 영국령이 되었으나 1964년 자치권 획득. 1973년 영 연방의 일원으로 독립. 수도는 나소(Nassau). (→) 나소.

박스 스토어 [box store] 창고처럼 꾸밈이 없는 슈퍼마켓.

박스 오버코트 [box overcoat] 〈의상

ㅂ

〉상자 모양의 코트.

박시시 [baksheesh](터키·이란 등에서의) 사례금. 팁. 뇌물.

박테로이드 [bacteroid] 〈생물〉개 등 주로 동물의 입, 창자에 붙어산다는 세균.

박테린 [bacterin] 세균 왁친.

반달 [Vandal] 민족 대이동기의 게르만인 한 부족.

반데룽 [독 Wanderung] 산과 들을 자유로이 걸어서 돌아다니는 일.

반둥 정신(精神) [영 Bandung] 〈정〉아시아 아프리카 회의(Asian-Africa Conference)에서 싹튼 정신. 식민주의 반대와 민족 자결 지지의 정신. 미소 양대 진영에 대하여 중립주의 고수. (→) 아시아 아프리카 회의(會議).

반볼 [barn ball] 야구의 전신.

반얀 [영 banyan] 〈복〉미국 남부의 지주들이 입던 화려한 가운. 원어는 인도 상인의 뜻.

반줄 (Bajul) 〈지〉감비아 공화국 (Republic of Gambia)의 수도. 감비아의 감비아 강(Gambia R.) 어귀에 있는 항구 도시. 1973년 배서스트 (Bathurst)를 현재의 이름으로 개칭함. (→) 감비아.

반투 [Bantu] 아프리카 중남부에 사는 흑인.

반트 [독 Band] 바위벽의 측면을 수평 또는 비스듬하게 띠를 두른 것같이 옆으로 계단 모양이 된 장소.

발 [bal] ① 해독제의 일종.
② 〈컴퓨터〉컴퓨터 기본 프로그램 언어. basic assembly language

발라드 [프 ballade]
① 〈문〉짧은 서사시.
② 〈음〉서사가곡.

발라빌르 [프 ballabile]발레의 한 형식.

발라이카 [balalaika] 〈음〉구소련의 우크라이나 지방에서 사용되는 3현기타.

발레 [프 ballet] 무도를 주도하는 무대 예술.

발레 [영 volley] 발레볼의 약. 6인씩2조로 나뉘어 중앙에 망을 치고 공을 상대방에게 넣는 구기. 미국의 몰간이 1895년에 고안한 것.

발레리나 [ballerina] 발레의 무용수. 특히 주역의 무용수를 말함.

발레리노 [영 balerino] [복] 기다란 페치코트 등의 옷자락에 붙이는 주름잡는 천. 발레뉴즈라고도 한다.

발레스트라 [프 balestra] 〈펜싱〉공격의 한 가지. 상대방의 전진에 대한 공격의 변화를 말함.

발레이 [영 volley] ① 일제사격.
② 〈정〉공이 땅에 닿기 전에 치는 것.

발레타 (Valleta) 〈지〉몰타 공화국 (Republic of Malta)의 수도. 세계 최량 (最良)의 천연 항구 도시. 몰타 섬 (Malta I.) 동부 해안에 있음. (→) 몰타.

발렌시아 (Valencia) 〈지〉에스파냐 (Espana)의 주.

발렌타인 데이 [Valentine('s) Day] 성 (聖) 발렌타인은 269년 무렵에 순교한 로마의 사제(司祭)에서 온 것으로, 유럽에서 2월 14일 행하여지는 축일(祝日). 이 날엔 사랑하는 사람에게 선물을 보냄. 특히 이 날만은 여자가 먼저 남자에게 구애(求愛)해도 괜찮다고 함.

발로네 [프 ballonne] 〈발레〉풍선과 같은 탄력 있는 도약.

발룬 데세 [프 ballon dessai]
① 발룬은 풍선, 데세는 시험의 뜻에서 관측기구.
② 〈정〉시험적인 담화발표.

발리 섬 (Bali I.) 〈지〉인도네시아의 자바 섬 (Java I.) 동쪽에 있는 섬.

183

ㅂ

발리 킥 [volley kick] 〈축구〉공이 땅에 닿기 전에 차는 것.

발린 [영 valine] 〈식품〉필수 아미노산.

발삼 [영 balsam] 연질수지. 방향이 있으며, 향료, 약용으로 한다.

발자크, 오노레 드 (Honore de Balzac, 1799~1850) 〈인〉프랑스의 소설가.

발카 롤라 [barcarola]
① 〈음〉주가, 베니스의 콘돌라의 주가.
② 주가풍의 곡.

발칸 (Balkan) 〈지〉유럽(Europe)남부 발칸 반도(Balkan Pen.) 일대의 지역.

발트 해(海) (Batic Sea) 〈지〉유럽(Europe) 대륙과 스칸디나비아(Sxand-inavio) 반도 사이에 있는 바다.

밥티스트 [영 baptist] 〈종〉크리스트교의 침례파, 침례교나 몰몬교에서는 침례를 중요시하고 있다.

방갈로 [영 bungalow]
① 〈건〉가주택용의 평가.
② 임대산장.

방글라데시 (Bangladesh) 〈국〉'벵골(Bengal)인의 나라'라는 뜻에서 온 말 인도 대륙의 동단, 남쪽은 벵골 만(Bengal B.)에 면하고 인도와 버마에 둘린 공화국. 1971년 독립. 수도는 다카(Dacca). (→) 다카.

방기 (Bangui) 〈지〉중앙 아프리카 공화국(Central African Republic)의 수도. 콩고 강(CongoR.) 지류인 우방기 강(Ubangi R.)에 면한 항구 도시. 1890년에 건설한 둔영(屯營) 부락에서 발전하였음. (→) 중앙아프리카 공화국.

배거번드 [vagabond] 방랑자. 미군 이동 방송국의 별칭.

배게이지 [영 baggage]수화물. 소화물.

배기지 트러블 [baggage trouble] 항공 수화물이 없어지거나 다른 곳으로 운반되어 버리는 일.

배너 [영 banner] 깃대, 군기. 표제, 슬로건.

배니시 [vanishing cream] 화장용 크림의 하나. 건성(乾性) 크림으로서, 매우 담백하여 피부에 바르면 흔적을 남기지 않고 빨리 숨구멍으로 흡수되는 특성이 있음.

배니티 [영 vanity] ① 공허. ② 허영.

배니티 케이스 [vanity case] 화장품 상자.

배닐린 [vaniline] 〈화학〉흰 결정 화합물.

배드 로브 [bath robe] 욕의(浴衣). 목욕할 때 입는 옷.

배드 마크 시스템 [영 bad mark system] 〈경〉레슬링 등에서 행하는 감점법. 벌점이 6점 이상이 되면 그 선수는 실격이 되고 최후의 3인까지 계속하여 3자 리그로 우승을 결정한다.

배러미터 [barometer]
① 청우계. 기압계.
② 측정의 표준. 바로메타.

배러시어 [영 barathea] 〈섬〉경사에 생사, 위사에 소모사 또는 생사를 사용한 변화 두둑직의 고급 양복감.

배럴 [프 > 영 barrel > 도] 석유 용량의 단위로 b로 표기함. 옛날에 석유를 운반하는데 사용된 나무통(barrel)에 어원을 두고 있음. 미터법에서 1배럴은 158.99ℓ에 해당함. 영국에서는 약 36.18개런, 미국에서는 42개런.

배럴리즈 [영 barrelage] 통의 용량.

배럴 스커트 [barrel skirt] 〈의상〉나무통과 같은 모양의 것으로 밑으로 내려 갈수록 좁게 만든 스커트.

배론 [영 baron] 남작.

배리 Barrie, Sir James Matthew (1860~1937) 스코틀랜드의 劇作家,

小說家.

배리스터 [varistor] 반도체 저항 소자.

배리어블 콘덴서 [영 variable condencer] 〈전〉가변축전기, 가감축전기, 바라콘이라고 약칭.

배리어블 피치 [영 variable pitch] 레코드의 음구의 사이를 넓히거나 수축시키거나 해서 음의 강약을 조절하여 녹음하는 것.

배리에이션 [영 variation]
① 변화, 변형. ② [음] 변주곡.

배르토론 [영 varitron] 〈이〉1947년 구소련에서 발표한 32종의 원자내 입자의 뜻.

배브콕 [Babcock] 낚시질에 쓰이는 인조 파리.

배브콕 시험(試驗) [영 Babcock test] 〈식품〉우유 지방의 시험법.

배빗 메탈 [영 babbitt metal] 베어링용의 합금. 아연, 주석, 구리, 규소 등을 포함.

배순[영 bassoon] 〈음〉저음의 목관악기.

배스 [영] ① 수욕, 입욕. ② 욕실.

배스타드 [영 bastard] 사생아.

배스하우스 [영 bathhouse] 탈의장.

배일아웃 (Bail out) 구제 금융. 2008년 말 미국에서 발생한 금융위기에서 나온 말.

배지 [BADGE] 〈군〉자동방공경계관세 조직. base air Defence Ground Environment의 약. 전자계산기, 레이더 등을 사용하여 350킬로 이내의 적기의 위치, 고도, 속도 등을 측정하여 아군기지에 통보하는 방공조직.

배지 테스트 [badge test] 〈체육〉여러 가지 다른 배지를 달아주기 위하여 스포츠 기술의 단계를 정하기 위한 시험.

배질 [영 basil] 〈식〉조미용 식물.

배처 플랜트 [영 batcher plant] 대규모 댐공사 등에 사용되는 콘크리트 제조 장치. 콘크리트를 만들기 위해서 자갈, 모래, 물 등을 정확한 비율로 혼합하는 계량기와 믹서를 조합시킨 장치.

배치 [영 batch] 〈고무〉혼합 공정에서 1회분의 배합 고무. 한 묶음. 한 솥. 한 시루.

배칠러 걸 [영 bachelor girl] 자활하는 독신 여성.

배큐엄 부스터 시스템 [vacuum booster system] 자동차의 진공 배력 보조 장치.

배크넷 [back net] 〈야구〉홈베이스 뒤에 막은 철사망.

배크리에이션 [영 vacreation] 〈식품〉뉴질랜드서 발달된, 감압(減壓)하에 수증기 증류하여 크림의 탈취를 행하는 방법.

배킹업 [backing up] 〈럭비〉공을 따라 달려가는 동작.

배터 [영 batter] 〈야〉타자.

배터리 [영 battery] ① 전지.
② 〈야〉투수와 포수와의 조합.

배터 박스 [batter box] 〈야구〉타자의 위치. 공을 치는 자리.

배터 베이비 [batter baby] 〈야구〉약한 타자.

배터 인더홀 [batter in the hole] 〈야구〉타자가 볼카운트상 불리한 일장에 처해진 경우.

배트 [bat] 〈야구〉공치는 방망이. ▷ 공치는 사람.

배트 [vat] 사진을 현상·정착할 때 쓰는 접시.

배트맨 [batman] 전령병(傳令兵).

배튼 [batten]
① 그림 그리는 데 쓰이는 좁은 널.
② 배의 받침 나무.

ㅂ

배틀 법 [영 battle law] 미국의 대외 원조의 하나. 원조를 받는 나라에 대하여 공산권 제국에의 전략물자의 수출을 금지한 것. 1951년에 시행되었다.

배티스트 [영 batiste] 〈섬〉 부드럽고 가벼운 평직물(옷감·안감 등).

배틱 [말 > 도·영 batik]
① 초를 발랐다가 염색 뒤에 떼어내면 무늬가 생기는 염색법.
② 〈섬〉 왁스로 방염한 면직물.

배팅 [영 batting] 〈야〉 타격.

배팅 애버리지 [영 batting average] 〈야〉 타율.

배팅 오더 [미 batting order] 〈야〉 타순. 라인업(line-up).

배팅톤 [영 batington] 〈경〉 배드민턴, 테니스, 탁구를 혼합한 새로운 스포츠.

배프 [영 bap] 〈식품〉 부드럽고 하얀 편편한 가루를 묻힌 스코틀랜드의 아침 식사용 롤빵.

배피 [baffy] 〈골프〉 나무 방망이의 하나.

배핀 섬 (Baffin I.) 〈지〉 북국해 군도 중의 가장 큰 섬.

백(대) [back (臺)] 뜀뛰기 틀의 하나. 육상에서 연습하는 연습대.

백고어 [backgore] 〈의상〉 스커트뒤에 넣는 주름.

백그라운드 [background]
① 배경. 백.
② 〈컴퓨터〉 다중 프로그래밍 또는 다중 처리 등에서 최우선 순위 처리 작업의 빈 시간을 사용하여 우선순위가 낮은 작업을 실행하는 것. 이때의 프로그램을 백그라운드 프로그램이라 한다.

백 라이트 [back light] 〈연극〉 무대 뒤쪽에 비치는 조명.

백라인 [backline] 〈럭비〉 백맨이 구성하는 포지션.

백로 [back row] 〈럭비〉 스크럼의 셋째 줄을 짜는 3명 또는 2명.

백리스 [영 backless] 〈복〉 드레스나 해수복 등에서 잔등을 노출한 것.

백맨 [backman] 〈체육〉 후위.

백본 [backbone] 가골. 정신적 지주 (支柱).

백사이드 [backside]
① 〈탁구〉 탁구대 중앙에서 왼쪽 반.
② 〈배구〉 코트의 뒤쪽.

백 센터 [back center] 〈배구〉 후위의 중앙 또는 그 자리를 맡은 사람.

뱃 슛 [back shoot] 〈축구〉 뒤로 돌아서면서 차 넣는 공.

백 스윙 [back swing] 〈골프·테니스〉 테니스채나 클럽을 뒤로 흔들어 올려치는 방법.

백 스킨 [영 back skin] 〈섬〉 우단 또는 위 주자의 생지를 사용하여 산양 가죽같이 부드럽게 가공한 것(잠바·구두·모자·핸드백감 등에 사용)

백스톱 [back stop] 〈테니스〉 코트 뒤로 공이 넘어가지 못하게 친 철조망. 영어 back-net에 해당됨.

백 스트레치 [영 back stretch] 경기장의 경주로에서 결승점의 반대측의 직선 부분의 주로(走路). ↔ 홈 스트레치(home stretch).

백스트로크 [back stroke] 송장 헤엄.

백스페이스 키 [back-space key] 〈인쇄〉 타자에서, 물림쇠.

백 스핀 [back spin] 〈탁구〉 공이 공을 친 사람 앞으로 되돌아오듯이 깎아 돌리는 것.

백업 [backup] 대비(對備) 배후 지원.

백워드 다이브 [backward dive] 뜀판 또는 뜀대끝의 뒤쪽을 향하고 서서 뒤로 넘어지듯이 등을 물로 향하여 손끝에서부터 뛰어드는 동작임.

ㅂ

백워드 스윙 [backward swing] 노를 저을 때 상체를 앞뒤로 굽혀 펴는 것.

백 차지 [back charge] 〈축구〉상대방의 뒤쪽에 가해지는 반칙.

백 코트 [back court] 농구 경기장의 골문 근처.

백 킥 [back kick] 〈축구〉뒤로 차는 것.

백 태클 [back tackle] 〈미식축구〉뒤에서 붙잡는 것.

백파이프 [back pipe] 〈음악〉가죽으로 만든 고음의 통소.

백핸드 [도 > 영 backhand] 〈체〉정구나 탁구에서 래킷(raket)을 든 반대측에 온 공을 쳐보내는 것. 배면타(背面打). 역타(逆打). ↔ 포핸드(forehand).

백 힐링 [back heeling] 〈축구〉발뒤꿈치로 치는 것.

밴[영 Van]전위, 선구. vanguard의 약.

밴 [VAN] 〈통신〉부가 가치 통신망. 일반 공중 통신망을 이용하여 특정의 정보 처리 서비스를 부가하여 통신을 이행하는 네트워크를 말함. VAN-value-added network

밴다이크 스티치 [vandyke stitch] 자수 방법의 하나.

밴달리즘[영 vandalism] 문화파괴. 만행. 야만적인 행동.

밴도네온 [독 bandneon] 〈음〉아코디언과 비슷한 대형의 악기. 손풍금.

밴드 [영 band]
① 가죽이나 포제의 요대, 가죽근.
② 〈음〉악단, 악대.

밴드 [영 band]〈전〉2개의 주파수의 사이에 감싸인 연속한 주파수의 범위. frequenly band의 약.

밴드마스터 [bandmaster] 〈음악〉경음악단 지휘자.

밴드 브레이크 [band brake] 〈기계〉활차(滑車)나 바퀴둘레에 느슨한 혁대를 댄 브레이크.

밴스 [영 vance] ① 전불, 전금.
② 전차, advance의 약어.

밴 알렌(대)[영 van Allen belt] 지구를 둘러싼 방사능대. 적도상공 수백킬로에서 5만킬로 정도까지 2층이 있으며 도넛형으로 지구를 둘러싸고 있다.

밴조 [영 banjo] 〈음〉기타와 비슷한 재즈용의 5현악기.

밴케터 [영 banqueter] 기념파티나 축하회 등에서 서비스를 담당하는 호스테스.

밴텀급 [영 bantam weight] 〈경〉복싱이나 레슬링에서 체중별 계급의 하나.

밴티지 [vantage] 〈테니스〉듀스 후 1점의 득점.

밴티지 리시버 [vantage receiver] 〈테니스〉어드밴티지 레시버.

밴티지 서버 [vantage server] 〈테니스〉어드밴티지 서버.

밴티지 아웃 [vantage out] 〈테니스〉어드밴티지 아웃.

밴티지인 [vantage-in] 〈테니스〉어드밴티지 인.

밴팅 [banting] 음식을 먹지 않고, 체중 줄이기.

밴프 [Banff] 〈지〉
① 캐나다(Canada) 앨버타(Alberta)주에 있는 국립 공원.
② 영국 스코틀랜드(Scotland)의 군. 그군도(郡都) 명.

밸라스트 [영 ballast]
① 철도나 도로에 까는 돌이나 자갈.
② 선박 등의 안정을 도모하기 위해서 선저에 싣는 작은 돌.

밸런스드 펀드 [영 balanced fund] 〈경〉주식 이외에 채권이나 우선주 등

187

ㅂ

을 섞어 운용 자금의 균형을 유지하고 기준 가격의 안전 상승을 목적으로 하는 것.

밸런스 오브 파워 [balance of powerr] 힘의 균형. 세력이 같은 수준에 있기 때문에 긴장하면서도 안정되어 있는 상태.

밸런스 웨이트 [balance (of) weight] 저울 추.

밸럿 [ballot] ① 투표용지. ② 추첨.

밸류 [value] ① 가치. ② 그림의 명암도. ③ 〈연극〉 영화의 명암의 화면 효과.

밸루 어낼리시스 [value analysis] 〈경제〉 가치 분석(제조 과정 등의 분석·개선으로 가격의 인하를 꾀하는 것)

밸리언트 [영 valiant] 용감한, 영웅적인.

밸모럴 [balmoral] 페티코트의 일종. 레이스 달린 목구두.

밸브 [영 valve] ① 변, 마게. ② 문짝.

밸브 [valve]
① 〈기계〉 안전판(安全瓣).
② 전자관, 진공관.
③ 〈음악〉 금속 관악기의 자연음 이외의 소리를 내기 위한 장치.

밸브 시트 [valve seat] 〈기계〉 변좌.

밸브시트 커터 [valve-seat cutter] 〈기계〉 판자 절단기.

밸브 클리어런스 [valve clearance] 밸브 간격.

밸브 타이밍 [valve timing] 〈기계〉 판막 여닫는 시기 맞추기.

밸브 포트 [valve ports] 〈기계〉 마개 구멍.

뱀파이어 [영 vampire] ① 흡혈귀. ② 요부, 뱀프.

뱀프 [영 vamp] 〈고무〉 현행은 '두(頭)고무 / 내두(內頭)고무'로 쓰고 있는데 '발등 고무 / 속발등 고무 / 겉발등 고무'가 타당할 듯.

뱃 [영 bat] ① 봉. ② 〈구기〉 타봉.

뱃 [영 vat] 〈사〉현상 등에 정착액을 넣는 접시.

뱅 [bang] 상고 머리.

뱅 마리 [프·영 bain marie] 〈식품〉 이중 소스 남비.

뱅크 [영 bank] ① 둑. ② 은행. ③ 바다속 고기집.

뱅크론 [영 bank loan] 〈경〉 은행간의 차관. 개발도상국에 대한 민간 경제 협력 방식의 하나로 은행이 책임지고 자국 기업에 대출하는 방법임.

뱅킹 [banking] 〈당구〉 먼저 공격하기 위하여 치는 것. ¶~ 하다. 둑쌓기, 근해어업, 은행업.

뱡사 [범 Vyamsa] 〈신〉 「베다」에 나오는 인드라(Indra)에게 정복된 악마의 이름.

버건디 [프 burgundy] 프랑스산의 적포도주.

버그 [bug] 〈컴퓨터〉 프로그램에서의 뜻하지 않은 잘못. 벌레. 곤충.

버그 하우스 [bug house] 정신 병원, 미치광이의.

버기 [buggy] 벌레 투성이, 미친.

버기나 [영 vagina] 〈의〉 여 성기의 질.

버꾸찐 [독 Vakzin → 일] 〈의학〉 와찐, 백신. 전염병 예방으로 위한 세균성 약.

버너 [영 burner] ① 태우는 사람, 물. ② 기체 또는 무상액체의 연료를 태우는 장치, 화구, 점화기.

버널리제이션 [영 vernalization] 〈농〉 춘화처리. 구소련의 육종가 미추린에 의해서 고안된 것으로서 종자를 보통의 파종전에 온도처리를 하여 수확을 앞당기는 방법. 미추린 농법, 야로피 농법이라고 한다.

버니스 [프 > 영 varnish] 〈화〉프랑스어 베르니스(vernis)에서 온 말. 수지(樹脂)를 기름 등 용제(溶制)에 녹여서 만든 투명한 도료(塗料). 서양 옻. 줄여서 '니스'라고도 함. 일본식 표기에서 유입된 이 관용어는 본래의 영어 표기가 바니시 [Vainis]이며, 중국식 표기로는 '화이니사'(華爾尼斯)임.

버니어 캘리퍼즈 [vernier callipers] 부척(副尺)이 달린 캘리퍼즈.

버니어 컴퍼스 [vernier compass] 버니어 양각기(兩脚器) → 콤파스.

버닐린 [독 vanillin] 〈화〉 와니라콩의 성분 향료가 된다.

버디 [birdie] 〈골프〉 규정 타수보다 1타 적게 홀인하는 것.

버라이어티 [variety] ① 다양성. ② 변종. ③ 변화가 풍부한 오락 연예.

버라이어티 쇼 [영 variety show] 〈연·라·텔〉변화가 많고 다양한 방식으로 연출하는 쇼. 버라이어티란 변종(變種) 다양성 등의 뜻.

버라이어티 스토어 [영 variety store] 〈유〉비식품으로서 구매 빈도가 높은 일용품을 양판(量販), 염가 판매하는 소매 업태.

버리 울 [영 burry wool] 〈섬〉 버(목초의 씨앗 등)가 많이 부착되어 있는 양모.

버마 (Burma/Socialist Republic of Union of Burma) 〈국〉 인도지나(印度支那) 반도 (Indochina Pen.)의 서부에 있는 연방 공화국. 1044년 파간 (Pagan) 왕조를 시초로 몇 차례 왕조가 바뀌어 오다가, 1886년 영령 인도에 편입됨. 1937년 인도로부터 분리되어 영국 직할령. 1948년 영령 인도에 편입됨. 한자 표기로는 면전(緬甸). 수도는 랑군(Rangoon). (→) 랑군.

버뮤다 그래스 [Bermuda grass] 대서양 서부의 머뮤다군도에서 나는 풀. 잔디.

버뮤다셔츠 [bermudashorts] 〈의상〉 무릎 위까지의 짧은 바지.

버뮤다 쇼츠 [영 bermuda shorts] 〈복〉 무릎 위까지의 짧은 즈봉. 버뮤다 섬이 원조.

버뮤다 제도(諸島) (Bermuda Ia.) 〈지〉 북대서양 서부에 있는 작은 도서군.

버미큘라이트 [영 vermiculite] 〈광〉 검은 운모의 변질한 물질로, 가열하면 10배나 늘어서 가벼우므로 콘크리트에 혼입 되어 단열, 방음재 등에 사용된다. 질석.

버밀리언 [영 vermilion] 〈미〉 주색, 회구나 안료의 붉은 색.

버버리 [영 burberry] 〈섬〉 면 개버딘으로 두둑이 잘 나타나도록 짠 다음, 방수 가공을 한 것(레인코트 감). 영국 버버리 회사의 상품명에서 유래된 것.

버베나 [verbena] 마편초과에 속하는 다년초.

버블 [bubble] 거품

버서스 [영 versus] VS 또는 V로 약자. 스포츠에서 대(對)의 의미. A vs B 등으로 사용함.

버스 [영 birth] ① 출생, 탄생. ② 발생, 기원. ③ 혈통, 가병.

버스 [verse] ① 시. ② 야구의 공격 횟수.

버스 [bus] ① 큰 합승 자동차. ② 〈컴퓨터〉 모선. 다수의 장치 또는 기능 유니트 간을 연결하여 신호(데이터)를 전송하기 위한 공통로. 트링크(trunk) 혹은 하이웨이(highway)라고도 한다. 메모리에 접속되는 신호통로는 메모리 버스(memory bus), 입출력장치의 통로는 입출력 버스 (I/O bus)라 부른다. 여러 가지 종류

ㅂ

의 신호(데이터)를 전송하는 쌍방향의 공통으로 커먼버스(공통버스:common bus)라 부른다. 버스를 주축으로 하여 시스템을 구성하면 회로의 구조가 논리상 단순화하여 각 장치의 표준화가 용이하다.

버스트 [영 bust] ① 흉상, 반신상. ② 여성의 가슴둘레.

버스트 [burst] 〈물리〉우극선에 의하여 한꺼번에 많은 이온이 만들어지는 현상.

버스트 포인트 [bust point] 〈의상〉제도상의 유방의 위치.

버스틴 [영 busteen] 〈용〉유방증대기. 고무컵을 유방에 씌우고 이것에 전류를 통해서 진동시켜 맛사지함으로서 유선의 발육을 촉진하는 것.

버슬 [영 hustle] ① 원기를 갖다. ② 서로 떠밀다. 밀어 넣다. ③ 민첩하게 하다. 강인하게 하다.

버슬 실루엣 [bustel silhouette] 〈의상〉 스커트의 도련을 넓히기 위하여 궁둥이의 뒷부분을 부풀게 한 실루엣.

버저 [buzzer] 전자석(電磁石)의 코일에 단속적으로 전류를 보내어 철편(鐵片)을 진동시켜 내는 신호. 또는 그 장치.

버즈 세션 [영 buzz session] 집단으로 아이디어를 만들어 내기 위한 토의 방법의 하나. 작은 그룹으로 나누어져 의견을 제출하여 그것을 취합해서 대세의 의견을 종합하는 방법. 원뜻은 속삭이는 토론회.

버즈 섹션 [buzz section] 소그룹별로 토의하는 방식의 하나로 총회에서 각자의 의견이 충분히 반영되지 않은 경우가 많다. 이와 같은 것을 피하기 위해서 소그룹으로 편성·토론케 한 다음 총회를 갖는다. 이때 소그룹을 버즈 섹션이라고 한다. ▷ 버즈 세션 (buzz session).

버즈아이 뷰 [bird's-eye view] 조감도(鳥瞰圖).

버즈 학습 [buzz 學習] 적은 학생수의 그룹으로, 자유롭게 발언시켜서 발표력을 키우려고 하는 교육 방법.

버지너티 [virginity] 처녀성. 순결.

버지니아 릴 [Virginia reel] 콘트라 댄스(contra dance)의 하나.

버진 울 [영 virgin wool] 〈섬〉한번도 사용하지 않은 양모.

버컬 [영 buccal] ① 입의. 구내의. ② 〈약〉구강정제. 내복하지 않고 입 속에 물고 있으면 흡수되는 정제.

버켓 드레저 [bucket dredger] 〈농업〉 체질하는 통의 하나. 버켓 준설기.

버쿠샤 [영 berkshire] 영국의 버크샤 주산의 돼지에 중국돼지를 교배하여 개량한 품종. 흑색에 백색의 반점이 특징.

버크럼 [buckram] 풀이나 아교를 먹인 아마포.

버킷 [미 bucket] 광석·석탄 등의 운반 용기. 바께쓰에서 온 말. 양동이.

버킷 엘리베이터 [영 bucket elevator] 〈기〉엔들리스 체인(endless chain)에 여러 개의 운반 용기를 매달아 체인을 차로 움직여서 물건을 위로 나르는 운반 장치.

버터 밀크 [butter milk] 버터를 빼고 난 다음의 우유.

버터 옐로 [butter yellow] 인조 버터에 쓰이는 물감.

버터플라이 [영 butterfly] ① 〈수영〉 버터플라이 영법. ② 스트리퍼의 국부를 덮는 나비형의 천.

버터플라이 다이브 [butterfly dive] 〈수영〉두 팔을 나비처럼 좌우, 윗쪽으로 펴고 다리를 벌려 뛰어드는 것.

버터플라이 스타일 바인딩 [butterfly

style binding] 〈도서관〉호첩장(胡牒裝).

버터플라이 스트로크 [butterfly stroke] 〈수영〉나비 헤엄.

버텀 이스트 [bottom yeast] 〈생물〉하층 효모.

버톡 [buttock] 배의 맨 앞부분의 수면 위로 블록한 곳.

버트 [butt] ① 술통. ② 총 개머리 끝.

버트리스 [영 buttress]
① 〈건〉 발침벽, 지지용의 벽.
② 〈등〉 암벽을 지지하듯이 융기되어 있는 암산.

버트플레이트 [but-plate] 〈사격〉 총의 개머리판.

버튼 로크 [button lock] 마이크로 컴퓨터를 이용하여 암기 번호를 눌러 개폐하는 전자 열쇠.

버티컬 마케팅 [vertical marketing] 〈경제〉생산자→도매상→소매상으로 수직적인 시장 체계.

버티컬 포켓 [영 vertical pocket] 세로로 입을 만든 포켓.

버팅 [영 butting] 〈권〉머리를 숙여 들이 받는 것.

버팔로 [영 buffalo] 〈동〉
① 북미산의 야생들소.
② 수우.

버퍼 메모리 [영 buffer memory] 〈기〉 완충기억. 입력출력하는 데이터를 한때 저장해 놓은 일종의 기억장치.

버퍼 코트 [영 buffer coat] 〈복〉 반오버. 카코트.

버퍼팅 [buffeting] 난타(亂打), 비행기가 난기류에 의하여 이상하게 움직이는 현상.

벅 [영 buck] ① 수컷사슴.
② 토나카이, 순록, 토끼 등의 숫자.

벅램 [영 buckram] 풀이나 아교 등으로 굳힌 아마포. 서물의 표지에 사용한다.

번드 [영 bund] ① 제방.
② 동양 항구의 거리 해안도로.

번지 점프 [bungee jump] 다리나 탑 등 높은 곳에서 탄성이 강한 고무줄 계통의 긴 줄로 다리를 묶고 뛰어내리는, 고소(高所) 공포증의 스릴을 맛본다는 신종 레포츠.

번치드 버스 [영 bunched birth] 집중 산술, 젊었을 때에 빨리 아이들을 낳는 것.

번트 [영 bunt] 〈야〉 배드로 치지 않고 공에 가볍게 갔다대는 타법. 연구.

번트라인 [buntline] 〈기계〉 옆 돛자락을 치켜 올리는 밧줄.

번트 씨에나 [burnt sienna] 〈미술〉서양화에 쓰이는 적갈색의 채색.

벌너러빌리티 [vulnerability] 취약성 (컴퓨터에 관한 범죄나 고장으로 일어나는 사회의 혼란)

벌레스크 [burlesque] 광시(狂詩). 우스개 연극. 저속한 웃음곡. 스트립쇼.

벌룬 슬리브 [baloon sleeve] 〈의상〉풍선처럼 둥글고 여유 있게 만든 소매.

벌룬터리 체인스토어 [영 voluntary chainstore] 임의 연쇄점.

벌바 [영 vulva] 여성의 성기.

별지 [bulge] 〈공업〉 배의 몸통.

벌처 펀드 [vulture fund] 부실 기업을 정리하는 회사 또는 그 자금.

벌크 라인 [영 bulk line] 배의 적하 한 계량의 뜻에서 물의 생산비를 산출하는 표준선.

벌크 판매 [bulk sale] 일괄 판매.

벌크헤드 [bulkhead] 위로 올려 열게 된 문.

ㅂ

벌키 룩 [영 bulky look] 〈복〉일반적이며 모던한 격조의 의복.

벌키 사(絲) [영 bulky yarn/bulked yarn] 〈섬〉벌키 가공한 실 또는 벌키 성을 가진 실.

범킨 [bumpkin] 〈공업〉뱃머리에서 솟아 나온 가로 들보.

벙커 [영 bunker] ① 배의 석탄차. ② 〈골프〉모래땅의 오목한 부분. ③ 〈군사〉지하 엄폐호.

베가 [독 begatten] 〈의〉의사나 조산부의 전문어로서 성교하는 것.

베가 [영 vega] 〈천〉알파성. 직녀성.

베냉 (Benin/People's Republic of Benin) 〈국〉아프리카 대륙의 서부, 기니 만(Guinea B.)에 면하고 있는 작은 인민 공화국. 1892년 프랑스의 식민지, 1904년 프랑스령 서아프리카에 편입되었다가 1958년 프랑스 공동체 내의 공화국, 1960년 인민 공화국이 됨. 그 뒤 국호를 다오메(Dahomey)로 하였으나 1975년 다시 현재의 이름으로 복귀함. 영어 표기는 베닌. 수도는 포르토노보(Porto Novo). (→) 포르토노보.

베네룩스 [benelux] 〈정〉벨기에, 화란, 룩셈부르크의 3개국이 1947년에 관세동맹을 결성했을 때의 호칭. Belgium Nederland Luxemburg의 머리글자.

베네딕토 1세(世) [라 Benedictus Ⅰ] [이 Benedetto] 〈인〉제62대 로마 교황.

베네수엘라 (Venezuela/Republic of Venezuela) 〈국〉남아메리카 북단(北端)에 위치한 공화국. 나라 이름은 '(小) 베네치아(Venezia)'라는 뜻. 1498년 콜럼버스가 발견, 1520년 에스파냐의 식민지, 1819년 에콰도르·콜롬비아 등과 '대(大) 콜롬비아 연방' 수립. 1830년 분리 독립하여 베네수엘라 합중국(Estados Unidos de Venezuela)이 됨. 1953년 공화국으로 개칭. 수도는 카라카스(Caracas). (→) 카라카스.

베네시안 [영 venetian] ① 베니스(베네치아) 풍의. ② 〈복〉비단직물.

베네치아(Venezia) 〈지〉이탈리아(Italia) 베네토(Veneto) 자치주의 주도.

베니션 [영 Venetian] 〈섬〉주자직, 또는 능직의 변화조직으로 광택이 있는 직물. 베니스(Venice)식이란 말.

베니션 곤돌라 [venetian gondola] 베니스의 곤돌라 모습을 표현한 이탈리아의 민속 무용.

베니션 블라인드 [Venetian blind] 끈을 당겨 채광을 조절하는 베니스풍의 차광발.

베데커 [독 baedeker] 독일의 유명한 여행안내서의 출판사명.

베델 [히 bethel] 예루살렘 북쪽에 위치한 읍의 이름에서 온 말로 기독교 기관의 이름으로 채용됨. ¶∼ 고아원 (대전시).

베도윈 [bedouin] 아라비아 반도에 사는 사람들 중 내륙 사막에 사는 유목인.

베드로 (Petrus) 〈인〉예수의 제자 중 하나.

베드신 [bed scene] 〈연극〉영화. 연극 등에서 침실을 묘사한 장면.

베드 타운 [bed town] 대도시 주변의 주택 지역. 베드타운이란 직장을 대도시에 두고 있으면서 잠만 자기 위해 마련된 주거 지역이라는 뜻에서 붙여진 말.

베드퍼드 코드 [영 Bedford cord] 〈섬〉직물에 경사 방향에 두둑이 연속하여 나타나 있는 직물. 심이 있는 것과 없는 것이 있음.

192

베레 [프 beret] 〈복〉대흑두근형의 챙이 없는 모자.

베로날 [독 Veronal] 〈약학〉최면 진정약의 상품명.

베로니카 [영 veronica] 크리스트의 얼굴을 그린 손수건.

베루모또 [vermuth : 포 vermute] 포도주에 향료나 약품을 타서 만든 서양술.

베르그송, 앙리 루이 (Henri Louis Bergson, 1859~1941) 〈인〉프랑스의 철학자.

베르글라 [프 vergla] 〈등산〉바위 표면을 미끄러지듯이 엷게 덮은 얼음.

베르무트 [도 Wermut > 프 vermouth/vermout] 〈식품〉방향성과 쓴맛이 있는 향료식품의 혼합물을 가한 포도주.

베르사유 (Versailles) 〈지〉프랑스 (France) 이블린(Yvelines) 주의 주도. 베르사유 궁전이 있음.

베르켈륨 [독 Berkelium] 〈화학〉원소의 하나.

베른 (Bern) 〈지〉스위스 연방 공화국 (Swiss Confederation)의 수도. 중세의 옛 모습이 남아 있는 아름다운 도시. 아레 강(Aare R.) 기슭에 있음. 1191년 군사 도시로서 건설, 1748년 이래 수도가 됨. 프랑스어로는 Berne. (→) 스위스.

베리 [영 berry] ① 딸기, 스트로베리. ② 장과(漿果).

베리 [영 veri] 수신 중. 아마추어 무선이나 국제방송의 청취카드. verification card의 약.

베리베리 [독 beriberi] 〈의학〉각기 (脚氣).

베릴륨 [독 berylliun] 〈화〉은백색의 금속원소, 기호 Be.

베바트론 [영 bevatron] 〈기〉싱크로톤의 원리에 의한 가속장치. 1954년에 미국 캘리포니아 대학의 방사선 연구소에서 완성.

베벨 기어 [bevel gear] 〈농업〉사면(斜面)기어.

베븐 [Baboon] (속)추악한 인간.

베샤멜 소스 [영 bechamel sauce] 〈요〉 백소스에 육즙을 가해서 만드는 소스.

베스타 [영 vesta]로마신화에서 부뚜막의 신.

베스타제 [독 Bestase] 종합 소화 효소제.

베스톤 [프 veston] 〈복〉보통복의 신사복.

베스트 [영 vest] 〈복〉조끼, 동의.

베스트 멤버 [best member] 가장 우수한 인적 구성.

베스트셀러 [best-seller] 일정 기간 내에 가장 많이 팔린 책. ▷ 출판 이외에도 쓰임.

베스트 코닥 [vest kodak] 소형 사진기. 베스트.

베어 [영 bear] 주식용어에서 약세, 매물, 원뜻은 곰. 상대어는 불.

베어 넥 [영 bare neck] 〈복〉옷깃이 없어 목이 나와 보이는 구조.

베어드, 존 로기 (John Logie Baird, 1888~1946) 〈인〉영국의 기술자. 텔리비전을 처음 만들었음.

베어링 [영 bearing] 〈기〉베어링 축수.

베어 암 [영 bare arm] 〈복〉소매가 없는 팔이 나오는 디자인.

베어 톱 [bare top(dress)] 〈의상〉가슴, 어깨 등을 노출한 드레스.

베어 허그 [bear hug] 곰처럼 양손으로 꽉 껴안는 것. 인사 방법 외에 레슬링에서도 사용.

193

ㅂ

베오그라드 (Beograd) 〈지〉 유고슬라비아(Socialist Federal Republic of Yugoslavia)의 수도. 원래는 세르비아 왕국(Serbia 王國)의 수도였음. 도나우 강(Donau R.) [영어 표기로는 다뉴브 강(Danube R.)] 과 그 지류인 사바 강(Sava R.)의 합류점에 있는 고도. 옛 이름은 신지두눔(Singidunum). 벨그라드(Belgrade)라고도 함. (→) 유고슬라비아.

베이딩 슈트 [bathing suit] 해수욕복.

베이 럼 [영 bay rum] 월계수의 잎을 람주에 집어넣고 증류시킨 향수. 헤어 로션.

베이루트 (Beirut) 〈지〉 레바논 공화국(Republic of Lebanon)의 수도. 지중해에 면한 고대로부터의 무역항 (→) 레바논.

베이비 골프 [baby golf] 약식 골프.

베이비 돌 [baby doll] 순진하고 어린 애 같은 여성.

베이비 세트 [baby set] 한 벌의 서양식으로 된 어린아이의 옷.

베이비 스타 [baby star] 〈연극〉 인기 있는 어린 배우.

베이비 홀더 [baby holder] 아기 안는 기구. 가죽 끈을 목뒤로 어깨에 걸고 작은 요람 같은 그물에 아기를 가슴에 안도록 된 것.

베이스 [base] ① 기초. 기본. 토대. ② 〈체육〉 야구에서 루 ③ 기지(基地). 근거지. ④ 주성분. ⑤ 〈화학〉 염기. ⑥ 〈전기〉 트랜지스터 등 반도체 소자의 한 영역(領域) 또는 그 영역에 접속된 전극(電極).

베이스 드럼 [bass drum] 양쪽에 가죽을 댄 둥근 큰북.

베이스 라인 [base line] ① 테니스 코트의 한계선.

② 야구에서 베이스와 베이스를 연결하는 선.
③ 기준선(측량)

베이스라인 게임 [base-line game] 〈테니스〉 주로 코트 뒤쪽에서 싸우는 시합 방법.

베이스 러너 [base runner] 〈체육〉 주자. 달리는 사람.

베이스 엄파이어 [영 base umpire] 〈야〉 누(壘) 가까이에 있으면서 주자(走者)의 아웃(out) · 세이프(safe)를 판정하는 심판원 누심(壘審).

베이스 업 [영 base up] 임금기준의 인상.

베이스 온 볼 [base on ball] 〈야구〉 볼 포어(ball four)로 일루에 달려가는 일.

베이스 캠프 [base camp] 〈등산〉 등산의 근거지가 되는 천막.

베이스 코치 [영 base coach] 〈야〉 1루 또는 3루의 코처스 복스(coacher's box)에 서서 타자(打者)나 주자(走者)에게 지시를 하는 사람. (→) 코처스 복스.

베이스코트 [basecoat](화장의) 밑화장.

베이스 클라리넷 [bass clarinet] 〈음악〉 변나조의 것보다 한 옥타브 낮은 클라리넷.

베이스 클레프 [base clef] 〈음악〉 저음의 기호.

베이스 튜바 [base tuba] 〈음악〉 큰 금관악기의 하나로 가장 낮은 소리의 튜바.

베이스 트롬본 [bass trombone] 〈음악〉 저음의 트롬본.

베이슨 [basin] ① 물동이, 웅덩이. ② 분지(盆地). 유역(流域).

베이식 잉글리시 [Basic English] 1930년에 영국의 Ogden이 발표한 850단어로 된 국제 보조어로 사용하기 위하여 고안된 영어 회화책.

베이제 [프 baiser] 입맞춤, 접분, 키스.

베이지 [프 beiga]
① 〈복〉 2색의 얼룩 무늬의 평직물.
② 〈복〉 엷은 다색. 낙타의 털색.

베이지 [BASIC←Beginner's All purpose Symbolic Instruction Code] 〈컴퓨터〉 프로그램 용어의 일종. ▷ 간단한 영어를 사용한 명령어이므로 초보자도 이해가 쉬워 퍼스널 컴퓨터용 언어로서 급속도로 보급되었음.

베이징/북경 (Beijing/北京) 〈지〉 중화인민 공화국(中華人民共和國/People's Republic of China)의 수도. 중국 허베이(河北) 성에 있는 대도시. (→) 중국/중화 인민 공화국/중공(中共).

베이츠 [bates] 〈곤충〉 하늘소의 하나.

베이컨, 프란시스 (Francis Bacon, 1561~1626) 〈인〉 영국의 철학자, 정치가, 수필가.

베이크·라이스 [영 backed rice] 〈요〉 볶음밥.

베이클라이트 [영 bakelite] 〈화〉 석탄산과 포름알데히드로 만든 합성수지의 상품명. 미국의 화학자 베이클랜드가 발명하였다.

베이킹 파우더 [baking powder] 빵이나 과자를 구울 때 부풀게 하는 가루.

베이트 [bate] 누그러뜨리다.

베인 [vane] ① 풍신기 바람개비.
② 풍차의 날개.
③ 측량기의 시준판.

베인 펌프 [vane pump] 〈기계〉 바람개비 펌프.

베인 프로펠러 [vane propeller] 〈조선 공학〉 베인 추진기.

베일 [영 veil] 〈복〉 얼굴을 보호하거나 감추기 위해서 부인이 머리부터 뒤집어쓰는 엷은 견포. 면사포.

베일러 [bailer] 〈농업〉 물 푸는 사람.

베재 [baiser] 키스. 프랑스에서는 성

행위를 암시.

배지타리안 [영 vegetarian] 채식주의자.

베쳇(증후군) [영 bechet syndrome] 〈의〉 원인불명의 기병. 구강, 피부, 외음부 등에 궤양이 생겨서 관절염, 혈관장해, 중추신경 장해를 일으켜 시력 장해가 격심한 전신병.

베크렐(선) [becquerel선] 〈화〉 우라늄에서 발생하는 방사선.

베크만(온도계) 〔독 Beckmann(溫度計)〕 〈물리〉 (발명자인 독일의 화학자의 이름에서) 온도계의 세관의 윗쪽에 보조 수은 주머니를 붙인 수은 온도계.

베타 〔그 > 독·영·프 beta〕
① 그리스어 자모의 둘째 글자.
② 〈화〉 유기 화합물에서 탄소 원자의 위치를 나타내는 기호의 하나. 금속·합금 등의 모양을 나타내는 기호의 하나.

베타 선(線) 〔도 B-Strahlen〕 〔영 B-rays〕 B방사능 물질에서 나오는 전자선, 또는 양자선. 화학 작용·형광 작용 등이 음극선과 동일함.

베타인 [betain] 〈화학〉 단맛이 있는 무독 투명기. 무나 기타 식물에서 얻을 수 있음.

베타 테스트 [beta-test] 〈심리〉 베타식 지능 검사.

베타트론 [betatron] 〈물리〉 전자 가속기.

베타 프로테인 〔영 beta protein〕 〈식품〉 콩에서 분리된 단백질의 상품명. 합판의 접착제 조제에 씀.

베텔기우스 [betelguese] 〈천〉 올리온타의 일파성으로, 불규칙 변광량.

베토벤, 루트비히 판 (Ludwig van Beethoven, 1770~1827) 〈인〉 독일의 작곡가. 교향곡 제5번 "운명"이 유명함.

ㅂ

베톤 [프 beton] 콘크리트.

베트 [영 bet] 놀음. 면밀히 심사하다.

베트공 [Vietcong] 월공. 월남 인민 해방 전선의 약어. 1963년 12월 1일 남부 월남에서 각종 정당·사회단체·지식인 등으로 결성된 통일 전선으로 1968년 6월 8일 월남 임시 혁명 정부를 수립했음.

베트남 (Vietnam/Socialist Republic of Vietnam) 〈국〉옛 프랑스령 인도지나(印度支那)의 통킹(Tonking)·안남(Annam)·코친차이나(Cochin China)의 세 지역을 영토로 하는 공화국. 한자 표기로는 월남(越南). 1900년 프랑스령 인도지나 연방에 편입. 1945년 북베트남에 호지명(胡志明)이 세운 베트남 민주 공화국 [越盟] 1949년 남베트남에 고 딘 디엠이 베트남 공화국 [越南] 을 수립, 양 정부의 오랜 항쟁 끝에 1975년 베트남 공화국의 패망으로 1976년 베트남 사회주의 공화국이 됨. 수도는 하노이 (Hanoi). (→) 하노이.

베트닉 [영 vietnik] 〈사〉베트남 전쟁 반대를 주장하는 미국학생이나 평화주의자.

베트민 [vietminth] 베트남 독립동맹 전선의 약칭. 1941년에 결성된 대 프랑스 및 대 일본의 통일전선.

벡터 [영 vector] 〈수·리〉크기와 방향을 가진 양. 속도, 가속도, 힘 등을 나타낸다.

벤 [이 ben] 〈음악〉충분히.

벤둥 [독 Wendung] 스케이팅에 있어서의 킥 턴(kick turn).

벤드 [bend]
① 〈스키〉몸을 굽히는 것.
② 〈펜싱〉칼이 휘는 것.

벤딩 모멘트 [bending moment] 〈공업〉지레에 무게가 가해질 때 생기는 힘의 모멘트.

벤젠 [영 benzene] 〈화〉석탄타르를 분류하여 만드는 휘발성의 액체이며 고무의 용제, 염료 등에 사용한다.

벤진 [영 benzine] 〈화〉가솔린, 석유성 휘발유.

벤질 알콜 [Benzyle alcohol] 〈화학〉알콜의 일종.

벤처 [venture]
① 모험, 모험적인 사업.
② 요행을 바라보는 돋보기 장사.
③ (생명 따위) 내걸다.

벤처 비즈니스 [영 venture business] 새 기술을 개발해서 기업화하거나 새 영업 방법의 개발 등 창조적 활동을 꾀하는 기업. 노하우(know-how)를 파는데 특색이 있음.

벤추리 [venturi] 자동차의 가속관(加速管).

벤츠피렌 [영 benzpyrene] 〈약〉콜타르에 포함되어 있는 발암물질. 담배연기, 배기가스, 구은 생선의 탄 부분에 포함된다.

벤치 프레스 [bench press] 〈역도〉의자에 뒤로 누워 가슴 위에서 바벨을 밀어 올리는 연습.

벤톤 [Benton] 활자의 모형을 직접 금속 재료에 조각하는 조각기.

벤튜리미터 [Venturimeter] 〈물리〉가운데가 잘룩한 관으로 흐르는 속도를 재는 기계.

벤트 [bent] 버릇 경향.

벤트 [영 vent] 〈복〉신사복 상의의 소매부분의 홈. 구멍, 아가리, 배출구, 환기용의 작은 창.

벤트 폼 [bent form] 〈스케이팅〉앞으로 깊이 굽힌 자세.

벤틸레이터 [영 ventilator] 통풍기, 환기통.

벨 [프 belle] 가장 아름다운 여자.

미녀.

벨 · 에포크 [bell epoque*] 프랑스 시민 생활이 가장 안정하여 화려했던 19세기말부터 세계 1차 대전까지의 좋은 시대를 말함.

벨가모토 [프 bergamotte] 향유의 일종.

벨그라드 (Belgrade) 〈지〉 → 베오그라드(Beograd).

벨기에 (Belgie/Kingdom of Belgium) 〈국〉 유럽의 서북부에 있는 입헌 왕국, 로마, 에스파냐, 프랑스, 오스트리아 등의 통치를 받아오다가 1815년 네덜란드의 속국, 1830년 독립, 입헌 군주국이 됨. 프랑스어로는 Royaume de Belgique, 네덜란드어로는 Koninkriyk Belgie 한자 표기로는 백이의(白耳義). 수도는 브뤼셀(Brussel). (→) 브뤼셀.

벨그 · 하일 [독 Berg Heil] 〈등〉 등산자 간의 수사법.

벨라도나 [belladonna] 가지와 비슷한 다년초.

밸라미 [프 belleamie] 여자 친구. 정부.

벨라호텔 [영 velahotel] 〈군〉 미국의 핵실험 탐지위성.

밸럼 [영 vellum] ① 송아지. ② 송아지의 가죽.

벨렐스크 [영 burlesque] 〈극〉 ① 아메리칸 벌렉스라고도 할 수 있는 것으로서 스트립쇼 등이 대표적인 것. ② 춤 등을 곁들인 풍자 연극의 일종.

벨렌츠 (Bellenz) 〈지〉 → 벨린초나 (Bellinzona).

벨렙트 [도 Belebt] 〈음〉 활기차게. 활발하게. 이탈리아어의 아니마토(animato)에 해당함.

벨로드롬 [velodrome] 자전거, 자동차 따위의 경주자.

벨로시티 마이크 [velocity micro phone] 〈물리〉 카본 마이크로폰.

벨로아 [프 velour] 〈복〉 털을 세운 광택이 있는 부드러운 직물. 오바지로 사용함.

벨루어 [프 > 영 velours / velure] 〈섬〉 밀도가 많은 비교적 긴 경 파일 직물.

벨루어 오버 감 [영 velours over coating] 축융기모해서 표면에 털을 세운 외투감.

벨리 댄스 [belly dance] 배와 허리를 비꼬며 추는 관능적인 춤. ▷ belly는 배라는 뜻.

벨 마크 [영 bell mark] 교육설비조성표. 신품, 문방구. 일용품 등의 가입점의 포장지에 인쇄된 티켓.

벨모드 [프 vermouth] 포도주에 초근, 목피의 성분을 침투시킨 술.

벨베톤 [영 velveton] 〈복〉의 벤치, 편직한 후 털을 일으켜 염색한 비로드풍의 면포.

벨리스 [영 bellies] 〈섬〉 양의 복부의털.

벨리즈 (Belize) 〈국〉 중앙 아메리카에 있는 독립국. 1502년 콜럼버스 (Christopher Columbus)가 발견한 이래 에스파냐령, 1862년 영국령이 된 뒤 1964년 자치권 획득. 1981년 영 연방 내의 일원으로 독립. 수도는 벨로판(Belmoppan). (→) 벨모판.

벨벳 [라 > 프 > 영 velvet] 〈섬유〉 파일이 짧은 경 파일 직물. 속칭 '빌로드'. 우단(羽緞)을 말하는데, 이 말은 포루투갈어(veludo/velludo)에스파냐어(velludo)에서 온 것임.

벨 스커트 [bell skirt] 종 모양의 스커트.

벨 슬리브 [bell sleeve] 종모양의 소매.

벨 에포크 [bell epoque] 아름답고 우아한 시대. 보불(普佛) 전쟁 (1871)부터 제1차 대전 전(前)까지의 서부 유

ㅂ

럽의 평화롭던 시기.

벨쯔 [balz] 손이나 피부의 터짐을 방지하는 화장수. 글리세린이나 알콜, 가성칼리를 혼합한 액.

벨 칸또 [이 bel canto] 〈음악〉서정적이며 아름답게 노래하는 이탈리아식 창법(唱法).

벨테드 수츠 [belted suits] 허리띠를 단 여자 양복.

벨테드 코트 [belted cost] 허리띠를 단 여자 양복저고리.

벨트 라인 [belt line] 〈권투〉팬츠의 상부의 선.

벨트라인 스토어 [영 belt-line store] 연쇄점.

벨트슈메르쯔 [독 weltschmerz] 세계고(苦) 감상적 비관주의.

벨트 켄베이어 [belt conveyer] 2개의 수레바퀴에 걸친 벨트를 동력으로 움직여서 그 위에 얹은 물건을 연속적으로 일정한 장소로 운반하는 장치.

벨트 폴리 [belt pulley] 〈기계〉혁대 활차(滑車).

벨티드 [영 belted] 벨트를 맨 모양.

뱀벨그 [독 bemberg]〈복〉오골조골한 비단과 비슷한 인견포지. 독일의 뱀벨그 회사의 제품명.

보들레르, 샤를 피에르 (Charles Pierre Baudelaire, 1821~1867)〈인〉= 프랑스의 시인.

보디 블로 [영 body blow]〈체〉권투에서 상대의 가슴이나 배를 치는 것. 복부에 가격(加擊)하는 일.

보디스 [영 bodice]〈복〉웨스트의 부분, 동의.

보디 오버 [body over]〈테니스〉공을 칠 때 몸의 일부가 네트를 넘거나 네트를 닿는 것.

보디 워크 [body work]〈권투〉상반신의 동작.

보디체크 [body check]〈아이스하키〉몸(가슴, 등, 궁둥이)으로 막는 것.

보디 카드 [영 body card]
① 〈체〉아이스 하키에서 자기 몸을 한껏 상대방에게 부딪쳐 타격을 주는 일. 몸싸움. 퍽(puck)을 가지고 있는 사람에게만 몸싸움이 허용됨.
② 몸을 뒤져 소지품을 검사하는 것. (→) 보디 터치(body touch).

보디 카피 [영 body copy]〈광고〉광고의 본문. 캐치프레이즈(catch phrase)에 의해 독자의 주의를 끌고 계속해서 상품의 특징이나 효용·사용 방법 등을 설명하는 가장 중요한 부분임.

보디 터치 [영 body+ touch] 몸을 손으로 만져 접촉하는 것. 위험물 휴대 등을 검사하기 위해서 하는 일. 보디체크(body check).

보디 프레스 [body press] 레슬링에서 상대를 덮어 누르는 것.

보딩 브리지 [boarding bridge]〈공항〉승강구로 직접 연결 설치된 탑승용 다리.

보딩 카드 [boarding card] 비행기 탑승권.

보라 [이 bora] 아드리아 바다에 부는 찬 북동풍.

보라존 [영 borazon] 다이아몬드와 같은 경도의 인공결정체.

보루 [boardbox→〈일〉] 두꺼운 종이나 마분지 또는 그런 종이로 만든 상자. ¶담배 한 ~를 선물했다.

보루방 [네 boorbank → 일]〈공업〉구멍 뚫는 기계.

보르네오 섬 (Borneo I.)〈지〉동남아시아(Asia), 말레이 군도(Malay Is.)에서 가장 큰 섬.

보르도 (Bordeaux) 〈지〉 프랑스 서남부, 지롱드(Gironde)주의 주도. 보르도 지방에서 나는 포도주.

보르도 액(液) [영 Bordeaux mixture /도 Bordelaiser Bruhe] 〈약〉 유산동과 석회유(石灰乳)의 혼합액. 농약.

보르조이 [borzoi → 일] 러시아 원산 개의 일종.

보리 [범 Bodhi] 도(道). 지(智). 각(覺).

보링 [영 boring] ① 구멍을 뚫는 것. ② 〈광〉 석유의 시굴이나 유정을 파는 것.

보링 머신 [boring machine] 구멍 뚫는 기계.

보메 [프 baume] ① 보메 비중계. ② 〈화〉 비중의 단위로, 약호는Be. 석유등에 사용한다.

보바리슴 [프 bovarysme] 〈문학〉 자기를 현실적 자리로 인식하지 않는 정신 작용.

보브 [영 bob] 〈용〉부인의 단발풍의 머리형.

보브 슬레이 [bob sleigh] 산중턱에 만들어진 코스를 썰매로 미끄럼 타고 내려오는 경기.

보빈 [bobin] ① 방직 용구의 하나. ② 전선을 감아 코일을 만드는 원통.

보사 노바 [bossa nova] 〈음〉 삼바의 리듬에 모던 째즈의 요소가 결합된 것.

보스니아 (Bosnia) 〈지〉 유고슬라비아 (Yugoslavia) 중부의 지방 이름.

보스토크 [Vostok] '동방'이라는 뜻의 러시아어 1인승 우주선. 1961년 4월 12일 보스토크 1호가 가가린 소령을 태우고 사상 최고의 유인 우주 비행에 성공.

보스톤 백 [Boston bag] 바닥이 구형이며 가운데가 불룩 나온 가방.

보아 [영 boa] 〈복〉 부인의 모피나 날개의 목도리.

보우 [영 bow] ① 활, 바이올린의 활. ② 활꼴모양, 구부러진 것. ③〈복〉 나비넥타이.

보울 [영 bowl] 화분, 두꺼운 사발.

보이 [buoy] 〈낚시〉 부표. 부이.

보이루 [voile → 일] 양털·무명·명주 등을 섞어 짠 천으로 여름용 아이와 여자들의 옷감으로 쓰임.

보이루 [boiled oil → 일] 끓여서 보다 건성으로 한 기름.

보이 소프라노 [boy soprano] 〈음악〉 소프라노를 부르는 소년 가수.

보이스 [영 voice] ① 소리. ② 발언권. ③〈문법〉 태.

보이스 리코더 [voice recorder] 〈의학〉 음성 기록 장치(항공기 사고시 원인 규명에 중요한 자료가 됨.)

보이스 프린트 [영 voice print] 음성을 기계 분석해서 개인적 특징을 수출하여 그것을 지문(指紋)과 같이 범인 확정 등에 이용하는 것. 성문(聲紋).

보이자계획 [영 voyger계획] 우주생물의 유무를 탐지하는 미국의 감성탐측 계획.

보이콧 [영 boycott › 도 Boykott] 불매 동맹. 배척, 배척받은 지주명 Captain Boycott에서 온 말.

보일 [라 › 프 › 영 voile] 〈섬유〉 경위사에 비교적 강연사를 사용한 약간 거친 얇은 평직물(블라우스·아동복·스카프·커튼 감 등)

보일 다운 [boil down] 원고를 간추려 신문 기사를 작성하는 것.

보일러 셸 [boiler shell] 보일러의 동체.

보일 셔츠 [voile shirts] 보일로 만든 셔츠.

보잉(상표명) [Boeing] 미국 최대의 민

ㅂ

간용 제트기 이름, 또는 그 기종(機種).

보츠와나 (Botswana/Republic of Botswana) 〈국〉 아프리카 대륙 남부의 내륙 중앙에 있는 공화국. 1885년 영국의 보호령, 이 무렵의 호칭은 베추아날랜드(Bechuanaland). 1966년 독립. 수도는 가보로네(Gaborones). (→) 가보로네.

보카치오, 조반니 (Giovanni Boccaccio, 1313~1375) 〈인〉 문예부흥기 이탈리아의 인문 학자. 「데카메론」의 저자.

보칼리스트 [영 vocalist] 성악가, 가수.

보캐불러리 [영 vocabulary] 이야기. 어휘・용어(用語)의 범위.

보컬 [영 vocal] 성악.

보컬 뮤직 [vocal music] 〈음악〉성악. 성악곡.

보크 [영 balk/baulk/bauk]
① 〈체〉 반칙. 실책. 미스(miss).
② 〈야〉 투수가 주자에 대해서 행한 반칙 견제 동작. 이 경우 주자는 있던 자리에서 한 베이스 더 나아갈 수 있음.

보크 라인 [balk kine]
① 〈육상〉 도약 경기에서 발디딤판 앞에 그은 선.
② 〈당구〉 쿠션에 평행하게 그은 네 줄 가운데 줄.

보클 [영 boucle] 〈섬〉 애스트러캔(astrakhan)에 비슷한 모직물(외투・운동복 감).

보키사이트 [프 bauxite] 〈광〉알루미늄의 원광. 프랑스의 지방에서의 명명.

보터니 우스티드 [영 botany worsted] 〈섬〉 네리노 양모를 사용한 복지용 소모 직물 총칭.

보터 [영 boater] 〈복〉 칸칸모.

보텀 라인 [bottom line] 〈의상〉 가랭이 선. 최종결과, 결론, 순이익(손실), 현실주의의.

보텀 마진 [bottom margin] 〈도서관〉 하부 여백(下部餘白).

보텀 아웃 [bottom out] 〈경제〉 바닥 시세, 최저 가격. 주가(株價)가 최저로 떨어짐.

보텀 엎어 [영 bottom upper] 〈고무〉 하동(下胴) 겉고무.

보텀업 매니지먼트 [영 bottom-up management] 〈경〉중요한 문제는 톱 매니지먼트에게 최종 결정권이 있겠지만 문제의 발견, 문제 해결안의 작성은 모두 하위 관리층에서 행하여지는 경영 방식. 보텀업 경영이라고도 함.

보튜 [bottu] 인도여성이 얼굴에 붙이는 둥근점. 계급과 종파를 나타냄.

보트 네크라인 [bost neck-line] 〈의상〉배의 밑 부분 같은 모양의 깃둘레 선.

보트 노트 [boat note] 〈경제〉짐을 배에 실어 내릴 때에 취급하는 증명서.

보트 레이스 [boat race] 경조. 보팅.

보트카 [러 vodka] 〈식품〉 자작나무 숯을 통과시킨 알콜 증류액. (소련서는 고구마로 만든다.) 화주(火酒).

보트훅 [boat-hook] 보트가 발착할 때 배를 밀거나 잡아당기는 장대.

보틀 넥 [영 bottle neck] 난관. 좁은 입구. 통로. 애로.

보틀넥 인플레이션 [일 ← bottleneck inflation] 생산 요소(노동력・자본・원재료 등)의 일부가 부족함으로써 생산이 수요를 따르지 못하여 물가가 상승하는 현상.

보툴라누스 [botulinus] 〈화학〉 소시지 중독을 일으키는 독소를 만들어 내는 균.

보하이 (만) (渤海灣) 〈지〉 중국 랴오둥(遼東) 반도와 산둥(山東) 반도에 둘러싸인 황해(黃海)의 한 만.

보헤미아 (Bohemia) 〈지〉 체코슬로바키아(Czechoslovakia) 서쪽에 있는 지명.

보헤미안 [영 bohemian] ① 방랑자. ② 보헤미아의, 보헤미아인.

복스 [box(wrench)] 복스 스파너 나사 조리개의 한 가지임.

복스(화) [box(calf) (靴)] 〈화〉송아지의 가죽으로 만든 구두.

복스 스토어 [영 box store] 점포에 대해서 가능하면 돈을 들이지 않고 서비스를 적게 해서 그 부분만큼 상품을 싸게 파는 것을 목표로 하는 점포 형식.

복스스패너 [영 boxspanner] 〈공〉너트(nut)의 위로부터 덮어 끼워서, 틀게 만든 스패너. 상자 스패너. 준말로 복스라고도 함.

복스 카메라 [영 box camera] 〈사진〉주름상자가 없는 상자 형 사진기.

본 [프 bon] ① 좋다. ② 솜씨 있는 ③ 상류의 ④ 올바른.

본 (Bonn) 〈지〉 독일 연방 공화국 (Federal Republic of Germany) 곧 서독(西獨)의 수도. 라인 강(Rhein R.) 기슭에 있는 정치·문화 도시. (→) 독일 연방 공화국.

본드 [영 bond] ① 공채, 사채. ② 접착제. ③ 전차의 레일과 레일의 전지적인 접속선.

본 헤드 [영 bone head] 〈경〉두뇌적인 실책.

볼(반) [boor bank의 사투리] 구멍을 뚫는 공구반.

볼가 강 (江) (Volga R.) 〈지〉소련 러시아(Russia)공화국 서부를 흐르는 강.

볼더 [boulder] 둥근 돌. 표석(漂石).

볼더링 [bouldering] 바위나 벼랑을 타는 연습을 하기 위하여 비교적 작고 낮은 바윗덩어리 매달려 근력, 지구력, 테크닉 따위를 익히는 일.

볼도 [프 bordeaux] 프랑스의 불도지 방산의 포도주.

볼드 [영 bold] 대담한, 굵고 확실한.

볼드 페이스 [bold face] 〈인쇄〉고딕체로 된 활자체.

볼란떼 [이 volante] 〈음악〉가볍게, 경쾌하게.

볼러[영 bowler]보링을 애호하는 사람.

볼런터리 체인 [영 voluntary chain] 〈유〉자유 연쇄점 동인(同人) 연쇄점. 동일 업종의 독립 소매점이 오너(owner) 곧 소유주로서 독립성을 유지하며 공동 사업·공동 기획에 의한 판매 촉진을 하고 각 점은 판매에 전념함.

볼레로 [스 bolero]
① 〈음악〉 스페인의 민속무용 또는 그 무곡.
② 〈의상〉 스페인식의 윗도리.

볼로니아[이 bologna] 〈요〉이탈리아 북부의 볼래아에 산출되는 소고기순대.

볼로미터 [bolometer] 〈물리〉 복사열을 재는 일종의 저항 온도계.

볼룸 [ball room] 무도실. 대형회의실.

볼류트 펌프 [volute pump] 〈농업〉소용돌이 꼴 펌프.

볼리 면(綿) [영 bolly cotton] 〈섬〉완숙하기 전에 서리 등으로 발육이 정지한 다래에서 채취한 미숙면.

볼리비아 (Bolivia/Republic of Bolivia) 〈국〉남아메리카의 중앙부에 있는 공화국. 전에는 잉카 제국(Inca 帝國)의 일부였으며, 1523년 에스파냐령이었다가 1825년에 독립. 수도는 라파스(La Paz). (→) 라파스.

볼 밀 [영 ball mill] 〈식품〉 용기 안에서 묵직한 구(球)를 굴려 그 속에 있는

ㅂ

경질 물체를 분쇄하는 기계.

볼 베어링 [ball bearing] 구축수(球軸수). 회전축을 보지하기 위한 장치.

볼복스 [volvox] 〈생물〉 볼복스류의 총칭.

볼셰비즘 [러 bolshevism] 막스주의 볼셰비키주의.

볼셰비키 [bolsheviki] 레닌이 제창한 급진적인 과격파. 러시아 사회민주당의 정통파의 명칭.

볼스터 [bolster] 받침대.

볼시치 [러 bortshch] 〈요〉 고기나 야채를 장시간 쪄서 생크림을 얹어서 먹는 스프.

볼 업파이어 [ball umpire] 〈체육〉 구심(球審).

볼 인 프레이 [ball in play] 〈탁구〉 공이 서버의 손에서 떨어진 순간부터 득점이 결정될 때까지를 말함.

볼타미터 [volta meter] 〈물리〉전량계.

볼타(전지) [volta(電池)] 〈물리〉 화황산을 전해액으로 하여 동판과 아연판을 양극으로 세워 만든 전지.

볼테르 [Voltaire, 1694~1778] 〈인〉 프랑스 계몽주의 사상가, 작가, 철학자.

볼트 [영 bolt] 잠금장치의 잠금쇠, 잠금정. 빗장. 나사못.

볼트 [Vault] 둥근 천장.

볼트로프 [bolt rope] 돛의 둘레에 매단 로프.

볼트미터 [voltmeter] 전압계.

볼트암페어 [volt-ampere] 〈물리〉 피상(皮相) 전력 측정의 실용 단위.

볼트 페이퍼 [bolt paper] 흡수지(吸收紙).

볼폭탄 [cluster(canister)bomb unit] CUB폭탄이라고 한다. 즉 모자형 폭탄의 총칭. 모폭탄 속에 자폭탄이 들어 있어 그 가운데에서 작은 구형의 철환이 많이 들어 있음.

볼프 (Max Franz Joseph Cornelius Wolf, 1863~1932) 〈인〉 독일의 천문학자. 천체 관측에 사진을 처음으로 사용하여 소혹성(小惑星)발견에 크게 공헌. 트로야 군(Trojan group) 소혹성의 하나인 아킬레스(Achilles)를 1906년에 발견함.

볼프(씨관) [독 Wolf (氏管)] 〈생물〉 원시적 신장.

볼프람 [Wolfram] 〈화학〉 텅스텐.

봄베이 (Bombay) 〈지〉 인도(India) 반도 서안에 있는 무역항.

뵵스테이 [bobstay] 배의 제일 사장 받침줄.

뵵슬레이 [bobsleigh] 〈체육〉 두 대를 앞뒤로 연결한 썰매.

봉고 [영 bongo] 〈음〉쿠바의 향토악기. 소형의 2개 1조의 북.

봉봉 [프 bonbon] ① 단 과자. ② 사중창단의 이름.

봉 상스 [프 bon sens] 양식(良識) 상식.

봉수아르 [프 bonsoir] 저녁부터 밤까지의 인사말. 안녕하세요, 안녕히 주무십시오, 안녕히 가십시오.

봉주르 [프 bonjour] 낮 또는 아침 인사말. 안녕하세요.

부갈루 [boogaloo] 〈음〉1967년에 유행의 락계 음악과 춤. 원래는 리듬·앤드·블루스와 라틴·비드를 결합시킨 것.

부기 우기 [미 boogie-woogie] 〈음〉 재즈(jazz) 음악의 하나. 격정적이며 기운 있고 빠른 템포의 음악으로 미국 서부의 흑인 사이에서 생겼다. 블루스(blues)를 타악기풍으로 연주하여 원시적인 맛을 내도록 편곡한 피아노곡. 속어인데 '흑인 연주자'라는 말에 두음 b가 w로 바뀐 말을 덧붙여서 중복형으로 굳혀진 말임. 준말로는 부기.

부나 [독 Buna] 합성 고무. 기름과 열에 잘 견딤.

(부)독 [浮+dock] 〈토목〉 부선거(浮船渠).

부다페스트 (Budapest) 〈지〉 헝가리 인민 공화국(Hungarian Peop;e;s Re-public)의 수도. 도나우 강(Donau R.) 기슭의 상공업 도시. 1872년 원래 두 개의 도시인 강의 서안의 부다(Buda)와 동안의 페스트(Pest)가 합병해서 된 것임. 14세기에 부다가 헝가리의 수도가 되어 오늘에 이르렀음. 헝가리.

부드와르 [프 boudoir] 부인의 사실. 규방(閨房).

부라마 [Brama] (티벳과 인도에 걸친 강 이름 Bramaputra에서) 면도와 털난 다리를 지닌 아시아에서 나는 닭의 품종.

부랴트 몽골 (Buryat Mongol) 〈역〉 바이칼 호(Baikal L.) 동쪽에 있는 부랴트(Buryat) 자치 공화국의 전 이름.

부레트 [프 bourette] [영 silk noil] 〈섬유〉 견사(絹絲) 방적의 원형소면기에서 생기는 단섬유로서 주사(紬絲) 방적의 원료가 됨.

부룬디 (Burundi/Republic of Burundi) 〈국〉 아프리카의 동남부, 탕가니카호(Tanganyika L.) 기슭에 있는 공화국. 1885년 독일령, 1919년 벨기에의 위임 통치령 뒤에 1946년 신탁 통치령을 거쳐 1962년에 독립. 수도는 부줌부라(Bujumbura).

부르동(관) [프 bourdon(管)] 〈물리〉 압력이나 온도를 재는 데 쓰이는 구부러진 관.

부르봉 (Bourbon) 〈역〉 16~19세기경의 프랑스 왕가.

부르셀라(증) [brucella(症)] 파상열(波狀熱).

부르신 [burcine] 〈약학〉 마전에서 빼내는 유독한 알칼로이드.

부르좌 [프 bourgeois]
① 중세 유럽의 중산 계급의 시민.
② 근대의 자본 계급에 속하는 사람.
③ 부자.

부르좌지 [프 bourgeoisie]
① 자본가 계급.
② 중세 유럽의 중산 계급.

부르주아 [프 bourgeois] → 부르좌, ↔ 프로레따리아.

부르주아지 [프 bourgeoisie] → 부르좌지 ↔ 프로레다리아드.

부르칸(산) [몽 Burqan Qaldun] 〈지 · 역〉 몽골족(Mongol 族) 발상의 성지. 켄테이 산맥중의 한 봉우리. 칼둔(Qaldun)은 고봉(孤峰)의 뜻. 현재는 사간 운두르(Sagan Undur) 곧 백봉(白峰)이라고 부름. burxan/burqan은조령(祖靈)의 뜻, xalfun~ qaldun은 양류(楊柳)를 가리킴. 부르칸 산이 '양류신의 산(le mont du Saule dieux)'의 뜻이 됨. 몽고어의 q와 h가 넘나들며 몽고어의 첫 h는 한국어의 k와 대응하므로, 부르한(Burhan) 곧 불함산(不咸山) [고대 한국어 弗矩內]으로도 통하기 때문에 '신의 산/성산'의 뜻으로도 풀이됨.

부르키나파소 (Burkina Faso) 〈국〉 서아프리카의 내륙, 가나 공화국(Republic of Ghana)의 북쪽 볼타 강(Volta R.) 상류 유역에 자리잡은 공화국 11세기부터 모시 족(Moshi 族)의 왕국이었으나 1895년이래 프랑스의 식민지. 1946년 프랑스의 보호령. 1958년 프랑스 공동체 내의 공화국. 1960년 오트볼타 공화국(Republique de Haute Volta)으로 독립. 1984년 국호를 부르키나파소로 개칭. 수도는 와가두구(Ouagadougou). (→) 와가

203

ㅂ

두구.

부리그 [brig] 군함 안의 영창(감옥).

부리지 로 [bridge law] 가교적 법률.

부메랑 [boomerang] 오스트레일리아나 뉴기니아의 원주민이 사냥에 사용하는 'V' 자형의 도구. 던지면 한 바퀴 돌아 되돌아옴(호주 토인들 무기).

부메랑 이펙트 [boomerang effect] 〈경제〉부메랑 효과. 선진국의 원조를 받은 발전도상국의 생산력이 신장하여, 제품이 선진국으로 역수입되는 현상.

부비 [영 booby] ① 바보.
② 〈골프〉 최하위의 뜻.

부셸 [영 bushel] 야드, 파운드법에서 곡물, 과실 등 용량의 단위. 8갈론, 약 36.4리터, 2말 1홉.

부스 [영 booth] ① 작고 허름한 집.
② 매점.
③ 고속유료도로의 요금징수소.
④ 〈교〉 어학연습실의 개인석.

부스터 [영 booster] 〈기〉
① 로켓의 보조 추진 장치.
② 증폭기. 전류의 진폭을 크게 하는 것.

부스터 엔진 [booster engine] 〈기계〉 보조 기관.

부스터 펌프 [booster pump] 〈기계〉 보조 펌프.

부시 George W. Bush (2001~2009) 미국 43대 대통령.

부싱 [bushing] 〈기계〉굴대받이의 통.

부에노스아이레스(Buenos Aires) 〈지〉
① 아르헨티나(Argentina)의 주.
② 아르헨티나 공화국(Argentina Republic/Republic Argentina)의 수도. 플라타 강(La Plata R.) 하구에 있는 항구 도시. 세계3대 미항 중의 하나

부용 [프 bouillon] 짐승의 뼈를 끓여 만든 즙.

부이 [영 buoy] 부표, 부대.

부잉 [booing] 관중이 일제히 야유·불평하는 것.

부주 [범 bhujyu] 「베다」에 나오는 말.
① '향락을 가져오는' 뜻의 형용사이나 명사로서는 뱀을 뜻함.
② 아시빈(Asvin) 쌍신의 보호를 받는 자의 이름이기도 함.

부지 [독 bougie] 〈의〉 소식자, 존데. 요도협착 등을 넓히거나 만성임질의 치료에 삽입하는 의료기구.

부지따우 [중 不知道] 난 몰라.

부처 리넨 [영 butcher linen] 〈섬〉 질기고 두터운 표백 아마 평직물. 또는 면·인견을 사용한 이와 비슷한 직물 (에이프런, 테이블 클로스 용).

부츠 [영 boots] 장화, 영국에서는 단화도 포함.

부쿠레슈티 (Bucuresti) 〈지〉 루마니아 사회주의 공화국(Socialist Republic of Rumania)의 수도. 이 나라 동남부 담보비차 강(Dambovita R.) 기슭, 왈라키아 평원(Walachia Plat)에 있는 도시. 부근에 보양지가 많음. 1861년에 수도가 됨. 영어 표기로는 부카레스트(Bucharest). (→) 루마니아.

부클릿 [영 booklet] 소책자. 팸플릿(pamphlet)보다 쪽수가 많고, 안겉장 등도 있으며 제본돼 있는 겉모양을 갖춘 것.

부키시·잉글리시 [영 bookish english] 딱딱한 영어의 뜻.

부타디엔 [Butadien(e)] 불포화 탄화수소.

부탄 (Bhutan/Kingdom of Bhutan) 〈국〉 인도의 동북, 히말라야 산 기슭에 있는 세습 군주제 나라. 1910년부터 영국의 보호령, 1947년부터 인도의 보호국. 1949년에는 외교권을 인도로부터 인수 했으나 1947년 다시

인도에 위임함. '부탄'의 원명은 Druk Yul인데 이 티베트어는 '변경'이란 뜻. 수도는 팀부(Thimbu).

부트스트랩 [bootstrap] 〈컴퓨터〉 시스템을 그 자신의 기능에 의해서 동작 가능한 상태로 하는 수법. 컴퓨터를 처음으로 동작시킬 때, 하드웨어 혹은 펌웨어로써 마련되고 있는 초기 조작 기능 또는 수조작에 의해서 메모리 안에 기입된 초기 조작 명령을 실행시켜 동작 가능한 상태로 한다. 컴퓨터가 동작을 개시할 때에는 프로그램이 필요한데 컴퓨터 자신이 자동적으로 가동하는 데 필요한 최소량의 로딩 프로그램으로 부트스트랩 로더(bootstrap loader), 혹은 이니셜 로더(initial loader)라 한다.

부티크 [프 boutique] 〈유〉 규모가 작은 가게. 멋진 액세서리(accessory)나 양장 소품 등을 취급하는 가게. 본래는 파리의 고급 양장점(haute couture)에 부속해 있던 조그마한 매점을 가리키는 말이었음.

부티쿠 [프 boutique] 가게. 부인복, 장신구 등의 소매점.

부틸렌 [butylene] 〈화학〉 석유를 건류하여 얻는 기체. 휘발성이 강해 타기 쉽다.

부팅 [Booting] 〈컴퓨터〉 (운영체제를)시동하다. 판독시키다.

부팡 스커트 [프 bouffant+skirt] 〈의상〉 플레어나 갸자등으로 크고 불룩하게 만든 스커트.

부팬·스타일[영 bouffant style] 〈용〉 머리를 부드럽게 웨이브를 만들어 부풀어 올려서 안으로 감은 머리형.

북대서양조약기구 (NATO ; North-Atlantic Treaty Organization) 본부(브뤼셀), 가맹국(16개국), 소련 및 동구권을 대상으로 한 군사방위 조약기구.

북 리뷰 [영 book-review] 신간 소개.

서평.

북 캐리어 [book carrier] 〈도서관〉도서 운반기.

분젠(광도체) [독 Bunsen] 〈물〉광도계의 하나(독일 화학자의 이름에서).

분젠 버너 [독 Bunsen+burner]분제등.

불 [영 bull] 원의는 소. 주식용어로 강세 상대어는 베어(bear) 약세.

불가리아 (Bulgaria/People's Republic of Bulgaria) 〈국〉 동유럽 발칸 반도 (Balkan Pen.)의 동부에 있는 인민 공화국. 681년 불가리아 국가가 성립되었으나 터키계의 불가르 족(Bulgar 族)이 정복, 1393년 터키의 지배아래 있다가 1878년 독립하여 공국(公國). 1908년 왕국이 됨. 1946년 인민 공화국. 한자 표기는 발아리(勃牙利). 수도는 소피아(Sofia). (→) 소피아.

불독-본드 [bulldog bond] 〈경제〉 영국 금융시장에서 외국 기업이 발행하는 채권.

불리틴 [라 > 이 > 프 > 영 bulletin] ① 고시, 계시. 회보. 보고서. ② 다이렉트 메일(direct mail)에서는 간단한 부클릿(booklet) 형식의 계속성 있는 것을 말함.

불바 [프 boulevard] 가로수길, 대로.

불 업 [프 bull up] 〈미〉 미국해군의 공대지고체연료추진 로켓.

불워크 [bulwark] 〈조선공학〉 뱃전. 방파제.

불조아지 [프 bourgeoisie] 〈사〉유산 계급, 자본가, 상대어는 프롤레타리아드.

불테리어 [영 bull terrier] 〈동〉불독과 테리아의 잡종.

불 펜 [영 bull pen] ① 소의 가두리장, 소외양간. ② 〈야〉 대기 투수가 등판 준비를 위해 있는 투구연습장.

ㅂ

불프록 [bullfrog] 먹을 수 있는 개구리의 일종.

붐 [boom] 배의 돛 아래쪽에 댄 나무.

붐리트 [boomlet] 반짝 경기(景氣).

뷔겔 [독 Bugel] 〈물리〉 전동차의 집전(集電) 장치의 하나.

뷔페 디너 [프 buffet]+ [영 dinner] 입식(立式)의 정식(正式) 또는 만찬(晚餐). 간이식당의 정식.

뷔겔 [독 bugel] 〈전〉전차의 지붕 위에 달려 있는 가선으로부터 전류를 끌어들이는 집전장치.

뷰글 [영 bugle] 〈복〉 유리나 검은 옥 등을 조합시킨 파이프모양의 뷰즈.

뷰던트 [Viewdent] 〈교육〉 교육 텔레비전의 시청자. ▷ 보다(view)와 학생(student)의 합성어.

뷰로 [프 bureau] ① 관청의 국, 부. ② 안내소.

뷰로크래트 [bureaucrat] 관료. 공무원. 관료주의자.

뷰로크러시 [bureaucracy] 관료 정치. 관료주의.

뷰어 [viewer] 슬라이드 따위의 확대 투시 장치.

뷰티샨 [beautician] 미용사.

뷰티 스포트 [beauty spot] 얼굴에 찍는 화장을 위한 점.

뷰티 슬립 [beauty sleep] 밤 12시 전에 취침하는 미용에 좋은 수면.

뷰티 팔러 [beauty parlor] 미장원

뷰티플 피플 [beautiful people] 상류 사회 사람들(미와 우아한 유행을 창조하는 상류인·예술가).

뷰카메라 [view camera] 대형 카메라.

뷰폰 [영 viewphone] 〈기〉 전송사진 방식으로 상대의 얼굴이 나타나는 전화로서 일본의 도시바가 개발하였다.

브·나로드 [러 vnarod] 인민 속에의 뜻. 1870년대에 전개된 러시아의 나로드니키 운동의 슬로건. 많은 청년들이 농촌이나 공장에 들어가서 사회주의적인 발전을 도모한다는 혁명운동의 구호였다.

브라스 밴드 [영 brass-band] 〈음〉 관악기와 타악기로 연주하는 악단. 취주 악단.

브라우닝 Browning, Robert (1812~89) 영국의 詩人.

브라운(관) [영 braun's tube]
① 〈전〉 음곡선이 전장, 자장에서 구부러지는 성질을 이용해서 만든 진공관. 독일의 브라운에 의해서 발명되었다. 텔레비의 주요부품.
② 텔레비의 대명사로도 사용됨.

브라운 소스 [brown sauce] 고기와 야채를 끓인 국물로 만드는 소스.

브라이덜 [영 bridal] ① 혼례, 결혼식. ② 신부.

브라이드 [영 bride] 신부. 새댁.

브라이브 [bribe] 뇌물. 커미션을 뇌물이라는 뜻으로 쓰는 사람이 있는데 실은 수수료로서 공공연히 주어지는 것.

브라이어 [영 brier] 장미과의 낙엽관목. 뿌리는 파이프의 재료로서 최적.

브라인 [brine] 〈조선공학〉 간물. 소금물.

브라인 펌프 [brine pump] 〈조선공학〉 배의 냉장 시설에 있는 바닷물을 돌리는 펌프.

브라자 [프 vrassiere] 〈복〉 브라셀의 사투리. 레이스, 명주, 견 등의 부드러운 천을 사용하여 유방을 감싸게 만든 부인상의.

브라자빌 (Brazzaville) 〈지〉 콩고 인민공화국(People's Republic of Congo)의 수도. 콩고 강(Congo R.) 중류 기슭에 있는 항구 도시. 1880년 프랑

ㅂ

스인 브라자(Prerre Brazza)가 창건. (→) 콩고.

브라질 (Brazil/Federative Republic of Brazil) 〈국〉 남아메리카의 동부에 있는 연방 공화국. 원명은 Estados Unidos do Brasil. 1500년 포르투갈인 카브랄(Pedro Alvalez Cabral) 제독이 발견, 1815년 포르투갈의 자치령으로 있다가 1822년 독립하여 브라질 왕국(Brazil 王國) 수립. 1899년 왕정이 무너지고 공화국으로 됨. 한자 표기로는 파서국(巴西國). 수도는 브라질리아(Brasilia).

브라질리아 (Brasilia) 〈지〉 브라질 연방 공화국(Federative Republic of Brazil)의 수도. 1960년 종전의 수도인 리오데자네이로(Rio de Jameiro)에서 수도를 신흥 도시인 브라질리아로 옮겼음.

브라컵 [영 bracup] 〈복〉 가슴의 형을 가지런히 하기 위해서 사용하는 반원형의 씌우개.

브라흐마나스파티 [범 Brahmanspati] 〈신〉「베다」에 나오는 기도의 신. (→) 브리하스파티(Brhaspati).

브라흐만 [범 brahman] 〈불〉
① 인도의 네 계급 중 최고의 계급인 사제, 즉 성직자. 「리그 베다」에서는 제사의 기도자. 또는 제관.
② 철학적으로는 우주적 최고의 근본 원리. 근본 실재(根本實在). 범(梵).
③ 〈종〉 바라문교(婆羅門敎). → 바라문교(Brahmana)

브라흐만 교(敎) [범 Brahaman > 영 Brahmanism> 중] 〈종〉 바라문교(婆羅門敎). 인도교(印度敎). 불교 이전에 인도 브라흐만 족(brahman 族)이 「베다」 성전의 신앙을 중심으로 발달시킨 종교의 총칭. → 바라문 교.

브락치 [일 ← back chamber] 군사 비밀 정보(부).

브랑느 [프 branle] 2박자의 프랑스의 고전 무곡.

브랑코 [프 balanco] ① 그네. ② 아이들의 놀이구.

브래킷 [영 bracket]
① 〈전〉 벽에 장치한 기구.
② 〈건〉 완목. 완금.
③ 〈인〉 문장, 장구를 끊는 괄호.

브랜드 [Brand] 상표, 낙인, 강한 인상을 주다.

브랜드 로열티 [영 brand loyalty] 〈유〉 상표 충실도 또는 상표 충성도. 특정 브랜드에 대한 소비자의 선호.

브랜드 셰어 [영 brand share] 〈광고〉 브랜드 점유율(占有率). 어느 상표의 상품이 동종 상품 전체에서 차지하는 비율.

브렌드스텐 [brandsten판] 〈수영〉 다이빙경기의 뜀판. 미국송의 1매판을 사용한다.

브랜드 이미지 [영 brand image] 〈광고〉 메이커가 자사 상품에 붙인 브랜드에 대한 소비자의 인상.

브랜드 프로모션 [영 brand promotion] 〈광고〉 상품명을 판매 촉진하는 활동. 기업에서는 대표적인 브랜드로 설정하는데 필요한 활동임.

브러시 [영 brush] ① 솔. ② 칫솔.
③ 화필 〈물리〉 전동기나 발전기의 전류 전달 장치.

브러시 뱅 [brush bang] 〈미용〉 솔로 하는 뱅(상고머리).

브러시 볼 [brush ball] 〈체육〉 야구에서 투수가 타자의 허리를 삐게하기 위하여 던지는 타자의 몸을 스칠 듯 한 공.

브런치 [영 brunch] 조주겸용의 식사. 조식(breakfast)과 주식(lunch)의 합성어. 아침과 점심을 겸한 식사.

브레스트 라인 [breast line] 〈의상〉 가슴둘레 선.

ㅂ

브레스트 레이스 [breast race] 각 정(艇)이 나란히 출발하여 결승선까지 경조하는 가장 일반적인 보트 경기.

브레스트 스트로크 [breast stroke] 개구리 헤엄.

브레이드 [영 brais] 〈복〉견, 모등으로 한 평끈. 땋아 느린 머리.

브레이드 스티치 [braid stitch] 수를 놓을 때 밖의 넓은 2불과 안의 좁은2불의 선을 그어 놓는 것.

브레이스 [brace] ①〈인쇄〉중괄호. ②〈조선공학〉돛줄. ③ 꺾쇠.

브레이슬릿 [그>라>프>영 bracelet] 〈복〉팔지. 팔의, 팔꿈치에서 아래부분에 거는 것. 윗 부분에 거는 것은 암리트(armlet). (→) 암리트.

브레이싱 업 [bracing up] 〈골프〉스윙 때 허리를 끌어 조르듯이 하는 것.

브레이저 코트 [blazer coat] 〈의상〉화려한 색채의 스포츠용의 코트.

브레이즈 [영 braising] 〈식품〉기름 약간 바르고 짧은 시간 프라이(fry)하여 스튜(stew)를 하는 것.

브레이크 [영 brake] ① 제동, 제어 ② 제동기.

브레이크 드럼 [brake drum] 〈기계〉제동통(制動筒).

브레이크 밴드 [brake band] 〈기계〉제동대.

브레이크 슈 [brake shoe] 〈기계〉제동자.

브레이크스루 [breakthrough] ① 적진 돌파. ② (전하여) 현상 타파.

브레이크 페달 [brake pedal] 〈기계〉제동 발판.

브레이크 인 울 [영 break-in wool] 〈섬〉일시적인 영양실조로 인해 부분적으로 약한, 양모.

브레인 스토밍 [미 brain storming] 〈경〉집단 사고(集團思考). 창조적인 두뇌의 집단적 개발법. 미국의 오즈번(Osborne)의 조어. group creative thinking이라고도 함.

브레인 트러스트 [brain trust] 국가 회사·개인에 소속되어 전문 분야에 대한 상담을 맡은 학자·전문가 그룹.

브레일 [brail] 〈조선공학〉돛을 달아 매는 줄.

브레지네프·덕트린 [영 brezhnev doctrine] 구소련 동산당서기장인 브레지네프가 1968년 체코침입을 정당화하기 위해서 발표한 것. 동유럽 사회주의권 공동의 이익을 위해서는 일국의 이익은 종속될 수 있다는 주장.

브레톤 우즈 방식 [영 bretton woods 방식]〈경〉IMF는 가맹국이 국제수지의 위기에 빠졌을 때에 단기 예금을 대출하는데, 그때의 기금이 되는 각국의 출자금 할당의 기준.

브레통 우즈 협정 [영 Bretton woods 협정]〈경〉IMF(국제통화기금) 협정과 세계은행 협정,

브렌드 [영 brend] 혼합하다. 양주.

브로니 [brownin] 〈사〉6×9센티의 필름. 이스트만 코닥사의 카메라이름에 따온 말.

브로닝 [영 browning] 자동권총의 일종. 미국인 J. M. 브로닝이 발명.

브로드 [영 broad cloth] 〈섬〉바다 조직이 치밀하여 광택이 있고 유연 가공을 한 포플린으로, 위두둑이 눈에 띄지 않는 것(와이셔츠·잠옷·부인복 감).

브로드 [broth] 즙.

브로드 게이지 [broad gauge] 넓은 철도.

브로드 점프 [broad jump] 〈체육〉달려서 넓게 뛰기.

브로드 테일 [broadtail] 아시아산의

어린 양 가죽.

브로드 클로스 [영 broad cloth] 〈섬〉상질(上質)의 소모사 또는 방모사를 사용한 평직물의 표면의 보풀을 균일하게 짧게 정리한 것으로 촉감이 좋고 광택이 풍부함. 가공 공정에서 상당히 수축하므로 제작 폭을 넓게 하는 까닭에 이와 같이 지칭함.

브로마이드 [bromide] ① 초상 사진. ② 취화은을 써서 만든 인화지.

브로셋 [프 brochette] 〈요〉 불고기의 쇠꼬치.

브로스 [영 broth] 〈식품〉 고기 혹은 뼈 엑스에 채소·육류·곡분·향신료를 가해 만든 수프. 육즙(肉汁).

브로일러 [영 broiler] 〈요〉
① 새고기를 굽는 기구.
② 불고기로 사용하는 새고기.

브로케이드 [영 brocade] 〈섬〉능 바닥 또는 주자 바닥에 여러 가지 무늬를 나타낸 무늬 견직물(장식·커튼·부인·옷감).

브로큰 [영 broken] 형파괴, 변칙.

브로큰 플리스 [영 broken fleece] 〈섬〉깎은 양모를 스커팅할 때 제거한 것을 분류한 것 중에서 가장 좋은 양모.

브론 [영 brawn] 〈식품〉돼지의 고기·귀·혀를 말려 후추와 기타 향신료와 끓여 갈아 틀에 넣어 만든 식품.

브롬 나트륨 [독 Brom Natrium] 〈화학〉취화나트륨.

브롬 암모늄 [독 Brom Ammonium] 〈화학〉취화암모늄.

브롬이드 [영 bromide]
① 인기 있는 배우, 가수 등의 초상사진.
③ 취소의 화합물.

브루나이 (Brunei) 〈국〉보르네오 섬 (Borneo I.) 서북부에 있는 작은 입헌군주제 회교국. 1888년부터 영국의 보호령, 1959년 자치령(自治領). 1984년에 독립. 수도는 반다르세리베가완(Bandar Seri Begawan), 반다르세리 베가완의 옛 이름은 브루나이 (Brunei)임. (→) 반다르세리베가완.

브루넷 [프 brunette] 백인이면서, 피부가 거무스름하고 머리털·눈이 검은 여성, 또 그 머리.

브루투스 (Marcus Junius, Brutus 기원전 85?~42) 〈인〉로마의 정치가.

브뤼셀 (Brussel) 〈지〉벨기에 왕국 (Kingdomof Belgium)의 수도. 이 나라 중부의 센 강(Senne R.) 기슭에 있는 아름다운 도시. '소(小)파리' 라는 별칭이 있음. 1530년 합스브르크 가 (家)시대에 네데를란드인이 수도였다가 1830년부터 벨기에의 수도가 됨. 프랑스어 표기로는 Bruxelles(→) 벨기에.

브리너, 율 (Yul Brynner, 1920~1986) 〈인〉미국의 배우.

브리더 [breeder] 〈물리〉중식형 원자로.

브리더 파이프 [breather pipe] 〈기계〉 주유관(注油管) 자동차 곡축의 일부.

브리릴안트 [영 brilliant]
① 선명한, 눈부신, 반짝이는.
② 다각으로 가동한 다이어몬드.

브리머 [영 brimmer] 〈복〉 챙이 넓은 모자.

브리오슈 [프 brioche] 〈요〉 이스트로 구은 버터가 많은 빵.

브리지 [영 bridge] ① 다리.
② 선교, 함교.
③ 안경에서 코를 닿는 부분.

브리지타운 (Bridgetown) 〈지〉바베이도스 연방(聯邦) (Barbados)의 수도. (→) 바베이도스.

브리테인 [영 britain] 잉글랜드, 스코틀랜드, 웰즈의 병칭. 그레이트 브리테인이라고 함.

ㅂ

브리트라 [범 Vrtra] 「베다」에 나오는 말. '장애가 되는 적' 또는 '적군'을 뜻하며, 뱀 모양을 취한 악마의 이름이기도 함. 간혹 아히(ahi)라고도 불린다. (→) 다누(Danu).

브리트레일 패스 [Britrail Pass] 영국의 국철(國鐵)과 연락선을 이용할 수 있는 외국인용의 주유권(周遊券) ▷ 유럽 대륙 아일랜드와도 연결되는 브리트레일시 패스도 있음.

브리튼 (Britain) 〈지〉영국의 잉글랜드(England), 웨일스(Wales), 스코틀랜드(Scotland)의 총칭.

브리프 [brief] ① 간략한, 간결한. ② 내용·예정·개요를 중점적으로 설명하는 일. ③ 〈의상〉 남자용의 짧은 바지.

브리핑 [영 briefing]간단한 지시, 보고.

브리하스파니 [범 Brhaspati] 〈신〉 「베다」에 나오는 기도의 신. 브라흐마나스파티(Brahmanaspati)와 동격. (→) 브라흐마나스파티.

브릴리언트 [brilliant] ① 머리 좋은. ② 여러모로 깎은 다이아몬드. ③ 약 3포인트 반 크기의 활자.

브릴리언틴 [brilloantine] ① 모발(毛髮)용 향유. 포마드. ② 알파카와 비슷한 모직물.

브림 [영 brim] ① 〈복〉 모자의 챙. ② 언저리, 끝(단).

브링크맨쉽 [brinkmanship]단애 정책. 전쟁 촉발 지점까지 몰고 가는 정책.

브이티아르-시엠 [영 VTR-CM/video tape commercial] 〈광고〉 비디오 테입 레코더(video tape recorder)에 의해 제작된 CM.

브이·피·슈즈 [영 VP shoes] 벌커나이징·프레스(vulcanizong press) 고온압착기에 의해 제조된 합성고무 구두.

블라디보스토크 (Vladivostok) 〈지〉 소련 연해주 남부의 도시.

블라만제 [blammanger] 〈요〉 회젤리의 크림.

블라소바, 루드밀라 (Ludmila Vlasova, 1944~) 〈인〉 소련의 볼쇼이 발레단의 프리마 발레리나.

블라스트 [blast] 동풍, 폭발, 맹타. 소란한 파티.

블라스팅 [blasting]폭파. 호된 꾸지람.

블라우스 슬리브 [blouse sleeve] 〈의상〉 보통 넓은 소매의 소매부리에 커프스를 단 것.

블라우징 [영 blousing] 〈복〉드레스를 웨스트에 끌어 올려 부풀게 만든 주름.

블라인드 [영 blind] ① 맹목의. ② 차양, 말아 올릴 수 있는 문.

블라이드 테스트 [영 blind test] 상품명이나 메이커 등을 전혀 알 수 없게 한 뒤 피험자(被驗者)에게 상품을 실제로 사용케 해서 상품명이나 메이커를 알아맞추게 하는 상품 테스트 방법.

블랙 마켓 [black market] 〈경제〉 암시장(暗市場).

블랙 쳄버 [black chamber] ① 비서실. ② 외교·군사의 비밀 정보부.

블랙 파워 [black power] 1966년 6월 미국의 급진적 흑인 단체인 SNCC 학생 비폭력 저정 위원회의 지도자. 카마이클이 제창한 흑인민족 운동의 구호.

블랙 팬더 [black Panther] 미국의 흑인 빈민층으로 구성된 무장 흑인 민권 단체. 무장 단체로서 살인 파괴 행위로 미국에서 큰 문제 거리가 되고 있음.

블랙 프라이데이 (Black Friday) 추수감사절 다음의 금요일로 매장마다 확인 판매하기 때문에 많은 고객이 모여든다.

블랭칭 [영 blanching] 〈식품〉 보존육(保存肉)의 소금빼기. 아몬드(aimond)의 껍질 벗기기 쉽게 하는데 쓰는 처리 방법.

블랭퀴즘 [프 blanquisme] 〈사〉 급진적 파괴적 사회주의.

블랭킷 [프 blanket] ① 모포. ② 〈이〉 원자로의 노심을 둘러 싼 친물질의 층.

블랭켓 에어리어 [blanket area] 방송에서 난청 구역을 가리키는 말. 방송국의 송신안테나에서 너무 가깝기 때문에 전파를 수신할 수 없는 지역.

블랭켓판 [blanket 判] 〈인쇄〉 보통 신문 크기의 판형. ▷ 타블로이드.

블랭크 버스 [blank verse] 무운시(無韻詩).

블러드 엘리트 [blood elite] 혈통 덕분에 엘리트가 된 사람. 이에 반하여 실력으로 엘리트가 된 사람은 파워 엘리트.

블레오마이신 [bleomycin] 〈의〉 1968년에 개발한 항암성 항생 물질제.

블레이드 [영 blade] ① 거터의 날. ② 펜싱의 칼 본체. ③ 〈보트〉 노의 물을 젓는 평평한 부분. ④ 〈스케이트〉 스케이트가 얼음과 접촉하는 칼 모양의 부분.

블레이저 [blazer] 〈의상〉 화려한 색의 스포츠용 재킷.

블레이저 코트 [영 blazer coat] 스포츠용의 프란넬제의 상의. 국제경기대회 등의 선수의 제복에 사용된다.

블레인웨어 [Brainware] 고급인적자원의 중요성을 하드웨어나 소프트웨어에 비유한 신조어.

블렌딩 [영 blending] 〈고무〉 제품 특성을 살리기 위해 2종 또는 그 이상의 고무(종합체)를 균질 혼합하는 것.

블로 [blow] ① 〈체육〉 권투에서, 타격. ② 헤어드라이어로 머리를 말리거나, 머리형을 만드는 일.

블로램프 [blow lamp] 금속을 맞붙일 때 쓰는 가열램프.

블로워 [영 blower] 송풍기. 통풍기.

블로큰 현상(現像) [영 blocken development] 산의 정상에서 태양을 배면에 두었을 때 전면의 구름 등에 자기의 그림자가 보이는 광학적(光學的)인 현상.

블로킹 [blocking] ① 〈기상〉 기류 유동의 저지 현상. ② 〈체육〉 농구에서, 볼을 갖고 있지 않은 상대의 몸에 접촉해서 진행을 방해하는 일. 배구에서, 잔위가 네트 앞에서 점프하여 볼을 막는 일. 권투에서, 상대방의 공격을 막아내는 일. ③ 〈미용〉 머리 가르기. ④ 〈컴퓨터〉 일정한 길이의 데이터를 여러 개 모아 한 블록의 데이터로 짜맞추는 일.

블로킹 사인 [영 blocking sign] 〈야〉 상대편에게 들키지 않기 위해 복잡하게 동작을 조합하여 감독이 자기 편 선수에게 보내는 사인. 정식 영어는 아니지만, 블록 사인(block+sign)이라고도 함.

블로터 [영 blotter] 흡수지.

블로토치 [blowtorch] 작은 발열(發熱) 장치.

블로파이프 [blowpipe] 〈조선공학〉 불어서 불을 일으키는 대통. 취관(吹管).

블로홀 [blowhole] 녹은 철광에 들어 있는 공기 주머니.

블록 [프 bloc] 〈정〉 정치상, 경제상의 이익을 위해서 단결한 국가군 또는 단체군. ▷ 정경 유착.

블록 [block] ① 〈인쇄〉 활자. 판목.

ㅂ

② 건축 자재의 덩어리.
③ 시가지의 한 구획.
④ 〈계획〉 상대방을 방해하는 일.
⑤ 구간.
⑥ 〈컴퓨터〉한 단위로 취급되는 연속된 레코드의 지단. 예를 들면 자기 테이프나 자기 디스크에 정보를 기억할 때는 적당한 자수로 성립된 블록 단위로 기록하는 것이 보통이다.

블록 광고(廣告) [영 block ad.] 〈광고〉 여러 도(道)에 걸쳐 독자를 가진 블록 지(block 紙)라고 불리는 신문에 게재되는 광고.

블록 게이지 [block gauge] 〈공업〉길이의 기준으로 쓰이는 단도기(端度器).

블록 다이어그램 [block diagram] 〈지학〉 입체식 도형.

블록버스터 [blockbuster]
① 대형 폭탄.
② 대중을 겨냥해서 만든 대작(大作)이나 대형 영화.

블록 볼 [영 blocked ball] 〈야〉 시합 중에 경기자 이외의 사람에게 공이 닿는 것. 저지구(沮止球). 관중 촉구(觀衆觸球).

블록 사인 [block sign] 〈체육〉 야구 경기 등에서, 감독이나 코치가 선수에게 보내는 복잡한 사인·신호.

블록 시스템 [block system] 〈도서관〉 단원별 대출 제도.

블록아웃 타임 [영 blockedout time] 〈라·텔〉 라디오·텔레비전 프로그램에서 광고주(廣告主)가 구입할 수 없는 시간대.

블록 카피 [block copy] 〈인쇄〉 제판(製版)용 원고.

블론드 [영 blonde] ① 금발의.
② 금발의 미녀.

블루 그래스 [blue grass] 〈축산〉 세포아 풀 속의 풀로 목초, 건초용으로서 우수함.

블루데님 소사이어티 [blue-denims society] 진이(청바지가) 붐을 이루고 있는 미국 사회를 가리키는 말. ▷ '데님'은 작업복.

블루라운드 [blue round] 국가간의 통상 문제에 노동 문제도 포함시킨다는 선진국들의 무역정책.

블루레이(Blu-Ray): 차세대 DVD 규격.

블루머 [영 bloomer] 〈복〉 부인, 아이들용의 하의.

블루북 [bluebook] 청서(青書) 또는 정부의 보고서나 공문서 (미국에서) 직원록.

블루 섹스 [blue sex] 여자끼리 사는 것. 동성연애.

블루스 [미 blues] 〈음〉영어 blue devils(우울, 기분이 울적한 것)에서 온 말. 4분의 4박자의 애조를 띤 무용 가곡. 또는 그 춤. 미국 흑인의 즉흥적인 속된 노래를 본전으로 한 재즈 음악이며, 우울한 느낌이 짙다. 사교댄스의 한 형식이기도 함. 재즈 음악의 하나.

블루스 [프 blouse] 〈복〉 ① 블라우스.
② 화가가 입는 윗도리.

블루 온 블루 (Blue-on-blue) : 아군끼리 오인 사격.

블루스타킹 [bluestocking] 여류 학자. 학자인 체하는 여자.

블루오션 [blue ocean] 〈경〉 새로운 시장. 진출해 볼만한 시장.

블루 올림픽 [영 Blue Olymoics] 수중 경기 세계 선수권 대회의 통칭. 수중 총(水中銃) 경기나 수중 랠리(rally) 등을 내용으로 함.

블루존 [프 blouson] 〈복〉 자켓의 일종으로 허리부분을 벨트나 고무천으로 된 것. 점퍼.

블루칼라 [blue-collar] 공장 노동자 계급. ▷ 작업복을 입는 생산 노동자.

블루 칩 [영 blue chip] 〈경〉고수익·높은 배당으로 가격이 안정되어 있는 우량 주식의 이름.

블루필름 [Bue film] 비밀리에 제작 상영되는 외설영화.

블룸 [영 bloom] 〈고무〉미가황(未加黃) 고무 또는 가황고무 표면에 스며 나오는 배합물. 블루밍(blooming)은 블루하는 현상.

블리 [bully]
① 〈축구〉 플레이어가 한 곳에 몰려 공을 서로 혼잡하게 몰고 있는 상태.
② 〈하키〉인플레이어하는 방법의 하나.

블리스터 [영 blister] 〈사〉물집, 현상을 할 때에 인화지에 생기는 물집.

블리저드 [영 blizzard] ① 큰 눈보라.
② 극지의 폭풍설로서 수일간 계속 풍속 20~80미터에 이른다.

블리처즈 [bleachers] 〈체육〉야외 관람석. 외야석.

블리츠크리그 [blitzkrieg] 전격(작)전.

블리치 [bleach]
① 하얗게 하다. 표백하다.
② 모발의 색을 빼는 것.

블릭 [영 blik] 얇은 철판에 즉석 도금을 한 것.

비구 [bhikshu(比丘)] 중. 남승.

비구니 [bhikshuni] 여승.

비글 [beagle]토끼 사냥용 개, 스파이.

비기너 [영 beginner] 초보자. 개시자. 골프 등에서 많이 사용되는 말.

비나 [인 vina] 〈음악〉인도의 대표적 악기로 두 공명통과 일곱 쇠줄이 달려 있고 소리는 비파와 비슷함.

비나인 니글렉트 폴리시 [benign neglect policy] 보고도 못 본 체하며, 은근히 무시하는 것.

비나폴로 [Venapollo←Venus+Apollo] 〈약학〉정력. 영양. 피로 회복제.

비너스 [영 venus] ① 〈천〉 금성.
② 로마신화의 사랑과 미의 여신.

비너클 [binnacle] 〈조선공학〉나침반.

비니거 [vinegar] 식용 양초.

비니타일 [영 vinytile] 〈건〉 비닐의 타일. 보통의 타일보다 부드럽다.

비니트론 [영 vinitron] 〈화〉비닐·알콜계의 합성섬유로서 오른과 비닐론의 두 가지 특징을 가지고 있다. 마찰에 강하며, 양말, 레인코트 등에 사용된다.

비닐론[영 vinylon] 〈화〉비닐을 폴마린으로 처리하여 강하게 만든 합성섬유.

비닐리덴 [영 vinyliden] 〈화〉염화비닐계의 합성섬유의 일종.

비디오 디스크 [videodisc] 그림이 나오는 레코드, 디스크 플레이어를 텔레비에 접속하여 레코드판에 녹음되어 있는 것을 재생시키는 장치.

비데이 [V-day=Victory day] 제2차 대전의 전승 기념일. 즉 1946년 12월 31일.

비드 [bead] ① 차바퀴의 쇠구슬.
② 〈건축〉 구슬선.

비드로 [영 vidro] 유리, 유리세공.

비들 [beadle] 하급 관리.

비디오 커뮤니케이션 [영 video communication] 시각 전달중 시간적 요소를 갖는 텔레비전이나 영화의 화상만의 전달을 말함.

비디오 컨퍼런스 [영 video conference] 먼 거리에 떨어져 있는 사람끼리 국내는 물론 해외 간에도 TV 화면을 통해 회의를 하는 영상 토론(映像討論) 시스템.

ㅂ

비디오 리서치 [video Research Ltd.] TV 시청률 조사 회사(민간 방송 20개사, NTT. TOSHIBA등이 출자하여 정기적으로 조사·분석함).

비디오 미터 [video meter] TV 시청률을 조사하기 위해 TV세트에 장치한 자동기록기. 즉 어느 방송국의 어느 프로를 얼마동안 봤는가 자동적으로 표기된다.

비디오제닉 [videogenic] 비디오에 알맞는. 텔레비전에 깨끗이 비치는.

비디오텍스 [videotex] 전화선과 가정의 TV를 연결하여 생활 정보를 얻는 시스템(일본의 캡틴, 영국의 프레스텔. 캐나다의 텔든).

비디콘[영 vidicon]〈켈레비〉소형영상관. 감도는 다소 뒤지지만 구조가 간단하고 생산하기 쉽다.

비라즈 [범 viraj]「베다」에 나오는 말.
① 본래의 뜻은 편조자(遍照者) 또는 지배자.
② 원시의 거인 푸루샤(Purusa)가 구체적인 세계를 생성하는 여성적인 원리. (→) 푸루샤

비루스 [독 virus]〈의〉여과성병원균. 초현미경적인 미립자로 증식한다. 천연두, 유행성 뇌염 등의 많은 비루스가 있다.

비루파 [범 Virupa]
①〈신〉「베다」에 나오는 아수라(Asura)의 한 이름.
②「베다」시인의 한 이름.

비뮤즈 [BMEWS]〈준〉탄도미사일 조기경 보조직. 미국의 대 구소련 레이더망의 하나. Ballistic Nissile Early Warning System의 약.

비바스반트 [범 Vivasvant]「베다」에 나오는 최초의 제사자로 생각되는 사람임.

비바체 [이 vivace]〈음악〉생기 있게.

비바치씨모 [이 vivacissimo]〈음악〉아주 생기 있게.

비박 [독 biwak]〈등〉노영, 야숙. 산장 등을 이용하지 않고 바위 그늘 등에서 밤을 새는 것.

비버 [beaver]
① 해리(海狸) (유럽·북미에 서식하는 수륙 양생 동물)
② 여성의 음부.

비버 [영 beaver]〈섬〉
① 질이 좋은 강연사와 굵은 약연사를 사용한 면 2중직으로 양면에 강한 기모를 한 것.
② 커지(kersey)와 비슷한 모직물을 지칭할 때.

비베리엄 [vivarium] 자연의 생활 환경을 모방한 동물 사육장.

비보 [이 vivo]〈음악〉활발하게.

비보·룩 [vivo look]〈용〉발랄한 표정으로 하는 화장법. vivo는 이태리어, look은 영어.

비봅 [be'bop]〈음악〉1940년 초기에 창시된 음악의 형식. 현대 재즈의 시초.

비부반 [범 Vibhuvan]〈신〉「베다」에 나오는 리부(Ruhu) 3신중의 하나. (→) 리부·바자(Vaja).

비브라토 [이 vibrato]〈음〉음을 떨면서 노래하다.

비브라폰 [영 vibraphone]〈음〉전기장치로 음을 길고 강하게 울릴 수 있는 철금.

비브람 [vibram]〈동〉고무바닥창이 못과 같은 등산화.

비브리오 [vibrio] 막대 모양의 세균의 한 속물.

비브리오 불니프쿠스 [Vibrio Vulnificus] 바다 어패류 속에 있는 세균의 일종. 특히 조개 속에 있는 균을 사람이 먹었을 때 괴사 현상이 일

어나기도 함.

비브왁 [프 bivouac] 노영. 야숙.

비블리오 [biblio] 성물의, 성서라는 뜻의 접두어.

비비다카 [범 vibhidaka] 「베다」에 나오는 나무의 이름. 이 나무의 열매는 주사위로 사용됨.

비비드 [영 vivid] ① 생생한, 발랄한.
② 진실에 다가서다.
③ 광이나 색이 선명하고 밝다.

비숍 [프 bishop] 〈종〉크리스토교회의 고급 교직. 사교. 승정. 감독.

비슈바바수 [범 Visvavasu] 〈신〉「베다」에 나오는 간다르바(Gandharva)의 이름. 비시누(Visnu)의 칭호. (→) 간다르바·비시누.

비스마르크 Bismarck Schonausen, Otta Edward Leo-pold von (1815~98) 독일의 政治家, 프러시아 宰相.

비스마르크 제도(諸島) (Bismarck Is.) 〈지〉서남 태평양, 파푸아뉴기니(Papua New Guinea)의 동북쪽에 위치하는 제도.

비스머드 [영 bismuth] 〈화〉금속원소의 하나. 창연. 기호 Bi. 융점이 낮은 합금을 만들며, 그 화합물은 약용이 된다.

비스모터 [bismoter] 뒷바퀴 옆에 바이크 모터를 단 자동차 전차의 인종.

비스무트 [독 Wismut] 〈화학〉창연 (蒼鉛).

비스코스 [viscose] 〈화학〉크산토겐 산소다의 수용액.

비스코스 섬유(纖維) [영 viscosefiber] 〈섬〉펄프를 가성소다 용액 및 이황화탄소로써 처리하여 비스코스를 만들어 이것을 방사하여 제조한 섬유.

비스킷 체크 [영 biscuit check] 〈식품〉비스킷을 구운 후 곧 갈라지거나 금이 나는 것을 말함.

비스타 [영 vista] ① 병목로.
② 나무사이로 보이는 전망.

비스타 비전 [vista vision] 색채가 선명한 와이드 스크린 방식에 의한 영화로 미국 파라마운드 영화사가 창안함.

비스트 [beast] ① 짐승 동물.
② 짐승 같은 사람.

비시누 [범 Visnu] 〈신〉「베다」에 나오는 신의 이름. 세 발걸음으로 모든 세계를 활보한다고 하는 신. 힌드 교에서는 가장 중요한 세 신(브라흐마·비시누·시바)의 하나로서 세계의 보존과 유지를 담당함.

비·시·지 [프 BCG] Bacille de calmette et Guerin의 약. 〈약〉결핵예방왁신의 하나로 튜베루클린 반응 음성의 사람에게 피하주사를 한다.

비씨 [B.C.=BASE camp] 본부 캠프.

비아그라 [viagra] 미국의 파이저사가 개발한 먹는 남성 발기부전 치료제.

비안 [프 bien] 굉장한, 좋은.

비에이디지이 [BADGE=Base Air Defence Ground Environment] 반자동화된 방공, 지상 경계, 요격 관제 조직, 미 본사의 방공용으로 개발된 새이지(SAGE)를 해외 기지용으로 소형화한 것.

비엔날레 [라 > 이 Biennale] 〈미〉격년 개최 미술 전람회. 라틴어bi(2)+anno(년)에서 온 말. 2년마다 열리는 이탈리아베니스의 국제 전람회. 1895년 창립. 남미 상파울루의 비엔날레는 1951년에 발족하였음.

비엔티안 (Vientiane) 〈지〉라오스 인민 민주 공화국(Laos People's Democratic Republic)의 수도. (→) 라오스.

비오토누스 [라 biotonus] 〈심리〉생물이 가지는 에너지의 강도. 비오판

215

ㅂ

[B5 判] 종이의 치수의 이름. 사륙 배판과 거의 같음.

비오페르민 [biofermin] 유산균제제의 상품명.

비올라 [이 viola] 〈음〉 바이올린과 비슷한 소형의 것. 실내나 관현악의 중음부를 담당한다.

비올라 다감바 [이 viola da gamba] 첼로의 전신인 18세기까지 쓰인 현악기.

바용 [프 bouillon]
① 〈요〉 스프의 원조. 새, 소고기. 생선 등의 진국물.
② 〈생〉 세균배양기.

비유(계) [VU] 음량계.

비이야 베이스 [bouillabassie] 〈요〉 남프랑스풍의 생선이나 새우의 스프. 생선튀김.

비자 [영 visa] 원뜻은 서류를 보았다는 의미. 외국여행을 위한 사증. 여권의 이서를 말하며 행선국의 영사가 한다.

비잔틴(식) [byzantine式] 〈건〉 동로마 제국 시대의 건축양식.

비저 [영 buzzer] 〈이〉 전자식으로 진동판을 진동시켜서 낮은 음향을 내는 음향기. 경보 등에 사용한다.

비전 [영 vision] ① 미래상. ② 환각. ③ 시력, 청각.

비제바노 [이 Vigevano] 이탈리아 '비제바노'의 이름을 딴 구두의 상표명.

비주 [프 bijou] 보석. 구슬장식.

비주알라이제이션 [영 visualization] 광고제작자가 아이디어를 구체적인 모양으로 나타내는 것.

비주얼 [영 visual] 보다, 시각의, 시력의.

비주얼 디자인 [영 visual design] 〈광고〉 시각(視覺) 디자인. 눈으로 볼 수 있는 것을 전제로 한 디자인.

비주얼쇼 [visual show] 〈연극〉 공개 방송 및 공개 녹음 프로.

비주얼 스캔들 [영 visual scandal] 〈광고〉 시각적인 의외성, 충격적인 비전(vision)에 의해 보는 사람에게 강한 임팩트(impact)를 주려는 표현 방법.

비주얼 캡처 [visual capture] 시각적 효과로 독자나 소비자를 사로잡는 일.

비즈 [영 beads] ① 염주.
② 유리제의 장식옥. 염주알.

비즈니스 로지스틱스 [business logistics] 〈경제〉 기업에서 생산에서부터 판매까지의 물적(物的) 유통 관리.

비즈니스 맨션 [영 business mansion] 베드타운(bed town)에서 도심지에 있는 회사로 통근하자면 출퇴근 시간이 많이 걸리므로 피로와 비능률을 고려해서 개발, 건립된 직장 가까이에 잠을 잘 수 있는 간단한 맨션. 잔무 처리에도 편리함.

비즈니스 어세스먼트 [영 business assessment] 〈경〉 기업 평가.

비즈니스 웨어 [business wear] 사무용 복장.

비즈니스 이코노미스트 [business economist] 〈경제〉 기업 내용이나 일반 경제 정세를 분석·예측하는 전문가.

비즈니스 컨설턴트 [business consultant] 기업의 고문이 되어 경영에 관하여 조언을 하고 지도·상담을 함.

비즈머드 [bismuth] 〈화학〉 창선(蒼船).

비즈백 [beads bag] 구슬백.

비즈싱 [vizthink] 사고의 시각화 「visual」과 「think」를 합성한 신조어.

비지니즈 론 [영 business loan] 〈경〉 사업 금융. 기업에 해주는 1년 이내의 대출.

비지터 [영 visitor] ① 방문자.
② 〈야〉 상대의 홈그라운드에의 원정팀.

비지팅 펠로 [영 visiting fellow] 장학

회에서 연구비를 받아서 외국의 대학이나 연구소에 파견되는 연구원.

비치 하우스 [beach house]
① 해수욕장의 쉬는 곳.
② 바닷가의 별장.

비커 [영 beaker]
① 〈화〉실험용의 넓은 입의 용기.
② 넓은 입의 큰 컵.

비컨 [영 beacon] ① 봉화, 횃불.
② 항로 표지(標識). 항로 표지등(燈).
③ 〈항〉무선 표지. 레이다 비컨(radar beacon). 육상국(陸上局)에서 특별한 신호를 특별한 방향에 보내, 그것을 수신하기만 하면 곧 상대방 국과의 방위(方位)를 간단히 알게 하는 방식을 말함. (→) 레이컨(racon)·레이다 비컨.

비컨 라이트 [beacon light] ① 봉화.
② 교통정체 경보등.

비큐나 [스 vicuna]
① 〈동〉남미산 낙타의 일종.
② 〈복〉그의 털로 짠 옷감. 일반적으로 낙타라고 하며 광택이 있는 탄력성이 풍부한 최고급품.

비큐너 수팅 [영 vicuna suiting] 〈섬〉바큐너 모로 만든 직물로서 경사에 소모사, 위사에 방모사를 사용한 능직으로 멜턴(melton)과 같이 가공한 부드러운 모직물 (부인복·숄)

비클 [vehicle]
① 〈인쇄〉잉크에서 안료를 분산시켜 인쇄면에 안료를 고착시키게 하는 액체 성분. 용액.
② 차량, 운반기구.
③ 매개물, 전달수단.

비 클라스 [B class] B급 제2위.

비키니 [영 bikini] 〈지〉태평양의 작은 섬. 미국이 여기서 원폭실험을 하여 일본어선이 죽음의 재를 뒤집어써서 한사람이 방사능장해로 죽었기 때문에 무명의 고도가 세계적으로 유명해졌다.

비키니 섬 (bikini I.) 〈지〉태평양에 있는 미국령의 섬.

비타캠퍼 [vitacamphor] 장뇌를 먹인 개의 오줌으로 만든 강심제.

비타폰 [vitaphone] 발성영화.

비터 [영 beater] 철도선로의 바다의 굴착에 사용되는 강철제의 곡괭이.

비토 [veto] ① 거부권을 행사하다.
② 거절하다.

비토리오 에마누엘레 2세(世) (Vittorio Emanuele II, 1820~1878) 〈인〉이탈리아의 최초의 국왕.

비튜멘 [bitumen] 〈광물·농업〉역청(歷靑).

비트 [영 bit]
① binary digit의 축약 합성어. 정보전달의 최소단위. 정보량의 단위.
② 〈컴〉컴퓨터의 가장 기본적인 개념이며 컴퓨터 체계의 기초. 1비트는 0과 1의 두 상태를, 2비트는 00, 01, 10, 11의 네 가지 상태를 나냄. 이들 약속의 집적 체계가 컴퓨터의 체계임. (→) 니블(nibble)·바이트(byte).

비트 [영 beat] ① 〈음〉박자를 잡는 것.
② 〈수영〉발로 물을 걷어차는 것.
③ 신문의 특수기사를 잡는 것. 때리다, 치다.

비트 [영 beet] 〈식〉첨채당(甛菜糖).

비트닉 [미 beatnik] 미국어 비트(beat, 좌절된)와 러시아어 스푸트니크(Sputnik, 동행자)의 양식 합성어. 비트족(beat 族). 또는 비트 제너레이션(best generation). (→) 비트 제너레이션.

비트 제너레이션 [미 beat generation] 순응주의나 인간의 획일화를 싫어하는 젊은 세대. 20세기 후반, 미국을 중심으로 일어난 상식적인 사회생활과 물질문명을 부정하는 젊은 세대.

ㅂ

비트 족(beat 族) 또는 비트닉(beatnik)이라고도 함. (→) 비트닉.

비트 프리퀀시 [beat frequency] 〈통신〉 진동 주파수.

비틀스 [영 Beatles] 1962년 영국에서 결성된 4인조의 보컬 그룹. 1970년 해산. 자작 자연, 전기 악기 사용의 효시가 되었음.

비팅 [beating] 패배. 심장의 고동. 얼굴 마사지.

비포어 서비스 [영 Before Service] 판매 후의 애프터서비스에 비하여 판매 전에 서비스를 하는 것.

비프가스 [beef+〈일〉←cutlets] 두껍게 썬 쇠고기를 양념하여 밀가루, 달걀, 빵가루를 발라 튀긴 것.

비프스테이크 [beefsteak] 쇠고기를 두껍게 썰어 소금과 후춧가루를 뿌려 구운 음식.

비프스튜 [beef stew] 쇠고기 양지 머리살을 기름에 볶고 밀가루와 국물을 부어 끓인 음식.

비프텍 [프 bifteck] 비프스테이크.

비하인 [영 behind] ① 뒤에. ②〈축구〉골라인의 후방지역. ③〈럭비〉어느 지역보다 양발이 후방에 있을 것.

비해바이어리즘[영 behaviourism]〈심〉행동주의.

비·홉 [영 be·hop]〈음〉1940년대에 미국 흑인이 고안한 장식음이 많은 째즈의 일종.

빅딜 [big deal]〈상업〉상당히 큰 거래. 대기업의 구조 조정과 관련하여 대기업들끼리 경쟁력 있는 사업을 한 곳으로 몰아주기 위한 혁신적인 거래.

빅뱅 [big bang] ①〈천문〉태초 원시 우주에 있었다고 하는 엄청난 폭발. 오늘날의 우주가 형성되었고 그 여파는 계속 중이라 함. ②〈경제〉주로 증권이나 금융제도의 대변혁을 일컫는 말.

빅 브라더 [big brother] ① 큰 형. ▷ 후견인(고아 등의). ② 독재 정권의 수령. ▷ 권력 정보기관.

빅 사이언스 [big science] 거대 과학 (원자력·우주 개발 등 다수의과학자·기술자, 고액 예산을 요하는 대규모의 연구 개발).

빅 이슈 [big issue] 큰 문제.

빅 카드 [big card] 기대되는 시합. 인기 프로그램.

빅토리아 (Victoria, 1819~1901)〈인〉영국의 여왕.

빅토리아 크로스 [Victoria cross 영] 영국의 십자훈장. 빅토리아 여왕이 제정한 것으로서 육군은 감수(紺綬), 해군은 남수(藍綬: 남빛의 인끈).

빅팀 [영 victim] ① 희생. ② 희생자.

빈 [영 bean] ① 콩. ② 머리.

빈 (Wien)〈지〉오스트리아 공화국 (Republic of Austria)의 수도. 도나우 강(Donau R.) 기슭에 있는 유럽에서 가장 아름다운 도시 중의 하나. 중부유럽의 상업, 교통, 문화의 중심지임. 1282년 로마 제국의 수도였고, 합스부르크 가(Habsburg 家)의 거주지였음. 영어 표기로는 비엔나 (Vienna). (→) 오스트리아.

빈딩 [독 binding]〈스키〉스키판에 구두를 고정시키기 위한 고정구. 묶음, 구속, 제본.

빈볼 [미 bean ball]〈야〉투수가 타자의 머리를 겨누어서 고의로 던지는 공.

빈 큐어 [영 bin cure]〈고무〉배합 고무의 방치 상태에서 일어나는 우발적인 가황. 일종의 스코치 현상.

빌 [영 bill] ① 기록한 문서, 감정서. ② 어음. ③ 광고전단. ④ 계산서. ⑤ 법안, 의안.

빌더 [영 builder] ① 건축업자. ② 블록 등의 조립용 완구.

빌라 [라 billa > 영]프랑스나 영국에서는 affiche라고도 함. 상업 광고나 정치 선전을 위해 붙이거나 돌려주거나 하는 종이. 또는 종이쪽지. 선전 빌라. 광고지. 전단(前單). '비라' 또는 '삐라' 로 표기함은 잘못이다. 라틴어에서 온 말.

빌레잉 핀 [belaying pin] ① 밧줄매는 막대기 ② 등산에서 밧줄을 거는 바위.

빌로도 [포 veludo/velludo] [에 velludo] 〈섬유〉우단(羽緞). 벨벳(velvet). 원 표기는 벨루도. → 벨벳.

빌리겐 [영 billiken] 미국 복의 신.

빌리어네어 [billionaire] 억만 장자.

빌리왁진 [독 Bilivakzin → 일] 〈약학〉먹는 왁찐.

빌리지 [프 village] 마을. ▷ 분양 주택지 등의 미칭(美稱).

빌림빙 [vilimbing] 〈식물〉괴승아과에 속하는 늘푸른 떨기나무.

빌릿 [billet] 강철(鋼鐵)의 조각.

빌 메인테넌스 [영 building maintenance] 빌딩의 보전관리.

빌링 [영 billing] 〈광고〉광고 대리점이 광고주에게 청구하는 금액으로 매체 요금·제작비·서비스 요금 등의 총액.

빌 브로커 [영 billbroker] 〈경〉어음 중매인.

빌지 [bilge] 〈조선공학〉배 밑에 고인 더러운 물.

빌지 파이프 [bilge pipe] 〈조선공학〉배 밑의 물을 퍼 올리는 펌프.

빌투오소 [이 virtuoso] ① 보련가, 명인. ② 〈음〉음악의 기교에 뛰어난 사람. 명수, 대가.

빌트·인·스태필라이저 [영 built-in stapilixer] 〈경〉재정적 자동안정장치.

빌트 인 [영 builtin] 끼워 넣은 것. 빼어낼 수 없게 벽 등에 붙여서 만드는 것. 또는 그 물건. 붙박이.

빔 [영 beam] ① 〈건〉보. ② 광, 전자의 흐름의 다발. ③ 방사선.

빔 [BIEM] 국제레코드 저작권협회사무국. Burean intermational de I'edtion Mecanique의 약.

빔 안테나 [beam antenna] 〈물리〉한 방향으로만 발신 또는 수신하는 안테나.

빔 컴퍼스 [beam compasses] 장간 양각기.

빔비사라 왕(王) [범 Bimbisara] 〈불〉고대 인도의 마가다 국(Magadha 國)의 왕. 아자타사트루(Ajatasatru, 阿 도世)의 아버지, 아들에 의하여 투옥되어 죽었다 함. 한자 표기로는 '빈바사라'(頻婆婆羅).

빙고 [bingo] 100의 승목(升目)이 있는 상자에 경기자가 공을 승복에 던져 넣어 그 숫자를 말에 있는 카드의 숫자와 합쳐서 맞으면 상품을 타는 유희.

빙크리스틴 [영 vincristine] 〈약〉제암제. 특히 소아암의 치료제로서 사용된다. 빙카라고 하는 식물이 함유하는 알칼로이드.

빠 [프 pas] 발레에서 온 몸가짐이 정리된 움직임.

빠드부레[프 pas de bourree] 〈발레〉 발끝으로 서서 두 다리를 꼭 붙여 종종 걸음으로 앞 뒤, 좌우로 걷는 동작.

빠드샤 [프 pas de chat] 〈발레〉고양이 걸음과 같은 동작의 하나.

ㅂ

빠삐에꼴레 [프 papier colle] 〈미〉 화면의 일부에 종이 등을 붙이는 것으로서 큐비슴의 기법의 하나.

빠삐옷 [프 papillote] 크림을 강정에 감은 것 같은 과자.

브이에이티 [VAT] 부가가치세

ㅅ

사가 [영 saga] ① 영웅 이야기.
② 〈문〉11세기경에 북유럽에서 음성을 한 역사, 전설을 중심으로 한 문학.
③ 대하 소설.

사간 운드르 [몽 Sagan Undur] 〈지〉 몽골 족(Mongol 族) 발상의 성산인 옛. 부르칸 산(Burqan Qaldum)의 현재의 이름. 부르칸(산).

사강 Sagan, Francoise (本名 Francoise Quoires) (1935~) 프랑스의 女流作家.

사고 [마레이지아어 sago] 사고야자에서 얻는 전분으로 식용이 된다.

사나 (Sanaa) 〈지〉 예멘 아랍 공화국 (Yemen Arab Republic)의 수도. Sana라고도 표기함. 예멘 중앙부의 상업 도시. 모슬렘(Moslem)의 성도 (聖都)이며, 회교 사원 및 고대 유적이 많이 있음. 예멘.

사나마이신 [독 sanamycin] 암에 잘 듣는 항생물질.

사나토륨 [영 sanatorium] 결핵 등의 요양소. 교외의 산간, 해변, 고원 등 공기가 맑은 빛이 풍부한 곳에 설치되어 있다.

사누기(암) [sanukite(岩)] 일종의 화성암.

사나니즘 [saninism] 오로지 성 본능을 위해서 사는 자기주의. sanist는 성의 향락을 구가하는 사람.

사디스무스 [라 sadismus] 〈심리〉 가학성 색욕 이상증. 새디즘.

사디즘 [sadism] 타인에게 고통을 줌으로써 성적인 쾌감을 얻는 변태성.가학성 변태 성욕.

사딘 [영 sardine] 〈어〉정어리, 대부분은 통조림용의 것.

사라만들 [프 salamandre]
① 〈동〉 도룡뇽.
② 〈과〉 천하로 구어서 색을 내는 것.

사라반드 [프 sarabande] 〈음악〉 완만하면서 장중한 무용곡. 고전 무곡의 하나로 페르샤에서 시작됨.

사라브레드 [영 thoroughbred]
① 순혈종의.
② 영국말과 아라비아말을 교배한 경주용의 우량마.

사라사 [포 saracca] ① 아라비아인.
② 아라비아의 회교도.
③ 중세의 회교제국명.

사라스바트 [범 Sarasvat] 〈신〉 사라스바티(Sarasvati)의 남성형. 「베다」에 나오는 강의 신. 사라스바티.

사라스바티 [범 Sarasvat] 〈신〉 「베다」에 나오는 강의 여신이며, 신성한 시와 웅변의 여신.

사란 [영 saran] 〈복〉 염화비닐리덴과 염화비닐과의 합성섬유. 미국의 다우케토칼회사의 상품명.

사로 [프 sarrau] 〈복〉옷의 더러워짐을 피하기 위한 외의.

사로스 [프 saros] 갈데아 사람 사로스가 발견한 일식(日蝕) 주기로 약 18년마다 한번임.

사롱 [말 sarung > 네·영 sarong]
① 〈복〉 말레이시아인의 의복. 천 양

ㅅ

끝을 꿰매 맞춘 통형(筒形)으로 된 옷으로 허리에 감는다.
② 〈섬〉 인도네시아, 말레이시아, 스리랑카 등지에서 입는 옷감으로 보통 면 또는 견직물 4~6m를 1매로 하여 배틱 염, 날염 도는 사염한 것.

사루 [프 salle] 큰 공간, 큰 거실.

사루코신 [독 Sarkosin 일] 〈화학〉 단맛 나는 투명한 탄소 화합물.

사르곤 1세(世) (Sargon I, 기원전 2637~2582) 〈인〉 고대 오리엔트의 아카드의 왕.

사르마티아 (Sarmatia) 〈지〉 기원전 6~4세기에 걸쳐 흑해(Black Sea) 북안에서 활약하던 사르마트(Sarmat) 인들의 땅.

사르트르, 장 폴 (Jean-Paul Sartre, 1905~1980) 〈인〉 프랑스의 철학자, 평론가, 소설가, 극작가. 실존주의자.

사리 [범 sarira 중 舍利]
① 물타의 유리.
② 불교의 돈독한 승려의 시체를 화장한 재에서 나온다는 구슬 같은 물질.

사리 [영 sari] 〈복〉 힌두교의 부인이 머리에서 허리까지 감는 얇고 기다란 면포.

사마륨 [영 samarium] 〈화〉 회토류 원소의 하나. 기호 Sm. 번호 62.

사마르칸트 (Samarkand) 〈지〉 소련 우즈베크(Uzbek) 공화국의 고도(古都).

사모와르 [러 samovar] 러시아풍의 물을 끓이는 주전자.

사몬 [영 salmon] 〈어〉 연어. ~핑크 (~pink) 연어와 같은 핑크색.

사문 [범 sramana 중 沙門] 집을 떠나 불문에 들어가 도를 닦는 사람.

사미즈다트 [Samizdat] 러시아의 체제에 불만을 품은 지식인 등에 의해 발간되는 지하 정기 간행물. 이 잡지를 통해서 국내 지식인에 대한 탄압 내용이 서방세계에 폭로됨.

사반나 [영 savanna] 〈지〉 열대에서 비가 적게 오는 초원.

사벨 [영 sabol] ① 칼, 검.
② 군인이나 경관의 속칭.

사보 [프 sabot] ① 목화.
② 사보타주의 약.

사보덴 [일 · 프 sabao + 일(手)] 선인장.

사보타주 [프 subotage] 〈사〉 태업. 노동자가 노동쟁의의 수단으로서 일의 능률을 낮추거나 게을리하는 것으로서 폭력을 쓰지 않는 한 합법적 저항.

사보텐 [에 sapoten] 〈식〉 선인장. 캑터스(cactus).

사분 [프 savon ; sabao 일] 비누.

사브르 [프 sabre] 〈체육〉 펜싱 경기의 한 종목, 또 거기에서 쓰는 검.

사비지 [savage] ① 야만적인.
② 야만인. 미개인.

사비트리 [범 Savitr] 〈신〉 태양을 고무하고 격려하는 힘을 신격화 한 것. 격려의 신.

사사프라스 [에 > 라 · 네 · 도 · 영 · 프 sassagras] [포 sassafraz] 〈식〉 녹나무과에 딸린 갈잎 큰키나무. 북아메리카 동부에 남.

사사프라스 유(油) [영 sassafras oil] 〈식품〉 root beer와 같은 음료의 착향료(着香料).

사시 [sash] ① 어깨띠.
② 부인이나 어린이의 장식띠.

사시 [sash] 〈건축〉 올리고 내리는 창.

사야 [필리핀 saya] 〈복〉 부인복으로 발목까지 내려가는 스커트.

사·에·라 [프 ca-et-la] 여기저기, 저쪽, 이쪽.

사에이치 클럽 [4H Club] 4H는 지식(知識:head) · 덕성(德性:heart) · 근로

ㅅ

(勤勞:hand)・건강(健康:health)을 뜻하는 영어(英語)로, 지육(知育)・덕육(德育)・기육(技育)・체육(體育)의 균형있는 발달을 도모할 목적 아래 자조적(自助的)으로 조직된 클럽.

사와 밀크 [영 sour milk] 〈요〉 산화된 우유.

사우드 포 [south paw] 야구의 왼손잡이 투수를 말하며 권투에서는 왼손을 강하게 사용하는 선수를 '사우드 포'라고 한다. 미국 남부 출신들의 선수들이 왼손잡이가 많으므로 비롯된 말이라 한다.

사우디아라비아 (Saudi Araabia/Kingdom of Saudi Arabia) 〈국〉 서아시아 아라비아반도 주앙부에 있는 회교 왕국. 1927년 독립. 1932년 나자왕국과 히자르(al-Hijaz) 왕국을 통합, 국명이 사우디아라비아 왕국으로 됨. 수도는 리야드(Riyadh). 행정 수도 겸 상업 중심지는 제다(Jeddah). 라야드.

사우선 크로스 [southern cross] 〈천〉 남십자성. 남반구에서 볼 수 있는 4개의 별로서 항해상의 중요한 역할을 해왔다.

사우어크라우트 [도 Sauerkraut] 〈식품〉 잘게 썬 호배추를 유산 발효시켜 만듦.

사우스포 [south paw] 왼손잡이(야원).

사운드 박스 [sound box] 축음기의 공명 상자.

사운드 비즈니스 [sound business] 안전제일의 비즈니스. sound는 건강하다는 뜻.

사운드 카드 [sound card] 개인용 컴퓨터에 장치하여 소리를 저장하고 재생시키는 카드.

사운드 트랙 [sound track] 〈연예〉 발성 영화 필름의 한 끝으로, 녹음을 넣은 부분.

사운드 픽처 [sound picture] 발성 영화.

사운드 필름 [sound film]
① 발성 영화. 토키.
② 녹음에 쓰는 필름.

사운딩 [영 sounding]
① 음파에 의한 수심 측량.
② 의사의 진찰.

사울 (Saul, 기원전 11세기경) 〈인〉 이스라엘의 초대 왕.

사이나이드 [cyanide] 〈화학〉 시안화물. 샤나이드.

사이드 [side] ① 옆 곁. ② 측면.
③ 경기에서 어느 편.
④ 배(船)의 옆.
⑤ 〈마작〉 부점(副點).

사이드 고어 [side gore] 〈의상〉 스커트 따위의 옆에 단 천.

사이드 드럼 [side drum] 작은북.

사이드 드로 [side throw] 〈핸드볼〉 공을 어깨 옆에서 던지는 방법.

사이드 라이트 [side light]
① 옆에 있는 등.
② 사진이나 영화를 촬영할 때 옆에서 비추는 불빛.

사이드 라인 [side line] ① 옆선.
② 부직. 아르바이트.
③ 경기장의 세로줄.

사이드 롤 [side roll] 〈레슬링〉 깔고 업는 기술.

사이드 벙커 [side bunker] 배의 측면 석탄 창고.

사이드 벤딩 [side bending] 몸을 옆으로 구부리기.

사이드 볼 [side ball] 〈탁구〉 코트의 끝 옆에 맞은 것으로 친 쪽이 잘못이 됨.

사이드 블로킹 [side blocking] 〈미식축구〉 몸을 상대방의 허리에 대어 전진을 막는 방법.

223

ㅅ

사이드 비즈니스 [side business] 부업.

사이드-스로 [side throw] 〈야구〉투수가 공을 던질 때 지면과 평행되게 옆으로 던지기.

사이드 스테핑 [side stepping]
① 〈권투〉 상대방의 공격을 옆으로 비껴서 피하는 방법.
② 〈스키〉 계단 오르기.
③ 한발을 옆으로 내고 다른 발을 끌어다 맞붙이는 스텝.
④ 〈육상〉 모로 뛰기.
⑤ 〈럭비〉 코스를 바꾸는 것.

사이드 스톱 [side stop] 〈테니스〉코트 옆으로 나가는 공을 막는 설비.

사이드 스트라이드 [side stride] 〈육상〉 높이뛰기에 있어서 옆으로부터 도움달리기.

사이드 스트로크 [side stroke] 〈수영〉 모로 누워 헤엄치는 것.

사이드 슬리핑 [side slipping] 〈스키〉 옆으로 미끌어지는 동작.

사이드 슬립 [side slip] 〈항공〉 비행기가 돌 때 선회 중심 쪽으로 미끄러지는 것.

사이드아웃 [sideout] 〈체육〉
① 배구에서, 서브권이 상대로 넘어가는 일.
② 테니스에서, 공이 사이드라인 밖으로 나가는 일.

사이드암 드로 [side-arm throw] 〈야구〉 사이드 스로.

사이드암 패스 [side-arm pass] 〈농구〉 옆으로 하는 패스.

사이드 웍 [side work] 본업 아닌 부업.

사이드 웍 앤드 플랩 [side walk and flap] 잡았던 손을 놓고 남자는 왼발부터 발 가운데로 여자는 오른발부터 바깥쪽으로 3보 옆으로 나가 4보째 두 발을 고르고 마주보며 두 손으로 무릎을 탁 치는 동작.

사이드웨이즈 록 스텝 [side-ways balance step] 옆으로 하는 록 스텝.

사이드 웨이즈 밸런스 스텝 [side ways balance step] 밸런스 스텝을 옆으로 하는 것.

사이웨이칼라 [side-way-collar] 〈의상〉 양쪽 깃이 똑같지 않은 칼라.

사이드 컷 [side cut] 〈의상〉겉모양을 내기 위해 옆을 다츠(darts)를 넣은 것.

사이드 코밍 [side coaming] 〈조선공학〉배의 갑판 위에 있는 테두리 널빤지로 물을 못 들어오게 하는 구실을 함.

사이드 코치 [side coach] 〈체육〉 게임 도중 옆에서 시합을 코치하는 것.

사이드 킥 [side kick] 〈축구〉 발 안쪽으로부터 공을 옆으로 차보내는 기술.

사이드 타이틀 [side title] 영화·텔레비전 등에서 화면 가장자리에 제시하는 번역된 자막.

사이드 태클 [side tackle] 〈럭비〉 옆으로부터 하는 태클.

사이드 토 터치 [side toe touch] 발끝으로 바닥에서 포인트하는 춤동작의 하나.

사이드 패스 [side pass] 〈배구〉두 손을 직각으로 벌려 공을 두 손 사이에 끼듯이 패스하는 것.

사이드 플리치 [side pleats] 〈의상〉 한쪽으로 향하도록 잡는 주름.

사이드 하프 [side half] 〈축구〉 하프백 양쪽에 있는 두 명의 경기자.

사이드 훅 [side hook] 〈미식축구〉 신 뒤축이 못 올라가게 잡아매는 갈퀴.

사이레지 [영 silage] 저장사료. 그것을 넣는 건물.

사이렌 [siren] ① 양서류 동물.
② (그리스 신화에서 고운 노래로 뱃사람을 유인하여 죽였다는 해정(海情)에서 나온말) 경보. 시간을 알

리는 음향 장치.

사이록신 [thyroxin] 〈의〉 갑상선홀몬.

사이멀캐스트 [simulcast] 〈연예〉 같은 프로를 TV와 라디오에서 함께 방송함. 라디오와 텔레비전의 동시 방송 프로그램.

사이버 [cyber] 컴퓨터로 자동 조절. 인공 두뇌.

사이버네이션 [cybernation] 사이버네틱스와 오토메이션의 합성어로 새 산업사회에서 이 양자를 결합, 인간의 손을 거의 생략한 대량 생산 방식.

사이버네틱스 [cybernetics] 〈컴퓨터〉 인공두뇌학 공학의 자동 제어 장치와 전달의 이론 및 기술을 인간의 생리학적인 자율 신경계의 기능에 통일적으로 관련시켜서 공통된 요소를 추구하며 비교·연구하는 학문.

사이버 머니 [Cyber Money] 가상공간에서 통용되는 화폐.

사이버 스페이스 [cyber space] 〈컴퓨터〉 컴퓨터 네트워크상 만들어지는 (pc통신, 인터넷 등 확장) 공간으로 자금의 중개 역할을 담당하는 은행 등 업무가 네트워크상으로 급속히 이전되고 있는 것.

사이보그 [영 cyborg] 개조인간. 우주나 해저에서 인간을 대신해서 일하는 인간과 기계의 결합체. 사이버네틱스·오거니즘의 약.

사이아민 [도 Thiamin] 〚영〛 thiamine] 〈생〉 비타민 B. 독일에서는 티아민, 영·미어로는 사이아민. 비타민 B의 국제적인 명칭은 티아민.

사이어자이드 [영 thiazides] 〈약〉이뇨제. 벤조사이아 다이아진계의 약으로 완만한 혈압강하작용도 있다.

사이엔톨로지 [영 scientology] 정신위생의 총체 과학으로 미국의 하바드가 창조하였다.

사이잘 [sisal] 〈식물〉 시잘삼(痲).

사이즈 [size] 아교. 풀. 아교나 백반을 탄 물. 발밑에 칠하는 니스.

사이케델릭 [영 psychedelic]
① 환상적인.
② 정신확대.
③ 환각제 LSD를 복용하면 자율신경이 마비되어 환각, 환상을 일으키는 상태.

사이코 [psycho] ① 정신병자.
② 히치콕의 공포 영화 제목.

사이코그래프 [psychograph] 〈심리〉 인격의 심리학적 프로필.

사이코 드라마 [영 Psycho drama]
① 심리극.
② 정신요법.

사이코 소매틱 [영 psycho somatic] 〈의〉 난방 빌딩에서 갑자기 차가운 옥외로 나왔을 때 피부의 저항력이 약해지는 것을 말한다. 빌딩병. 정신(psycho)과 육체(somatic)의 합성어.

사이코 아날라이시스 [영 psycho analysis] 정신분석학.

사이코키네시스 [psychokineesis] 염력(念力), 염동(念動) (정신력으로 물체를 움직이는 일).

사이코패스 [Paycho path] 반사회적 인격 장애.

사이콘 (류) [sycon 類] 〈동물〉이강류(異腔類).

사이콜러지 [영 psychology] 심리학.

사이클로세린 [영 psycloserine] 〈의〉 결핵성 항생물질의 하나. 스트렙토마이신보다 효과는 약하지만 독성은 적으며 다른 항생물질과 병용하면 효과를 증가한다.

사이클로이드 [영 cycloid] 〈수〉직선상을 원이 회전할 때, 원주상의 1점이 그리는 곡선.

225

ㅅ

사이클로트론 [영 cyclotron] 〈이〉원자핵파괴 장치. 각종의 중간자, 양자, 중성자등의 연구에 불가결의 장치. 1930년에 미국의 로렌스박사가 창설하였다.

사이클로페디아 [영 cyclopedia] 백과사전. '엔사이클로페디아'라고도 한다.

사이클로프로판 [cyclopropan] 센 가스 마취제.

사이클론 [영 cyclone] 인도양에 발생하는 열대성 저기압.

사이클리스트 [영 cyclist] [미 cycler] 자전거 타는 사람. 자전거 타기. 미국어로는 사이클러(cycler) 페달 푸셔(pedal-pusher)

사이클 볼 [cycle ball] 자전거 구기의 이름.

사이클 안타(安打) [영 cycle-] 〈야〉한 시합 중에 단타(單打)·2루타·3루타·본루타(홈베이스)의 전부를 때리는 것. cycle hit.

사이클 카니발 [cycle carnival] 자전거 제전.

사이클 폴로 [cycle polo] 영국에서 시작된 자전거 응용의 단체 구기(球技).

사이키 [psyche] 그리스 신화의 미녀.

사이키델릭 [psychedelic] 줄여서 사이키라고도 하며 환각적이라는 뜻으로 쓰임. LSD 따위의 환각제를 먹고 일으키는 도위와 환각상태를 가리킴. 또는 실내장식·조명·포스트 등에 이용됨.

사이킥 [psychic] 초능력자. 천리안의 소유자. 점술가.

사이킥스 [영 psychics] 심령학, 심령연구.

사이테이션 [citation]
① 감사장. 표창.
② 사전의 인용례. 예문.

사이텍 아트 [영 psytec art] 〈미〉정신(psycho)과 기술(technology)의 합성어. 광과 음을 조합한 현대기술을 이용한 예술.

사이텐그랫 [독 seitengrat] 〈등〉측능, 주지붕에 대한 지지붕.

사이트시잉 [sightseeing] 유람. 관광.

사이트 엘시 [sight L/C] 〈상업〉 신용장의 하나.

사이판 섬(Sapipan I.) 〈지〉태평양의 마리아나 제도(Mariana Is.) 중의 한 섬.

사이퍼 [영 cipher] 암호, 부호.

사이펀 [siphon] [물리] 흡수관.

사이펀(스필웨이) [siphon(spillway)] 사이펀의 물이 흐르는 길. 물 빼는 구멍.

사이프레스 [영 cypress] 〈식〉사삼(糸杉). 삼과의 상록 고목으로 가지는 부드럽고 가늘며 느러져 있다.

사이프리안(벌) [Cyprian] 벌의 일종.

사인 [sine] 〈수학〉정현. 삼각 함수의 하나.

사인(봉) [sine(俸)] 측각구(測角具).

사인 스케일 [sine scale] (삼각) 사인율.

사일런트 디지즈 [silent disease] 〈의학〉 계절·기후의 급변으로 증상이 나타나는 병.

사일런트 세일즈맨 [영 silent salesman] 진열·장식 등을 효과적으로 해서 사는 쪽의 구매 의욕을 일으키게 하는 장사의 방법.

사일런트 웨이 [silent way] 학습 초기부터 교사는 될 수 있는 대로 침묵을 지키고 학생이 시행 착오하는 것을 도와주는 외국어 교수법.

사일런트 킬러 [silent killer] 고혈압·협심증 등으로 모르는 사이에 환자가 죽어 버리는 병.

사일런트 픽처 [silent picture] 무성영화.

사일렌서 [영 silencer] 〈기〉 소음기.

사일로 [영 silo]
① 목초 등을 넣는 사료저장고.
② 〈군〉 미사일을 격납하는 지하창고.

사츠 [독 Satz] 〈스키〉 점핑의 한 방법.

사카로즈 [saccharose] 〈화학〉 사탕의 한 가지.

사카리미터 [영 saccharimeter] 액체중의 당분을 측정하는 장치.

사카이 [sakai] 말레이 반도의 중앙 산맥 기슭에 사는 말라이의 원주민.

사크라멘토 [영 sacramento] 〈종〉 그리스도교의 은혜를 받는 의식으로 카톨릭에서는 세례, 안수, 성찬, 고해, 도유, 성직, 결혼의 7가지의 의식이 있으나 신교에서는 세례, 성찬의 2가지의 의식을 말함. 미 칼리포니아 주의 주도.

사크리파이스 [영 sacrifice] 희생, 산채로 신에게 바치는 동물. 산 제물, 성찬.

사티아그라하 [satyagraha] 간디의 비폭력 저항.

사파리 [영 safari] 주로 아프리카에서 수렵여행.

사포닌 [영 saponin] 식물에 포함되는 배당체, 기포가 일어나므로 세제에 사용한다.

사포텐 [sapoten스] 〈식〉 멕시코원산의 가시가 돋친 식물. 샤보텐.

사푸란 [네 saffraan 일] 크로커스라고도 불리는 다년초.

사프란 [영 saffraan] 〈식〉 붓꽃과의 다년생초. 웅심(雄芯)을 건조시켜서 약용, 염색, 요리에 사용한다.

사피즘 [영 sapphism] 여자의 동성애.

사하라 사막 (沙漠) (Sahara Des.) 〈지〉 북아프리카(Africa)의 대부분을 차지하는 세계 최대의 사막.

사하스라사바 [범 sahasrasava] 「베다」에 나오는 말로서 소마(soma)를 1,000회 압착하는 제사 의식.

사할린 (Sakhalin) 〈지〉 소련 러시아(Russia) 공화국의 동부, 하바로프스크(Khabarovsk) 지방의 한 주를 이루는 섬.

사회주의 인터내셔널 (The Socialist International) 코민포름(유럽공산당 정보기관, 56년 해체)에 대항하기 위하여 국제사회 주의자회의 위원회(COMISCO)를 발전적으로 해체하고 설립한 기구.

사힙 [인 sahib] 〈등산〉 히말라야 등산대원에 대한 인부들의 호칭으로 '선생님'에 해당.

산디칼리스트 [syndicaliste] 〈정〉 산디칼리즘을 믿는 사람들.

산디칼리즘 [syndicalism] 〈정〉 19세기의 말기경 프랑스에 일어난 혁명적 노동조합 주의. 노동자가 기업의 관리를 하여 사회 개조를 달성하려고 하는 급진적 조합활동.

산마리노 (San Marino/Republic of San Marino) 〈국〉 세계에서 가장 작고 유럽에서 가장 오래된 1,600여년의 역사를 가진 공화국. 이탈리아 반도의 북부, 아드리아 해(Adria Sea) 해안 근처 티타노 산(Titano Mt.) 꼭대기에 있는 나라. 나라 이름은 달마티아(Dalmatia)의 Saint Marinus에서 비롯되었다고 함. 350년 그리스도 교도들이 건국. 수도는 산마리노(San Marino).

산살바도르 (San Salvador) 〈지〉
① 엘살바도르(El Salvador)의 주.
② 그 주도.
③ 엘살바도르 공화국(Republic of El Salvador)의 수도. 고도(古都)이나 지진에 견디는 근대 공업 도시가 됨. 중앙아메리카에서 으뜸가는 항공의 요지.

산세비에리아 [sansevieria] 천년란

ㅅ

(千年蘭).

산스크리트 [sanskrit] 범어(梵語). 고대 인도어.

산카 [범 Sankhya] 〈철〉 인도 중세에 활발했던 철학 사조(6파 철학) 중의 하나. 세계는 근본 원인으로부터 전개된다고 주장하는데, 이 전개 과정을 숫적으로 설명하므로 '수론'(數論)이라고 불린다.

산크리트 [영 sankrit] 범어, 고대인도어.

산타 루치아 [이 Santa Lucia]
① 〈음〉 나폴리(Napoli)의 수호신인 성녀(聖女) 루치아를 기리는 이탈리아 민요. 작곡자는 코트라우(Teodoro Cottrau, 1827~1879)
② 〈그〉 시라큐스(Syracuse)에서 살았던 초기 그리스도교의 순교자. 로마의 디오클레티아누스(D.A.V. Diocletianus) 황제 시대에 옥사하였음.

산타마리아 [포 Santa Maria] 〈천주교〉 성마리아.

산타클로스 [Santa Claus]
① 크리스마스 전야에 선물을 갖다 준다는 어린이를 지켜주는 할아버지.
② 〈속어〉 밤도둑.

산토 도밍고 (Santo Domingo) 〈지〉 도미니카 공화국(Dominican Republic)의 수도. 상항(商港). 1496년 콜럼버스의 아우인 바르톨로메오(Bartholomeo /Bartholomew)가 발견, 옛 이름은 산토도밍고였으나 1936년 대통령의 이름을 따서 슈다드트루히요(Ciudad Trujillo)로 개칭. 그 뒤 다시 1961년부터 산토도밍고로 명칭을 바꿈. (→) 도미니카.

산토메 [san thome] 〈복〉 면직물의 일종. 표면은 매끈하고 광택이 있다. 산토메는 인도의 동안에 있는 지명에서 따온 말이다.

산티아고 (Santiago) 〈지〉 칠레 공화국(Republic of Chile)의 수도. 안데스 산맥(Andes Mts.) 중의 고원지대에 있는 도시. (→) 칠레.

산플라 [Sanpla(tinum)] 니켈과 크롬의 합금. 치과용.

살라미 [salami] 〈요〉 이탈리아풍의 소시지.

살렙 [영 salep] 〈식〉난과 식물의 뿌리에서 얻는 전분. 식용, 약용에 사용된다.

살로그 [sal log] 〈조선공학〉 사라수(樹) 통나무.

살론 [프 salon]
① 넓은 공간, 객실, 사교실.
② 미술 전람회.
③ 미용실, 양장점.
④ 고급술집.

살롱 뮤직 [프 salon + 영 music]응접실이나 식당에서 연주하는 쉬운 내용의 악곡.

살롱 에이프론 [프 salon+ 영 apron] 〈의상〉허리 밑에 입는 조그만 에이프론.

살롱 피아니스트 [프 salon+ 영 pianist] 쇼에 출연하는 피아니스트.

살룬 [영 saloon] ① 대공간.
② 객실, 전망차. ③ 술집. 살론.

살류트 [salyut] 러시아 우주정거장.

살리게닌 [독 Saligenin] 〈화학〉 살리실 알콜.

살리도마이드 [영 thalidomide] 〈약〉비파루피푸루계의 수면제인데, 이것을 부인이 복용하면 태아가 기형이 된다고 해서 문제가 되었다.

살리칠루(산) [영 salicylic acid] 〈화〉 백색 침상의 결정체로 의약, 방부제 등에 사용되었으나 독성이 있으므로 금지되었다.

살모넬라 [영 salmonella] 〈화〉유독균의 일종. 쥐가 매개하는 식중독균의 하나로 인체에 들어가면 티브스와 비숯한 장염을 수반하는 격심한 중독을 일으킨다.

살발산 [salvarsan] 〈의〉흔히 606호라고 하는 매독 등 성병의 특효약. 독일의 에를리히 박사와 일본의 야스라카(素) 박사에 의해 발명되었다.

살코마이신 [sarcomycin] 〈약〉항생물질의 하나.

설타너 건포도(乾葡萄) [영 sultanas] 〈식품〉goldem sultana종의 포도를 건조시켜 만듦.

살타렐로 [이 saltarello] 이탈리아 무곡의 하나.

삼마야 [범 samaya 중 三摩耶] 부처와 보살의 표지(標識).

삼매 [범 samadhi 중 三昧] 한 가지만 생각하는 것.

삼바 [아프리카 토어>포 > 미 samba] 〈음〉브라질의 무용 음악, 아프리카에서 뿌리가 시작됨. 4분의 2박자로 매우 빠르고 정열적인 리듬이며, 마지막 박자가 거의 안 들릴 정도로 약한 점이 특징임.

삼보 [sambo] 구소련의 스포츠의 일종. 유도, 레슬링을 혼합한 격투기로서 손 발의 관절을 공격해도 좋다. 시합시간은 10분간으로 한판승부.

삼손 [그 sampson] 〈성서〉사사 중의 하나로 힘이 세기로 유명했음.

삼판 [영 sampan] 부두와 본선 사이를 왕복하여 화물이나 여객을 나르는 작은 배.

상가리즘 [영 sangerism] 산아제한론. 상가부인의 이름에서 유래한 것.

상디칼리즘 [Syndicalisme] 일체의 의회주의적 정치 활동을 배격하여 오로지 노동조합의 파업과 태업 등 직접 행동으로 현존 국가 권력을 타도해야 한다는 무정부주의적 사회주의.

상띰 [프 centime] 프랑스와 스위스의 돈의 단위. 상팀.

상카 [Sanka] 카페인을 제거한 커피.

상투메 프린시페(Sao Tome and Principe/Democratic Republic of Sao To-me and Principe) 〈국〉서아프리카의 적도(赤道) 바로 아래 기니 만(Guinea B.) 위에 있는 상투메 섬(Sao Tome I.)과 프린시페 섬(Principe I.)을 영토로 하는 민주 공화국. 1771년 포르투갈인이 발견, 노예무역 중계지였는데, 1975년 독립하여 민주 공화국이 됨. 수도는 상투메(Sao Tome). (→) 상투메.

새너토리엄 [sanatorium] ① 요양소. ② 피서지.

새니니즘 [saninism] 〈문학〉육욕 찬미주의.

새니터리 [영 sanitary] 위생적.

새들 [영 saddle] ① 자전거의 안장. ② 말의 안장.

새들백 캐리 [saddle-back carry] 〈수영〉물에 빠진 사람을 건지는 방법.

새디스트 [영 sadist] 학대성의 변태성욕자.

새디즘 [영 sadism] 상대의 육체를 학대하여 자기의 성욕을 만족시키는 변태성욕자.

새러밴드 [영 saraband] 〈유〉새라센인이 전한 3박자의 무곡으로 처음으로 스페인의 민속무용이었다.

새러드 [salad] 생채요리, 생야채.

새비지 [영 savage] ① 야만인, 미개인. ② 야만적인, 미개의.

새빌로이 [프 > 이 cerrellata >영 saveloy] 〈식품〉잘 조미된 소시지.

새슈 [영 sach] ① 군복의 견장. ② 장식띠. 주로 아이들, 부인의 요대. ③ 상하로 개폐하는 창틀.

ㅅ

새시 벨트 [sash belt] 〈의상〉 천에다 주름을 넣어 장식용으로 쓰는 벨트.

새커 [영 sacker] 〈유〉 슈퍼마킷이나 셀프 서비스 방식의 점포에서 정산(精算) 때 체커(checker)가 정산한 상품을 포장하는 작업인.

새크러멘트 [sacrament] 〈종교〉침례와 성찬.

새크리파이스 [sacrifice]
① 〈야구〉 희생타.
② 희생. 산체로 신에게 바치는 동물.

새타이어 [영 satire] 풍자, 풍자문학.

새틀라이트 디시 [satellite dish] 방송위성의 신호를 잡을 수 있는 대형 접시형 안테나.

새티리스트[영 satirist]풍자가, 풍자작가.

새티스팩션[영 satisfaction]만족. 보회.

새틴 [satin] ① 수자. 공단. 사뎅.
② 나방의 일종. ③ 비단 같은 표면.
④ 올리고 내리는 창.

새틴드릴 [영 satindrill] 〈섬〉 경위사에 보통 20's 미만(면번수)의 태번수사를 사용하여 보통 5매 주자직으로 한 직물(주로 작업복에 사용)

새틴 백 [영 satin back] 〈섬〉 레이온사 등을 사용하여 이면을 주자 또는 능조직으로 하고, 표면에 경사로써 무늬를 나타낸 직물.

새틸라이트(국) [영 satellite station]
① 〈방〉 텔레비 중계국의 하나. 어미국의 전파가 약해지는 지구에 대하여 수신 상태를 좋게 하여 재방송하는 국.
② 위성.

새피즘 [sapphism] 여자의 동성애.

색[sack]통이 넓은 블라우스 비슷한 옷.

색 [영 sack] 자루, 루테색(rutesack)의 약.

색 드레스 [영 sack dress] 〈복〉 원통형의 원피스(one-piece) 부대자루 같이 생긴 부인용 드레스.

색소니 [독 saxony]
① 〈복〉 메리노종 방모사이며 능직(綾織) 또는 평직(平織)으로한 메르톤이나 후라노에 가까운 모직생지의 하나.
② 독일남부의 주명으로 그의 명산의 직물.

색 코트 [sack coat] 〈의상〉 어린이들의 짧은 웃옷.

샌덜 [영 sandals]
① 고대희랍 로마시대의 신발.
② 부인용의 간단한 신발.

샌드 그린 [sand green] 〈골프〉 잔디밭 대신 흙과, 모래로 만든 그린.

샌드믹서 [sand-mixer] 혼사기. 모래 섞는 기구.

샌드 스키 [sand ski] 모래 비탈을 타고 내리는 스키.

샌드 웨지 [sand wedge] 〈골프〉 벙커에서 공을 쳐내는 클럽.

샌드위치(보) [sandwich(bean)] 〈건축〉 샌드위치처럼 생긴 들보.

샌드 직(織) [영 sand weave] 〈섬〉 아세테이트 필라멘트를 사용한 샌드 크레이프같이 작은 무늬가 있는 도비직(dobby cloth).

샌드 크레이프 [영 sand crape] 〈섬〉 경위사에 크레이프 연사된 인견사를 사용하고 겉모양에 멜런지(melange)「프랑스어 표기로는 멜랑주」효과를 나타낸 도비 직.

샌드 트랩 [sand trap] 〈골프〉 장애물로 만들어진 모래밭.

샌드 티 [sand tee] 〈골프〉 처음 쳐내는 장소.

샌드 페이퍼 [sand paper] 사포(沙布).

샌타롤 [santarol] 〈화학〉약 · 향료

샌탈린 [santalin] 〈화학〉 자단소.

샌포라이즈 [영 sanforise] 수지에 의해 방축 가공을 한 포지의 상품명. 미국인 샌포드(sanford)가 발명.

샐러드 오일 [salad oil] 샐러드 기름으로 쓰는 기름.

샐러맨더 [salamander] 뱀과 같은 동물.

샐렙 [Salep] 식물명.

샐베지 [영 salvage] ① 해난구조. ② 침몰선의 인양작업.

샙우드 [sapwood] 〈조선공학〉백목질 (白木質).

생 시몽, 클로드 앙리 드 루브루아 (Claude Hebri de Rouvroy Saint-Simon, 1760~1825) 〈인〉 프랑스 철학자, 사회주의의 창시자.

생크스 기빙 데이 [영 Thanks giving day] 11월 제4요일. 미국의 수확감사제. 칠면조, 호박 파이가 만들어진다. 추수감사절.

생크추어리 [영 sanctuary] 〈군〉 성역. 베트남전의 하노이와 같이 거리를 폭격하면 전면 전장이 된다고 생각되는 장소.

생티망 [프 aentiment] 감정. 정서.

샤꾸리 [일] ① 홈 파기. ② 좁은 홈 파는데 쓰이는 대패.

샤기 [영 shaggy] 텅투성이의 조모의 직물자.

샤넬 [프 channel] 프랑스의 고급 향수의 상품명.

샤노젠 [프 cyanogene] 〈화학〉 청소(靑素).

샤렌 [schalenehr] 〈건〉 각구조, 곡판 철근 콘크리트 등으로 조개형의 천장으로 한 것.

샤루무즈 [프 charmeuse] 견직물의 일종으로 표면을 비낌의 능직으로 하고 뒷면을 수자로 짠 비단.

샤르망 [프 charmant] ① 매력적인. 애교 있는. 요염한. 차밍(charming)한. 여성형은 샤르망트(charmante)임. (→) 차밍. ② 〈복〉포플린(poplin)의 한 가지. 높낮이가 있는 가로 골지게 짠 직물.

샤만 [영 shaman] 〈종〉무녀, 주문, 샤머니즘의 주문사.

샤머니즘 [영 shamanism] 〈종〉아시아의 북방민족에서 볼 수 있는 원시종교. 샤만(무녀)가 춤이나 주문에 의해 신이 내려 신의 뜻을 고하는 것.

샤모 [영 siam] 〈동〉 샴산의 닭, 군계.

샤모트 [프 chamotte] 내화벽돌의 재료로 하는 굳는 점토.

샤미 [chamois] 〈복〉 영양의 가죽의 뜻. 이것이 변해서 영양가죽으로 만든 장갑.

샤벳 [영 sherbet] 과즙을 아이스크림으로 만든 음식.

샤보텐 [스 sapoten] 사보텐과 같은.

샤본 [포 sabao] 비누.

샤빼롱 [프 chaperon] 사교계에 나가는 젊은 여자를 동반하는 나이 지긋한 여자.

샤스 네즈 [프 chasse-neige] ① 〈스키〉 눈치는 넉가래. ② 전체의 억제 동작.

샤스트라 [범 sastra] 「베다」에 나오는 말. ① 기원. 찬송. ② 단도 칼.

샤씨 [프 chassis] ① 차대(車臺). 즉 차체와 기관을 제거한 나머지. ② 라디오 등 세트의 조립대.

샤이 [영 shy] ① 내기의, 수줍음. ② 겁쟁이.

샤이니 메이크업 [영 shiny make-up]

ㅅ

〈미용〉 올리브 유(olive 油)・콜드 크림(cold cream)을 발라 광택을 내는 화장법.

샤일록 [Shylock] '베니스의 상인'에서 나오는 수전노의 이름으로 악한의 대명사로 쓰임.

샤콘누 [프 chaconne] 〈음〉4분의 3박자의 무도곡.

샤크라 [범 Sakra]
① 형용사로서는 '강한'이라는 뜻.
② 〈신〉인드라(Indra)의 칭호.

샤크 스킨 [영 sharkskin] 〈섬〉
① 이색사를 교대로 배열해서 2/2 능직으로 하여 상어 가죽과 같은 겉모양을 가진 소모 직물.
② 경위사에 싱글 또는 멀티플 레이온사를 사용한 평직 또는 능직으로 비교적 두터운 상어 껍질과 같은 겉모양을 가진 직물. 상어의 가죽.

샤클 핀 [shakle pin] 〈기계〉쇠고리 핀.

샤타크라투 [범 Satakratu] 〈신〉'현명함을 지닌' 이라는 뜻으로서「베다」에 나오는 인드라(Indra)의 칭호.

샤토 [프 chatesu] 성, 왕궁, 궁전, 관.

샤페론 [프 chaperon] 사교계에 나오는 젊은 여성의 시녀. 올림픽 등의 여자선수의 뒷바라지 담당.

샤포 [프 chapeau] ① 모자.
② 모자를 벗고 경의를 표하는 뜻에서졌다. '항복한다.'의 뜻.

샤프 [영 sharp] ① 예리한, 신랄.
② 〈음〉반음 높은 영음 #표. 상대어는 플래트.

샤프트 [영 shaft] ① 축, 회전축.
② 골프 클럽의 손잡이.
③ 〈광〉 수직갱.

샤프팅 로드 [shafting rod] 〈기계〉굴대. 축.

샥 [shag] 〈골프〉연습중의 공을 줍는 것.

샥스킨 [sharkskin] 무명(레용) 직물의 일종.

샨 [그 cyan] 〈화학〉청소(青所).

샨 [프 champ] 〈경〉펜싱의 경기장.

샨데리아 [프・영 chandelier 일] 천장에 매다는 촛대나 등불.

샨소니에 [chamsonnier] 즉흥적인 풍자의 노래에서 자작의 가사를 써서 노래한 남성가수.

샨즈 [schanze] 〈경〉스키의 도약대.

샨텅 [shantung] 〈복〉중국 산동지방의 원산에 의한 모직물. 세로줄에 면사 가로줄에 옥줄을 사용한 마디가 있는 표지.

샨퉁 [중 山東 > 영 shantung] 〈섬〉위사에 마디실을 사용해서 표면에 불규칙한 마디를 나타낸 직물(부인복・블라우스・에이프런・셔츠감 등).

샬 [sial] 〈지〉지구의 상층부. 규소(Si)와 알루미늄(Al)이 주성분이므로 그의 합성어. 이것의 하부지층이 시마(Sima).

샬폰벨 요하네스 아담 (Johannes Adam Schall von Bell, 중국명 湯若望, 1591~1666) 〈인〉독일의 쾰른(Koln)서 출생. 예수회 소속 중국 선교사로 임명되어 1622년 중국에 입국. 1634년 명(明) 의종(毅宗)의 명으로 <숭정역서(崇禎曆書)> 편찬 참여하여 1634년에 완성. 1644년 청(淸)이 북경 함락한 뒤 청의 순치제(順治帝)의 신임을 얻어 흠천감정(欽天監正)이 됨. 이때 볼모로 잡혀온 조선의 소현세자(昭顯世子)와 친교, 서학서(西學書)등 줌. 1650년 북경에 천주당 남당(南堂)을 지음.

샬레 [프 chalet] 스위스 산의 통나무집.

샴 [영 sham] ① 가짜, 겉으로만 좋게.
② 베게의 커버.

샴브레이 [영 chambray]
① 〈복〉 능직(綾織). 면직물의 일종. 부인복용의 얇은 천
② 〈섬〉 경사에 20~40's (면번수)인 색사, 위사에 20~40's의 백사를 사용하여 경위사 합계밀도 180~30올/ 5㎝ 정도의 평직으로 하고 일종의 이색 효과를 나타낸 직물 (아동복·부인복·블라우스·에이프런·셔츠감 등)

샴페인 사이다 [champagne cider] 일종의 과실 술 사이다.

샴피니언 [프 champignon] 서양 송이 버섯.

샹손 [프 chanson] 프랑스의 서민적인 소패(小唄). 다분히 즉흥성이 있다.

샹송 [프 chanson] 프랑스 대중가요.

샹젤리제 [프 Champs-Elysees] 파리의 대로, 파리시의 서북부에 있는 파리의 중심가. 본래는 극락정토의 뜻.

샹커 [chancre] 〈의학〉하감(下疳).

샹크 [shank] 〈골프〉철제 클럽 손잡이의 음푹하게 들어가는 있는 부분

샹크레루 [프 chanteclair] 웅계, 수탉.

샹킹 [shanking] 〈골프〉공이 방망이 가운데 맞지 않고 자루에 맞는 것.

섀도-마스크 [shadow mask] 컬러 TV의 형광면 앞에 있는 전자선 가리개.

섀도 복싱 [shadowboxing] 〈권투〉상대방이 앞에 있는 것으로 가상하고 공격 방어의 기술 동작을 연습하는 것.

섀도 워크 [shadow work] 임금의 대상이 되지 않는 그늘의 노동(가사, 쇼핑, 공부 등 임금 노동을 뒤에서 지탱해 주는 일).

섀도 캐비닛 [shadow cabinet] 책임정치의 구현을 위해 야당에서 집권을 대비하여, 미리 각료 후보들로 조직된 내각, 일명 그림자 내각이라 하는데 영국 정치의 독특한 산물.

섀도 플레이 [shadow play] 흉내만 내는 플레이.

섀록 [영 sharock] 락계의 춤과 노래.

섀시 [프 chassis] ① 틀.
② 자동차의 차대.
③ 라디오 등의 조립대.
④ 〈복〉 드레스의 실엣.

섀틀랜드 [영 shatland] 〈섬〉섀틀랜드 양모를 사용해서 낙타모와 같이 부드럽게 가공한 직물. 또는 메리노 양모를 사용하여 만든 이와 비슷한 직물.

섕킹 [영 shanking] 〈체〉준비 운동의 한 가지. 조깅(jogging)보다 더 느리게, 무릎도 올리지 않으면서 뛰는 방법. (→) 조깅.

서[영 sir] ① 남성에 대한 존칭, 님, 귀전.
② 영국에서는 파로넷(준남작) 나이트 (knight)에 붙이는 존칭.

서드 파티 [영 third party] 비계열(非系列)회사. 원래는 제3자라는 의미.

서든 데스 [third death] 〈체육〉
① 골프에서, 우승을 판가름하기 위하여 동점인 선수끼리 연장전을 하여 한 홀식 다투는 플레이 오프방식.
② 테니스에서 6대 6(8대 8)이 되었을 때 듀스를 하지 않고 9포인트(12포인트를)를 선취하는 쪽을 승자로 정하는 방식. 본래의 뜻은 급사.

서머리 [영 summary] 적요, 총괄.

서머솔트 [somersault] 〈수영〉재주넘기 다이빙.

서머솔트 턴 [somersault turn] 〈수영〉물속 재주. 넘어 돌기.

서머 수트 [summer suit] 〈의상〉여름철에 입는 옷.

서머싯셔 [Somersetshire] 〈지〉서머싯(Somerset)

서멀 아이 [영 thermal eye] 열량조절

ㅅ

표시기, 가스레인지 등에 사용.

서모스탯 [영 thermostat] 〈기〉 자동 온도 조절기.

서모 엘리먼트 [영 thermo-element] 열전소자, 스위치 하나로 발열과 냉각을 할 수 있는 장치.

서모 콘크리트 [영 thermo concrete] 〈건〉 기포를 포함한 콘크리트, 가볍고, 내열성, 흡입성이 있다.

서밋 [영 cermet] 내열성이 높은 합성 금속. 9000~1,400 의 고열에 견디므로 제트엔진 등에 사용함.

서밋 [영 sumit] ① 정상, 극도.
② 〈정〉 주요 선진국 수뇌회의.

서바이벌 [영 survival] 살아남는 것. 존속.

서밴트 [영 servant]
① 심부름꾼, 하남, 하녀.
② 사용인, 종업원.

서버 [영 server]
① 요리를 담는 접시. 또는 포크, 스푼, 국자, 주걱, 손잡이 짧은 사기 숟가락 등.
② 〈체〉 구기(球技)에서 서브하는 사람. 먼저 공을 상대 코트에 쳐 넣는 사람. 리시버(receiver)·스트라이커(striker)

서버브 [영 suburb] 교외, 시외, 근교.

서베이 [영 survey]
① 내다보다, 관찰하다. ② 측량.

서베이어 [영 surveyor] 관측자의 뜻으로, 미국 항공우주국의 우주개발 계획과 그것에 기초한 측량 우주선명으로, 월면 연착륙에 성공하였다.

서베이어 계획 [project Surveyor] 달에 무인 탐지기를 연착시키는 미국의 우주 개발 계획. 1966년 5월 30일, 1호가 발사돼 6월 2일 달의 폭풍의 바다에 연착륙, 1만 1천 1백 50장의 사진을 전송해 왔다.

서보모터 [servomotor] 〈기계〉 간접 조속(調速)장치.

서보브레이크 [servobrake] 〈기계〉 보조 브레이크.

서브 [라 > 프·영 serve] 〈체〉 음식을 제공하거나, 봉사한다는 뜻에서 구기(球技)에서 공격측이 공을 상대 코트에 쳐 넣는 일. 또는 그 공.

서브 [영 sup] ① 하위의, 다음의
② 부, 대리 등을 나타내는 접두어.
③ 지하철의 약칭.

서브 [영 rubber substitute/tactice] 〈고무〉 가공 조제 및 연화재로 쓰이는 고무 배합 약품.

서브노트 [sub-note] 초안(초고)용 노트 나중에 정리할 수 있도록 수업 중에 받아쓰는 노트.

서브도미넌트 [subdominant] 〈음악〉 하속 화음.

서브로자 [영 subrosa] 살짝이.

서브루틴 [sibroutine] 〈컴퓨터〉 컴퓨터의 처리 프로그램. 문제의 일부를 계산하기 위하여 정리된 처리의 단위. 주루틴과 서브루틴과를 문장으로 분할해서 프로그램 설계를 진행한다. 동일한 일(동류항)을 일괄하여 코딩함으로써 동일한 코우딩을 여러 번 되풀이하는 것을 피하는 방법. 개(開) 서브루틴과 폐(閉) 서브루틴의 2종류가 있는데 후자가 더 일반적으로 사용되고 있다. 프로그램에 있어서 어떤 정해진 기능을 실행하는 일련의 명령을 Routine이라고 하며 큰 Routine의 일부가 될 수 있는 Routine을 Sub Routine이라고 하며 Routine큰 Main-Routine을 이라고 한다. 다른 루틴의 일부가 될 수 있는 루틴.

서브리지 [영 suffrage]선거권, 참정권.

서브머린 [submarine]
① 〈야구〉 밑으로부터 공을 던지는

투수(投手).
② 잠수함.

서브머린 딜리버리 [영 submarine delivery] 〈야〉 아래쪽 투구. 언더스로(underhand throw).

서브 사이드 아웃 [serve side-out] 배구에서 두 번 서브를 실패한 일.

서브스크립션 라이브러리 [subscription library] 회원 도서관. 회비 또는 찬조금을 내어서 회원 자격을 얻은 사람들의 조합 도서관.

서브스탠스 [영 substance] 실체, 본체.

서브스티튜트 [영 substitute] 보결.

서브젝트 [subject] ① 주체.
② 〈철학〉 자아. 주체. 옵젝트.

서브젝트 해딩 [subject heading] 〈도서관 색인〉 건명 목록.

서브컨서스네스 [영 subconsciousness] 잠재의식.

서브타이틀 [영 subtitle]
① 부제(副題). 메인타이틀(main title) 옆에 붙이는 보조적인 표제. 광고 카피(copy)에서는 캐치프레이즈(catch phrase)의 옆에 붙이는 서브헤드 라인(subhead line)을 말함.
② 〈영〉 내용을 설명하기 위한 자막(字幕). 메인타이틀.

서브틴 [subteen] 12세 이하 어린이.

서블라임 [sublime] 장엄, 웅대.

서블렛 [sublet] 전대(轉貸)하다. 하청을 주다.

서블리미널 광고(廣告) [미 subliminal] 〈광고〉 잠재 의식을 이용한 광고. 서블리미널 프로젝션(subliminal projection). 서블리미널 프로젝션.

서블리미널 프로젝션 [미 subliminal projection] 〈광고〉 광고 방법의 하나. 잠재의식을 이용한 광고. 텔레비전·영화 등의 스크린에 광고문을 3천분의 1초 정도 비쳐주는 일. 이런 자극의 반복으로 본인도 알지 못하는 사이에 그 상품의 구매 행동을 일으키는 한 원인이 됨. 준말로 서블리미널 광고(subliminal 廣告), 또는 에스피 광고(SP 廣告).

서비스 [영 service] ① 접대, 봉사.
② 근무. ③ 〈종〉 예배. ④ 경품.
⑤ 〈정·탁〉 공격측이 초구를 때리다.
⑥ 일반의 소비산업.

서비스 라인 [service line] 〈테니스〉 서브 선. 서비스 박스의 네트에 평행하는 선.

서비스 로드 [service load] 〈항공〉 실용 탑재량.

서비스 리턴 [service return] 〈체육〉 서비스의 공을 쳐서 되돌려 보내는 것을 말함.

서비스 마크 [영 service mark] 서비스 기업이 문자, 도형, 기호 등에 의해서 자사(自社)와 타사(他社)와를 식별하는 표지.

서비스 박스 [service box] 〈체육〉 서브 공을 넣어야 할 지역.

서비스 볼트 [service bolt] 〈공업〉 숫나사의 일종.

서비스 사이드 라인 [service side line] 서비스 코트를 둘러싼 측면의 선.

서비스 세일 [service sale] 〈상업〉 봉사 매출.

서비스(업) [service 業] 산업을 나눌 때의 한 분야. 여관·하숙·광고·자동차·영화·의료·교육·보건 등의 업종. 흥행업 등

서비스 에어리어 [영 service area] 〈라·텔〉 방송국에서 전파가 미치는 범위. 방송구역. 시청 가능 범위.

서비스 에이스 [service ace] 〈테니스〉 상대방이 받아넘길 수 없는 좋은 서브. 에이스.

ㅅ

서비스 코트 [service court] 〈체육〉 서비스의 공을 쳐서 넣는 장소.

서빙 오더 [serving order] 〈배구〉 서브 순번.

서(西) 사모아 (Western Samoa) 〈국〉 남태평양 사모아 제도(Samoa Is.) 서부를 차지하고 있는 9개의 섬으로 된 영 연방 내의 독립국. 1962년 독립. 수도는 아피아(Apia). (→) 아피아.

서스테이닝 프로그램 [영 sustaining program] 〈방〉 민간방송이 자사의 제작비용으로 만드는 비상업 프로그램으로서 자주 프로그램이라고 한다. 서스프로라고도함.

서스펜더 [영 suspenders]
① 〈복〉 바지걸이.
② 양말대님. ~스커트(~skirt) 〈복〉 소녀복에 많은 매다는 끈이 달린 스커트.

서스펜더 스커트 [suspender skirt] 〈의상〉 끈으로 매어 입게 한 스커트.

서스펜디드게임 [영 suspended game] 〈야〉 일시 시합중지. 시간, 일몰, 조명의 제한 등을 부득이한 이유로 시합을 계속할 수 없을 때, 후일 다시 시합할 것을 조건으로 하여 중단하는 것.

서스펜션 [suspension]
① 〈도서관〉 휴관.
② 〈화학〉 용액 중의 부유물.
③ 〈전기〉 매달려 있게 한 장치들.

서스펜션 라이트 [suspension light] 무대 조명의 하나로 천장에 매달려 있는 조명체.

서스펜션 스프링 [suspension spring] 〈기계〉 코일 스프링과 리프 스프링으로 되어 있는 현가(懸架) 용수철.

서스펜션 시스템 [suspension system] 현가(懸架) 장치. 차대받이 장치.

서스펜션 암 [suspension arm] 자동차의 차대받이. 받침대.

서스펜션 와이어 [suspension wire] 매단 쇠줄.

서스펜스 [영 suspense]
① 특히 추리소설에 사용되며 독자에게 미해결과 불안과 흥미를 갖게 하는 기법.
② 불안, 신경이 쓰이는 ③ 미결.

서스피션 [영 suspicion] 사추(邪推), 의심.

서제스션 [영 suggestion] 암시, 제언,

서제스트 [영 suggest] 암시하다. 제언하다.

서지 [영 serge] 〈복〉 소모(梳毛)로 짠 두꺼운 복지의 무늬를 넣어서 짠 비단 옷감.

서지탱크 [영 sergetank] 수도의 조정 수탑.

서차지 [영 surcharge] 일정운임외의 할증료 규정의 운임.

서치 [영 search] ① 탐색.
② 〈전〉 전자계산기에서 일련의 단어, 또는 기억 중에서 필요한 단어나 기록을 찾아내는 것.

서캐라마 [영 circarama] 돔형의 관내 벽의 모든 것이 스크린으로 되어 있는 것으로서 360도 영화.

서커 [영 suker] 면직물의 이름. 여름의 부인, 아이들의 복지로 한다.

서컴스턴스 [영 circumstance] 사정, 정황.

서코트 [영 surcoat] 점퍼와 신사복 상의를 겸한 옷.

서큘러 [영 circular] ① 원형의, 순환의.
② 인찰(引札).
③ 〈복〉소매, 케이브, 스커트 등 둥근매를 가진 19세기에 사용된 스타일.

서큘러 머슬 [circular muscle] 〈생물〉 환상근. 둥근 근육.

서큐러밀 [circular mil] 전선의 굵기를 나타내는 단위.

서큘러 스커트 [circular skirt] 〈의상〉 원을 이용하여 뜬 플레어 스커트.

서큘러컷슬리브 [circular cut sleeve] 〈의상〉 소매의 중간에 변절선을 넣어 넓게 한 초롱같이 생긴 소매. 초롱 소매.

서큘레이션 [circulation] ① 순환. ② 신문·잡지 등의 발행 부수. ③ 화폐 등의 유통. ④ 광고 매체에 의한 도달 범위(신문·잡지의 발행 부수, 라디오·텔레비전 등의 시청 대수 등).

서큘레이터 [circulator] 공기 조절 등의 순환기.

서크 [cirque] 〈지학〉 원형의 협곡.

서크라인 [영 circular-line lamp] 〈전〉 원형의 형광등.

서클 [영 circle] ① 원, 원주, 주위. ② 동료. ③ 〈경〉 포환던지기나 해머던지기의 경기용 철의 링.

서클로마 [영 circleroma] 〈영〉 원주의 스크린에 여러 대의 영사기에 의해 동시에 영사하는 영화, 고객은 전후좌우 볼 수 있으나 상하는 볼 수 없다.

서클 릴레이 [circle relay] 놀이의 일종.

서클 볼 [circle ball] 10명쯤이 원을 만들고 그 속에 술래가 들어가 공을 빼앗는 놀이.

서클 에이트 [circle eight] 〈스케이팅〉 도형 8자형인 기준 도형.

서클 컷 [circle cut] 〈펜싱〉 회전식 컷.

서클 패스 [circle pass] 〈럭비〉 원을 만들고 패스 연습하는 것.

서키트 트레이닝 [영 circuit training] 〈체〉 스포츠의 기초 체력 양성을 목적으로 한 훈련 방법. 순환 트레이닝. 8종류의 순환을 1세트라고 하며, 하루 3세트씩 하는 것이 상례임.

서킷 [영 circuit] ① 자동차의 경쟁로. ② 순로. ③ 주위, 범위. ④ 〈전〉 전기회로. ⑤ 〈영〉 흥업계통. ⑥ 〈야〉 홈전(circuit drive).

서킷 보드 [circuit board] 〈전기〉 회로판(回路板).

서튼리 [certainly] 확실히. 틀림없이. 대답으로는 물론이지요. 그러면요 알았습니다. 또 맨손에서는 상대가 되어 드리지요.

서티파이 [영 certify] 증명하다. 보증하다.

서퍼 [영 supper] 석식, 저녁식사, 야식.

서퍼 [영 surfer] 〈체〉 서핑(surfing)을 하는 사람.

서펜타인 [영 serpentine] 선출의 송별이나 무대상의 출연자 등에 환영을 위해 던지는 5색 테이프.

서포스 [영 suppose] 상상하다, 추측하다.

서포터 [영 supporter] ① 지지자. ② 후원자. ③ 운동선수가 고환이나 손목, 발목에 대는 천. ④ 부상한 발을 지지하는 틀.

서포트 [영 support] ① 지지하다. 원조하다. ② 지원물, 후원자.

서포트인 [support-in] 〈탁구〉 친 공이 지주에 맞은 후 상대방 코트에 떨어지는 것.

서프 [영 serf] 농노, 공업노예.

서프라이더 [영 surfrider] 〈체〉 서핑(surfing)을 하는 사람.

서프보드 [영 surfboard] 〈체〉 서핑(surfing)용 파도타기 널빤지.

서플라이 [영 supply] ① 공급하다, 지급하다. ② 채우다. 보충하다.

서플라이어 [영 supplier] 〈경〉 외국 바

이어용의 상품 공급자. 메이커와 비이어의 중개를 한다.

서플리먼트 [영 supplement]
① 부록, 증보(增補). 보유(補遺).
② 신문의 경우 본지(本紙)와는 별쇄(別刷)된 일요판이나 특집판과 같은 것.

서플멘트 [영 supplement] 증보, 부록.

서피네이션 [supination] 〈펜싱〉 손바닥을 위로 해서 검을 쥐는 것.

서피스 그라인더 [surface grinder] 평면 연마기.

서핀 [영 surfin] 파도타다. surf와 riding의 합성어.

서핑 [영 surfing]
① 〈체〉 파도 타기. surf riding에서 온 말.
② 〈음〉 1964년 미국에서 생긴 재즈(jazz)의 한 가지.

석세서 [succesor] 후임. 후계자. 상속자. 계승자 후진.

석세스 [영 success] 성공, 성공자.

석션 밸브 [suction valve] 자동차 흡입판(吸入瓣).

석유수출기구 (OPEC : Organization of the Petroleum Exporting Countries) 본부(빈 : 오스트리아), 이란·이라크·사우디아라비아·쿠웨이트·베네수엘라 5대 산유국 등 13개 회원국의 산유국 카르텔.

선 기어 [sun gear] 〈기계〉 자동차의 중앙 톱니바퀴.

선데이 골퍼 [Sunday golfer] 〈골프〉 일요일에만 치는 아류급 선수들.

선레이 플리츠 [Sun-ray pleats] 〈의상〉 태양 광선 같이 방사형으로 접은 가늘고 입체적인 주름.

선 바이저 [sun visor]
① 자동차의 프런트 글라스 상부에 부착하는 차양 장치.
② 아이셰이드(eyeshade).

선버스트 드레스 [sunburst dress] 〈의상〉 등을 내어놓은 바닷가에서 입는 수영복.

선버스트 플리츠 [sun-burst pleats] 〈의상〉 위는 좁고 밑으로 갈수록 넓게 되어 있는 주름치마.

선 수트 [sun suit] 〈의상〉 일광욕 때 입는 등이 크게 파인 옷.

선진국 수뇌회의 (Summit) 국제무역, 석유 등 에너지 대책, 인플레 극복 등 서방측 선진국 상호협력 도모, 1975년 당시 프랑스의 지스카르 대통령이 제창.

선 클로스 [영 sun cloth] 〈섬〉 경사를 짙은 녹색, 위사를 적색 등으로 제직한 능직물.

설탄 [영 sultan]
① 회교국의 국왕, 군주.
② 〈복〉 견(絹)과 모(毛)와의 교직의 포지.

설파(제) [sulfadrug] 〈약〉 유황을 주체로 하는 세균성질환의 항생물질.

설파 [영 sulphur] 〈화〉 유황.

설파디아졸 [sulfathiazole] 〈약학〉 폐렴. 임질 치료제.

설파디아찐 [sulfadiazine] 〈약학〉 설폰 아미드제의 하나.

설파마이드 [sulfamide] 〈약학〉 설폰 아미드.

설파마인 [sulfamine] 〈약학〉 설폰 아미드제의 하나. 세균성 감염에 유효.

설파밀라미드 [sulfamilamide] 〈약학〉 설파 마인.

설파이드 [sulfide] 〈약학〉 유화물.

설퍼널 [sulphonal] 최면, 마취제의 일종.

설폰 [sulfon] 〈화학〉 설폰기를 포함한 유기 화합물.

섬 [영 sum] ① 총액. ② 개략. ③ 금액.

섬네일 스케치 [영 thumbnail sketch] 〈광고〉광고 레이아웃의 하나. 아트 리렉티가 레이아웃의 기본구상을 표현하는 것.

섬스크루 [thumbscrew] 엄지 손가락. 죄는 틀.

섬 체크 [sum check] 〈컴퓨터〉합계 검사(合計檢査).

섭스탄스 [substance] 〈철학〉실체. 본체.

섭젝트 [영 subject] ① 주제.
② 〈문법〉주어
③ 〈철〉주관. 상대어는 옵젝트.

세계관광기구 (WTO : World Tourism Organization) 국가간 및 국내 관광 촉진.

세계기상기구 (WMO : World Meteorological Organization) : 본부(제네바), 우리나라 가입☞ 세계 기상 사업의 조정·개선 및 정보교환.

세계노동조합연맹 (WFTU) 본부(프라하), 1944년 세계노동조합대회의 설립 결정, 공산계 국제노동조합조직연맹.

세계무역기구 (WTO : World Trade Organization) : GATT를 대신하는 새로운 무역기구. 1995년 7월 출범.

세계반공연맹 (WACL) 본부(서울), 세계 자유국민의 단합과 반공투쟁.

세계보건기구 (WHO : World Health Organization) : 본부(제네바), 우리나라 가입 ☞ 인류의 정신적·신체적 건강 수준의 향상.

세계지적소유권기구 (WIPO : World Intellectual Property Organization) : 본부(제네바) ☞ 전세계 지적(知的) 재산 보호의 증진.

세구먼트 [영 segment] 구분, 부분.
세그리게이션 [영 segregation]

① 분리. ② 인종차별.

세그먼트 [segment] 〈컴퓨터〉긴 프로그램을 짧은 프로그램으로 분할하여 하나의 논리적인 단위로서 메인 메모리에 기억시킬 수 있는 최소의 단위.

세나 [senna] 차풀과에 속하는 관목. 센나.

세네가 [영 senega] 〈식〉북미원산의 콩과의 다년초로서 약용이 된다.

세네갈 (Senegal/Republic of Senegal) 〈국〉아프리카 서북 해안에 위치하는 공화국. 1902년 프랑스령 서 아프리카 식민지의 일부였다가 1959년 말리(Mali) 연방에 편입. 1960년 공화국으로 독립함. 1982년 감비아(Gambia)와 연방 정부를 결성하여, '세네감비아 연방 공화국' 수립. 수도는 다카르(Dakar). (→) 다카르.

세라 [히 selah] '노래 곡조를 올리라'는 뜻. 기독교인들이 시편을 낭독할 때 문장 끝에 붙이는 말.

세뇨 [이 Segno] 〈음악〉악보에 쓰이는 기호인 '$'의 이름.

세뇨라 [라>에 senora] [포 senhora] 부인. 아내. 미시즈(Mrs.). 마담(madame). 프라우(Frau). 「기혼의 부인의 경칭」

세뇨르 [라>포 senhor] [네 senior] [도 Senior] [프 seigneur] [에 senor>영] 라틴·포르투갈·네덜란드·독일어에선 연장자, 프랑스어에서는 군주·주인·귀족, 에스파냐·영어에서는 귀하 ·님·씨·미스터(Mr.) 무슈(monsieur/musyu) 헤르(Herr).

세뇰 [에 senor] 군주. 신사. 주인.

세다 [영 cedar] 〈식〉서양 삼나무.

세네카 (Lucius Annaeus Seneca, 기원전 54~기원후 39) 〈인〉로마의 스토아 학파 철학자.

ㅅ

세라끄 [프 selac] 빙하상에 만들어진 괴상하고 기묘한 모양의 얼음탑.

세라믹 [그 keramos > 영 ceramic] 그리스어 (陶土)에서 온말. 도기(陶器)의 도자기, 알루미나(alumina) 분말에 니켈 계(nickel 系)의 결합제를 보태서 압축 성형하여 구워낸 것. 내열성이 강함. 세라믹 센서(ceramic sensor)는 세라믹으로 만든 감지기 (感知器). 영어 표기는 시래믹.

세라믹스 [영 ceramics] ① 제도법. ② 도기류의 총칭, 시멘, 유리, 렌즈까지 포함된다.

세라비 [프 C'est la vie] 인생은 이런 것이다.

세레나데 [이 serenade] 〈와〉송곡, 야곡, 밤, 연인이 있는 창가에서 노래하고 연주하는 곡.

세레모니 [영 ceremony] 의식, 식전.

세레보겐 [독 Scherenbogen] 〈스키〉 가위 모양으로 회전하는 것.

세론 [seron] 소과(牛科)에 속하는 짐승.

세룰리안 블루 [영 cerulean blue] 〈복〉 새파란 하늘색.

새룸 [serum] 혈청. 피청.

세륨 [영 cerium] 〈화〉 회토류 원소의 하나, 기호는 Ce. 강철모양의 금속으로 공기 중에서 가열하면 광택을 발생하면서 연소한다. 철과의 합금은 마찰시키면 연소하고, 불꽃을 발생하므로 라이터 돌로 사용한다.

세르비아 (Serbia) 〈지〉 유고슬라비아 (Yugoslavia) 연방을 구성하는 공화국.

세리 [sherry] 스페인 남부 지방에서 나는 포도주.

세리그래프 [serigraph] 〈예술〉 색채 인쇄.

세리신 [cericine] 〈화학〉생사 표면에 붙은 아교 모양의 단백질.

세리오소 [이 serioso] 〈음악〉 장중하게.

세리컬투어 [영 sericulture] 양잠.

세리프 [serif ; ceriph] 로마 활자의 획의 시작과 끝에 있는 뾰죽한 곳.

세린 [영 serine] 〈식품〉 비필수 아미노산.

세마포 [semaphore] 철도의 신호기.

세마홀 [영 semaphore] 수기신호, 시그널.

세만틱스 [영 semantics] 〈언〉의미론.

세만틱 애날리시스 [영 semantic analysis] 〈심〉 상품의 이미지, 광고 등의 인상의 분석.

세메다인 [semedine] 접합제의 하나.

세멘 시나 [영 semen cinae] ① 〈식〉 중앙아시아 원산의 다년초. ② 시나의 꽃봉오리로 정제한 구충약.

세멘타이트 [sementite] 〈화학〉 높은 온도에서 강 속에 생기는 탄화철의 금상학상의 명칭.

세멘테이션 [cementation] 시멘트 접합법.

세무/섀미 [라>프>영 chamois/chammy] 사슴 · 염소 · 영양 등의 무두질하여 부드럽게 만든 가죽. 프랑스어 표기로는 샤무아.

세미나 [라>도 Seminar>영 seminar] 〈교〉 연습(演習). 지도 교수밑에서 학생이 공동 연구하는 교육 방법. 독일어 표기로는 제미나르.

세미다큐멘터리 [semidocumentary] 기록 영화에 극적인 요소를 한 것. 또는 픽션에 기록 영화적 수법을 도입한 것.

세미덜 [semi-dull] 광택을 부드럽게 한 인견사의 하나.

세미디젤 [semidiesel] 내연 기관의 일종.

세미래글런 슬리브 [semiraglan sleeve] 〈의상〉 어깨의 내려오는 선이 도중에서 소매 밑으로 향하여, 래글런처럼 비스듬한 절제선이 든 소매.

세미서큘러 스커트 [semicircular skirt] 〈의상〉 반 원형 스커트.

세미소프트 칼라 [semisoft collar] 좀 부드러운 칼라.

세미스틸 [semisteel] 준 주철. 반강 주철물.

세미업스타일 [sem-up style] 반 올린 머리 스타일.

세미이브닝 드레스 [semi-evening dress] 〈의상〉 약식 이브닝드레스.

세미클래식 [semiclassic] 준 고전 음악. 고전적 대중음악.

세미프로페셔널 [영semi-professional] 〈체〉 준직업적. 반(半) 직업 선수. 얼마쯤 직업화한 아마튜어. 프로의 역량이 있는 아마추어.

세븐 [seven]
① 일곱 다방·양장점 등의 이름으로 채용됨.
② 럭비에서 포드 7명이 스크럼을 짜는 것.

세븐 스텝스 [seven steps] 북구의 민속무용의 한 가지.

세븐 시스템 [seven system] 〈럭비〉 스크럼을 7인으로 짜는 형식.

세븐 에이드 [seven eighth] 〈체육〉 럭비에서 스리쿼터와 풀백의 중간에 서는 선수.

세븐 점프스 [seven jumps] 한 줄로 둥글게 또는 4분의 2박자의 덴마크 댄스.

세븐 포워즈 [seven forwards] 〈럭비〉 세븐 시스템.

세비 [sebi] 고대 이집트의 피리.

세빌랴나 [스 sevillana] 스페인의 민속 무곡.

세세 [중 謝謝] 감사합니다.

세세션 [영 secession] ① 분리.
② 〈예〉 분리파, 1897년 경에 일어난 건축, 공예, 미술 상의 예술운동으로 형태나 색체의 단순화, 명확화를 겨냥한 것.

세션 [영 session] ① 법정의 개정.
② 의회의 회기.

세슘 [Ce Sium] 〈화〉 희알칼리 금속원소. 기호 Cs. 동위원소 137은 죽음의 재에 포함된다.

세스팃 [영 sestet] 〈음〉 6중주, 6중창.

세·시·봉 [프 C'est si bon] 굉장한, 놀라운.

세실·컷 [영 cecil cut] 짧은 헤어·컷, 미국의 여배우 진·세바그가 [슬픔이여 오늘은]의 중에서 연기를 하여 유행시킨 것.

세오드라이트 [영 theodolite] 〈천〉 망원경을 상하좌우로 움직일 수 있게 만든 장치, 경위의(經緯儀).

세이브 [영 save] ① 안전, 무사.
② 저축 절약. 금고.
③ 〈야〉 주자가 상대의 방어수단보다 먼저 루에 도달하는 것.

세이블 [영 sable] ① 〈동〉 검은 담비.
② 〈복〉 검은 담비의 모피.

세이드 [shade] ① 차양.
② 전등 스탠드의 갓.
③ 차광기(遮光器).

세이로스 [saros] 〈천문〉 일·월식이 일어나는 주기 사로스.

세이버 [saber] 펜싱 종목 중의 하나로 베기·자르기를 사용함.

세이버리 [영 savory] 〈식〉 강한 향기를 함유한 잎을 가진 식물. 잎은 소스·스프·샐러드 요리 등에 사용함.

세이버 제트 [sabre jet] 미군의 F86

241

ㅅ

전투기.

세이빈 왁진[영 chebin vakzin] 미국인 세이비 박사가 만든 소아마비용의 약독성균 왁신.

세이빙 [영 saving] 〈축구·럭비〉 볼에 신체를 부딪쳐서 상대의 득점을 저지한다. 절약. 저축.

세이셸 (Seychelles/Republic of Seychells) 〈국〉 아프리카주의 동부 인도양 위에 위치하는 세이셸 제도(Seychelles Is.)를 주 영토로 하는 공화국 1744년에 프랑스의 식민지. 1794년 영국령, 1903년 영국의 식민지를 거쳐 1976년 독립, 공화국이 됨. 1978년 이슬람 공화국선포. 수도는 빅토리아(Victoria).

세이슈 [프·영 seiche] 〈공업〉 호수나 육지에 둘러싸인 바다 표면이 대기의 압력의 변동으로 인하여 동요하는 것.

세이즈 로 [Say's law] 프랑스의 고전학파 경제학자 세이의 판로설. 공급은 그 스스로의 수요를 창조한다는 설. 재화의 공급과 수요가 항상 일치하며 과잉 생산은 있을 수 없다는 주장.

세이지 [sage] 〈식물〉 샐비어.

세이커 [shaker] 양주를 흔들어 혼합하는 기구. 교반기.

세이크렛 댄스 [sacred dance] 종교 무용.

세이퍼 [영 shaper] 〈기〉형반, 형압기.

세이프 [safe] ① 〈테니스〉 인(in) ② 〈야구〉 주자가 아웃을 면한 것. ③ 금고(金庫).

세이프가드 [safeguard] 〈경제〉 GATT(가트)가 특별히 인정하는 긴급 수입 제한 조치.

세이프 인 [safe in] 〈야구〉생환(生還).

세이프티 [영 safety] 안전, 무사.
세이프티 번트 [safety bunt] 〈야구〉

타자가 첫 베이스에 살아가기 위해서 짧게 공을 치는 일.

세인트 [영 saint] ① 성자. ② 〈종〉 사도.

세인트루시아 (St. Lucia) 〈국〉 중앙 아메리카 카리브 해(Caribbean Sea)의 동남부, 소(小) 앤틸리스 제도(Lesser Antilles Is.) 중 윈드워드 제도(Windward Is.)에 있는 세인트루시아 섬(Saint Lucia I.)을 주 영토로 하는 영 연방 내의 독립국. 1660년 프랑스령, 1803년 영국령을 거쳐 1979년 영 연방 내의 일원으로 독립. 수도는 캐스트리스(Castries).

세인트빈센트 그레나딘 (St. Vincent and the Grenadines) 〈국〉 중앙 아메리카 카리브 해(Caribbean Sea)의 소(小) 앤틸리스 제도(Lesser Antilles Is.) 중 윈드워드 제도(Windward Is.) 에 있는 세인트빈센트섬과 그레나딘 섬을 주영토로 하는 영 연방내의 독립국. 1498년 콜럼버스가 발견, 1627년 영국 식민지를 거쳐 1958년 서인도 제도 연방에 가입, 1979년 영 연방 내의 일원으로 독립. 수도는 킹스타운(Kingstown).

세인트크리스토퍼 네비스 (St. Christopher and Nevis/Federation of St. Christopher-Nevis) 〈국〉 중앙 아메리카 서인도 제도의 소(小) 앤틸리스 제도(Lesser Antilles Is.) 중 윈드워드 제도(Windward Is.)에 있는 세인트크리스토퍼 섬(Saint Christopher I.)과 네비스 섬(Nevis I.)을 주영토로 하는 영 연방 내의 독립국, 1625년 영국령, 한때 프랑스 령, 1713년 다시 영국 령, 1967년 서인도 제도 연방 형성, 1983년 영 연방 내의 독립국이 됨. 수도는 바스테르(Basseterre), (→) 바스테르.

세인트폴리아 [라 Saintpaulia] 〈식〉 아프리카 제비꽃. 열대 아프리카의 우삼바라 산(Usambara Mt.)이 원산지임.

발견자명인 세인트 폴(Baron Waltar von Saint Paul)에서 비롯된 말.

세일 [shale] 〈광물〉혈암.

세일러 [sailor] '해병'의 뜻을 가진 복합어를 이룸.

세일러 팬츠 [sailor pants] 바지통이 넓은 바지.

세일러 햇 [sailor hat]
① 사공 모자. 해병모.
② 어린애가 쓰는 챙의 위가 휜 모자. 부인용의 챙이 좁은 납작한 밀짚 모자.

세일즈 드라이버 [sales driver] 운송업자의 일종. 운전자가 운반뿐만이 아니라 영업, 집배, 수금. 전표 처리 등 여러 가지 일을 함.

세일즈 레터 [영 sales letter] 〈광고〉 세일즈를 목적으로 예상(잠재) 고객에게 보내는 문서, 다이렉트 메일(direct mail)의 알맹이.

세일즈 불리틴 [영 sales bulletin] 〈광고〉 세일즈 용 회보(會報). 기관지 따위의 인쇄물, 꿰맨 것, 접는 것, 한 장 짜리의 여러 가지 형식이나 월간·계간 등 계속성 있는 발행물을 말함.

세일즈 키트 [영 sales kit] 〈광고〉세일즈맨이 가지고 다니는 필요한 것. 배낭. 판매에 필요한 여러 가지 자료를 철하고 영업 안내 카탈로그(catalogue)·가격표·판매일지·단골 리스트를 철해놓고 있음.

세일즈 토크 [영 sales talk] 〈광고〉 세일즈를 목적으로 한 직접적인 메시지. 또는 광고 원고 속에서 주장하지 않으면 안될 상품의 소구(訴求) 포인트.

세일즈 프로모션 에이전시 [영 salespromotion agency] 〈광고〉 판매 촉진의 기획·실시를 광고주(廣告主)를 대행하여 행하는 광고 대리업.

세지 그린 [영 sage green] 회록색.

세컨더리 [영 secondary]2차적, 제2의.

세컨대리 디펜스 [secondary] 〈미식 축구〉제2수비진.

세컨대리 캡 [secondary cap] 〈기계〉 마스터 실린더의 일부.

세컨드 [영 second] ① 초.
② 제2, 2번째, 차위.
③ 〈야〉 2루수.
④ 〈경〉 권투, 레슬링 등의 부첨인.
⑤ 〈속어〉첩.

세컨드 런 [second run] 〈영화〉개봉 다음의 상연.

세컨드 로 [second row] 〈럭비〉 타이트 스크럼을 짤 때 그 열을 구성하는 경기자.

세컨드 리프트 [second lift] 〈육상〉 봉고도에서 허리를 끌어올리는 동작.

세컨드 메이트 [second mate] 이동 운전석.

세컨드 바운드 [second bound] 〈테니스〉 두 번째 공이 튀어 오른 것.

세컨드 서비스 [second service] 〈체육〉 두 번째의 서브.

세컨드 셋 [second set] 테니스 등에서 제2회전.

세컨드 윈드 [second wind] 〈보건·경기〉 운동을 시작해서 매우 피곤을 느끼다가 그 후에 피곤을 극복하는 시기가 오는 것.

세컨드 인텐션 [second indention] 〈도서관〉 둘째 인텐션. 혹은 서명 인텐션. 새 줄로 바꿈.

세컨드 커트 [영 second cut] 〈섬〉 털을 깎을 때 두 번째 깎아서 얻은 짧은 양모.

세컨드 콜 [second call] 두 번째의 경기 개시 신호로, 시작 5분 전에 함.

세컨드 쿼터 [second quarter] 〈미식

ㅅ

축구〉 두 번째의 15분간.

세컨드 포지션 [second position] 발레의 기본자세로 양발을 옆으로 벌린 자세.

세컨드 핸드 [second-hand] 〈상업〉 고물. 중고품.

세컨드 히트 [second heat] 〈체육〉제 2회째의 예선 경기.

세컨트 [secant] 〈수학〉정할(正割). 삼각 함수의 하나.

세코핸 [영 second hand] 세컨드핸드의 약어.

세큐리티 [영 security] 안전, 방범장치, 안심감.

세크레타리 [영 Secretary] ① 비서.
② 영국국무대신.
③ 미국국무장관.

세크이아 [영 sequoia] 미국삼나무, 지상 최대의 식물이라고 함.

세크레틴 [secretine] 소화액의 분비물 촉진하는 호르몬.

세탄 [독 Cetan] 〈화학〉세텐의 수소 첨가나, 또는 팔미탄산의 환원에 의해 생긴 물질.

세터 [setter]
① 새를 잡는 털이 긴 사냥개.
② 토스선수(배구).

세텐[cetene]석유 속에 들어있는 기름.

세트 [set] ① 〈전기〉 수신기.
② 식기나 어떠한 기구의 한 벌. 한 판 경기.
③ 무대 장치. 촬영소.
④ 〈체육〉 각 경기자. 또는 각 편이 승부가 결정된 경우. 회전(回轉)으로 오해됨.

세트 로숀 [set lotion] 〈미용〉세트 약물.

세트백 [setback] ① 〈건축〉벽단.
② 방해.

세트볼 [set-ball] 〈테니스〉쓰던 공.

세트 빌 [set bill] 〈경제〉 외국환 어음에 있어서 두 통 이상 작성하여 받을 사람에게 보내는 것.

세트 스크럼 [set scrum] 〈럭비〉양편이 포드에게 짜게 하는 스크럼.

세트 엘모의(불) [영 St. Elmo의 불] 공중방전, 탑정, 주두 등에 청색의 스파크가 보이는 현상.

세트인 슬리브 [set-in sleeve] 〈의상〉 보통 위치에 있는 소매.

세트 포인트 [set point] 〈체육〉세트를 결정짓는 중요한 득점.

세트 포지션 [미 set position] 〈야〉 투수가 투구 전에 플레이트(plate)에 발을 붙이고 겨누지 않으면 안 되는 자세.

세트 프레스 [set press] 〈역도〉의자에 앉아 두 팔로 바벨을 밀어 올리는 연습.

세트 플레이 [set play]
① 미리 짜놓은 약속에 따라 하는 플레이.
② 〈농구〉 다섯이 잘 짜고 하는 체계적 공격.

세틀먼트 [영 settlement]
① 해결. ② 결산. ③ 거류지.
④ 〈사〉 빈민가의 숙박소, 진료소를 설치하여 생활향상을 도모하는 사회사업.

세파 [shaper] 〈기계〉깎는 공작 기계.

세퍼드 [sheperd] ① 기자(記者).
② 개의 일종으로 경찰, 군용견으로 적합함(프랑스 알사스 지방 원산).

세파레이트 [영 separate]① 분리하다.
② 분리된. 따로 따로의.

세퍼레이트 레이스 [separate race] 〈스케이팅〉코스를 따로 나누어 하는 경기.

세퍼레이트 코스 [separate course]

〈체육〉 구분된 주로(走路).

세퍼레이츠 〔영 separates〕〈복〉 상하 서로 다르게 나뉘어져 있는 옷. 위·아래를 달리하는 한 벌의 복장. 블라우스와 스커트, 블라우스와 슬랙스. 스웨터와 스커트, 스웨터와 슬랙스, 수트의 웃옷을 딴 스커트로 한 벌이 된 복장 따위. 앙상블(ensemble).

세퍼릿 코스 〔영 separate course〕〈체〉 육상에서 구분주로(區分走路). 스케이트에서 스피드 경기의 더블 트랙 경기용 이중 활주로.

세프테트 〔영 septette〕 7중주, 7중창.

세피아 〔영 sepia〕 암갈색, 흑갈색, 또는 그의 화구

섹셔널리즘 〔영 sectionalism〕 파벌주의, 세력주의.

섹션 〔영 section〕 ① 부문, 부국.
② 분할.　　③ 신문의 난
④ 〈음〉 악구.

섹솔러지 〔영 sexology〕 성과학.

섹스타시 〔영 secstacy〕 성(sex)과 법열(ecstasy)과의 조성어. 성적도취.

섹스턴트 〔sextant〕〈기계〉육분의(六分儀)

섹스텟 〔sextet〕〈음악〉6중주. 6중창 또는 그 곡.

섹터 〔sector〕 ① 부채꼴.
② 부채꼴 치차(톱니바퀴)
③ 〈컴퓨터〉 자기 디스크 기억 장치의 디스크 면에 두 개의 반지름으로 구분된 부채꼴의 부분, 그 1면은 20개로 분할되어 0부터 19까지 섹터 번호가 Address로 지정된다.

섹트 〔영 sect〕 종파, 학파, 당파

센달로이 〔영 cendarlloy〕〈화〉유리절단에 쓰는 경질 합금.

센서 〔영 sensor〕 ① 감지기.
② 신문, 영화, 잡지 도서 등의 검열자.

센서스 〔영 census〕 국세조사, 인구조사.

센세이셔널 〔영 sensational〕 ① 선정적.
② 사람의 눈을 끄는.

센세이셔널리즘 〔sensationalism〕
① 인기주의　② 〈문학〉 선정주의.
③ 〈철학〉 감각주의.

센세이션 〔영 sensation〕 ① 감가.
② 감동.　③ 세간의 대 평판.

센슈얼 〔sensual〕 ① 관능적.
② 〈철학〉 감각적.

센슈얼리즘 〔sensualism〕
① 감각주의.
② 〈미술〉 관능주의.
③ 〈철학〉 감각론.

센스 〔영 sense〕 ① 감각.　② 오감.
③ 의의.　④ 사려, 분별.　⑤ 느낌.

센스 탱크 〔sense tank〕 패션의 개발 등에 참여하는 감각 집단.

센시블 〔영 sensible〕 민감한.

센시빌리티 〔영 sensibility〕 감수성.

센시토메트리 〔영 sensitometry〕〈사〉 감광재료의 감도나 특성의 측정. 노광량과 사진농도의 관계를 도식화하여 특성곡선으로 나타낸 것.

센시티브 〔영 sensitive〕 신경질적인, 느끼기 쉬운.

센시티브 아이템 〔sensitive item〕 〈경제〉 수입품의 증대로 중대한 피해를 받을 우려가 있을 경우에 수입 제한과 금수 조치를 취하는 품목.

센자 템포 〔이 senza tempo〕〈음악〉 자유로운 속도로.

센쥬얼 〔영 sensual〕 육감적, 육욕의.

센탈 〔영 centare〕 면적의 단위이며, 100분의 1아르.

센터 〔영 center〕 ① 중심, 중앙.
② 〈야〉 중견수.

센터링 〔centering〕〈축구·하키〉 공을

ㅅ

중앙으로 보내는 것.

센터 보드 [center board] 〈요트〉배의 키를 올리고 내리는 가동관.

센터 서비스 라인 [center service line] 〈테니스〉코트의 사이드라인과 나란히 이등분하는 선.

센터 서클 [center circle] 〈체육〉경기장 중앙의 원.

센터 스리 [center three] 〈축구〉포드 세 사람.

센터 스크럼 [center scrum] 〈럭비〉 중앙 또는 25야드 라인의 중앙에서 짜는 스크럼.

센터 스트로크 [center stroke] 〈당구〉중심점을 치는 것.

센터 점프 [center jump] 〈농구〉점프 볼의 하나.

센터 존 [center zone] 〈체육〉경기장의 중앙 지역.

센터 포드 [center forward] 〈축구〉포드 중 가운데 위치하고 있는 사람으로서 공격의 중축이 됨.

센터 포메이션 [center formation] 〈농구〉게임 시작 후, 센터하프에서 즉시 득점하려는 태세.

센터 필더 [center fielder] 〈야구〉중앙 중견수.

센터 하프 [center half] 〈축구·기타〉 '센터 하프 백' 의 약칭.

센터 하프백 [center halfback] 〈축구〉하프백의 가운데에 위치해 있는 플레이어.

센텐스 [영 sentence] 문, 문장.

센툴 [프 ceinture] 벨트, 띠.

센톰 [프 centime] 화폐단위, 프랑의 100 분의 1.

센트랄리제이션 [영 centralization] ① 중앙 집권, 중앙주의.

② 〈경〉 경영관리를 집중적으로 하는 방식.

센트럴 [영 central] 중앙의 중심의.

센트럴 크로스 [central cross] 스퀘어 댄스에서 상대와 위치 교환하는 방법의 하나.

센트럴 히팅 시스팀 [영 central heating system] 〈건〉건축물 중앙에 보일러를 설치해서 각 실마다 난방 공급을 하고 있는 방식. 중앙 난방장치 방식.

센트비전 [영 scentvision] 스멜로비전 (smelovision)과 같음, 냄새나는 영화.

센티멘탈 [영 sentimental] 감상적, 다감한, 센티.

센티멘탈리스트 [sentimentalist] 다감한 사람. 감상적 인물.

센티멘탈리즘 [sentimentalism] 감상 주의.

센티멘트 [sentiment] 감정. 정감.

센터포울 [center pole] 경기장의 중앙에 세운 깃대.

셀 [shell]중량이 제일 가벼운 경주용 배.

셀라 [cellar] ① 지하실.
② 〈야구〉리그전에서 최하위 팀.

셀라 [Sailor] ① 수복. 수병. 배타기.
② 〈의상〉여학생의 제복으로 수병복과 비슷함.

셀러리 [그 > 라·이 deleri > 프 ceeri > 영 celery] 〈식품〉미나리과 식물.

셀러스 마킷 [영 sellers market] 〈경〉파는 쪽에 유리한, 파는 쪽 중심 시장.

셀레늄[영 selenium] 〈화〉유황과 비슷한 비금속원소, 기호는 Se. 광전지나 광도계에 사용한다. 세렌.

셀레베스 섬 (Celebes I.) 〈지〉인도네시아(Indonesia)의 동부에 있는 섬.

셀렉션 [영 selection] 선택, 선발.

셀렉트 [영 select] 고르다 선택하다.

셀로 [영 cello] 첼로의 항참조.

셀로바이오스 [cellobiose] 〈화학〉셀룰로스를 무기산과 함께 찔 때, 포도당으로 분해되기 전에 생기는 이류당.

셀로얀 [영 cellpyarn] 셀로판을 가늘게 꼰 것으로서 수예의 재료이다.

셀로텍스 [cellotex] 옥수수 속대를 압축해서 만든 건축재로서 벽이나 천장에 사용한다.

셀로판 [영 cellophane] 액화섬유소를 얇은 띠 모양으로 유출해서 굳힌 것으로 유리종이라고도 한다. 포장용에 사용된다. 세로판.

셀로판 테이프 [영 cellophane tape] 셀로판을 테이프 모양으로 만들어 뒷면에 접착제를 붙인 것. 셀로테이프는 상표명.

셀루로이드 [영 celluloid] 〈화〉초산섬유소에 장뇌를 섞어서 만든 반투명한 물질로서 연소하기 쉽다. 완구, 문방구, 필름에 사용한다.

셀루로즈 [영 cellulose] 〈이〉섬유소. 식물의 세포막이나 섬유의 주요부분으로 분말 또는 섬유상으로 되어 있다. 전기의 부도체이며 화약, 제지, 인견의 재료로서 널리 사용된다.

셀룰로스 [영 cellulose] 〈식품〉섬유소.

셀리바시 [celibacy] 독신(생활).

셀리브리티 [celebrity] 유명인사.

셀링 [영 selling] 판매하는 것.

셀링 포인트 [영 selling point] 〈광고〉상품이 지니고 있는 기능・품질・디자인 등 여러 가지 특징 중에서 가장 소비자에게 어필되는 것.

셀터 [shelter] 하천의 고기, 어족을 보호하기 위해서 수초를 묶어 물속에 침설하는 것. 피난처, 은신처, 감추다.

셀테이트 [영 celltate] 〈복〉아세테이트를 사용해서 만든 양복지.

셀파 [shelpa] 인도의 안내인. 네팔 산악 안내인.

셀프 리퀴데이터 [영 self liquidator] 〈유〉경품 전략의 일종. 소비자에게 경품 코스트의 일부를 부담시키는 방법.

셀프 서비스 [영 self-service] 〈유〉식기・요리 등을 손님이 직접 운반해서 음식을 드는 판매방법. 점포 안에서 손님이 판매원의 서비스를 받지 않고 스스로 상품을 선택해서 체크아웃 카운터까지 가지고 가서 그곳에서 일괄 지불하는 판매 방법.

셀프셀렉트코너 [self-selent-corner] 백화점에서 손님 자신이 사고 싶은 물건을 골라 저울에 얹어 보는 판매 조직. 포장품 과자나 가공식품 등에 많이 쓰인다.

셀프임프로브먼트 [self-improvement] 자기 개선. 인간관계를 원활히 하는 방법을 배워 친구를 만들고, 남에게 인정받거나 남이 좋아하도록 노력함. 말이 서툰 사람은 화술을 배우기도 함. 미국에서 1950년대에 시작되었는데, 1960년대 이후는 심리학과 연결되어 더욱 유행하고, 일본에서도 받아들여지고 있음.

셀프커버 [self-cover] 종이의 질이 같은 표지.

셀프콘트롤 [self-control] 자제(自制).

셀프헬프 [self-help] 자조. 자신의 손으로 심신을 관리하고 스스로 고민을 해결하며, 나쁜 습관을 고치려고 하는 일. 또한 스스로 인생 문제에 맞서서 효과적인 삶의 방식을 구하는 일.

셀피스 [영 selfish] 이기적인, 이기주의의.

셈 (족) [영 semite] 셈사람. 성서에 나

ㅅ

오는 Shem의 자손이라고 한다. 이스라엘과 그 주변의 민족.

셈프레 [이 sempre] 〈음악〉 항상.

셈플리체 [이 semplice] 〈음악〉 단순한.

셈플리체멘테 [이 semplicemente] 〈음악〉 단순하게.

셉테트 [septet] 〈음악〉 7중주. 7중창.

셉템버 섹스 [September sex] 노인의 사랑. 늘그막의 사랑.

셉팀 [septime] [펜싱] 제7의 패리 동작.

셔닐 사(絲) [라>프>영 chenille yarn] 〈섬〉 셔닐 직물에 사용하는 실. 모충사(毛忠絲).

셔링 [shirring] 〈의상〉 ① 주름 잡기. ② 주름 잡아 꿰맨 장식.

셔벗 [sherbet] 과즙에 설탕을 쳐서 얼린 얼음 과자.

셔브 패스 [shove pass] 〈농구〉 자기 방향으로 날아온 공을 살짝 쳐서 남에게 넘겨주는 것.

셔블 패스 [shovel pass] 〈미식축구〉 삽질하는 식의 패스.

셔빙 [shoving] ① 럭비에서 미는 것. ② 〈권투〉 상대방의 주먹을 튕겨 버리는 것.

셔츠 슬리브 [shirt sleeve] 〈의상〉 소매산이 낮은 소매로 스포츠나 작업복에 쓰임.

셔츠 웨이스트 [shirt waist] 남자의 드레시 셔츠와 같은 모양의 여자 옷이나 드레스로 된 것과 블라우스로 된 것이 있음.

셔터 [영 shutter]
① 말아서 올리는 문, 비막이문.
② 〈사〉 렌즈의 뚜껑으로 개폐의속도로 감광도를 가감한다.

셔틀 [영 shuttle] 옷감을 짜는 베틀의 북. 왕복하다.

셔틀라인 [영 shuttleline] 〈복〉 중앙이 부풀고 위아래가 짤룩한 모양의 스타일. 1957년에 디올이 추동의 모드로서 발표하였다.

셔틀 외교(外交) [영] shuttle 〈정〉 왕복 외교(往復外交).

셔틀 외교 [shuttle diplomacy] 짧은 일정으로 관련국을 오고가는 외교.

셔틀콕 [shuttle cook] 배드민턴에 쓰는 털이 달린 공.

셔팅 [영] shirting 〈섬〉 일반적으로 30~40's 정도의 소면사로 제직한 평직물(옥양목 등)

셔플 보드 [shuffle board] 원판 찌르기.

셧아웃 [영] shut out
① 내쫓기. 공장 폐쇄.
② 〈체〉 야구 등에서 상대편을 영패(零敗)시키는 일. 완봉(完封).

셧 페이스 [shut face] 〈골프〉 스윙의 정점에서 타구면이 하늘을 향하고 있는 것.

셰닐 [프 chenille] ① 모충.
② 〈복〉 비로드 모양으로 잔털을 세워 엮어서 끈 실. 또는 그 직물.

셰레 [schere 독] ① 가위.
② 〈경〉가위모양의 가격차. 농산물이 공업생산물의 가격보다 싸고 양자의 차가 가위모양으로 벌어져 있는 것.

셰르만, 루치안 (Lucian Scherman, 1864~1946) 〈인〉 독일의 인종학자이며 동양학자.

셰르파 [sherpa] 티베트계의 고산족.

셰리 [영 sherry] 남 스페인산의 백포도주, 셰리주.

셰리프 [영 sheriff] 주장관, 주집행관.

셰마 [schema 독] ① 도식, 형식.
② 일람표.

셰·셰 [영 shieh shieh] 감사의 뜻.

셰어 [영 share] ①〈경〉시장점유율. ② 분배, 지분. ③ 주식.

셰어 업 [share up] 〈경〉시장 점유율을 올리는 일. '셰어'는 몫.

셰어웨어 [shareware] 〈컴〉공개 소프트웨어의 하나. 사용자가 이것을 사용해 본 뒤에 기능이 우수하다고 생각되면 모든 기능을 갖춘 정품을 제대로 공급받아 사용하고 그렇지 못하면 아무 대가없이 사용하게 되는 프로그램.

셰이드 [영 shade] ① 그늘, 어둠. ② 사양. ③ 전등의 삿갓.

셰이크 핸드 그립 [영] shake hands grip 〈체〉탁구나 정구의 래킷(racket)을 쥘 때 한 손으로 악수하듯 쥐는 방법.

셰이프 [영 shape] ① 형식. ②〈복〉양재의 형, 가늘고 비틀린 동체.

셰이프 업 [영 shape-up] 건강과 미용의 증진을 위해 에어로빅이나 재즈댄스 등으로 체형을 만드는 것.

셰익스피어, 윌리엄 (William Shakespeare, 1564~1616) [인] 영국의 극작가, 시인.

셰임 [영 shame] 수치, 치욕.

셰프 [프 chef] 주방장. 본래의 뜻은 두목.

셸 [영 shell] ① 조개껍질. ② 중량이 가벼운 경주용 보트. ③〈건〉곡편 철근 등으로 조개모양의 천정으로 만든 건물.

셸락 [영 shellac] 와니스재. 패각충랙의 분비물.

셸리 Shelley, Percy Bysshe (1792~1822) 영국의 詩人.

셸터 [영 shelter] 피난소. 방공호.

셸파 [영 sherpa] 히말라야등산의 인생. 본래는 히말라야 지방의 몽골계 종족의 명칭이었다.

셍크비루 [schenkbier 독] 즉제 맥주, 생맥주.

소나 [SONAR=Sound Navigation Ranging] 음향 심측기, 초음파를 바다 밑으로 반사하여 수심을 측정하는 장치. 해저로 음파를 발사한 뒤 반사되어 돌아오기까지의 시간을 측정. 깊이를 알 수 있다.

소나그래프 [sonagraph] 소리의 주파수, 강도, 길이를 동시에 종이 위에 기록하는 자기 녹음 재생 장치.

소나그램 [sonagram] 소나그래프에 의하여 얻어진 기록도.

소나타 [라 > 이 > 포·러 sonata] 〈음〉주명곡(奏鳴曲) 기악곡(器樂曲)의 하나의 형식으로 3~4악장 또는 그 이상의 악장으로 구성되어 있음.

소나티네 [이 > 독·영 sonatine] 〈음〉간단한 형식의 소규모 소나타(sonata)를 말함. 소주명곡(小奏鳴曲).

소노라마 [영 sonorama] 소리가 나는 잡지. 프랑스의 소노프레스사가 개발한 것.

소노미터 [영 sonometer] 음의 고저측정기.

소노시트 [영 sonosheet] 종이 또는 비닐제의 레코드.

소니 [영 sony] 라틴어의 sonus(음)과 영어의 sonny(아기)를 합성한 말. 일본의 전자의 메이커명.

소닉 뱅 [sonic bang] [군사] 소닉붐(sonic boom).

소닉 붐 [영 sonic boom] 초음속 제트기의 폭음. 기체가 공기를 밀어 붙이기 때문에 일어나는 충격파로 지표에 부딪혀서 생기는 폭발음.

소닉 아트 [sonic art] 음향 미술.

소다 [라>이·네·도·영 soda] 〈화〉탄

249

ㅅ

산 소다, 가성 소다, 중탄산 소다의 총칭. 나트륨 염류를 널리 이르는 말.

소다 펄프 [soda pulp] 〈화학〉섬유 원료에서 가성 소다로 그 불순물을 빼낸 펄프.

소도미 [영 sodomy]남색, 성서에 나오는 부락의 도솜이 어원.

소듐 클로라이드 [sodium chloride] 소금.

소드테일 [swordtail] 멕시코에서 나는 열대어로 수컷의 지느러미가 칼과 같음.

소러 [soarer] 고성능 글라이더.

소련(蘇聯)/**소비에트** (Union of Soviet Socialist Republic) 〈국〉 유럽 동부와 아시아 북부에 있는 사회주의 공화국 연방. 약칭 U.S.S.R. 원어로는 Soiuz Sovetskikh Sotsialistickeskikh Respublik. 「C.C.C.P.」키에프러시아「Kiev 大公國」시대를 거쳐, 1238년 이래 몽고와 타타르의 지배를 받다가 1480년 모스크바 대공국, 러시아 제국이 됨. 1917년 소비에트 사회주의 공화국 연방 성립. 한자 표기는 소련(蘇聯), 소련방(蘇聯邦) 수도는 모스크바(Moskva). (→) 모스크바.

소로레이트 [sororate] 아내의 여동생과 결혼하는 습관.

소르베 [프>도 sorbet] 〈식품〉술로 조미된 반동결된 빙수. 동주(凍酒).

소르보스[sorbose] 〈화학〉투명한 설탕.

소르본 [프 Sorbonne] 프랑스의 파리 대학 문학부·이학부의 총칭.

소르비톨 [sorbitol] 〈화학〉달짝찌근한 투명한 헥사하이드록시 알콜.

소마 [범] soma ① 달신(月神). ② 「베다」에 나오는 신들이 마신다고 하는 술. 소마주(酒).

소말리 [Somali] 소말리아에 사는 흑인의 피가 섞인 키가 크고 거무스레한 민족.

소말리아 (Somalia/Democratic Republic of Somalia) 〈국〉 아프리카 대륙의 동쪽 끝 인도양에 면한 해안지대에 있는 공화국. 19세기 후반에 북부는 영국령, 남부는 이탈리아령으로 분할되었는데, 북부는 1941년 영국이 군정을 실시, 민정 이양을 거쳐 1960년 6월 독립.

소모사 데바일레, 아나스타시오 (Anastasio Somoza-Debayle, 1925~1980) 〈인〉니카라과 대통령. 족벌 독재 체제를 구축했던 독재자.

소바 [일] ① 〈상업〉그때의 형세. ② 시세.

소바주 [프 sauvage] 야성적인 (머리 모양).

소사이어티 [영 society] ① 사회. ② 사교계 ③ 학회, 협회.

소사이얼리스트[영 socialist]사회주의자.

소서 [영 saucer] 커피 찻잔 등의 받침 접시.

소셜 [social] '사회적' 이란 의미를 가진 복합어를 이름.

소셜네트워크서비스 [social Network Service] 온라인에서 의견을 교환하며 관계를 맺을 수 있는 서비스.

소셜 댄스 [social dance] 사교춤.

소셜 덤핑 [영]social dumping 〈경〉임금 등을 부당하게 싸게 하고 상품 가격을 싸게 하여 국제 시장에 파는 것.

소셜 디렉터 [social director] (호텔의) 외국인 숙박객의 상담역. 관광 명소의 안내에서 비서 역할까지 그 일의 내용은 폭 넓음.

소셜리즘 [socialism] 사회주의.

소셜 시큐어리티 [social security] 사회 보장.

소셜 어카운팅 [social accounting] 〈경제〉 사회 회계「일국(一國)의 주요한 경제 활동을 기업 회계의 계산 방식을 써서 총괄하고 국민 소득의 순환 등을 명확하게 하려는 일」.

소셜 인플레이션 [영] social inflation 〈경〉기업 외부 환경에 미치는 기업의 비중이 더해질수록 기업의 사회적 비용 부담 압력이 직접 높아지는 것.

소셜 코스트 [social cost] 〈경제〉 사회적 비용(환경 파괴나 공해 등으로, 사회적으로 누군가가 부담해야만 하는 손실 및 대책에 드는 비용)

소스[영 sauce] 〈요〉 서양요리의 조미료, 종류가 많다.

소스 [영 source] ① 출소, 원인. ② 수원.

소스데누도 [이 sostenuto] 〈음악〉 소리를 충분히 유지함.

소스 프로그램 [source program] 〈컴퓨터〉 원시(原始) 프로그램(기계어(機械語)의 기초가 되는 프로그램으로 프로그램 언어를 사용하여 작성한 것) = 오브젝트 프로그램.

소시얼리스트[영 socialist]사회주의자.

소시에티 [프 societte] 영어의 소사이어티와 같음.

소시오그램 [영 sociogram] 〈사〉 사회를 구성하는 집단의 인간관계를 도표화한 것.

소시오메트리[영 sociometry] 〈사〉사회측정법, 집단성원간의 인간관계. 예를 들면, 좋다. 싫다, 학벌, 취미 등을 측정하여 인간관계를 바람직한 것으로 만들려고 하는 연구.

소시올로지 [영 sociology] 사회학.

소아라[영 soarer]높이 나르는 활공기.

소울 [영 soul] 영혼, 심령.

소유즈(계획) [Soyuz] 러시아의 우주 탐색선 발사 계획을 말한다. 67년 1호가 발사되었으나 지구를 18회 선회한 후. 착륙에 실패, 비행사 코마로푸 대령이 사망했다.

소잉 머신 [영 sawing machine] 재봉기, 미싱이라고 약칭.

소즈 [중 素子] 〈마작〉 대 모양으로 된 패.

소진 면(綿) [영] saw ginned cotton 〈섬〉 소 진 곧 톱니 조면기로 조면한 면.

소케트 [socket]
① 구멍. 축받이. 자루 꽂는 데 전기기구 끼우는 구멍.
② 주체돌, 받침.
③ 〈골프〉 공이 클럽 가운데에 맞지 않고 소케트 부분에 맞는 것.

소콜 [sokol(슬러브)] ① 매.
② 체코슬로바키아의 체육협회의 명칭.

소크 라이닝 [영] sock lining 〈고무〉 현행은 '중저포(中底布)'로 쓰고 있으나, '안창천' '안창포(布)'가 좋을 듯.

소크라테스 (Socrates, 기원전 469~399) 〈인〉 고대 그리스의 철학자.

소크왁친 [salk vaccine] 〈약〉 미국의 소크 박사가 1953년에 고안한 왁신. 소아마비의 예방접종에 사용되고 있다.

소킹 [영] soaking 〈고무〉 천에 고무풀 칠해 입힐 때 과잉의 고무풀을 롤러로 짜서 제거함과 동시에 고무분을 섬유속으로 침투시키는 조작.

소터 [영 soter] 서류나 전표에 찍혀 있는 자기잉크에 의한 수자에 의해 자동적으로 필요한 분류로 나누는 기계.

소테 [프 saute] 〈요〉 버터 등으로 육류를 볶은 것.

소트와르 [프 sautoir] 〈복〉 금·은 세공의 사슬로 만든 부인용의 가느다란 목장식.

소팅 [sorting] ① 분류하는 일

251

ㅅ

② 〈컴퓨터〉 데이터를 특정한 순서로 늘어놓아 분류하는 일.

소파 [SOFA] 한국 내에서의 미군의 지위에 관하여 맺은 한미행정 협정에 따라서 미군과 미군속. 그 가족의 법죄에 대하여 한국이 재판권을 행사할 수 없는 주권 침해의 법률.

소포즈 [sovkhozfj] 〈경〉 구소련의 국영농장, 상대어는 콜호즈.

소포클레스 (Sophocles, 기원전 496~406) 〈인〉 고대 그리스 3대 비극 시인의 한 사람.

소프레스 소프 [soapless soap] 〈화학〉 고급 알콜계. 또는 석유계의 합성 세제.

소프스톤 [soapstone] 무르고 흰 반질반질한 돌.

소프트 론 [영] soft loan 〈경〉 대출 조건이 원만한 차관. 연차관(連借款). 저개발국에 대한 원조의 일환으로 차관의 일부 또는 전부를 교환성을 갖지 않는 통화인 소프트 커런시(soft currency) 곧 피원조국의 통화로 반제하는 것을 인정하는 방식.

소프트 메이크업 [soft make-up] 미용에서 아주 부드러운 여성적인 맵시를 살린 화장법.

소프트 볼 [soft ball]
① 가죽으로 만든 부드러운 공.
② 이런 공으로 하는 야구나 테니스.

소프트 사이언스 [soft science] 정보과학·행동 과학·생태학 등의 새로운 과학 분야를 통합한 과학 기술 수법.

소프트 스노 [soft snow] 〈스키〉연한 눈.

소프트 아이스 [soft ice] 〈스케이팅〉 약한 얼음.

소프트 에너지 패스 [soft energy path] 자원 고갈이나 환경오염 등을 피하기 위하여 석유·석탄·원자력에 의존율을 낮추고, 태양광·풍력·조력 등의 소프트 에너지를 활용해 가는 일.

소프트웨어 [영 software] 하드웨어 (hardware)에 대응하는 것. 컴퓨터 시스팀(computer system)을 작동시키는 모든 수법 및 기술의 총칭. 기계 부분이 아닌 입력(入力) 프로그램에 필요한 약속, 방법 등을 테이프나 카드 등 부드러운 물건을 다루어서 하기 때문에 생긴 말. 하드웨어.

소프트 이코노미 [영] soft economy 〈경〉 경제 성장률은 높지만 경제 기반 및 국민 생활의 기초가 튼튼하지 못한 경제.

소프트 칼라[soft collar]부드러운 칼라.

소프트 크림 [soft cream] 아주 얼리지 않고 크림 상태로 만든 얼음 과자.

소프트 터치 [soft touch]
① 부드러운 촉감.
② 대인 관계가 부드러운 것. 영어에서는 속기 쉬운 사람 간단하게 지는 사람. 노다지 캐는 사업 등의 뜻.

소프트 테니스 [soft tennis] 연식 테니스.

소프트 페달 [soft pedal] 피아노나 오르겐의 약음 페달.

소프트 펜 [softpanel] 인천 '한국 유리회사'에서 1969년에 나온 유리의 종류.

소프트 포커스 [soft focus] 〈사진〉 초점을 흐르게 하는 것.

소프트 플리츠[soft pleats] 〈의상〉주름을 달지 않고 부드러운 기분을 낸 것.

소프트 햇 [soft hat] 펠트로 만든 중절모자.

소프트 헤어 [soft hair] 부드러운 머리.

소프호스 [러 sovchoz] 소련의 국영농장. 1918년부터 시작했음. 콜호스(kolkhoz)를 지도하며 모범을 보이는 구실을 담당함. (→) 콜호스.

소피스트 [영 sophist] ① 궤변가.
② 고대 희랍의 소피아학파.

소피스티케이션 [영 sophistication]
① 궤변을 논하는 것.
② 불순화하는 것.
③ 〈복〉 세련된 복장.

소피스티케이트 [sophisticated]
① 복잡화한. 정교한.
② 지성적인
③ 세정에 밝은

소피아 [영 sophia] ① 지혜, 지식.
② 〈철〉 인식.

소피아 (Sofia) 〈지〉 불가리아 인민 공화국(People's Republic of Bulgaria)의 수도. 유럽과 아시아를 연결하는 고도(古都)이며 교통의 요지. 교외에 있는 크로스노셀로(Krosno Selo)는 요양지. 809~1018년 불가리아 왕국령, 1194~1386년 비잔틴 제국(Byzantine 帝國)령, 터키령, 슬라브인은 스레데츠(Serdets). 비잔틴 시대에는 트리아디차(Triaditsa)로 불렀고, 1329년 이래 소피아(Sofia/Sofiya)로 개칭하였음. 1878년부터 불가리아의 수도가 됨. (→) 불가리아.

소호 [SOHO] 적은 자본으로 작은 업무실이나 가정을 사무실로 사용하는 사업. Small Office Home Office의 약자.

소호즈 [러 sovkhoz] 러시아의 국영 농업 조직체. 농장.

속렛 [영 socklet]
① 아이들용의 작은 양.
② 속스보다 더 짧은 양말.

속스 [영 socks] 〈복〉 발목정도까지의 양말.

솔 [solehr] 〈화〉 아교질이 용해되어 있는 액체.

솔 [sole] 〈골프〉 클럽의 타구면의 반대 측면.

솔 [이 sol] 〈음악〉 장음계의 다섯째 계명.

솔 [영 sole] ① 발바닥. ② 구두밑창.

솔라닌 [영] solanin 〈식품〉감자, 특히 새싹에서 발견된 유독 배당체(配糖體).

솔라리제이션 [영 solarization] 〈사〉 필름이나 인화지를 현상 중에 장파장 광에 부딪치면 화상의 명암이 반대가 된다.

솔라 카 [solar car] 태양 전지를 동력으로 하는 차.

솔라 파운틴 시스템 [solar fountain system] 태양열 축열형(蓄熱型) 냉난방 시스템.

솔랑가스 [몽 Solangghas > 중] 郎合思 〈역〉 몽고에서 고려사람을 지칭하던 말. 특히 북 고려인을 가리킴. Solanggha 곧 '족제비'의 복수형에서 온 말. 카울레(Caule)>카울리(Cauli)와 구별하여 망명 고려인을 그같이 불렀다는 설도 있음. (→) 카울리.

솔레노이드 [영 solenoid] 〈전〉 파이프 모양으로 전선을 감은 것. 원통코일.

솔레유 [soleilqnf] ① 태양.
② 해바라기.
③ 〈복〉 유모직물로서 셔츠나 드레스에 사용한다.

솔로 [영 solou] 단차. 사이드 카 등을 붙이지 않은 오토바이.

솔로몬 (Solomon/Solomon Islands) 〈국〉 태평양 서남부, 솔로몬 제도(Solomon Is.)와 산타크루스 제도(Santa Is.)로 이루어진 나라. 1893년 영국 보호령으로 있다가 1978년 독립. 영연방의 일원. 수도는 호니아라(Honiara). (→) 호니아라.

솔로몬 (Solomon) 〈인〉 고대 헤브라이 왕국「이스라엘」의 3대 왕.

솔로몬 제도(諸島) (Solomon Is.)

253

ㅅ

〈지〉뉴기니 섬(New Guinea I.) 동쪽에 있는 제도.

솔로 턴 [solo turn] 남자가 왼손을 쳐들고 스텝을 밟으며 그 팔 밑으로 여자를 좌우로 돌게 하는 족형.

솔류선 [영 solution] 용액, 액체.

솔리다리티 [영 solidarity] 공동일치, 연대책임. 사회연대.

솔리드 스테이트 [영 solid sate] 종래의 진공관이 공간을 이용하고 있는 것에 비해서 개체자신의 성질을 이용한 것. 전자계산기는 대부분 이 방식이다.

솔리스트 [영 soloist] 〈음〉독창가, 독주가.

솔리온 [영 solion] 〈전〉
① 전기회로의 증폭장치.
② 전해질 용액중의 이온의 이동을 이용한 편면형 트랜지스터.

솔리테일 링 [영 solitaire ring] 〈복〉한 개의 보석을 끼운 손가락지.

솔립시즘 [solipsism] 〈철학〉유아론(唯我論).

솔베 [sorbetqnf] 양주와 과즙을 조합해서 얼린 과자, 샤벳.

솔베 법(法) [영 Solvay 〈화〉암모니아 소다 법(法) (ammonia soda process)

솔즈베리 요법(療法) [영 Salisbury cure 〈식품〉단백질만의 식사.

솔트 [SALT-Strategic Arms Limitation Talk] 전략무기 제한회담.

솔트레이크시티 (Salt Lake City) 〈지〉미국 유타(Utah) 주의 주도. 예수 그리스도 후기 성도 교회 본부가 있다.

솔페쥬 [프 solfege] 〈음〉도레미파의 음계 연습.

솜리에 [프 sommelier] 고급 레스토랑의 와인상담계.

쇼레이 [프 soiree]
① 야회, 야간흥행.
② 〈의상〉야회복.

쇼 [영 show] ① 볼거리. ② 전람회.
③ 〈극〉영화, 연극 등의 흥행.

쇼다비전 [Shdavision Shore ra dar televion] 항만이나 좁은 수로(水路) 안에 있는 선박이나 방파제 따위의 위치를 레이더로 포착하고, 그 화상(畵像)을 테레비전으로 방송하는 텔레비전국(局).

쇼다운 [showdown] 포커 놀이에서 손에 쥔 카드를 전부 내 보이는 일.

쇼 댄스 [show dance] 관중에게 보이기 위한 춤.

쇼디 [영] shoddy 〈섬〉축융하지 않은 모제품 등의 넝마에서 얻은 재생모.

쇼란 [영 shoran] 레이더를 갖춘 항공기가 지상국에 송신하여 그의 반신으로 자기가 있는 위치를 아는 장치. short range navigation에서 의 조어

쇼 룸 [영] show room
① 진열실. 전시실.
② 〈광고〉자사(自社)의 상품을 전시하고 시식(試食), 시용(試用), 실연(實演), 직매 등을 해서 상품의 소개·보급·홍보를 위해 설치한 장소.

쇼 맨 [show man] 연기자, 흥행가. 자기 선전가.

쇼맨쉽 [showmanship] 허풍. 과장. 예능인 근성.

쇼보트 [showbost] 연예선(演藝船)

쇼비니스트 [프 chauvinist] 맹신적, 광신적. 애국자.

쇼비니슴 [프 chauvinisme] 자국의 이익만을 주장하는 극단적인 애국주의. 나폴레옹 1세를 숭배한 병사 쇼뱅(N. Chauvin)의 이름으로부터 유래.

쇼윈도 [showwindow] 상품 진열창.

254

쇼 카드 [영]show card〈유〉상품소개 카드. 본래는 판매원이 구두 설명하는 상품의 규격·특징 등을 설명한 카드. 소매점에서 상품과 함께 제시됨.

쇼크 업서버 [shock absorber] 자동차의 완충기. 쇼바.

쇼크 코드 [shock cord] 글라이더를 띄우는 고무줄.

쇼킹 [영 shocking] 깜짝 놀랄만한, 충격적.

쇼트 [영] short] ① 짧은. 결손, 부족. ② 쇼트서키트의 약. ③〈야〉쇼트서키트의 약으로 유격수.

쇼트닝 [영 shortening]〈요〉과자 만드는데 사용하는 버터 라도들

쇼트 라이너 [영] short liner〈유〉미국 의약품 업계에서 볼 수 있는 한정 기능 도매의 한 가지. 상품 회전율이 좋은 품목만을 취급하고 주문이 있는 시점에서 재빨리 오토바이 등으로 배송(配送)함.

쇼트 릴리프 [영] short+relief〈야〉짧은 회수를 투구하는 구원 투수.

쇼트 바운드 [영] short bound〈야〉야수(野手)의 바로 앞에서 볼이 조금 벗어나가는 것.

쇼트 볼 [short ball]〈테니스〉겨우 네트를 넘을 수 있는 짧은 공.

쇼트 서비스 라인 [short service line]〈배드민턴〉프론트 서비스 라인.

쇼트서킷 [short-circuit]〈물리〉전기 회로의 두 점 사이를 작은 저항으로 접속시키는 일.

쇼트 스윙 [short swing]〈야구〉짧게 치는 법.

쇼트 스키 [short ski] 여름 스키.

쇼트 스톱 [short stop]〈야구〉유격수.

쇼트 스트레이트 [short straight]〈권투〉짧은 직격타.

쇼트 케이크 [short cake] 카스테라의 사이나 위에 과실 또는 크림을 둔 것.

쇼트 코너 [short corner]〈하키〉공격 측이 얻는 프리 히트.

쇼트 펀트 [short punt]
① 〈럭비〉태클에서 빠져 나오기 위한 펀트킥.
② 〈축구〉찬 공이 위로 짧게 나는 상태.

쇼트 폼 카달로그 [short form cataloging]〈도서관〉간략 목록법.

쇼트혼 [short horn] 뿔이 짧은 소.

쇼트 홀 [short hole.〈골프〉250야드 이내의 짧은 코스.

쇼팅 [shortening] '쇼트닝'의 준말. 버터 비슷한 것. 라드 단축.

쇼파 [프 chanffeur] ① 자동차 운전수. ② 화부

쇼펜하워, 아르투어 (Arthur Schopenhauer, 1788~1860)〔인〕독일의 철학자.

쇼핑 페이퍼 [영] shopping paper〈광고〉무료 신문의 일종. 소매점 광고나 매물 정보를 내용으로 가정주부를 상대로 주말에 배포되는 신문. 미국에서 유행하기 시작함.

쇽 [영 shock] ① 타격.
② 〈의〉진탕(震盪). ③ 충격.

숄 [showl] 여자들이 어깨에 걸치는 목걸이.

숄더라인 [shoulder line]〈의상〉어깨선.

숄더 백 [shoulder bag] 어깨에 메는 가방.

숄더 블로킹 [shoulder blocking]〈미식축구〉어깨로 상대방을 막는 방법.

숄더 샷 [shoulder shot]〈농구〉두 손으로 어깨 아래로부터 던지는 것.

숄더 컷 [shoulder cut]〈의상〉어깨

ㅅ

모양을 내기 위해 잡은 주름.

숄더 케이프 [shoulder cape] 〈의상〉 어깨를 덮어씌운 짧은 케이프.

숄더 패드 [shoulder pad] 〈의상〉 어깨 선을 아름답게 하기 위하여 양복 안에 넣는 천(어깨 바대).

숄더 패스 [shoulder pass] 〈농구〉 어깨 부분의 위치에서 던지는 패스.

숄더 포인트 [shoulder point] 〈의상〉 앞깃 및 앞깃의 첨단(어깨끝점).

숄더 하이 드라이브 [shoulder high drive] 〈배드민턴〉 어깨 높이에서 즉석에서 쳐 넘기는 것.

숄러 [영 shoulder] ① 어깨.
② 〈복〉 의복의 어깨부분.

숏 [영 shot] ① 총의 발사.
② 〈축구〉 차기.
③ 〈골프〉 클럽으로의 타구.
④ 〈영〉 카메라의 1회전시, 1장면.

수단 (Sudan/Democratic Republic of Sedan) 〈국〉 아프리카 대륙 동북부에 있는 나일 강(Nile R.) 중류 유역을 차지하는 민주공화국. 나라 이름은 아라비아어로 '흑인의 나라'라는 뜻. 1899년 영국 식민지, 1956년 독립. 수도는 하르툼(Khartoum) (→) 하르툼.

수단반 〈범〉 sudhanvansu 「베다」에 나오는 강력한 활을 가진 자. 추방된 바이샤(vaisya)족의 자손.

수댄 [sudan(grass)] 〈동물〉 수수무리의 목초.

수드라 〈범〉 sudra 〈불〉 인도의 네 계급 중 최하층인 하인. 인도의 선주민들 「베다」에서는 '다사'(dasa)라고도 함. (→) 다사.

수루나이 [인 surnay] 인도 관악기의 하나.

수리남 (Surinam/Republic of Suriname) 〈국〉 남아메리카 동북부, 대서양에 면한 공화국, 1667년 네델란드령, 1954년 네델란드 자치령을 거쳐 1975년 독립. 영어로는 Surinam, 네덜란드어로는 Suriname. 수도는 파라마리보(Paramaribo).

수마트라 섬 (Sumatra I.) 〈지〉 인도네시아(Indonesia) 대순다(Sunda) 열도 서쪽 끝에 있는 섬.

수메르 (Sumer) 〈지〉 기원전 3,000년 무렵에 수메르인이 살던, 메소포타미아(Mesopotamia) 남부의 땅 이름.

수브니어 [라 > 프 > 영 souvenir] 기념품. 선물.

수비 [suby] 〈음〉 쿠바의 맘보에서 발생한 음악으로 맘보리듬을 약간 부드럽게 한 것. 페레스 브라도가 고안한 것.

수비크 (subic) 〈지〉 필리핀 (Philippines) 루손 섬(Luzon I.)에 있는 자치시. 미국 함대 주둔지.

수에즈 (Suez) 〈지〉 이집트(Egypt)의 동북쪽에 있는 항구 도시.

수에트 [라 > 프 > 영 suet] 〈식품〉 황소와 양의 콩팥에서 만들어진 지방.

수카르노, 아흐메드 (Achmed Soekarno, 1901~1970) 〈인〉 인도네시아의 정치가 초대 대통령.

수쿠 수쿠 [sucu sucu] 남미볼리비아에 발생한 2박자의 무용으로 6박자 째에 손바닥을 치는 것이 특징.

수파누봉 (Souphanouvong, 1907~) 〈인〉 라오스의 정치가, 대통령.

순니파 [Sunni 派] 이슬람교의 다수파로 전통파라고 일컬어지고 있음.

순리타 〈범〉 sunrta 「베다」에 나오는 말. 은혜. 하사물. 관용심.

순자 荀子 (전 315?~230?) 중국의 戰國時代 儒學者, 性惡說 주장.

술탄 [sultan] 이슬람교국 군주.

쉐터/스웨터 [미 sweater] 털실로 짠

256

것으로, 앞이 막히고 뒤집어써서 입는 외의(外衣). 발음이 스웨터 [swet] 이지만 관용어 쉐터로 사용함이 보편적이다. 영국에서 '저지'(jersey)라고 함.

쉬드 드레스 [sheath dress] 〈의상〉 몸에 곡 맞는 날씬한 드레스.

쉬드 실루엣 [sheath silhouette] 〈의상〉 몸에 곡 맞는 외곽선.

쉬버 [shvier]돛이 바람에 나부끼는 것.

쉬볼 [swivel] 사교춤에서 발뒤꿈치로 도는 것.

쉬봉 [독 Scgwung] 스키에서 돌 때의 몸가짐.

쉬푸르 [독 Spur] ① 스키 자국. ② 슈푸르, 차, 배. 짐승이 지나간 자리.

쉬하일 [Schi-Heil] 〈스키〉'스키 만세'라는 뜻으로 스키를 타는 사람들의 인사말.

쉴드 [shield] 〈토목〉받침대. 실드.

쉽 [ship] ① 범선의 기본형. ② 3개의 돛대를 가진 범선.

쉿 [shit] 똥, 똥쌀놈, 바보녀석.

슈가 대디 [sugar dady] 대디는 어린 아이가 쓰는 말로 "아빠, 빠빠"의 뜻. 슈가는 설탕. 즉, 맘 좋고 고분고분한 아버지라는 뜻임. 유행어로는 돈을 아까움 없이 쓰는 신사를 뜻함.

슈거 [영 sugar] 설탕. ~코트(~coat) 〈약〉정제의 외측을 당분으로 포장한 것. 당의.

슈 껍질 [프 choux pastry] 〈식품〉가벼운 기포가 많은 구운 과자의 껍질.

슈나이더 프로펠러 [영 schneider propeller] 〈항〉 수직추진기.

슈도포디움 [pseudopodium] 헛다리. 위족(僞足).

슈라우드[영 shroud] 〈요트〉 범주에서 양현으로 잡아매는 버팀 줄.

슈랏다 [범 sraddha] 「베다」에 나오는 말.
① 무엇에 대한 신용, 신뢰, 신앙 또는 신념.
② 부조제(父祖祭). 조상 제사와 식사와 헌공(현供).

슈레더 [영 shredder] 문서의 재단기. 강탄.

슈루 [프 sur] ① 위에, 표면에, ② 초(招)의 의미의 접두어.

슈마이 [영 shiumai] 〈요〉돈육과 파를 잘게 썬 것을 소맥분으로 만든 껍질에 말아서 찐 것.

슈물 [smur독] ① 차의 바퀴자국. ② 스키잉 발자국.

슈미네 [프 cheminee] 〈건〉벽에 만들어 붙인 난로. 맨틀피스.

슈미젯[프 chemisette] 〈복〉얇은 천으로 만든 소매 없는 블라우스.

슈미즈 [프 chemise] 〈복〉부인용의 완만한 하의. 시미즈.

슈미즈 드레스 [chemise dress] 〈경영〉웨이스트 라인이 없고 스커트가 몸에 불도록 하고 벨트로 웨이스트라인을 매서 자연적인 미를 나타내도록 한 옷.

슈밋 카메라[영 schmidt camera] 〈천〉천체촬영용의 반사망원경.

슈바 [shuba러] 모피외투.

슈바베즈 로 [Schwabe's Law]독일의 통계학자 슈바베에 의해 주장된 것으로 소득과 주거비의 관계에 있어 가정이 부유하면 주거비가 많아지지만 총생계비에 주거 비율은 적어진다는 것이다.

슈바이처, 알베르트 (Albert Schweitzer, 1875~1965)〈인〉독일의 의사, 신학자, 철학자, 사회사업가. 노벨 평화상 수상자.

ㅅ

슈붕 [schwutng 독] 〈스키〉 회전하기 위해서 신체를 비틀어서 체형을 바로 잡는 것.

슈브 [schub 독] 〈의〉 결핵병 등의 갑작스런 재발.

슈어 [영 sure] 틀림없는, 확실한.

슈어사이드 [suicide] 자살, double suicide 는 동반 자살.

슈츠 드레스 [suits dress] 〈의상〉 세트로 갖춘 부인복.

슈크림 [프 shou + 영 cream] 얇게 구운 껍질 속에 크림을 넣어 싼 바삭한 과자.

슈타르크(효과) [독 Stark] 〈물리〉 강한 전장에서 발광하고 있는 원자의 휘선스펙트럼 각 선이 여러 가닥으로 나뉘는 현상.

슈타이크 아이젠 [도] Steigeisen 〈등〉 구두 밑에 덧신는 쇠구두. 준말은 아이젠(Eisen).

슈타이크왁스 [독 Steigwacks] 〈스키〉 올라갈 때 스키에 쓰이는 왁스.

슈테미아르크 [독 Stemmiark] 〈스키〉 델리마크와 비슷한 반제동 회전.

슈템 [stemm 독] 〈경기〉 스키는 V자형으로 버리고 진행을 멈추는 제동작동.

슈템보젠 [독 Stemmbogen] 〈스키〉 체중을 한쪽 스키에 옮겨 다른 스키로 브레이크 거는 법.

슈톡 [stok 독] 스키의 지팡이

슈투룸-운트-드랑 [독 sturm und drang] 〈문화〉 '질풍노도'란 뜻. 18세기 후반 독일에서 일어난 문학 운동으로 개성의 존중·감정의 자유·천재주의를 부르짖던 문학 혁명 운동.

슈트 [영] shoot
① 〈야〉 투수(投手)가 던진 공이 타자(打者) 가까이서 자연히 바른쪽 또는 왼쪽으로 구부러지는 것. 한국과 일본에서만 쓰이는 용법.
② 〈체〉 축구·농구 등에서 골(goal)에 공을 넣는 일.

슈트 [chute] 〈농업〉 비탈진 물도랑.

슈트룸 운드 드랭크 [독 sturm und Drang] 태풍과 노도, 18세기 후반의 독일문예사상에 일어난 혁명적인 반항정신운동과 시기.

슈트케이스 [suit case] 여행용 옷가방.

슈틸 [stil 독] 양식, 문체.

슈팅 [shooting] ① 〈영화〉 촬영.
② 〈체조〉 공을 차거나 던져 넣기.

슈팅 스크립트 [영 shooting script] 〈방〉 최종대본.

슈팬눈쿠[spannung 독] 〈광〉 광고기본의 일종으로 사람의 눈을 끄는 자극적인 표현.

슈퍼 [영 super] 초(超), 특제의 접두어로서 독립어는 아니다.

슈퍼렛[superette]슈퍼마켓의 작은 것.

슈퍼-리얼리즘 [superrealism] 〈미술〉 미국에서 일어난 미술 경향으로 실제묘사에 철저를 특징으로 한 운동.

슈퍼레트 [영] superette 〈유〉 소형 슈퍼마킷(supermarket). 식료품을 중심으로 이익을 적게, 셀프 서비스·고회전에 의해 잘 파는, 보다 좋은 상품을 취급하는 소매점.

슈퍼바이저[영 supervisor] ① 관리인.
② 감독자.
③ 〈음〉 바이올린의 회상곡.

슈퍼 뱅크 [super bank] 〈경제〉 국내용의 선도 은행에 반하여, 그 은행 자체가 가지고 있는 국제 신용도에 따라 그의 포지션이 정해지는 은행.

슈퍼비전 [supervision] 〈교육〉 장학 감독. 관리, 감독.

슈퍼스코프 [superscope] 〈연예〉 넓은 스크린의 영화. 시네마스코프용

렌즈의 확장률을 1~2.5배까지 연속적으로 변경할 수 있고, 프리즘 효과를 이용함.

슈퍼 스토어 [영] super+store 〈유〉 의류·잡화 중심의 소매점. 비식료품을 중심으로 취급하는 슈퍼 형식의 점포

슈퍼스페셜 [superspecial] 초특작품.

슈퍼임포우즈 [superimpose] 영화 자막을 화면에 밀착시키는 것.

슈퍼차저 [supercharger] 〈기계〉 과급기(過給機).

슈퍼체인 [superchain] 관리나 구입을 본사에 집중시켜 통일적 경영을 하는 연쇄점 형식의 슈퍼마켓.

슈퍼탱커 [supertanker] 초대형 유송선.

슈퍼 테러리즘 [super terrorism] 불특정 다수의 일반 사람을 대상으로 하는 테러리즘.

슈퍼포우즈(법) [superpose 法] 시체 신원 확인의 한 방법.

슈퍼필름 [superfilm] 초특작(超特作) 영화.

슈퍼하이드래프트 [superhighdraft] 고성능 정방기(精紡機).

슈퍼 헤테러덴 [super heterodyne] 수신기의 하나.

슈퍼히터 [superheater] 과열기.

슈페리오리티 콤플렉스 [superiority complex] 우월감 콤플렉스.

슈펜더 [독 Spender] 〈의학〉 급혈자(給血者).

슈푸롱샨쩨 [독 Sprungschanze] 〈스키〉 고정 비약대.

슈프레 강(江) (Spree R.) 〈지〉 독일 동남부를 흐르는 강.

슈프레이콜 [독 sprechchor]
① 데모 행진 등에서 다수의 외침.
② 〈연극〉 같은 대사를 다수인이 말하는 것.

슈피리어 호(湖) (Superior L.) 〈지〉 미국 5대호 수위가 최고인 호수.

슈피쩨 [독 Spitze]
① 〈등산〉 바위의 돌기.
② 〈스키〉 스키의 앞 끝.

슐라프작 [독 Schlafsack] 〈등산〉 잠자리 주머니 [寢袋]

슐룬드 [schlund 독] ① 목, 식도.
② 〈등〉 좁은 계곡.

슐리렌(사진) [영 schlieren] 그늘진 사진.

슛 [영 shoot] ① 던지다. ② 소다.
③ 〈야〉 자연히 구부러지는 것.

스 [프 sou] 프랑스의 동화, 5산팀.

스끼야기 [일] 일본식 전골.

스나이더 [영 snider] 미국인 스나이더가 발명한 소총.

스나크 [snark] 〈군사〉 미 공군의 지대지(地對地) 대륙간 미사일.

스내치 [영 snatch] ① 들어올리는 것.
② 〈경〉 중량들기의 종목.

스내킹 [영 snaking] ① 사행.
② 〈스키〉 지그재그모양으로 미끄러지는 것.

스낵 [영 snack] ① 한입, 소량.
② 지급의 식사.

스낵키 매거진 [snacky magazine] 마음 편히 읽히고 값이 싼 얄팍한 정보잡지.

스냅 [snap]
① 〈춤〉 발, 다리, 팔을 흔드는 운동.
② 〈골프〉 손목을 빨리 움직이는 것.
③ 〈야구〉 손목을 이용하여 속구를 이용하여 속구를 더해 주는 것.
④ 〈투원판〉 손목이나 손가락으로 최후의 힘을 가해 던지는 것.
⑤ 순간적으로 자연 상태의 인물 등을 촬영하는 것.

스냅 게이지 [snap gauge] 한계(限界) 게이지의 하나. 둥근 공작물의 직경. 입방체의 두께를 재는 계량기로 쓰임.

스냅드 면(綿) [영] snapped cotton 〈섬〉손으로 다래채 훑어 딴 솜.

스냅링 [snap ring] 〈기계〉피스톤 핀을 고정시키는 쇠고리.

스냅샷 [snapshot]
① 단시간에 사진을 만들어 내는 일.
② 즉흥적으로 촬영한 영화.

스냅 패스너 [snap fastener] 압착기의 단추.

스냅 프로젝트 [SNAP(=Systems for Nuclear Auxiliary Power project)] 미국 원자력 위원회가 추진한 경량 소형 원자력 발전 장치 개발 계획. 인공위성, 우주선 등 특수 용도의 보조적 동력원으로 사용할 수 있다.

스너브 [영 snob] 사이비신사, 속물.

스너비즘 [영 snobism] 속물근성. 시류만 따라 가는 것.

스너프 [snuff] 콧구멍에 끼워 향내를 맡는 가루 담배.

스네이크 [영 snake] 뱀. ~우드(~wood) 〈식〉남미산의 뽕나무과의 수목으로 수피에 뱀과 같은 모양이 있으며 고급지팡이로 사용한다.

스네이크 댄스 [snake dance] 몸을 꿈틀 거리며 추는 춤.

스네이크 우드 [sanke wood] 뽕나무과에 속하는 나무.

스네이킹 [snaking] 〈스키〉뱀 지나가듯 하는 것.

스넥 프레뷰 [영 sneak preview] 영화의 제명. 내용, 감독배우.

스노드롭 [snowdrop] 〈식물〉갈란투스의 나무.

스노돈 산(山) (Snowdon Mt.) 〈지〉영국 웨일스(Wales)의 최고봉.

스노 부트 [snow boot] 〈스키〉눈 위에서 신는 신.

스노 브리지 [snow bridge] 〈등산〉눈이 쌓였던 계곡이 갈라지면서 그 사이로 양쪽 끝과 끝에서 다리를 걸쳐놓은 것 같이 남아있는 것.

스노 폴라우 [snow plough] 제설차.

스노 플레이크스 댄스 [snowflakes dance] 미국의 스퀘어 댄스의 하나.

스놉 [snob] 신사인 체하는 속물. 즉, 귀족 숭배자. 배금 등으로 쓰임.

스닉 [snick] 〈크리켓〉공을 가볍게 치는 것.

스닙 클래스 [snip class] 〈요트〉길이 16자의 단일정.

스레오닌 [영 threonine] 〈이〉필수아미노산의 일종.

스로 [영 throw] 던지다.

스로그 [영 slog] 〈권〉마구잡이치기.

스로슬 방적사(紡績絲) [영] throstle yarn 〈섬〉낙면 등을 드럼 방기로 방적한 실.

스로잉 [영 throwing] ① 던지는 것. ② 〈경〉투척경기.

스로툴 [영 throttle] 〈기〉엔진의 통기 밸브.

스루 [영 through] 직행의, 관통의.

스루패스 [through pass] 수비를 지나 공을 던져주는 것. 현 사이에 있는 만.

스리가라스 [네 glas] 젖빛 유리. 갈아 닦은 유리.

스리 노 [영] three+no 노 브래지어 (no brassier), 노 거들(no girdle), 노 팬티(no panty)를 말함.

스리랑카 (Sri Lanka/Democratic Socialist Republic of Sri Lanka)

〈국〉인도 반도의 동남쪽, 섬으로 된 공화국. 1797년부터 영국의 직할 식민지로 있다가 1948년 영 연방 내의 자치국. 1972년 독립 공화국 선포와 함께 종전의 국호 실론(Ceylon)을 스리랑카로 바꿈. 중국식 표기로는 석란(錫蘭), 옛 이름은 사자국(獅子國). 수도는 콜롬보(Colombo).

스리런 [미] three-run homer 〈야〉 주자가 2명 있을 때의 홈런. 타자 합쳐서 일거 3득점 하는 본루타. 스리런 호머의 준말 스리런 호머(three-run homer).

스리베이스 히트 [영] three-base hit 〈야〉 3루타.

스리시즌 코트 [three-season coat] 〈의상〉 안을 떼었다 붙였다 할 수 있는, 여름 이외에 언제든지 입을 수 있는 코트.

스리 알즈 [three R's] 초등 교육의 기본이 되는 읽기·쓰기·셈. reading, writing, arithmetic의.

스리 엠즈 [영] three M's 미니(mini), 미디(midi), 맥시(maxi)가 공존하는 시대를 말함.

스리 쿼터 [three-quarter 일] ① 〈야구〉 약간 바깥쪽으로부터 던지는 솜씨 있는 투구. ② 〈럭비〉 하프백 뒤에 있는 4인의 공격수. ③ 3/4톤짜리 화물자동차.

스리프티 패션 [thrifty fashion] 〈의상〉 헌옷을 입고 멋을 즐기는 검약적(儉約的)인 패션.

스리피스 슈트 [three-piece suit] 〈의상〉 세 가지 갖춤. 즉 남자의 경우 웃옷, 베스트, 바지, 여자의 경우 웃옷, 스커트, 브라우스.

스리 피트 라인 [영] three-feet-line 〈야〉 3피트 선. 이 부근에서 수비동작이 있었을 때 주자는 이 선내에서 달리지 않으면 안됨.

스릴[영 thrill]소름이 오싹끼치는, 공포.

스릴러 [영 thriller] 소설, 극, 영화, 텔레비 등에서 오싹하는 작품으로 일반으로는 추리 소설 등의 별칭으로 되어 있다.

스릴링 [영 thrilling]소름이 까치는, 괴기적인.

스마트 [smart] 날렵한, 재빠른, 맵시 있는.

스마트폰 [smart phone] 컴퓨터 기능이 내장된 휴대전화.

스매셔블 햇[영 smashable hat] 〈복〉 찌그러지더라도 즉시 쓸 수 있다. 마음대로 접을 수 있는 모자.

스매시 [영] smash ① 〈체〉 구기(球技)의 경우 네트 옆에서 공을 세게 때려 떨어뜨리는 것. ② 술에 설탕·물·박하·얼음 등을 넣어서 만든 냉(冷)음료의 한 가지.

스매싱 [영] smashing 〈체〉 정구·탁구 등에서 내려치는 강타구(强打球).

스맥 [smack] 혀를 차는 소리. 풍미, 향미. 쵸코렛으로 뒤집어씌운 막대모양의 아이스크림.

스머더 태클[smother tackle] 〈럭비〉 상대편을 공과 함께 잡아 안는 것.

스멜로비젼[영 smellovision] 〈방·영〉 냄새가 나는 텔레비, 영화. 아직 시험 중이며 대형이나 색채의 다음에 오는 분야로서 주목되고 있다.

스모크 머신[smoke machine]연기와 같은 느낌을 빛으로 내는 장치 (디스코테크, 나이트 클럽 등에서 사용함).

스모킹 [영 smocking] 담배를 피는 것.

스목 [smock] ① 여자나 어린이들의 느슨한 덧옷. ② 천의 주름을 잡아 얽어 무늬를 놓는 일.

ㅅ

스몬병 [SMON병] 〈의〉 원인불명의 신경질환, 악급성(Subacute) 척추(Myelo), 시신경(Optic), 신경염(Neuropathy) 의 머리글자.

스무스 [영 smooth] ① 원활한. ② 원활, 유양.

스미드 Smith, Adam (1723~90) 스코틀랜드의 哲學者, 經濟學者.

소미소니언 협정 [Smithsonian Agreement] 1971년 12월 워싱턴의 스미소니언 박물관에서 개최된 회의. 10개 선진국 재상들부터 중요국의 통화 등 다각적인 재조정에 합의했다.

스베니어 [영 souvenir shop] 토산품점.

스부니루 [souvenier] ① 생각하다, 기념품. ② 토산물. ③ 〈음〉 바이올린의 회상곡.

스와(호) (諏訪湖)〈지〉일본 나가노(長野) 현 중앙 스와(諏訪) 분지 북부의 호수.

스와라지 [영 swaraz] 자치, 독립. 간디가 주창한 독립운동의 표어.

스와레 [soiree] ① 야회. ② 야회복.

스와르 [프 soir] 저녁때. 해질 무렵. 봉수아르 [프 bonsoir] 는 저녁(밥) 인사.

스와이프 [swipe] 〈골프〉크게 클럽을 휘두르는 것.

스와인 훌루 [swine flu] 돼지 독감 (변종 바이러스). SI (swine influenza)로도 표현함.

스와질란드 (Swaziland/Kingdom of Swaziland) 〈국〉 남아프리카 공화국 (Republic of South Africa)과 모잠비크 인민 공화국(People's Republic of Mozambique)에 국경을 접하고 있는 아프리카 동남부의 입헌 왕국. 1903년 영국이 보호령. 1968년 영 연방가맹국으로 독립. 수도는 음바바네 (Mbabane). (→) 음바바네.

스와프 코스트 [swap cost] 〈경제〉스와프 거래에서 현물(現物)과 선물(先物)과의 시세의 차에서 오는 손실.

스와프 콘트랙트 [swap contract] 〈경제〉두 나라 중앙은행이 환시세의 안정을 도모하기 위해 서로 통화를 맡기는 것을 결정한 협정을 말한다.

스와프 프로핏 [swap profit] 〈경제〉 스와프 거래에서 현물과 선물과의 시세의 차에 따라 생기는 이익.

스와핑 [swapping] 부부 교환의 파티.

스완 [영 swan] 〈동〉 백조.

스완 다이브 [swan dive] 〈다이빙〉발구름을 한 후, 백조가 높이 날듯이 앞으로 뛰어드는 것.

스워브 [swerve] 〈럭비〉목표를 돌아 빠져 나가는 방법.

스워빙 [swerving] 〈럭비〉스워브.

스월 [영 swirl] 〈용〉 여성의 머리형의 일종으로 맴돌이형. 머리카락의 흐름을 살린 머리형.

스웝 [swap] 〈경제〉교역.

스웨거 코트 [영 swagger coat] 〈복〉어깨너비를 여유 있게 하고 활동적인 7분 길이의 부인용 코트.

스웨덴(Sweden/Kingdom of Sweden) 〈국〉북유럽의 스칸디나비아 반도의 동부를 차지하는 입헌 왕국. 노르웨이(Kingdom of Norway) 국경에 연한 산지와 보트니아 만(Bothnia B.) 기슭의 좁은 해안 평야로 형성된 대지. 1521년 덴마크의 지배에서 벗어나 독립, 1814~1905년 노르웨이를 병합 지배하였음. 1, 2차 대전 중 중립을 고수, 세계 제일의 사회보장 제도를 실시함. 한자 표기는 서전(瑞典). 수도는 스톡홀름(Stockholm).

스웨덴 릴레이 [Sweden relay] 4명이

한 팀이 되어 100미터, 200미터, 300미터, 400미터를 계주함.

스웨드[프 suede] 송아지, 염소가죽의 무두질. 고급수인화나 장갑에 사용한다.

스웨이 [sway]
① 〈춤〉 돌 때의 몸의 경사.
② 〈골프〉 타구시에 몸의 중심을 움직이는 것.

스웨트 셔츠 [sweat shirt] 〈의상〉 경기자가 추위를 막기 위해 경기전 후에 입는 스포츠 웨어.

스웨팅 시스템 [sweating system] 노동 착취 제도.

스웹 [영 swap] ① 교환하다.
② 〈경〉어음매매에서 당사자 2인 이상이 동시에 같은 액만큼 매매하는 것.

스위밍 배드 [swimming bath] 〈수영〉 수영풀.

스위스 (Switzerland/Swiss Confederation) 〈국〉 유럽 중부의 연방 공화국. 원명은 독일어 표기로 Schweizerische Eidgenossenschaft. 알프스 산맥(Alps Mts.)이 나라 안에 뻗쳐 있어 산수의 경치가 아름다운 나라. 영세 중립국. 기원전 1세기 이래 로마 제국의 속령, 13세기에 합스부르크 가(家)의 지배 아래 들어감. 1648년 독립, 1815년 빈 회의(Wien 會議)서 영세 중립 인정, 1874년 연방 성립. 프랑스어로는 Suisse, 이탈리아어로는 Svizzera. 한자 표기는 서서(瑞西). 수도는 베른(Bern). (→) 베른.

스위스 스테이크 [Swiss steak] 쇠고기를 큰 덩어리 채 양념하여 야채·토마토 소스 등을 넣어서 끓인 것.

스위처 [영 switcher] 〈방〉디렉터의 지시에 의해 선택스위치를 취급하여 화면을 변환하는 기술자.

스위치 배팅 [미] switch batting 〈야〉좌우 어느 쪽 타석에서나 자유롭게 칠 수 있는 것. 스위치 히팅 (switch hitting). (→) 스위치 히터 (switch hi-tter)

스위치백 [switchback] 기차·전차가 급경사면을 꼬불꼬불하게 전진·후퇴를 계속하여 목적지에 오르는 일, 또 그 선로.

스위치 보드 [switchboard] 배전(配電)반.

스위치 아웃 [switch out] 〈연극〉한꺼번에 조명을 어둡게 하는 일.

스위치 인 [switch in] 〈연극〉 일시에 조명을 넣는 일.

스위치 트레이드 [switch trade] 〈경제〉무역 방식의 하나. 수입업자가 매입하기로 계약한 상품을 필요에 따라 도중에 다른 나라에 파는 무역 형태.

스위치 히터 [미] switch hitter 〈야〉 좌타석에서나 우타석에서나 칠 수 있는 선수. 좌우 타석 똑같이 칠 수 있는 타자(打者). 스위치 히팅(switch hitting). 스위치 배팅(switch batting). (→) 스위치 배팅.

스위트 [suite]
① 호텔에서 침실 외에 거실·응접실 따위가 붙어 있는 것.
② 〈음악〉 조곡(組曲).

스위트 [영 sweet] ① 단맛의.
② 우아한, 쾌적한. ③ 〈복〉 캔디.

스위트 멜론 [sweet melon] 노랑 참외.

스위트 설탄 [sweet sultan] 엉거시과에 속하는 풀.

스위트 스폿 [sweet spot] 〈체육〉
① 골프의 클럽 헤드에서 볼을 치면 타구점이 길어진다고 하는 점.
② 야구 베트의 심(芯).
③ 테니스 라켓의 타구면.

스위트 하트 [sweet heart] 애인.

스위퍼 [sweeper] ① 청소부, 청소차.
② 〈체육〉 축구에서, 골키퍼의 바로

ㅅ

앞에 있는 선수.
③ 〈체육〉 볼링에서, 크게 회전하는 훅 볼. 동사는 sweep.

스위프 [영 sweep] ① 쓸다.
② 〈건〉 기둥 위의 모양이 궁형 또는 반달형.
③ 〈경〉 보트의 양손으로 잡는 기다란 노.
④ 〈골프〉 클럽의 헤드에 원심력을 갖게 하여 지면을 쓰는 것과 같이 때리는 것.

스위프트 [영 swift] ① 빠른, 민속한.
② 〈야〉 속구.

스윔 [영 swim] 〈음〉 수영 동작을 가미한 록리듬.

스윙 [영 swing] ① 흔들다.
② 〈야·골프〉 패나 클럽을 흔드는 것.
③ 〈음〉 신체를 흔들면서 노래하는 격한 것.

스윙 도어 [swing door] 앞뒤로 열리고 손을 놓으면 저절로 닫히는 문.

스윙 백 [swing back] 〈테니스〉 공을 세게 치기 위하여 라켓을 뒤로 끌어치는 것.

스윙 아웃 [swing out] 〈야구〉 투 스트라이크 때 배드를 휘둘렸으나 공을 헛쳤을 때 아웃되는 경우.

스윙 어카운트 [swing account]
① 〈경제〉 서로 일정한 한도의 신용을 주는 일.
② 〈경제〉 오픈 어카운트의 보완.

스윙업 [swing up] 장대 높이뛰기에서 몸을 흔들어 올리는 동작.

스윙 인투 [swing into] 스크루잉 인투.

스윙 패스 [swing pass] 〈체육〉 흔들어 던지는 공.

스윙 플레이 [swing play] 〈럭비〉 공을 종횡으로 급속도로 패스해서 적을 어리둥절하게 하는 전법.

스카게라크 해협(海峽) (Skagerrak St.)

〈지〉 스칸디나비아(Scandinavia) 반도와 유틀란트(Jutland) 반도 사이의 서반부 해협.

스카라무슈 [프 scaramouche]
① 17세기의 배우 쯰올렐 리가 시작한 이탈리아 희곡 중의 광대역.
② 겉으로는 뽐내는 비겁쟁이.

스카레 [독 Skare] 〈스키〉 굳은 눈에 쓰는 왁스.

스카렛 [영 scarlet] 진한 홍색, 붉은 빛.

스카블라 [노 Skavla] 〈등산〉 바람 때문에 눈의 표면이 물결처럼 된 것.

스카웃 [영 scout] ① 〈군〉 정찰, 척후.
② 소년, 소녀단원.
③ 〈야〉 유망한 선수를 뽑아내기 위한 정찰자.
④ 유능한 인재를 발굴하는 사람.

스카이라인 [sky line] 하늘과 지상이 맞닿은 윤곽선.

스카이 블루 [sky blue] 하늘색.

스카이 사인 [sky sign] 〈상업〉 공중광고.

스카이 스크레이퍼 [sky scraper] 마천루.

스카이 웨이 [sky way] 항공로.

스카이 파킹 [sky parking] 입체 주차장(立體駐車場) (좁은 토지에 많은 차를 주차시키기 위한 장치 및 그것을 갖춘 건물).

스카이 랩 [미] sky lab 〈우〉 랩은 laboratory의 약어. '하늘의 실험실' 이라는 뜻. 미국의 우주 실험실.

스카이랩(계획) [Skylab project] 미국의 실험형 유인 우주 스테이션 계획. 지구 궤도상에 스카이랩을 쏘아올리고 따로 3인승 우주선을 올려 도킹시키는 것.

스카이 라이트 [sky light] 천정에 낸 채광창.

스카이라인 [skyline] 〈등산〉지평선. 능선.

스카이랜드 [skyland] 백화점 등의 옥상 공원이나 전망대.

스카잉[skying] 〈골프〉높이 쳐 올리는것.

스카치 [영 scotch]
① 스코틀랜드의 스코틀랜드인, 스코틀랜드어.
② 스카치 위스키의 약.
③ 〈복〉딱딱하고 튼튼한 직물.

스카폴라이드 [scapolite] 주석(柱石).

스칸듐 [독 Scandium] 〈화학〉회토류 원소의 하나.

스칼라 [scholar]
① 학자, 박식한 사람.
② 장학생, 특등생.

스칼라 [scholar]
① 〈물리〉덩어리나 시간처럼 부피는 있으나 방향 개념은 개입시키지 않는 양(量).
② 〈수학〉수로 표시된 양.

스칼라 모빌레 [이 scala mobile] 〈경제〉이탈리아의 물가 슬라이드 식(式) 임금 인상 제도(생산성을 웃도는 임금 인상으로 경제에 타격을 주었다고 함).

스칼럽 [scallop]
① 소매 부리나 옷자락 같은데 부채꼴 모양으로 만든 장식.
② 속이 얕은 냄비. ~ 샐러드.

스칼럽 샐러드 [scallop salad] 오이·피클·마요네즈 소스 등으로 만든 부채 모양으로 차려 놓은 음식.

스캐너 [scanner] 그림을 광학적으로 인식하여 컴퓨터에 입력시키는 장치. 영상 주사기(映像走査器).

스캐닝 라인 [scanning line] TV에서, 보려고 하는 화상을 많은 선으로 나누어 그 선 위에 그림의 명암이나 흑백을 전기의 강약으로 바꾸는데 바로 이 선을 지칭한다.

스케벤저 [scavenger] 음탕한 글을 쓰는 사람.

스캐브 [영 scab] 〈사〉파업.

스캔런 방식 [Scanlon plan] 〈경제〉인권비의 비율을 정해 매상고와 임금을 비례시켜 노동 의욕을 일으키게 하는 것으로 생산성 향상을 꾀하는 경영의 한 방법.

스캔티[영 scanty] 〈복〉극단으로 짧은 팬티. 회소(scanty)에서 나온 말.

스캘럽 [영 scallop]
① 가리비조개모양의 냄비에 집어넣은 요리.
② 가리비 조개의 언저리와 같은 파형의 모양.

스캠프 [scamp] 악한 나쁜 놈.

스커티드 플리스 [영] skirted fleece 〈섬〉주변의 품질이 떨어지는 부분을 제거한 플리스. 비고 : 스커팅(skirting).

스카퍼[영 scupper]배의 갑판의 배수구.

스컬 [영 scull]양손에 1개의 노를 잡고 젓는 작은 배. 대부분은 1인승이다.

스컬러 [scyller] 스컬링 보트를 젓는 사람.

스컬러 머신 [scyller machine] 스컬러 연습기.

스컬리언 댄스 [scullion] 부엌에서 그릇을 씻는 하인의 모양을 표현한 춤.

스컬링 [sculling] 스컬을 젓는 사람.

스컬링 레이스 [sculling race] 스컬 경조.

스컹크 [영 skunk] 〈경〉제로패.

스케루쏘 [scherzo] 〈음〉소나타, 심포니 중에서 템포가 빠르고 장난끼 짙은 해학곡.

265

ㅅ

스케어 [scare] 〈골프〉클럽의 가장 가는 부분.

스케이트 백 [skate bag] 스케이트 주머니.

스케이팅 댄스 [skating dance] 스케이트 스텝에 의해 추는 춤.

스케이팅 풋 [skating foot] [스케이팅] 얼음에 닿는 발.

스케이프 고트 [영 scape goat]
① 속죄의 양.
② 타인의 죄를 짊어지는 몸 대리인.

스케일 [영 scale]
① 수치나 도를 측정하는 기구. 측정자, 척도.
② 〈음〉 음계.
③ 크기, 정도.

스케일링 [scaling] 치석 제거.

스케일 업 [scale-up] 〈경제〉대량 생산・대량 매입 등 규모가 커짐에 따라 얻어지는 이익.

스케처 [sketcher] 스케치하는 사람.

스케치 [영 sketch] ① 〈미〉 사생.
② 견취도, 약도.
③ 〈문〉 단편집.
④ 〈음〉 소품.

스케치 맵 [sketch map] 개략 지도.

스케프티시즘 [영 scepticism] 회의주의, 회의론.

스캔들 [scandal] 추문, 불명예, 물의, 비방.

스켈톤 [영 skeleton] 해골, 핵.

스코어러 [scorer] ① 득점 기록계.
② 득점자.

스코어링 [영 scoring] 득점하는 것, 득점을 기록하는 것.

스코어링 [scoring]
① 〈체육〉 점수를 올리는 것.
② 〈음악〉 악보에 쓰는 일.

스코어링 에어리어 [scoring area] 〈농구〉 득점 가능 구역.

스코어링 페이퍼 [scoring paper] 〈체육〉 채점 용지.

스코어링 포지션 [영] scoring position 〈야〉 히트(hit)가 나오면 득점 가능한 위치. 2루・3루에 러너(runner)가 있는 경우.

스코치 [영] scorch 〈고무〉 가공공정 중에 일어나는 우발적인 가황.

스코치 릴 [Scotch reel] 스코틀랜드의 체조 비슷한 무용.

스코치 에그 [Scotch egg] 달걀을 삶아 껍질을 벗겨 밀가루를 묻힌 후 다진 고기와 섞어 기름에 튀긴 음식.

스코치 테리어 [Scotch terrier] 스코틀랜드에서 나는 작은 개.

스코틀랜드 (Scotland) 〈지〉 영국의 그레이트브리튼 섬(Great Britain I.)의 북부.

스코틀랜드 야드[영 scotland yard] 런던경시청의 별칭.

스코프 [영 scop] 작은 삽.

스코프 [영 scope] ① 범위, 영역.
② 지력, 연구 등의 한계.

스코필드, 프랭크 (Frank W. Schofield, 한국명 石好弼, 1888~1970) 〈인〉 영국의 의학자, 선교사, 세브란스 의전 교수. 3·1운동 때 일제의 포악상을 세계에 소개함.

스콘 [영] scone 〈식품〉 오트밀(oatmeal)과 산유에서 만들어진 일종의 다과자(茶菓子).

스콜 [영 squall] ① 돌연의 강풍.
② 남녘의 소나비. ③ 진눈깨비, 질풍.

스콜라 (주의) [독 Scholar 主義] 〈철학〉 '본디 중세 기독교 의학'의 뜻.

스콜라(철학) [영 schola철학] 〈철〉 스콜라학파. 중세에 그리스트교의 조직화한 이론이지만, 번잡하고 현실적이지 못하기 때문에 교조주의와 같은 의미로 사용한다. 8~14세기 중세 유럽 신학의 총칭.

스콥 [네>일 schop] 석탄을 퍼 넣는 삽.

스콧 (Scott) 〈지〉 미국의 일리노이(Illinois), 인디애나(Indiana), 캔자스(Kansas), 미주리(Missouri)주에 있는 군.

스쿠너 [영 schooner] 수직포장에 마스트가 2개 이상 있는 범선.

스쿠버 [scuba self-contained underwater breathing apparatus] 산소통과 조절기로 되어 있는 자급(自給)식 수중호흡 장치.

스쿠터 [영 scooter]
① 빙상을 범주하는 소형정.
② 모터를 단 자동 2륜차.

스쿠프 [영 scoop] 〈교〉 통신교육의 수강자가 일정기간, 그 학교에 통학해서 수업을 받는 것. 특종 기사.

스쿠프 스트로크 [scoop stroke] 〈하키〉 막대로 공을 긁어 올리는 것.

스쿠핑 [scooping] 〈골프〉 손목이나 팔을 구부려 공을 떠내듯이 치는 것.

스쿨링 [schooling] 통신 교육의 수강생이 일정 기간 교실에서 받는 수업.

스쿨 피겨 [school figure] 스케이트의 기본형이 되는 활주법.

스쿼드 스타일 [squad style] 〈역도〉 허리를 낮게 하고 다리를 움직이지 않고 바벨을 잡는 스타일.

스쿼시 [squash]
① 과즙에 당을 가하고 탄산수를 혼합하여 만든 청량음료.
② 〈체육〉 사방의 벽과 코트까지 합하여 모두 5면을 사용하여 공을 벽에다 때려 튕겨 온 것을 둘이서 교대로 때리고 받아치며 시합하는 실내경기.

스퀘어 [square]
① 〈골프〉 경기에 지고 이김이 없이 동점이 되는 것.
② 네모꼴의 광장. 구역.

스퀘어 룸바 [square rumba] 재래식 쿠바의 룸바.

스퀘어 스탠스 [square stance] 〈골프〉 두 발의 위치가 공이 날아 갈선과 평행 하는 자세.

스퀴즈 [영 squeeze] ① 죄다. 짜다.
② 무리를 하다.
③ 〈야〉 타자의 번트 타법으로 루상에 있는 주자를 진루시키는 것 스퀴즈 플레이.

스퀴즈 플레이 [squeeze play] 〈체육〉 3루 주자를 생환시켜 점수를 얻기 위하여 평행하는 자세.

스큐기어 [skewgear] 〈기계〉 비스듬한 톱니바퀴.

스크라이버 [영 scriber] 공작물을 다듬질 할 때 기준을 그리는데 사용하는 강침.

스크래치 [영 scratch] ① 긁다.
② 〈경〉 출발점.
③ 핸디가 없는 경기.

스크래치 라인 [scratch line] 〈육상〉 경기에서 재는 표준이 되는 선.

스크래치 레이스 [scratch race] 〈체육〉 운동장을 두 바퀴 돌아 승부를 결정하는 자전거 경주.

스크래치 마크 [scratch mark] 〈경기〉 가장 많은 핸디캡을 받는 사람이 닿는 지점.

스크래치맨 [scratch man] 〈골프〉 핸디캡을 두지 않은 우수한 선수.

스크래치 보드 [scratch board] 〈육상〉 창던지기의 창 받는 판.

스크래치 크루 [scratch crew] 임시로 모아 온 엉터리 운동선수들.

ㅅ

스크래치 히트 [scratch hit] 〈야구〉 당연히 아웃될 공이 우연히 안타가 된 경우.

스크래플 [영 scraple] 〈식품〉 돼지살 찐것·옥수수·밀가루·소금·신료로 만든 고기 요리.

스크래퍼 [영 scraper] 석탄운반차.

스크램블 [영 scramble] 계란에 버터나 우유를 넣어서 혼합시키는 것.
② 〈군〉 미국공군용어인데 긴급발진.

스크램볼드 에그 [scrambled egg] 우유를 섞어 팬에 서서히 저어 익힌 달걀.

스크렙 [영 scrap] ① 단편.
② 오려내기.   ③ 쇠 찌꺼기.

스크럼 [영 scrum]
① 〈럭비〉 전위의 밀집대형. 양팀의 전위가 어깨와 어깨를 서로 붙이고 몸을 앞으로 구부려서 공을 서로 빼앗는 것.
② 데모행진시 양팔을 서로 얹는 밀집 대형.

스크럼 트라이 [영 scrum try 〈체〉 럭비에서 스크럼을 짜고 그 속에 공을 든 채로 상대를 떼밀고 트라이(try)하는 것.

스크러미지 [scrummage] 〈체육〉 스크럼.

스크러미지 라인 [scrummage line] 〈럭비〉 스크러미지에서 터치라인에 직각을 이루고 있는 선.

스크러버 [scrubber] 가스 세정기(洗淨器).

스크러브 [scrub] 〈체육〉 후보 선수.

스크럼 리더 [scrum leader] 〈럭비〉 스크럼을 지도하는 사람.

스크럼 서클 [scrum circle] 〈럭비〉 스크럼의 바깥 쪽.

스크럼 센터 [scrum center] 〈럭비〉 앞줄 중앙 담당 선수.

스크럼 어게인 [scrum again] 〈럭비〉 새로 스크럼을 짜는 것.

스크럼 워크 [scrum work] 〈럭비〉 스크럼을 짜고 있는 플레이나 동작.

스크럼 캡 [scrum cap] 〈럭비〉 스크럼을 짤 때 귀를 보호하려고 쓰는 것.

스크럼 포메이션 [scrum formation] 〈럭비〉 스크럼 형성.

스크럼 플레이 [scrum play] 〈럭비〉 스크럼의 양쪽.

스크럼 하프 [scrum half] 〈럭비〉 공을 스크럼 속으로 넣는 하프백.

스크레이퍼 [scraper] 정밀하게 다듬는데 쓰이는 도구. 구두쇠, 문지르는 사람.

스크롤 [scroll] 두루마리 책.

스크루 기어 [screw gear] 나선 톱니바퀴. 배의 추진기.

스크루 렌치 [screw wrench] 나사 돌리개.

스크루 링 [screw ring] ① 암 나사틀.
② 물고동.

스크루 볼 [screw ball] 〈야구〉 굽게 던지는 공.

스크루 잭 [screw jack] 나사 잭.

스크루잉 아웃 [screwing out] 〈경조〉 노를 저을 경우 삿대의 반대쪽으로 몸을 기울이는 것.

스크루잉 인투 [screwing into] 〈경조〉 노를 저을 때 삿대가 있는 반대쪽으로 몸이 기울어지는 것.

스크루 캡 [screw cap] 나사 뚜껑.

스크루 커터 [screw cutter] 나사 깎는 기구.

스크루 커플링 [screw coupling] 나사 연결.

스크루 킥 [screw kick] 〈럭비〉 공을

돌려 차는 것.

스크루 프레스 [screw press] 나사 프레스, 압착기.

스크루 플레이트 [screw plate] 나사판.

스크린 에디터 [screen editor] 〈컴퓨터〉 CRT화면 전체의 텍스트의 편집을 할 수 있는 기능을 갖춘 프로그램.

스크린 쿼터 [screen quota] 영화의 상영 시간 할당제(上映時間割當制) 국산 영화의 보호·육성을 목적으로 정부가 전상영(全上映) 기간중, 일정한 기간을 국산 영화만을 상영하도록 규제한 조치를 이름.

스크린 프로세스 [screen process] 〈영화〉 트릭 촬영의 하나로서 미리 촬영해 놓은 배경을 영사하여, 그 앞에서 연기하면서 실제로 그 장소에 있었던 것처럼 합성하는 트릭 촬영 기술.

스크린 플레이 [screen play] ① 영화극. ② 〈농구〉 교란 작전.

스크립터 [scripter] 〈영화〉 촬영 연출 사항을 기록하는 사람.

스크립트 [script] ① 영화 촬영 중에 쓰는 배역, 경개, 시나리오를 적은 정본(正本). ② 방송극 대본. ③ 필기체 활자.

스크립트 걸 [script girl] 스크립터를 돕는 여자.

스크립트 라이터 [영] script writer 〈영〉 영화나 TV·라디오 방송의 대본 작가(臺本作家).

스키 데포 [ski depot] 스키 정거장. 스키를 두어두는 곳.

스키드 [영] skid] 타이어와 노면에 미끄럼이 생겨서 차의 방향이 갑자기 변하거나 흘러 버리는 것.

스키드핀 안테나 [skid-fin antenna] 비행기 뒷날개 모양의 안테나.

스키라(판) [skira판] 〈인〉 미술서 등에 많이 쓰이는 핸디한 판형. 약 세로 18센티, 가로 16센티의 크기.

스키 리프트 [ski lift] 스키를 끌어올리는 장치.

스키마 [schema] 개요.

스키밍 [skimming] 〈농업〉 우유의 찌끼를 걷어 내기.

스키 바인딩 [ski binding] 스키에 구두를 붙이는 장치.

스키아그래프 [skiagraph] ① 〈전기〉 엑스 광선 사진. ② 〈건축〉 건물내부의 수직 부분 또는 기하학적 도형의 측면.

스키타이 [영 skythai]이란계 유목민족.

스키트 [Skeet(shooting)] 트랩 사격 (trapshooting)의 일종. 올라오는 것과 내리는 두 표적을 겨냥하는 사격 경기.

스키퍼 [영 skipper] ① 작은배. ② 보트의 선장. ③ 항공기의 기장. ④ 〈야구〉 감독.

스키프 [skiff] 작은 배.

스키핑 [skipping] 〈권투〉 연습을 위한 줄넘기.

스키핑 턴 [skipping turn] 깡충 뛰면서 도는 것.

스킨 다이빙 [skin diving] 등에 산소통을 메고 발에 지느러미를 달고서 하는 잠수부. 예를 들어 배가 파손되어 찌그러졌을 때 물 속에 들어가 작업을 하는 경우 이들이 함.

스킨 매거진 [skin magazine] 포르노 잡지.

스킨 울 [영] skin wool 〈섬〉 도살한 양의 모피에서 얻은 양모.

스킬 [영 skill] 숙련, 재주.

스킬렛[영 skillet]뚜껑이 있는 프라이팬.

스킬스 인버터리 [영 skills inventory] 종업원 개개인에 대하여 조사에 의해 어느 부문에 어떤 능력을 가지고 있는 사람이 있는가를 아는 표.

스킬 테스트 [영 skill test] 기능 테스트.

스킴 [영 scheme] 설계, 계획.

스킴 밀크 [영 skim milk] 탈지유.

스킵 [영 skip] ① 날다, 한발뛰기. ② 책을 띄엄띄엄 읽는 것. 광차(鑛車). 석탄 담는 그릇.

스킵 스텝 [skip step] 스킵.

스킷 [영 skit] 어학의 공부 등을 위해서 하는 촌극.

스타덤 [stardom] 영화에서 '스타'들의 지위.

스타디아 [standia] 〈건축〉도수(度數)를 표시한 막대기.

스타디아 컴퓨터 [stadia computer] 스타디아 계산기.

스타디오미터 [stadiometer] 신장계.

스타디움 [stadium] 관람석, 트랙, 필드를 갖춘 경기장.

스타디움 점퍼 [stadium jumper] 〈의상〉 스포츠 선수가 경기장에서 보온을 위해 입는 점퍼.

스타보드 [starboard] 배의 오른쪽.

스타보드 택 [starboard tack] 〈경조〉 우현에서 바람을 받고 있는 상태.

스타볼링 [stabbling] 〈골프〉 볼을 칠 때 클럽을 완전히 흔들지 않고 머리를 땅에 부딪치듯이 하여 치게 하는 동작.

스타스 앤드 스트라입스 [미] The Stars and Stripes ① 성조기, 미합중국의 국기. ② 미국의 신문 이름.

스타 시스템 [star system] 인기 있는 배우 중심으로 하는 영화·연극의 제작 방법.

스타웃 [영] stout 〈식품〉영국식 흑맥주. 소위 밀크 스타웃은 유당을 첨가한 것. 독하고 시고, 쓴 맥주.

스타워즈계획 [영 star wars] 전략방위구상(SDI)의 별칭. 전국으로부터 발사된 미사일이 자국에 도달하기 전에 그의 탄도상에서 3단계로 나뉘어서 요격, 99.9%를 파괴한다는 방위시스템.

스타이미 [stymie, stymy] 〈골프〉 그린(green)위에서 상대방의 공이 자기의 공 사이에 있어서 방해가 되는 때.

스타일리스트 [영 stylist] ① 진지한척 하다. ② 〈예〉 형식주의자. ③ 〈문〉 미문가.

스타일링 [영 styling] 자동차의 기구 부분은 그대로이고 외견의 형을 바꾸는 것.

스타일북 [stylebook] ① 유행되는 옷차림이나 양식을 모아 놓은 책. ② 〈인쇄〉 식자 규칙을 쓴 책.

스타 체크 [영] star check 〈섬〉 4변이 같고 작은 바둑무늬 모직물로서 어느 방향에서 보아도 같이 보임.

스타카토 [일 stacato] 〈음악〉 한음 한 음씩 또렷하게 끊듯이 연주하는 것. 또는 그 기호.

스타킹 캡 [skocking cap] 술이 달린 원뿔꼴 털실 모자.

스타터 [starter] ① 〈체육〉 출발계 ② 기동 장치.

스타트 대시 [start dash] 〈육상〉 출발 직후의 내달리는 것.

스타팅 게이트 [starting gate] 〈경마〉 발마기의 하나. 동시에 말을 출발시키기에 편리한 장치임.

스타팅 라인 업 [starting lineup] 〈아이스하키〉 시합을 시작할 때의 경기자 명부.

스타팅 머신 [starting machine] 〈기계〉 자력 발주기.

스타팅 멤버 [starting member] 시작하자마자 즉 첫 개시에 출전하는 선수.

스타팅 블록 [영] starting block 〈체〉 육상의 단거리 경주에서 출발할 때 발을 걸치게 하는 기구. 발걸이 발주대(發走臺).

스타팅 피처 [미] starting pitcher 〈야〉 선발 투수.

스타 플레이어 [star player] 인기 잃은 영화배우나 인기 잃은 운동선수 등 모든 인기인이 벌리는 게임 시스템을 말한다.

스탁 업션 [stock option] 부동산이나 주식의 일부 또는 전부를 인수한 투자자가 일정 시점 뒤 투자를 받은 측에 미리 약속했던 가격에 되사달라고 요구할 수 있는 권리.

스탈리니즘 [영 stalinism] 스탈린주의. 구소련의 스탈린이 취한 정치압정의 노선.

스탈린 (Yosif Vissarionovich Stalin, 1879~1953) 〈인〉 소련의 정치가 총리.

스탕달 Stendhal (本名 Marie Henri Beyle) (1783~1842) 프랑스의 小說家, 批評家.

스태그 파티 [stag party] 남성만의 파티. 스태그는 숫사슴.

스태그플레이션 [영] stagflation 〈경〉 경기 침체하의 물가고. 경기 침체를 의미하는 스캐그네이션(stagnation)과 인플레이션(inflation)의 합성어. 불황과 인플레가 동시에 진행하는 경제 현상. 경기가 침체되어 유휴자본이 존재하는데도 불구하고 지속적인 물가 상승이 일어나는 것.

스태넙 [stanhope] 포장없는 2륜. 경기차.

스태빌라이저 [영 stabilizor] 안전장치. 〈항〉 수평안정판.

스태빌리티 [영 stability] ① 안정. ② 견실. ③ 복원력.

스태카토 [이 staccato] 〈음〉 단음, 한음 한음을 짧게 잘라서 노래하거나 연주하거나 하는 것.

스태커 [stacker] 〈기계〉 짐을 올리거나 내리는 설비.

스태티스틱스 [영 statistics] 통계, 통계학.

스탠다드 넘버 [standard number] 어느 시대나 변함없이 많은 악단이나 플레이어들이 즐겨 연주하는 경음악곡.

스탠드 [영 stand] ① 기립. ② 매점, 매장. ③ 관람석. ④ 주장의 약. ⑤ 전기스탠드의 약.

스탠드 레슬링 [stand wrestling] 〈레슬링〉 서서 행하는 기술.

스탠드 바 [stand bar] 선술집. 양식 주점.

스탠드바이 크레디트 [standby credit] 〈경제〉 클린 신용장의 하나. 대기 차관.

스탠드 어웨이 칼라 [stand away collar] 〈의상〉 끝이 선 칼라.

스탠드얼론 [stand-alone] 〈컴퓨터〉 주된 컴퓨터 등과 접하지 않는 독립형의 기기(機器). 현재의 퍼스널 컴퓨터나 워드 프로세스 따위는 거의가 독립형임.

스탠드 업 칼라 [stand up collar] 〈의상〉 뒷깃을 세운 칼라.

스탠드 오프 [stand off] ① 럭비의 하프백. ② 떨어져 있음. ③ 동점. 균형 상태.

스탠드 인 [stand in] 영화 촬영할 때의 대역(代役).

스탠드 포인트 [stand point] 입장. 논점(論點).

스탠드 플레이 [stand play] 〈야구〉관중들에게 잘 보이려고 하는 과장된 동작의 플레이.

스탠딩 [standing]
① 〈속어〉 섯다(도박).
② 〈야구〉 베이스에 남아 있는 것.
③ 신분. 명성.

스탠딩 다이브 [standing dive] 〈다이빙〉 도움닫기 없이 발구름을 하여 뛰어드는 다이브.

스탠딩 스타트 [standing start] 〈육상〉 서서 출발하는 것.

스탠바이 [영 standby]
① 〈항〉 준비의 호령 또는 신호.
② 〈방〉 사고에 대비하여 미리 준비해 두는 프로그램이나 사람.

스탠스 [영 stance] 〈야·골프〉 타구의 경우의 발의 자세. 발의 벌림.

스탠자 [영 stanza] 〈문〉 시의 절.

스탠치온 [stanchion] 가축을 매는 간막이 기둥.

스탠포드(연구소) [SRI Standford Research Institute] 캘리포니아 주에 있는 딩크탱크. 46년에 설립되었다 미국 유럽·아시아에 사무실을 두고 연구원은 약 3천 2백명. 생물·과학·경영학·전자기술의 특색을 지니고 있다.

스탬프 [영 stamp] ① 도장을 찍는 것.
② 우편, 우편의 소인.
③ 우표, 인지.

스탬프 걸 [stamp(ed) girl] 정신적·육체적 비처녀.

스탬프 북 [stamp book] 명승 고적을 순회할 때 여러 곳의 기념 도장을 찍어 모아 놓은 책.

스탬프 해머 [stamp hammer] 〈기계〉 피스톤으로 철퇴를 내리는 단조기(鍛造機).

스터드 [영 stud]
① 〈복〉 자유롭게 떼어낼 수 있는 칼라·카스프버튼이나 장식 단추.
② 〈기〉 스터드볼트.

스터디 [영 study] ① 공부, 연구.
② 서재. ③ 노력. ④ 〈미〉 습작.
⑤ 〈음〉 연습곡.

스터프 [stuff] ① 재료, 원료.
② 속을 채워 넣는 것.

스터프트 캐비지 [stuffed cabbage] 양념한 고기를 양배추에 말아 삶은 요리.

스터핑 [영 stuffing] ① 채운 것의 뜻.
② 가구에서는 털 종류나 면.
③ 〈요〉 새의 몸통에 집어넣는 잘게 다진 고기 등의 재료.

스터핑 박스 [stuffing box] 〈공업〉 피스톤이 드나드는 곳에서 증기나 물이 새는 것을 막는 장치.

스턴트맨 [영 stunt man] 〈영〉 주연배우의 대역으로서 위험한 장면의 연기 등을 하는 사람.

스턴트카 [영 stunt car] 회전자동차, 공중 다이빙이나 경업운전을 보여주는 차의 운전.

스털링 [영 sterling] 영국통화의 외국어 음상의 명칭. 약해서.

스털린 블록 [영 sterling bloc] 〈경〉 영국 파운드(pound)에 의해 정치적·금융적으로 결합되어 있는 지역. 스털링 지역(sterling area).

스털링 지역(地域) [영] sterling area 〈경〉 스털링 블록(sterling bloc)

스텀블 [영 stumble]
① 발이 걸려 넘어질뻔하다. 비틀거리다.
② 자동차 엔진의 가속이 잘 안되고 소리가 나는 것.

스테너그래퍼 [영 stenographer] 속기자.

스테너그래피 [영 stenography] 속기술.

스테디 [영 steady] ① 착실한, 확실한. ② 미국의 대학생의 사이에서 행하여지고 있는, 상대를 1인으로 압축한 교제, 데이트.

스테레오 고무 [영] stereoregular rubber 〈고무〉 분자 구조상 입체 규칙성을 가진 고무의 총칭 용어.

스테레오스코프 [stereoscope] 입체 영화를 보기 위한 안경.

스테레오카메라 [stereocamera] 두 장의 사진을 동시에 찍는 사진기.

스테레오포닉 [stereophonic] 입체음향의.

스테롤 [sterol] 유기 알코올류의 총칭.

스테롤 류(類) [영] sterols 〈식품〉 스테로이드에서 유도된 알콜.

스테베도어 [영 stevedore] 항만운송업자, 선박회사의 대행으로서 선적, 적하에 종사하는 인부.

스테빌리이저 [stabilizer] 자동차의 안전 장치.

스테소스코프 [stethoskop] 〈의〉 진단기.

스테어린 [stearin] 〈화〉 유지중에 포함되는 산성물질이며 양초, 화장크림 등의 원료가 된다.

스테오 [영 stereo type] 스테레오 타입의 약.

스테이블 [영 stable] ① 견고한. ② 착실한. ③ 우마 등의 마굿간.

스테이블 [영 staple] ① 원료. ② 털, 면 등의 섬유.

스테이션 [영 station] ① 역, 정거장. ② 지위, 신분. ③ 국, 서. ④ 어떤 일을 떠맡아서 하는 장소.

스테이션 광고(廣告) [영] station ad. 〈광고〉 방송사(放送社)가 하는 자사(自社)의 광고.

스테이션 브레이크 [영] station break 〈라·텔〉 국명(局名) 방송을 하기 위한 프로그램과 프로그램 사이의 짧은 시간.

스테이션 브레이크 스폿 [영] station breakspot 〈광고〉 프로그램에는 관계없이 프로그램과 프로그램 사이에 방송하는 커머셜(commercial).

스테이션 왜건 [station wagon] 화물 운반겸용 승용차. 보통 승용차의 뒤에 있도록 실을 수 있도록 되어 있는 것.

스테이션 이미지 [영] station image 〈라·텔〉 시청자가 어느 방송사(放送社)에 대해 품고 있는 이미지.

스테이지이펙트 [stage-effect] 무대효과. 스테이지 플레이(stage-effect) 무대 효과극. 좀 자극적인 극을 뜻함. 또는 스테이지 키스(stage kiss)라 하면 인기 연예인들이 애교를 피우며 키스 시늉을 하는 것.

스테이츠맨 [statesman] 훌륭한 정치가. politician은 술책을 부리는 정치가.

스테이크 [steak] ① 〈보팅〉 코스 반환점이나 회전하는 곳에 띄워 둔 부표나 배. ② 넓게 썰어 지진 서양식 불고기.

스테이크 보트 [steak boat] 〈보팅〉 고정되어 있는 작은 배.

스테이크스 [영 steakes] 〈경마〉 마주가 내놓은 총마등록료를 가산하는 레이스.

스테이터[stator] 〈전기〉 고정자(固定子).

스테이터스 심벌 [영 status symbol] 지위, 신분을 나타내는 상징.

스테이트 [영 state] ① 국가, 주. ② 신분, 상태. ③ 쓰다.

스테이트 맨 [영 states man] 정치가,

273

ㅅ

폴리티샨(politician)은 책사적(策士的) 정치가에 사용하며 나쁜 의미로 사용한다 ~십(~ship) 정치적 수완.

스테이플 [영] staple 〈섬〉
① 가방성(可紡性)이 있는 섬유.
② 가방성이 있는 섬유의 길이.

스테이플 파이버 [영] staple fiber 〈섬〉 방적 등의 원료로 하기 위하여 짧게 절단한 인조 섬유.

스테이플 파이버 사(絲) [영] spun rayon yarn 〈섬〉 비스코스 스테이플 파이버를 원료로 한 실.

스테인드 글라스 [stained glass] 색이나 무늬가 있는 판 유리.

스테인리스 [영 stainless]
① 더러워지지 않은.
② 녹슬지 않은 ~스틸(~steel) 크롬, 니켈 등을 섞어서 녹슬지 않게 한 특수강.

스테인리스 스틸 [stainless steel] 녹슬지 않는 강철. 크롬강.

스테토스코프 [statoscope] 〈기상〉기압의 변화를 자동적으로 기록하는 기계.

스테튜 [statue] 〈미술〉 조상(彫像). 입상. 조각상.

스텍 [영 steak] 〈요〉고기의 버터구이. 스테이크.

스텐드 바이 차관 [stand-by credit] 대기성차관(待機性借款) IMF가맹국이 한꺼번에 자금을 이용하는 것이 아니라 일정 금액을 기간 내에 언제든지 인출할 수 있도록 약속하는 것. 정한 기간은 3~5년.

스텐실 [영 stencil] ① 형지, 형판.
② 등사판의 원지, 타이프 인쇄용의 원지. 스텐실 페이퍼의 약.

스텔라레이터 [영 stellarator] 미국의 핵융합반응 연구의 실험장치.

스텔라이트 [영 stellite] 특수강의 하나

로서 고속도강보다 단단하고 내구력은 있으나 형성이 어렵다.

스템 [stem] 〈보팅〉 뱃머리.

스템 텔리마크 [stem telemark] 〈스키〉 제동 텔리마크.

스텝 [영 step] ① 걸음.
② 댄스의 걷는 방법.

스텝 [영 steppe] 〈지〉 스텝지대, 수목 없는 대초원, 황야.

스텝 업 [step up] 〈권투〉상대방에 접근하는 것.

스텝 커팅 [step cutting] 〈체육〉 커트 스텝.

스텝 턴 [step-turn] 〈스키〉다리를 바꾸어 디디며 도는 것.

스토니 [stony] 〈건축〉 시멘트에 약품을 섞어 굳힌 것.

스토리텔러 [story teller] 얘기꾼. 흥미 위주의 소설가.

스토브 리그 [Stove league] 겨울 동안은 야구 시합이 없기 때문에 이 기간 중 선수의 트레이드(trade) 이적이라든가 신인의 스카웃이 행해지는 것을 말한다. 매일같이 모여서 이런 화제가 오간다 해서 비롯된 말.

스토아 [그 stoa>라> 도·영·프 stoa] 〈건〉
① 제논(Zenon)이 강의하던 아테네의 강당.
② 주랑(柱廊). 산책장, 도는 집합장. 르네상스 이후, 근대 건축에서는 현관.

스토아 학파 (學派) [그 Stoikos] [라 Stoicus] [영 Stoic School/Stoics] 〈철〉 기원전 4세기 무렵 제논(Zenon)이 창시한 그리스 철학의 한 파. 그리스어 'Stoat 학파'에서 온 말. 내심의 욕망·운명·환경에 지지 않고, 이성의 소리에만 귀를 기울일 때 인간은 행복을 얻을 수 있다는 엄격한 도덕을 역설하였음. 세네카(Seneca) 등이 이

를 대성함. 극기파(克己派)라고도 함.

스토어 로열티 [영] store loyalty
〈유〉점포 충실성. 특정 점포에 대해 시현되는 소비자의 선호 정도.

스토어 매니저 [영] store manager
〈유〉점장(店長) 곧 점포 운영상의 최고 책임자.

스토어 사인 [영] store sign 〈광고〉 점포의 업종이나 명칭 등을 표시하는 간판.

스토어 앤드 포워드 [store and forward] 〈컴퓨터〉 정보를 메시지 혹은 패킷 단위로 교환기에 일단 축적한 후에 배출하는 방식.

스토어 커버리지 [영] store coverage
〈유〉일정 지역 각 소매점에서의 도달율.

스토이시즘 [영] stoicism
① 〈철〉스토아 철학(Stoa-). 스토아 주의. (→) 스토아 학파(學派) (Stoikos).
② 극기, 금욕주의.

스토익 [그〉라〉영 stoic 프stoique]
① 〈철〉스토아 학파(Stoa-).
② 극기주의자 · 금욕주의자 · 극기적 · 금욕적.

스토커 [영 stocker] ① 저장고.
② 화부. ③ 〈기〉자동급 탄장치.

스토케시아 [stokesia] 엉거시과에 속하는 다년초.

스토킹 [stalking] ① 추적하다.
② 짐승이나 적 따위가 몰래 뒤를 밟아 가만히 활보해 다그침.
③ 병 · 죽음 · 재액 따위가 성큼성큼 접근해 오다.

스토퍼 [영] stopper
① 마개. 막는 밧줄.
② 〈체〉축구에서 센터. 배구에서는 적의 공격을 막는 선수.

스토퍼 [stoper] 채광기. 광물 채집기.

착암기(鑿巖機).

스토프라이트 [stoplight] 자동차가 멎을 때 켜지는 경고등.

스톡 [독 stock] 〈등〉등산의 지팡이.

스톡 [영 stock] ① 저장. ② 주식. ③ 〈요〉국수국물. ④ 줄기, 그루터기.

스톡 어프로치 [stock approach] 〈경제〉환시세의 결정에 관한 이론의 하나(円)과 달러의 비율의 경우라면 엔 자산 전체와 달러 자산 전체의 수요와 공급에 따라 비율이 정해진다고 하는 생각이 성립됨. (→) 폴로 어프로치.

스톡옵션 [stock option] 〈경제〉주식 매입 선택권 기업이 전문 경영인이나 핵심 기술자를 고용하면서, 일정 기간 동안 약속하는 가격만큼 발전에 기여했을 때 주식을 살 수 있도록 하는 제도. 이는 인건비 부담을 줄이는 방편.

스톡홀름 (Stockholm) 〈지〉스웨덴 왕국(Kingdom of Sweden)의 수도. 이 나라의 동남, 발트 해(Baltic Sea)와 보스니아 만(Bosnia B.)의 경제 부근에 있는 항구 도시. 13세기 중엽에 건설한 요새(要塞) 도시로서 18세기에 종전의 수도인 웁살라(Uppsala/Upsala)에 이어 수도가 됨. '북유럽의 베니스(Venice)'라는 별칭이 있음. (→) 스웨덴.

스톤 [영 stone] ① 돌. ② 보석.

스톤 서클 [영] stone circle 〈고고〉 환상 열석(環狀列石). 거대한 자연석을 고리처럼 둥글게 두른 거석 기념물. 클롬레크(clomlech)라고도 함. (→) 멘히르(Menhir) · 알리뉴망(alignement) 돌멘(Dolmen).

스톨 [영 stole] 〈복〉부인용의 기다란 어깨걸이.

스톨링 [영 stalling] 〈경〉배구에서 특정우위의 팀이 소극적으로 시간이 지나는 것을 기다려 승리를 이끌어 내는 작전. 지연작전.

ㅅ

스톰 [영 storm] 폭풍우.

스톰 칼라 [storm collar] 〈의상〉바람과 비를 막기 위해서 끝을 여밀 수 있게 된 것.

스톱 발리 [stop volley] 〈테니스〉 라켓을 힘 있게 쥐고 상대방이 쳐보낸 공에 라켓을 대듯이 하여 쳐 보내는 방법.

스톱워치 [stop watch] 초보다 더 작은 단위까지 볼 수 있는 시계.

스톱 트러스트 [stop trust] 〈펜싱〉상대방이 공격으로 나오려 할 때 찌르는 것.

스투파 [stupa] 〈불교〉솔도파.

스툴 [영 stool] 등받이가 없는 의자.

스튜 [stew] 고기에 버터와 조미료를 넣고 감자·당근 등을 섞어 지진 음식.

스튜던트 파워 [student power] 학생 세력. 1960년대에 미국을 비롯한 여러 나라에서 학생들이 정치와 대학 행정에 나아가서 사회 변혁을 지향하는 학생 운동권의 힘·위력.

스튜 덤플링 [stew dumpling] 모나게 썬 쇠고기에 감자·당근을 넣어 끓이다가 소스와 덤플링을 넣어 만든 것.

스튜어트 (Stuart) 〈인〉영국 및 스코틀랜드의 왕가.

스튜잉 [영 stewing 〈식품〉끓이는 것. 보일링(boiling)

스트라빈스키, 이고르 표도르비치(Igor Fyodorovich Stravinsky, 1882~1971) 〈인〉소련의 작곡가.

스트라이드 [영 stride] 〈경〉① 보폭. ② 큰 걸음으로 걷는 것.

스트라이크 [영·미 strike] [독Streik] 〈체〉야구에서 투수의 정도구(正道球)가 바운드(bound) 없이 스트라이크 존(strike zone)을 통과하는 투구. 타자가 헛 치는 것. 볼링에서는 제1투로 전부의 핀(pin)을 쓰러뜨리는 것. 동맹파업.

스트라이크 아웃 [strike out] 〈야구〉투수가 던진 스트라이크의 공을 타자가 치지 못하거나 헛쳤을 때, 또 스트라이크를 놓침으로써 쓰리 스트라이크의 선고를 받고 쫓겨나는 것.

스트라이킹 [striking] 〈축구〉손 또는 팔로 상대방을 치는 것으로 반칙이 됨.

스트라이킹 써클 [striking circle] 〈하키〉골 앞의 반원형의 지역.

스트라이프 [영 stripe]
① 〈복〉세로무늬. ② 선조.

스트라이프 드릴 [영 stripe drill / stripe] 〈섬〉20~30's 정도의 면사를 사용한 경.

스트라이프 진 [영] stripe jean 〈복〉줄무늬의 2분의 1면 능직물.

스트래들 리프트 [straddle lift] 〈역도〉한 손으로는 바로 잡고 한 손으로는 반대로 잡아, 바벨을 두 다리 사이에 넣고서 다리를 굽혀 펴는 동작.

스트래토비젼[영 stratovision] 바다 건너 먼 곳과 텔레비조에 연결할 때 대형 비행기에 중계설비를 장치하여 영상을 있는 방법. (성층권 텔레비전 방송).

스트레토크루저 [영 stratocruiser] 성층권을 나르는 고공비행기.

스트랜드 [영] strand 〈섬〉로프로 만들 때의 중간체.

스트랩 [영 strap] 가죽끈. 가죽으로 만든 손잡이의 끈.

스트랩리스 [strapless] 〈의상〉드레스나 속옷의 어깨 끈이 없는 것.

스트레스 [영 stress]
① 압박, 압력, 급박.
② 〈의〉스트레스학설. 캐나다의 세류 교수가 주창한 것으로서 병은 외적인 압박이 내장에 고장을 주기 때문이며 그 압박을 제거해 주면

병은 날수 있다는 학설.

스트레이너 [strainer] 〈토목〉여과기.

스트레이트 [영 straight] ① 똑바른. ② 정직한. ③ 〈야〉 직구. ④ 〈경〉 경기에서 연속해서 이기거나 역으로 지는 것.

스트레이트 라이트 [straight right] 〈권투〉 오른편 주먹을 일직선으로 내미는 타격법.

스트레이트 레프트 [straight left] 〈권투〉 왼편 주먹을 일직선으로 내미는 타격법.

스트레이트 세트 [straight set] 〈테니스〉 한쪽 팀이 한번도 이기지 못한 채 시합이 끝나는 것.

스트레이트 스커트 [straight skirt] 〈의상〉 힙(hip)선에서 밑으로 똑바른 겉모양을 가진 스커트.

스트레이트 코트 [straight coat] 〈의상〉 통이 똑바로 보이도록 만든 코트.

스트레이트 펜스 [straight Fence] 〈미술〉 곧게 만들어진 장애물.

스트레인 [영 strain] ① 변형. ② 긴장.

스트레인드 [영 strained] 〈요〉 걸러낸.

스트레쳐 [영 stretcher] 신장공구.

스트레치 [영 stretch] ① 늘이다. ② 펼치다, 확장하다. ③ 과장. ④ 〈경〉 직선코스.

스트렌저 [영 stranger] ① 타인, 이방인. ② 국외자, 프랑스어의 에트란제와 같음.

스트렙토마이신 [영 streptomycin] 〈약〉 페니실린에 버금가는 항생물질로 1944년 미국의 와스만 박사가 발견한 것으로서 페니실린이 듣지 않는 티프스, 적리, 결핵 등에 유효.

스트렙토바리신 [영 streptobarricin] 〈의〉 결핵병의 항생물질. 미국에서 발견되어 비트라짓과의 변용이 유효

한 것으로 되어 있다.

스트로 [영 straw] ① 음료수의 빨대. ② 볏집, 보리나 밀집.

스트로브 [영 strobo] 〈사〉 크세논 가스를 봉입한 방전관으로 발광하는 플래시 장치.

스트로보스코프 [stroboscope] 원반 회전 그림 장치.

스트로크 [영] stroke 〈체〉 수영에서 팔로 물을 헤치는 것. 테니스나 골프에서는 볼을 치는 일. 보트에서 노로 배를 한 회 젓는 것, 오어(oar)의 한번 젓기.

스트로푸루스 [strophulus] 〈의〉 두드러기와 비슷한 유아의 피부질환.

스트로 포테이토 [straw potato] 식물성 기름에 감자를 튀긴 것.

스트로 햇 [straw hat] 밀집 모자.

스트론디움 [Strontium] 스트론디움의 방사성 동위 원소 중 반감기가 가장 길어 29년이다. 핵분열 생성물 주성분의 하나이다. 인체에 대한 영향은 칼슘과 비슷하다 함.

스트론튬 [strontium] 〈화〉 은백색의 부드러운 금속원소, 기호 Sr. 스트론튬 90은 핵분열에서 발생하는 방사능 물질과 동위원소이며, 반감기가 25년이나 걸리며 음식물 등으로부터 인체에 침입하는 유해한 것.

스트롭 [영 strop] 면도칼의 칼 가는 가죽띠.

스트리크닌 [strychnine] 알칼로이드 일종.

스트리키니네 [영 strychnine] 〈약〉 백색의 결정성의 독약을 갖는 알칼로이드, 흥분제가 된다.

스트리킹 [streaking] 영상 증폭기, 회로 장애로 TV화면에 긴 꼬리로 나가는 것.

ㅅ

스트리트 [영 street] 가로 시가. 미국에선 아베뉴는 남북의, 스트리트는 동서의 가로를 지칭할 때 쓴다. 아베뉴(avenue).

스트리트 인덱스 [street index] 〈도서관〉 대출자 주소록.

스트릭트 굿 오디너리 [영] strict good ordinary 〈섬〉 미면 등급의 하나로서 로미들링 다음가는 것. 비고 : 약호 SGO.

스트릭트 로 미들링 [영] strict low middling 〈섬〉 미면 등급의 하나로서 굿 미들링 다음가는 것. 비고 : 약호 SLM.

스트릭트 미들링 [영] strict middling 〈섬〉 미면 등급의 하나로서 굿 미들링 다음 가는 것. 비고 : 약호 SM.

스트림 라인 [영 stream line] 유선형.

스트립 [영 strip] ① 벗다, 알몸이 되다. ② 스트립쇼의 약. ③ 가느다란 소편, 조각. ④ 소지구.

스트립 [strip] 압연 제철. ~공장.

스트링 [영 string] ① 실. ② 끈. ③ 일렬. ④ 악기의 현.

스트링겐도 [이 stringendo] 〈음악〉 음을 차츰 빠르게.

스트링 쿼테트 [string quartette] 현악 4중주.

스티롤 [영 styrol] 〈화〉 합성수지 폴리스틸렌의 성분, 이것을 재료로 사용한 주방용품이 많이 사용되고 있다.

스티앱신 [steapsin] 〈생물〉췌장 분비액에 포함된 리파제의 하나.

스티어 [영 steer] ① 조향을 하다. ② 진로를 결정하다. ③ 자동차를 운전하다.

스티어링 기어 [steering gear] 〈기계〉 키 조정 장치.

스티어링 드럼 [steering drum] 자동차의 조향 장치 구조의 하나.

스티어링 샤프트 [steering shaft] 자동차의 방향 전환축.

스티어링 시스템 [영 steering system] 자동차의 진행방향을 바꾸는 조향장치.

스티어링 휠 [steering wheel] 자동차의 타륜(舵輪).

스티치 [영 stich] 〈복〉 편물, 자수 등의 꿰맨 자리.

스티치 [영 stich] ① 꿰맨 줄, 솔기. ② 장식 솔기.

스티칭 스레드 [영] stitching thread 〈고무〉 현행은 '봉사(縫絲)'로 사용하고 있으나 그냥 '실'이라고 사용해도 좋으리라고 봄.

스타플 체이스 [영 steeple chase] 〈경〉 3,000미터(영국에서는 2마일)의 장해물 경쟁.

스틱 [stick] ① 스키용 지팡이. ② 〈인쇄〉 식자가(植字架).

스틱 걸 [영 stick girl] 스텍 대신에 등판하는 여성.

스틱 보이 [stick boy] 실속 없는 남자.

스틸 [still] 보통 사진. 영화 공고용 장면 사진. 정물화.

스틸 [영 steal] ① 훔치다. 강탈하다. ② 〈야〉 도루.

스틸 [영 steel] 강철.

스틸 기타 [steel guiter] 전기 기타의 하나.

스틸링 블록 [stering bloc] 자국 통화의 가치를 영국 화폐. 파운드로 표시하고 무역과 기타 대외 거래를 주로 파운드화로 결제하는 국가.

스틸베스트롤 [stilbestrol] 〈화학〉 결정 합성 화합물.

스틸 새시 [steel sash] 강철로 된 건축 용구.

스틸 섕크 [영] steel shank 〈고무〉 허리쇠.

스틸에지 [steel-edge] 스키 앞축에 댄 강철판.

스틸캐스팅 [steel-casting] 강철을 녹여 만든 물건.

스틸 테이프 [steel tape] 토목 측량용의 강철 자의 하나.

스틸 토 [영] steel toe 〈고무〉 현행은 '스틸토'로 쓰고 있으나 '코쇠'가 좋겠고, steel toe cover는 '코쇠 덮개 / 코쇠 덮개천 [布] ', steel toe support는 '코쇠받침전' 등으로 사용함이 가할 듯.

스팀 게이지 [steam gauge] 증기 압력계.

스팀 엔진 [steam engine] 증기 기관.

스팀 타월 [steam towel] 〈미용〉 찜 타올.

스팀 터빈 [steam turbine] 증기 터빈.

스팅어 [stinger(missile)] 휴대용 견착(肩着)식 방공 미사일. 저공 침투 전투기 격추용으로 많이 쓰임.

스파니엘 [영 spaniel] 〈동〉스페인원산의 애완용의 작은 개. 털이 길고 귀와 꼬리가 늘어져 있다.

스파르타 (Sparte/Sparta) 〈역〉 고대 그리스(Greece)의 도시 국가.

스파링 [sparring] 〈권투〉큰 글러브를 끼고 가볍게 치는 연습을 하는 것.

스파시보 [spacibo] 고맙다.

스파이더 직(織) [영] spider weave/ net weave 〈섬〉 직물 조직의 일종으로 평직의 조직에 특별한 경위사로써 그물 모양으로 짠 것.

스파이럴 [영 spiral] ① 나선모양의 ② 〈스케이트〉나선형으로 미끄러지다.

스파이럴(선) [spiral 線] 〈기계〉 경사진 언덕에 쓰이는 구부러진 철도.

스파이럴 슈트 [spiral chute] 고층 건물의 물건을 아래로 운반하는 장치로 기둥을 중심으로 나선형(螺旋形)으로 감긴 둥근 통.

스파이 링 [spy ring] 간첩 조직망.

스파이즈[영 spice] 〈요〉향신료, 약미.

스파이크 [영 spike] ① 〈배구〉 강타 ② 구두창의 뾰족한 못. ③ 경주용 신발. ④ 철도의 침목에 박는 못. ⑤ 〈전〉 단락되었을 때의 섬광.

스파테인 [Spartein] 〈화학〉 알칼로이드의 일종으로 강심제.

스팔탄 [영 spartan] ① 스파르타식의 ② 스파르타인. ③ 스파르타에서 행하여진 엄격한 교육으로 한때는 희랍 전토를 지배한 그 교육을 스파르타 교육이라고 한다.

스패너 [영 spanner] 볼트의 머리를 물고 죄는 공구.

스팩트럼 [spectrum] 분광, 주파수역, 파장역, 범위.

스팬 [영 span] ① 엄지와 새끼손가락을 편 길이, 약 9인치. ② 〈항〉 항공기의 날개너비. ③ 보트의 가로너비.

스팬덱스[영 spandex] 〈복〉 폴리우레탄계의 합성섬유의 하나. 신축성이 풍부하기 때문에 속옷에 사용된다.

스팬 오브 컨트롤 [영 span of control] 한 사람의 관리자가 통제할 수 있는 부하의 범위, 보통 7~8인이 최적이라고 한다.

스팬코어 [영 spancore] ① 〈극〉 의상의 금은 색의 장식. ② 스트리퍼의 젖꼭지의 끝에 붙이는 은색의 커버.

스팽글 [일 spangle] 〈의상〉 무대용

ㅅ

의 의상 등에 붙이는 반짝반짝 빛나는 장식.

스퍼 기어 [spur gear] 〈기계〉두 굴대가 나란히 있을 경우에 쓰이는 대표적인 톱니바퀴.

스퍼마틴 [spermatin] 〈의학〉동물의 고환, 또는 섭호선.

스퍼이트 [영 spuit] 액체의 주입기.

스퍼트[영 spurt] 〈경〉전력 역주하는 것.

스펀지 인솔 [영 sponge insole 〈고무〉'중저(中底)스펀지'로 사용되나, '스펀지 안창'으로 사용함이 좋겠음.

스펀 크레이프 [영] spun crape 〈섬〉경사에 견방사, 위사에 SZ 강연 생사를 2올씩 교대로 사용한 평직물.

스펌 뱅크 [영 sperm bank] 정자은행, 우수한 인재의 정자를 보존, 인공수정시 그것을 제공하는 것을 목적으로 한다.

스페르마 [영 sperma] 정액.

스페르민 [spermine] 〈화학〉정액, 이스트 등에 들어 있는 아민의 일종.

스페릭스[영 spherics] 〈전〉전자기상 관측, 태풍의 위치를 측정가능거리 5000km까지 먼저 알 수 있다.

스페셜 [영 special] 특별한, 독특한.

스페셜리스트 [영 soecialist]
① 〈경〉특정의 소수상품을 전문으로 매매하는 중개인.
② 전문가.

스페셜리제이션 [영 specialization] 〈경〉전문화, 기능화. 경제가 복잡하여 다기능에 이르면 자연발생적으로 각 분야에 대하여 전문화된 기술이 요구되어 그것이 직업화하는 현상.

스페셜바겐데이 [special bargain day] 특별히 날짜를 잡아, 기한을 잡아서 싸게 파는 날을 말함. 바겐은 싸구려 상품을 말하는데 디스카운트(discount)·할인·염가 판매하는 뜻.

스페시멘 [영 specimen] 견본, 표본.

스페시즈[영 species] ① 종. ② 종족.

스페어 [영 spare] ① 여분의, 예비의. ② 절약하다.

스페이드 [영 spade] ① 삽, 가래. ② 트럼프의 스페이드 모양의 카드.

스페이스[영 space] ① 공간. ② 우주. ③ 여지, 여백, ④ 행간, 간격.

스페이스 버스 [영]space bus 우주 버스. 유인 우주 연락선. 스페이스셔틀(space shuttle). (→) 스페이스 셔틀.

스페이스 브로커 [영] space broker 〈신문〉광고 지면을 매매하는 대리점. 매체사(媒體社)에서 신문·잡지의 스페이스(space) 곧 지면을 구입한 뒤 광고주(廣告主)의 광고를 제출하는 데 대한 서비스만 하는 광고 대리업.

스페이스 셔틀 [미] space shuttle 우주 왕복선. 유인 왕복 우주선. 우주 버스라고도 함. 셔틀(shuttle)은 버스 또는 왕복 운전 열차의 뜻. 스페이스 버스(space bus).

스페이스 쉽 [space ship] 우주선(船).

스페인 [Spain] 남유럽의 공화국.

스페츠나즈 [SPETNAZ] 구소련 소속의 특수목적부대. 해외에서의 비밀업무. 특히 군사정보의 수집에 종사하고 있다고 한다.

스페컬레이션 [영 speculator] ① 사색. ② 투기, 사혹(思惑).

스페큘레이터 [speculator] 〈경제〉투기자(投機者). 폭동을 예상하고 많이 사들이는 것.

스펙타콜 [영 spectacle] ① 광경. ② 볼거리, 구경거리. ③ 〈영〉장대한 장면이 많은 영화. ④ 안경.

스펙트럼[영 spectrum] 〈이〉광선을 3각 프리즘에 비추었을 때 나타나는 7

색의 색깔. 분광, 색대.

스펜더 [영 spender] 〈의〉 수혈용의 혈액을 공급하는 자.

스펜더 분석 [spender] 〈물리〉분광 분석(分光 分析)

스펜딩 폴리시 [영 spending policy] 〈정〉 소비정책, 불황을 극복하기 위한 공공 투자 등을 말함.

스펜서 Spenser, Herbert (1820~1903) 영국의 哲學者, 社會科學者.

스펠 [영 spell] ① 말을 엮는 것. ② 스펠링의 대용어.

스펠트 [도] Spelt 〈식품〉조립형(粗粒型)의 밀. 소의 사료.

스포이드 [일> 네 spuit] 주사기. 고무 주머니가 달린 유리관.

스포일 [영 spoil] 소용없게 되다. 손상되다. 아이를 버릇없게 기르다. 망쳐놓다. 음식이 상하다.

스포일러 [spoiler] 망쳐버리는 사람.

스포일즈 시스템 [spoils system] 엽관제(정권을 획득한 정치가나 정당이 인사권이나 임명권을 지배하는 일)

스포츠 드레스 [sports dress] 부인용의 운동복.

스포츠맨 라이크 [sportsman like] 운동가다운 공명 정대한 뜻.

스포츠 인스트럭터 [sports instructor] 스포츠 클럽의 스포츠 지도자.

스포츠 코트 [sports cost] 운동할 때 입기 편하게 만든 웃옷.

스포크 [영 spoke] 자동차 기차 등의 제동기. 차륜의 너비.

스포크스맨 [영 spokesman] 대변자, 특히 정계의 공식의 성명을 발표하는 자.

스포트 뉴스 [spot news] 토막 뉴스.

스포트라이트 [spotlight]
① 무대의 특정 부분에만 집중적으로 비춰주는 조명.
② (세간의) 주목 주시.

스포트 아나운스 [spot announce] 프로그램 사이에 끼우는 짧은 광고 방송.

스포트 애드 [spot ad] 〈영화〉막간을 이용한 선전 광고.

스포티 [영 Sporty] 경쾌한, 활동적인. 산뜻하고 말쑥한.

스포티드 면(綿) [영] spotted cotton 〈섬〉 담황색을 띤 솜.

스포틱 [sportic] 〈의상〉-tic으로 끝나는 영어의 형용사가 많으므로 잘못 만들어서 쓰는 말. 스포티.

스폰서 [라 > 영 sponsor]
① 자금 원조자 후원자.
② 〈광고〉 매체에 출고하는 광고주 (廣告主).

스폰서드 캐피탈리즘 [sponsored capitaliam] 민간자본주의.

스폰서드 프로그램 [sponsored program] 〈방〉 광고주가 일정한 기간을 매절하는 상업프로그램. 상대어는 서스·프로.

스폰지 볼 [sponge ball] 〈야구〉 연한 공. 연구(軟球).

스폰지 케이크 [sponge cake] 카스테라.

스폿 [spot] ① 점(点). 장소. 지점.
② 비행기의 승객이 타고 내리거나 화물을 싣거나 내리는 장소.
③ 텔레비전 프로그램의 짧은 광고.

스폿 펀드 [spot fund] 펀드의 90% 이상을 주식에 투자해 미리 정한 수익률에 달성하면 조기 상환을 해주는 상품.

스푸마토 [이 sfumato] 〈미술〉 그림 속 물건의 가장자리를 풀어 흐리게 그리는 방법.

스푸어 [spoor] 〈등산〉 스키가 지나간 자국.

ㅅ

스푼 레이스 [spoon race] 숟가락 같은 것에 공을 올려놓고 달리는 경주.

스풀 [spool=simultaneous peripheral operation on-line] 〈컴퓨터〉
① 자기 테이프나 종이테이프의 롤을 장치하는 기구, 또는 종이테이프를 감는 것.
② 주프로그램 처리와 입출력이 동시에 이루어지는 것으로 다중 프로그램의 한전된 형태.

스풀 [영 spoor] ① 차의 바퀴자국.
② 〈스키〉 활강의 자국. 독일어에서는 셰풀.

스프레드 [spread]
① 〈경제〉 국제 금융 거래의 기준 금리(LIBOR)와 실제로 지불하는 금리(金利)와 의차(差)로 금융기관이 수수료의 명목으로 추가한 것.
② 빵에 바르는 버터나 잼 따위.

스프레드 뉴스 [spread news] 계속되는 사건의 계통을 다룬 뉴스.

스프레이 [영 spray] ① 분무기.
② 물보라. ③ 흡입기.
④ 〈용〉 머리형을 고정시키기 위한 향수들이 래커.

스프로켓[영 sprocket] 〈사〉 카메라나 영사기의 필름을 감기 위한 기어.

스프롤 [영 sprawl] 원 뜻은 손발을 보기 흉하게 뻗고 앉는 것이나 보기 흉한 문자를 말한다. 변해서 무계획, 무질서하게 도시가 확대되는 것.

스프롤 현상 [sprawl] 공동 현상. 도시의 급격한 발전에 따라 도시 교외에 주택들이 무질서하게 들어서서 마치 누에가 뽕잎을 파먹어 들어가는 현상.

스프루 [sprue] 〈의학〉 구강염과 설사가 나는 열대병.

스프루스[spruce]가문비. 가문비재목.

스프린터[영 sprinter] 〈경〉단거리선수.
스프린트[영 sprint] 〈경〉 단거리 경주의 주법 또는 영법.

스프린트 레이스 [sprint race] 있는 힘을 다하여 달리는 것.

스프링보드 [spring board] 도약판. 뛰어 오르는 판.

스프링 새들 [spring saddle] 스프링 안장.

스프링 샤클 [spring shakle] 자동차의 스프링 쇠고랑

스프링 세트 [spring set] 자동차의 조향(操向)장치 구조의 하나.

스프링 시트 [spring seat] 차에 굴대에 놓여진 스프링(leafspring)의 짧은 판철.

스프링 카메라 [spring camera] 단추를 누르면 스프링의 장력으로 기계가 촬영 위치를 취하게 되는 식으로 된 카메라.

스플라이스 [splice] 매듭 있기. 접착.

스플래셔 [splasher] 자동차·자전거 등의 흙받이. splash는 흙탕물 따위를 튀기다.

스플래시 [영 splash] 물보라를 일으키는 것.

스플레 [프 souffle] 〈요〉
① 계란의 흰자위를 거품을 일으켜 만드는 요리.
② 스풀레 남비.

스플릿 런 테스트[영 split run test] 신문·잡지의 광고의 견본, 삽화 등의 광고 구성법을 상대적 효과로 측정비교하는 것.

스플릿 슬리브 [split sleeve] 〈의상〉 소매 위의 가운데 길이로 바느질을 넣은 소매.

스피것 [spigot] 〈토목〉마개. 수도·통 따위의 주둥이.

스피그라 [speed graphic 의 약] 미국의 그래프렉스사의 카메라로 프로의

카메라맨이나 신문·보도관계자가 사용하는 대형 카메라.

스피노자, 바르흐 (Baruch Spinoza, 1632~1677) 〈인〉네덜란드의 철학자.

스피내커 [영 spinnaker] 〈요트〉경주 요트의 큰 삼각형의 돛.

스피닝 [spinning] 방적(紡績)

스피닝 왈츠 [spinning waltz] 핀란드의 포크 댄스.

스피도미터 [speedometer] 속도계.

스피드 [영 speed] ① 민속.
② 속도, 속력.

스피드케이스 [speed case] 위에서 옆까지 자크가 달린 가방의 일종.

스피로지라 [spirogyra] 〈식물〉수면(水綿).

스피라마이신 [영 spiramycin] 〈약〉방사균에서 생기는 항생물질의 하나.

스피라추얼 [영 spiritual] ① 정신적.
② 〈음〉흑인연가.

스피로헤타 [영 spirochaeta] 〈의〉나선형의 세균으로 원생동물과 박테리아의 중간적 존재. 매독, 와일씨병 등의 병원체.

스피리추얼리즘 [spirotualism]
① 심령론. ② 철학에서, 유심론.

스피리추얼즈 [spirituals] 흑인 영가.

스피릿 [영 spirit] ① 정신, 혼.
② 원기, 용기.

스피릿 껌 [spirit gum] 일종의 고무풀.

스피릿 스타일 [spirit style] 〈역도〉두 다리를 앞뒤로 벌리고 바벨을 잡는 스타일.

스피츠 [영 spitz] 〈동〉독일의 포메라니아 지방원산의 애완견으로 작고 주둥이가 뾰족하며 색깔은 백색.

스피츠카스텐 [Spitzkasten] 〈공업〉

첨함(尖函).

스피치 세러피 [speech therapy] 〈의학〉 언어 장애자의 언어 치료.

스피커 [영 speaker]
① 이야기 상대, 연설자.
② 확성기(라우드 스피커 loud-speaer의 약) 의장 [속어] 입.

스피크 아웃 [영 speak out] 청공토론, 옥외토론. 크게 이야기하다. speak up 과 같다.

스피크이지 [영 speakeasy] 미국의 금주시대의 지하주점.

스피킹 걸 [speaking-girl] 외국인에게는 통하지 않은 어색한 영어로 노인 같으면 차 마시는 벗. 권태로운 마음을 명랑하게 해주는 여자. 말벗이 되는 여자.

스핀 [영 spin] ① 실을 짜아 만들다.
② 선회.
③ 〈정·탁〉공에 회전을 주는 것.

스핀들 [영 soindle] ① 방추(紡錘).
② 〈기〉주축.
③ 스핀들유, 순도가 높은 스핀들유.

스핀턴 [spin turn] 도는 동작.

스필라이트 [spilite] 〈광물〉개부르(gabbro)족에 속하는 암석.

스필오버 [spillover] 〈통신〉위성 방송 전파가 목적 외의 지역에 도달하는 일(의도적이 아니더라도 문화의 강매로서 국제적인 문제로 되고 있음). 본래의 뜻은 넘쳐흐른다.

스핏 [spit] 침, 침을 뱉다.

스핏 볼 [spit ball] 〈야구〉공에 침을 바라 스냅이 잘 되도록 하여 회전을 증가시켜 커브나 드롭이 잘 되도록 던지는 공. 현재는 금지되어 있는 투구 방법.

스핑고신 [sphingosine] 〈화학〉뇌 조직 중의 알칼로이드.

스핑크스 [sphinx]
① 고대 이집트의 사원이나 분묘 앞에 놓인 석상(몸은 사자이고 얼굴은 인간의 모습을 한 것으로 악마를 쫓는 역할을 한 듯함).
② 그리스 신화에 나오는 여자의 얼굴을 한 괴물(행인에게 수수께끼를 내어 풀지 못하면 죽였다고 함).

슬라롬 [slarom] 스키 기술의 하나로 곡선 활강.

슬라이더 [영] slider
① 〈기〉 미끄럼 추. 미끄럼 운동부.
② 〈야〉 타자 가까이에서 볼이 미끄러지듯이 수평으로, 변화하는 구종(球種). 활구(滑球).

슬라이드 [slide] ① 환등기.
② 미끄러짐.
③ 〈음악〉 트롬본의 활주관.

슬라이드 룰 [slide rule] 〈수학〉계산 자.

슬라이드 패스너 [slide fastener] 자크. 지퍼.

슬라이딩 [영 sliding] ① 미끄러지다.
② 〈야〉 미끄러져 들어가다. 활주.

슬라이딩 그로스 [sliding growth] 〈생물〉 활주 성장.

슬라이딩 기어 [sliding gear] 〈기계〉 미끄럼 톱니바퀴.

슬라이딩 스케일 [영] sliding scale 〈경〉 임금 신축성. 굴신(屈伸)계산 제도. 일반적으로 하나의 경제량의 크기를 다른 경제량의 변동과 연결시켜 결정하는 인위적인 조절 수단. 흔히 임금 수준을 소비자 물가의 변동에 비례시켜 조작하는 방식을 지칭함. 슬라이딩 시스템(sliding system). (→) 슬라이딩 시스템.

슬라이딩 시스템 [영] sliding system 〈경〉 종가 임금법(從價賃金法) 물가 또는 생계비 지수의 변동에 따라 임금을 올리거나 내리거나 하는 제도. 물가 연동제(連動制) 임금 변동 방식. 슬라이딩 스케일(sliding scale). (→) 슬리이딩 스케일.

슬라이딩 시트 [sliding seat] 〈보팅〉 조수의 좌석에 수레가 붙어 있는 발을 펴거나 오므릴 때 앞뒤로 이동하는좌석.

슬라이버 [영] sliver 〈섬〉 고치.

슬라이버 랩 [영] sliver lap 〈섬〉 슬라이버 랩 머신을 거쳐 나온 랩.

슬라이스 [영 slice] ① 얇은 조각.
② 〈골프〉 공을 때릴 때 공이 오른쪽으로 곡선을 그리면서 나는 것.
③ 〈테니스〉 둔각으로 깎는 일.

슬라이스 샷 [slice shot] 〈테니스〉 공을 깎아서 때리는 것.

슬라임 [slime] 〈공업〉 진흙.

슬랄룸 [slalom 독] 〈스키〉 회전활강 경기. 일정의 간격을 두고 여러 개의 깃발을 세워 놓은 사이를 좌우 번갈아 미끄러지며 통과하는 경기.

슬래브 [일 slab] ①〈건축〉널판.
② 석판. ③ 〈야구〉 투수판.
④ 압연 강재의 하나. 단명이 장방형인 것.
⑤ 〈등산〉 큰 바위.

슬래시 [영 slash] 〈복〉 의복에 베어진 자국을 만들어 밑의 옷감이 보이도록 만드는 방법.

슬랙브릭 [slag brick] 광재(鑛滓)기와.

슬랙스[영 slacks] 〈복〉 바지 모양의 하나, 남녀 공히 사용한다.

슬랙 섬유(纖維) [영] slagfiber/slag wool 〈섬〉 광재로 만든 섬유.

슬랙울 [slag wool] 광재면.

슬랜트 [영 slant] 경사, 빗면.

슬랩스틱 코메디[영 slapstick comedy] 〈극〉 거친 발소리를 내는 희극.

슬랭 [영 slang] ① 방언.

② 속어, 비어.　③ 동료간의 말.

슬러 [영 slur]
① 경시하다. 헐뜯다, 중상
② 불투명한 발음.
③ 〈음〉 연음부.

슬러거 [미] slugger 〈야〉 강타자. 장타자.

슬러깅 애버리지 [영] slugging average 장타율.

슬러지 [영 sludge] ① 진흙, 흙탕. ② 침전물.

슬럼 [영 slum] 빈민가, 빈민굴.

슬럼프 [영 slump] ① 일시적인 부진.
② 〈경〉 주식의 폭락.
③ 콘크리트의 강도의 표시.
④ 〈경제〉 물가 폭락. 상업 부진.
⑤ 〈농업〉 습지. 수렁.

슬럼프플레이션 [slumpflation] 〈경제〉 불황(不況)과 인플레이션의 병존 생태(스태그플레이션보다 심각한 상황) 슬럼프와, 인플레이션의 합성어.

슬럽 사(絲) [영] slub yarn 〈섬〉
① 드문드문 슬럽을 나타낸 실.
② 2올의 가는 실에 굵은 조사를 드문드문 공급하여 합쳐 꼰 실.

슬럽 수팅 [영] slub suiting 〈섬〉 슬럽 사를 사용한 직물.

슬레이브 [영 slave] 노예.

슬레이크 [slake] 면포의 하나. 평직 또는 능직으로 짠 것임.

슬레이트 [영 slate]
① 〈광〉 규산질 점판암, 석판.
② 지붕판용의 점판암.
③ 인조의 석면판.

슬레지 [sledge] 화물용 썰매.

슬렌더 [영 slender] ① 가는,
② 근소한, 빈약한.
③ 〈복〉 늘씬한 외형을 한 선.

슬렌탄도 [이 slentando] 〈음악〉 차차 느리게.

슬로 모션 [slow motion] 느린 동작.

슬로바키아 (Slovakia) 〈지〉 체코슬로바키아(Czechoslovakia) 동부를 차지하는 공화국.

슬로 어웨이 [slow away] 지르박의 한 족형.

슬로터 [slotter] 〈기계〉 홈 파는 기계.

슬로프 [영 slope] 경사, 구배, 물매.

슬로핑 숄더 [영 sloping shoulder] 처진 어깨.

슬롯 [slot] ① 자판기의 돈 넣는 구멍 (slit), 홈, 가늘고 긴 작은 구멍.
② 〈연극〉 무대의 마루 바닥의 구멍 뚜껑.
③ 〈항공〉 비행기의 속도를 유지하기 위하여 날개 앞 가장자리에 다는 장치.

슬롯 머신 [slot machine]
① 자동 판매기.
② 자동 전화기.
③ 동전을 투입해서 게임을 하고 그 결과에 따라서 동전을 되돌려지거나 되돌려지지 않는, 혹은 늘어나기도 하는 자동 도박기.

슬루스 게이트 [slucie gate] 〈농업〉 수문(水門).

슬룹 [영 sloop] 외돛의 소형정. 외돛배.

슬리브 [영 sleeve] 〈복〉 소매, 일본옷의 자루처럼 늘어진 소맷자락.

슬리커 [영 slicker] 〈복〉 미국남부에서 사용하는 허리부분까지 찢어진 방수복. 기름을 먹이거나 고무를 입힌 레인코트.

스리크 [영] sleek/silesia 〈섬〉 양복 안감 · 호주머니 감에 사용하는 표면을 매끄럽게 가공한 능직물.

슬리크 스타일 [영 sleek style] 〈용〉 곡선을 사용하지 않고 직선으로 구성한

ㅅ

머리, 앞머리와 옆머리를 깨끗하게 빗어 올린 것.

슬리퍼 [영 sleeper] ① 철도의 침목. ② 침대차.

슬리폰 [영 slipon]
① 끈을 매지 않고 신는 신발.
② 〈복〉 오버나 양복 등 어깨에 걸쳐서 편하게 입는 것.

슬리핑 [sleeping] 〈권투〉 머리나 몸을 비켜 공격을 피하는 것.

슬릭 [slick] 고급 품질의 매끄러운 종이를 사용한, 사진을 많이 게재한 고급 잡지. 본래의 뜻은 매끄러운.

슬림 [영 slim] 홀쭉한, 화사한.

슬림 스커트 [slim skirt] 통이 좁은 스커트.

슬림 스타일 [slim style] 〈의상〉 날씬한 몸매.

슬립 [영 slip] ① 미끄러지다, 헛디디다. ② 〈복〉 부인 아이들용의 하의. 어깨에서 내려뜨린 기다란 하의. 속치마.

슬립 다운 [slip down] 〈권투〉 미끄러져 넘어진 것으로 감점이 없음.

슬립 온 [slip-on] 〈의상〉
① 끈이나 쇠 장식 없이 발을 살짝 넣기만 하여도 신을 수 있는 신발.
② 머리에서부터 뒤집어쓰고 있는 드레스, 블라우스, 스웨터 등.

슬릿 [영 slit]
① 세로로 가늘고 깊게 파놓은 홈.
② 〈물리〉 빛을 통하기 위한 틈.
③ 동전을 넣는 구멍.

슬릿 스커트 [slit skirt] 〈의상〉 옆에 트임을 넣어서 길을 걷기 쉽게 만든 스커트.

슬릿 카메라 [slit camera] 피사체의 움직임을 연속적으로 긴 필름에 촬영할 수 있는 카메라.

슬탄[영 sultan]살탄과 같음. 회교군주.

습바 [범 Siva > 중 濕婆] 시바(Siva).

시그널 인젝터 [signal injector] 〈통신〉 신호 주입기.

시그마 [그]
① 그리스 알파벳의 18자.
② 수학에서 총화의 기호.

시나고그 [synagogue] 유태인의 교회.

시나리오 라이터 [영] scenario writer 〈영·텔〉 각본 작가. 영화나 텔레비전의 대본을 쓰는 사람.

시나몬[영 cinnamon] 〈식〉육계(肉桂). 그 껍질을 향미료로 한 식품. 계피.

시내 (산) [이 sinay] 〈성서〉 모세가 십계명을 받은 아라비아 사막 북쪽에 있는 산.

시낸스드로푸스 [sinanthropus pekinensis] 북경교외에서 발견된 최고의 원인유골, 북경원인.

시냅스 [synapse] 〈의학〉 신경 자극 전도부(傳導部)

시너 [영 thinner] ① 엷게 하는 것. ② 래커 등의 도료를 희박하게 하는 휘발성의 액.

시너지 [synergy]
① 조직적이고 체계적인 작용.
② 공동 작용. 협동작용. 시너지 효과 - 각 기능이 종합하여 더 큰 종합적 효과를 낳는 일.

시네라리아 [cineraria] 한해살이 국화의 일종.

시네라마 [영] Cinerama 〈영〉 대형 영화의 일종. 상표명. 3대의 영사기로 스크린에 입체감을 내는 것. 1952년 뉴욕에서 첫 공개.

시네마 드라마[cinema drama]극영화.

시네마토크래프 [cinematograph] 영사기, 영화 촬영기.

시노늄 [영 synonym] 동의어, 유사어.

시노님 [그>라] [독·영 synonym] [프 synonyme] 〈언〉동의어(同義語). 동의 이어(同義異語). 유어(類語). 영어 표기로는 시너님(synonym) 안토님(antonyme).

시노비아 [synovia] 〈생물〉활액(滑液).

시놉프시스 [영 synopsis] 영화 등의 대략적 줄거리.

시놀러지 [영 sinology] 중국연구, 지나학.

시니발리 [범]Sinivali<신>「베다」에 나오는 다산과 순산의 여신.

시니시즘 [영 cynicism] ① 냉소.
② 〈철〉고대희랍의 견유철학(犬儒哲學)

시니어 레이스 [senior race]〈보팅〉주니어 경주에서 승리한 사람만이 하는 경주.

시니컬 [영 cynical] 비꼬는 냉소적인.

시닉 [그>라]영 cynic]
① 시니컬(cynical). 냉소적. 조소적 (嘲笑的) 시니컬.
② 〈철〉시닉 학파(Cynics)의 준말. 퀴닉 학파(學派). (Kyniker).
③ 인간의 사회적·개인적 생활을 경멸하는 빈정꾼. 냉소가. 비꼬기 잘하는 심술꾼.

시닉 학파(學派) [영 Cynics] [프 Cyniques]〈철〉퀴닉 학파(學派) (Kyniker)

시드 [영 seed] ① 종자.
② 〈경〉우수선수끼리 처음부터 맞붙지 않도록 대진표를 짜는 경기법.

시드니 (Sydney)〈지〉오스트레일리아 (Australia) 뉴사우스웨일스(New South Wales) 주의 주도.

시들 [영 cidre] 사과주.

시-디 [CD] 〈컴퓨터〉콤팩트 디스크. Compact disk

시-디 [CD] 현금 자동 지급기. 사용자 카드 이용으로 지급되는 기계. Cash despenser의 약어.

시디-롬 [CD-ROM] 〈컴〉콤팩트 디스크를 컴퓨터 기록 매체로 이용한 것. compact disk read - only memory 의 약어.

시디 면(綿) [영] seedy cotton 〈섬〉씨앗이나 그 조각이 많이 혼입된 솜.

시라 [범 Sira]〈신〉「베다」에 나오는 두 곡물 수호신 중의 하나. '시라는' 뾰족한·예리한'의 뜻. 쟁기나 호미 같은 농기구를 주관하는 신. 단수로서는 인드라(Indra) 신의 칭호. (→) 수나(suna)

시라프 [schlafsack]〈등〉침낭. 슈라프자크의 약.

시럽 [라 sirupus > 에·프 sirop [네 siroop] [도 sirup] [영 sirop/ syrup] 설탕물에 과즙을 가한 것. 꿀. 조청. 향료.

시레인 [영 sealane of communication]〈군〉해상연결통로.

시로스탯 [영 coelostat]〈이〉태양을 도는 천체에서 받은 빛을 일정의 방향으로 보내는 장치.

시로코 [영 sirocco]
① 사하라 사막에서 지중해로 향해서 부는 열풍.
② 송풍기나 선풍기의 팬의 일종.

시르바 (수편) [silverton] 양털과 금은사를 섞어 짠 직물.

시리아 (Syria/Arab Republic of Syria)〈국〉서아시아 지중해 동안에 있는 공화국. 기원전에는 시리아 왕국(Syria 王國) 이었으나, 16세기 이래 터키령. 1920년 프랑스의 위임 통치령을 거쳐 1946년 독립. 1958년 이집트와 아랍 연방 공화국 [통일 아랍 공화국] 을 이루었다가 1961년 분리 독립. 수도는 다마스쿠스 (Damascus). (→) 다마스쿠스

시리안(벌) [Syrian bees]벌의 한 종류.

시리어스 [영 serious]
① 얌전한, 엄숙한.
② 중대한, 진지한.

시리어스 드라마 [serious] (연극이나 방송에서) 인생 문제나 사회 문제 등을 진지하게 취급한 드라마.

시리얼 [serial] 신문·잡지의 연재 소설. 순차적이고 계속적인 출판물 또는 연속 영화.

시리얼 프린터 [serial printer] 〈컴〉한 자씩 인자(印字)하는 프린터 기계.

시리즈 [영 series] ① 연속.
② 계열, 조. ③ 1계열의 출판물.
④ 〈수〉급수. ⑤ 〈야〉일련의 시합.

시린지 [영 syringe] 주사기.

시마 [영] 〈지〉지구의 내부에서 시알의 하층에 있으며 주성분이 규소와 마그네슘으로 그의 합성어로 되었다. 지하 수 10km에서 약 1200km의 깊이에 이른다.

시머 [영] simmer 〈식품〉부글부글 끓이는 요리 용어.

시메트리 [그>라>영 symmetry] [도 Symmetrie] [프 symetrie] 대칭(對稱). 균형. 기선을 중심으로 좌우, 또는 상하에 같은 모양이 대립함을 말함. 밸런스(balance). (→) 아시메트리(asymetrie).

시멘타이트 [영 cementite] 〈광〉광물 중에서 가장 단단한 탄화철. 상온에서는 여리다.

시멘테이션 [영 cementation]
① 침탄. 단철을 목탄과 함께 가열해서 강철을 만드는 방법.
② 시멘트 접합법.

사문 [simoon(아랍)] 〈지〉아라비아, 아프리카 사막에 부는 열풍.

사물라크르 [프 simulacre]
① (어떤 사람(물건)을 닮게 만든) 상(像).
② 가짜. 모조품.

시뮬레이션 [영 simulation] 모의 실험. 실제와 같은 모델이나 상태를 만들어 모의적으로 실험을 하는 것.

시뮬레이터 [라>영 simulator] 조종 훈련을 하기 위한 모의 장치. 모의 항공기, 또는 자동차 운전 연습용 장치인 시뮬레이터 카(simulatorcar) 우주선, 원자로 등에도 쓰임.

시뮬테이션 [simultation] 모의 실험. 사회 현상이나 공장 설계와 같이 직접 실험할 수 없는 일들을 컴퓨터를 이용해서 실험하는 것. 수식으로 현실과 비슷한 모델을 작성해서 예견되는 여러 가지를 투입. 결과를 검토하는 방식이다.

시미 [shimmy] (자동차의) 앞바퀴의 이상 진동.

시밀리타니즘 [영 similitanism] 〈미〉때와 장소가 달라도 동일 장면으로 표현하는 방법. 동시주의.

시바 [범 Siva > 힌 Siva]
① 〈신〉힌두 교(Hindu 敎) 곧 인도교(印度敎)의 중요한 세 신 중 순환적 파괴·해체를 담당하는 신. 파괴신. 생식신(生殖神). 인도교 시바파(Siva 派)의 주신(主神). 본디는 바라문교(Brahman 敎)의 최고신.
② 〈불〉불교에 유입되어 대자재천(大自在天, Mahesvara) 준말로 자재천(自在天). 한자 표기로 습바(濕婆). (→) 마헤슈바라.

시바룰리 [영 chivaly] ① 기사도.
② 용자.

시바리티즘 [영 sybaritism] 쾌락주의.

시버스 [영 seaberth] 콘크리트와 철로 만든 정박 시설.

시베리아 (Siberia) 〈지〉소련, 우랄 산맥(Ural Mts.)에서 베링(Bering)해에 이르는 북아시아(Asia) 지역.

시벨류스 [sibelius상] 〈음〉 핀란드의 작곡가 시벨류스를 기념하여 핀란드가 선정한 세계적으로 우수한 작곡가에게 주어지는 상.

시비어 [영 severe] 엄격한, 까다로운, 예민한.

시빌리언 [영 civilian] 시민, 일반인. 군인을 제외한 것에 사용한다.

시빌리제이션 [영 civilization] 문명, 개화.

시소 [영 seesaw] 널판의 양단에 사람이 타고 번갈아 상하하는 유희.

시소러스 [thesaurus]
① 유어 사전(類語辭典) (항목을 뜻·개념 등으로 분류·배열한 사전).
② 〈컴퓨터〉 정보 검색에 쓰이는 키워드 사전 같은 것.

시스 [영 sheath] ① 칼집.
② 만년필이나 연필을 집어넣는 것.

시·스루 [영 see through] 〈복〉 원래는 투명하게 보인다는 뜻. 이것이 변하여 투명하게 보이는 얇은 포지의 옷.

시스터 보이 [sister boy] 여성적인 남자.

시스템 [영 system]
① 조직, 제도, 방식.
② 규정, 방법, 수순 등의 전체가 어느 목적을 가지고 결합되어 구성되며 상호작용이 일정한 방법으로 조정되는 것.

시스템 어프로치 [systems approach] 사회문제 등을 전체적인 관련성 속에서 파악하여, 해결의 실마리를 찾아내는 사고 방식.

시스템 하우스 [system house] 〈컴퓨터〉 컴퓨터 판매 및 소프트웨어의 개발·판매를 하는 가게(상점).

시스템 해킹 [system hacking] 전화 회선을 이용해서 기업, 은행, 군, 대학 등의 컴퓨터에 침입하여 테이프를 바꾸거나 훔치는 일.

시스토론 [영 cystoron] 〈약〉 신농약의 하나로 파라티온에 대신하여 발견되었다.

시스틴 [영 cystine 〈식품〉 시스테인·메티오닌과 함께 함류(含硫) 아미노산의 하나.

시스템 엔지니어링 [영] system engineering 사업 등의 조직 체계를 분석·연구하든지 하는 총합 연구 학문.

시시 [영 CC] Cubic Centimeter의 약. 입방센티미터.

시시 캐밥 [shish kebab] 양고기를 야채와 함께 꼬치구이로 한 터키요리.

시·시·티·비 [영 CCTV] 텔레비를 방송 이외의 용도로 사용했을 때의 유선방송. 원자로의 속등에 설치하여 인간의 눈의 대역을 수행한다. Closed CircuitTelevision의 약.

시실리 (Sicily) 〈지〉 시칠리아(Sicilia)

시실리안 [영] sicillian 〈섬〉 알파카 (alpaca) 옷감의 일종. 경사에 주로 면사, 위사에 굵은 모헤러 사(mohair 絲)를 사용한 평직의 하복감.

시아누크 (Norodom Sihanouk, 1922~) 〈인〉 캄푸치아의 정치가. 전 캄보디아 국왕, 국가 원수. 캄푸치아 연립 정부 대통령. 한때 북한에서 망명 생활도 했음.

시아르망 [프 charmant] 영어로는 차밍(charming)으로 '매력이 있는' 의뜻.

시아이에이 [CIA=Central Intelligence Agency] 미국의 중앙정보국. 미국의 최고 정보 기관.

시아토 [영 SEATO] 의 South East Asia Treaty Organization약. 동남아시아 조약기구.

시안 [영 cyaan] [화] 청소(靑素).

시알 [영 sial] 〈지〉대지를 구성하고 있는 물질로 화강암, 편마암 등으로 성

ㅅ

립되어 있으며 밀도는 2.5~2.7정도 이다.

시암 (Siam) 〈지〉 타이(Thailand)의 옛 이름.

시어 리넨 [영] sheer linen 〈섬〉 아마사 100번수 이상의 세사를 이용한 평직 생지(부인복감·손수건).

시어링 [영 shirring] 〈복〉 생지를 선호하는 간격으로 여러 단의 재봉으로 누빈 장식.

시어 서커 [영] seer sucker 〈섬〉 경사·위사 또는 경위사 스트라이프(stripe)에 해당되는 부분을 제직 또는 가공 방법 등으로 수축시켜 파상의 요철을 나타낸 직물(부인복·아동복·커튼 감 등).

시어 크레이프 [영] sheer crape 〈섬〉 경사에 SZ 강연 생사를 한 올씩 교대로 배열하고 위사에 SZ 강연 생사를 2올씩 교대로 사용한 얇은 평직물.

시에라네바다 산맥(山脈) (Sierra Nevada) 〈지〉
① 에스파냐(Espana) 남부의 산맥.
② 북아메리카(America)의 로키산맥(Rocky Mts.) 서쪽에 있는 산맥.

시에라리온 (Sierra Leone/Republic of Sierra Leone) 〈국〉 서아프리카 기니(Revolutionary People's Republic of Guinea)의 남쪽, 대서양에 면한 해안에 있는 공화국. 1896년 영국 보호령이었으나 1961년에 독립, 1971년 공화국이 됨. 수도는 프리타운(Freetown) (→) 프리타운.

시에라마드레 산맥(山脈) (Sierra Madre) 〈지〉 멕시코(Mexico) 중앙부의 고원을 에워싼 산맥.

시에스타 (siesta) (스페인·이태리 등에서의) 낮잠.

시 에이 티 브이 [영 CATV] [텔레비] Community Antenna Television의 약. 공동 청취 안테나 텔레비. 유선

텔레비.

시엠 [영 CM] Commercial Message의 약. 선전문구, 커머셜.

시오니즘 [영 zionism] 1897년에 유태민족의 건국운동이 일어나 그의 근거지를 팔레스타인으로 하여 1948년에 결국 목적을 달성하였다. 시온은 예루살렘에 있는 언덕의 이름.

시위드 [seaweed] 〈생물〉 해초 바다말. 김.

시이엔티오 [Central Treaty Organization] 중동조약기구. 중동지역의 대공 방어기구로 1959년 2월에 설립되었다. 가맹국은 영국, 터키, 이란, 파키스탄 등 4개국이며 본부는 앙카라에 있다.

시일 [영 seal] ① 봉인하다.
② 인장을 찍다. ③ 〈동〉 해표가죽.

시자스 점프[영 scissos jump] 〈경〉뛰어가다. 높이뛰기.

시저 컷[영 scissor cut] 〈용〉 가위만을 사용하는 조발방법.

시즈닝 [seasoning]조미(調味). 양념함.

시즐 [영 sizzle] 플라이팬으로 고기를 구울 때의 나는 소리.

시즐 광고(廣告) [영] sizzle ad. 〈광고〉 시즐(sizzle)은 쇠고기 등을 태울 때에 부글부글 타는 소리. 사람의 관능을 자극해서 욕구를 일으키는 하나의 표현 방법인데 식용유 광고에 많이 사용함.

시짱/서장(西藏) 〈지〉 티베트(Tibet)의 한자명.

시·지·에스(단위) [CGS단위] 길이를 측정하는데 센티미터, 무게는 그램, 시간은 초를 사용하는 단위제.

시추에이션 [situation]
① 상황, 입장, 상태. ② 극적 상황.

시코탄 섬 (Shikotan I.) 〈지〉 소련 쿠

릴열도(Kuril Is.)에 있는 섬.

시퀀셜 액세스 [sequential access] 〈컴퓨터〉 순차(順次) 접근(입출력 매체에 기억되어 있는 순번으로 각각의 레코드를 기억 장치에 넣고 빼고 하는 방식). RAM, ROM, SAM.

시퀀셜 파일 [sequential file] 〈컴퓨터〉 순차(順次) 파일(파일을 구성하는 각 레코드가 자기 테이프의 경우와 같이 물리적인 순번(順番)에 따라 배열되어 있는 파일).

시퀘스트런트 [영] sequestrant 〈식품〉 금속이온 혹은 산기(酸基)와 결합하여 그걸 불활성화 시킬 수 있는 물질.

시퀀스 [영 sequence] ① 연속. ② 결과. ③ 순서. ④ 놀이딱지나 교재 등에서 순서가 된 배열. ⑤ 같은 배경에서 연속해서 연출하는 극. ⑥ 〈영〉 계속의 화면. ⑦ 〈음〉 반복진행.

시퀀스 댄스 [sequence dance] 스텝이 이어 나가는 규정이 정해져 있는 춤.

시큐 [C.Q.] 컴퀵(come quick)의 첫 글자를 딴 것으로 '빨리오시오' 의 뜻.

시큐어러티 [security] ① 안전, 안정 보장. ② 문단속, 방범 설비. ③ 〈컴퓨터〉 시스템을 고장이나 과실에 의한 침해 또는 천재나 인재로부터 지키는 일.

시크 [seek] 〈컴퓨터〉 자기 디스크 장치이며, 판독·기록 헤드(head)를 디스크상의 지정된 위치로 이동하는 일. 본래의 뜻은 '찾다'.

시크렛 [영 secret] 비밀. ~서비스(~service) 미국에 있는 조직으로 국가 요인의 특별 경호원.

시크 하우스 신드롬 [sick house syndrome] 사무실이나 아파트에서 오랜 시간 생활하는 사람들에게 보이는 현기증, 두통, 불면증, 눈병, 후두염, 알레르기, 신경통 등의 증상.

시클로헥산 [영 cyclohexane] 나일론 원료의 하나.

시탄 [영 shih-tan] 중국요리의 차림표.

시토스테롤 [그>영 sitosterol] 〈식품〉 식물에서 발견되는 주요한 스테롤.

시튜에이션 [영 Situation] ① 위치, 환경. ② 국면, 사태, 상황.

시트 [영 sheet] ① 깔개, 보자기. ② 한 장의 종이. ③ 얇은 판.

시트랄 [영] citral 〈식품〉 정유(精油)에 있는 중요한 성분. 특히 레먼(lemon)에 많음.

시트로엔 [프 citroen] 프랑스제의 자동차의 상품명.

시트론 [영 citron] ① 〈식〉 (불수감) ② 사이더의 일종.

시트룰린 [영 Citrulline] 〈식품〉 요소(尿素) 사이클의 일부를 이루는 아미노산.

시트바 [sheet bar] 소형판상강, 압연하여 얇은 판으로 한다.

시트 워머 [영 seat warmer] 양식변기의 냉기를 방지하기 위해 사용한 두꺼운 천의 커버.

시트인 [sit-in] 연좌 데모.

시트콤 [sitcom] 시추에이션 코미디 (situation comedy). 등장인물과 무대는 같으나 매회 독립된 소재를 다루는 방송 코미디.

시트 파일 [영 sheet pile] 〈건〉 건설공사에서 붕괴방지 수단의 목적으로 타입하는 판상의 강재.

시트 화 (靴) [영] sheeting 〈고무〉 캘런더 또는 롤러를 이용해서 일정 두께 및 너비의 긴 배합 고무 시트를 만드는 조작. 시침 구두.

시티 에디터 [영] city editor 〈신문〉

ㅅ

신문사의 사회 부장. 경제 기자. 미국에선 사회 부장, 영국에선 경제 기자.

시팅룸 [영 sitting room] 가족이 일상 모이는 방, 거실.

시퍼스 유잔스 [영 shipper's usance] 〈경〉 수입상품이 도착한 다음 팔려나갈 때까지 결제를 연기 받는 계약.

시폰 [chiffon] 〈복〉 실크 모슬린. 얇고 부드러운 천으로 베일이나 어깨걸이에 사용한다.

시퐁 [프 chiffon]
① 〈복〉 장식용 주름 단으로 두르는 천.
② 〈섬〉 경위사에 편약연한 생사를 사용하고 밀도가 비교적 적은 평직물로써 제직한 뒤 정련을 완전히 하지 않은 직물.

시프트 [영 shift]
① 〈야〉 상대의 타자에 대응하여 수비위치를 바꾸는 것.
② 영문타자기에서 대문자를 찍을 때 사용하는 키.

시프트 록 [shift lock] 〈인쇄〉 타자에서. 옮길 걸쇠. 대문자 사용키.

사플레인 [영 seaplance] 수상비행기.

시피에스 [CPS=Chatecter Per Second] 〈컴퓨터〉 초당 몇 글자를 인쇄할 수 있는가를 가리키는 프린터의 인쇄 속도를 뜻한다.

시필리스 [독 syphilis] 〈의〉 매독.

시하일 [독 schi Heil] 스키어 동지끼리의 인사. 스키에 행운이 있어라 하는 뜻.

식 [프 shic] 상품.

식 [영 thick] 〈복〉 바지의 엉덩이 덧댐.

신 [영 scene] 〈극·영〉 장면, 정경.

신 가드 [영 shin guard] 〈야〉 포수, 주심이 붙이는 정강이 받이.

신 개버딘 [영] sheen gaberdine 〈섬〉 고급 개버딘의 일종.

신데렐라 콤플렉스 [영 cinderella complex] 자립할 자신이 없는 여성 특유의 심리적 의존증.

신두 [범 Sindhu] 〈역〉 「베다」에 나오는 강의 이름. 현재의 인더스강 (Indus R.)

신드롬 [영 syndrmom] 증후군.

신디사이저 [synthesizer] 〈음악〉 전자회로로써 음을 합성하는 악기.

신디케이트 [그>라>프>영 syndicate] 〈경〉 공동 판매를 위한 기업 연합. 채권 인수를 위한 은행이나 금융업자의 단체.

신세러티 [영 sincerity] 성의, 성실.

신실린 [영 syncillin] 〈약〉 미국제의 경구 페니실리의 하나.

신장웨이우얼 (자치구) (新疆維吾爾 自治區) 〈지〉 중국 서북쪽, 위구르족의 자치구.

신징 [영 singing] 〈음〉 노래하기, 지저귐.

신카 [영 sinker] 〈야〉 투수의 공에 완만한 회전을 주어 타자 가까이에서 갑자기 아래로 떨어지는 공(공을 드롭시키는 투구의 일종)

신크레티즘 [영 syncretism] 〈종〉 틀린 사상을 함부로 연결 지우는 것. 제설 혼합주의.

신크로사이클로트론 [synchro cyclotron] 〈원자〉 가변주파대 원자핵과의 장치.

신 택스 [sin tax] 담배·주류·도박 등에 부과하는 세금.

신택스 [syntax]
① 통어론, 구문론, 문장 구성법.
② 〈컴퓨터〉 프로그램 언어를 명확한 기술로 구성하기 위한 일련의 규칙.

신틸레이션 카메라 [scintillation camera] 〈의학〉 방사능 측정 장치를 사용하여 인체의 방사선 물질을 조사·기록하는 카메라.

실네트 [silhouette]
① 영희, 영법사(影法師).
② 윤곽.
③ 〈복〉 형이나 모습의 외관.

실드 [영 shield] ① 난가. ② 보호.
③ 터널 공사 등에 사용되는 터널의 크기로 만들어진 강철강제의 원통.

실라블[영 syllable] 음절, 발음상의 한 구절.

실라칸스 [영 coelacanth] 〈어〉 고생대로부터 중세기까지 번성한 물고기로 약 수 천만년 전에 전멸하였다고 생각되었던 물고기인데 근년 미국연안에서 이 종류의 물고기가 포획되어 살아 있는 화석으로서 유명하게 되었다.

실러 Schiller, Johann Christoph Friedrich von (1759~1805) 독일의 詩人, 劇作家.

실로지즘 [영 syllogism] 삼단논법, 연역법.

실로폰[영 xylophone] 목금. 받침대위의 늘어놓은 장단의 목편을 원구가 달린 2개의 막대로 때리는 악기.

실루민 [silumin] 〈화〉 구조용 알루미늄 금속의 하나.

실루엣 [프 silhouette]
① 〈미술〉 윤곽을 검게 칠한 화상.
② 검은색의 반면 화상.
③ 그림자로 비친 화상.
④ 〈의상〉 디자인의 윤곽선.
⑤ 〈사격〉 사람의 모양을 그린 표적.

실리루아(기) [라 silirua 紀] 지질시대의 하나로 고생대 중의 제3위인 시대.

실리콘[영 silicone] 〈화〉 규소에 탄소, 수소 등을 결합시켜서 만드는 유기물. 300도의 고온, 영하 60도의 저온에서 견딘다. 실리콘.

실리콘 밸리 [영 silicon valley] 미국의 유력한 반도체(半導體) 메이커들이 집결되어 있는 지역. 캘리포니아 주 샌프란시스코 시에 있음.

실리콘 칩 [silicon chip] 실리콘(규소)으로 만든 반도체 소자(트랜시스터 IC 등).

실린더[영 cylinder] 〈기〉 기통, 원통으로 발동기나 펌프 등의 왕복운동기관의 중심부분.

실린더 [cylinder]
① 기통(氣筒) (왕복 운동 기관 속에 있는 원통부로 그 속을 피스톤이 왕복함)
② 원통(圓筒). 원주.

실린더 블록 [cylinder block] 기통 주체.

실린더 스케일 [cylinder scale] 타자기의 일부분. 실린더 눈(금).

실린더 오일 [cylinder oil] 기름의 한 가지.

실린더(원통) [cylinder] ① 액량계.
② 기통(氣筒).

실린더 월 [cylinder wall] 〈기계〉 실린더 벽(壁).

실린더 헤드 [cylinder head] 〈기계〉 물구멍. 기통 머리(氣筒頭).

실링 [영 ceiling] 항공기의 상승한도. 천장(天井). 최고 가격.

실링[영 shilling] 영국의 화폐단위로서 1파운드의 20분의 1. 오스트리아의 화폐 단위.

실링 프라이스 [ceiling price] 집세 등의 최고 가격.

실버 타임 [silver time] 방송 프로 중 다음 청취율이 높은 시간.

실버톤 [silverton] 여러 가지 빛깔의 면양모와 금은사를 섞어 짠 직물의 털을 세워서 그 표면에 금빛. 은빛의 서리 모양의 무늬를 나타낸 방모 직물.

실스킨 [sealskin]
① 물개의 모피(毛皮)
② 물개의 가죽으로 만든 여자용 겉옷.

ㅅ

실켓 [영 silket] 〈복〉 면사에 가성소다를 가공 하여 비단과 같은 광택을 내는 것. 상품명.

실크 [영 silk] 견사, 견포. 비단.

실크 로드 [영 Silk Road] 내륙 아시아를 횡단하여 동서양을 이은 고대 대상(隊商) 도로. 근대에 와서 붙여진 호칭.

실크해트 [silk hat] 남자의 예모.

실키 [영 silky] 비단과 같은.

실트 [silt] ① 해감.
② 개흙(모래보다 잘고 진흙보다 굵은 침적토).

실트 스톤 [siltstone] 해감돌.

심 [영 seam] 천, 모포 등의 꿰맨자리.

심라인[영 seamline]〈복〉꿰맨자리의선.

심레스[영 seamless] 꿰맨자국이 없는 양말. 심제스 스타킹의 약.

심리스 스타킹 [영 seamless stockings 〈복〉 꿰맨 자국이 없는 솔기 없는 여성용 양말. 심 프리 스타킹 (seam free stockings)

심메트리[영 symmetry] 좌우동형으로 균형이 잡혀 있는 것.

심발스 [영 cymbals] 〈음〉2매의 화동 금속판을 맞부딪혀서 소리 내는 악기.

심벌 마크 [영 symbol+mark 〈광고〉 동일 메이커의 상품을 대표하는 마크. 일정 광고 기간을 상징하는 마크.

심볼라이즈 [영 symbolize] 상징하다.

심볼리즘[영 symbolism]〈예〉상징주의.

심파사이저 [영 sympathizer]
① 동조자. 인정있는 사람.
② 좌익운동의 후원자.

심파세틱[영 sympathetic]동정을 보내다.

심패시 [영 sympathy] 동정. 조위, 문상, 위문.

심포니 [영 symphony] ① 조화.

② 〈음〉교향곡.

심포닉 재즈[영 symphonic jazz]〈음〉심포니에서 사용하는 악기를 갖추어서 오케스트라에 의한 재즈의 연주. 교향적인 재즈.

심포닉 포엠 [영 symphonic poem] 이야기를 음악으로 표현하려고 하는 교향악. 교향시.

심포지엄 [영 symposium]
① 동일문제의 논문집.
② 토론회, 좌담회.

심 프리 스타킹 [영 seam+free stockings 〈복〉 꿰맨 자국이 없는 여성용 양말. 심리스 스타킹(seamless stockings). (→) 심리스 스타킹.

심플 드레스 [simple dress] 〈의상〉 단순한 드레스의 총칭으로 스포츠용·작업용·가사용 등이 있음.

심플리 [simply]
① 솔직히. 다만. 오직.
② 단순하게, 순수하게. 천진하게. 고지식하게.

심플리파이[영 simplify]간소화, 단순화.

심플 프루트 [simple fruit] 〈생물〉 홑열매.

십 아메니칸 [영 ship American] 미국 국내 산업 보호정책의 하나로서 미국의 배를 우선적으로 사용할 것.

싯 다운 스트라이크[영 sit-down strike]
① 눌러 앉다.
② 노동을 거부하는 것 뿐 아니라 직장에 눌러 앉는 쟁의 전술.

싱가포르 (Singapore/Republic of Singapore) 〈국〉 범어로 '사자의 도시' 라는 뜻에서 온 말. 동남아시아 말레이반도(Malay Pen.)의 남단에 있는 작은 섬나라. 1824년 영국 식민지. 1963년 말레이시아 연방(聯邦)에 편입. 1965년 연방에서 탈퇴, 독립, 수도는 싱가포르(Singapore)

상규라리즘 [singularism] 〈철학〉단수 원론(單數元論).

싱글 [영 single] ① 하나만의, 단일의. ② 〈정·탁〉단시합. ③ 신사복. ④ 독신.

싱글 [영 single] ① 하나만의, 단일의

싱글 배럴 [single barrel] 〈사격〉외줄박이 엽총.

싱글 서클 [single circle] 외겹 둘레.

싱글 시터 [single seater] 혼자 타는 차나 비행기.

싱글 캐치 [single catch] 〈핸드볼〉한 손으로 공을 잡는 것.

싱잉 커머셜 [영 singing commerical] 〈방〉커머셜 송을 붙인 CM.

싱커 [미] sinker 〈야〉타자(打者)앞에서 툭 떨어지는 공.

싱코페이션 [영 Syncopation] 〈음〉박절상의 강약의 위치를 본래의 개소에서 다른 쪽으로 미끄러지게 하는 방식으로 재즈에 많이 사용된다. 절분음(切分音). 중략(中略).

싱크 [영 sink] 〈건〉
① 주방의 하수도, 하수구.
② 가라앉다.

싱크로 [영 synchro] 싱크로나이저 (synchronizer)와 싱크로나이즈 (synchronize)의 합성어.
① 동시하다. ② 동기하다.

싱크로나이즈 [그·영 synchronize] 〈영·언론〉'동시성을 갖는다 동조하게 한다'의 뜻에서 온 말. 화면(촬영)과 녹음을 서로 다른 필름에 수록하였다가, 뒤에 한 필름에 모으는 일. 동시녹음. (→) 아프레코·프리레코.

싱크로나이즈드 스위밍 [synchronized swimming] 〈체육〉음악에 맞춰서 수중에서의 연기를 겨루는 경기.

싱크로트론 [synchrotron] 〈물리〉하전 입자(荷電粒子). 가속 장치.

싱크로플래시 [synchroflash] 〈사진〉셔터가 열림과 동시에 플래시가 빛을 내도록 되어 있는 촬영 방법.

싱크(족) [SINK(族)] 결혼 적령기를 넘겼으나 결혼에 따르는 자금난 등의 문제로 의도적으로 결혼을 미루는 사람. Single Income No Kids의 약어.

싱크탱크 [영 think tank] 〈사〉두뇌집단 회사. 이들의 정보문화사회에서는 이들이 중심이 된다고 한다.

싱키 [영 thinkie] 〈영〉관객에게 생각케 하는 영화.

싸이트 [site] ① 위치, 장소 ② 컴퓨터의 홈페이지를 비롯한 서버

쑨원/손문 (孫文, 1866~1925) 〈인〉중국 신해(辛亥) 혁명의 지도자. 중화민국 건국자.

쑹메이링 (宋美齡) 〈인〉중국 여류 정치가. 장개석(葬介石)의 부인.

쓰나미 [Tsunami] (일)쓰는 해안, 나미는 파도의 합성어. 지진, 해일로 국제 표준언어.

쓰아 [Czar, Tsar]
① 러시아 재정시대의 황제.
② 일반의 황제. (「짜르」라고도 부름.)

씨디에스 (CDS : Credit Default Swap) : 채무자가 만기일에 돈을 갚지 못할 경우를 대비, 채권자가 금융기관에 들어두는 보험 성격의 파생상품이다.

씨이오 (CEO = Chief Executive Officer) 경영 최고책임자

ㅇ

아가 [범 Agha] 「베다」에 나오는 보통 마가(Magha)라고 하는 별자리의 이름. 아수라(Asura)의 이름으로도 불리는데, 1월과 2월 무렵을 마가달이라고 함.

아가 [영 argha] ① 선저에 괴는 물. ② 불전에 받치는 물.

아가다 [범 agada>중 阿伽陀/阿偈陀] 〈불〉 '무병' '불사약' '무가(無價)'의 뜻에서 온 말로
① 온갖 병을 고친다는 인도의 영약(靈藥). 환약.
② 술을 달리 이르는 말. '아가타 약/ 아게타 약'으로 표기해 써오던 것.

아가르 [독] Agar 〈약〉 해조(海藻)나 우뭇가사리 [石花菜] 로 만드는 수산 제품. 한천지(寒天紙) 제조, 또는 한천판(寒天版) 인쇄에 많이 쓰임.

아가멤논 (Agamemnon) 〈신〉 그리스 신화에 나오는 미케네(Mycenae)의 왕. 트로이(Troy) 전쟁에 그리스 군 총사령관으로 출정, 개선한 뒤 아내와 아내의 정부에게 암살되었음. (→) 아이스킬로스

아가스타 [범] Agastya 〈인〉「베다」에 나오는 리시(Rsi) 곧 성인의 이름.

아가일 [영 argle] 〈服〉 세터, 양말 등의 화려한 마른모꼴의 격자무늬의 꽃.

아가치 [몽] Aghachi 〈역〉 고려 때 관직의 한가지로 '阿加赤'으로 표기하며, 원나라 영향을 받아 설치. 일종의 위병(衛兵) 직책임.

아가페 [그] agape> [유] agape [그] 신의 헌신적인 사랑. 초기 그리스도교에선 신도들의 회식(會食).

아거스 [그 > 영 Argus] 〈신〉 백 개의 눈을 가진 거인. 잠잘 때 이 백 개의 눈은 한 번에 두 개만이 잘 수 있되 그 이상은 결코 자지 않도록 되어 있는 괴물임.

아게라툼 [라 > 영 ageratum] 〈식〉 멕시코 엉경퀴. 멕시코 원산의 원예화초로서 엉거시과(compositae)에 딸린 한해살이 풀. 그리스어 a(부정어)+geraton(노년)의 합성어로 언제나 꽃이 계속 핀다는 뜻.

아고긱 [도] Agogik 〈음〉 연주할 때 리듬을 기계적으로 다루지 않고 속도에 완급을 주어 표현을 보다 풍부하게 하는 일. 완급법(緩急法) 또는 속도법이라 이름.

아고라 [그>영 agora] 〈역〉 고대 그리스의 신전. 정청(政廳)·시장 등에 둘리워져 있는 중앙 광장. 집회장.

아굴라스 곶 (Agulhas, Cape) 〈지〉 남아프리카(Africa) 최남단 희망봉의 동남쪽에 있는 곶.

아그노스티시슴 [프 agnosticisme] [그>영 agnosticism] 〈철〉 불가지론(不可知論) 모든 초경험적인 문제를 거부한다는 입장. 그리스어 a(불)+gnostos(지)의 합성어임.

아그니 [범] Agni 〈신〉 인도의 베다(Veda, 吠陀) 신화에 나오는 의인화한 지상신의 최고신인 불의 신. 불교에서는 호세 팔천(護世八天)의 하나로 '화천' (火天)이라 이름. '아기니' (阿耆尼/阿祇爾)로 표기해 왔던 것.

아그레망 [라>프 agrement] 〈정〉 특정한 사람의 외교 사절(대사·공사)임명에 앞서 파견될 상대국에서 동의하는 의사 표시. 상대국에 사전 요청하는 동의, 승인.

아그리피나 (Vipsania Agrippina Major, 기원전 14~기원후 33) 〈인〉 아그리파 (Agrippa)의 딸. 아우구스투스 황제의 손녀. 로마의 귀부인. 대(大) 아그리피나라고 함.

아그리피나 (Julia Agrippina Minor, 15~59) 〈인〉 대(大) 아그리피나의 큰 딸. 아헤노바르부스 (Ahenobarbus)와 결혼, 네로(Nero)를 낳고, 숙부인 황제 클라우디우스 (Claudius)와 재혼한 뒤 그를 독살. 황제로 세운 네로가 해방 노예를 시켜서 손을 쓰니 아그리피나도 암살됨.

아그파 (Agfa)
① 〈회〉 독일의 화학 공업 회사. Aktiengesellschaft fur Anilinfabrikation의 약자. 1873년 창립, 1952년 아그파사진 공업 회사로 재발족, 우수한 사진기와 감광 재료 생산.
② 〈사진〉 아그파 회사에서 나온 카메라 이름.

아그파컬러 [영 agfaacolour] 독일의 아그파 회사가 완성한 천연색 사진.

아글리콘 [도>영 Aglycon] 〈식품〉 배당체의 비당(非糖) 부분.

아끄로바트 [프 acrobate] 곡예사. 광대.

아나나스 [라 → 네 ananas → 일] 〈식물〉 파인애플 나무.

아나르코 생디칼리스트 [프 anarcho-syndicaliste 〈사〉 무정부주의적 조합주의자.

아나르코 생디칼리즘 [프 anarcho-syndicalisme] [영 anarcho syndicalism] 〈사〉 무정부주의적 조합주의. 1920년대에 스페인·프랑스·이탈리아 등에서 잠시 융성하였음.

아나바다 운동 아껴쓰고, 나눠쓰고, 바꿔쓰고, 다시쓰기의 약자로 중고 생활용품의 구입·기증·교환 등을 주로 하는 캠페인.

아나바탑타 [범] anavatapta(阿耨達池)〈불〉히말라야 북쪽에서 첨부주(瞻部州)로 흘러서 윤택하게 한다는 못의 이름. 무열(無熱)·청량(淸凉)의 뜻에서 온 말로 오랜 동안 '아누달지'로 표기 사용해 왔음.

아나볼릭 스테로이드 [anabolic steroid] 근력 증강제. 성장 호르몬인 단백 동화 호르몬(강한 근력을 필요로 하는 운동선수가 사용하곤 했는데, 현재 사용 금지됨).

아나스티그마트 [도] Anastigmat→애너스티그매틱 렌즈(anastigmaticlens) 〈사진〉 수차 보정(收差補正) 렌즈.

아나코리즘 [영 anachorism] 어느 국가의 정책이나 법률을 풍속·습관이 다른 타국에 실시하는 잘못을 말함.

아나콘다 [anaconda] 보아(Boa)과에 속하는 큰 뱀.

아나크레온 (Anakreon, 기원전 563~478) 〈인〉 고대 그리스의 서정시인.

아나크레온 풍(風) [영] Anakreon-〈문〉 아나크레온(Anakreon) 및 그의 모방자들의 특유한 작품. 술과 사랑을 중심으로 삶의 향락을 노래하는 것인데 로코코 문학에 그 예가 많음.

아나크로니즘 [영 anachronism] 시대 역행. 아나크로라고도 약함.

아나키스트 [영 anarchist] 무정부주의자.

아나토 [영] annatto 〈식품〉 빅신 또는 버터 색소로 알려져 있음.

아나토미 [영 anatomy] 해부학.

아나톡신 [도·영] anatoxin 〈약〉 디프테리아의 예방 주사약.

ㅇ

아나톨리아 (Anatolia) 〈지〉 흑해와 지중해 사이의 넓은 고원 지대. 고대 소아시아 지방을 이르던 말. 현재 터키 반도(Turkey Pen) 내륙에 있는 산지부(山地部).

아나플래스마 [anaplasma] 〈생물〉 소의 적혈구에서 발견되는 기생충.

아나필락시 (Anaphylaxie) 〈의〉 애너피럭시(anaphyraxis)의 독일어명. → 애너피럭시. 〈의학〉 알레르기의 한 형. 과민증.

아난다 (Ananda/阿難陀) 〈인〉 석가모니의 사촌 동생이며, 10제자 중의 한 사람, 16나한(羅漢)의 한 사람. 기억력 좋고 견문이 많아 석존 멸후에 경전의 대부분이 이 사람에 의해 결집됨. 가섭(Kasyapa/迦葉)에 이은 교단 통솔자.

아날러그 [analog] 상사형 즉 정보를 연속적으로 변화하는 상태로 나타내는 방법.

아날렘마 [영] analemma 〈천〉 평균 태양일과 진태양일(眞太陽日)의 차이를 가로대로 하고, 태양 높이를 세로대로 하여 날마다 기입한 점의 궤적. 평균 태양일과 진태양일이 일치하는 대가 1년에 4번 있음.

아날로그 [analog(ue)]
① 수치를 연속적으로 나타내는 방법의 총칭. ↔ digital
② 〈화학〉 어떤 물질과 비슷한 기능이나 활성을 가진 물질.
③ 〈전기〉 상사형(相似型) 계량형(計量型).

아날로그 컴퓨터 [analog computer] 〈컴퓨터〉 전압, 길이, 회전각 등의 물리량에 의하여 연산하는 계산기. 정도(精度)는 좋지 않지만 미분 방정식의 해석 등을 고속으로 비교적 용이하게 구할 수 있고 연산 결과가 곡선으로 얻어지며, 또 브라운 관상에 도형으로서 표시할 수 있는 컴퓨터. 연속적으로 변화하는 물리량(이를테면 전압이나 온도 등)의 형태를 취하는 데이터에 대해 물리적인 처리를 하는 컴퓨터.

아날로기 [독] Analogie 〈논〉 → 아날로지(analogie).

아날로기아 엔티스 [라] analogia entis 〈철〉 신과 만물, 상급 존재와 하급존재 사이에는 유비성(類比性)이 있다고 하며 신을 인식하는 방법은 이 '존재의 유비' 성에 의한다고 보는 스콜라 철학 용어.

아날로지 [프 analogie] [영 analogy] 〈논〉 유추(類推). 유비(類比). 영어 표기로는 어낼러지.

아남네시스 [그] anamnesis 〈철〉 상기(想起). 인식은 감성적 사물을 인연으로 하여 성립되나 사실인즉 정신이 이 현상계에 생겨나기 전에 이데아(idea)의 세계에서 이미 얻은 직관을 상기하는 것이 참 인식이라고 보는 사상. 플라톤의 전기 이념설(理念說)의 한 중심 사상.

아네로이드 바로미터 [aneroid barometer] 수은은 사용하지 않는 기압계.

아네로이드 기압계(氣壓計) [도 Aneroid barometer] [영 aneroid barometer] 〈물〉 수은 같은 액체를 사용하지 않은 기압계. 무액(無液) 기압계 또는 아네로이드 청우계(晴雨計)라고도 함.

아네르기 [그>라>독 Anergie] [영 anergie] [프] 그리스어 an(무)+ergia(일·작용)에서 온 말. 〈의〉 무작동(無作動). 생체에 항원(抗原)을 주사하여도 조금도 반응을 일으키지 않는 상태. 세력 결핍. ↔ 알레르기(Allergie).

아네모네 [그 anemone> 영] [독 anemone] 〈식〉 미나리아재비 과에 딸린 여러해살이의 알부리 식품. 그리스어 anemos(바람)에서 온 말로 바람이 잘 부는 곳을 즐긴다는 뜻에서 붙여진 이름.

아네모미터 [영 anemometer] 풍속계.

아넥도트 [그.프 anecdote] [독 Anekdote] 〈문〉 비화. 일화. 기담(奇談). 영어 표기로는 애닉도트.

아넬리다 [annelida] 〈생물〉 고리모양의 동물(촌충, 회충 따위).

아노니머스 [영 anonymous] 무명의, 익명의. 필자불명의.

아노님 [anonym] 익명자, 무명씨, 변명(變名) 작자 불명의 저작.

아노락 [에 anorag > 노 anorakk] [독·영·미·프 anorak] 〈복〉 등산가·스키어(skier)가 입는 두건이 달린 방한 방풍용 저고리.

아노말로스코프 [영] anomaloscope 〈기〉 색맹(色盲)의 정밀 검사를 할 때 쓰는 기계.

아노미 [anomie]
① 행위를 규제하는 공통의 가치나 도덕 기준을 잃은 혼돈 상태.
② 불안·자기 상실감·무력감 등에서 볼 수 있는 부적응 현상.

아노아 [인네] anoa 〈동〉 사슴목과에 딸린 짐승. 셀레베스 섬(Celebes I.) 특산으로 소·물소·영양의 특징을 모두 갖추고 있음.

아노이라나제 균(菌) [독] Aneurinase 〈생〉 비타민 을 분해하는 세균. 민물 고기 몸에 기생함.

아노펠레스 [그>도·영·유 anopheles] 〈곤〉 학질 모기.

아뇌쿠메네 [독] Anokumene 〈지〉 해양·고산(高山)·극지(極地)·사막 따위 곧 지구 위에서 인류가 정주(定住)할 수 없는 지역. ↔ 외쿠메네(Okumene).

아누 (Anu) 〈신〉 고대 바빌로니아 판테온(Pantheon)의 최고신. 신들의 아버지이며 운명의 지배자.

아누비스 [이집 Anup > 그 Anoubis > 라 > 유 Anubis] 〈신〉 이집트 신화에 나오는 오시리스(Osiris)의 아들이며, 사자(死者)의 신. 그리스 신화의 헤르메스(Hermes)에 해당함. (→) 오시리스.

아누타라 사먁 삼보디 [범] anuttara-samyak-sambodhi (阿耨多羅 三藐 三菩提) 〈불〉
① 부처의 최상의 지혜
② 부처의 지덕(智德)을 칭송하는 한 칭호. 무상 정편지(無上正遍智)·절대지자(絕對智者)의 뜻. '아뇩다라 삼먁 삼보리'로 표기 사용해 왔으며, 준말로는 '아뇩 보리'(阿耨菩提).

아뉴스 데이 [라] Agnus Dei 〈그〉 '천주의 어린 양'이라고 번역됨.
① 전례에서 영성체 전에 부르는 노래 이름.
② 그리스도의 희생을 나타내는 양을 원반에게 새긴 것으로 교황이 축성한 것.
③ 회화에서 구세주를 상징하는 그림.

아니룻다 (Aniruddha/阿那律) 〈인〉 석가모니의 10제자 중의 한 사람. 석가모니의 사촌 동생으로 밤새워 면려하여 실명까지 했으나 도리어 심안(心眼)이 열려 천안(天眼) 제일로 일컬어짐, '아나율'로도 사용해 옴.

아니마 [라 anima > 중 亞尼瑪] 영혼.

아니메 [에 > 영 anime] 열대미국산인 방향성 수지(樹脂). 와니스(varnish)를 만드는데 사용함.

아니스 [그 > 라 포·독·프 anis] [네 anjs] [영 anise] 〈식〉 지중해 지방에서 나는 건위·거담 약으로 쓰는 미나리과에 속하는 한해살이 풀.

아니스 유(油) [영] anise oil 〈미용〉 아니스의 열매를 증류해서 만든 기름. 독특한 향기와 단맛이 있으며, 비누·

화장품·리쾨르(liqueur) 조향료(調香料)로 씀.

아니스주(酒) [프 anisette(de Bordeaux)>독·영 anisette] 〈식품〉 아니스의 열매로 맛을 낸 리쾨르(liqueur) 술.

아니온 [그 > 독 Anion [영 anion] 〈화〉 음전기(音電氣)를 띠고 있는 이온(ion). 곧 음 이온.

아니졸 [독] Anisol 〈화〉 방향(芳香)이 있는 무색 액체. 향료·유기 용제로서 쓰임.

아닐리트 [독] Anilid 〈화〉 아닐린(Anilin)의 아미노기의 한 원자 또는 두 원자의 수소를 아실 기(acyl 基)로 바꾼 화합물의 총칭.

아닐린 [독] Anilin [영·프] aniline 〈화〉 니트로 벤젠을 환원해서 만든 색이 없고 특이한 냄새가 있는 액체. 염료·의약·폭발 물질의 원료로 씀.

아닐린 블랙 [영] aniline black 〈화〉 섬유 위에서 아닐린을 산화하여 얻는 흑색 물감. 무명의 흑색 물감으로 널리 쓰임.

아닐린 수지(樹脂) [영] aniline resin 〈화〉 아닐린을 산성 또는 알칼리성 촉매로 포름알데히드와 축합하여 얻는 수지상 물질의 총칭. 전기 절연 재료 등 제품으로 쓰임.

아닐린 염(鹽) [영] aniline 〈화〉 염화 아닐린.

아닐린 염료(染料) [영] aniline dyes 아닐린을 원료로 한 합성 연료의 총칭. 종전에는 합성염료 전체를 가리켰음.

아닐린 인쇄(印刷) [영] aniline printing 〈인쇄〉 염료의 알콜 용액·수용액 또는 이에 안료를 첨가한 잉크(아닐린 잉크)를 사용하는 인쇄의 한 가지. 플렉소그라프(flexograph)라고도 한다.

아다마르 (Jacques Salomon Hadamard, 1865~1963) 〈인〉 프랑스의 수학자. 함수 해석학(解析學)의 창시자.

아다마이트 [영] Adamite 〈종〉 아담 종파. 아담 교도. 초기 그리스도 교의 일파인 이 아담 교의 신조는, 최대의 죄악을 결혼하는 것으로 보았으며, 2세기에 아프리카 북안에서 일어났던 종파. 결혼과 의상을 폐지하려고 주장했음.

아다지오 [이] > [유] adagio 〈음〉 천천히. 느리게. 라르고(largo)·렌토(lento)보다는 조금 빠르게, 안단테(andante)보다는 조금 더디게.

아달린 [독] Adalin [영·프] adaline 〈약〉 디에틸 브롬 아세틸 요소(Die-thylbromacetyl 尿素)의 약품명. 최면제·진정제로 쓰임.

아담 교(敎) [독 Adamismus] [영 Adamism] [프 adamisme] 〈종〉 아담에 사숙하여 나체 생활을 영위한 유사 종교. → 아다마이트(Adamite)

아담 교(橋) [영] Adam's bridge 〈지〉 스리랑카(Sri Lanks) 서북안에서 인도에 걸쳐 좁고 길게 가로 놓인 다리. 길이 48km.

아데나워(방식) [Adenauer Formula] 전쟁 상태에 있는 두 나라의 국교를 정상화하기 위한 방식의 하나. 즉 평화 조약 체결 이전에 먼저 대사 교환으로 외교 관계부터 재개하는 방식.

아데노·바이러스 [adeno virus] 사람 목구멍에 기생하는데 현재까지 약 30종이 발견되어 있는 바이러스. 보통 여름 감기의 바이러스.

아데노 비루스 [도] Adenovirus [미·유] adeno-virus 〈의〉 1956년 미국에서 이름 붙인 감기의 병원체. 기관지염·인두염(咽頭炎)·결막염 등을 일으킴.

아데노신 [영] Adenosine 〈식품〉 아

데닌과 리보스가 결합한 것.

아데노신 삼인산 (三燐酸) [독] Adenosine-triphosphate [영] adenosine triphosphate 〈생〉 약칭 : ATP. 근육 추출액 속에, 또는 동식물의 세포에 널리 존재한다. 물질의 대사(大謝)에 중요한 구실을 맡고 있음. 뉴클레오티드(Nucleotide)의 한 가지.

아데노이드 [그 > 독 Adenoid] [영 adenoid] [프 adenoide] 〈의〉인두 편도(咽頭 扁桃)의 비대증.

아데르민 [adermin] 〈화학〉물에 녹는 성질을 가진 비타민의 하나. 비타민.

아덴 (Aden) 〈지〉예멘 인민 민주 공화국 (People's Democratic Republic of Yemen) [남(南) 예멘] 의 수도. 아라비아 서남단에 있는 자유항. 예부터 홍해(紅海)와 페르시아만(Persia B.)·인도양(印度洋/Indian Ocean)을 잇는 해상 교통의 중요 항구로서 번영해 왔음. (→) 남예멘.

아덴 만(灣) (Aden B.) 〈지〉아라비아 반도(Arabia Pen.) 남안과 아프리카(Africa) 대륙 동부 사이에 있는 만.

아도니스 [그·라·독·프· 영 Adonis] 〈신〉그리스 신화에 나오는 사랑과 미의 여신 아프로디테(Aphrodite-로마 신화에선 비너스)에게 사랑 받은 미소년.

아도레센스 [영 adolescence] 사춘기.

아도롬 [독] Adorm 〈약〉에틸 헥사 비탈 칼슘(ethyl hexa calcium)의 상품명. 수면성최면약.

아듀 [라 > 프 > 유 adieu] 라틴어 ad Deum>프랑스어 a Dieu "당신을 하느님께 맡깁니다"에서 온 말로서 헤어질 때 특히 다시 만날 기회가 없는 오랜 이별 때 쓴다. 안녕히 평안히.

아드레날린 [독 Adrenalin] [프 adrenaline] 〈화〉부신(副腎)의 수질(髓質)에서 분비되는 호르몬. 혈압을 높이고, 지혈제(止血劑)·강심제 따위로 씀. 1901년 일본의 다까미네(高峰讓吉)가 발견.

아드 리브 [라·독·영·유 adlib] 〈음〉아드 리비툼(ad libitum)의 준말로서 음악·연극·라디오·텔레비전·영화 등의 즉흥 연기 또는 연주. → 아드 리비툼.

아드 리비툼 [라 ad libitum] 〈음〉자유롭게, 수의로.
① 연주자 뜻대로 빠르기를 자유로 연주하는 일.
② 악곡의 어떤 부분을 변주하는 일로서 자유롭게 빼거나 보태지는 성부(聲部) 또는 악기. 줄여서 '아드 리브' (adlib)로도 씀. (→) 아드 리브.

아드커플 [addcouple] (컴퓨터) 결부시키다, 연결하다.

아디스아바바 (Addis Ababa) 〈지〉에티오피아(Ethiopia)의 수도. 아비시니아 고원(Abyssinia Plat.) 살림 속에 있으며 철도로 지부티(Djibout)항과 연결됨.

아디오스 [스 adios] 안녕. 헤어질 때의 인사말.

아디외 [프 adieu] 안녕히. 먼 여행길을 떠나거나 재회를 기약할 수 없는 이별의 인사말. ▷ 본래의 뜻은 '신의 가호가 함께 하기를'

아디핀 산(酸) [영] adipic acid 〈화〉유기산의 한 가지. 나일론 등의 합성어 원료로 쓰임.

아뜰리에 [프 atelier]
① 화가나 조각가의 작품 제작실.
② 사진 촬영실 스튜디오.

아띠뛰드 [프 attitude] 발레에서 포즈의 대표적인 것의 하나.

아라고나이트 [영] aragonite 〈광〉탄산 칼슘으로 된 광물.

아라고의 실험(實驗) [영] Arago's

ㅇ

experiment〈전〉푸코(Foucault) 전류를 보여주는 실험, 발견자 아라고 (Fran cios Jean Arago)의 이름에서 붙여진 말.

아라곤 강(江) (Aragon R.)〈지〉에스파냐(Espana) 북부, 중앙 피레네 산맥 (Pyrenees)에서 시작하여 에브로 강 (Ebro R.)과 합류하는 강.

아라곤 왕국(王國) (Aragon Dy.)〈역〉 11세기 초 이베리아 반도(Iberia Pen.)의 에스파냐(Espana) 동북부에 건국했던 그리스도 교 왕국. 이슬람 교도를 쳐부수고 영토를 확장했으나 1479년 카스티야 왕국(Castilla Dy.) 과 합쳐 에스파냐 왕국이 됨. (→) 카스티야 왕국(王國).

아라공 (Louis Aragon, 1897~1966) 〈인〉프랑스의 소설가, 시인, 저널리스트. 「공산주의자」「프랑스의 가상 나팔」등 주요 저서가 있음.

아라냐 [범 aranya]〈불〉절. 촌락에서 멀리 떨어져 있어 수행하기에 알맞은 한적한 곳이라는 뜻에서 온 말. 한자 표기 '아란야(阿蘭若).

아라다칼라마 (Aradakalama, 阿羅邏仙人)〈인〉인도의 수론파(數論派)철학자, 석가모니도 한때는 그를 스승으로 삼아 배운 일이 있었으나 뒤에는 도리어 그가 석가의 제자가 됨. '아라라 선인(阿羅邏 仙人)'으로 표기 사용해 왔음.

아라라 선인(阿羅邏 仙人) [인] → 아라다 칼라마(Aradakalama).

아 라 모 드 [라>프 a la mode] '유행에 따른' 이라는 뜻에서 온 말. 유행의.

아라베스크 [프>영 arabesque] [독] [페 Arabeske]
① 〈미〉아라비아풍의 장식·모양. 당초(唐草) 무늬. 사라센(Saracen) 무늬.
② 〈음〉장식이 많은 악곡.
③ 〈무용〉발레 포즈의 하나. 한 다리로 서서 그 다리에 대하여 다른 한 다리를 뒤로 직각으로 곧게 뻗친 자세.

아라브 [Arab] 아라비아 말(馬).

아라비노제 [독 Arabinose] [영 arabinose] 〈화〉아라비아 고무·피치 고무 등 다당류 중에 포함되어 있으며, 이들 고무질의 가수 분해에서 얻어지는 오탄당(五炭糖)의 한 가지.

아라비아 (Arabia)〈지〉아시아의 서남부의 큰 반도. 몹시 더운 사막이 대부분을 차지하며 북쪽은 요르단·이라크, 동쪽은 페르시아 만·오만 만, 서쪽은 홍해(紅海)와 접한다. 페르시아 만 기슭은 세계적인 유전 지대로서 사우디아라비아·쿠웨이트·카트르·바레인 등의 석유 산출국으로 유명함.

아라비아 고무[라gummi Arabicum] [네 Arabische gom] [영 Arabian gum/Arabic gum]〈고무〉아라비아 고무나무에서 나는 수지(樹脂)를 굳힌 것. 주성분은 아라빈(arabin), 접착제 (고무풀)·약품 등을 만드는데 쓰임.

아라비아 말 [포·네·영]〈동〉동양종 말의 대표적인 우수종의 하나로 온순·강건·영리하여 승용(乘用)말로 꼽힌다. 아라비아 원산의 말.

아라비아 문자(文字) [영 Arabia-] 〈언〉아람(Aram) 문자에서 발달한 표음 문자. 자음만을 나타내고 모음은 문자의 위나 아래에 부호를 붙여 표시하며, 오른쪽에서부터 왼쪽으로 횡서함.

아라비아 해(海) (Arabian Sea)〈지〉 인도양 북부의 바다.

아라비안 나이츠 [영Arabian Nights, Arabian Nights' Entertainments] 〈책〉10세기 무렵에 페르시아로부터 전해진 이야기에 아라비아의 이야기를 보태서 이루어진 저자를 알 수 없는 대중 문학 작품. 페르시아·인도·이집트·아라비아·중국 등 약 250편의 민화(民話)를 모은 것인데 8~10세기 페르시아에서 시작되어 15~16세기에 이집트에서 완성 편찬됨. 왕의 마음을 풀기 위해 여자가 천일야(千一夜) 동안 갖가지 이야기를 한다는 형식에서 「천일 야화(千一夜話)」라고도 함.

아라비안 라이트 [Arabian Light] 사우디아라비아산(産) 원유의 하나(마커 원유(marker crude)라고 하는 대표적인 표준)

아라사 (俄羅斯) 〈국·역〉 러시아의 옛 이름. 러시아를 한자 표기하여 노서아(露西亞)로 써 오다가 노국(露國)으로 줄여 노서아 나라를 지칭하였으나 다시 아라사를 쓰게 되자 역시 줄여서 아국(俄國)으로도 썼음.

아라와크 [Arawak] 남아메리카에 사는 최대 종족.

아·라·카르트 [alacarte] 일품요리. 좋아하는 요리.

아라킨 [영] arachin 〈식품〉 땅콩 중의 글로불린(globulin) 단백질.

아라티 [범 arati] 「베다」에 나오는 말. 증오, 적, 악마.

아라파트, 야세르 (Yasser Arafat, 1929~) 〈인〉 팔레스타인의 PLO의장.

아란 [범] arhan 〈불〉 '존경을 받을 만한 사람'에서 온 말로
① 소승 불교의 수행자 가운데 세상 사람들의 존경을 받을 만한 공덕을 갖춘 성자(聖者).
② 열 가지 부처 칭호 가운데의 하나. 응진(應眞)이라고도 함. 한자 표기는 '아라한(阿羅漢). 준말은 나한(羅漢).

아람 [히 Aram] 고대메소포타미아 북부와 시리아에서 살았던 겨레.

아람 문자 (文字) [영] Aram- 〈언〉 기원전 7세기 무렵부터 쓰여 셈어족(Sem 語族) 곧 시리아어·히브리어·아라비아어 문자의 기초가 된 문자 22개 자음으로 되었는데 후대에 모음 기호가 붙여졌음.

아람코 (Arabian-American Oil Company, 약자 : ARAMCO) 〈회〉 아라비안 - 아메리칸 석유 회사. 1936년 캘리포니아 스텐더드와 텍사코(Texaco)등이 공동 설립.

아랍 [네 Arabier] [영 Arab] [프 Arabe]
① 아라비아 인.
② 아라비아 말 [馬].

아랍 게릴라 [영] Arab guerilla 〈정〉 팔레스타인 해방 기구(PLO), 팔레스타인 인민 해방 전선(PFLP), 팔레스타인 인민 민주 전선(PDFLP), 팔레스트아니 해방 인민 전선 총사령부(GCPFLP) 등을 통틀어 이르는 말.

아랍석유수출국기구 (OAPEC) 본부(쿠웨이트), 쿠웨이트·사우디아라비아·리비아 3국이 설립. 가맹국간의 석유 정책 협의.

아랍 에미리트 연합국 (聯合國) (Arab Emirates-) 〈국〉 페르시아 만(Persia B.) 동남 기슭에 있는 연합국. 1971년 독립. 수도는 아부다비(Abu Dhabi). (→) 아부다비.

아랍 연맹 (聯盟) [영] the Arab League 〈정〉 시리아·요르단·이라크·사우디아라비아·레바논·이집트·예멘의 7개국이 1945년 3월 22일 결성한 연맹. 뒤에 리비아·수단 모로코·튀니지·쿠웨이트가 가맹. 아랍 민족상호의 독립·주권 존중 및 안전 보장을 목적으로 함. 현 21개국 가입.

아라만 [범] Aryaman 〈신〉 「베다」에 나오는 아디티(Aditi)의 아들로서 아디탸(Aditys)신들의 한 우두머리. 환대 또는 관대의 신. (→) 아디티/아디탸.

아레나 [라 > 독·영·유 arena] '모래'라는 뜻에서 온 말 경기장 도장.

303

ㅇ

아레스 [그 > 독 유 Ares] 〈신〉 그리스 신화에 나오는 특히 피비린내 나는 싸움의 군신(軍神). 제우스(Zeus)와 헤라(Hera)의 아들. 로마신화의 군신 마르스(Mars)에 해당함.

아레테 [그] arete 〈철〉 덕(德). 사물이 갖추고 있는 탁월한 성질.

아레트 [프] arete 〈지〉 주로 빙하 침식에 의해 생긴 좁고 험한 척릉(脊稜).

아렬포 (阿列布) 〈식〉 → 올리브(olive).

아로마라마 [영 aromarama] 뉴욕에서 1959년에 처음 공개된 냄새가 나는 영화. 아직 시험단계이다.

아로와정 (阿老瓦丁) 〈인〉 원(元)나라 때 서역에서 초빙해 온 포장(砲匠) 동양 대표의 개조. 성은 회회(回回).

아론 (Aron) 〈성〉
① 모세(Mosheh)의 형.
② 불란서 사회학자.

아루스 [영 ars] 예술, 미술, 기술.

아루스아마토리아 [영 arsamatoria] 성애기술.

아룸 [라] arum 〈식〉 천남성과(天南星科)에 딸린 단자엽 식물. 유럽・지중해 연안이 원산이며, 온실의 분에 심음.

아르 [프>영 are] [러 ar]미터법에 의한 면적 단위. 1아르는 100㎡. 약호 a

아르가 [범 argha/arghya] [바 aggha > 중 阿伽/閼伽] (참고 : [라 aqua])
① 부처나 묘 앞에 바치는 물.
② 다른데서 들어온 겉물. 배 밑에 괸 물.

아르고 [프 argot] 〈문학〉 은어.

아르고 [그 > 유 Argo Navis] 〈천〉 별자리의 하나. 돛, 나침반, 용골(龍骨) 등으로 나누어짐.

아르곤 [그 > 라 > 유 argon] 〈화〉 '활동하지 않은 가스'라는 뜻에서 온 말. 공기 중에 약 1%들어 있는 무색・무취・

무미의 희가스 원소. 다른 원소와 화합하지 않는 불활성(不活性) 기체.

아르군 강(江) (Argun R.) 〈지〉 몽고의 강. 시베리아와 중국 동북부 국경을 흘러 오는 강(Onon R.)과 만나 흑룡강(黑龍江)을 이룸.

아르기누세 (Arginuse/Arginusae) 〈지〉에게 해(Aegean Sea)에 있는 작은 도서군.

아르기닌 [argining] 동식물의 환자질에 들어있는 아미노산의 하나.

아르 누보 [프] art nouveau 〈미〉 19세기 말에 등장한 식물의 가지나 덩굴을 생각케 하는 곡선의 흐름이 특색인 건축・공예의 새로운 양식. 새예술

아르니카 [라>네 arnica] [독 Arnika] [영 arnica] 〈식〉 유럽 원산의 엉거시과에 딸린 여러해살이 풀.

아르 디 비 (RDB) 〈컴〉 릴레이셔널 데이터 베이스(Relational Data Base)의 약칭. → 릴레이션 데이터 베이스

아르따장 [프 artisan] 〈예술〉 공장(工匠).

아르마딜로 [에 > 영 armadillo] [프 armadille] 〈동〉빈치류(貧齒類) 아르마딜로과에 속하는 야행성 포유동물.

아르마타 야자(椰子) [영] armata- 〈식〉 야자의 한 종류. 온실의 분에 가꾸어 관상함.

아르메니아 (Armenia) 〈지〉 터키(Turkey)와 카스피 해(Caspian Sea) 사이에 위치한 지역의 일반적인 명칭.

아르메니아 공화국(共和國) (Armenia-) 〈지〉 아르메니아에는 서아시아의 고대국가가 있어 왔지만, 현재는 러시아・터키・이란으로 분할되어 있음. 1921년 아르메니아의 러시아령(領) 부분이 소련의 연방을 구성하는 한 공화국으로 되고, 나머지는 터키령 아르메니아로 남았음.

아르멜리아 [라>유 armelia] 〈식〉북반구의 추운 땅에 자생하는 기송과(磯松科)에 딸린 여러해살이 풀. 분에 심거나 화단의 울타리용에 적합함.

아르바이터 [독 Arbeiter] 노동자. 직공.

아르바이트 [독] Arbeit 일. 노동. 연구. 본업외의 임시 일거리.

아르벨라의 싸움 [영] Arbela- 〈역〉 티그리스 강(Tigris R.)상류의 촌락지인 아르벨라와 가우가멜라(Gaugamela) 사이의 평야에서 기원전 331년 알렉산더의 동정군(東征軍)이 페르시아군을 쳐부순 싸움.

아르보스 [독] Arbos 〈의〉 장뇌(樟腦) 같은 냄새가 나는 노란 빛을 띤 고체 소독약.

아르부다 [범 arbuda > 중 頞部陀] 〈불〉 팔한(八寒) 지옥의 하나. 한자어 표기로 알부타.

아르스 노바 [라] ars nova 〈음〉
① 프랑스의 음악가 비트리(Vitry)의 저서명.
② 14세기 프랑스·이탈리아에서 일어난 작곡상의 새 기법(技法). '새로운 예술' 이라는 뜻에서 온 말. ↔ 아르스 안티카.

아르스 아마토리아 [라 Ars Amatoria] 성애 기술(性愛技術). 오비디우스의 작품으로 성애를 주제로 한 3권으로 된 일련의 시집(詩集).

아르스 안티카 [라] ars antiqua 〈음〉 '오래된 예술' 이란 뜻의 말에서, 아르스 노바의 음악가들이 12~13세기 프랑스 음악 양식을 경멸하여 부른 이름. ↔ 아르스 노바.

아르에스시 (RSC) 주심결정 Referee Stop Contest

아르에이치 마이너스 [영] /Rh(-)/Rh negative 〈생〉아르에이치 음성(陰性) → 아르에이치 식(式) 혈액형(血液型).

아르에이치 식(式)혈액형(血液型) Rh- 〈생〉 혈액 가운데에 아르에이치 인자의 유무에 따라 아르에이치 양성(Rh+)과 아르에이치 음성(Rh-)으로 구별하는데, 이 아르에이치 인자를 가진 혈액형을 말함. 백색 인종에는 Rh+ 형의 사람이 85%

아르에이치 플러스 [영] Rh(+)/Rh positive 〈생〉아르에이치 양성(陽性). → 아르에이치 식(式) 혈액형(血液型).

아르 엔 에이 [영] RNA 〈화〉 ribonucleic acid의 약어. 리보 핵산. 디엔에이의 절달 매개체. (→) 디 엔 에이(DNA).

아르 오 티시 (ROTC) 〈군〉 Reserve Offcer's Training Cops의 약어. 예비역 장교 훈련단.

아르자마스 [러] Arzamas 〈문〉 1815년 러시아 문학가 카람진(Karamzin)이 창설한 단체. 푸슈킨(Pushkin). 투르게네프(Turgenev)도 가맹하였음.

아르주나 [범 Arjuna]
① 〈신〉「베다」에 나오는 말로 원래는 '하얗다'라는 뜻이며, 인드라(Indra) 신의 칭호.
② 왕자의 이름. (→) 아르주니(Arjuni).

아르주니 [범 Arjuni]「베다」에 나오는 팔구니(Phalguni) [2~3월] 라고 하는 별자리의 이름. '아르주나'(Arjuna)의 여성형. (→) 아르주나.

아르 지 비 신호(信號) [영] RGB- 〈컴〉 컴퓨터 본체로부터 컬러 디스플레이 장치에 보내는 신호. RGB는 red(적), green(녹), blue(청)의 약칭.

아르카디아 [그 > 독·유 Arkadia] [프·영 Arcadia] 〈역〉 고대 그리스의 펠로폰네소스(Pclopponnesos)의 오지에 있는 명승지. 도원경.

아르카로이드 [독 alkaloid] 식물에 포함되는 염기성 화합물의 총칭. 코카인, 모르히네, 니코틴, 약 5백종이 발

ㅇ

견되어 있다.

아르카스 (Arkas) 〈신〉 그리스 신화에 나오는 제우스(Zeus)와 칼리스토(Kallisto) 사이에 난 아들. 아르카디아(Arcadia)인의 왕.

아르카이슴 [그 > 프 archaisme] 〈영〉 archaism 의고주의(擬古主義). 고풍(古風).

아르카이크 [그 > 프 archaique] 〈미〉 고풍(古風)의 특히 그리스의 미술이 클래식으로 고착되기 전의 단순・소박・고졸(古拙)하여 원시성・자연성이 남아 있던 단계. 기원전 7세기서 기원전 480년 무렵까지.

아르카이트 스마일 [영] archaic smile 그리스의 아르카이크(archai gue) 조각에 특유한 신비감이 흐르는 미소. 영어권 표기로는 '아케이익 [aikeik] 스마일'이 됨.

아르케 [그] arkhe
① 근원. 원리.
② 〈철〉그리스 초기의 자연 철학이 우주의 근본으로 본 물질. 원질(原質).

아르케이로지 [영 archaeology] 고고학.

아르코 [이] arco 〈음〉 현악기의 활. 궁주(弓奏).

아르콘 [그] archon 〈역〉 고대 그리스의 도시 국가에 있던 집정관(執政官). '제일인자/지배자'라는 뜻에서 온 말.

아르키메데스 (Archimedes, 기원전 287?~212) 〈인〉 고대 그리스의 수학자, 물리학자.

아르키메데스의 나사(螺絲) [영] Archimedes- 〈기〉 나선으로 된 원통을 높은 쪽에 의지하도록 장치하고 회전시켜 물을 높은 곳으로 공급할 때에 이용하는 기계. 아르키메데스가 발명함.

아르키메데스의 원리(原理) [독] archimedishea Prinzip [영] Achimedes' principle 〈물〉 그리스의 수학・물리학자 아르키메데스가 기원전 250년에 발견한 물리학상의 원리.

아르테미스 [그 > 유 Artemis] 〈신〉 그리스 신화의 올림푸스 12신의 하나. 제우스(Zeus)와 레토(Leto)의 아들인 아폴론(Apollon)과 쌍둥이로 난 누이 동생. 들짐승 가축의 보호자. 사냥의 여신이며 달의 여신. 로마 신화의 다이아나(Diana)에 해당함.

아르티스트 [라 > 프 artiste] [도・러 artist] 예술가. → 아티스트

아르티장 [라 > 이 > 프 artisan] 예술상의 직인. 공장(工匠). 공계가. 직인적 예술가. 본격적 예술가인 아티스트(artist)가 되지 못하는 사람을 이르는 말.

아르파 [이] arpa 〈음〉 하프(harp).

아르페지오 [이 > 유 arpeggio] 〈음〉 아르파(arpa)에서 온 말로서 피아노 등 건반 악기에서 화음(和音)을 저음에서 고음까지 급속히 연속적으로 연주하는 일.

아르헨티나 (Argentina/Argentine Republic) 〈국〉 남아메리카 주 남부, 대서양 연안의 공화국. 1516년 에스파냐인이 발견, 1816년 독립. 한자 표기로 아이연정(亞爾然丁), 또는 은국(銀國). 에스파냐어 표기로는 Republica Argentina. 수도는 부에노스아이레스(Buenos Aires). (→) 부에노스아이레스.

아를르캉 [이+프] [프 arleguin/ herelekin] 〈연〉 고대 이탈리아 희극이나 현대의 판토마임(pantomime)의 익살꾼 역. 가면 희극(假面喜劇)의 익살 꾼. 이탈리아어 arlecchino(익살)과 프랑스어 herlekin(귀신)과의 혼성어임.

아를의 여인(女人) [프] L'Arlesienne
① 〈책〉 프랑스의 도데(Daudet)가 1872년 쓴 3막 희곡.

② 〈음〉 프랑스의 비제(Bizet)가 도데의 희곡에 맞추어 조곡(組曲)한 악곡. 무도곡·합창곡 등 모두 27곡으로 구성. 아를(Arles)은 고대 로마 시대에 유명했던 곳임.

아리[범 ari] 「베다」에 나오는 말. 적(敵).

아리나 [영 arena] 경기장, 운동장.

아리만 [페>유 Ahriman] 〈종〉 조로아스터 교(Zoroaster 敎)에서 주창한 페르시아의 악신(惡神). 선신(善神)인 아베스탄(Avestan)의 영원한 적임. ↔ 오르무즈드(Ormuzd).

아리스타르쿠스(Aristarchos/Aristarchus, 기원전 220?~150?) 〈인〉 고대 그리스의 문법가.

아리스토크라트 [도 Aristokrat] [프 aristocrate] 귀족.

아리스토크라티[그·네 aristocratier] [도 Aristokratie]
① 〈정〉 귀족정치. ② 귀족 사회. ③ 특권 계급.

아리스토크래틱[영 aristocratic]귀족적.

아리아 [범 arya > 중 阿犁耶] '귀하고 높음, 귀인'을 뜻하는 범어로서 백색 인종을 크게 세 가지로 나눌 때의 하나로 쓰이는 말. 인도 유로피언, 또는 인도 게르만이라고도 함. → 아리안(Arian).

아리아 [라>포 aria] [이 aria] [영 Ari] [독 Arie] 〈음〉 노래·가곡, 오페라·오라토리오·칸타타 등에서 악기의 반주가 있는 매우 선율적인 독창 부분. 영창(詠唱). ↔ 레시타티프 (recitatif).

아리아사미지 〈인〉 Arya Samaj 19세기 후반 인도에서 힌두교(Hinduism) 개혁파가 종교적 사회 개혁을 밀고 나간 단체. 창시자는 다야난다 사라스바티(Dayananda Sarasvati).

아리아 인(人) [독 Arian] [영 Arian/Ayan] 인도 게르만 어족(Indo German 語族)에 딸린 민족의 총칭, 중앙아시아 고원으로부터 남하한 것이 '아리안(Arian)', 곧 아리아 사람인 인도인. 이란인으로 되고, 서진(西進)한 것이 그리스인·로마인·게르만인·슬라브인·켈트인으로 된 것이라고 언어상의 공통성으로 추정됨.

아리안[범 arya > 독 Arian] [영 Arian /Aryan] [프 aryen] 인도 유럽인. 인도 게르만인. 백색 인종의 한 무리, 곧 인도족·라틴족·튜틴족(게르만족) 등의 총칭. → 아리아 인(人).

아리엘 [영] Ariel 〈천〉 천왕성(天王星)의 제1위성(衛星). 1851년 발견, 지름 약 500km.

아리오소 [이 arioso] 〈음악〉 다소 서정적인 독창곡이나 그 기악곡. 아리아식의 레시타티부.

아리우스(Arius, 250?~336) 〈인〉알렉산드라의 사제. 초기 그리스도교의 아리우스 주의 또는 아리우스 파 「Arianism/Arian Churches」의 시조.

아릴 [독 Aryl] [영 aryl] 〈화〉 aromatic+yl에서 온 말. 부추·겨자 등에 존재하는 탄수 화합물.

아마[포 ama] 외인 가정에 고용된 동양인의 할머니, 부인. amah 阿媽.

아마게돈 [Armageddon]
① 성서의 묵시록(默示錄)에나오는 세계 최후의 날의 선(善)과 악(惡)의 결전장.
② 전하여, 국가간의 대결전을 가리킴.

아마다 [armada] ① 함대.
② 군용 비행대. ③ 무적함대.

아마듀스 호(Amadeus L.) 〈지〉 오스트레일리아(Australia) 중앙부 사막지대에 있는 염호(塩湖).

아마딜로 [스 → 영 armadillo] 〈동물〉 거북처럼 튼튼한 갑으로 싸여 있는 쥐 비슷한 동물.

307

ㅇ

아마르나 문서(文書)〈영〉Amarna- 이집트의 고문서 아마르나(Amarna)에서 발굴된 기원전 14세기 전반 이집트 왕과 서남아시아·소아시아의 여러 왕 사이에 오고 간 편지 약 360통.

아마르나 시대(時代)〔영〕Amarna- 아멘호테프 4세(Amenhotep Ⅳ)를 중심으로 한 고대 이집트의 새 왕국 융성기. 왕은 도읍을 테베(Thebae)에서 테엘아마나(Tel el Amana)로 옮겨 새 문화를 일으켰음.

아마릴리스 〔그 > 라 > 도·영·프·유 amaryllis〕〈식〉수선화과에 딸린 여러해살이 화초.

아마빌레 〔라 > 이 amabile〕〈음〉부드럽게, 사랑스럽게, 발상(發想) 용어의 하나.

아마존 〔그 > 라 > 영 Amazon〕〈신〉그리스 신화에 나오는 여자 무인족(武人族). 여자만으로 나라를 이루고. 전쟁·사냥으로 생활했음. 활쏘기에 편리하도록 오른편 젖가슴을 도려내었다 함. '젖가슴을 갖지 않음'이 원말의 뜻.

아마존 강(江) (Amazon R.)〈지〉브라질(Brazil)에 있는 강.

아마추어리즘 〔영 amateurism〕아마추어주의. 직업화하지 않는 기술·재주. 풋내기 재주. ↔ 프로페셔널리즘(professionalism).

아마톨 폭약(爆藥) 〔영〕 amatol- 초산(硝酸)암모늄과 트리니트로톨루엔의 혼합물. 강력한 폭약.

아마티 〔이 > 유 Amati〕〈음〉16~17세기에 이탈리아의 크레모나(Cremona)에서 바이얼린 제작에 종사해 온 장인.

아말감 〔라>네 amalgaam〕〔포 amalgama〕〔독·영·유 amalgam〕〔프 amalgame〕〈화〉충치의 충전재로 쓰이는 수은·주석·은의 합금 곧 물금.

아머추어〔라>영 armature〕〈전〉라틴어 armatura(갑옷)에서 온 말. 전기자(電氣子). 발전기의 발전자(發電子) 및 전동기의 전동자(電動子).

아먼드 〔almond〕편도(扁桃) 복숭아 비슷한 교목(喬木).

아먼드 〔그>라>포 amendoa(s)〕〔프 amande>영 almond〕〈식〉편도(扁桃).

아마네티 〔영 ammenity〕쾌적성. 특히 거주 공간으로서의 지역생활에 있어서 쾌적성을 말함.

아메롱겐 (Amerongen)〈지〉네덜란드(Netherlands)의 한 촌락. 독일의 빌헬름 2세(Willhelm Ⅱ)가 폐제(廢帝) 당한 뒤 은퇴한 곳.

아메리슘 〔미〕> 각국 americium〈물·화〉초우란 원소의 하나. 인공 방사성 원소의 하나. 화학 기호 Am. 원자 번호. 질량수 241, 242. 1944년 미국의 시보그(G. T. Seaborg) 등이 발견.

아메리아 〔Ameria〕〈식물〉기송과(機松科)에 속하는 초본.

아메리카나 〔영 americana〕미국인, 미국의. ~인디언(~indian) 아메리카의 원주민. ~풋볼(~football) 미식축구. ~리그(~league) 미국 프로야구의 고대 리그의 하나. 또 하나는 내셔널리그.

아메리카나이즈 〔영〕Americanize
① 미국화(美國化)
② 미국에로의 귀화(歸化)

아메리카 남부 맹방(南部 盟邦) 〔영〕 Confederate States of America 〈역〉미국의 남북전쟁 당시 합중국으로부터 탈퇴한 남부 11주가 결성한 연방. 1861년 합중국과 전쟁을 시작, 1865년에 패하여 무너짐.

아메리카니제이션 〔미〕 Americanization 미국화(美國化).

아메리카니즘 〔영〕Americanism 미국풍(風). 미국식. 개척자 정신·물질만능 주의 또는 센세이셔널리즘・프래그머티즘을 지칭할 때도 있다. 미국 사람의 기질을 가리킬 경우는 '앵키이즘'(Yankeeism)이라고도 함. (→) 앵키이즘.

아메리카 사자(獅子) [영] Americanlion〈동〉퓨머(puma).

아메리카 타조(駝鳥)〈동〉→ 리어 (rhea).

아메리카 표(豹)**범** [영] American leopard〈동〉재규어(jaguar).

아메리카 합중국(合衆國)(United States of America)〈국〉북아메리카 대륙의 중앙부를 차지하는 연방 공화국. 준말로 아메리카 또는 미합중국/미국(美國). 수도는 워싱턴(Washington D. C.). (→) 워싱턴.

아메리카 호랑이 [영] Americantiger〈동〉팬서(panther).

아메리칸 리그 [미] American League〈체〉1901년 창립된 미국의 직업 야구단의하나. 대 야구단 연맹인데, 처음엔 8개 구단(球團)이었으나 1961년부터 미네소타・로스앤젤레스의 2구단이 참가하여 현재 10개 팀. (→) 내셔널 리그(National League). → 메이저 리그(Major League).

아메리칸 리전 [미] American Legion 1차 대전 참가자에 의한 미국의 재향 군인 조직. 1919년 창설. 2차 대전과 한국전쟁에 참가했던 재향 군인도 가입시켜 시민의 국방 교육 강화 활동을 벌이고 있음.

아메리칸 메리노 [American merino] 미국산의 면양.

아메리칸셀링 프라이스 [American Selling Price]〈경제〉미국의 국내 판매 가격(미국의 국산품 보호의 특수한 관세 제도 약/ASP)

아메리칸 트로터 [American trotter] 미국산 말의 종류.

아메리칸 풋볼 [American foorball] 1876년 미국 예일, 하버드, 프린스턴, 콜럼비아, 다트머즈 등 5대 대학이 풋볼 연맹을 결성해서 럭비와 사커의 장점을 취해 새로운 풋볼.

아메바 [그 > 도 Amobe] [영 amoeba, ameba]〈동〉근족충류(根足蟲類)에 딸린 원생동물. 단세포(1개의 세포)이며, 가장 작고 원시적인 미생물. 그리스어 amoibe (변한다)에서 온 말로 변형충(變形蟲)이라고도 함.

아메바 성(性) **이질**(痢疾) [독] Amobenruhr [영] amoebic dysentery〈의〉아메바가 장에 기생해서 생기는 일종의 소화기 전염병의 하나. 심한 선사・곱똥・혈변(血便)・복통의 증상. 흔히 만성. 아메바 성 적리(赤痢)라고도 함.

아메바 운동(運動) [영] ameba-〈동〉아메바와 같이, 원형질의 운동에 의하여 몸의 일부를 쑥 내밀어 위족(僞足)을 형성하면서 하는 운동. 근족충류 외에, 고등 동물의 백혈구. 어떤 종류의 난(卵)세포 등도 이런 운동을 함. 원형질 운동.

아메스 (Ahmes, ?~기원전 1537)〈인〉이집트 제18 왕조의 초대 왕.

아멘 [이집 > 영 Amen]〈신〉고대 이집트의 주신(主神). 테베(Thebae)의 양머리 모양의 신으로 아몬(Amon)이라고도 함. 다산(多産)과 생명을 관장함. 뒤에는 이집트의 최고신 라(Ra)와 융합하여 이집트의 해의 신 아멘라(Amen-Ra)와 동일시됨.

아멘 [히 > 그 > 라 > 포・에・네・영・독・프 amen]
① 〈그〉기도가 이루어지도록 비는 말.
② 〈말 처음에 와서〉참으로, 진실로.
③ 〈말 끝에 붙어〉그렇게 하여 주시옵기를

아멘텀 [amentum] 투창에서 창의 손잡이에 매는 가죽 끈.

309

ㅇ

아멘호테프 4세(世) (Amenhotep IV, ?~기원전 1358) 〈인〉 고대 이집트의 제18 왕조의 임금. 전통적인 아멘(Amen) 신의 신앙을 부정하고, 태양신 아톤(Aton)을 섬기어 도읍을 테베(Thebae)에서 텔엘아마르나(Tel el Amarna)로 옮겨 새 문화를 건설했음. 별명은 이크나톤(Ikhnaton). (→) 아마르나 시대(時代).

아모럴 [그+라 > 각국 amoral]무도덕. 도덕의식 없는 a는 non-(무)으로서 그리스 어계의 접두사이고, 어간은 라틴어에서 온 것.

아모럴리즘 [영] amoralism [러] smoralizm 〈윤〉무도덕 주의(無道德主義) 신(神)에게 가치 원리를 두는 그리스도교적 도덕에 반항하고 힘에의 의지(意志)에 새로운 가치 정립의 원리를 인정한 니체의 사상 같은 것.

아모레 [이 amore] 〈음〉 애정을 가지고, 사랑스럽게. '아모로소'(amoroso)와 같은 말.

아모르 [라 > 도 Amor] 〈신〉 로마 신화에 나오는 사랑의 신. 큐피드(Cupid) 그리스 신화의 에로스(Eros)에 해당함.

아모르 파티 [라]amor fati 〈철〉 운명의 사랑. 니체(Nietzsche)가 사용한 말임.

아모포스 [미] ammophos 미국의 시아나미드(Cyanamide)사의 합성 비료의 제품명.

아무다리아 강(江) (Amu Darya R./Amu Daria R.) 〈지〉 파미르 고원(Pamir 高原)에서 시작하여 북서로 흘러 아랄 해(Aral Sea)로 들어가는 중앙아시아의 큰 강. 옛 이름 옥서스 강(Oxus R.). 1946년 소련·아프가니스탄 조약으로 양국 국경이 이 강 중앙선으로 결정함. 준말로는 아무 강(Amu R.).

아무르 [라 > 프 amour]
① 밀통, 연애. 정사(情事).
② 애신(愛神)애인.

아무르 강(江) (Amur R.) 〈지〉 소련과 중국 둥베이(東北) 지방과의 국경 및 그 부근을 흐르는 강.

아문센, 로알 (Roald Amundsen, 1872~1928) 〈인〉 노르웨이의 극지(極地) 탐험가.

아문젠 [영] amunzen 〈섬〉 변화 능직인 크레이프(crape) 조직으로 된 직물 (부인 옷감).

아므퍼스 [영 amorphous]
① 무정형의, 비정질의.
② ~금속 〈화〉 금속을 고온으로 용해하여 비정질(非晶質)의 상태로 해서 굳힌 금속. 내마모성, 내식성 등이 우수하다.

아미노 기(基) [독·영·프] amino 〈화〉 질소 한 원자와 산소 두 원자로 이루어진 일가(1價)의 원자단. 곧 암모니아보다 수소 원자가 하나 적은기(基). 아미드(amide) 기라고도 함.

아미노돈 [영] Amynodon 〈동〉 지질 시대에 있었던 무소의 한 가지. 몸집이 작고 뿔이 없으며 머리가 곰과 비슷하며 송곳니가 어금니처럼 발달하여 있음.

아미노페놀 [독·영·프] aminophenol 〈화〉 아미노 기로 바꿈질한 페놀.

아미노피린 [라 aminopyrinum > 도·영 aminopyrine] 〈화·약〉 진통 해열제. 무색·무취 또는 백색의 결정성 분말.

아미다제 [독 Amidase] [영·프] 〈화〉 아미노 산에서 아미노 기를 분리하여 유기산(有機酸)으로 만드는 가수분해 효소.

아미도 [amido] 〈화학〉 아미도기 (amido 基).

아미돌 [영·프] amidol [도] Amidol

〈화〉아미노페놀(aminophenole)의 염산염(塩酸塩)을 성분으로 하는 사진 현상액.

아미앵 조약(條約) [프] Amiens- 〈역〉나폴레옹 전쟁 중의 1802년 3월 27일 프랑스 아미앵에서 프랑스·에스파냐·네덜란드 사이에 맺은 평화 조약. 1년 뒤인 1803년 5월 20일 조약이 폐기되었으나 이 평화기에 국내 체제 정비로 나폴레옹은 이후 종신 통령(統領)에 뽑혔음.

아미엘 (Henri Frederic Amiel, 1821 ~1881) 〈인〉스위스 프랑스계 문학가, 철학자.

아미타 [범 amitabha / amitayus >중 阿彌陀] 〈불〉서방극락정토(極樂淨土)에 있으며 모든 중생을 구한다는 부처. 아미타불(阿彌陀佛). 무량수불(無量壽佛). 무량광불(無量光佛) amita는 측량할 수 없다는 뜻이고, bha는 빛이므로 amita bha는 무량광(無量光)이라는 말이다.

아민(類) [amine(類)] 〈화학〉암모니아의 수소 원자를 탄화 수소기로 바꿔친 화합물.

아밀라제 [독] Amylase 〈화〉전분당화(澱粉糖化)한 한 효소. 디아스타제(Distase).

아밀로스 [amylose] 〈생화학〉녹말 알의 내부를 이루는 것으로 지아스타제에 의하여 말도즈로 완전히 변함.

아밀로이드 [독>영 Amyloid] 〈화학〉
① 단백질의 하나.
② 셀룰로스를 황산에 녹여 물을 대면 희게 침전되는 물질.

아밀로오스 (Amylose) 전분당.

아밀로펙틴 [amylopectin] 〈생화학〉녹말에 존재한다는 물질.

아밀로플라스트 [amyloplast] 〈생물〉녹말을 만드는 물건.

아밀롭신 [amylopsin] 〈생화학〉전분 당화소. 췌장에서 나오는 디아스타제의 하나.

아밀 알콜 [amyl alcohol] 〈화학〉아미노산의 분해에 의하여 발효되는 알콜.

아바 (Abba) 〈성〉아람(Aram)어로 '아버지'란 뜻. 신약 성서에서는 하느님의 일컬음임.

아바나 (Havana) 〈지〉쿠바 공화국 (Republicof Cuba)의 수도. 천연의 양항(良港). 1519년 벨라스케스(Velasquez)가 건설. 1898년 독립국 쿠바의 수도가 됨. (→) 쿠바.

아바나 선언(宣言) [영] the Havana- 〈정〉1940년 아바나 회의에서 채택한 선언. 미주에서의 여러 유럽 나라의 속령(屬領)에 대하여 주권의 변경 또는 영토 교환의 위험이 발생할 경우, 미주 여러 나라가 임시로 관리할 것을 규정함.

아바나이제이션[영 urbanization] 도회의 인구가 급격하게 증가하고, 반대로 농촌의 인구가 감소하는 것. 도시화.

아바나 헌장(憲章) [영] the Havana Charter 〈경〉ITO(국제 무역 기구) 헌장의 별명. → 아이 티 오(ITO).

아바네라 [에] habanera 〈음〉쿠바에서 생겨 에스파냐에서 유행한 민속 무곡. 그 무용. 느린 박자로 육감적임. 비제의 오페라 <카르멘> 제1장의 '아바네라'는 특히 유명함.

아바돈 [히] abaddon 〈성〉
① 멸망. 죽음.
② 밑바닥이 없는 갱(坑).

아바르 [Avar] 6세기 무렵, 코카시스 지역에서 다뉴브강 유역에 정착했던 몽고 계통의 종족.

아바바 [빔] Ababa 〈불〉팔한(八寒) 지옥의 하나. 추위 때문에 혀가 굳어져 확확 소리만 내게 된다는 지옥. 한자 표기로는 '阿婆婆! 하하바(Hahava) 라고도 함.

ㅇ

아바스 (Abbas, 566?~652) 〈인〉 마호메트의 삼촌, 아바스 왕조의 조상.

아바스 통신사(通信社) [프 Agence Havas > 영 Havas agency] 〈통〉 1835년 아바스(C. Havas)가 파리에 창립함 유럽에서 가장 오래된 통신사 2차 대전 뒤부터 에이 에프 피(AFP)가 되었음.

아바카 [말] > [영] abaca 〈식〉 마닐라 삼. 또는 그 섬유.

아바투아 [이] abattua 〈음〉 정확한 박자로 함.

아바트로스 [albatross] 〈골프〉 파(Par)보다 3개를 적게 친 것.

아반 [영 urban] 도시의, ~라이프(~life) 도회생활.

아반도노 [이] abbandono 〈음〉 자유롭게.

아반출 [프 avanture] 영어의 어드벤추어와 같다. 모험적인 연애의 뜻에 많이 쓰인다.

아방 가르드 [프 > 유 avant garde] 〈예〉1차 세계 대전 뒤 프랑스에서 일어난 예술 운동. 전위파(前衛派). 문학·미술·영화·예술 등에서 기성 전통을 부정하고 새것을 이룩하려 나선 문예 사조.

아방 게르 [프] avantguerre 〈문〉 전전파(戰前派).
① 1차 대전 전의 예술상의 모든 사조.
② 2차 대전 뒤 아프레 게르에 대해 고풍적(古風的)이고 시대에 뒤진 사상·습관·의식·생활 태도 등. ↔ 아프레 게르(apresguerre).

아방튀르 [프] aventure 모험. 연애 사건. 정사(情事). 밀통(密通).

아버다 [arbuda] 두흔(痘痕), 곰보, 천연두, 마마자국.

아버 데이 [미] Arbor Day 식수제(植樹祭). 나무의 날. 해마다 나무를 심기 위해 정한 날. 사회사업가인 노스럽(B. G. Northrop)이 생각해 낸 것이며, 1872년 네브래스카 주에서 최초로 날짜 정하여 실시. 이날은 공휴일. 우리나라 식목일에 해당함.

아베나 [Avena] 〈생물〉귀리(oats) 풀의 한 과(科).

아베날린 [영] avenalin 〈화〉 귀리의 낟알에서 빼 낸 글로불린(globulin).

아베뉴 [프 > 독 · 영 · 미 avenue]
① 가로수가 있는 길.
② 미국에선 남북으로 통하는 대가로 (大街路). 동서의 도로는 스트리트(street)라고 부른다. ↔ 스트리트.

아베 마리아 [라 > 독·유 Ave Maria] '마리아에게 행운이 깃들이소서'의 뜻.
① 〈그〉 마리아를 칭송하는 기도의 말.
② 〈음〉 마리아를 찬송하는 가곡.

아베스타 [페 > 독·영·프 Avesta] 〈종〉 조로아스터 교(zoroastrianism)의 경전. 선신(善神)이 악신(惡神)을 이겨 내 세계를 이룬다는 내용이 적혀있음. 이란·인도의 교도 사이에 잔존함.

아베스탄 [체 Avestan > 영 Ahura Mazda] 〈종〉조로아스터 교(Zoroaster 敎)의 선신(善神). 빛의 신. ↔ 아리만(Ahriman).

아베스토 [포 abesto] 〈광물〉 석면.

아베크 [프 avec] '…와 함께'의 뜻. 남녀의 동반. 동부인(同夫人).

아벡 [프 avec] ① 와 함께, 와 같이.
② 남녀 2인 한쌍.

아벤드 [독 Abend] 저녁 무렵, 밤. 저녁부터 개막하는 음악회나 영화회. 「은어」 저녁에 열리는 모임.

아벨라르와 엘루아즈 [프] Abelard et H'eloise 〈인〉11~12세기의 프랑스의 스콜라 철학자 아벨라르 (Pierre Abelard, 1079~1142)와 그의 제자

인 수녀 엘루아즈 (Heloise, 1101?~1164). 둘은 연애 왕복 서간으로 유명하며, 열띤 열애를 한 뒤 결혼했음.

아보가드로 (Amed대 Avogadro, 1776~1856) 〈인〉 이탈리아의 물리학자, 화학자.

아보가드로 수(數) [도 Avogadroschezahl] [영 Avogadro's number] 〈물〉 1g분자 중의 분자수를 나타내는 수.

아보가드로의 가설(假說) [영] Avogadro's theory 〈물〉 이탈리아의 아보가드로(Avogadro)가 1811년에 제창한 설. 모든 기체는 같은 온도와 압력 밑에서는 같은 부피 속에 같은 수의 분자를 포함하고 있다는 법칙.

아보락사스 [범] Avoraksas 〈불〉 지옥에 있다는 옥졸(獄卒). 쇠대가리에 사람의 목과 같고 두 다리에 쇠발굽이 달린 모양을 한 괴물. 한자 표기는 '아방 나찰'(阿防羅利).

이부산 [프 absinthe] 리큘의 일종. 알콜 함유량은 70%, 색깔은 녹색.
① 쓴 쑥.
② 쓴 쑥으로 만든 술.

아부아르드푸아의 칭량(秤量) [프] avoir de pois- → 애버더포이즈의 칭량 (avoirdupois-).

아부키르의 전투(戰鬪) [영] Aboukir B. 〈역〉 나폴레옹의 이집트 원정군이 아부키르 만(Aboukir B.)에서 전개한 전투.

아부한사단 (亞富汗斯坦) 〈국〉 아프가니스탄(Afghanistan)의 옛 한자 표기. → 아프가니스탄.

아브레베이션 [영 abbreviation] 생략, 약자.

아브트 (식) [Abtsystem] 가파른 언덕 길을 상하기 위해서 레일의 중간에 톱니모양의 조선(條線)을 부설하여 기관차에 장치한 기어와 맞물려서 미끄럼을 방지하여 운행하는 것. 스위스인 아브트의 고안에 의한 것이므로 이와 같은 이름이 있다.

아비다르마 [범] abhidharma 〈불〉 경전을 경(經)·율(律)·논(論)으로 나눈 중에서 논부(論部) '대법(對法)/대법(大法)'의 뜻에서 온 말. 한자 표기로는 '아비달마'(阿毗達磨).

아비다르마마아비바사스타스트라 [범] Abidharmamahavibhasastastra 〈책〉 불교의 소승론부(小乘論部)에 속하는 불서(佛書). 200권. 당(唐)의 현장(玄裝)의 한역이 있음. 한자 표기로는 '아비 달마 대비 바사론'(阿毘達磨大毘婆沙論). 줄여서 '대비바사론'

아비 달마 대비 바사론 (阿毘達磨大毘婆沙論) 〈책〉 → 아비다르마마아비바사스타스트라 (Abidharmamahavibhasastastra).

아비딘 [도·영] avidin 〈식품〉 달걀 흰자위의 단백질.

아비장 (Abidjan) 〈지〉 코트디부아르 (Coted' Ivoire)의 수도.

아비타시온 [프 habitation] 아파트식의 고급 분양 주택.

아빠시 [프 apache] (아파치족에서 유래된 말로)
① 큰 도시의 무뢰한.
② 밤 도둑.

아빠시 당스 [프 apache danse] 퇴폐적이며 난폭한 춤.

아뿔리케 [프 applique] 천, 가죽 같은 것에 다른 천이나 가죽을 오려 꿰맨 장식.

아사랴 [범 acarya > 중 阿闍梨] 〈불〉
① 스승.
② 승려의 학위. 한자 표기는 '아사리' (阿闍梨).

아서 (Arthur) 〈인〉 6세기경 영국의 전설적인 왕.

ㅇ

아세로라 [영 acerola] 카리브해 주변을 주산지로하는 버찌모양의 과실. 비타민 C가 많으며 제리, 잼, 음료 등에 이용되고 있다.

아세스먼트 [영 Assessment]
① 평가, 사정. 세액, 평가액.
② 부과.

아세안 [ASEAN←Association of Southeast Asian Nations] 동남아시아 제국 연합. 타이·말레이시아·싱가포르·필리핀·인도네시아의 5개국이 1967년에 결성하였음.

아세테이트 섬유(纖維) [영 acetate fiber 〈섬〉 셀룰로스의 초산 에스테르로부터 만든 섬유의 총칭.

아세트 [acet] 〈화학〉초(醋)를 함유하는.

아세트 아닐리드 [독 Azetanilid]
〈약학〉 초산과 아닐린을 증류해서 만든 무색의 결정.

아세트 알데히드 [독 Azetaldehyd] [영 acetaldehyde] 〈화〉 독특한 자극성 냄새가 나는 휘발하기 쉬운 무색 액체. 초산(醋酸), 그 밖의 공업 약품의 원료로 중요하게 쓰임. CH CHO 준말로는 알데히드(aldehyde). (→) 알데히드 ①

아세티시즘 [영 asceticism] 금욕주의.

아세틸렌 [영 acetylene] 탄화수소의 일종. 카바이드에서 취하는 무색, 무취의 가스. 등화용으로 사용하였으나 지금은 공업용으로 사용된다.

아세틸 셀룰로스 [acetyl cellulose]
〈화학〉 초산 섬유소.

아세틸콜린 [acetyl-choline] 〈생화학〉 혈압을 저하시키는 일.

아셈 [ASEM] 한국, 중국, 일본, 아세아 회원국 7나라, 유럽 연합(EU). 15나라 등 모두 25나라의 정상들이 참여하는 회의. Asia-Europe Meeting의 약어.

아셈블리 [assembly]
① 집합. 기계의 조립품 일체.
② '새로운 부분품' 이란 뜻으로 통용되기도 함.

아소세션 [영 association] ① 교제.
② 연합, 합동. ③ 단체 협회. ④ 연상.

아소카 (Asoka, 기원전 273~232)
〈인〉 인도 마가다 국(Magadha 國) 마우리아(Maurya) 왕조의 제3대 왕.
→ 아쇼카 왕(Asoka 王).

아쇼카 나무 [범 > 영 asoka] 〈식〉 범어 a(무)+soka(근심)에서 온 말. 무우수(無憂樹). 근심 없는 나무. 곧 보리수(菩提樹). 인도·말레이시아 원산.

아쇼카 왕(王) [범 Asoka >힌 Asoka] [영 Asoka] 〈불〉 불교를 보호한 인도의 왕(기원전 273~232)기원전 3세기 무렵 인도 마가다 국(Magadha 國)의 마우리아(Maurya) 왕조(孔雀 王朝)의 제3대 왕. 부왕이 죽은 뒤 여러 형제를 죽이고 왕위에 올라, 5천축(天竺)을 통일하고, 제3회 불전 결집(佛典結集)을 행하였음. 한자 표기는 '아육왕'(阿育王), 또는 '아수가왕'(阿輸迦王).

아수라 [범]asura> [중 阿修羅/阿素洛]
① 〈신〉 마귀. 악마. 데바(deva)가 일반적인 신을 의미하는 반면, 이것은 불가사의한 환력(幻力) 또는 주력(呪力)이 풍부한 신격의 칭호. 바루나(Varuna)·루드라(Rudra) 등은 이에 속함. 뒤에 악마의 통칭이 됨.
② 〈불〉 비천(非天). 악귀(惡鬼). 육도(6道)의 하나. 3면6비(三面六臂)의 모양이며 그중 2비는 합장의 상임. 불교 경전에서 '阿修羅'라고 쓰여지고 있음. 준말로 '수라'(修羅).

아수라 도(道) [범] asura-> [중] 阿修羅道 〈불〉 육도(6道)의 하나. 아수라가 사는 세계. 시기심과 교만한 마음이 강한 사람이 죽은 뒤에 가는 악귀의 세계. 준말로 수라도(修羅道)/수라계(修羅界).

아수라 왕(王) [범] asura-> [중] 阿修羅王 〈불〉 아수라도의 우두머리. 범천 제석(梵天帝釋)과 싸워서 정법(正法)을 멸하려는 악귀의 세계의 주재자, 준말로 수라왕(修羅王)

아쉬르 [프] hachure 〈미〉 가느다란 평행선으로 된 음영(陰影). 선영(線影). 크로키(croquis) · 데생(dessin) · 지도 · 제도(製圖)등에서 가는 사선(斜線)을 거듭 그어 음영 또는 반색조(半色調)의 효과를 나타내는 일.

아슈르 [아시>유 Assur] [영 Ashur] 〈신〉고대 아시리아(Assyria) 왕국의 최고신. 특히 군신(軍神)이다. 본디 아슈르(Assur) 시의 수호신에서 군대 및 왕국의 수호신으로 추앙되었음.

아슈르바니팔(Ashurbanipal) 〈인〉고대 아시리아(Assyria) 왕국 말기의 제왕. 수도 니네베(Nineveh)에 큰 소서관을 설치함.

아슈빈 쌍신(雙神) [범] Asvin 〈신〉「베다」에 나오는 쌍을 이룬 마부의 신. 쌍둥이 사자(使者) 또는 천상의 의사로 일함. 후세에 한 쪽만을 가리켜 나사탸(Nasatya)라고도 함. (→) 나사탸.

아스가르드 [고 노르드어 > 도·영] Asgard/Asgarth/Asgardhr 〈신〉북유럽 신화에 나오는 신들의 하늘 궁궐. 고 노르드어 ass(신)+gardhr(마당)에서 온 말로 신들의 거처, 지상과는 무지개다리 곧 천교(天橋)로 연결되었다 함.

아스까(飛鳥) 〈지〉 일본 나라(奈良) 분지의 남부, 다까이찌(高市)군 아스까촌(明日香村)을 중심으로 한 아스까 강 [飛鳥川] 부근 지역을 통틀어 일컬음. 고대사 · 신화 · 전설과 관계가 깊고, 고분이나 석조 유적이 많으며, 귀화인이 거주하던 곳.

아스까 시대(飛鳥 時代) 〈역〉 일본의 문화 · 미술사상 6세기 후반서 7세기 중반까지의 시대. 일본 최초의 불교문화가 발달했는데 특히 우리나라에서 건너간 불교 미술이 번영했음. 아스까 강 [飛鳥川] 이라는 강 이름에서 '아스까' 가 비롯되었음.

아스베스토 [그>포 asbesto] [네·독 Asbest] [프 asbeste] [영 asbestos] 〈광〉 석면(石綿). 영어 표기로는 아스베스토스.

아스완 댐 [영] Aswan Dam 나일 강 상류에 건설한 세계 최대의 댐. 1971년 완성. 둑 높이 44.8m 저수량 55억㎥

아스완 하이 댐 [영] Aswan High Dam 나일 강 상류에 건설한 세계 최대의 댐. 1971년 완성. 둑 높이 111m, 저수량 1,300억㎥. 이집트명으로는 '사드엘알리'.

아스 커넥터 [earth connector] 땅줄잇개.

아스코르빈(산) [<독>ascorbin (酸)] 〈화학〉 비타민C.

아스클레피오스 [그] Askle pios 〈신〉 그리스 신화의 의술의 신. 아폴론(Apollon)의 아들. 기사회생(起死回生) 의술에 능하였음.

아스키 [ASCII=American Standard Code for Information InterchangeII] 〈컴퓨터〉 정보교환용 미국 표준 코드. 정보의 교환, 전송용으로 사용되는 대소 알파벳, 숫자, 특수 기호, 제어 정보 등을 포함하는 비트+ 패리티의 8비트 코드. IBM사에서는 같은 목적으로 종래의 6비트 BCD코드를 확장한 EBCDID(extended binary coded decimal interchnged code)도 사용하고 있다.

아스타 [aster]
① 〈식물〉 자원 탱알. 쑥부쟁이.
② 〈생물〉(세포분의) 성상체(星狀體).

아스타르테[페니>그>라>영 Astarte]

ㅇ

아스타테 〈신〉 고대 페니키아(Phoenicia)의 여신. 구약 성서에 나오는 이교적인 여신의 개칭(概稱). 풍요와 성애를 맡아 보았음. 바비롤니아 이슈타르(Ishtar), 시리아의 이타르 등 여신과 같음.

아스타틴 [그>독 Astatin] [영 astatine] 〈화〉 방사성 원소의 하나. 1940년 이탈리아의 세그레(E. Segre) 등이 발견. 화학 기호 At. 원자 번호85. 원자량 210.

아스테로이드 [영] asteroid 〈수〉 어떤 일정한 원에 그 원의 4분의 1의 반경을 갖는 원이 내접하여 떨어지지 않고 굴러 갈 때, 그 원둘레상의 한 정점(定點)이 그리는 곡선.

아스토로너트 [영 astronaut] 우주비행사의 뜻. 가가린(구소련)이 최초.

아스트라칸 [astrakhan]
① 소련의 아스트라칸 지방에서 나는 새끼양의 모피.
② 무명천에 꼬불꼬불한 털을 짜 넣은 직물.
③ 아스트라칸 모피나 직물로 만든 모자.

아스트러로지[영 astrology] 별자리 점쾌, 점성술.

아스트롤라브 [그>라>네·도 Astrolabium] [프 astrolabo] [영·프 astrolabe] 고대 천문 관측 기계. 영어 표기로는 애스트롤레이브.

아스트롤라비움 [그>라] [네·도 Astro labium] → 아스트롤라브(astrolabe).

아스트린젠트 [라>영 astingent] 수렴제. 수렴성이 많은 화장수. 세안(洗顔) 뒤의 살갗을 죄는 작용을 함. 아스트린젠트 로션(astringent lotion).

아스트린젠트 로션 [영] astringent lotion → 아스트린젠트(astringent).

아스틸베 [라] > [유] astilbe 〈식〉 그리스어 a(부정어)+ stilbein(빛나다) 곧 '화려하지 않은 꽃'이라는 뜻에서 온 말. 범의 귀과에 딸린 식물.

아스파라긴 [독 Asparagin] 〈화학〉 아스파라거스에서 발견될 유기 화합물로 관절염에 약이 됨.

아스팍 (ASPAC) 〈정〉 Asian and Pacific Council의 약칭. 아시아 태평양 이사회. 아시아·태평양 지역내의 협력 증진을 통한 평화·자유·번영을 목적하여 한국이 주도한 지역 협력 기구. 1966년 6월 14일 창립.

아스팔트 지(紙) [도] Asphaltpapier [영] aspat paper [프] papoer asphalte 종이의 한 면 또는 양면에 아스팔트를 칠한 것과, 두 장의 종이를 아스팔트로 접착한 것이 있음. 거의 완전 내습성.

아스팔트 타일 [영] asphalt tile 아스팔트와 안료(顔料)를 섞어 압축하여 고무 타일 대용으로 사용함.

아스포델 [그>라 asphodelus] [영 asphodel] [프 asphodele] [독 Asphodelos]
① 〈신〉 엘리지움(Elysium)의 들에 피어 있다는 시들지 않는 꽃.
② 〈식〉 나리과에 딸린 여러해살이풀. 지중해 연안 및 인도가 원산.

아스포 [그>라>프>영 asp] 이집트 코브라(cobra) 학명은 Naje haje

아스피레이트 [aspirator] 공기 흡출기 (吸出器).

아스피린[독 Aspirin] 화학명은 아세틸사루틸산. 해열. 진통제.

아스피테 [라 > 독·영·프 aspite] 〈지〉 용암 화산. 방패 모양의 화산. 화산의 형태상의 한 가지.

아스픽 [프 > 영 aspic] [독 Aspik] 〈식품〉 고기 젤리(jelly). 서양 요리의 한 가지, 고기·생선 조개·버섯·토마토 주스 등을 젤리로 뭉친 것.

아시냐 [프] assignat 〈경〉 프랑스 혁

명 시대인 1789~1796년 사이에 발행한 불환 지폐(不換紙幣).

아시도시스 [도] Acidosis ([유])
〈의〉산성 중독증. ↔ 알칼로시스 (Alka-losis).

아시도필루스 [acidophilus] 유산균(乳酸菌).

아시도필루스 우유(牛乳) [영] acidophilus milk 〈식품〉 인공 버터밀크와 같은 것.

아시아 [라·포·유] Asia ([네] Azie)
① 〈지〉아시아 주(洲).
② 〈역〉소아시아의 서부 해안 지방에 두었던 로마의 현명.

아시아개발은행 (ADB : Asian Development Bank) 본점(마닐라), 우리나라 가입, 아시아 제국의 경제협력, 개발도상국에 대한 장기저리융자.

아시아 경기 대회(競技大會) [영] Asian Games 〈체〉아시아 여러 나라의 올림픽 국내 위원회가 조직하는 아시아 경기 연맹이 주최하는 경기대회. 1951년 뉴델리에서 제1회 대회를 개최함. 4년마다 한번. 경기 종목은 국제올림픽 대회와 같음. '아시아 올림픽 대회'라고도 속칭함. 1986년 제10회 아시아 경기 대회는 서울에서 개최하였음.

아시아 니즈 [←Asia's four NIES] 한국, 대만, 홍콩, 싱가포르의 4개국.

아시아 달러 [Asia dollar] 〈경제〉아시아 지역 특히 싱가포르를 중심으로 홍콩·마닐라 등의 금융 센터에 설치한 비거주자의 달러 예금.

아시아생산성기구 (APO : Asian Productivity Organization) 본부(동경), 아시아 제국의 생산성 향상.

아시아 아프리카 회의(會議) [영 Asian African Conference] 〈정〉AA회의. 반둥(Bandung) 회의라고도 함. 1955년 4월 아시아·아프리카의 29개국 대표가 인도네시아의 반둥 시에 모여, 아시아·아프리카 여러 나라 국민의 상호 이해와 우호 친선 관계를 증진하여 세계 평화 확보를 위한 심리적 기초를 다지기로 했음. (→) 반둥정신(精神).

아시아태평양경제사회위원회 (ESCAP) 본부(방콕). 우리나라 등 아시아대양주 소속 회원국의 경제문제에 대해 경제사회위원회 보좌.

아싸냐 [프 assignat] 〈경제〉프랑스혁명 시대에 발행되던 불환 지폐.

아싸이 [이 assai] 〈음악〉더욱, 극히.

아쏘시에이션 [association]
① 사단. 협회. ② 결합.
③ 〈심리〉연상. ④ 〈수학〉조합.

아에로플로트 [러] Aeroflot 〈항〉소련 민간 항공 총국의 통칭. 소련 국영 항공.

아우구스투스 (Augustus, 기원전 63~기원후 14) 〈인〉로마 초대 황제. 본명은 카이우스 옥타비아누스(Caius Octavianus).

아이젠하워 Eisenhower, Dwight David (1890~1969) 미국의 將軍, 34代 大統領.

아우터 써클 [outer circle] 〈체육〉농구의 외야(外野).

아우테리아 [영 auterior] 문, 우리, 가로 등의 뜻. ~ 디자인(~design) 옥외 장식.

아우토반 [독 Autobahn] 독일어 Auto(자동차)+Bahn(길)에서 나온 말. 독일의 간선 도로. 고속도 자동차 도로.

아우트라인 스티치 [outline stitch] 윤곽이나 그림의 일부를 수실로써 줄 모양으로 수놓는 것.

아우트로 [outlaw] 법의 밖에 놓인 사람이란 뜻으로, 사회 질서에서 벗어난 무법자. 불량배.

ㅇ

아웃트쏘싱 [outsourcing] 자체의 인력·설비, 부품 등을 이용해 비용절감과 효율성 증대 목적으로 외부용역이나 부품으로 대체하는 것.

아우팅 [영 outing] ① 외출, 산보. ②〈복〉외출 옷.

아울 [owl] 야행성 인간. 본래는 올빼미를 가리킴. 즉, 밤에 활동하는 사람을 말함. 심야 영업을 하는 가게나 행사 등이 많아져서 올빼미족이 늘어났다.
▷ 밤 늦도록 자지 않고, 밤샘을 하는 사람은 night owl이라 하고, 반대로 아침형의 인간을 종달새에 비하여 lark라고 함.

아웃 [영 out] ① 밖으로, 밖에. ②〈야〉타자나 주자가 아웃이 되는 것. ③ 정구나 탁구 등에서 공이 선 밖으로 나가서 실점이 되는 것.

아웃 [out] ① 구기에서 공이 한정된 선 밖으로 나가는 것. ② 야구에서 타자나 주자나 자격을 잃는 것.

아웃도어 세트 [outdoor set] 야외 무대 장치, 노천극장.

아웃 드라이브 [out drive] 정구에서 상대방을 물리치는 것.

아웃 드롭 [미] out drop〈체〉야구에서 투수의 공이 타자 앞에 와 바깥 아래쪽으로 꺾이도록 던진 공. 외하곡구(外下曲球). 아웃 커브와 드롭의 혼합구. ↔ 인 드롭(in drop).

아웃 복싱 [out boxing] ① 원거리 전법을 쓰면서 보통 권투와 같이 하되 발로도 찰 수 있으며 붙들고 자유자재로 할 수 있는 것. ② 권투에서 상대방에게 접근을 허용하지 않고 풋워크를 이용하여 끊임없이 일정한 거리를 유지하면서 교묘하게 상대방을 공격하는 것.

아웃 볼 [out ball]〈체육〉야구에서 외곡구(外曲球).

아웃 사이더 [영] outside ① 외부의 사람. 국외자(局外者). ②〈어떤 일에〉전문지식이 없는 사람. 문외한(門外漢). ③〈조합·당·연맹 등〉단체 밖의 사람. 비조합원.

아웃사이더 조합(組合) [영] outsider-〈경〉아웃사이더만으로 조직한 조합. ↔ 인사이더 조합(insider-).

아웃사이드 [outside] ①〈체육〉공이 게임하는 지역을 한정하는 선 밖으로 나간 것. ②〈경제〉카르텔이나 트러스트 같은 협정에 가입하지 않은 동업자. ③ 경마에서 인기가 없는 말. ④〈춤〉파트너의 오른쪽 옆으로 밟아 나가는 족형(足型).

아웃사이드 레프트 [outside left]〈체육〉축구에서 공격자 중 제일 왼쪽 선수.

아웃사이드 스크린 [outside screen]〈체육〉농구에서 트레일(trail)의 하나.

아웃사이드 에지 [outside edge] 스케이트의 바깥쪽 날.

아웃사이드 인 [영] outside in〈체〉골프에서 임팩트 직전에, 비구선(飛球線) 바깥쪽에 있는 클럽 헤드(club head)가 안쪽에 뿌리쳐 빠지는 동작, 커트하는 것 같은 스윙. '바깥쪽을 안쪽으로 가게 한다'는 데서 온 말.

아웃사이드 컬링 [outside curling]〈미용〉밖으로 감기. 쪽을 사용하여 차는 방법. ↔ 인사이드 킥(inside kick).

아웃사이드 포워드 [outside forward]〈체육〉축구에서 5명의 포드중 좌우 바깥쪽에 자리 잡고 있는 경기자.

아웃사이드 포지션 [outside position

] 〈체육〉 권투에서 접근 전에서 바깥 위치.

아웃 서클 [out circle] 〈체육〉 피겨스케이트의 바깥쪽 끝을 이용한 원형.

아웃 솔 [영] outsole 〈고무〉 '외저'(外底)로 쓰고 있지만 이 말은 '겉창'이라고 사용함이 옳을 듯.

아웃 슈트 [미] out-shoot 〈체〉 야구에서 투수의 투구가 자연히 타자의 바깥쪽으로 휘어 굽는 일. 또는 그 공. 아웃 커브(out-curve). ↔ 인 슈트(in-shoot).

아웃 스텝 [미] out step 〈체〉 '발을 내디딘다' 는 뜻에서 온 말. 야구 등에서 타자가 때릴 때, 앞발을 바깥쪽(우타자의 경우 왼발을 3루쪽)에 내딛는 것을 말함. ↔ 인스텝(instep).

아웃 오브 데이트 [영] Out of date 시대나 유행에 뒤떨어지는 일. ↔ 업투데이트(up to date).

아웃 오브 바운드 [영] Out of bound 〈체〉경계선 밖. 제한 구역 밖. 농구·배구 등에서 공 또는 공을 가지고 있는 선수가 경계선을 포함한 코트 밖으로 나가는 일. '아웃 오브 바운즈(out of bounds)' 라고도 함. 골프에서 O.B

아웃 웨어 [영] out wear 〈복〉 외의(外衣). 코트·수트·스웨터·가디건 등을 말함.

아웃 커브 [미] outcurve 〈체〉 야구에서 투구가 타자의 직전에서 바깥쪽으로 휘어 굽는 일. 외곡구(外曲球). 아웃 슈트(out shoot) ↔ 인커브(in Curve)

아웃파이팅 [영] outfighting 〈체〉 권투에서 선수가 서로 팔을 뻗쳐 거리를 두면서 싸우는 아웃 파이트(outfight)방식. 아웃 복싱. ↔ 인파이팅(infighting).

아웃 파트[out part]〈체육〉아웃 코너.

아웃 포인트 [out point] 〈체육〉 판정승(判定勝).

아웃 포커스 [영] out of focus 〈사진·영〉 초점 흐림. 초점이 빗나가 뿌여지는 것.

아웃풋 [out-put] 〈컴퓨터〉 출력. 정보를 꺼내는 일.

아웃 플레이어 [영] out-player 〈체〉 정구에서 서브를 받는 편의 선수. 리시버(receiver). ↔ 인 플레이어(inplayer).

아웃필더 [outfielder] 〈체육〉 외야수(外野手) ↔ 인필더.

아워 (Aure von Wekbach, 1858~1928) 〈인〉 오스트리아의 화학자, 발명가. 아워 폰 벨스바흐, 곧 벨스바흐(Welsbach)로 부르나, 그가 고안 발명한 아워 등(燈) [Auer lamp] , 아워 합금(合金) [Auer's metal] 등에선 '아워' 쪽을 쓰고 있음.

아워 등(燈) [도] auerche Lampe> [영] Auer lamp 〈화〉 오스트리아의 화학자 아워(Auer von Welsbach)가 1885년 발명한 등. 석탄 가스 등. (→) 아워.

아워 합금(合金) [영] Auer's metal 〈화〉 오스트리아의 화학자 아워(Auer von Welsbach)가 발명한 발화 합금(發火合金). 라이터·가스 점화기 등에 사용함. (→) 아워.

아유 [범 ayu] 「베다」에 나오는 말. 생물. 인류. 자손. 가계(家系). 인간의 조상.

아이[영 eye] 눈. 시력. ~위트네스(~witness) 증인, 목격자. ~뱅크(~bank) 안구은행. ~캐처(~catcher) 광고 용어로서 한눈에 상품이나 회사를 납득시키는 문자나 그림을 말함.

아이네이아스 [그] Aineias
① 〈신〉 그리스·로마 신화에서 헥토르(Hektor)와 함께 쌍벽인 트로이(Troy)의 영웅.

319

ㅇ

② 〈문〉 로마의 시인 베르길리우스 (Vergilius)가 남긴 라틴 문학 최대의 서사시 〈아이네이아스〉 아에네이스(Aeneis)라고도 함.

아이노 댄스 [aino dance] 아이노 민속 무용. ▷ 단순한 동작이 되풀이됨.

아이누 [아이누] ainu 〈인류〉 일본의 홋까이도(北海道)와 사할린(樺太) 등에 사는 한 종족. 이 인종의 지칭이며, '사람'의 뜻. 유럽 인종의 한 분파에 몽고 인종의 피가 섞여 있음. 고대 일본에서 '에조/에미시' 라고 했으며, '아이노' 라고도 함.

아이 더블류 더블류 [미·영 IWW] 〈사〉 세계 산업 노동자 동맹. 1905년 미국에서 결성된 노동 조합. The Industrial Workers of the World의 약칭.

아이덜 [영 idol] 우상, 숭배되는 사람 또는 물건.

아이덴티티 [영 identity]
① 자기동일성, 주체성.
② 정체.

아이덴티피케이션 카드 [identification card] 신분 증명서 (약/ID카드).

아이도포르 [그·독·네·유 eidophore] 텔레비전의 영상을 대형 스크린에 나타내는 투사(投射) 장치의 한 가지. 1939년 무렵 스위스의 피셔가 고안. 아이더퍼는 영어식 표기. 그리스어 eidos(꼴·형체)+ pherin(운반하다)에서 온 말.

아이도포어 [독 Eidophor] 확대 투사 장치(텔레비전의 영상을 대형 스크린에 직접 영사하는 장치).

아이들 [영 idle] ① 게으름피우다.
② 불황의.

아이들 [그 > 라 > 프 idol] 〈영〉 우상. 숭배물.

아이들링 [영] idling기계 따위의 헛돎.

공전(空轉).

아이들 시스팀 [영] idle system
〈경〉 공장이나 회사에서 조업 단축·귀휴(歸休) 등 수단으로 감산하여 임금을 줄여서 치르는 제도.

아이들 코스트 [영] idle cost 유휴 실비(遊休失費). 생산 설비나 노동력이 정상 이용되지 않아서 생기는 손실.

아이들 타임 [영] idle time 기계의 유휴 시간. 공구의 개체·피가공물의 장치 또는 붙였던 것을 뗄 때 기계가 쉬는 시간.

아이디어 뱅크 [한] idea bank 수출 진흥 등을 위한 아이디어를 모집·활용하는 일을 맡아 보는 기구. 1970년대 무역 진흥 공사에서 발족을 본 기구의 하나.

아이디얼 [영 ideal] 이상적인, 관념적인.

아이디얼리스트 [영] idealist
① 〈철〉 관념론자. 유심론자.
② 〈문〉 이상주의가(理想家). 이상주의자.

아이디얼리즘 [영] idealism 〈철〉
① 관념론. 유심론. ② 이상주의.

아이디 카드 [영 ID Card] identification의 약 〈방〉 텔레비 프로그램의 전후에 나오는 스폰서나 국명을 표시하는 타이틀.

아이딜 [영] idyll 〈문〉 전원시(田園詩). 소박한 자연에 대한 애정을 기조로 한 이야기.

아이라인 [영 eye line] ([그]라>프〉 영 irony) 풍자. 반어(反語). 말의 복선. 비꼼(비꼬기). 빈정댐.

아이러니컬 [ironical] 역설적인. 반어적인. 비꼬는, 빈정대는 해학적인. ¶ ~ 한.

아이레네 [그 Eirene > 영 Irene] 〈신〉 그리스 신화에 나오는 평화의 여신. 제우스(Zeus)와 테미스(Themis) 사이의 아들.

아이 로션 [영] eye lotion 〈미용〉 세안(洗眼)용 로션.

아이로타이신[영 ilotacin]〈의〉방사균에 대한 항생물질의 뜻.

아이론 드레스 업[iron dress up]〈미용〉아이론으로 손질하다. ▷ 아이론(다리미).

아이리스 [그 > 라 > 영 Iris]
① 〈신〉 그리스 신화에 나오는 무지개의 신.
② 〈식〉붓꽃과에 딸린 아이리스 속(屬).
③ 〈사진〉 사진기의 조리개.

아이리스 아웃 [영] iris out 〈영·텔〉 화면의 주위로부터 가운데로 둥글게 몰려들며 죄듯이 차차 작아져서 사라지게 하여 중심부에 강한 인상을 주는 수법. 준말로 아이 오(I.O.) ↔ 아이리스 인(iris in).

아이리스 인 [영] iris in 〈영·텔〉 화면의 한가운데서부터 차차 화면 전체로 커져가는 촬영 수법. 준말 아이 아이(I. I.). ↔ 아이리스 아웃(iris out).

아이마라 [Aymara] 볼리비아와 페루의 아메리카 인디언.

아이모 [미] Eyemo 휴대용 35mm와 16mm 영화 카메라. 뉴스 영화의 촬영에 쓰임.

아이반호 [영] Ivanhoe 〈문〉 영국 작가 스콧 (Walter Scott, 1771~1832)이 1819년에 지은 역사 소설 이름. 또는 그 주인공 명.

아이버리 [라 > 프 > 영 ivory]
① 상아. 상아 조각.   ② 상아 빛.

아이버리 너트 [영] ivory-nut 상아 종려나무 〈식〉 인 아이버리 팜(ivory-palm)의 열매.

아이버리 블랙 [영] ivory black 〈미〉 상아를 태워 만든 검은 빛 그림물감.

아이버리 지(紙) [영] ivory-paper 상아 빛깔의 두껍고 광택나는 서양종이. 양지((紙).

아이 버튼홀 [eye button-hole] 〈의상〉 둥근 단추 구멍.

아이벡스 [프 > 영 ibex] [독] 알프스·아펜 니노 산맥 등에 사는 야생 염소. 학명 capra ibex.

아이보리 딜러[ivory dealer]〈체육〉야구에서 선수를 스카웃하는 사람.

아이보리 블랙 [ivory black]〈미술〉상아를 태워 만든 흑색 안료.

아이보리 시즌 [ivory season] 야구 계절.

아이보리 헌터[ivory hunter]〈체육〉야구에서 유망한 선수를 빼내려고 다니는 사람.

아이보리 화이트 (ivory white) 유백색.

아이볼트 [영] eyebolt 〈기〉 대가리에 와이어 로프(wire rope)를 꿸 수 있을 정도의 큰 구멍을 가진 볼트. 링 볼트 (ringbolt)라고도 함.

아이브스 (Frederick Engene Ives, 1856~1937) 〈인〉 미국의 발명가. 사진 그래뷰어 판 및 사진 제판술을 완성하였음.

아이비 [영 ivy] 〈식〉 담쟁이 넝쿨. ~스타일(~style) 미국동부의 대학생으로부터 유행한 복장으로 처진 어깨의 3개 단추식. ~리그(~League) 미국 동부의 명문대학을 총칭한 호칭명 브라운, 콜럼바어, 코넬, 다트마스, 하바드, 프린스톤, 펜실베니아, 예일의 8개 대학.

아이 비 [영] IB (International Bank of Reconstruction and Development의 약칭) 〈경〉 국제 부흥 개발 은행. 통칭 세계은행. 1944년 설립. 유엔의 전문기관. 소재지는 워싱턴.

아이비 스타일 [Ivy+style] 젊은 남성

321

ㅇ

취향의 복장 모양.

아이 빔 [영] I-beam 〈건〉 아이(I)자 모양으로 만든 도리. 건물이나 다리 등의 골조에 사용함.

아이 샤이너 [영] eye shiner 〈미용〉 아래 눈두덩의 속눈썹 안쪽에 나름대로 맞는 빛깔을 발아서, 눈에 매력적인 빛을 주는 눈 화장품의 한 가지.

아이 섀도 [영] eye-shadow 〈미용〉 눈두덩에 바르는 화장품. 음영을 돋위 얼굴을 입체적으로 보이기 위하여 바름.

아이 셰이드 [영] eyeshade 햇빛을 가리기 위해 모자처럼 쓰는 차양만으로 된 것. 모자 차양.

아이소메트릭스 [isomertics] 정적(靜的)근력 트레이닝(힘을 주어 같은 자세를 유지함으로써 근력 증강을 도모함).

아이소스태시(설) [isostacy 說] ① 〈지학〉 지각평형설(地殼平衡說). ② 힘의 균형.

아이소타입 [ISOTYPE=International System of Typographic Picture Education] 1925년 '오스트리아' 의 ' 오토·노이러' 박사가 제창한 도형 세계 공통의 시각 언어(視覺言語)로서 교통표지 등 만국 공용의 심벌이다.

아이소토프 [그 > 영 isotope] '같은 위치'라는 뜻에서 온 말.
① 물. 동위 원소.
② 〈약〉 방사성 동위 원소(방사성 요드 따위).

아이솔레이트 [라 > 이 > 영 isolate] 미숙아용의 보온 격리함. 분리하다. 고립시키다.

아이솔로이신 [도·영] isoleucine 〈식품〉 식물 중에 많은 필수 아미노 산.

아이스 댄싱 [영] ice dancing 〈체〉 스케이트 부분 피겨(figure) 경기의 한 가지. 남녀 2명(페어)이 음악에 맞춰 얼음판 위에서 추는 춤. (→) 피겨 스케이팅(figure skating).

아이스 바일 [독 Eisbeil] 얼음을 깨서 발판을 만드는데 쓰이는 도구.

아이스반 [독 Eisbahn] 눈의 표면이 얼음처럼 굳어진 코스.

아이스 배스킷볼 [ice basket-ball] 빙상 농구.

아이스버그 [iceberg] ① 빙산. ② 싸늘한 느낌을 주는 사람.

아이스 베이스볼 [ice basdball] 빙상 야구.

아이스 스맥 [영 ice smack] 아이스크림을 통 모양으로 만든 것. (→) 스맥(smack).

아이스 스케이팅 [ice skating] 빙상 춤. 얼음을 지쳐 나가며 하는 댄스.

아이스 액스 [영] ice ax(e) 〈등〉 얼음 표면에 디딜 곳을 마련하기 위해 얼음을 깨는 낫. 쇄빙(碎氷)낫.

아이스 요트 [ice yacht] 돛으로 나가는 썰매.

아이스 캡 [영] ice cap 만년설. 만년빙설.

아이스크림 선디[ice-cream sundae] 아이스크림에 과즙이나 코코아를 섞은 음료.

아이스크림 스토커 [영] ice cream stocker 안에 소형 냉동기가 달린 아이스크림 보존기.

아이스킬로스 (Aischylos/Aiskhylos, 기원전 525~456) 〈인〉 고대 그리스 아티카(Attica)의 비극 시인. 그는 배우이기도 했으며, 「묶인 프로메테우스」 「페르시아 인」 등 7편의 작품이 전함. (→) 아가멤논.

아이스 테크닉 [ice technic] 〈체육〉 눈 위나 얼음 위를 오르내리는 등산 기술.

아이스 통즈 [ice tongs] 큰 핀셋 모양의 얼음 집게.

아이스 페일 [ice pail] 음료용의 잘게 부순 얼음을 넣는 통. 얼음통.

아이스 플랜트 [ice plant] 선인장 국화(菊花).

아이스피켈 [독 Eispickel] 아이스 픽.

아이스 픽 [ice pick] 등산용 곡괭이. 얼음을 잘게 깨는 송곳.

아이스하켄 [독 Eishaken] 〈등〉 빙설용 쐐기. 빙설 사면에서 지점(支點) 확보할 때 박아두는 쐐기.

아이스하키 [영] ice-hockey 〈체〉 얼음 위에서 한 팀 6명씩의 경기자가 스케이트를 신고하는 하키. 퍽(puck)이라는 딱딱한 고무로 만든 판판한 원반을 스틱이라는 끝이 구부러진 막대기로 골에 넣음. 빙구(氷球).

아이스 해머 [독 Eishammer] [영] ice hammer 〈등〉 빙벽 등반용 철제 해머. 줄여서 해머라고도 함.

아이슬란드 (Iceland) 〈국〉 북대서양 그린란드(Greeland) 동남쪽에 있는 공화국. 1944년 독립. 옛 한자 표기는 애사란(愛斯蘭) > 빙도(氷島) > 빙주(氷州). 수도는 레이캬비크 (Reykjavik). (→) 레이캬비크.

아이슬란드 포피 [영] Iceland poppy 〈식〉 시베리아 개양귀비.

아이 시 [영] I. C. 〈전·컴〉 integrated circuit의 약칭. 직접회로.

아이 시 비 엠 [영] ICBN 〈군〉 Intercontinental Ballistic Missile의 약칭. 대륙간 탄도탄. 머리 부분에 원(수)폭을 설치하고 8,000km이상 날아가서 명중함.

아이시스 [영] Isis 〈신〉 이집트 신화에 나오는 여신. 오시리스(Osiris)의 아내.

아이 아르 비 엠 [영] IRBM 〈군〉 Intermediate Range Ballistic Missile의 약칭. 도달 거리 2,400km 이하의 중거리 탄도 미사일. (→) 아이 시 비엠(ICBM).

아이아스 [그] Aias 〈신〉 그리스 신화에 나오는 트로이(Troy) 전쟁 때의 영웅. 아약스(Ajax)라고도 함.

아이아이 [aye-aye] 다람쥐 원숭이.

아이앰빅 [영] iambic 〈문〉 강약격(強弱格)의. 억양격의. (→) 애너피스틱 (anapaestic).

아이어니제이션 챔버 [ionization chamber] 〈물리〉 방사능의 강도를 재는 장치.

아이어다인 [iodine] 〈화학〉옥소(沃素).

아이언 [iron] 〈골프〉쇠로된 대가리를 가진 치는 막대기.

아이언 로 [iron law] 철칙(鐵則).

아이언 커튼 [iron curtain] 〈정치〉 철의 장막.

아이-에스-비-엔 [ISBN] 서적을 분류하여 숫자로 표시한 번호. ▷ 국제 표준 도서 번호. International Standard Book Number의 약어.

아이에프씨(IFC = International Finance Cooperation)국제 금융공사.

아이에프티유 [IFTU=International Federation of Trade Union] 국제노동조합연맹.

아이 엔 에스 [미] INS 〈통〉 International New Service의 약칭. 미국의 국제 통신사. 1958년 유피(UP)와 합병하여 유 피 아이(UPI)가 됨.

아이 엘 오 [영] ILO/I. L. O. 〈사〉 International Labor Organigation의 약칭. 국제 노동 기구. 1916년 베르사유 조약에 따라 국제 연맹의 한 기관으로 설치되어 1946년 유엔과의 협

ㅇ

정으로 그 전문 기관이 됨.

아이 엠 에프 [영] IMF 〈경〉 International Monetary Fund의 약칭. 국제통화 기금. 1944년 설립.

아이 오 (I/O) 〈컴〉 입출력 (input/output)의 준말. 입출력 장치나 입출력용 인터페이스(interface)를 뜻하기도 함.

아이 오 시 [영] IOC 〈체〉 International Olympic Committee의 약칭. 국제 올림픽 위원회. 1894년 창립. 본부는 스위스의 로잔 (Lausanne)에 있음.

아이오유 [I owe you] 〈경제〉 차용증.

아이오 인터페이스 [영] I/O interface 〈컴〉 중앙 처리 장치와 입출력 기기 사이의 결합을 위한 제어 회로.

아이올로스 [그] Aiolos 〈신〉 그리스 신화에 나오는 바람의 신. 바다의 신인 포세이돈(Poseidon) 또는 히포테스(Hippotes)의 아들.

아이이디 (IED = Inprorised Explosive Devica) 급조 폭발물

아이젠 [독] Eisen
① 쇠 아이젠 철(鐵).
② 〈등〉 슈타이크아이젠(Steigeisen)의 준말. 등산할 때 구두 밑에 덧신는 쇠로 만든 구두.

아이젠하워, 드와이트 데이비드 (Dwight David Eisenhower, 1890~1969) 〈인〉 미국 제34대 대통령.

아이징글라스 [영] isinglass 철갑상어 같은 물고기 부레로 만든 젤라틴 순백색. 요리에 많이 쓰임.

아이 캐쳐 [미] eye catcher 선전 광고의 주인공으로 사람 눈을 끄는 것. (→) 캐치 프레이즈(catch phrase).

아이코노센 [도] Eikonogen 〈화〉 사진 현상약의 하나.

아이코노스코프 [그 > 영 iconoscope] 〈텔〉 텔레비전의 송신용 진공관의 일부. 송상관(送像管) 〈사진〉 파인터.

아이코노클래즘 [영] iconoclasm 우상 파괴. 인습 타파.

아이콘 [icon] ① 초상. 우상.
② 〈종교〉 그리스 종교에서 모시는 성상(聖像).

아이 큐 [영] IQ/I. Q. 〈심〉 intelligence quotient의 약칭. 지능 지수.

아이 타임 (I time) [영] instruction time 〈컴〉 주기억 장치로부터 하나의 명령을 어드레스 레지스터(address register)와 명령 코드 레지스터로 이동시키는데 필요한 시간. '명령 시간'

아이템 [영 item] ① 항목, 신문기사.
② 〈컴〉 하나의 단위로서 취급되는 데이터의 양.

아이티 (Haiti) 〈국〉 이스타놀라 (Hispaniola) [또는 에스파뇰라(Espanola)] 섬의 서부 약 3분의 1을 차지하고 있는 공화국. 흑인 공화국(Black Republic)이라고도 함. 통용어는 프랑스어. 1806년 독립. 수도는 포르토프랭스(Port-au-Prince). (→) 포르트프랭스.

아이 티 오 [영] ITO 〈무〉 국제 무역 기구. International Trade Organization의 약자. 1947년 쿠바의 아바나에서 조인된 국제 무역 현장에 규정되어 있는 국제 무역을 위한 협력 기구.

아이패드 [I-pad] (컴퓨터) 늘리개, 채우개, 자료, 기록한 불필요한 부분을 빈 자리 등으로 채우는 일.

아이피스 [영] eyepiece 〈물〉 접안경 (接眼鏡). 대안(對眼) 렌즈.

아이피아이 [IPI=International Press Institute] 국제신문편집자협회.

아인슈타이늄 [각국] einsteinium

324

〈화〉 방사성 원소의 하나. 원자 번호 99의 초우란 원소. 아인슈타인(Albert Einstein)의 이름에서 온 말. 기호Es, 1952년 미국의 수폭 실험 재에서 발견됨.

아인슈타인, 알베르트 (Albert Einstein, 1879~1955)〈인〉독일 태생의 미국 이론 물리학자. 미국어식 표기는 앨버트.

아인슈타인 탑(塔)〔영〕Einstein-〈물〉태양의 분광적(分光的) 연구용탑 망원경. 아인슈타인(Albert Einstein)의 만유 인력론의 결과로 일어나는 태양과 항성과의 스텍트럼의 적방편이(赤方偏移)를 연구하기 위해 1921년 독일 포츠담에 건립함.

아인트호벤 (Willem Einthoven, 1860~1927)〈인〉네덜란드의 생리학자. 심전계(心電計)를 창안하여 만들어 1924년 노벨 의학상 받음.

아인 파르 〔독〕 ein Paar 한 쌍. 한 조. 한 쌍의 부부. 또는 남녀. 커플(couple)/아베크(avec)와 거의 같은 말.

아일랜드 (Ireland/Republic of Ireland)〈국〉영국의 서쪽 아일랜드 섬(Ireland I.)의 대부분을 차지하는 공화국. 12세기 이래 영국의 지배를 받아 오다가 1922년 독립. 남북 분열로 북단부의 얼스터 (Ulster) 지방은 영령 북아일랜드, 남부의 대부분 지역은 자치령. 남부가 1937년 에이레 공화국(Republic of Eire) 형성. 1949년 영연방에서 탈퇴, 국호를 아일랜드 공화국으로 개칭하였다가 에이레 공화국으로 잠시 바꾸었으나 다시 아일랜드 공화국으로 굳힘. 한자 표기로는 애란(愛蘭). 수도는 더블린(Dublin). (→) 더블린.

아일랜드 〔영〕 island ① 섬. ② 고립한 장소. ③ 안전지대. ~키친(~kitchen)조리대. 씻는 곳, 레인지등을 합쳐서 중앙에 놓는 주방.

아일릿 〔영〕 eyelet 구멍 테두리를 사뜨는 자수의 한 가지. 단추 구멍이나 장식 솔기에 응용함.

아일릿 웍 〔영〕 eyelet work 〈복〉 조그마한 구멍을 뚫고, 둘레를 싸 감아 꿰매는 일.

아자타사트루 태자(太子)〔범〕 Ajatasatru 〈불〉 고대 인도의 마가다(Ma-gadha) 국왕 빔비사라 (Bimbisara, 頻婆娑羅)의 아들. 석가모니의 사촌아우이며 법적(法敵)인 데바다타 (Devadatta, 提婆達多)의 권고로 부왕을 죽이고, 모후를 가둔 뒤 왕위에 올랐지만, 참회하고 다시 불교에 귀의함. 한자 표기로는 '아사세'(阿闍世) 태자.

아잔타 〔힌 Ajanta > 영 Ajanta〕〈지·역〉중부 인도(India)의 남쪽 하이데라바드(Hyderabad)의 서북 구릉에 있는 마을. 부근 협곡에서 기원전 2~7세기까지의 동굴 사원 29개가 1817년에 발견되었음. 석굴 벽화로 특히 유명함.

아쟁쿠르 (Azincourt)〈지〉백년 전쟁 중 영국과 프랑스(France)간의 싸움이 있었던 곳.

아제르바이잔 (Azerbaidzhan)〈지〉서남아시아(Asia)의 카프카스(Kavkaz)산맥 남부, 카스피 해(Caspian Sea) 서안 지역의 총칭. 소련령의 아제르바이잔(Azerbaidzhan) 공화국과 이란(Iran)령의 아제르바이잔(Azerbaijan) 주로 나뉨.

아조 〔유〕 azo 〈화〉 아조 기(基) -N-N- '질소'란 뜻의 연결형.

아조르나멘토 〔이〕 aggiornamento 〈가〉 개혁과 쇄신. 교황 요한 23세가 처음사용한 말. 제2차 바티칸 공의회(1962~1966년)의 정신을 대변해 주는 말로 되었음.

아조벤젠 〔영〕 azobenzene 〈화〉 아조 염료를 만드는 원료. 물에 잘 녹지 않는 등적색 결정.

ㅇ

아조 염료(染料) [도 Azo farbstoff] [영 azo dyes/azo colours] [프 azo teinture] [유] 〈화〉아조 기(基)를 가진 염료의 총칭. 아조벤젠의 유도체에 속하는 염료. 염료 종류의 약 반수를 차지함. 햇볕이나 세탁 등에 비교적 강함.

아조토미터 [azotometer] 〈화학〉질소 가스를 세밀히 재는 장치.

아조토박터 [독 Azotobakter] [영 azotobacter] 흙 속에서 독립생활을 하며 당류를 분해하고 공기 중의 질소를 동화하며, 아미노산 등의 유기물을 합성하는 박테리아.

아조 화합물(化合物) [영 azo compound] 〈화〉아조 기(基)를 가진 화합물의 총칭. 아조벤젠(azobenzene)·나프틸아민(naphthyl amine) 등 모두 유색 화합물임.

아주누이망 [프 agenouillement] 〈체〉'무릎 꿇고 앉는다' 는 뜻의 말. 스키에서 발목을 앞으로 구부리고, 허리를 급혀 상반신도 앞으로 기울게 한 폼.

아즈텍 [Aztec] 멕시코원주민.

아지 빌라 [아지+빌라] [영] agitation bill 〈사〉선동을 목적으로 하는 빌라 영어 agitation의 '아지(agi)'와 라틴어 billa의 '빌라'가 합쳐서 된 조어. 전에 '아지 삐라'로 표기해 왔던 것. 선동, 동요(민심의) 흥분.

아지타토 [라 > 이 > 유 agitato] 〈음〉격하게. 급속히 흥분하여 빠르게.

아지테이션 [라 > 영 agitation] 〈사〉라틴어 「agitare(끊임없는 운동에 끼우다)」 에서 온 말. 선동. 준말로는 '아지'

아지테이터 [영] agitator ① 선동자. ② 〈원〉교반기(攪拌機). 선전원, 정치 운동가.

아지트 [영 agitation point(station)] [러 agitpunkt] 〈사〉좌익 운동자 또는 노동 쟁의 같은 것의 비밀 지도 본부. 지하 본부. 비합법인 지하 운동자의 은신처. 비밀 집회소.

아지프로 [아지+프로] [영 agitprop > 일] 〈사〉agition-propaganda에서 온 말. agitation의 '아지'와 '프로퍼갠더'propaganda의 '프로'로 합성시켜 만든 영어식 조어로 된 일본어. 선동을 목적으로 하는 선전.

아처리 [라 > 프 > 영 archery] 〈체〉라틴어 arcus(활)에서 온말. 궁도(弓道). 양궁(洋弓).

아체오트로피 [독] Azeotropie 〈화〉공비(共沸) 혼합물.

아치 [그 > 라 > 영 arch] 〈건〉활 모양의 구조물. 홍예문. 나뭇잎으로 장식한 녹문(綠門). 궁형문(弓形門). 반원형.

아치 릴레이 [arch relay] 한 줄로 서서 머리 위로 공을 전달하는 릴레이.

아치오네 사크라 [이] azione sacra 〈연〉이탈리아에서 시작한 종교적인 음악극.

아치 쿠션 [영] arch cushion 〈고무〉흠 받침대 또는 발바닥 흠 받침.

아치트 라인 [arched line] 〈의상〉활같이 둥그런 요크선.

아칭 [arching] 장대높이뛰기에서 넘는 순간 몸을 움츠리는 동작.

아케데미 [그 Akademos / akademeia] [포 academia] [네 academie] [프 academie] [영 acadmy] [도 Akademie]
① 〈역〉플라톤(Platon)과 그 후계자들이 철학을 강의하던 학원. 플라톤 학파.
② 학문·예술에 관한 공사의 지도적인 단체. 학사원(學士院)·한림원·문예원. 프랑스의 '아카데미'를 쓸 경우 주로 고등학교를 뜻하나 미국에선 중학교.

아카데미 상(賞) [미] Academy awards 〈영〉 영화 예술 과학상(Motion Picture Arts and Sciences Awards)의 속칭. 1927년 창립한 미국 영화 예술 과학 아카데미가 1928년부터 해마다 시상하는 미국에서 가장 권위 있는 영화 및 영화인 상. 수상에게 '오스카(the Oscar)라고 불리는 트로피를 주기 때문에 오스카상이라고도 함.

아카데미션 [프 academicien] [영 academician] 아카데미의 회원. 영국에선 로열 아카데미(Royal Academy)의 정회원을 말하나, 프랑스에선 아카데미 플아세즈(Academie francaise)의 회원인 문학자를 '아카데미생' 이라고 말한다. 아카데미에 딸린 문학자·과학자·미술가.

아카데미즘 [영 academism] [러 akademizm] 관학적(官學的)인 학풍. 관학풍(官學風). 학사원풍·공리공론. 전통주의. (→) 아카데믹(academic), ↔ 저널리즘(journalism).

아카데미 프랑세즈 [프 Academy francaise 프랑스 한림원(翰林院). 정원 40명. 프랑스 학사원(Institut de France)의 한 기관. 1635년 리슐리외 (Richelieu)가 창립. 프랑스어의 순화·통일을 위한 사전의 편찬. 문학상·덕행상 수여 등이 주로 하는 일.

아카데믹 [프 academique] [영 academic] 학문적. 학구적. 관학적(官學的). 비실제적. 현학적. (→) 아카데미즘(academism). ↔ 저널리스틱(journalistic).

아카데믹 코스듐 [academic costume] 〈의상〉 학위 수여식 때 입는 가운.

아카데믹 프리덤 [academic freedom] 학문의 자유.

아카바 만(灣) (Aqaba B.) 〈지〉 홍해 깊숙이 시나이 반도(ASinai Pen.) 동쪽에 있는 만. 예로부터 대상로(隊商路)의 요지이며 요르단(Jordan) 왕국 유일의 아카바(Aqaba) 항과 이스라엘(Israel)의 에일라트(Eilat)항이 있음. 1967년 아랍 연합군의 아카바 만 봉쇄가 중동 전쟁의 직접 원인이 됨.

아카운턴트 [영 accountant] 회계사, 주계.

아카운트 [영 account] ① 계산. ② 계산서. ③ 기사. ④ 설명. 이유.

아카운트 익섹큐티브 [영 account executive] 〈광〉 광고주와 광고대리점간의 연락계.

아카이메네스 왕조(王朝) (Achaimenes-) 〈역〉 기원전 6~4세기의 페르시아의 왕조. 알렉산더(Alexander) 대왕에게 망함. 전성기에는 인더스강(Indus R.)으로부터 에게 해(Aegean Sea)에 미치는 오리엔트 〈동양〉 전역을 지배했음.

아 카펠라 [이 > 유 a cappella] 〈음〉 무반주. 반주가 없는 합창곡. '카펠라 교회, '아 카펠라' 교회풍으로, 교회 방식으로의 뜻에서 온 말임.

아칸더스 [acanthus] ① 〈식물〉 지중해 연안 원산인 다년초. ② 〈건축〉 그리스와 로마식 건물 기둥에 있는 아칸더스 나뭇잎 장식.

아칼리파 [라] Acalypha 〈식〉 관엽 식물의 한 가지. 팽나무속. 열대 및 아열대에 약25종이 있음.

아컴패니멘트 [영 accompaniment] 〈음〉 반주자.

아케이드 [라 > 이 > 프 > 영 arcade] 기둥으로 떠받친 아치의 열. 지붕이 있는 상점가 또는 가로. 공랑(拱廊).

아케이즘 [archaism] 고어(古語), 고문체(古文體). 고대풍(古代風). 회고주의(懷古主義).

아케이크 [영 archaic] 옛알품, 구식. 알카익이라고도 함.

아코니틴 [독 Aconitin] [영·프 aconitine] 〈화〉 미나리아재비과의

ㅇ

식물인 아코닛(aconit)에 들어 있는 유독 알칼로이드(alkaloid). 1932년 독약으로 지정됨.

아코닛 〔그>라>네 akoniet / aconiet〕 〔도 Akonit〕 〔프 aconit〕
① 〈식〉 바곳. 쌍란국(雙蘭菊). 유독 식품.
② 〈약〉 바곳으로 만든 진통제. 바곳의 건조한 덩이뿌리를 한방(漢方)에서 부자(附子), 또는 오두(烏頭)라 함.

아코르 〔프〕 accord 〈음〉 화음.

아코스 〔arkose〕 화강암이 생기는 모태돌.

아콩카과 산(山) (Aconcagua Mt.) 〈지〉 안데스(Andes) 산맥에 있는 아메리카(America) 대륙의 최고봉.

아쿠아 〔영 aque〕 물, 약체, ~플레인(~plane) 보트로 끌고 가는 스키모양의 파도타기 판. ~포토(~photo) 수중 사진기. ~렁(~lung) 수중폐. 등에 압축공기의 탱크를 짊어지고, 이것에 붙어 있는 흡입구를 입에 물고 수중에서 호흡하는 장치. 프랑스인 크스토의 발명. ~륨(~rium)
① 양어어항. ② 수족관.

아쿠아리움 〔라 > 유 aquarium〕 생물을 사육하는 원형 유리 수조. 양어조(養魚槽) 수족관. 수초조(水草槽). 수중 생물의 사육장. 육지에 사는 생물 사육장통 테라리움(terrarium)이라고 함. (→) 테라리움.

아쿠아마린 〔독 Aquamarin〕 〔영·프〕 〔유 aquamarine〕 〈광〉 남옥(藍玉). 녹주석(綠柱石) 중에서 연 녹청색 또는 바다물빛을 띤 것. 영어 표기로는 애쿼머린.

아쿠타 (阿骨打/Akuta, 1068~1123) 〈인〉 금(金)나라 태조. 성은 완안(完顏), 이름은 민(旻). 12세기 초 여진을 통일하고 요(遼)를 쳐서 만주 일대를 차지하여 1115년 회령에 도읍함. 국호는 대금국(大金國).

아퀴트롱 〔프〕 Accutron 스위스의 불로바 사(Bulova 社)가 1964년 처음으로 만든 전자시계. 한달에 1초도 안 틀린다고 함.

아퀼레지아 〔라〕 Aquilegia 〈식〉 성탄꽃과 아퀼레지아 속에 딸린 원예화초의 총칭. 매발톱꽃. 라틴어 aqua(물)+legere(모으다)에서 온 말.

아크 〔arc〕 ① 〈물리〉 전호(電弧).
② 여자가 팔 밑을 통하여 오른쪽으로 돌고, 남자의 왼쪽 앞으로 벌려가는 족형.

아크 등(燈) 〔영〕 arc lamp 〈물〉 아크방전(放電)을 이용한 전등. 영사기 탐조 등 따위에 사용함.

아크(로) 〔arc 爐〕 〈공업〉 아크. 방전에 의한 전기로.

아크 램프 〔영〕 arc lamp → 아크 등(燈).

아크로마이신 〔영〕 achromycin 〈약〉 오레오마이신(aureomycin)으로부터 비교적 쉽게 유도되는 항생 물질 테트라사이클린(tetracyclin)이라고도 함. 세균 감염에 의한 질병의 치료약.

아크로마트 〔독 Achromat〕 〈물리〉 애크로매틱 렌즈.

아크로마틱 렌즈 〔영 acromatic lens〕 적색과 청색의 수차(收差)를 없앤 색소(色消) 렌즈.

아크로메갈리 〔그 > 영 acromegaly〕 〈의〉 첨단 거대증. 첨단 비대증. 뼈의 성장이 멎기 전에 발병한 것은 거인증(巨人症)이라 이름.

아크로바트 〔그 > 영 acrobat〕 〔독 Akrobat〕 〔프 acrobate〕 〔유〕
① 곡예사.
② 변절자(變節者). '발끝으로 걷는 사람'이란 뜻에서 나온 말. 영어표기로는 애크러뱃. (→) 애크러배틱

댄스(acrobatic dance)·애크러배틱 댄서(arcobatic dance).

아크로바틱 댄스[영 acrobatic dance] [프 acrobatique danse] 곡예 댄스. 영어 표기로는 애크로배틱 댄스.

아크로바틱 [영 acrobatic] 곡예적, 경업적.

아크로뱃[영 acrobat] 곡예사. 경업사.

아크로솜 [acrosome] 정자(精子)의 머리에 있는 물질 선체(先體).

아크로폴리스 [그>라> 독 Akropolis] [영 acropolis] 〈지〉 고대 그리스(Greece) 도시 국가의 중심지에 있는 언덕. 성체, 광장.

아크롤레인 [독 Akrolein] [영 acrolein] 〈화〉 글리세린(glycerine)에 강한 열을 가할 때 생기는 액체. 무색이며 자극성 냄새가 남. 아크릴 알데히드(acryl aldehyde).

아크리딘 [라>독 Akridin] [영·프 acridine] 〈화〉아크리딘 염료(acridine dyes)의 기본 물질. 콜타르 가운데 들어 있음. 개미산(蟻酸)을 염화아연과 함께 가열하면 생성됨.

아크리딘 염료(染料) [영 acridinedyes 〈화〉 분자 안에 아크리딘 환(acridine 環)을 가진 염료. 형광을 내는 용액이 생기는 것이 특징. 아크리딘 옐로(acridine yellow), 트리파플라빈(trypaflavine) 등이 그 예임.

아크리딘 예로 [영] acridine yellow 〈화〉 아크리딘 염료(acridine dyes)의 한 가지. 황색의 염기성 염료.

아크릴(산) [acryl 酸] 〈화학〉 알릴알콜이나 아크롤레인을 산화하면 생기는 물에 녹는 무색 유기산(有機酸).

아크메 [그 akme > 영 acme] [프 acme]
① 절정. 성시(盛時).
② 성교에서 최고조에 이르는 것을 말함. 오르가슴(orgasm). 클라이맥스(climax). (→) 오르가슴·클라이맥스

아크메이즘 [러] akmeizm 〈문〉 러시아의 귀족 문학에서 발생한 퇴폐적인 예술 운동. 20세기의 초기인 1910년대에 일어남. 순수 예술을 창조하였으며 극단적인 개인주의·유미주의, 형식주의가 특징임.

아크모데이트 [accommodator] 〈정치〉 동서의 국제 관계를 평화적으로 해결하려 노력하는 사람들.

아크몰린스크 (Akmolinsk) 〈지〉 첼리노그라드(Tselinograd)의 먼저 이름. 소련 카자흐(Kazakh) 공화국 북부의 주 및 시의 이름이었으며, 1830년 카자흐스탄(Kazakhstan) 정복에 의하여 창립되었음.

아크 밸런스[arc balance] 〈공업〉 검척기로 감은 일정한 길이의 실의 무게를 재어 그 눈금을 읽어 실의 굵기를 표시하게 된 기계.

아크 스포트 라이트 [arc spot light] 〈연예〉 아크등을 사용한 조명.

아크 용접(鎔接) [영] arc welding 〈전〉 전기 용접의 하나. 아크 방전에서 생긴 고열을 이용하여 금속을 용접하는 방법. 이와 반대로 아크르 이용하여 금속을 절단하는 것은 아크 절단(切斷).

아키텍추어 [영 architecture] 건축, 건축학.

아킬레스 [그>네·영 Achilles] [독]
① 〈신〉 그리스 신화에 나오는 트로이(Troy) 전쟁 때 그리스 군의 으뜸가는 영웅. 영웅 펠레우스(Peleus)와 바다의 여신 테티스(Thetis) 사이의 아들. 호메로스(Homeros)의 서사시 〈일리아스〉(Ilias)의 중심인물. 트로이의 왕자인 적장 파리스(Paris)에게 발뒤꿈치에 화살을 맞아 죽었음.

329

ㅇ

② 〈천〉 작은 떠돌이별의 하나. 1906년 독일의 볼프(Max Franz Joseph Cornelius Wolf)가 발견한 트로야군(Trojan group) 소혹성(小惑星)의 하나.

아킬레스 건(腱) [라] tendo Achillis〉 [영] Achilles' tendon/Achilles tendon/tendon of Achilles
① 〈생〉 발뒤꿈치 힘줄. 아킬레스 힘줄. 발뒤꿈치 위에 있는 비장근(비腸筋)과 비목어근(比目魚筋)을 종골(踵骨)에 붙게 하는 건.
② 사람의 약점. 특히 육체적인 약점. 아킬레스에 관한 그리스 신화의 고사에 차용함.

아킬레아 [라] Achillea 〈식〉톱풀의 한 가지. 엉거시과에 딸린 여러해살이 풀.

아타나시오 [그 Athanasios] [라 Athanasius] [이] Athanasio (295?~373) 〈인〉 알렉산드리아 태생. 초기 그리스도 교의 교부. 후대의 그리스도론(論) 및 성삼론(聖三論)의 완전한 기틀을 마련했음. 아타나시우스라고도 표기함.

아타락시아 [그 > 유 ataraxia] 〈철〉 '동요하지 않는다'라는 뜻에서 온말. 마음의 안정. 무감동. 냉정. 평정. 마음이 동하지 않는 상태.

아타르반 [범] Atharvan
① 「베다」에 나오는 최초로 불을 숭배하고 소마와 기도를 바치는 의식을 정했다고 하는 제관.
② 〈신〉 안기라스(Angiras)와 동일시되며 아그니(Agni)의 아버지. (→) 안기라스·아그니
③ 「아타르바 베다(Atharva Veda)」의 작자로 표현되기도 함.

아타셰 [프 attache] 대사·공사 딸림의 육해군의 무관. ~케이스(~case) 서류들의 가방.

아타카 [이] attacca 〈음〉악장의 마지막 끝에서 중단하지 않고 다음 악장으로 계속 연주하는 일.

아타카마 사막(沙漠) (Atacama Des.) 〈지〉 안데스 산맥(Andes Mts.)과 해안 사이에 있는 사막.

아타타 [범 Atata > 중 阿吒吒] 〈불〉팔한(八寒) 지옥의 하나. 추위가 심하여 입을 열지 못하고 혀만 움직인다 함. 한자 표기로 '알찰타'(頞哳陀).

아테 [그] Ate 〈신〉그리스 신화에 나오는 유혹의 여신.

아테나 [그 > 라 Athena / Athenae > 영 Athena] [프 Athena] 〈신〉그리스 신화에 나오는 학문·문예·지혜·전쟁·대기(大氣)의 여신. 제우스(Zeus)의 딸. 로마 신화의 미네르바(Minerva)에 해당함.

아테나이 [그] Athenai 〈지〉그리스 (Greece) 공화국의 수도. → 아테네 (Athenae/Athine)

아테네 [라] Athenae [영] Athine/Athens 〈지〉그리스 공화국의 수도. 영어 표기로는 아신(Athine)/아신스(Athens). '아덴스'라고도 표기해 써왔음. 옛 한자 표기로는 '아전'(雅典). (→) 그리스.

아테롬 성(性) 동맥 경화증(動脈硬化症) [독] Atherosclerosis 〈식품〉

아테브린 [독] Atebrin [영·프] atebrin 〈약〉항(抗) 말라리아 제. 상품명은 아크리나민(acrinamin).

아테오제 [독 Atheose] 〈의학〉손이나 발이 천천히 구부러지는 현상.

아 템포 [이 > 독·영·유 atempo] 〈음〉 본래의 빠르기로. 본래의 속도로. '아 템포 프리모'(a tempo primo)는 '아 템포'와 같으나 특히 악곡이 시작된 때 속도로 되돌아가는 일. 최초의 속도로.

아토니 [그 > 라 > 독·프 atonie] [영

atony] 〈의〉쇠약. 무기력. 수축성 기관의 무긴장. '위(胃) 나토니' 등으로 쓰임.

아로마스틱 [독 Atomistik] 〈물리〉 원자설.

아토믹 파일 [영] atomic pile 원자로, 1942년 미국 시카고에서 처음으로 만들었음.

아토타이프 [영] artotype 〈인쇄〉 아교와 중 크롬산과의 혼합물의 감광성(感光性)을 응용한 사진판. 아교판.

아톨 [atoll] 〈지학〉 환초(澳礁).

아톰 [그 > 라 > 네 atoom] [영·유 atom] [프 atome] 그리스어 atomos(그 이상 쪼갤 수 없다)에서 온 말. 원자.

아트 [영 art] 미술, 예술, ~갤러리(~ gallery) 미술전시회장. ~타이틀(~title) 영화의 자막. ~타입(~type)롤러타입 인쇄. (~디렉터) 미술감독.

아트 누보 [프 art nouveau] 〈미술〉 단조로운 선을 사용하는 20세기초 프랑스의 미술 양식.

아트 디렉터 [영] art director 영화나 연극·텔레비전 등에서의 미술 감독. 기획·생산·영업·경영 등에서 일어나는 모든 조형적 문제를 종합적으로 처리·지휘하는 전문가.

아트·디어터 [미 Art Theatre/Theater] 보통 영화관에서는 상영하기가 곤란한 예술 영화나 실험 영화. 외국의 상업적이 아닌 내용이 딱딱한 작품을 골라 상영하는 소 영화관.

아트로포스 [그 > 라 > 독·영·프·기타 Atropos] 〈신〉그리스 신화에 나오는 운명의 3여신 중의 하나. 운명「생명」의 줄을 끊는 임무를 맡고 있음.

아트로핀 [독] Atropin [영·프] atropine 〈화〉가지과 식물 벨라돈나(학명:Atropa belladonna)에서 얻어내는 유독 알칼로이드. 산동제(散瞳劑)·진경제(鎭痙劑)·지한제(止汗劑)로 쓰임. 아트로피네(atropinae)라고도 함. 그리스 신화에 나오는 생명의 줄을 끊는 여신의 이름 아트로포스(Atropos)에서 온 말.

아트리 [범 Atri > 독·영·유]
① 숨. 호흡. ② 생명.
③ 자아(自我) 개인의 영혼.
④ 대아(大我). 우주의 아(我) [universal ego]
⑤브라마(Brahma) [Supreme Being] 곧 범아(梵我).

아트 지(紙) [영] art paper 매끄럽고 광택이 나는 두꺼운 인쇄 용지. 아트 페이퍼 또는 코티드 페이퍼(coated paper)라고도 부름.

아트 타이틀 [art title] 영화의 자막.

아틀라스 [그>유 Atlas]
① 〈신〉그리스 신화에 나오는 거인. 어깨로 세계를 떠받치게 되었다고 함.
② 지도 책. 한 장짜리 지도는 맵(map). (→) 차트(chart)
③ 〈군〉미국의 ICBM(대륙간 탄도탄). 3단 로킷인데. 전장 30~40m 사정 8,800km

아틀라스 산맥(山脈) (Atlas Mts.) 〈지〉아프리카(Africa) 서북부 해안 가까이에 해안과 평행되는 모르코(Morocco)·알제리(Algerie)·튀니지(Tunisie)에 걸친 산맥.

아틀라스 시더 [영] Atlas cedar 〈식〉 히말라야 삼목과 비슷한 상록수. 알제리가 원산지임.

아틀란티스 [그] Atlantis 〈신〉그리스 전설에 나오는 한 섬. 이상향. 낙토(樂土). '아탈라스(Atlas)의 섬' 이란 뜻이며 대서양의 어느 곳에 있다 하나 정설이 없음. 플라톤(Platon)의 설명으로 아틀란티스가 높은 문화를 지닌 유토피아(Utopia)였다가 지진으로 멸망했다 함.

아틀란티스 도법(圖法) [영] Atlantis-

ㅇ

〈지〉 지도 투영법의 하나.

아틀리에 [프] > [영] atelier
① 화실. 화방. 조각실.
② 촬영실. 스튜디오.
③ 작업장 공장.

아티라트라 [범] atiratra 〈베다〉에 나오는 야간에 3회의 찬송과 가영을 요하는 (soma) 제사의 일종.

아티산 [영] artisan] 직인. 숙련공. 아티스트라고 대칭된다.

아티스트 [영 artist] ① 인공의 인위적. ② 부자연스런, 조작물. 반대어는 Natural.

아티초크 [아>이] [영 artichoke] ① 〈식〉엉거시과에 딸린 여러해살이 풀. ② 〈요〉서양 요리 야채로 식용. 양엉겅퀴.

아티카 (Attice/Attica) 〈역〉 그리스 미케네(Mycenae) 문명의 중심지.

아티클 [영 article] ① 물품, 상품. ② 신문의 논설, 기사. 조항, 항목.

아티티그바 [범] Atithigva 〈신〉 「베다」에 나오는 디보다사(Divodasa). 또는 다른 신화적인 영웅의 이름. (→) 디보다사.

아타피셜 [artificial] 인공적. ¶~ 한. ~ 하다.

아티피셜 라이트 [artificial light] 〈화학〉 인공 광선.

아틸라 (Attila, 406?~453) 〈인〉 중세 훈(Huns) 족의 왕.

아파란타카 [범 Aparantaka > 중] 阿波蘭多迦 〈역·불〉 인도의 옛 왕국 아쇼카(Asoka) 왕이 전도승을 사방으로 보낼 때, 다르마굽타(Dharmagupta)가 갔던 나라. 펀자브(Punjab) 서쪽에 있음. 한자 표기로는 아파란다가 (阿波蘭多迦).

아파렐 [영 apartel] 아파트식의 호텔.

아파렐 [영 apparel] 〈복〉 의복. 복장. ~산업 패션성이 높은 복장산업.

아파루트헤이트 [영 apartheid] 남 아프리카 공화국의 유색인종 차별제도.

아파르트망 [프] appartement [apartema] → 아파트먼드 하우스 (apartment house)

아파쇼나타 [이] appassionata 〈음〉 일반적으로 베토벤(Beethoven)의 피아노 소나타 작품 57을 말함.

아파슈 [프 apache > 영] 파리의 무뢰한. 악한. 밤도둑. 아메리칸 인디언의 아파치 족에서 유래돼 바뀌어서 변한 말.

아파슈 당스 [프] apache danse 〈영〉 apachedance 댄스의 한 가지. 파리의 저급 술집 등에서 유행했던 남녀 쌍쌍이 난폭하게 추는 춤. 요즘에는 사교댄스로까지 발전되었음.

아파스 [범 Apas] 〈신〉 「베다」에 나오는 물의 여신.

아파야가티 [범] Apayagati 〈불〉 악업(惡業)을 지은 사람이 간다는 곳. 악취(惡趣). 한자 표기로는 '아파야가저'(阿波耶伽底)

아파치 족(族) [미] Apache 〈인류〉 아메리칸 인디언(American Indian)의 한 종족. 미국의 뉴멕시코 주와 애리조나 주에 거주했던 북아메리카 토인. (→) 아파슈(apache).

아파타이트 [apatite] 인희석(隣希石)

아파테이아 [그 apatheia > 라 apathia >영 apathy] 〈철〉 '파토스'(pathos)가 없다는 뜻에서 온 말. 무감동. 초연한 마음의 경지. 무신경. 스토아 학파는 이를 철학적 훈련의 궁극 목적으로 삼았음. 영어식 표기로는 애퍼시 (→) 스토아 학파(學派) (stoa-)

아파트하이드 정책 [Apartheid 政策] 인종 문화 정책. 남아 연방에서 취하고 있는 흑인 등에 대한 차별 정책. 남아에선 정부와 의회도 백인만으로 구성하고 흑인 등 토착민에 대해서는 직업 등 모든 것을 제한 한다는 것.

아팡 나파트 〔범〕 Apam Napat 〈신〉 「베다」 신화에 나오는 물의 아들.

아페르토 〔이〕 aperto 〈음〉 피아노의 페달(pedal)을 밟고.

아페리티프 〔라 > 프 aperitif〕 ① 식욕 증진제로 식사전에 마시는 술. ② 〈약〉 이뇨제. 발한제.

아페이론 〔그〕 apeiron 〈철〉 무한.

아페니노 산맥(山脈) (Apennion Mts.) 〈지〉 이탈리아 반도(Italia Pen.)의 골격을 이루는 산맥.

아펜젤러 (Henry Gerhart Appenzeller, 1858~1902) 〈인〉 미국의 선교사. 교육가. 1885년 한국 최초의 감리교 목사로 내한. 감리 교회를 창설하고 배재학당(培材學堂)을 설립함. 인쇄 및 성경 번역에 공헌이 큼.

아펜젤러 (Alice R. Appenzeller, 1885~1950) 〈인〉 아펜젤러(H. G. Appenzeller)의 딸. 미국의 여류선교사, 교육가. 1922년 이화여자고등보통학교 제6대 교장을 지냄. 스크랜턴(Mary Scranton) 여사가 창립한 이화학당(梨花學堂) 곧 이화여자전문학교를 신촌으로 옮기고 새 교사를 짓고 교장이 됨. 2차 대전 때 미국에 갔다가 광복 뒤 다시 내한, 이화여자대학교 명예총장이 되어 설교 중 순직함.

아포(酵素) 〔apo(酵素)〕 〈화학〉활성단을 갖는 보효소와 결합하여 효소를 이루는 단백부분.

아포레마 〔그〕 aporema 〈논〉 변증적인 방법.

아포리아 〔그〕 aporia 〈철〉 해법(解法)이 없는 난관. 방치할 수 없는 논리적인 난점. '통로나 수단이 없다'는 뜻에서 온 말.

아포리즘 〔그 > 프 aphorisme〕 〔영 aphorism〕 금언. 격언. 잠언(箴言). 경구(警句).

아 포스테리오리 〔라 > 독·프〕 〔영 a posteriori〕 〈철〉'뒤의 것으로부터' 라는 뜻에서 온 말. 후천적. 귀납적. ↔ 아 프리오리(a priori)

아포스트로피 〔apostrophe〕 부호 ' '의 이름.

아포자투라 〔이〕 appoggi ature 〈음〉 앞 꾸밈 음. 의음(倚音).

아포칼립스 〔apocalypse〕 묵시. 계시. ▷ 'Apocalypse'는 여호와의 목시록.

아 포코 〔이〕 a poce 〈음〉 조금씩. 차차로.

아포크로마트 〔도〕 Apochromat 〔영〕 apocnromat 〈물〉 삼원색 빛에 대하여 색수차(色收差)를 없앤 고급 렌즈. 색지움 렌즈 독일의 아베(Ernst Abbe)가 1887년에 만들었음. 영어 표기로는 애퍼크로매틱 렌즈(apochromatic lens). 현미경·천체 망원경 등에 필수적인 것임.

아포크리파 〔그〕라 > 영·프 Apocrypha〕 〔독 Apokryph〕 그리스어 apokryphos (숨겨진)에서 온 말 경전외의 성서. 경외전(經外傳) 경외서(經外書). 성의의 정전(正典)이 아닌 외전(外典). 14편이 있음. (→)카논(Canon) ③

아포페리틴 〔영〕 apoferritin 〈식품〉 페리틴 중에서 철을 저장하는 복합체의 단백질 부분.

아폴로 〔그 > 라 네·영 Apollo〕 ① 미국 우주선의 이름. ② 〈신〉 아폴론(Apollon)의 로마 명. → 아폴론 : 고대 그리스, 로마의 태양. 음악. 시가 등을 주관하는 신.

아폴로니오스(Apollonion, 기원전 262?~190) 〈인〉 고대 그리스의 수학 선구자. 주저 「원추 곡선론」 8권. 논지는 '아포로니오스의 원(Apollonios-)

ㅇ

으로 유명함. 라틴어 표기로 아폴로니우스(Apollonius)라고도 함.

아폴로니오스의 궤적(軌跡) [그] Apollonios- 〈수〉 → 아폴로니오스의 원(圓).

아프로디테 [Aphrodite] 그리스 신화의 미와 사랑의 여신. ▷ 로마 신화의 비너스에 해당함.

아폴로니오스의 원(圓) [그] Apollonios- 〈수〉 평면 기하학에서 두 정점(定點) 사이의 거리의 비가 일정한 점의 궤적이 하나의 원일 때 이 원을 이름. '아폴로니오스의 궤적' 이라고도 함.

아폴로 십일호(11號) [미] Apollo- 처음으로 달에 착륙한 미국의 유인(有人) 우주선. 1969년 7월 21일 오전 5시 17분 40초(한국 시간)암스트롱(Amstrong) 선장과 올드린(Aldrin) 비행사가 탄 달 착륙선(애칭:이글)이 달 겉면에 도착, 선장이 11시 56분 20초에 달 겉면을 밟았음. 22일 오시 2시 55분 이륙함.

아폴로지 [그 apologia >영 apology] [프 apologie] 사죄·변명·평계.

아폴론 [그 > 프·독 Apollon] 〈신〉 그리스 신화에 나오는 올림푸스 12신의 하나. 아름다운 청년의 신. 의술·음악·궁술·예언을 관장하나, 뒤에는 태양신으로도 숭앙됨. 제우스(Zeus)와 레토(Leto)의 아들. 아폴로(Apollo)라고도 함.

아폴론 형(型) [독] Apollon- 〈예〉 니체(F. W. Nietzsche)가「비극의 탄생」에서 디오니소스(Dionysos)형에 대비시킨 예술상의 하나의 형. 몽상적·정관적·이지적 개체적임. 조형 미술이나 서사시의 정신이기도 함. ↔ 디오니소스 형(型).

아프가니 [아프 > 영·기타afghani] 아프가니스탄 통화. 1 아프가니 = 100 푸르스.

아프가니스탄 (Afghanistan) 〈국〉 '아프간 사람의 나라' 라는 뜻에서 온 말. 아시아의 서남에 있는 이란의 동북부를 차지하는 공화국. 1921년에 독립, 1973년 입헌 군주국에서 공화국으로 바꿈. 수도는 카블(Kabul). 옛 한자 표기가 '아부한사단' (亞富汗斯坦) (→) 카불.

아프간 [영] Afghan 〈인류〉 이란계의 유목 인종. 키 크고, 머리 거멓고, 코가 굽었음. 아프가니스탄 주민의 73%를 차지하고 있음.

아프간 개 [영] afghan- 〈동〉 사냥개의 한 종류. 아프간 하운드(afghan hound)라고도 함. 홀쭉한 머리와 비단결 같은 털을 지니고 있으며, 발이 매우 빠름.

아프간 전쟁(戰爭) [영] Afghan- 〈역〉
① 3차에 걸친 아프가니스탄과 영국과의 전쟁. 1차 (1838~42년)는 모하메드(Mohammed) 왕을 둘러싼 영국의 책모와 러시아의 남하 정책에 대항한 영국의 출병. 2차 (1879~81년)는 모하메드 왕이 죽은 뒤의 분쟁으로 영국이 보호령이 됨. 3차(1919~22년)는 독립 전쟁 성공까지.
② 1979년 12월 소련군이 진주하여 위성국화 하자, 아프간의 회교 저항군이 게릴라전을 전개하며 이에 대항, 소련군 및 정부군은 타격을 입고 있음. 현재는 미군과 전쟁 중에 있음.

아프간 편물(編物) [영 afghan] [유] '아프가니스탄의' 뜻에서 온 말. 기하학적인 무늬를 담아 털실로 뜬 이불. 또는 그런 뜨개질로 만든 무릎덮개나 모포.

아프레 걸 [프] apres+ [영] girl 전후파적인 여인. 전후파적인 처녀.

아프레게르 [프] apres-guerre 〈예〉 전후파(戰後派)
① 1차 대전 직후 프랑스에서, 2차 대

334

전 직후에는 일본에서 일어난 전전(戰前)의 습관·도덕·문화에 반역하는 경향.
② 아방게르에 대해 문학·예술상 과거에 구속됨이 없는 행동하는 새로운 사조 및 운동. ↔ 아방 게르 (avant-guerre).

아프레 미디 [프 apres midi] ① 오후. ②〈복〉애프터눈·드레스와 같음.

아프로 쿠반 리듬 [영] Afro-Cuban rhythm 〈음〉'아프리카 및 쿠바식' 의 뜻에서 온 말. 본래의 재즈 수법에 라틴 아메리카 리듬을 가미한 것. → 라틴 아메리칸 리듬(Latin American rhythm) 라틴 리듬(Latin rhythm).

아 프리오리 [라>독·프·러] [영·유 a priori] 〈철〉'먼저의 것으로부터'라는 뜻에서 온 말. 선천적. 선험적(先驗的). ↔ 아 포스테리오리(a posteriori)

아프리카개발기금 (AFDF : African Development Fund) 본부(아비잔), AFDB(아프리카개발 은행)의 활동 지원. 차관제공. 출자국은 우리나라를 비롯하여 역외 25개국.

아프리카개발은행 (AFDB : African Development Bank) 아프리카 지역의 경제·사회 개발에 자금 지원.

아프리카단결기구 (OAU : Organization of Agrican Unity) 본부(아디스아바바), 아프리카 제국의 통일과 단결의 촉진.

아프리칸스 [네] Afrikaansch> [영] Afrikaans 〈언〉남아프리카의 공용 네덜란드어.

아프리칸트로푸스 [독·영·프] Africanthropus 〈인류〉라틴어 Africa+ 그리스어 anthropos(사람)에서 온 말. 구석기 시대의 화석 인류. 아프리카의 탕가니카(Tanganyika) 지방의 냐야라사 호(Niyarasa L.) 부근에서 발견했음.

아프리캔더 [네] Africaner> [영] Afrikander 남아프리카에서 태어난 백인. 네덜란드계·독일계 백인이며, 특히 네덜란드계를 보어(Boer)인이라고 함. 아프리카너(Africaner)는 네덜란드어식 표기임.

아프사라스 [범] Apsaras 〈신〉「베다」에 나오는 천상에 있는 물의 요정. 남편은 간다르바(Gandharva). (→) 간다르바.

아프자일렌 [독] Abseilen 〈등〉급사면(急斜面)을 자일(Seil) 곧 등산용 밧줄을 사용하여 내려가는 일.

아프타 [독 aphthae] 구내에 하얀 반점이 생기는 구강염의 일종.

아프터 케어 [after care] ① 병후 보호. ② 학교 졸업 후의 직업 보도.

아프트 식(式) [독 Abtsch System] [영 abt-system] 아프트식 철도. 산지의 급경사에서 열차가 미끄러지지 않고 안전하게 오르내리도록 선로 중간에 톱니바퀴의 레일 한 줄을 깔아 그 이와 기관차에 붙어 있는 톱니바퀴가 맞물려 가게 한 철도. 완성자인 스위스인 아프트(Roman Abt)의 이름에서 비롯한 것.

아프파르트 [독] Abfahrt 〈체〉스키에서 '출발'이라는 뜻에서 온 말. 활강(滑降).

아플라나트 [그>독 Ablanat] [영 aplanat/aplanatic lens] 〈사진〉무수차(無收差) 렌즈. 색수차도 구면 수차도 실용상 없다고 보는 렌즈. (↔) 아크로미트(Achromat)·아나스티그마트(Anastigmat).

아플라톡신 [aflatoxin] 곰팡이의 일종인 아스페르길루스균에 의하여 옥수수·땅콩 등에 생기는 발암성 독소.

아플라우트 [독] Ablaut 〈언〉모음 교체. 인도 게르만 어족의 여러 말에서

335

ㅇ

보는 현상의 하나. sing→sang→sung의 i→a→u와 같이 모음의 규칙적인 변화를 말함.

아플리케 [라 > 프 > 영 applique] 천·레이스(lace)·가죽 같은 것에 여러 가지 모양으로 오려낸 색 천을 꿰매 붙여 만든 수예. 또는 그 장식 오려 붙이기. 오려대기.

아필 [appeal] 호소하다. ¶ 여성들께 ~하는 작품.

아후강 [인 → 영 afghan → 일] 털실로 짠 이불.

아후루 [일] 〈경제〉 부채질하다.

악티노마이신 [영] actinomycin 〈생화〉 그리스어 aktis(광선)에서 온 말. 땅속에 살고 있는 방사선균(放射線菌)으로부터 분리되는 항생물질의 한 가지. 독일의 브르크만이 발견함. 악티노마이신 C는 임파 조직의 악성 종양에 유효함.

악티노미코제 [독 Aktinomykose] 〈의학〉 방선균병(放線菌病).

악티논 [독·영·프] actinon 〈화〉
① 라돈(radon)의 동위 원소. 기호 An. 원자 번호 86. 기체이며, 우라늄계의 라돈에 어울리는 악티늄(actininm)계의 원소.
② 악티니드(actinide)를 말함. → 악티니드.

악티늄 [독] Akinium [영·프] actinium 〈화〉 원자 번호 89의 원소. 기호Ac. 1899년 프랑스의 드비에른 (A. Debierne)이 발견함.

악티니드 [영] actinide group/actinide series 〈물〉 악티늄(actinium)보다 원자 번호가 큰 [원자 번호 89이상 103까지] 원소의 총칭.

안 [영 urn] ① 단지, 항아리.
② 커피포트.

안기나 [독 Angina] 〈의학〉 목구멍

에 생기는 염증.

안기라스 [범 Angiras] 「베다」에 나오는 거의 신에 가까운 존경할 만한 성인의 이름. 또는 신과 인간 사이의 사자(使者). 안기라(Angira)라고도 함. (→) 다샤그바(Dasagva).

안나 [네·영] anna 동인도의 화폐 단위. '아나' 라고도 표기함. 1안나 = 12파이스.

안나스 (Annas) 〈성〉 고대 유태 (Judea) 왕국 예수 시대의 대제사장 (大祭司長). 아들 5형제와 사위인 가야바(Caiaphas)가 모두 대제사장이 되었음. 그가 예수의 포박과 심문 및 베드로와 요한의 심문을 맡았고, 가야바는 예수의 사형 판결 권한을 행사한 사두개 파(Saducees) 교도 회의의 사회자였음.

안나 카레니나 [러] > 각국 Anna Karenina
① 〈책〉 러시아의 톨스토이(L.tolstoi)가 1873~1877년에 낸 소설.
② 그 여주인공의 이름.

안나푸르나 산(山) [힌두스타니] Annapurna 〈지〉 네팔의 히말라야 산맥(Himalaya Mts.) 중의 한 고봉(高峰). 8,078m. 세계 10위의 높은 산. 1950년 6월 프랑스가 정복했음. '수확의 여신' 이라는 뜻에서 온 말.

안남 (安南/Annam) 〈지〉 인도차이나 (Indo-China) 동쪽의 한 지방. 베트남 중부 지방을 일컫는 말.

안남 산맥(山脈) (Annam Mts.) 〈지〉 인도차이나 반도(Indo-China Pen.) 동부, 베트남(Viet Nam)과 라오스 (Laos)의 국경을 따라 뻗은 산맥. 길이 1,130㎞, 높이 3,220m

안뉴 [ennui] 싫증이 남, 권태.

안단테 [이] > [유] andante 〈음〉 천천히. 느린 속도로. 온화하게. 소나타 등의 느린 악장.

안단테 칸타빌레 [이] > [유]
andante cantabile 〈음〉
① 천천히 걷는 정도의 속도로.
② 차이코프스키(P. I. Tchaikovsky)의 현악 사중주곡 제1번의 제2악장의 이름. 4분의 4박자, 4분의 5박자가 교대로 나타나는 아름답고 부드러운 가락의 곡임.

안달루시안 [영·유] andalusian 〈조〉 난용종(卵用種) 닭의 한 품종. 에스파냐의 안달루시아(Andalucia) 지방이 원산지임.

안데르센, 한스 크리스티안 (Hans Christian Andersen, 1805~1875) 〈인〉 덴마크의 시인, 동화 작가. 「즉흥시인」「그림 없는 그림책」「자전(自傳)」등이 대표작. 독일어식 표기임.

안도라 (Andorra) 〈국〉 프랑스와 에스파냐의 국경에 있는 피레네 산맥(Pyrenees) 가운데에 위치한 자치국. 프랑스와 에스파냐의 공동 주권 아래 놓여 있음. 수도는 같은 이름인 안도라(Andorra). (→) 〈지〉

안데파단[프 inedpedents] 아카데미파의 전람회에 대항하여 무심사의 독립 미술전. 프랑스에서 1884년에 창립.

안도치안 [독 Anthocyan] 〈식물〉 화청소(花靑素).

안드레 [그 Andre] 〈기독교〉 예수의 제자 중 하나.

안드로겐 [영] androgen 남성 호르몬의 한 가지.

안드로마케 [그 독·영 Andromache] 〈신〉 그리스 신화에 나오는 트로이(Troy)의 영웅 헥토르(Hektor)의 아내. 트로이 함락 뒤, 노예가 되어 에페이로스(Epeiros) [그리스어로는 에피로스(Epiros)] 로 가서 그 곳 민족의 조상을 낳았음.

안드로메다 [그>독·영·프·유]
Anderomeda
① 〈신〉 그리스 신화에 나오는 고대 에티오피아의 왕녀. 페르세우스(Perseus)의 아내가 됨.
② 〈천〉 성좌의 이름. 북천에 있으며 초겨울 저녁 때 천정(天頂)에 오는 별자리.

안드로스테론 [그 > 독·유]
Androsteron 〈생〉 남자 오줌에 들어 있는 남성 호르몬의 한 가지. 1931년 독일의 부테난트(Butenandt)가 뽑아냈음

안드로이드 [android] 인조인간.

안드로클레스 [라 > 영 Androcles]
〈인〉 로마 전설에 나오는 노예 이름. 격투 경기장에서 사자에게 잡혀 먹히게 되었으나, 사자가 전에 자기 발에 박힌 가시를 뽑아준 사람이라서 그를 습격하지 않았음. 안드로쿨루스(Androclus)라고도 표기함.

안드로포프 (Yuri V. Andropov, 1914~1983) 〈인〉 소련의 정치가. 1967년 KGB 위원장, 1976년 아프가니스탄 침공을 결정, 1981년 폴란드 사태를 배후 조종함. 1982년 7월 당 서기장에 오름.

안사일렌[anseilen] 〈등〉등산자들이 위험에 처하여 서로 자일로 결합하는 것.

안지히[ansich] 〈철〉그 자신. 그 자체.

안코나 [이 > 영 ancona] 〈조〉 이탈리아의 동부에 있는 안코나(Ancona) 원산의 닭.

안타나나리보(Antananarivo/Tananarivo) 〈지〉 마다가스카르 민주 공화국(Democratic Republic of Madagascar)의 수도. 마다가스카르 섬(Madaga-scar I.) 중앙부 고원에 있는 현무암(玄武巖)의 기형 도시. 타나나리보(Tananarivo)라고도 함. (→) 마다가스카르.

안타레스 [유] Antares 〈천〉 전갈 자

ㅇ

리의 적색 1등별. 알파(a)성의 고유명. 거리 120광년. 여름날 초저녁 남천에 보이는 별. '화성(Ares)을 닮았다./ 화성에 적수가 된다'라는 뜻에서 온 말.

안타이오스 [그] Antaios 〈신〉 그리스 신화에 나오는 바다의 신과 대지의 신 사이에서 태어난 거인. 안테우스(Antaeus)라고도 함. 대지에 몸이 닿아 있을 동안엔 무적이었지만, 허큘리즈(Hercules)〔그리스어 표기로는 헤라클레스(Herakles)〕가 안아 올려서 목 졸라 죽였음.

안타키아(Antakya/Antakiyah) 〈지〉터키(Turkey)의 오론테스 강(Orontes R.) 좌안에 있는 도시. 초기 그리스도교 전도의 중심지. 고도는 526년 지진으로 붕괴됨. 옛 이름은 안티오크(Antioch), 또는 안티오키아(Antiochia)였음.

안탄트 [emtene] ① 의미, 일치.
② 협약, 협상.

안토니누스 (Marcus Aurelius Antoninus, 121~180) 〈인〉로마 황제. 오현제(5賢帝)의 한 사람. 후한(後漢)과도 통하여「후한서」에 '대진왕(大秦王) 안돈(安敦)'으로 기록됨.

안토니누스 피우스 (Titus Antoninus Pius, 86~161) 〈인〉로마 황제. 오현제의 한 사람.

안토님 [그 > 독·영 antonym] [프 antonyme] 〈언〉 반의어(反義語). 반대어. 대의어(代議語). 영어 표기로는 앤터님. ↔ 시노님(Synonyme).

안토치안 [그 > 독 Anthozyan] [영 anthocyanin/anthocyan] 〈식〉 꽃파랑이. 화청소(花青素). 식물의 꽃·열매·잎·종피(種皮)·뿌리 등에 들어 있는 적·청·자색 따위 색소의 총칭. 그리스어 antho(꽃) + kyanos(푸른)에서 온 말. 영어 표기로는 앤소사이어나인(anthocyanine)/앤소사이어닌(anthocyanin).

안투 [ANTU = Alpha-Naphthy-Thio-Urea] 쥐약의 하나.

안투리움 [그] [라 > 독·유] Anthurium 〈식〉 토란과에 딸린 여러해살이 화초. 관상용 식물. 중미 코스타리카 원산. 1957년 우리나라에 들어옴. 그리스어 anthos(꽃) + oura(꼬리)의 합성어.

안·투·카 [프 en tour car]
① 청우겸용의 우산. 햇빛과 비를 막는 우산, 양산과 우산.
② 경기장등의 흙에 벽돌분말을 가공하여 물이 잘 빠지게 한 운동장.

안트라센 [그 > 독 Anthracen] [프 anthacene] [영 anthracene] 〈화〉 콜타르·녹유(綠油)에서 채취하는 물질. 무색의 판상(板狀) 결정. 빛을 쏘이면 청자색(青紫色)의 아름다운 형광을 발함. 독일어 표기로는 안트라첸(Anthrazen). 알리자린(alizarin)이나 안트라센 색소의 원료가 됨 Ch.

안트라센 유(油) [영] anthracene oil 〈화〉 콜타르를 분별 증류할 때 300~360℃의 범위에서 나오는 황록색의 기름. 녹유(綠油)라고도 함.

안트라키논 [독] Anthrachinon [영] anthraquinone 〈화〉 안트라센(anthracene)의 산화에서 얻어지는 노란빛의 침상(針狀) 결정물. 안트라키논계 염료의 원료임.

안트로폴로기 [그]독 Anthropologie] [영 anthropology] 그리스어 anthropos(인간)에서 온 말. 인류학. 철학 용어로는 인간학.

안티고네 [그] > [독·영] Antigone
① 〈신〉 그리스 신화에 나오는 장님이 된 아버지를 받든 효녀. 외디푸스(Odipus) [그리스어로는 Oidipous] 의 딸. 형사(刑死)한 오빠 폴리네이케스(Polineikes)의 시체를 묻었기 때문에 금령을 어기어

동굴에 생매장 됨.
② 〈문〉 그리스의 소포클레스(Sophokles)주의 주도.

안티노미이론 [antinomy theory] 경제 변동의 요인은 자본 축적을 가능하게 하는 저축 공급량과 산출량을 증대시키는데 필요한 자본양이 반드시 일치되지 않는데 있다는 이론.

안티・로만 [anti roman] 반소설.

안티모니 [라] antimonii> [영] antimony 〈화〉 → 안티몬(Antimon).

안티몬 [네] antimoon [독] Antimon 〈화〉 금속과 비금속의 양쪽 성질을 가진 원소. 푸르스름한 은백색 광택이 있고, 납이나 주석과 섞어 주로 활자 합금에 씀. 안티모니(antimony)/안티모니움(antimonium)이라고도 함. 화학 기호 Sb.

안티몬 백색(白色) [독] Antimonweiss [영] antimony white 〈화〉 산화 안티몬을 주성분으로 한 백색 안료. 백분(白粉) 제조에 사용됨. (→) 안티몬 적색(赤色)(antimony vermilion).

안티몬 적색(赤色) [독] Antimon zinnober [영] antimony vermilion 〈화〉 유화(硫化) 안티몬의 적색 분말. 고무・페인트의 착색용으로 쓰임. (→) 안티몬 백색(白色)(antimony white).

안티몬 전극(電極) [영] antimony- 〈물〉 안티몬(Antimon)과 산화 안티몬으로 만든 전극. 용액의 페하(pH). 측정때 쓰임.

안티베리베린 ([그] + [실린어])> [독・프・영] antiberiberin 〈약〉 각기용(脚氣用)의 약품명. 쌀겨의 엑스(exfract)에서 단백질을 빼버리고 비타민 B을 주성분으로 하여 만듦.

안티스테네스 (Antisthenes, 기원전 455?~360?) 〈인〉 그리스의 철학자. 소크라테스(Socrates)의 제자. 퀴닉학파(Kyniker) 곧 금욕주의 학파의 창시자. (→) 퀴닉학파(學派).

안티오키아 [그] Antichea [라] Antiochia 〈역〉 터키의 오론테스 강(Or-ontes R.) 연안에 있는 옛 도시. 기원전 300년 셀레우코스 1세(Seleukos I.)가 건설한 고대 시리아(Syria) 왕국의 수도. 알렉산드리아(Alexandria)의 상업상 번영을 겨룸. 안티오크(Antioch)라고도 함. 현재의 안타키아(Antakya). → 안타키아.

안티오페 [그] > [영] Antiope 〈신〉 그리스 신화에 나오는 테베(Thebai)의 왕 뉴크테우스의 딸. 제우스(Zeus)와 정을 통하여 암피온(Amphion)과 제토스를 낳았음.

안티테제 ([그] >) [독] Antithese 〈철〉 반정립(反定立). 반대 명제. 변증법에서의 '반(反)' ↔ 테제(These).

안티페미니즘 [antifeminism] 남성 상위주의, 여성 경멸.

안티프리즈 [antifreeze] (라이에이터 등의) 부동액(不凍液).

안티피린 [그] > [독・유] Antipyrin 〈약〉 해열제의 하나. 그리스어 ant(반)+ pyr(불・열)+ in(약품명 어미)에서 온 말. 1884년 크노르(Knorr)가 합성해서 만든 최초의 해열제. 아스피린(Aspirin)보다 해열 작용이 강력함. 1932년 극약지정.

안티피린 진(疹) [독] Antipyrin- 〈의〉 알레르기 성 약진(藥疹)의 하나. 안티피린・피라미돈(Pyramidon)・미그레닌(Migranin) 등을 복용한 뒤 1~2시간만에 나타남. (→) 안티피린・피라미돈・미그레닌.

알게니브 [영]Algenib 〈천〉 페가소스(Pegasos) 자리의 감마성(星). 항성의 하나. 가을밤에 빛나며, 광도는 2.9등임. (→) 페가소스

ㅇ

알고리즘 [algorithm] 〈수학〉 한정된 연산(演算)으로 문제를 풀 수 있도록 고안된, 잘 정리된 법칙의 집합. 어떤 문제의 해답을 유한한 개수의 스텝에 따라 정확하게 찾는 일련의 규칙. 이를테면, 반품율을 계산하기 위한 절차.

알골 [아] > [유] Algol 〈천〉 '귀신·악마'의 뜻에서 온 말. 식변광성(食變光星)의 하나, 페르세우스(Perseus)자리의 베타성. 광도는 2,867일 주기로 2.2등에서 3.5등까지로 변함.

알긴 산(酸) 섬유(纖維) [영] alginate fiber 〈섬〉 알긴 산염을 주원료로 하여 만든 섬유.

알데바란 [아] > [유] Aldebaran 〈천〉'플레이아데스(Pleiades)의 종인(從人)'이란 뜻에서 온 말. 황소자리 중 오른쪽 눈에 상당하는 으뜸 별. 1등성. 겨울밤에 남쪽 하늘에서 볼 수 있음. 직경은 태양의 45배, 거리는 54광년임.

알데히드 [라] > [독] Aldehyd [프] aldehyde [영·유] aldehyde 〈화〉라틴어 alcohol과 dehydrogenatus의 합성어. '수소를 잃은 알콜'의 뜻에서 온말.
① → 아세트 알데히드 (acetaldehyde)
② 알데히드 기(基). CHO를 갖는 화합물.

알라 [아] allah> [포·네·독·영·프] Allah 〈종〉 아랍어 al(관사)+ilah(신)에서 온 말. 이슬람교의 전지전능한 유일 절대 신. 정의·인애(仁愛)·관용 등의 속성을 지니는 인격신(人格神)이지만, 색과 형태가 없으므로 조각 신상(神像)으로 나타내지 못함. 교도는 마호메트(Mahomet)가 알라의 사도(使徒)「예언자」라고 외침.

알라 까르뜨 [프 ala carte] 일품 요리. 한 가지씩 주문하는 요리.

알라딘 [아] >각국 Aladdin 〈인〉「아라비안 나이츠」중의 '알라딘의 램프'의 주인공.

알라리 [범] alali 〈불〉 한자어 표기에서 '아라리(阿喇唎)로 써오던 말인데 ① 넓은 들에 사람 기척이 없는 지경. ② 남을 업신여기는 교만한 마음.

알라만 족(族) [독] Alamans- 〈인류〉 게르만계의 한 부족. 5세기 후반 마인 강(Main R.)서 알사스(Arsace) 지방까지 지배했지만, 496년 프랑크 왕국의 클로비스(Clovis)에게 정복됨.

알 라 모드 ([라] >) [프] a la mode 최신 유행의. 유행에 따른. 패셔너블(fashionable). 현대식. 최신 유행형.

알라모드 견직물(絹織物]) [영] alamode silk 〈섬〉 앨러모드란 프랑스 a la mode에서 온 말. 광택이 있는 얇은 명주. 두건·목도리·스카프(scarf) 등에 쓰임.

알라모드 문학 [독] Alamode- 〈문〉 외국 특히 프랑스를 모방한 문학. 그런 문학을 멸시하여 이르는 말.

알라 神 (Allah-) 희교의 유일 절대신.

알라야 [범] alaya 〈불〉 팔식(八識)의 하나. 사람의 심식(心識)의 근본이 되는 것. 안으로는 온갖 물건의 씨를 갈무리하며, 만법 연기(萬法緣起)의 근본이 되는 것임. 종자식(種子識)으로 번역 사용해 온 말인데 한자 표기는 '아라야(阿懶耶).

알라 칭가라 [이] alla zingara 〈음〉 유랑풍(流浪風)으로.

알 라 카르트 [라] > [프] a la carte ([영]) '식단(食單)에 따라서' 라는 뜻에서 온 말. 일품 요리(一品料理). 손님 식성에 따라 한 가지씩 주문하는 요리. ↔ 타블 도트(table d ho te)

알라타(체) [allata] 〈생물〉 곤충의 뇌 뒤에 있는 내분비 기관.

알라트 [영 alert] 대기한다. 경계중.

알람 퓨즈 [alarm fuse] 〈전기〉 경보(警報)퓨즈.

알랑베르 (Alembert) 〈인〉 → 달랑베르 (Jean le Roud d' Alembert)

알랭 (Alain, 1868~1951) 〈인〉 프랑스의 철학가, 비평가. 본명은 에밀 오귀스트 샤르티에(Emile Auguste Chartier). 「예술론」「행복론」「나의 사색 과정」등이 주저임.

알레고리 [그>라] [프 allegorie] [네·독·유] allegorie [영] allegory 〈문〉 비유·풍자·우의(寓意). 표현되어 있는 것 이상의 깊은 뜻이나 내용을 미루어 알게 하는 문장 수사법의 한 가지.

알레그로 [이] > [유] allegro 〈음〉 쾌속하게. 빠르고 경쾌하게. 알레그레코(allegretto)보다 조금 빠르고, 비바체(vivace) 또는 프레스토(presto)보다 조금 느린 속도.

알레그로 콘 브리오 [이] allegro con brio 〈음〉 씩씩하고 빠르게.

알레르겐 [독] Allergen [영] allergen 알레르기를 일으키는 물질. 식품의 성분·약물·먼지·꽃가루 등을 들 수 있음.

알레르기 [그>라 allergia >독 Allergie [영 allerg] 〈의〉 그리스어 allos(다른)+ergia(활동·작용)에서 온 말. 이상 민감성. 이상 반응증. 변작용(變作動). ↔ 아네르기(Anergie).

알레비 (Jaques-Fromental-Elie Halevy, 1799~1862) 〈인〉 프랑스의 작곡가. 본디의 성은 레비(Levi). 오페라 「마농 레스코」 등으로 유명함.

알레치호른 (Aletschhorn) 〈지〉 스위스(Switzerland) 알프스(Alps)의 높은 봉우리(4,198m).

알레테이아 [그] aletheia 진리.

알렉산더 ([그] >) [도·영·유]
Alexander '사람들을 지키는 자' 라는 뜻에서 온 말.
① 〈인〉 알렉산더 대왕(기원전 356~323). 마케도니아 왕국(Macedonia 王國)의 왕.
② 칵테일(cocktail)의 한 가지.
③ 포도 품종의 하나. → 알렉산드리아(Alexandria) ②

알렉산드라이트 [영] alexandrite 〈광〉 금록옥(金綠玉). 금록석. 1831년, 러시아 황제 알렉산드르 2세(Alexandr Ⅱ) 생일에 우랄 산맥(Ural Mts.)에서 발견됐음.

알렉산드로스 (Alexandros, 기원전 356~323) 〈인〉 마케도니아의 왕.

알렉산드리아 [영] Alexandria
① 〈지〉 이집트(Egypt) 북쪽, 지중해에 면한 무역항. 나일 강(Nile R.) 삼각주의 서쪽에 있음. 기원전 332년 알렉산더 대왕(Alexander 大王)이 건설. 고대 이집트의 수도였음.
② 포도 품종의 하나. 알렉산더(Alexander)라고도 함.

알렉산드리아 문고(文庫) [영] Alexandria- 〈역〉 프톨레마이오스 2세(Ptolemios Ⅱ)가 기원전 280년 무렵 알렉산드리아(Alexandria)에 창설한 옛날 최대의 문고. 소장 도서 50~70만권이 기원전 47년 카이사르 [시저] (Caesar)와 폼페이우스(Pomepeius)의 싸움 때 불탔음.

알렉산드린 [프>영 Alexandrine] 〈문〉 알렉산더 대왕(Alexander 大王)을 칭송한 시에서 비롯된 말. 억양격, 또는 강약격을 6운각(韻脚)담은 시행(詩行).

알렉세예프 (Evgeni Ivanovich Alexkseev, 1845~1917) 〈인〉 러시아의 해군 장성. 극동 함대 사령관. 우리나라 의화단(義和團) 진압 및 구한국 정부에 친로 세력 침투 등을 기도. 노일(露日) 전쟁에서 패전. 파면됨.

ㅇ

알렉신 ([그] >) [독·영·유] alexine 〈의〉그리스어 alexein (막는다)에서 온 말. 체액내의 살균소. 방어 효소.

알렌 (Horace Newton Allen, 한국명 安連, 1858~1932)〈인〉미국의 장로교 선교사, 외교관. 1884년 한국에 들어와 고종(高宗)의 시의(侍醫) 및 외교 고문이 됨. 이듬해인 1885년 광혜원(廣惠院)「관립 의학교」설립. 그 뒤 미국의 주한 전권 공사 지내고, 1905년 미국으로 귀국함.

알로에 [그] alloe>) [라·포·네·유] aloes [프] 〈식〉백합과에 딸린 늘 푸른 여러해살이 풀. 다년생 다육(多肉)식물. 잎의 즙액을 달여 위병 약으로 씀. allloeh의 loeh를 중국에서 음역하여 노회(蘆薈)로 표기 사용됨. (→) 알로인(alllloin).

알로 이성(異性) [독] Allomerismus [영 allomerism] [프 allomerisme] 〈화〉이질 동형(異質同形) 형상의 변화가 없고, 화학상의 성분이 다른 것.

알로인 [영] aloin 〈화〉 쓴맛이 나는 결정질(結晶質)의 물질. C H O 식물 알로에(aloe)의 주성분임. (→) 알로에.

알로카시아 [라] > [영·프] alocasia 〈식〉그리스어 a(부정어) + 라틴어 colocasia(콜로카시아)에서 온 말. 토란과에 딸린 여러해살이 풀. 관엽 식물(觀葉植物). 우리나라에는 1962년에 들어옴.

알로판 [그 allophanes>독 Allophan] [프 allophane] [영] 〈광〉무정형의 함수 알루미늄 규산염(珪酸鹽). 화산회 등의 풍화로 생기는 점토 광물의 하나.

알로하 셔츠 [미] aloha shirts 〈섬〉 화려한 프린트 무늬의 천으로 만든 반소매 여름철 셔츠. 하와이에서 처음 유행했으므로 그 이름이 붙였음. 준말로는 알로하(aloha). 와이키키 셔츠(Waikki shirts)라고도 함.

알로하 오에 [하] > [영] aloha oe 〈음〉하와이 민요의 하나. 하와이 왕국의 마지막 여왕인 릴리우오캘라니(Liliuokalani)가 작사 · 작곡했다 함. '그대에게 사랑이' 라는 뜻으로 나그네와 애인의 이별을 노래한 것임.

알롤락토스 [영] allolactose 〈식품〉 유당이 변화된 것이라고 생각되는 당.

알루마이트 [일] al(u) 〈화〉 알루미늄 (aluminium)의 표면을 산화한 것. 1923년 무렵 일본의 세또(瀨藤象二)가 발명함. 산화 알루미늄 피막을 덮음으로써 부식에 견디며 경도가 높아 알루미늄의 결점을 보충한 금속의 상품명. 식기 및 각종 일용품에 널리 쓰임.

알루멜 [영] alumel 〈화〉 니켈(nickel)을 주성분으로 하는 합금. 금속 전기 저항 재료로 쓰임.

알루미나 [라] > [네·유] alumina 〈화〉산화 알루미늄. Al O 알루미늄의 원료 코런덤(corundum) · 루비(ruby) · 사파이어(sapphire) 등은 결정 상태의 알루미늄임.

알루미나 비누 [영] alumina-비누액과 초산 알루미늄 액을 섞어 만든 비누.

알루미나 시멘트 [영·프] alumina cement 알루미나가 30~40%들어 있는 시멘트. 매우 빨리 굳어지고 산이나 바닷물에도 비교적 강한 특징이 있음. 보크사이트(bauxite)와 석회석을 전기로로 용해하여 만듦. 반토 시멘트(礬土 cement)라고도 함.

알루미나 자기(瓷器) [영] alumina-산화 알루미늄으로 성형하여 구운 사기 그릇. 절작용 바이트(bite), 제련용 도가니, 고주파 절연 재료 등에 씀.

알루미나트 [Aluminat] 〈화학〉알루민산.

알루미늄 [독 Aluminium] 〈화학〉 가볍고 회고 부드러운 금속원소.

알루미늄새시 [영 aluminium sash] 알루미늄제의 창틀. 가볍고 튼튼하므로 주택이나 빌딩에 많이 사용된다.

알루전 [allusion] 〈문학〉 인유법(引喩法). 암시.

알룬둠 [독 Alundum] [화학] 산화 알루미늄을 전기로 속에서 한번 녹여 만든 것.

알류샨 열도(列島) (Aleutian Is.) 〈지〉 알래스카 반도(Alaska Pen.)로부터 서쪽으로 뻗어나간 호상 열도.

알류트 [Aleut] 알류트 열도와 알라스카 지역의 원주민.

알륨 [라 > 영 allium] 〈식〉 파·마늘 속(屬)의 관상식물.

알리 (,Ali 603~661) 〈인〉 마호메트(Mahomet)의 양자. 이슬람 교단(教團)의 제4대 정통 칼리프(calif). 회교국의 국주(國主). 정치·종교의 최고 권위자. 반대파와의 불화로 살해됨. 본명 ibn-abi-Talib가 준 이름. 그 자손을 지지하는 세력을 시아 파(shiah派)라고 불러옴.

알리게이터 (alligator) 〈동〉 → 앨리게이터. 약어.

알리뉴망 [프] alignement
① 〈고고〉 거석(巨石) 기념물의 하나. 멘히르(Menhir:선돌)가 한 줄로 늘어서 있는 것. (→) 멘히르·스톤 서클(stone circle)·돌멘(Dolmen)
② 〈인쇄〉 조판.

알리 바바 [아] >각국 Ail Baba 〈문〉 「아라비안 나이츠」중의 한 이야기인 ' 알리 바바와 40명의 도둑' 의 주인공.

알리바이 [라 > 영 alibi] 〈법〉 라틴어 alius(다른·딴) + ibi(장소)에서 온말. 현장 부재 증명. 범죄 혐의에 대해, 사건 당시 범죄 현장 이외의 장소에 있었다는 증명.

알리시아미민 [영] allithiamine 〈약〉 마늘의 이상한 냄새를 풍기는 성분과 비타민 B과를 결합하여 만든 약. 마늘속(屬)을 알륨(allium), B을 사이아민(thiamine)이라고 학명으로 부르는

데서 만들어진 명칭.

알리신 [영] allicin 〈식품〉 마늘을 짓이기면 Allin이 효소 Allinase의 작용을 받아 알리신으로 됨.

알리자린 [영] ([독·유]) alizarin 〈화〉 꼭두서니 색소. 매염(媒染) 염료의 하나. 예전에는 주로 꼭두서니의 뿌리에서 얻었으나, 오늘날에는 안트라센(anthracene)을 합성하여 제조함. 양털·무명 등의 염색에 이용됨. C H O (→) 안트라센

알링턴 묘지(墓地) [미] Arlington-〈지〉 미국 동부, 워싱턴시의 서남쪽 교외에 있는 국립묘지. 1864년 건설.

알마 [아] > [영] alma(h)
① '안다'라는 뜻에서 온 말. 외국 담배의 상품명.
② 이집트의 무회(舞姬).

알마게스트 [그 > 아 > 프 > 영 Almagest] 〈책〉 아랍어 al(관사)+ 그리스어 megiste(최대의 작품)에서 온 말. 고대 알렉산드리아(Alexandria)의 천문학자 프톨레마이오스(Ptolemaios)가 140년 무렵에 지은 천문학의 대저(大著). 주장은 천동설(天動說). (→) 프톨레마이오스 점성학(占星學).

알마나크 [아 > 스 > 라 > 이 > 독·프 almanach] [영 almanac] 천문력(天文曆). 연감(年鑑). 프랑스어로는 알마나 [almana] , 영어로는 울머낵임.

알마 마터 [라 > [유] Alma Mater ' 길러준 어머니'에서 온 말. 모교(母校) 출신교. 영어 표기로는 앨머 메이터.

알망드 [프] allemande 〈음〉 온화하고 유쾌한 4분의 4박자의 옛 독일의 민속 무곡(舞曲). 독일어로는 알레만데(Allemande). 프랑스어로는 알망드/알망(allemand)이라고 함.

알바니아 (Albania) 〈국〉 발칸반도 (Balkan Pen.) 서부에 있는 인민 공화국 (1946년부터). 터키(Turkey)의

ㅇ

지배 아래 있다가 1912년 독립. 수도는 티라나(Tirana). (→) 티라나.

알베오그라프 [영] alveograph 〈식품〉 단백질의 제빵 적성의 지표. 즉 빵반죽의 신장성의 척도.

알부모제 [독] Albumose 〈화〉 단백질의 분해 생성물의 하나.

알부민 [라 > 독・유 Albumin] 〈화〉 단백질의 한 가지. 달걀의 흰자・우유・고기・콩 등에 들어 있음. 열을 가하면 응고됨.

알부타 [범 arbuda > 중 頞部陀] 〈불〉 몸이 얼어 터진다는 지옥. → 아르부다.

알비노 [독 Albino]
① 백자 또는 백피(白皮)병자.
②〈생물〉백변종(白變種).

알비노(쥐) [albino] 〈축산〉 흰 쥐.

알비주아 파(派) [프] 프랑스 남부의 알비(Albi) 지방을 중심하여 11~12세기에 일어난 반(反)로마 교회의 단체.

알씨에이 [RCA=Radio Corporation of America] 미국 라디오 회사 이름.

알 에이치 [rh] 〈화학〉산화, 환원 전위를 설명할 때 쓰는 지수(指數).

알 에취인자 [rh 因子] 형 과는 다른 혈액형. 리시스(Rhesus)라는 원숭이의 적혈구를 모르모트에 주사해서 면역 혈청을 얻었기 때문에 rh인자라 함. 동형의 혈액형이 아닌 사람으로부터 수혈 받을 경우는 위험함.

알오티씨 [ROTC=Reserve Officer's Training Corps] 예비 장교 훈련단.

알자스 (Alsace) 〈지〉 프랑스(France)의 동북부 독일과의 국경 지역에 라인강(Rhein R.) 서안서부터 보주 산맥(Vosges. Mts.)까지 사이의 지방. 독일어로는 엘자스(Elsass) 옛부터 독일과 프랑스의 분쟁이 끊이지 않았음.

알자스 로렌 (Alsace-Lorraine) 〈지〉 프랑스의 동북부 알자스(Alsace)와 로렌(Lorraine) 지방의 총칭. 독일어 표기로는 엘자스 로트링겐(Elsace-Lothringen). 독일・프랑스의 역사적인 점령지였음. 1940년 독일이 점령, 1945년 2차 대전 뒤부터 프랑스에 복귀. 이 지방의 중심지는 스트라스부르(Strasbourg). (→) 스트라스부르

알제리 (Algerie) 〈국〉 아프리카 대륙 서북부 지중해 기슭에서 사하라 사막(Sahara Des.) 중앙에 이르는 지역에 있는 인민 공화국. 1962년 프랑스와 에비안(Evian) 협정 성립으로 공화국 발족. 수도는 알제(Alger). (→) 알제.

알제시라스 회의(會議) [영] Algeciras- 〈역〉 1906년 모로코(Morocco)를 둘러싼 독일과 프랑스 사이의 대립을 조정한 열국 회의. 모로코에 대한 프랑스의 권리를 승인하였음.

알카시드 [독 Alkacid] 〈화학〉 탄산가스 흡수제.

알칼로시스 [독] Alkalosis [영・프] alkalosis 〈의〉 알칼리(alkali) 중독. → 알칼리 중독(中毒). ↔ 아시도시스 (Acidosis).

알칼로이드 [독 Alkaloid] [영・유 alkaloid] [프 alcaloide] 〈화〉질소를 함유하는 식물(특히 담배・양귀비・차 등) 염기(鹽基)의 총칭. 식물의 질소가 들어 있는 알카리성 유기물. 그 주된 것은 니코틴・모르핀・코카인・아트로핀・카페인・키티네・의약용임.

알칼리 [아 > 네・유 alkali] [독 Alkali] 〈화〉 아랍어 al(관사)+ qali (재)에서 온 말. 육지나 바다 식물의 재를 통틀어 일컬음. 강한 염기성(鹽基性)을 나타내는 것을 알칼리라고 부른다. 주로 알칼리 금속(alkali metals). 알칼리 토금속(土金屬)의 수산화물. 알칼리 금속의 탄산염을 말함. (→) 알칼리 금속・알카리 토금속.

알칼리 금속(金屬) [독] alkali metalle

344

[영] alkali metals〈화〉리튬(Li), 나트륨(Na), 칼륨(K), 라비듐(Rb), 세슘(Cs) 따위 금속. 희고 부드럽고 가벼운 1가(價)의 금속. 이것들의 수산화물이 강염기이므로 그같이 부름.

알칼리 뇨(尿) [독] Alkali-〈의〉알칼리 성을 나타내는 오줌. 정상적인 오줌이 산성을 띠는데 반하여, 식물의 다량 섭취, 위액의 다량 배출, 알칼리 성 약제의 복용, 세균성 분해 등 경우에는 알칼리 성 오줌이 나옴.

알칼리 성(性) 식품(食品) [영] alkali- 야채・과일과 같이 알칼리성 물질을 포함한 식품. 연소한 재에 나트륨・칼륨・칼슘 따위 알칼리 성 금속 원소가 들어있음. 이와 반대어로는 산성 식품(酸性食品)이라는 용어가 쓰임.

알칼리 식물(植物) [영] alkali-〈식〉알칼리 성 토양에 적응하는 식물. 내염기성(耐塩基性)이 강한 식물.

알칼리 중독(中毒) [독] Alkalose [영] alkalosis〈의〉생체 안의 산・염기의 균형이 깨어져, 염기가 지나치게 적어지는 상태. 알칼리 혈중(血症), 알칼로시스(Alkalosis)라고도 함. ↔ 아치도시스(Azidosis).

알칼리 토(土) [독 Alkaliboden] [영 alkaline earths]〈화〉석회(CaO)・중토(重土)산화 스트론튬(SrO)・산화 바륨(BaO)의 총칭. 알칼리 토류(土類)라고도 함.

알칼리 토금속(土金屬) [영] alkaline-〈화〉칼슘・스트론튬・바륨・라듐 따위 금속 원소의 총칭. 베릴륨・마그네슘을 포함하여 말하기도 함. 화학적으로는 2가(價)로 작용함. 알칼리 토류 금속(土類金屬)이라고도 지칭함.

알칼리 토류(土類) [영] alkaline earths〈화〉→ 알칼리 토(土).

알칼리 토류 금속(土類金屬)〈화〉→ 알칼리 토금속(土金屬) (alkaline)

알코부 [alcove]〈건축〉벽의 모퉁이를 움푹 들어가게 한 부분.

알키드 수지(樹脂) [영] Alkyd resins〈화〉다염기성 산류(酸類)를 다가(多價) 알콜 등과 반응시켜서 얻어지는 합성 수지. 도료로 사용함.

알킬(기) [Alkyl (基)]〈화학〉메타계(系) 산화수소에서 수소 1원자를 빼낸 나머지의 원자단.

알타미라 [에] > 각국 Altamira〈고〉에스파냐의 북부, 칸타브리아 산맥(Cantabria Mts.) 북사면 산탄데르 주(Santander 州)에 있는 선사 시대의 동굴 유적. 구석기 시대의 벽화로 들소・멧돼지가 그려져 있음. 1879년에 발견함.

알타이르 [아 > 영 Altair]〈천〉아랍어 al(관사)+tahil(나는 것・새)에서 온 말. 견우성. 독수리좌의 수성(首星).

알타이 산맥(山脈) (Altai Mts.)〈지〉중국 신장(新疆) 성과 소련, 외몽고에 걸친 큰 산맥.

알타이 어족(語族) [영] Altaic languages〈언〉한국어족・터키어족・몽고어족・만주 어족 등의 총칭.

알테아 [라 althaea > 포 althea] [네 altha]〈식〉접시꽃. 아욱과에 딸린 여러해살이 풀.

알토 [이 > 포, 영 alto] [독 Alt] ([유])〈음〉
① 중음부(中音部). 여자의 가장 낮은 음역의 소리. 여성 저음. 팔세토(falsetto) 곧 가성(假聲)을 쓰는 남자의 최고 음부. 영어 표기로는 앨토, 독일어 표기로는 알트.
② 알토 색소폰(alto saxophone)의 약칭. (→) 알토 색소폰.

알토 색소폰 [영] alto saxophone 색소폰의 하나. 알토 색소폰이라고도 표기함. 준말로 알토. 또는 앨토. (→) 알토(alto).

345

ㅇ

알토제 [독 Aldose] 〈화학〉 알데히드기를 갖는 단당류(單糖類).

알토 호른 [이] alto horn [독·영] alt horn 〈음〉 알토의 음역을 중심으로 한 호른(horn). 금관 악기의 하나. 영어 표기로는 앨트혼.

알티오 [RTO=Railway Transportation Office] 군용 철도 수송 사무소.

알파 [그 > 라 > 독·영·프 alpha]
① 그리스어 자모의 첫 자. [A. a] ↔ 오메가(omega)
② 최초. 맨 먼저.
③ 〈체〉 야구에서 먼저 공격 시작한 편의득점이 상대편보다 적어서 승패가 명백한 경우에 최종회 말의 공격을 하지 않고 상대편에게 승리를 주고 그 득점에 붙이는 기호.
④ 〈물〉 알파 입자(a-particle)의 준말. (→) 알파 입자(粒子).

알파뉴머릭 [영] alpha numeric 〈컴〉 알파벳과 숫자를 짝지은 말로서 알파벳 문자와 숫자 및 기타 특수 기호를 합친 문자 세트.

알파벳 [그 > 네·영·독] [프·유] Alphabet
① 그리스 문자의 처음 두자인 알파(a)와 베타(b)에서 나온 말. 서양 각국의 글을 쓸 때 사용하는 A, B, C 등 음표 문자 [이탈리아어 21개, 라틴어 23개. 그리스어 24개, 프랑스어 25개, 영·독·네덜란드어 각 26개, 러시아어 35개, 폴란드어 45개, 범어 49개].
② 초보. 입문(入門).

알파 선(線) [독] a-Strahlen [영] a-rays 〈물〉 방사성 원소에서 나오는 방사선의 하나. 알파(a) 붕괴 때 방사되는 알파 입자의 흐름. (→) 알파입자(粒子) (a-particle)

알파 성(星) [그] a-〈천〉 한 별자리 가운데서 가장 밝은 별. 수성(首星).

차례를 따져 알파 성·베타 성(b星)이라고 부르기도 함.

알파오이카인 [독] Alphaeucain 〈화·약〉 국부 마취약. 오이카인(Eukain)의 한 가지. C H NO

알파와 오메가 [그] A-Ω
① 알파벳의 첫 글자와 끝 글자.
② 하느님이 자신을 지칭하신 말씀.

알파이며 오메가이다 [독] das Alpha und Omega [영] alpha and amega [프] l'alpha et l'omega (〔유〕) 최초이면서 최후. 처음이며 마지막이다.

알파인 [영 alpine] ① 고산의, 산악의. ② 알프스의.

알파 입자(粒子) [독 a-Teuchen] [영 a-particle] [프 a-particile] [유] 〈물〉 방사 물질로부터 알파 선으로 방출되는 입자. 헬륨(helium) 원자의 원자핵. 준말로 알파. (→) 알파 ④

알파 전분(澱粉) 그리스어 a+ 전분으로 된 조어. 전분에 물을 가하여 가열하거나, 가성 소다 용액 등의 팽윤제(澎潤劑)로 처리한 풀 모양의 전분.

알파 지오메트릭 방식 [Alpha Geometric 方式] 〈통신〉 문자 정보 시스템의 한 방식(문자 외에 도형을 점 또는 면(面)으로 분해하여 전송하며, 다량의 정보를 보낼 수 있음).

알파카 [페루 > 에 > 포·영·프 alpaca] [독 Alpaka]
① 〈동〉 낙타의 한 가지. 과나코(guanaco)라는 혹 없는 낙타의 변종. 페루·칠레·볼리비아 등 안데스 산악지대의 가축.
② 〈섬〉 알파카의 털로 만든 실. 또는 천. 여름 옷감. 안감으로 쓰임.

알·파타 [Al Fatah] 아랍 게릴라 조직중 최대의 세력을 가진 온건파 조직으로 약 1만 2천명으로 구성되어 있다. 56년 야시르, 아라파트의 살라칼라푸가 쿠웨이트에서 조직했다.

알파 테스트 [alpha test] 〈교육〉제1차 세계 대전 말기에 교육받은 장병에 대하여 미 육군이 실시한 지능 검사.

알펜 [독 alpen] ① 고산의, 산악의. ② 알프스 연봉. ③ 스키경기의 종목.

알펜 경기(競技) [영] Alpen events 〈체〉스키 경기의 하나. 활강·회전·대회전 등을 통틀어 이르는 말. 알프스 지방에서 발달했음.

알펜글뤼헨 [독] Alpengluhen 알프스의 저녁 놀, 또는 아침 놀. (→) 모르겐로트(Morgenrot).

알펜슈톡 [독 Alpenstock > 영 alpen stock] 갈고리가 달린 등산용 지팡이.

알펜 스키 [독 Alpenski] 등산용 스키.

알펜 컴파인드 [영] Alpen combined 〈체〉스키 경기의 하나. 활강·회전 두 성적을 합해 순위를 정하는 복합 경기.

알펜 클럽 [독 Alpen+ club] ① 런던에 있는 등산가들의 클럽. ② 등산 클럽.

알펜호른 [독 Alpenhorn > 영 alpenhorn] 〈음〉알프스지방 산지에 전해져 오는 목재 또는 가죽으로 된 길이 2m 안팎의 목관 악기. 가축 떼를 모을 때에 씀.

알프스 산맥(山脈) (Alps Mts.) 〈지〉유럽(Europe) 평원과 지중해 지역 사이에 있는 신기 습곡 산맥.

알프스스탠드 [영 alpsstand] 야구장의 관객석의 최상부의 뜻.

알피네 [이 al fine] 〈음악〉끝까지.

알피니스트 [독·영·러·유 Alpinist] [프 Alpiniste] 알프스 등산가. 고산 등산가, 산악인.

알피니즘 [영] Alpinism [러] alpinizm ([유]) 산악도(山岳道). 등산 정신.

알피엠 가버너 [r.p.m. governor] 〈항공〉회전수 조절기.

암[영 arm] 팔. 〈건〉완목. 〈복〉소매의 뜻. ~체어(~chair) 팔걸이의자. ~링(~ring) 팔가락지.

암네스티 [영 amnsety] ① 정치범의 대사·특사. ② 국제~ 1961년 설립의 민간유지에 의한 국제조직. 세계 각국의 억압된 정치범의 사면과 구원을 목적으로 한다.

암르타 [범] Amrta 〈불〉신약(神藥)의 하나. 한자 표기로는 '아미리다'(阿弭哩多)

암리트 [영] armlet 〈복〉팔지, 팔의. 팔꿈치에서 윗부분에 거는 것. 팔꿈치 아래 부분에 거는 것은 브레이슬릿(bracelet), 또는 암링(arm ring)이라고 함. (→) 브레이슬릿.

암만 (Amman) 〈지〉요르단 왕국 (Hashimite Kingdomof Jordan)의 수도. 사해(死海) [Dead Sea] 의 동북쪽에 있으며, 기원전 4~5세기부터의 고도(古都)임. 로마 시대의 유적이 많음. (→) 요르단(Jordan).

암메터 [독 Ammeter] 〈물리〉전류계 (電流計).

암모나이트 [라 ammonites > 영 ammonite] [독 Ammonit] 〈생〉이집트의 최고신 암몬(Ammon : 아멘 (Amen)의 별칭)의 뿔을 닮았다는데서 온 말. 두족류(頭足類)에 딸린 화석 연체동물. 암몬 조개. 고생물. 조개 껍질에 국화 같은 주름이 있으므로 '국석'(菊石)이라고도 함.

암모널 [영] ammonal 알루미늄 분말과 초산 암모니아로 만든 강력 폭약. ammonium+ aluminium에서 온 말.

암모늄 [이집>그]라>네·독·영·프·유 ammonium] 〈화〉수소 4원자와 질소 1원자로 구성되는 원자단.

ㅇ

암모니아 고무 [영] gum ammoniac 페르시아·인도 등에서 나는 미나리과 식물. 또는 그 식물에서 나오는 고무 수지(樹脂). 약용.

암모니아 냉동법(冷凍法) [영] ammonia- 〈공〉 암모니아가 증발할 때, 많은 열을 주위로부터 빼앗는 성질을 이용한 냉동법.

암모니아 소다 법(法) [영] ammoniasoda process 〈화〉 탄산 소다 제조법. 염화나트륨과 탄산칼슘을 원료로 하여 암모니아를 작용하면 얻어진다. 벨기에의 솔베(Solvay)가 1866년에 발명. '솔베법'이라고도 함.

암모니아 수(水) [라] aqua ammonia(e) [독] Ammoniakwasser [영] ammoniawater, aqueous ammonia 〈화·약〉 100cc의 물에 암모니아 9.5~10.5g을 함유하는 물에 무색 투명 액체, 강한 알칼리성 반응을 나타내는 암모니아의 수용액.

암모니아 시계(時計) [영] ammoniacclock 원자 시계. 시각을 쪼개는 기준을 암모니아 분자 안에서의 질소 원자의 규칙적인 진동에다 두고, 이를 전자 공학적으로 뽑아내도록 한 시계. 암모니아 분자안의 질소 원자의 진동 주파수의 정확도는 몇 십억분의 1이라는 정밀도(精密度)임.

암몬 조개 [영] Ammon- 〈생〉 → 암모나이트(ammonite).

암미터 [영] ammeter] 전류계.

암모니아쿰 [이집 > 그 > 라 ammoniacum > 네 ammoniak gummi] 〈화·약〉 암모니아쿰 나무에서 채취한 수지(樹脂).

암스테르담(Amsterdam) 〈지〉 네덜란드 왕국(Kingdom of Netherlands)의 수도. 북해 연안의 후미인 조이데르 해(Zuider Sea)에 면한 양항(良港). 1300년 무렵에 건설. 네덜란드 제일의 무역항임. (→) 네덜란드.

암스트롱(Daniel Louis Armstrong, 1900~1971) 〈인〉 미국의 흑인 트럼펫 연주가, 가수, '재즈의 왕' 으로 불렸으.

암스트롱(William George Armstrong, 1810~1900) 〈인〉 영국의 발명가, 공업가, 암스트롱 포(砲)·회전식 수력 발전기·각종 수압기 발명. (→) 암스트롱 포(砲) (Armstrong-gun)

암스트롱 포(砲) [영] Armstrong-gun 암스트롱(W. G. Armstrong)이 발명한 대포. 그는 회사를 창립, 기계 제조의 대기업체로 육성시켰으며, 나이트 작(Knight 爵)을 받음.

암파시빌리테 [프 impassibillite] 주관을 피해서 사실주의를 꿰뚫는 태도.

암페어 [프 > 영 ampere] [유] 〈전〉 프랑스의 물리학자 앙페르(Andre Marie Ampere)의 이름에서 온 말. 전류의 세기를 나타내는 실용단위. 기호는 A.

암페어 미터 [영·유] amperemeter 〈전〉 전류계(電流計) 암페어 계(計)

암페어 시(時) [영] ampere-hour 전기량의 단위. 1암페어의 전류가 한 시간 동안 흐르는 전기량. 1암페어 시는 3,600쿨롱임. 기호 Ah.

암푸 [amplifier→〈일〉] 〈전기〉 증폭기. 앰프. ¶~와 인터폰 장치.

암홀 [영] armhole 〈복〉 진동 둘레. 진동.

압산 [프 absinthe] 리큐르의 일종. 알콜 함량은 70%, 색깔은 녹색.

앙가주망 [engagement] 구속 또는 상관이라는 뜻으로 사회 참여라고 번역되기도 함. 어떤 상황 또는 사상에 대하여 분명한 태도를 결정함으로써 자신을 구속하는 것을 말한다.

앙고라 (Angora) 〈지〉 앙카라(Ankara)

의 옛 이름. → 앙카라.

앙고라 고양이 [영 Angora cat] [독 Angorakatze > 유]〈동〉명주실과 같은 긴 털을 지닌 고양이.

앙고라 염소 [영 Angora goat] [독 Angoraziege > 유]〈동〉산양(山羊)의 한 종류, 앙고라 산양. 앙카라(Ankara)원산. 모헤어(mohair) 염소라고도 함. 앙고라 직물을 짜는 털인 모헤어를 뽑음.

앙고라 토모(兎毛)〈섬〉Angora rabbit hair 앙고라 토끼의 털.

앙골라 (Angola)〈국〉아프리카 서남부에 있는 공화국. 1975년 독립. 16~17세기에 노예의 공급원으로 유명한 포르투갈의 식민지였음. 수도는 루안다(Luanda). (→) 루안다.

앙구라 [undergriun people→〈일〉] 일본판 히피인 문화 혁명족.

앙그루 [anchor : 독 Anker hemmung → 일] 시계의 톱니바퀴의 이에 맞물려서 회전을 제어하는 닻 모양의 장치.

앙글리아 [라] Anglia 잉글랜드(England)의 라틴 어명. 영국.

앙꼬 [일]
① 〈광물〉다이나마이트를 남포 구멍에 넣고 그 둘레에 다져 넣는 진흙 같은 것.
② 떡이나 빵에 넣는 팥. ¶~모찌.

앙뉘 [프 ennui]〈문학〉권태. 지루함.

앙땅뜨 [프 entente]〈정치〉협상. 협약. 해서. 이해.

앙데그라리즘 [프 integralisme] 〈문학〉20세기 초에 일어난 프랑스 시의 한파(派).

앙뚜가 [프 en-tout-cas]
① 우산 겸 양산.
② 벽돌 가루를 가공하여 만든 경기장에 쓰는 흙.

앙뜨레 [프 entree] 서양 요리에서 생선 요리가 나온 다음 토스트가 나오기 전에 나오는 요리.

앙띠끄 [프 antique] 활자 자체의 한가지로 고딕체의 로만(roman)에 세리즈를 한 자체.

앙띠미스트 [프 intimiste] 앙띠미즘을 주장하는 사람.

앙띠미즘 [프 intimisme]
① 〈문학〉프랑스 시단의 한 주의.
② 〈미술〉인상파 이후의 프랑스 화단의 주의.

앙리(Henri)〈인〉헨리(Henry)의 프랑스어명.

앙바르 [프 invar]〈화학〉철과 니켈을 포함하는 합금의 하나로 시계 태엽 제조에 쓰임.

앙베르 (Anvers)〈지〉벨기에의 안트베르펜(Antwerpen)의 프랑스 어명.

앙브라세 [프 embrasser] 포옹, 접분.

앙브르 [프] ambre〈미〉유화의 와니스(varnish)의 한 가지. 호박산(琥珀酸)을 린시드 오일(linseed-oil)에 용해시킨 것. 그림 물감의 산화·균열을 방지함.

앙상 레짐 [프 ensemble regime]
① 〈정치〉1789년 프랑스 혁명 이전과 같은 절대 군주 정체.
② 옛 제도.

앙상블 [라 > 프 ensemble]
① 한 벌의 복장(부인복의 드레스와 재킷, 스커트와 코트 따위). 통일. 조화. ↔ 세퍼레이츠(separates)
② 〈음〉합주, 독창, 또는 독주와 합주를 합쳐서 연주하는 일. 실내악단.
③ 〈연〉배우 전원의 협력으로 통일적인 효과를 꾀하는 연출법. 전체 효과 → 앙상블 연출(演出) (ensemble playung)

앙상블 건축(建築) [영] structural

ㅇ

ensemble 〈건〉 1층은 상점, 2층 이상은 아파트 주거로 세운 종합 주택.

앙상블 연출(演出) 〔영〕 ensemble playing 〈연〉 배우 중심이 아닌, 모든 배우의 연기를 통일하여 종합적 효과를 꾀하는 연출법.

앙샤 〔범〕 Amsa 〈신〉「베다」에 나오는 아디탸(Aditha) 신군(神群) 중의 한 신. 배당의 신.

앙시앵 레짐 〔프 > 유 ancien regime〕 〈정〉 구제도의 뜻. 특히 1789년 프랑스 혁명 이전의 정치·사회 제도. 봉건적 절대 군주 정치 체제.

앙실라주 〔프 ensilage > 영〕 염기성 균의 번식으로 발효를 일으켜서 부패를 방지하여 신선하게 보존한 저장 사료. 사료의 신선 저장법. 영어 표기로는 엔실리지.

앙장브망 〔프〕 enjambement 〈문〉 앞 행의 끝 구절이 다음 행에 걸쳐 있는 싯귀.

앙주 (Anjou) 〈인〉 9세기 경의 프랑스 귀족 가문.

앙카라 (Ankara) 〈지〉 터키(Turkey) 공화국의 수도. 소아시아의 아나톨리아 고원(Anatolia Plat.)에 있으며, 중세의 유적이 많음. 옛 이름은 앙고라(Angora)/ 앙키라(Ancyra). 1923년 이스탄불(Istanbul)로부터 수도를 이리로 옮겨 새 정부의 수도가 됨. (→) 터키.

앙카라 조약(條約) 〔영〕 Ankara- 〈정〉 미국이 1959년 3월 터키·이란·파키스탄 3국과 맺은 군사·경제 원조에 관한 협정.

앙카라트라 산지(山地) (Ankaratra Mts.) 〈지〉 아프리카(Africa) 마다가스카르(Madagascar)의 중앙부에 있는 산지.

앙코르 〔라 > 프 > 영〕 encore '다시 한번 더' 라는 뜻에서 온 말. ① 음악회 등에서 퇴장하려는 출연자에게 박수를 쳐서 재연(再演)을 소망하는 일. 재청(再請).
② 소설 등을 게재하는 일.

앙코르 (Angkor) 〈고〉 캄푸치아(Kampuchea)의 서북부, 타이(Thailand)와의 국경에 있는 고대 크메르의 유적촌. 이곳에 앙코르 톰(Angkor Thom)과 앙코르 와트(Angkor Wat)가 있음. (→) 앙코르톰·앙코르 와트.

앙코르 와트 (Angkor Wat) 〈고〉 '와트' 는 '사원'(寺院)이란 뜻. 캄푸치아(Kampuchea)의 앙코르 톰(Angkor Thom) 남쪽에 있는 고대 크메르(Khmer) 문화의 유명한 사원 유적. 1150년 무렵 슈리아바르만 2세가 당시 수도인 앙코르(Angor)의 도성 성벽 안에 창건했음. 인도교(印度敎)의 시바(siva) 신전. 프랑스의 식물학자가 1860년에 발견함. (→) 앙코르 톰.

앙코르 톰 (Angkor Thom) 〈고〉 '대앙코르'라는 뜻에서 온 말. 캄푸치아(Kampuchea)의 폐도 앙코르(Angkor)에 있는 고대 크메르(Khmer) 문화의 유적. 9세기에 야쇼바르만 1세(Yasovarman I)가 건설한 크메르 왕국의 수도였음. 특히 바욘(Nayon)의 대불탑이 유명함. (→) 앙코르 와트 (Angkor Wat).

앙크르 〔영 anchor escapement〕 〔프 ech ppement a ancre〕 〔독 Anker -hemming〕 (〔유〕)제동 장치가 달린 시계. 시계의 금종기(擒縱機). 시계 톱니바퀴를 멎게 하는 장치. 영어 표기로는 앵커(anchor).

앙투안 (Andre Antoine, 1858~1943) 〈인〉 프랑스의 배우. 연출가. 프랑스 근대극 운동의 선구자. '자유극장' '앙투안 극장' 등 창설함.

앙투카 〔프〕 en-tout-cas
① 청우(晴雨) 겸용 우산. 양산겸용 우산.

② 정구장·육상 경기장 등에 쓰는 적갈색 표토(表土). 다공성(多孔性)이므로 배수가 잘 됨. (→) 앙투카 코트(en-tout-cas-court).

앙투카 코트 [프] > [영] en-tout-cas-court 앙투카(en-tout-cas)로 포장한 코트.

앙트락트 [프] entracte 〈음〉 막간 연주. 간주곡(間奏曲). 막간 연예.

앙트레 [프] entree
① 물고기와 쇠고기 사이에 나오는 요리.
② 초등장, 취임.

앙트르메 [프] entremets 〈요〉 서양 요리에서 로스트(roast) 다음 디저트 (desert)에 앞서서 나오는 단맛의 요리. 디너(dinner)의 마지막에 내 놓는 요리. 푸딩(pudding)·타트(tart)·젤리(jelly) 따위를 말함. (→) 푸딩·타트·젤리.

앙트르샤 [프] entrechat 〈체육〉 배구 경기 중 점프하는 순간 다리교차. 또는 발 뒤꿈치 부딪치면서 공을 쳐 넘기는 동작.

앙티 로망 [프 > 유 anti-roman]
〈문〉 반소설(反小說). 새 소설. 사르트르(Sartre)가 프랑스의 새로운 소설 경향에 대하여 처음으로 붙인 명칭. (→) 누보 로망(nouveau-roman).

앙티크 [라 > 프 antique > 영]
① 고대 문화, 그리스·로마의 고전 미술. 특히 조각을 포함해서 말함.
② 〈인쇄〉 활자의 자체(自體)의 한 가지. 부드럽고 통통한 자체.

앙티테아트르 [anti-theatre] 반 연극. 1950년대 프랑스의 전위 연극인들이 일으켰던 기성 연극을 부정하는 새로운 연극 운동. 새무얼, 베케트, 장주네 등이 대표적 작가이다.

앙팡 테리블 [프] enfant terrible
① 무서운 아이들. 조숙아(早熟兒). 깜찍한 아이들.

② 〈문〉 프랑스 시인 장 콕토(Jean Cocteau)의 소설의 제목. 이 소설 이름에서 일반화된 말임.

앙펠라 [amples] 원래는 자바어. 앙펠라토의 줄기로 짠 돗자리. 비자나무풀과의 다년초.

앙포르멜 [프 informelle] 부정형주의. 프랑스의 마추파가 주장한 추상회화 양식의 하나.

앙풀 [독 ampulle] 일정량의 주사액을 집어넣은 유리의 작은 용기.

앙프레쇼니즘 [프 impressionisme] 인상주의.

앙프롱푸튜 [impormptu] 즉흥시. 즉흥곡.

애그리비즈니스 [agribusiness] 〈농업〉 농업 관련 산업. agiculture와 business의 합성어. 즉 비료, 사료, 식료품, 농기구, 천연 섬유 등 농산물의 생산·가공 판매에 관련된 산업을 말한다.

애꿜렁 [aqualung] 어깨에 메는 압착 공기의 실린더와, 눈과 코에 붙이는 마스크가 있는 잠수 용구. 수중 호흡기.

애너님 [라] anonymus [영] anonym 〈음〉 익명자. 작자 불명 또는 가명 악곡(樂曲)

애너스티그매틱 랜즈 [영] anastigmatic lens 여러 가지 수차(收差)를 없앤 고급 렌즈.

애너크로니즘 [그 > 영 anachronism] 시대에 뒤떨어진 시대 착오. 시대나 연·월·일 등을 실제보다 더 이전으로 기록하는 기시(記時) 착오. 그리스어 ana(뒤)+chronos(때)의 합성어.

애너키 [그] > [라] > [프] > [영] anarchy 무정부. 무질서.

애너키스트 [영] anarchist 무정부주의자. 아나키스트로도 표기함.

ㅇ

애너키즘 [영] anarchism 무정부주의. 아나키즘으로도 표기함.

애너테이션 [annotation] 〈도서관〉 해제(解題). 책의 저자. 책이 나온해. 형식. 유래. 성립 등을 설명한 것.

애너피랙시 [독] Anaphylaxie [그] > [영] anaphyraxis 〈의〉 '방어 못한다'는 뜻에서 온 말로서 과민증을 이른다. 알레르기 (Allergie)의 한 가지.

애너피스트 [그 > 영 anapaest] [도 Anapast] [프 anapeste] 〈문〉 시에서의 억양의 하나. 2개의 단음과 1개의 장음과의 연속. (→) 아이앰빅 (iambic).

애널라이저 [영] analyzer
① 검광자(劍光子).
② 〈라·텔〉 청취자의 반응을 조사 분석하는 기록 장치. (→) 프로그램 애널라이저(program analyzer).

애널로그 전자 계산기 (電子計算器)
[영] analogue computer 〈컴〉 수치를 전기적인 양·전압·전류·주파수 등으로 바꿔 전기회로의 성질을 이용하여 계산하는 계산기. 애널로그 컴퓨터. 애널로그(analogue)란 상사형(相似型)의 뜻.

애노드 [anode] 〈물리〉 양극(陽極).

애노말로스코프 [anomaloscope] 검안경.

애눌러스 [annulus]
① 〈수학〉 고리 모양.
② 〈천문〉 금환(金環).
③ 〈생물〉 환대(環帶).

애니매토그라프 [영] animatograph
① 〈기〉 영화 촬영기.
② 〈기〉 활동사진의 구칭(舊稱).

애니머티즘 [animatism] 〈철학〉 원시 종교의 한 형태로, 유생관(有生觀).

애니멀리즘 [영 animalism]
① 인간동물설. ② 동물적 생활.

③ 〈예〉 야수주의.

애니메라마 [영 animerama] 애니메이션 드라마의 약. 만화뿐 아니라 애니메이션을 대극장에서 하는 박력 있는 동화(動畵).

애니메이션 [영] animation 〈영·텔〉 만화 영화. 동화(動畵). 무생물의 만화, 인형, 상품 따위를 살아있는 것처럼 움직여 보이는 기술, 또는 필름. 1904년 프랑스인 에밀 콜이 처음 시작했음.

애니메이터 [라 > 영 animator]
① 고무자. 활성화 시켜 주는 사람. 생기 고취자.
② 〈영·텔〉 동화(動畵) 작가.

애니미즘 [영 animism] 〈종〉 만물정령논.

애니버서리 [영] anniversary 기념일. 기념제. 기일(忌日).

애니버서리 이슈 [anniversary issue] 〈도서관〉 기념 논문집.

애닉도트 [anecdote] 일화(逸話). 알려지지 않은 사실 ▷ 본래의 뜻은 알려져 있지 않은 또는 비밀의 것.

애댑테이션 ([라] >) [영] adaptation
① 적합. 적용. 순응. 적응.
② 개작. 번안. 윤문(潤文).

애덤사이트 [영] adamsite gas 〈화〉 발명자인 미국 군인 애덤스(Adams) 소령의 이름에서 붙여진 말. 재채기를 나게 하는 질소성(窒素性) 독가스.

애덤스 (William Adams, 일본명 三浦按針, 1564~1620) 〈인〉 항해 중 일본의 붕고(豊後)에 표착, 최초로 일본 땅을 밟은 영국인. 미우라 안징(三浦按針)이라는 일본 이름으로 행세하며 포술(砲術)·조선술(造船術)을 전하고 도꾸가와 이에야스(德川家康)로부터 후배 받아 외교 고문을 지내면서 해외 무역에 큰 구실을 함.

애도니스 [Adonis] 〈신화〉 비너스의

사랑을 받는 미소년.

애드 [영 ad]
① advertisement(광고)의 약.
② address(주소)의 약. ~밸룬(~ballon) 광고 기구. ~라이터(~writer) 광고문안자. ~무비(~movie) 1분간 선전 영화.

애드 리브 [라 > [독·영·유] ad-lib 라틴어 ad libitum에서 온 말. 음악·라디오·텔레비전·영화·연극 등의 즉흥 연기. 또는 즉흥 연주. 각본·악보에 없는 즉흥적인 대사나 연주. (→) 아드 리비툼.

애드미럴 [아 > 네 admiraal] [영 admiral] [독·러 Admiral] [유] 해군 대장. 제독(提督). 해군 장관.

애드미션 [영 admission]
① 입학, 입장, 입국의 허가.
② 입장료.

애드미턴스 [admittance] 〈전기〉임피던스의 역수(逆數).

애드바이스 [영 advice] 충고, 조언.

애드바이저 [영 adviser] ① 충고자.
② 상담상대.

애드밴티지 [advantage]
① 유리(有利). 우월. ② 장점. 이점.
③ 〈테니스〉밴티지.

애드버토리얼 [영 advertorial] 신문, 잡지에 기사 형성한 광고문.

애드벤스 [영 advance] 전금, 전불.

애드벤쳐 [adventure] 모험. 모험담. 희귀한 사건. 투기.

애드펄 [add-pearl] 생일 같은 날에 진주알을 하나씩 더 보태 끼우게 된 목걸이.

애디슨(씨병) [Addison(氏病)] 〈의학〉 부신(副腎)의 기능 저하로 일어나는 내분비 질환.

애린트 [ELINT←electronic intelligence] 전자 정찰(電子偵察) (레이더 등의 전파 정보를 포착하여 판독함).

애버더포이즈의 칭량(稱量) [프 avoir de pois> [영] avoirdupis-프랑스어 avoir(goods)+de(of)+pois(weight)에서 온 말. 영어 사용 국민이귀금속·보석·약품·약제 이외의 물건을 달 때 쓰는 도량 형기. 16드램(dram)이 1온스(ounce), 16온스가 1파운드(pound).

애버딘 앵거스 [Aberdeen Angus] 〈축산〉 스코틀랜드산의 뿔 없는 검은 소.

애버레이션 [abucate] 〈천문〉광행차 (光行差)

애버러지 [라 > 영 average]
① 평균. 보통. 일반 표준치.
② 당구에서는 평균점.

애버카도 [멕 abucate > 에 aguacate> 영 avocado] 〈식〉녹나무과에 딸린 늘푸른 큰키나무. 서인도 제도·열대 아메리카 원산. 열매는 생식 또는 샐러드(salad) 등에 쓰인다. 지방분이 90%나 들어 있어서 엘리게이터 피어(alligator), '숲의 버터' 라고도 함.

애버티스 [abatis] 철조망.

애벤드 [영] ab-end 〈컴〉이상 종료 (애브노멀 엔드)라는 뜻. 컴퓨터가 하드 에러나 소프트 에러로 멈추는 것.

애브노멀 [그>라] [영 abnormal] 변태적인. 비정상적인. 병적인. ↔ 노멀(normal).

애브스트랙션 [프 > 영 abstraction] 〈미〉 추상. 자연의 형체나 경험계의 사물을 전혀 닮지 않은 선·현·색의 배합에 의한 구성 및 그런 구성으로 된 미술품.

애브스트랙트 [라 > 영 abstract] [도 Abstrakt] 추상적. 추상 미술. 애브스트랙트 아트(abstract art)의 준말.

ㅇ

애브스트랙트 아트 [영] abstract art
→ 애브스트랙트(abstract).

애비뉴 [avenue]
① 두 줄로 늘어선 가로수 길.
② 양쪽에 심은 현관에 이르는 통로.
③ 주요 거리
④ 가까이 가는 수단.

애빌리티 [영 ability] 능력, 지량.

애서배스카 호(湖) (Athabaska L.) 〈지〉캐나다(Canada) 북부에 있는 큰 호수.

애세이스트 [영 atheist] 무신론자.

애세이즘 [영 atheism] 무신론.

애슈어런스 [영 assurance] ① 보증. ② 생명보험. ③ 안심.

애스레틱 [영 athletic] 운동의, 경기의. ~미팅(~meeting)운동회, 경기회.

애스리트 [영 athlete] 운동자, 경기자.

애스터 [그 > 영 aster] [도] 〈식〉 '별·꽃의 별모양에서 온 말. 과꽃. 엉거시과에 딸린 한해살이 화초.

애스터리스크 [영] asterisk 문장에서 참조·생략·의의(疑義) 등을 나타내는 데 쓰는 부호의 하나. '*' 표.

애스트러캔 [영] astrakhan 〈섬〉표면을 고리 모양으로 한 파일 작물(평직물에도 같은 용어가 있음).

애스트로·돔[영 astro dome] 미국 텍사스주의 휴스턴에 있는 지붕을 씌운 야구장.

애스트리전트[영 astringent] 수렴성의 화장수.

애스펙트 [라 > 독 Aspekt] [영 aspect] 상황. 국면(局面). 양상. 형세. 용모 외관.

애슬레틱스 [athletics]
① 각종 운동 경기(특히 육상 경기)
② 체육 실기.

애슬리트 [athlete] 운동가, 운동 선수,
(특히 육상 경기의) 경기자.

애슬리트 펀드 [athlete fund] 1982년 국제 육상 경기 연맹이 각국의 육상 경기 연맹에 설치할 것을 정한 경기자 기금 제도.

애시드·헤드 [영 acid head] LSD등의 환각제 상용자를 말함.

애시메트리·디자인 [영 asymmety disogm] 〈복〉 옷깃. 스커트를 좌우 틀린 느낌으로 하는 것.

애시밀레이션 [영 assimilation] 동화, 동화작용.

애시 캔 [미 ash can] ash bin 또는 depth bomb 폭뢰(爆雷).

애즈텍 족(族) [영 Aztec] [독 Azteke] 〈인류〉'학의 백성' 이란 뜻에서 온 말. 멕시코에서 1220년 무렵 고도의 문화를 유지했던 아메리카 인디언족의 원주민. 1519년에 에스파냐인 코르테스(Cortes)에게 정복되어, 현재 멕시코 서해안 및 과테말라 등지에 살고 있음.

애지 [영 agitation] 애지테이션의 약. 교사하다. 꾀다.

애지테이션 [agitation] 선동(煽動). 정치적·사회적 긴장 속에서, 슬로건이나 관념을 퍼트려서 대중의 의식·기분·행동 등에 영향을 마치려고 하는 행위.

애지테이터 [영 agitator] 선동자.

애지테이팅 포인트[영 agitating point] 공산당의 운동이나 노동쟁의를 지도하는 본부 또는 지하운동가의 은신하는 집.

애쿼머린 [독 Aquamarin] [영·프] [유] aquamarine 〈광〉남옥(藍玉) 녹청색을 띤 녹주석(綠柱石).

애쿼틴트[라 aquatinta > 이 acquatinta > 영 aquatint] [독 Aquatinta] 〈인쇄〉식각 요판법(蝕刻 凹版法)의 한

ㅇ

가지. 방식제(防蝕劑)를 바른 판재(版材)에 조각 기계의 바늘로 그림을 그려, 방식제를 씻어 버린 뒤 약물로 부식시켜 제판함.

애퀄렁 [영] aqualung 라틴어 aqua (물)+영어 lung(폐)에서 온말. 수중 호흡기. 1943년 프랑스가 완성.

애크러배틱 댄스 [영] acrobatic dance 곡예 댄스. → 아크로바티크 댄스(acrobatique danse) (→) 애크러배틱 댄서(acrobatic dancer).

애크로마이신 [acromycin] 1953년에 미국 Letary회사에서 발표한 항생 물질. 화학명은 테트라싸이클린.

애크로매틱 렌즈 [영] achromatic lens 색수차(色收差)를 제거한 렌즈. 색없앤 렌즈. 독일어로는 '아크로마트'(Achromat)라고 함.

애크로메갈리 [acromegaly] 〈의학〉 첨단 비대증.

애크로뱃 [acrobat] 곡예사. 광대.

애크메 [영] acme 정상, 극도, 절정.

애탄 [독 Athan] 〈화〉 메탄계 탄화수소 의 하나. 무색무취의 가체로서 석탄가스나 천연가스에 포함되어 있다.

애토마이저 [영 atomizer] 분무기.

애토미즘 [atomism] 원자의, 원자력의. ~에지(~age) 원자력시대. ~봄(~bomb) 원자폭탄.

애투 섬 (Attu I.) 〈지〉 미국 알류산 열도(Aleutian Is.) 서쪽 끝에 있는 바위섬. 동쪽의 키스카 섬(Kiska I.)과 함께 2차 세계 대전 중 1942~43년 일본군이 점령했으나 미군의 반격으로 일본군은 전멸함.

애트랙션 [영 attraction]
① 사람의 눈을 끄는 것.
② 고객 끌기를 위한 특별한 재촉을 하는 것.

애트랜덤 [영 atrandom] 되는대로, 생각나는 데로.

애트모스피어 [영 atmosphere]
① 분위기.   ② 대기.

애트 뱃 [영] at-bat 〈체〉 야구에서 공격측 선수가 타자(打者)로 되는 일. 또는 선수가 타자로 된 회수. 타석수(打席數).

애트 홈 [영] at home
① 가정적. 주인이 미리 날짜 정하여 초대하면 그 시간 안에 수시로 모여 즐기는 가정적인 초대회.
② 집에 있음. 국내에 있음.

애틀란티스[영 Atlantis] 고대희랍인이 상상한 대서양이 낙원.

애틀란틱 [영 Atlantic] 대서양의.

애틀랜타 [(Atlanta) 〈지〉 미국 조지아(Georgia) 주의 주도.

애틀런트 [프 atlante] 고대 희랍건축의 인간상의 기둥.

애퍼리즘 [영] aphorism '정의(定義)'라는 뜻에서 온 말. 금언. 격언. 경구(警句). 잠언(箴言). 깊은 체험적인 진리를 날카롭고 간결하게 표현한 짧은 글. 프랑스어로는 아포리슴 (aphorisme).

애퍼시 [그 apatheia > 라 apathia > 영 apathy] '파토스'가 없다는 뜻에서 온 말. 그리스어로는 아파테이아.
① 무감동. 냉담. 무신경.
②〈정〉 정치적 무관심.

애퍼크로매틱 렌즈(apochromatic lens)〈물〉→ 아포크로마트.

애포리즘 [영 aphorism] 경구, 풍자.

애포스트로피[영 apostophe] 생략·소유격을 나타내는 기호. 애프·레크 after recording의 약자.

애프리셰이트 [영 appreciate]
① 정확하게 평가한다.   ② 감상한다.

355

ㅇ

애프터 [영 after] 뒤에, 뒤처졌다의 뜻. ~케어(~care) 병후의 양생. ~서비스(~service) 상품을 판 뒤에도 일정 기간, 품질보증을 하여 수리, 교환 등을 무료 서비스하는 것. ~다크(~dark) 〈복〉 저녁때이후의 복장. ~눈(~noon) 오후. ~레코딩(~recording) 〈영〉 무성으로 촬영한 후에 세리프나 음악을 녹음하는 것. ~유스(~use) 포장상자가 사용 후에 무엇인가에 쓰일 수 있도록 연구된 것.

애프터눈 드레스 [영] afternoon dress 〈복〉 오후에 입는 부인복. 또는 다과회나 외출 때 입는 옷. 반드시 모자를 씀. 줄여서 애프터눈(afternoon). (→) 애프터눈 ②

애프터눈 수트 [영] afternoon suit 〈복〉 애프터눈 드레스(afternoon dress) 대신 입는 여성의 약식 예장(禮裝)의 한 가지.

애프터 리코딩 [영] after recording 〈영·텔〉 사후 녹음. 화면을 먼저 촬영한 다음에 대사·음악·음향 등 음성 부분을 녹음하는 일. (→) 아떼레코. 싱크로나이즈(synchronize). ↔ 프리 레코딩(pre-recording).

애프터 버너 [영] after burner 배기가스의 재연소(再燃燒) 장치.

애프터 서비스 [영] after-sale service/after service 상점 또는 판매회사가 상품을 판 뒤에도 그 상품의 보증이나 유지·수리 등을 책임지고 봉사하는 일. 줄여서 에이에스(A/S)

애프터 유스 [영] after use 사용 후에도 이용이 가능하는 것. 포장이나 용기(容器) 등의 사용 후 재이용(再利用).

애프터케어 [영] aftercare
① 병후·산후(産後)의 시중. 병후 보호.
② 학교 졸업 뒤의 직업 지도.

애플라이트 [aplite] 〈지학〉 반화강암.

애플리케이션 [application]
① 응용. 적용. ② 출원, 신청, 지원.

애플리케이터 [영] applicator 부가물. 적용 부품. 도포기(塗布器). (→) 어태치먼트(attachment).

애피타이저 [appetizer]
① 식전(食前)에 내는 전채(前菜)나 포도주 등 입맛을 돋구는 식전주(食前酒).
② 일의 일차적 관심을 일으키는 것.

액센트 [라 > 프] [영 accent]
① 〈언〉 강음. 강약. 억양. 음조(音調).
② 〈음〉 강세(强勢). 일반적으로 소절의 맨 처음 음부에 놓임.
③ 〈사진·복〉 강조점. 사진·복장·건축·도안 등의 디자인(design) 따위에서 표현 효과를 내기 위해 명암·색채·선 등으로 어느 한 부분을 강조하거나 눈에 띄게 하는 일.

액세스 [영 access]
① 접근방법. 입수, 이용하는 권리.
② 컴퓨터의 기억장치에의 정보 입출입.

액세스 타임 [영] access time 〈컴〉 호출 시간. 컴퓨터와 입출력 장치 사이에 데이터를 주고받는 데 소요되는 시간. 어떤 데이터에 대해 이를 요구한 뒤 데이터가 실제로 사용 가능하기까지의 시간. 액세스 시간.

액셀러레이터 [영] accelerator 〈기〉 자동차·비행기 등의 가속 장치. 가속기. 준말로 액셀(accel).

액셔니즘 [actionism] 행동주의.

액션 ([라] > [영·프] action
① 움직임. 활동. 동작. 행동.
② 〈연·영〉 연기 몸짓.
③ 피아노 같은 건반. 악기에서 망치가 철사를 두드리는 구조인데 이런 기계 장치를 말함.

액션 리서치 [영] action research 학교·공장·공동 주택 등의 집단 내부에 나타나는 인간의 여러 가지 행동에,

집단 역학의 연구를 적용하려는 일. 행동의 효율을 높이는 방책을 모색하는 것을 목적으로 실시하는 사회 과학적인 연구의 하나.

액션 스타 [action star] 연기 배우.

액션 페인팅 [미] action painting 〈미〉행동의 회화. 2차 대전 뒤 미국의 화단에 나타난 추상화의 한 경향. 재슨 폴록.

액션 프로그램 [영 action program] 노동 운동에서 실력행사의 순서방법.

액슬 샤프트 [axle shaft] 〈기계〉 후차축(後車軸).

액슬 하우징 [axle housing] 〈기계〉 굴대(자축)집.

액시던트 [영 accident] 돌발사고, 재해, 우발사건.

액터 [영 actor] 배우, 역할자, 여배우는 액트레스.

액튜어리 [라 > 영 actuary] 보험 수학 전문가. 보험 계리사(計理士). 행동주의.

액트 [라 > 프 acte] [영 act] [독 Akt]
① 행위. 행동. 단시간의 1회의 행위는 액트, 어느 기간에 걸치는 3~4회의 행위는 액션(action).
② 법령. 조례.
③ 〈연〉연극・오페라 등의 한 막(幕).

액트레스 [영 actress] 여배우.

액티나이드 [actinide] 〈화학〉 악티늄보다 원자 번호가 큰 원소의 총칭.

액티노마이시즈 [actinomyces] 〈식물〉 방사균(放射菌).

액티노미터 [actinometer]
① 빛의 세기를 재는 노출계의 하나.
② 일사계(日射計).

액티늄 [영 actinium] 방사성원소의 하나로서 기호는 AC.

액티늄 케이 [actinium K] 〈화학〉 프란슘의 이전 이름.

액티버티 프로그램 [activity program] 〈교육〉 자발적, 학습 활동에 의하여 달성하도록 짠 계획표.

액티브 호밍 [active homing] 〈군사〉 미사일 등의 목표물을 향해 스스로 전파・음파를 내어, 그 반사파(反射波)를 포착하여 목표에 접근・명중시키는 방식.

액티비즘 [activism] 행동주의.

액틴 [라 > 독 Aktin] [영 actin] 〈생화〉 라틴어 actus(활동)에서 온 말. 근육을 구성하며, 그 작용에도 필요한 단백질의 한 가지.

액팅 에디션 [acting edition] 대본. 무대 연출에 사용할 목적으로 만든 희곡본.

액팅 에어리어 [acting area] 〈연예〉 배우가 연기를 행하는 구역.

앤 (Anne, 1665~1714) 〈인〉 영국 스튜어트(Stuwart) 왕조 최후의 여왕.

앤더슨 (Carl David Anderson, 1905~) 〈인〉 미국의 물리 학자. 1932년 양전자(陽電子) 발견, 중간자(中間子)의 존재를 발견, 1949년 중간자의 자연 붕괴로 전자와 두 개의 중간자가 생성됨을 발견함. 1936년 노벨 물리학상 수상.

앤더슨 (Thomas Anderson, 1819~1874) 〈인〉 영국의 화학자. 1847년 피리딘(pyridine)을 발견함.

앤덜루션 [Andalusian] 스페인 Andalusia 산의 털이 검푸른 알을 잘 낳는 닭.

앤돌러지 [그>라>영 anthology] [유] 〈문〉명시 선집. 시선(詩選). 사화집(詞華集). 문집(文集). 명곡집. 명가집(名歌集). 명화집(名畵集). 그리스어 anthos(꽃)+logia(모음)에서 온 말.

ㅇ

앤드루스 (Thomas Andrews, 1813~1885) 〈인〉 영국의 화학자. 기체의 임계온도(臨界溫度)·임계압력(臨界壓力)을 발견함.

앤디신 [andesine] 안데스 산맥에서 발견되는 광물의 하나.

앤리데이드 [alidade] 〈농업〉 측량기구의 하나.

앤세린 [anserine] 〈생화학〉 새 근육에 발견되는 수정기.

앤소사이어닌 [영] anthocyanin 〈식품·식〉 과일·꽃·잎의 적·청·자색(紫色)의 수용성 색소류. → 안토치안(Anthozyan).

앤솔러지 [anthology] 명시선(名詩選). 사화선(詞華選). 선집(選集). 작품집(作品集).

앤스로폴로지 [영 anthropology] 인류학.

앤시 코드 [ANCII=American National Standard for Information Interchange] 〈컴〉 ASCII코드의 새로운 명칭. 미국 표준 협회(ASA)가 제정한 것으로 이는 미국내에 있어서의 정보의 통신, 교환 시스템에서 상용되는 코드 체제를 규정한다.

앤잠 [영] Anzam 〈정〉 Australia, New Zealand and Malay의 약칭. 앤저스(ANZUS)를 확대하여 말레이시아(Malaysia)까지 보태서 편성하려고 하는 기구.

앤저스 [영] ANZUS/Anzus 〈정〉 Australia, New zealand and the United States의 약칭.

앤저스 동맹(同盟) [영] ANZUS/Anzus 〈정〉 미국·오스트레일리아·뉴질랜드 3국 사이에 1951년에 맺은 안전보장 조약.

앤초비 [에 anchova > 영 ancyovy] [독 Anschovis] 〈어〉 입이 눈 밑까지 찢어진 작은 바닷물고기. 멸치과에 딸린 물고기.

앤초비 소스 [영] anchovy sauce 지중해산멸치과 물고기로 만든 소스(sauce). 멸치과 물고기인 앤초비(anchovy)제 조미료. (→) 앤초비.

앤초비 토스트 [영] ancyovy toast 앤초비(anchovy)를 바른 토스트. 앤초비를 바라서 먹는 빵. (→) 앤초비.

앤초비 페이스트 [영] ancyovy paste 〈식품〉 앤초비(anchovy)의 간을 짓이겨 섞어 만든 식품. (→) 앤초비.

앤클 [영 ankle] 복사뼈, 발뒤꿈치.

앤터고니즘 [영 antagonism] 적대, 적개심.

앤터뷰스 [라 > 영·유 Antabus(e)] 〈약〉 anti+abuse(오용하지 말라)에서 온 말. 알콜에 대한 혐오 현상을 일으키게 하는 약품명. 금주제(禁酒劑). 알콜 중독 치료용임.

엔터테인먼트 [Entertainment] 오락(연예)

앤토님 [영 antonym] 대어, 반대어, 시노님 (synonym) 동의어, ~의 반대.

앤토샨 [anthocyan] 〈생물〉 글리난디움.

앤티 [영 anti] 반(反), 비(非)를 의미하는 접두어. ~테제(~these) 독 반대명제. ~클라이맥스(~climax) 강조한 곡조를 점점 약하게 하는 수사법. ~클록와이즈(~clockwise) 시계의 바늘과 반대로 도는 것.

앤티가바부다(Antigua and Barbuda) 〈국〉 서인도 제도, 리워드 제도(Leeward Is.)의 앤티가 섬(Antigua I.)을 주요 영토로 하는 독립국. 1493년 콜럼버스(Christopher Columbus)가 발견, 에스파냐와 프랑스의 통치를 받다가, 1632년 영국의 식민지. 1958년 서인도 제도 연방 편입, 1967년 앤티가(Antigua)는 자치권 획득. 1981년 바부다(Barbuda)와 합병 독립. 수도는 세인트존스(St. John's). (→) 세이트 존스.

앤티고라이트 [antigorite] 녹갈색의 서펜타인 종류의 광물.

앤티노미 [그 > 독·프 Antinomie] [영 antinomy] [유] 〈철〉 그리스어 anti (반대) + nomos(법)에서 온 말. 이율배반(二律背反). 독일어 표기로는 안티노미(Antinomie).

앤티녹 [영] antiknock 〈화〉 '녹(knock)' 곧 이상 연소를 막는다는 뜻에서 온 말. 내연 기관의 폭연(爆燃)을 막기 위해 연료에 섞는 내폭제(耐爆劑). 제폭제(制爆劑). 옥탄 가(octane 價) 향상제. (→) 옥탄 가(價) (oc-tane number)·노킹(knocking)

앤티모니 [antimony] 〈화학〉 안티몬.

앤티 미사일 미사일 [영] anti-missile missile 〈군〉 미사일을 중도에서 맞아서 치는 미사일. 미사일 영격용(迎擊用)미사일. 약호 AMM. (→) 앤티 앤티 미사일 미사일(anti- anti-missile missile). 요격 미사일.

앤티바디[antibody] 〈생물〉항체(抗體).

앤티바이오틱 [antibiotics] 〈생물〉항생 물질.

앤티베리베린 [그 + 실러어] > [독·프·영 antiberiberin] 〈약〉 그리스어 anti(반) + 실러어 beri > [유] beriberi(각기)에서 온 말. 각기(脚氣) 용의 약품명.

앤티·세미티즘 [anti-semitism] 반유태주의. 유태인을 박해하거나 배척하는 운동 혹은 경향으로 2차 대전 중 독일은 수백만 명의 유태인을 학살했으며 이스라엘과 적대국 아랍국은 반 유태 감정이 뿌리 깊다.

앤티이스 터블리시먼트 [anti-establishment] 기성의 사회 체제에 대한 반항. 반체제.

앤티젠 [antigen] [생물] 항원(抗原).

앤티 코히어러 [영] anti-coherer 〈전〉 전파의 작용으로 저항을 증가해 가는 검파기(檢波器). (→) 코히어러(coherer).

앤티크리퍼 [anticreeper] 철도의 침목과 레일을 고정시키는 금속으로 만든 물건.

앤티크 패션[antique fashion] 〈의상〉 유행이 지난 옷을 새로운 감각으로 맵시 있게 입는 일.

앤티클라이막스 [영] anticlimax
① 〈문〉 수사법에서 어문의 세력을 점점 약하게 하는 일. 점강법(漸降法).
② 〈연〉 시작을 강하게 하고 결말에 가까워감에 따라 점점 약하게 하는 구성법.
③ 용두 사미. ↔ 클라이맥스(climax).

앤티톡신 [antitoxin] 항독소.

앤티트러스트(법) [antitrust] 〈법률〉 반(反)트러스법.

앤티트리립신[antitrypsin] 〈생화학〉 트립신에 반작용하는 물질.

앤티페브린 [antifebrine] 〈화학〉아세트 아닐리드의 상품명.

앤티포드 [그 > 라 > 독·영·유 antipode] '대척지저'란 뜻에서 온 말. 정반대의 사물. 반대 위치.

앤티프로톤 [anti-proton] 〈화학〉 반양자(反陽子).

앤티피리나 [antipyrina] 〈약학〉 해열 진통제의 상품명.

앤틸리스 제도(諸島)/앤틸 제도 (Antilles Is.) 〈지〉 서인도 제도(West Indies)의 주요 부분을 이루는 두 개의 섬 무리. 대앤틸리스 제도는 쿠바(Cuba)·자메이카(Jamaica)·아이티(Haiti)등을 포함하고, 소앤틸리스 제도는 카리비스(Caribbees)라고도 부르며 트리니다드 토바고(Trinidad

ㅇ

and Tobago)· 바베이도스(Barnados)· 윈드워드(Windward) 등을 포함함.

앨러배스터 [alabaster] 설화 석고(雪禍石膏).

앨로바 [영 allobar] 〈물〉동위 원소의 존재비가 천연(天然)의 것과 다른 물질.

앨리 [alley]
① 하키 경기를 할 때 7야드 라인(앨리 라인)과 싸이드 라인 사이의 지역.
② 테니스 복식 경기를 할 때 단식 경기 코드보다 조금 넓어지는 땅.

앨리게이터 [영 alligator] 미국악어, 아프리카·아시아산은 크로커다일이라 함.

앨리고리컬 [그 > 라 > 영 allegorical] 비유적. 풍자적, 우의적. (→) 알레고리(allegorie).

앨리데이드 [아 alidada > 라 alhidada > 영 alidade] 〈기〉평판(平板) 위에 장치하여 방향을 지시하는 기구. 수평 방향을 정하는데 쓰는 측량 기계. '알리다드'(alidad)라고도 함.

앨리모니 [영 alimony] 〈법〉이혼한 처에게 지불하는 이혼금.

앨리섬 [영] alussum 〈식〉바위 냉이. 또는 마당 냉이.

앨런슨 빵 [영] Allinson bread 〈식품〉전립(全粒) 밀가루로 만듦. 19세기 말 영국의 앨린슨이 제창해서 그 이름이 붙었음. 미국에선 그레이엄(Graham)이 보급했으므로 '그레이엄빵' 이라 불려짐.

앨릴 앨콜 [allyl alcohol] 목재를 말린 데서 얻는 무색의 자극성 색채.

앨바트로스 [영 albatross] ① 신천옹.
② 〈골프〉하나의 홀에서 파보다 3타 수 적게 끝나는 것.

앨부미노이드 [albuminoid] 〈생화학〉경 단백질. 골격성 단백질.

앨비노 [독 albino] 흰둥이, 알비노

앨비언 [라 > 테·프·영·독 Albion] 〈역〉라틴어 albus (흰)에서 온 말로 '흰 언덕' 의 뜻. 영국의 옛 이름. 한자어 표기로는 아이비웅(亞爾俾翁).

앨코브 [아 > 에 > 프 > 영 alcove] [도 Alkove] 방안 벽의 한 부분을 문 없는 벽장처럼 쑥 들어가게 한 부분. 요실(凹室). 밀실. 벽장.

앨트루이즘 [altruism] 애타(愛他)주의.

앨프리드 대왕(大王) (Alfred-, 849~899) 〈인〉고대 영국 서색슨 인(西 Saxon 人)의 왕.

앰네스티 인터내셔날 (Amnesty International) 국제일원구원기구, 국제사면위원회.

앰모나이트 [ammonite] [생물] 국석.

앰바사다 [영 ambassador] 대사, 사절.

앰버 [그 > 라 > 독·영 amber] [유]
① 호박(琥珀). 지질 시대의 수지(樹脂)등이 땅속에 매몰되어 화석이 된 것.
② 〈연〉램프나 전등의 보조 광선. 저녁 햇빛 효과로 쓰이는 등색(橙色)의 색광.

앰비바렌츠 [독 Ambivalenz] 양극성(兩極性). 양면 가치, 상반되는 감정의 곤종. = 앰비벌런스.

앰비벌런스 [ambivalence] 양면가치. 예를 들면. 같은 대상에 대해 사랑과 증오의 상반된 감정이 공존함. = 앰비바렌츠.

앰비셔스[영 ambibious] 야심적, 큰 뜻을 품은. 보이즈 비~(~Boys Be) 소년이여 큰 뜻을 품어라.

앰비션 [라 > 프 > 영 ambition] 야심. 야망. 대망. 패기. 공명심.

앰빌 코러스 [anvil-chorus] 〈체육〉아령 체조의 일종.

앰풀 [프·영] ampoule [독] Ampulle [러] ampula 주사액을 넣은 조그마한 유리 용기.

앰플리다인 [영] amplidyne 〈전〉계자(界磁) 코일에 가하여진 작은 전력 변화를 큰 전력 변화로 증폭하는 장치. 직류(直流) 발전기의 하나.

앰플리파이어 [라 > 프 > 영 amplifier] 〈전〉증폭기(增幅器). 준말로 앰프(amp).

앰피시어트 [영 amphitheater] 원형극장.

앱로드 [영 abroad] 외국으로, 해외로.

앱설루트 뮤직 [sbsolute music] 〈음악〉절대 음악. 음 그 자체가 가진 효과만을 목표로 하는 음악.

앱설루티즘 [absolutism] 절대주의.

앱스트랙트 [영 abstract] ① 추상. ②〈예술〉추상 회화. 1910년경에 일어난 전위 예술 사조의 하나. 추상주의 예술.

앱스트랙트 발레 [abstract ballet] 〈연예〉줄거리 없이 동작만으로 구성된 발레.

앱스트랙트 아트 [abstract art] 추상주의 예술.

앳 배트 [at bat] 공격측의 타자가 타석에 서는 것.

앵가 [演歌] (일) 일본의 성인가요.

앵그리·영·맨 [Angry Young Men] 성난 젊은이들의 뜻. 즉 50년대 영국에서 기성 사회 질서 권위 제도에 반역한다는 점에서 공통성을 갖은 일군의 젊은 작가들을 가리켰다.

앵글도저 [angledozer] 큰 불도저.

앵글러 [영 angler] 낚시꾼.

앵글로노먼 [Anglo-Norman] 〈축산〉프랑스산 말의 품종.

앵글로색슨 [영 anglo saxon] 독일 서북부의 게르망 민족이 영국으로 건너가 왕국을 세워서 영국민의 주류가 된 것.

앵글로아메리카 [Anglo-America] 아메리카·캐나다·그린랜드를 포함하는, 앵글로 색슨계의 이민이 중심이 되어 개척한 지역.

앵글로 애랍 [Anglo arab] 프랑스 남서부 지방 원산인 승용마(馬).

앵글로폰 [프 Anglophone] 영어로 말하는 국민·영어계 국민. ▷ 주로 캐나다에서 씀.

앵글리아 [영] Anglia 영국제 자동차의 상표.

앵글리칸 교회(敎會) [영] Anglican Church 〈그〉영국 국교회. 성공회(聖公會).

앵데팡당 [프 Independants] 〈미〉독립 미술가 협회. 소시에테 데 자르티스트 앵데팡당(Societe des Artistes Independants)의 준말. 또는 그 전람회. 무감사(無鑑査) 전람회. 1884년 관설(官設) 단체에 반대하여 창립된 프랑스 미술가의 단체.

앵스트럼 [angstrom] 앵스트럼 단위(1억분의 1센티로 단파장의 측정 단위).

앵커 [영 anchor]
① 릴레이 경기에서 마지막에 출전하는 선수.
② 닻. 믿고 의지하는 것. 잡지 등 기사의 마지막 마무리를 하는 편집자. 뉴스 캐스터.

앵커리지 [영 anchorage] ① 정박지.
②〈등〉확보하는 장소.
③〈지〉미국 알래스카(Alaska)의 남안에 있는 도시.

앵클 [ankle] 〈기계〉시계의 톱니바퀴의 회전을 제어하고 시계추의 진동을 지속시키는 기계.

앵티미스트 [프 intimiste] 〈문·미〉앵티미슴(intimisme)을 주의로 삼는 작가·화가.

앵티미슴 [프] intimisme 〈문·미〉 '친애·친화의' 뜻에서 온 말. 부드러운 친밀한 감정을 그대로 표현 기조로 하는 주의. 현대 프랑스 시단 및 미술의 한 경향. 주창자는 시인 보루주. 화단 대표로는 뷔이야르(Vuillard). 보나르(Bonnard) 등이 있음.

앵팀 [프] intime 친밀한. 친밀감을 느낄 수 있는, 친절한 사이의 친애할 수 있는.

야 [독 ja] 네, 그렇다. 미국에서는 상대어는 나인.

야누스 [라 → 네 > 독 > 프 Janus] 〈신화〉 로마 전설 앞뒤로 두 개의 얼굴을 가진 고대 로마의 신. 모든 일의 처음(시작)과 끝맺음을 관장하여 문이나 입구를 수호함. ▷ 새해의 신.

야드 포스트 [yard post] 거리를 표시하기 위하여 세운 막대.

야디지 [yardage] 구멍이나 코스의 거리.

야로비 [jarovizatsija러의 약어] 〈농〉 야로비 농법. 청화처리라고도 함. 종자 뿌리기 전에 저온 처리를 하여 발육 기간을 짧게 하는 방식.

야로비자치야 [러 jarovizatsija] 〈농업〉 야로비 농법.

야말 반도(牛島) (Yamal pen.) 〈지〉 소련의 시베리아(Siberia) 서북단. 카라(Kara) 해에 돌출한 반도.

야소 [영 jesus] 예수의 사투리, 크리스토의 이름.

야스퍼스, 카를 (Karl Jaspers, 1883~1969) 〈인〉 독일의 실존주의 철학자.

야스쿠니신사 [靖國神社] 〈일〉 일본 도쿄에 있는 중일전쟁부터 2차대전까지 전사한 위령이 안치된 신사.

야투다나 [범 Yatudhana] 「베다」에 나오는 악마 또는 요정.

야피 [영 YUPPIE] Young Urban Professionals의 머리글자에 애칭의 Pie를 붙인 약어. 도회에서 지적 전문직에 종사하는 청년을 말함.

야후 [YAHOO] 〈컴퓨터〉 인터넷 웹사이트의 하나. 정보 검색 프로그램의 하나로 '검색 엔진'(search engine)이라고도 함. Yet Another Hierarchical Officious Oracle의 약자.

야훼 Yahweh 네 개의 자음자 YHWH로 구성된 이스라엘에서 지칭한 하느님의 고유한 이름. YHWH는 야훼(Yahweh)로 발음됨.

얀 [영 yarn] 〈복〉 풀 속에서 뽑은 실.

얀(Jan) 〈인〉존(John)의 네덜란드 어명.

얀다이 [yarn-dye] 〈천으로 짜기 전에〉 실을 염색하다.

양쯔(강) (揚子江) 〈지〉 티베트 고원에서 발원하여 동중국해(東中國海)로 유입하는 중국의 강.

어고노믹스 [ergonomics] 〈경영〉 인간 공학. 공업을 위한 심리학, 생리학. 생산 공학의 종합적 연구 부분.

어낼러지컬 [그 > 라 > 영 analogical] 유추적. 유사적(類似的).

어낼리시스 [영] alalysis 분석. 분해.

어니그머 [enigma] 수수께끼. 불가사의한 일. 불가사의한 사람.

어닐링 [annealing] 〈공업〉 가열 착색. 쇠벼르기.

어닝즈 [영 earnings] 소득, 수익.

어댑터 [라 > 영 adapter / adaptor]
① 개작자. 번안자.
② 적용기(適用器). 유도관(誘導管). 접속관(接續管) 가감(加減) 장치.

어덕트 고무 [영] adduct rubber 〈고무〉 티엔- 폴리머의 이중 결합이 있는 위치에 알킬-메르카프탄을 프리래디컬 반응으로 부가해 만든 합성 탄성체.

어덴덤 [영 addendum] ① 부록.

② 〈기〉 기어의 잇날 부분의 높이.

어드레스 [address] 〈컴퓨터〉 컴퓨터의 기억장치의 어디에 정보를 넣는가 또는 끌어내는가를 지정하는 장소를 말한다.

어드레스 그래프 [영 adress graph] 명함 인쇄기.

어드레스시 [영 addressee] 수신인. 수신인의 주소.

어드미니스타드 · 프라이스 [영 administered price] 소수의 대기업가의 조작으로 높은 이익을 보호하기 위한 가격. 독점가격.

어드벤처 [영 adventure] ① 모험.
② 불놀이. 불 아반출. ▷ 프랑스어로는 아방튀르 일본에서는 사랑의 모험이라는 뜻으로만 쓰임.

어드벤티지 [영 advantage]
① 유리한 지위.
② 〈정〉 동점이 된 다음에 득점하는 것.

어드밴티지 룰 [advantage rule] 〈럭비〉 어드밴티지 규칙.

어드밴티지 서버 [advantage server] 〈테니스〉 경식 시합에서 듀스후 서버가 한 점을 얻었을 때.

어드밴티지 아웃 [advantage out] 〈테니스〉 듀스 후 레시버가 1점을 얻었을 때 ▷ '어드반티지 레시버'와 같음.

어드밴티지 인 [advantage in]
① 〈테니스〉 듀스 후 서버가 1점을 얻었을 때. → 어드반티지 서버.
② 유리한 지위.

어라이브 [영 arrive] 도착하다, 도달하다.

어레인지먼트 [영 arrangement]
① 정리. ② 편집. ③ 편곡.

어레인먼트 [영 arraignment] 최상부인. 심문, 고소, 공소, 규탄.

어렌지 [영 arrange]
① 정리하다, 합치다.

② 편집하다
③ 편공하다.

어뮤즈먼트 [영 amusement] 오락. ~센터. (~center) 오락가.

어뮤즈먼트 센터 [amusement center] '어뮤즈'는 오락, 즐거움의 뜻으로 이것은 환락가, 오락지, 낙천지를 말함.

어민 [ermine]
① 〈동물〉 흰 담비와 그 가죽.
② 그 가죽 외투.
③ 검은 바탕에 흰점이 있는 무늬.

어베리지 [영 average] 수준, 평균.

어베일러빌리티 [availability] 〈컴퓨터〉 컴퓨터와 사용 가능성. 또는 그 정도 가동률(稼動率). 유효 가능.

어빌리티 [ability] 능력. 역량 수완.

어사인드 프리퀀시 [assigned frequency] 〈전기〉 할당 주파수.

어사인먼트 [assignment]
① 지정된(할당된) 일.
② (학교의) 과제. 숙제.
③ 양도(증서)

어서티브니스 트레이닝
 [assertiveness training] 자기 주장 훈련. 미국에서 1960년대부터 시작된 적극적인 자기주장과 그 표현법의 훈련. 여성의 권리 주장 등에 응용됨.

어세스먼트 [assessment] 환경 영향 평가. 세금부과 평가액 사정.

어셈블리 [영 assembly] ① 집합, 회합.
② 기계나 건설기계의 조립.

어셈블리 언어 [assembly language] 〈컴퓨터〉 가장 원시적인 컴퓨터 언어(기계어는 수자로 쓰여 기억하기 어렵기 때문에 그것을 기호로 나타내어 사용하기 편리하게 한 것).

어소리티 [영 authority]
① 대가, 권위자. ② 당국.

어스 [영 earth] ① 대지, 토지.

ㅇ

② 지구.
③ 전기기기와 대지와 전로 또는 그의 접지선의 뜻. ~퀘이크(~guake) 지진. ~워크(~work) 토목공사.

어시스트 [assist] 야구에서 포살(捕殺). 자살(刺殺)을 시킬 때까지 조력을 해준 야수(野手)에서 주어지는 기록상의 술어. 돕다, 조력하다.

어네스트 [earnest] 열심스러운, 정성스러운, 성실함 등의 뜻.

어워드웨이지 [awardwage] (영)법적 최저임금

어젠다 [agenda] 의제, 협의사항, 의사일정.

어태치트 슬리브 [attached sleeve] 〈의상〉다는 소매.

어취브먼트 [achievement]
① 〈교육〉학습 성적. 달성. 성취.
② 업적. 공적.

어취브먼크 테스트 [achievement test] 〈교육〉학력 검사.

어카운트 [account]
① 계산. 계정. 구좌. ② 광고주.

어캔서스 [그 > 영 acanthus]
① 〈식〉쥐꼬리망초과에 딸린 여러해살이 풀. 또는 관목성의 식물.

어캔서스 무늬 [영] acanthus-〈건〉 어캔서스의 잎을 모양으로 한 건축물의 무늬. (→) 어캔서스(acanthus) ②

어콸렁 [aqualung] 〈수영〉수중 호흡기.

어쿠스티콘 [acousticon] 보청기.

아큐뮬레이터 [accumulator] 〈물리〉
① 축전지.
② 압력수를 저장하는 실린더.

어클라이머타이제이션 [acclimatization]
① 새 환경에 적응하는 일.
② 〈등산〉희박한 공기에 순응하는 일.

어태치먼트 [영 attachment] ① 부착.

② 부속물. ③ 카메라의 부속 렌즈.

어태치트 칼라 [attached collar] 칼라 위에 또 다른 색등으로 만들어 덧붙이는 칼라. 덧붙인 것.

어택 [attack] ① 〈체육〉 공격.
② 〈음악〉맑은 소리를 내는 방법.
③ 〈등산〉산봉우리에 대한 도전. ¶~ 하다.

어테스트 [attest] 〈체육〉기록부 검사.

어텐던트 [영 attendant]
① 부첨인, 종자. 수행원, 간호원.
② 참석인, 출석자.

어텐드 [영 attend] ① 부첨하다.
② 철석하다.

어템프트 [영 attempt]시도하다. 해보다.

어트랙션 [라 > 프·영 attraction] [독 Attraktion]
① 매력. 유인(誘引).
② 〈물〉인력(引力).
③ 〈연〉영화관·극장·상점 등에서 손님을 끌기 위해 짧은 시간 상연하는 연예물. 인기 있는 연예물.

어트랙티브 [라] > [영] attractive
① 매력적. 매혹적. (→) 차밍 (charming)
② 〈물〉인력이 있는.

어틀랜티즈 [그 Atlantes > 독 Atlant [프 atlantes] [영 atlantes] 〈건〉남자상을 조각한 지주(支柱). 남상주 (男像柱).

어패럴 [apparel] 의상(衣裳).

어퍼 [영] upper 〈고무〉현행은 '표지'(表地)로 사용하나 '겉감'이 좋을 듯.

어퍼 클라스 [upper class] 상류 사회.

어퍼 탱크 [upper tank] 〈기계〉 자동차 냉각기의 일부로 위쪽 물통.

어페리치프 [프 aperitif] 식전에 내는 술.

어페어 [영 affair] 사건, 사안.

ㅇ

어페타이트 [영 appetite] ① 음식. ② 기호. 식욕, 욕구.

어펜딕스 [영 appendix] 부록.

어 포스테리오리 [영 a posteriori] 〈철〉 경험적.

어포인트먼트 [영 appointment] ① 회합, 사람과 만나는 약속. ② 임명.

어포인트 시스템 [영 appoint system] 병원 등의 진료시간 예약제도.

어프라이트 [upright] ① 〈건축〉 직립재(直立材) ② 〈체육〉 높이뛰기를 하기 위한 두 기둥, 골문 기둥.

어프라이트 [upright piano] 현(絃)을 세로 친 적립형의 피아노. 어프라이트 피아노.

어프라이트 라이 [upright lie] 〈골프〉 클럽의 자루와 수평면이 만드는 각도가 직각에 가까운 것 직립 자세.

어프리시에이션 [appreciation] 감상.

어프로치 [영 approach] ① 접근하다. ② 안내. ③ 안내인. ④ 문에서 현관까지의 사이. ⑤ 〈골프〉 홀의 근처에서 치는 것. ⑥ 〈권〉 접근해서 치는 것.

어피즈먼트 폴리시 [영 appeasement policy] 대립하는 나라에 대하여 어느 정도, 융화 정책을 취하는 것.

어헤드 [영 ahead] 〈야〉 선취점을 따는 것. 앞에, 앞서서.

언그라운드 [일 ← underground money] 〈경제〉 지하 경제에서 유통되는 돈. = black money

언더그라운드 [영 underground] 지하, 햇볕에 닿지 않는 곳. 공적이 아닌 뜻으로, 상업주의에 반항하거나, 새로운 시도를 하는 예술운동을 가리키게 되었다.

언더 드로 [under-throw] 〈농구〉 공을 팔 밑으로 던지는 일. ¶~ 하다.

언더스킬 [underskill] 기술자 부족.

언더스탠드 [영 understand] 이해하다.

언더 스핀 [under spin] 〈탁구〉 공이 돌 수 있게 아래쪽을 깎아 치는 것.

언더 월드 [under world] 지옥, 지하의 세계 암흑사회.

언더커런트 [영 undercurrent] 표면에 나오지 않는 암류.

언더컷 [undercut] ① 〈탁구〉 공을 아래로 깎아 치는 것. ② 〈골프〉 공을 쳐 올림. ③ 〈권투〉 밑에서 쳐 올리기. ④ 〈상업〉 경쟁적으로 값을 내리기. ⑤ 〈토목〉 벌목의 넘어지는 방향을 가리키기 위해서 나무에 파는 표.

언더핸드 [underhand] 〈테니스〉 허리보다 아래쪽에서 공을 치는 것.

언더핸드 드로 [under-hand throw] 〈야구〉 아래로 던지기.

언더핸드 패쓰 [underhand pass] 〈농구〉 허리 높이에서 허리 높이로 공을 던지는 것.

언더핸드 피치 [underhand pitch] 〈야구〉 아래로 던지기.

언드 런 [earned run] 〈야구〉 상대방 득점의 원인이 투수의 책임이라고 생각될 때.

언러키 네트 [unlucky net] 〈야구〉 야구장 양쪽에 있는 철망.

언커크 [UNCURK=United Nation Commission for Unification and Rehabilitation of Korea] 국제연합 한국 통일 부흥위원단.

언 컷 [uncut] ① 책장이 잘리지 않는 것. ② 검열 전 인쇄물. ③ 검열관의 손을 대지 않는 영화 필

ㅇ

름. ▷ 여기서 무사히 통과한 필름을 언·커트 필림이라고 함.

언터처블 [영 untouchable]
① 매수되지 않은.
② 인도의 최하층계급의 천민.
③ 1920년대, 시카고의 갱, 알·카보네에 대하여 매수당하지 않고 맞선 FBI직원의 별칭.

얼라이드 [영 allied] 동맹한, 연합한.

얼라이언스 [영 alliance] 동맹.

얼라이먼트 [프 > 영 alignment / alinement] 한 줄로 되는 것. 선형(線形). 노선.

얼로이 [라 > 프 > 영 alloy] 〈화〉 얼라이(ally)의 자매어. 합금. 또는 합금에 사용하는 비금속.

얼스터 [ulster] 〈의상〉 앞을 더블로 하고 벨트를 맨 외투. 방한용 코트.

얼터네티브에너지 [alternative energy] 대체에너지(태양열 등).

얼트라마이크로스코프 [ultramicroscope] 한외(限外) 현미경.

얼트라필터레이션 [ultrafilteration] 〈생물〉 한외 여과(限外濾過).

엄브렐러 스커트 [umbrella skirt] 우산 치마. 삼각천을 박아 맞추어 도련에서부터 주름을 잡은 스커트.

엄파이어 [영 umpire] 심판원.

업그레이트 [up-grade] 향상〈품질〉, 증가.

업데이트 [up-date] (책이나 숫자를) 새롭게 하다. 갱신하다.

업로드 [upload] 컴퓨터 통신의 전자 게시판 등에 정보를 써 넣는 일.

업사이드 트랩 [offside trap] 〈축구〉 고의로 상대방을 업사이드 되게 하기 위하여 쓰이는 전법.

업신론의(발견) [Upsilon] 〈축구〉 미국 페르미 국립 가속 장치 연구소가 76년 2월 6일 새 소립자, 업실론을 발견했다.

업 애드 언더 [up and under] 〈럭비〉 머리 위로 공을 차올리는 일.

업 오즈 [up oars]'노를 세우라' 는 구령.

업·투·데이트 [영 uo-to-date] 연대적인, 최신의. ↔ 아웃 오브데이트.

업힐 크리스치아니어 [uphill Christiania] 〈스키〉 산을 타고 다닐 때 쓰이는 크리스차아니어를 말한다.

업힐 턴 [uphill turn] 〈스키〉 산을 돌아다닐 때 쓰이는 회전법.

업힐 텔레마크 [uphill telemark] 〈스키〉 산을 타고 다닐 때 쓰이는 텔레마크.

에게 해(海) (Aegean Sea) 〈지〉 지중해 동부, 그리스(Greece)와 터키 사이의 해역.

에고 [영 ego] ① 나, 자아.
② 〈철〉 자아주의, 자아론.

에고이스트 [영 egoist] 이기주의자, 제멋대로 행동하는 사람.

에고이즘 [영 egoism]
① 〈철〉 자아주의, 자아론.
② 이기주의, 아욕.

에고티스트 [영 egotist]자존가. 자만가.

에고티즘 [egotism] 자기 중심주의.

에귀유 [프 aiguilles] 〈등산〉 뾰족하게 서 있는 가파른 산봉우리.

에그 밀크 [egg milk] 따뜻한 우유에 달걀을 풀어 넣은 음식. 영어의 eggnog와 비슷함.

에그 젤리 [egg jelly] 젤라틴, 레몬 껍질, 설탕, 달걀을 물에 끓인 것.

에그 크로켓 [egg croquettes] 삶은 달걀을 잘게 썰어 소스를 섞어 밀가루를 묻혀 기름에 튀긴 것.

에그 푸딩 [egg pudding] 계란찜 종류.

에꼴 드 파리 [프 Ecole de Paris] 〈미술〉 제1차 대전 후 프랑스 화단의 한파.

에끄랑 [프 ecran] 〈연예〉
① 영사막. 스크린.　② 영화.

에끼스 [extract→]
① 약물 또는 식물을 물, 알콜 등에 담가 그 유효 성분이 녹은 즙을 증발시켜 굳혀서 나온 것.
② 사물의 정수, 뽑은 것. 알맹이.

에나멜 [enamel]
① 금속 유리그릇에 바르는 유기질의 도료.
② 전기 절연 재료.

에나멜페인트 [enamel-paint] 에나멜 도료.

에나프 [영 enough] 충분한, 부족하지 않은.

에너르기시 [독 energish] 정력적, 활동적.

에너지 [영 energy] 힘, 정력, 에너지. 에네르기와 같음.

에너르게이아 [영 energheia] 현실태. 알리스토텔레스 철학의 중심개념.

에너르기슈 [독 energisch] 정력적인, 활동적인. 활력이 왕성한 영어로는 energetic.

에네르지꼬 [일 energico] 〈음악〉 힘있게.

에네트 옴 [프 honnete homme] 교양이 풍부하고 정직한 사람(17세기 프랑스의 고전주의 시대의 이상적인 상(像)

에니그마 [enigma]
① 의문의 인물이나 사물.
② 〈문학〉 알아듣지 못하는 말이나 문장. 불가해.

에니그매틱 [영 enigmatic] 불가해한. 난해한.

에담 치즈 [Edam cheese] 〈축산〉 네덜란드 치즈의 일종.

에델바이스 [독 → 영 Edelweiss] 〈식물〉 왜솜다리. 1969년도에 들어온 영화 Sound of Music의 주제가의 '제목으로 널리 알려짐. 스위스의 국화, 고산식물.

에도 (江戶) 〈지〉 도꾜(東京)의 옛 이름.

에듀넷 [EDUNET] 〈컴퓨터〉 컴퓨터 통신망을 각종 교육 관련 정보를 제공하는 교육 정보 종합 서비스 시스템.

에듀케이션 [영 education] 교육.

애드란제 [프 etranger]
① 이방인, 타국자.　② 이단자.

에든버러 (Edinburgh) 〈지〉 영국 스코틀랜드(Scotland)의 중심 도시.

에디션 [영 Edition]
① 출판, 간행.　② 판.

에디슨, 토머스 앨바 (Thomas Alva Edison, 1847~1931) 〈인〉 미국의 발명가.

에디터 [영 editor] ① 편집자, 주필.
② 〈영〉 필름의 편집자.

에디팅 [영 editing] 신문, 잡지, 서적, 영화 등의 편집.

에딘바라 재킷 [영 edinburgh jacket] 〈복〉 칼라가 없는 재킷. 영국의 에딘바라공이 수렵용으로 착용한데서 만들어진 말이다.

에떼르 [라 aether → 네 ether, 독 Ather] 〈화학〉 어틸에떼르.

에뜨랑제 [프 etranger] 이국인. 이방인. 낯선 사람. 양장점 이름으로도 잘 쓰임.

에뜨왈 [프 etoile] 별.

애뜰 [프 etole] 〈의상〉 모피, 또는 털로 만들어진 어깨에 걸치는 것.

에라틱 [영 erotic] 색정적, 호색적.

에란드 [영 errand] 사용. ~보이(~boy) 소사. 심부름꾼 소년.

367

에렙신 [독 Erepsin] 〈화〉장에 함유되는 소화효소.

에로·그로 [영 ero·gro] 에로틱(erotic), 색정적인 그로테스크(grotesque) 끼기다는 말의 합성어.

에로고스테린 [독 Ergosterin] 〈화〉버섯 등에 포함되는 효모의 일종으로 자외선을 비추면 비타민 D가 된다.

에로뉴러시스 [aeroneurosis] 〈항공〉항공 신경증.

에로덕션 [영 erotic production] 에로 영화 제작소의 속칭.

에로스 [그 > 독·영·프 Eros]
① 〈신〉그리스 신화에 나오는 사랑의 신. 아프로디테(Aphrodite)와 아레스(Ares) 사이의 아들. 에로스의 아내는 프슈케(Psyche). 사랑·성애(性愛)의 의미로 쓰임. 로마 신화의 아모르(Amor)에 해당함.
② 〈천〉지구에 가장 접근하는 천체로서 유명한 작은 혹성(惑星). 지름 25~30㎞. 평균 광도 11등. 1898년 독일의 위트가 발견.

에로스페이스 매디신 [aerospace medicine] 〈항공〉항공·우주 의학.

에로엠블리즘 [aeroembolism] 〈항공〉항공성 혈전증(血栓症).

에로이카 [독 Eroica] 〈음악〉베토벤의 교향곡 제3번 변 마장조의 이름으로 '영웅 교향곡'으로 알려짐.

에로토마니아 [영 erotomania] 〈의〉성욕이상, 색정광.

에로티시즘 [영 eroticism] 관능적인 사랑, 성애적 경향.

에로틱 [erotic] 색정적. 성욕적. ¶ ~한 소설.

에로파 [EROPA, Eastern Regional Orgization for Public Administration] 동아시아 태평양 지역 국가들이 경제 사회 개발을 추진함에 있어서 필요한, 행정, 운영 등 상호 연구하고 개발 계획에 적용하기 위해 1960년에 발족된 지역 기구이다.

에루개찌 [L catch] 자동차 왼쪽문 손잡이. 영어로는 left handle

에루다이모니아 [eldaimonia] 자신이 원하는 일을 하는 사람.

에르고스테린 [독 Ergosterin] 〈화학〉효모나 버섯에 들어 있는 리포이드의 하나.

에르그 [영 erg] 〈이〉일이나 에너지의 단위. 1다인의 힘이 물체에 작용하여 그것을 1센티 움직이는 일.

에르 바리에 [프 air varie] 〈음악〉가곡을 바탕으로 한 변주곡(變奏曲).

에르븀 [독 Erbium] 〈화학〉회토류 원소의 하나.

에르스텟 [독 ersted] 〈전〉자력의 세기의 단위. 가우스.

에를레프니스 [독 Erlebnis] 〈철학〉체험.

에름 [영 elm] 느릅나무.

에리씨펠로드릭스 [erysipelothrix = RIX] 급성 열병의 하나.

에마나티오 [라 emanatio] 〈철학〉유출설(流出說).

에마나티온 [독 Emanation] 〈화학〉라듐 붕괴 과정에서 생기는 방사성 기체 원소.

에머 [영 emmer] 〈식품〉밀의 일종. 또는 가축사료용 낟알.

에머네이션 [emanation] 〈원자〉기호 Em. 원자번호 86. 라디움이 붕괴될 때 생기는 방사성 기체.

에머젠시 [영 emergency] 긴급사태, 불측의 사태. 예측 불허의 사태.

에먼시페이션 [영 emancipation] 해방·

이탈.

에멀전 [영 emulsion] 유액, 유제.

에메랄드 그린 [emerald-green]
① 에메랄드와 같이 맑은 녹색.
② 초산동과가 아비산동과의 복염.

에메리 [영 emery] 〈광〉 강사(鋼砂).

에메리 페어퍼 [emery-paper] 금강사 종이 빼빼(sand paper).

에메틴 [독 emetin] 〈약〉 적리의 특효약. 토근에서 추출한 알칼로이드.

에모션 [영 emotion] 정서, 감정.

에물신 [독 Emulsin] 〈화학〉 배당체를 가수 분해하는 효소.

에뮤 [emu] 타조와 비슷한 새.

에뮬레이션 [emulation] 〈컴퓨터〉 어떤 컴퓨터가 상이한 컴퓨터의 명령 체계를 하드웨어적 혹은 펌웨어적 수단으로 사용하여 모의적으로 실행하는 것. 통상 마이크로프로그래밍에 의해서 상이한 컴퓨터의 명령 체계로 동작하는 것을 말한다. 즉 마이크로프로그램 방식 컴퓨터의 명령체계는 제어용 메모리(microprogram ROM)의 내용으로 규정되는 것을 이용하여 그 메모리의 내용을 바꾸어 넣음으로써 상이한 컴퓨터의 명령 체계로 동작하는 것을 가리킨다.

애뮬레이터 [emulator] 〈컴퓨터〉 다른 종류의 컴퓨터용에 쓰인 프로그램의 기계어(機械語) 명령을 실행하기 위한 하드웨어. 또는 그 프로그램.

에미그런트 [영 emigrant] 타국으로 이주. 이민. 상대어는 이미그런트(immigrant) 타국으로부터 옮겨 입국하는 사람.

에미그레이션 [영 emigration]
① 이민.   ② 이주, 이전.

에미상 [Emmy/Awards] 미국의 TV의 아카데미상, 48년부터 시작된 방송계의 최대 행사로 매년 최우수 TV관계자에게 TV예술, 기술 아카데미에서 수여하는 상.

에바포레이션 [영 evaporation] 증발, 건조.

에버 [영 ever] 영구히, 언제나, 끊임없이. ~온워드(~onward) 한없이 전진. ~그린(~green) 상록의 상록수. ~샤프(~sharp) 샤프·펜슬의 약. ~소프트(~soft) 고무가공의 물질로 가볍고 부드럽기 때문에 이불 등에 사용한다. ~화이트(~white) 흰색이 오래가도록 가공된 화학섬유. ~라스팅(~lasting) 영원의, 무한의.

에버글레이즈 [everglaze] 〈공업〉 면포나 화학 섬유에 수지 가공을 하고 다시 튼튼히 한 피륙.

에버스 시스템 [evers system] 〈야구〉 번트할 것 같이 보여 투수를 꾀어내는 공격법.

에벌류셔니즘 [영 evolutionism] 진화론.

에벌류션 [영 evolution] 진화, 진전.

에벌류에이션 [영 evaluation] ① 평가. ② 〈교〉 인간의 능력을 객관적으로 측정하는 것.

에베레스트 산 (Everest Mt.) 〈지〉 네팔(Nepal)과 티베트(Tibet)와의 국경에 있는 히말라야 산맥(Himalaya Mts.)의 최고봉.

에보 [ebonite] 에보나이트. 경질 고무. 도장 재료로 쓰임.

에보나이트 [영 ebonite] 생고무에 유황을 가공한 흑색 수지상의 경질고무의 일종. 만년필의 축이나 전기절연체에 사용된다.

에비덴스 [영 evidence] ① 증명, 증거. ② 증인.   ③ 명백.

에뻬 [프 epee] 〈펜싱〉 격투용 칼로 펜싱 종목중의 하나.

에뿔렛 [프 epaulette] ① 어깨 장식. ② 육해군 장교 제복의 견장.

ㅇ

에사[영 ESSA]미국의 기상위성. 1966년에 쏘아 올려 지구의 구름의 사진촬영을 하고 있다.

에사키 다이오드[영 Esaki diode] 일본의 에사끼(江崎) 박사가 1958년에 발명한 부성저항영역(負性抵抗領域)을 가진 반도체 다이오드.

에세이 [영 essay] 수필, 논평.

에세이스트[영 essayist]수필가. 평론가.

에센셜 [영 essential]
① 본질적, 근본적. ② 정성을 모은.

에센스 [영 essence] ① 본질, 정수. ② 향료.

에솔로지 [Ethology] 동물행독학.

에스(곡선) [S 曲線] 〈물리〉 오스테나이트의 변태의 과정 및 그 결과를 나타내는 곡선.

에스끼스 [프 esquisse] 〈미술〉 스케치.

에스널러지 [영 ethnology] 민족학, 인종학.

에스닉 [영 ethnic] ① 소수 민족. ② 민족의, 민족적인.

에스더 [히 ester] 구약성서 중 '에스더'서의 여주인공.

에스데티씨즘 [aestheticism] 〈예술〉 탐미주의.

에스-램 [S-RAM] 〈컴퓨터〉기억 장치의 하나. 기억된 자료는 전원이 있는 한 계속 보존되는 특징이 있다. ▷ 디램(DRAM).

에스세티시즘 [영 estheticism] 탐미주의, 유미주의.

에스알비엠 [SRBM=short range balistic missile] 단거리 유도탄.

에스에이씨 [Strategic Air Command] 미국 전략 공군 사령부. 즉 언제든지 출동 전투태세를 갖추고 있으며 적의 군사상, 공업상, 경제상의 제조직이 치명적으로 약화되도록 파괴할 능력을 갖고 있다.

에스에이엠 [SAM=surface to air missile] 지대공유도탄.

에스 에프 [영 SF] Science Fiction의 약. 공상과학소설.

에스엠 [SM=strategic missile] 전략 유도탄.

에스오 [SO=switch out] 〈연예〉'불을 끄라'는 말.

에스 오 에스 [영 SOS] 무전의 조우신호. Save our soul의 약자라고도 함.

에스카르고 [프 escarget] 프랑스의 식용 달팽이.

에스칼롭 [프 escalope] 얇게 썬 고기.

에스컬레이션 [영 escalation] 계단적 확대. 전략에 대하여 유리한 정치적 해결을 끌어내기 위해서 소규모의 전투로부터 단계적으로 확대하는 것.

에스컬레이터 · 클로즈 [escalator clause] 가격변동조항. 즉 수출입 결제에 있어 계약. 기간이 장기일 때. 물가나 외환 시세의 변동에 의한 손해를 피하기 위해 계약 당시 일정한 신축성을 가지는 것을 말한다.

에스케이프 [영 escape] 도피하다. 빠져나가다, 모면하다. 〈화〉학생이 게으름피우는 것.

에스켈레이트[영 escalate] 단계적으로 확대하다. 감정이 차츰 높아진다.

에스콰이어[영 esqiire] 씨, 귀하. Esq라고 약하여 씨명의 뒤에 붙인다.

에스쿠도 [포 escudo] 포르투칼의 화폐 단위.

에스크로 바터 [escrow barter] 〈경제〉 대외 무역의 한 방식.

에스키스[프 esquise] 〈미〉회고(懷稿).

370

에스타불리시먼트 [영 establishment] 지위나 제도가 확립하여 움직일 수 없는 것. 체제, 설립, 창립, 편제 확립, 제정(법령).

에스테라제 [독 Esterase] 〈화학〉 에스테르를 그 성분인 산과 알콜로 분해한 효소의 총칭.

에스테르 [독 Ester] 〈화학〉 유기산 또는 무기산과 알콜이 탈수 반응에 의하여 결합하여 생긴 화합물.

에스테이트 웨건 [영 estate wagon] 하물을 많이 실을 수 있게 만든 승용차.

에스테틱 [독 Aestetik] 미학

에스텔 [Ester] 산과 알콜의 화합물. 방향이 있으므로 향료로 사용한다.

에스트로젠 [영·프 estrogen] [유] 〈생화〉 여성 호르몬의 하나.

에스트론 [영 estron] 아세테이트 인견이라고 한다. 반합성 섬유로서 섬유소에 초산을 부쳐 양모와 혼방한다.

에스트론 [영 estron] 〈약〉 여성호르몬의 일종.

에스트리올 [estriol] 〈생화학〉 성 호르몬제의 일종.

에스티메이션 [영 estimation] 평가, 견적, 의견, 판단.

에스페란토 [영 Esperanto] 희망이 있는 사람의 뜻. 1887년 폴란드의 의사 자멘호프가 창안한 국제어.

에스포와르 [독 espoir] 희망, 기대.

에스프레시보 [이 espressivo] 〈음악〉 표정을 넣어서.

에스프리 (esprit) 정수, 기지, 재기.

에스프리누보 [프 esprit nouveau] 〈예술〉 제1차 대전 전에 일어난 프랑스의 예술 혁신 운동.

에스피릿 [독 esprit]
① 정심(精心), 마음, 진수.
② 기지, 재능.

에스피오너지 [영 espionage] ① 탐정. ② 스파이 활동, 스파이 조직.

에야크라티온 [독 Ejakulation] 사정(射精). 절규, 갑자기 지르는 소리, 사정액.

에어 [영 air] 공기, 공중, ~카(~car) 차륜이 없는 자동차로 압축공기에 의해 차체를 띄워서 추진한다. ~커튼 (~curtain) 공기도어. 입구에 난·냉풍을 보내서 외기를 차단하는 장치. ~건(~gun) 공기총 ~웨어(~way)항공로. ~커런트(~current) 기류. ~쿨(~coling engine) 공랭식 발동기. ~크래프트(~craft) 항공기. ~쿠션 (~cushion) 공기방석. ~클리너(~cleaner) 공기청정기. ~코프(~corps) 항공대. ~컨디셔닝(~conditioning) 실내의 공기조절장치.

에어데일 테리어 [Airedale terrier] 개의 품종. 영국산으로 군용견에 적합함.

에어로건 [영 aerogun] 고사포.

에어로모빌 [영 aeromobile] 에어카와 같음.

에어로버스 [영 aerobus] 여객기.

에어로빅스 [영 aerobics] 유산소 운동. 에어로빅 댄싱의 뜻.

에어러졸 (aerosol) 분수식 약제.

에어 밸브 [air valve] 공기판.

에어 브러시 [air brush] 압출 공기붓.

에어 브레이크 [air brake] 〈기계〉 공기 제동기(×에아 부레끼)

에어 서비스 [air service] 항공대(隊).

에어 스테이션 [air station] 비행기나 비행선 정거장.

에어식 [airsickness] 항공병.

에어 웨펀 [air weapon] 〈항공〉 항공무기.

ㅇ

에어 체크 [air check] 방송 프로그램을 모두 조사해서 필요한 것을 녹음하는 일.

에어 카메라 [air camera] 〈항공〉한공 사진기.

에어 컨덴서 [air condenser] 〈전기〉축전지.

에어 컨디셔너 [air conditioner] 에어콘, 공기 조정 장치.

에어코드 코일 [air-cored coil] 〈전기〉공심(空心) 코일.

에어 콤퓨레서 [air compressor] 공기 압축기.

에어 쿠션 [air cushion] ① 공기 방석. ② 공기의 반동력을 이용한 용수철.

에어 클리너 [air cleaner] 자동차의 한 부속으로 정화기. 공기 중의 먼지나 더러운 것을 제거하는 장치.

에어 팁 [air tip] 없는 것. 즉 공짜.

에어 패전트 [air pageant] 공중 연기.

에어 포켓 [air pocket] 〈항공〉공기가 희박한 장소.

에어 필름 [air film] 방한, 내열의 포장지로 깨지기 쉬운 상품을 싸는데 쓰임.

에어 호스티스 [hostess → 일 air girl] 에어 걸.

에어 홀 [air hole] ① 통풍창. ② 에어 포켓.

에오니즘 [영 eonism] 남성이 여장을 여성이 남장을 하는 것을 말함.

에오스 [그 Eos] 그리스 신화 중의 바람과 별 등의 어머니.

에오신 [독 Eosin] 여명의 색깔의 도료로서 적색잉크의 원료.

에온 [그 aion > 영 aeon] 〈철〉영원. 계속적인 긴 시간. 그노시스 파(Gnosis 派)에선 영체(靈體). 영어 표기로는 이온.

에이규[프 aiguilles] 〈등〉예리하게 뽀족한 암봉.

에이너스 [anus] 〈해부〉항문.

에이도스[그 eidos] 〈철학〉형상(刑相).

에이드 [영 ade] 과즙에 물을 탄 음료.

에이 디 [A.D.=Annc Domini] ① 서력 시원. 그리스도 기원(in the year of our Lord의 약형) ② 주후. 원어의 뜻은 '우리 주님의 해'

에이디아즘 [atheism] 〈철학〉무신론.

에이 라인 [A line] 1955년 크리스챤 디올씨가 발표한 실루엣. 위가 좁고 밑부분이 넓게 된 옷으로 A자형으로 되어 있음.

에이레 (Eire) 〈국〉아일랜드(Ireland) 공화국의 옛 이름. 1937~1949년 간의 국호.

에이모럴 [영] amoral 〈윤〉무도덕한, 논모럴(non moral) → 아모럴

에이·비·시 [영 ABC병기] Atomic, Bi-ological, Chemical 병기의 약자로서 원자, 생물, 화학병기의 총칭으로 21세기의 강력무기.

에이·비·시 [영 ABC] ① 초보, 입문. ② 영어의 기초문자 26자.

에이스 [영 ace] ① 트램프, 주사위 등의 1 ② 제1인자. ③ 〈야〉주전투수. 일류.

에이아이디 ① [AID=Agency for International Derelopment] 국제 개발처. 케네디 대통령의 제안으로 1961년 11월에 발족한 미국의 대외 원조 기관. 그 전에 있던 여러 기관을 통합해서 원조기구를 일원화했다. ② [AID=Artificial Insemination Donor] 비배우자간 인공수정.

에이-알-에스 [ARS] 〈컴퓨터〉컴퓨터가 자동으로 사람의 목소리로 응답

하도록 만들어 놓은 체계. ▷ Audio Response System의 역어.

에이에스엠 [A.S.M.=air to surface missile] 공대지 유도탄.

에이에이 그룹 [영 A.A. group] Asia, Africa 집단의 약.

에이에이에이
① [A.A.A. = Amateur Athletic Association] 아마추어 운동 경기 협회.
② Agricultural Adjustment Administration (농업, 조정 행정기구)
③ American Automobile Assoccation (미전국자동차협회)

에이에이엠 [A.A.M.=Air to Air missile] 공대공(空對空) 유도탄.

에이에이제도 [Automatic Approval system] 무역에서 실시되는 자동승인 제도. 즉 정부에서 수입품을 미리 정하여 공포하고 그 범위에서 무역업자가 수입할 경우 자동적으로 승인하는 제도를 말한다.

에이에프케이엔 [A.F.K.N.=American Forces Korea Network] 미군 한국 방송망. 주한 미군을 위한 방송.

에이(오판) [(5判)] 〈인쇄〉 국판.

에이젠트 [영 agent] 대리인, 앞잡이 대행자, 행위자.

에이젠시 [영 agency] 대리점. 대리취급업, 합병. 기능작용 행위.

에이즈 [영 AIDS, Acquired Immune Deficiency Syndrome] 〈의〉 후천성 면역결핍증후군. 윌스에 의해서 체내의 면역이 파괴되어 합병증 등으로 죽음에 이르는 병.

에이지 그룹 [영 age group] 〈경〉 10대의 선수.

에이징 [영 aging] ① 나이를 먹는 것. ② 기계의 노후화. ③ 술의 숙도. ④ 고무 등의 노화.

에이치 라인 [H line] 〈의상〉 1954년 파리의 디오르가 발표한 H글자 모양의 여자 웃옷의 윤곽.

에이치 봄 [H-bomb] 수소탄.

에이카 [영 acre] 영국의 면적의 단위로 약 4047평방미터. (43.560 S.F.)

에이퀄렁 [영] aqualung 수중 호흡기. 등에 짊어지는 압축 공기 탱크와 송기관(送氣管)으로 되어 있는 잠수 기구. 흡기판(吸器瓣)으로 호흡함, 수중·수저(水底)의 조사나 스포츠에 쓰임. 1943년 프랑스에서 완성. 라틴어 aqua(물)+영어 lung(폐)에서 온 말. 애퀼렁으로 표기함. → 애퀼렁.

에이 큐 [A.Q.=achievement quotient] 성업률. 성취 지수(成就指數).

에이토프(도법) [Aitov 圖法] 지도 투영법의 하나.

에이트 포지션 [eight positions] 펜싱의 8가지 기본형.

에이펙 [APEC=Aaia Pacific Economic Cooperation] 아시아·태평양 경제 협력체.

에이프런 [영 apron] 앞치마. ~스티지 (~stage) 〈극〉 객석 쪽으로 무대에 구멍을 뚫어 배우나 대도구를 위로 밀어내는 앞 무대.

에이프런 스테이지 [apron stage] 〈연예〉 관객석으로 내민 무대의 일부.

에이프런 허즈번드 [영] apron husband 가사에 모두 간섭하는 남편.

에일 [영 ale] 영국의 맥주.

에임 [영 aim] 목표, 목적.

에지 [영 edge] ① 끝, 언저리.
② 칼 날.
③ 〈골프〉 홀, 그린, 벙커 등의 주변. ~볼(~ball) 탁구에서 탁구대의 모서리를 스치는 볼.

에집트(벌) [Egypt] 〈양봉〉 벌의 일종.

ㅇ

애징 [영 edging]
① 〈스키, 스케이트〉모서리 날세우기.
② 〈복〉 갓의 장식.

에칭 [영 etching] ① 동판화.
② 부식동판, 동판에 산을 부어서 부식제파하는 방법.

에카페 [ECAFE=United Nations Economic Commission for Asia and Far East] 아시아 극동 경제 위원회.

에코 [영 echo] 메아리, 산울림. 방향.
~캡슐
① 〈의〉 위장 등에 집어넣은 다음, 상태를 측정, 체외로 보내는 장치. ~머신(nachine)
② 〈방〉 반향음을 만드는 장치.

에코노메트릭스 [econometrics] 〈경제〉통계학 및 수학을 적용하는 경제학.

에코노미 [economy] 경제.

에코사이드 [ecocide] 환경 파괴.

에코테이지 [ecotage] 생태학과 sabotage 태업의 합성어. 공장의 굴뚝을 막거나 배수관을 막아버리는 등 게릴라적 실력 행사에 의한 공해 반대 운동을 말함.

에코티즘 [영 egotism] 자기중심, 잘난체 하다.

에콰도르 (Ecuador/Republic of Ecuador) 〈국〉 남 아메리카의 서북부, 태평양 연안 적도(赤道)(에스파냐어 Ecuador) 바로 아래에 있는 공화국. 에스파냐어 표기로는 Republica del Ecuador1532년 에스파냐령 키토(Quito)였으나 1822년 대콜롬비아 공화국에 참여, 1830년 에콰도르로서 분리 독립함. 수도는 키토(Quito). (→) 키토.

에콜 [프 ecole] ① 학교. ② 학파, 유파.

에큐엘 [영] ecuelle 〈식품〉 감귤류에서 과피유(果皮油)를 얻는 방법.

에크 [영 economy coupon] 이커너미 숙편의 약. 쿠폰식의 할인 승차권.

에크란 [프 ecran] ① 은막, 스크린.
② 영화.

에크메네[독 okumene] 인간이 거주할 수 있는 지구상의 지역.

에클레아 [프 eclair] 기다란 슈크림의 표면에 초코릿을 바른 과자.

에쿼티 [equity] 〈법률〉 형평법(衡平法). 재산, 물건의 순수자산(담보, 세금을 공제한 나머지) 공평, 정당.

에키스[영 eztract] 익스트랙트의 우리말 약어. ① 정(精).
② 약물이나 식물의 정분(精分).
③ 물사의 정수(精髓).

에키노플루테우스 [echinopluteus] 성게류의 애벌레.

에키호스 [독 Exihos → 일] 〈약학〉 전통, 소염, 흡열에 쓰이는 백도토를 구워 만든 약.

에탄 [독 Athan] 〈화학〉 메탄계 탄화수소의 하나.

에타샤 [범 Etasa] 〈신〉「베다」 신화에 나오는 태양의 말. 신마(神馬)의 이름.

에터널 [영 eternal] 영구의, 영원의.

에테르섬유 [ether fiber] 알레히드류의 중합으로 얻은 섬유로 강도가 강하다. 이와 다른 것으로 안심향산과 에틴렌 글리콜로 만들어지는 폴리에스테르, 에테르 섬유가 있다.

에텔 [ether ather 독] 알콜에 황산을 가해서 만든 휘발성의 액체로서 마취에 사용된다.

에토스 [영 ethos] 세속, 사회적 풍속.

에투피리카 [아이누 etu-pirika] 바다쇠오리과에 속하는 새 이름.

에튜드 [프 etude] ① 연구.
② 〈미〉 습작. ③ 〈음〉 연습곡.

에트랑제 (etranger) 이방인, 미지인.

에트세트라 [영 et Cetera] …등, 기타. etc로 약함.

에트와르 [프 etoile] ① 별, 운명. ② 화형, 인기자.

에트와스 [독 etwas] 어느 것, 무엇인가.

애티멀러지 [영 etymology] 어원, 어학원. 에치멀러지.

에틸 [독 Athyl] 〈화〉 탄소 2·수소 5로 구성된 1가의 기(基). 에틸기.

에틸렌 [독 Athylen] 에틸렌계 탄화수소의 일종. 무색의 기체로서의 석탄가스나 천연가스에 포함되어 있다.

에페 [프 epee] 펜싱의 경기 종목의 하나로서 힘차게 가슴을 밀어내는 것.

에페드린 [Ephedrin] 〈약〉 황마에서 추출한 하얀 결정의 알카로이드이며, 천식, 호흡기의 치료에 효과가 있다.

에포레 [프 epaulette] ① 군인의 견장. ② 〈복〉 어깻받이.

에펙트 머신 [effects machine] 〈연예〉 환등 장치를 써서 자연 현상을 무대에 나타내는 장치.

에포크 [영 epoch] ① 시대, 시기. ② 신기원 ~메이커(~maker) 신시대를 기획하는 사람. ~메이킹(~making) 획기적.

에포케 [그 epokhe] 〈철학〉 단정(斷定)을 중지하는 일.

에폭 [epoch] ① 새시대. ② 과거와 새로운 시대를 구분하는 획기적 시대.

에폭 메이킹 [epoch-making] 신기원을 긋는. 획기적인.

에폴리스 [epulis] 〈의회〉 잇몸의 굳은 종기.

에프비아이 [F.B.I.=Federal Bureau of Investigation] 미국의 연방 검찰국.

에프에이오우 [F.A.O.=Food and Agriculture Organization] 국제 식량 농업 기구.

에프(팔십육) [f-86] F는 fighter(전투기)의 약자로 초음속 전투기의 하나.

에피고넨 [독 Epigonen] 모방자, 아류.

에피그래프 [영 epigraph] ① 비문. ② 서물 등의 제명.

에피그램 [영 epigram] 경구, 풍자.

에파글로티스 [epiglottis] 〈생물〉 후두개.

에피네프린 [epinephrine] 〈생화학〉 부신 수질에서 분비되는 호르몬의 하나. =아드레나린.

에피라 [ephyra] 〈동물〉 해파리의 애벌레.

에피선시 [영 efficieney] 효과, 능률.

에피소드 [영 episode] ① 삽화, 영화. ② 〈음〉 삽입곡.

에피제 네시스 [epigenesis] 〈생물〉 생물의 발생은 점차 분화에 의한다고 하는 후성설(後成說) = (후성설).

에피케이아 [히 > 영 epikeia]
① 형평, 조리. 조리에 맞는 합리적인 해석.
② 〈그〉 구약에서 하느님의 자비, 지도자의 어버이다운 너그러움과 친절. 신약에서 그리스와 지도자들. 그리스도 교인들의 겸손·온순·관용.

에피쿠루스 Epikeuros (Epicurus) (전 342~270) 그리스의 哲學者, 에피쿠루스 學派의 創始者.

에피큐리어니즘 [영 epicureanism] 쾌락주의.

에피큐리언 [영 epicurean]
① 쾌락주의자.
② 식도락.

에피큐리즘 [영 epicurism] 미식주의.

ㅇ

에피타프 [epitaph] 비명(碑銘).

에픽 [영 epic] 〈문〉 서사시, 사시. 상대어는 리릭(lyric) 서정시.

에필로그 [영 epilogue] 시가, 연극 등의 종국, 종막. 상대어는 프롤로그(prologue).

에픽테토스 (Epictetos/Epictetus, 55?~135) 〈인〉 로마 제정기의 스토아 학파 철학자.

엑기스 [프← extract]
① 약이나 식물의 유효 성분을 추출하여 농축한 것.
② 사물의 본질, 정수(精髓).

엑사이팅 [exciting] 신나는 ¶~하다. ~한 게임.

엑서더스 [영] exodus 외출. 출애굽기(出埃及記). 대량탈출.

엑서사이즈 워킹 [exercise walking] 건강 증진을 위해 걷는 일. EXW라고 약자로 씀.

엑스 [X] ① 영어 스물넷째 자모.
② 〈수학〉 미지수.
③ 정체를 알 수 없는 것.

엑스링 [X-ring] 〈사격〉 만점의 권애에 있는 동심원의 내원(內圓).

엑스(선) **스펙트라** [X-ray spectra] 엑스선 분광(分光).

엑스클러메이션 마크 [exclamation mark] 감탄 부호, 느낌표(!).

엑스터시 [ecstasy] ① 황홀 상태.
② 성행위의 최고 상태, 절정.
③ 마약 종류.

엑스텐드 암 [extend arm] 〈펜싱〉 팔을 뻗는 자세.

엑스트라 [extra]
① 〈연예〉잠깐 임시로 출연하는 사람.
② 잡지의 임시 중간호.
③ 신문의 호외.

엑스트라 이닝 게임 [extra inning game] 〈야구〉 연장전.

엑스트랙트 [extract] 엑스. 조려낸 즙. 추출물 엑기스.

엑스퍼트 [expert] 전문가. 숙련공.

엑스페디션 [expedition] 원정. 등산.

엑스폴로러 [Explorer] 미국이 발사한 일련의 과학 관측 위성으로 58년 1월 31일 발사된 1호는 미국 최초에 발사된 인공위성이다.

엑스플러러 [explorer] 탐구하는 사람 (미국의) 인공위성 1958년 1월 31일 발사.

액시비셔니스트 [exhibitionist]
① 육체 폭로광.
② 노출증 환자.

엑시비션 [exhibition] 전람, 전람회, 전시, 공개.

엑시비션 게임 [exhibition game] 모범 시합. 공개 경기.

엑시트 [exit] 사람이 드나드는 출구.

엑조티시즘 [exoticism] 이국풍. 이국 취미.

엑조틱 [exotic] 이국적. ¶~한 기분.

엔도르핀 [endorphin] 내인성 모르핀 (생체반응을 컨트롤하는 뇌 및 뇌하수체 중에 함유되어 있는 아미노산의 일종으로 진통 작용을 함).

엔드 [영 end] ① 끝.
② 단, 말단. ~컬러(~curler) 〈미용〉 머리의 끝을 카루시키는 금속성의 클럽. ~페이퍼(~paper) 퍼머넌트를 할 때에는 머리끝을 보호하기 위해서 머리털 끝을 말아주는 종이. ~라인(~line) 〈정〉 코트의 짧은 쪽의 한계선.

엔드리스 [endless] 끝없는 무한의, 이음매가 없는, 원형의. ¶~ tape(회전식 테이프로 같은 내용을 몇 번이라도 들을 수 있게 만든 테이프).

ㅇ

엔드 유저 [end user]
① 소비자, 일반 대중.
② 〈컴퓨터〉 컴퓨터나 정보 시스템의 말단 사용자.

엔라지먼트 [영 enlargement] 사진의 확대 복사, 확대.

엔리치 [enrich]
① 풍부하게 하다. 부를 늘리다.
② 주식에 비타민류를 첨가하여 자양을 보강하는 것.

엔바고 [영 embargo] 출항금지, 금수.

엔바시 [영 embassy] 대사관. 사절.

엔바이런먼트 [영 environment] 환경, 주위.

엔비 [영 envy] 질투, 선망, 편견.

엔사이클로피디스트 [영] encyclop(a)edist
① 백과사전의 저자, 편집자. 백과사전처럼 넓은 지식을 가진 사람.
② 〈사〉 백과전서가(百科全書家). 백과전서파. 18세기에 백과전서 편찬에 종사하거나 협력한 사상가. 디드로(Diderot)· 볼테르(Voltaire) · 루소(Rousseau) 등.

엔스 아 세 [라] Ens a se 〔영〕 substantial being 〈철·가〉 자존유(自存有). 원인과 시종(始終)이 없이 자립적으로 존재하는 유(有, sein). 하느님. 자존성(自存性, aseity)에 의한 존재자. 라틴어 ens는 모든 실재성(實在性)을 표시하는 보통 말인데, 이는 인간의 지성에 인식되는 여러 가지의 실재성에 따라서 분류됨. ens a se ' 자존(自存)' 곧 자기에 의한 존재자, 자기의 존재의 원인 = 하느님이다.

엔스 엔티스 [라] Ens entis 〔영〕 accident 〈철·가〉 우유(偶有). '존재의 존재' 곧 그 자체로 실재(實在)할 수가 없고, 실체(實體, substance)속에서만이 실재할 수 있는 것.

엔스트 [영 engine stop] 엔진스톱의

약. 페이리야(~failure).

엔실리지 [ensilage] 〈축산〉마소의 먹이를 신선하게 하는 법.

엔에쓰에이(NSA) [National Security Agency] 미국의 국가 안전 보장국. 즉 미 국무성 산하 기관으로 CIA와 밀접한 관련을 갖는 정보기관. 최신 과학기술과 장비를 동원. 세계에 정보망을 설치하고 있다.

엔자임 [enzyme] 〈생물〉 효소.

엔젤 [angel]
① 천사(보통 남성으로 날개를 가지고 있음). 수호신.
② 천사 같은 사람. ▷ 몸도 마음도 아름다운 사람, 귀여운 아이, 친절한 사람.
③ 재정적 후원자. 패트런(patron). ▷ 자금이 부족한 창업 벤처기업에 투자하는 개인 투자자.
④ 옛 영국 금화(金貨).

엔젤피시 [angelfish] 천인어(天人魚) (관상용 열대어의 하나로, 남미 아마존강 유역에 많고 몸의 길이는 최대 13cm로 동작이 우아함).

엔조이 [영 enjoy] 즐기다, 향락하다.

엔지 [영 NG] No good 의 약. 〈영〉 실패, 불요.

엔지니어[영 engineer]공업기술가, 기사.

엔지니어링 [영 engineering]
① 토목공사, 건설.
② 공학. 시빌~(~civil) 토목공학. 매커니컬~(~mechanical) 기계공학.

엔지니어링 플라스틱 [영 engineering plastic] 자동차등에서 부품재로서 이용되는 수지.

엔-지-오 [NGO] 비정부 기구. 비정부 단체. ▷ Non-Government Organization의 약어.

엔진 블록 [engine block] 〈기계〉 한

377

ㅇ

개의 캠사푸르트로 두 개의 push rod 를 여닫는 장치.

앤클로쥬어 [영 enclosure]
① 둘러싸는 것. ② 가두어 넣다.

엔터테이너 [영 entertainer] 대중을 즐겁게 하는 연예인.

엔터테인먼트 [영 entertainment] 오락, 여흥, 연예.

엔터프라이즈 [영 enterprise]
① 기업, 사업.
② 미국 원자력 항공모함의 명칭.

엔톨레터 [영 entoleter] 〈기〉 곡물, 그 외의 식물(食物)에서 해충 구제하는 기계.

엔트랜스 [영 entrance]
① 입장, 입회. ② 입구, 현관.
③ 입장료. ~프리(~free) 입장자유, 입장무료.

엔트러스트 [영 entrust] 위탁하다.

엔트러피 [entropy] 〈물리〉 열역학(熱力學)의 상대함수의 하나.

엔트런트 [영 entrant]
① 들어가는 것, 참가기장.
② 경기 참가 신청.

엔트로피 [영 entropy] 〈이〉 물체의 역학적 상태를 나타내는 함수. 물체가 활동함으로써 열을 발생하는 본래의 에너지가 감소하는 상태.

엔트리 [라 > 프 > 영 entry]
경기 참가 신청. 참가 등록. 통관절차. 입국. 입장.

엔하모닉 [enharmonic] 〈음악〉 이명동음적 평균율에 있어서의 명칭. 기보법.

엘가토크라시 [영 ergatocracy] 노동자 정치. 프로레타리아 독재정치.

엘니뇨 (현상) [스 elnino 現象] 페루 서부 해안부터 인도네시아 동부 해안에서 걸쳐 적도 태평양의 해수면 온도가 평년보다 상승하는 현상. ▷ 더워진 해수면 온도가 대기와 상호 작용하며 지구 전체 대기 흐름에서 곳곳에 기상 이변을 몰고 옴. 평년보다 해수면 온도가 장기 연속으로 0.5°이상 높은 수위.

엘·도라도 [El Dorado 스]
① 스페인 사람이 남미의 북부에 있다고 생각하고 있던 황금향.
② 이상향, 보물의 산.

엘디에스 [LDS] Latter Day Saints 의 약자. 예수그리스도 후기 성도 교회 (The Church of Jesus Christ of Latter Day Saints)의 신도들, 정직한 신도들의 집단으로 교세가 급속도로 확장. 미국에서 신도수가 네 번째임.

엘라스틴 [영 elastin] 〈식품〉 고기의 근섬유를 결합시키고 있는 불용성 단백질.

엘란 비탈 [프 elan vital] 〈천문〉 생명의 비약.

엘레강스 [라 > 프 elegance] 우아. 우미.

엘레겐트 [영 elegant] 우아한, 상품의.

에레벤 [독 erleben] 〈철〉 체험하다.

엘레지 [영 elegy] 애가. 비가, 연가.

엘레지아꼬 [이 elegiaco] 〈음악〉 슬프게.

엘레펜트 [영 elephant] 코끼리. ~그레이(~gray) 코끼리의 가죽과 같은 진한 쥐색.

엘렉션 [영 election] 선거. ~데이(~day) 미국의 선거날. 11월의 제1월요일의 다음의 화요일. 대통령선거, 의회선거. 주의선거 등이 실시된다.

엘렉트라 콤플렉스 [영 electra complex] 여자 아이가 무의식으로 아버지에 대하여 성애적인 것을 느껴 모친을 적대시하는 심리 경향.

엘렉트로 [영 electro] 전기, 전자의 접

ㅇ

두어. ~카디오그램(~cardiogram) 심전도. ~그래프(~graph) 전등의 병렬에 의한 문자나 선을 점멸 이동시켜서 표시하는 장치. 전광뉴스에 사용된다. ~타입(~type) ~닉스(~nics) 전자공학. ~팩스(~faks(imile)) 전자사진. ~미터(~meter) 전위계.

엘렉트로그래프 [electrograph] 전기 기록기, 사진 전송기, X선 사진, 뇌파 기록 장치.

엘렉트로너비전 [영 electronovision] 무대극으로부터 제작한 영화.

엘렉트로미터 [electrometer] 〈전기〉 전위계, 전기 계량기 따위.

엘렉트로카디오그램 [electrocardiogram] 〈의학〉 심전도(心電圖).

엘렉트론 메탈 [electron metal] 〈화학〉 마그네슘을 주성분으로 하는 경합금.

일렉트리 [영 electri] 전기.

엘렉트릭 [영 electric] 전기에 관한 것의 접두어.

엘렉트릭 기타 [일 ← electric guitar] 전기 기타.

엘로큐션 [영 elocution]
① 화술, 연설법, 웅변술.
② 〈극〉 발성법.

엘로힘 (Elohim) [그] 일반적으로 하느님을 지칭하는 히브리어. 예수가 십자가에서 부르짖은 "엘리 엘리 라마 사박타니" (마태 27:46)의 '엘리' 는 엘로힘의 변형임.

엘리간트 [영 erotic+elegant] 우아한 기색.

엘리뜨 [프 elite] 정예. 선량. 지배층. 선택된 사람. 앨리트.

엘리먼트 [영 element] ① 요소, 성분. ② 〈화〉 요소. ③ 초보.

엘리멘타리 [영 elementary]
① 기본적인, 기초적인.
② 초보의 ~스쿨(~school) 초등학교. ~파티클(~particle) 소립자.

엘리멘탈리즘 [영 elementalism] 만물의 근본 형태를 표현하려고 시도하는 원소파.

엘리미네이션 [영 elimination] 생략, 삭제.

엘리미네이터 [영 eliminator] 〈전〉 라디오의 전등선의 전기를 수신기용의 전지의 전기로 바꾸는 장치.

엘리어트 Eliot, Thomas Stearns (1888~1965) 미국 태생 영국의 詩人, 隨筆家.

엘리제 (궁) [프 Elysee궁] 프랑스 대통령 관저.

엘리지빌리티 [영 eligibility] 〈경〉 참가 자격.

엘리펀트 크레이프 [영] elephant crape 〈섬〉 경사에 무연 생사 또는 인견사 등, 위사에 SZ 강연 생사 또는 인견사 등을 4올 또는 6올 교대로 사용하여 정련함으로써 특수한 주름을 나타내게 한 직물.

엘븀 [독 Erbium] 〈화〉 회토류 원소의 일종. 기호..

엘살바도르 (El Salvador/Republic of El Salvador) 〈국〉 중앙 아메리카의 태평양 연안에 면한 공화국. 나라 이름은 '구세주'의 뜻. 1523년 알바라도(Pedro de Alvarado)가 발견. 1524년 에스파냐의 식민지. 1821년 에스파냐로부터, 1923년 멕시코로부터 독립, 중앙아메리카 연방의 하나로 참가. 1841년 공화국으로 완전 독립. 수도는 산살바도르(San Salvador), (→) 산살바도르.

엘시 [L/C←letter of credit] 〈경제〉 신용장(은행이 거래처 기업의 의뢰(의뢰)에 대해 그의 신용을 보증하기 위하여 발행함).

ㅇ

엘시엠 [L.C.M.=least common multiple] 〈수학〉최소 공배수.

엘에스디(LSD) [lysergic acid diethylamide] 라이, 보리 등에서 서식하는 곰팡이에서 추출된 환각제. 스위스의 화학자 호프만이 발견해 정신 생리학, 약리학, 부분에서 널리 활용되고 있다.

엘에스티 [L.S.T.=landing ship tank] 미군의 상륙 작전용 함정.

엘엔지 [LNG] 〈화학〉액화 천연가스. ▷ liguefied natural gas

엘프 [영 elf] 작은 마녀, 작은 요정.

엘피지 [LPG=liquefied petroleum gas] 프로판가스라고도 함. 액화 석유가스로써 나프타 분해 과정에서 나오는 프로판, 프로필렌, 부타 등의 혼합 가스에 압력을 가해서 액화한 것. 값이 싸고 발열량이 높으며 수송이 간편하다.

엠바고 [embargo] 선박의 입출항 금지, 통상 정지 보도 금지.

엠버시 [embassy] 대사관.

엠보스 [영] embossed/embossment 모양이나 문자의 형을 종이나 천에 찍어서 요철(凹凸)을 나타내게 하는 일. 엠보싱(embossing)이라고도 함.

엠보싱 기(機) [영] embossing machine 엠보싱을 하는 기계. 엠보스 작업을 해 찍어내 주는 기계.

엠브렌스 [영 embrace] 껴안다. 포옹.

엠브로이더리 [영 embroidery] 자수, 수놓음.

엠브리오 [영 embryo] ① 태아. ② 미생물.

엠-브이-피 [MVP] 스포츠 (야구·농구·풋볼 등에서 쓰는 말로) 그 해의 최우수 선수 most valuable player

엠블렘 [영 emblem] 표장, 표, 표지.

엠시 [M.C.=master of ceremonies] 연회의 사회자.

엠에이 [M.A.=master of arts] 문학 석사.

엠엘 [M.L.=master of law] 법학 석사.

엠케이(강) [M.K. 鋼] 〈공업〉강한 자성이 있는 자석강.

엠케이에스(단위) [MKS 單位] 세기본 단위. 즉 미터(meter), 킬로그램(kilogram), 세컨드(second)의 약칭.

엠큐 [M.Q.=Metol and hydroquinone] 메톨, 히드로키논을 주성분으로 하는 사진 현상액.

엠파사이즈 [영 emphasize] 강조하다. 역설하다.

엠파이어 [영 empire] 제국, 제정. ~크로스(~cloth) 절연유포. ~튜브(~tube) 전기의 절연체. ~라인(~line) 〈복〉가슴의 융기가 높은 스타일.

엠페러 [영 emperor] 황제. 상대어는 엠프레스(empress).

엠프로트 [영] emprote 〈식품〉분유와 곡물로 만든 음료. 상품명.

엠프티 [영 empty] ① 공허의 ② 의미가 없는.

엠플로이 [영 employ] 고용하다, 쓰다.

엠플로이먼트 [라 > 영 employment] 〈경〉고용. 일. 노동 수요.

엠피리시즘 [영 Empiricism] 〈철〉경험론, 경험주의.

엥게이지 [영 engage] ① 약혼하다. ② 계약하다. ② 종사하다. ~링(~ring) 약혼반지.

엥겔계수 [영 Engel's Coefficient] 〈경〉독일의 통계학자 엥겔의 연구에 의한 수입과 생활비 중에서의 식비와의 계수이며, 수입이 적을수록 식비의 비율이 커지는 것을 말한다.

ㅇ

엥겔의 법칙 [Engel's law] 독일의 통계학자 엥겔이 발견한 법칙으로 가난한 가정일수록 생계비 중에서 음식비가 많은 비중을 차지하는데 수입이 많아질수록 음식물비가 줄어진다는 비율.

엥겔스, 프리드리히 (Feiedrich Engels, 1820~1895) 〈인〉 독일의 사회주의 경제학자.

여피 [Yuppie] 젊음(Young). 도시형(urban), 전문직(Professional)의 두 문자를 딴 말. 가난을 모르고 자라난 젊은이. 도시 근교에서 전문직 종사자. 돈버는 것과 건강을 최대 목표로 삼으며 자신만의 행복과 즐거움을 추구한다는 백인 젊은이를 가리킨다.

영국 (英國) (United Kingdom of Grest Britain and Northern Ireland) 〈국〉유럽 대륙의 서부 대서양상에 있는 입헌 연합 왕국. 본토인 대브리튼 섬(Great Britain I.)과 북부 아일랜드 및 부근의 900여 섬으로 이루어짐. 827년 서식스 왕국(Sussex 王國)이 잉글랜드를 통일, 하나의 왕국 수립. 여러 왕조의 변천을 거쳐 1668년 입헌 체제 확립. 1800년 대영제국(大英帝國) 출범. 수도는 런던(London). (→) 런던.

예루살렘 (Jerusalem) 〈지〉 이스라엘 공화국(State of Israel)의 수도. 1917년. 영국 위임 통치령의 수도였다가 1948년 신 시가는 이스라엘, 구 시가는 요르단이 점령하여 신 시가는 이스라엘의 수도가 됨. 이 해의 임시 수도로는 텔아비브(Tel Aviv). 1967년 3차 중동(中東) 전쟁에서 이스라엘이 전역을 점령. 합병함. (→) 이스라엘.

예멘 (Yemen/Yemen Arab Republic) 〈국〉예멘 아랍 공화국. 북(북)에 멘이라고도 함. 아라비아 반도의 서남단. 홍해(紅海)의 출구를 차지한 공화국. 16세기부터 어스만 터키(Osman Turkey)의 지배 아래 있어 왔으나 1918년 예멘 왕국으로 독립. 1962년 왕정을 폐지, 공화국 선포. 수도는 사나(Sanaa). (→) 사나.

예수·마리아·요셉 [한 J.M.J./Jesus·Maria·Joseph] 〈가〉한국 가톨릭의 옛 교우들이 바치던 화살기도(oratio jaculatoria). 특히 임종 때 '예수·마리아·요셉' 이라 부르며 기도했고, 편지 첫 머리를 십자가 표시와 함께 곧, '✝예수·마리아·요셉' 혹은 그 약자 '✝ J.M.J.'등으로 시작하였음.

예티[yeti(티벳)]눈사람(남자)라고 불리는 히말라야 산중에 사는 미지의 생물.

연제/연길 (延吉) 〈지〉중국 둥베이(東北) 지린(吉林) 북부에 있는 조선족(한국인) 자치주의 주도

옐 [영 yell] 응원의 목소리.

옐로 저널리즘 [yellow journalism] 범죄·스캔들 등을 크게 취급하는 저속한 선정주의 저널리즘.

옐로 페이퍼 [yellow paper] 황색 신문. 저속한 가사를 실어 독자를 얻으려는 신문.

오가니이제이션 [영 Organization] ① 조직. ② 협회.

오거 [auger] 〈농업〉 나사 송곳.

오가나이저 [영 organizer] 〈산〉 하부 조직을 만드는 책임자, 조직자.

오가니즘 [영 organism] 〈화〉 유기체, 생물체, 기구.

오거닉푸드 [organic food]
① 유기 재배로 지은 농작물.
② 약품을 전혀 쓰지 않고 재배하는 식물.

오건디 [프 > 영 organdie/ organdy] 〈복〉성글고 촉감이 뻣뻣한 얇은 면 평직물(레이온·견직물에도 같은 용어가 있음.

오고타이 (Ogotai/Ogodei, 1185~1241) 〈인〉 몽골 제국(帝國)의 제2대

ㅇ

황제. 징기스칸의 셋째 아들. 한자 표기는 와활태(窩闊台).

오구 [(鳥口)] 〈건축〉먹줄 펜.

오그[프 haut gout] 좋은 취미, 좋은 모양새.

오나니 [독 onanie] 자위, 수음.

오나니즘 [onanism] 〈의학〉자위 행위.

오너멘트 [영 ornament] 장식, 장신구의 총칭.

오너 시스템 [honor system] 학생 자치에 의한 교육법. 감독 교사 없이 스스로 감독하는 시험 제도.

오네오옴[프 honnete homme] 교양인. 17세기 프랑스의 인간의 이상적인 상.

오노니스 [라 ononis]콩과의 떨기나무.

오노마토피아[nonmatopoeia]〈언어〉의성어. 소리 닮은 말.

오니스트 존 [미] Honest John〈군〉미국 육군의 원자 로킷포. 사정 거리 약 30~40km. '정직한 사나이 존'이라는 뜻에서 온 말.

오닉스 [영 onyx] 연마해서 장식돌로 사용.

오닝 [영 awning] ① 차양, 그늘막. ② 배의 갑판 위의 천막.

오달리스크[영 odalisque] 터키의 하렘의 여자들. 마티스 등 프랑스의 화가가 자주 그렸다.

오더 [영 order] ① 순서, 질서. ② 주문, 명령~메이드(~made) 주문에 의해서 만들다. 또 그의 제품. 반대어는 레리·메이드.

오더 메이드 [일 order made] 주문해서 만드는, 맞춤의, 주문 제품. ▷영어로는 상대어는 레디 메이드(ready made).

오더미터 [odometer] 〈기계〉주행계(走行計). 노정계.

오데온 [영 odeon] 고대 희랍·로마의 음악당. ▷ '오데옹 극장'은 프랑스의 국립 극장의 이름.

오 데 코롱 [프 eau de Cologne> 영] [러 ddekolon] 향유(香油)에 알콜(alcohol)을 섞은 엷은 향수. 프랑스어 eau(물)+de(의)+Cologne (독일의 Koln 시) 곧 '콜로뉴의 물' 이라는 뜻에서 온 말.

오도미터[영 odometer] 〈기〉자동차등의 주행기록계.

오도블[프 hors d'oeuvre] 〈요〉식전의 마른안주. 수프전에 나오는 요리. 술의 마른안주.

오도펜 필름 [orthopan film] 파장이 긴 쪽으로 감광을 잘하는 필름.

오드 [odds]〈골프〉싱글 게임에 있어서 기술이 우수한 경기자가 약한 자에게 주는 핸디캡.

오디너리[영 ordinary] 통상의, 보통의, 평범한.

오디너리 파울 [영] ordinary foul 〈체〉빙구에서 범하는 가벼운 반칙.

오디션 [라 > 미 audition] 가수·배우의 채용 시험. 청취 또는 시청(試聽)테스트.

오디엔스 [영 audience] 시청자. 특히 텔레비·라디오 등의 매체의 시청자. ~픽추어(~picture) 〈영〉대중성 영화. 오락영화.

오디언스 서베이 [영] audien ce survey 시청율 조사. 청취율 조사.

오디오 [영 audio] 〈방〉비디오(video)에 대하여 소리의 부분만을 말한다. 스테레오의 의미에도 사용한다. ~미터(~meter) (방) 텔레비 시청조사의 자동기록장치.

오디오미터 [audiometer] 청력제.

오디오 퍼블리싱 [audio publishing]

오디트리엄 [영 auditorium]
① 강당, 회관. ② 청취석.
③ 〈종〉 교회의 청문석.

오·디·콜롱 [프 eau de cologne] 세안용의 향수.

오디폰 [audiphone] 귀머거리들을 위한 청음기.

오라쇼 [영 oratio] 〈종〉 그리스도교의 기도.

오라클 [영 oracle] 신탁, 하나님의 사자신의 계시, 예언자.

오란다 [포 olanda → 일]
① 네덜란드.
② 밀가루 속에 채소를 넣어 튀긴 빵.

오랑우탕 [마 orang-utan] 큰 원숭이의 일종. 성성이.

오라토리어 [oratorio] 〈음〉 성담곡. 오페라형식을 도입한 독창, 합창연주를 조합시킨 교회극.

오러민 [auramine] 〈화학〉 누른빛의 염기성 물감.

오럴 [영 oral] 구두의, 입의. ~페프로치(~approach) 〈교〉회화본위의 구두교수법. ~매소드(~method) 〈교〉 눈에 의존하지 않고 입에서 귀로 전하는 것. 구두교수법. ~필(~pill) 〈의〉경구피임약. 줄여서 필.

오럴 매서드 [pral method] 외국어 구두 교수법. ▷ oral approach는 어학학습을 회화부터 하는 구두 교수법의 하나.

오럴 어프로치 [미] oral approach 〈교〉 구두 교수법의 하나. 회화를 중심으로 한 수업법.

오럼 [영 aurum] 〈화〉 금, 금속원소의 하나. 기호는 Au.

오레건 파인 [영 oregon pine] 〈식〉 미송. 북미 오레건주에서 생산하는 단단하고 옹이가 없는 소나무 재료.

오레오마이신 [영 aureomycin] 〈의〉 곰팡이에서 추출한 방사성 살균으로 항생물질의 하나.

오레올 [영 aureole] 그리스 토상이나 불상의 두부에 나타나는 둥근 빛 후광.

오레키에테 (Orecchiette) 파스타의 일종.

오렌제이드 [orangeade] 귤물, 귤과 냉 탄산수(炭酸水).

오렌지 [영 orange] ① 등(橙).
② 등색. ~에이드 오렌지의 과즙에 감미를 섞은 음료수. ~쥬스(~juice) 오렌지의 과즙을 묽게 만든 음료수. ~스틱(~stick) 손톱의 감피(甘皮)를 누르는 오렌지 나무의 막대. 매니큐어용구.

오렌지 스틱 [영] orange stick 〈미〉 매니큐어 용구의 하나. 손톱의 감피를 누르거나 손톱사이의 때를 청소하는 오렌지(orange) 나무로 만든 가느다란 막대.

오로라 [영 aurora]
① 로마신화의 여명의 여신.
② 〈천〉 극광. 남북극 지방에서공중에 막 모양의 다채로운 아름다운 빛을 발생하는 현상.

오로보아 [프 aurevoir] 또 만날 때까지 잘 있거라.

오로촌/오론춘 [퉁구스어 > 영 Orochon /Oron chun [중 鄂論春] 〈인류〉 퉁구스 족(Tungus 族)의 한 지족(支族). 만주 북부에서 시베리아·사할린의 동해안에 걸쳐 거주함. 오로코스(Orokhos)어를 사용하며, 샤머니즘을 신봉함.

오르가스무스 [독] Orgasmus 성적 흥분의 최고조. 성적인 황홀. 성적인 희열경(喜悅境). 오르가슴(orgasme)·오개즘(orgasm)·엑스터시(ecstasy) (→) 아크메(acme)·클라이맥스

ㅇ

(climax)

오르가슴 [프] orgasme [영] orgasm [러] orgazm ([유]) 쾌감의 절정. → 오르가스무스(Orgasmus).

오르그 [영 organizer] 오거나이저의 약.

오르무즈드 [페] Ormuzd 〈종〉 고대 페르시아의 신. 조로아스터 교 (Zoroaster 敎)에선 전지전능의 최고 창조신. ↔ 아리만(Ahriman).

오 르보아르 [프 au revoir] 안녕. 또 만납시다. 또 만날 때까지.

오르토 [ortho] 〈화〉 비금속 원소의 산화물이 물과 화합하여 여러 종류의 산을 만들어 낼 때 그 중에서 염기도가 최고인 것.

오리엔털리즘 [영 orientalism]동양의. 동양풍. 동양풍속. 동양학. 동양취미. → 옥시덴털리즘(occidentalism).

오리엔털링 [영] orientaling
① 진상을 규명하다.
② 지도와 자석(磁石)을 가지고 산야를 걸어, 지정된 몇 개의 지점을 빠른 시간 안에 통과하는 것을 겨루는 경기.

오리엔테이션 [영] orientation
① 적응, 방침. ② 신인교육.

오리엔트 [영 orient] ① 동양.
② 아시아 동남부와 아프리카 북동부를 포함한 지역. 근동, 중동, 극동으로 나누어져 있다. 상대에는 옥시던트(occident).

오리엔틀 크레이프 [영] oriental crape 〈섬〉 경사에 SZ 강연 레이온 사를 2본교대로 배열하고 위사에 무연 레이온 사를 사용한 평직물.

오리엔티어링[영 orienteering] 출발점에서 지정지점(포스트)을 지나서 지도와 자석을 사용하여 빨리 목적지에 도착하는 경기, 스웨덴에서 스포츠화 되었다.

오리오마이신 [Aureo mycin] 항생제의 일종.

오리온 [Orion] ① 성좌.
② 그리스 신화의 거인 엽사.

오리지널 [영 original] ① 독창적.
② 처음의, 원래의, 원문.
③ 원물, 원본. ~시나리올(~scenario) 〈영〉 원작각본. ~프라이스(~price) 원가.

오리지널리티[영 originality]독창, 창의.

오리진 [영 origin] 기원, 출소, 시작.

오만 (Oman/Sultanate of Oman) 〈국〉 아라비아 반도 동남부, 오만 만 (滿) (Oman B.)과 아라비아 해 (Arabian Sea)에 면해 있는 토후국(土候國). 1746년 포르투갈의 지배에서 독립. 1939년 영국의 보호국. 1970년 현 체제 확립, 독립국이 됨과 함께 종전의 국호 무스카트 오만 회교국(回敎國) (Sultanate of Muscat and Oman)을 오만으로 고침. 수도는 무스카트(Muscat) (→) 무스카트.

오믈레 [omelet, 프 omelette] 〈요리〉 잘게 썬 고기. 양파를 섞은 달걀구이. 덮밥.

오밋 [영 omit] 제외, 무시.

오바륨 [영 ovarium] 〈의〉 난소.

오버네트 [영] overnet 〈체〉 배구에서 반칙의 하나. 손이 네트를 넘는 것.

오버드라이브 [overdrive] 속도를 떨어뜨리지 않고 엔진 회전 수를 줄이는 장치.

오버드래프트 [영 overdraft / overdraught] 〈경〉 당좌 대월(當座貸越). 예금 잔액이 제로가 되었어도 계약된 액수까지 어음을 발행하는 것을 인정하는 제도.

오버드로 [overthrow] 〈야구〉너무 높이 던진 공.

오버라이드 [override] (상대방의 행동이나 성과를) 뒤집어엎음. 무효로 함.

오버라인 [over-line] 〈육상〉 경주자가 선을 넘어 안으로 들어서서 실격이 되는 것.

오버랩 [영 overlap] 〈영〉 이중 촬영. 장면이 바뀌는데서 두 장면을 겹치게 하는 수법. 약호 OL.

오버런 [영] overrun 〈식품〉 아이스크림 제조 때 공기 혼입으로 생기는 믹스의 용적의 증가 퍼센트.

오버 론 [영] over loan 〈경〉 대출 초과. 은행이 예금고 이상으로 대출하는 것.

오버롤 [overalls]
① 직공들이 입는 아래위가 붙은 작업복.
② 옷 위에 입는 작업복.

오버바로윙 [overborrowing] 〈경제〉 기업이 자기자본에 비해 거액의 외부 부채를 가진 상태.

오버슈즈 [overshoes] 방수 고무 덧신.

오버스커트 [overskirt] 〈의상〉 드레스 스커트 등을 입은 위에 겹쳐 사용하는 스커트. 에이프론 스커트. 패널 스커트. 튜닉스커트 등이 있음.

오버 스텝 [over step] 〈핸드볼〉 볼을 가지고 3보 이상을 걸어가면 반칙.

오버슬라이드 [미] overslide 〈야〉 진루할 때 누(壘)를 미끄러지며 지나가 버리는 것.

오버 앤드 언더 배럴 [over and under barrel] 〈사격〉 아래위로 된 쌍줄박이 엽총.

오버웍 [overwork] 지나치게 일하는 것. 과로.

오버킬 [overkill]
① 〈군사〉 핵병기의 과잉 살상력.
② 〈경제〉 경기의 과잉 억제.

오버 펜스 [영] over fence 〈야〉 타구가 외야의 담장을 넘은 것. 홈런.

오버풀로 [overflow] 〈수영〉 풀 주위의 물이 흘러나가는 도랑. 배수로.

오버헤드 [overhead] 〈컴퓨터〉 컴퓨터가 사용자의 프로그램을 실행할 때 간접적으로 관여하게 되는 여분의 공간적 및 시간적 자원(메모리 용량이나 처리 시간 등).

오버핸드 [over-hand] 〈테니스〉 허리보다 윗쪽에서 공을 치는 것.

오버핸드 드로 [over-hand throw] 〈야구〉 누(壘)에 던진 공이 너무 높은 것. 오버 드로 ▷ 팔을 머리 위쪽 앞으로 던지기.

오버행 [영] overhang 〈등〉 머리 위에 짓누를 듯이 비쭉 나온 암석.

오버행 [over-hang] 〈등산〉 바위로 된 벽의 그 경사가 90°이상으로 아래로 덮듯이 되어 있는 부분.

오버헤드 발리 [over-head volley] 〈테니스〉 머리 위로 오는 공을 쳐 넘기는 것.

오버헤드 얼라우언스 [overhead allowance] 정규 급료 외의 모든 수당.

오버헤드 스트로크 [영] overhead stroke 〈체〉 배드민턴 용어. 머리 위에서 떨어져오는 셔틀(shuttlecook)을 칠 때의 타법.

오버헤드 코스트 [overhead cost] 〈경제〉 하나하나의 생산물에 귀속시킬 수 없는 간접비(間接費) (일반 관리비, 감가(減價) 상각(償却)비 따위).

오버헤드 킥 [over-head kick] 〈축구〉 자기의 머리 위를 넘어서 뒤쪽으로 공이 가도록 차는 것.

오버헨드 스로 [영] overhand throw 〈야〉 머리 위로 손을 뻗고 던지는 투법(投法). 준말로 '오버 스로' 라고도 함.

오버홀 [overhaul] (기계·엔진 등의)

ㅇ

분해 검사(수리).

오버홀몬[영 ovahormon]〈약〉여성홀몬의 하나, 상품명으로부터 유래한다.

오보에 [독 oboe]〈음〉목제의 클라리넷. 리코더의 종류.

오브롱 [oblong]〈도서관〉세로보다 가로가 긴 책.

오브스트럭션 [영] obstruction
① 방해.
②〈체〉야구에서 상대방의 플레이를 방해하는 반칙. 주루(走壘) 방해. 골프의 코스 대에 놓인 장애물.

오브제 [프 objet]
〈물리〉객체. 목적. 제목 등의 뜻.〈미술〉표현 대상이 되는 모든 것.

오브젝션[objection]반대. 이의. 불복.

오브젝트 [object] 목적. 목적물. 대상¶~ 글라그(대물 렌즈).

오븐 스프링 [영] oven spring〈식품〉빵 굴 때 생기는 도(dough)의 용적의 급격한 증대.

오블라토 [프 oblato] 전분으로 만든 얇은 원형 박편, 또는 삼각형의 낭체.

오블리가토 [프 obbligato]〈음악〉피아노 또는 관현악 등의 반주가 있는 독창곡에 독주적 성질을 가진 다른 악기를 곁들이는 일. 조주(助奏).

오블리게이션 [obligation] 의무, 책임.

오블리크 두둑직(織) [영] oblique rib weave〈선〉경 두둑직과 위 두둑직을 서로 마주 보도록 배합한 것.

오셀러스 [Ocellus]〈생물〉곤충의 홑눈.

오셀럿 [Ocelot] 남미산 산고양이.

오셀로 [Othello] 셰익스피어 4대 비극의 하나.

오소게네시스[영 orthogenesis]〈생〉생물의 진화에는 일정한 방향성이 있는 것을 주장한 설, 정향진화설.

오소독스 [영 orthodox] ① 정통, 주류 ② 전통파. ③ 정통적인.

오소라이즈 [영 authorize] 인가하다, 공인하다.

오소리티 [authority] ① 권력. ② 권위. 권위자. 대가(大家). ③ 당국관계 관청.

오소판 필름 [영 orthopain film] Orthoch-romatic film의 약.〈사〉모든 색이 고르게 조화되어 있는 것을 말함. 정색 필름.

오스나버그 [영] osnaburg〈섬〉8~12's를 사용한 포대용 면 조포의 일종.

오스람 [독 osram]〈화〉오스뮴과 텅스텐으로 합금.

오스람 램프 [osram-lamp] (전기 소비량이 적고 오래 견디는) 오스람 등.

오스만 (Osman, 1259~1326)〈인〉터키의 전신인 오스만 왕국의 건설자.

오스먼다 [osmunda] 고사리 또는 그 줄기.

오스뮴[영 Osmium]〈화〉백금속 원소의 하나. 기호 Os.

오스미리듐 [osmiridium→osmium+iridium]〈화학〉백금에 속하는 천연 원소.

오스카 [미] the Oscar/oscar〈영〉아카데미 상 심사위원회의 서기가, 이 상(賞)을 보고 "우리 오스카 아저씨를 생각나게 해준다"고 말했다는 데서 비롯되어 아카데미 상 수상자에게 주는 조그마한 인간 입상(立像) → 아카데미 상(賞) (the Oscar awards).

오스카 상(賞) [미] the Oscar awards〈영〉아카데미 상 심사위원회의 서기가, 이 상(像)을 보고 "우리 오스카 아저씨를 생각나게 해준다"고 말했다는 데서 비롯되어 아카데미 상 수상자에게 주는 조그마한 인간 입상(立像)의 이름이 생겼음. 그래서 아카데미 상

을 일명 오스카 상이라고 함. → 아카데미 상(賞) (Academy awards)

오스테나이트 [austenite] 〈공업〉 강철에 나타나는 조직의 일종.

오스트라시즘 [영 Ostracism] 〈정〉 도편추방(陶片追放), 패각추방(貝殼追放). 고대 아테네에서 야심정치가의 이름을 도기의 파편에 써서 투표하여 국외로 추방하였다.

오스트레일리아 (Australia) 〈국〉 영연방 내의 자치령. 국면은 오스트레일리아 연방 (The Commonwealth of Australia). 남태평양에 있는 세계에서 가장 작은 대륙. 1901년 연방 성립. 수도는 캔버라(Canberra). (→) 캔버라.

오스트렐리언 포메이션 [australian formation] 〈테니스〉 오스트레일리아 선수들이 많이 쓰는 전형. 리시버가 되었을 때 리시버가 아닌 한 사람이 네트 가까이 자라 잡는 전형.

오스트리아 (Austria/Republic of Austria) 〈국〉 중부 유럽의 내륙에 있는 공화국. 13세기말부터 합스부르크가(Habsburg 家) 통치해온 제국으로 1866년 오스트리아 · 헝가리 제국이 됨. 1919년 헝가리와 분리, 공화국이 되었다가 1938년 독일에 병합. 1945년 연방 공화국으로 부활. 1955년 완전 독립 공화국, 영세 중립국 선포. 한자 표기로는 오국(墺國)>오지리(墺地利). 수도는 빈(Wien). (→) 빈.

오스트리아 메리노 [Australian merino] 오스트레일리아에서 나는 면양의 종류. 원어의 1음절이 탈락됨.

오스트리치 폴리시 [ostrich policy] 현실도피 정책. 무사 안일주의. ▷ 타조는 위험이 다가오면 머리를 모래에 파묻고 꼼짝 않는다고 하는 미신에서 나온 표현.

오스파이스 [영 auspice] ① 보호, 원호. ② 전조, 길조.

오슬로 (Oslo) 〈지〉 노르웨이 왕국(Kingdom of Norway)의 수도. 옛 이름은 크리스차니아(Kristiania/Christiania). 노르웨이의 동남부에 위치한 항구 도시. 1050년에 건설한 상공 · 해운의 중심지이며, 양항(良港)임. 1925년에 현재의 이름으로 개칭. (→) 노르웨이.

오시리스 [이집>그>라> 독· 영· 프· 유 Osiris] 〈신〉 이집트 신화에 나오는 주신(主神)의 한 사람. 대공(大空)의 여신 누트(Nut)와 대지(大地)의 남신 세브(Seb)와의 사이에서 태어난 아들.

오실레이터 [영 oscillator] 〈전〉 진동체.

오실로그래프 [영 oscillograoh]
① 전류, 전압의 변화를 곡선으로 나타내는 기계.
② 음파를 광파로 바꾸어서 보이는 장치.

오실로그램 [oscillogram] 〈전기〉 진동 기록.

오실로스코프 [영 oscillosope] 전기, 빛, 음 등의 진동상태가 보이게 되어 있는 장치.

오아펙 [OAPEC→Organization of Arab Petroleum Exporting Countries] 아랍 석유 수출국 기구.

오어 [영 oar] 보트의 노.

오어 매그마 [ore magma] 〈광물〉 광석 암장.

오어 번치 [ore bunch] 〈광물〉 광석 다발.

오에프 케이블 [O.F.cable=oil filled cable] 절연유를 채운 전선.

오워드 [영 onward] 전진, 향상.

오이게놀 [독 Eugenol] 〈화학〉 방부제로 쓰이는 배닐린의 원료.

오이디푸스 콤플렉스 [Oedipus complex] 정신분석학에서, 사내아이가 어머니에게 애정을 느끼고 아버지

ㅇ

에게 반감을 가지는 심리적 경향. ↔ 엘렉트라 콤플렉스.

오이스터 [영 oyster] 굴, 굴조개.

오-이-시-디 [OECD] 세계 경제의 균형적인 발전을 위하여 설립된 세계기구. ▷ 주로 선진국들이 가입하고 있는데, 우리나라도 1996년에 26번째 회원국으로 가입함.

오이카인 [독 Eukain] 〈화·의〉국부 마취약의 하나.

오일 [영 oil] 석유, 기름, 유회의 도구. ~컬러(~colour)〈미〉유회구. ~클로스(~cloth)〈복〉기름으로 방수한 포지. ~코크스(~cokes) 중유를 고온 고압에서 알갱이 모양으로 만든 것. ~샌드(~sand) 유사. 고대에 만들어진 석유가 침투된 모래. 콜탈에 모래를 섞은 것과 같은 것. ~시일(~seal)〈기〉베어링부분의 기름이 새는 것을 막는 부품. ~셸(~shell) 석유를 포함한 암석에서 건류해서 기름을 얻는다.

오일·달러 [oil dollar] 1970년대 원유값의 대폭 인상으로 하루 2천만 배럴을 생산하는 중동 산유국에만 연간 5백억달러 OPEC 석유 수출국 기구 전체가 1천억 달러의 석유 수입을 얻게 되었다. '세이크·머니'

오일러 [oiler] 〈농업〉기름 치는 기구.

오일 레벨 게이지 [oil level gauge] 〈기계〉기름이 든 양을 재는 기계. 유량계(流量計)

오일링 [oil ring] 〈기계〉피스톤 링의 하나로 기름을 긁기 위한 쇠고리.

오일 브레이크 [oil brake] 〈기계〉유압(油壓)식 제동기.

오일 세일 [oil shale] 〈광물〉석유가 섞인 일종의 암석.

오일 세퍼레이터 [oil separator] 윤활유 분리기.

오일스킨 [oilskin] 섬유 류에 동백기름을 먹인 방수포.

오일스텐 [oil stain] 휘발성 기름으로 염료를 녹인 도료.

오일 실크 [oil(ed) silk] 견직물에 기름이나 수지 용액을 바른 것.

오일 씰 [oil seal] 〈기계〉기름이 이쪽 저쪽으로 흐르지 못하게 하는 장치.

오일 톱 [영] oil combed top 〈섬〉기름을 많이 첨가한 울톱.

오일 팩 [영] oil pack 〈미용〉미안술의 일종. 올리브 유(Olive 油)를 적신 탈지면을 얼굴 전체에 씌우고 적외선 램프를 쬔다.

오조너 [영 Ozoner] 자동차의 안에서 볼 수 있는 영화관. 드라이브 인 시어터.

오조부름 [ozobrme] 〈사진〉카본 인화법(印畵法).

오존 [영 ozone] 〈이〉산소의 동소체, 기호는 취기를 가진 청색의 기체로서 살균력이 강하고 표백작용이 있다.

오존 균열 [영] ozone crack 〈고무〉고무 가황체가 공기 중의 오존에 의해 분자쇄가 절단되어 발생하는 균열.

오즈마계획 [영 Ozma계획] 우주에서의 전파를 잡으려고 하는 미국 천문대의 우주통신계획 지구외(地球外)의 문명 탐사 계획.

오츠 [영 oats] 〈식〉귀리, 오트밀의 원료.

오치 이 데티 [러] Ottsy i Deti 〈책〉러시아의 소설가 투르게네프가 1861년 발표한 장편 소설『아버지와 아들』의 러시아어 표기임. 이 소설 가운데서 처음으로 니힐리즘(nihilism) 및 니힐리스트(nihilist)란 말이 쓰였음.

오카리나 [이 ocarina] 〈음〉비둘기와 비슷한 소리를 내는 피리를 닮은 사기(도기) 또는 금속제의 피리.

오카피 [영 okapi] 〈동〉기전과의 동물, 얼룩말과 비슷하여 아프리카의 콩고에 서식하고 있다.

오커 [ocher] ① 광물. 황토.
② 〈미술〉 황토색.

오컬티즘[영 occultism]신비한 점성술.

오케스터 디피카 [스 orquesta tipica]
〈음〉 아르헨티나 탱고나 룸바를 연주하는 경음악단.

오케스트라 [영 orchestra] 관현악, 관현악단.

오케이젼[영 occasion] ① 경우, 기회.
② 원인. 이유.

오쿨티즘 [occultism] 신비론, 신비학. 신비주의. 신비요법.

오크 [영 oak] 영국의 졸참나무.

오크 [영 ocre]
① 적토색. ② 〈광〉 황토.

오크라 [영 okra] 당아욱. 종자는 커피의 대용이 된다.

오타와 (Ottawa) 〈지〉 캐나다(Canada) 의 수도. 온타리오(Ontario) 주 동남부 오타와 강(Ottawa R.)에 면하고 있는 도시. 전의 이름은 바이타운 (Bytown)이었는데 1854년 오타와로 개칭되었고, 1858부터 수도가 되었음. (→) 캐나다.

오토 (auto)
① 자동차(automobile)의 약.
② 자동의(automatic)의 약. ~카(~car) 자동차 ~캠프(~camp) 자동차를 사용한 캠프. ~자이로(~gyro) 헬리콥터의 일종. 상부에 회전날개를 가지며 수직으로 상승하는 비행기. ~스톱(~stop) 자동정지 장치. ~데이터(~gater) 자동적으로 일부를 나타내는 시계의 눈금판. ~너스(~nurse) 〈의〉 간호부의 손을 빌지 않고 입원환자의 체온, 맥박 등 자동적으로 측정하는 장치. ~파크(~park) 주차장.

오토 (Otto, 912~973) 〈인〉 독일의 왕이며 신성 로마 제국의 초대 황제.

오토너미 [autonomy] 자치. 자주성. 자치권. 자치체.

오토마톤 [automaton] 자동 기계. 자동 인형 기계적으로 행동하는 사람.

오토매틱[영 automatic]자동적, 기계적.

오토매틱 트랜스미션 [automatic transmission] 자동 변속 장치. = 노 클러치.

오토맷 [영 automat]
① 자동장치, 카메라의 셔터나 라디오 TV의 스위치나 조절이 자동적으로 되는 장치.
② 자동판매기.

오토메이션 [영 automation] 자동기계화 장치. auto와 make의 합성어로서, 기계의 조작을 사람의 손으로 하지 않고 자동적으로 행하는 생산방식 오토매, 오토매틱, 오퍼레이션(automatic operation)이라고 함.

오토바이오 그래피[영 autobiography] 자서전.

오토반[독 Autobahn] 독일의 자동차전용도로.

오토자이로 [autogyro] 〈항공〉항공기의 하나. 활주거리가 짧은 것이 특징임.

오토 컬처 [auto culture] 자동차 문화. 자동차를 주요한 교통수단으로 하는 문화.

오토크래시 [영 autocracy] 독제정치, 전제군주정치.

오토크랫[영 autocrat] 독제자, 전제자.

오토 파일럿 [autopilot] 〈기계〉 자동조종 장치.

오트레쯔 [독 Ottrez] 〈광물〉 독일 오트레쯔 지방에서 나는 결정, 편암에서 나는 광물.

오트만 (Othman) 〈인〉 오스만(Osman)의 아랍어명.

389

ㅇ

오트민 [영] ottmean 〈섬〉 비교적 강연사를 사용하여 경 두둑으로 짠 직물 (주로 부인 옷감).

오트밀 [영] oatmeal] 보리죽, 연맥(귀리)의 가루에 우유 등을 넣어서 가열한 것.

오트 쿠튀르 [프] haute couture 〈복〉 고급 양장점. 오트(haute)는 고급, 쿠튀르(couture)는 양장점의 뜻. 여기에 부속되어 있는 '작은 집'격의 각기 조그마한 가게들은 부티크(boutique)라고 부름. (→) 부티크.

오판 [영] orphan] 고아, 어버이가 없는 아이.

오퍼 [영] offer 매매계약의 신청. 한 쪽이 조건을 제시하고 상대의 답을 구하는 것.

오퍼레이션 [영] operation]
① 작용, 직업 ② 〈의〉 수술
③ 〈군〉 작전. ~즈·리서치 (~sresearch) 경영합리화의 연구. OR라고 약함.

오퍼레이터 [영] Operator]
① 전자계산기의 조작자.
② 기술. 통신사. 텔레폰 ~ (~ telephone) 전화교환수.

오퍼튜니스트 [영] opportunist] 기회주의자.

오퍼튜니즘 [영] opportunism] 기회주의.

오페라[이/영] opera] 가극, ~글라스(~glass) 극장용의 소형망원경. ~클로크(~cloak) 〈복〉 이브닝 드레스의 위에 우의 모양으로 입는 상의. ~코믹(~comique) 〈극〉 대화가 들어간 가극으로서 희극적인 것에만 국한 된 것은 아니다. ~세리아(seria) 〈극〉 정가극. ~백(~bag) 애나멜 등으로 만들어진 소형 부인용핸드백.

오페라 하우스 [opera house] 가극용 극장.

오페어 [프 au pair]
① 여자 유학생이 언어·습관 등을 배우기 위해 집안일을 도와주고 숙박과 식사를 제공받는 제도. ▷ au pair는 본래 프랑스어로 '대등하게'의 뜻.
② 서로 노력 제공에 의한 상호 원조.

오펙 [OPEC→Organization of Petroleum Exporting Countries] 석유 수출국 기구.

오펜스 [영 offence] 복성의 공격.

오포짓 컬러 [영 opposite colour] 〈복〉 반대색.

오푸스 [이 opus] 〈음악〉
① 예술 작품 걸작.
② 음악적 작품.

오프 [영 off] ① 부터 떨어져서, 멀리에
② 중단하여.
③ 〈전〉 스위치의 꺼짐. ~사이드(~side) 〈경〉 럭비, 축구 등에서 상대쪽으로 나가 플레이하는 것. ~시즌(~season) 계절을 벗어난. 스포츠등의 시즌외, ~숄더(~shoulder) 〈복〉 갓을 뒤로 젖혀서 옷을 입는 것. ~리밋(~limit) 〈군〉 출입금지. ~레코드(~record) 기록외.

오프넥 [off neck] 〈의상〉목에 떨어지는 네크라인.

오프닝 [영 opening] 개회, 개시. ~어드레스(~adress) 개회사. ~나이트(~night) 〈영〉 초공개.

오프·더·레코드 [off-the-record] 기록에서 제외한다는 뜻. 비공식 내용을 말한다. 즉 기자 회견이나 좌담회 등에서 이 말은 참고로만 하고 기사화하지 말라는 뜻임. 또는 반대말은 '온·레코드'

오프라인 [off-line] 〈컴퓨터〉 단말기가 중앙 처리 장치에 직접 이어져 있지 않는 것. ↔ 온라인.

오프 램프 [off ramp] (고속도로의) 출구. 고속도로에서 일반도로로 나오는 차선.

오프리밋 [영 off limit] 출입금지. 상대어는 온·리밋.

오프사이드 [offside] 〈축구〉진입 반칙.

오프쇼어 [영 off shore] 먼 바다 위에, 먼 바다 위를 향해서. ~브리즈(~breeze) 먼 바다위에 부는 바람 ~마켓(~market) 〈경〉 해외시장. ~비즈니스(~business) 〈경〉 개발도상국이 해외자본을 유치하여 수출용 생산을 하게 하는 것.

오프 지 에어 [영 off the air] 〈라·텔〉 방송 쉼. ↔ 온 지 에어(on the air).

오픈 [영 often] 가끔, 때때로.

오픈 [영 open] ① 열린, 공개된. ② 열다. ③ 노천, 옥외. ④ 공개경기, ~어카운트(~account) 〈경〉 청산감정. ~에어(~air) 야외. ~카(~car) 지붕이 없는 자동차. ~컬러(~collar) 〈복〉 열린 옷깃. ~게임(~game) 〈경〉 공개시합. ⑤ 〈야〉 공식전에 들어가기 전의 시합. ~골프(~golf) 〈골프〉 아마추어와 프로의 구별 없이 함께 시합하는 것. ~코레스(~correspondent의 약) 어음계약을 은행의 본점사이에 맺는 것.

오픈 데이팅 시스템 [open dating system] 가공 식품 등에 제조 연월일과 보존 가능 기간 등을 표시해서 소비자도 알 수 있도록 하는 방식.

오픈 도어 [open door] 문호 개방.

오픈-루프 [open loop] 〈컴퓨터〉 열린 회로(回路).

오픈 마킷 오퍼레이션 [영] open market operation 〈경〉공개 시장 조작.

오픈 세트 [영] open-air set 〈영·텔〉 ① 옥외에 건축한 촬영하기 위한 배경장치. ② 촬영소 안에 시설한 옥외 장치.

오픈 셀브 [open shelves] 〈도서관〉 개가식. 누구나 마음대로 책꽂이가 있는 곳에 들어 갈 수 있는 제도.

오픈 셔츠 [open shirts] 〈의상〉 앞 가슴이 보이게 한 셔츠.

오픈 숍 [open shop] 노동조합에 가입하는 것을 본인의 자유의사에 맡기는 사업장. ▷ 우리나라에서는 오픈숍만 인정. → 유니언숍.

오픈 스타일 [open style] 〈권투〉 바싹 다가서지 않고 떨어져서 싸우는 형식.

오픈 스탠스 [영] open stance 〈체〉 야구에서 타자가 투수측 발을 뒤로 하는 태세. 골프에서는 타구가 나는 방향의 발을 뒤로 해서 태세를 갖춘다. 복싱에서 두 발을 크게 벌인 자세.

오픈 스페이스 [open space] 도시 안에 건물 등이 들어서지 않은 공간.

오픈 칼라 [open collar] 〈의상〉 벌어진 칼라.

오픈 커트 [open cut] 도로나 철도를 내기 위하여 산기슭을 깎아서 길을 내는 공법.

오픈 코스 [open course] 〈스케이팅〉 구획되지 않은 코스로서 장거리 종목을 실시할 때 사용함.

오픈 크레디트 [open credit] 〈경제〉 어느 은행이라도 자유롭게 어음을 사들일 수 있는 신용장.

오픈 테니스 [open tennis] 테니스에도 프로와, 아마추어를 동시에 참가하는 것을 인정하자는 것.

오픈 토너먼트 [open tournament] 〈체육〉 참가 자격에 제한이 없는 개방 경기.

오픈 폴리씨 [open policy] 〈경제〉 하주와 보험자 사이에 체결한 특약의 하나.

ㅇ

오피 [OP=observation] 적진의 관측소.

오피니언 [영 opinion] ① 의견, 주장. ② 소신, 세론. ~리더(~leader) 세론지도자. 유명한 저널리스트나 평론가를 말함.

오피니언 리더 [영] opinion leader 집단에서의 이론적 지도자. 세론(世論)지도자. 세론에 영향을 주는 문화인·저널리스트 등.

오피셜 레코드 [영] official record 〈경기〉 공인 기록.

오피셜 볼 [official ball] 〈탁구〉 지정된 공.

오피스 와이프 [office-wife] 사장 등의 여비서.

오피스 컴파트먼트 카 [office compartment car] 이동 사무실(차내에서 워드 프로세서, 팩시밀리, 전화 등을 비치하고 있음).

오피셜 핸디 [영] official handicap 〈골〉 골프에서 말하는 공인(公認) 핸디캡. 실력 판정의 기준이 됨.

오피스 [영 office] 사무소, 관청, ~오토메이션(~automation) 경영 관리를 위한 정보처리를 컴퓨터를 중심으로 해서 자동화하는 것.

오핑톤 [orpington] 〈축산〉 영국 Kent주 Orpington원산의 큰 닭.

오피움 [영 opium] 〈약〉 아편.

옥스퍼드 [영] oxford 〈섬〉 비교적 두껍고 부드러우며 광택이 있는 평직물(와이셔츠·부인 옷 등).

오힘빈 [yohimbine ; 독 Johimbin] 〈약학〉 최음(催淫)제의 하나로 아프리카의 식물 요힘베에 들어있는 알카로이드 = 요힘빈.

옥션 [auction] 경매.

옥스브리지 [Oxbridge] 영국의 명문 대학 옥스퍼드와 케임브리지를 다른 대학과 구별하는 말. ▷ Oxford+Cambridge

옥시다제 [독 Oxydase] 〈생물〉 산화 효소.

옥시덴털리즘 [영] occidentalism 서양풍. 서양 문화. ↔ 오리엔털리즘 (orientalism).

옥시돌 [라 > 도 Oxydol] 〈화·약〉 과산화수소수(過酸化水素水). 살균소독·표백에 씀.

옥시돌 팩 [도] Oxydol+ [영] pack 〈미용〉 옥시돌(Oxydol)과 밀가루를 섞어서 얼굴에 발라 햇볕에 탄 피부를 희게 하는 미용술.

옥시(산) [oxy] 〈화학〉 산소산. 옥시카본산.

옥시젠 [oxygen] 〈화학〉 산소.

옥시테트라사이클린 [oxytetracycline] 〈약학〉 테라마이신.

옥시플 [독 oxiful] 〈의〉 과산화수소액 무색으로 소독, 살균에 쓰인다. 〈약학〉 옥시들의 상품명.

옥시헤모글로빈 [oxyhaemoglobin] 산화한 헤모글로빈.

옥신 [영 auxin] 〈화〉 식물의 성장홀몬.

옥탄 [도] Octan [영·프] octane ([유]) 〈화〉 석유 속에 있는 무색의 액체 탄화 수소. C H

옥탄 가(價) [영] octane number/octane rating [value] ([유]) 개솔린(gasoline)이 연소할 때 이상 폭발을 일으키지 않게 하는 정도를 나타내는 단위. 개솔린의 내폭성(耐爆性)·앤티녹·성(antiknock 性)을 표시하는데 쓰는 단위. 옥탄가가 높은 것은 노킹(knocking)을 일으키지 않음. (→) 앤티녹(antiknock)·노킹.

온 [영 ON] ① 위에, 표면에

② 〈전〉 스위치를 넣는다. ~카메라(~Camera) 〈텔레비〉 녹화중, 여러 대의 촬영중의 카메라 중. 화면에 화상이 나오는 카메라. 상대어는 오프 카메라. ~사이드(~side) 〈경〉 축구에서 자기편의 영역에서 싸우는 것. ~더마크(~the mark) 〈경〉 육상경기에서 [준비]의 호령. ~더 에어(~the air) 〈방〉 방송 중, 대화는 오프더 에어.

온 가드 [on guard] 〈경〉〈펜싱〉시합 시작 또는 시합 중에 있어서의 정규적인 자세.

온더라인 [on the line] 〈테니스〉공이 라인 위에 떨어지는 것으로 세이프가 됨.

온 더 록 [←on the rocks] 위스키 등 얼음 위에 따라 마시는 술.

온 더 잡 트레이닝 [on-the-job training] 실지 훈련. 현장 연수(研修) (실제로 업무를 하면서 종업원에게 업무에 필요한 일정 기능을 습득하도록 하는 훈련법. 약/OJT

온두라스 (Honduras/Republic of Honduras) 〈국〉 중앙 아메리카의 니카라과(Republic of Nicaragua) 북쪽에 있는 공화국. 대부분의 주민이 인디언 메스티조 족(Mestizo 族)으로 주로 구성된 나라. 1502년 콜럼버스(Christopher Columbus)가 발견. 1520년 에스파냐의 식민지로 1539년 과테말라 총독령(總督領). 1823년 중앙아메리카 연방의 하나로 독립. 1839년 완전 독립. 수도는 테구시갈파(Tegucigalpa). (→) 테구시갈파.

온-디맨드 [On Demamd] 주문에 즉시 응할 수 있게 만든 정보산업체계.

온라인 [on-line]
① 〈컴퓨터〉 단말기가 중앙 처리 장치(中央處理裝置)와 직접 연결되어 있는 상태. 통신 회선 등을 사용하여 정보를 전송(傳送)할 수 있음.
② (테니스 등에서) 경계 선상(境界線上)에 볼이 떨어져 유효타(有效打)가 되는 일.

온라인 리얼타임 시스템 [on-line real-time system] 〈컴퓨터〉 단말기와 중앙 처리 장치를 연결하여, 원격지(遠隔地)의 정보를 즉시 처리하여 단말기에 보내는 시스템(은행의 창구 처리·열차의 좌석 예약 등).

온라인 시스템 [on-line system] 〈컴퓨터〉 온라인 처리 능력을 가진 컴퓨터 시스템. 이 시스템은 온라인의 입·출력 장치를 가지고 있을 때 비로소 가능하다. 데이터가 발생한 현장에서 통신 회선을 통해서 직접 컴퓨터에 보내면 이곳에서 처리해온 정보가 필요한 곳에 컴퓨터로부터 직접 보내지는 시스템.

온 리미츠 [on limits] 〈간판〉 출입 자유. ↔ 오프리미츠(off-limits).

온마이크 [on-mike] 음원(音源) 가까이에 마이크를 두고 소리를 수록하는 일. ↔ 오프마이크(off-mike).

온오프(동작) [on-off 動作] 자동스위치나 자동 전압 조정에 쓰이는 자동 제어 동작 양식의 하나.

온 유어 마크 [on your mark] 〈체육〉 온더마크(on the mark). 운동경기에서 "제자리에!"라는 출발 신호.

온 지 에어 [영] on the air 〈라·텔〉 방송중. 온 에어(on air)라고도 함. ↔ 오프 지 에어(off the air).

올 [영 all] 모두, 전부의, 전혀~ 이어 라운드(all year round) 일년 중, 4계절을 통해서, ~인원(~in one) 〈복〉 브라자, 웨스트, 니퍼, 거들 등이 하나로 된 부인용 하의. ~오어 나싱(~or nothing) 전부가 아니면 아예 포기하는, ~개란티(~guarantee) 도항비를 상대국이 전액 갖는 것. ~콩쿨(~concours) 〈미〉 무감사출품자. ~시즌트랙(~season track) 〈경〉 전천후 육상 경기장의 주로.

ㅇ

올가즘 [영 orgasmus] 성적흥분의 정점.

올게임 [all game] 〈체육〉 제로 게임.

올도비스 에이지 [영 oldovice age] 〈이〉 지질시대의 한시기. 오도기(奧陶紀), 고생대중, 칸블리아 기(紀)의 후이다.

올드 [영 old] ① 오래된, 늙은 ② 연계(年季)가 들어간. ~가드(~guard) ③ 오래된 군인, 용사. ④ 미국 공화당의 보수파. ~타이머(~timer) 시대에 뒤처진 사람. ~패션(~fashion) ⑤ 유행에 뒤늦은. ⑥ 고풍스런, 구식의 ~보이(old boy) 졸업생, 선배. 약해서 OB. ~미스(~miss) 결혼적령기를 넘긴 적령기의 미혼 여성. ~로즈(~rose) 회자색.

올드랭 사인 [Auld Lang Syne] 스코틀랜드의 민요(흘러간 날).

올드패션 [영] old-fashioned 시대에 뒤떨어진. 유행에 뒤진 구식.

올디 [oldie] 흘러간(오래된) 유행가, 옛 노래·영화 따위.

올라운드 플레이어 [영] all-round player ① 〈체〉 만능 선수. ② 〈야〉 어떤 수비 위치에서도 해내는 선수. 공(攻) 수(守) 주(走)의 세 박자를 갖춘 선수.

올런 [orlon] 〈화〉 화학섬유로 가장 양모에 가깝다. 1940년 미국의 듀폰회사가 제조하였다.

올레안도마이신 [영 oleandomycin] 〈약〉 방성균 항생물질의 일종. 페니실린을 강화시킨 정도의 효력이 있다.

올레오 댐퍼 [영 oleo damper] 자동차나 항공기의 충격을 유압에 완화하는 장치.

올레인(산) [독 Olein (酸)] 〈화학〉 유산. 영어식 발음은 '올린'

올름 [olm] 유미목(有尾目) 푸로레우스과에 속하는 동물.

올리가키 [oligarchy] 〈정〉 과두정치. 소수의 독점정치.

올리버 필터 [oliver filter] 〈기계〉 진공 원통 여과기의 하나.

올리브 [그 > 라 > 이·프·영 olive] 〈목〉 목서과(木犀科)에 딸린 상록 교목. 열매로서는 올리브 유(olive 油)를 짬. 아렵포(阿列布)로도 적음. 지중해 지방이 원산지. 서양에선 감람(橄欖)을 중국 올리브(Chinese olive)라고 부르나, 올리브와 감람은 다름. 가장 장수의 과수(果樹)로서 수령 1천년에서도 결실함.

올 리스크스 [all risks] 〈경제〉 전(全) 위험 담보 보험(물건이 사는 사람 손으로 건너갈 때까지의 일체의 위험이 담보가 됨)

올리엔탈리즘 [영 orientalism] 동양풍. 동양취미.

올림퍼스 [희 olympus] 희랍북동부의 산, 신화에서는 희랍의 신들이 여기에 살고 있었다고 한다.

올림포스 산 (Olympos Mt./Olympus Mt.) 〈지〉 그리스(Greece)에 있는 산.

올림피아 [영 olympia] 희랍의 모레아 반도의 페로포네소스평야의 중부지방에 있는 제우스의 신사의 소재지에서 재례에 국민이 경기를 하였다. 그 경기는 4년마다 초여름의 5일간 행하여지며 이것이 현재의 올림픽의 시작이라고 한다. 기원전 776년 이라고 한다.

올림피아드 [영 olympiad] 4년기. 다음의 올림픽까지의 4년간을 말함.

올림픽 [영 olympic] 올림픽 1895년에 희랍의 수도 아테네에서 열린 다음 고대의 규범에 따라 4년째마다 각국이 번갈아 개최지가 되어 국제경기가 행하여 진다.

올마낙 [영 almanac] ① 역법. ② 달력, 책력.

올마이티 [영 almighty] ① 전능. ② 트럼프 최강의 패로서 스페이드의 A.

올마이티 달라 [almighty dollar] 황금만능.

올스타 캐스트 [영] all-star cast 〈연·영〉인기 배우 총출연의 작품.

올스틸 카 [all steel car] 모두 강철로 만든 기차나 전차.

올시즌 드레스 [all-season dress] 〈의상〉계절에 관계없이 언제나 입을 수 있는 옷.

올어케이전 드레스 [all-occasion dress] 〈의상〉때와 장소를 가리지 않고 언제든지 입을 수 있는 옷.

올오버 레이스 [영] allover lace 〈복〉전면 연속무늬가 있는 레이스 천.

올 오어 너싱 [all or nothing] ① 건곤 일척(乾坤一擲)의 흥하느냐 망하느냐. ② 전부냐 전무(全無)냐.

올 웨이브 [all-wave] 〈미용〉다섯층으로 하는 웨이브.

올웨이브 리시버 [all-wave receiver] 〈통신〉전파장(全波長) 수신기.

올 인 원 [영] all-in-one 〈복〉부인용 속옷의 일종. 브레지어(brassier). 코르셋(corest)·거들(girdle)이 일체가 된 것.

올코트 프레싱 (all court pressing) 전면 적극 방어.

올토키 [all talkie] 발성 영화.

올퍼퍼스 [all-purpose] 아무것에나 사용할 수 있는, 만능의.

옴 [독 ohm] 〈건〉전기저항의 실용단위. 1볼트로 1암페어의 전류에 대한 저항.

옴니버스 [영 omnibus] 승합자동차. ~필름(~film) 〈영〉몇 개의 짧은 대화를 한 개의 영화 속에 조합시켜서 하나의 주제를 살린 영화.

옴브즈만 [영 ombudsman] 정부, 국가기관, 국가 공무원 등에 대한 일반시민의 고충을 처리하는 행정감사위원.

옵라트 [oblate] 분약포장, 전제분의 얇은 조각.

옵리카토 [obligato] ① 의무, 책임. ② 계약.

옵서버 [observer] 방청자. 감시인.

옵셔널 파츠 [optional parts] 자동차 등에서 고객의 주문에 따라 부착하는 부품이나 장치.

옵셔널 플래그 [optional flag] 〈축구〉하프웨어 라인 바깥쪽에 세우는 기.

옵소닌 [opsonin] 백혈구의 식균(食菌)작용을 촉진한다는 물질.

옵스트럭션 [영 obstruction] ① 장해, 방해. ② 〈야〉주루방해. ③ 〈정〉의사진행방해.

옵신픽추어 [영 obscene picture] 춘화, 연인화.

옵저버 [영 observer] ① 입회인, 관찰자. ② 방청자.

옵제 [프 objet] ① 물체, 대상. ② 〈미〉생화로 꽃이나 풀 이외에 여러 가지를 사용하는 물체.

옵젝션 [영 objection] 반대, 이의.

옵젝트 [영 obhect] ① 물체. ② 목적. ③ 문법 목적어.

옵젝트볼 [object ball] 〈당구〉큐볼로 맞히려는 공.

옵트 엘렉트랙스 [영 opt electronics] 전자공학의 광학 기술을 도입하여 빛(광)을 이용하는 계산기나 통신기술등의 분야를 말함.

395

ㅇ

옵티미스트 [영 optimist] 낙천가. 상대어는 페시미스트(passimist).

옵티미즘 [영 optimism] 낙천주의.

옵티컬 마크 리더 [optical mark reader] 컴퓨터〉광학식 마크 판독장치(약/OMR)

옵틱스 [영 optics] 광학.

옹스트롬 [영 angstrom] 〈이〉단파장의 단위로 1미터의 100억분의 1. 기호는 A.

와글 [영 waggle] 〈야〉 타자가 투구를 기다리는 동안에 배트를 흔들어 준비하는 동작.

와렌 [warren] 알을 잘 낳는 닭의 종류.

와렌 호 [Warren hoe] 〈농업〉감자 씨를 심기 위한 고랑을 파는데 쓰는 호미의 상표명.

와셀린 [독 vaselin] 〈화〉석유증류후의 나머지를 정제하여 만든 반투명의 고형유지.

와스프 [WASP←White Anglo-Saxon Protestant] 앵글로색슨계의 신교도. 미국 사회의 주류를 이루고 있음.

와이·더블류·시·에이 [영 YWCA] 그리스도교 여자 청년회. Young Women's Christian Association의 약.

와이드 [영 wide] 넓은.

와이드 볼 [wide ball](크리켓) 타자의 손에 미치지 않는 방향으로 던진 공.

와이드 스크린 [wide screen] 〈연예〉 큰 스크린의 총칭으로 시네라마. 시네마스코프. 비스터비젼 등.

와이드 앵글 [wide angle] 〈사진〉넓은 각도.

와이 라인 [Y line] 〈의상〉 1955년 파리의 디자이너 디오르씨가 발표한 의상의 윤곽. 허리 부분부터 아래가 마치 Y자 모양임.

와이 브로 [Wibro = Wireless broadband] 개인휴대단말기

와이셔츠 [White+shirt] 양복 안에 입는 소매 달린 셔츠.

와이어 게이지 [wire gauge] 철사의 굵기를 재는 기구.

와이어 글래스 [wire glass] 쇠그물을 넣어 깨지지 않도록 한 유리.

와이어태핑 [wiretapping] 전화 등의 도청(盜聽).

와이·앰·시·에이 [영 YMCA] 그리스도교의 청년회. Young Men's Christian Association의 약.

와이키키 (Waikiki) 〈지〉 하와이 (Hawaii) 호놀룰루(Honolulu)에 있는 해안.

와이키키 셔츠 [미] Waikiki shirts 〈섬〉→ 알로하 셔츠(aloha shirts).

와이퍼 [영 wiper]자동차의 자동 창닦이.

와이프 스와핑 [wife swapping] 부부교환놀이.

와이프 아웃 [wipe out]
① 영화 기술의 하나로 한 장면이 살아지고 곧 다음 장면이 나타나는 접속법.
② 텔레비전 화면이 차차 지워지는 것.

와이프 인 [wipe in]텔레비전 화면이 차차 지워짐에 따라 이어서 나타나는 것.

와인글라스 [wine glass]작은 포도주잔.

와인드업 [wind-up] 〈야구〉투수가 공을 던지려 할 때 팔을 크게 휘둘러 컨디션을 가다듬는 것.

와인딩 [winding] 〈미용〉머리 말기.

와일드 [영 wild] ① 야생의.
② 거칠은, 난폭한.

와일드 드로 [wild throw] 〈야구〉 좋지 못한 투구.

와일드 피처 [wild pitcher] 〈야구〉투

구의 컨디션이 잡히지 않은 투수.

와일드 피치 [wild pitch] 〈야구〉 투수가 타자를 향하여 던진 공. 포수가 잡지 못할 정도로 나쁘게 던지는 것.

와일스(씨병) [Weilsche Krankheit*] 〈의〉스피로헤타에 의한 일종의 전염병.

와트 [영 watt] 〈기〉 전력의 단위.

와트, 제임스 (James Watt, 1736~1819) 〈인〉 영국의 발명가, 증기 기관을 발명.

와트미터 [wattmeter] 〈전기〉전력계.

와펜 [독 wappen] 〈복〉 브레자·코트 등의 가슴 장식에 쓰이는 문장의 액세서리.

와플 [영 waffle] 〈요〉 소맥분에 계란, 우유, 버터나 감미를 섞어서 구운 거죽에 잼을 집어넣은 양과자.

왁센데하우스 [독 wachsendehaus] 가족의 증가에 따라 방을 증축할 수 있게 되어 있는 집.

왁스 [영 wax] ① 납.
② 스키의 활주면에 바르는 납의 일종.

왁친 [독 vakzin] 전염예방액의 하나.

왈파린 [warfarin] 〈약〉 쥐구제의 신약.

왜건 [영 wagon] ① 4륜의 짐마차.
② 대형화물자동차.
③ 작은 바퀴가 달린 상품의 장식대.

왜글 [waggle] 〈골프〉 초심자가 클럽을 잡는 연습 중 좌우 균등하게 그리고 같은 속도로 클럽을 흔드는 것.

요 [yaw] 〈요트〉 침로(針路)로부터 벗어 나는 것.

요가 [영 yoga] 전신을 통하여 5감을 봉하여 무아의 경에 들어가는 것. 수행자는 요기(yogi)라고 함.

요도포롬 [독 Jodoform] 〈약학〉 아세톤 알콜에 옥도 탄산 소다를 가열하여 만든 결정 분말.

요드 팅크 [독 Jodtinktur] 〈의학〉옥소 알콜 용액. 요도징끼. → 옥도정기.

요들 [독 yodel] 〈음〉 스위스의 민요. 알프스 지방에서 노래하는 지성(地聲)과 이성(裏聲)을 번갈아 사용하는 독특한 억양을 가진 노래.

요르단 (Hashimite Kingdom of Jordam) 〈국〉 아라비아(Arabian Pen.) 반도 서북부에 있는 왕국. 1928년 영국의 위임 통치령인 채로 트란스 요르단(Transjordan) 왕국으로 독립했다가, 1946년 위임 통치가 끝나고 완전 독립. 1949년 국호를 변경하여 요르단(Jordan) [요르단의 하심 가(家) 왕국] 이 됨. 수도는 암만(Amman). (→) 암만.

요만 [영 yoeman] 영국 중세의 자작농민. 자유민이라고 함.

요벨 [yobhel(헤브라이)] 안식의 해.

요잉 [yawing] 비행기나 배가 좌우로 흔들리는 것.

요즈 [yaws] 〈의학〉 (열대 지방의) 매독 비슷한 전염병.

요자나 [범 yojana] 「베다」에 나오는 거리의 단위. 약90마일의 거리.

요칭 [영 yachting] 범주, 요트를 주행시키는 것.

요크 [영 yoke]
① 〈복〉 받침전, 어깨나 허리에 몸에 맞는 천을 대주는 것.
② 〈보트〉 키의 상부의 횡목.

요크 스커트 [yoke skirt] 〈의상〉힙 부분에서 요크로 변절선을 넣은 스커트.

요텔 [영 yachtel] 요트치장이 있는 호텔. 요트와 호텔의 합성어.

요트 [영 yacht] 경주용, 유람용의 범선.

요힘빈 [johimbin] 〈약〉 서 아프리카산의 꼬두서리관의 수피로 만든 염기성으로 성욕 자극제.

397

ㅇ

우간다 (Uganda/Republic of Uganda) 〈국〉 동 아프리카의 내륙부에 있는 공화국. 19세기 우간다 왕국(Uganda 王國)이 강성해졌으나 1896년 영국의 보호령이 된 뒤 1962년 영 연방 내의 독립국. 1966년 영 연방에서 탈퇴, 완전 독립. 수도는 캄팔라(Kampala). (→) 캄팔라.

우나코르다 [이 una corda] 〈음악〉 피아노의 약음. 페달을 사용하는 것.

우드 [영] wood 골프에서 대가리가 목제인 타봉의 클럽. 우드는 4개로 1번을 드라이버, 2번을 브러시, 3번을 스푼, 4번을 버피라고 부름. (→) 우든 클럽(wooden club)

우드 타르 [wood tar] 〈공업〉 목재를 말리어 생긴 타르. 방부제로 쓰임.

우든 클럽 [영] wooden club 골프에서 타봉의 대가리가 목제인 클럽. ↔ 아이언(oron).

우든 타이프 [wooden type] 〈도서관〉 목활자.

우라 [러 ura] 만세.

우라늄 [영 uranium] 방사성 금속원소의 하나. 백은색. 기호. 원자번호92. 우란 우라늄과 같음.

우란 [독 Uran] 〈화학〉 우라늄.

우랄 산맥(山脈) (Ural Mts.) 〈지〉 소련. 아시아(Asia)와 유럽(Europe)을 가르는 산맥.

우렁(다)[영 wulung]오룡(烏龍), 복건(福建), 대만(臺灣)에서 생산되는 홍차.

우레아제 [독 Urease] 〈화학〉 효소의 하나.

우레탄 [독Urethan] 〈화학〉 에틸우레탄을 주성분으로 하는 무색·무취의 결정.

우레탄폼 [Urethen form] 합성고무에 기체의 공기방울을 포함시킨 것.

1950년에 독일의 바이엘 회사가 개발.

우로트로핀 [독 Urotropin] 〈화학〉 핵 사매틸렌 테트라민의 상품명.

우루과이 (Uruguay/Oriental Republic of Uruguay)〈국〉남아메리카의 동남부에 있는 공화국. 에스파냐어 표기로는 Republica Oriental del Uruguay 1516년 에스파냐령, 이어 1680년 현 헌법 제정. 수도는 몬테비데오(Montevideo). (→) 몬테비디오.

우르비 에트 오르비 [라] urbi et orbi 〈가〉 '도시와 전 세계에' 라는 뜻에서 유래한 말. 로마에 운집한 청중들과 전 세계에 흩어져 있는 보이지 않는 청중들에게 교황이 베푸는 강복(降福). 이는 성년(聖年) 동안에, 그리고 교황 착좌식 기타 중요한 기회에 종종 베풀어지는데, 그 동안 중단 상태였다가 1922년에 다시 부활되었음.

우먼·리브 [woman's lib] woman's liberation의 준말. 미국을 비롯해서 각국에서 벌렸던 여성 운동. 즉 여성의 해방 없이 인간성은 회복될 수 없다고 주장하고 여성사회에 대한 차별을 철폐할 것을 요구함.

우먼스싱글즈 게임 [women's singles game] 〈테니스〉 여자 경기에 있어서 1대 1의 시합.

우물라우트 [독 Umlant] 변모음. 게르만어에서 모음이 다음에 오는 앞모음 'i', 'e'를 닮는 현상. ▷ 모음 동화.

우비강 [프 Houbigant] 프랑스의 향수.

우수리 (강) (Ussuri/烏蘇里江)〈지〉중국 헤이룽 강(黑龍江)의 지류인데, 북한의 장백 산맥(長白山脈)의 북쪽에서 발원하여 소련의 연해주 지방과 중국과의 경계를 흐르기 때문에, 중국 표기로는 우쑤리(강), 러시아 표기로는 우수리(강), 한국어 표기로는 오소리강(烏蘇里江)임. (→) 우쑤리 (강)

우스테드 [worsted] 모직물의 일종으

로 긴 양털을 꼬아서 짠 것.

우스풀룬 [독 Uspulun] 〈농업〉 종자 소독제의 하나.

우이 [프 oui] 그래요, 그렇다. 네. 상대어는 논(non).

우즈 [ooze] 〈광물〉 연한 진흙.

우쿨렐레 [영 ukulele] 〈음〉 하와이 원주민이 사용하는 기타와 비슷한 악기.

우퍼 [woofer] 〈통신〉 저음 확성기.

운크라 [UNKRA] 유엔 한국 재건단.

울란바토르 (Ulan Bator) 〈지〉 몽고 인민공화국(MongolianPeople's Republic)의 수도. 오르콘 강(Orkhon R.) 상류, 툴라 강(Tula R.) 우안에 있음. 우르가(Urga), 또는 울란바토르 호토(Urkhon R.)라고도 하는데, '호토'는 몽고어로 '도시·거리'의 뜻임. 한자 표기로는 고륜(庫倫). (→) 몽고/몽골리아(Mongolia).

울 [영 wool] ① 양모, 모사.
② 양모로 짠양복지. ~크레이프(~crape) 〈복〉 양모로 짠 주름 옷감. ~저젯(~georgette) 양모로 만든 저젯(얇은 포지).

울 게임 [owl game] 〈야구〉 2회째 경기. 야간경기.

울텍스트 [독 urtext] 원본, 원문.

울리 [영 woolly] 양모로 만든, 양모의 느낌의.

울 저지 [wool jersey] 털로 짠 옷감.

울톱 [영] wool top 〈섬〉 소모 방적 공정에 넣기 전의 슬라이버(sliver).

울트라 [영 ultra] ① 초, 극.
② 극도의 접두어
③ 과격논자. 지나침 ~스코프(~scope) 시네마스코프의 별칭. ~내셔널리즘(~nationalism) 초국가주의. ~마린(~marine) 농감, 군청색, ~모던(~moden) 초현대적.

~모타니즘(~montanism) 법황지 상주의. ~린켄(~linken) 극좌. ~레드(~rad) 적외선.

울트라 점보 기(機) [영 ultra+jumbo+plane] 〈군〉초대형 제트기. 대량 수송으로 경비 절감을 목표로 만든 초 대형 여객기. 750인승, 전장 82m

울트랄란 [독 Ultralan] 독일 쉐링회사가 개발한 피부약.

울·포라 [wool+Poral → 일] 〈의상〉 옷감의 하나. wool은 털, poral이란 명칭은 영국의 Ellison회사의 상품명.

움라우트 [독 umlaut] 변모음. 독일어의 aou상의 ···표.

움벤덴 [독 Umwenden] 〈스키〉 뒤로 돌아서며 다리를 바꾸어 디디는 동작.

움슈테멘 [독 umstemmen] 〈스키〉 돌면서 멈추는 것.

움슈푸링게 [독 Umspringen] 〈스키〉 도약 회전. 점프 턴.

움트레텐 [독 Umtreten] 〈스키〉 다리를 바꾸어 디디는 동작.

워 [영 war] 전쟁, 싸움.

워닝 [영 warning] ① 경고, 계고.
② 해고의 예고.

워닝 램프 [warning lamp] 계기판에 장치된 경고등. 원료 등의 잔유량이나 고장 등을 알려 주는 램프. ▷ 워닝은 경고, 예고의 뜻.

워더 [warder] 교도관. 파수꾼.

워드 [영 word] 말, 단어. 〈컴〉 컴퓨터가 취급하는 데이터의 기본 단위.

워드 프로세서 [word processor] 문장의 작성을 종합적으로 하는 새로운 기기.

워밍 업 [영 warming up] 〈경〉 경기전의 준비 운동.

워 베이비 [war baby] 전쟁 사생아, 점령 지역의 여자와의 사이에서 생긴

ㅇ

사생아.

워셔블 [washable] 〈의상〉 물빨래를 할 수 있는(색깔이 변하거나 줄지 않는).

워스트 [worst] 최악의, 가장 나쁨.

워쉬 [영 waru] ① 세탁 ② 〈미〉 회구를 화포에 두껍게 바르는 기법. ~앤드웨어(~and wear) 빨아서 즉시 입을 수 있는 의류. ~스탠드(~stand) 세면대. ~베이슨(~basin) 세면기. ~래그(~rag) 수건, 타올.

워시앤드웨어 [wash-and-wear] 〈의상〉 간단하게 빨 수 있고 다리지 않아도 되는

워즈워서, 윌리엄 (William Wordsworth, 1770~1850) 〈인〉 영국의 낭만 시인.

워 위도 [war widow] 전쟁 과부.

워치 [영 watch] ① 회중시계 ② 간수 ~맨(~man) 경비원. ~타워(~tower) 전망탑. ~워드(~word) 암호 합언엽. ~마스터(~master) 시계의 빠르고 느림을 검사, 진단하는 장치. ~카메라(~camera) 회중 시계형의 소형 카메라. ~도그(~dog) 경비견. ~벨(~ball) 항해 중 30분마다 울리는 종, 반시종.

워치독 [watchdog] ① 지키는 개. ② 여자의 보신을 맡은 남자.

워치 마스터 [watch master] 시계의 정확 여부를 검사하는 장치.

워카홀릭 [영 workaholic] 일중독자.

워커 [Walker] 목이 긴 군화.

워커빌리티 [workability] 〈경제〉 노동 능력.

워커톤 [walkathon] 가두 보행 선전 운동. 소수의 사람이 가두를 행진함으로써 어떤 주장을 내세우는 방법. ▷ walk(걷다)와 marathon(마라톤)의 합성어.

워크 [영 work] ① 일하다. ② 만든다. ③ 일, 역학. ④ 공작, 공사. ⑤ 제작, 작품.

워크 업 아파트먼트 [영 walk up apartment] 엘리베이터가 없는 아파트.

워크샵 [workshop] ① 참가자에게 자주적으로 활동을 하게 하는 강습회(교직원의 연수 등) ② 작업장, 공장.

워크 세어링 [work shoring] 일을 서로 나누어서 고용의 기회를 늘리는 실업 정책.

워크스테이션 [workstation] 〈컴〉 고성능 퍼스널 컴퓨터의 일종. 중앙의 컴퓨터가 다른 단말기와 통신 회로를 통하여 데이터를 주 받을 수 있을 뿐만 아니라. 단독으로 높은 처리 능력을 가진 단말 장치.

워키 [영 walkie] 보행할 수 있는, 움직일 수 있는 ~토키(~talkie) 휴대용 무선 전화기, 라디오 마이크. ~루키(~lookie) 휴대용 텔레비 카메라.

워키루키 [walkie-lookie] 〈연예〉 카메라의 활동범위를 넓히기 위해 고안된. 휴대용 비디콘을 사용한 작은 촬영 장치.

워키토키루키 [walkie-talkie-lookie] 〈연예〉 촬영과 송신을 할 수 있는 휴대용 송수신기. 영상 신호와 음성 신호를 동시에 보냄.

워킹 [영 walking] 보행, 경보. ~슈즈(~shoes) 골프나 하이킹용의 구두. ~딕셔너리(~divtionary) 생자 사전. ~파트 〈연〉 무대에서 대사가 없는 통행인 역. ~레이스(~race) 경보.

워킹 딕셔너리 [walking dictionary] 살아 있는 사전, 만물박사, 아주 박식한 사람.

워킹 레이스 [walking race] 〈체육〉 경보, 빨리 걷기.

워킹 스텝 [walking step] 발끝으로 가볍게 걷는 스텝.

워킹 캐피털 [영 walking capital] 〈경〉 운전자본. 운영자금.

워킹 코스튬 [walking costume] 〈의상〉 소풍 또는 거리를 다닐 때 입는 가벼운 옷.

워킹파트 [walking-on-part] 〈연예〉 무대 위에서 걷는 역.

워킹푸어 [working poor] 빈약한, 서투른, 모자라는, 일을 해도 가난하게 사는 사람.

워킹 플리츠 [walking pleats] 〈의상〉 타이트스커트 옆이나 앞뒤에 걷기 편리하도록 잡은 주름.

워터 [영 water] ① 물, 수상. ② 액체. ~칼라(~color) 수채화. ~쿨러(~cooler) 음료수를 냉각하는 기계. ~크레인(~clane) 급수기중기. ~크로셋(~closet) 화장실. 세면장, W.C로 약함.

워터 가스 [water gas] 〈화학〉 수성가스

워터 게이트 케이스 [water gate case] 72년 6월 닉슨 대통령의 측근이 닉슨의 재선을 위한 공작의 일환으로 워싱턴의 워터게이트 빌딩에 있는 민주당 본부에 침입하여 도청 장치를 하려 했던 미국 역사상 최대의 정치 스캔들 (이 사건의결과 닉슨은 대통령직을 사임했다).

워터 글라스 [waterglass] ① 물 속을 들여다보는 안경. ② 물쟁반.

워터 보일러 [water boiler] 〈물리〉 농축 우라늄을 사용하는 작은 실험용 원자로의 한 형태.

워터 자켓 [water jacket] 자동차의 폭발열을 식히기 위하여 물을 담아둔 곳.

워터 크레인 [water crane] 〈기계〉 수압 기중기.

워터 프레임 [water frame] 방적 기계의 한 가지.

워터프루프 [waterproof] ① 방수의. ② 방수 처리를 한 천이나 시계.

워터-해머 [water hammer] 관속을 흐르는 물을 갑자기 막았을 때, 물이 받는 충격. 수격(手擊).

워털루(Waterloo) 〈지〉벨기에(Belgie) 중부, 브뤼셀(Brussel) 동남쪽의 소도시. 1815년 나폴레옹의 패전지.

워트카 [vodka] 호밀로 만든 러시아의 강한 술.

워플 [waffle] 밀가루, 우유, 달걀 등을 반죽하여 구운 것.

원다운 [one down] 〈야구〉 공격측의 한사람이 아웃된 것.

원더랜드 [영 wonderland] 이야기의 나라, 이상한 나라.

원더스 [wondus] 불가사의, 경이로움, 기적, 멋진.

원더풀 [영 wonderful] ① 놀라운. ② 굉장한.

원데룽크 [독 wanderung] 산야를 자유로이 걸어 다니다.

원라인 디펜스 [one-line defence] 〈핸드볼〉 한 줄로 서서 하는 방어.

원룸 시스템 [one-room system] 한 방에 거실·주방·침실을 겸하는 설계방식.

원마일 웨어 [one-mile wear] 〈의상〉 외출복과 실내복의 중간 정도의 생활복 ▷ 자택에서 1마일 정도 되는 곳으로 외출하기 위한 옷의 뜻.

원맨 콘트롤 [one-man control] 혼자

ㅇ

서 전 기구를 움직이는 것.

원맨 팀[one-man team] 〈핸드볼〉한 명의 경기자가 모든 것을 맡아 보듯 돌아다니며 활동하는 것.

원베이스 히트[one base hit] 〈야구〉 단타.

원볼륨 에디션 [one-volume edition] 〈도서관〉 단행본.

원숏-카메라 [one-shot camera] 한 번 노출로 색분해 촬영을 하게 되어 있는 특수 천연색 카메라.

원카드 시스템 [one-card-system] 〈도서관〉 단식 대출법.

원턴[영 wan-tun] 〈요〉 밀가루를 반죽 하여 돼지고기를 넣어서 쪄낸 다음 그 것을 국물 속에 넣어 먹는다.

원트 [영 want] ① 결핍, 부족.
② 빈핍, 곤궁.
③ 욕망, 욕구. ~(~ad) 구인, 구직 광고.

원트 리스트 [want list] 〈도서관〉 희 망 도서 목록.

원풋 에이트 [on foot eight] 〈피겨 스 케이팅〉 한 다리로 그리는 것으로 원 형을 8자로 연결시킨 하나의 연결형.

월(가) [영 wall street] 뉴욕의 증권거 래소가 있는 금융과 주식의 중심가.

월너트 [영 walnut] ① 〈식〉 호두.
② 목재.

월드 [영 world] 세계.

월드 게임 [world game] 올림픽 대회 에 정식 종목으로 채택되지 못한 경기만 으로 4년마다 열리는 국제 친선 대회.

월드 시리즈 [world series] 〈야구〉 세계 야구 선수권 쟁탈전. 아메리칸 리그와 내셔널 리그의 우승자 사이에 행하여 짐.

월드 엔터프라이즈 [world enterprise] 〈경제〉 세계 기업(여러 나라에 자 회사・계열 회사를 가지고 활동하는 다국적 기업).

월드-와이드-웹 [world wide web] 〈컴퓨터〉 인터넷에서 검색할 수 있는 방대한 양의 정보를 서로 유기적으로 연결시켜 놓은 망

월드컵[world Cup Soccer]4년에 한번 씩 열리는 올림픽 축구 선수권 대회.

월 디스플레이 [영 wall display] 벽면 을 사용하는 진열.

월 스트리트 [wall street]뉴욕의 증권 거래소가 있는 금융과 주식의 중심가.

월 앤드 레일즈 [wall and rails] 장벽 과 가로막대로 되어있는 장애물.

월프 [영 wolf] 늑대, 호랑이의 무리.

월프램 [영 wolfram] 금속원소의 하나. 기호. 번호W 74. 텅스텐.

웜 기어 [worm gear] 〈기계〉 나사 톱 니. 서로 다른 평면상에 있는 직교(直 交) 두 축 사이의 회전 전달 장치.

웜배트 [wombat] 호주에서 사는 주머 니 달린 짐승.

웜 컬러 [영 warm colour] 적, 황, 오렌지색등의 따뜻한 색깔.

웩스(wags) : 사람들을 몰고 다니는 연 예인이나 운동선수들의 아내나 연인.

웨더 [영 weather] ① 날씨, 천기.
① 양기, 시후. ~올(~all) 〈복〉 청 우겸용의 코트. ~콕(~cock) 풍견 계(風見鷄).

웨더 사이드 [weather side] 바람이 불어오는 쪽의 뱃전.

웨딩 [영 wedding] 결혼식. ~마치(~ march) 결혼행진곡. ~링(~ring) 결 혼기념의 가락지.

웨딩 베일 [wedding veil] 결혼할 때 신부가 머리에 쓰는 얼굴 덮개.

웨버 [weber] 〈전기〉

① 콜롭 또는 맥스웰(maxwall).
② 자기의 흐름 단위로 맥스웰에 해당함(물리학자의 이름 weber에서).

웨브 [영 wave] ① 파도. ② 전파.
③ 두발을 오그라뜨리다. 퍼머넌트 웨브.

웨스킷 [weskit] 스커트 위에 입는 부인용 베스트. 칼라가 있기도 하고 없기도 함.

웨스턴 [영 western] ① 서양의.
② 서쪽의, 서부. 상대어는 이스턴.
③ 웨스턴 뮤직의 약. ~그립(~grip) 〈정·탁〉 라켓을 지면과 수평으로 잡는 것. ~롤(~roll) 〈경〉 높이뛰기의 한 방법으로 잔등으로 바를 넘은 것. 상대어는 베리롤.

웨스턴 롤 [western roll] 〈운동〉높이뛰기의 한 방법. 잔등으로 바를 넘는 것. 상대어는 베리롭.

웨스턴 크립[western grip] 〈테니스〉 서브의 한 방법. 캘리포니아주에서 가장 많이 쓰이는 라켓을 쥐는 방법. 라켓의 면을 땅위에 엎듯이 하여 위에서 쥐는 방법.

웨스트 [영 waste] ① 낭비.
② 황무지, 미개지. ③ 소모
④ 폐물, 쓰레기. ~볼(~ball) 〈야〉 불필요한 공, 버린 공.

웨스트 [영 west] ① 서쪽, 서방.
② 서양. 상대어는 이스트.

웨스트·뱅크 [West Bank] 이스라엘 동쪽 요르단 강 서안 지역. 67년 중동전 때 이스라엘의 의해 점령되어 통치받아 오고 있다. 주민은 농업을 주로 하는 원주민과 팔레스타인 난민들이 살고 있음.

웨어 [영 wear] ① 입다.
② 의복. 가인드~(~kind) 예장. ~캐쥬얼(~casual) 자유복. 스포츠~(~sports) 운동복. 타운~(~town) 외출복. 리저트~(~resort) 피서지등에서 입는 느슨한 복장.

웨어링 [wearing] 〈요트〉바람을 등지고 달리는 것.

웨어하우스 [영 ware house] 창고.

웨이버 [영 waiver]
① 〈경〉 거트에 있어서 자유호의 무면제.
② 권리를 포기하다.
③ 〈야〉 프로야구에서 구단소속 선수의 공개 이적의 뜻.

웨이브 [wave] ① 〈미용〉곱슬 머리
② 〈전기〉 전파.

웨이스트 [영 waist] ① 허리.
② 복장의 허리부.
③ 배의 상갑판의 중앙부. ~코드(~cost) 조끼풍의 상의. ~라인(~line) 〈복〉 허리둘레.

웨이스트 다쯔 [waist darts] 〈의상〉 허리선 위에 잡은 주름.

웨이스트라인 [waist-line] 〈의상〉 허리의 제일가는 곳.

웨이스트 볼 [waist ball] 〈야구〉 투수가 도루 또는 스퀴즈 플레이를 경계하여 일부러 좋지 못한 공을 던지는 것.

웨이지[wage] 〈경제〉임금. 노동 임금.

웨이크[영 wake] ① 눈을 뜨이게 한다.
② 항로.

웨클리 (Weekly) 주간지.

웨이트 [영 weight] ① 체중, 무게.
② 비중, 압력.
③ 권투, 유도, 레슬링 등의 중량별제.

웨이트 리프팅[영 weight lifting] 〈경〉 중량들기.

웨이트 인 [weight in] 〈레슬링〉 시합의 9시간 전에 임원들이 지켜서서 체중을 달아보는 것.

웨이팅 [영 waiting] 기다리는 것, 심부름하는 것. ~시스템(~system) 〈야〉 공에 중점을 두고 상대의 투수에 많이

ㅇ

던지게 하여 피로를 기다렸다가 때리는 전법. ~서클(~circle) 〈야〉 다음의 타자가 기다리는 원형의 지역.

웨이팅 서클 [waiting circle] 〈야구〉 다음 타자가 칠 차례를 기다리는 장소.

웨이팅 시스템 [waiting system] 〈야구〉 공을 고르는 전법임. 성급히 굴지 않고 스트라이크와 볼을 엄격히 골라 나가는 전법.

웨이퍼 [wafer] 양과자의 하나. 버터, 달걀, 우유 등을 재료로 씀.

웨트 [영 wet] ① 젖은, 습기찬. ② 인정적.

웰 [well] 우물. 승강기가 오르내리는 통로.

웰메이드 플레이 [well-made play] 〈연예〉 대중의 인기를 얻으려고 인간 심리를 왜곡하는 연극

웰스 [영 wealth] 부, 재산.

웰컴 [영 welcome] 환영, 환영하는 말.

웰터 [welter] 강타. 맹타(猛打).

웰터급 [영 welter(weight)] 〈권〉 웰터급의 선수. 63.5~67kg의 체중.

웹 [영] web 〈섬〉 소면기의 토퍼(topper)에서 나온 섬유의 얇은 막.

웹 [web] ① 〈컴퓨터〉 인터넷의 통신망. = 월드 와이드 웹. ② 거미줄.

웹사이트 (website) 웹서버를 사용해 웹서비스를 제공할 수 있도록 구축된 호스트.

위 [프 oui] 예, 그렇습니다(영어의 yes에 해당함).

위고, 빅토르 마리 (Victor Marie Hugo, 1802~1885) 〈인〉 프랑스의 시인. 소설가, 극작가.

위구르 [영] Uighur/Uigur [중] 畏吾兒/畏元兒 ① 〈지·역〉 중국 서북부의 민족 자치구. 신장 웨이우얼(新疆維吾爾) 자치구. Sin Kang Autonomo-us Region
② 옛 위구르 족(Uighur 族)의 나라. 한자 표기로는 회홀(回紇) / 회골(回鶻)

위구르 족(族) [영] Uighun-〈인류〉 8~12세기 때 몽골 · 투르케스탄(Turkestan) 동부 등에 살던 터키인. 한자어로는 회홀족(回紇族).

위그 [영 wig] 〈용〉 계수나무. 가발.

위나니미슴 [프 unanimisme] 일체주의(一體主義). 20세기 초 프랑스에서 일어난 문학 경향으로 집단 심리를 표현하려고 하는 것.

위닝 [영 winning] 승리. 획득하다. ~샷(~shot) 〈정·탁〉 득점이나 승리에 이어지는 결정타. 〈야〉 투수의 결정구. ~볼(~ball) 〈야〉 승리를 굳힌 순간의 볼. 〈골프〉 승리를 결정하는 타구. ~런(~run) 〈야〉 결승의 득점이 되는 러너.

위닝 런 [winning run] 〈야구〉 승리를 결정하는 1점을 말함.

위닝 볼 [Winning ball] 〈야구〉 승부가 끝났을 때 쓰는 공으로서 최후의 경기자가 기념으로 보관함.

위닝 샷 [winnin shot] 〈야구〉 투수가 타자를 아웃시키기 위하여 던지는 3스트라이크 째의 공.

위도 [영 widow] 미망인, 후가.

위모레스크 [프 humoresque] 〈음악〉 해학미를 띤 소곡.

위브 [weave] 〈권투〉 앞으로 웅크리고 상대방의 타격을 이리저리 피해가면서 공격하는 것.

위빙 [영 weaving] 〈권〉 앞으로 움트리고 상체를 흔들어서 상대의 공격을 비끼면서 공격하는 방법.

위빙 스티치[weaving stitch]〈자수〉거미줄 모양으로 실을 걸어 놓고 돌려 가며 거는 방법.

위센샤프트 [wissenschaft] 지식, 학문, 과학.

위스크림 [영 whiscream] 위스키를 소량 집어넣은 아이스크림.

위안스카이(袁世凱, 1859~1916) 〈인〉중국 군벌 정치가. 중화민국 초대 대총통.

위젤 [영 weasel] 캐터필러(무한궤도)를 장치한 수륙양용의 자동수송차.

위즈키드 [Whiz kids] 젊고 두뇌 회전이 빠르며, 첨단 지식으로 무장된 경영의 귀재들. 신동. 천재. 뛰어난 젊은이 TV퀴즈 프로의 척척박사 "퀴즈키드"에서 유래한 말로 위즈는 총알처럼 머리가 핑핑 돈다는 말.

위치 [witch] 마녀, 요파(妖婆).

위크[영 weak] 약하다, 뒤지다. ~포인트(~point) 약점, 급소.

위크니스 [weakness] 저능, 우둔, 약함, 결점.

위크 포인트 [weak point] 약점 급소. ¶그의 ~을 잡고 있다.

위트 [wit] 재치. 기지. 기전(機轉).

위트네스 [영 witness] ① 증거. ② 증인. ③ 목격자.

위티 [영 witty] 생기찬, 기지가 풍부한.

위프 [whip] 〈골프〉클럽의 머리와 손잡이가 연결되는 가늘고 부드러운 부분.

위피 [영 weepy] [영] 비극물.

윈 [영 win] 승리 〈경마〉 단승식.

윈도 [영 window] ① 창 ② 진열장. ~드레싱(~dressing) 〈경〉 외견상예금. ~클리너(~cleaner) 자동차등의 앞창의 유리

의 흐려짐이나 빗방울을 자동적으로 닦는 기구. ~쇼핑(~shopping) 쇼윈도를 들여다보기만 하는 것. 윈도 디스플레이(~display) 진열장이나 두는 곳에 상품을 전시하는 기술. ~트리밍(~trimming) 점두장식.

윈도 박스 [window box] 창 현관에 주는 꽃 상자.

윈도 쇼핑[window shopping]쇼윈도에 진열된 상품을 보고 다니며 즐기는 일.

윈도즈 [windows] 〈컴퓨터〉미국 마이크로 소프트사가 개발한 개인용 컴퓨터 운영체계의 하나. ▷ 도스 체계가 명령어를 입력하는 방법이었다면, 윈도스는 명령어를 모르더라도 상징으로 내보이는 그림을 선택함으로써, 필요한 직업을 할 수 있도록 만들어졌다.

윈도 페인 [window pane] 〈의상〉유리창과 같은 칸막이 모양의 옷감.

윈드 [영 wind] ① 바람. ② 기체. ③ 관악기. ~크러스트(~crust) 풍화하여 딱딱해진 설면. ~밀(~mill) 풍차. ~자케(~jacke) * 바람이나 눈발이의 자켓. ~서핑(~surfing) 요트와 서핑을 합친 스포츠.

윈드밀 [windmill] 풍차.

윈드 서핑 [wind surfing] surboard에 돛을 달고 하는 스포츠.

윈드 실드 스크린 [wind sheild screen] 자동차 앞창에 친 커텐.

윈드 실드 와이퍼 [wind shield] 〈기계〉 자동차의 앞 창문 유리 닦는 막대기. 거륜(距輪).

윈드 자켓 [독 Wind(jacke)+jacket] 〈등산〉 윈드점퍼. 방풍. 방설용 점퍼.

윈드 점퍼 [wind jumper] 〈등산〉방풍 방설용 점퍼. 자켓 잠바.

윈들러스 [windlass] 〈기계〉원치와

ㅇ

비슷한 기중기.

윈치 [winch] 〈기계〉 수평으로 된 둥근 동체를 손잡이로 돌리면서 동체에 감은 밧줄 끝에 물건을 달아 올리고 매는 기계의 총칭. 기중기, 케이블카 등.

윈터 [영 winter] 겨울, 동계. ~스포츠(~sports) 스키, 스케이트 등 동계의 운동경기.   ~세일(~sale) 동계대매출. ~리저트(~resort) 피한지.

윈터그린 [wintergreen] 〈골프〉 겨울 동안만 설치하는 골프장.

윈터 리조트 [winter resort] 피한지. 겨울의 행락지, 보양지(保養地).

윌 [영 will] 의지, 결의. 유언.

윌리닐리 [영] willy nilly 어떻든, 어쨌든 간에. 아무래도. 싫든 좋든 간에.

윌리 윌리 [영] willy-willy 〈지리〉 오스트레일리아 부근에서 발생하는 태풍 이름.

윔블던 테니스 [Wimbledon Championship] 전영 선수권전. 1877년에 시작한 영국 런던 교외의 윔블던에서 열리는 테니스 대회. 전미, 전호, 전 프랑스와 함께 4대 테니스 대회의 하나이다.

윙 [영 wing] ① 날개.
② 비행기의 날개.
③ 무대의 좌우의 소매.
④ 〈축〉 양측의 포지션. ~칼라(~ collae) 〈복〉 새의 날개를 펼친 것과 같은 모양의 옷깃.

윙넛 [wing nut] 〈기계〉 나비 모양의 나사.

윙드 카후(스) [winged-cuff] 〈의상〉 날개 같이 생긴 카후스.

윙 안테나 [wing antenna] 〈통신〉 날개 모양의 안테나.

윙커 [영 winker] 자동차의 점멸식 방향 지시기.

윙 하프 [wing half] 〈축구〉 하프백중에서 좌우 양쪽에 자리 잡고 있는 경기자.

유고슬라비아 (Yugoslavia/Socialist Federal Republic of Yugoslavia) 〈국〉 유럽의 동남부, 발칸 반도(Balkan Pen.) 서부에 있는 사회주의 연방 공화국. 6~7세기부터 남슬라브족(南 Slav 族)이 살다가 10~11세기에 세르비아 왕국(Aerbia 王國)을 건설. 1521년부터 터키의 속령(屬領). 1918년 입헌 왕국. 1929년 국명을 유고슬라비아 왕국으로 개칭. 1945년 연방 인민 공화국 창설. 1963년 국호를 사회주의 연방 공화국으로 개칭. 수도는 베오그라드(Beograd). (→) 베오그라드.

유나이티드 [영 united] 연합한, 복합한.

유네스코 [UNESCO←United Nations Educational, Scientific and Cultural Organization] 국제 연합 교육 과학 문화 기구(교육·과학·문화를 통하여 각 국민간의 이해를 깊이하고 세계 평화에 기여함을 목적으로 함).

유니래터럴리즘 [unilateralism] 편무(片務)주의. 강력한 미국을 신봉하여, 동맹국(EC 등)과의 단결이나 협조에 노력하지 않고 강력한 군비 증강을 꾀하고, 동맹국들에게는 동조를 강요하려고 하는 경향을 말함.

유니버설 [영 universal] ① 우주의.
② 일반의. 보편적.

유니버설리스트 [영 universallist] 〈종〉 그리스도교의 일파, 동인교회파. 전 인류는 그리스도에의 구원을 받는 다는 것. 세계주의자.

유니버스 [영 universe] 전세계, 우주.

유니버시아드 [영 universiade] 국제학생 스포츠 대회.

유니세프 [UNICEF ; United Nations International Childrens's Emergency

Fund] 국제 연합 아동 기금. 46년 11월 유엔 총회의 결의로 창설됐으며 아동들의 직접적인 원조를 목적으로 유아, 임산부의 급식 및 결핵 예방 접종 등의 활동을 하고 있다.

유니섹스 [unisex] 일치한 성의 뜻. 모노섹스와 동의어.

유니슨 [unison] 〈음악〉제창. 제주.

유니언 [영 union] 합동, 연합, 연방.

유니언 레이버 [union labor] 노동조합에 가입한 노동자.

유니언 숍 [union shop] 〈경제〉조합원을 우선적으로 취급하는 제도.

유니언 잭 [Union Jack] ① 영국 국기. ② 영국의 별칭.

유니코드 [unicode] 〈컴퓨터〉전 세계의 문자를 소프트웨어적으로 거의 완벽하게 처리할 수 있는 국제 표준 통일 문자 코드.

유니크 [프 unique] 독특한, 특이한.

유니타드 [unitard←uniform+leotard] 〈의상〉신축성 있는 천으로 만든 상하가 하나로 된 체조복으로, 아래는 타이즈로 되어 있는 것. 유니폼과 레오타드의 합성어. 이것을 입고 조깅하는 것이 유행임.

유니티 [영 unity] 통일, 합동.

유닛 [unit] ① 단위. ② 교재의 단원. ③ 군의 부대. ④ 단일체.

유닛 시스템 [unit system] 〈공업〉단위 조립 방식.

유닛 키친 [unit kitchen] 개수대 · 가스대 · 조리대가 1개로 된 부엌 설비.

유닛 하우스 [unit house] 조립식 집. 맞춰 세운 집.

유다 (Jadas) 〈인〉예수 12제자의 한 사람으로 예수를 배반했음.

유디오미터 [eudiometer] 〈화학〉분

석기의 하나.

유러달러 [Euro-dollars] 〈경제〉서유럽 여러 나라의 금융 시장에 나도는 단기 자금.

유러모니 [영 Euromoney] 〈경〉각국의 금리차에 의한 이자를 구해서 유럽금융시장을 중심으로 하여 세계를 부동하는 자금.

유러비전 [영 Eurovision] 〈방〉구 소련권을 제외한 유럽제국간의 텔레비 프로그램의 교환 중계방송.

유러커뮤니즘 [Eurocommunism] 프랑스, 이탈리아, 스페인의 공산주의처럼 서구 자본주의 속에서 자주적인 노선을 취하는 공산주의.

유러터널 [Eurotunnel] 영불 해협 터널.

유러페시미즘 [Europessimism] 서유럽 사람들이 일반적으로 느끼고 있는 여러 가지 근심과 불안. 체제가 다른 동유럽과 육지로 연결되어 있고, 또한 서유럽도 나라마다 정치 사정과 문화가 다른 데 기인함.

유러피언 잉글리시 [European English] 유럽 영어. 1992년 시장 통합에 맞춘 서유럽 전체의 언어 통합의 시도.

유럽공동체 (EC : European Communities) 본부(브뤼셀), 유럽경제공동체·석탄철강 공동체·원자력 공동체의 3기관 통합, 1967년 발족.

유럽자유무역연합 (EFTA) 본부(제네바), EEC(유럽 경제협력기구) 제국의 경제발전 도모.

유로 [Euro] 유럽 단일 통화의 명칭. 유럽 연합(EU) 15개 회원국들이 합의에 의해 정한 단일 통화의 명칭.

유로 · 달러 [영 Eurodallar] 〈경〉구주달러. 독일, 이탈리아, 화란 등의 유럽제국의 은행이나 개인이 운용하고 있는 미국의 달러자금.

ㅇ

유로 커뮤니즘 [영 Euro Communism] 서구공산당. 그 중에서도 프랑스, 이탈리아, 스페인 각 공산당의 [자주적]인 공산주의 노선을 말함.

유로퓸 [europium] 〈화학〉 회토류 원소의 하나.

유루니언 [영 Eurunion] 〈경〉 서유럽의 주요 은행에서 만든 투자신탁기관. 1959년에 업무를 개시.

유르트 [yurt] 몽고 유목민의 둥근 천막집.

유매니슴 [프 humanisme] 인도주의. 유머니즘과 같음.

유매니트 [프 humanite]
① 인간성, 휴매니티.
② 1905년에 창간된 프랑스 공산당의 기관지.

유머러스 [humorous] 해학적인. 유머스런.

유모레스크 [humoresque] 〈음〉 유쾌한 곡.

유모리스트 [영 humorist] 사치를 부리는 사람, 농담가.

유바멘시 [독 Ubemensh] 초인, 슈퍼맨.

유 · 보트 [영 U-boat] 2차세계대전시 독일에서 만든 잠수함.

유볼트 [U bolt] [ ] 편자 나사. U자형 나사.

유비쿼터스 [Ubiquitous] 컴퓨터네트워크를 의식하지 않고 자유롭게 네트워크에 접속 할 수 있는 환경.

유사네이자 [영 euthanasia]

유산스 [독 usance] 〈경〉 어음의 지불 기한.

유스 [영 youth] 젊은, 청춘.

유-에프-오 [UFO] 미확인 비행 물체.

유엔 [U.N.=United Nations] 국제 연합.

유엔교육과학문화기구 (UNESCO : United Nations Educational, Scientific and Cultural Organization) : 본부(파리), 우리나라 가입 ☞ 교육·과학·문화를 통한 각국민간의 화합.

유엔식량농업기구 (FAO : Food and Agriculture Organization) : 본부(로마), 우리나라 가입 ☞ 모든 국민의 영양개선 및 생활향상, 식량과 농산물 생산 및 분배능률의 증진.

유저 [영 user] 실제의 사용자, 수요자.

유전스 [usance] 〈경제〉 ① 어음 기한. ② 환어음 지불 연장 조치.

유전스 빌 [usance bill] 〈경제〉 기한부 어음.

유제닉스 [영 eugenics] 〈生〉 우생학. 인간의 유전적 소질의 개성을 연구하는 학문.

유카리스트 [영 Eucharist] 〈종〉 그리스도교의 성찬. 성찬식.

유컬립티스 [eucalyptus] 〈식물〉 천인화과에 속하는 늘푸른 덩굴나무.

유클리드 (Eukleides Euclid, 기원전?~300) 〈인〉 기원전 3세기 무렵의 그리스 수학자.

유타니지 [프 euthanasie] 안락사.

유토피아 [영 Utopia] 이상향, 도원향. 원 뜻은 noplace로 무경의 뜻.

유토피아니즘 [Utopianism] 유토피아적인 공상가의 심리.

유토피안 [영 Utopian] ① 공상적. ② 몽상적.

유트로피어 [영] eutrophia 〈식물〉 정상영양.

유틸리타리아니즘 [영 Utilitarianism] 실리주의, 공리주의.

유틸리티 [영 utility] 유용성, 효용성,

ㅇ

유틸리티 프로그램 [utility program]
〈컴퓨터〉모든 데이터 처리의 응용에 공통된 기능을 갖는 프로그램. 예를 들면 프로그램을 WRITE하는 로더, 기억장치 내용을 프린터하는 덤프루틴, 프로그램 라이브러리에 프로그램을 등록하거나 갱신하기 위한 라이브러리 관리 프로그램 등이 있다. 컴퓨터 시스템을 이용할 때에 편리하게 사용할 수 있는 공통적이 표준화된 프로그램. 일반적으로 주변 장치의 드라이버, 데이터 파일의 조작에 관계하는 공통 프로그램을 가리킨다. 이에 대하여 마찬가지로 표준화되어 시스템에 준비되어 있는 프로그램 중 공통적으로 수학적 연산 처리에 관계하는 프로그램은 통상 라이브러리 프로그램이라 부른다.

유틸리티 플레이어 [utility player]
〈체육〉만능 선수.

유폐미즘 [영 euphemism] 호사령, 미사여구.

유프라테스 강(江) (Euphrates R.)
〈지〉페르시아 만(Persia B.)으로 흐르는 서부 아시아(Asia)의 큰 강.

유피미즘 [euphemism] 완곡어법. 돌려서 기분을 상하지 않게 말하는 것.

유피유 [UPU→Universal Postal Union] 우편물의 상호교환과 우편 업무 발전을 위한 유엔 전문(專門)기구.

은자메나 (N'Djamena) 〈지〉차드 공화국(Republic of Chad)의 수도. 예부터 사하라 사막(Sahara Des.) 남부 대상로(隊商路)의 요지였고, 상업의 중심지. 종전의 이름 포르라미(Fort Lamy)가 1973년에 은자메나로 바뀌었음. (→) 차드.

이구아나 [영 iguana] 미국 열대지방의 갈기 도마뱀.

이꼴 [equal] 〈수학〉같다는 표시 = 또는 같다는 뜻. 동등하다, 평등하다.

이글 [영 eagle] ① 독수리.
② 〈골프〉규정타수에 대하여 2타수 적게 홀인하는 것.

이글루 [igloo(에스키모)] 경루의 가주택, 빙설로 덮은 작은 집.

이너 [영 inner] ① 내부의.
② 정신적. ~캐비넷(~cabient) 각내 수뇌. ~라이프(~life) 정신생활. 내면생활.

이너베이션 [영 innovation]
① 〈경〉기술혁명.   ② 신기획.

이너센스 [영 innocence] ① 무죄.
② 순진한. 호인.

이너 캐비넷 [inner cabinet] 각내의 내각. 소수 내각.

이노센트 [영 innocent] 죄가 없는, 순진한.

이노시톨 [영] inositol 〈식품〉비타민의 일종.

이노케라부스 [라 inoceramus] 〈조개〉연체동물의 화석.

아누린 [Inulin] 다리아등의 뿌리에 포함되어 있는 다당류.

아눌린 [독 Inulin] 〈생화학〉탄화물의 일종으로 목향, 금불초의 뿌리의 녹말.

이니셜 [영 initial] ① 두문자.
② 처음의.

이니시아티브 [영 initiative] ① 주도권.
② 〈정〉발의권, 발언권.

이닝 [영 inning] 〈야〉공수에서의 회.

이닝 피치드 [inning pitched] 〈야구〉투구 회수.

이더네트 [Ethernet] 〈통신〉퍼스널 컴퓨터나 미니컴퓨터 등에 흔히 쓰이는 소규모 LAN용 통신 방법. → LAN

이데 [독 Idee] 이념, 관념, 아이디어.

ㅇ

이데아 [영 Idea] 이데와 같음.

이데올로기 [독 Ideologie] 생각방법, 관념형태.

이데올로기시 [ideologish] 좌익, 사상적인.

이데 픽스 [프 idee fixe] 〈음악〉 여러 악장 전편을 통하여 그 중심이 되어 있는 동기. 고정 관념.

이돌라 [영 idola] ① 우상.
② 〈철〉 선입관, 편견.

이또 히로부미 (伊藤博文, 1841~1909) 〈인〉 일본의 정치가. 1909년 만주 할빈역에서 의사 안중근에게 사살 됨.

이디시 [Yiddish] 구미(歐美)의 유태인이 사용하는 언어(독일어에 슬라브어·헤브라이어가 섞인 언어로, 헤브라이 문자를 씀).

이디엄 [idiom] 〈언어〉 관용 어구. 줄어진 말투.
① 숙어, 관용구. 성구(成句)
② (한 언어의)특질.
③ (음악이나 회화에서)작품, 독특한 맛.

이라셔널 [영 irrational] 불합리한, 이성이 없는, 분별이 없는.

이라저나스 존 [erogenous zone] 성감대(목덜미, 귀, 겨드랑 밑, 젖꼭지 등의 성감을 느끼는 곳).

이라크 (Iraq/Republic of Iraq) 〈국〉 서아시아의 키그리스 강(Tigris R.) 유프라테스 강(Euphrates R.) 유역에 있는 공화국. 1920년 영국의 위임 통치령을 거쳐 1921년에 이라크 왕국이 되었다가 1932년 입헌 군주국으로 독립함 1958년 가셈 중장이 왕정을 폐지, 공화국 선포. 수도는 바그다드(Baghdad) (→) 바그다드.

이란 (Iran/Islamic Republic of Iran) 〈국〉 서남 아시아, 터키의 동쪽, 카스피 해(Caspian Sea) 남쪽에 있는 공화국. 고대 페르시아 제국의 후신으로, 1906년 입헌 군주국을 세웠는데, 1935년 국명을 이란으로 개칭 1979년 공화국이 됨. 수도는 테헤란 (Teheran). (→) 테헤란.

이란 고원(高原) (Iran Plat.) 〈지〉 이란 (Iran) 중부에서 아프가니스탄(Afghanistan)·파키스탄(Pakistan) 서부에 걸친 서아시아(Asia)의 대고원.

이레귤러 [irregular] 불규칙. 변칙. ▷ 근무 상황이 나쁜 것을 말하는 경우도 있음.

이레귤러 바운드 [irregular bound] 〈야구〉 불규칙적인 바운드. 공이 땅에 맞아 예상 외로 엉뚱한 곳으로 달아나는 현상.

이레덴티즘 [Irredentism] 민족통일주의. 즉 영토회복주의로 이탈리아에서 일어난 것으로써 현재는 다른 나라에 속해 있으나 민족적인 연관성을 가진 영토를 자국에 병합하려는 주의를 말한다.

이레이디에이션 [irradiation]
① 발광, 투사.
② 배경을 어둡게 하여 대상을 강하게 비추면 실제보다 크게 보이는 형상.

이로니 [ironie] ① 비꼬는 것. 풍자.
② 역설. 아이로니.

이루망 [포 irmao] 조명, 전등장식.

이리듐 [영 iridium] 백금속의 원소. 기호 Ir. 그 금속은 단단하므로 만년필의 펜촉에 사용된다. 번호 77.

이마쥬 [프 image] ① 상, 영상.
② 마음에 떠올리는 상. 이미지.

이머전시 [emergency] 비상 사태. 긴급 사태. ¶ landing~(긴급 착륙. 불시 착륙).

이멀션 [emulsion] 〈화학〉유탁액.

이모션 [emotion] 정서, 감정.

ㅇ

이몰리언트 [emollient] 피부를 촉촉하고 부드럽게 하는 화장품(핸드크림 따위).

이미그랜트 [영 immigrant] 이민, 이입민, 타국에서의 입국자. 출국자는 이미그란트(em-igrant)

이미지 [영 image] ① 상, 화상. ② 모습, 그림자, ~업(~up) 기업이나 상품 등에 대한 인상을 좋게 하는 것. ~오로시컨(~orthi-con) 텔레비 방송용의 감도가 뛰어난 진공관. ~체인지(~change) 기성의 이미지를 바꾸는 것. ~드라마(~drama) 등장인물의 상상을 줄거리로 하는 드라마.

이미지먼트 [영 imagement] 소비자의 이미지에 맞도록 경영 관리하는 것. image(이미지)+ management(매니지먼트)의 합성어.

이미지 메이커 [image maker] ① 광고(선전)하는 사람. ② (상품·회사 따위의) 이미지를 만드는 사람. ③ (특히 정치가가 거느리는) 이미지 메이커.

이미지 업 [image up] 기업이나 상품에 대해 인상을 강하게 하는 일.

이미지즘 [영 imagism] 사상주의.

이미테이션 [영 imitation] ① 모조, 모방. ② 모조품.

이반 (Ivan) 〈인〉 존(John)의 러시아 어명.

이베리아 반도(半島) (Iberia Pen) 〈지〉 서남 유럽(Europe) 지중해 서쪽에 있는 반도.

이밸류에이션 [evaluation] 평가.

이벤트 [영 event] ① 사건. ② 행상. ③ 운동경기의 종목.

이벤트 [event] 사건. 시합을 뜻하는 말로 판매 촉진을 위한 특별 행사라는 뜻. 기업의 신제품발표회, 전시회, 창립 행사. 캠페인 패션쇼. 체육대회. 세미나. 국제회의 개최 등의 다양한 행사.

이부낙 [Ibunac] 영국 Boots사가 개발한 류마치스 신경통약.

이브 [영 Eve] 구약성서에 나오는 인류의 시조 아담의 처.

이브닝 [영 evening] 저녁, 밤. ~드레스(~dress) 야회복. ~넥(~neck) 잔등이 V자형으로 넓게 살갗을 노출하고 있는 스타일. ~랩(~Lap) 야회복의 위에 걸치는 기다린 오버코트.

이브닝 드레스 [evening dress] 〈의상〉 부인의 장식 야회복으로 보통 어깨를 들어 내놓고 땅에 끌리는 화려한 옷.

이븐 [영 even] ① 균일의, 평탄한. ② 〈골프〉 타수가 동점의 경우 또는 엇비슷한 것.

이빌 [영 evil] ① 나쁘다, 사악한. ② 악, 악의 사건.

이사 시스템 [ESAsystem] 〈경제〉 능률 부기(용어·신속한 회계의 뜻으로 전표만으로 하는 회계 처리 방식) ESA는 easy, speedy accounting의 약어.

이센쉬얼 아미노산 [essential amino acid] 동물이 자신의 체내에서 합성하지 못하거나 혹은 합성하더라도 극히 적은 양이거나 할 때 외부에서 영양으로 섭취하여야 하는 아미노산. 현재 쥐의 생산 실험에 의하여, 리진, 로이신 페논 알라닌. 트립 토판, 메티오닌 등 10종의 아미노산이 발견되었다.

이소니코틴산히드라지드 [isonicotinic and hydrazide] 〈약〉 백색침상의 결정체로 결핵의 치료에 사용된다. 일반적으로 히드리젯이라고 한다.

이소프렌 [영 isoprene] 〈화〉 천연합성 고무의 원료.

이소프렌 고무 [영] polyisoprene

411

ㅇ

rubber 〈고무〉 천연 고무와 거의 동일한 합성 천연 고무.

이솝(우화) [Esop 愚話] 그리스의 이솝이 지은 교훈적인 이야기.

이슈 [issue] 문제(거리).

이스라엘 (Israel/State of Israel) 〈국〉서아시아 지중해안의 공화국. 1948년 영국의 팔레스타인 위임 통치 종료와 함께 독립을 선포. 수도는 예루살렘(Jerusalem). (→) 예루살렘.

이스케이프 [escape]
① 〈레슬링〉 도망치는 일.
② 〈학생〉 수업을 빼먹고 도망치는 일.

이스탄불 (Istanbul) 〈지〉 서아시아 (Asia) 보스포루스 해협(Bosporus St.)의 서안에 있는 터키(Turkey)의 도시.

이스터 [영 Easter] 〈종〉그리스도의 부활제.

이스터 그립 [eastern grip] 〈테니스〉 라켓의 핸들과 악수하는 것처럼 쥐는 것.

이스테이트 [estate] 〈농업〉열대 지방의 농원. 토지, 부동산, 큰저택.

이스트 [영 east] 동쪽, 동부. 파이스트 (Far. East)는 구주에서 보아 일본에 해당한다. ~앤드(~end) 런던동부의 빈민가. ~사이드(~side) 뉴욕동부의 빈민가.

이스트 [yeast] 효모. 밀가루를 부풀게 하는데 쓰임 누룩.

이스트만 칼라[영 Eastman Colour] 이스트만 코닥회사 발매의 칼라 필름.

이슬라마바드 (Islamabad) 〈지〉 파키스탄 회교 공화국(Islamic Republic of Pakistan)의 수도. 1959년부터 라왈핀디(Rawalpindi) 북쪽 교외에 새로 건설한 도시로 1967년에 수도가 됨. (→) 파키스탄.

이슬람 [Islam] 알라신에 대한 엄격한 일신교로 세계 3대 종교의 하나다. 범아랍적 종교이기에 아랍 통일의 지주가 되어 있다. 종교뿐 아니라 특수 사회를 형성. 문화・정치 등 다방면으로 영향을 미치고 있다.

이슬람 지하드 [일 ← Islamic Jihad] 이슬람 성전 기구(聖戰機構).

이-씨 [EC=European community] 유럽 공동체 ▷ 유럽 12나라가 가입하여 있다. 경제 통합을 넘어서 정치 통합을 목표로 하고 있으며, 현재 유럽 의회가 설치되어 활동하고 있다.

이어[영 ear]귀. 이어. ~드롭(~drop) 귀걸이. ~폰(~phone) 수화기.
① ~마크(~mark) 양의 귀에 붙이는 소유자의 표시.
② 〈경〉 정식 화폐. ~링(~ring) 〈복〉 귀걸이, 귀장식.

이어 [영 year] 연, 일년. ~북(~book) 연감, 연보. ~라운드(~round) 연중, 일년을 통하여.

이어마크 [earmark] 〈경제〉
① 자금을 특수 용도에 충당하는 것.
② 유용하지 않는 준비금. ▷ 양(羊)의 귀에 표시를 해 놓고 그 소유자를 밝히는 것에서 유래함.

이오늄 [Ionium] 방사성원소로 토륨의 동위원소. 기호 Io.

이오니아 [그 Ionia] 고대 그리스의 건축 양식.

이온 [독 Ion] 원자, 분자 등에 정 또는 부의 전기를 가진 상태. 정의 경우는 양이온, 부의 경우는 음이온이라고 함.

이온 게이지 [그 ion+ gauge] 〈기계〉 진공관 압력계의 하나.

이-이-제트 [EEZ=Exclusive Economic Zone] 배타적 경제 수역 자국의 해안으로부터 200해리. 약 370km 안에 있는 모든 자원에 대한 배타적인 권리가 국제법적으로 인정.

이이·카메라 [영 EE Camera] EE는 'Electric eye'의 약으로「전자눈」의 뜻. 셔터 버튼을 누르기만 하면 전자 노출계가 노출을 자동적으로 조정하여 사진이 찍히는 카메라.

이즈베스티아 [러 Izvestiya] 러시아의 정부기관지 통보라는 뜻.

이즈바 [러 Izba] 통나무 각재로 수평하게 쌓아 지은 집.

이즈베스차 [Izvestiya] 러시아 최고 간부회의. 즉 정부의 일간 기관지 공산당 기관지인 '프라우다'와 함께 러시아 최대의 신문이다. 1917년 10월에 창간. '이즈베스차'의 노어(露語)로 '뉴스'라는 뜻이다.

이즘 [영 ism] 주의, 논.

이지 [영 easy] 느긋한, 거뜬한, 쉬운. ~고잉(~going) 안이한 행방. ~페이먼트(~payment) 분할 지불.

이지 머니 [easy money] 〈경제〉 저리 자금.

이지오더 [영 easy order] 〈복〉양복을 간단히 만드는 일. 〈재단〉눈어림 맞춤.

이지 페이먼트 [easy payment] 〈경제〉 상품 값의 월부 지불.

이지 피팅 [easy fitting] 〈의상〉 몸에 넉넉히 맞추는 것.

이집트 (Egypt/Arab Republic of Egypt) 〈국〉 북아프리카의 동부 나일강(Nile R.) 하류 유역에 있는 아랍 공화국. 기원전 3000년에 시작된 고대 이집트는 인류 최고(最古)의 문명 발상지의 하나임. 1869년 영국이 점령, 1914년 영국의 보호령, 1922년 형식적인 독립을 얻어 이집트 왕국이 됨. 1953년 왕정 폐지, 공화제 수립. 한자 표기로는 애급(埃及). 수도는 카이로(Cairo). (→) 카이로.

이캐쉬 [E-cash] 네덜란드의 전자 화폐로 네트워크 상에서 전자 결제가 가능한 전자화폐이다.

이커너메트릭스 [영 econometrics] 계량경제학. 통계나 수자에 의해 경제현상을 분석하여 체계화한 학설.

이커너미 [영 economy] 경제, 이재. 절약 ~클러스(~class) 여객기 등의 보통석. ~런(~run) 자동차 경기의 일종으로 장구간을 릴레이 주행 가솔린을 적게 소비한 것이 이기는 경기.

이커너미스트 [영 economist]
① 경제학자.
② 절약가. 영국의 경제잡지.

이커너믹 [영 economic] 경제상의, 실용의. ~ 애니멀 경제를 제1로 하는 동물적인 사람들. 고도성장을 과시한 일본을 가리켜서 사용되었다. ~폴리시(~policy) 경제정책.
① ~맨(~man) 경제인.
② 인간은 합리적, 타산적으로 행동하라는 것으로 생각하는 방법.

이커너믹스 [영 economics] 경제학.

이컬러지 [영 ecology] 생태학, 생물과 환경과의 관계를 연구하는 사회생태학.

이콜라이저 [icolizer] 녹음과 재생의 경우에 음의 강약을 조절하는 장치.

이퀴티 [영 equity] 지분, 재산, 공평

이큐 [E.Q.=educational quotient] 〈교육〉 교육 지수. Emotional guotient 감성지수.

이큐메노폴리스 [영 ecumenopolis] 세계 도시. 도시는 메트로폴리스(대도시)로부터 메가로 폴리스(거대도시)로 발전하여 또 다시 에큐메노폴리스로 거대화되어 간다.

이큐메니즘 [영 ecumenism] 교파, 교회의 차이를 넘어서 크리스트교가 단결하자는 주의. 세계 교회주의.

이쿰 [영] aequum 〈식품〉 활동 조건 하에 체중 유지하는데 필요한 식물량.

ㅇ

이탈리아 (Italia/Republic of Italia)
〈국〉유럽의 남부, 지중해에 돌출한 장화 모양의 반도와 크고 작은 여러 섬으로 이루어진 공화국. 이탈리아어 표기로는 Republica Italiana 493년 동고트(東 Goth)가 이탈리아 건국. 6세기에 랑고바르드 왕국(Langobard 王國)을 거쳐 로마 제국의 지배 시대 시작. 중세 이후는 도시 국가 난립하다가 1870년 통일 이룩 1936년 이디오피아 병합과 함께 이탈리아 제국. 1946년 왕제를 폐지하고 공화제 채택. 1948년 공화국 출범. 한자 표기로는 이태리(伊太利). 수도는 로마(Roma). (→) 로마.

이탈리안 [영 Italian] ① 이탈리아의. ② 이탈리아인의. ~모드(~mode) 이탈리아풍의 유행복. ~리얼리즘 (~realism) 제2차 대전후, 이탈리아 영화의주경향이 된 신사실주의.

이탈리안 [영] italian 〈선〉경사에 면, 위사에 모를 사용한 위 주자 직물의 일종.

이탈릭 [영 italic] 〈인〉구문활자의 일종으로 서체 문자와 같이 사체(斜體)로 되어 있는 활자.

이테그레이션 [영 integration] ① 통합, 완전화. ②〈수〉적분법.

이트륨 [라 yttrium] 〈화학〉회토류 원소의 하나.

이트리아 [yttria] 〈화학〉이트륨의 산화물.

이튼 [영 Eton] 런던 서부의 동내에 있는 고교 ~칼라(~collar) 이튼고교의 제복. 늘어뜨린 부분이 기다란 스텐·칼라가 특징.

이튼 봅 [Eton bob] 〈의상〉여자 단발 형식의 하나로 뒤를 남자 머리 모양으로 깎음.

이튼 칼라 [Eton Collar] 길고 넓고 이중으로 된 흰 깃.

이페릿 [독 yperit] 독가스의 일종. 1917년 7월에 독일군이 이블회전에서 사용하였다.

이펙트 [영 effect] ① 효과, 호능. ②〈음〉음향효과.

이폭 메이킹 [epoch-making] 획기적. ¶~한 사건.

이피 [yippie] 베트남 전쟁에 반대한 젊은이의 정치적·반전 주의적 그룹.

이피 [Yiffie] 개인주의적이며 자유 분방하고 이전 세대에 비해 사람 수가 적다는 뜻으로 자신의 삶의 질과 행복만을 추구한다. 90년 들어 미국 사회에 여피(Yuppie)족에 이어 새로이 등장한 20대 초반의 신세대를 일컫는다.

이피메라 [ephemera] 〈도서관〉단명(短命) 자료. 일시적인 가치 밖에 없는 단행본.

이피(판) [E.P.=extended playing record] 도나스판을 개량한 레코드.

이히드라마 [독 Ich-Drama] 〈연예〉작자의 자기 고백극.

이히로만 [독 Ich-Roman] 1인칭 소설(이야기 속의 주인공이 자신의 체험·사상·운명을 고백하는 자전적 형식의 소설).

익사미네이션 [영 examination] 시험, 심사.

익사이트 [영 excite]흥분하다. 분노하다.

익센트릭 [영 eccentric] 보통이 아닌, 편심(偏心)의.

익셉션 [영 exception] 예외, 제외.

익스리브리스 [영 exlivris] 장서표.

익스체인지 [영 exchange] ① 교환, 교역. ②〈경〉어음, 거래소. 환거래소.

익스커젼[영 excursion] 원족, 짧은 여행, ~티켓(~ticket) 유람차표. ~트레인(~train) 유람열차.

익스큐즈 [excuse] 변명, 평계.

익스태시[영 ecstasy]황홀, 망아, 법열.

익스텐더 [영] extender 〈고무〉석유계의 비휘발성 물질로서 고무의 부피 늘림을 위해 혼합하는 연화제의 일종.

익스텐션 [extension]
① 〈교육〉대학의 공개 강좌.
② 구내 전화.
③ 〈논리〉외연(外延) ↔ 내포(內包).
④ 연장. 신장.

익스트라 [영 extra]
① 〈영〉임시 고용의 기타대세.
② 특제품.
③ 여분. ~이닝(~ining)〈야〉연장전, ~홀(~hole)〈골프〉규정의 홀에서 승부가 나지 않을 때 또 다시 홀을 설치하는 것.

익스팬더 [영 expander]
① 〈전〉확성기, 증폭기.
② 〈경〉팔이나 발을 단련하기 위한 금속성의 신장기.

익스팬션 [영 expansion] 확장, 팽창.

익스퍼트 [영 expert] 베테랑, 노련가, 전문가.

익스페리먼트 [영 experiment] 실험.

익스페디션[영 expedition] 탐험, 원정.

익스페리언스[영 experience]경험, 체험.

익스펜더 링 [expander ring]〈기계〉 피스톤의 한 구조.

익스펜스 [영 expense] ① 비용, 출비.
② 손출, 희생.

익스펜시브 [expensive] 비싼. 고가의, 돈이 드는 ↔ 치프.

익스포트[영 export]수출, 적출, 추출품.

익스프레셔니스트 [영 expressionist] [미] 표현파의 화가.

익스프레셔니즘[영 expressionism] 표현판, 표현주의.

익스프레션 [영 expression]
① 표현, 이야기 솜씨. ② 표정.

익스플로러[영 explorer] 1958년에 미해군이 쏘아 올린 제1호의 인공위성.

익스플로이트[영 exploit] 짜낸다. 착취한다.

익스히비션 [영 exhibition] ① 전람
② 전람회 ~게임(~game) 공개시합, 모범시합. ~디스플레이(~display) 전시회.

익자미네이션 [영 examination] 시험, 검사.

익자제레이션 [영 exaggeration] 과장, 과대.

익잠플 [영 example] ① 예. ② 견본.

익저사이즈 [exercise]
① 연습, 연습문제. ② 실행.

익허비션 [Exhibition] 전시.

익젝티브 [영 executive] 기업경영에 있어서 중역. 경영자.

익조스트 밸브 [exhaust valve] 〈기계〉공기 내보내는 판막.

익조티시즘 [영 exoticism] 이국정서, 이국취미.

익조틱 [영 exotic] 이국적, 이국정서가 있는, 이국취미의, 외래어.

익지스탄살리즘 [프 existantislisme] 〈화〉실존주의.

익자스텐스 [영 existence] ① 존재.
② 생활.

인 [영 inn] 숙사, 간이 여관.

인것 [영 ingot] 금속을 녹여서 덩어리 모양으로 만든 것.

인게이지 [engage] 약속하다.

인골 [in-goal] [축구] 경기장 안쪽 골라인 밖의 장방형(長方形)의 지역.

인더스트리 [영 industry]
① 산업, 공업. ② 근면.

인더스트리얼 [영 industrial] 산업의, 공업의 ~엔지니어링(~engineering) 상업공학, 경영공학. ~디자인(~design)산업디자인. 기구, 가구, 기계의 의장으로부터 포스터, 포장, 용기에 이르기까지 영역을 넓히고 있는 상업의장의 뜻. ~유니언(~union) 산업별 노동조합. ~데모크라시(~democracy) 산업민주주의. 산업의 생태에 대하여 노동자에게도 발언권을 인정해야 한다고 주장하는 입장.

인더홀 [in the hole] 〈야구〉 피처나 배터의 카운트가 불리하게 되었을 경우 〈골프〉 공이 홀로 빨려 들어가는 것.

인덴션 [indention] 〈인쇄〉새 줄을 들어 짜기.

인도네시아 (Indonesia/Republic of Indonesia) 〈국〉 동남 아시아의태평양과 인도양의 중간, 도서군으로 이루어진 공화국. 1602년 이래 350년간, 네덜란드의 식민지였던 동인도 지역에서 1949년 독립, 연방제 공화국. 1950년에 단일 공화국이 됨. 수도는 자카르타(Jakarta). (→) 자카르타.

인도어 [indoor]
① '실내'의 뜻을 가진 복합어의 전반부를 이룸.
② 〈체육〉 옥내(의), 실내(의). ¶~game(실내경기), ~golf(실내 골프), ~baseball(소프트볼). ↔ outdoor(s)

인도어 링크 [indoor rink] 〈체육〉 실내 스케이트장.

인도어베이스볼 [indoor base ball] 〈체육〉 실내 야구.

인도어 코트 [indoor court] 〈체육〉실내 정구장.

인두 [범 Indu] 「베다」에 나오는 말.

① 즙. 특히 소마의 즙.
② 〈신〉 소마(Soma)신의 칭호.

인듐 [독 Indium] 〈화학〉 은백색의 금속 원소의 하나. 기호 In.

인드라 [범 Indra] 〈신〉 「리그 베다」의 신들 중 가장 유명한 신. 천둥의 신. '인드라'(indra)란 '최상의 사람'또는 '왕'을 말함.

인 드롭 [미] in drop 〈체〉 야구에서 내하곡구(內下曲球)를 말한다. 투수의 공이 타자 가까이에 와서 인 커브와 드롭의 혼합구가 되도록 던진 공. ↔ 아웃 드롭(out drop).

인디게이터 [영 indicator] 자동차의 방향 지시기. 가리킴. 지적함. 징후가 있음.

인디고 [indigo] ① 쪽빛.
② 〈식물〉 인도쪽.

인디고 블루 [indigo blue] 쪽빛 남색.

인디고 카르민 [영] indigo carmine 〈식품〉 청색 식용색소.

인디비듀얼리스트 [individualist] 개인주의자. 개인중심주의의 사람.

인디비 듀얼이즘 [영 individualism] 개인주의.

인디비듀얼 메들리 릴레이 [individual medleyrelay] 〈수영〉한 사람이 다른 수영법을 섞어 가면서 헤엄치는 경기.

인디아 India/Republic of India/인도(印度) 〈국〉 인도 반도를 주요 지역으로 하는 남아시아 중앙부의 공화국. 1857년 영국의 직할 식민지로 편입되었다가 1947년 간디(Mohandas Karamchand Gandhi, 1869~1948)의 지도로 영연방 자치령으로 독립됨. 1950년 공화국 선포. 중국에서 부르는 인도의 옛 이름은 천축(天竺). 수도는 뉴델리(New Delhi). (→) 뉴델리.

인디아(지) [India paper] 중국의 당지(唐紙)의 질을 영국서 개량하여 만든 질긴 종이. ▷ 사전 등에 쓰이는 얇고 강한 상질(上質)의 종이.

인디안 [영 Indian]
① 인도의, 인도인의.
② 아메리카 인디안의 약. ~서머(~summer) 음력 10월의 따뜻한 날씨. ~페이퍼(~paper) 얇고 튼튼한 양지로 사전 등에 사용된다. ~룩(~look) 인디안의 풍속을 집어 넣은 복장. 디자인.

인디언 그립 [Indian grip] 〈레슬링〉 손가락 끝이 밖으로 나오지 않게 마주 잡는 방법.

인디언 레드 [Indian red] 검 붉은색의 안료.

인디언 리버 [Indian river] 닭의 종류.

인디언 서머 [Indian summer]
① 늦가을, 초겨울의 따뜻한 날씨가 계속되는 시기.
② 노년의 회춘(回春).

인디언 클럽 [Indian club] 〈체조〉 곤봉 체조. 또는 그 곤봉(방망이).

인디언 헤드 [Indian head] 촘촘한 목면 평직의 천의 한 상품명.

인디오 [Indio] 중남미의 토착 민족. ▷ 넓은 뜻으로는 아메리카 인디언.

인디케이션 [indication]
① 〈의학〉 적응증.
② 〈춤〉 다음 동작을 위한 눈짓.

인디케이터 [indicator]
① 〈기계〉 지압계(指壓計)
② 〈화학〉 지시약(指示藥).

인디펜덴트 [영 Independent] 독립의, 자립의, 자주의, 자존심이 강한.

인 라인 [in line] 〈펜싱〉 찌르기 또는 베기에 가장 효과적인 면 〈테니스〉 안쪽 선.

인랜드 코스 [inland course] 〈골프〉 비교적 정비되지 않은 코스.

인레이 [영 inlay] ① 끼워 넣다.
② 상안. ③〈복〉 누비다.

인레트 포트 [inlet port] 〈기계〉 흡인공(吸引孔).

인버네스 [영 inverness] 2중 망토. 남자용외투(톤비).

인버타제 [영 invertase 〈식품〉 감자당을 가수 분해하여 전화당(轉化糖)으로 만드는 효소.

인버터 [inverter] 〈전기〉
① 직류를 교류로 바꾸는 장치.
② 에어컨 등에 쓰이는 주파수 제어 장치.

인버트 [invert] 〈건축〉 역아치. 거꾸로 홍예. = 무지개(虹霓).

인벌브 [involve] 말려들게 하다. 맥루헌 이론에 자주 나온 말. 예를 들면, 텔레비전이 가정을 외계의 복잡한 현실에 생각할 여유도 없이 압도적으로 말려들게 함. ▷ 명사인 involvement 는 말려드는 일. 연루되는 일.

인베르타제 [독 Invertase] 〈화학〉 사카라제. 효소의 하나.

인베스트먼트 [investment] 투자, 출자, 출자금.

인베이더 [invader] 침입자, 침략자.

인벤션 [invention] ① 발명. 창안.
② 〈음악〉다성적 수법에 의한 즉흥곡.

인벤토리 [영 inventory] 재산목록 재고품 조사. ~사이클(~cycle) 재고투자에 볼 수 있는 확장과 수축의 순환. ~파이넌스(~finance) 재고품 금융. 정부가 재고품에 따라 특별회계의 운전자금을 조달하는 것을 말함.

인볼브 [영 involve] 남의 사건에 연좌, 말려들다.

인비저블 [영 invisible]눈에 보이지 않는, 숨겨진.

인 비트로 [영] in vitro 〈식품〉 '시험

관 속'이란 뜻.

인사이더 [영 insider] ① 소식통. ② 노동조합법으로 정해진 합법조합.

인사이더 조합(組合) [영] insider- 〈경〉카르텔(cartel)·트러스트(trust) · 그 밖의 협정에 가입한 조합. 법내(法內) 조합. ↔ 아웃사이더 조합(組合) (outside-).

인사이드 [영 inside] ① 내측, 내부. ② 내막.

인사이드 라이트 포드 [inside right forward] 〈축구〉5명의 포드 중 오른편 안쪽에 있는 경기자를 말함.

인사이드 레프트 포드 [inside left forward] 〈축구〉5명의 포드 중 왼쪽 안쪽에 있는 경기자.

인사이드 백 루프 [inside back loop] 〈피겨 스케이팅〉뒤로 나가면서 안쪽으로 돌며 고름을 맺는 활주형.

인사이드 백 에지 인 에이트 폼 [insideback edge in eight form] 〈피겨 스케이팅〉뒤로 나가면서 안쪽으로 도는 원형 8자 모양의 활주형.

인사이드 베이스 볼 [inside base ball] 〈야구〉머리를 써서 교묘하게 진행되는 시합.

인사이드 벨트 [inside belt] 〈의상〉스커트 허리 안에 맨 벨트.

인사이드 볼 [inside ball] 〈야구〉안쪽으로 굽어지는 슛.

인사이드 브리스트 포켓 [inside breast pocket] 〈의상〉가슴 안쪽에 다는 포켓.

인사이드 스토리 [영 inside story] 내막소설.

인사이드 웍 [inside work] 〈체육〉헤드 웍. 임기응변으로 잘 판단을 내리는 일.

인사이드 포드 [inside forward] 〈축구〉포드 중 좌우의 안쪽에 자리 잡는 경기자.

인사이드 포드 더블 스리 [inside forward double three] 〈피겨 스케이팅〉앞으로 나가며 안쪽으로 돌아 둘로 연결되는 3자를 그리는 활주형.

인사이드 포드 루프 [inside forward loop] 〈피겨 스케이팅〉앞으로 나가며 안쪽으로 돌아 매듭을 짓는 것.

인사이드 포드 앤드 아웃사이드 백 스리 [inside for-ward and outside back three] 〈피겨 스케이팅〉앞으로 나가며 안쪽으로 돌고 다시 뒤로 나가면서 바깥쪽으로 3자형을 그리는 것.

인사이드 포드 앤드 인사이드 백 로커즈 [inside for-word and inside back rockers] 〈피겨 스케이팅〉앞으로 나가며 안쪽으로 돌고 다시 뒤로 나가며 안쪽으로 도는 갈퀴 모양의 활주형.

인사이드 포드 앤드 인사이드 백 카운터 [inside for-for-ward and inside back counter] 〈피겨 스케이팅〉앞으로 나가며 안쪽으로 돌아 밖을 향한 고리를 그리는 활주형.

인사이트 [영 incite] 자극하다.

인서션 [insertion] 신문에 끼워 넣은 광고지.

인서트 [영 insert] ① 집어넣다. 끼우다. ② 신문, 잡지에 끼워 넣는 광고 인쇄물. ③ 영화관에서 상영하는 정지면의 광고.

인센티브 [incentive] 자주적인, 고무적인, 동기, 유발, 장려.

인슈어런스 [영 insurance] ① 보험. ② 보험료. ③ 해상보험. 생명보험은 assurance.

인슈얼러리티 [insularity] 도서성(島嶼性), 섬나라 근성, 섬나라임. ¶ 일본과 영국의 ~

인 슈트 [미] in-shoot 〈체〉야구에서

투구가 자연히 곡선을 그리며 타자에게 가까운 코스로 향해가는 투구. 인커브 (incurve). ↔ 아웃슈트 (out-shoot)

인슐레이션 [영 insulation]〈전〉절연.

인 슛 [in shoot]〈야구〉안쪽으로 굽는 공 내곡구(內曲球).

인스턴스 [영 instance] ① 예. ② 경우.

인스털레이션 [installation] ① 설치함. ②〈컴퓨터〉시스템(하드웨어와 소프트웨어)의 도입·설치 ③〈컴퓨터〉어떤 소프트웨어를 특정한 하드웨어 위에서 작동을 잘하게 만드는 일.

인스텝 [영 instep] ① 발등. ②〈복〉바지의 옷자락 앞.

인스텝 킥 [영] instep kick〈체〉축구에서 발등으로 차는 킥. (→) 아웃 사이드 킥(outside kick).

인스톨먼트 [installment] 분할 지불. 월부.

인스트럭션 [영 instruction] ① 지시, 명령. ② 계산기의 수자 기호의 조합.

인스트럭터 [instructor] ① 지도자(특히 기업 내의 작업원·판매원 등을 훈련시키는 지도자). ② (재즈 댄스나 에어로빅 등의) 강사.

인스트루멘털리즘 [instrumentalism]〈천문〉기구주의(器具主義)

인스티튜셔날리즘 [institutionalism] 경제학에서 통계학적 방법을 중시하는 학파.

인스티튜션 [영 institution] ① 학회, 협회. ② 습관, 제도.

인스티튜트 [영 institute] 연구소, 학교, 회관.

인스틴크트 [영 instinct] ① 본능. ② 천성. ③ 직관.

인스파이어 [영 inspire] ① 분발시키다. ② 영감을 주다.

인스펙션 [영 inspection] 검사, 조사, 감사.

인스펙터 [영 inspector] 검사관, 조사관, 감독관.

인스피레이션 [영 inspiration] 영감, 천계(天啓).

인시던트 [영 incident] 사건, 뜻밖에 생긴 일 (문학 작품 속의) 삽화·에피소드.

인시임 [영 in seam] 소매안쪽의 솔기.

인어프 [enough] 충분한. 필요한 만큼.

인젝션 [injection]〈의학〉주사.

인젝터 [영 injettor] 분무기, 주사기.

인 커브 [미] incurve〈체〉야구에서 타자쪽으로 휘어 굽는 투구. 내곡구(內曲球). 인슈트(in-shoot). ↔ 아웃커브(out-curve).

인컴게인 [영 income gain]〈경〉이자, 배당의 수입 불로소득.

인 코너 [미] in-corner〈체〉야구에서 홈 플레이트의 타자에게 가까운 한 각. 내각(內角). ↔ 아웃 코너 (out-corner).

인코넬 [inconel]〈공업〉열과 침식에 잘 견디는 합금의 하나.

인코더 [encoder] 부호기. 암호기.

인큐베이션 [incubation]〈경제〉벤처(venture)기업 등의 새로운 기업을 육성하기 위해, 장소 OA기기·경영 상담 서비스 등을 제공하고 독립할 수 있게 도와주는 일.

인크리스 [영 increase] 증가, 증가하다. 커지다.

인클라인 [영 incline] canalincline의 약. 케이블카의 일종으로 경사면에 레일을 깔고, 동력에 의해 대가에 배를 올려놓고 승강시키는 장치 물매

ㅇ

경사.

인클라인드 플래시 [inclined flash] 〈스키〉회전 코스를 만들어 주는 기로 만들어진 문의 일종.

인타 [이 → 영 intaglio → 일] 〈인쇄〉 요판(凹版), 오목판.

인터 [영 inter] 〈인〉요(凹)판, 요(凹)조작. 음각, 요조.

인터그리티 (integrity) 청렴, 성실.

인터내셔얼리즘 [영 internationalism] 국제 주의.

인터널 [internal gear] 〈기계〉안 톱니바퀴.

인터넷 [internet] 〈컴퓨터〉지구 전체에 산재한 서로 다른 기종의 컴퓨터들이 통일된 프로토콜을 사용해 자유롭게 통신을 주고받을 수 있는 세계 최대의 통신망(인터넷의 기원 : 미 국방성에서 연구원들과 군납 업체. 관련 연구 기관간에 정보 공유를 지원하기 위해서 탄생).▷ 통신망인 ARPANET에서 시작~ 국내에서는 82년 서울대학교와 전자 통신 연구소가 처음 네트워크망을 가동했고 83년 미국 Unix-to-Unix copy 프로그램을 이용해 다이얼업으로 연결됐으며 90년 HANA망이 전용선을 이용해 연결함으로써 본격적인 인터넷 시대를 열었다.

인터럽트 [interrup] 〈컴퓨터〉방해, 중단. 현재 행하고 있는 처리를 일시 중단하고 다른 처리를 하는 일. ¶~중단하다.

인터레스트[영 interest] ① 관심, 흥미. ② 이자. ③ 이해관계.

인터로게이션 · 마크 [영 interrogation mark] 의문부, 질문부.

인터루드 [영 interlude] ① 사이. ② 〈연〉 막간극. ③ 간주곡.

인터리니어 [interlinear] 〈도서관〉줄 새에 쓴 것이나 인쇄하는 것.

인터링키지 [interlinkage] 〈전기〉맨줄이 팽팽하도록 연결시키는 장치.

인터뱅크 [영 interbank]자금조정을 위해서 행하는 은행상호간의 거래.

인터뱅크 론[interbank loan] 〈경제〉은행 상호간의 대차(貸借).

인터벌 [라 > 영 interval] 〔유〕
① 간격. 휴식시간.
② 〈체〉 야구에서 투수의 투구와 다음 투구와의 사이, 권투에서 라운드와 라운드와의 사이의 휴게 시간.

인터벌 시그널 [interval signal] 〈통신〉일정한 간격을 둔 신호.

인터벌 트레이닝 [interval training] 활동과 휴식을 계통적으로 교대시키는 트레이닝 방식.

인터셉터 [영 intercepter] 방공요격전투기.

인터셉트[영 intercept] 〈럭비〉상대의 패스를 옆에서 빼앗는 것. 〈군사〉(적기 · 미사일 등에 대한) 요격(邀擊). 방해함, 차단함.

인터액션 [interaction] 상호작용.

인터액티브 컴퓨팅 시스템
[interactive computing system] 〈컴퓨터〉 대화형(對話型)계산 시스템(표시 단말(表示端末)을 통하여, 사람과 컴퓨터가 마치 대화를 하듯이 프로그램의 개발과 문제 해결 등의 작업을 진행시킬 수 있는 시스템).

인터잭션 [영 interjection] 외침소리. 감탄의 말.

인터젝션[영 interjection] 〈군〉후방진지나 보급선을 폭격하여 적의 최전선을 약화시키는 작전.

인터체인지 [영 interchange] 고속도로의 입체교차시설. 약해서 인터.

인터치 [intouch] 〈럭비〉공이 터치라인 위나 밖으로 나가는 일.

ㅇ

인터 컬리지 [영 inter college] 대학대항 경기. 인·컬레.

인터칼레지 매치 [intercollegiate match] 〈체육〉 대학간의 대항 경기.

인터 컷 [영 inter cut] 실황방송 중, 관객이나 특별한 사람들을 촬영하는 것.

인터코스 [영 intercourse]
① 교우, 교환. ② 성교.

인터타입 [영 intertype] 키를 누르면 1행씩 활자조판이 주조되는 기계.

인터페론 [영 interferon] 비루스 억제인자. 세포에 하나의 윌스가 감염하였을 때, 세포는 다른 윌스의 감염이나 증식을 저해한다. 그의 중개하는 인자.

인터페어 [interfere] ① 방해, 간섭. ② 〈운동〉상대의 플레이를 방해하는 것.

인터페이스 [interface]
① 경제면 공유 영역.
② 〈컴퓨터〉 CUP와 단말 장치를 연결하는 부분을 이루는 회로.

인터폴 [Interpol] 국제 형사 경찰기구의 약칭. 즉 각국 경찰이 범죄 수사에 협력을 목적으로 1714년에 발족했다. 정치, 군사, 인종은 제외, 국제적인 형사 사건의 조사. 정보 자료 교환 수사 협동 등이 주 업무다.

인터프레터 [영 interpreter] 통역, 해석자.

인터하이 [영 interhigh] 고교대항경기, 인터켈레지에서 전용된 조성어.

인턴 [intern]
① 의사의 면허를 받기 전에 병원에서 연구하는 견습의사.
② 도서관의 견습 사서. 또는 회계사 미용사·이용사 등의 실습 제도.
③ 교육 실습생.

인테그레이션 [integration]
① 〈교육〉 교재의 통합.
② 흑인, 백인 학생의 공학(共學).

인테그리티 [integrity] 성실, 정직, 고결 성실한 사람.

인테르 메쪼 [intermezzo] 〈음악〉 심포니 소나타의 각 부를 연결하는 짧은 관현악.

인테리닌 [Interenin] 〈약학〉 부신 피질 홀몬의 상품명.

인테이크 사일런서 [intake silencer] 〈기계〉 흡연소음기.

인텐션 [영 intention] 의도, 겨냥.

인텐시티 [intensity] ① 세기, 강도.
② 〈寫〉 동도인텔리 인텔레겐치아의 항참조.

인텐시브 [intensive. 강렬한, 집중적인.

인텔리겐티아 [intelligentzia]
① 지성, 지능.
② 정보 ~서비스(~service) 정보기관. ~테스트(~test) 〈교〉지능검사.

인텔리전트 빌딩 [intelligent Building 영] 고도의 정보통신시스템이나 빌딩자동관리 시스템의 기능을 갖추어 중앙 컴퓨터로 제어할 수 있게 만든 임대빌딩.

인텔렉추얼 [intellectual] 지적인. 지성이 있는. 지식인. ▷ '인텔리' 는 러시아어 interlligentsia : 지식 계급에서 유래.

인텔샛 [INTELSAT←International Telecommunications Satellite Organization] 국제 전기 통신 위성 기구(통신 위성의 개발·발사·관리 운영을 하는 국제적인 상업 위성 통신 조직).

인토네이션 [영 intonation]
① 말의 억양. ② 발성법.

인톨레런스 [영 intolerance] 관용할 수 없다. 〈종〉 타교의 신앙을 인정하지 않는다. 불관용, 편협 아량이 없음.

인튜이션 [영 intuition] 직관(直觀), 직각(直覺).

ㅇ

인튜이셔니즘 [intuitionism] 〈문학〉 직각주의(直覺主義).

인트러덕션 [영 introduction]
① 서론, 입문.
② 〈음〉 서주(序奏)
③ 소개.

인트로스펙션 [introspection] 〈심리〉 내성. 반성.

인트와이닝 능직(綾織) [영] entwining twill 〈섬〉 방향이 반대되는 두 개의 같은 능조직을 배합하여 망 모양으로 된 것.

인파스토 [inpasto] 〈미〉 회구(繪具)를 부풀어 오르듯이 두껍게 칠하는 것.

인파이팅 [영] infighting 〈체〉 권투의 접근전. 인파이트(infight)로 사용하기도 함. ↔ 아웃 파이팅(outfighting).

인 파트 [in part] 〈야구〉 인 코너. 타자측에서 보아 홈플레이트의 안쪽.

인팬트 [영 infant] 유아. ~잭(~sack) 유아용상의 ~스쿨(~school) 유치원.

인페르노 [영 inferno] 〈종〉 지옥. 상대어는 파라다이스.

인페리오리티 [영 inferiority] 열등, 열세. ~컴플렉스(~complex) 열등감, 열등감을 느끼다. 난소.

인페리오 오버리 [inferior ovary] 〈생물〉 하위(下位) 자방(子房). 난소.

인포멀 [영 informal] 비공식의, 약식의, 상대어는 포멀.

인포메이션 [영 information] 정보, 보도. ~오피스(~office) 접수처 안내소.

인포메이션 프로세서 [information precessor] 정보 처리 장치(정보처리를 하는 장치로, 보통은 컴퓨터를 이름).

인포매티브 · 애드 [영 informative ad] 상품의 품질, 성분, 성능, 사용법을 해설풍으로 실리는 광고.

인풋-아웃풋 디바이스 [input-output device] 〈컴퓨터〉 컴퓨터의 정보를 입력 또는 출력하는 장치를 총칭. 즉 입력 장치로 5가지가 있고 출력장치로 5가지가 있으므로 10장치를 약칭한다. '타이프라이터, 자기 테이프 장치' 등이 쓰임.

인프라 [infra] ① 비행기 착륙지.
② 아래에 아래쪽에, 전면에. 사회안전망 구축 (수도, 전기, 도로 등)
③ 아파트 단지 등의 환경 구조망(網).

인프라스트럭처 [infrastructure] 기초 구조, 기간(基幹) 시설, 생활 · 생산 기반(특히 사회 경제 발전의 기초가 되는 전력·물·교통·통신 등을 말함). ▷ 본래는 하부 구조 하부 조직의 뜻.

인프론트 킥 [in-front kick] 〈축구〉 발등의 조금 안쪽에 공이 닿도록 하고, 주로 엄지발가락을 써서 공을 차는 것.

인프레셔니스트 [영 impressionist] 인상주의자. 인상파.

인프레션 [영 impression] 인상.

인플레이 [영 inplay] 시합 중.

인플레이션 [영 inflation] 〈경〉 통화의 팽창. 통화가 팽창하면 그 결과로 물가가 비싸진다. 이것이 악화하면 경제기구가 파괴한다. ~갭(~gap) 인플레요인이 디플레 요인을 초과하는 것. ~헤지(~hedge) 인플레가 진행하면 재산을 지키기 위한 수단으로서 현금을 주식, 증권이나 부동산에 투자하는 것.

인 플레이어 [영] in-player 〈체〉 정구에서 서브를 넣는 편의 선수. 서버(server). ↔ 아웃 플레이어(out-player).

인플루엔스 [영 influence]
① 영향. ② 세력.

인필더 [infielder] 〈야구〉 내야수(內野手).

인필드 [infield] 〈야구〉 내야.

인필드 힛 [infield hit] 〈야구〉내야 안타.

인할트 [독 Inhalt] 내용. 목차.

인휴맨 [영 inhuman] 비인간적인, 비인도적인.

일러스트레이션 [영 illustration] 광고나 서적 등의 삽화, 도해.

일러스트레이터 [영 illustrator] 삽화화가. 도안가.

일렉션 캠페인 [영] election campaign 선거 운동.

일류미네이션 [illumination] 전등 조명.

일류저니즘 [illusionism]
① 〈철학〉 미망설(迷妄說)
② 〈문학〉 환상주의.

일류전 [영 illusion] 환영, 환상, 환각. 부인 베일용의 투명한 망사.

일리늄 [illinium] 〈화학〉 1926년 홉킨스가 61번 원소로 명명한 물질.

일칸 (Ilkhan) 〈역〉 중국 원(元)나라 세조(世祖)의 아들 톨루이(Tolui)의 여섯째 아들 곧 징기스칸의 손자인 홀레구(Hulegu/Khulagu) 〈한자 표기 : 욱렬올(旭烈兀)〉가 이란에 세운 나라. 한자 표기로 이아 한국(伊兒汗國). (→) 톨루이.

임마뉴엘 [히 Immanuel] 〈성경〉 그리스도 '하나님의 우리와 함께 계시다'는 뜻임.

임모랄리티 [immorality] 부도덕, 불륜 인도에 위배되는 일. 추행 등의 뜻.

임모럴 [영 immoral] 부도덕한, 배덕의. 반도덕의.

임모털 [영 immortal]
① 불사의, 불멸의.
② 불멸의 사람. 불후의, 불사신.

임보 [히 limbo] 〈가톨릭〉 교회에 들어올 기회가 없었던 이. 성례 받지 못한 어린이. 이교도. 백치들의 영혼이 사는 곳.

임어당 林語堂 (1895~1976) 자유 중국의 文學家, 評論家. 중국의 대문호.

임파 [라 lympha → 일] 〈의학〉 고등 동물의 조직을 채우는 액체.

임파서블 [영 impossible] ① 불가능한. ② 일어날 수 없는.

임파스토 [이 impasto] 〈미술〉 유화에서 물감을 겹쳐 두껍게 칠하는 방법.

임펄스 [영 impulse] 충동. 자극, 일시의 감정 등의 뜻.

임팩트 [영 impact] ① 충돌, 충격. ② 영향, 효과.

임팩트·론 [impact loan] 일시적인 경제 정책을 해결하기 위해 빌리는 차관, 즉 장기적인 계획 사업 자금으로 조달하기 위해 빌리는 차관은 개발 차관이라고 한다.

임페리얼 [영 imperial] ① 제국의. ② 황제의 지고한.

임페리얼리즘 [영 imperialism] 제국주의. 침략주의.

임펠러 [impeller] 〈심리〉 날개바퀴.

임포텐쯔 [독 impotenz] 〈의〉 남성의 성교 불능증.

임포트 [영 import] ① 수입. ② 중요.

임프레사리오 [이 impressario] 〈음〉 음악회의 지도자. 가극의 연출자.

임프레셔니즘 [영 impressionism] 인상주의.

임프레션 [impression] ① 인상(印象). ② 경기후퇴.

임프로비제이션 [영 improvisation] 재즈 등의 즉흥연주.

임프롬프튜 [이 improptu] 즉흥시, 즉흥곡. 암프롬튜.

임피던스 [영 impedance] 〈전〉 직류에

423

ㅇ

있어서 저항에 상당하는 교류의 경우의 전압과 전류의 비.

임피던스 코일 [impedance coil] 〈전기〉 저항코일.

임피던스 트랜스포머 [impedance transformer] 〈전기〉 임피던스 변압기.

입센 (Henrik Ibsen, 1828~1906) 〈인〉 노르웨이의 시인, 극작가.

잇히 [독 ich] 나, 우리. ~로망 (I-Roman) 사소설.

잉곳 [ingot] 주괴(鑄塊). 금, 은 덩어리.

잉글랜드 (England) 〈지〉 영국 그레이트브리튼 섬(Great Britain I.) 남반부에서 웨일스(Wales)를 뺀 지역.

잉글리시 그립 [english grip] 〈체육〉 라켓면을 코트 위에 수직이 되도록 쥐는 것.

잉글리시 포메이션 [English formation] 〈테니스〉 리시버의 파트너가 서비스 라인 근처에서 치는 것으로 이른바 영구형 진형.

잉카 [Inca] 남미 페루의 고원 지방을 중심으로 번영했던 토착 종족 또는 그 종족이 세운 국가 문명.

잉크 나이프 [ink knife] 〈인쇄〉 잉크 칼.

잉크 롤러 [ink roller] 〈인쇄〉 잉크 굴대.

잉크 이레이서 [ink eraser] 잉크로 쓴 것을 지우는 액체.

잉크 테이블 [ink table] 〈인쇄〉 잉크판.

ㅈ

자 [아 jarrah > 에 jarra > 프 jarre > 영 jar] 입이 넓은 보온병.
① 마법병. ② 거북, 병.

자가 〈동〉 → 재규어(jaguar)

자넨 [독 Saanen] 〈축산〉 스위스 자넨 지방에서 나는 젖이 잘 나는 산양.

자메이카 (Jamaica) 〈국〉 카리브 해 (Caribbean) 북부, 자메이카 섬 (Jamaica I.)을 중심으로 한 영국 연방 내의 독립국. 1494년 콜럼버스가 발견. 1509년 에스파냐의 식민지. 1670년 영국령. 1958년 트리니다드 토바고(Trinidad and Toabgo), 바베이도스(Barbados), 도미니카(Dominica)와 서인도 제도 연방을 구성했으나 연방 해체로 1962년 영 연방의 일원으로 독립. 수도는 킹스턴(Kingston) (→) 킹스턴.

자멘 [독 Samen] 〈의학〉 정액(精液). ▷ 본래의 뜻은 종자.

자스마크 [네 jasmark] Japan Agriculture and Foresty Stand의 약. 일본 농립 규격의 마크.

자유 중국 (自由中國) / 중화 민국 (中華民國) (China/Republic of China) 〈국〉 1949년 본토를 공산당 [中共] 에 빼앗기고 대만(臺灣)으로 물러난 장개석(蔣介石)이 1911년 손문(孫文)에 의해 설립된 공화국 '중화 국'의 법통을 지속하여 오늘에 이르고 있는 나라. 속칭 자유 중국. 수도는 타이베이 / 대북(Taibei/對北) (→) 타이베이 / 대북

자이나 [Jaina] 인도에서 일어난 무신론적 종교.

자이로 [영 gyro] ① 나선의.
② 오토자이로의 약.

자이로스코프 [gyroscope] 〈물리〉 공간에서 자유로이 둘 수 있도록 장치된 팽이로 나침판이나 비행기에 사용됨. 윤전의(輪轉儀).

자이로스태벌라이저 [gyrostabiliger] 자이로스코프를 이용하여 배나 비행기가 옆으로 흔들리지 않도록 한 장치.

자이로컴퍼스 [gyrocompass] 〈물리〉 자이로스코프를 이용한 나침반.

자이로파일럿 [gyropilot] 〈항해〉 자이로스코프를 이용한 조정 장치.

자이로플레인 [gyroplane ← gyroscope+ airplane] 〈기계〉 수평으로 빨리 도는 날개에 의하여 균형을 잡는 비행기.

자이로호라이즌 [gyrohorizon] 〈물리〉 자이로스코프를 응용하여 배. 비행기 같은 것이 수평면을 유지하도록 하는 장치.

자이르 (Zaire/Republic of Zaire) 〈국〉 아프리카 대륙의 중앙부. 콩고(Congo) 분지의 대부분을 차지하는 공화국. 1908년 벨기에의 직할 식민지로 편입, 1960년 독립하여 콩고 민주 공화국(Domocratic Republic of Congo) 1971년 공화국으로 개칭. 수도는 킨샤사(Kinshasa). (→) 킨샤사.

자이빙 [gybing] 〈항해〉 강한 바람을 받아 심하게 한 쪽으로 기울어 질 때 돛을 빨리 반대쪽으로 바꾸는 것.

ㅈ

자이언트 [giant] ① 거인. ② 큰 것. ③ 1883년에 결성된 뉴욕의 프로 야구팀.

자이언트 서클 [giant circle] 〈체육〉 철봉의 한 가지로, 팔을 펴고 매달려 360°를 도는 것. 대차륜(大車輪).

자이언트 스윙 [giant swing] 〈체육〉 철봉에서 몸을 크게 흔들어 올라가는 것.

자이카 [영 Japan International Cooperation Agency] 국제협력사업단. 일본정부의 개발도상국에 대한 개발원조기관.

자인 [독 sein] 〈철〉 실재, 존재, 있는 것. 상대어는 졸루렌(sollen)

자일 [독 seil] 〈등〉 등산용의 줄, 로프.

자쯔 [독 satz] 〈스키〉 점프의 건널목. 도약. 뛰어오르는 동작.

자카르타 (Jakarta) 〈지〉 인도네시아 공화국(Republic of Indonesia)의 수도. 자바 섬(Java I.)서북단에 위치한 항구 도시임. 네델란드령 시대에는 바타비아(Batavia)로 불리었음. (→) 인도네시아.

자코 [Husia-kutnd] 새우의 일종.

자코비니즘 [영 jacobinism] 프랑스혁명시, 자코반(jacobin)에 의해 지도된 과격급진파로 과격급진주의를 말함. 자코반주의.

자쿠스카 [러 Jakuska] 〈요〉 러시아풍의 마른 안주. 팟죽.

자키 [영 jockey] ① 〈경마〉 기수 ② 〈방〉 디스크자키의 출연자.

자타베다스 [범 Jatavedas] 〈신〉「베다」신화에 나오는 아그니(Agni)의 칭호.

자텔 [독 sattel] 〈등〉 산의 정상 어깨 부분.

자포니카 [영 japonica] 〈미〉 일본취미의 미술, 장식, 동백나무, 모과나무의 일종.

잔 다르크 (Jeanne d'Arc, 1412?~1431) 〈인〉 성녀(聖女). '오를레앙(Orleans)의 소녀' 라고도 불려지며, 100년 전쟁에서 조국 프랑스를 승리로 이끈 국가적 영웅.

잘다슈 [항가리 czardas] 〈음〉 항가리 무용곡. 4분의 4 또는 4분의 2박자로 발레 등에서 춤추는 것.

잘팩 [네 JAL Pack] 일본항공(Japen Air Line)의 해외향의 단체관광여행.

잠비아 (Zambia/Republic of Zambia) 〈국〉 아프리카 남부 내륙에 있는 공화국. 1891년 영국의 보호령이 되어 북로디지아(北 Rhodesia)로 불려진 뒤, 1953년 중앙아프리카 연방에 통합되었다가 1964년 독립. 수도는 루사카(Lusaka). (→) 루사카.

잡 [영 job] ① 직업. ② 임대일.

잡 타이틀 [job title] 관리 라인상의 직책이 아니고 직무에 맞는 직책명.

장 (Jean) 〈인〉 존(John)의 프랑스 어명.

장르 [프 genre] ① 양식. 장르. ② 문학이나 예술의 분야. ③ 예술 작품의 갈래. 양식.

장쉐량 (張學良, 1898~1950) 〈인〉 중국의 정치가, 군인, 시안(西安) 사건의 주모자.

장제스/장개석 (蔣介石, 1887~1975) 〈인〉 중화 민국 총통.

장징궈/장경국 (蔣經國, 1906~) 〈인〉 중화민국 총통. 장개석(蔣介石)의 아들.

장쭤린 (張作霖, 1875~1928) 〈인〉 중화 민국 군인, 정치가. 봉천파(奉天派)의 총수.

장칭 (江 靑, 1913~) 〈인〉 모택동(毛澤東)의 부인. 중공의 문화 혁명 수행.

재그어 [영 jaguar] ① 〈동〉 미국표범. ② 영국제 자동차의 상품명. 미국 포드자동차사에 합병됨.

재로사이트 [jarosite] 〈광물〉 황갈색 광물.

재밍 [영 jamming] 〈방〉잡음이 들어오는 것. 방해 전파를 말한다.

재벨린 [영 javelin] 〈경〉 ① 투창. ② 투창경기의 창.

재스민 [영 jasmine] 〈식〉목정과(木精科)의 상록관목으로 꽃은 백색, 잎은 복엽으로 강한 방향을 갖는다. 꽃은 건조해서 향유를 만든다.

재스퍼 [영 jasper] 〈광〉 벽옥(碧玉). 석영의 작은 결정의 집합체이며 여러 가지 선상의 색을 나타내며 연마하여 보석으로 한다. 3월의 탄생석.

재칼 [페르샤 jackal] 〈동〉 서남아시아, 아프리카에 생식하는 산개(山犬)로서 늑대와 비슷하다.

재크 [jack] ① 기중기(起重機) ② 피아노의 줄을 치는 방망이. ③ 〈전기〉 전선을 연결할 수 있게 소켓이 여러 개 달린 전기 기구. ④ 〈트럼프〉 군인을 그린 카드.

재크나이프 [jackknife] ① 접칼. ② 〈수영〉공중에서 접칼처럼 몸가짐을 하고 다이빙할 자세를 갖추는 것. ③ 〈레슬링〉 상대의 목과 발이 맞닿아 새우 모양이 되게 하는 것.

재클린, 케네디 오나시스 (Kennedy-Onasis Jacqueline, 1917~) 〈인〉 미국의 제35대 대통령 케네디(John F. Kennedy, 1917~1963) 및 선박왕 오나시스(Aristoteles Sokrates Onassis, 1906~1975)의 미망인.

재퍼니스크 [Japanesque] 일본풍(일본적인 전통을 다시 보는 풍조나 취미).

재패너파일 [영 Japanophile] 친일파.

재퍼너매니어 [영 japanomania] 일본인 후원자.

재피 [Jappy] 일본인의 속칭.

잭 [히>그>라>프>영 Jack] ① 〈인〉 존(John)이라는 영어 인명의 속칭. ② 선원이나 수병(水兵)에 대한 애칭. 선원 아저씨. 수병아저씨. ③ 트럼프 카드에 그려져 있는 병사.

잭 [히>그>라>프>영 jack] ① 〈기〉기중기의 한 가지. 무거운 물건을 수직 상방으로 들어 올려 받치는 장치. 나사식, 빗장식, 톱니바퀴식, 유압식(油壓式) 따위가 있음. 가옥 뜨기(이전), 자동차의 타이어 교환 때, 선박 수리 때 등에 사용함. ② 〈전〉 전기 기구의 하나. 플러그(plug)를 꽂아 전기를 접속시키는 장치.

잭 나이프 [jackknife] 대형의 접는 칼.

잭포트 [jackpot] 슬롯 머신이나 퀴즈의 대상(大賞).

잼 [jam] ① 〈통신〉 전파(電波) 방해. 교통마비, 혼잡. ② 설탕에 과일을 끓여 만들며, 빵에 발라먹는 반고체(半固體)의 음식.

잼보리 [영 jamboree] ① 축제소동. ② 보이스카웃의 대회.

잽 [영 jab] 〈권〉한 손을 뻗쳐서 상대방을 잘게 연타하여 상대의 자세, 방어를 무너뜨려서 강타를 하는 공격법.

쟈보 [jabot] 〈복〉 부인복의 가슴장식이나 목장식.

쟌다름 [gendarme] 〈등〉 산능에 치솟은 암봉.

쟌루 [genre] ① 종류, 부분, 양식. ② 〈미〉 풍속화 장르.

저그 [영 jug] 넓은 입의 물을 넣어 두는 그릇. 조끼.

저글 [영 juggle] 〈야〉 포그했을 때 그러브의 속에서 볼을 튀겨 보내서 낙구하여 정확한 포구가 되지 않는다.

ㅈ

저글러 [영 juggler] ① 수품사. ② 곡예를 곁드린 쇼.

저글링 [juggling] 공 따위를 던져 올리고 땅에 떨어지기 전에 고대로 받아 던지는 묘기.

저널 [영 journal] ① 신문, 잡지. ② 정기간행물.

저널리스트 [영 journalist] ① 신문잡지의 기자. ② 매스컴의 기고가.

저널리스틱 〔라 > 프 > 영 journalisttic〕 신문 잡지적인. 시류(時流)를 쫓는 신문기자적인. (→) 저널리즘(jouranlism) ↔ 아카데믹(academic) 그 사업이나 사업계·신문·잡지

저널리즘 〔라 > 프 > 영 journalism〕 신문·잡지·라디오 등의 범칭. 또는 그 사업이나 사업계. 신문·잡지 등의 간행물. 아카데미즘(academism)과는 달리 현실적이며 시사성·통속성을 띰. (→) 저널리스틱(journalistic), (→) 아카데미즘(academism)

저니셋 [영 journeyset] 여행용의 조합 오락품용 세트.

저먼 노트 스티치 〔German knot stitch〕〈자수〉번호 순으로 돌려가면서 꽂는 방법의 하나.

저먼 배트 볼 〔German bat ball〕〈체육〉야구, 정구, 농구를 혼합한 경기.

저먼 클랩 댄스 〔German clap dance〕 두 줄로 둥글게 서서 추는 독일의 민속 무용.

저먼 클랩 마치 〔German clap march〕 저먼 클랩 댄스.

저먼 호핑 댄스 〔German hopping dance〕 한 줄로 둥글게 마주서서 추는 독일춤.

저스트 [영 just] ① 마침. ② 정확한, 정당.

저스티피 [영 justify] 정당화하다. 입증하다.

저운티 [jaunty] 현대 청년이 가지는 명랑성. 쾌활성을 말함.

저지 [영 jersey] ① 〈복〉메리야스지와 그의 제품. ② 럭비 등의 모직셔츠. ③ 영국저지섬 원산의 우유.

저지 [영 judge] ① 판정자, 심판관. 판사. ② 판정한다. 재정(裁定한다) ③ 〈경〉복싱 등의 심판원.

저지먼트 데이 [judgement day] 그리스교에서 최후의 심판의 날.

저지 페이퍼 〔judge paper〕〈권투〉경기자의 점수를 기록하는 심판원들이 사용하는 종이.

저크 [영 jerk]〈경〉중량들기의 일종목. 들어 올리기. 정확하게는 클린 앤드 저크 (clean and jerk)〈의학〉신경 흥분에 의한 떨림(경련). 급격한 움직임. 바보. 말을 내뱉다.

점보 [영 jumbo] ① 크고 골사나운 것. ② 거상. ③ 터널의 이동굴삭기.

점볼 [jump ball] ① 〈농구〉양편 선수가 점프 서클에서 마주서서 심판이 던져 올린 공을 쳐서 자기편에 패스하도록 하는 것. ② 〈배구〉뛰어 올라 공을 받거나 치는 것.

점퍼 [영] jumper ① 〈체〉도약 경기의 선수. ② 〈복〉작업복이나 운동복으로 입는 상의. 잠바.

점프 [영 jump] ① 뛰는 것, 도약 ② 〈경〉넓이 뛰기, 높이뛰기, 3단 넓이 뛰기, 스키의 도약.

점프 리트리트 [jump retreat]〈펜싱〉살짝 뛰어 후퇴하는 것.

점프 샷 [jump shot]

ㅈ

① 〈농구〉 뛰면서 공을 넣는 것.
② 〈당구〉 친 공이 뛰어 오르는 것
 (=jump shoot)

점프서클 [jump circle] 〈농구〉중앙과 프리드로 서클의 중심에 그려진 60cm 반지름의 원. 점프하는 위치.

점프 스테이크 [jump steak] 캥거루 스테이크(오스트레일리아 요리의 일종).

점프 스톱 [jump stop] 〈스키〉 됨뛰어 돌며 멈추는 것.

점프 앤드 리치 [jump and reach] 〈체육〉 높이 뛰기 종목의 하나로 한자리에서 위로 뛰어오르기.

점프 턴 [jump turn] 〈스키〉뛰어 오르며 도는 것.

점핑 [jumping]
 ① 〈체육〉 뛰기. 도약.
 ② 〈축구〉 상대방에게 뛰어 오르는 반칙.

점핑 라운드 [jumping round] 〈스키〉 미끄러지며 뛰어 도는 것.

점핑 슈즈 [jumping shoes] 〈육상〉스파이크 슈즈의 하나.

점핑 슈트 [jumping shoot] 〈농구·핸드볼〉 도약 투사. 뛰어 오르며 넣는 것.

점핑 스키 [jumping ski] 점프를 위한 스키.

점핑 스턴트 [jumping stunts] 〈스키〉 도약 곡예(曲藝) 뛰어 올라 묘기를 보이는 것.

점핑 턴 [jumping turn] 〈춤〉 뛰어 올라 도는 동작.

점핑 헤딩 [jumping heading] 〈축구〉 뛰어 올라 머리로 받는 것.

점핑 힐 [jumping hill] 〈스키〉 점프대.

정글 [영 jungle] 원시림. 밀림.

정글 짐 [jungle gym] 둥근 나무나 철봉을 가로 세로로 엮어서 만든 어린이들을 위한 운동틀.

정크 [영 junk] 중국의 범선. 중국어의 중코(戎克)에서 따온 영어.

정크션 [junction] ① 교차점.
 ② 갈아타는 역, 연락역.
 ③ 고속도로의 접속점.

정크 아트 [junk art] 〈미〉 폐품 등을 사용하여 예술작품을 새로이 창작하려고 하는 예술운동.

제너럴 [영 general] ① 일반의, 전체의.
 ② 육군대장(해군은 애드미럴).

제너럴 라이선스 [영] general license 〈경〉 일반적인 수입 허가(증).

제너럴리스트 [generalist]
 ① 다방면의 지식(기능)을 가진 사람.
 ② 우표 수집 등에서 분야를 한정하지 않고 전반적으로 수집하는 사람.

제너럴 모터스 회사(會社) [미] General Motore Corporation 〈회〉 1916년 창설한 미국의 자동차 회사. 준말로는 지엠(G.M.).

제너럴 스탭 [영] general staff 〈경〉 고도화한 기업의 기획·조사·통제 등을 보좌적으로 처리하는 기업의 참모 본부.

제너럴 스트라이크 [general strike] 한 산업 혹은 전 기업에 걸친 전국적 규모의 총동맹 파업. ▷ 제너스트.

제너레이션 [영 generation] 시대, 세대.

제너레이션 갭 [generation gap]
 ① 세대 차. 시대의 차.
 ② 세대차로 인한 가치관의 단절.

제너사이드 [미 genocide] 〈정〉집단살해. 1948년 국련총회는 기본적 인권에 기초하여 제너사이드 협약에서 그의 금지와 처벌을 결의하였다.

제너스트 [general strike] 제너럴 스트라이크의 약어. 총 파업.

429

ㅈ

제논 [xenon] 〈화〉 희가스 원소의 하나, 크세넌이라고도 함.

제너릭 브랜드 [영] generic brand 〈유〉 상품 총칭 만을 쓰고 유통 업자에 의해 보증된 상품 소위 노 브랜드 (No brand) 상품이지만 결코 품질 보증을 회피한 상품은 아님.

제니츠 [독 zenit] 정점, 천정. 영어에서는 제니스(zenith). 결정, 전성기.

제라늄 [영 geranium] 〈식〉 쥐손이풀속의 다년초. 중국 원산인 관상용의 양(洋)아욱.

제로그래퍼 [영 xerographer] 〈사〉 전자 사진. 전자복사기. 상품명은 제록스. 액체를 사용하지 않고 광선에 의한 건조인쇄법.

제로 디펙트 [영] zero defect 결점 없다는 뜻. 사고나 미스를 없애자는 운동을 제트디(ZD) 운동(Zero Defect movement)이라 함. (→) 제트디 운동(運動).

제로 리더 [zeroreader] 미국 '스페리 회사'가 만든 비행기.

제로섬 게임 [zero-sum game] 〈경기〉 선수간의 이득의 합계가 항상 0이 되는 게임. ▷ 상대를 많이 죽이고 정복하는 것이 승리며 그렇지 못하면 패배인 전쟁 상황.

제로아워 [zero hour] ① 영시(零時) ② 위기의 순간. ③ 고난의 시각.

제록스 [xerox] 정전기의 흡착 현상과 광전도 효과를 이용한 사진 복사 기계. 이를 이용한 전자 사진은 감선도가 보통 사진보다 흐린 것이 흠이지만 대량 복제가 가능한 이점이 있다.

제론톨로지 [영 gerontology] 〈의〉 사람의 수명이 길어졌으므로 새로이 개척된 노인학.

제롬 Jerome, St. (Eusebius Hieronymus Sophronius) Hieronymus 로 불림. (340?~420) 로마의 神學者.

제롬 Jerome, Jerome Klapka (1859~1927) 영국의 유머 作家.

제리아트릭스 [영 geriatrics] 〈의〉 노인 의학.

제미날 [독 seminar] ① 연구실. ② 지도 교수하에서 행하는 학생의 공동실시 연구. ③ 대학의 연습.

제미니 [영 semini] ① 〈천〉 쌍자좌. ② 머큐리계획에 이어지는 미국의 2인승 유인 위성계획.

제브라 [영 zebra] 〈동〉 얼룩말, ~존(~zone) 보행자횡단도, 도로에 얼룩말 모양이 그려진데서 온 말이다.

제스잇 [영 Jesuits] 〈종〉 로마교회의 일파로서 스페인 사람 로요라가 창립한 카톨릭의 수도회.

제스추어 [영 gesture] ① 몸짓, 손짓. ② 변죽울림. ③ 처럼 보이게 하다.

제스터 [jester] 농담하는 사람. 익살꾼.

제스트 [영 jest] 흘리는 것. 사람을 웃기는 동작이나 말.

제스트 [영 zest] 좋다! 굉장하다! 라는 성원의 소리.

제우스 [Zeus] 그리스 신화의 최고신 (올림포스 산의 궁전에 살며, 정이 많은 신으로도 유명. 로마 신화에서의 이름은 주피터임)

제이 [영] zein 〈식품〉 옥수수(Zea mays)에서 얻은 단백질.

제임즈 Jamer, Henry, Jr (1843~1916) 미국의 小說家, 批評家.

제임즈 James, William (1842~1910) 미국의 心理學者.

제켄 [독 Zechen] 운동 선수나 경주말 등에 붙이는 번호를 단 천.

제코니 [영] zeconie 〈섬〉 경사에 강

ㅈ

연사를 사용하고 경사의 플로팅(floating)을 많게 한 주자 조직으로 광택이 있는 소모 직물.

제트 [영 jet] 〈기〉 ① 분사추진.
② 분출, 분사.

제트기류 [jet stream] 지구의 특정 지역에 연중 불고 있는 강우풍. 30~50의 중위도 지역의 고도 10~12km에 있는 특히 집중적으로 강한 바람이 부는 좁은 기층에 나타나는 기류.

제트디 운동(運動) [영] ZD movement/ZeroDefect movement
① 〈경〉종업원 한 사람 한 사람의 주의와 만전을 기하여 제품 서비스의 신뢰성을 높이고 코스트를 절감하며 고객을 만족시키는 운동.
② 무결점 운동. (→) 제로 디펙트 (zero defect).

제트 스트림 [jet stream] 대기 분류.

제트 엔진 [jet engine] 〈군사〉미국의 스페리 회사가 만든 비행기의 하나. 분사식 추진 엔진.

제트 코스터 [jet coaster] 유원 시설의 하나인 물썰매.

제트 펌프 [jet pump] 분사 펌프.

제파 [영 Zephyr] ① 미풍.
② 〈복〉매우 가벼운 재료로 만든 옷.
③ 카시미아로 짠 가벼운 부인복지.

제퍼 [영] zepher 〈섬〉선염사로 짠평직물. 여러 조직의 줄무늬를 넣은 것이 많은(주로 모직물).

제펠린 [독 zeppelin] 1900년에 독일인 제펠링가라는 사람이 발명한 비행선. 제1차 대전시 커다란 위력을 발휘하였다. 독일의 항공사.

제펠린 안테나 [zeppelin antenna] 〈통신〉제펠린 비행선 모양의 안테나.

제피로스 [그 zephyros] (신격화, 또는 의인화한) 서풍(西風).

젠다오/간도 (間島) 〈지〉중국 지린 (吉林) 성의 한(韓) 민족자치구.

젠더 [Gender] 종전 성(性)에 대한 영문 표기 섹스(Sex)대신 새로 쓰기로 한 용어.

젠더 갭 [gender gap] 남성과 여성간의 차이(생각·느낌·수용 자세의 차이. 정치사의 관심 차이, 주장의 차이 등).

젠카 [영 jenka] 핀란드의 민족무용으로 폴카조의 스퀘어 댄스.

젠트리 [영 gentry]중류 정도의 상류사회.

젤라틴 [영 gelatin] 〈화〉동물의 골육에 포함되어 있는 아교모양의 단백의 일종. 식용, 의약용 외에 백양기, 사진 감광재료 등에 사용된다.

젤라틴 페이퍼 [gelatin paper] 〈연예〉 gelatine을 정제하여 적당한 색소를 가하여 만든 조명에 쓰는 종이.

젤러시 [jealousy] 질투. 시기.

젤렌 [독 Selen] 〈화학〉셀레늄 (selenum).

젤로소 [이 zeloso] 〈음악〉열심히.

젤리 [영 jelly] ① 군다, 굳히다.
② 과즙이나 유류내에 포함되어 있는 아교질의 액체. 〈식품〉콜로이드 (colloid) 용액을 응고시킨 것.

젤리빈 [jelly beans] 젤리를 콩만하게 굳힌 과자.

젤리 샐러드 [jelly salad] 〈요리〉닭뼈, 계란, 오이, 토마토, 햄, 상치, 젤라틴으로 만든 음식.

젤트작 [zeltsack] 〈등〉가벼운 주머니 모양의 휴대용 텐트로서 종절기의 숙영용.

젬 [영 gem] ① 보석.
② 소형으로 귀중한 것.

조깅 [영] jogging 〈체〉완주(緩走). 페이스를 일정하게 해서 천천히 뛰는 러닝. 조깅보다 더 느리게. 무릎도 올

ㅈ

리지 않으면서 뛰는 방법은 생킹 (shanking). (→) 생킹.

조끼 [포 jaqueta; 네 iack/영 jacket] 〈의상〉 양복 저고리 밑에 입는 것으로 한국 고유의 조끼 적삼과는 다르다.

조니안 [영 zonian] 파나마 운하지대의 주민.

조닝 [영 zoning] 도시계획 등에서 공업, 상업 등으로 지역을 정하는 것. 지역설정계획.

조드렐 뱅크 [영] Jodrell-Bank 영국 맨체스터 대학 부속 전파 천문대.

조버 [영] jobber 〈유〉거간. 주릅. 생선·식료품의 유통에서 흔히 볼 수 있는 상인. 일반적으로는 도매업자와 소매업자의 사이에서 도매업에서 구입한 물품을 소매점에 재판매함.

조인드 스커트 [영] joined skirt 〈복〉옷단을 바꿔 같은 천 또는 다른 천으로 장식한 치마.

조인트 [영 joint] ① 이음매, 맞춤매. ② 관절. ③ 〈요〉뼈가 있는 채 요리한 육고기나 물고기.

조인트 광고 (廣告) [영] joint ad. 〈광고〉공동 광고. 2개사 이상의 광고주가 하는 공동 광고. 또는 1개사라 해도 두 개 이상의 사업 부문이 공동으로 행하는 광고를 말할 때도 있음.

조인트 리사이틀 [영] joint recital 합동연주회. 공동 독주회. 공동 독창회.

조인트 벤처 [미] joint venture 〈경〉합작 투자. 협동 청부 사업. 한 개의 회사 또는 개인이 단독으로는 시공 불가능한 큰 공사를 인수하는 것을 목적으로 발족한 공동 도급(都給). 둘 이상의 사업자가 큰 건조 공사를 하기 위해 협력하는 공동 경영의 한 형식.

조이트 브랜드 [영] joint brand 〈유〉다수의 기업자들이 대기업의 강력한 브랜드(brand)와 대항하기 위해서 채용하는 공동 브랜드. 통일 상표와 동의어.

조인트 오너 [영] joint owner 〈법〉공유자(共有者).

조자인 [독 Sosein] 〈철학〉본질적, 가능적 존재.

조제톤 [영] georgetton 〈섬〉면의 조레트 그레프(georgette crepe)에 붙인 명칭.

조젯 [프 georgette] 〈복〉얇은 비단천, 부인의 하복용으로 사용함.

조지 George, Henry (1839~97) 미국의 經濟學者.

조지타운 (Georgetown) 〈지〉가이아나 공화국(Cooperative Republic of Guyana)의 수도. 양항(良港)으로 꼽히는 항구 도시. 1781년 영국인이 건설. 조지 3세(世) (George Ⅲ)에 연유해서 붙여진 이름. (→) 가이아나.

조커 [영 joker] 농담을 하는 사람, 도화사.

조크 [영 joke] 농담, 사치.

존 [영 zone] 구역, 지대.

존데 [독 sonde]
① 〈의〉소식자. 의사가 진단에 사용하는 막대로서 식도, 요도 등에 집어넣어서 내부를 진단한다.
② 기상관측에 사용하는 기구.

존드 [러 zond] 구소련이 쏘아올린 무인 달 탐사기.

존 디펜스 [zone defense] 〈체육〉지역 방어.

존 라인 [zone line] 〈체육〉구역을 나타내는 선.

존메루시 [독 sommerchi] 등산이나 여름 스키용의 짧은 스키.

존 불 [영] John Bull 영국인의 속칭. 전형적인 영국인. 존불리시(John-Bullish)라면 '영국인 기질의'의 뜻. 존블리즘(John-Bullism)은 '영국인 특유의 정신'을 지칭함.

존비 스테이즈 [zombic state]
① 흐리멍텅한 모양.
② 해도 되고 안해도 된다는 무기력 현상.

존타 [영 zonta] 국제조타클럽, 각 직업의 여성 1명이 모여서 조직한 것으로 여성만의 국제로터리클럽. 1919년에 조직된 것. 조타부 어원은 인디안어로 성실의 뜻.

졸라닌 [solanin] 〈화〉 감자의 싹 등에 있는 알칼로이드. 천식 등의 치료약이 된다.

졸라이즘 [영 zolaism] 〈문〉 프랑스의 문학자, 에밀·졸라가 소설 창작시에 사용한 자연주의적인 실험소설작업.

졸라코트 [영 zolacoat] 페인트의 상품명. 각종의 색이 융합하지 않은 채 혼합되어 있으므로 분사했을 때 무늬를 그리면서 마무리된다.

졸렌 [독 sollen] ① 있을 수 있는 것.
② 〈철〉 당위, 상대어는 자인(sein).

졸트 [jolt] 〈권투〉 팔꿈치를 몸에 붙인 채 다가서서 상대방을 치는 것.

좀메르쉬 [독 Sommerski] 〈체육〉 여름철 스키.

좀비 [zombie] 죽은듯이 있다가 명령이 떨어지면 즉시 공격하는 컴퓨터 바이러스, 초자연적인 힘.

주니어 [junior]
① 〈의상〉 나이 젊은 사람들.
② 소녀, 후배, 하급생.

주니어 레이스 [junior race] 〈체육〉 미성년자들의 경기.

주니어 밴텀(급) [junior bantam 級] 〈역도〉 52kg이하.

주니어 웰터(급) [junior welter 級] 〈권투〉 94kg

주니어 허들 [junior hurdle] 〈육상〉 장애물 경기.

주르첸 [몽] Jurcen/Djurchin 〈역〉 퉁구스계의 여진(女眞)집단을 지칭한 명칭. 몽고어 Jercen의 복수형 주르체트(Jurced)는 여진인(女眞人)을 가리킴. 요(遼)나라 때부터 주르치(Djurchi) 곧 여직(女直)으로 표기되어 왔음. 말갈족(靺鞨族).

주리 [jury] 〈체육〉 (역도에서) 상소심판원. 배심원.

주밍 [zooming]
① 〈군사〉 비행기의 급각도 상승.
② 〈경제〉 물가의 급등.

주버널 댄스 [juvenile dance] 두 줄로 둥글게 서서 추는 2/4박자의 민속 무용.

주베르 Joubert, Joseph (1754~1824) 프랑스의 모럴리스트, 文學者.

주브란 Gibran, Kahlil (1833~1931) 시리아의 詩人.

주언라이 (周恩來) 〈인〉 중공 국무원 총리.

줄(법칙) [Joule 法則] 〈물리〉 영국의 Joule이 1841년에 발표한 전류에 관한 법칙.

줌 렌즈 [영] zoom lens 〈사진〉 가변 초점 거리 렌즈. 카메라 위치를 바꾸지 않고 자유로이 업(up) 또는 롱(long)의 화면을 선택할 수 있음.

줌 인 [zoom in] (사진·영화·텔레비전 등에서) 카메라가 피사체에 초점을 맞춘 채 갑자기 클로즈업하는 일.

중국 (中國)/중화 인민 공화국(中華人民共和國)/중공(中共) (China / People's Republic of China) 〈국〉 동아시아에 있는 큰 나라. 1912년 공화 정체의 선포와 함께 중화민국 성립. 1949년 중공의 모택동(毛澤東)이 대륙을 장악. 중화 인민 공화국 수립. 이해 국민 정부는 대만(臺灣)으로 옮겨 중화

ㅈ

민국 곧 속칭 자유 중국(自由中國)이 됨. 중공의 수도는 베이징/ 북경(Beijing/北京) (→) 베이징/북경.

중미공동시장 (CACM) 사무국(과테말라), 엘살바도르·과테말라·니카라과 3개국으로 발족, 역내 공동시장 실현 목적.

중미기구(OCAS) 엘살바도르 · 과테말라 · 코스타리카 · 니카라과 · 온두라스 등 중미 5개국의 상호원조기구.

중앙 (中央) 아프리카 공화국(共和國) (Central African Republic) 〈국〉 아프리카 대륙 중앙부에 위치한 우방기 샤리(Ubangi Shari) 고원 지대의 공화국. 1890년부터 프랑스의 식민지. 1910년 가봉(Gabon), 중부 콩고와 함께 프랑스령 적도(赤道) 아프리카에 편입. 1957년 프랑스 공동체 내의 공화국, 1960년 완전 독립, 중앙아프리카 공화국이 됨. 1977년 중앙아프리카 제국(帝國)으로 개칭하였으나 1979년 다시 공화국으로 복귀함. 수도는 방기(Bangui). (→) 방기.

중위안 (中原) 〈지〉 중국 허난(河南) 성을 중심으로 하여 선둥(山東) 성 서부, 신시(陝西) 성 동부에 걸친 황허 강(黃河)의 중·하류 유역.

쥬 [영 jew] ① 유태인. ② 고리대.

쥬네스 [프 jeuness] 젊은 세대, 젊음.

쥬노켈 [독 schnorkel]
 ① 잠수함의 통풍 배기장치.
 ② 잠수할 때에 스틱모양의 호흡용 파이프.
 ③ 방화 장치의 사다리.

쥬서 [영 juicer] 야채, 과물을 갈아서 과즙을 만드는 기구.

쥬엘리[영 jewelry]보석이나 장신구류.

쥬트 [영 jute] 〈식〉 황마, 범포나 마대의 재료가 된다.

쥴 [영 joule] 〈전〉 전기에너지의 단위,

에르그의 10배.

즈로스[영 drawers] 〈복〉 부인용의 하의. 드로워스의 사투리.

즈머 [미 zoomer] 〈테레비〉 카메라를 정착시켜 놓고 롱에서 업으로 향해서 여러 단계로 변환해서 방송할 수 있는 렌즈.

즈바이르 슈리트 [독 Zweier schritt] 〈스키〉 이단(二段)활주.

즈크 〈네 doek〉 〈복〉삼의 굵은 섬유를 평직으로 한 두꺼운 포지이며, 배의 범포나 텐트 등에 사용된다.

즈트런 [영 zootron] 〈기〉 가축의 환경에 대한 적응성을 연구하는 장치.

즌도라 [tundra → 일] 얼음이 녹지 않는 지대. 툰드라.

즐로티 [zloty] 화란의 통화단위.

즐진 [Dulzin] 〈화〉 벤졸을 원료로 한 감미료.

즐파메티졸 [독 sulfamettizole] 〈의〉 항균성의 설파제로 각종의 감염증, 결핵에 효과가 있다.

즐포제 [독 sulfa제] 설파제와 같음.

즐폰아미드[독 sulfonamid] 〈의〉1935년에 독일에서 발견한 화농균에 대한 화학요법제로서 단독, 임질, 매독 등에 특효가 있다.

지개스 [G-gas] 무색, 무미, 무취의 액상 독개스. 신경성 개스.

지골렛 [프 gigolette] ① 매춘부.
 ② 단정하지 못한 남자.

지골로 [gigolo] ① 매춘부의 뚜쟁이.
 ② 남자 첩.

지그 [영 jig] ① 경쾌한 무용곡.
 ② 〈기〉 가공물을 공작대에 고정하거나 추 또는 커터의 작용을 일정하게 하기 위한 도구.

지그재그 해로우 [zigzag harrow] 〈농

업〉지그재그 싸레질.

지네 [독 Zinne] 〈등산〉뾰죽한 바위 봉우리.

지니어스 [영 genius] ① 천재. ② 본질, 특질.

지더 [독 zither] 〈음〉스위스 치롤지방의 민족악기로 검금과 비슷한 현악기. 선율현이 5개, 화음현이 30~40개이다.

지드, 앙드레 폴 기욤 (Andres Paul Guillaume Gide, 1869~1951) 〈인〉프랑스의 작가. 비평가. 소설가.

지디-마크 [GD mark] 상품의 디자인. 기능 품질 등이 우수한 상품에 붙여주는 표지(=good design mark).

지디피 [GDP=gross domestic product] 〈경제〉국내 총생산.

지레 [프 gilet] 〈복〉양복의 아래에 착용하는 소매 없는 옷.

지로 [GIRO] 자동 이체 계정. 대량 지급 수납 업무에 편리함. 모니오터.

지르코늄 [독 Zirkonium] 금속 원소.

지마제 [zymase] 〈화〉알콜을 만드는 효소군.

지멘 [미 G-men] Government men의 약. 미국연방검찰국에 소속하는 특별임무를 가진 경관. F.B.I의 형사.

지베렐린 [gibberellin] 〈약〉식물의 성장을 급격하게 돕는 호르몬.

지벨 [독 Dubel] 〈건〉나무못, 쐐기.

지벨린 [영 zibeline] 〈복〉파형카시미아. 길고 광택이 있는 바탕에 잔털이 물결 모양으로 나 있는 두꺼운 방수지. 오버용 복지에 사용.

지부 [zebu] 인도에서 나온 등에 혹이 달린 소.

지부티 (Djibouti/Republic of Djibouti) 〈국〉아프리카 동북부. 아덴 만(Aden B.) 기슭에 있는 공화국, 1862년 프랑스령 소말린랜드(Somaliland) 1947년 프랑스의 해외 영토로 편입. 1977년 공화국으로 독립. 수도는 지부티(Djibouti). (→) 지부티 〈지〉

지브 [jib] 〈요트〉마스트의 앞에 단 세모꼴의 돛.

지브슬 [영 jibsle] 〈요트〉범주(帆柱)의 앞에 치는 3각범. 지브리라고도 한다.

지스리 [G3] 'group three'에서 온 말로 작전과 교육을 맡은 부서.

지시엠 [G.C.M.=greatest common measure] 〈수학〉최대공약수.

지아노제 [독 zyanose] 〈의〉국소 또는 전신의 혈액중의 산소가 결핍하여 탄소가 증가하기 때문에 선홍색을 상실하여 피부가 청색이 되는 증상.

지아스타제 [독 Diastase] 〈화〉전분의 소화효소. 백색분말의 소화제. 다까미네 박사의 다까지아스타제가 유명.

지아이 [미 GI] Government Issue의 머리글자.
① 관급품. ② 미국병사의 뜻.

지아이 머니 [G.I. money] 미군 군표.

지엔에스 [GNS=Gross National Satisfaction] 국민 총 만족도. 즉 국가 경제를 GNP 등 계수적인 것으로만 해석하는 것은 복지 사회 지향의 현대에서는 충분한 기준이 못된다 하여 제기된 개념. GNP만으로는 국민 생활도를 모른다는 것.

지 엔 피 [영] GNP 〈경〉 Gross National Product의 약칭. 국민 총생산. 한 나라에서 일정 기간에 생산된 재화(財貨)와 용역의 총액을 말하며 흔히 GNP로 표시됨.

지엠 [G.M.=guided missile] 유도탄.

지엠시 [G.M.C.] ① 〈속어〉힘센 사람. ② 미국 General Motors Co. 제작의 군용 트럭의 상품명.

435

ㅈ

지엠오 (G.M.O) 유전자 변형 농작물(유기물) (Gene Metalurpuosis organic) or Genephieally Modified Organism

지오그러피 [geography] 지리학.

지오라마 [영 diorama] ① 요지경. ②〈영〉 스튜디오내에 설치할 수 없는 큰 씬의 촬영에 원근법을 사용한 소형의 세트로 큰 씬의 대용으로 한다.

지오프트리 [독 Dioptric] 안경 도수의 세기단위.

지올로지 [영 geology] 지질학.

지원 [G-I] 〈군사〉 group one에서 온 말로 참모 본부 같은 곳의 인사와 경리를 담당한 부서 제1국.

지지미 [일] 주름천. 검은 비단.

지지에로네 [이 cicerone]가이드, 명소, 유적 등의 관광안내자.

지 케이 [G.K.=goal keeper] 〈축구〉 문지기.

지클룻 [독 zyklus] 〈음〉 연속연주, 예를 들면 베토벤의 교향곡을 1번부터 9번까지 연주하는 것을 베토벤지클루스라고 한다.

지터버그 [영 gitterbug]지루바라는 사투리. 째즈 댄스의 하나.

지투 [G-2] 'group two'에서 온 말로 참모 본부 같은 곳의 정보 담당부서 제2국.

지티(관) [GT(管)] 유리로 만든 작은 진공관.

지판 [미 jeanpants] 목면지의 바지, 작업의.

지포어 [G-4] group four에서 온 말로 참모본부 같은 곳에서 군수화 병참을 맡은 부서 제4국.

진 [영 gene] 〈생〉 유전인자.

진 [영 gin] 옥수수, 대맥, 호밀을 원료로 한 강한 증류주.

진 [라 > 포 > 영 jeans] 〈섬〉 경위사 굵기 20's이상(면번수)으로 짠 세직(細職) 면포. 세릉(細綾) 면모(綿毛)교직. 블루 진(blue jean)은 청색 진으로 짠 능직.

진스 [영 jeans] 〈복용〉 세능직의 면포.

진자 [영 ginger] 〈식〉생강. ~에일(~ale) 생강으로 맛을 낸 탄산음료.

진저 비어 [영] ginger beer → 진저 에일(ginger-ale).

진저 에일 [영] ginger-ale 생강을 가미한 청량 음료수. 진저 비어(ginger beer). (→) 진저 비어.

진즈 [영 jeans] ① 지·판의 약. ②〈복〉 튼튼한 능직의 면포.

진컷 면(綿) [영] gin cut cotton 〈섬〉 면 공정 중 섬유가 심하게 절단되어 2등급 이상 낮아진 솜.

진테제 [그 라 > 독 Synthese] 〈철·논·종합, 조직, 정립과 반정립을 변증법적으로 통일·지향한 논리 작용, 또는 그 성과. '정·반·합'의 '합(合)' (→) 테제(These)·안티테제(Antithese).

진 피즈 [영 gin fizz] 진(gin)에 소다(soda)나 레몬을 넣은 것.

질 [러 ziel] 〈스키〉 결승점.

질레 [프 gilet] 블라우스를 본딴 앞 장식을 가진 소매 없는 동의(胴衣). 영어로는 waist coat.

질바 [미 gfitterbug] 지터버그의 사투리. 〈음〉 스윙음악에 맞추어서 격하게 춤추는 사교댄스.

질코늄 [독 zirkonium] 〈화〉 금속원소의 하나, 기호 Zr.

질콘 [독 zircon] 〈광〉 질코늄의 광석, 정방정계의 광석으로 보석이 된다.

집 [영 gym] ① 〈권〉 연습장.

② 체육관, 체조학교. 짐나듐의 약칭.

짐나스틱스 [영 gymnastics] 체조.

짐나줌 [영 gymnasium] 짐과 같음.

짐바브웨 (Zimbabwe/Republic of Zimbabwe) 〈국〉 아프리카 남부 내륙에 있는 공화국. 1923년 영국의 자치령. 1953년 북로디아 (北 Rhodesia: 현 잠비아) 및 니아살랜드 (Nyassaland : 현 말라위)와 함께 중앙 아프리카연방 형성. 1965년 소수파 백인이 지배하는 국가로 독립. 1979년 백인·흑인·온건의 3파가 내전을 타결, 짐바브웨로 출범시킴. 수도는 하라레 (Harare)(→) 하라레.

짐크로 [jimcrow] 〈기계〉 철봉(레일) 구부리는 기계.

집시 [영 Gipsy, Gypsy] 인도, 유럽계의 방랑민족. 유럽 각지를 돌아다니며, 음악이나 춤으로 생계를 이어 나간다.

집시댄스 [gypsy dance] 유럽의 유랑민의 춤의 총칭.

징고이즘 [영 jingoism] 〈정〉 주전론, 대외강경론.

징기스칸 (Jinghis Khan/Chingiz Khan, 1167~1227) 〈인〉 몽골 제국(Mongol 帝國) 곧 몽고국을 창건한 원(元)나라의 태조. 중국명은 성길사한(成吉思汗). 본명은 테무진(Temujin, 鐵木眞). 여러 가지 탄생 연도에 관한 설이 있으나, 여기서는 1167년 설에 따랐음. 칭기즈칸이라고도 표기함.

징글벨 [Jingle Bell] 미국 민요의 하나. 경쾌한 크리스마스 송.

징크 [독 zinx] ① 아연.
② 〈의〉 황산아연.

징크스 [미 jinx] ① 불길.
② 연기(緣起)가 나쁜 사람 또는 물건.
③ 재수가 없는 대상물.

짜르 [러 tsar] 제정 러시아의 황제의 칭호.

짜이스 [독 Zeiss] 〈상업〉 Zeiss회사에서 나온 렌즈의 상품명.

짜이트가이스트 [Zeitgeist] 시대 정신.

짜케 [독 Zache] 〈등산〉 바위 모서리.

쯔진청/자금성 (紫禁城) 〈고〉 중국 베이징(北京)에 있는 명(明)·청(淸) 시대의 궁정. 난징(南京)의 자금성은 1373년 명 태조가 세웠고, 베이징의 자금성은 1421년 명 성조(成祖)가 세운 것을 뒤에 개축함.

찌꾸/코즈메틱 [프] cosmeyique [영] cosmetic [독] Kosmetik> 〈미용〉 피부·머리용 화장품. 프랑스어 코스메티크(cosmetique) 한국어 표기 직꾸 > 찌꾸로 수용되었음.

찌크짜크 파렌 [독 Zickzack-fahrem] 〈스키〉 Z형으로 구불구불 활강하는 것.

ㅊ

차가타이 (Chagatai, ?~1242) 〈인〉 몽골 제국(Monogol 帝國) 차카타이칸국의 시조. 징기스칸의 둘째 아들, 한자 표기로는 찰합태(察合台).

차도르 [chador] 인도, 이란 등지의 여성이 머리에 두르는 천.

차드 (Chad/Republic of Chad) 〈국〉 아프리카 대륙의 거의 중앙부, 차드호(Chad L.) (프랑스어로는 Tchad L.) 동방에 있는 공화국. 1900년 이래 프랑스의 보호령이었다가 1958년 프랑스 공동체의 자치 공화국. 1960년 독립. 수도는 은자메나(N' Djamena). (→) 은자메나

차루멜라 [포 charamela] 나팔과 비슷한 목관악기.

차르 [라 > 러 tsar] [영 tsar / tzar] 제정 러시아의 황제 칭호. 카이저/케사르(Kaiser/Caeser)나 차르(tsar)나 모두 줄리어스 시재(Julius Caesar)에서 나온 말.

차리즘 [러 tsarizm] 제정 러시아의 전제 정치.

차모로 [Chamorro] 마리아나 제도의 주민.

차몰로지 [영 charmology] 여성의 매력을 연구하는 학문.

차밍 [라 > 프] [영 charming] 매력적인. 매혹적인. 요염하게 아리따운. 귀여운. 고운. (→) 샤르망(charmant).

차바나 [범 Cyavana] 〈인〉「베다」에 나오는 성현의 이름.

차슈 [cha-shiu] 〈요〉불고기, 구운 돼지

차오 [이 chao] 안녕(친한 사람끼리 만나거나 헤어질 때 하는 인사).

차오탄 [중 chao tan] 쌀밥을 기름에 볶은 다음. 고기나 파를 잘게 썰어 넣어 구워 양념한 요리.

차우더 [chowder] 잡탕-생선, 조개, 양파 감자 따위를 넣고 끓인 음식.

차우차우 [chow chow] 중국 김치, 잡탕요리.

차이나 로비 [China lobby] 〈정치〉중국에 대한 정책을 꾀하는 집단.

차이치안 [중 zaijian 再見] 안녕.

차이코프스키 (Pyotr Ilich Tchaikovsky, 1840~1893) 〈인〉 러시아의 작곡가.

차임 [chime]
① 〈음악〉 선율 타악기의 하나.
② 교회나 시계탑 등에서 일정한 멜로디를 연주하는 종.
③ 손님이 왔음을 알리는 현관의 누름 단추식 초인종.

차임벨 [chime bell] 가락을 맞춘 한 벌의 종.

차지 [charge] ① 대금 청구.
② 〈체육〉 축구나 농구에서 과격하게 달려드는 반칙.
③ 충전.

차지타임 [charge time] 〈농구〉 작전 시간

차징 [charging] 〈체육〉차지, 방해 반칙, 격돌(激突)하는 반칙.

차차차 [스 cha-cha-cha] 〈음악〉

ㅊ

1949년에 쿠바에서 발생한 2박자의 새로운 리듬.

차콜 [charcoal] 〈의상〉 검은 회색. 숯 빛깔.

차콜 아이론 [영] charcoal iron 숯불 다리미.

차콜 필터 [charcoal filter] 담배의 필터 부분에 활성탄을 넣어 니코틴과 타르를 제거하도록 한 것.

차쿠(忿溝) 〈지〉 중국 요동(遼東) 반도 남부의 장하(莊河) 가에 있던 가톨릭 교우촌. 의주(義州)서 300여리 정도의 거리에 있었으므로 1866년 병인(丙寅) 박해 이후, 조선 전교의 전초기지 역할을 하여 조선 교회의 밀사들이 자주 왕래하였음. 만주 교구 관할로 프랑스 파리 외방 전교회 선교사들이 사목했는데, 흰눈에 덮인 산들로 둘러싸여 있다 해서 '눈의 성모 마을'(Notre-Dame de Neige)로 불렸음.

차터 [charter] ① 면허장.
② 헌장(憲章). 인권 선언.
③ 배・항공기・버스 등을 빌리(전세 내)는 일. ¶차(車) 한 대 ~ 하라.

차티스트(운동) [Chartist Movement] 1837년 영국에서 보통 선거권의 획득을 주장하여 일어난 노동자들의 정치 운동. 1832년의 선거법 개정으로 노동자 계급에게는 참정권이 인정되지 않으므로 일어났다.

차판 [Chao fan] 〈요〉 쌀밥을 기름에 볶은 다음에 고기나 파를 잘게 썰어 넣고 구어 양념을 한 요리.

차펠 [영 chapel] 〈종〉 예배당.

차프 [Chofu] 테이블크로스의 뜻에서 식사라는 뜻. 차프대는 식탁, 차프옥(chophouse)는 외인상대의 음료상이나 요리상을 말함.

찬 [독 cyan] 〈화〉 타르를 증류한 다음 가스, 역성, 피치, 목제의 방부제에 사용된다.

찬스 [영 chance] ① 호기.
② 운의 짜맞춤 호운. 기회.

찬스 메이커 [영] chance+maker
① 성공・축재・행복을 잡는 사람.
② 〈체〉 득점을 올리는 계기를 만드는 사람.

챌렌저 [challenger]
① 도전자. 테니스・복싱에서, 전년도 선수권 보유자에게 도전할 자격을 얻은 사람.
② (Challenger) 미국의 유인 우주 연락선의 하나.

챌렌지 [challenge] 〈체육〉 도전하다.

참 [영 charm] 매력, 사람을 끄는 아름다움.

참 스쿨 [영] charm+school 미용・예절 등을 가르치는 여성 학원. 차밍스쿨(charming school).

찹 [미 chop] 〈요〉 불고기 요리.

창바이/장백(산맥) (長白 山脈) 〈지〉 중국 둥베이(東北) 지구 남부에 있는 산맥. 중국쪽에 있는 백두산.

채널 [channel] ① 수로, 해협.
② 〈방〉 전파방송의 주파수 또 그의 주파의 더비.

채널 캡틴 [영 channel captain] 〈유〉 마케팅 채널(marketing channel)을 구성하는 사람 중에서 그 채널 조직의 주도권을 장악하여 상품 유통을 적절히 달성하도록 통제하는 자.

채닝 Channing, William Ellery (1780~1842) 미국의 神學者.

채로키 [cherokee] 북아메리카 인디안.

채르노젬 [chernozem] 러시아 볼가강 상류 지방에 살고 있는 종족.

채리옷 [영 chariot] 옛날의 전차, 병차.

채리티 [영 charity] 자비, 자선.

채터바 [chatterbar] 자동차의 속도를 떨어뜨리기 위한 울퉁불퉁한 노면.

ㅊ

채터는 덜컹거린다는 뜻.

채프먼 Chapman, George (1559?~1634) 영국의 詩人, 극작가. 번역가.

채플 [chapel] 〈기독교〉
① 경건 예배. 보통 대학이나 특별 수양회에서 간단한 순서로 끝내는 예배임.
② 경건 예배를 위한 예배당.

책 [영 chack]
① 〈복〉 점퍼나 자루 등의 입구의 잠금장치. 패스너(fastner)라고도 함.
② 공구, 가공물 등을 공구대에 단단히 고정하는 회전 바이스.

챈들러 [영 chandler] 잡화상.

챌린지 [challenge] 도전.

챔버 [영 chamber] ① 방. ② 선실. ③ 회의실.

챔피언 시리즈 [champion series] 〈체육〉 선수권 쟁탈전.

챔피언 플래그 [champion flag] 〈야구〉 우승한 단체에 주는 기.

챕터 [영 chapter] ① 장. ② 〈종〉 승회.

차보 [champa] 작은 종류의 닭. champa는 2~7세기에 월남 남방의 나라 이름.

처더 [영 chudder] 〈복〉 무늬 또는 무지의 목면의 망토.

처음처럼 (初飮初樂 = 추인추러) 처음 마시는 첫 즐거움이라는 뜻. 소주이름.

천 [churn] 〈축산〉 우유를 젓는 틀.

체리 댄스 [cherry dance] 한 줄로 둥글게 서서 추는 2/4박자의 민속 무용.

체리오 [이 cheerio]
① '아아! 잘 있거라' 등의 작별 인사.
② '건배! 축하한다.'의 인사.

체비엇 [영] cheviot 영국 중부의 체비엇 언덕(Cheviot Hills)에서 온 말.
① 털이 두터운 우량종 양.

② 〈복〉 체비엇 양모를 사용한 직물.

체스넛 [영 chestnut] ① 밤, 밤색의. ② 밤나무.

체스터 [Chester(White)] 크고 흰 돼지의 일종.

체스터필드 [영 chesterfields]
① 〈복〉 남자용의 코트의 일종으로 싱글이며 벨벳의 위옷깃을 붙인다.
② 안락의자의 일종.
③ 미국담배의 일종.

체스트 [영 chest] ① 상자, 장. ② 흉부.

체스트 슛 [chest shoot] 〈농구〉 가슴 위치에서 넣는 공.

체스트 웨이트 [chest weight] 가슴 교정을 위한 운동 기구. 팔 운동에도 쓰임.

체스트 익스펜더 [chest expander] 가슴 넓히는 운동 기구. → 엑스밴드.

체스트 패스 [chest pass] 〈농구〉 가슴에서부터 던지는 농구의 기본패스 형식.

체어맨 [영] chairman 의장. 위원장. 사회자.

체인 [chain] ① 쇠사슬.
② 연쇄조직. ¶ 전국 ~을 통한 동시 상영.
③ 측량에 쓰는 측쇄.
④ 자전거의 양냥이률.
⑤ 스퀘어 댄스에 사용되는 동작의 하나.

체인 레터 [chain letter] 연쇄 편지. 편지를 받고 지명된 사람에게 편지를 써서 이어 돌아가도록 된 편지.

체인 리액션 [chain reaction] 〈물리〉 연쇄 반응.

체인 블록 [chain block] 활차, 톱니바퀴, 사슬 같은 것을 매우 무거운 것을 달아 올리는 기계.

체인 스토어 [미] chain store 〈유〉

연쇄점. 업종이나 업체와는 관계없이 많은 점포를 본부가 통일적으로 관리하는 소매점의 경영 형태. 또는 판매 조직.

체인 오퍼레이션 [영] chain operation 다점포 경영. 셀프 서비스(self service)와 함께 소매업 기술 혁신의 하나라고 할 수 있음. 현재 소매업의 기구 변화도 형태적으로는 체인 오퍼레이션을 채용하는 대형 소매업을 중심으로 생겨나고 있음.

체인지 [영 change] ① 변화, 변경. ② 교환. 교체. ③ 〈야〉 공수교대.

체인 펌프 [chain pump] 〈농업〉 사슬 펌프.

체임버메이드 [영] chambermaid 호텔 등의 침실 담당 여자 종업원.

체임버 뮤직 [영] chember music 〈음〉 실내 음악.

체임버스 [영] Chambers 〈책〉 영국의 백과사전 이름.

체체플라이 [tsetsefly] 〈동〉 남아프리카에 사는 사람이나 가축의 피를 빠는 파리로서 졸음병을 매개한다.

체커 [미 checker, 영 chequer] 서양장기, 시송(市松)모양, 바둑판무늬.

체코슬로바키아 (Czechoslovakia/Czechoslovak Socialist Republic) 〈국〉 동유럽의 사회주의 공화국. 체코어로는 체스코슬로벤스코(Ceskoslovensko). 12세기에 보헤미아 왕국(Bohemia 王國), 17세기에 오스트리아의 합스부르크가(Habsburg 家) 지배를 거쳐, 1918년 공화국으로 독립. 1960년 사회주의 공화국이 됨. 수도는 프라하(Praha). (→) 프라하.

체크 [check] ① 대조나 검사한 표. ② 대조하다. ~ 하다. ③ 수표(手票). 회계 전표. ④ 꼬리표.

체크 밸브 [check valve] 〈기계〉 거꾸로 올라가지 못하게 막는 판(瓣).

체크 프라이스 [영 check price] 〈경〉 최저의 수출 가격. 수출 가격을 미리 정하는 제한 가격.

체크 프로텍터 [영] check protector 어음이나 수표의 가짜를 없애기 위해 지워지지 않는 잉크를 먹이거나, 꿰뚫어서 구멍을 내는 장치. 위험물에 대해서 인체를 보호하기 위한 기구.

체클로판 [독 cyclopan] 〈약〉 최면주사약의 일종. 메틸헥사비탈의 상품명.

첸소르 [라] censura/censor 〈가〉 도서 검열자. '조사 등록자·평가 감정자·비평자'의 뜻에서 온 말. 출판물이 저작으로 지장이 없다고 판단되었을 경우, 출판물에 '니힐 오브 스타트'(Nihil obstat) 곧 "출판을 해도 무방하다"는 구절이 기록되며, 검열자의 이름이 부기됨. 주교에 의해서 주어진 '임프리마투르'(imprimatur, 출판허가)는 사전 검열했다는 것을 전제하고 있음.

첸지 기어 [change gear] 〈럭비〉 갑자기 달리는 속도를 바꾸는 것.

첸지 브래킷 [change bracket] 〈스케이팅〉 스쿨피겨 도형의 하나.

첸지 사이드 [change side] 〈체육〉 하프 타임으로 사이드를 교체하는 것.

첸지 스텝 [change step] 〈춤〉 한쪽 발을 내딛고 다른 발을 끌어당김과 동시에 앞발을 다시 내딛는 스텝.

첸지 엔드 [change end] 〈탁구〉 첸지 코트.

첸지 오버 [change over] 〈경제〉 환의 매매 계약이 만기가 되었을 때, 실제 인도를 하지 않고 다시 선물(先物)의 매매계약으로 변경하는 일.

첸지 오브 디렉션 [change of direction] 〈춤〉 남자가 전진만 하면서 도는

ㅊ

회전법.

첸지 오브 페이스 [change of pace] 〈체육〉 여러 운동에서 속도를 변화시켜 상대를 혼란시키는 방법.

첸지 패스 [change pass] 〈핸드볼〉 양쪽에서 서로 마주 보고, 달리면서 행하는 패스의 연습 방법.

첸지 호핑 [change hopping] 〈춤〉 두 줄로 둥글게 서서 추는 춤의 하나.

첸트너 [tsentner러] 주로 어획량 등에 사용되는 중량의 단위. 구소련 100킬로그램, 동일 50킬로그램, 영국 100파운드.

첼레브레트 [라] celebret 〈가〉 "그가 의식을 집전하게 하라"는 뜻에서 온 말. 사제(司祭) 신분을 확인하고 미사성제(聖祭)의 봉헌을 허용해 달라는 뜻을 적은 증서. 이 증서를 소지하지 않은 사제는 낯선 지역에서 미사 봉헌 편의를 제공받지 못하는 수가 있음.

첼레스타 [독 Celesta] 피아노와 비슷하게 생긴, 건반이 있는 작은 타악기.

첼초 [러 chello] 〈음〉 활로 당기는 대형 저음의 바이올린. 정확하게는 violon cello라고 한다.

첼트색 [독 Zeltsack] 자루 모양의 2~3인용의 휴대용 텐트(겨울철 야영(野營)용).

쳄발로 [이 cembalo] 〈음〉 피아노전신, 하프시코드.

초이스 [choise] 선택. 골라내다.

초이스패스 [choise pass] 〈체육〉 가려서 공을 보내 주는 것.

초커 [choker] ① 숨을 막는 것. ② 목에 꼭 끼는 목걸이.

초콜렛 [영 chocolate] ① 카카오의 열매를 가루로 만들어 우유, 버터, 설탕, 향료를 섞어서 형틀에서 굳힌 과자.

② 초콜렛색. 흑갈색.

초크 [영 chalk] ① 백묵. ② 양재에서 재단의 선을 포지에 긋는 색초크. 〈당구〉 큐 끝에 칠하는 가루. 분필.

초크 [choke] 〈사냥〉 총구(銃口)를 조르는 것.

초크 [choke] 〈배〉 배 밑에 대는 괴임목(木).

초크 밸브 [choke valve] 〈기계〉 조절판.

초크 스톤 [choke stone] 〈등산〉 바위 틈에 끼어 있는 바위.

초크 코일 [choke coil] 〈전기〉 전류의 흐름을 막는 코일.

초크 히터 [choke hitter] 〈야구〉 공을 짧게 치는 타자(打者).

초퍼 [chopper] 〈전기〉 단속기(斷續器).

초피 [영 choppy] 서편에서 작은 물결이 일어난 수면 상태를 말함.

초핑 [chopping] 난도질. 공을 깎아치기.

촐라 (Chola) 〈지〉 일찌기 인도(India)를 비롯, 그 일대를 다스렸던 왕국.

촙 [영 chop] ① 〈요〉 불고기 요리. ② 〈정〉 라켓으로 타구를 자르는 것. ③ 〈권〉 위에서 잘라 내리는 것 같은 일격.

촙 볼로 [chop blow] 〈권투〉 주먹 바깥쪽으로 때리는 반칙.

츠베르클린 [독 Tuberkulin → 일] 투베르쿨린. 주사약의 하나.

치누크 [chinook] ① 미국 칼럼비아 강유역 원주민. ② 치누크 지역에서 겨울부터 봄까지 부는 따뜻한 남서풍.

치리오 [cheerio] 건배나 헤어질 때의 말(축하해, 건강해, 안녕).

치마제 [그 > 도 Zymase] [영·프

zymase] 〈식품〉 발효에 관여된 효모가 갖는 효소의 혼합물 명칭.

치모겐 [zymogen] 효소원(酵素原).

치어 [cheer] 갈채, 환, 만세. ¶~ 걸 (여자 응원 단원).

치어리더 [cheerleader] 응원단원.

치즈배트 [cheese vat] 치즈 굳히는 틀.

치즈 안테나 [cheese antenna] 〈전기〉 치즈 모양(우산 펼칠 모양)의 안테나.

치코리 [영 chicory] 〈식〉 키쿠니가나 앞으로 사라다 등에 사용한다.

치크 [영 cosmetic] 코스메틱의 약어, 막대모양의 정발용유.

치클 [chicle] 껌의 원료가 되는 풀.

치클로 [영 cychlo] cychlohexyel sulfamic natrium 사미클라산 나트륨의 약. 인공감미료로서 1944년에 미국에서 만들어졌으나 암 등의 원인이 된다고 하여 1969년에 전면 금지되었다.

치킨 [chicken] ① 닭. ② 병아리. ③ 닭고기. ▷ 키친(chicken)은 음식 조리장(場).

치킨 그라땅 [chicken + 프 gratin] 닭고기에 빵가루와 치즈를 발라 구운 요리.

치킨 라이스 [chicken(and)rice] 밥에 닭고기를 넣은 서양 요리.

치킨 스튜 [chicken stew] 닭고기에 파, 당근을 썰어 넣고, 샐러리를 기름에 볶고 우유를 넣어 살짝 끓인 음식.

치킨 찹 [chicken chop] 닭을 토막내어 간을 하고 밀가루를 발라 후라이한 것.

치타 [영 cheetah] 〈동〉동남아시아, 아프리카에 사는 표범의 일종.

치토크롬 [독 cytochrome] 동식물의 세포호흡에 촉매작용을 하는 색소 단백질.

치펜데일 [Chippendale] 영국의 가구 디자이너로 치펜데일 양식의 창시자.

치프 [cheap] 값싼, 염가의. ↔ 익스펜시브(expensive).

치프 [chief] 두목. 수령. 우두머리, 상관.

치프 [chip]
① 도박장의 돈 대신에 쓰는 바둑돌 모양의 돌. 칩.
② (사과나 감자를) 얇게 베어 말린 것.

치프 메이트 [chief mate] 기선의 일등 항해사.

치프 세컨드 [chief second] 〈권투〉 복서의 참모.

치프 식 [cheap chic] 〈의상〉 저렴한 것으로 세련된 느낌을 내는 일.

친네 [독 Zinne] 등산 용어로, 정상이 뾰족한 바위산.

친칠라 [스 chinchilla] 〈복〉 털실쥐과의 동물. 털이 부드럽고 안데스산맥에 서식함. 그의 모피는 고급품으로서 코트의 칼라 등에 사용한다.

칠 [chill] ① 냉기, 한기.
② 풍자. ③ 냉담.

칠 [독 Ziel] 〈스키〉 결승점.

칠 캐스트 [chill cast] 〈농업〉 틀을 쇠로 만들어 녹은 쇳물이 곧 식어 굳어지도록 하는 주철(방법)

칠드 캐스팅 [chilled casting] 냉각주물.

칠레 (Chile/Republic of Chile) 〈국〉 남아메리카 대륙 서쪽 기슭의 남반(南半)을 차지하는 남북으로 갸름한 공화국. 북부는 15세기 때 잉카 제국(Inca 帝國)의 일부였음. 1541년 에스타냐령이 되었다가 1818년 독립. 한자 표기로는 지리(智利). 수도는 산티아고 (Santiago). (→) 산티아고

77개국 그룹 (Group of 77) 우리나라는 창립 멤버, 1964년 UN무역개발회

의(UNCTAD)에서 개발도상국의 경제·사회발전을 위해 공동선언기초 발족.

침니 [chimney] 〈등산〉 바위가 갈라진 사이. 이 틈에 들어가 등과 발을 버티어 오르도록 함. 굴뚝.

침팬지 [영 chimpanzee] 〈동〉 혹성성이. 아프리카에 서식하는 큰 원숭이로 인류에 가장 가까운 동물이라고 한다. 키는 1.3m~1.7m

칩 [chip] ① 토막, 조각.
② 〈컴퓨터〉 주로 규소로 만들어진 얇은 판(wafer) 위에 여러 개의 회로를 합성해 놓은 직접 회로. 트랜지스터 등의 회로 소자를 다수 집적하여 어떤 논리적 혹은 전기적 기능을 수행하는 회로를 형성하는 수 밀리 혹은 그 이하의 실리콘 기판.

칩샷 [chip shot] 〈골프〉 로프트(loft)가 없는 클럽으로 공을 굴러 때리는 것.

칩킥 [chip-kick] 〈축구〉 공의 아랫쪽을 발등으로 깎듯이 치는 방법.

ㅋ

카 [영 car] ① 차,
② 기차, 전차, 자동차.　~쿨러(~cooler)〈기〉자동차의 차내의 냉방장치.　~스테레오(~stereo) 자동차 내에서 듣는 스테레오로서 카트리지식 테이프 레코더를 사용하는 경우가 많다.　~덤퍼(~dumper) 석탄 등의 적재물을 하차할 때 토대의 한쪽이 들려 올라가서 경사하는 구조의 화물차. 자동차의 경우는 덤프카(dumpcar)　~레이서(~racer) 자동차 경주 선수.

카고 [cargo] 항공 화물, 뱃짐. 적하(積荷).

카나리아 [영 canary] 참새과의 작은 새, 우는 소리가 아름답고 애완용으로서 사육되고 있다.

카나마이신[영 kanamycin]〈약〉항생 물질의 일종. 일본의 우매자와(梅澤) 박사가 발견한 것으로 페니실린과 마이신을 합친 것과 같은 효과가 있다.

카나카 [kanaka] 하와이 및 남양 군도의 원주민.

카나킨 [영 canequin]〈복〉20번수 이상의 단단한 면사로 짠 포지.

카나트 [qanat] 지하 도수(導水) 터널.

카나페 [프 canap]〈요〉구운 빵에 생선이나 연어알, 치즈 등을 얹은 것. 전채(前菜).

카날라이트 [영 carnallite]〈광〉암염 비료.

카날(선) [canal 線] ①〈생물〉관(管). ②〈공업〉전기줄.

카네기 Carnegie, Andrew (1835~1919) 미국의 實業家, 著述家, 社會事業家.

카네기 홀 [미] Carnegie Hall 미국 뉴욕에 있는 연주회장. 1891년 개장. 미국의 강철왕 카네기 (Andrew Carnegie, 1835~1919)의 기부금으로 1898년 개축하였으므로 그 이름이 붙여졌음 옛 이름은 뮤직 홀.

카네이션 [carnation]〈식물〉커피에 타는 가루나 액체 우유.

카논 〔그 Kanon >라 canon >독 Kanon 영·프 canon〕〔기타 유 canon〕
① 법전. 법규. 기준. 규범. 표준. 로(law). 룰(rule). 크리테리온(criterion)
② 종교 회의나 기타의 권위(가톨릭 교회에서는 교황)에 의해 공인된 교회법. 종규(宗規). 카논 법(法)이라고도 함.
③ 〈그〉성서의 경외전(Apocrypha)이 아닌 정전(正典). 바이블(Bible). 경전 성서.
④ 성인의 명렬(名列).
⑤ 〈음〉대위법적(對位法的)인 돌림 노래. 경문가(經文歌). 전칙곡(典則曲). 같은 가락을 뒤따라 부르거나, 또는 역행하여 반복 모방하고 마지막에 종결부 또는 부가부(coda)로 끝나는 형식의 악곡.
⑥ 〈인쇄〉48포인트 활자.

카논 법(法) [영]cannon → 캐넌(canon) 〈당구〉두 개를 잇달아 맞추기.

카누 [영 canoe]통나무배, 둥근 나무껍질을 바른 것도 있다.

ㅋ

카누레 [독 Kanule] 〈의〉약품이나 호흡 주입용의 삽입기.

카니발 [영 cannibal] 식인종.

카니벌 [바＞이＞프＞영 carnival] 사육제(謝肉祭). 가장 행렬.

카니발리즘 [프 cannibalisme] 사람을 잡아먹음. 또는 그 풍습.

카덤퍼 [car dumper] 화물 자동차나 화차에서 화물을 내릴 때 화물이 미끄러지도록 차체를 기울게 하는 장치.

카데드레이트 [프 cathedrate] ①〈종〉대사가 사는 교회. ② 대가람.

카데터 [독 katheter] 〈의〉요도, 방광등의 진료에 사용하는 관상의 도관.

카덴쯔 [독 kadenz] ① 문장이나 문구의 끝을 리드미컬하게 하는 것. ②〈음〉악곡의 끝을 장식적인 기교 부분.

카드 론 [영 card loan 크레딧(credit) 회사의 보증에 의해 크레딧 회원에게 대부하는 개인 소액 융자. 무담보로 용도는 자유.

카드리일 [프 quadrille] 2인이 단위가 되어 4인 보조로 춤을 추는 무용곡.

카드뮴 [독 kadmium] 〈화〉아연과 비슷한 금속원소. 기호Cd.

카드뮴 옐로 [cadmum yellow] 노란색의 안료.

카드 사(絲) [영 carded yarn 〈섬〉정소면 공정을 거치지 않고 만든 실 (주로 면사인 경우에 사용됨)

카드 펀치 [card punch] 〈컴퓨터〉종이 카드의 천공(穿孔) 장치(천공지(祇) 카드 위에 정보를 기록하기 위한 출력 장치).

카디간 [영 cardigan] 모사. ~자켓(~ jacket) 〈복〉앞부분을 단추로 채우게 되어 있는 모사로 짠 자켓. ~쉐터(~ sweater) 〈복〉앞을 단추로 채운 쉐터. ~넥(~neck) 〈복〉카디간의 옷깃이 원형 또는 V형의 것.

카디건 [영] cardigan 〈복〉털 메리야스 제의 단의(短衣). 털실로 짠 남자 자켓. 뒤에 여자용도 생겼음. 스웨터하고 다른 점은 앞을 단추로 채울 수 있게 되어 있다는 것임 크리미아(Crimea) 전쟁 때 영국의 카디건(Earl of Cardigan)이 고안하여 즐겨 입은 데서 옷 이름이 된 말.

카디널 [영 cardinal] ①〈종〉캐톨릭교의 추기경. ②〈복〉후드가 달린 짧고 소매가 없는 외투.

카디오스코프 [영 cardioscope] 〈의〉심장경. 심장의 판막의 움직임을 짧은 금속성의 관 끝에 렌즈와 작은 전등을 장치하여 조사하는 기구.

카라비나 [독 carabiner] 〈등〉피스톤과 등산망을 연결하는 강철제의 링.

카라카스 (Caracas) 〈지〉베네수엘라 공화국(Republic of Venezuela)의 수도. 이 나라 북부 고원 위에 있는 아름다운 계획 도시. 1567년 로사다(Diego de Losada)가 건설. 1821년부터 수도가 됨. (→) 베네수엘라.

카라트 [carat] ① 합금 중의 금의 함유량을 나타내는 단위. 순금은 24캐럿, 즉 24금. ② 보석의 무게의 단위로 2000mg 캐럿.

카람바 [범 karambha] 「베다」에 나오는 말. 뜨거운 물 또는 우유 등으로 다린 죽. 맷돌로 간 죽.

카랏 [영 carat] ① 보석류의 무게 단위. 1카랏은 200밀리그램. ② 합금 중에 포함되는 금의 비율로 순금은 24카랏.

카랑 [영 karan] 수도 꼭지, 급수전.

카레라스 호세 [Careras, dose] 현존

한는 세계적 테너 가수. 스페인 출신.

카레이드 스코프 [영 kaleidoscope] 만화경, 비단안경. 주마 등

카렐 식이(食餌) [영] karell diet 〈식품〉 심장 환자의 식이.

카로티널 [영] carotenal 〈식품〉 시금치·감귤류에 존재함.

카로티노이드 색소(色素) [영] carotinoids 〈식품〉 정황 색소.

카로틴 [영 carotin] 〈化〉 당근, 노른자에 포함되는 황적색의 색소. 체내에 들어가면 비타민 A가 된다. 고추, 토마토 따위에 들어 있는 붉은 색소 물질.

카루메라 [영 caramelo] 붉은 설탕을 쪄서 증조(소다)를 섞어서 구어 부풀린 과자, 카루메 구이.

카루소 [Caruso, Enrico] 이탈리아에서 태어난 세계적인 테너(1921~1981) 성악가.

카루타 [포 carta] ① 표찰.
② 카루타, 영어의 카드(card).

카루테 [독 karte] ① 표찰.
② 진찰카드.

카루텔 [독 kartell] 〈경〉 기업연합. 동류의 기업이 상호의 자유경쟁을 피해서 생산, 판로, 가격 등의 협정을 하여 경쟁을 피하는 독점 형태.

카루티트 [프 quarteet] 4중주, 4중창, 크와르.

카르 [독 Kar] 〈등산〉 권곡(圈谷) 빙하(氷河)의 침식으로 형성된 가마솥 모양의 골짜기.

카르멘 [프 Carmen]
① 〈책〉 프랑스의 소설가 메리메(Merimee)가 지은 소설명.
② 소설 '카르멘'을 비제(Bizet)가 작곡한 가극.

카르스트 [독 karst] 〈지〉 석회암대지. 석회암의 표면이 폭우의 침식을 받아 우수가 균열 틈새에 침투하여 지상에는 석탑원을 지하에는 종유동을 발생하는 지형.

카르테 [그 > 라 > 도 Karte] 〈의〉의사의 진단 기록 카드. 영어의 카드(card), 포르투갈어의 카르다(carta / carda)에 해당하는 것과 같은 뿌리임.

카르텔 [그 > 이 > 프 > 영 cartel] [독 Kartel] 〈경〉 시장 통제로 상품 가격을 유지하기 위한 기업 연합.

카르통 [프 carton] ① 만화.
② 두꺼운 종이. 마분지.

카리스마 [그 > 도 Charisma] [영 charisma]
① 〈종〉 초능력. 예언(豫言) 능력. 초인간적인 자질.
② 사람을 심복시키는 능력. 베버(Max Weber)의 용어.
③ 〈그〉 성령(聖靈)의 특별한 은혜, 예언·영(靈)의 식별·기적 등.

카리스마적 지배 [Charisma(的 支配)] 막스·웨버가 주장한 지배의 3유형. 합리적 지배, 전통적 지배. 카리스마적 지배의 한 가지. 카리스마란 어원상 기적, 예언을 행하는 신부 지능을 말하는 것.

카리스마틱 [영] charismatic 정치가 등이 가지고 있는 교조적(敎條的)으로 끌어당기는 힘을 가리켜서 말함.

카리에스 [라 caries > 독 Karies] [영 caries] 〈의〉 뼈가 썩는 질환. 척추 카리에스와 늑골 카리에스가 많음. 충치.

카리카추어 [영 caricature] 회화, 풍자화. 만화.

카리카추어라이즈 [영 Caricaturize] 회화화하다, 풍자적으로 그리다.

카마라드 [프 camarade] 동료, 동지.

카메라드 [독 kamerad] 동지, 동료, 동급생, 카마라드. 한 패.

ㅋ

카메라 리어설 [camera rehearsal] 텔레비전 방송국에서 실제와 똑같은 요소를 갖추어 하는 연습 관경.

카메라 페이스 [camera face] 사람의 얼굴이 사진으로 나타내는 효과를 말한다.

카메룬 (Cameroon/Republic of Cameroon) 〈국〉 아프리카 대륙 서해안 기니 만(Guinea B.)에 면하는 공화국. 1868년 독일 식민지, 1차 대전 뒤는 동부·서부로 분할되어 영국령·프랑스령 식민지. 2차 대전 뒤인 1946년 영국·프랑스의 신탁 통치령. 1960년 프랑스령 카메룬에서 독립, 그 뒤 영국령 카메룬과 합쳐 연방 공화국. 1978년 연방제 폐지. 국호 카메룬 연합 공화국으로 개칭. 1984년 카메룬 공화국으로 다시 개칭. 프랑스어 표기로는 Cameroun. 수도는 야운데(Yaounde). (→) 야운데.

카메오 [영 cameo] 보석이나 조개껍질 등에 줄무늬의 색과 색의 경계에 양각(陽刻)한 부인의 브로치.

카멜 [영 camel] 〈동〉 낙타.

카멜레온 [영 chameleon]
① 도마뱀과의 파충류, 아프리카산으로 채색은 주위의 상황에 따라 변한다. 변색도마뱀.
② 태도가 자주 변하는 사람.

카멜리아 [영 chamella] 참죽나무.

카무플라주 [프 Camouflage > 영] 위장. 속임수. 미채(迷彩) 위장. 들키지 않도록 보호색 등으로 속이는 수단.

카뮈, 알베르 (Albert Camus, 1913~1960) 〈인〉 프랑스의 소설가, 철학자, 극작가.

카미레 [영 kamille] 〈식〉 국화과 식물. 잎사귀에 향이 있으며 하얀 꽃이 피며 진통발한제로 사용한다.

카미솔 [프 camisole] 〈복〉 슬립과 같은 어깨로부터 끈이나 레이스를 내려뜨린 부인하의. 카미솔.

카바 [아 ka' bah] 메카에 있는 회교 대사원 내의 성체 안치소. 회교도에게는 가장 성스러운 장소임.

카바리에 [프 cavalie]
① 〈방〉 수신가능 지역.
② 광고매체의 도달지.
③ 신문·잡지의 배포지역.

카바이드 [carbide] 금속과 탄소와의 화합물.

카바티나 [이 cavatina] 〈음악〉
① 가극에 있어서의 서정적인 독창곡.
② 속도가 느린 기악곡.

카버런덤 [영] carborundum 〈화〉 carbon(탄소)과 corundum(강옥)의 화합물로 생각했기 때문에 붙여진 이름. 탄화 규소(炭化硅素). 금강사(金剛砂). 1892년 미국의 애치슨(Edward Goodrich Acheson)이 발명. 연마제·내화제(耐火劑)로 쓰임 (→) 애치슨.

카번 [cavern] 동굴(=calle)

카벙클 [일 coarbuncle]
① 홍옥. 자수정. ② 〈의학〉 동창.

카보런덤 [영 carborundum] 〈광〉 금강사. 다이아몬드에 버금가는 경도가 있으며 연마용 모래로 사용된다.

카보베르데 (Cabo Verde/Republic of Cabo Verde) 〈국〉 아프리카 서부, 대서양 위에 있는 케이프 베르데 제도(Cape Verde Is.)를 주요 영토로 하는 공화국. 1450년 무렵 포르투갈인이 발견, 1587년 포르투갈 식민지, 1951년 해외주(海外州)를 거쳐 1975년 공화국으로 독립. 구명 케이프베르데 공화국(Republic of Cabo Verde). 수도는 프라이아(Praia). (→) 프라이아.

카보이 [영 carboy] 약품 등의 병을 보호하기 위한 바구니 또는 나무상자.

카본 [영 carbon] 〈화〉탄소, 기호 C. ~

448

아클램프(~arclamp) 탄소호광등. 아크등. ~페이퍼(~paper)탄산지, 복사지. ~블랙(~black) 흑색의 탄소분말, 인쇄나 먹에 사용된다.

카본 마이크로폰 [carbon microphone] 〈고무〉
① 탄소알을 이용한 마이크로폰.
② 하이 장치에서 재생용 바늘의 진동을 전기 출력으로 바꾸기 위함.

카본 블랙 [영 carbon] 〈화〉흑색의 부드러운 탄소 분말. 먹·인쇄·잉크·페인트 등의 원료로 쓰이며, 고무·시멘트 등의 착색 배합제로 이용됨. '드을음' 준말로 '글음'이라고도 속칭함. 가스 카본(gas carbon) (→) 가스 카본.

카불 (Kabul) 〈지〉아프가니스탄 (Afghanistan)의 수도. 힌두쿠시 (Hindu Kush) 동남 기슭, 인더스 상 (Indus T.) 지류의 카불 강(Kabul R.) 상류에 위치함. 1747~1773년까지는 칸다하르(Kandahar)와 함께 수도의 하나였으나 1974년 유일한 수도로 됨. (→) 아프가니스탄.

카사바 [cassave] ① 카사바 녹말.
② 서인도 제도에서 나는 다년생. 낙엽관목.

카사블랑카 (Casablanca) 〈지〉모로코 (Morocco) 최대의 상공업 도시. 하얀 집.

카세드럴 [영 cathedral]
① 대성당. ② 가람.

카세롤 [casserole]
① 화학 실험 기구의 하나.
② 음식을 넣고 끓인 채 식탁에 놓는 냄비.

카세인 [영] casein 〈식품〉 우유의 주요 단백질.

카셀(등) [영 carsel등] 〈사〉전장(電場)에 걸렸을 때만 발광하므로 셔터에 사용하는 램프.

카솔릭 [영 catholic] 〈종〉카톨릭의 영어 읽음.

카슈미르 (Kashmir) 〈지〉인도(India) 서북부, 파키스탄(Pakistan) 동북쪽 지방. 인도 파키스탄 접경지 분쟁지역이기도 함.

카스바 [프 casbah] ① 슬럼가.
② 알제리아의 수도 알제리의 동부지구의 미로가 얽혀 있는 빈민가.

카스카라[스 cascara] 〈약〉미국의 태평양 연안에서 산출하는 낙엽저목의 수피로서 원하제에 사용한다.

카스케이드 [영 cascade]① 작은 폭포.
②〈원예〉벼랑 만들기.
③〈복〉파상으로 된 레이스 등의 테두리 장식.

카스켓 [프 casquette] 운두가 없는 둥근 납작한 모자. 헌팅.

카스켓 [casket] 관(=caffin), 작은상자, 손궤.

카스터 [caster] ① 던지는 사람.
② 소금, 후추 같은 것을 넣어두는 기구. 양념병.
③〈연예〉배역 담당자.
④〈공업〉주조자. 바퀴.

카스톤 컴비네이션 [영 keystone combination] 〈야〉2루수와 유격수의 컴비.

카스트 [영 caste]
① 인도의 세습적 계급제도
② 일반의 세습계급. 성(姓)제도.

카스트로 루스, 피델 (Fidel Castro Ruz, 1927~) 〈인〉쿠바의 국가 평의회 의장 겸 각료 회의 의장(총리).

카스트로이즘[영 castoism] 〈정〉카스트로와 쿠바 공산당이 쿠바혁명의 경험으로부터 만들어 낸 아시아·아프리카·라틴아메리카의 반제국주의 투쟁의 지도이론.

카스티야 왕국(王國) (Castilla Dy.) 〈역〉10세기 전반에 이슬람 교국

ㅋ

(Islam 敎國)에 대항하여 이베리아 반도(Iberia Pen.)에 페르난도 1세(Fernando I, ?~1065)가 건국한 그리스도교 왕국. 1479년 이사벨 1세(Isabel I)때 아라곤 왕국(Aragon Dy.)과 합쳐 에스파냐 왕국이 되었음. (→) 아라곤 왕국.

카스피 해(海) [Caspian Sea] 〈지〉 중앙 아시아(Asia) 서부에 있는 세계 최대의 호수.

카시밀론 [영 cashimilon] 천연가스로부터 만든 합성섬유를 아세톤에 녹여서 방사(紡絲)하여 만든 섬유. 카시미야와 나일론의 합성어.

카시오페아 [Cassiopeia] W자형 별자리의 이름.

카아마 [Karma 산스크리트] 인도의 사랑의 신(神). 서양의 큐피드에 해당.

카약 [영 kayak]
① 〈경〉에스키모인이 사용한 바다표범의 가죽을 입힌 배.
② 가스경기의 하나.

카오량 [영 kaoliang] 〈식〉 고량, 수수.

카우칭 스티치 [couching stitch] 〈자수〉실을 도안 위에 놓고 다른 실로 징그는 것.

카운셀러 [영 counselor]
① 조언자, 상담원. ② 〈교〉지도교사.

카운셀링 [영 counseling] 생활지도, 인생 상담, 일상생활의 고민의 해결을 도모해 주는 것.

카운슬 [council] ① 평의회.
② 자문회.

카운터 [영 counter] ① 감정대.
② 계산기. ③ 감정기.
④ 반대의, 역의.
⑤ 상품진열대. ~ 디스플레이(~display) 점포내의 진열대 위에 놓은 장식. ~독트린(~doctrine) 반대 신청. ~샤프트 주축으로부터 작업기에 동력을 전달하는 축. ~밸런스(~balance) 차인의 나머지가 없는 것. ~피처(~puncher) 〈권〉 카운터 펀치를 잘 때리는 선수. ~카운터(~blow) 상대의 공격을 피해서 역으로 상대에게 공격을 하는 기술.

카운터 로테이션 [counter rotation] 〈스키〉 회전하는 방향과 정반대 방향으로 몸을 돌리는 동작.

카운터 트레이드 [countertrade] 〈경제〉 보증(保證) 무역, 담보 무역.

카운터 패리 [counter parry] 〈펜싱〉 상대방이 공격하는 칼을 자기칼로 비틀어 감으면서 피하는 동작.

카운터 포인트 [counter point] 〈음악〉 대위법(對位法).

카운터 리포스트 [counter riposte] 〈펜싱〉 공격을 피하여 되찌르는 것.

카운테스 [영 countess] 백작부인.

카운트 [영 count] ① 계산, 감정.
② 〈경〉 득점되는 시간을 세는 것.
③ 〈이〉 방사능의 강약을 계수관으로 세는 것.
④ 〈야〉 투구의 카운트. 볼과 스트라이크의 수. ~아웃(~out) 〈권〉 녹다운을 선고 받고 10초 이내에 일어서지 못하는 것. 〈경〉 프로레슬링에서 반칙 또는 링 아웃을 세어서 지는 것.

카울링 플랩 [cowling flap] 비행기의 도움날개.

카이나이트 [독 Kainit] 〈화학〉 황산칼륨. 황산마그네슘, 염화마그네슘을 함유하는 광물.

카이로 (Cairo) 〈지〉 이집트 아랍 공화국(Arab Republic of Egypt)의 수도. 나일 강(Nile R.) 삼각주의 꼭대기에 있는 아프리카 최대의 도시. 부근에 기제(Gizeh)의 피라밋·스핑크스 등 고대 문화 유적이 있어 관광지를 이룸.

450

(→) 이집트.

카이로(선언)[cairo declaration] 〈개〉 미국의 루즈벨트, 영국의 처칠, 중국의 장개석의 3자가 1943년 11월 27일 이집트의 카이로에 참회하여 일본의 무조건 항복을 결의 선언하였다.

카이로프랙틱 [영 chiropractic] 〈의〉 척추지압요법.

카이만 [caiman] 〈동물〉 중남미산의 큰 악어.

카이사르/시저 (Julius Caesar, 기원전 100~44) 〈인〉 로마의 군인. 정치가.

카이유스 [cayuse] 미국 서부 인디안, 또는 그곳의 조랑말.

카이젤 [독 kaiser] ① 황제. ② 제1차 대전시의 독일 황제 윌헴 2세의 칭호.

카이카이디 [중 快快久的]빨리, 서둘러. 상대어는 만만디.

카인 [히 Qajin > 영 Cain] 〈성〉 구약 성서에서 아담과 이브의 장남. 시기하여 아우인 아벨(Abel)을 죽였음. 살인 제1호. 죄인의 대표자가 되어 추방당하고 방랑자가 되었다는 카인의 후예 '데미안' 등이 있다.

키자크 [프 casaque] ① 코자크족. ② 폭 넓은 소매의 외투.

카제인[독 kasein] 〈화〉우유에 포함된 단백질, 건락소(乾酪素).

카지 [영 kersey] 영국의 카지지방에서 만들어지는 두꺼운 모직물.

카지노필린[영 carzinophyllin] 〈약〉제암제로서 사용되는 방사균의 항생물질.

카추차 [cachucha] 볼레로와 비슷한 3박자 스페인 무곡(舞曲).

카치프[영 kerchief] 〈복〉 부인이 머리에 쓰는 4각의 천. 네커치프, 행커치프

카카넷 [영 carcanet] 〈복〉 보석, 진주.

카 카드 [영] car card 〈광고〉 차내 광고(車內廣告). 전동차・기차・버스 등 차안에 게시되는 광고의 총칭.

카카오 [스 cacao] 〈식〉 남미산의 벽오동과의 상록수. 종자로는 코코아나 초코렛을 만들 수 있다.

카크 [영 calk] ① 편자(蹄鐵). ② 구두 밑의 금속판.

카크시바트 [범 Kaksivat] 〈인〉「베다」에 나오는 성현의 이름.

카키 [영 khaki] ① 토속, 흙먼지. ② 달걀색의 천.

카키 드릴 [영] khaki drill 〈섬〉 드릴을 카키색으로 염색한 것(군복감).

카타르 (Qatar/State of Qatar) 〈국〉 아라비아 반도의 동부, 페르시아 만(Persia B.)에 돌출한 카타르 반도를 차지한 수장국(首長國).

카타르시스 [영 katharsis]감정의 정화. 아리스토텔레스의 비극론에서 나온 말이며, 슬픔을 나타 낸 다음에 생기 있는 감정을 의미한다.

카타리나 [Catalina] 미 칼리포니아주의 유일한 섬. 태평양 연안에 있음.

카타스트로프 [그 > 독 Katastrophe] [영 catastrophe] 큰 재해. 파멸.

카타피 [Gaddafi] 전, 리비아 국가원수.

카페 [Gafe] (불)가벼운 식당 및 커피점.

카터 스프레드 [영] carters spread 〈식품〉 빵에 발라 먹는 것.

카테고리 [Category] 범주, 부류, 종류

카테키즘 [영 catechism] 〈종〉 그리스도의 교리문답서.

카톤 [영 carton] ① 종이 상자. ② 200개 들이 담배 넣는 상자.

ㅋ

카톨리시즘 [영 catholicism] 〈종〉로마 구교주의. 천주교, 로마교황을 받드는 정통파 그리스도교. 상대어는 프로테스탄티즘(신교주의).

카투사 [KATUSA=Korean Augmentation to U.S. Army] 한국 주둔 미군부대에 배치된 한국 군인. → 카츄샤.

카툰 [그>이>프>영 cartoon] 풍자 만화. 연재 만화.

카튜샤 [러 Katyusha]톨스토이의 소설 '부활(復活)'에 나오는 여주인공 이름.

카트 [cart, kart] 손수레. 'go-kart'의 약칭. ▷ 'cart'는 이륜 마차.

카트만두 (Kathmandu) 〈지〉 네팔 왕국(Kingdom of Nepal)의 수도. 힌두교 및 불교의 사원이 있는 히말라야 산간 분지의 옛 도시. (→) 네팔

카트리지 [영 cartridge]
① 만년필용의 예비 잉크.
② 〈사〉 필름의 용기. 축음기의 픽업의 끝에 붙이는 헤드. 탄약통. 카메라용의 롤에 감은 필름.

카트리지 테이프 [cartridge tape] 〈컴퓨터〉자기(磁氣) 테이프를 카트리지라고 하는 용기(容器)에 수용한 입출력용(入出力用)의 기억매체(記憶媒體).

카틀레아 [cattleya] 〈식물〉양난의 하나.

카틀렛 [cutlet] 얇게 썬 소. 양. 돼지 등의 고기에 가루를 묻혀 기름에 튀긴 요리. → 가스.

카파라치 [carparazzi] 교통위반 차량을 촬영하여 보상금을 타내는 신고자.

카패시티 [capacity] ① 용량.
② 수용력, 능력, 역량, 자격.

카페리 [영 car ferry(boat)] 자동차의 운반선.

카페올 [영] caffeol 〈식품〉 코피에 맛과 향미를 주는 휘발유.

카페이카 [러 kapeika] 러시아의 동전. 루불의 백분의 일.

카펜터 [영 carpenter] 목수.

카펫 [영 carpet]깔개, 융단. ~봄빙(~ bombing) 〈군〉 융단폭격.

카펫배거 [carpetbagger] 미국의 떠돌이 정치인. 연고 없는 고장에서 선거에 입후보하는 영입 후보자. ▷ 본래의 뜻은, 카펫 천으로 만든 여행 가방을 든 사람. 남북 전쟁 후에 사리(私利)를 추구해서 남부로 이주한 북부인을 가리켰으며, 그로부터 '투기꾼'이라는 의미로 쓰였음.

카포트 [영 carport] 지붕만의 차고.

카프 [KAPF] 1925년에서 1935년에 걸쳐 있는 우리나라 '조선 프롤레타리아 예술 동맹'

카프레오마이신 [영 capreomycin] 〈약〉 방산균 카프레오루스에서 추출한 폐결핵에 잘 듣는 항생물질.

카프롤락탐 [라>유 caprolactam] 〈섬〉 합성 섬유의 중간 원료. 주로 나일론에 쓰임.

카프리치오 [이 capriccio] 〈음〉 광상곡.

카프 바인딩 [calf binding] 〈도서관〉 가죽 제본. calf는 송아지 가죽.

카프 스킨 [calf skin] 소 가죽(신).

카피 [라>프 copie>영 copy] [독 Kopie] 복사. 모사(模寫), 베끼기. 원고. 광고 문장. 원 표기는 코피

카피 라이터 [영] copy writer 〈광고〉 광고 문안 작성자. 광고의 그림이나 글을 쓰는 사람. 애드 라이터(ad. writer).

카피라이트 [영] copyright 저작권. 판권(板權). 코피라이트로도 표기함.

카피라이트 인더스트리 [copyright industry] 저작권 산업.

카핏 울 [영] carpet wool 〈섬〉 카펫

에 사용하는 실.

칵테일 [영 cocktail]
① 혼합주. 여러 가지 술. 과즙, 향료 등 혼합한 술.
② 여러 가지 물질을 혼합한 것으로 전환하여 사용하게 되었다. ~드레스(~dress) 〈복〉 칵테일 파티용의 부인복. ~파티(~party) 칵테일을 음료로 하여 경식의 입석식 경쾌한 회합. ~햇(~hat) 칵테일 드레스를 착용했을 때 사용하는 모자.

칵테일 라운지 [영] cocktail lounge 호텔·레스토랑의 바(bar).

칵테일 백 [cocktail bag] 칵테일 파티에 출석할 때 치레를 들고 들어가는 부인용 백.

칸 [khan] 중세기 몽고나 터키, 달단 등의 종족 임금을 이르던 말.

칸느(영화제) [프 Cannes] 1946년에 프랑스 중앙 영화 센터에 의하여 창설된 국제 영화 경기 대회. 매년 4월에 프랑스 남동부 지중해 연안에 있는 칸느 시에서 개최됨.

칸다리딘 [cantharidin] 〈약학〉칸다리스의 주원료가 되는 악취 있는 독액(毒液).

칸다리스 [cantharis] 피부자극제. 발포제 등으로 사용되는 쥐기와 매서운 맛이 있는 약.

칸다하르빈둥 [독 Kandhar-bindung] 스키를 평행선으로 졸라매는 기구의 일종.

칸델라[영 candelaar]휴대용의 석유등.

칸션 [스 cancion]
① 기악곡에 있어서의 노래조.
② 무곡에서의 가락의 부분.

칸조네[이 canzone]〈음〉민요풍의 가곡.

칸초네타 [이] canzonetta 〈음〉 소가곡(小歌曲). 칸초네(canzone)의 소규모 형식.

칸칸 [영 cancan] 소매를 걷어 올리고 격렬하게 춤추는 파리의 무용.

칸타빌레[이 cantabile] 〈음〉 노래하듯이 '완만하게 연주하라'의 뜻.

칸타타 [이 cantata]
① 독창, 중창, 합창과 기악합주가 섞인 짧은 오라토리오풍의 성악곡.
② 독창, 중창, 합창과 기악합주가 섞인, 무대장치가 없는 가극풍의 성악곡.

칸테 [독 Kante]
① 〈등산〉암벽(岩壁) 암릉(岩稜)에 있어서의 능각(稜角)을 말함.
② 〈스키〉점프대의 발구름 지점.

칸토 [이 canto] ① 가곡. 선율.
② 합창곡의 가장 높은 음표.

칸토르 [독 Kantor] 교회 부속 합창의 지휘자.

칸트, 이마누엘 (Immanuel Kant, 1724~1804) 〈인〉 독일의 철학자.

칸틸레나 [이 cantilena] 노래하는 것 같은 가락.

칼라몬딘 [영] calamondin 〈식품〉 감귤류의 과실.

칼라스 [Callas, Maria] 독일이 낳은 세계적인 소프라노(1923~1996)

칼라 아자르 [독 Kala-azar] 흑사병. 비장 종대중(동양 열대지방의 전염병)

칼라자 [chalaza] ① 〈식〉배(胚).
② 〈동〉계란의 노른자위와 껍질을 잇고 있는 단백질의 근.

칼란도 [이 calando] 〈음악〉차차 약하고 느리게.

칼레도니안 [영 caledonian] 스코트랜드. 스코트랜드 지방의 민족무도.

칼로그램 [kalogram] 인쇄용 도안의 하나.

칼로리 [독 kalorie]
① 〈이〉열량의 단위. 1칼로리는 1그램의 물을 섭씨 1도 덥히는데 요하

ㅋ

는 열량.
② 식물의 영양가의 단위로 하여 1000칼로리를 칼로리라고 한다. ~미터(~meter) 열량계.

칼루스 [독 Kallus] 〈생물〉 식물의 상처나 피부의 단단하고 두꺼운 조직.

칼륨 [영 kalium] 〈화〉칼리석강등의 원료로서 은색으로 산화하기 쉬운 원소. 기호 K.

칼리움 [네 > 독 kalium] 〈화학〉 포타슘.

칼리포르늄 [califormium] 〈화학〉 알파 반사능을 갖고 있는 인공 방사성 원소.

칼리프 [calif] 아라비아 말 khalifah (상속자)에서 온 말로 회교의 교조 마호메트의 후계자로 정치와 종교를 장악하는 사람의 칭호.

칼리프 [caliph] 이스람교국의 지도자의 칭호. ▷ 본래의 뜻은 마호메트의 후계자.

칼립소 [그 Kalypso >라 > 독 Kalypso] [영 Calypso]
① 〈신〉 그리스 신화에 나오는 행복한 오기기아 섬(Ogygia I.)에 사는 님프(nymph).
② 〈음〉미국 재즈(jazz)의 일종. 서인도 제도 카리브 해안 지방 흑인 노동자 사이에 불려진 민요에서 온 말.

칼릿 [독 karlit] 〈화〉과염소산 안티모늄을 주제로 한 혼합 화약의 일종. 스웨덴인 카르손이 발명.

칼모틴 [영 calmotin] 〈약〉수면약의 상품명.

칼슘 [영 calcium] 〈화〉 알칼리 토속류의 금속원소. 기호 Ca. 석회석이나 뼈속에 포함된다.

칼스 [CALS=Computeraieed Acquistion and Logisitic Suppor] 생산, 유통, 판미, 구매 등의 모든 기업 활동을 컴퓨터망을 통하여 연결함으로써 최상의 업무환경을 이룩하고자 하는 체계.

칼치에라타(방식)[프 quartier latin방식]1968년 5월에 파리대학의 학생이 세느강의 좌안에 카루체 라탄의 학생가에 농성을 하면서 일종의 해방구를 만들어 5월 위기를 초래하였으나 이것으로부터 전환하여 거리의 점거로부터 사회 불안을 선동하는 방법.

칼크 [라 calc] 〈화학〉석회(石灰).

칼크 [네 kalk] 〈화학〉 염소(鹽素) 냄새가 나는 흰 분말로, 표백(漂白)·소독에 사용함. = 크롤갈크.

칼크스 [calx] 〈화학〉 생석회.

칼킨스 핸디캡 시스템 [Calkins handicap system] 〈골프〉게임을 균등히 하기 위하여 Calkin이 고안한 핸디캡 산출법.

캄비세스 (Cambyses, 기원전 6세기경) 〈인〉 고대 페르시아 제국의 왕.

캄파 [러 kampaniia의 약] 대중모금운동, 조직적인 대중운동.

캄팔라 (Kampala) 〈지〉 우간다 공화국(Republic of Uganda)의 수도. 적도(赤道) 바로 아래에 있으나 빅토리아호(Victoria L.) 북쪽 기슭의·고원 지대에 위치하므로 약간 차갑고 서늘함. (→) 우간다.

캄푸치아 (Kampuchea/People's Republic of Kampuchea) 〈국〉인도지나(印度支那) 반도 (Indochine Pen.) 동남부의 공화국. 1949년 프랑스 연합내에 속하는 독립 왕국이 되었다가 1954년 완전 독립. 1972년 국명을 크메르(Khmer)로 개칭. 구명 캄보디아(Cambodia). 1979년 캄푸치아 인민 공화국을 수립. 수도는 프놈펜(Pnompenh). (→) 프놈펜.

캄프 [영 cambria] 〈지〉고생대의 가장 오래된 기(記). 이 기의 지층으로부터

ㅋ

캄프라지 [프 camouflage] 위장. 숨기는 것. ¶~하다.

캄프르(캠퍼) [네 kamfer] 강심제.

캄플 [영 kamfer] 〈약〉 장뇌에서 만들어 낸 강심제. 영어에서는. camphor.

캄플라쥬 [프 camouflage] 미채, 위장, 동행을 떨어지게 하다.

캅셀 [독 kapsel]
① 〈의〉 야교로 만든 작은 약의 용기.
② 로켓의 선단 붙여서 쏘아 올리는 기밀실.

캇 [영 kit] ① 통, 대야.
② 도구의 일식.
③ 라디오, 녹음기 등의 조립재료일식.

캉캉 [프 cancan] 1830~1844년 파리에서 유행한 춤의 하나로 다리를 높이 쳐들고 오리걸음을 흉내 내는 스텝이 그 특징임. 후렌치 캉캉.

캐나다 (Canada) 〈국〉 북미(北美) 대륙 북부에 있는 영국 국왕을 군주로 하는 연방국. 영국과 프랑스 사이의 오랜 동안의 영유권 싸움 끝에 1763년 영국 영토로 되어 1867년 이전까지는 영령 북아메리카(British North America)로 불리었음. 1867년 캐나다 자치령(Dominion of Canada)이 되었고, 1949년 완전 독립하여 연방제, 국명이 캐나다로 확정됨. 한자 표기는 가나다(加那陀). 수도는 오타와(Ottawa). (→) 오타와.

캐너피 [영 canopy] 〈미〉 불상의 위에 매다는 비단 삿갓 〈항공〉 낙하산의 바람받이.

캐넌 [영 cannon] ① 대포.
② 당구 등에서 2회 연속공이 접촉하는 것. ~볼(~ball) 〈정〉 탄환과 같은 속구.

캐넌 [독 kanone] 대포, 포신이 길고 사정거리가 긴 대포.

캐년 [Canyon] (개울이 흐르는) 협곡.

캐넌볼 [cannon ball] 〈테니스〉 빠른 서비스.

캐노피 [canopy] 비행기 조종실 위의 둥근 덮개 달집.

캐논 [영 canon] ① 규범, 규준
② 〈종〉 그리스트교의 경전, 법전.
③ 〈음〉 앞의 악구를 좇아가는 것 같이 모방하는 작곡기술의 일종.

캐뉼러 [cannular] 〈의학〉 환부에다 꽂아 액을 빼내거나 약을 넣는 기구.

캐도드 [cathode] 〈물리〉음극. 특히 진공관의 음극.

캐드 [영] CAD 〈컴〉 computer aided design의 준말. 기업의 생산 부문에서 컴퓨터를 이용한 설계와 작도를 위한 디자인 시스템의 총칭.

캐디 [영 caddie, caddy] 골프 플레이어에 도구를 운반해 주거나 공을 줍는 사람. 골프백을 메고 다니면서 플레이어에게 조언하는 사람.

캐디 매스터 [caddy master] 〈골프〉 캐디의 교육, 통솔, 배당 등을 맡아보는 통솔자.

캐라반 [영 caravan]
① 사막의 대상(隊商).
② 포장마차. ~슈즈(~shoes) 〈등〉 고무 밑바닥의 방수제의 등산화.

캐러멜 [영 caramel] ① 캐러멜.
② 사탕을 200도로 가열하여 만든 덩어리로 혹 맥주, 엿, 육집 등의 가공에 사용한다.

캐러멜 소스 [caramel sauce] 끓인 설탕에 녹말을 넣어 걸죽하게 하여 향료를 친 것.

캐러쿨 [caracul] 모피의 일종. 카라쿨.

캐릭터/캐릭터 [그>라>도 charakter]

ㅋ

[영 character]
① 성격. 특질.
② 소설이나 극중의 인물.
③ 〈광고〉광고 속에 쓰는 특정 동물이나 인물 등의 일러스트레이션(illustration)이나 사진.

캐렁클 [caruncle] 〈의학〉 눈 아래의 처진 살.

캐로틴 [carotin] 적황색소. 고추. 버터 달걀 등에 포함되어 있으며 비타민 A부족에 유효함.

캐롤 [영 carol] 〈종〉찬가, 종교적인 축가, 크리스마스 캐롤.

캐리 [carry] 〈골프〉공이 날아간 거리.

캐리백 [carry-back] 세금 환불.

캐리볼 [carry ball] 〈하키〉공을 몸뚱이로 날랐을 경우로 반칙임.

캐리아웃 [carryout] 싸가지고 감. 싸가지고 가는 요리 (=takeout).

캐리어 [영] carrier 운반체. 운반자. 트럭이나 자전거의 짐받이. 짐 싣는 곳.

캐리어 [라 > 이 > 프 > 영 career] 경험. 경력. 이력. 특히 체육에서 경기 경험. 시합 경력.

캐리어 걸 [미] career girl 미혼 직업여성. 약자로는 CG.

캐리잉-볼 [carrying ball] 〈체육〉농구나 핸드볼 따위에 경기자가 공을 가지고 세 걸음 이상 걷는 반칙.

캐리커처 [이 > 프 > 영 caricature] 풍자화. 만화. 회화.

캐릭터 [character]
① 글자, 성격, 인격, 최면 등 특성.
② 평판, 인물 증명서.

캐릭터 디스플레이 [영] character display 〈컴〉한글·수자·영문자 등을 브라운관에 표시하는 장치. (→) 그래픽 디스플레이(graphic display).

캐릴런 [영 carillon] 〈음〉타악기의 일종. 모양, 크기가 다른 각 음계의 1조의 울리는 곡.

캐멀 [camel] ① 낙타.
② (해군) 부함(浮函), 즉 얕은 물에서 배를 띄우게 하는 기구.
③ 미국 담배 이름.

캐미솔라 [영 camisola] 부인전용의 소매 없는 하의.

캐바리어 [영 cavalier] 기사, 기병.

캐벌리 [영] cavalry twill elastique 〈섬〉급능직의 두둑이 있는 두터운 모직물로서 탄력이 있음(승마복·스키복·운동복).

캐베진 [영 cabagin] 〈약〉캐버츠에서 추출한 위장약의 상품명.

캐비어 [프 caviar] 철갑상어 알의 소금절이.

캐비테이션 [cavitation] 〈물리〉공동현상. 펌프의 후방에 생기는 진공부.

캐비티 [영] cavity 〈고무〉고무 제품에 생성된 구멍.

캐빈 [영 cabin] ① 소옥. 임시 사옥.
② 선실, 사관실.

캐소드 [영 cathode] 〈건〉진공관 등의 음극.

캐스터[영 castor]식탁에 올리는 향신료.

캐스터 [영] caster
① 〈라·텔〉뉴스를 전하는 사람. 종합 사회자. 뉴스 캐스터(news caster).
② 〈자〉자동차 핸들을 쉽게 꺾기 위해 킹핀(kingpin)에 붙인 뒤쪽으로의 기울기.
③ 〈인쇄〉자동 활자 주식기(鑄植機)
④ 피아노나 의자의 다리 바퀴. 운반기구의 바퀴(쇼핑카트 등).

캐스터 [Caster] 〈천문〉재미니 별자리에서 밝은 두별 중 북쪽의 것.

캐스트너세 [castanet] 두 손가락으로

처서 소리 내는 조개모양의 악기.

캐스트 [영 cast] ① 〈극〉 배역, 역할. ② 던지다.

캐스트 [영 caste] 〈사〉인도의 오랜 신분제도, 브라만(스님), 쿠샤트리아(왕족, 무사), 바이시아(서민), 슈드라(노예)의 4가지로 세습으로 되어 있다.

캐스팅 보트 [영 casting vote] 〈정〉의장의 결정 투표권. 의회 등에서 대세(大勢)를 좌우하는 힘. 두 정당의 세력이 어슷비슷할 때 그 승패를 결정하는 제3당의 투표.

캐슬 [castle] 성(城). ▷ 일본에서는 맨션 등의 이름에 이용함.

캐시 [cache] 〈컴퓨터〉주기억 장치와 입력 장치 간의 속도 조절 장치.

캐시 디스펜서 [cash dispenser] 현금 자동 지불기. 카드로 현금을 자동 지불하는 장치 (약/CD).

캐시미어 [영 cashmere]인도의 카시미루 지방에서 산출되는 산양과 면양의 털의 혼방으로 상질의 직물.

캐시미어 숄 [cashmere shawl] 캐시미어로 짠 숄.

캐시밀론 [cashmilon] 〈의상〉양털 비슷한 합성 섬유.

캐시 앤드 캐리 홀세일러 [영 cash and carry wholesaler] 〈유〉신용 공여(供與)나 배송(配送) 서비스를 하지 않는 도매업자. 현금 도매.

캐처 [영 catcher] 〈야〉포수. ~보트(~boat) 포경선단에서 직접 고래를 잡는 수 백 톤의 디젤선.

캐치즈 라인 [catchers line] 〈야구〉 포수의 정위치를 표시한 4개의 선. 포수선(捕手線).

캐치 [영 catch] ① 포획하다. 잡다. ② 주의를 끌다. ~업(~up) 개발도상국이 선진국에 따라 잡는 노력을 할 때에 사용한다 ~프레이즈(~phrase) 사람의 눈을 끄는 노래 문구. ~볼(~ball) 볼을 던지거나 받는 것. ~와드(~word) 사람의 주의를 끄는 말.

캐치 바 [catch bar] 전문적인 유객(誘客)꾼을 고용해서. 달콤한 말로 손님을 끌어 들여 바가지를 씌우는 바.

캐치워드 [catchword] ① 표어, 슬로건. ② 난외(欄外) 표제어.

캐치 프레이즈 [영 catch phrase] 사람의 주의를 끈 글귀, 경구, 표어.

캐치 홀더 [catch holder] 〈전기〉납철 물리개.

캐타펄트 [영 catapult]① 석궁, 투석기. ② 군함의 갑판으로부터 비행기를 장착시키는 장치.

캐터필러 [영 caterpillar] ① 모충. ② 무한궤도.

캐테카즘 [catechism] 기독교의 교리를 문답식으로 쉽게 밝힌 책. 요리(要理) 문답.

캐푸신 [프 capuchin]후두가 달린 부인용 코드.

캐피탈 [영 capital]① 자본. ② 수도. ③ 두문자. ~게인(~gain)〈경〉자본수익. ~레터(~letter) 대문자.

캐피탈리스트[영 capitalist]〈경〉자본가.

캐피탈리즘 [영 capitailsm] 자본주의.

캐피톨 [영 capitol]
① 미국의 국회 및 주회 의사당.
② 고대 로마의 캐피트라인 언덕에 있던 신전.

캑터스 [그 kaktos > 라 > 영 cactus] 〈식〉 사보텐. 선인장과 식물. (→) 사보텐(sapoten).

캔디다 [영 candida] 〈의〉인체에 기생하는 곰팡이의 일종.

ㅋ

캔딧 [영 candid] 〈사〉 몰래카메라, 몰래 촬영.

캔버라 (Canberra) 〈지〉 오스트레일리아 연방(Commonwealth of Australia)의 수도. 오스트레일리아 알프스 산중에 1913년 계획 도시로 건설됨. 1927년부터 임시 수도 맬버른(Melbourne)에 대신하여 정식 수도가 됨. (→) 오스트레일리아.

캔슬 [영 cancel] 계약을 취소하는 것. 해약, 무효. 문서를 말소시키는 것.

캔틴 [영 canteen] 〈등〉 수통.

캘리코 [영 calico] 〈복〉얇은 하얀 평직의 목면지. 인도의 칼카타의 전화된 말. 〈의상〉 고급 옥양목.

캘리포늄 [californium] 〈원자〉 인공 방사성 원소. 기호 Cf.

캘리프 [영 caliph] 〈종〉마호멧의 후계자의 칭호.

캘린더 [영 calender] 달력, 연중행사.

캠릿 [camlet] 낙타지. 모직류의 하나. 낙타나 앙고라 산양의 털로 짬.

캠브릭 [프 > 영 cambric]
① 〈복〉 프랑스의 고도(古都) 이름. 캉보레(Cambrai)에서 온 말. 아마사(亞麻絲) 또는 면사로 짠 평직물.
② 〈섬〉 치밀한 셔팅을 표백하여 이면 풀먹임하고 캘린더(calender)로 광택을 준 것으로 곧 캠브릭 가공을 한 직물(손수건, 내의, 셔츠, 에이프런, 테이블덮개, 부인·아동복감 등).

캠코더 [Camcorder] 카메라와 레코더의 합성어로 카메라 일체형. VTR를 말함.

캠페인 [영 campaign] ① 선전활동.
② 선거운동.
③ 특정의 정치적, 사회적 문제에 대한 조직적인 활동.

캠프 [영 camp] ① 야영.

② 텐트가옥. ③ 수용소.
④ 〈야〉 합숙. ~사이드(~side) 휴대의자. ~파이어(~fire) 야영의 모닥불. ~미팅(~meeting) 기도나 설교를 위한 야외 집회. ~위도(~widow) 〈야〉 시즌에 합숙이나 원정중의 선수의 모습, 기타, 골프 위도 등으로 말한다.

캡 [영 cap] ① 챙이 없는 모자.
② 병의 뚜껑이나 만년필의 집.
③ 캡틴의 약, 지도자, 책임자.
④ 신문사의 기자클럽에서 기자들을 통솔 지휘하는 기자의 장.

캡션 [라 > 영 caption]
① 〈신문〉 신문의 사진이나 삽화의 설명문.
② 〈책〉 책의 장(章)·절(節)의 제목.
③ 영화의 자막.
④ 표제. 색인.

캡슐 [capsule] 우주 로켓등의, (강연 등의)요지

캡슐 호텔 [capsule hotel] 간이 숙박시설의 하나(플라스틱제 캡슐형의 1 인용 방을 설치함).

캡스탐 [capstam] 무거운 물건을 밧줄이나 체인으로 끌어 올리는 기계.

캡 슬리브 [cap sleeve] 〈의상〉 어깨 밑을 덮을 정도의 짧은 소매.

캡틴 [영 captain] ① 선장.
② 육군대위. ③ 수령.
④ 〈경〉 팀의 주장. ~ 오브 인더스트리(~of industry) 산업지도자

캣 [영 cat] 고양이. ~워크(~walk) 〈방〉 스튜디오 등 머리 위의 보. 고양이만이 지나갈 수 있다는 의미에서 유래하였다. ~것(~gut) 양, 말 등에서 얻는 장선으로 현악기나 라켓 등 현의 실로 사용한다.

캥거루 [영 kangaroo] 주머니쥐. 오스트렐리아 특산의 짐승. 모양은 큰 쥐와 비슷하며 복부에 애기주머니가 있

으며 서서 걷는다. ~코트 (~court) 〈사〉 사상, 행동에 불심이 있는 자를 대세의 앞에서 심문하는 것.

캿트 [kyet(버마)] 미얀마의 통화이다.

커넥션 [connection]
① 관계, 연고, 연줄.
② 교통기관의 연락, 접속.
③ 스파이의 연락계.
④ 마약 판매인, 마약 밀수 조직의 끄나풀.

커닝 [영 cunning] 학생용어로서 시험에 부정을 하는 것. 영어에서는 cribbing, cheat라고 한다.

커닝 볼 [영] cunning ball 〈체〉 럭비에서 스크럼(scrum) 속에 공을 투입하는 것. 이는 반칙이 되어, 상대방에게 페넬티 킥(penalyt kick)을 주게됨.

커드 [curd] 〈축산〉 굳어진 젖.

커랜츠 [영 currants]건포도, 작은 알갱이의 포도.

커런트 [영 current] ① 현하의 현재의. ② 사조, 흐름. ~토픽(~topic) 시의 화제. ~뉴스(~bews) 시사보도.

커럽션 [corruption] ① 부패. ② 뇌물.

커렌시[영 currency]유통, 통화의 흐름.

커리 [타밀어 kari > 영 curry] 〈식품〉 10종 이상의 향료로 만든 조미료 인도풍 요리의 일종. 남 인도의 타밀어(Tamil 語) (소스)에서 온 말. (→) 커리 라이스(curried rice).

커리 라이스 [영] curried rice/curry and rice 〈식품〉 커리(curry)를 얹은 밥. 관용표기는 카레라이스.

커리어 우먼 [career woman] 전문직 여성. 직업을 가진 여성.

커리지 [영 courage] 용기.

커리큘럼 [영 curriculum] 〈교〉교육과정, 학습지도 요령.

커머밴드[영 cummer band] 〈복〉여름에 남성이 야회 등에서 사용하는 허리띠.

커머셜 [영 commercial]
① 상업의, 상매의
② 커머셜미시지의 약.

커머셜 디자인 [영 commercial design] 상업 디자인. 커머셜 아트 (commercial art). (→) 커머셜 아트.

커머셜리즘[commercialism] 〈상업〉 영리주의. 상업주의.

커머셜 메시지 [미] commercial message 〈광고〉광고 선전 문구. 약자로 CM 또는 커머셜이라고 함. 민간 방송 또는 공영 방송(TV국. 라디오국에서 나가는 광고를 말하는 경우가 많다.)

커머셜 송 [영] commercial song 〈광고〉 광고 선전 노래. 커머셜 메시지(commercial message)를 멜로디에 실어서 노래로 한 것. 노래말 중에 기업명·상품명·슬로건 등을 넣는다.

커뮤니즘 [영 communism] 공산주의.

커뮤니케이션 [영 communication] 보도, 통신, 전달.

커뮤니케이션 갭 [communications gap] 의사 소통이 불충분한 데서 오는 장애. 세대 차이·이질 문화 등으로 인한 상호 이해 부족.

커뮤니티 [라 > 영 community] 지역사회. 공동체. 공동 사회. 게마인샤프트(Gemeinschaft).

커미셔너 [영] commissioner 〈체〉 프로 야구나 복싱 협회 등의 최고 책임자. 권위자. 집행 위원장.

커미션 [라 > 프 > 영 commission]
① 구전(口錢). 수수료. 리베이트 (rebate)
② 변한 뜻으로 뇌물.

커밍 인 [coming in] 〈골프〉18구멍 중 후반의 9구멍을 말함.

커버 [영 cover] ① 보호하다

ㅋ

② 덮어씌우다, 포장하다.
③ 서적의 표지. ~걸(~girl) 잡지의 표지에 사용되는 모델의 여성. ~마크(~mark)〈용〉상처자국을 지우는 화장. ~차지(~charge) 캬바러 등의 쇼에서 연인의 출연료를 부담하는 것.

커버리지 [coverage] 〈통신〉
① 포착 범위. ② 통달 범위.

커브 마켓 [curb market]〈경제〉주식의 장외(場外)거래. ▷ 'curb'는 보도(步道)의 가장 자리의 놀이란 뜻. 가두(假頭) 거래로부터 시작한데서.

커서 [cursor]
① (계산자 · 측량기 등에서) 이동식 눈금 장치.
② 〈컴퓨터〉 단말 장치에서 어떤 문자를 수정하거나 입력시킬 위치의 표시를 나타냄.

커스터드 [영 custard 〈식품〉 커스터드 파우더, 에그 커스터드. 옥수수 전분에 색소 향료를 섞어 만듦.

커스터머 릴레이션스 [영 customer relations] 고객(顧客) 홍보. 고객의 이해와 호감을 얻기 위해 기업이 계속해서 행하는 홍보 활동.

커스텀 [영 custom] ① 습관, 풍습.
② 상거래의 단골.
③ 관세. ~카(~car) 특별주문차, 고급 승용차. ~컷(~cut) 스타일에 맞추어서 머리를 컷하는 방법. ~클로레즈(~clothes) 〈복〉 주문복. ~하우스(~house) 세관.

커터 [영 cutter] ① 재단기. 공작인물.
② 후방이 사각형의 보트.

커터 셔츠 [cutter shirt] 〈의상〉칼라와 커프스를 바꿔 달수 없게 된 셔츠.

커터슈즈 [cutter shoes] 바닥이 평평한 형의 신발.

커턴(사) [영 curtain] 재봉용의 면사. 30부터 120번으로 나뉘어지며 번호가 클수록 굵다.

커텐 [영 curtain] ① 창문 가리개, 막
② 장해 ~월(~wall) 〈건〉 구조체를 밖으로 내 보내지 않고 표면을 벽재로 덮는 건축법. ~콜(~call) 〈극〉 종연 후에 관객의 박수로 또 다시 출연자를 무대에 호출하는 것. ~하우스(~house) 마당의 다옥. 고립되어 있는 집.

커텐 [curtain call] 공연이 끝난 후 관객이 박수로 출연자를 박 앞으로 부러내는 것.

커텐 레이저 [curtain raiser]
① 〈연예〉개막극. ② 〈체육〉개막전.

커트시 [curtsy] 왼발을 뒤로 물리며 무릎을 살짝 굽히는 여자의 인사.

커트웍 [cutwork] 서양 자수의 하나.

커트인 [cut-in]
① 영화의 삽인 자막. 소 자막.
② 농구에서 수비선을 돌파하는 것.

커틀릿 [cutlets → 일] 〈요리〉얇게 썬 소 · 양 · 돼지 등의 고기에 가루를 묻혀 기름에 튀긴 요리.

커팅 [영 cutting] ① 절단.
② 〈영〉 영화 필름 등의 편집.
③ 〈복〉 재단.
④ 〈체〉 탁구 · 정구에서 공을 자르듯이 때리는 타법(打法).

커프스 [영] cuffs 〈복〉 양복이나 와이셔츠의 소매 부리.

커프스 버튼 [라 > 미 cuffs-buttons] [영 cufflinks/sleeve-button] 〈복〉 와이셔츠의 소매 부리를 여미는 장식 단추. 커프스 단추.

커플 [라 > 프 > 영 couple]
① 부부. 남녀 한쌍.
② 〈전〉 전원 연결 장치로 삼은 2종류의 이성(異性) 금속판.

커플러 [coupler]
① 〈기계〉 결합기. 기차의 각 칸을

ㅋ

연결하는 연쇄기. 전기 소자(素子).
② (오르간의) 자동적으로 1옥타브 떨어진 음을 동시에 내는 장치.

커플릿 [영] couplet 〈문〉 커플 (couple)에서 온 말. 대구(對句). 2행 연구(連句). (→) 터싯(tercet)

커플링 [coupling]
① 〈기계〉 한 축(軸)에서 다른 축으로 동력을 전달하는 장치.
② 〈철도〉 연결기.
③ 레코드의 A면과 B면의 편성.
④ 교미(交尾).
⑤ 〈물리〉 결합.

커피라이 [cuppy lie] 〈골프〉친 공이 땅바닥 구에 정지되어 있는 것을 말함.

커피 에그녹 [coffee eggnog] 커피를 끓여 달걀, 연유, 설탕을 친 음식.

컨노트 [connote]
① 의미하다, 어떤 뜻을 가지다.
② (논리학에서) 내포하다. ▷ 명사는 connotation.

컨더지 (중 肯德基) 켄터키 후라이 치킨 (Kentucky Fried Chicken)

컨버터 [영 converter]
① 〈방〉 주파수변성기.
② 〈상〉 섬유의 원사 메이커로부터 소매업자에 이르는 유통과정의 중간에 있으며 상사와 2차 가공 메이커의 기능을 겸한 업자.
③ 개종자. 교화자. 변압기, 변류기.

컨버트 [영 convert]
① 〈럭비〉 트라이한 다음에 골킥에 성공하는 것.
② 〈야〉 수비위치의 교채.
③ 전환하다. 개조하다. 교환하다.

컨버타블 [영 convertible]
① 접는 지붕식 자동차.
② 〈복〉 모양을 여러 가지로 바꾸어 서 입을 수 있는 옷.

컨버타블 칼라 [영 convertible collar] 〈복〉 열거나 닫거나 양쪽으로 사용할 수 있는 옷깃.

컨버타플레인 [영 convertiplane] 전환식 비행기. 헬리콥터와 같이 수직으로 승강하여 수평전진하기 때문에 회전날개를 90도 가까이 전환 할 수 있는 비행기.

컨베니언트 [영 convenient] 편리한, 적합한.

컨베셔널 [영 conventional] 평범한, 원래부터, 그러한. 일반적인.

컨베이어 [영 conveyer] 자동운반기 코베이어. ~ 시스템(~system) 흐름작업방식.

컨베이어 시스템 [영] conveyer system 〈기〉전송대(傳送帶) 작업. 공장·사무실 등에서 컨베이어 벨트(conveyor belt)를 사용해서 능률 향상을 꾀하는 방식. 포드(Henry Ford, 1863~1949)가 자동차의 대량 생산 공정을 위해 처음으로 채용한 컨베이어 연결로 된 일관 작업 실시 방법. 포드 시스템(Ford system)이라고도 함.

컨벤셔널 [conventional] 인습적인. 전통적인. 일반적인.

컨벤셔널 론 [conventional Loan] 일반적인 융자. 40만불 이하 융자.

컨벤셔널 슈퍼마킷 [영] conventional supermarket 〈유〉 전통적인 식품을 주제로 한 슈퍼.

컨벤션 [convention] 집회, 대회장. 일반적으로 미국 민주·공화 양당의 대통령 후보 지명 전당 대회를 일컫는다.

컨벤션 [convention] ① 대표자 회의. ② 정기 총회.

컨비니언스 스토어 [미] convenience store 〈유〉 식품을 중심으로 일용품을 선택하여 폭넓게 상품을 갖추고 주택 중심가에서 영업시간을 길게 하여 원칙적으로 연중무휴로 고객에게 컨비니언스(편의성)을 주는 것을 목적으

461

ㅋ

로 한 소매 업태.

컨서바티브 [영 conservative] 보수적인, 보수주의자.

컨서티나 [concertina] 〈음〉 손풍금.

컨설컨트 [영 consultant] 〈경〉 경영사. 경영이나 관리의 고문으로서 기업의 지도나 진단을 하는 사람.

컨설테이션 [영 consultation] ① 진단. ② 〈경〉 전문 지식을 갖고 의뢰에 따라 설계, 진단, 지도하는 사람.

컨설팅 [consulting] 전문지식을 가진 사람이 자문하는 일.

컨센서스 [consensus](의견·증언 등의) 일치. 세론(世論). 합의.

컨셉트 [영 concept] ① 개념. ② 광고로 새로운 생각방법. 발상. 착상. 사고방식이라는 의미의 광고용어.

컨셔스 [conscious] 자각, 의심.

컨션스 [conscience] 양심. 도의심. ▷ 선악의 관념.

컨소시엄 [영 consortium] 〈경〉 채권국 회의. 국제 차관단. 자본가 연합. 프로젝트에 공동참여.

컨솔 [영 console] ① 위로하다. ② 텔레비 수상기의 다리가 달린 것.

컨슈머 [영 consumer] 소비자.

컨슈머링 [영 consumering] 〈경〉 '소비자 우선'의 '소비자가 왕'이라는 입장에서 하는 마키팅.

컨슐라 인보이스 [영 consular invoice] 〈경〉 수출품에 대하여 상대국에 주재하는 영사가 사증한 공용 송장.

컨스트럭션 [영 construction] ① 구성, 작도. ② 건설, 공사.

컨시드 [영 concede] ① 승인하다. ② 〈골프〉 상태의 샷 패드를 홀 아웃 시키지 않고 경기를 계속하는 것.

컨추리 클럽 [country club] 전원 생활을 즐기려는 도시인을 위한 골프. 테니스. 수영 등의 설비가 있는 교외의 클럽.

컨코던스 [영 concordance] ① 화합,일치. ② 용어색인.

컨코스 [영 concourse]공원내의광장이나 정거장의 큰 홀, 광장.

컨테너리제이션 [영 containerization] 수송의 컨테이너화.

컨테스트 [영 contest] ① 논쟁. ② 시합   ③ 경기회.

컨텐츠 [contents] ① 내용. 목차 ② 유무선 통신망을 통해 제공되는 디지털 정보나 내용물의 총칭.

컨트라스트 [contrast] 대상. 대조. 대비.

컨트랙트 [contract]계약서. 정관. 약정.

컨트롤러 [영] controller
 ① 관리인. 통제자. 감독관. 특히 항공 관제원.
 ② 〈기〉 전동기 등의 제어기(制御機).

컨트롤 미디어 [영] control media 잡지 형태의 하나. 발행 부수. 독자 대상을 발행자가 컨트롤하는 매체.

컨트리 [영 country] ① 지방, 시골. ② 나라, 국토. ~웨어(~wear) 여행이나 피서 등에서 입는 스포티한 옷. ~엘리베이터(~elevator) 〈농〉 곡물을 건조 저장하는 농업 창고. ~클럽(~club) 골프, 테니스, 수영 등의 설비가 있는 교외 휴양시설.

컨트리 클러뷰 [미 >영 country club] ① 보양(保養) 시설. ② 골프 클럽.

컨트리 팀 [country team] 미국의 상호 안전 보장법에 의해서 원조하는 나라에 주제시키고 있는 파견 기관을 가리킨다. 종류는 군사, 안전, 기술 등 3종의 사절단으로 구분된다.

ㅋ

컨티넨털 스타일[영 continental style] 〈복〉남자복의 어깨선을 완만하게 하여 가슴에 두께를 두며, 상의의 길이는 짧고 바지는 가늘다.

컨티뉴이티 [영 continuity]
① 연속, 지속. ② 영화의 촬영대본.

컨퍼렌스 [영 conference]
① 상담, 협의, 회의.
② 해상운임동맹.

컨페션 [영 confession] 고백, 참회.

컨펙션 [영 confection]
① 설탕저림. 과자. 당과.
② 꼼꼼한 부인의 유행 복장.

컨포미즘 [영 conformism] 획일주의, 공식주의.

컨포트 후드 (Comfort Food) : 〈새용어〉: 심리적 안정을 주는 음식.

컬 [영 curl]① 감는다, 일그라 뜨리다.
② 정말로 머리를 오그라 뜨린다. 곱슬 머리털.

컬래미티 제인 [Calamity Jane] 잔 걱정이 많은 사람, 비관론자, 불행을 예언하는 사람(여자), 혈뜯는 사람(여자). ▷ 미국의 개척 시대에 남다코타주(South Dakota)에 살고 있던 승마와 사격이 뛰어난 여성의 별명.

컬래버레이션 [collaboration] 공동 작업, 공동 제작, 합작.

컬래시 [Curlash] 〈상품명〉속눈썹을 말아 올리는 기구. ▷ 속눈썹(eyelash)과 말기(curl)의 합성어.

컬러 [영 colour] ① 색, 색채.
② 컬러필름의 약. ~걸(~girl)〈방〉컬러프로그램에서 색채를 조절하기 위해서 스튜디오에서 테스트에 협력하는 여성. ~콘크리트(~con-crete)〈건〉착색한 콘크리트. ~컨디셔닝(~conditioning) 색채조정. ~스토킹(~stocking) 〈복〉색깔이 있는 긴 양말. ~섹션(~section) 신문의 색쇄부분.

컬러 다이나믹스 [color dynamics] 색채 조절.

컬러리스트[영 colourist] 〈미〉색채파, 색채를 주체로 하는 화가.

컬러 린스 [color rinse] 〈미용〉염발린스.

컬러 이미지 [영] color image/colour image 〈광고〉색채에 의해서 전달되는 인상. 색채에 따라 상품을 개성화하고 또는 구매층의 기호에 따라 상품 이미지를 확립하는 것.

컬러 컨디셔닝 [color conditioning] 학교, 공장, 병원 등 건물의 색채를 인간 정서에 맞게 조정하는 것.

컬럼 [영 column] 신문, 잡지의 단평란.

컬럼니스트 [영 columnist] 신문, 잡지의 단평란을 담당하는 사람.

컬렉션 [영 collection]① 수집, 수집품. ② 조립.

컬렉터 [영 collector] ① 수집가.
② 〈전〉집권자.

컬렉트콜 [correct call] 수신인 요금지불 통화.

컬렉티브 뮤직 [collectine music]〈음악〉집합 음악. 악기를 포함해서 소리가 나는 모든 것을 사용한 음악.

컬리컷 [curly cut] 〈미용〉머리가 충이 지도록 자르는 것.

컬리포늄[영 coliformium] 〈화〉방사성 동위 원소의 하나. 기호는 Cf. 1950년에 캘리포니아 대학에서 발견되었다.

컬링 [curling] ① 머리 지지기. → 컬.
② 평원형의 돌을 서로 둘려 표전에 넣는 경기로서 16세기경 스코틀랜드에서 행하여지는 빙상 스포츠.

컬 아이론 [curl(ing)iron] 머리를 곱슬곱슬하게 지지는 가위 같은 기구.

ㅋ

컬 언더 암 [curl under arm] 〈역도〉
두 팔을 번갈아 겨드랑이까지 끌어올
려 팔을 굽혀 펴는 운동.

컬추어 [영 culture] ① 교양, 문화.
② 재배. ~센터(~center) 문화시설
이 모여 있는 지역. ~피얼(~
pearl)양식진주.

컬크 [영 kurk] 컬크나무의 껍질로 병마
개를 만드는 컬크.

컬트 [cult] ① 숭배. 광신(狂信)
② 신흥 종교.

컬티베이터 [cultivator] 〈농업〉경작
기. 경운기(耕耘機).

컴바인 [영 combine] ① 결합하다.
② 〈화〉화합하다.
③ 〈농〉예취기와 탈곡기를 겸한 농기구.

컴보 [영 combo] 〈음〉소수인의 편성의
악단. 멜로디 담당의 악기와 리듬을
잡기만 하는 악기를 연주하는 사람.
혼합. 섞인 것.

컴비네이션 [영 conbination]
① 결합, 조합, 컴비.
② 〈화〉화합물.
③ 〈복〉상하가 붙어있는 옷.
④ 2색으로 만든 구두.
⑤ 기업결합.

컴파운드 [영 compound] ① 조합하다.
② 보학의 ~나운(~noun) 〈문법〉합
성어, 복합명사.

컴파일러 [compiler] ① 편집자.
② 〈컴퓨터〉프로그래밍 언어를 기계
어로 바꾸는 프로그램.

컴파트먼트 [영 compartment]
① 간막이 구분.
② 열차의 구획된 객실. 침실이 붙은
특별 사실(私室)

컴패니언 [companion]
① 동료, 친구, 동반자.
② 만국 박람회 등의 행사 안내를 하
는 젊은 여성.

컴퍼스 [compass] ① 나침반.
② 〈생물〉국화과 식물의 하나.
③ 원을 그리는 기구.

컴퍼짓 워크 [composite work] 〈도서
관〉합저서(合著書).

컴퍼짓 케이블 [composite cable] 〈전
기〉합성 케이블.

컴퍼터블 [영 comfortable] 기분 좋은,
쾌적한.

컴페 [compensation 의 약] 〈매〉개발
도상국의 원조정책의 하나로서 그의
농산물, 광산물 등은 국제 가격보다
고가이므로 수입업자가 받는 손실을
보상하는 제도. 보상, 배상.

컴페티션 [영 competition] 경쟁.

컴펙트 [영 compact] ① 계약.
② 간편한, 간결한.
③ 휴대용 화장기.
④ 밀집한. 아담한. 꽉 짜인. 촘촘한.
⑤ 소형 자동차.

컴포넌트 [영 component] 스테레오 장
치를 구성하는 앰프나 스피커 등의 각
부품.

컴퓨터 [영 computer] 전자계산기. 정
보를 입력하여 정해진 과정대로 그 정
보를 처리하고 그 결과를 제공하는 시
스템

컴퓨터리제이션 [영 computerization]
전자계산기로 기획, 경영의 방침을 결
정하여 모든 것에 전자계산기를 참가
시켜서 경영합리화를 도모하는 방식.

컴퓨터 유틸리티 [computer utility]
컴퓨터 단말기의 보급으로 컴퓨터를
개인·기업의 공동으로 이용하는 일.

컴퓨토피아 [영 computopia] 컴퓨터가
만들어 내는 새로운 시대. 컴퓨터 시대.

컴프르도 [Comprador] 〈경제〉외국
자본가의 앞잡이가 되어 자국의 경제
착취에 종사하는 중개인, 매판자, 자본
제국주의 시대에 특히 성행했다.

컴피니온 [Compinion] 텔레비전 방송국과 시청자의 가정을 전화와 컴퓨터로 연결해서 하는 쌍방 통행의 프로그램.

컵 [영 cub] ① 새끼 여우.
② 보이스카웃의 유년 단원.

컵 소시지 [cup sausage] 얇게 썬 소시지를 튀겨 가운데가 쑥 들어가게 만드는 것. 속에 야채를 넣어 먹음.

컷/커트 [영] cut ① 잘라 냄. 삭제.
② 〈영〉 소(小)화면.
③ 〈인쇄〉 인쇄물의 여백에 넣는 그림·삽화·사진.
④ 〈체〉 공을 빼앗음. 공을 옆으로 깎아 치는 방법.
⑤ 트럼프에서 패를 떼는 것.
⑥ 모발을 자라 형을 만드는 것.
⑦ 〈복〉 재단.

컷릿 [영 cutlet] 〈요〉 고기를 얇게 썰어서 말린 것.

컷백 [cutback] 〈영화〉 연속된 화면의 도중에 갑자기 다른 화면이 나타났다가 먼저의 화면으로 돌아가는 영화 촬영상의 기교.

컷업 [cut up] 〈골프〉 불을 높이 치는 것.

컷웍 [cutwork] 자수의 한가지로 감을 부분적으로 베어 버리는 것.

케냐 (Kenya/Republic of Kenya) 〈국〉 아프리카 동부, 적도(赤道) 바로 아래에 있는 공화국. 1895년 영국의 보호령, 1963년 영 연방 내의 자치국으로 독립. 1964년 공화국이 됨. 수도는 나이로비(Nairobi). (→) 나이로비.

케널 [영 kennal] ① 개집. ② 개가게.

케네디 라운드 [영] Kennedy Round 〈경〉 1964년 5월부터 1967년 6월까지 3개년의 GATT(관세 무역에 관한 일반협정) 제6회 일반 관세 인하 교섭의 통칭. 53개국이 조인하여 1972년까지 공산품 관세의 평균 3분의 1인하 등을 협정했음.

케도 [KEDO=Korean peninsula Energy Development Organization] 한국. 미국. 일본 세나라가 북한에 경수로(輕水爐) 건설을 지원하기 위하여 세운 국제기구. ▷ 한반도 에너지 개발 기구.

케리 [kerry]
① 양종의 검은 작은 젖소.
② 아일란드종의 커다란 테리어 개.

케리그마 [그 > 영 kerygma] 〈그〉 복음의 선포. 예수 그리스도 안에서 해방을 얻고, 그를 통해 하느님의 구원 사업에 동참할 수 있다고 설교나 선언의 내용, 혹은 선언하는 행위. 그리스어 케뤼소(Kerusso) 곧 '선언한다'라는 동사에서 파생된 명사임. 하느님의 심부름꾼(Kerux)이 일정한 소식(하느님의 나라, 혹은 복음)을 대중에게 선포하는 행위, 혹은 그 내용.

케미스트리 [영 chemistry] 화학.

케미컬 [chemical] 화학의. 화학적인.

케미컬 도씨메트리 [chemical dosimetry] 〈원자〉 화학적 방사선량 측정법.

케미컬 봄버 [chemical bomber] 〈항공〉 화학 폭격기.

케미컬 슈즈 [chemical shoes] 합성 피혁제의 신발.

케미컬 토일렛 [chemical toilet] 무취식 변소.

케 세라 세라 [에] que seras seras ' 될대로 되라' 는 뜻. 에바 가드너(Ava Gardner) 주연 영화 '맨발의 백작 부인'의 대사. 1957년 미국 영화 '지나치게 알고 있던 남자'의 주제자.

케송 [프 caisson → 일] 〈토목〉
① 물이 새지 않게 짠 상자.
② 기초 공사를 위해 지하에 만드는 작업실. ¶~ 병 = 잠수병(잠수부가 잘 걸림).
③ 교각의 토대. → 케이슨.

ㅋ

케스타 [cuesta] 〈지학〉 층을 이루고 있는 지형.

케신 [범] Kesin 「베다」에 나오는 머리를 자르지 않고 고행하는 방랑자.

케어 [CARE, Cooperative for America Remittances to Europe] 현재는 Europe이 Everywhere로 바뀌었다. 45년 미국의 25개 종교 자선 단체가 결성한 세계적 구호단체. 한국도 이 단체의 수혜자이다.

케어 [CARE] 금심. 걱정. 돌보다. 염려하다. 조심하다.

케어른 [cairn] 〈등산〉 돌을 싸 올려 만든 기념비.

케어리스 미스테이크 [일 ← careless mistake] 부주의로 인한 실패. 악의가 없는 실패.

케얼레스 [careless] 부주의한 경솔한.

케오스 [영 chaos] 혼돈, 카오스.

케이란인 [K line] 〈의상〉 1958년 발표된 실루엣 앞은 편편하며 몸에 맞아 뒷등을 부르게 하고 뒤허리선에서는 허리가 꼭 맞게 하여 스커트는 뒤쪽에 나오게 한 옷으로서 옆에서 보면 마치 K자로 보임.

케이맥 [KMAG=Korean Military Advisory Group] 주한 미군 군사 고문단.

케이블 스티치 [cable stitch] 뜨게질의 한 방법.

케이블 웨이 [cable way] 케이블카가 다니는 공중에 단 쇠줄.

케이블 탱크 [cable tank] 〈전기〉전선을 저장하기 위한 실린더식 방수 탱크.

케이스 [영 case] ① 용기, 상자.
② 사건.   ③ 상태, 경우.
④ 〈문법〉 격. ~스터디(~study) 사례 연구. 개개의 사항을 하나하나 들어내어 연구하는 총합하는 것. ~ 바이 케이스(~by case) 개개의 경우에 따라 (~method) [경] 경영의 원리를 연구하기 위해서 사례를 사용할 때 기업내에서 교육 훈련에 사용할 때가 있다.

케이스메이트 [casemate]
① 수벽을 지붕으로 삼은 포대.
② 대포를 보호하는 함상의 장갑 장벽.

케이스 바이 케이스 [case by case] 원칙이나 방침을 정하지 않고 구체적인 경우에 따라서 처리하는 일.

케이싱 [영 casing]
① 포장, 자루, 물건 집어넣는 것.
② 소시지 등에 사용하는 소나 양의 창자.

케이지 [cage] 새장, 실내 연습장.

케이크 [영] cake 〈섬〉 실을 포트 (pot)로 감은 것.

케이크웍 [cakewalk]
① 미국 흑인의 여흥의 하나.
② 흑인들이 시작한 두 박자의 춤(곡).

케이폭 [kapok] 케이폭나무 열매의 껍질 안벽에 있는 털.

케이프 [영 cape] ① 곶.
② 〈복〉 견의, 어깨, 팔, 잔등을 덮는 외투. (~탈라) 〈복〉 코트의 옷깃을 크게 하여 케이프의 느낌을 연출한 것.

케인 [영 cane] ① 대나무, 등
② 그것으로 만든 지팡이, 스테크. ~슈거(~sugar) 감 설탕.

케일 [영 kale] 〈식〉양배추의 변종으로 이즙으로부터 약용의 청즙을 만든다.

케추아 [Quechua]
① 잉카 문명의 공용어.
② 페루 따위에 있는 원주민.

케치 [영 cetch] 2본 마스트의 범선.

케톤 [독 keton] 〈화〉 아세톤을 주체로 하는 화합물.

케트 [(blan)ket] 담요.

케틀 [kettle] ① 가마 솥.
② 수술할 때 쓰는 기구. 주전자.

케필 [kefir] 〈축산〉 코커서스 지방에서 먹는 발효된 젖에서 만든 우유술. 케퍼.

켈렉티브 뮤직 [영 collective music] 〈음〉집합음악. 악기의 대신으로 시계, 전화 등의 소리가 나는 것을 아무 것이나 사용해서 연주하는 음악.

켈렉티비즘 [영 collectivism] 집단주의, 개인주의 경제에 대하여 사회를 중심으로 하는 토지, 공장, 철도 등을 국유화하여 정부가 통제해야 할 경제주의.

켈로이드 [독 keloid] 〈의〉화상이나 절상의 자국, 살갗.

켈빈(溫度) [kelvin온도] 〈이〉빛 등의 열 에너지의 분포특성을 나타내는 것. 기호는 K.

켈트 [영 kelt, celt] 인도, 유럽계의 인종. 아일랜드, 웰저, 스코트랜드의 고지에 사는 민족.

켐프 [영 kemp] 〈섬〉구성 세포가 말라 죽은 양모. 거친 양털.

코가 [coca] 쿠카나무. 남미산의 약용 식물 또는 그 잎.

코기토 에르고 숨 [라 cogito, ergo sum] '나는 생각한다 그러므로 나는 존재한다' 라는 뜻으로 프랑스 철학자 데카르트의 말.

코나 [kona] 하와이에서 겨울에 부는 남서풍.

코너 볼 [corner ball] 〈야구〉투수가 던진 공이 홈 베이스의 내각 또는 외각을 통과한 공.

코너 스로 [영 corner throw] 〈체〉수구(水球)에서 상대측의 선수가 상대측의 골 라인 밖에 볼을 내보냈을 때 자기측에 주어지는 특전으로 후리스로(free throw)의 일종. 핸드볼(hand ball)에서 볼이 골 라인을 통과하기 전에 몸에 닿은 사람이 공격측일 경우, 그쪽 코너에서 공격측이 볼을 던지는 것.

코너 워크 [영] corner work
① 〈야〉 투수가 내각(內角) 외각(外角)에 아슬아슬하게 볼을 던지는 것.
② 〈체〉 트랙(track) 경기나 스케이트 등에서 코너를 멋지게 휘어 달리는 기술.

코너 체인지 [corner change] 〈춤〉부르스의 체크와 같이 좌회전을 하기 위한 족형(足型).

코넥션 [connection] 줄여서 '코네' 라고도 함. 연고 관계나 정실 등의 뜻. 연결. 관계. 접속.

코넬 빵 [영] Cornell bread 〈식품〉 코넬 대학이 개발한 빵.

코넷 [cornet] 금관악기의 일종.

코니데 [독 konide] 〈지〉원추형 화산의 하나. 장기간, 동일화구에서 여러 번 분화하여 그 화구의 주의와 퇴적한 원추형의 화산.

코니시 [cornish] 영국 원산의 고기가 많은 닭 종류.

코닌 [coniine] 〈화학〉헴록에 들어 있는 피리딘족 알칼로이드.

코다 [coda] 〈음악〉악장. 악곡의 최후를 끝맺는 부분.

코데인 [도 Kodein] [영 codeine] [프 codeine] 〈약〉아편에서 취한 알칼로이드(alkaloid)의 일종. 진통·진해에 이용함.

코도반 [영 codovan] 고급 구두용 콜도바 가죽. 스페인의 콜도바 지방에서 나온다. 말 궁둥이 가죽.

코듀로이 [영] corduroy 〈섬〉파일로 결 두둑을 나타낸 위 파일 직물(양복·운동복·의자감·운동화감 등) 벨벳과 비슷한 무명천.

ㅋ

코드 [영 code] ① 법전, 규정.
② 신호, 암호.
③ 상용에서 특별한 의미를 갖는 전보.
~체크 (~check) 기계계산에 집어 넣는 데이터의 오류를 사전에 발견하는 것.

코드레인 [영 cordrein] 〈복〉 하의용의 화학직포.

코드 북 [code book] 전보용 암호책.

코드 직(織) [영 cord weave] 〈섬〉 경사 방향에 태번수의 실 또는 실올 합사로 코드모양의 두둑을 나타낸 것 (부인복·셔츠감 등).

코디네이션 [coordination] ① 조종
② 동격, 동격화.
③ 기업이 그 목표 달성을 위해 행동 통일을 꾀하는 일.
④ 〈의상〉 상의와 스커트 등의 색상으로 재질의 조화를 꾀한 배합(구색).

코디네이터 [coordinator]
① (방송에서) 연출자를 도와 프로그램을 진행시키는 담당자.
② 〈경영〉 경영 관리의 조정자·조정기관.
③ 조정자(복식(服飾)·출판 등의 전문적인 일을 순조롭게 하기 위해 조정하는 사람).

코디네이트 [coordinate]
① 조정하다. 통합시키다.
② 배색이 잘된 의상(가구).

코디네이트 숍 [영 coordinate shop] 〈유〉 부인복 등 패션(fashion) 상품을 중심으로 라이프 스타일상 관련 있는 상품을 한군데 모아 소비자의 희망을 조합해서 응하는 구매를 가능케 한 매장.

코디네이트 수트 [영 coordinate + suit] 〈복〉 조합 수트(suit). 양복·양장에서 조합한 상하 한 벌.

코디네이트 패션 [영 coordinate + fashion] 〈복〉 조합 복장.

코라이자 [coryza] 〈의학〉 코감기.

코라이트 [영 colaite] 저온코크스, 석탄의 저온, 건류해서 만든 코코스.

코라크 (Koryak) 〈지〉 소련 극동부, 캄차카 반도(Kamchatka Pen.). 북부에 있는 코라크(Koryak) 인의 민족 관구 (民族管區).

코란 [아 gor'an/qur'an > 네·독·영·프·러 koran] 〈종·책〉이슬람 교 (Islam敎)의 경전(經典). 알 쿠란 (al-qur'an)이라고도 함. 마호메트 (Mahammed Mahomet)가 알라 신 (Allah 신)으로부터 받은 계시와 그가 행한 설교를 646년에 제3대 칼리프 (calif)인 우스만(Usman ibn Affan)이 아라비아어의 메카 방언으로 집대성한 것임 모두 6,211아야 [局]. 30편 (編) 114스라 [章]. 원어 알 쿠란은 '독창(讀唱)하기 위한 것' 이라는 뜻.

코런덤 [영] corundum 〈광〉자연적으로 산출되는 강석(鋼石). 강옥(鋼玉). 강옥석. 그라인더(grinder)·연마재(研磨材)로 쓰임.

코럴 [영 choral] 독일에서 한 동안 불려졌던 찬미가.

코럴 [영 coral] ① 산호.
② 〈복〉 산호색.

코레스폰던스 [독 correspondense]
① 통신, 상업문.
② 〈경〉 지점이 없는 나라의 은행과의 어음거래. 코루레스라고도 함.

코레스폰턴트 [영 correspondent]
① 통신자. 통신원.
② 어음 거래선. 고루레스선.

코로나 [영 corona]
① 〈천〉 태양의 광관, 태양의 주위를 둘러싸는 희박한 가스.
② 〈종〉 그리스도교의 목사가 승의를 입을 때 머리에 쓰는 작은 환.

코로넷 [coronet] 귀족. 왕족의 의식 때 쓰는 작은 보관(寶冠).

코로보리 [영 corroboree] 오스트레일리아 원주민이 야간에 행하는 화려한 춤. 제사.

코로비용 컵 [Corbillon Cup] 세계 탁구 선수권 대회의 여자 단체 경기에서 우승한 국가에게 수여되는 컵으로 탁구 보급에 힘썼던 프랑스의 코로 비용이 기증한 컵이다.

코로포쿠루 [koropokkuru(아이누어)] 아이누 전설의 신. 아이누 이전의 선주민.

코루나 [koruna(체코)] 체코슬로바키아의 통화명.

코루레스 [영 correspondence] 코레스폰던스의 항 참조.

코르넷 [cornet] 금관악기의 하나.

코르덴 [일] [영] corded+velveteen 〈섬〉 우단(羽緞) 즉 천아융(天鵝絨)에서 온 '천'과 원어 코듀로이의 'cor~'를 합쳐 '고루뗑' 복이라고 사용해 온 일본 조어. 우리나라에선 '코르덴/골덴' 등으로 쓰임. → 코듀로이(corduroy).

코르사지 [프 corsage] 〈의상〉
① 가슴에서 허리 근처까지 내려오는 몸에 꼭 끼게 입는 부인용 속옷.
② 옷깃이나 가슴 등에 꽂는 소형 꽃다발을 안전핀으로 꽂는 여성용 액세서리.

코르셋 [corset → 일]
① 허리둘레의 모양을 내기 위하여 여자들이 몸을 졸라매는 데 쓰는 물건.
② 정형외과용의 치료 기구의 하나.

코르시카 섬 (Corsica I.) 〈지〉 지중해 서북쪽에 있는 프랑스(France) 령의 섬.

코르위붕겐 [chorubungen] 성악의 초보. 연습수집.

코르크스크루 [corkscrew]
① (병의) 코르크 마개뽑이.
② (Corkscrew) 나선(루프)형의 세트코스터.

코르티손 [cortisone] 항염증제(항알레르기제로 사용).

코리아 (Korea/韓國/대한민국(大韓民國)/Republic of Korea) 〈국〉 1945년 8월 15일 일본의 무조건 항복으로 해방되었으나 얄타(Yalta) 협정에 의해 북위 38°선을 두고 국토가 남북으로 양분됨. 남한(South Korea, 南韓) 한국전쟁(1950~1953) 뒤부터는 휴전선(DMZ) 이남·이북으로 절단됨. 약칭 ROK. 수도는 서울(Seoul). (→) 서울.

코마 [영 coma] 렌즈의 광축에 대하여 비낌으로 입사한 빛에 의해 구면상의 확상 상태를 말함. 이렇게 하면 일점이 되어야 할 광선이 초점이 흐려져 혜성모양으로 흩어져 보인다. 〈의학〉 혼수상태.

코만도 [commando] 게릴라 부대원. 특공대원.

코만치 [comanche] 북아메리카 인디안의 한 부족.

코맨드 [영 command] 명령, 사령, 지휘한다는 뜻이지만 컴퓨터가 관리하는 직장에서는 작업의 지휘권을 가진 섹션을 말한다.

코머도 [commodore] 함대 사령관, 해군 준장. 제독(경칭으로) 선대(船隊)의 향도선.

코머 사(絲) [영]combed yarn 〈섬〉 정소면기를 거쳐서 된 실(주로 면사인 경우에 사용됨) 코머(comber)에서 온 말.

코메디 렐리프 [comedy relief] 〈연예〉 영화에서 긴장감을 늦추기 위하여 우스운 장면을 넣는 것.

코메콘 [영] COMECON 동구(東歐) 경제 상호 원조 회의. 소련을 중심으로 하는 경제 협력 기구. Council for Mutal Economic Assistance의 약칭. 1949년에 설치. 서구(西歐)의 이이시

ㅋ

(EEC)에 대항하는 기관임.

코멘타르 [독 Kommentar] 주석, 특히, 법률의 주해.

코멘테이터 [commentator] 뉴스 해설자.

코멧 [comet] 〈천문〉살별, 혜성(彗星). 영국해외수송회사(BOAC)가 최초에 사용한 제트기.

코모도 [이 commodo] 〈음〉완만하게 연출하다.

코모디티 [영 commodity] 일용품, 상품.

코모도 [commodo] 〈음악〉쉽게. 완만하게. 연주하다.

코모로 (Comoros/Republic of Comoros) 〈국〉아프리카 동해안, 인도양의 마다가스카르 섬(Madagascar I.) 서북쪽에 있는 코모로 제도(Comoro Is.)로 이루어진 공화국. 프랑스어 표기로는 코모르(Comores). 1843년 마요트 섬(Mayotte I.)이 프랑스령이 되면서 1886년 모든 섬들이 프랑스의 지배 아래 들어갔다가 1975년 독립. 1977년 이슬람 공화국 선포. 수도는 모로니(Moroni). (→) 모로니.

코뮤니온 [communion]
① 〈기독교〉성찬식.
② 사상의 교환.
③ 종교단체.

코뮤니케 [프 > 영 communique] [도 Kommuniqe] [러 Kommyunike] 〈정〉국가의 성명서. 국제회의 등의 경과에 대해서의 공식 발표. 정부의 공식 보도.

코뮤널리즘 [영 communalism] 지방자치주의.

코미쇼너 [영 commissioner]
① 권한을 부여받은 위원.
② 〈애〉 프로에서 리그간의 통제를 하는 최고기관.

코미스코 [영 COMISCO] 〈정〉국제 사회주의자 회의 위원회. committee of the International Socialist Conference의 약.

코미컬 [영 comical] 희극풍의.

코믹 오페라 [comic opera] 〈음악〉희가극. 뮤지컬 코메디.

코민테룬 [komintern] 〈사〉 Kommunistische Internationale의 약자. 각국 공산당의 국제조직으로, 제3인터라고 하며, 1919년에 레닌의 지도하에 각국의 공산주의자와 사회주의자가 조직하였으나 1943년에 해산하였다.

코민포룸 [영 cominform] Communist Information Bureau의 머리부의 약. 공산당 국제정보국. 1947년에 각국 공산당의 활동, 연락, 정보, 상호비판을 위해서 설립하였으나 1956년에 해산하였다.

코밍 울 [영] combing wool 〈섬〉코머(comber)에 걸 수 있는 고급 양모.

코발트 [독 kobalt]
① 〈화〉니켈과 비슷한 금속원소의 하나, 기호 Co.
② 하늘색, 엷은 군청색.

코발트 그린 [cobalt green] ① 녹색.
② 아연과 코발트와의 산화물.
③ 녹색의 안료.

코발트 블루 [cobalt blue] 〈화학〉코발트 청(青).

코발트 옐로 [cobalt yellow] 〈화학〉황색의 안료.

코브라 트위스트 [cobra twist] 〈레슬링〉선 자세로 팔다리를 꼬아 뒤트는 기술.

코빌론 컵 [corvillon cup] 〈탁〉여자 세계 선수권자에게 주어지는 우승배.

코사인 [영 cosine] 〈수〉저변의 길이를 빗변(사변)의 길이로 나눈 수.

코사크 [cossack] 러시아 카자흐 사람을 일컫는 말.

코삭 [영 cossack]
① 러시아 민족의 하나. 터키계 유목민과 슬라브의 혼혈. 기병대로서 용맹.
② 〈복〉코삭 민족의 복장, 그 모양을 단 남녀의 복장.

코셔 마거린 [미] kosher margarine
〈식품〉식물성 지방만으로 만든 마거린.

코션 [caution] 주의. 용의. ▷ 도로 표지에 흔히 볼 수 있다.

코스 [영 course] ① 진로, 도정.
② 경쟁로. ③ 수로, 방침.
④ 과정. ~오브스터디(~of study) 학습지도 요령. ~넘버(~number) 〈경〉육상 또는 수상 경기의 주로에 붙여진 번호. ~라인(~line) 경주로나 경연장에 그어진 각 선수의 진로. ~로프(~rope) 수영경기에서 각 선수의 코스를 구분하는 수상에 띄워 놓은 줄.

코스렛 [영 corselet] 〈복〉콜셋과 브라저가 접합되어 있는 하의.

코스메톨로지 [영 cosmetology] 〈용〉 미용의 이론, 지식. 기술 등을 가르치는 학문.

코스메틱 [영 cosmetic] 정발용의 단단한 막대모양의 포마드.

코스모너트 [영 cosmonaut]우주비행사.

코스모스 [영 cosmos] ① 우주.
② 〈식〉국화과의1년초.
③ 소련의 관측위성의 명칭.

코스모트론 [cosmotron] 〈물리〉 1952년에 완성된 미국의 원자핵 파괴 장치.

코스모폴리타니즘 [cosmopolitanism 영] 세계주의. 세계적인 생각을 갖는 사람.

코스모폴리탄 [영 cosmopolitan]
① 세계인, 국제인.

② 국가, 민족을 초월해서 세계주의를 주장하는 사람.

코스몰로지 [영 cosmology] 우주론.

코스믹 레이 [영] cosmic ray(s)
〈물〉우주선. 지구 밖에서 끊임없이 지구에 쏟아지는 투과력(透過力)이 큰 자연계의 고(高)에너지 입자. 현재 1차선·2차선의 두 종류가 알려져 있음.

코스타리카 (Costa Rica/Republic of Costa Rica) 〈국〉중앙 아메리카 남부의 공화국. 나라 이름은 에스파냐어로 '풍요한 해안' 이라는 뜻. 1502년 콜롬버스가 발견, 1530년 에스파냐의 식민지. 1822년 멕시코 제국 (Mexico 帝國)에 병합, 중앙 아메리카 연방의 일원을 거쳐 1948년 완전 독립, 공화국이 됨. 수도는 산호세(San Jose). (→) 산호세

코스튬 주얼 [costume jewel] 귀금속 장신구.

코스트 [영 coast]해안 연안. ~가드(~ guard) 수상경찰.

코스트 [영 cost]
① 원가, 실비, 생산원가. ② 비용.

코스트 다운 [인 cost down] [영 reductionof cost] 〈경〉원가 절하. 합리화에 의해서 생산 원가를 절하하는 것.

코스트 리그 [coast league] 〈체육〉 미국 태평양 연안에 있는 직업 야구단으로 조직된 리그.

코스트 인플레이션 [일← cost inflation] 〈경제〉생산 요소(生産要素) (노동력이나 원재료)의 코스트의 상승에 의한 인플레이션.

코스트 퍼 사우전드 [영] cost per-thousand 〈광고〉광고 효과의 경비 효율(經費效率). 광고 대상자 1,000명당 또는 1,000가구당 필요 경비.

코스트 푸시 [영] cost push 〈경〉원가 상승에 의한 경영 압박. 생산 원가

ㅋ

를 상승시키는 경영에의 압력.

코시안 [Kosian] Korean - Asian의 합성어, 동남아 여성과 한국 남자 사이에서 출생한 자녀.

코시컨트 [cosecant] 〈수학〉 삼각 함수의 하나.

코어 [core] ① 핵(核)
② 사물의 중심부.
③ 〈교육〉 공통 필수 과정.
④ 자동차의 방열기.
⑤ 자모.
⑥ 〈전기〉 철심(변압기 등의 중심에 철을 넣은 것)
⑦ 보링(boring)이나 작은 구멍 뚫는 도구로 얻어진 지층이나 그 밖의 물건의 견본(표본).

코에듀케이션 [coeducation] 〈교육〉 남녀 공학.

코에드 [co-ed] 남녀공학을 하는 대학의 여학생.

코에피션트 [coefficient] 〈수학〉 계수(係數).

코오퍼러티브 시스템 [cooperative system] 〈교육〉 학교 학습과 실습을 잘 조화시키는 방법.

코와플 [coiffure] ① 이발.
② 머리형.   ③ 모자, 쓰는 것.

코이네 [그 Koine > 영 Koine] 〈언〉 기원전 4~5세기 무렵에 형성되어 고대 지중해 일대에 공통어로 사용되었으며 그리스어의 근원을 이루고 있는 언어. 당시 선진 문화를 향유하고 있던 아테네 지방의 아티카 방언을 근간으로 하고 산문(散文)에서 우수한 이오니아 방언을 추가하여 만든 공통어가 이 코이네임. 신약 성서.

코이닝 [coining] 〈공업〉 주조. 화폐 만들기.

코이터스 [영 coitus] 성교, 남녀의 교재.

코이프 [coip] 멀티미디어 데이터 전송의 표준.

코인 로커 [coin locker] 역 등에 있는 수화물용 보관함. 동전을 구멍에 넣으면 자동적으로 사용할 수 있음.

코일 [coil] ① 〈물리〉 권선(券線).
② 나사모양으로 원형으로 여러 번 감은 물건.

코올 사인 [call-sign] 방송국의 호출 기호. HLKA따위. Call은 '부르다. 방문(訪門)'이며, 경제 용어로는 단기 융자를 말함. 콜 론(call loan)은 언제든지 요구할 적에는 곧 돌려 줄 약속으로 유가 증권을 담보로 하여 꾸어 주는 것.

코작 [러 kozak] 러시아 카자흐지방에서 나는 (Kazah) 말. 또는 사람.

코즈믹 [cosmic] ① 우주의, 우주적인.
② 신비스럽고 넋을 잃은 듯한.

코커스 [Caucus] 미국 전당대회에서 보낼 대의원을 선출할 주(州) 당원대회를 말한다.

코처 [coacher] 〈야구〉 공격측의 1루와 3루 옆에서 주자에 대하여 주의 주는 사람. 코치와 다름.

코처스 복스 [영] coacher's box 〈야〉 1루 또는 3루의 코치가 타자(打者)나 주자(走者)에게 지시를 하는 장소. 코치스 복스(coach's box)라고도 함. [coachers line]

코츠월드 [cotswold] 〈축산〉 영국산의 크고 털이 긴 양.

코친 [Cochin] 중국 북부 원산인 육용 닭. 유럽에 수입되었을 때 고친차이나 산으로 오인되어 이런 이름을 붙임.

코칭 스티치 [couching stich] 〈복〉 실을 모양대로 놓고 그 위로부터 다른 실로 고정하는 바느질 방법.

코카 [영 coca] 〈식〉 남미산의 저목(樗木)으로 그 잎에서 코카인을 얻을 수 있다.

코카콜로니제이션 [영 coca colonization] 제2차 세계 대전후의 전 세계의 코카콜라의 보급으로부터 식민지화를 풍자한 말.

코케트 [coquet] 사랑을 가장하고 남자를 유혹하는 요부.

코케트리 [coquetry] 교태, 요염함.

코케티시 [coquettish] 요염한. 남자를 사로잡는. 선정적인 색정적인.

코켓 [coquet] 가지고 놀다. 농락하다.

코콤 [영 COCOM] Coordinating Committee fox Export Control의 약. 〈정〉대 공산권 수출 통제위원회. 자유제국의 대소련 제국에 대한 수출을 통제하여 조정하는 비공식 위원회. 1951년 파리에 설치되었다.

코크 [cock] 수탉 모양의 풍향계(風向計)

코크니 [cockney] ① 런던 토박이. ② 런던 사투리.

코코스 [독 Koks] 석탄을 건류하여 휘발분을 제한 함탄소의 회색을 띤 고체. 골탄.

코킬 [프 > 영 coquille] 〈식〉대합 조개 속에 고기·새우·게 등을 찐 것.

코킹 [coking] 〈항공〉그을음. 덮임.

코트디부아르 (Republique de Cote d' Ivoire) 〈국〉기니 만(Guinea B.) 연안의 서부에 있는 공화국. 1958년 자치 공화국이 되었고, 1960년에 독립. 수도는 아비장(Abidjan). (→) 아비장.

코트라 [KOTRA] 대한 무역 진흥 공사.

코트 룰 [court rule] 〈테니스〉시합을 진행시키기 위하여 임시로 정한 규약.

코트 매너 [court manner] 〈체육〉경기장의 예절. ¶~가 좋다.

코트 하우스 [court house] 정원이 달린 주택.

코튼 [영 cotton] ① 면화, 금사, 목면.
② 카탄사.
③ 커톤지.　~이탈리안(~Italian) 〈복〉이탈리아 면포.

코티 [cotyqnf] 〈용〉프랑스의 유명한 화장품 회사. 향수가 특히 알려져 있다.

코티드렌즈 [영 coated lens] 얇은 막을 입힌 렌즈.

코티 울 [영] cotty wool 〈섬〉양의 몸에 딱딱하게 얽힌 양모.

코티지 [cottage] 교외의. 소주택. 신장.

코틴 [cortin] 〈생물〉부신선(副腎腺) 피질에서 나는 호르몬.

코팅 [coating] 덮음, 입힘, 씌움. 렌즈의 표면을 10만분의 15밀리 정도의 두께로 불화칼슘이나 불화마그네슘으로 덮는 것.

코팅 [영 coating] ① 〈복〉상의의 포지 ② 〈건〉도료, 벽 등의 초벌칠. ③ 튀김에 쓰이는 가루.

코퍼레이션 [corporation]
① 사단법인
② 유한 회사, 주식회사. ▷ 보통 거대한 것을 가리킴.

코퍼레이션 [cooperation] 협력.

코퍼레이트 아이덴티티 [영] cooperate-identity 〈광고〉기업이 자사(自社)의 특성을 시각적으로 대중에게 인지시키기 위해 창출(創出)한 표시. 심벌 마크(symbol mark), 로고타입 (logatype), 코퍼레이트 컬러(cooperate color) 등이 대표적인 것임.

코퍼레이티브 시스템 / 코퍼러티브 시스팀 [영] cooperative system 〈교〉산학 협동(産學協同). 학교와 기업이 연계해서 행하는 협동 관계.

코페르니쿠스 (Nicolaus Copernicus, 1473~1543) 〈인〉폴란드의 천문학자.

코페카 [kopeikafj] 소련의 화폐단위. 루블의 100분의 1.

473

코펜하겐 (Copenhagen) 〈지〉 덴마크 왕국(Kingdom of Denmark)의 수도. 덴마크어로는 쾨븐하븐(Kobenhavn). 질란드 섬(Zealand I./ [덴] Siaeland I.) 동쪽 기슭에 있는 북유럽 제일의 도시. 도시 이름은 '상항(商港)' 이란 뜻. 1443년 덴마크 왕국의 수도가 되어 오늘에 이름. (→) 덴마크.

코펠 [독 kocher] 등산용 조립식 그릇.

코포레이트 이미지 [corporate image 영] 기업이미지.

코프 [cope] ① 어깨에 걸치는 옷. ② 〈건축〉 담 위에 얹은 층.

코프라 [영 copra] 야자 열매의 배유를 건조한 것. 야자유나 비누의 원료.

코프시럽 [cough sirup] 기침이나 가래가 나는데 먹는 달콤한 물약.

코핀 블레이크 [coffin blake] 노를 만드는 법의 일종.

코헬 [독 kocher] 등산용 식사 도구, 한 벌.

콕싱 [coaxing] 설득, 유혹.

콘 [영 corn] ① 곡물. ② 옥수수. ~스타치(~starch) 옥수수의 전분. ~스노(~snow) 〈스키〉압시러, 싸래기 눈.

콘 [영] cone 아이스크림을 담는 과자 용기. 〈섬〉목관 또는 지관 등에 실을 원추상으로 감은 것.

콘덕터 [conductor] ① 〈음악〉 지휘자. ② 〈전기〉 전도체.

콘덕트 [conduct] (합창을) 지휘하다. ¶~하다.

콘덴서 스피커 [condenser speaker] 얇고 가벼운 평판(平版)형의 진동판을 전면 구동시키는 스피커(확성기)형의 스피커와는 맛이 좀 다른 음색을 가짐).

콘도루 [영 condor] 〈동〉남미산의 대머리 독수리.

콘도미니엄 [라 > 영 condominium] 호텔식 공동 별장. 분양 맨션(mansion) 공동 관리 고급 아파트. 라틴어로 '공동 통치'의 뜻으로 온 말. 숙박 시설의 새 경영 수법의 하나로 유럽에서 비롯됨. 기본 패턴은 호텔을 객실 단위로 분양, 구입자는 자기가 사용하지 않는 기간중 관리 회사에 객실의 관리・운영을 위탁하고 임대료로 수입의 일부를 받음.

콘돔 [condom] 고무로 만든 남자의 성교육의 산아제한용의 색(sack).

콘드로이틴 [condroitin] 〈생화학〉카틸레지에 들어있는 찐득찐득한 질소성 다염기산.

콘밀 [corn meal] 맷돌로 간 옥수수.

콘베이어 [conveyer] 〈농업〉 운반장치(기).

콘벤셔날리즘 [conventionalism] 인습 존중주의.

콘벤션 [convention] 인습. 관례.

콘보이 [convoy] 호위. 호송함(艦).

콘브리오 [이 conbrio] 〈음악〉 기운차게.

콘 비프 [corn(ed)beef] 소금, 초석, 향미료를 섞어 열기로 살균한 쇠고기.

콘서트 [concert] 연주회.

콘서트 그랜드 [concert grand] 〈음악〉 연주회에 쓰이는 가장 큰 피아노.

콘서트 마스터 [concert master] 〈음악〉관현악의 제1바이올린의 수석 주자.

콘서티나 [concertina] 〈음악〉 6각형의 손풍금.

콘설레이션 [consolation] 〈체육〉 ① 패자 부활전. ② 올림픽의 경기(競技)에서 결승전에 못 올라간 선수의 9~16위 간의 결정전. ▷ 본래의 뜻은 위로(慰勞).

콘센트 [concent/consent] 〈전〉 전기 삽입 기구. 전기 꽂개. 기우개. 영국에서 outlet play scoket, 미국에선 play receptacle.

콘셉션 [라 > 프 > 영 conception]
① 수태. 임신.
② 개념. 관념.   ③ 착상.

콘셉트 [영] concept 〈광고〉 일반적으로는 '개념'의 뜻. 광고에서는 테마로서 무엇을 호소하고 주장하는가 하는 광고 표현을 위한 기본적인 생각.

콘셋 [Quonset(hut)] 반원형(半圓形)의 간이 병사(兵舍).

콘소난스 [consonance] 〈음악〉 협화음.

콘소넌트 [영 consonant] ① 자음.
② 일치하다, 합의하다.

콘소메 [프 consomme] 맑게 끓인 고기 국물.

콘소시엄 [Consortium] 개도국의 누적된 채무를 구제하고 새로운 경제 개발을 추진하기 위한 원조의 협의를 목적으로 한 관계국과 국제기관의 모임으로 '채권국 회의'라고도 한다.

콘 스노 [corn snow] 〈스키〉 싸락눈.

콘스타치 [cornstarch] 옥수수의 녹말.

콘스턴트 [영 constant] ① 불변, 부단.
② 〈수〉 정수.

콘시퀀트 [consequient] 〈음악〉 취주곡 중의 취주부. 결과, 필연.

콘써트 [concert] 연주회

콘체르토 [이 > concerto 영] 〈음〉 협주곡. 독주악과 관현악과의 합주곡. 3또는 4악장.

콘체른 [독] Konzern 〈경〉 기업 연계. 기업 통일 연합체. 재벌 독점의 기업 결합 조직. 형식상으로는 독립한 여러 기업이 하나의 대자본에 의해 한 그룹으로 통합되는 조직 형태. 금융적 방법에 의한 기업 집중의 형태이며 독점의 최고 형태임.

콘크리트 사이언스 [concrete science] 형이하학(形而下學).

콘크리트 코트 [concrete court] 〈테니스〉 표면을 콘크리트로 포장한 코트.

콘타노 [이 contano] 〈음악〉 합주곡 중 한 악기를 오래 쉬게 하는 일.

콘택스 [독 contax] 독일의 쓰아이회사의 콘택스형 카메라, 상품명.

콘택트 [contact] 〈전기〉 혼신 접촉.

콘테 [프 conte] 〈미〉 크레용의 일종으로 연필보다도 농도를 표현하기 쉬우며 목탄과 연필의 중간의 것. 프랑스인 콘테의 발명이다.

콘테사 [이 contessa] ① 백작부인.
② 일본국 자동차의 상품명.

콘테이너 시스템 [container system] 〈경제〉 화물을 일일이 배가 기차에 싣고 부리는 것이 아니라 적재소에서 처음부터 경금속 상자(콘테이너)에 넣어 그 상자를 차가 끌어다 싣거나 부리는 시스템.

콘텍스트 [context]
① 문맥. 문장의 전후 관계.
② 배경. 사건 등의 환경.

콘텐츠 [contents] ① 알맹이 내용.
② (출판에서) 목차.   ③ 용적(容積).

콘텐트 노트 [contents note] 〈도서관〉 내용 주기(註記).

콘트라베이스 [contrabass] 바이올린 종류 중 가장 낮은 음의 악기.

콘트라스트 [contrast] ① 대비(對比).
② 〈의상〉색, 명암, 모양, 선 등의 대조.

콘트랄토 [이 contralto] 〈음악〉 알토. 소프라노와 테노의 중간선. 여성의 음성, 그의 가수. ▷ 여성의 가장 낮은 노래 목소리.

콘트롤 [control] ① 지배. 조절

ㅋ

②〈체육〉공을 조절함.

콘티 [영] continuity〈영·텔·광고〉영화의 촬영 대본. 텔레비전 CM의 대본. 콘티뉴이티(continuity)의 준말. → 콘티뉴이티 영화대본. 방송대본.

콘티넨탈 스타일 [영] continental style〈복〉유럽 대륙풍의 복장. 신사복에서 어깨의 선을 온화하게, 가슴에 양감(量感)을 갖게 하고, 저고리는 짧게, 바지는 홀쭉하게 한 형. 프랑스를 중심으로 유행했었음. 영·미식에 대응해서 이르는 말.

콘티넨탈 저크 [continental jerk]〈역도〉몇 차례의 순서를 거쳐서 어깨까지 바벨을 들어 올리는 동작.

콘티넨탈 탱고 [영] continental tango〈음〉아프리카 흑인의 무용 리듬에 기원을 두고 유럽, 특히 프랑스·이탈리아·독일에서 발달한 탱고. '라파로마' '꿈의 탱고' '포에마' 등이 대표적임. ↔ 아르헨티나 탱고(Argentina tango).

콘티뉴이티 [라 > 프 > 영 continuity]
① 연속. 계속.
②〈영·텔〉촬영 대본. 방송 대본.
③〈광고〉TV CM의 표현의 기본이 되는 대본. 토막으로 잘려 그림으로 그려진 것을 그림 콘티, 연출가에 의해 배우의 움직임이나 카메라 앵글까지도 쓰여진 것을 연출 콘티라 부름 준말로 콘티(conti).

콘퍼런스 [conference] ① 협의. 회의.
②〈경제〉해운 동맹. 경기연맹.

콘페시오 [라 confessio]〈그〉
① 신앙 고백. 고해.
② 순교자의 묘. 묘위에 건립한 제대(祭臺), 그 묘를 간직하고 있는 지하실, 순교자의 유해를 안치해 둔 장소, 성석(星石) 등.

콘포미즘 [conformism] 공식주의. 획일주의.

콘 플라워 [영] corn flour〈식품〉옥수수로 만든 정제 녹말.

콘플레이크스 [conflakes] 옥수수 가루로 얇게 만든 식품.

콘푸우코 [이 con fuoco]〈음악〉열정적. 열렬히.

콜 [영] call loan/call money〈경〉콜 론(call loan) / 콜 머니(call money)의 준말. 단자(短資) 대출. 금융 기관이나 증권 회사 상호간의 단기 대부(短期貸付)·차입. '부르면 대답한다'는 식으로 극히 단기로 회수할 수 있는 대출이기 때문에 '콜' 이라는 명칭이 생겼음.

콜 [영 call] ①〈경〉단기 융자.
② 소집. ③ 방문. ④ 요구.
⑤ 트럼프의 표찰청구.
~걸(girl) 전화로 불러내는 밤의 여인. ~사인(~sign)〈방〉방송국의 호칭기호. 예를 들면 HLKA.

콜 [영 call] ① 부르다. ② 외치다.
③ 이름 붙이다. ~브로커(~broker)〈경〉금융기관의 사이에서 단기 융자의 수수를 중개하는 단기 자금업자.

콜 [영 col]〈등〉산의 안장부, 산 밑이 낮아진 부분.

콜넷 [영 cornet]〈음〉금관취주악기, 취구는 가늘고 긴 관으로 트럼펫에 비하면 밝은 음을 낸다.

콜 드 바레 [프 corps de ballet] 발레의 군무.

콜드 비프 [cold beef] 버터를 바른 쇠고기 덩어리를 오븐에 구어낸 요리.

콜드 워 [cold war] 냉전(직접 무력 행사는 않고, 간접적으로 전쟁 상태에 있는 국가간의 대립).

콜드 체인 [cold chain=cc]저온·냉동 유통 기구(생산·신선 식품 등을 저온·냉동 설비를 갖추고 생산지에서 소비자에게 수송 유통하는 시스템).

콜드 컬러 [cold color] 〈미술〉청, 자, 녹색 등 찬 감각을 주는 색.

콜드 파마 [cold permanent] 〈미용〉 전기를 쓰지 않고 약품만으로 하는 파마.

콜드 포크 [cold pork] 간하여 찐 고기에 야채 양념을 하여 얼음을 넣은 요리.

콜라 [cola] 벽오동과에 속한 식물. ▷ 아프리카산 식물.

콜라주 [프 collage > 영] 〈미〉 추상적 화면 구성. 화면에 신문 오려낸 것, 광고의 단편, 철사·머리털·나뭇잎 등을 바르고 붙이는 것. 입체파·다다이슴(dadaisme)·쉬르레알리슴(surrealisme = 초현실주의)의 작가가 창시한 수법.

콜러서스 [colossus] 큰 코끼리.

콜럼비아 [Columbia Plymouth Rock] 닭의 종류.

콜 레뇨 [이 col legno] 〈음악〉 바이올린 등의 현악기에서 활의 등으로 줄을 두드리는 것.

콜레스테롤 [cholesterol] 〈생화학〉 뇌·신경조직·장기·담즙에 함유된 지방질(혈액 중에 이 양이 늘어나면 동맥 경화가 됨).

콜레스테린 [독 cholesterin] 〈의〉기름이나 계란의 노른자위 등에 함유되는 유지물.

콜 레이트 [call rate] 〈경제〉 콜 시장에서 거래되는 자금의 이율.

콜레인 [cholane] 〈생화학〉 수정 비슷한 탄화수소.

콜렉션 [collection] 수집.

콜렉터 [collector] 수집가.

콜로누스 [colonus] 〈역사〉로마 제국 후기의 소작인.

콜로니 [colony] ① 식민지.
② 식물의 군락.
③ 곤란한 생활인들의 집단 거주지.

콜로니얼 [영 colonial] ① 식민지의.
② 〈복〉 17,8세기의 영국 식민지에서 입던 복장으로 특히 퀘카교도의 복장.

콜로니얼리즘 [영 colonialism] 식민지주의.

콜로디언 [영 collodion] 〈화〉초산섬유소의 용액. 물건에 바르면 막상이 된다. 의료나 사진에 사용한다.

콜로라투라 소프라노 [라 > 이] > 영 coloratura soprano 〈음〉 고음부(高音部)를 서정적으로 기교를 구사하여 부르는 소프라노 가수. (→) 콜로라투라(coloratura).

콜로서스 [영 colossus] 거대한 조각상.

콜로세움 [그 > 라·영 colosseum > 독 Kolosseum] 〈고〉야외 원형극장. 로마에 있는 투기장(鬪技場). 원래 명칭은 플라비우스. 원형 극장(Amphiheatrum Flavianum)인데 근처에 네로(Nero) 황제(재위 54~68)의 거상(巨像) 곧 콜로수스(colossus)가 있었음에서 이 명칭이 유래함. 초대교회의 박해 때 많은 그리스도 교인들이 여기서 살해됨.

콜로이드 [colloid] 〈화학〉 아교질.

콜로타입 [영 collotype] 〈인〉 유리판에 사진을 구워 붙여 인쇄하는 방법.

콜론 [영 colon]
① 구두점의 하나로 2 중점(:)표.
② 알제리아의 식민지.

콜론 [영] call loan 〈경〉 단자(短資) 대출. 콜 머니(call money). 준말로 콜(call). → 콜.

콜롬빈 [영 colombin] 〈동〉 들 비둘기.

콜롬보(계획) [Colombo 計劃] 동남아 경제 개발 6개년 계획. 1960년 실론 콜롬보에서 열린 영연방 외상회의

477

ㅋ

에서 제안됨.

콜롬보 (Colombo) 〈지〉 스리랑카 (Democratic Socialist Republic of Sri Lanks)의 수도. 인도양에 면하는 켈라니 강(Kelani R.)의 하구에 있는 인공 항구 도시. 1517년 포르투갈인이 창설, 콜럼버스(Christopher Columbus)의 이름에서 따온 것이 항구명이 됨. Columbus로도 표기함. (→) 스리랑카.

콜롬비아 (Colombia/Republic of Colombia) [국] 남아메리카 서북부에 있는 공화국, 1502년 콜럼버스가 발견, 1536년 이래 에스파냐령, 1819년 독립하여 베네수엘라(Venezuela)·에콰도르(Ecuador)·파나마(Panama) 등과 함께 대(大)콜롬비아 공화국 수립. 각국 이탈 뒤엔 뉴 그라나다(New Granada)가 되었고, 1861년 콜롬비아 통합국, 1886년 공화국이 됨. 수도는 보고타(Bogota). (→) 보고타.

콜리 [collie] 양을 지키는 스코틀랜드 원산인 개.

콜리시엄 [coliseum] 체육관. 경기장.

콜리어 [영 collier]
① 탄갱부.　② 석탄선.

콜리우드 식(式) 빵 가공법(加工法) [영] Chorleywood bread process 〈식품〉빵을 제조할 때 반죽을 만드는 방법의 하나.

콜리전 [영 collision] 충돌, 불화.

콜린 [choline] 〈생화학〉동식물에 들어 있는 유해성 수정기로 간의 기능에 필요한 비타민 B임.

콜사인 [call sign]무전 방송소의 전파 호출의 부호.

콜사지 [corsage] 〈복〉부인의 상반신. 부인복의 상반신 부분.

콜사코프(씨병) [korsakowsche psychose] 〈의〉일종의 정신병. 알콜중독 등으로 기억을 잃어 판단력이 약하고 거짓말을 잘한다. 러시아의 의사 콜사코프가 발견.

콜셋 [영 corset]
① 부인의 하의의 일종으로 허리의 모양을 정돈하기 위해 허리의 주변을 단단하게 죄어서 외형을 정돈하는 것.
② 정형외과에서 환부를 고정하여 안정을 유지하기 위한 틀.

콜시그날[call signal] 〈통신〉호출 신호.

콜 와이어 [call wire] 〈전기〉호출선.

콜 커터 [call cutter] 〈기계〉석탄을 파내는 기계.

콜크보드 [cork board] 천정판의 일종.

콜타르 [coal tar] 석탄을 건류하여 개스를 만들 때 생기는 검고 진득 진득한 물건. 도로 포장에 사용함.

콜터 [coulter] 〈농업〉보습 끝의 날.

콜텐 [corded velvet 의 화제어] 콜천, 양복지.

콜트 [영 colt] 미국제의 자동회전 6연 발총.

콜호즈 [kolkhoz] 집단 농장. 국가에서 토지의 대여를 받아 경작기계, 건물 등은 조합에서 소유하여 공동경영을 하는 농장.

콤바인 [combine] 〈기계〉배거나 탈곡 등 합성식 수확기. → 컴바인.

컴비 [combination]
① 〈연예〉좋은 짝. ② 〈의상〉짝맞음.

콤비나트 [러 kombinat] 〈경제〉기업 집단, 결합 생산(관련이 있는 여러 가지 생산 부문을 지역적으로 결합시킨 것). ▷ 본래의 뜻은 결합.

콤비낫 [러 kombinat] 기업진단. 결합 생산의 경우, 관련 기업전체를 통일 결합하여 경비를 절약하고 생산비를 낮추는 조직. 구소련의 기업결합 방식에서 발생하였다.

콤비네이션 [combination] ① 결합.
② 아래위가 붙은 속샤쓰.
③ 〈수학〉 조합.
④ 〈연극〉 배역의 짝.

콤비네이션 스토어 [영] combination store 〈유〉 식품과 비식품을 조합한 업태.

콤 웨이브 [comb wave] 〈미용〉 물결 모양으로 빗어낸 것.

콤파트먼트 [compartment]
① 칸. 격실.
② 기차칸을 막는 방.
③ 간막은 선실(船室).

콤팩트 [compact]
① 덩어리로 구운 백분(白粉).
② 분을 넣어두는 거울이 달린 화장기구.

콤팩트-디스크 [compact disk] 레이저 광선을 이용하여 음성을 원음에 가깝게 재생하는 조그마한 음반이나 저장판. = 시디(CD).

콤퍼레이터 [comparator] 〈물리〉 비교 측정기.

콤퍼스팅 [composting] (도시의 쓰레기 처리에 이용되는) 음식 찌꺼기나 젖은 쓰레기 등을 분해시켜 퇴비를 만드는 일.

콤포지션 [composition] ① 구성.
② 작문. ③ 〈미술〉 구상. ④ 작곡.

콤포터블 [comportable] 마음 편한, 부자유가 없는, 쾌적한.

콤포트 [프 compote]
① 사탕에 끓인 과실.
② 식후과실을 담은 접시.

콤프레스 [compress] 〈미용〉 찜질.

콤프리 [영 comfrey] 〈약〉 비타민 B_1 B_2를 포함한 약용식물.

콤플렉스 [영 complex] ① 복잡한.
② 〈심〉 열등감(인텔리오티 콤플렉스)

③ 강한 정서로 색깔진 기억의 무리.

콤플리트 [영 complete]
① 완전한, 전부의. ② 완성품.

콥 [영 kop] 유리제의 물그릇. 영서에서는 Cup.

콩가 [스 conga] 쿠바에서 카니발 때에 행진하면서 추는 춤.

콩고 (Congo/People's Republic of Congo) 〈국〉 중부 아프리카의 대서양 연안, 콩고 강(Congo R.) 하류 지역에 있는 인민 공화국. 1897년 프랑스의 지배 아래 들어가 1910년 프랑스령 적도(赤道) 아프리카(French Eq-uatorial Africa)가 됨. 1960년 프랑스 공동체 내에서 콩고 공화국으로 독립. 1969년 인민 공화국. 수도는 브라자빌(Brazzaville). (→) 브라자빌.

콩그레스 [congress] 대표자 회합. (Congress) 미국의 국회. 협의회.

콩글로 머친트 [영 conglo+merchant] 〈유〉 많은 서로 다른 업체의 소매점을 보유하고 더욱이 소매업 이외에도 다각화한 경영을 하는 기업.

콩글로메레이트 [conglomerate] 〈경제〉 복합 기업, 본래의 업종과 관계없는 업종의 기업을 닥치는 대로 매수 합병해서 급속하게 거대해지는 기업.

콩코드 [Concorde] 영, 불, 양국 항공계가 13년간 총 30억 달러를 투입. 공동 연구하여 제작한 초음속 여객기. 속도는 마하 2.2이며 69년 3월에 1호기의 시험비행에 성공. 본격 생산에 들어갔다. 현재는 운항중단 상태.

콩코스 [concourse]
① 공원의 중앙 광장.
② 정거장이나 비행장의 중앙홀.

콩크르드(광장) [concorde] 프랑스 파리시가 중심지 센 강 좌안(左岸)에 있는 광장.

ㅋ

콩트 [프 conte]
① 짧은 문학 작품, 장편(掌篇), 소화(小話)
② 풍자 넘치는 촌극.

콰이어트 존 [Quiet zone] 조용한 지역, 소음 금지 지역. ▷ 병원 근처.

콸라룸푸르 (Kuala Lumpur) 〈지〉 말레이시아 연방(聯邦) (Federation of Malaysia)의 수도. 말레이 반도(Malay Pen.) 서남부에 있음. (→) 말레이시아.

콸리티 [quality] ① 질, 특성.
② 지위, 신분. ③ X선의 침투력.
④ 훌륭한.

쾌이쾌이데 [중 快快的] 〈속어〉 빨리 빨리.

퀘커 [영 quaker] 〈종〉 그리스도교의 일파로서 프랜드회의 회원의 별칭. 조지 폭스(George Fox)의 개조(開祖)가 되는 것으로서 기도시에 떨리기 때문에 이와 같은 이름이 붙게 되었다. 1947년에 교파로서 노벨평화상을 받았다.

쿠냥 [중 姑娘] [ku-niang] 처녀, 젊은 여자. 걸(girl). 미스(Miss).

쿠데타 [프 coup d' etat] 〈정〉 군대나 폭력에 의한 정권 탈취 또는 권력의 붕괴를 기도하는 것.

쿠라린 [Curarin] 〈화학〉 식물성 독약의 하나.

쿠랑, 모리스 (Maurice Courant, 1865~1935) 〈인〉 프랑스 동양학자. 초대 주한 프랑스 부영사 겸 통역사 '조선서지(朝鮮書誌, Bibliographie Coreenne)'의 저자. 1890년 북경(北京)에서 서울로 전임, 약 21개월 근무. 1892년에 다시 북경으로 전임, 곧 프랑스로 귀국. 결혼 뒤 동경(東京)으로 전임, 그곳에서 위의 책을 출판했음.

쿠롤 [독 Chlor → 일] 〈화학〉 클로르. 염소(鹽素).

쿠르드 [kurd] 서아시아 쿠르드스탄에 사는 호전적인 유목인.

쿠르스 [포 curz] 십자형 십자가, 또는 십자형의 문장.

쿠르트르 [독 kurtur] 참조, 문화, 교양 → 궐추어.

쿠릴타이 [몽 khuriltai] 몽고 민족의 국회.

쿠마론 인덴 수지(樹脂) [영 cumarone-indene resin] 〈고무〉 고무 생배합에 사용되는 접착제.

쿠마리 [인 kumari] 구멍이 일곱인 인도의 악기.

쿠미스 [kumiss → 일] 사람이 말젖 또는 약대젖으로 빚은 타타르(Tartar) 우유술.

쿠바 (Cuba/Republic of Cuba) 〈국〉 중앙아메리카 서인도 제도 중 최대의 섬인 쿠바 섬(Cuba I.)과 그에 딸린 섬으로 이루어진 사회주의 국가, 1511년 에스파냐령. 1898년 미국·에스파냐 전쟁에서 승리한 미국의 지배를 받다가 1902년 독립하여 공화국 수립. 1961년 사회주의 혁명 선언. 수도는 아바나(Habana). (→) 아바나.

쿠바드 [프 couvade] 의만, 처의 출산에 남편이 바닥에 앉아서 분만의 고통을 연출하는 미개사회의 풍습.

쿠베르탱, 피에르 드 (Pierre de Coubertin, 1863~1937) 〈인〉 프랑스의 체육가. 올림픽을 부흥시킴.

쿠베스 [프 couveuse] 〈의〉 미숙아를 넣고 온도, 습도 등을 조절하여 키우는 용기.

쿠부 [kubu] 인도네시아 수마트라 섬에서 사는 인도네시아 종족.

쿠션 볼 [cushion ball] 〈야구〉 담에 맞고 튀어나오는 공.

쿠아하우스 [독 kurhaus] 종래의 온천

시설에 스포트 트레이닝 시설 등을 갖춘 다목적 온천 레저 시설.

쿠오·바디스 [라 quo vadis] 폴란드의 작가 시엔키에비치의 역사소설 이름. 주여, 어데로 가시나이까.

쿠웨이트 (Kuwait/State of Kuwait) 〈국〉 중동의 페르시아 만(Persia B.) 서북 귀퉁이에 있는 입헌 군주국. 터키의 지배 아래 있다가 1914년 영국 보호령을 거쳐 1961년 독립. 1963년 입헌 군주제 채택. 수도는 쿠웨이트 (Kuwait). (→) 〔지〕

쿠추리에 [couturier] 〈복〉 부인복을 만드는 남자의 재봉사.

쿠추리에루 [couturier] 부인의 양재사.

쿠·클룩스·클란 [KKK 團] 미국의 극우 비밀결사대. 1865년 결성 백인들의 우월성 유지와 흑인의 노예화 등을 강령으로 하여 테네시주에서 결성했다.

쿠키 [미 cooky] 영국의 비스킷에 해당됨.

쿠키 걸 [영 kookie girl] 순진하고 예쁜 아가씨.

쿠킹 [영 cooking] 요리, 조리. ~카드 (~card) 조리방법을 카드에 인쇄한 것. ~스쿨(~school) 요리학교 ~포일 (~foil) 요리용의 알루미늄의 상자.

쿠틴 [영 cutin] 〈식〉 식물의 수피를 덮는 쥐 모양의 물질.

쿠플렛 [프 coupliet] 〈음〉 선회곡으로 반복되는 주체의 사이에 다른 악상이 들어가는 것.

쿤닐링스 [영 cunnilingus] 남성이 여성의 성기를 입맞춤, 애무하는 것. 구강성교.

쿤스트 [독 kunst] 예술, 미술.
쿨 [영 cool] ① 신선한.
② 냉정한, 이지적인.
③ 〈음〉 얌전한 느낌의 재즈.

쿨 [독 kur] 〈의〉 치료기관의 단위로서 휴지 기간을 넣어서 반복해서 한다.

쿨락 [서 kulak] 러시아 농촌의 부농층.

쿨로왈 [프 couloir] 빙설에 뒤덮는 고랑으로 급사면이 많다.

쿨롬 [영 coulomb] 〈전〉 전기량의 단위로서 1암페어의 전류로 1초간에 운반하는 전기량. 발명자 콜롬.

쿨롯 [프 culotte] 〈의상〉 무릎까지 오는 바지(큘럿).

쿨롯 스커트 [프 culotte + 영 skirt] 〈의상〉 바지같이 생긴 스커트.

쿨롱 [프 coulomb] 전기량의 단위. 1암페아의 전류가 1초 동안에 도체의 단면을 지니는 양.

쿨리 [중 苦力] 중국의 하층 노동자.

쿨리 슈즈 [coolie shoes] 뒤축이 없는 구두.

쿨리 코트 [coolie coat] 〈의상〉 중국 옷 모양으로 소매가 두터운 실내복.

쿨링 [영 cooling] 냉각하는 것. ~시스템(~system) 〈기〉 냉각장치, 엔진의 과열이나 마찰을 공기로 냉각하는 것. ~다운(~down) 〈운〉 정리운동, 격심한 운동 후에 신체조절을 하기 위해서 가벼운 운동을 한다.

쿨 미디어 [Cool media] 정밀도가 낮은 정보, 완성도가 낮은 정보 매체를 말하며 라디오·신문 등이 이에 속한다.

쿨 스트립 [cool strip] 섭씨 900°이하의 온도에서 쇳덩이를 자동식으로 압연하는 고속도 압연기.

쿰비아 [영 cumbia] 〈음〉 남미의 콜롬비아의 라틴 리듬의 일종. 맘보와 바이온을 섞은 것과 같은 리듬.

쿼타 [영 quota] 〈경〉 수입품에 대하여 수량이나 가격을 제한하여 할당제로 하는 것.

ㅋ

쿼터 [영 quarter] ① 4분의 1. ② 15분. ③ 구역, 지역. ~쿼터데크(~deck) 후갑판. ~바인딩(~binding) 서물의 배혁. ~백(~back)〈경〉축구에서 포원드와 하프백과 중간에서 플레이하는 선수. ~파이널(~final)〈경〉준결승. ~마스터(~master) 나침반, 신호, 키 등을 관장하는 선원.

쿼터마스터 [quarter master] ① 배의 키, 나침반, 신호 등을 맡은 선원. ② 군대의 보급관.

쿼터 스윙 [quarter swing]〈골프〉스윙 때 클럽 머리를 어깨 높이 정도에서 그치며 치는 방법.

쿼터제 [quota system] ①〈경제〉수입 할당제(輸入割當制). ② 교육·고용에서 차별 철폐를 위해, 일정한 비율로 여성이나 흑인을 받아들이는 제도.

쿼터 턴즈 [quarter turns]〈춤〉$\frac{1}{4}$회전을 두 번한다는 뜻. 족형의 하나.

쿼털리 [영 quarterly] 1년에 4회의 정기간행물, 계간.

쿼테이션 [영 quotation] ① 인용, 인증. ②〈경〉시가. ~마크(~mark) 인용부(" ").

쿼텟 [quartet]〈음악〉4중창. 4중부. 4성부.

쿼트 [영 quart] 액체량의 단위. 1갤론의 4분의 1, 약 9.95리터. qt라고 약기한다.

퀄리티 [영 quality] ① 품질, 성질. ② 고급장치, 고급품. ~라이프(~life) 지적생활. ~페이퍼(~paper) 일류신문.

퀼팅 [quilting] ① 수예 기술의 하나. ② 심을 넣고 무늬를 두드리지게 짠 천.

퀘이커파 [Quaker] 17세의 영국의 조지 폭스가 창시한 개신파. 기독교의 일파로 기도나 예배 도중 몸 또는 목소리를 떤다고 해서 '퀘이커'로 불리우나 영어 정식 명칭은 Society of Friends이다.

퀴닉 학파(學派) [그 Kynikos > 라 > 도 Kyniker / Zyniker] [영 Cynics] [프 Cyniques]〈철〉견유 학파(犬儒學派). 사회적 습관·문화적 생활을 경멸하는 금욕주의 학파. 안티스테네스(Antisthenes)가 창시한 그리스 철학의 한 파. 시닉 학파(cynics)라고도 함.

퀴리, 이렌 졸리오 (Irene Joliot-Curie, 1897~1956)〈인〉프랑스의 물리학자. 남편과 공동으로 인공 방사능 발견. 1934년 부부가 함께 노벨 화학상 수상.

퀴리, 프레데릭 졸리오 (Frederic Joliot-Curie, 1900~1958)〈인〉프랑스의 물리학자. 퀴리 부인의 남편.

퀴즈 광고(廣告) [영 quiz ad 퀴즈 문제를 광고로 하여 이에 응모시켜서 상금 또는 상품을 제공하는 광고.

퀵 [영 quick] 빠른, 신속한. ~스텝(~step)
① 빠른 발걸음.
② 템포가 바른 무용곡. ~디스패치(~dispatch) 항만의 설비를 근대화하여 선박의 작업을 능률화하여 그의 정박시간을 능률화하는 것. ~리턴(~return)〈야〉타자의 준비가 불충분한 사이에 투수가 다음의 공을 던지는 것. ~릴리스(~release)〈군〉긴급시에 각종의 방법을 사용해서 병원에 수송집결 시키는 것.

퀵 런치 [quick lunch] 간편한 요리. 도시락.

퀵스텝 [quickstep] 사교춤의 한 춤법.

퀵키 [quickie] 미국에서 쓰이는 속어로 서둘러서 만들어낸 영화나 소설 등

퀘티티 [영 quantity] 양, 분량, 수량. 상대어는 퀄리티.

퀼 [영 quill] ① 새의 날개나 꼬리의 깃. ② 모자의 장식 날개.

큐(열) [영 Q열] 〈의〉양이나 소 등의 가축으로부터 전염하는 열병. 오스트레일리아의 퀸 랜드(Queens land)에서 발생하였기 때문에 이와 같은 이름이 있다.

큐라소 [네 → 영 curacao] 알콜에 쓴 큐라소 오렌지의 열매 껍질을 가하여 만든 단 서양술.

큐 라이트 [cue light] TV카메라의 앞뒤에 달린 빨강 또는 파랑빛 전등.

큐렛[프 curette] 〈의〉소파기(搔爬器). 요도에 집어넣어 진단에 사용하는 기구.

큐륨 [영 curium] 〈화〉방사성 인공원소, 기호는 Cm, 원자번호 96.

큐리 [프 curie] 〈이〉방사능의 양을 측정하는 단위, 약호 C 큐리부처의 이름에 따른 것이다.

큐리오 [영 curio] 골동품, 골동.

큐리오시티[영 curiosity]호기심, 호사가.

큐반 시스템 [Quban system] 변질된 쿠바의 룸바 → 룸바.

큐 보트 [Q-boat] 1차 대전이 끝날 때 영국이 독일 잠수함을 유격하기 위하여 어선이나 상선으로 가장한 무장선.

큐볼 [cue ball] 〈당구〉자기의 공.

큐브 [cube] 〈수학〉정육면체. 입방체.

큐비스트[영 cubist] 〈미〉입체파 화가.

큐비전[영 cuevision] 〈방〉스큐디오의 아나운서에게 신호를 보내는 연락장치.

큐비즘 [영 cubism] 〈미〉입체주의, 입체파. 피카소, 블락에 의해 1908년경 제창된 회화의 운동 주로 점과 선을 사용해서 기하학적으로 재구성하려고 하는 것. 현대의 추상회화의 기본으로 되어 있다.

큐엠 [QM=quarter master] 보급계 (補給係)

큐와상 [프 croissant] 오이 속을 넣고 만든 만두.

큐 클럭스 클랜 [KuKluxKlan] ① 남북전쟁 후 미국 남부 여러주에서 일어난 비밀결사로 흑인과 북부 사람을 적대시함. ② 제1차 세계대전 후에 미국에서 일어난 결사로 유태인, 동양인, 구교도를 배척함.

큐트 [영 cute] 마음에 드는, 어여쁜.

큐타클 [cuticle] 〈생물〉표피. 겉껍질.

큐타클 푸셔 [cuticle pusher] 매니큐어 용구의 하나로 손톱 표피를 다듬는 기구.

큐프라 [영] cuprammonium rayon/cupra 〈섬〉셀룰로스를 산화동 암모늄 용액에 용해한 뒤 방사한 재생 섬유. 동 암모니아 섬유.

큐프라 직물(織物) [영] cupra-fabric 〈섬〉큐프라 사를 사용한 직물.

큐폴라 [cupola] ① 주철을 녹이는 회로. 용선로. ② 〈건축〉둥근 지붕. 둥근 천장.

큐피 [kewpie] 로마신화의 큐피드를 회화하여 만든 나체 인형.

쿨롯 [프 culotte] 〈복〉무릎까지 내려온 반바지. 부인복 숏 팬티의 뜻. 승마용 바지의 일종.

크리우칭 스타트 [영 crouching start] 〈경〉무릎을 짚고 스타트하다. 단거리 레이스용. 장거리는 standing start(스탠딩 스타트).

크라운 [영 crown] ① 왕관. ② 영관. ③ 이의 금관. ④ 영국의 화폐로 5실링은화. ~프린

ㅋ

스(~prince) 황태자. 인쇄용지 15×20인치 크기. 맥주 상표.

크라이스 시험(試驗) [영] Kreis test 〈식품〉 지방의 산화변패 시험.

크라이시스 [crisis] ① 위기. ② 공황. ③ 극, 영화의 위기일발의 장면. ④ 비극 구성의 3단계.

크라프트 [도 Kraft] [영 craft]수공예. 민예(民藝) 또는 수공예품. 민예품.

크라프트 유니온 [craft union] 직업별 노동 조합.

크라프트 지(紙) [도 Kraftpapier] [영 kraft paper] 포장지로 쓰는 두껍고 누런 종이. (→) 타폴링 지(紙) (tarpauling paper).

크랏센캄프 [독 klassenkamp] 〈사〉계급 투쟁.

크랑케 [독 kranke] 〈의〉병인, 환자.

크래들 [영 cradle] ① 아이들의 흔들이 바구니 요람. ② 유소(幼少). ~송(~song) 자수가.

크래바넷 [영 cravenette] ① 〈복〉개바진에 방수가공한 천으로 레인코트에 사용함. ② 영국의 크레바넷 회사제의 방수직물.

크래시 [영] crash 〈섬〉아마사 30's 를 사용하고 합계 밀도 180올/5㎝ 정도의 평직물(셔츠감·양복감·테이블 덮개감 등).

크래커 [영 cracker]① 남경불꽃, 폭죽. ② 〈요〉짠맛의 구은 비스켓. ③ 호도 껍질 까는 기구.

크래킹 [영 cracking] 〈화〉등유에서 가솔린을 만드는 방법의 하나.

크래프트 [영 craft] ① 수련. ② 민예품, 공예품. ③ 수공업. ~디자인(~ desifn) 〈미〉공예디자인. ~페이퍼(~paper) 황상펄프로 만든 튼튼한 다갈색의 종이. ~유니언(~union) 직능별 노동조합. ~라이너(~liner) 크래프트 펄프를 원료로 한 단 볼의 상자.

크랙 [crack] 〈등산〉좁은 틈. 찰삭 소리내다. 날카로운 소리. 결함. 쇠약. 새벽.

크램프 [cramp] 〈건축〉나비장고리. 꺾쇠.

크램프 [cramp] 〈의학〉근육 경련.

크랩 [crab] (과수) 돌능금.

크랩 [crab] 감아 올리는 기계. 게. 게자리별. 짓궂진 사람.

크랩 요즈 [crab-yaws] 손과 발바닥에 생기는 매독 비슷한 딸기 모양의 종기.

크랭크 [crank] ① 굽은 자루. ② 왕복 운동을 회전 운동으로 변화시키거나 그 반대 일을 하는 장치. ③ 〈연예〉영화 촬영기.

크랭크 샤프트 [crank shaft] 〈기계〉곡축(曲軸).

크랭크 업 [crank up] 〈영화〉촬영 완료. ¶~ 하다.

크랭트 인[crank in] 〈영화〉촬영 시작.

크러셔 [영 crusher] 광석 등의 분쇄기, 자갈 등을 만든다. ~아월(~hour) 겨울 등에 옷을 많이 입은 탓으로 로시 이상의 러시의 뜻.

크러칭 [영] crutching 〈섬〉양의 몸 뒤부분에서 깎은 조잡한 양모.

크레딧 [라 > 프 credit > 영 credit / 독 Kredit] ① 〈경〉신용 공여차관. 신용 융자. 신용 거래. 할부 판매. ② 〈신문〉신문 등 외신(외국 정보) 기사에 붙이는 신뢰성을 표시하는 문귀. 크레딧 라인(credit line). (→) 그래딧 라인.

크레딧 라인 [영] credit line 〈신문〉

484

신문의 뉴스·기사·삽화·사진 등의 복제(複製)에 대비해서 제공자의 이름 등을 밝혀 놓은 것.

크레딧 타이틀 [credit titles] 〈영·텔〉 제목·출연자·스탭·스폰서 등의 이름을 나타내는 자막. = 서브 타이틀·메인 타이틀.

크레딧 퍼실리티 [credit facility] 〈경제〉 은행이 업자나 다른 은행에 대부해 주는 신용의 총칭.

크레딧 홀릭 [creditholic (credit + alcoholic)]
① 크레디트 중독(신용 카드를 이용해서 소득에 맞지 않는 과다 쇼핑을 하는 사람)
② 무현금 사회의 폐해.

크레물린 [러 klemlin]
① 모스크바 궁전.
② 소련최고수뇌부, 정부를 가리킴.

크레바스[영 crevasse] 〈등〉눈이나 빙하의 갈라진 틈새.

크레손 [프 cresson] 〈식〉석용영(石龍英), 조미료에 사용함.

크레슬란 [creslan] 폴리아크릴계의 합성 섬유 제품.

크레아틴[프 creatine] 〈생〉 근육의 조직내에 있는 질소를 포함한 아미노산의 일종.

크레오소트 [독 kreosot]
① 〈화〉무색이나 황색으로 냄새가 있는 유상액. 부나재의 타르분에서 만들며 폐결핵의 약용으로 한다.
② 방부제용의 크레오소트는 골탄분에서 분류한 것.

크레올린 [creolin] 크레졸에 비슷물을 더한 용액.

크레이브네트 [영] cravenette
① 〈복〉영국의 크레이브네트 회사의 천의 상표명. 소모 직물에 특수 방수 가공을 한 것.

② 〈섬〉이색 연사 또는 선 염사를 사용한 개버딘(gaberdine) 또는 이와 비슷한 직물.

크레이지 [영 crazy] 미치광이, 광기의.

크레이징 [영] crazing 〈고무〉 고무제품 표면에 태양 광선 산화 작용으로 발생하는 미세한 균열.

크레이터 [영 Crater] 달의 화구모양지형, 분화구.

크레이프 [프 crepe >영 crape/ crepe] 〈섬〉 강연사를 사용하여 표면에 곰보를 나타낸 직물. 프랑스어 표기로는 크레프.

크레이프 데 신 [프 >영 crape dechine] 〈섬〉경사에 생사, 위사에 SZ강연 생사를 교대로 사용한 평조직의 크레이프의 일종. 가는 실로 짠 얇고 부드러운 부인 양복 생지용의 견직물. 경사 밀도가 약간 적고 또한 위사 연사가 많아서 곰보가 잘 나타나는 것. 또는 이와 비슷한 것.

크레이프 연사(撚絲) [영] crape twist yarn 〈섬〉 필라멘트 사(filament 絲)를 1올 또는 몇 올을 합하여 세게 꼰 실.

크레이프 직(織) [영] crape weave 〈섬〉조직에 의하여 직물면에 배껍질 같은 겉모양을 나타낸 것.

크레인 [영 crane] ① 학. ② 기중기.

크레졸 [독 kresol] 〈화〉석탄 또는 나무의 타르에서 얻는 황색의 액체. 소독, 방부제로 사용한다.

크레틴(증) [cretinism 症] 알프스 산지의 풍토병. 기형이 따르는 백치병임.

크레페린(검사)[독 kraepelin] 〈심〉 1자리숫자의 가산작업에 의한 인격, 성격, 직업 적성을 진단하는 방법.

크레프 [프 crepe] 〈복〉 바탕에 잔주름이 지도록 짠 옷감. 바탕이 오글쪼글 한 비단. 영어에서는 crepem crape ~울른(~woolen) 〈복〉 오글

ㅋ

쪼글한 모직물. ~페이퍼(~paper) 내프킨, 손 닦는 오글쪼글한 휴지.

크로너그래프 [영 chronograph]
① 미소한 시간을 기록하는 측정기.
② 스톱워치의 발명.

크로네 [독 Krone] 독일의 10마르크의 금화.

크로노미터 [영 chronometer] 휴대용의 정밀 시계. 표준 시계.

크로노스코프 [영 chronoscope] 〈천〉 천분의 1초까지의 측정할 수 있는 정밀시계.

크로니클 [영 chronicle] 편년사(編年史), 연대기.

크로니클 플레이 [chronicle play] 연대기극(年代記劇).

크로니케피탈리즘 [Crony Capitalism] 정실자본주의 (특히 한국과 같은…). 패거리 자본주의.

크로마니온 [프 cro magnon] 〈역〉구석기시대말기의 화석인.

크로마 키 [영 chroma key] 〈방〉 색깔의 차이를 만들어 그림을 빼내서 합성하는 전기적 화면 합성법. 미국의 NBC에서 고안한 것.

크로마틴 [독 chromatin] 〈의〉 염색체, 염색질.

크로매트론방식 [영 chromatron방식] 하나의 전자총만으로 섀도마스터를 사용하지 않은 칼라테레비의 수상방식.

크로매틱 [chromatic] 색깔이 있는, 유색의.

크로매틱 [chromatic scale] 〈음악〉 반음계.

크로모 마이신 [chromomycin] 〈약학〉 항생물질의 하나.

크로미펜 [영 colomiphene] 〈의〉미국에서 개발된 여성의 배란을 유발하는 신약. 제품명은 크로맛.

크로세 [프 crochet] 뜨개질에 쓰는 구부러진 바늘.

크로세 레이스 [프 crochet + lace] 〈자수〉 크로세 뜨개질.

크로소이드 커브 [영 clothoid curve] 고속도로의 곡선부분에 사용되고 있으며 핸들을 꺾지 않고 돌 수 있는 커브.

크로스 [cloth] ①직물.
② 책뚜껑을 싸는데 쓰이는 헝겊 ¶인풍 ~ 공업사.
③ 피복포의 총칭. ¶테이블 ~

크로스 라이선스 [cross license] 외국의 특허 기술의 교환.

크로스 밴드 스티치 [cross band stich] 자수의 한 방법.

크로스 벙커 [cross bunker] 〈골프〉 코스를 가로 막아 만든 장애물.

크로스 앨리 [영] cross alley 〈체〉 볼링(bowling)에서 스페어를 던질 때의 투구법. 왼쪽 핀(pin)은 조주로(助走路) 우측 끝에서, 오른쪽 핀은 좌측끝에서 노리는 방식.

크로스 오거니제이션 [cross organization] 분파(파벌)주의를 타파하려고 하는 조직.

크로스 오바 [cross over] 남녀가 비스듬히 마주보는 형식과 반대쪽을 빌린 형식을 서로 바꿔가며 추는 족형.

크로스워드 [영] crossword puzzle
→ 크로스워드 퍼즐.

크로스워드 퍼즐 [영 crossword puzzle] 힌트에 의해서 가로 세로의 십자틀(빈칸) 속에 글자를 넣어서 채워나가는 말 풀이 놀이. 준말로는 크로스워드.

크로스 익재미네이션 [영] cross examination 〈법〉 반대 심문. 한쪽 번호인의 증언이 확실한가 어떤가를 가리기 위해 상대방 증인에 대해서 행하는 것.

키로스 컨트리 [영] cross-country race 〈체〉들판 · 삼림 · 구릉(丘陵) 등을 횡단하는 장거리 경주. 크로스 컨트리 레이스의 약어.

크로스 컷 [cross cut] 〈피겨 스케이팅〉피겨의 특별한 기본적 기술.

크로스 패스 [cross pass] 〈체육〉구기에서 공을 건너질러 보내는 것.

크로스 포켓 [cross pocket] 〈의상〉주머니 아궁지를 가로로 뜬 포켓.

크로스 헤드 [cross head]
① 〈기계〉십자머리. 삽자형 곡지. 피스톤곡지.
② 신문의 중간 표제.
③ 피스톤의 꼭지.

크로아티아 (Croatia) 〈지〉유고슬라비아(Yugoslavia) 연방을 구성하는 공화국의 하나.

크로우 [crow] 까마귀. 새가 울다. 차단속기. 피스톤.

크로쳇 [영 crotchet] ① 〈음〉4분음.
② 열쇠형 괄호[] 표.

크로커스 [영 crocus] 〈식〉꽃사프란, 하얀, 황, 자색도 있다. 크롯카스.

크로케 [프] croquet 〈체〉운동 경기의 하나.

크로케트 [프 > 영 croquette] [도 Krokette] 〈요〉서양 요리의 하나.

크로켓 [프 croquette] 〈요〉새, 생선을 다져서 분말을 씌워서 튀긴 요리.

크로코다일 [영 crocodile] 〈동〉미국산의 대형 악어.

크로키 [프 croquis] 〈미〉짧은 시간에 하는 소묘. 속사화, 스케치.

크로페시마(층) [chrofesima] 〈지학〉지구의 시마층 안쪽으로부터 중심층까지의 부분, 주로 크롬, 쇠, 마그네슘 등이 성분임.

크롤 [독clorine] 〈화〉염소, 기호 Cl, ~칼크(~kalk) 표백분, 염화석회. ~피크린(~pikrin) 크로랄에 초산을 섞어서 만드는 채류가스를 만드는 액체로서 살충제로 사용된다. ~프로마진(~promazine) 〈약〉자율신경 중단약, 합성 트랭키라이저의 이종으로, 프랑스에서 개발되었다.

크롤 [영 crawlatroke] 〈수영〉양팔을 번갈아 뻗어서 물을 헤치고, 발장구를 쳐서 헤엄을 치는 방법. 자유형영법이라고 한다.

크롬 [영 chrome] 〈화〉은백색의 광택이 나는 금속원소. 기호Cr. 원자번호 24. 황연.

크롬 그린 [chrome green] 크롬산염과 감청의 혼합물. 크롬 초록.

크롬 옐로 [chrome yellow] 〈미술〉검은 누런색.

크루 [영 crew] ① 선원, 승조원.
② 보트의 선수.

크루너 [미] crooner 〈음〉음성을 죽여서 속삭이는 듯한 창법의 노래를 하는 가수. 미음(微吟) 가수.

크루 넥 [영] Crew neck 목을 동그랗게 판 동정. 선원의 스웨터(sweater) 등에서 볼 수 있다.

크루세이드 [영 crusade] 십자군. 사회개선이나 박멸운동과 그의 단체.

크루스 [스 cruz] ① 십자, 십자가.
② 십자형의 문장(紋章).

크루시픽스 엑서사이스 [crucifix exercise] 〈역도〉두 팔을 좌우로 수평을 들고 손바닥을 위로하여 번갈아 굽혀 펴는 운동.

크루저 [영 cruiser] ① 순화 택시.
② 무선 설비가 있는 경찰 자동차.
③ 순항선. ④ 순양함.

크루제 [독 Kurze] ① 학급.
② 과정. ▷ 일본에서 대입 재수학원

ㅋ

에서 사용됨.

크루제이로 [네 cruzeiro] 브라질의 통화 단위.

크루크스(관) [crookes(tube)] 〈물리〉 진공 방전 실험에 쓰는 진공관.

크루통 [프 crouton] 스프에 넣는 잘게 썬 구운 빵 조각.

크루프 [croup] 목구멍의 급성 염증¶ ~성 폐렴.

크룹 [독 kropp] 〈의〉기관에 두꺼운 막이 생긴 호흡이 곤란해지는 급성염증.

크룹 [독 krupp] 서독의 철강 병기 생산 회사의 이름, 제1차, 제2차 세계대전에 죽음의 상인으로 불리며 활약하여 회사수뇌는 전범으로서 심판되었으나 현재 부활하고 있다.

크리너린 [영 crinoline] 〈복〉 소매, 옷 자락, 옷단. 모자의 형을 구기지 않고 튼튼하게 하기 위해서 가장자리 등에 넣는 천. ~페티코트(~petticoat) 〈복〉뼈를 집어넣어 부풀인 모양의 페티코트.

크리바스 [라 > 프 > 영 crevasse] 빙하·설원(雪原)의 갈라진 틈. 프랑스어 표기로는 크러바스.

크리사누 [범 Krisanu] 〈신〉 '베다'에 나오는 천계(天界)의 사수. 소마(soma)의 수호자.

크리스 라인 [crease line] 〈의상〉 칼라의 접친선. 바지의 앞선.

크리스마스 [Christmas] 12월 25일. 그리스도 탄생일.

크리스차니아 (프 christiania) 〈스키〉 활강으로부터 갑자기 방향을 바꾸는 기술. 활강급회전.

크리스찬 [영 christian] 〈종〉 그리스도교신자. ~사이언스(~science) 그리스도교에 의해서 치료하는 정신요법의 하나, 미국의 에디부인이 시작하였다. ~네임(~name) 세례를 받을 때에 붙이는 이름으로 대부분이 성서에 나오는 인명이 많다.

크리에이션 [creation] 창조, 창조물, 창조주.

크리에이터 [creator] 창조자, 창작자, 창의자.

크리에이트 [영 create] 창조하다, 창작하다, 창설하다.

크리올 [라 > 포 crioulo > 에 > 프 criollo > 영 Creole] 〈인류〉
① 서인도 제도나 남 아메리카 등에 이주해 온 백인 (특히 에스파냐인) 에스파냐인과 흑인의 혼혈아. 또는 그 자손.
② 아메리카 루이지애나 주 등에 거주하는 프랑스 계 이민의 자손.

크리켓 [영 cricket] 〈경〉 11명식 2조로 나뉘어 목구를 패드로 치면서 위켓을 넘어 뜨려 승패를 가르는 경기.

크리탄 스티치 [Cretan stitch] 〈자수〉 번호순으로 가운데 중심선을 세워 가는 방법의 하나.

크리티씨즘 [critciism] 비평. 평론. 비판.

크리티컬 [critical] ① 비판적인. ② 위기의. 아슬아슬한. = thrill

크리틱 [critic] 비판자. 평론가.

크리퍼 [영 creeper] ① 〈복〉 유아복. ② 〈식〉 넝쿨 식물

크리프 [영] creep 〈고무〉 고무에 외력을 가하면 탄성 변형을 일으키며 시간 경과함에 따라 변성이 증대하는 현상.

크리핑 인플레이션 [영] creeping inflation 〈경〉 물가가 조금씩(예 : 연 3%)오르는 경향. 마일드 인플레(mild inflation)라고도 함. 살며시 다가오는 인플레이션.

크릭 [crick] 〈의학〉목이나 등 따위의 근육 경련.

크림드 포테이토 [creamed potatoes] 감자를 썰어 삶아 화이트 소스를 섞은 것.

크림드 피시 [creamed fish] 부순 생선과 삶은 달걀에 화이트 소스를 섞은 음식.

크림 소다 [ice cream soda] 소다수에 아이스크림을 넣은 음료.

크림 소스 [ice cream sauce] 치즈, 밀가루, 레몬즙, 삶은 물고기로 만든 소스.

크림슨 [crimson] 심홍색. 진홍색.

크림슨 레이크 [crimson lake] 〈미술〉 심홍색의 서양화 채색.

크바스 [러 kvas] 러시아의 맥주.

크산틴 [독 Xanthin] 〈화학〉 황색 색소(피, 오줌 등에 섞여 있음).

크세논 [독 xenon] 〈화〉 전혀 화합하지 않는 공기 중에 있는 근소한 원소. 크세논, 키세노이라고도 함.

크세로폼 [독 xeroform] 〈약학〉 트리브롬 석탄산 창연. 소독 살균에 사용됨.

크셰트라파티 [범 Ksetrapati] '베다'에 나오는 말.
① 토지의 소유자. 농부.
② 〈신〉 신격화되어 경지(耕地)의 신.

크와스 [러 kvas] 호밀과 맥아로 만든 맥주.

클라레 [프 claret] 보르도 (Bordeaux)에서 나는 빨간 포도주.

클라루테 [프 clarte] ① 빛, 광명.
② 제1차 대전후 프랑스의 작가 발뷰스가 제창한 평화운동.

클라비코드 [clavichord] 〈음악〉 피아노의 전신(前身)이 되는 악기.

클라스 [영 class] 학급, 등급, 계급. ~메이트(~mate) 동급생. ~클로스(~cloth) 〈복〉 유리 섬유로 짠 포지. ~코트(~court) 〈정〉 잔디코트, 롱. ~스키(~ski) 그라스 파이버를 사용한 스키로서 탄력이 좋다. ~워크(~work) 유리에 그린 문자나 그림을 실경과 조합해서 만드는 사진.

클라시시스트 [영 classicist] 고전주의자.

클라시시즘 [영 classicism] 고전주의.

클라우드 [영 cloud] ① 구름.
② 〈복〉 가볍고 부드러운 부인용 스카프

크라운 [clown] 〈연예〉 광대역.

클라이맥스 [그>영 climax] [도·기타]
① 〈문〉 점층법(漸層法). 어구를 점점 겹쳐 써서 차차 뜻이 강해지고 커져서 독자의 느낌을 절정으로 이끄는 수사법의 한 가지. 극·영화·소설·사건 따위의 줄거리에서 가장 긴장된 장면. 최고의 고비.
② 감정의 절정. 정점. 최고조. (→) 아크메(acme)·오르가슴(orgasme).

클라이모그래프 [climograph] 〈기상〉 기후도(氣候圖).

클라이밍 [climbing]
① 〈등산〉 기어 오르기.
② 〈스키〉 똑바로 오르기.

클라이언트 [라>영 client]
① 의뢰인. 소송 의뢰인.
② 〈광고〉 고객. 단골집. 의뢰주(依賴主). 광고주(廣告主).

클래리온 [clarion] 나팔의 하나.

클래비코드 [clavichord] 옛날의 건반 현악기.

클래시즘 [classicism] 고전주의.

클래식 [영 classic] ① 고전주의자.
② 고전명곡.
③ 제1류의. ~레이스(~race) 〈경마〉 4세의 살라브레드의 행하는 5대 중상경쟁.

클래식칼 [영 classical] 고전적, 전통적.

489

ㅋ

클랙슨 [klaxon] 자동차의 전기 경적.

클랜 [영 clan] 일족, 일문, 당파, 벌족.

클램 [영 clam] 〈요〉조개.

클러치 히터 [clutch hitter] 〈야구〉찬스를 얻었을 때 정확히 안타를 치는 타자.

클러크 [clerk] ① 목사. ② 서기, 사무원, 점원, 직원. ③ 지배인.

클럽 [영 club] ① 〈정〉 정치, 사교, 오락 등의 공통의 목적으로 집합하는 사람들의 단체, 구락부. ② 〈골프〉 공을 때리는 막대. ③ 트럼프의 3잎 클로버의 카드.

클럽 헤드 [영 club head] 〈골프〉 클럽의 헤드. 아이언과 우드로 나뉘어 진다.

클럿 스커트 [culottes skirt] 바지처럼 갈라지고 솔기를 만든 스커트.

클레이 [영 clay] 점토, 점토공작물. ~코트(~court) 〈정〉 점토를 발라서 단단히 마무리한 코트. ~슛(~shot) 〈경〉 점토제의 공 등을 달아매는 것, 표적으로 해서 때려 떨어뜨리는 경기.

클레이 모어 [clay more] 작은 풍금 조각을 사방으로 날리는 지뢰.

클레이 코트 [clay court] 〈테니스〉붉은 진흙 점토(粘土)로 만든 코트.

클레이 팩 [clay pack] 〈미용〉점토 팩.

클레임 [라>영 claim] 〈경〉 수출 계약 위반에 대한 배상 청구. 수입업자가 수입한 상품의 수출자에 대하여 계약의 완전한 이행이 이루어지지 않았다는 이유로 지급 거절 혹은 지급 연기를 신청하는 것. 내용 부족. 품질상의 파손이나 변질이 이에 해당함.

콜레테르슈 [독 Kletterschuh] 〈등산〉 바위로 올라갈 때 사용하는 밑바닥이 부드러운 신발.

클레프 [clap] 파열음. 손벽치기.

클렌저 [cleanser] ① 깨끗이 씻는 약. ② 물건을 닦는 가루.

클랩토 [klepto] (미속어)절도광, 도벽.

클로닝 [영 cloning] 〈생〉 수정이라는 과정을 통하여 어미와 전통적으로 똑같은 아이를 낳는 것.

클로랄 [독 chloral] 〈화〉알콜에 염소를 작용시켜서 만드는 기름 모양의 최면약.

클로람페니콜 [영 chloramphenicol] 〈약〉 클로로마이세틴의 뜻으로 폐렴, 적리 등의 살균감염증에 효과가 있다.

클로레라 [독 chlorella] 〈식〉 단세포의 녹조의 일종. 단백질을 만드는 힘이 있으므로 식량자원으로서 연구중.

클로로다인 [chlorodyne] 〈약학〉 마취 진통제.

클로로마이세틴 [영 chloromycetin] 〈약〉 흙속의 방사균으로 만든 항생물질로서 티프스타 충병 개선충병(옴)에 효과가 있다.

클로로포름 [chloroform] 〈약〉 마취약의 일종.

클로로포름 추출(抽出) [영] chloroform extraxtion 〈고무〉 가황고무 중의 타르·광물유 등의 성분을 추출하여 정량하는 것.

클로로프로마진 [영 chlorpromazine] 〈의〉 수술할 때에 사용하는 마취제의 일종.

클로로필린 [영 chlorophyillin] 엽록소를 원료로 한 탈취제.

클로르 칼크 [chiorkalk] 표백제.

클로리토이드 [chloritoid] 〈광물〉 알루미늄, 쇠, 망간 따위의 성분이 들어 있는 광물.

클로스 [영 cloth] ① 〈복〉 천. 옷.

② 서물의 표지에 붙이는 포지.

클로스업 [close-up] 대사(大寫). 어떤 사건을 크게 떠벌리는 일.

클로즈 [영 clause] ① 닫다.
② 접근하다. ~업(~up)
③ 〈영〉 카메라를 접근시켜서 크게 촬영하는 것.
④ 사건이나 인물이 사회적 관심의 중심이 되어 취급되는 것. ~다운(~down) 〈사〉 공장폐쇄. 폐점. ~게임(~game) 〈경〉 접전. 일반적으로는 크로스 게임이라고 한다. ~팩(~pack) 밀군빙, 남극 등의 부빙.

클로즈드 샵 [closed shop] 전 종업원이 한 조합에 가입하여 사용자가 조합원 이외의 노동자를 고용할 수 없게 되어 있는 제도.

클로즈업 [close up] 카메라를 피사체에 접근시켜 주요 부분을 크게 찍어서 보는 사람의 시선을 끄는 표현 방법.

클로징 [영 closing] ① 체결, 결합.
② 판매의 체결.

클로크 [영 cloak] ① 클로크룸의 약.
② 〈복〉 소매 없는 외투.

클로크롬 [cloakroom] 극장, 호텔 등의 휴대품을 맡아 두는 곳.

클록 [영 clock] ① 〈복〉 양말목의 장식.
② 시계, 기둥시계, 정치시계.

클루 [영 clew] 연구, 조사의 실마리.

클리닉 [clinic] 〈의학〉 임상 강의실. 진찰실.

클리어 [영 clear] 확실한, 명백한 ~아웃(~out) 소제하다. ~오프(~off) 빌린 돈을 완전히 갚다. ~컷(~cut) 윤곽이 확실한 것. ~래커(~laquer) 〈건〉 가구, 벽 등에 바르는 투명한 도장제.

클리어런스 [영 clearance] ① 소제.
② 해제. ③ 반제. ④ 순익.
⑤ 〈축구〉 자기편의 골 앞으로부터 멀리 공을 차서 방어하는 것.

클리어런스 세일 [clearance sale] 창고 떨이. 재고품 정리를 위한 염가 대매출(일년에 한 번 또는 여러 번 재고품을 정리하기 위한 방법으로서 물건을 아주 헐값으로 매출하는 일).

클리인징 [cleansing] 씻다. 깨끗하게 하다. 클리인징 크림은 숙녀가 애용하는 유지성의 세안 크림임.

클리크 [cleek] 〈골프〉 폭이 좁고 꼭대기에 쇠가 붙은 타구봉.

클리토리스 [clitoris] 〈생〉 음핵, 여성 성기의 질의 상부에 있는 민감한 부분.

클리트 [cleat] ① 배의 밧줄 누르개.
② 전선(電線) 누르개. ③ 갈구리
④ 말뚝이나 또는 말뚝의 역할을 하는 것.

클리퍼 [clipper] ① 풀을 베는 기계.
② 전정(剪定) 가위.
③ 쾌속 여객기.
④ 쾌속 여객선.

클리핑 [clipping] 신문 등을 오려 내는 것.

클리핑 서비스 [영] clipping service 〈광고〉 스크랩(scrap) 서비스. 각종 매체에서 게재·방송된 내용을 정리, 분류해서 제공하는 업무.

클린 [영 clean] ① 산뜻한, 청결한.
② 선명한. ~업(~up) 〈야〉 멋진 안타로 주자를 일소하는 것. ~업 트리오(~up-trio) 〈야〉 강타를 갖는 3번, 4번, 5번의 타자. ~업맨(~upman) 주자를 일소하는 타력을 갖는 강타자. 4번 타자를 말한다. ~파이터(~fighter) 〈권〉 멋진 시합 운영을 하는 복서.

클린 론 [clean loan] 〈경제〉 은행의 부족 자금을 외국에서 무담보로 빌려오는 것.

클린서 [영 cleanser] 연마분.
클린(신용장) [clean (信用狀)] 〈경제〉

ㅋ

수출·입 경제 밖의 목적을 위하여 발행하는 신용장.

클린 업 [cleanup] 〈야구〉장타(長打), 쾌타를 쳐서 주자(走者)를 모조리 생환(生還)케 하는 것.

클린업 맨 [clean-up man] 〈야구〉4번 타자.

클린업 트리오 [clean-up trion] 〈야구〉타순(打順)이 3, 4, 5,번인 타자.

클린 에이스 [clean ace] 〈구기〉틀림없이 상대방이 받지 못할 좋은 결정구(決定球).

클린치 [영] clinch 〈체〉권투에서 엉킴. 공격을 피하기 위해 상대를 껴안는 것.

클린칭 [영 clinching] 〈권〉상대의 공격을 방비 할 수 없을 때, 상대의 팔을 껴안고 엉켜 붙는 방법.

클린커 [독 klinker] 〈등〉등산화에 박는 대갈못.

클립 [clip]
① 탄력이나 나선을 이용하여 종이 같은 것을 끼워 두는 쇠붙이.
② 만년필 뚜껑에 달려서 양복에 끼울 수 있게 되어 있는 소.
③ 〈한국식 용법〉여자들의 머리를 곱슬곱슬하게 만들기 위한 기구(영/hair roller)

클링커 [네 > 독 Klinker] [영 clinker]
① 시멘트를 제조하는 소괴(燒塊).
② 용광로 속에 생긴 광재(鑛滓).
③ 〈등〉등산 구두에 박는 징의 일종.

키 [영 key] ① 건, 열쇠
② 피아노, 올갠, 타이프라이터 등의 손으로 누르는 부분.
③ 실마리, 단서.
④ 기본적. ~인더스트리(~industry) 〈경〉기간산업, 나라의 산업의 기초가 되는 전기, 철강과 같은 중요 산업. ~커런시(~currency) 〈경〉가축통화. 국제거래의 결제

이며, 금의 대신으로 사용되는 특정의 통화.

키나 [희 kina] 〈식〉남미산의 꼭두서니과의 상록수. 수피를 건조한 것이 약용 키니네의 원료가 된다.

키네틱 [quixotic] 돈키호테적인, 비현실적이, 공상적인.

키네라마 [kinerama] 소련이 개발한 영화 제작 수법. 시네마라와 대동소이하나 음악용 필름의 사운드, 트랙이 9개이므로 장면에 따라 천장과 바닥에서도 음이 나와 입체감이 훨씬 강하다. 56년 경 개발한 영화제작수법.

키네스코프 [영 kinescope] 미국 RCA 회사가 개발한 텔레비 수상용 브라운관. 상품명.

키네식스 [kinesics] 〈언어〉체어(體語). 몸짓(손, 발, 눈썹, 시선, 자선) 등으로 의사를 소통하는 것.

키네오라마 [kineorama ← kinema + panorama] 파노라마의 색광선을 써서 경치를 변화시켜 보이는 장치.

키네코 [kineco] 〈텔레비〉키네스코프 레코딩(kinescope recording)의 약. 텔레비의 화상과 소리를 동시에 필름에 잡는 것. 필름 녹화장치.

키네타폰 [kinetophone] 발성 영화.

키네토그래프 [kinetograph] 에디슨의 발성 영화 촬영기.

키네토스코프 [kinetoscope] 영화 촬영기.

키네틱 아트 [영 kinetic art] 〈미〉빛과 움직임을 집어넣은 미술.

키노 글라스 [kino glass] 입체 영화를 볼 때 쓰는 안경.

키노 드라마 [kino drama] 연극과 영화를 결합시킨 연쇄극.

키노트 [keynote] ① 〈음악〉주음.
② 골자. 중심 사상.

키니네 [영 kinine] 〈약〉 키나수피에서 추출한 알칼로이드. 백색견사 모양의 결정으로 쓴맛이 난다. 말라리아 열에 효과가 있다.

키드 [영 kid] ① 새끼산양. 어린아이. ② 새끼산양의 가죽.

키드니 펀치 [kidney punch] 〈권투〉 신장을 치는 반칙.

키디 [영 kiddy, kiddie] 아이들.

키리바티 (Kiribati/Republic of Kiribati) 〈국〉 태평양 중부에 있는 피닉스 군도(群島)(Phoenix Is.)로 이루어진 공화국. 1979년 독립. 수도는 타라와(Tarawa). (→) 타라와.

키메라 [chimera] 〈신화〉머리는 사자, 몸통은 양, 꼬리는 뱀이고 불을 토하는 괴수(怪獸) 〈생물〉 둘 이상의 별종 조직이 한 개체를 이룬 것.

키모그래프 [독 Kymograph] 음파 기록기. 카이모그래프.

키부츠 [Kibbutz] 사유재산을 부정. 생산, 노동, 소비 모든 것을 집단화한 이스라엘 특유의 공산적 집단농장. 자녀의 보호, 교육도 집단적으로 이루어지나 개인 생활은 가정단위로 영위된다. (→) 콜호스(kolkhoz)·소프호스(Sovchoz).

키산틴 [독 xanthin] 〈화〉 황색소로서 혈액, 뇨, 간장 등에 포함된다.

키 소켓 [key socket] 키 달린 소켓.

키스 [kiss] ① 입맞춤. ② 〈당구〉 움직이고 있는 알끼리 부딪치는 것. ③ 〈속어〉 자동차의 충돌.

키스 에스 [Kiss Ass] (비속어) 아첨꾼

키스 오프 [Kiss Off] (비속어) 해고, 파면, 결연

키 스테이션 [key station] 한 네트워크의 중심이 되어 각 지방 방송국에 전파를 보내주는 방송국을 말하는데 지방 방송국은 주로 키·스테이션의 프로그램을 중계하고 있다.

키스톤 콤비네이션 [영] keystone combination 〈야〉 2루수와 유격수가 주로 2루상의 플레이에서 이루는 콤비.

키에르케고르, 쇠렌 오뷔 (Soren Aabye Kierkegaard, 1813~1855) 〈인〉 덴마크의 신학자, 작가.

키오스크 [kiosk] ① 역 앞이나 광장에 있는 신문·잡지나 꽃을 파는 노점 가게. ② (일본의) 철도역에 있는 철도 홍익회의 매점.

키워드 [keyword] 주요단어, 핵심이 되는 말.

키 인더스트리 [key industry] 〈경제〉 기간산업(基幹産業) (한 나라의 산업 활동의 기초가 되는 중요 산업).

키 커런시 [영] key currency 〈경〉 기본 통화. 국제간 거래의 결제에서 돈 대신으로 통용되는 특정의 통화.

키케로 (Marcus Tullius Cicero, 기원전 106~43) 〈인〉 로마의 정치가, 철학자, 웅변가, 저술가.

키코 (Kiko) 통화옵션상품 'Knock-In, Knock-Out'의 줄임말. 환율이 특정 구간 안에서 움직일 경우 사전에 계약한 가격에 외화를 팔 수 있도록 한 '환위험 헤지' 상품이다. 환율이 구간 안에서 움직이면 환차익을 볼 수 있지만, 환율이 계약구간의 하단 아래로 내려가면 그대로 계약이 종료(녹 아웃)되고, 반대로 상단 위로 올라가면(녹 인) 현재 환율보다 낮은 가격에 2배의 외화를 팔아야 하기 때문에 큰 손실을 얻게 된다.

키킹 [kicking] 〈축구〉고의로 상대방을 차는 행위.

키토 (Quito) 〈지〉 에콰도르 공화국

ㅋ

(Republic of Ecuador)의 수도. 잉카 제국(Inca 帝國)의 고도(古都). 안데스 산맥(Andes Mts.) 중의 분지이므로 상춘(常春)의 기후로 유명함. (→) 에콰도르.

키토사민 [chitosamine] 〈생화학〉글루코사민의 하나.

키토스 [ketose] 〈화학〉키톤 설탕.

키톤 [ketone] 〈화학〉알데히드 비슷한 유기 화합물.

키퍼 [영] kipper 〈식품〉소금에 절인 다음 훈연(燻煙)한 청어.

키포인트 [key+point] 일의 관건. 해결점 keynote.

키프 [keep 영]
① 지키다, 유지하다.
②〈경〉볼을 수수에 가지고 있는 것.
③〈경〉골을 수비하는 것.

키프로스 (Kypros/Republic of Kypros)〈국〉중동의 지중해 동단(東端)에 있는 키프로스 섬(Kypros I.)으로 이루어진 공화국. 그리스어 표기로는 키프로스(Kypros), 영어 표기로는 사이프러스(Cyprus). 1571년 오스만 터키 제국(Osman Turky 帝國)의 영토였으나 1878년 영국령, 1960년 독립. 1974년 터키군의 침공으로 국토 양분되어 터키계 키프로스 연방 터키 공화국.

키프 아웃 [keep out] 출입 금지.

키핑 [keeping] 〈럭비〉공을 스크럼 속에 두는 것. 지킴. 보존. 유지 준수.

킥 [kick] ①〈축구〉차는 것.
②〈하키〉키퍼 이외의 경기자가 공을 찼을 경우로 반칙이 됨.
③〈골프〉공이 땅에 떨어졌다가 뛰어오르는 것.

킥백 [kickback] 사례금, 커미션. 수입을 얻게 해준 유력자에게 건네지는 수입의 일부.

킥복싱 [kick boxing] 축권투. 1970년 9월 12일에 처음으로 장충체육관에서 선수권 쟁탈전이 있었다.

킥볼 [kick ball] 동그라미에 공을 차 넣는 놀이.

킥 아웃 [kick out] 〈미식축구〉차 내기.

킥앤드러시 포메이션 (전법) [kick and rush formation 戰法] 〈축구〉볼을 길게 찬 후 집중 공격을 하는 방법(차고 달리기).

킥 오프 [kick off] 〈미식축구〉시합이 시작될 때 공을 그라운드 중앙에 놓고 차는 것. 먼저 차기.

킥턴 [kick turn] 〈스키〉발을 바꾸어 디디며 방향 전환을 하는 것.

킨더 북 [영 kinder book] 아이들의 그림책, kinder독과 book 영의 합성어.

킨들 [kindle] 불을 붙이다. 지피다. 흥분하다.

킨샤사 (Kinshasa)〈지〉자이르 공화국(Republic of Zaire)의 수도. 구명은 레오폴드빌(Leopoldvill). 콩고 강(Congo R.) 상류 기슭에 있는 도시. 1887년 스탠리(H. M. stantley)가 건설, 1960년 콩고 민주 공화국의 수도.

킨제이보고 [Kinsey Report] 미국 인디아나 대학의 동물학 교수 킨제이 박사가 저술한 미국인들의 성생활의 통계적 조사 보고서.

킨지, 앨프리드 찰스 (Alfred Charles Kinsey, 1894~1956)〈인〉미국의 동물학자. 성에 관한 통계 조사로 유명함.

킨털 [영 quintal] 〈교〉중량의 단위. 미국에서는 100파운드, 영국에서는 112파운드, 미터법에서는 100킬로그램.

킬라우에아 산(山) (Kilauea Mt.)〈지〉하와이(Hawaii)에 있는 산.

킬리만자로 산(山) (Kilimanjaro Mt.)〈지〉동아프리카(Africa), 탄자니아

(Tanzania)와 케냐(Kenya)의 국경 근처에 있는 산.

킬러 [killer] ① [농구] 중위 세 사람. ② 〈배구〉좌우의 중위로 강한 공격수. ③ 뇌살(惱殺)하는 사람. 매력적인 사람. ¶마당 ~ ④ 〈스포츠〉특정한 상대방을 잘 이기는 사람. 강타자. 살인자.

킬로 [프 kilo] 희랍어로서 천(1000)의 뜻. ~암페어(~ampere)〈전〉1000 암페어, Ka로 약함. ~칼로리(~calory) 1000칼로리, 1칼로의 물을 1도 덥히는데 필요한 열량. kgc로 약함. ~사이클(~cycle)〈전〉파장의 단위, 1000사이클 ~줄(~joule) 에너지의 단위. 1000줄. ~스테르(~ster) 1000입방미터.

킬로 와트 아워 [kilowatt hour] 킬로와트 시(時).

킬로이드 [keloid] 상처 난 자리에 생기는 피부의 종상.

킬트 [kilt] 스코틀랜드의 고유의 스커트로 창살꼴 무늬가 특색임.

킬팅 [영 quilting] 〈복〉천의 사이에 면 등의 심을 넣어 전체에 자수를 놓는 재봉의 기법 또는 그의 직물.

킵 [영 kip] 새끼 소, 새끼말의 가죽. 그의 가공피혁.

킵차크칸 국 (國) (Kipchakkhan) 〈역〉중국 원나라 태조 '징기스탄'의 장남 조치(Joci, 拙赤)와 손자 바투(Batu, 拔都)가 세운 나라.

킹 [영 king] ① 왕, 국왕. ② 트럼프의 왕그림의 카드. ③ 업계의 절대적 지배자. ~사이즈(~size) ④ 특대. ⑤ 육체미의 여자. ~콩(~kong) 영화에 나오는 거대한 고릴라. ~돔(~dom) 왕국. ~오브헤븐(~of heaven) 천국.

킹스 앵글리스 [영 the king's English] 정확한 표준 영어. 현재는 퀸즈 잉글리스(the Qeen's English).

킹스타운 (Kingstown) 〈지〉세인트빈센트 그레나딘 연방(St. Vincent and the Grenadines)의 수도. 세인트빈센트 섬(Saint Vincent I.)에 있는 항구 도시. 1763년 개설한 식물원이 유명함. (→) 세인트빈센트 그레나딘.

킹스턴 (Kingston) 〈지〉자메이카 국 (Jamaica)의 수도. 자메이카 섬 (Jamai-ca I.)의 서남 연안에 있는 천연의 항구 도시. (→) 자메이카.

킹크 [kink] 〈통신〉얽힘.

킹카나(나무) [quinquina] 기나수(樹).

킹키 룩 [kinky look] 〈의상〉젊은이들의 이상야릇한 복장.

ㅌ

타갈로그 [tagulog] 필리핀 루손섬 중부의 원주민과 그 언어.

타고르 Tagore, Rabindranath (1861~1941) 인도의 힌두 詩人, 隨筆家.

타깃 [target] ① 표적, 목표.
② 상품의 성격으로 정해지는 구매 대상자와 광고로 호소해야 할 대상.
③ 〈펜싱〉 유효 명중면(命中面).

타깃 프로그램 [target program] 특정한 시청자를 위한 프로 ¶지식층 시청자를 대상으로 한 ~

타닌 [영 tannin] 〈화〉오배자중에 많이 함유되는 외에 널리 식물 중에 있는 광택이 있는 담황색의 타닌산. 염화철에 결합하면 암청색이 됨으로 잉크의 원료가 되며 또 동물의 가죽에 흡수되어 유피가 된다.

타란티즘 [영 tarantism]신경병의 일종으로 무답병이라고도 함.

타로 [taro] 아프리카 남방제도에서 생산되는 고구마의 일종.

타르 [영 tar] 석탄이나 목재를 건류해서 만드는 흑색의 기름상태의 물질. 석탄에서 나오는 것은 골타르, 목재에서 나오는 것은 목타르.

타르 머캐덤 포장 (鋪裝) [영] tar macadam pavement 〈토〉 쇄석(碎石) 타르 포장. 타르 포장.

타르샌드 [영] tar sand 콜타르(coal tar)에 모래를 혼합한 듯한 새까만 모래. 고대 지구의 심층부에 생긴 석유가 위쪽의 모래층에 스며나온 것. 캐나다 남북부 앨버타(Alberta) 주에 특히 밀집되어 있음.

타르크샤 [범] tarksya 〈베다〉에 나오는 신화적인 말(馬) 또는 새의 이름.

타르타 [라 tarta > 네 taart] 〈요〉 시큼한 과실을 넣은 파이(pie), 프랑스어 표기로는 타르트(tarte), 영어 표기로는 타트(tart). (→) 타르트·타트.

타르트[네 taart] [프 tarte > 영 tart] 〈요〉 과실을 넣은 파이(pie). 라틴어 표기로는 타르타(tarta), 영어 표기로는 타트(tart), (→) 타르타·타트.

타리프 [tariff] ① 세율, 관세.
② 운임. 요금.

타말/터말레 [아즈텍어 > tamalli > 멕 tamal >영 tamal/tamale] 〈식품〉고기·향신료·옥수수 가루의 혼합물.

타무제 [tamure(포리네시아)]타하치섬의 춤. 정열적 리듬과 춤이 특징이다.

타바스코 [영 tabasco] 〈요〉고추로 만든 소스. 타바스코는 멕시코 동남안의 주 이름.

타부 [taboo] 금기(禁忌). 꺼려하는 것(밤에 손톱을 안 깎는 것이라든지 4라는 숫자를 싫어하는 따위). 금재, 금단,

타블 도트 [프 table d'hote] [러 tabldot] 정식(定食). ↔ 알라카르트(a la carte).

타블렛 [영 tablet] ① 〈약〉 정제.
② 철도의 통과표. 단선의 경우에 역장이 기관사에게 건네주는 통장.

타블로 [프 tableau] ① 회화. ② 명부.
③ 게시판.

타블로이드 [영 tabloid] 신문지의 절반의 크기. 신문의 판형을 말함. 업계지나 PR지에 많이 사용된다.

타블리에 [프 tablier] 〈복〉드레스의 오염을 방지하기 위해서 입는 상의.

타슈 [프 tache] ① 오점, 반점.
② 〈미〉색의 반점.

타스통신 [러 TASS(Telegrafnoe A gentstvo SSSR)] 러시아 정보통신사의 약칭. 러시아 각료회의에 부속된 국영통신사로 1925년에 창설되어 AP, UPI와 같이 세계 각지의 '뉴스'를 수집, 배포한다.

타스칸 햇 [Tusscan hat] 〈복〉 이탈리아의 토스카나 지방에서 생산되는 밀짚모자.

타운웨어 [townwear] 나들이 옷, 외출복. ↔ 컨트리 웨어.

타워 크레인 [tower crane] 〈기계〉탑 모양의 기중기.

타이 [tie] ① 〈음악〉연결선. 이음줄.
② 〈체육〉타이 스코어. 양쪽의 득점이 같은 것.

타이/타일랜드 (Thailand/Kingdom of thailand) 〈국〉인도지나(印度支那) 반도 중앙부의 왕국. 7세기 중엽 창건한 난차오 왕국 아래 많은 왕조를 거쳐 1782년 라마 1세가 방콕(Bangkok)을 수도로 차크리 왕조(Chakri 王朝)를 세워 오늘에 이름. 1932년 입헌 군주제. 1939년 이전의 국호는 샴(Siam) 1945년부터 한때 샴으로 복귀했다가 1949년 이후 다시 타일란드(준말로 타이)로 개칭. 한자 표기로는 태국(泰國). 수도는 방콕. (→) 방콕.

타이드・론 [영 tied loan] 차관. 빌리는 자금에 빌려주는 나라에서 정한 자재를 수입하게 되어있다.

타이드-폴 [tide pool] 조수(潮水) 웅덩이.

타이라민 [tyramine] 〈생화학〉흰 결정기.

타이로스 [TIROS] 미국의 기상 관측 위성의 하나.

타이로신 [tyrosine] 〈생화학〉흰 결정의 아미노산.

타이머 [영] timer
① 자동 시보기(時報機).
② 스톱 위치(stop watch). 경기 기록의 계시원(計時員). 자동식 점화장치.

타이민 [thymine] 〈생화학〉결정 화합물의 하나.

타이밍 [영 timing] ① 시간을 짐작하다.
② 순간을 포착하다.
③ 〈방〉 방송 시간 내에 연기의 진행을 맞추는 것.
④ 〈야〉 투구에 타자가 배트를 맞추는 것.

타이밍 기어 [timing gear] 시간 맞추는 차바퀴.

타이베이/대북 (Taibei/臺北) 〈지〉 중화 민국(中華民國, Republic of China)의 수도. 타이완(臺湾) 북쪽에 있음. (→) 자유 중국(自由中國) / 중화민국

타이벨트 [tie belt] 버클이 없어 끈을 그냥 매는 띠.

타이 브레이크 [tie break] 〈체육〉 테니스 경기에서 세트의 듀스가 오래 계속되는 것을 막기 위하여 먼저 9점을 따면 이기도록 하는 방식.

타이어드 스커트 [tiered skirt] 〈의상〉 단(段)으로 된 스커트.

타이업 [미] tie-up 협동. 제휴. 결합. 공동.

타이에라 [영 tiara]
① 〈복〉 고대 페르샤인의 모자.
② 로마 법황의 관.
③ 부인이 야회복을 입을 때 왕관풍의 장식.

ㅌ

타이전트 [영 tyrant] 전제군주, 폭군.

타이츠 [영 tights] 〈복〉몸에 딱 달라붙는 옷. 특히 허리까지 오는 스타킹풍의 것을 말한다.

타이탄 [Titan] 미공군의 대륙간 탄도탄.

타이트 [tight] 〈의상〉몸에 꼭 맞는 몸에 달라붙은 옷. ¶~한 옷.

타이트 스커트 [tight skirt] 〈의상〉몸체에 맞추어 꼭 붙게 만든 스커트.

타이트 스크럼 [tight scrum] 〈럭비〉세트 스크럼.

타이트 슬리브 [tight sleeve] 〈의상〉몸에 꼭 붙게 만든 좁은 소매.

타이트 피트 [tight fit] 〈의상〉몸에 딱 붙는 의복, 또는 그 상태.

타이트 피팅 [tight fitting] 〈의상〉옷이 몸에 꼭 맞는 것.

타이트 핏 [tight fit] 〈의상〉옷이 몸에 꼭 맞는 것.

타이틀 페이지 [title page] 책의 표제나 저자의 이름 같은 것을 적은 책의 맨 앞의 페이지.

타이티 섬 (Taiti I./Tahiti I.) 〈지〉남태평양 소시에테 제도(Societe Is.) 동부에 있는 섬. 타히티라고도 표기함. → 타히티 섬

타이푼 [typhoon ← 중 颱風] 태풍.

타이프 커버 [type cover] 〈인쇄〉활자 뚜껑.

타인 [독 Tein] 〈화학〉카페인.

타일로겐 [영 tieloken] 〈복〉밴드가 붙은 레인코트의 일종. 단추를 잠그지 않고 밴드로 죈다.

타임 [영 time] ① 시간, 시각.
② 시대, 시기.
③ 〈경〉시합의 일시휴지.
④ 〈음〉박자, 속도, 음부의 장단.

타임리 [영 timely] ① 시기에 맞는, 적시의.
② 기회가 좋은, 알맞게.

타임니 에러 [timely error] 〈야구〉가장 중요한 때의 실수.

타임 래그 [time lag] (기획과 실행 두 개 사이의) 시간적인 차이.

타임 레이스 [time race] 시간 거리 경주.

타임 리밋 [time limit] 제한 시간, 기한.

타임리 히트 [timely hit] 〈야구〉적시 안타.

타임 머신 [time machine] 과거와 미래의 시간 여행을 하게 한다는 공상적 기계.

타임 브로커 [영] time broker 〈광고〉방송 시간의 거간 곧 중매인(中買人)이라는 의미로 방송 광고 대리점을 말함.

타임 세일즈 [영] time sales 〈광고〉민간 방송(民放)이 직접 또는 광고 대리점을 통해서 방송 프로그램을 세일즈하는 것.

타임 스탬프 [영] time-stamp 시간 기록기. 타임 레코더(time recorder)와 비슷한데, 연월일 시분(時分)을 인자(印字) 기록한다.

타임 스피릿 [time spirit] 시대 정신.

타임 업 [time(is)up] 〈축구〉시합 시간이 끝난 것.

타임 웍 [time work] 시간으로 따지는 작업.

타임즈 [the Times] 통칭은 런던 타임즈. 영국의 대표적 신문으로 공정한 보도와 품위는 국제적으로 평가받으며 사설의 정치적 영향력은 매우 크다. 1788년에 창간됐음. 66년에 '캐나다'의 신문왕 '톰슨'경의 지배하에 들어갔다.

타임 차터 [time charter] 〈경제〉정기용선. 일정한 기간 배를 빌려주는 것.

타임 캡슐 [time capsule] 후세에 전

ㅌ

하게 위해 각종 물품을 거두어 지하에 묻고 일정한 세월이 경과한 후에 꺼내는 용기.

타임키퍼 [timekeeper] 〈체육〉
① 시간을 기록하는 사람.
② 박자를 지휘하는 사람.

타임 트라이얼 [time trial] 독주 시간 경기.

타임 트립 [time trip] 시간 여행(시간을 초월해서, 과거 또는 미래를 여행하는 일). = 타임 트래블(SF등의)

타임 페널티 [time penalty] 〈아이스하키〉반칙을 범한 경기자가 일정한 시간을 경기에서 제외되는 시간적 벌칙.

타직 [이란 Tazi / Tazik > 중 大食] '아라비아 인'이라는 뜻. 7~12세기, 당송(唐宋) 시대의 중국인이 아라비아 및 아라비아 인, 또는 넓은 의미에서 이슬람교도(Islam 教徒)를 지칭했던 명칭. 타지(Tazi)라고도 함.

타카시도 [영 Tuxedo] 〈복〉남성의 야간반 예복. 연미복의 대용. 영국에서는 디너 재킷(dier jacket)이라고 한다. 턱시도.

타켓 [영 Target] ① 표적.
② 〈복〉 과녁형의 장신구.
③ 핵반응이나 방사선을 발생시키기 위해 원자핵, 전자동으로 충격 또는 조사되는 물질.

타코미터 [tachometer] 회전 속도계. 이것을 자동차에 달면 자동으로 주행 속도가 계측되며, 경보 장치를 달면 제한 속도를 초과할 때 경고등이 켜지고 버저가 울린다.

타타 [영 Tartar] 〈군〉미해군의 고체연료함 대공미사일.

타타르 해협(海峽) (Tatar St.) 〈지〉 아시아(Asia) 대륙과 사할린(Sakh-alin) 사이의 해협.

타탄 [tartan] 창살 무늬의 직물.

타탄트랙 [tartan track] 육상경기의 활주로에 고무 따위를 깔아서 비올 때도 사용할 수 있는 트랙이다. 탄력성이 있기 때문에 기록도 더 좋아졌다. 올·시즌·트랙이라고도 한다.

타트 [라 > 프 > 영 tart] 〈요〉 과실·잼(jam)을 넣은 파이(pie). 미국어로는 파이와 같은 말. 라틴어 표기로는 타르타(tarta), 프랑스어 표기로는 타르트(tarte). (→) 타르타·타르트.

타트라진 [영] tartrazine 〈식품〉 식품에 허가된 황색 색소.

타페스트리 [영 tapestry] 창이나 벽에 거는 천. 색실로 풍경이나 문자 등을 수놓은 것. 바닥에 까는 융단.

타폴링 지(紙) [영] tarpauling paper 건조한 크라프트 지(紙) (kraft paper)에 양질의 아스팔트를 엷게 바른 뒤, 또 한 장의 크라프트 지를 밀착시킨 것. 식염·비료·약품 등의 포장.

타프 [영 tough] 강한, 불사신의.

타프타 [프 taffetas] 〈복〉 평직의 얇은 비단천으로 광택이 있다.

타피/태피 [말 > 프 > 미 taffee/taffy] 〈식품〉 과포화된 설탕 용액에 작은 지방구(脂肪球)를 분산시킨 설탕 과자. toffee/toffy라고도 함. 원 표기는 태피.

타피아 [말 > 영 tafia/taffia] 〈식품〉 감자에서 만들어진 럼과 똑같은 증류술.

타피오카 [영 tapioca]서인도제도나 브라질산이 캬사바 싹으로 만든 가루. 식용으로 한다.

타호 강(江) (Tajo R.) 〈지〉 이베리아 반도(Iveria Pen.) 최대의 강.

탁식엣셋 [Toxic assets] 부실자산.

탄 [영 tongue] 탱의 사투리. ① 혀.
② 소나 돼지 혀를 소금에 절여 다시 찐 것.

탄자니아 (Yanzania/United Republic

499

ㅌ

of Tanzania) 〈국〉동아프리카의 중앙부, 탕가니카 호(Tanganyika L.) 동쪽과 잔지바르 섬(Zanzibar I.)을 포함한 연합 공화국. 탕가니카는 1884년 독일령, 잔지바르는 1890년 영국 보호령이었음. 1961년 탕가니카는영연방의 일원으로 독립, 1963년 잔지바르는 입헌 군주국으로 독립, 1964년 인민 공화국이 됨. 1964년 4월 두 나라가 합병하여 국명을 탄자니아 연합 공화국으로 제정. 수도는 다르에스살람 (Dar es Salaam). (→) 다르에스살람.

탄젠트 [영 tangent] 〈수〉정비. 직각3각형의 높이와 밑변과의 비.

탄탈 [독 Tantal] 쇠붙이 원소의 하나.

탄탈럼 [독 Tan Talum] 〈화〉 회유금속원소의 하나, 기호는 Ta, 백금의 대용으로 펜촉, 전등의 발화선의 요기구에 사용된다.

탈륨 [독 Thallium] 〈화〉 납과 비슷한 희유금속 원소의 하나, 기호 TL. 인공보석의 재료에 사용한다. 천연에는 황화광석이나 운모속에 근소하게 함유되어 있다.

탈리도마이드 [thalidomide] 서독에서 개발한 수면제. 메스꺼움이나 구토증의 예방약으로 선전되어 세계에 보급되었음. 임산부는 사용금지.

탈리스맨[영 talisman]부적, 호부(護符).

탈마 [프 talma] 〈복〉기다란 케이프불임 또는 라그랑형의 중심에 께멘 자리가 있는 오버.

탈무드 [히 talmudh > 독·프·러 Talmud > 영 talmud] 〈종·책〉유태교의 경전, 200~400년대에 편성되었음. 기원전 300년 무렵 로마 군에 의해 예루살렘(Jerusalem)이 함락된 뒤부터 5세기까지 약 800년간 구전(口傳)되어 온 유태인들의 종교적·도덕적·법률적 생활에 관한 교훈을 집대성한 책. 유태인의 암흑시대에 완성되어 압박과 위험의 시대를 사는 많은 지혜를 유태인에게 제공한 책임.

탈크[영 talc] 〈광〉 활석. 그의 분말은 타분으로 한다.

탐탐 [독 Tam-Tam : tam-tam] 청동으로 만든 두꺼운 원반의 타악기로 징의 한 가지.

탐폰 [독 Tampon] 〈의학〉지혈전. 면구. 소독한 탈지면이나 거즈에 약제액을 침투시킨 것으로 환부에 집어넣거나 씌워서 지혈이나 분비물의 흡수에 사용한다.

태그 [영 tag] 표찰, 상품의 상표, 사명, 정가 등을 기록하고 있으며 매상시에 이것을 추려내서 집계한다. 서적의 경우에는 슬립.

태리프 [tariff] ① 호텔 등의 요금표. ② 관세. 관세율. 세율표.

태브 [tab] 〈의상〉조그마한 늘어진 천. 끈. 모자의 귀덮개.

태블로이드 [영] tabloid
① 보통 신문을 둘로 접었을 때의 크기의 신문 판형.
② 정제(錠劑). 태블릿(tablet), 영어 table + oid의 조어에서 온 말.

태블릿 [tablet] ① 서관(書板).
② 〈약학〉 정제, 알약.
③ 〈컴퓨터〉 펜 등을 이용하여 도형 정보를 입력하는 장치. → 디지타이저(digitizer)
④ 철도의 통과표 단선의 경우에 역장이 기관사에게 건네주는 통장(通章).

태셀[영 tassel] 〈복〉모사, 견, 인경 등 꼬아합친 실로 만든 술이며, 의류나 커튼의 장식에 사용한다.

태스크 포스 [task force]
① 〈군사〉특수 임무를 가진 기동부대.
② 〈경제〉 신규의 사업 계획을 수행하기 위해서 임시로 편성된 그룹. 대책본부, 전문위원회. 단체나 그룹의 기획팀.

ㅌ

태즈먼 해협(海峽) (Tasman St.) 〈지〉 오스트레일리아(Australia) 동해안과 뉴질랜드(New Zealand) 사이에 있는 남태평양의 부속해의 해협.

태코그래프 [tachograph] 〈기계〉 회전도계. 태고미터. 회전하는 것의 1분간의 회전수를 측정.

태코미터 [tachometer]
① 〈기계〉 자동차 등의 엔진 회전수·회전 속도를 나타내는 계기(計器)
② 〈의학〉 피의 흐름을 재는 기계. ▷ tachograph.

태클 [tackle]
① 〈배〉 복활차. 선구. 색구.
② 〈축구〉 상대방에 달라붙어 공을 뺏는 것. 〈럭비〉 공을 가지고 뛰는 상대에게 몸통을 부딪쳐 공격을 저지하는 것.

태클링 [tackling] 〈하키·축구〉 상대방의 공을 스틱으로 방해하거나 혹은 뺏는 것.

태킹 [tacking] 뱃머리를 돌리는 것.

태팅 [영 tatting] 〈복〉 레이스 편직의 일종, 망을 짜는 기구를 사용하여 작은 고리를 여러 개 매단 장식 편직.

태피 [영 taffy] 캐라멜과 비슷한 과자. 땅콩 등이 들어가 있다. 영국에서는 taffe, toffit라고 쓴다.

태피스리 [프 tapisserie] 벽걸이나 책상보로 사용하는 천.

태피오커 [tapioka] 카사바의 뿌리에서 빼내는 먹는 녹말.

태핏 [영 tappet] 〈기〉 밸브를 밀어 올리는 기구.

태핑(나산) [tapping] 돌림에 따라 스스로 구멍을 파고 들어가게 된 나사.

택 [영 tack] 〈요트〉 침로를 바꾸는 것. 태킹. 납작한 못. 압정. 덧붙이다. 부가하다.

택스 다저 [영] tax dodger 탈세자.

택스 카운슬러 [영] tax counselor 세무 상담계.

택트 [영 tact] 〈음〉 ① 지휘봉.
② 박자 또는 절.

택트 시스팀 [영] tact system 컨베이어 시스팀(conveyor system)의 도입이 곤란한 작업에서 지휘에 따라 각 공정(工程)을 일제히 시작, 전체 공정을 일정 시간마다 끝마치는 일관 작업 조직.

택틱스 [영 tactics] 전략, 책략. 상대어는 스트라티지. 전술(군사 행동 뿐만 아니라 사회운동 등에도 이용됨).

택틸로지 [영 tactilogy] ① 지도술.
② 손가락으로 여러 가지 모양을 나타내서 의지표시를 하는 방법.

탠덤 [tandem] ① 2인승 자전거.
② 2두마차.

탠덤 레이서 [tandem racer] 트랙 경기용 자전거.

탤런트 머니 [talent money] 〈체육〉 경기에서 우승자에게 주는 상금.

탤로 [tallow] 짐승 기름.

탤컴 [talcum] 활석(滑石). 탤컴 파우더.

탤컴 파우더 [영 talcum powder] 화장용의 탄분. 활석가루에 향료, 소독약을 집어넣은 것.

탤크 [talc] 탤컴 파우더. 활석.

탬버린 [tambourine] 둘레에 방울을 단 작은 북.

탬부어 [tambour] 〈음악〉 북.

탬퍼 [tamper] 〈토목〉 진흙을 이기는 기계.

탭 [영 tap] ① 마개.
② 암나사를 깎는 공구.
③ 중간플러그.
④ 두드리다, 가볍게 때리다.

ㅌ

⑤ 탭댄스의 약.

탱고 [에 > 영·독·프 tango] 〈음〉 육감적인 댄스 곡 또는 그 춤. 4분의 2박자, 또는 8분의 4박자로, 리듬에 그 특징이 있음. '춤'이라는 뜻에서 온 말. 중앙아프리카의 원주민에게서 뿌리가 시작되어 중남미를 거쳐 20세기 초 북미·유럽 등 전 세계로 퍼짐.

탱커 [tanker] 유조선.

탱케이지 [Tankage] 〈축산〉 부스러기 고기, 내장 등을 증발시켜 기름을 빼고 난 다음의 가루 (비료, 탱키지, 사료용)

탱크 로리 [tank lorry] 가솔린이나 휘발성 유류 등을 운반하는 트럭. ▷ lorry는 영국에서 화물 자동차.

터그보트 [영 tugboat] 끄는 배.

터널 [영 tunnel]
① 산허리나 지중을 관통하는 통로.
② 〈야〉 포구하려고 한 공이 가랭이 사이로 빠져나가 실책 하는 것.

터닙 [turnip] 유럽 원산의 순무우.

터닝 레이스 [turning race] (경주상의 한 방법으로) 예정 코스를 돌아오는 것.

터닝 포인트 [turning point] 분기점. 전환점.

터미널 데파트 [영] terminal department store 〈유〉 종점 백화점. 터미널 부근에 세워진 백화점.

터미널로지 [영 terminology] 〈문〉 어떤 분야에 특유의 술어, 전문용어.

터미널스테이션 [영 terminal station] 항공에서 항공 관제탑 통신. 사무. 세관 서비스 시설 등을 배치한 곳을 가리키기도 함. 또는 물리학에서 단자나 전극을 뜻함. 터미널 테파 하면, 사내 교통기관내의 백화점.

터반 [영 turban]
① 인도인이나 회교도가 사용하는 권두근.
② 〈복〉 터반풍의 머리장식.

터보건 [toboggan] 바닥이 평평한 썰매. 북미(北美) 인디언들의 창작품.

터보 드릴 [영 turb drill] 〈기〉 깊은 지하의 석유를 파내는데 종래의 드릴의 회전식으로 바꾸어서 터번으로 굴착하는 장치.

터보젯 [영 turbojet] 〈기〉 터번식 분사 추진기관. 제트엔진에서 터빈에 의해 공기를 압축하여 이것에 가스를 연소시켜 분출시키는 장치.

터보젯 프롭 [영 turbo prop] 〈기〉 터번식의 프로펠라 추진기관과 제트기관을 합친 항공기의 엔진.

터부 [taboo] 금기, 금제. 금단, 원래 폴리네이어(polynesia)의 tabu. tapu 에서 유래된 말로써 두 가지의 상반된 의미를 가진 용어임. 신성한, 성화된 또는 걱정되는 부정한 위험한 이라든가 '위험한'이라는 뜻을 나타내는 등의 말.

터블런스 [turbulence] 비행기 등의 난기류에 의한 대혼란.

터빈 [turbine] 〈기계〉 고온·고압(高壓)의 증기·연소 가스를 노즐로 내뿜게 하여, 그 충격으로 회전 동력을 얻는 장치나 기관. 수력과 화력의 2종류가 있다.

터빈 펌프 [turbine pump] 〈기계〉 터빈을 이용한 자동 펌프.

터사 [영 tussah] 〈복〉 작삼의 실로 짠 튼튼하고 부드러운 견직물.

터스칸(모) [Tuscan 帽] 이태리 Tuscany지방 원산의 여름 밀집 모자.

터스터 코트 [duster cost] 먼지가 오르지 않도록 입는 겉옷.

터치 [touch] ① 접촉.
② 피아노 타이프라이터 등의 건반에 손가락을 대는 것. ¶~가 좋다.
③ 언급 또는 관여. ¶그 일에 ~하지

말라.
④ 〈미술〉 그림에 손을 대는 것.
⑤ 〈야구〉 공을 주자에게 갖다대는 것.
⑥ 〈당구〉 공과 공이 닿는 것.
⑦ 〈럭비〉 경기장 좌우의 바깥쪽.
⑧ 사진이나 그림에 가하는 수정.

터치 아웃 [touch out]
① 〈야구〉 수비자가 주자에게 공을 터치하여 아웃시키는 것.
② (한·일 용법) 정구나 탁구에서 선을 또는 탁구대를 맞고 밖으로 나가는 일.

터치어카운트 [일 Dutch account] 추렴, 각자 부담. ▷ go Dutch는 각자 부담으로 하다.

터칭 베이스 [touching base] 〈야구〉 주자(走者)를 아웃시키기 위하여 공을 베이스에 터치하는 동작.

터코이즈 [영 touguoise]
① 〈광〉 터크석.
② 터크색과 비슷한 밝은 청색.

터크트 블라우스 [tucked blouse] 〈의상〉 단을 잡은 블라우스.

터크트 슬리브 [tucked sleeve] 〈의상〉 주름을 잡은 소매.

터키 (Turkey) 〈국〉 Turkiye Cumhuriyeti. 지중해 북쪽의 아시아와 유럽에 걸쳐 있는 공화국. 1923년 공화제 선포. 오스만 터키(Osman Turkey)로서 번영해 오던 대제국이 6세기 말부터 쇠퇴, 1차 세계 대전 때 패배한 뒤 존립이 위태로 왔으나 아타튀르크(Kemal Ataturk=Kemal Pasha)가 영국·그리스 등 침략군을 격파하여 현 판도를 누리게 됨. 수도는 앙카라(Ankara). (→) 앙카라.

터킨 블라우스 [tutkin blouse] 언더 블라우스. 스커트 속으로 집어넣어 입게 되어 있음.

터퍼 웨어 [영 Tupper wear] 폴리에틸렌제의 식품보존용기. 미국의 상품명.

터프 [영 turf] 잔디, 잔디밭.

터프 [tough] 억세고 완강(頑强)한 모양.

터프가이 [tough guy] 강인한 남자.

턱 [tuck]
① 〈의상〉 드레스의 장식으로 천의 폭이나 기장을 좁게 하기 위해 박는 주름 또는 접는 것. 〈복〉 누비바느질.
② 수영에서 구부린 두 무릎을 양손으로 안는 자세.

턱 인 블라우스 [영 tuck in blouse] 〈복〉 스커트 속에 밀어 넣어서 입을 수 있게 만든 블라우스.

턴 [영 turn] ① 회전, 반환.
② 〈수영〉 풀의 끝의 반환.
③ 〈골프〉 전반의 9홀을 끝내고 후반의 9홀로 넘어가는 것.
④ 〈댄스〉 회전하는 것.

턴버클 [turnbuckle] 〈기계〉 줄을 당겨 조이는 기구.

턴불(청) [turnbull 靑] 〈화학〉 제1철염 용액에 페로산화 칼륨의 용액을 더할 때 생기는 짙푸른 침전물.

턴스타일 안테나 [turm style antenna] 〈통신〉 회전식 문처럼 생긴 안테나.

턴어라운드 타임 [turn around time] 〈컴퓨터〉 입력에서 출력까지 걸리는 시간.

턴온 [turn-on] 마약으로 좋은 기분이 됨. 환각제나 마약이 효과를 나타냄.

턴키 시스템 [turnkey system] 〈컴퓨터〉 메이커 또는 시스템 하우스가 하드와 소프트를 갖추고, 특수한 오퍼레이터 없이도 간단하게 조작할 수 있는 시스템.

턴테이블 [turntable] ① 회전식 무대.
② 전차대(戰車臺). 회전대.
③ 축음기의 회전판. 라디오의 녹음재생기.

ㅌ

턴트럼 [영 turntrum] 미국에서 1967년에 유행한 춤, 기분 나쁜 표정을 한 맘나니.

턴파이크 [turnpike]
① 유료 고속도로.
② 고속도로의 요금 거두는 곳.

템버린 [영 tambourine] 〈음〉금속 또는 목제의 둥근 틀에 방울이 달려 있는 수고(手鼓), 이것을 흔들어 방울의 소리를 내거나 가죽을 두드리면서 춤을 춘다.

텀블 [프 tambour] ① 북.
② 〈복〉원형의 자수에 사용하는 나무틀.
③ 〈이〉자동적으로 곡선을 그리는 장치.

텀블러 [영 tumbler] 맥주 등을 마시는 데 사용하는 대형 컵. 전마기(轉磨機)

텀블링 [tumbling] 〈체육〉쇼 같은 체조로서 여러 사람이 손을 맞잡거나 혹은 어깨에 올라타 앉은 것과 같은 동작으로 여러 가지 모양을 만드는 체조유희다.

텅 [영] tongue 〈고무〉현행 명칭은 '설'(舌) 또는 '베라'라고 사용하나 '발등덮개'로 씀이 가할 듯. tongue label의 경우 '설라벨'로 사용하고 있지만 그냥 '상표'라고 씀이 좋겠음.

텅거(정류관) [tunger(整流菅)] 〈전기〉텅그스텐, 토륨 등의 직열(直熱) 음극과 인조흑연의 양극을 장치한 가스를 넣은 정류기의 하나.

텅스텐 [영 tungsten] 〈화〉금속원소의 하나. 기호 W. 회백색으로 매우 경도가 큰 금속 전구, 진공관, 강철제조에 사용된다. 월프람이라고도 함.

텅칼로이 [영 Tungalloy] 탄화 텅스텐과 코발트로 만드는 합금, 상품명.

테니스 그립 [tennis grip] 〈탁구〉테니스의 라켓을 쥐듯이 하는 그립으로 배터 양쪽을 사용하기에 편리함.

테니스 엘보 [tennis elbow] 〈의학〉테니스에서 강한 타구의 충격으로 팔꿈치에 생기는 염증(손목과 팔을 앞으로 뻗을 때, 근육이 과도한 긴장을 일으켜 통증을 동반하여 생기는 염증).

테디 베어 [영 teddy bear] 장난감 곰.

테디 보이 [영 teddy boy] 컨디션이 좋은 젊은 사람.

테라 로사 [terra rossa이] 석회암이 풍화한 다음에 생기는 농적색의 점토.

테라리움 [라 > 독·영 terrarium] 육지에 사는 작은 동물을 기르는데 쓰는 사육통. 곤충 사육장. 생물 사육조. 물통 모양의 유리 그릇. 수중 생물의 사육장은 아쿠아리움(aquarium). (→) 아쿠아리움 테라륨 [Terrarium*]

테라마이신 [영 terramycin] 〈약〉방사선상으로부터 만든 항생물질로 폐렴, 적기, 티브스, 트라코마등에 유효하다. 1950년에 발견된 항생 물질.

테라스 [프 terrasse] ① 옥상. 노대
② 〈등산〉층이 진 언덕.

테라스 [terrace]
① 〈건축〉정원·도로를 향해 내어단 지붕 없는 발코니.
② 대지. 고대(高臺), 단구(段丘).

테라조 [영 terrazzo] 〈건〉대리석을 분쇄한 것을 시멘트에 섞은 고급벽재.

테라코타 [terra cotta이]
① 점토로 만든 도기의 총칭. 미술적인 흉상이나 장식품용으로 사용한다.
② 상약 바른 것은 벽돌이나 기와등이 된다.

테라트론 [영 theratron] 〈의〉감마선을 사용해서 질환부에 대조하는 방사선 암치료 기계.

테러 [terror] 폭력 행위. 테로.

테레빈유 [영 oleum terebinthinae] 송진 등을 증류하여 만드는 휘발성의 방향이 있는 오일. 도료, 염료, 합정장뇌

ㅌ

의 재료에 사용된다.

테레사 수녀(修女) (Mother Teresa : Agnes Gonxhiu, 1910~)〈인〉유고슬라비아 태생의 로마 가톨릭 수녀. 1979년 노벨 평화상 수상.

테레슈코바 니콜라예바, 발렌티나 (Valentina V. Tereshkova Nikolaeva, 1937~)〈인〉소련의 세계 최초 여성 우주 비행사.

테르밋 [독 Thermit] 〈화학〉강철(鋼鐵)의 용접제의 하나.

테르븀 [라 > 독 terbium] 〈화학〉희토류 원소의 하나.

테르제또 [이 terzetto] 삼중창(三重唱).

테르펜 [독 Terpen] 향료의 원료로 쓰는 식물성 정유에 들어가 있는 향기 나는 액체.

테르펜틴 [독 Terpentin] 〈화학〉터펜틴. 송백(松柏)과 식물 줄기에서 나오는 기름 섞인 액체.

테러블 [영 terrible] 무서운, 공포의.

테리아 [영 terrier] 영국원산의 소형견. 동작이 재빠르고 경쾌. 테리어, 원뜻은 '땅을 파는 것'의 뜻.

테리토리 [영 territory] 영역, 영토. 담당 구역.

테릴렌 [영 Terylen] 나일론과 비슷한 합성섬유의 상품명. 일본에서 테토론, 미국에서는 테크론이라고 함.

테마 [독 Thema] ① 주제, 제목. ②〈음〉주선율.

테마 뮤직 [독 Thema+music] 〈음악〉주제(主題) 음악.

테마 파크 [Thema-park] 종합오락단지.

테무진 (Temujin/Themuchin)〈인〉징기스칸(JinghisHhan)의 본명. 한자 표기로는 철목진(鐵木眞).

테브로민 [독 Theobromin] 〈약〉카카오의 종자에 포함되는 알칼로이드, 이 뇨제로 사용된다.

테스타 [tester → 일] ① 전기 회로 시험기. ② 전류 전압계.

테스타멘트 [영 testament] ① 유언장. ② 성서.

테스토스테론 [영 testosterone]〈의〉소의 고환에서 채취한 남성호르몬.

테스트 마키팅 [영 test marketing] 〈경〉새 상품을 개발, 판매할 때 리스크(risk)를 적게 하기 위해 일정 기간·일정 구역에서 그 상품을 시험 판매해 보는 것.

테스트 컬 [test curl] 〈미용〉시험삼아 하는 컬.

테스트 케이스 [test case] ① 시험삼아 해보는 경우. ②〈법률〉판례(判例)가 될 소송 사건.

테스트 파일럿 [test pilot] 시험 비행사.

테스트 패턴 [test pettern] 테레비전 수상(受像)을 조절하기 위하여 방송 전에 보내는 조정상(像).

테스트 페이퍼 [test paper] ①〈화학〉시험지. ② 글씨 감정에 쓰는 종이.

테스티스 [영 testis] 고환, 불알.

테에제 [독 these] 논제 방침서. 공산당 용어로서는 공산주의 운동의 목적을 달성하기 위해 직면한 정세에 적응한 전술적 행동 강령 등 운동 내용을 설명한 문서.

테오리 [독 Theorie] 학설. 이론.

테오토코스 [그 theotokos] 하나님의 어머니. 성모 마리아. 베스토리우스 (Nestorius?~451?)가 복되신 동정 마리아는 인간 그리스도의 어머니 곧 크리스토토코스(christotokos)에 불과하다고 주장한데 대응하여 에페소

E

공의회(公議會) (Council of Ephesus, 431년)는 마리아의 신적(神的) 모성을 방어하는 뜻으로 이 용어를 사용하였음. (→) 크리스토토코스.

테이리아 [Theoria] 실제 관여에서 떨어져 사물을 관찰 비판하는 것.

테이블 스피치 [일 table speech] (보통 연회가 끝날 때쯤 행하는) 간단한 탁상 연설·인사 = 애프터 디너 스피시(after-dinner speech).

테이블 차지 [영] table+charge 식당이나 클럽 등에서 테이블에 대해서 정해져 있는 좌석료.

테이블클로스 [영]tablecloth 식탁이나 책상 위를 엎는 보. 식탁보. 책상보.

테이블 탭 [영] table tap 끼우개 구멍을 여러 개 붙여서 탁상에 놓거나, 이동이 가능하게 만든 접속 기구.

테이블 파이어 [영] table+fire 〈경〉 화재 보험 회사가 만들어 내는 가공의 화재 사고. 보험금 착복의 부정 수단.

테이스트 [taste] 취미, 기호. ¶ ~에 맞는 직업을 찾고 있다가 굶어죽지.

테이크 오버 [take-over] 매수. 기업을 가로챔. 인수.

테이크 오버 비드 [take-over bid] 〈경제〉 주식 공개 매입(기업의 경영권을 지배하기 위해 매입 기간·주가·주수(株數)를 일반에게 공개하여 주(株)를 사 모으는 일).

테이크 오프 [take off]
① 비행기의 이륙.
② 저개발국의 경제적 도약.
③ 〈경기〉 도약대. 경제의 성장단계에서 공업화와 농업의 근대화가 비약적으로 발전하는 시기.

테이크 차지 [영 take charge] 자동차나 기계가 사람의 손에 의존하지 않고 제멋대로 움직이는 것.

테이퍼 [영 taper]
① 차츰 가늘어지는 것.
② 제도에서 물체의 양면이 대칭적으로 기울어진 것.

테이프 [영 tape] ① 평끝.
② 가늘고 기다린 종이.
③ 감는자.
④ 결승라인에 치는 끈.
⑤ 전선에 감는 절연용의 띠끈.
⑥ 녹음기용이 플라스틱제 자기대.

테이프 네트워크 [일 ←tape network] (방송에서) 모국(母局)에서 녹음·제작한 프로그램을 지방 방송국에서 방송하는 네트워크.

테인 [Tein독] 〈화〉다소(茶素), 카페인.

테일 [영 tail] ① 꼬리, 꽁무니,
② 〈복〉 웃소매.
③ 항공기의 꽁무니부. 스키의 뒤쪽.

테일 [tael]
① 중국의 무게의 단위로 약 372그램.
② 중국의 구식 은화의 단위.

테일라이트 [미] taillight 후미등(後尾燈). 자동차·기차·전차 등의 빨간 후미등. 테일 램프(tail lamp). (→) 테일 램프.

테일 램프 [영] tail lamp 후미등(後尾燈). 테일라이트(taillight). (→) 테일라이트.

테일러드 슈트 [tailored suit] 〈의상〉 남자 옷처럼 딱딱한 느낌을 주는 여자 양복.

테제 [그>라< 독 These] [포 these] [영 thesis]
① 〈철〉 정립(定立). 증명되어야 할 명제. 변증법에서의 '정(正)'. (→) 진테제(Syn-these). ↔ 안티테제 (Antithese)
② 〈사〉 정치적·사회적 운동의 강령. '운동' 방침.
③ 논문. 논설.

테크너크랫 [영] technocrat
① 1930년대 미국에서 제창된 테크노

크러시(technocracy)를 신봉하는 사람들.
② 기술자나 과학자 출신의 관리자. 또는 행정관.

테크네튬 [technetium] 〈화학〉인공 방사성 금속 원소의 하나.

테크노마트 [technomart] 기술 정보 거래 시장. 테크놀로지(technology (기술)+mart(시장)).

테크노미스트 [technomist] 테크놀로지와 이코노미스트의 합성어. 사무 기술자나 기술 사무자를 말한다.

테크노스트럭처 [technostructure] 〈경제〉전문화한 지식이나 재능. 경험을 가진 사람들이 집단적으로 참가하는 의사 결정 조직.

테크노이코노믹스 [techno-economics] 경제·사회·심리학 등의 인문 과학자가 자연 과학자와 유대하여 공통의 문제 해결법을 짜내는 일. 가술+경제학.

테크노크라시 [rechnocracy] 〈경제〉기술주의적인 경제 사상. 전문 기술자의 지배. 산업은 사회 전체의 이익을 중심으로 관리되어야 하며, 그를 위해서는 우수한 기술자의 손에 맡겨야 한다고 하는 사회 경제 사상. 윌리엄 스미스가 제창한 것.

테크노폴리스 [technopolis] 고도 기술 집적(集積)도시. 첨단 기술 산업과 대학·연구실을 갖추고 공원이나 주택도 갖춘 지방 도시를 만들려는 구상(構想).

테크놀로지 [technology]
① 과학 기술(종래의 공학보다 넓은 의미를 가짐).
② 기술학. 공예학.

테크놀로지 트랜스퍼 [technology transfer] 기술 이전(기술, 특히 첨단 기술을 기업·국가끼리 서로 공여(供與)함) (약/TT.)

테크니션 [영 technician] ① 기교가.
② 기술자.

테크니컬 [영 technical] ① 기술적.
② 학술적.

테크니컬 녹아웃 [영] technical knock-out 〈체〉권투에서 역량·기량의 차이가 심해서거나 한쪽이 부상으로 시합 속행이 불가능한 경우, 레퍼리(referee)가 승부 결정을 하는 것. 약칭은 티케이오(T.K.O.).

테크니컬러[영 technicolor] 〈영〉천연색의 한 방식.

테크니컬 파울 [technical foul] 〈농구〉몸에 닿지 않는 파울.

테크닉 [영 technic] 기교, 수법, 기술.

테크닉스 [영 technics] ①공예.
② 술어, 전문어.

테타누스 [Tetanus독] 〈의〉파상풍.

테타니[영 tetany] 〈의〉강직성 경련증, 말초 신경이 흥분하면 사지근이 경련을 일으키는 병.

테타테트 [프 teteatete]머리와 머리를 서로 마주보게 한다는 뜻.
① 마주보기. ② 대화, 밀회, 밀담.

테트라사이클리 [tetracycline] 항생 물질의 하나. 팬마이신. 테트라 마이신 등의 별명이 있다. 그로코사민과 함께 복용하면 혈중 농도가 지속적으로 상승(上昇)한다고 해서 복합 약제(複合藥材)로 제조(製造)되어 있다. 폐렴에 듣는다.

테트라팩 [영 tetra pack] 삼각형의 사면으로 생긴 추형의 종이의 용기로 우유, 음료수 등을 넣는다.

테트라포드 [영 tetrapod] 〈건〉호안공 사용의 콘크리트를 주재로 한 4각의 히토데형의 대칭형 블록, 이것을 다수 조합시키면 파랑에 의한 침식을 방지하는데 효과가 있다.

ㅌ

테트로독신 [Tetrodotoxin독] 〈약〉복어의 독소로 진통약이 된다.〈화학〉복어 알에 들어 있는 독소.

테플론 [teflon] 〈화학〉플라스틱 제품으로 4불화 에틸렌을 중합한 합성수지.

테플론 프래지던트 [Teflon President] 테플론 프라이팬에 요리가 눌어붙지 않듯이. 비난이나 과오가 따라다니지 않는 대통령(레이건 대통령에 대해서 쓰였으며, 여러 가지 문제가 있어도 깨끗하다고 인식되어 지금까지 인기가 높음)

테헤란 (Teheran) 〈지〉이란 공화국 (IslamicRepublic of Iran)의 수도. 12세기에 건설한 도시인데 1788년 수도로 됨. 1925년에 새 시가로 면모를 바꿔 근대화함. (→) 이란.

텍사스 리거 [미] Texas leaguer 〈야〉내야수와 외야수의 중간에 떨어지는 행운의 안타(安打). 텍사스 주 출신의 선수가 잘 쳤기 때문에 생겨난 말. 텍사스안타라고도 함.

텍사코 [미] Texaco 〈회〉미국 유수의 석유 회사.

텍스 [영 tex] ① 실의 굵기를 나타내는 JIS 규격의 기본단위. 1킬로 미터당의 그램수로 나타낸다.
② 〈건〉천장, 벽 등에 사용하기 위한 나무 부스러기나 펄프를 압축해서 굳힌 판.

텍스처 [texture] ① 피륙. 양복감. 직물.
② 〈미술〉색조 묘사.

텍스추어 [영 Texture] ① 〈미〉종이, 목재, 포지 등 재료의 소지.
② 건축 재료의 질.

텍스타일 [영 textile] 직물, 포지.

텍스트 [text] ① 원문, 원전(原典).
② 논문. 주제. ③ 본문.
④ 〈연예〉각본.

텍스트 [textbook] 교재. 교본.

텍스트 에디터 [text editor] 〈컴퓨터〉텍스트 편집 프로그램(문자나 단어 또는 절·단락의 삭제·삽입·변경 등의 수정을 효율적으로 할 수 있는 프로그램)

텐더 [영 tender] ① 기차의 탄수차.
② 정답고 부드럽다, 느낌이 좋은.
③ 뒷바라질을 하는 사람. (용례 : 바텐더).

텐더니스 [tenderness] 사랑·배려·동정과 같은 인간적인 친절함. 따뜻함.

텐더리 [tenderly] 부드럽게. 친절하게.

텐던시 [tendency] ① 경향.
② 성벽(性癖).

텐덜로인 [영 tenderloin] 〈요〉등심살. 소나 돼지의 허리나 늑골의 사이에 있는 가장 맛있는 상등육.

텐덜로인 스테이크 [tenderloin steak] 〈요리〉소, 돼지의 허리나 갈비살로 만든 스테이크.

텐덴쯔로만 [독 Tendenzroman] 〈문학〉경향 소설.

텐션 [tension] 정치·경제·사회·정신 등의 절박한 또는 긴장 상태.

텐스 [tense] 〈문법〉시제(時制). 시상(時相).

텐제리 [독 tonzerin] 무희(舞姬).

텐 칼론 햇 [영 ten-gallon hat] 카우보이가 쓰는 모자의 챙이 큰 모자. 이것으로 10갈론의 물을 담을 수 있다고 해서 이와 같은 이름이 있다.

텐핀 [tenpin] 볼링에서 쓰러뜨리는 호리병 모양의 핀.

텔레 [영 tele] 원거리의 뜻. 멀다는 뜻의 의미의 접두어.

텔레라이터 [telewriter] 〈기계〉전류

에 의하여 자동적으로 글자를 기록하는 기계.

텔레런 [영 Teleran] Television and rader navigation의 약. 비행중의 조종사에게 지기의 근처에 있는 비행기의 위치를 알리기 위해서 레이더와 텔레비를 연결한 무성항행 원조 장치.

텔레마크 [Telemark독] 〈스키〉외측에 발을 앞으로 내고 급정지 또는 방향전환을 하는 기법. 노르웨이 스키 기술의 대표적인 것의 하나.

텔레마터링 [telemetering] 원격 측정. 전파 등을 이용해서 계기 메터의 측정 결과를 원거리에 있는 본부에게 보고하는 장치이다. 기상 상태나 달에 계기가 각종 정보를 이 기계로써 이용함.

텔레마티크 [프 telematique] 전기 통신과 정보 처리가 일체화된 상태(정보화 사회의 전제가 됨).

텔레메디신 [telemedicine] 〈의학〉원격 의료(TV · 전화를 이용하여 먼거리의 환자의 진단 · 상담 · 치료를 하는 시스템).

텔레멘타리 [영 telementary] 〈텔〉테레비 방송에서 실황을 생방송하는 프로그램. 화재, 조난 등의 사건의 생생한 장면이나 스포츠방송도 포함된다. 텔레비와 다큐멘터리의 합성어.

텔레미터 캡슐 [영 Telemeter Capsule] 〈의〉초소형 전자장치로서 전지, 약품을 집어넣은 캡슐을 환자에게 먹이면 소화관의 위나 장의 상태를 송신한다. 그 전파를 외부에서 수신해서 진단재료로 쓰는 것.

텔레민 [Thelemin] 〈음악〉러시아의 텔레민이 발명한 전파를 이용한 악기.

텔레뷰어 [televiewer] 텔레비전 시청자.

텔레비전 카메라 [(telev)sion + 일 영 camera] 렌즈, 파인더 등으로 구성된, 텔레비전의 상(像)을 찍는 광학 전기적 장치.

텔레스코프 [telescope] 망원경.

탈레올로기 [독 Teleologie] 〈철〉목적론, 어떤 목적을 향해서 만유는 생성 발전한다고 아리스토텔레스, 칸트 등이 말하였다.

텔레 캐스트 [telecast] 텔레비전 방송.

텔레커뮤팅 [telecommuting] 재택(在宅)근무를 컴퓨터 단말기를 자택에 설치, 출근하지 않고 집에서 일을 하는 것.

텔레컨트롤 시스템 [telecontrol system] 밖에서 전화롤 실내의 기기(機器)를 컨트롤하는 시스템.

텔레컨퍼런스 [teleconference] TV · 전화 등을 이용하여 장거리 간에 행하는 영상 회의.

텔레콤 [telecom] 〈통신〉TV · 라디오 · 전화 등으로 장거리로의 전기통신. ▷ telecommunication의 단축형.

텔레키네시스 [telekinesis] 염동(念東). 심령의 작용으로 멀리 떨어진 장소에서 사람이나 물건을 움직이는 일.

텔레타이프 [teletype]
① 인쇄 전신기 전동식 타이프라이터를 사용하여 직접 교신할 수 있도록 만든 장치로서 통신 속도는 한글의 경우 1분간에 약 270자이다.
② 〈컴퓨터〉 텔레타이프사의 상품명. 보통 각종 형식의 인쇄 전신기에 대해서 사용되며, 통신 시스템에 사용되는 테이프 천공기, 수신용 천공기, 페이지 인쇄기 등이 포함된다. 일반 용어는 텔레타이프라이터 (teletypewritre)이다.

테렐터미널 [teleterminal] 〈통신〉다수의 이용자가 통신 시설이나 전파를 공동으로 사용할 수 있는 도시 내의 무선 통신 시스템.

텔레텍스트 [teletext] 문자 다중 방송. 뉴스나 일기 예보 등의 문자 · 도형에 의한 정보를 비어 있는 채널을 사용하

ㅌ

여 가정용 TV로 보내는 새로운 방송 방식.

텔레파시 [telepathy] 〈심리〉 정신적 감응(感應). 상대가 생각하고 있는 것 (감정·사고·관념)을 감지하는 일. ▷ telesight는 천리안.

텔레포토그랩 [영 telephotograph] 〈전〉 전송 사진.

텔레포트 [teleport] 고도의 정보 통신 설비를 갖춘 기지. ▷ telecommunication port의 합성어.

텔레프로세싱 [teleprocessing] 〈컴퓨터〉 직장에서 수행하던 일을 컴퓨터에 기반을 둔 worksstation과 원거리 통신망을 이용하여 집에서 처리할 수 있도록 해주는 방식.

텔레프린터 [teleprinter] 〈전기〉인쇄전신기. 전수 인쇄기.

텔렉스 [telex←typewriter exchange] 〈통신〉 다이얼로 상대방을 불러내어 텔레타이프로 상대에게 문자를 전달하는 통신 방법, 또는 그 기계.

텔로스 [영 telos] Television optial projector의 약. 텔레비 방송에서 텔레비 카메라를 통하지 않은 그림, 문자, 사진 등을 촬영하는 장치. 원리는 카메라를 사용하지 않고 거울 3매와 렌즈1개를 사용한 반사식 환등이다.

텔루루 [Tellur독] 〈화〉 유황과 비슷한 은백색의 산소족의 원소. 기호 Te. 텔리륨이라고도 한다.

텔루툼 [라 tellurium] 〈화학〉 은백색의 결정인 원소의 하나.

텔모스 [독 Thermos] 마법병.

텔밋 [독 Thermit] 〈화〉알루미늄과 산화철을 혼합한 분말로, 타기 쉽고 고열을 발생한다. 철의 용접, 소이탄에 사용한다.

텔븀 [Terbium독] 〈화〉희토류 금속원소의 하나, 기호는 Th.

텔스터 [영 Telstar]미국의 통신위성으로 텔레비 중계용. 쏘아올린 것은 1962년 7월.

텔아비브 (Tel Aviv) 〈지〉 이스라엘의 항만 도시. 1909년 야파(Yaffa)로부터 유태인을 끌어 들여 유태인 거주지로 건설한 근대 도시, 1948년 이스라엘 공화국의 임시 수도였음.

텔퍼 [telpher] 〈토목〉고가(高架)레일 전력 운반 장치. ▷ 전기삭도차. 비행전자.

텔펜 [Terpen독] 〈화〉 탄소와 수소의 화합물로 식물이 정유에 포함되는 휘발성의 물질, 텔레빈유 등이 만들어진다.

텔하모니움 [telharmonium] 〈화학·물리〉 합금된 금속의 이름.

템즈 강(江) (Thames R.) 〈지〉영국잉글랜드(England) 남부의 강.

템퍼 [영 temper] 기질, 성질.

템퍼러먼트 [temperament] 〈심리〉성질, 기질.

템페 [영] tempeh 〈식품〉 곰팡이로 발효된 콩 제품.

템페린스 [영 temperance] 절제, 절욕.

템페스토 [이 tempesto]
① 〈음악〉 폭풍우처럼.
② 셰익스피어 희곡. 베토벤의 소나타.

템페스트 [영] tempest ① 폭풍우.
② 〈문〉 The Tempest. 셰익스피어 (Shakespeare)의 희곡명.
③ 〈음〉 베토벤(Beethoven)의 소나타 이름.

템포쉬붕 [독 Temposchwung] 〈스키〉 제동을 걸지 않고 회전하는 방법.

템프레이션 [영 temptation]유혹, 마수.

템플 [temple] 신전, 사원(寺院). 성전 (예수그리스도 후기 성도 교회에 있는 성당).

텝 [영 TEPP] Tetra Ethyl pyro

phosphate의 약. 강력한 살충제이지만, 인축에도 유해하므로 취급에 주의를 요한다.

뎁드봄 [depth bomb] 〈군사〉대(對)잠수함용 큰 폭탄.

텟 [Tet(베트남)] 베트남의 구정월.

톈산 (남로) (天山 南路) 〈지〉 중국 신장(新疆) 성의 톈산(天山)산맥 이남을 따라 만들어진 고대 동서간 육상 교통 간선의 하나.

톈산 (북로) (天山 北路) 〈지〉 중국 신장(新疆) 성의 톈산(天山) 산맥 이북을 따라 만들어진 고대 동서 육상 교통 간선의 하나.

톈산 (산맥) (天山 山脈) 〈지〉 중국 서북쪽 파미르 고원에서 동북동 약 2,000km 지점에 위치하는 중앙아시아의 산맥.

톈안먼/천안문 (天安門) 〈지〉 중국 베이징(北京)에 있는 자금성(紫禁城)의 정문.

토 [영 toe] ① 발가락. ② 구두의 앞끝.

토가 [영 toga] 〈복〉 고대 로마인이 일상 사용한 넓은 천을 감은 의복.

토고 (모기) [togo] 낮구다귀 벌레.

토고 (Togo/Republic of Togo) 〈국〉 아프리카 중서부 기니 만(Guinee B./Guinea B.)에 면한 공화국. 1844년 독일의 식민지였던 토골란드(Togoland) 지역이 1차대전 뒤 영국·프랑스에 분할되었다가 영령은 1957년 가나(Republic of Ghana)의 일부로서 독립, 프랑스령은 프랑스의 위임통치로 있다가 1960년 토고로 독립함. 수도는 로메(Lome). (→) 로메

토글 [toggle] 비녀장. 손잡이가 상하로 작동하는 스위치.

토나카이 [tonakai(아이누어)] 〈동〉 사슴과 비슷한 동물, 순록, 에스키모나 오로촌은 썰매를 이것이 끌게 한다.

토낼리티 [tonality] ① 〈음악〉 음조. ② 〈미술〉 색조(色調).

토네이도 [스→ 영 tornado] 미국에서 일어나는 강한 회오리바람.

토니 타이 [tony tie] 〈의상〉 같은 넓이의, 끈처럼 가는 넥타이.

토닉 [영 tonic] ① 〈약〉 강장제. ② 〈음〉 주조음. ③ 헤어토닉의 약으로 양모제.

토다 [Toda] 살빛이 밝고 귀가 큰 인도인의 한 종족.

토 댄스 [toe dance] 〈발레〉 발끝으로 서서 추는 춤.

토디 [힌 tari > 영 toddy > 도] 힌두스타니어 tarn(종려술)에서 온 말. 위스키 등 술에다 설탕·레먼(lemon)을 넣은 것. 설탕술.

토라 [영 torah] [그] '법'의 뜻을 나타내는 히브리어의 영어 표기. 예언자들의 가르침, 부모님의 교훈, 현자(賢者)의 말씀, 설교, 책, 입법한 개개의 법률. 모세(Moses)의 율법을 포함하고 있는 모세 오경(Moses 五經, Pentateuchus).

토륨 [Thorium독] 〈화〉 방사성의 금속원소, 기호Tn, 원자번호90. 우라늄 다음 가는 원자력원료로서 회색의 여린 토류에 가깝다. 원자로 속에서 중성자의 조사를 받으면 우란 233을 생성한다.

토르스 [torse] 허리에서부터 윗부분만의 조각(彫刻).

토룰라로딘 [영] torularhofin 〈식품〉 적색의 효모. torula rubra의 카로티노이드(carotinoid) 색소.

토리 [Tory] 영국의 왕권과 국교를 옹호하는 보수주의 정당.

토리 데모크라시 [Tory Democracy] 기성 체제와 근대적 가치관을 지키면

511

ㅌ

서 민주주의에 의한 시민을 위한 정책을 하려고 하는 정치사상. ▷ 그 정치가는 Tory Democrat

토리아나이트 [thorianite] 〈광물〉방사성을 가진 광석.

토마스(방식) [Thomas] 수출을 먼저 하고 그 후에 그만한 양의 수입을 하는 바터 무역의 방식.

토마스(인비) [Thomas 燐肥] 비료의 하나.

토머호크 [tomahawk] 북아메리카 인디언들이 쓰는 던지거나 치는 무기의 총칭.

토미즘 [도 > 영 Thomism] 〈철〉중세의 스콜라 철학(scholasticism)을 대표하는 이탈리아의 토마스 아퀴나스(Thomas Aquinas)에 의하여 세워진 철학과 신학 체계. 또는 그 학파.

토보가닝 [프 tobogganing] 〈경〉 토보간 썰매경기. 조타장치가 없는 평저 썰매에 한 사람이나 두 사람이 타고 눈으로 굳힌 급커브의 코스를 미끄러진다. 올림픽종목에 있다.

토보간 [프 toboggan] 〈경기〉 끝을 스키와 같은 모양으로 만든 썰매의 일종으로 정식 명칭은 '류즈'. ▷동계 올림픽 종목.

토브랄코 [tobralco] 여자, 어린이의 옷감으로 쓰는 무늬를 찍은 무명.

토서 [영 tosser] 〈배구〉자기편에 득점시키기 위해서 위나 좌우로 공을 올리는 전위.

토스 [영 toss] ① 흔들어 움직이다. ② 〈배구〉 가볍게 던지다. ③ 〈야〉 자기편의 야수에게 공을 보내기 위해 가까이서부터 하수던지기로 던지는 것.

토스 배팅 [toss batting] 〈체육〉 ① 테니스에서, 볼을 가볍게 치는 일. ② 야구에서, 타자가 가볍게 하는 베팅 연습.

토이랜드 [toyland] 장난감 나라, 장난감 가게, 장난감 매장.

토이 테리어 [toy terrier] 작은 개의 종류.

토익 [TOEIC=Testing Of English for International Communication] 미국 ETS가 주관하는 국제 공인 직장인 영어 능력 테스트.

토인비, 아널드 조지프 (Arnod Joseph Toynbee, 1889~1975) 〈인〉영국의 대표적 역사가.

토일리트리 [toiletry] 샴푸・린스 등 화장품류.

토즈 [러 toz] 토지협동경작조합, 토지는 국가소유이고, 노동은 집단적으로 이용되는 농경조직.

토치 [영 torch] ① 등화용 횃불. ② 회중전등.

토치카 [tochka러] 〈국〉두꺼운 콘크리트로 만든 호와 같은 진지. 기관총좌를 설치하여 공격과 방어를 하는 것. 원뜻은 점이라는 뜻. 〈군사〉보루. 포대.

토카타 [이 toccata] 〈음〉 피아노, 올갠을 위한 전주곡. 즉흥적인 곡.

토코막 [러 Tokomak] 〈물〉 플라즈마 봉합자이. 플라즈마에 직접전류를 통하여 자장을 만드는 장치로서 다른 방법보다 우수하다.

토코페롤 [tocopherol] 〈생화학〉무명씨 기름이나 가무잎에서 나는 비타민 E를 함유하는 알콜.

토크 [toque] 머리에 꼭 맞는, 테 없는 작은 모자.

토큰 [token] 원래 뜻은 상징 기념품. 징조, 암호, 버스 요금이나 자동판매기 등에 사용하기 위하여 상인・회사 등에서 발행한 동전 모양의 물건.

토키[영 talkie] 〈영〉talking picture의 약. 발성영화라는 의미. 무성영화(사일런트)에 대한 조어.

토 킥 [toe kick] 〈축구〉 구두 끝으로 공을 차는 일.

토킹북 [talking book] 〈도서관〉 녹음본(錄音本). 책을 녹음한 것.

토킹 페이퍼 [영 talking paper] 수뇌 회담 등에 앞서서 자국의 입장을 설명하여 상대국 측에 넘겨지는 토의자료. 공식적인 것이 아니다.

토탕 [포 tutanage] ① 아연. ② 아연도금철판.

토터 [영 daughter] 처녀, 아가씨. 딸.

토털타리아니즘 [totalitarianism] 전체주의, 통제국가.

토테미즘 [영 totemism] 토템을 숭배하는 사회조직. 미개인의 사회나 종교형태에 많다.

토템 [totem(아메리카인디언)] 미개의 부족 사이에서 부족, 씨족 또는 씨족적 집단을 표시하는 것으로 숭배하는 동물, 식물, 자연물 등을 조형화한 표증 기호를 말함.

토톨로지 [tautology] 〈언어〉동의어나 유사어의 반복.

토틸러 [영] tortilla 〈식품〉중앙 아메리카의 원형 케이크.

토파즈 [프 topaze] 〈광〉 보석의 일종 황옥, 황옥석.

토퍼 [영] topper
① 〈복〉 옷 위에 걸치는 가볍고 헐거운 겉옷. 여성용반 코트.
② 석유 공업에서 토핑(topping)을 하는 증류 장치.

토포지조 [Topo Gigio] 지조라는 쥐. 이탈리아의 마리아벨레고가 고안한 조작인형의 인기자로서 세계적으로 유명.

토폴로지[영 topology] 〈수〉위상수학, 위상기하학, SF소설 등에서 제4차원의 세계의 설명에 사용되거나 한다.

토피 [영 Toffy] 캐라멜과 비슷한 과자. 미국에서는 파피라고 함.

토피칼콜렉션 [영 topical collection] 우표의 수집, 꽃이나 새 등 특정의 테마에 준해서 행하는 컬렉션.

토피토 [영 torpedo] 〈군〉 어뢰.

토핑 [영] topping
① 〈고무〉 천 위에 고무를 압착하여 천에 고무를 입히는 조작.
② 상압(常壓) 중류 장치.

토핑 리프트 [topping lift] 〈배〉배를 올리는 로프.

토홀드 [영 toe hold] 〈경〉 레슬링에서 발끝을 잡고 죄는 기술.

톡소플라즈마[영 toxoplasma] 〈의〉주 혈원충, 조류나 동물의 내장, 백혈구 등에 기생한다. 육식에 의해 사람이 발병하면 뇌염이나 폐렴 등을 일으킨다.

톤 [영 ton]
① 무게단위로서 1000킬로그램, 2240파운드(약 1016킬로) 2000파운드(약90킬로)의 3종이 있다.
② 선박의 크기의 단위. 100입방피트(상선), 35입방피트(군함), 40입방피트(화물의 구별이 있으나 군함은 배수량, 상선은 적재량.)

톤드 밀크 [영] toned milk 〈식품〉 지방 함량 높은 우유에 가하는 건조 탈지 우유.

톤틴(연금) [Tontin 年金] Tontin이 고안한 종신 연금. 죽은 가입자의 돈이 생존 가입자에게로 그냥 넘어가는 연금법으로 가입자가 죽을수록 이득을 보는 악법임.

톨루엔 [영 toluene] [프 toluene] 〈화〉 유기 화합물의 하나. 무색의 가연성(可燃性) 액체. [독·영·프] 톨루올(toluol), 또는 트로틸(trotyl)이라고도 함.

톨소 [torso이] 〈미〉 목이나 사지가 없

ㅌ

는 동체만의 조각상.

톨스토이 (Lev Nikolaevich Tolstoi, 1828~1910) 〈인〉 러시아의 작가, 사상가.

톰백 [tombac] 〈화학〉압연용 황동의 하나.

톰스톤 [영 tombstone] 묘석.

톰슨(效果) [Thomson 效果] 〈전기〉 1851년 영국의 Thomson이 발견한 현상. 부분적으로 온도가 다른 금속에 전기가 흐를 때 그 부분에 준 열외의 발열과 흡열이 일어나는 현상.

톰톰 [tom-tom] 타악기의 하나. 큰 북.

톱 라이트 [top light] ① 기함(旗艦)의 돛대 뒤에 달린 신호등. ② 〈연예〉무대의 천장에서 내리비치는 전등.

톱 러너 [top runner] 릴레이에서의 제1주자.

톱 매니지먼트 [영] top management 〈경〉최고 경영진. 최고 수뇌 기구. 최고 의사 결정 기관.

톱 스핀 [top spin] ① 〈춤〉 고급 배리에이션에서 왼쪽으로 들어가는 족형. ② 〈정구·탁구〉 공의 위쪽을 깎아 돌리는 것.

톱 시저스 [top scissors] 〈레슬링〉상대방의 등 뒤로부터 두 다리를 가랑이 사이에 넣고 상대의 손목을 안쪽으로부터 감아 두 다리를 펴며 상대방의 두 팔을 앞으로 쳐 떨어뜨려 앞으로 평평히 눕히는 기술.

톱코트 [topcoat] ① 〈의상〉 (짧은)코트. 남자용의 가벼운 오버 코트. ② 매니큐어의 마지막 마무리에 쓰는 것.

톱 햇 [top hat] 남자가 차려 입을 때 쓰는 실크햇.

통가 (Tonga/Kingdom of Tonga) 〈국〉남태평양 통가 제도(Tonga Is.) 「프렌들리 제도(Friendiy Is.)라고도 함」 등 여러 섬으로 이루어진 왕국. 1606년 네덜란드인이 발견. 1820년 통가 왕국 건설. 1900년 영국의 보호령이 되었다가 1970년 입헌 군주국으로 독립. 수도는 누쿠알로파 (Nukualofa). (→) 누쿠알로파.

통카치 [tongkat(말레)] 쇠망치.

통킹 (Tongking) 〈지〉인도차이나 반도(Indochina Pen.)의 동북부. 통칭 (Tongking) 만안의 지방.

투 로 [too low] 〈펜싱〉유효면보다 너무 아래쪽을 찌르는 것.

투르게네프 (Ivan Sergeevich Turgenev, 1818~1883) 〈인〉 러시아의 소설가.

투르케스탄 [영 Turkestan/Turkistan] [중 土耳其斯坦] 〈지〉'터키족의 땅'이라는 뜻에서 온 말. 중앙아시아, 소련·중국·아프가니스탄에 걸쳐 있는 지역으로 중앙아시아의 남반(南半), 파미르 고원(Pamir Plat.) 과 천산 산맥(天山 山脈)을 중심으로 하여 동서에 뻗친 지방명. 동투르케스탄(중국 투르케스탄)은 신장 성(新疆省)의 대부분이며, 남부의 일부 곧 아프가니스탄의 동북부는 아프가니스탄 투르케스탐임. 서투르케스탄(러시아 투르케스탄)은 1859~1865년 러시아에 편입되어 투르크멘(Turkmen)·우즈베크(Uzbek)·타지크(Tadzhik)·카자흐(Kazakh)·키르기스(Kirgiz)의 5개 공화국이 1920~1925년에 분할 설정되었음. 한자 표기는 토이기사단 (土耳其斯坦).

투르크멘 (Turkmen) 〈지〉카스피 해 (CaspianSea)에 면한 소련의 한 공화국. 중앙아시아의 카라쿰(Kara Kum) 사막 지대.

투발루 (Tuvalu) 〈국〉 오세아니아의

남태평양에 있는 영 연방ㆍ내의 독립국. 입헌 군주제 채택. 1916년 영국령, 1978년 영연방의 일원으로 독립. 수도는 푸나푸티(Funafuti). (→) 푸나푸티.

투 배거 [two bagger] 〈야구〉 2루타. 두 베이스를 달릴 수 있게 친공.

투벨크린 [Tuberkulin독] 〈약〉 결핵균을 배양하여 가열살균해서 만든 투명한 와신으로 결핵의 진단용으로 사용된다. 이 와신을 피부나 점막의 일부에 주시하여 반응을 본다.

투아 에 무아 [프 toi et moi] 너와 나.

투어 [영 tour] 여행. 관광 여행.

투어리스트 뷰로 [tourist bureau] ① 여행 안내소, 여행사. ② 교통공사.

투어리스트 인더스트리 [tourist industry] 관광사업.

투어리스트 클래스 [tourist class] 배나 비행기의 2등석에 상당하는 요금의 운임. = 이코노미 클래스. ▷ 보통석.

투어링 [touring] ① 관광 여행. ② 자전거ㆍ바이크(bike) 등으로 멀리 나가는 일.

투어스킹 [tour sking] 스키로 산이나 들을 오르내리기도 하고 평면을 활주하기도 하면서 여행하는 것.

투이메인 [영 tui mein] 맞은편 대면.

투토카인 [tutokain독] 〈약〉 코카인 대용의 국소마취약.

투피 [Tupi] 브라질 중앙에 사는 남아메리카 인디언.

투 핸드 컬 [two hand curl] 〈역도〉 손바닥을 앞으로 향하게 하고 팔을 굽혀 펴는 동작.

툰드라 [러→영 tundra] 북극 근방의 언 땅. 약간의 이끼류와 지의류(地衣類)만이 생육하는 한대(寒帶)의 불모지. 이곳에는 '에스키모' 인만이 정착하여 어업ㆍ수렵 등으로 생활하고 있음. 언땅 동토대라고도 한다.

툰베르크 시험관(試驗管) [영] Thunberg tube 〈식품〉 속이 비고 굽은 마개를 갖는 시험관.

툴 [영 tool] 공구, 공작 용구.

툴 [프 tulle] 〈복〉 비낌 무늬를 집어 넣은 직물.

툴 그라인더 [tool grinder] 〈기계〉 공구 연마기.

툴륨 [독 Thulium] 〈화학〉 회토류 원소의 하나.

툴 홀더 [tool holder] 〈공업〉 공구를 끼어 무는 공작 기계.

퉁구스 [Tungus] 동시베리아에 사는 몽골계 민족.

퉁팅 (호) (洞庭湖) 〈지〉 중국 후난(湖南) 성 동북부에 있는 중국 최대의 담수호.

튀니스 (Tunis) 〈지〉 튀니지 공화국(Republic of Tunisis/Tunisie)의 수도, 지중해의 주요 무역 항구 도시. 동북쪽에 카르타고(Carthago)의 유적이 있음. (→) 튀니지.

튀니지 (Tunisie/Republic of Tunisia) 〈국〉 북아프리카 중앙부, 지중해에 면한 공화국. 1883년 프랑스 보호령을 거쳐 1956년 프랑스 연합 내의 독립국. 1957년 왕제를 폐지하고 공화국이 됨. 프랑스어 표기로 튀니지(Tunisie). 영어 표기로는 튀니지아(Tunis). 수도는 튀니스(Tunis). (→) 튀니스.

튀르크 [터 Turk] 소아시아, 중앙아시아 및 유럽 동부에 걸쳐 분포된 터키 사람과 그 말.

튜너 [영 tuna] ① 조율사. ② 〈전〉 라디오, 텔레비의 선국도오를 하는 자이로서 이것을 달면 중파의 라디오로 단파나 초단파를 들

ㅌ

을 수 있다. Tune(동조하다)으로부터 동조기라고 한다.

튜닉 [tunic] 허리 밑에까지 내려오는 여자용 블라우스나 코트.

튜닉 드레스 [tunic dress] 〈의상〉좁은 스커트 위에 기장이 길고 좁은 블라우스나 긴 자켓을 입은 것.

튜닝 [tuning]
① 〈전기〉 라디오・텔레비전・무전기 등에서 원하는 전파를 골라 동조(同調)하는 일.
② 〈음악〉 연주하기 전에 악기의 음고(音高)를 바르게 조율하거나, 기준이 되는 악기에 여러 악기를 맞추는 일.

튜바 [tuba] 〈음악〉 3-5밸브를 가진 금관 악기로 저음을 담당함.

튜브 밀 [tube mill] 굴대를 중심으로 또는 원통 안에 쇠말을 넣고 절구의 운동에 의하여 석탄, 광석 등을 가루로 만드는 기계.

튜터 [tutor] ① 후견인. ② 가정 교사. ③ 개별 지도 교관.

튜턴 [영 Teutons] 게르만민족의 일파. 독일인, 화란인, 스칸디나비아인등.

튜튜 [프 tutu]발레리너가 입는 짧은 스커트.

튜픽 [tupic] 물개 가죽 천막으로 만든 에스키모의 얼음집.

툴 [프 tulle] 〈복〉얇은 망모양의 견포. 프랑스의 튤이 원산. 벨이나 이브닝 드레스로 사용한다.

튤립 라인 [tulip line] 〈의상〉 어깨선은 둥글고 허리는 꼭 맞아 튤립 꽃 모양의 윤곽임.

트라바유 [프 travail] 일, 직업, 노동.

트라벨라 [영 traveler] ① 여행자. ② 〈경〉 우역용어로서 순회 외교원.

트라사다슈 [범 Trasadasyu] 〈인〉「베다」에 나오는 관대하여 신들에게 사랑받는 왕의 이름.

트라우마티친 [Traumaticin독] 〈의〉 반창고.

트라우서즈 [영 trousers] 남성의 바지나 반바지.

트라이 [영 try] ① 시도하다. 시험하다. ② 〈럭비〉 공을 적측의 골로 가지고 가서 지면에 찍어서 득점하는 것.

트라이애슬론 [triathlon] 〈체육〉수영・사이클・마라톤의 3종목을 연속하여 하루에 행하는 내구(耐久) 경기, 철인(鐵人) 레이스.

트라이앵귤러 폴드 [영 triangular fold 〈복〉삼각, 전기, 손수건 등을 삼각으로 접는 것.

트라이앵글 [triangle] ① 삼각자. ② 〈음악〉 강철이나 막대를 세모꼴로 구부려 매달고 치는 타악기.

트라이얼 [trial] ① 시련. 고난 ② 예선 경기.

트라이얼 앤드 에러 [trial and error] 〈심리〉 시행 착오.

트라이엄프 [영 triumph] 승리, 개선.

트라이 온 룸 [try on room] 시착실(試着室) 가봉실.

트라이유니티 [영 triunity] 〈종〉그리스토교의 신과 신의 아들과 성령은 일체이다 라는 것. 3위 일체.

트라이카 [영 tricar] 3륜차.

트라코마 [영 trachoma] 〈의〉 트라홈. 전염성 만성 결막염.

트라프 [trough] ① 〈기상〉 기압골. ② 콘크리트의 하수구. ③ 〈전기〉 트라프 바메리의 칸막이.

트라홈 [독 Trachom] 〈의학〉 트라코마(영/tracoma) 전염성 결막염.

트래디셔널 [영 traditional] 전통적인,

인습적인.

트래블링 [traveling]
① 여행, 순회 공연.
② 〈농구〉공을 가지고 3걸음 이상 걷는 반칙.

트래이 [영 tray] ① 분.
② 은행의 전분(錢盆)등과 같은 분형의 얕은 상자.

트래제디 [영 tragedy] 비극, 상대어는 코메디(희극, comedy).

트래지션 [영 tradition] ① 전설.
② 전통.

트래직 [영 tragic] 비극적인, 비참한.

트래킹 [tracking]
① 능력이나 적성별 학급 편성.
② 〈연예〉영화 촬영 중 카메라의 전후 이동 또는 그 효과.

트래픽 [영 traffice] ① 여객.
② 운수업. ③ 교통, 통신, 교통량.

트래핑 [trapping] 〈축구〉스토핑의 응용 작동으로서 상대방을 속이거나 공격을 피하는 방법.

트랙 [영 track] ① 발자취, 길
② 〈경〉주로. 경주로.

트랙 백 [track back] 〈연예〉카메라를 대상물로부터 뒤로 몰려가면서 찍는 것. ↔ 트랙 업.

트랙 백 [Track back] 내가 작문을 타인에게 알리는 기능.

트랜드 [trend] 방향, 결정. ¶새 사업에는 어떤 방향으로 기운다. 유행.

트랜소닉 [영 transsonic] 〈항〉음속에 가까운 속도, 시속 1100~1250㎞

트랜스 [영 trans] 트랜스포머(transfomer)의 약 〈전〉전압기, 변압기, 교류전류의 전압을 바꾸는 장치.

트랜스레이션 [translation]
① 전이(轉移). ② 번역, 해석.

트랜스미터 [transmitter] 〈물리〉송신기. 송화기. 송파기의 총칭.

트랜스크립트 [transcript] 등본. 원본을 복사한 것.

트랜스포메이션 [transformation]
① 변형, 변화, 변신.
② 변환, 변압,

트랜스젠더 [transgender] 성전환수술자.

트랜시버 [영] transceiver 〈전〉근거리 연락용의 휴대 무선기. 라디오 송수신기. 송신기(transmitter)와 수화기(receiver)의 약합성어.

트랜지스터 [영 transistor] 게르마늄광의 특수한 성질을 이용하여 진공관과 같은 증폭 작용을 시키는 것.

트램폴린 [영 trampoline] 탄력성이 있는 매트의 위에서 반동에 의해 도약, 회전운동을 하는 체조종목의 하나.

트랩 [trap]
① 〈골프〉공을 떨어드려 넣은 함정.
② 비행기나 배에 오르내리는 사다리.
③ 증기가 새지 못하게 하는 장치.
④ 〈건축〉배수관 중간에 장치한 S자형 의관.
⑤ 물을 담아 썩는 가스가 못 올라오게 하는 장치.

트랩 샷 [trap shot] 〈테니스〉상대방이 치기 힘든 장소로 공을 보내는 것.

트랭킬라이저[영 tranquilizer] 〈의〉진정제, 정신안정제.

트러블 [trouble] ① 말썽거리. 분쟁.
② (기계 등의) 고장.

트러스트 [영 trust]
① 신뢰하는, 위탁하다.
② 〈경〉기업 활동 시장을 독점하여 생산과잉의 방지를 목적으로 한 기업의 결합.

트럼펫 [trumpet] 금관 악기의 하나로 음색이 높고 명랑함.

517

ㅌ

트렁크스 [영 trunks] 몸에 찰싹 달라붙는 팬티. 복싱 등에서 흔히 사용되는 팬티.

트레디셔널 [traditional] 트레디션의 형용사로 '전래(傳來)의 전통적인' 의 뜻.

트레버스 [traverse] 〈공업〉경위측법(經緯測法)으로 측량하다.

트레 비앵 [프 tres bien] 매우 좋음, 멋있음.

트레아돌 [스 treador] 투우사.

트레이너 [영 trader]
① 경기의 지도자, 훈련자, 코치.
② 말 등의 조교사.

트레이닝 캠프 [training camp] 〈체육〉 훈련 숙사(宿舍).

트레이드 [trade] ① 무역. 상업.
② 〈야구〉 프로 선수가 다른 팀에 팔려 가는 것.

트레이드 머니 [trade money] 프로 선수가 다른 팀으로 팔려 가는 값.

트레이드 유니언 [영 trade(s)-union > 독·프] 동업 조합, 산업 조합, 노동 조합.

트레이드 인 세일 [미·영 trade in sale] 〈유〉 신품과 중고품의 교환 판매.

트레이스 [trace] ① 추적(追跡)하다.
② 〈등산〉 발자국을 따라가는 것.
③ 그림 위에 얇은 종이를 놓고 그림을 베끼는 것.

트레이싱 페이퍼 [영 tracing paper] 투명용지, 투사지.

트레이터 [영 traitor] 배신자, 반역자.

트레인 [영 train] ① 열차.
② 〈복〉 부인예복으로 소매를 길게 늘어뜨린 것.

트레일러 버스 [trailer bus] 원동기가 없이 다른 차에 끌리는 버스.

트레일러 트럭 [trailer truck] 트레일러를 끌도록 만든 자동차.

트레일러 하우스 [미·영 trailer house] 자동차가 끄는 여행자용 이동 주택. 캠프나 여행 때 쓰인다. 트레일러(trailer)는 피견인차(被牽引車).

트레킹 [trekking] 정상 정복이 목적이 아니고 가볍게 산을 오르는 일.

트렌드 [trend] ① 유행의 흐름·형태.
② 시대의 풍조, 경향, 동향.

트렌디-드라마 [trendy drama] 최신 유행의 패션, 사고방식, 생활양식 등을 소재로 하여 젊은이들 취향에 맞추어 만드는 드라마 ▷ trendy : 최신 유행의.

트렌스젠더 [transgender] 성전환 수술자.

트렌치 [trench] 〈군사〉 참호(塹壕).

트렌치 코트 [영 trench coat 〈복〉 참호용 방수(防水)외투, 또는 벨트가 달린 부인용 레인 코트(rain coat).

트로야 군(群) [영 Trojan group 〈천〉 한 무리의 작은 혹성. 목성(木星)의 궤도 위를 돌며, 항상 태양과 목성에 대해 정삼각형을 이루는 위치에 있음. 트로야(Troja)/토로야(Toroja)는 영어식 표기로는 트로이(Troy).

트로이카 [troika]
① 러시아 포크 댄스의 하나.
② 말 세 마리가 끄는 러시아식 썰매. 3두(頭) 마차.

트로이파운드 [영 troy pound] 보석, 귀금속을 계측할 때의 단위. 트로이 파운드 373.24177그램.

트로츠키 (Leon Tritsky, 1879~1940) 〈인〉 러시아의 정치가, 혁명가.

트로치 [그 > 라 > 영 trouche] 〈약〉 약을 사탕에 혼합해서 만든 약으로 목이 아플 때 핥아서 먹는 약. 정제(錠劑).

트로폴론 [영 tropolone] 〈화〉 탄소원자 7개가 만드는 환상구조의 유기화합물.

트로피즘 [영 tropism] 〈생〉 향일성, 식물 등의 향일성을 말함.

트로피칼 [영 tropical] ① 열대지방의 ② 〈복〉 서머울이라고 하는 하복용의 시원한 감촉의 얇은 평직천.

트롤 [영 trawl] 저인망. (용례:트롤어선).

트롤 윈치 [trawl winch] 트롤선에서 트롤망을 잡아 올리는 데 쓰이는 권양기(卷揚機). crant.

트롬본 [trombone] 나팔의 하나. 용두

트롯키즘 [러 Troskyism] 〈정치〉 소련의 혁명가 트롯키의 설. 레닌이나 스탈린이 공산주의를 개개의 나라 혁명으로 한 것에 비해서 세계를 공산화해야 한다는 주장.

트루만 닥트린 [영 Truman Doctrine] 트루만 미국대통령이 1947년 3월에 발표한 교의로서 희랍, 토키에의 원조에 의해 공산주의에 대항하는 이른바 냉전의 개막포고.

트루 스토리 [true story] 실화. 실록.

트루티니스 [truthiness] 알려진 사실보다는 믿고 싶은 바를 받아들이는 경향.

트륨 [Thulium독] 〈화〉 회토원소의 하나, 기호 Tm.

트리거 [trigger] ① [사격] 방아쇠. ② 〈통신〉 방아쇠 모양의 파형(波型). 〈사〉 방아쇠식의 필름 감기장치로서 속사에 적합하다.

트리고니아 [trigonia] 삼각 조개.

트리니다드 토바고 (Trinidad and Tobago/Republic of Trinidad and Tobago) 〈국〉 카리브해(Caribbean Sea) 동남쪽의 트리니다드 섬(Trinidad I.)과 토바고 섬(Tobago I.)으로 이루어진 공화국. 1498년 콜럼버스가 발견, 에스파냐을을 거쳐 1797년 영국과 에스파냐 전쟁 뒤 1802년에 합병, 서인도 연방의 일부가 됨. 1962년 영 연방의 일원으로 독립, 1976년 공화국이 됨. 수도는 포트오브스페인(Port of Spain). (→) 포트오브스페인.

트리니티 [영 trinity] 〈종〉 그리스도교에서 아버지와 아들과 성령의 3가지는 신의 3가지의 신현이지만, 원래는 하나라는 가르침. 〈음악〉 3박자.

트리메토키놀 [영 trimetoquinol] 일본에서 개발된 기관지 천식 약.

트리밍 [trimming] ① 옷차림에 다는 장식 ② 〈사진〉 원판에서 인화지에 밀착 또는 확대할 때 원화 중의 불필요한 부분을 제거하는 것. 끝을 잘라 가지런히 정리하는 것.

트리바디 [Tribadie독] 동성동지의 성애행위.

트리뷴 [영 tribune] ① 고대로마의 호민관. ② 신문명. ③ 민중의 보호자.

트리엑스 필름 [Tri-X film] 미국 회사제의 감도가 높은 필름의 상표.

트리엔날레 [이 Triennale] 3년에 1회여는 미술전(본래는 3년마다의 뜻). ▷ Biennale는 2년에 1회 여는 미술전.

트리오 소나타 [trio sonata] 〈음악〉 3중주에 의한 소나타.

트리코 [프 tricot] ① 손으로 짠 털옷. ② 손으로 짠 모양같이 기계로 짠 직물.

트리코마이신 [trichomycin] 〈약〉 항생물질의 하나. 수충, 부인병 등의 특효약.

트리코모나스 [영 tricomonas] 〈의〉 인체에 기생하는 기생성 편모충의 일종.

트리콜롤 [프 Tricolore] 프랑스국기, 3색기.

트리콧 [프 tricot] 〈복〉 모사나 레이용으로 세로로 짜서 털을 세운 포지. 머플러나 장갑등외에 부인복지에 사용

ㅌ

트리쿠니 [프 tricouni] 등산화 같은 것의 바닥에 박는 징.

트리키 [tricky]
① 비열하고 능란하게 사람을 속이는 교활한.
② 취급 방법에 요령을 필요로 하는 다루기 힘든.

트리키 댄스 [tricky dance] 곡예적인 춤.

트리타 [범 Trita] 〈신〉 '베다'에 나오는 아그니(Agni)의 세 번째 모습. 인드라(Indra)·바유(Vayu)·마루트(Marut) 등의 신들과 관련된 신. 공계(空界)의 악귀와의 전투에 종사한다고 하는 신.

트리톤 [triton] 〈화학〉 트리튬의 원자핵.

트리륨 [독 Tritium] 〈화학〉 수소의 동소체의 하나. 질량수가 셋인 인공 방사성 원소. 기호는 H.

트리파노소마 [라 trypanosoma] 척추 동물의 피 속에 기생하는 한 개의 편모(鞭毛)가 달린 벌레.

트리파노소마 로타로룸 [라 trypanosoma rotatorium] 트라파노소마과에 속하는 원생 동물.

트리파폴라빈 [trypaflavine] 〈화학〉 아크리딘 물감에 일종.

트리페르 [독 Tripper] 〈의학〉 임질.

트리플 [영 Triple] 3배의, 3중의. 포커 놀이에서 에이스, 킹 중 한 가지가 셋일 때.

트리플 넷 [Triple Net] 건물 소유주가 입주자들에게 부과하는 렌트비에 건물의 재산세, 보험료, 관리비 등을 나누어 부과하는 것.

트리폴리 (Tripoli) 〈지〉
① 레바논(Lebanon)의 항구 도시.
② 리비아 공화국(Socialist People's LibyanArab Jamahiriya)의 수도. 옛 이름은 트리폴리스(Tripolis)/ 레지오 시르티카(Regio Syrtica). 지중해에 면한 항구 도시. 1912~1919년에는 이탈리아령 리비아 식민지에 포함되어 트리폴리타니아(Tripolitania)로 불렸음. 구 시가에는 고대 로마의 유적이 많으며, 신 시가는 이탈리아가 건설하였음. (→) 리비아.

트리플 바 [triple bar] 〈경마〉 3중 가로 막대로 되어 있는 장애물.

트리플 스틸 [미] triple steal 〈야〉 3중 도루.

트리플 점프 [영] triple jump 〈체〉 육상에서 3단 뛰기. 피겨 스케이트(figure skate)에서 3회전 점프.

트리플 크라운 [미] triple crown 〈야〉 3관왕. 프로 야구에서 수위 타자·홈런왕·타점왕을 한 사람이 독점하는 것.

트리플 플레이 [미] triple play 〈야〉 3중살(三重殺).

트리플 히트 [미] triple hit 〈야〉 3루타.

트리핑 [영] tripping 〈체〉 축구·농구에서 상대 팀 선수를 넘어지게 하는 일. (→) 파리핑 파울(tripping foul)

트리핑 파울 [영] tripping foul 〈체〉 축구에서 발 걸기. (→) 트리핑 (tripping)

트릭 [영 trick] ① 속임수, 사기.
② 〈영〉 여러 가지 장치를 사용하여 현실에는 불가능한 기술 실제와 같이 보이는 기술 트릭워크의 약.

트릭 워크 [trick work] 특수 촬영 기술. 실제로 없는 것을 여러 가지 장치를 써서 실제의 광경처럼 보이게 함.

트릴 [영 trill] 떨리는 목소리, 떨리게 하는 소리. 어느 음과 그 보다 2도 높은 음을 교대로 빨리 연주하는 것.

트립 [영 trip] ① 짧은 여행.
② 〈경〉 배구, 아식 축구 등에서 공격

자에게 발을 걸어서 저지하는 것. 트리핑이라고도 한다.

트립신 [독·영] trysin [프] trypsine 〈생화〉단백질 분해 효소의 하나. 췌장에서 만들어지는 소화액 곧 체액(體液) 중에 있음.

트와레 [프 toilet]화장실, 변소, 토이렛.

트와에모아 [프 toietmoi] 당신과 나.

트와이라이트 [영 twilight]
① 저녁노을, 태양과 달의 2가지 빛이 교차한 시간.
② 명과 암의 사이의 뜻에서 비현실적, 신비뜻으로 사용된다.

트왈 [프 toile] 〈복〉마나 목면 등 직물의 총칭.

트위기룩[영 twiggr look] 〈복〉런던의 모델 트위기에 의해서 1967년경, 세계적으로 유행한 스타일. 미니스커트에 무늬가 있는 양말을 신은 경쾌하고 보이시한 복장.

트위너 [tweener]
① 과도한 풍부함이나 빈곤함이 아닌, 중류의 생활양식을 지향하는 사람들.
② 〈체육〉야구에서, 내야수와 외야수 사이를 뚫는 안타.

트위드 [tweed] 스코치 옷감의 총칭으로 원래는 스코틀랜드의 홈스방이며, 지금은 기계로 나오는 것도 있음. ▷ 올이 굵은 모직.

트위스트 [twist]
① 〈테니스〉 공을 깎아 돌리는 것.
② 몸을 비꼬는 춤 1961년에 로큰롤에 이어서 미국에서 유행한 춤.

트위터 [twitter] Social Network Service의 하나.

트윈 [twin] ① 쌍생아.
② 짝·쌍으로 된 것. ▷ 더블 베드를 갖춘 호텔 방.

트윗 [tweet] 작은새가 지저귀는 소리.

티 [tee]〈골프〉구좌. 각홀의 제1구를 때리기 위한 작은 테이블 또는 그 제1타를 때리는 출발점.

티그리스 강(江) (Tigris R.) 〈지〉메소포타미아(Mesopotamia)를 흐르는 서아시아의 강. 이라크를 흐르는 강.

티롤(무곡) [Tirol 舞曲] 이태리와 프랑스국경 지방의 민속무곡.

티롤리안 햇 [영 Tirolean hat] 〈복〉티롤지방 사람들의 등산용 펠트 모자.

티 맨 [T-man=Treasury man] 미국 재무성에 설치된 마약. 위폐단속기관원.

티몰 [Thymol독] 〈약〉구충, 방부제의 일종.

티무르 (Timour/Timur, 1336~1406) 〈인〉몽골 제국(Mongol 帝國) 티무르 왕조의 시조. 한자 표기로는 첩목아(帖木兒).

티베트 고원(高原) (Tibet Plat) 〈지〉중국 서남부, 히말라야 산맥(Him-alaya Mts.) 북쪽의 고원.

티비 [독 TB] 결핵의 은어.

티비온 [독 Tybion] 〈약〉결핵의 내복약의상품명.

티 샷 [영] tee shot 〈체〉골프에서 각홀의 제1타구. 티(tee)는 최초의 타구를 위해 볼을 얹어 놓은 구대(球臺)인데 구좌(球座)라고도 함. 샷은 원 발음이 숏

티슈 [tissue] 박엽지(薄葉紙). 고급 화장지.

티슈 [영 Tissue] 〈복〉 ① 얇은 직물.
② 얇은 직물에 금실, 은실을 놓을 수 것.

티씨알 [TCR] 비효율성을 제거하고 비용절감.

티아민 [독] Thiamin(Aneurin) [프] thiamine 〈생〉비타민 B의 학명. 영미어로는 사이아민(thiamin). → 사이아민.

ㅌ

티엔티 [T.N.T.=trinitrotoluene] 〈화학〉 톨루엔을 강하게 니트로화(化)하여 얻는 고성능의 폭약.

티오 [T.O.=Table of Organization]
① 조직표.
② (한국용법) 정원(定員). ¶그 회사의 ~는 10명.

티오 시안(산) [독 Thiocyan] 〈화학〉 자극적 냄새가 있는 무색의 유독 기체.

티오(요소) [독 Thio 尿素] 〈화학〉 물에 잘 녹는 무색의 결정.

티오 인디고 [독 Thio indigo] 〈화학〉 자적색의 색소.

티오크롬 [영 thiochrome 〈식품〉 비타민 B₁이 산화되어 생긴 화합물, 자외선에 강한 청색의 형광(螢光).

티인 에이저 [teen-ager] 10대의 청소년을 말함.

티잉 [teeing] 〈골프〉그라운드에서 맨 처음 쳐내는 것.

티크 [영 teak] 〈식〉 버마지방에 식생하고 있는 흑갈색의 상록수로서 재질이 단단하므로 선박재나 차량용재, 건축에 사용된다.

티클러 [tickler] ① 어려운 문제.
② 비망록.

티타늄 [그 > 독 titanium] 〈화학〉 은백색의 굳은 금속 원소.

티탄 [독 Titan] 〈화〉 티타늄과 같음. 회색의 단단한 금속 기호Ti. 알루미늄과 철의 장점을 겸비하고 있으므로 제트엔진이나 초음속 항공기의 재료.

티토이즘 [Titoism] 티토 유고 대통령이 지도하는 유고 공산주의 사상이라든가 정책을 뜻하는 것으로 '프롤레타리아독재를 거치지 않고 사회주의를 만들 수 있다는 이론.

티티 밀크 [영] T.T. milk 〈식품〉 투베르쿨린(Tuberculin) 시험마친 우유.

티 파티 [tea party]차와 과자만의 파티. 미국 급진 보수파 모임.

티프스 [Typhus독] 〈의〉 티프스균의 침입으로 발생하는 급성전염병으로 고열을 발생하고 사망률이 높다. 장티프스, 파라티프스, 발진티프스 등이 있다.

티핀 [영 tiffin]경식, 중식, 런치보다 상급의 요리.

틱 [병] [독 Tic 病] 온 몸에 경련 운동을 일으켜 언어 모방증. 운동 모방증 등을 가져오는 신경병.

틴셀 [tinsel]
① 금, 은실, 금박, 금속 등 번쩍거리는 조각, 실.
② 보기에 번질한 싸구려 물건으로 겉 치레하다.

틸라피아 [영 tilapia] 〈어〉열대원산의 식용어, 담수어로서 성장이 매우 빠르다.

틸러 [tiller] ① 〈공업〉 키의 손잡이
② 경운기.

틸트다운 [tilt-down] 영화 촬영법의 하나. 카메라를 수직으로 위를 향해 움직이면서 하는 촬영.

팀 레이스 [team race] 단체 경주.

팀부 (Thimbu) 〈지〉 부탄 왕국 (Kingdom of Bhutan)의 수도. 1962년 건설에 착수한 계획도시로 하계 수도임. 동계 수도는 푸나카(Punaka) (→) 부탄.

팀워크/팀웍 [영] teamwork
① 짜임새.
② 단체 행동. 협동 동작, 서로 돕는 일.

팀파니 [이 timpani] 〈음악〉 구리로 만든 반구형의 북. 오케스트라에 사용하는 타악기의 일종.

팅크 [영 tinctuur] 팅크츄어의 약. 생약을 알콜에 용해한 액. 정기(丁幾)라고 쓴다.

ㅍ

파 [미 pa] 아빠. papa의 준말. 어린이 말.

파 [라 > 영 par]
① 동가(同價). 동등. 평균.
② 〈경〉 평가(平價). 액면 동가(額面同價).
③ 〈체〉 골프에서 홀에 공을 넣는 표준 타수(打數). 18홀에서 72타수.

파고다 [페 > 포 > 영·러 pagoda] [독 Pagode] 〈건〉사원의 높은 탑. 중국·인도·한국 등의 층탑을 가리킴. 인도에서 비롯된 속칭.

파나마 (Panama/Republic of Panama) 〈국〉 중앙 아메리카의 파나마 지협(地峽)에 있는 공화국. 남북 아메리카를 연결하는 동서의 홀쭉한 지형으로 되어 있는데, 남북의 폭이 가장 좁은 곳에 파나마 운하가 뚫려 있음. 1502년 콜롬버스가 발견, 에스파냐령, 1821년 콜롬비아 공화국의 속령을 거쳐 1903년 공화국으로 독립. 수도는 파나마(Panama). (→) 파나마 〈지〉

파나마 [영 panama] 〈식〉 파나마초 또 그 풀로 만든 여름의 모자.

파나본 [Panavon] 종합 감기약.

파나비전 [panavision]
① 〈연극〉 70밀리 영화의 촬영 방식의 하나.
② 〈의학〉 X선에 의한 다각 투시경.

파나소닉 [panasonic] 전기 메이커의 라디오, 텔레비전의 캐치프레이즈(주의를 끎) 말. 모든 음파를 흡수한다는 뜻.

파노라마 [panorama] ① 전경(全景) ② 〈미술〉 전경화.

파노라믹 [panoramic] 전망이 좋은. 전망이 트인.

파니 [범 Pani] 〈신〉 '베다'신화에서 재보의 은닉자를 칭하는 것이기도 함. 신들 및 안기라스(Angiras)들에게 정복되었던 일종의 악마.

파더 [그 > 라 pater > 영 father]
① 아버지. 부친. ② 신부. 목사.

파두츠 (Vaduz) 〈지〉 리히텐슈타인 공국(公國)(Principality of Lichtenstein)의 수도. 라인 강(Rhein R.) 상류 오른쪽 기슭에 있는 도시. 1712년 리히텐슈타인의 영토가 됨. (→) 라히텐슈타인.

파·드·도우 [프 pas de deux] 발레에서 2인조 춤.

파·드·트로어 [프 pas de trois] 발레에서 3인의 춤. ▷ 트리오의 춤.

파든 [pardon] ① 용서하세요.
② 한번 더 말해 주세요. = 파르동(프 /pardon)

파라과이 (Paraguay) 〈국〉 남아메리카 중앙 남부에 있는 공화국.

파라그래프 [영 paragraph] 문장의 절, 구분.

파라다이스 [paradise] 천국, 낙원, 천사.

파라다이스 피시 [paradise fish] 중국 남부 원산의 관상어.

파라독스 [paradox ; 독 Paradox] 역설(逆說). 기론(奇論), 반(論)대설, 모순의 론(論)

523

파

파라렐 [영 paralle] ① 〈수〉 평행선. ② 〈전〉 병렬. ③ 대비, 유사. ④ 〈인〉 인쇄 상의 부호로 병기나 형용사 등의 나열에 사용된다. = 표.

파라마운트 [미] Paramount 〈회〉 미국의 영화사의 하나. '최고 지상' 의뜻에서 온 말.

파라마이신 [영] paramycin 〈약〉 바시트라신(bacitracin)과 네오마이신(neimycin)과의 합제(合劑) 상품명.

파라메디컬 [paramedical] 의사의 업무를 돕는 의료 종사자.

파라메트론 [영 parametron] 〈이〉 특수한 전자 회로 소자. 이것은 진공관이나 트랜지스트와 같은 작용을 하는 장치로, 소형, 내구력, 성능이 뛰어나며 무선기나 계산기 등에 사용된다.

파라마나 [범 Brahmana] ① 인도의 최고 계급인 승려. ② 불교 이전의 국민 종교.

파라볼라 [영 parabola] 포물선.

파라사이 [영 pharissee] ① 〈종〉 유태교의 계율 주의자. ② 형식에 얽매이는 사람, 위선자.

파라 사이콜로지 [영 para paychology] 초심리학. 역력, 텔레파시가 대상.

파라슈트 [영 parachute] 낙하산.

파라콜레라 [영 paracholera] 〈의〉의사 콜레라, 동남아시아의 풍토병의 하나.

파라티온 [독 Parathion] 〈화학〉 벼에 끼는 해충을 구제하는 살충제. ▷ 독성이 너무 강해서 현재는 사용금지.

파라티푸스 [paratyphus] 〈의〉 장티브스와 비슷한 급성의 열성 전염 병균은 AB의 2종이 있다. 〈의학〉 급성 소화기 전염병.

파라프레이스 [영 Paraphrase] ① 해설, 주석. ② 〈음〉 개편곡.

파라핀 [영 paraffin] 석납, 백납. 중유를 냉각시킬 때 생기는 백색 반투명의 고체. 초와 크레용의 원료.

파랄림픽 [영 paralympic] 〈경〉 신체장애자의 올림픽. paralysis(마비)와 olympics(올림픽)의 합성어. 정식명은 international stoke mandeville games. 1960년 로마 올림픽 후에 제1회가 개최되었다.

파렌 [parenthesis 의 약] 〈인〉 괄호( ) 의 뜻.

파로틴 [독 parotin] 타액 호르몬의 성분. 뼈, 이를 강하게 하여 노인병에 유효하다고 한다.

파루슈니 [범 Parusni] 〈역〉 '베다'에 나오는 펀자브(Punjab) 지방을 흐르는 강의 이름. 현재의 라비 강(Ravi R.).

파르동 [프 pardon] 미안합니다(사과할 때 쓰는 말).

파르자냐 [범 Parjanya] 〈신〉 '베다'에 나오는 비의 신.

파르티잔 [라 > 이 > 영 partisan / partizan] [독 Partisan] [러 partizan] [프 partisan] 비정규 인민부대. 유격대. 게릴라(guerrilla) 대, 또는 대원. (→) 게릴라.

파리 마치 [Paris match] 1950년에 창간한 프랑스의 화보잡지 사건을 중심으로 한 르포타지 전문잡지로서 내용은 시사 문제에서 패션에 이르기까지 다양하고 독자층이 소년에서 교수까지라 한다.

파리 비엔날레 [Paris biennale] 파리 시가 주최하는 미술전으로 전 세계의 청년 미술가들에게 국제적 화합의 기회를 제공할 목적으로 1959년 창설됐다. 참가 자격은 19~35세까지다.

파리잔느 [프 parisienne] ① 파리 태생의 여자. ② 멋쟁이 여자. 파리지엔.

파리장 [프 parisien]
① 파리 태생의 남자.
② 멋쟁이 남자. 파리지앵.

파리 컬렉션 [Paris Collection] 〈의상〉 파리의 고급 기성복 발표회. 또는 그 작품(1년에 2회 열림).

파리 클럽 [paris club] 국제 통화 기금(IMF)에 가맹되어 있는 미국, 영국, 독일, 프랑스, 이탈리아, 일본, 캐나다, 네덜란드, 벨기에, 스웨덴의 10개국이 IMF자금 강화를 위해 결성한 일반 차입의 결정.

파미르 (Pamir) 〈지〉 중앙 아시아 (Asia) 동남쪽에 있는 대산계와 고원으로 이루어진 지방.

파바로티, 루치아노 (Luciano Pavarotti, 1935~2007) 〈인〉 이탈리아의 세계적인 테너 가수.

파보일 [영] parboil 〈식품〉 부분적으로 조리하는 것. 반숙(半熟).

파샤 [터 pasha, pacha] 터키·이집트 등의 왕족이나 고관의 호칭.

파세틱 [영 pathetic] 불쌍한, 비장한, 감동시키는.

파섹 [영 parsec] 〈천〉 항성의 거리의 단위. 연주 시차 1초에 닿는 거리이며 약 3,259 광년 또 308,400억km 〈천문〉 천문학상의 거리의 단위.

파쇼 [이 fascio] 독재정치. 이탈리아의 무솔리니를 중심으로 세계1차 대전 후에 일어났던 운동.

파스 [PAS=para-amino-salicyliaacid] 〈약학〉 백색의 쓴 가루로 결핵의 특효약임. ▷ 결핵 치료제.

파스 [farce] 웃음극. 익살. 광대극.

파스너 [faseener] 분리되어 있는 것을 잠그는 데 쓰는 기구 지퍼(zipper). 1920년대에 발명하였음.

파스칼, 블레즈 (Blaise Pascal, 1623 ~1662) 〈인〉 프랑스의 철학자, 수학자, 물리학자.

파스타 [독 pasta] 〈약〉 연고 모양의 외용약제.

파스타 [몽 hphags pa] 몽골 글자 이름.

파스텔 [영 pastel] 색 크레용의 일종. 여러 가지 색의 백분을 막대 모양으로 굳힌 것으로서 부드럽다.

파스토랄 [pastoral]
① 목가(牧歌), 전원곡.
② 전원화(田園畵), 전원 풍경.

파슬리 [영 parsley] 〈식〉 화란 미나리, 여름 가을에는 백색의 작고 흰 꽃이 핀다. 원산지는 아프리카. 양식에 곁들인다.

파시스트 [이 fascist] 〈정〉
① 독재적인 국수주의자
② 이태리의 무솔리니가 조직한 국수당. 이의 당원.

파시즘 [영 fascism] 〈정〉
① 국수주의 제1차 세계대전 후에 이태리의 무솔리니가 주도한 국가 사회주의.
② 이태리의 파시즘과 공통의 체질을 갖는 정치체제.

파오 [중 pao] 몽고인의 이동식 텐트 가옥.

파우더 스노 [powder snow] 가루 눈. 분설.

파우스트 [라 > 독 Faust > 각국]
① '행운' 이라는 뜻에서 온 말. 1488 ~1541년 무렵 독일을 방랑하고 있던 마법사 요한 파우스트. 그는 권력 또는 지식을 위해 넋을 악마 메피스토펠레스(Mephistopheles)에게 팔았으나, 신을 배반한 벌로 비참한 최후를 보냈음.
② 〈문〉①의 전설을 소재로 한 괴테(Goethe)의 극시(劇詩). 2부작으로 1774~1831년 완성.

파운더링 [foundering] 〈골프〉클럽으로 공을 땅에 쳐서 부딪치게 하는 것.

파운데이션 [foundation] ① 기금. ② 기초, 토대. ③ 건설. ④ 기초 화장품. ⑤ 〈의상〉 몸매를 가다듬기 위한 여성용 속옷.

파운드 블록 [pound bloc] 〈경제〉 파운드화(貨)를 무역 결제에 쓰는 나라들, 파운드화의 통용 지역.

파울 [영 foul] ① 더러운 ② 〈경〉 경기 범위를 벗어난 반칙. ③ 〈야〉 파울볼의 약.

파울 팁 [foul tip] 〈야구〉타자가 쳤을 때 직접 배트에서 포수의 손에 날아가 제대로 캐치된 공.

파울 히트 [foul hit] 〈야구〉정식으로 친 공으로 본루와 1루간, 본루와 3루간에 머물거나 1루 또는 3루에 맞고 밖으로 넘어갈 경우를 말함. 또는 파울 그라운드에 닿으면서 지나가든가 파울 그라운드 위를 지나갈 때를 일컬음.

파워 [power] ① 힘. ② 공률(工率), 공정. ③ 〈수학〉 자승. ④ 〈기계〉 동력.

파워 엘리트 [power elite] ① 실력으로 엘리트가 된 사람. ② 국책 결정에 영향력을 휘두르는 관료나 지배층.

파이낸스 [finance] ① 금융. ② 재정, 재원, 재력. ③ 재정학.

파이널 [영 final] ① 최후의, 종말의. ② 결승전.

파이렌 [영 pyren] 합성섬유 폴리플로 필렌의 상품명.

파이로미터 [영 pyrometer]고온계. 보통의 온도계로는 측정할 수 없는 고온(섭씨 5000도 이상)을 측정하는 온도계.

파이링 [영 filing] 서류 정리, 서류철.

파이버 [fiber]화이바 화학. 화학섬유.

파이브스타 [five-star] 호텔 레스토랑 등이 가장 훌륭하다는 것을 나타내는 다섯 개의 별 마크.

파이브 어클록 섀도 [five o'clock shadow] 자라는 대로 버려 둔 수염.

파 이스트 [Far East영] 〈지〉 극동, 한국이나 일본을 의미함.

파이어 [영 fire] ① 불, 모닥불. ② 노화. ③ 화재. ④ 해고.

파이오니어 [영 pioneer] ① 개척자. ② 선구자. ③ 미국이 1959년 3월 쏘아 올린 인공위성.

파이 카르 [영 pai-kar] 중국산 소주의 일종.

파이크 [영 pike] ① 통행세. ② 통행세를 징수하는 길.

파이토트론 [영 phytotron] 인공적으로 광이나 온도 등을 조절하여 식물을 기르는 장치.

파이트 [fight] ① 싸움, 투쟁. ② 투쟁심, 투지.

파이트 머니 [영 fight money] 〈체〉 권투 등 시합의 보수금. 대전료(對戰料)

파이프 [영 pipe] ① 관. ② 서양 키셀, 시가렛 홀더 ③ 피리, 관악기.

파이프 건 [pipe gun] 〈사격〉 엽총과 같이 파이프로 총열을 만들어 여러 개의 작은 탄환을 한꺼번에 발사하게 된 총.

파이프라인 [pipeline] ① 파이프관. ② 송유관. ③ 정보 루트.

파이프 렌치 [pipe wrench] 〈공업〉관을 부설할 때 나사를 돌리는 연장.

파이프 아이스링크 [pipe ice rink] 실내 빙상 경기장.

파이핑 [piping]
① 〈의상〉 바이어스 테이프를 사용해서 천의 끝이 풀리지 않도록 하는 방법.
② 〈농업〉 배관(配管)
③ 피리 불기.

파인 [영 fine] ① 훌륭한, 기분 좋은.
② 청천, 쾌청.

파인더 [finder]
① 카메라의 내다보는 좁은 창.
② 탐지기. 방향거리의 측정기.
③ (세관의) 검사원. 발견자.

파인 리프 그린 [영 pine leaf green] 소나무 잎과 같이 검은 기가 있는 그림.

파인 케미컬 [fine chemical] 〈화학〉 부가가치가 높은 화학제품(의약품・향료・사진 약품・접착제 등).

파인 타르 [영] pine tar 〈고무〉 소나무 등 수지분을 많이 함유한 나무뿌리를 고온 건류하여 얻은 타르, 상 물질.

파인 푸드 [fine good] 고부가가치 식품 (파인 케미컬 기술을 식품에 도입한 것으로, 요오드란(卵)・소트르 버터 등).

파인 플레이 [fine play] 경기자가 보인 훌륭하고 우수한 플레이. 〈체〉 멋진 경기. 묘기(妙技).

파일 [영 file]
① 철한 것, 서류철용 집게.
② 〈용〉 매니큐어용의 줄. 〈컴퓨터〉 자기(磁氣) 테이프 등에 기억시킨 데이터.

파일 [영 pile] ① 퇴적. ② 전지.
③ 원자로.
④ 〈복〉 표면을 타월의 표면과 같이 간터 이 일은 직물.
⑤ 광대한 건축물, 대 건축군.
⑥ 건축의 토대의 아래에 때려 박은 파일.

파일럿 [영 pilot] ① 수선 안내인.
② 항공기의 조정자. ③ 선구자.

파일럿 램프 [pilot lamp] 〈전기〉표시등. 전기 기구 등에서 전류가 흐르고 있음을 나타내는 등불.

파일럿 팜 [영] pilot farm ① 시험농장.
② 미국제의 20마력짜리 뿌리 뽑기 기계.

파일럿 플랜트 [영] pilot plant 새 생산 방법・공업화 등을 미리 시험해 보는 실험 공장.

파일링업 [piling-up] 〈미식축구〉 덮치기. 반칙으로 15야드 벌퇴에 처해짐.

파일 북 [file book] 마음대로 공책을 끼우거나 뗄 수 있게 만든 책.

파창가 [스 pachanga] 〈음〉 쿠바의 댄스 음악의 리듬. 카지노 리조트.

파츠 [영 parts] 부품, 부분품.

파치먼트 [영 parchment] 양피지.

파카 [영 parka] ① 에스키모 인의 두건.
② 그의 두건이 달린 오버. 주로 겨울의 스포츠용 옷.

파코미터 [영 parkometer] 파킹 미터. 주차 시간을 측정하여 요금을 징수하는 장치.

파크 [pack→ 일] 〈미용〉 얼굴에 화장품을 바르고 싸매는 것.

파크(법) [parkes 法] 〈화학〉 납에서 은을 떼내는 방법.

파크 앤드 라이드 [영] park and ride 가까운 역까지 와서 승용차를 주차시켜 놓은 다음에 지하철・버스 등을 타고 출근하는 일.

파키스탄 (Pakistan/Islamic Republic of Pakistan) 〈국〉 인도 반도 서북부의 회교 공화국. '파키스탄'이란 우르두 어(Urdu 語)로 '청정한 나라'의 뜻. 1947년 영국의 인도・파키스탄 분리 독립 정책에 따라 인도 제국은 인도 연방이 되고, 파키스탄은 영 연방내의 회교 공화국이 됨. 동서 파키스탄 내전(內戰)으로 1971년 동파키스탄은

ㅍ

방글라데시(Bangladesh)로 분리돼 나갔고, 1972년 파키스탄은 영 연방에서 탈퇴함. 수도는 이슬라마바드(Islamabad) (→) 이슬라마바드.

파킨슨 병(病) [영] Parkinson's disease 〈의〉뇌간(腦幹)의 장애로 몸이 경직하는 병. 영국의 파킨슨(James Parkinson, 1755~1824)의 이름에서 비롯된 말.

파테토·라오 [pathet Lao(라오스)] 라오스국의 뜻. 1949년에 반불, 독립을 겨냥한 무장 조직으로 결성되어 투쟁하고 있는 라오스의 애국단체.

파토스 [독 > 그 pathos]
① 〈철학〉 감정적 상태.
② 〈미학〉 센 감정적 흥분. 주관적 인상 ↔ 에토스(Ethos).

파트 part ① 부분.
② 서적의 권(卷). 편(編)
③ 〈음악〉 개개의 성역(聲域), 악기가 맡은 부분.

파트너 [partner] ① 동반자. 짝.
② 조합원.

파트론 [프 patron] 후원자. 보호자.

파트스 [그 pathos] 철학에서 정념(情念). 정의(情意).

파트 타이머 [영] part-time 시간을 정해놓고 단시간 근무하는 사람. 보통 시간급(時間給)이다. 규정 시간의 반만 출석 근무하고 나머지는 학교나 공장 등에 다니는 경우는 하프 타이머(half-timer) (→) 하프 타이머.

파티 [영 party] ① 동료.
② 〈정〉 정당, 당파. ③ 회합, 회식.

파티션 [영 partition] 실내의 칸막이, 분할.

파파라초 [이 paparazzo] 유명인의 사생활을 카메라로 몰래 찍은 뒤 이를 신문·잡지사 등에 팔아넘기는 프리랜서 카메라맨.

파파인 [영] papain 〈식품〉파파야(papaya)의 즙액서 얻은 단백 분해 효소.

파푸아뉴기니 (Papua New Guinea) 〈국〉오스트레일리아의 북쪽, 태평양 서부의 뉴기니 제도(New Guinea Is.)에 있는 뉴기니 지구와 파푸아(Papua) 지구가 합쳐 된 영 연방 내의 독립국. 1920년 오스트레일리아의 위임 통치령, 1946년 오스트레일리아의 신탁 통치령을 거쳐 1975년 영 연방의 일원으로 독립. 수도는 프트모르즈비(Port Moresby) (→) 포트모르즈비.

파프리카 [영 paprica] 서양 고추씨.

파피루스 [영 papyrus]
① 〈식〉 나일 하반에 생식하고 있던 갈대와 비슷한 풀.
② 그 섬유로 만든 종이 또는 고문서. 페이퍼의 어원.

팍스 로마나 [라] Pax Romana 〈가〉 1921년 스위스에서 결성한 가톨릭 학생 국제 조직. 1954년에 창립된 한국 가톨릭 학생 총연합회는 이듬해인 1955년 팍스 로마나에 가입하였음. 팍스(Pax)는 '평화' 의 뜻.

판 [영 pan]
① 희랍신화의 목양신으로 머리에 뿔이 있으며 발은 산양과 같다. 인축에게 이유 없이 겁을 준다는 뜻.
② 이 신이 만유, 자연의 표상인 관계로 전, 점, 모든 뜻의 접두어가 된다.

판넬 [panel] ① 널빤지.
② 토론에 참여하여 주제에 대해 의견을 발표하고 개진하는 참석자.

판다 [panda] 히말라야산 근처에 사는 짐승의 하나, 흑백곰의 일종.

판데이션 [영 foundation]
① 〈복〉 체형을 갖추는 하의.
② 〈용〉 기초화장에 사용하는 크림, 유성 화장품.
③ 〈건〉 기초, 토대.

판도라 [Pandora] 그리스 신화에서 인

류 최초의 여성.

판세 [프 pense] ① 사상, 고안.
② (P~) 파스칼의 저서명.

판초 [pancho] 방수포로 만든 남미 원주민의 소매 없는 겉옷.

판크레아틴 [독 Pancreatin] 〈약학〉 온혈 동물의 췌장 중에 들어있는 효소의 혼합물.

판타 레이 [그 panta rhei] '만물은 돌고 돈다'는 뜻.

판토텐(산) [독 pantothen酸] 〈화〉 비타민 B복합체의 한 성분. 대두. 노른자위, 홍당무 등에 포함되어 있다.

팔라 [영 farlour] ① 객실, 응접실.
② 사무실, 점내의 담화 실.
③ 끽다점.

팔라듐 [독 palladium] 〈화〉 금속 원소의 하나. 기호Pd. 번호 46.

팔랑 (Falange당) [스] 〈정〉 스페인의 파시스트당.

팔레이스 [palace] 궁정, 호화 저택.

팔레트 [pallet] 지게차 작업시에 쓰이는 화물 운반대.

팔리아먼트 [parliament] 국회, 의회.

팜 [영 farm] ① 농장.
② 〈야〉 톳파 또는 그것보다 조금 기다란 여유 있는 외투의 별칭.

팜 [영 palm] ① 〈식〉 종로 나무.
② 손바닥.

팜 그립 [palm grip] 〈골프〉클럽을 손바닥으로 쥐는 것.

팜 오일 [영] palm-oil 〈화〉 야자유
→ 팜 유(油).

팝 고스펠 [미] pop gospel 〈음〉 미국서 유행하기 시작한 새 리듬. 흑인들의 독특한 종교 음악. 곧 고스펠을 대중화한 것. 트위스트(twist)보다 더 강렬함.

팝 아트 [pop art] 〈미술〉60년대 전반부터 시작된 미국과 유럽 등에서의 전위적인 추상미술 운동. 서민적 예술 (popular art). 팝콘 아트(popcorn art)의 줄인 말. 지금까지의 고답적인 예술의 개념을 부정하는 데서 생겨난 미국의 새로운 대중 예술. 네오 다다이즘(neo-dadaism)의 예술.

팡숑 [프 pension] (프랑스나 벨기에의) 식사가 나오는 하숙. = 펜션(pension).

팡파레 [독 fanfare] 〈음악〉 의식이나 제전에 트럼펫 등 금관 악기로 연주되는 짧은 곡(曲). 또는 그 취주에 위한 신호.

팡파르 [프 fanfare] 〈음악〉 화려한 트럼펫의 합주. 허세. → 팡파레.

패널 [panel] ① 〈건축〉 널 양판.
② 화판. 패널 그림.
③ 〈전기〉 배전반(配電盤).
④ 토론회의 연사. ▷ 단원.
⑤ 〈의상〉 스커트 등에 다른 천 등으로 세로로 이어댄 디자인 장식의 형겊.

패널리스트 [panelist]
① (공개 토론회의) 토론자.
② 퀴즈 프로그램의 해답자.

패널 스커트 [panel skirt] 〈의상〉 스커트의 잘린 곳에 장식으로 다른 천을 댄 스커트.

패널 히팅 [panel heating] 바닥이나 벽의 패턴에 온수를 통하거나 열선을 배치하여 난방하는 방식.

패닉 [panic] ① 경제 공항.
② 급격한 대변동, 혼란 상태.

패닝 [fanning] 〈광물〉모래 가운데의 무거운 쇠붙이를 가려내는 일.

패드 [pad] ① 인주, 스탬프 패드.
② 마찰, 손상을 막기 위하여 덧대는 것.
③ 〈의상〉 양복 어깨를 메우는 부드러운 재료. 생리 용품의 하나.

패러다임 [paradigm]
① 어떠한 시대 사람들이 견해나 사고를 지배하고 있는 이론적인 틀이나 개념의 집합체.
② 〈문학〉품사의 어형. 변화표, 범례.

패러독스 [paradox] 역설, 모순.

패러디 [parody] ① 풍자시.
② 유명한 작품의 특성을 살리면서 전혀 다른 내용을 표현하여 익살스럽게 꾸민 문예 작품.

패러사이콜러지 [parapsychology] 초(超)심리학. 염력(念力)·텔레파시 등의 현상을 심리학적으로 해명하려는 학문.

패러세일 [parasail] 〈체육〉낙하산을 메고 자동차나 모터보트에 끌려 하늘로 날아오르는 새로운 스포츠.

패럴렐 [parallel] ① 〈수학〉평행선.
② 〈인쇄〉평행 기호.
③ 〈물리〉병렬식.

패럴렐리즘 [parallelism] 〈철학〉평행론(平行論).

패럴렐 액션 [parallel action] 〈연예〉영화의 몽타주의 하나로 같은 시간에 다른 장소에서 일어나는 사건을 교대로 접촉 연결하는 기술.

패럿 [farad] 〈물리〉정전기 용량의 실용 단위.

패리 [parry] 〈펜싱〉공격을 피하는 것.

패링 [parrying] 〈권투·펜싱〉상대방의 공격을 팔이나 손으로 떨쳐서 피하는 방법.

패밀리 [family] 가족, 일족, 한 가문, 종족, 어족, 민족.

패비아니즘 [Fabianism] 영국 패비안 협회의 회원에 공통하는 온건한 사회주의 사상. 사회주의 복지국가를 겨냥한다.

패셔너블 [fashionable] 유행의. 현대풍의.

패션 [영 passion] ① 감정, 정열.
② 〈종〉크리스트수난의 극이나 곡 등을 말함.

패션 [영 fashion] ① 의복의 형.
② 신 유행, 시대의 풍조, 복식의 유행.

패션 모델 [fashion model] 패션 쇼에 나오는 모델.

패션 에디터 [fashion editor] 복식(服飾) 관계의 신문, 잡지 등의 편집자.

패션 인더스트리 [fashion industry] 패션 산업. 패션성이 있는 상품을 만들어 내는 산업.

패소스 [영 pathos] 애수, 비애, 공연히 슬프다.

패쇼 [이 fascio] ① 파시스트당.
② 독재정치.

패쇼네이트 [영 passionate] 정열적, 다정다감.

패스 [영 pass] ① 통과. ② 합격.
③ 무료입장권, 무료승차권.
④ 정기권. ⑤ 패스 보트의 약.
⑥ 경기 농구나 럭비 등에서 공을 서로 주고받는 것.
⑦ 트럼프 등에서 자기의 순번을 걸러서 다음번으로 돌린 것.

패스 [영 path] 작은 길, 좁은 길, 차가 통행 할 수 없는 좁은 길.

패스너 [영 fastner] ①죔구, 척 등.
② 죄는 사람 또는 물건.

패스볼 [pass ball] 〈야구〉투수가 던진 공을 못 잡아 뒤로 지나가는 공.

패스토럴 [영 pastoral] 목가, 전원시.

패스티너 렌테이 [festina-lente] 급할수록 돌아가라. 천천히.

패시브 [passive] ① 수동성의.
② 무저항의. ③ 활동적이 아닌.

패시브 스모킹 [passive smoking] 간

접적 흡연. 자신은 피우지 않으나, 주위에서 피우는 담배 연기를 마시게 되는 일.

패시브 호밍 [passive homing] 적기(敵機)의 열선(熱線) 광선을 감지하여 발사하도록 만든 미사일 장치. ↔ 액티브 호밍.

패시비티 협약 [passivity agreement] 투자사가 취득하는 지분에 상관없이 경영에 참여하지 않고 오직 투자로만 남겠다는 협약.

패시아 [영 fascia] ① 〈의〉 늑막. ② 〈복〉 로마 시대의 장식 끈. 장식 띠.

패시피스트 [영 pacifist] 평화주의자, 반전론자.

패시픽 [영 pacidic] 태평양의.

패이스북 [facebook] 글로벌 네트워킹 서비스.

패이스백 [paceback] 돌아오다. 전환하다.

패전트 [pageant]
① 야외극, 야외서 하는 대규모의 구경거리, 시대 의상을 입은 행렬.
② 축제일의 (가장)행렬.

패치 [희 patchi] 바지, 아랫도리.

패커 [영 packer] 포장 기구.

패컬티 [영 faculty] ① 능력, 지능.
② 재능이 있는 사람
③ 재능이 있는 사람으로부터 변하여 대학 등의 교직원을 말함.

패키지 [영]package 〈유・광고〉포장. 짐 꾸리기. 산업과 선전으로 대별할 수 있음.

패키지 로(爐) [미] package reactor 운반이 가능한 소형 원자로.

패키지 프로그램 [영] package program 〈라・텔〉상업 방송에서 스폰서(sponsor)에게 그대로 팔리도록 대리업자, 또는 독립 피로로 미리 만들어 놓은 프로그램. 수록을 마친 프로그램. 〈컴퓨터〉기성 프로그램.

패킹 [packing] ① 포장. 짐 꾸림.
② 끼워 넣기. 끼워 넣는 물건.
③ 〈미용〉화장품을 가아제에 싸서 얼굴에 대는 것. 파킹.

패타 [영 fatalist] 숙명론자, 운명론자.

패턴 [영 pattern] ① 형, 모형.
② 모양, 도안. ③ 〈복〉 형지.
④ 텔레비전의 자막.

패턴 북 [영] pattern book 〈복〉 견본책. 또는 디자인 책의 이름. 스타일・디자인・재단 등의 설명이 중심적으로 쓰여 있는 책이나 잡지.

패턴트 [patent] 특허, 특허권.

패털 [영 fatal] 숙명적인, 치명적인.

패트런 [patron] ① 보호자. 후원자.
② 고객.
③ 예술가나 연예인 등을 경제적으로 돕는 후원자, 보호자.

패트럴 [patrol] 경찰의 순회, 순찰.

패트리어트 미사일 patrot missile 날으는 적의 유도탄을 직격하여 공중 파괴시키는 요격탄.

패트리엇 [patriot] ① 애국자.
② (Patriot) 미육군의 최신형 지대공 미사일.

패트리즘 [Patrism] 아버지를 중심으로 하는 가부장주의.

패팅[영 patting] 〈용〉화장수로 살갗을 두드리는 미용법.

패팅 [patting] 애무. 성적자극.

팩 [pack] ① 포장. 짐꾸러미.
② 〈미용〉얼굴을 싸매는 습포. 파크
③ 크럼프의 한 벌.
④ 무게의 단위.

팩션 [faction] ① 파벌, 분파.
② 실록(실화) 소설, 창작과 사실의 중간에 속하는 소설.

팩스 [fax] '팩시밀리'의 약자.

팩시밀리 [facsimile]
① 모사(模寫). 복제.
② 〈통신〉 모사 전송 장치 (약/팩스-FAX).

팩터 [factor] ① 〈수학〉 인수(因數).
② 〈생물〉 인자. ③ 요인, 요소.
④ 〈경제〉 대리인.

팩터링 [factoring] 채권 매수업.

팩토리 [factory] 공장, 제조소.

팩토리 오토메이션 [factory automation] 산업용 로봇·컴퓨터 등의 이용으로 공장을 자동화하는 일.

팩트 [fact] 사실. 실제.

팬도라 [회 pandora] 희랍신화에서 인간 최초의 여성. 인류를 벌하기 위해 제우스가 지상에 보냄.

팬 드레이너 [pandrainer] 프라이팬으로 요리한 뒤에 기름을 빼거나 육수를 옮겨 담을 때 쓰는 조리 도구. 'drainer'는 배수기(配水器).

팬서 〔그 panther > 영 panther〕 〈동〉 미국 호랑이.

팬시 [영 fancy] ① 공상, 환상.
② 〈복〉 장식적인.

팬시 볼 [fancy ball] 가장 무도회.

팬이어 [영 pannier] 〈복〉 스커트를 부풀게 한 하의.

팬지 [pansy] 〈식물〉제비꽃과에 속하는 한해살이 꽃.

팬크로 필름 [panchro(matic) film]가시 광선 전부를 감광하게 한 사진 필름.

팬타시아 [fantasia] ① 환상, 기상.
② 〈음〉 환상곡.

팬타직 [영 fantastic]
① 공상적, 변덕스런
② 괴기한, 이상한.

팬탈론 [프 pantalon] 〈복〉 부인 즈봉,

특히 옷자락이 열린 것.

팬터지 [fantasy] 공상. 환상곡.

팬테온 [pantheon]
① 고대 로마의 신전.
② 프랑스의 명사의 묘.

팬토그래프 [영 pantograph]
① 〈전〉 망루형 집전장치.
② 원형을 신축하여 그리는 기구. 축도기.

팬토마임 [영 pantomome] 〈극〉 무언극, 몸짓과 표정만으로 표현하는 묵극(默劇).

팬토폰 [독 pantopon] 〈화〉 아편에서 만드는 진통제, 상품명.

팬톰 [phantom] ① 유령.
② 인체 조직과 같다고 보이는 물질로, 방사선 실험에 사용하는 인형.
③ 미국 해군의 함재 전속기.

팬트리 [영 pantry]식료나 식기를 저장해 두는 방. 식료고, 식기 방.

팬티 거들 [panty girdle] 〈의상〉허리나 배 부분의 체형을 다듬기 위한 팬티 모양의 여성용 속옷.

팬티 슬립 [panty slip] 〈의상〉 무릎 위까지 오는, 몸에 착 달라붙는 여성용 속옷.

팬 포커스 [영 pan focus] 〈영〉 근경과 원경을 동시에 초점을 맞추어 촬영하는 기술. 초점 심도가 깊은 렌즈를 사용한다.

펠리스 〔라>프>네 paleis〕 〔영 palace〕
① 궁전.
② 연회·보양을 위한 큰 건물. 전당(殿堂).

팰리시즘 [phallicism] 남근 숭배. 생식기 숭배.

팰릿 십 [영 pallet ship]하물의 적재 하역을 사람의 손을 빌지 않고 하기 위해서 생각해 낸 특수한 배.

팰콘 [영 Falcon] 〈군〉 미 공군의 공대공용 고체 연료 로켓.

팹 [영 pap] ① 빵의 죽, 유아나 병인용. ② 환부를 따뜻하게 하는 것.

팻포비아 [Fat phobia] 비만공포증.

퍼 [영 per] ~으로, ~에 의해, ~에 대하여.

퍼 [영] per 퍼센트(per cent)의 준말. → 퍼센트

퍼골라 [이 pergola]해 가림 선반, 담쟁이 덩굴과의 식물을 번창시켜 해 가림을 한 선반, 등나무 선반 등.

퍼내틱 [fanatic] 미친 소리를 하는 사람 즉 광언자, 또는 열광적이란 뜻.

퍼니 [funny] 우스운, 기묘한, 재미있는 것. 퍼니컬럼(funny column)은 신문의 만화란 뜻.

퍼니스 [furnace] 노. 아궁이. 난로. 용광로. 혹서의 땅.

퍼니 페이스 [영] funny face 기묘한 얼굴. 개성적인 얼굴.

퍼레이드 [영 parade]
① 행렬, 천천히 행렬을 맞추어 걷다.
② 자랑스럽게 남에게 보이다.
③ 〈군사〉 열병식.

퍼로 [영 furrow] 밭고랑.

퍼머넌트 [영 permanent]
① 영구의, 내구의.
② 퍼머넌트 웨이브의 약.

퍼머넌트 솔루션 [permanent solution] 〈미용〉 파마용 용액.

퍼멀로이 [영 permalloy] 〈화〉 순철의 8배의 투자율을 가진 철과 니켈의 합금. 전선 등에 사용한다.

퍼미션 [permission] 허가, 면허.

퍼브 [영 pub]puble house의 약. 영국의 대중술집.

퍼브 시어터 [일 pub theater] 대중술집 겸 극장식 나이트 클럽.

퍼블리싱 [publishig] 출판, 발행하다.

퍼블리카 [영 publica] 일본 대중 차의 이름(public car)의 뜻.

퍼블리케이션 [publication] 발표, 출판(~물), 발행.

퍼블릭 [영 public] ① 공중의, 인민의. ② 공의, 공공의, 공립의.

퍼블릭 릴레이션스 [영] public relations 〈사〉 선전 활동. 홍보(弘報). 대중과의 바람직한 좋은 관계를 유지하고 대중의 호감(好感)을 얻는 활동.

퍼블릭 애너미 [public enemy] 공적(公敵) 사회의 적.

퍼블릭 오피니언 [영] public opinion 여론. 공론. 공중(公衆)의 의견.

퍼샨[persian]페르시아의, 페르시아인.

퍼서[purser]선박, 여객기 등의 사무장.

퍼세틱 [pathetic] 비장한, 애처로운.

퍼셉션 갭[perception gap] (국제간의) 문제 인식의 차이, 상호 이해의 부족.

퍼스낼리티 [personality] ① 개성. ② 디스크자키 등의 정기 프로그램 담당자. ③ 인격.

퍼스널[personal]개인적. ¶~한 문제.

퍼스널 레터 [영] personal letter
① 사신(私信).
② 〈광고〉 다이렉트 메일(DM) 또는 사형식(私形式)의 메시지를 담은 것.

퍼스널 어피니언 [personal opininion] 개인적 의견.

퍼스널 커뮤니케이션 시스템 [PCS : personal communication system] 휴대용 단말기(차량 전화 등에 비해 출력이 낮은)를 통해 가정집이나 빌딩, 길거리 자동차 등 어디서나 사용할 수 있는 무선 전화로 제3세계 이동 통신으로 불린다.

퍼스널 파울 [personal foul] 〈농구〉 상대방의 몸에 접촉을 주로하는 파울.

퍼스널 히스토리 [personal history] 이력서, 개인의 경력.

퍼스니피케이션 [영 personification] 인격화, 의인화, 퍼스컴 퍼스널 컴퓨터의 약자.

퍼스트 [영 first] 제1의, 먼저, 최초의.

퍼스트 밋 [first mit] 〈야구〉 공받기 편리하게 만들어진 1루수용의 장갑.

퍼스트 신 [first scene] 극・영화 등의 첫 장면.

퍼스트 임프레션 [first impression] 첫 인상.

퍼스티언 [fustian] 능직 면포의 하나.

퍼스펙티브 [영 perspective]
① 간파함, 전망.
② 투시법, 투시화.
③ 원경, 조망, 서할.
④ 〈건〉 견취도, 자도.

퍼시피스트 [pacifist] 평화주의자, 반전론자.

퍼지 [영 fuzzy]
① 멍청해지다. 흐릿해지다.
② 컴퓨터 용어로 인간이 지닌 애매한 인식을 컴퓨터로 처리하는 기술을 말함.

퍼지셔널 플레이 [positional play] 〈축구〉 경기자가 각각 자기의 위치를 잘 지켜 플레이하는 것.

퍼지션 [position] ① 직위.
② 〈체육〉 경기자의 위치.

퍼치 [Perch] 높은 지위. 안전한 지위. 길이의 단위. 횟대. 막대. 농어류(도미).

퍼칼린 [영 percaline] 〈복〉 평직 면포로서 얇은 상질의 것. 풀로 붙여서 광택을 내고 페티코트 등에 사용한다.

퍼컬레이터 [라 > 영 percolator] 여과기가 붙어 있는 홍차 또는 코피 끓이는 기구.

퍼크로에틸렌 [영 perchloroethlene] 〈화〉 4염화에틸렌이라고도 한다. 용재, 클리닝의 세제 등에 널리 사용되지만, 특히 코인 식의 자동 클리닝의 용재 등에 사용된다.

퍼터 [영 putter] 〈골프〉 패트(구멍의 근처에서 가볍게 때리다)하는 사람. 그린에서 패트하는 클럽.

퍼팅 [영 putting] 〈골프〉 공을 치는 것.

퍼펙트 [영 perfect] 완전한, 결점이 없는.

퍼펙트 게임 [미・영 perfect game] 〈야〉 완전 경기. 상대 팀을 무안타 무득점으로 묶고 자기 팀은 무4구(無四球)・무실책의 위치에서 이기는 경기.

퍼포머 [performer] 음악・영화・연극・무용 등의 무대 예술을 공연(연주)하는 사람(연기자, 연주자, 가수, 곡예사 등).

퍼포먼스 [performance]
① 공연, 연기, 연주, 흥행.
② 실행, 이행, 성취.
③ 성능, 기능, 음악, 연극 등의 쇼, 유체 미술.

퍼프 [Puff]
① 과장된 칭찬. '비행기 태우기'
② 깃털 이불. 부풀린 과자.
③ 〈미용〉 분 바르는 것. 분첩.

퍼프트 라이스 [puffed rice] 쌀을 밀폐・가열하여 급히 압력을 빼서 팽창시킨 것. 쌀 등을 뻥튀기 한 것.

퍼플 [영 purple] 자색, 보랏빛.

퍼피 [puppy] 강아지.

퍽 [영 fuck] 성교, 정교. 실수하다.

퍽 [영 puck] ① 장난꾼의 요정
② 영국의 풍자만화 잡지.
③ 아이스하키의 평평한 고무 소 원반. ~아이스(~ice) 유빙군.

펀더멘털 [fundamental] 기본적, 기초적, 근본적.

펀더멘털리스트 [fundamentalist] 근본주의자. 교조(敎條)주의자. 성경·코란에 기록된 사실을 교대로 믿어야 한다고 주장하는 사람.

펀더멘털즈 [fundamentals] 〈경제〉환율의 안정화, 국제 경제의 안정화를 위한 국민 경제의 기초적 조건(경제 성장·물가·국제 수지 등을 일괄한 것).

펀드 [fund] ① 자금. 기금 ② 재단. ¶ 대형 펀드.

펀자브 (Punjab/Panjab) 〈지〉오하(5河) 지방. 인도의 서북부로부터 서파키스탄 북부에 걸친 인더스 강(Indus R.)의 5대 지류의 유역 다섯 지대. '펀자브'란 '다섯 강물'이란 뜻이며, 고대 인더스 문명의 발상지임. 하라파 (Harappa) 등의 유적이 있음. 1947년 인도와 파키스탄이 분리될 때 양분되어 동부는 인도 연방의 주가 되고, 서부는 파키스탄령이 됨. 판자브로도 표기함.

펀칭 [punching] ① 공을 뚫는 것. ② 〈축구〉 골키퍼가 페널티 에어리어 안에서 골슛되어 오는 공을 쳐서 떨어뜨리는 동작.

펀트 [punt] 〈럭비〉공을 손에서 떨어뜨려 땅에 채 닿기 전에 차는 일.

펄롱 [furlong] 8분의 1마일에 해당하는 길이의 단위. ▷ 1펄롱은 약 200미터.

펄스 [독 puls] 〈의〉맥, 맥박.

펌블 [미] fumble 〈야〉공을 놓치는 것. 수비자가 볼을 떨어뜨리는 것.

펌 오퍼 [영 firm offer] 〈무〉구매자에게 회답 기한을 조건 붙인 매출 신입.

펌프스 [pimps] ① 무도화. ② 끈으로 매지 않는 부인화(靴).

펌핑 [pumping] 〈물리〉전자나 이온에 빛을 흡수시켜 낮은 에너지 상태에서 높은 에너지 상태로 변화시키는 일.

펏 [putt] 〈골프〉공을 홀에 집어넣기 위해서 배트를 가볍게 치는 것.

펑크 [puncture의 약] 타이어의 터짐. 또한 흔히 출산의 의미로도 사용함.

펑크 [punk] ① 애송이. 젊은 불량배. ② 〈의상〉일부러 이상한 모양을 하거나 더럽게 한 복장. ③ 퇴폐적인 분위기의 음악이나 예술 표현.

펑크 록 [영 punk lock] 〈음〉펑크는 미국의 속어로 부랑자의 뜻. 기성의 모럴에 대하여 반항적인 노래나 패션.

펑크셔널(조직) [영 functional] 기능적인, 직능적인.

펑크션 [영 functional] ① 기능. ② 〈수〉함수.

펑크추에이션[영 punctuation] 〈문법〉구독점. 구독을 끊는 것.

페나세틴 [영 phenacetine] 〈의〉아닐린으로 만든 진정, 진통, 해열용의 약. 백색, 무미무취의 소염상의 결정체.

페넌트 레이스 [영 penant race] 〈체〉주로 프로 야구에서 우승기 쟁탈전. 공식전.

페널티 [영 penalty] ① 형벌. ② 벌칙. ③ 〈경〉반칙. 〈체육〉경기 규칙을 위반에 대한 벌.

페널티 골 [penalty goal] 〈체육〉페널키 킥으로 들어간 쪽.

페널티 샷 [penalty shot] 〈아이스 하키〉벌칙을 범한 팀이 골키퍼 한 명을 남기고 상대방 경기자 한명에 의하여 프리샷을 한번 실시하게 함.

페노바르비타룸 [phenobarbitalum] 〈약학〉흰 투명 가루로 최면 안정제.

페놀 [phenol] 방향족(芳香族) 화합물의 일종. 석탄산이라고도 함

ㅍ

페놀 ① 석탄산 분자식 C H OH Mp 42℃ 무색 결정이다. 특취가 있고 제이 철염에 자색을 나타내는데 방부・소독용・합성원료이다.
② 벤젠핵의 수소 원자를 수산기로써 치환한 것. 검출・식별 등에 사용한다. 포름알데히드류와 축합하면 절연성이 뛰어난 페놀 수지가 되는데 피부가 닿으면 발진이 생기고 체내에서는 소화기와 신경 계통에 장애를 주며 발암 물질이기 때문에 특정 유해 물질로 분류되어 있다.

페니실륨 [penicillium] 〈식물〉 푸른 곰팡이의 학명.

페니실린 쇼크 [penicillin shock] 〈약학〉 페니실린 주사로 인한 충격증.

페니 웨이트 [penny weight] 1온스의 20분의 1.

페니히 [독 pfenning] 독일의 화폐 단위. 100분의 1마르크.

페닉스 [라 phenix] 애급 신화의 신조(神鳥). 불사조. 야자과의 상록의 고목.

페단트 [pedant] 학자인 체 하는 사람.

페달 [pedal] ① 피아노, 풍금의 발판.
② 자전거의 발 디딤판.

페달 심벌 [pedal cymbals] 〈음악〉 타악기의 하나.

페달 푸셔 [영 pedal-pusher] 페달을 밟은 사람. 자전거 타는 사람. 자전거 타기. 사이클리스트(cyclist). 사이클러(cycler). (→) 페달 푸셔스(pedalpushers)

페달 푸셔스 [영] pedal-pushers 〈복〉 사이클링(cycling)을 니 팬츠(knee pants), 자전거 탈 때 입는 부인용 양복 바지. 무릎가지 덮는 기장의 팬츠나 반바지.

페더 [영 feather] ① 날개, 새의 날개.
② 〈보트〉 노 짓기를 수평으로 평행하게 회전시키는 것.

페더(급) [feather weight 級]
① 〈권투〉 118~126파운드의 선수.
② 〈레슬링〉125~136파운드의 선수.
③ 〈경마〉 가장 가벼운 기수.

페더 컷 [feather cut] 〈미용〉 부드럽게 자르는 것.

페단티즘 [pedantism] 학자티를 냄. 학식이 있는 체 자만함.

페데랄리즘 [영 federalism] 〈정〉연방주의.

페데레이션 [영 federation]연합, 연방.

페데스털 [영 pedestal] ① 토대, 주각.
② 텔레비, 카메라 등을 자유로이 움직일 수 있는 받침대.

페데스트리안 [영 pedestrian] 보행자.

페디큐어 [pedicure] 미족술, 발톱 화장술.

페라 골로 [pera golo] opera와 gigolo의 합성어. 오페라의 미치광이 뜻.

페러디 [parody] 특정작품의 손재나 문제를 흉내내며 익살스럽게 표현하는 수법, 그런작품.

페레 독신 [ferredoxin] 〈생화학〉 철분을 함유한 식물성 단백질.

페레스트로이카 [러 perestroika] 개혁, 재편, 러시아의 고르바초프 서기장이 추진한 경제 사회의 개혁개방 정책.

페로망간 [ferromangane] 〈화학〉 망간철.

페로몬 [pheromone] 〈동물〉같은 종에 속하는 동물끼리 일정한 신호를 위하여 몸 밖으로 분비하는 물질.

페로알로이 [영 ferroalloy] 철 합금.

페루 (Peru/Republic of Peru) 〈국〉 남아메리카 대륙 서북부, 태평양 연안의 공화국. 13세기 중기에 잉카 제국(Inca 帝國)의 땅이었는데 1533년에 스파냐령이 됨. 1824년 독립. 수도는 리마(Lima). (→) 리마.

페르가몬 (Pergamon/Pergamum) 〈역·지〉
① 터키 반도(Turkey Pen.)에 있던 헬레니즘(Hellenism) 시대의 왕국.
② 그 왕국의 중심 도시.

페르샤 [네 perzia → 일]
① 이란의 옛 이름.
② 페르샤에서 나는 가죽 또는 고양이.

페르실리콘 [ferrosilicon] 〈화학〉규소철.

페리 [영 ferry] ① 도선장.
② 도선. 연락선. ¶~에 보석 밀수.

페리니엄 [perineum] 〈해부〉회음(會陰) (음부와 항문 사이).

페리보트 [ferry-boat] 여객・화물・차량 등을 운반하는 연락선 = 카훼리.

페리스코프 [periscope] ① 잠망경.
② 정세의 개관.

페미나 [라 femmina] 부인, 여성.

페미니스트 [feminist]
① 여권 신장론.
② 남녀 동등권론자.

페미니즘 [feminism] 여성 해방론. 여권 신장론. 남녀 동권주의(同權主義)

페미닌 [영 feminine] 여자의, 여자다운, 상냥스런.

페미컨 [pemmican] 쇠고기를 말려 과실. 지방을 섞어 굳게 한 것. 휴대 식량의 일종.

페브리스 [영 Febris] 로마신화의 열병을 고치는 여신.

페사리 [영 pessary] 〈의〉산아 제한용의 자궁전. 여성의 피임 도구.

페세타 [peseta] 스페인의 화폐단위. 약42원.

페소 [peso] 멕시코 남미, 필리핀의 화폐단위, 옛날에는 스페인의 화폐.

페스탈로치, 요한 하인리히 (Johann Heinrich Pestalozzi 1746~1827) 〈인〉 스위스의 교육가, 교육개혁자.

페스트 [pest] 〈의〉 흑사병, 페스트균에 의한 무서운 전염병. 쥐의 매개에 의해 사망률은 높다.

페시미스트 [영 pessimist] 염세주의자, 비관론자.

페시미즘 [영 pessimism] 염세주의. 비관론.

페어 [영 fair] ① 아름다운 보기 좋은.
② 깨끗한, 올바른, 공명정대한.
③ 바람직한. 박람회. 견본시(市).

페어 [pair] ① 짝.
② 〈체육〉 테니스・탁구에서 2인 1조로 하는 복식 경기.
③ 한 쌍의 남녀.

페어 그라운드 [pair ground] 〈야구〉 두 개의 파울라인으로 둘러싸여 있는 지역.

페어런트 [영 parent] ① 양친.
② 유스호텔에서 마스터 대신의 관리인.

페어리 [영 fairy] 선녀, 요정.

페어리 랜드 [fariy land] 성경 이야기에서 나오는 나라. 말하자면 홍길동전의 율도국, 도화원기. 토끼전의 용궁 따위. 여기서 전성하여 아이들의 낙원이란 뜻.

페어리 테일 [fairy tale] 옛날 이야기.

페어-볼 [fair ball] 〈체육〉파울이 아닌 공. ↔ 파울 볼.

페어 스케이팅 [fair skating] 피겨 스케이팅의 하나로서 남녀 두 사람이 마주 잡고 무용과 같이 음악에 맞추어 도형을 그리는 것. 짝 지치기.

페어웨이 [영] fairway 〈체〉 골프에서 티(tee)부터 그린(green)까지의 잔디를 깎은 지대.

페어 캐치 [fair catch] 〈럭비〉공을 찬

ㅍ

것을 상대편이 잡는 일.

페어 플레이 [fair play] 정정당당한 플레이.

페어 힛 [fair hit] 〈야구〉페어 그라운드 안에 떨어지도록 친 공.

페이 [영 Pay] ① 급료, 보수.
② 지불.
③ 얻걸 맞다. 이익이 되다.

페이드 [영 fade] ① 〈사〉 흐려지다.
② 시들다, 쇠약해지다.

페이드 아웃 [fade out] 영화용어로 용암이라 번역함, 즉 밝은 화면이 점점 어두워져서 스르 없어지고 기교·시나리오에서는 FO라는 약자를 씀.

패이드 인 [fade-in] 영화나 텔레비전의 화면이 점점 밝아지는 것.

페이딩 [fading] 전파를 원거리에서 받을 때 감도가 컸다 작았다 하는 것.

페이먼트 [payment] ① 지불, 불입.
② 상환.

페이브먼트 [영 pavement] 포장도로.

페이블 [fable] 우화, 동화.

페이소스 [pathos] 애수, 비애, 감상(感傷).

페이스 [영 face] ① 걸음걸이, 발걸음.
② 보행 속도.
③ 부단의 당단. 보조 속력.

페이스 가딩 [face guarding] 〈핸드볼〉 공을 갖지 않은 사람을 저지하거나 방해하는 것으로 반칙이 됨.

페이스 메이커 [pace marker]
① 경기자의 컨디션을 조정하는 사람.
② 경기자의 앞장을 서서 달리는 선수.

페이스 밸류 [face value] ① 체면.
② 〈경제〉증권이나 어음의 액면 가격.

페이스 체인징 [pace changing] 〈육상〉 달리는 속도를 바꾸는 것.

페이스트 [영 paste] ① 풀.

② 풀 모양의 식품.

페이스 파우더 [face powder] 부인들이 잘 사용하는 화장분.

페이오프 [payoff] ① 뇌물.
② 급료 지불.   ③ 청산.

페이크 팔 [영 fake pearl] 모조진주.

페인·클리닉 [영 pain clinic] 고통을 치료하는 진료소.

페인터 [painter] ① 화가.
② 페인트를 칠하는 사람.

페인텍스 [paintex] 수예의 하나. 안료를 사용하여 베나 가죽 등의 위에 그림을 그리는 것.

페인트 [프 > 영 feint] 〈체〉 속임수. 재치 동작. 의태(擬態) 행위. 상대를 혼동시켜 위장 견제 동작을 진짜처럼 보이게 하는 것.

패전트 아트 [peasant art]
① 원시적 예술.   ② 농민 예술.

페커리 [peccary] 〈동물〉멧돼지 비슷한 젖빨이 동물.

페킨 [pekin → 중 北京]
① 중국 원산인 오리의 품종의 하나.
② 중국 원산의 견직물의 하나. 보통 줄이 가고, 꽃 그림이 있음.

페킹이즈 [Pekingese] 약 2,000년 전에 중국에서 난 작은 애완용 견으로 1860년 영국으로 수입된 털이 많은 개.

페탈 [영 petal(꽃)] 꽃잎.

페텡 [프 petengz]① 사람을 속이는 것.
② 가짜.

페트 [Fett 독 Vet 영] 소의 지방. 소기름에서 짜낸 요리용 기름.

페트 [영 pet] ① 애완동물, 애완물.
② 비장한 자식.   ③ 연하의 연인.

페티시즘 [라 fetichism > 프 > fetichisme >영 fetishism] 〈종〉주물(呪物) 숭배. 가지고 다니는 물건에 신

이 잠들어 있다고 믿는 것. 이 말은 15세기에 포르투갈인이 이런 풍습을 아프리카인들에게서 발견하고 붙인 이름임. 마스콧(mascot)을 몸에 지니고 다니거나 부적(符籍)을 믿는 민간 신앙.

페팅 [영 petting] 남녀가 서로 상대의 육체의 일부를 애무하여 즐기는 것.

페퍼민트 [영 peppermint] [러 peperment / piperment]
① 〈식〉 박하(薄荷). 꿀풀과에 딸린 여러해살이 풀.
② 박하를 주성분으로 한 짙은 녹색의 술. 리큐르(liqueur) 술의 일종.

페퍼 포그 [pepper fog] 데모 방지용 화학 연막탄. 1969년에 한국에 도입. ▷ 최루탄.

페프신 [독 pepsin] 〈의〉 위액 중의 단백질을 분해하는 효소.

페플럼 [영 peplum] 〈복〉
① 재킷 등의 가슴의 선에서 아래에 붙이 짧은 주름 장식.
② 재킷의 웨스트에서 힙까지 넓어진 부분. 허리만 두르는 짧은 스커트.

펙 [영 peck] 곡물, 과물 등의 양을 계측하는 단위.

펙틴 [독 pecktin] 〈화〉 야채, 과실 중에 포함되는 아교소. 잼, 젤리 중에 이용된다.

펜 [독 Fohn] ① 남풍
② 산지에서 불어 내리는 건조한 결과.

펜나이프 [penknife] 몸에 지니고 다니는 작은 칼.

펜단틱 [pendantic] 아는 체 하는, 현학적.

펜더 [fender] ① 차바퀴의 흙받이.
② 벽난로의 불 나오는 것을 막는 것. 재받이.
③ 구조기. 충돌했을 때의 충격을 완화하는 장치.

펜던트 [Pendant]
① (목걸이·팔지 등에) 늘어뜨린 장식.
② 샹들리에의 장식.

펜데믹 [pandewic] 세계적으로 유행하는 병. (사스나 신종플루같은 유행병)

펜딩 [pending] ① 보류. ② 미결정.

펜먼쉽 [penmanship] 습자. 펜글씨 연습.

펜션 [pension] ① 하숙. ② 아파트.
③ 연금. 은급.

펜스 [pence] 영국 돈의 단위. 페니의 복수.

펜치 [pinchers 의 사투리]
① 철사절단기.
② 역에서 차표를 찍는 기구.

펜클럽 [영 PEN club] 국제문화인협회, 제1회 세계대전 후에 런던에서 결성. poets, playwrights, Editors, Essayists and Novelists (시인, 극작가, 편집자, 수필가, 소설가)의 약.

펜타곤 [Pentagon] 미 국방성의 별칭. 펜타곤이란 5각형이란 뜻으로 국방성 건물이 5각형인데서 유래됐으며 43년 1월에 완성. 워싱턴 포도맥 강 안에 위치, 미군사활동의 총본산이다.

펜타보란 [pentaborance] 〈화〉 공중에서 자연 발화하는 붕소56와 수소 9와의 화합물, 로켓의 연료로 사용함.

펜티슬론 [영 pentathlon] 〈경〉 5종 경기. 넓이 뛰기, 창던지기, 200미터경쟁, 1500미커 경쟁, 원반던지기.

펜탄 [독 Pentan] 〈화학〉 탄화수소의 하나.

펜테고스테[영 pentecoste] 〈종〉 5순절.

펜토산 [pentosan] 〈축산·화학〉 가수분해에서 펜토즈를 식물에서 발견되는 탄수화물.

펜토탈 [영 pentotal] 〈약.속효적인 주사용의 마취약.

펜트코트 [프 pentecote]

① 그리스도교의 성령감림절, 부활제에서 50일째를 축하함.
② 유태교의 축제의 하나로 5순절.

펜트하우스 [penthouse]
① 건물의 최상층의 고급스러운 방·옥상가옥.
② 미국 남성 잡지의 이름.

펜티엄 [pentium] 미국의 인텔사가 개발한 마이크로프로세서의 이름. ▷ '텐트'는 5를 뜻하는 라틴어. 최근에 개인용 컴퓨터에 폭넓게 사용되고 있음.

펜팔 [pen pal] 편지 친구.

펜홀더 그립 [penholder grip] 〈탁구〉 채를 쥐는 방법의 하나.

펠라그라 [독 Pellagra] 〈의학〉 피부병의 하나. 옥수수 홍반.

펠로 [fellow] ① 동료, 친구.
② 학술 협회 회원.
③ (영국 대학의) 특별 연구원.

펠리칸 [영 pelican] 〈동〉 아래부리에 커다란 막모양의 주머니가 있는 새. 북아프리카나 중국 연안에 산다.

펠릿 [영 pellet] ① 소구, 환약.
② 〈약〉 피하에 매립하는 성 홀몬의 원주상정제. 펠미박사의 이름에서 붙여진 것.

펠링 시험(試驗) [영] Fehling test 〈식품〉 환원당과 비환원당을 구별하는 시험.

펠뮴 [영 fermium] 〈화〉 초우란원소. 기호Fm.

펠미(상) [영 Fermiprize] 미국에서 원자력에 관하여 공적이 있었던 자에게 이루는 상.

펠트 [felt] ① 펠트 모자.
② 양털이나 그 밖의 짐승의 털을 원료로 만든 물건.

펠트 스티칭 [영] felt stitching 〈고무〉 현행은 '펠트 봉사(縫絲)'라고 하지만 '덧신실'로 씀이 낫겠음.

펨프 [pimp] 창녀 소개업자.

펩신 [pepsin] 〈생리〉 단백질을 소화시키는 위액 효소.

펩타이드 [peptide] 〈화학〉 화합물의 하나.

펩톤 [독 pepton] 〈의〉 단백질이 분해되어 만들어지는 것, 세균배양에 이용한다.

펭귄 북스 [penguin books] 영국에서 출판하기 시작한 값싼 책이름.

포겟·미·낫 [영 forget me not] 〈식〉 물망초.

포네틱 [영 phonetic] 음성의, 음성학의.

포네틱스 [영 phonetics] 음성학.

포노그래피 [phonograph] 축음기. 외설 문학. 외설화.

포니 [pony] 작은 말(馬). ▷ 조랑말.

포도필린 [podophylin] 〈의〉 아메리카 인디언이 옛날부터 구토제나 구충약으로 사용하였던 포도 필름 속 식물에서 추출한 성분을 재료로 한 암약의 신약. 1969년에 발매.

포드 [forward]
① 〈농구〉 수비를 제외한 나머지 2명.
② 〈축구〉 공격진의 5명.

포드·시스템 [Ford System] 미국의 포드(H. Ford)가 그의 자동차 회사에서 실행한 경영 관리 방식. 콘베이어 시스템에 의한 대량 생산, 즉 이동조립법으로 분업 생산 공정의 기계화다.

포드졸 [podzol] 차고 젖은 지역. 특히 툰드라 남쪽의 회백색의 흙

포디즘 [영 Fordism] 미국 자동차 왕의 헨리·포드의 경영지도 방침.

포럼 [라 > 영 forum] 고대 로마의 공공 광장의 이름에서 온 말. 집회장. 공개 토론회.

포로늄 [독 Polonium] 〈원소〉 금속 원소의 일종.

포르노그래피 [그 > 영 pornography] [도 Pornographie] [프 pornographie]
① 호색 문학.
② 성을 다룬 문학·그림·사진 등의 총칭. 그리스어 porne (매춘부) + graph(그린 것)에서 온 말. 준말은 포르노(porno).

포르노틱 [일 pornotic] 포르노적(的). 선정적.

포르말린 [Formalin] 〈약〉 포름알데히드의 40%의 용액. 살균, 소독, 방부제 등외에 사진, 화학용 약품, 합성색소 등의 원료에 사용된다. 상품명 포르말린.

포르투갈 (Portugal/Republic of Portugal) 〈국〉 유럽의 남부, 이베리아 반도(Iberia Pen.) 서쪽 끝 대서양에 연한 공화국. 3세기에 카르타고(Carthago)의 식민지. 1137년 알폰소 엔리가 왕국을 건설한 뒤, 15세기에 제국이 됨. 16세기 때 에스파냐에 합병되었다가 30년간 전쟁(1618~1648)중에 다시 독립, 1820년 입헌 왕국, 1910년 공화국이 됨. 한자 표기는 포도아(葡萄牙). 수도는 리스본(Lisbon). (→) 리스본.

포를라게 [독 Vorlage] 〈스키〉 앞으로 기울인 자세.

포름알데히드 [Formaldehyd] 〈화〉 메틸 알콜을 산화시켜서 만드는 심한 냄새가 나는 무색의 액체.포르말린의 원료로서 방부, 방독제로 사용된다.

포린 [영 foreign] ① 외국의, 외래어.
② 관계가 없는, 연이 먼.

포린 버전 [foreign version]
① 영화의 외국어 번역 자막.
② 외국판(外國版).

포마이커 [Formica] 가구나 널빤지에 칠하는 도료의 상표 이름.

포맬리즘 [formalism] 형식주의. 형식론.

포맷 [format] ① 판형(判型)
② 체재(體裁) ③ 방송의 구성·형식.
④ 〈컴〉 컴퓨터의 입출력이나 기억에 쓰이는 데이터 리코더의 기록 형식.

포멀 [formal] 정식의, 공식적인, 형식적인 의례(儀禮)적인. ↔ 인포멀. 캐주얼(casual).

포메라니아 [Pomeranian] 프러시아의 'Pomerania'지방 원산의 여우 비슷한 머리와 부채꼴의 꼬리를 가진 여러 가지 색깔의 개.

포메이션 [영] formation
① 구성, 형식.
② 〈체〉 공격이나 방어 때의 선수 배치 또는 동작의 형(型). 진형(陣形).

포뮬러카 [영 formula car] 공식의 경쟁용 자동차.

포보스 [phobos] 〈천문〉 화성의 제1 위성.

포비즘 [fauvisme] 야수파. 1905년에서 10년 사이에 유행하던 미술풍조. 인상파가 세밀한 색조 분석에 의한 재현법을 쓰는데 반해 이들은 그림에 난폭할 정도로 표현했다. 프랑스어 fauve(야수)에서 온 말.

포섬 [four some] 〈골프〉 2명의 경기자가 2명의 상대에 대하여 행하는 게임 방법으로 양 팀 모두 한 개씩 공을 사용하는 매치 플레이.

포세이돈 [그 Poseidon > 라 > 영 Poseidon] 〈신〉 그리스 신화에 나오는 바다의 신. 바다·강·샘·말 등을 지배하는 신. 올림푸스 12신의 하나. 크로노스(Kronos)와 레아(Rhea)의 아들이며, 제우스(Zeus)의 아우.

포세이돈 [Poseidon] 미 해군이 개발한 수중 발사 핵탄두. 줄거리 미사일 탄두에는 1.5메카톤급 핵폭탄을 장치할 수 있으므로 폴라리스에 비해 2배

ㅍ

의 파괴력을 갖는다.

포셋 [프 pochette] 〈복〉 가슴 포켓에서 보이도록 집어넣는 손수건.

포션 [portion] ① 부분. ② 몫 할당. ③ 지참금.

포스 아웃 [영 force out] 봉쇄. 주자에게 공을 터치하지 않고 루에 닿기만 하면 아웃이 되는 경우.

포스처 [posture] 자세. 태도.

포스터 패널 광고(廣告) [영] poster panel ad. 〈광고〉 옥외 광고의 한 종류. 대형 포스터 패널에 부분 인쇄한 인쇄물을 접합해서 대형 광고판으로 한 것.

포스트 [post] ① 우편함. ② 부서. ③ 기둥.

포스트 런 [forced run] 〈야구〉 베이스에 있는 주자가 그 베이스에 다른 주자가 달려오기 때문에 다음 베이스로 가지 않으면 안 되는 경우.

포스트 모던 [post-modern] 현대 이후의 것. 특히 건축·패션에서, 기능을 중시한 모던 디자인과는 반대로 색과 형태에 있어 대담하게 놀이의 요소를 도입해 강렬하게 감각에 호소하려는 디자인 경향.

포스트 스코어링 [post scoring] 영화나 텔레비전에서 화면을 찍은 후에 소리를 녹음하는 것.

포스트 플레이 [post play] 말뚝작전.

포스트 시즌 [post-season]
① 계절에 뒤떨어짐.
② 스포츠에서는 시즌 종료 후.

포시빌리티 [프 possibilite > 영 possibility] 가능성.   포텐셜리티(Potentality). (→) 포텐셜리티.

포어 에이치 클럽 [four H club] 4에이치 클럽. 머리(head). 손(hand), 마음(heart), 건강(health)을 모토로 하여

농업 기술의 향상과 국민으로서 교육을 목표로 하는 농촌 청소년 교육 기관의 한 단위.

포어피티드 게임 [fofeited game] 〈야구〉 포기 시합. 시합 종료 전에 일방적으로 팀이 시합 계속을 거부했을 때 포기 시합으로 보아 선고되어 득점 여하에 불구하고 9대0 패하게 된다.

포에지 [프 poesie] 시, 시정, 시학.

포에티컬 [영 poetical] 시적인, 시취가 있는.

포엠 [영 poem] 시.

포엣 [영 poet] 시인.

포워드 [영 forward] ① 앞의, 먼저.
② 럭비, 축구 등의 전위. FW라도 약함.

포이즌 필 [poison pill] 적대적 일수 합병으로부터 기업의 경영권을 방어하기. 기존 주주들이 이사회의 결의만으로도 시가보다 싸게 주주를 살 수 있게 장치를 해서 경영권을 보호하려는 장치. 목약 조항.

포인트 [point] ① 점.
② 게임의 특점.   ③ 소수점.
④ 활자의 크기.   ⑤ 〈미용〉 중점.
⑥ 〈철도〉 전철기.
⑦ 〈트럼프〉 1의 카드.   ⑧ 끝.
⑨ 호과, 강조점.

포인트 게터 [point getter] 득점 잘하는 선수.

포인트맨 [pointman] 〈철도〉 전철수 (轉鐵手).

포인트(화장) [point(化粧)] 눈이나 입술에 중점을 둔 화장법.

포인트(활자) [point(活字)] 〈인쇄〉 활자의 한 계열.

포일 [foil]
① 〈펜싱〉 찌르기만의 시합.
② 요리용·포장용의 얇은 알루미늄 박지.

포즈 [영 > 프 pose] 사진이나 그림의 모델의 자세. ¶~를 취하다.

포지빌리티 [Possibility] 있을 수 있는 일. 가능성.

포지션 [position] ① 지위, 위치.
② 〈음악〉 화음의 위치.

포지톤 [positon] 〈물리〉 양전자.

포지티브 [라 > 프] [영 positive]
① 적극적. 긍정적.
② 〈수·물〉 정(正)의. 양성(陽性)의.
③ 〈사진〉 양화(陽畵). 준말로는 포지. ↔ 네거티브(negative).

포지티브 리스트 [positiv list] 〈경제〉 원칙적으로 수입을 제한하고, 예외로 수입을 제한하지 않은 품목을 열거한 리스트.

포지티브즘 [영 positivism] 실증주의.

포치 [porch] 〈건축〉(양식 건물에서) 현관 앞을 지붕으로 덮어 차를 대게 한 곳.

포카스트 [영 forecast] 예상. 예보(일기예보) 예상하다. 미리 계획하다.

포 캐디 [fore caddy] 〈골프〉친 공을 찾기 위하여 멀리 앞에 세워 놓은 캐디.

포커 [미 > 영·독·프 poker]
① 미국에서 시작된 트럼프(trump) 놀이의 하나.
② 영국에서는 부젓가락 막대기.

포커스·레티나(작전) [Operation Focus Retina] 1969년 3월 9일에서 28일까지 경기도 일원에서 벌어졌던 한·미 합동 공수 훈련. 대형 수송기 77대. 미 본토의 2천5백명 병력과 장비를 31시간내 한국 작전 지역까지 오는 연습.

포커 페이스 [poker face] 자기 의도를 상대방이 알지 못하도록 무표정을 가장하는 일.

포켓 [영 pocket] ① 주머니.
② 〈복〉 호주머니.
③ 〈경〉 다수인이 1인의 선수를 둘러싸고 행동을 제한하는 것.

포코 [poco이] 〈음〉 얼마간, 약간.

포크 [영 folk] ① 사람들, 세인.
② 민족.
③ 〈요리〉 양식에 쓰이는 삼지창(三枝槍)
④ 〈농업〉 쇠스랑.

포크 [pork] 〈요리〉 돼지고기.

포크로어 [folklore] ① 민족.
② 민속학.   ③ 민간 전승.

포크 메디신 [folk medicine] 민간 요법, 민간 치료약.

포크볼 [미] fork ball 〈야〉 검지와 중지 사이에 볼을 끼워서 던지는 변화구. 타자(打者) 앞에서 흔들리며 떨어짐.

포크 소테 [pork saute] 돼지고기를 버터로 볶아 구운 음식.

포크웨이(즈) [folkways] 민습(民習), 민풍(民風)(민간에 자연 발생하여 반복되면서 고정되 생활·행동의 사회 관행으로서 생활·행사의 강제적인 규준(規準)이 된 것).

포터 [porter] 운반인. (철도 등에서) 짐꾼.

포터블 세트 [portable set] 휴대 송신기.

포터제닉 [영] photogenic 〈영·사진〉 사진에 맞는. 영화 촬영에 맞는,

포털 [portal] 전문적인 정보제공.

포텐셜 [potential]
① 가능성이 있는, 잠재 능력.
② 〈전기〉 전위(傳位)의.

포텐셜리티 [라 > 영 potentiality] 가능성. 잠재력. 원 발음은 포텐시앨리티. 포시빌리티(possibility). (→) 포시빌리타.

포텐츠 [독 Potenz] (남성의) 성적 능력, 발기력.

543

포토미터 [photometer] 광도계(光度計)

포토스탯 [photostat] 복사용 카메라. 건판을 쓰지 않고 직접 브로마이드지에 찍는 사진.

포토이유 [프 fanteuil] 팔꿈치걸이의자.

포토 차트 [영] photo+chart 〈사진〉 특수 카메라의 한 가지. 슬릿 카메라(slit camera)로 촬영하는 사진기. 일본의 야마구찌(山口吉久)가 발명. 한 장의 사진에 경주 경과가 시간적으로 기록되므로 경마 등의 도착 순위 판정에 이용됨.

포토플레이 [photoplay] 영화극.

포트 [영 port] ① 항구, 항구거리. ② 포루트갈산의 적포도주.

포트 [네·영 pot] [독 Pott] ① 병. 항아리. ② 빨병. 석유난로의 하나. 단지.

포트란 [fortran] 과학기술 계산을 위해 개발된 컴퓨터 프로그램 용어.

포트랩 [port-lap] 포트와인을 뜨거운 물에 타고 설탕을 친 음료.

포트럭 [potluck] ① 집에 있는 재료만으로 만든 요리. ② 참가자 각자가 음식을 가지고 오는 형식의 파티나 피크닉.

포트레이트 [portrait] 초상, 초상화.

포트오브스페인 (Port of Spain) 〈지〉 트리니다드 토바고 공화국(Repub-lic of Trinidad and Tobago)의 수도. 트리니다드 섬(Trinidad I.)의 서북 기슭에 위치하는 항구 도시. (→) 트리니다드 토바고.

포트 와인 [port wine] 포도주의 한가지로 포르투갈 원산임.

포트 택 [port tack] 좌현쪽에서 바람을 받고 전진하는 상태.

포트 폴리오 [port folio] 〈경제〉
① 유가 증권 명세표.

② (~투자) 수익률면에서 불확실성이 클 때에 금융과 부동산에 분산하여 투자하는 방식.
③ 손가방.
④ 프랑스에서의 장관의 직위.

포퓰러 [라 > 프 > 영 popular] 통속적. 준말로 팝(pop) '사람들에게 널리 알려진' 이란 형용사.

포퓰러 송 [영] popular song 〈음〉 통속적인 가요곡. 민요.

포퓰러리티 [영 popularity] 인기, 유행, 대중성.

포퓰리즘 [populism] 대중 영합주의. 인기 중심의 정치행위.

포프 [영 pope] 〈종〉 로마법황. 교황.

포플레리즘 [poplarism] 극단적인 구제책, 관세 인상책.

포플류션 [populution] 인구와 공해의 합성어로 인구공해를 말한다.

포피 [poppy] 〈식물〉 양귀비.

포피디드·게임 [영 forfeited game] 〈야〉 몰수시합, 포기시합.

포핸드 [영 forehand] 〈체〉 정구·탁구에서 래킷(ralcket)을 든 쪽에서 공을 치는 방법. 정상적인 타구법(打球法). ↔ 백핸드(backhand).

폭스 테리어 [fox terrier] 테리어종의 일종인 개.

폭스트롯 [미] foxtrot
① 미국의 사교댄스의 한 가지. 4분의 1박자의 짧고 빠른 템포의 활발한 춤 또는 그 곡. 1912년 미국의 무용 교사인 카슬(Castle)이 시작함. 준말로 트롯(trot). (→) 블루스(blues)·왈츠(waltz)·탱고(tango)
② 〈체〉 마술에서 말의 느릿한 발걸음을 말함. 종종걸음.

폭슬로레 [독 Folklore] 민간 설화, 민족학.

폰 [phon] 소리의 크기 단위 표시.

폰 [영 phone] ① 음성, 이야기.
② 텔레폰의 약, 전화.

폰초 [poncho] 〈복〉 모포와 같은 천의 가운데에 구멍을 만들어 목을 집어넣어서 입는 외투. 남미에서 전래한 것. 지금은 방수포로 만든 우비로 쓰임.

폰툰 [켈트 > 라 > 프] [영 pontoon] 부교(浮橋).

폴 [영 fall] ① 떨어지다. 폭포.
② 레슬링에서 상대의 어깨를 매트에 닿아 3초가 지나 이기는 것.

폴 [영 pole] ① 막대, 장대.
② 마스트. ③ 전극, 자극.

폴더 [영] folder
① 윤전기에 붙어 있는 두루마리 종이를 접어 개키는 기계.
② 〈광고〉 한 장의 인쇄물로 접도록 만들어진 광고물.

폴라 [영 polar] ① 극의, 극지의.
② 〈전〉 자기가 있는, 자기의.
③ 정반대의, 역의.

폴라로그래프 [영 polarograph] 〈화〉 전기분해자동기록기.

폴라로이드 [← Polaroid Land Camera] 미국 폴라로이드 회사 사장 랜드가 발명한 속성 사진기. 1분내로 인화가 끝나는 제품.

폴라리스 [영 polaris] ① 〈천〉 북극성.
② 〈군〉 미해군의 핵탄두를 붙인 중거리 탄도탄.

폴타멘트 [이 portamento] 〈음〉 어느 음에서 다음의 음으로 원활하게 노래하거나 연주하는 것.

폴란드 (Poland/Polish People's Republic) 〈국〉 동유럽에 있는 인민공화국. 폴란드어로는 폴스카(Polska) 10세기 무렵 비스툴라 강(Vistula R.) 유역에 피아스타 왕국을 세워 12세기에 여러 공국(公國)으로 분열, 14세기에 통일 회복, 18세기 후반에 프러시아·러시아·오스트리아 세 나라가 분할 점령. 1918년 독립 선언, 1919년 공화국, 1952년 인민 공화국이 됨. 한자 표기는 파란(波蘭). 수도는 바르샤바(Warszawa). (→) 바르샤바.

폴러 프론트 [polar front] 〈기상〉 극(極). 전선(戰線).

폴레믹 [polemic] ① 논쟁, 토론.
② 토론을 좋아하는.

폴로 [polo] 말 타고 공치기 하는 경기.

폴로 [follow]
① 〈당구〉 큐볼이 옵젝트를 밀어제치고 계속해서 전진하도록 치는 방법.
② 따르다. 이어지다. 뒤를 잇다.

폴로늄 [독 Polonium] 〈화학〉 방사성 원소의 하나. 기호 Po.

폴로드루 [follow through]
① 〈테니스〉 공을 친 후 스트로크를 길게 하는 것.
② 〈야구〉 타구나 투구의 효과를 내기 위하여 스윙의 방향을 일정하게 지속하는 것.
③ 〈골프〉 팔을 편 채로 채를 끝까지 쳐올려주는 자세.

폴류션 [pollution] 공해, 환경오염.

폴리 [영 poly] 많다의 접두어.

폴리거미 [polygamy] 일부 다처(一夫多妻). ▷ 일부 일처(一夫一妻)는 monogamy

폴리그래프 [Polygraph] 거짓말 탐지기.

폴리그래피 [polygraphy] 〈도서관〉
① 한 저자 또는 여러 저자의 작품집.
② 여러 저작에서 모은 발췌집.

폴리돌 [Folidol] 〈약〉 농약, 파리티온의 별명.

폴리머 [영 polymer] 〈화〉 중합체, 2개 이상의 분자가 결합된 화합물.

폴리비닐 알콜 [polyvinyl alcohol]

〈화학〉 합성수지의 하나로 비닐론의 원료.

폴리시 [policy] 정략(政略) 정책, 책략, 권모술.

폴리에스텔 [polyestel] 〈화학〉 섬유의 이름. ▷ 합성 수지.

폴리엔 [polyene] 〈화학〉이중 결합을 여러 개 가지고 있는 유기 화합물의 총칭.

폴리오 [영 folio] 2절판, 전지를 2절하여 4페이지로 만든 인쇄물.

폴리오 [polio] 〈의〉 소아마비.

폴리즈 [영 follies] 레뷰를 중심으로 한 대중오락 또는 그의 오락장.

폴리테크니즘 [영 politechnism] 〈교〉 종합기술교육.

폴리티션 [politician] ① 정당 정치가. ② 사리(私利)·당리(黨利)를 꾀하는 속물 정치가.

폴리티컬 [영 political] 정치상의, 정치적.

폴리티컬머니 [political money] 〈경제〉 세계 경제를 미국화하고 달러화를 통제하여 종속하게 하는 금융체계를 말함.

폴리틱스 [영 politics] 정치, 정강, 정치학.

폴리페서 [politician+professor]의 합성어. 대학교수가 정치에 참여하는 사람.

폴말리스트 [프 formalist] 형식주의자, 형식에 구애되는 사람.

폴말린 [프 Formalin] 〈약〉 살균, 소독액의 하나.

폴스헤어 [false hair] 〈미용〉 가발.

폴점프 [pole jamp] 〈체육〉봉고도(棒高跳).

폴트 [fault] ① 결점, 과실. ② 정구나 탁구 등에서 서브의 실패. 흔히 '볼'이라고 발음됨.

폴필린 [영 porfilin] 엽록소의 기초성분. 미 항공우주국에서 발표.

폼 [영 foam] 거품, 포말.

폼 [영 form] ① 형, 형식. ② 양식, 서식. ③ 플랫폼의 약.

폼 러버 [영] foam rubber 〈고무〉라텍스(latex)상태의 고무 원료로부터 직접 만들어진 다공성 고무.

폽 [영 pop] ① 유행하다. 공통의. ② 젊은, 밝기.

폽스 [영 pops] [음] ① 미국의 포퓰러·송의 뜻. ② 포퓰러한 곡을 연주하는 오케스트라.

푸나르바수 [범 Punarvasu] 〈신〉 '부(富)를 가지고 오는' 이라는 뜻의 말. '베다'에 나오는 아그니(Agni)와 소마(Soma) 두 신의 칭호. (→) 아그니 소마 ②

푸네부레 [이 funebre] 〈음악〉슬프게.

푸드 [pood] 러시아의 집단농업. 식품. 식료품.

푸드 [러 pud] 러시아의 중량 단위. 16.38kg pood라고도 표기함.

푸드 스토어 [영] food store→ 그로서리 스토어(grocery store).

푸들 [영 poodle] 〈동〉 삽살개의 일종. 백 또는 흑의 장모로 애완용으로 사용되고 있다.

푸들 [프 powdre] 분, 가루분, 파우더.

푸딩 [영] pudding [네·독] Pudding [프] pudding/pouding(ue) [러] puding 〈요〉 서양식 생과자·밀가루·우유·달걀 등을 혼합해서 부드럽게 찐 양과자. 식후에 먹는 연한 과자.

푸랑디 [범] Puramdhi 〈신〉 '베다'에 나오는 풍요의 여신.

푸로히타 [범] purdhita 〈불〉 '베다'에 나오는 말로 고대 인도의 최고 계급인 브라흐만(brahman) 곧 사제의 전신(前身).

푸루샤 [범] Purusa
① 〈신〉 우주 창조의 효시가 되었던 최초의 거인. 또는 원인(原人)
② 인간. 남자.

푸르니에 [프 prenier] 〈요〉이탈리아풍의 생선요리.

푸르키니에 (세포) [독 Purkinje 細胞] 〈생물〉 신경 세포의 하나.

푸셔 [pusher] 추진식 비행기. 억지가 센 사람.

푸시 [push] ① 미는 것.
② 〈당구〉 큐볼이 큐에서 떨어지지 않는 반칙.
③ 〈자동차〉 베어링 대리 역할을 하는 것.
④ 〈축구〉 공을 가볍게 밀어 넣는 것.
⑤ 〈야구〉 방망이로 밀듯이 공을 살짝 치는 것.

푸시버튼 워 [push-button war] 〈군사〉 군사 기구가 고도화되어 본국 최고 사령부의 단추 하나로 전쟁이 시작되고 끝난다는 뜻으로 쓰이는 말.

푸시카트 [pushcart] 행상인이나 슈퍼에서 사용하는 손수레.

푸시케 [희 psykhe] ① 영혼, 혼.
② 희랍신화에서 에로즈에 사랑받던 소녀.

푸싱 [pushing]
① 축구나 농구에서 상대를 미는 반칙.
② 박력이 있음. 활동적임. 배짱이 셈.

푸어 [poor영] 가난한, 비곤한.

푸어 룩 [poor look] 〈의상〉 새 옷을 일부러 낡은 옷처럼 보이게 함.

푸어화이트 [영 poor white] 미국 남부의 가난한 백인. 이민 미숙련공 등이 많으며 미국사회의 암흑의 일면을 형성하고 있다.

푸에르토리코 (Puerto Rico) 〈지〉 미국 해외 속령의 하나.

푸치 [프 petit] 작은, 어린.

푸치니, 자코모 (Giacomo Puccini, 1858~1924) 〈인〉 이탈리아의 가극 작곡가. '라 보헴' 등이 있다.

푸토마인 [독 Ptomain] 〈생물〉 독물의 한 가지.

푸트 [영 foot] ① 발, 풋.
② 길이의 단위, 약 3.28미터. 일본에서는 feet.

푸트 [foot] ① 배의 앞부분.
② 운각(韻脚).

푸트라이트 [footlight] 〈연예〉 각광.

푸트레일 [footrail] 의자나 책상 등의 발걸이.

푸트 브레이크 [foot brake] 발(足)제동기.

푸팅 [footing] 〈토목〉 초단(初段).

푸티이 그린 [putting green] 〈골프〉 구멍으로부터 20야드 이내로 장애 지역을 제외한 지역.

푸팅 레그 [putting leg] 〈골프〉 왼쪽 다리.

푸프 [poop] 배의 맨 뒤 갑판(甲板).

푼트 [러 funt] 러시아의 중량 단위. 약 407.7g

풀 [영 fool] 어리석은 자, 바보.

풀 [영 full] 최대한, 충분히.

풀 [영 pool] ① 물웅덩이. ② 수영장.
③ 자동차차고.
④ 〈경〉공동계산, 기업연합. 돈을 걸고 하는 당구의 하나. 노름에 건 돈.

풀 [pull] ① 손잡이.
② 〈크리켓〉 공이 도중에서 왼쪽으로 굽어지는 것. → 슬라이스
③ 〈트럼프〉 패를 뽑기.
④ 100%로 충분히. 당기다, 인장하다.

풀 넬슨 [pull nelson] 〈레슬링〉상대방의 뒤로부터 두 겨드랑이 사이에 두 팔을 넣고 턱으로 돌려 목을 누르는 기술.

플루토 [영 pluto] ① 〈천〉 명왕성. ② 희랍신화에서 지옥의 왕.

플루토늄 [영 plutonium] 〈화〉 방사성 초우란 원소 기호. 1941년 미국의 시보그가 발견할 인공원소. 번호 94.

풀리 [영 pulley] 활차, 풍차.

풀바 [영 pool bar] 빌리야드 테이블이 있는 까페바. 1986년경부터 빌리야드의 유행과 더불어 젊은 사람의 인기를 모았다.

풀 백 [full backs] 〈축구〉골키퍼 앞에 위치하고 있는 두 명의 경기자.

풀 베이스 [full base] 〈야구〉 만루(滿壘). 각 베이스에 모두 사람이 있을 때.

풀사이더 [poolsider] 풀장 주변에서 능숙하고 정확하게 수영을 비평하지만, 그 자신은 헤엄칠 줄 모르는 사람을 말함.

풀사이즈 카 [full size car] 가장 큰 승용차.

풀 스윙 [full swing] 〈골프〉클럽의 손잡이의 땅과 수평 이하가 될 때까지 충분히 흔들어 올려치는 것.

풀 신 [full scene] 〈연예〉전경(全景).

풀오버 [pull-over] 머리에서 덮어 씌워 입게 되어 있는 스웨터나 블라우스.

풀즈캡 [foolscap] 〈인쇄〉13×8인치의 대판 양지.

풀코스 [full course] 〈골프〉18홀. 양식의 전코스.

풋 베이스볼 [foot bascball] 어린이 구기의 하나.

풋볼 [football] 축구. 미국식 럭비.

풋웍 [footwork] 구기, 춤, 권투 등에서 발 놀리는 법.

풋파운드 [foot-pound] 일의 단위. 1 파운드의 무게를 가진 것을 1피트 들어올리는 일의 단위.

풋 폴트 [foot fault] 〈테니스〉서브할 때 베이스로 라인을 밝거나 그 안으로 들어섰을 때의 반칙.

퓌리 [프 puree] 채소와 고기를 삶아서 거른 진한 수프.

퓨네럴 [funeral] 고별식. 장례식.

퓨달리즘 [feudalism] 봉건제도.

퓨러 [독 Fuhrer] ① 지도자. ② 〈정〉나치스의 총통, 히틀러의 칭호.

퓨레 [프 puree] 〈요〉 스프의 일종. (용례 : 토마토 · 뷰레.)

퓨리탄 [영 puritan] ① 〈종〉 청교도. ② 청순한 사람. 진실한 사람. ▷영국 국교회에 항거하여 16세기 후반에 일어난 프로테스탄트 일파.

퓨리터니즘 [puritanism] ① 청교(淸敎)주의. ② 엄정(嚴正)주의.

푸머 [에 Peruv] [영 puma] 〈동〉 미국 사자, 이 퓨머를 아메리칸 팬서(American panther)라고도 함.

퓨마 [puma] 고양이과에 속하는 육식 동물.

퓨셔 [pusher] 후부에다 프로펠러를 장치한 비행기.

퓨어 [pure] 깨끗한. 순진한 순수한.

퓨젤(유) [영 fusel유]알콜 발효시에 생기는 유해한 혼합물. 숙취의 원인이 되는 것.

퓨즈 [영 fuse] ① 도화선. ② 〈전〉 안전장치용의 납선.

퓨즈 [영 fuse]전기회로에 과대한 전류가 흐르면 끊어지는 장치.

퓨튜리즘 [영 futurism] 미래파.

플리처 상 [pulitzer prize] 문학·보도 등의 부문에서 대중에게 가장 공헌한 미국인 작품에 주어지는 상. 미국의 언론인 퓰리처의 유산으로 제정됨.

프놈펜 (Pnompenh/Phnomphenh) 〈지〉캄푸치아 인민 공화국(People's Republic of Hamphuchea)의 수도. 메콩 강(Mekong R.) 서안에 있는 하항(河港) 도시. 9~19세기 크메르 왕국(Khmer 王國)의 수도였음. (→) 캄푸치아.

프라멘코 [스 framenco] 〈음〉스페인 남부의 민속무용.

프라스코 [포 frasco]
① 화학실험의 유리병.
② 다른 그릇에 물을 따르기 위해 물을 담아 둔 그릇.

프라야자 [범 prayaja] '베다'에 나오는 말. 본격적인 제사에 앞서 행하는 예비 제사. 또는 그 때 바치는 공물.

파라우다 [prada러] 구소련 공산당 중앙위원회 기관지. 구소련에서 이즈베스치아와 동등한 권위가 있는 일간지.

프라이 [fry] 튀김 요리.

프라이드 [pride] 자랑. 긍지. 자부. 자존심.

프라이드 치킨 [fried chicken] 닭고기 튀김. ▷ '치킨 프라이'는 빵가루를 묻힌 것.

프라이머리 [영 primary]
① 초보의, 최초의.
② 가장 중요한.

프라이머리 스쿨 [primary school] 초등학교.

프라이머리 일렉션 [primary election] 미국선거제도에서의 예비선거.

프라이버시 [영 privacy] 사생활, 사사, 공개를 꺼리는 기본적 인권에 기존하는 것.

프라이비트 브랜드 [영] private brand 〈유〉자가 상표(自家商標) 또는 상업자 상표. ↔ 내셔널 브랜드 (national brand).

프라이빗 [private] 사적인. ↔ public

프라이스 [price] 가격.

프라이스·리더 [price leader] 독점적 경쟁에서 하나의 독점 기업이 주동적으로 가격을 정하는 경우, 이것을 '프라이스·리더'라 한다. 또는 '가격 선도자' 라고도 한다.

프라이스 리더십 [영 price leadership] 〈경〉소수의 대기업이 어떤 상품의 생산·판매를 지배하여 가격 형성이 되는 상태.

프라이스 메커니즘 [price mechanism] [경제] 가격 기구(수요와 공급의 균형을 조정하여 가격을 안정시키는 구조).

프라이어러티 [priority] 우선권.

프라이즈 [영 prize] 상, 상품.

프라이즈 머니 [prize money] 상금.

프라임 [prime] ① 최초의. 제1의.
② 주된, 수위의.
③ 최상의 최량의.
④ 〈수학〉 나누어지지 않는 정수.

프라임 레이트 [영] prime rate 〈경〉 우대 금리(優待金利) 미국의 대은행이 신용도 높은 대기업에 무담보 단기 사업 자금 대출에 적용하는 금리에서 생긴 말.

프라임 타임 [prime time] 골든 타임에 이어 시청 인구가 많은 시간대(오후 7~11시).

프라자 [plaza] 대광장. 네거리.

프라페 [프 frappe] 얼음으로 차게 한 음료수.

프라하 (Praha) 〈지〉체코슬로바키아 사회주의 공화국(Czechoslovak Socialist Republic)의 수도. 보헤미아

ㅍ

프라그 (Bohemia) 분지 중부의 몰다우 강 (Moldau R.) 기슭에 있는 도시. 759년 독일인이 건설. 영어 표기로는 프라그(Prague). 14~16세기의 유서있는 건축물이 많음. (→) 체코슬로바키아.

프락치 [fracture(froxy)] 밀파된 행동대원.

프란탐 [프 printemps] 봄, 청춘.

프람베시아 [frambesia] 〈병리〉딸기 모양의 종기가 생기는 매독 비슷한 병.

프랑 [frane] 프랑스, 스위스, 벨기에의 화폐 단위.

프랑글레 [프 franglais] 프랑스어와 영어의 합성어. ▷ franglais(프랑스어)+Angles or Anglian = 프랑스 Anglais(영어).

프랑세 [프 francais] ① 프랑스의. ② 프랑스어.

프랑스 (France/French Republic) 〈국〉유럽 서부에 자리 잡고 있는 공화국. 프랑스어로는 Republique Francaise 5세기에 프랑크 왕국 (Frank 王國), 루이 14세(1643~1715년)의 절대 군주국을 거쳐 1789년 공화제. 한자 표기로는 법국(法國)>불국(佛國)>불란서(佛蘭西). 수도는 파리(Paris). (→) 파리.

프랑스전학련 [UNEF=Union Nationale Les Etudiants de France] 1907년 결성되어 나치 점령하에서는 레지탕스에 앞장섰고, 전후에는 알제리 반전 운동을 계속했다. 전국 68개 대학에 지부를 두고 있다.

프랑크, 안/안네 (Anne Frank, 1926~1945) 〈인〉프랑스의 유태계 소녀로 일기가 유명함.

프래그머티즘 [pragmatism] 〈철학〉실용주의. 실제주의.

프래그머틱 [pragmatic] 실용주의적인(프래그머티즘이란 경험론적인 입장에서 지식이 진리인지 아닌지는, 실생활에 도움이 되는지 안 되는 지로 결정된다는 사상)

프랙션 [fraction] 공산당 조직의 최소 구성단위. 경영 세포, 거주 세포라고도 한다. 이것은 3명이상의 당원이 같은 직장이나 거주했을 때 독자적인 활동 말단 조직이다.

프랙티컬 [영 practical]실용적, 실제적.

프랜시스터빈 [영 Francis Turbine]수차. 물의 낙차가 적을 때 사용하는 반동식 수차, 베인식 수차.

프랜차이즈 [franchise] ① 특권, 특허. ② 공민권, 시민권. ③ 독점 판매권, 단원권, 회원권, ④ 〈야구〉야구단이 있는 본거지.

프랜차이즈 체인 [franchise chain] 〈경제〉제조 회사나 판매 회사가 소매점을 체인점으로 갖는 형태.

프랭크[영 frank]솔직한, 노골적인 모양.

프러듀서 시스팀 [영 producer system] 〈영·연〉제작 책임자가 연출가·출연자를 모아 제작진을 구성하는 프러듀서(producer) 중심의 시스템.

프로모션 [영] promotion 승진. 촉진. 장려.

프로모션 에이전시 [영 promotion agency/sales promotion agency] 〈광고〉판매 촉진에 필요한 모든 업무를 대행하는 대리점.

프러슈머 [Prosumer] ①생산자이며 소비자인 사람. ②기업제품에 자기 의견을 말해서 개선.

프러스트레이션 [영 frustration] ① [심]욕구불만. ② 좌절, 실패.

프러페셔널 [라>프>영 professional] 전문가. 직업적. 프러페셔널로도 표기함. 준말은 '프로'로사용한다. ↔

아마추어(amateur).

프러페셔널리즘 [라 > 프 > 영 professionalism] 직업 근성. 전문가 기질. 프로페셔널리즘으로도 표기함. ↔ 아마추어리즘(amateurism).

프럭시 [proxy] 위임장, 대리.

프런트 [front] ① 정면, 전면.
② 전선(戰線).
③ 호텔의 접수계.
④ 구단(球團)의 오너 등 경영 대표.

프런티어 [frontier]
① 국경 지대 변경.
② 미개척 영역.

프런티어 스피릿 [frontier spirit] 개척자 정신.

프레널로지 [영 phrenology] 인상학, 골상학.

프레미엄 [영 premium]
① 〈경〉 액면초과금.
② 할증금, 권리금.

프레뷰 [영 preview] 시사회.

프레셔스 [영 precious] 고가, 고귀한.

프레스 [press]
① 인쇄. 신문. 출판.
② 판금 기계의 한 가지.
③ 즙을 짜는 기계.
④ 〈역도〉 밀어 올리기.
⑤ 〈펜싱〉 상대방의 칼을 누르거나 옆으로 젖히는 것.

프레스 센터 [영 press center] 〈신문〉 신문사 등 보도 기관이 집중돼 있는 곳. 그 지역.

프레스 · 카드 [press card] 언론의 책임이나 기능을 제대로 행사할 수 없는 사이버 언론 기관에 근무하는 사이비 기자들의 횡포를 없애기 위해 정부에서 취한 조치이다.

프레 · 스코 [pre-scoring의 약] (영: 텔레비전) 사전 녹음. ▷ 화면의 촬영 전에 음이나 소리를 녹음해 두는 방법.

프레스쿨 [preschool]
① 보육원, 유치원.
② 초등학교 입학 전의.

프레스타지 [영 prestige] 위신, 명성.

프레슬리, 엘비스 (Elvis Presley, 1935~1977) 〈인〉 미국의 가수.

프레시 [영 fresh] ① 새로운, 신선한.
② 신입의, 신참의.

프레싱 [영] pressing
① 다림질하여 주름을 펴는 일. 압착.
② 〈체〉 농구에서 밀착 방어.

프레어리 독 [praire dog] 북미의 들에 사는 풀먹는 설치류 동물, 마모트 (marmot).

프레온 · 가스 [영 freon gas] 메탄의 수소원자를 불소 및 염소원자로 치환해서 만든 화합물, 우주비행사가 공간에서 유영할 때에 분사제트용 가스로 사용된다. 에어콘(냉동기)에 사용

프레임 [frame] ① 틀, 테.
② 차가(車架).
③ 〈인쇄〉 케이스를 놓는 대→후레임.
④ 영화 · 필름의 한 화면, TV의 한 화면.
⑤ (볼링의) 한 게임을 10등분 한 것의 하나.

프레임리스 도어 [frameless door] 〈건축〉 틀이 없는 두꺼운 유리만의 도어.

프레임 업 [frame up] 날조(捏造)로 번역됨. 정적(政敵)을 대중으로부터 고립시켜 탄압 공격하기 위한 구실로 삼기 위해 만들어 내는 사건. 일정한 기정사실을 왜곡 변조하여 이용하는 경우. 스파이 등을 이용하여 사실을 날조하는 경우가 있다.

프레젠테이션 [영] presentation
① 증정. 수여식.
② 제시. 발표.
③ 주체자가 거래 관계자에게 계획안을 제시 · 설명하는 것.

프레젠트 [영 present] ① 선물, 진물. ② 출석. ③ 현재.

프레지던트 [영 president] ① 대통령. ② 총장, 총재. ③ 사장.

프레첼 [도 Pretzels] 〈식품〉 속 부드럽고 겉 딱딱한 독일 비스킷.

프렌드 [영 friend] ① 친구, 우인. ② 후원자, 동정자.

프렌들리 [friendly] 우호적인, 친절한.

프렌치 슬리부 [French sleeve] 〈의상〉 겨드랑이 부분은 넓고, 소맷부리 부분은 좁아지게 재단한 소재.

프렌치 캉캉 [prench cancan] 오리걸음을 흉내낸 스텝이 특징인 춤으로 1830~1844년에 유행.

프렌치 커네이디언 [French Canadian] ① 프랑스계 캐나다인. ② 〈축산〉 프랑스계 캐나다인들이 기르는 가축.

프렌치 토스트 [French toast] 달걀 우유 등에 식빵의 조각을 넣어 지진 것.

프렐류드 [영 prelude] ① 〈극〉 서막. ② 〈음〉 서곡, 전주곡.

프로 [← professional] ① 직업적. 전문적. ② 직업적으로 종사하는 사람.

프로 [← 포 procent ; 독 P"Zent] 퍼센트. 백분율.

프로 [← 프 proletarjat] 무산 계급.

프로그래머 [Programmer] 〈컴퓨터〉 컴퓨터에 넣을 프로그램을 만드는 전문 기능자. 어떤 문제를 받으면 코딩 프로그램 언어로 바꾸는 작업. 피드백 프로그램의 테스트 및 수정 등을 거쳐 컴퓨터에 투입, 마이크로컴퓨터에 있어서는 PROM에 데이터를 기입하기위한 장치를 가리키는 경우도 많이 있다.

프로그래밍 플래닝 [programming planning] 계획을 세우기 어려워 별로 고려되지 않던 일까지 가능한 한 다루려고 하는 계획 입안법.

프로그래시브 [progressive] 진보적, 전진적.

프로그램 [program] ① 순서. 진행 순서. 예정표. ② 〈컴퓨터〉 특정한 조작을 실행하기 위해 컴퓨터에 지시를 내리는 일련의 명령(특정한 문제를 풀기 위한 경우가 많다).

프로그램 랭귀지 [program language] 〈컴퓨터〉 프로그램 언어(프로그램 작성시 필요한 언어로 어셈블러 언어, 컴파일러 언어. 인터프리터 언어 등의 종류가 있음.) ▷ 컴퓨터 언어·프로그램 언어라고도 함.

프로그램·론 [program loan] 미국의 AID 국제 개발처. 원조를 효율적으로 사용하고 있어 머지않아 미국의 무상원조를 받지 않아도 자립할 수 있는 단계에 이른 나라에 주는 차관을 말한다.

프로그램 뮤직 [program music] 표제음악.

프로그맨 [frogman] 잠수공작원(병)

프로네이션 [pronation] 〈골프〉 오른손을 왼손 위에 덮듯이 하여 클럽을 쥐는 것.

프로덕션 [production] 영화의 제작. 제작 영화. 제작소. 생산, 생산품.

프로덕트 [product] ① 산물. ② 경과, 성과.

프로덕트 뉴스 [영] product news 〈광고〉 상품에 관한 뉴스.

프로덕트 매니지먼트 [영] product management 〈광고〉 제품의 모든 면에 걸쳐 계획·관리·통제를 하는 것.

프로덕트 팀 [영] product team 〈경〉 새 제품의 기획으로부터 시작하여 연구 개발·생산 계획·판매 계획

실시에 이르기까지의 일관되게 업무를 담당하는 그룹.

프로듀서 [영 producer]
① 생산자, 저작자.
②〈영, 방〉연출가, 창작자.

프로듀서 디렉터 [producer director] 영화의 흥행적인 기획까지 담당하는 감독.

프로듀서 시스템 [producer system]
①〈연예〉기획에서 완성까지의 책임을 프로듀서가 책임지는 제도.
② (방송·영화 등에서) 프로듀서가 연출가·배우·스태프 등을 지명하는 방식. 농산물. 생산하다. 산출하다. 연출하다.

프로듀스 [produce] 제작하다.

프로메테우스 [영 prometheus] 희랍신화에서 하늘의 불을 훔쳐서 인간에게 준 신.

프로메튬 [promethium]〈이〉핀란드 과학자 오라비에메체가 1964년에 발견한 원소. 란탄계희토류원소의 하나.

프로모션 [영 promotion] ① 기획회사.
② 장려, 추진, 승진.

프로모터 [영 promoter] ① 흥행사.
② 발기인, 창립자.   ③ 후원자.

프로므나드 [프 promenade] ① 산보.
② 산보길. 유보도. 전원풍의 산책길.

프로미넌스 [영 prominence]
① 탁월, 우월.
②〈천〉태양의 홍염.
③〈문법〉일정한 어구를 강조하는 것.

프로민 [promin]〈약〉설파제의 일종으로 나병의 특효약.

프로버블 에러 [probable error] 확률오차.

프로버빌리티 [probability]
①〈논리〉개연성.
②〈수학〉확률. 공산(公算), 확률.

③ 장래성(가망).

프로베이션 [probation]〈법률〉범죄자 갱생을 목적한 적당한 사람에게 감독, 지도시키는 제도. 보호관찰. 집행유예. 검정. 시험. 입증.

프로빙 [영] proving〈식품〉제빵 때 오븐에 넣기 직전의 반죽의 발효.

프로사이크 [prosaic] 산문적(散文的). 무미한. 파흥(破興)되는.

프로세니엄 [proscenium]〈연극〉무대와 객석과의 경계에 해당하는 선 부분.

프로세서 [processor]
① (신호 등의) 처리 장치.
②〈컴퓨터〉처리 장치. 데이터에 연산 처리를 실시하는 장치 컴퓨터시스템 내에서 산술적, 논리적 연산 처리에 행하여 논리적 중추이며 주변 장치는 포함하지 않는다. 소프트웨어에 있어서는 컴파일러나 어셈블러 등의 트랜스레이터를 프로세서라 부르는 경우가 있다.

프로세스 [process]
① 과정, 진행 수순. 절차.
② 처리 가공을 하는 일.
③ (인쇄에서) 사진 제판에 의해 다색판(多色版)을 만드는 기술.

프로슈머[prosumer] ① 생산자이자 소비자인 사람.
② 기업제품에 자기 의견을 말해서 개선.

프로세싱 [processing] 처리하기.

프로스 [prose]〈문학〉산문. ↔ 바스 (verse).

프로스트 [영 frost] ① 서리.
② 냉장고속의 서리.

프로스티튜트 [영 prostitute]
① 매춘부. ② 돈에 의해 변절하는 것.

프로스펙트[prospect]전망, 가망, 희망.

포로시드 [영 proceeds] 수입, 매상고.

프로이디슴 [Freudism] 정신분석학

553

설, 프로이드주의.

프로이라인 [독 Fraulein] 영애(令愛), 영양(令孃). 미혼 여자에 대한 경칭.

프로이트 Freud, Sigmund (1856~1939) 오스트리아의 医師, 心理學者, 精神分析 創始者.

프로제스테론 [progesterone] 〈화학〉 난소 황체에서 나는 홀몬의 일종.

프로젝터 [영 projector] ① 영사기. ② 투광기.

프로젝트 [project]
① 〈교육〉 과제 해결 학습. ¶~법. = 구안 학습
② 설계자, 용역(用役).
③ 연구나 개발을 위한 계획.

프로젝트 매서드 [project method] 〈교육〉 구안법(構案法). 구안 교수법 (학생이 자주적인 활동에 의해, 학습을 스스로 하도록 계획된 교수법).

프로젝트 벨라 [Project Vela] 미 국방성의 지하핵 폭발, 초고공 핵폭발, 탐지 계획 등의 3개 부분으로 벨라 · 유니폼은 지하, 벨라 · 실라는 지상, 벨라 · 호텔은 인공위성으로 탐지하는 방법의 계획.

프로젝티브 매드매틱스 [projective mathematics] 일종의 응용 수학.

프로짓 [프 prosit] 건강을 축하한다. 건배.

프로카인 [영 procaine] 〈약〉국소마취약의 이름. 노브오카인의 약국방 이름.

프로큐러 [영 procurer] 매춘알선인.

프로타민 [도 Protamin] [영 protamine] 〈식품〉 천연의 가장 단순한 단백질.

프로타주 [프 frottage] 〈미〉탁본(拓本).

프로테스탄트 [Protestant] 그리스도교의 신교도. ▷ 종교 개혁을 부인하는 세력에 항의서(protestatio)를 제출한 사실에서. ↔ 가톨릭.

프로테스탄티즘 [Protestantism] 그리스도교의 개신교(改新教). 프로테스탄트의 교의(教義).

프로테스트 [protest] 항의하다. 이의를 신청하다.

프로테스트 송 [영] protest song 〈음〉 시사적인 사회 문제 등을 들어서 항의하는 내용을 담은 포크 송(folk song).

프로텍터 [protector] ① 보호하다.
② 〈야구〉 포수(捕手)와 주심이 가슴을 보호하기 위하여 대는 가슴 받이 안전장치.
③ 보호자.

프로텍터 컵 [protector cup] 〈권투〉 알미늄 또는 셀루로이드로 만든 고환(睾丸) 보호기.

프로텍트 [영 protect] 보호하다, 방위하다.

프로토액티늄 [protoactinium] 〈화학〉 방사선 원소의 하나.

프로토콜 [프 protocole]
① 〈컴〉 컴퓨터를 테이터를 주고받기 위한 각 컴퓨터 사이의 신호 약속.
② 〈정치〉 회담의 내용을 정리하여 만든 잠정적인 협정이나 조서 등 부속 문서. 의정서, 조서.

프로토타입 [영 prototype] 원형, 표준, 모범.

프로톤 [영 proton] 〈이〉 양자, 원자핵을 구성하는 소립자.

프로트롬빈 [독 Prothrombin] 〈화학〉 혈청 단백질의 하나.

프로파간다[영 propaganda]선전, 전도.

프로판가스[영 propanegas] 〈화〉석유 정제시에 나오는 메탄계의 탄화수소 가스. 이것을 액화하여 가정연료로 한다. 액화석유가스 LPG(Liquid Petroleum Gas)라고 함.

프로퍼 [영 proper] ① 본래의, 고유의. ② 선전, 판매점, 원조담당자.

프로퍼간디스트 [propagandist] 선전원, 전도자(前導者).

프로퍼 코스 [proper course] 〈요트〉 경주 중 근처의 다른 요트를 피하여 달리기 위한 임의의 코스.

프로페서 [professor] 대학 교수, 선생.

프로페셔널 [professional] ① 직업적. ② 직업적인 전문가. 전문 직업을 가진 사람.

프로페셔널리스트 [professionalist] 프로의식이 강한 사람. 전문가 기질이 있는 사람.

프로펠러 샤프트 [propeller shaft] 추진축.

프로펠러 펌프 [propeller pump] 배의 추진기 비슷한 날개바퀴가 달린 펌프.

프로포션 [proportion] ① 빙류, 비례 ② 균형, 조화.

프로포즈 [영 propose] ① 제안, 제출. ② 구애, 신입. 청혼. 특히 구혼.

프로피타블 [profitable] 이익이 되는, 유리한, 벌이가 되는.

프로핀테른 [러 profintern] 코민테른이 지도하는 좌익 노동조합의 국제 조직.

프로핏 [영 profit] 이익, 이윤.

프로핏 [prophet] 예언자, 대번자.

프록 [영 frock] 〈복〉
① 수도승이 입는 소매가 넓은 복장.
② 프록코드의 약칭.

프록코트 [frock coat] 남자용 예복으로 무릎까지 내려오는 검은색 저고리.

프론 [prone] 〈사격〉 엎드려 쏘기.

프로토질 [독 Prontosil] 〈약학〉 화농균 질환의 특효약.

프론트 코트 [front court] 〈농구〉 경기장의 중앙선으로부터 상대편 쪽.

프롤랙틴 [prolactin] 〈생리〉뇌하수체 전엽의 성 홀몬.

프롤레타리아 [프 proletariat → 일] 무산계급. 노동계급.

프롤레타리아트 [라 > 독·영·러 proletariat] 〈사〉 노동자 계급. ↔ 부르좌지(bourgeoisie).

프롤로그 [prologue]
① 〈문학〉 서언. 머리말, 서시.
② 〈음악〉 서곡. 극 홀몬.

프롬퍼 [prompter]
① 〈연예〉 무대 뒤나 옆에서 연기 중인 배우에게 작은 소리로 일러두는 역할, 또는 그 사람.
② 〈컴퓨터〉 대화식 시스템에서 처리를 계속하기 위해 필요한 지시 등을 입력하도록 사용자에게 지시하는 기능. 자(者) 연설용 영상 자막으로 대통령이 연설할 때 사용한다고도 함.

프롬프트 [prompt] 〈연예〉대사나 위치를 숨어서 가르쳐 주는 일.

프루츠 [영 fruits] 과물, 과실, 과일.

프루츠 샌드위치 [fruits sandwich] 사과의 큰 비프로 만든 빵.

푸르프 [proof] 증명, 증거.

프리 [영 free] ① 자유의.
② 무소속의. ③ 무료의.

프리게이트 [영 Frigate] 〈군〉대공, 대잠수함의 소형구축함.

프리널러지 [영 phrenology] 골상학, 관상학.

프리 랜서 [free lancer] 보통 정기 간행물의 전속(專屬)이 아닌 자유기고가, 자유 계약 기자 또는 전속 아닌 가수, 배우를 가리킨다. 또 특정 정파에 속하지 않고 자유로운 입장에서 주의·주장 따위에 가담하는 자유 논객을 말하는 영화배우, 탤런트, 저널리스트.

프리 마돈나 [이 prima donna] 〈음악〉
① 가극단의 제1인자적인 여성 가수.
② 가극의 주역을 맡은 여성 성악가.

프리마 발레리나 [이 prima ballerina] 〈연예〉 발레의 주역을 하는 여자.

프리 마틴 [free martin] 〈축산〉 생식 기능이 없는 암송아지.

프리모 [이 primo] 〈음〉 처음의. 제1부.

프리무나 [영 primul] 〈식〉 서양앵초.

프리미어쇼 [premiere show] 유료 시사회 피로연 공연.

프리미엄 [premium] ① 수수료.
② 액면이나 계약이상으로 지불하는 할증금.
③ 보험료.
④ 〈경제〉 초과 구매력. 상여금.

프리미엄 세일 [premium sale] 경품부 판매.

프리미언 캠페인 [영] premium campaign 〈광고〉 메이커 또는 판매점이 소비자에 대하여 경품부 판매나 현상부 판매의 형식으로 경품 제공의 매력을 테마로 해서 행하는 판매 촉진을 위한 캠페인.

프리미티브 [primitive] 〈문학〉 원시적. 천진한. 태고의. 야성적인.

프리 배팅 [free batting] 〈야구〉 자유롭게 치는 연습.

프리·뷰 [영 pre-view]
① 〈영〉 시사회. 공개전의 영화를 관계자들만 미리 보는 것.
② 〈방〉 프로그램 예고.

프리 스로 [영] free throw 〈체〉 자유투(自由投).

프리스마 [독 Prisma] 〈물리〉 프리즘.

프리스코링 [prescoring] 〈연예〉 영화에서 화면을 찍기 전에 녹음을 하는 것.

프리 스타일 [free style] 〈체육〉 자유형.

프리 스티치 [free stitch] 〈자수〉 방향이나 크기를 자유롭게 놓은 방법.

프리 워커 [free worker]
① 일정한 취직처를 정하지 않고 인재(人材) 파견 회사의 파견 스태프로 일하는 사람.
② 회사·조직에 소속되지 않고 자유로운 입장에서 일하는 사람.

프리저 [freezer] 냉동기. 냉각기.

프리즈드라이 [영 freezadry] 〈식〉 동결건조법

프리즘 [영 prism] 〈이〉 빛의 굴절, 분석 등에 사용하는 유리의 3각기둥. 분광기.

프리즘 스펙트럼 [prism spectrum] 〈물리〉 프리즘을 이용한 분광기를 통해 본 스펙트럼.

프리지어 [freesia] 분꽃과에 속하는 다년초.

프리커트 하우스 [precut house] 조립식 건축자재를 현장에서 조립하여 짓는 집.

프리퀀트 서비스 [frequent service] 〈철도〉 열차의 과밀다이어 열차의 빈발운전. 빈번한 운전, 늘 행하는 서비스.

프리타룩즈 [영 Fritalux] 프랑스, 이태리, 벨기에 등 5개국 사이에 결성된 경제동맹, France Italy and Benelux의 합성어.

프리타운 (Free town) 〈지〉 시에라리온 공화국(Republic of Sierra Leone)의 수도. 대서양 연안에 있는 항구 도시. 1788년 흑인 노예들이 건설. 기니(Guinea) 해안 중에서 천연의 양항(良港)인. (→) 시에라리온.

프리터 [영 fritter] 〈소〉 소맥분에 노른자를 가해서 우유나 물로 저은 다음에 이것을 계란 흰자를 거품을 일으켜 섞어서 튀겨낸 것.

프리토리아 (Pretoria) 〈지〉 남아프리카 공화국(Republic of South Africa)의 수도. 이 나라의 동북부 고원에 있는 도시. (→) 남(南)아프리카 공화국(共和國)

프리패크트 콘크리트 [prepacked concrete] 〈토목〉미리 굳힌 콘크리트.

프리 패키지 [영] pre-package 〈유〉 사전 포장. 어육·야채·과일 등의 신선한 식품을 중심으로 고객의 구입 전에 미리 일정 분량 크기로 구별해서 포장하는 것.

프리 페이퍼 [Free paper] 광고 수입만으로 제작하여 독자들에게 무료로 배포되는 신문.

프리 피겨 [free figure] 〈체육〉형에 구애 받지 않고 자유롭게 타는 피겨 스케이팅.

프리 히트 [free hit] 자유타(自由打).

프릭션 [영 friction] ① 마찰.
② 불화, 알력
③ 마찰에 의해서 생기는 것.

프린세스 [영 princess] ① 왕자, 황녀.
② 황태자비.   ③ 공작부인

프린스 [영 prince] ① 황자, 왕자.
② 공작. 황태자.

프린시플 [principle] ① 원리, 원칙.
② 주의, 근본 방침. 원금.

프릴 [영 frill] 〈복〉천 조각이나 레이스로 주름을 잡은 장식 차양.

프토마인 [독·영·러 ptomain] [프 ptomaine] 〈식품〉단백질 분해 과정에서 생성되는 화합물.

프티-부르주아 [프 petit bourgeois] 소시민, 중산 계급.

플라본 [flavone] 〈화학〉식물 색소의 하나.

플라빈 [flavine] 〈화학〉동식물체에 있는 황색 원소의 일군.

플라스마진 [독 Plasmagene] 〈생물〉세포질 안에 있어 유전자와 비슷한 성질을 가진 물질.

플라스모힌 [독 Plasmochin] 〈약학〉말라리아 치료약의 하나.

플라스크 [flask] 실험용 유리병. → 후라스코.

플라스터 [plaster] ① 석고.
② 고약.

플라스트론 [영 plastron] 〈복〉드레스나 셔츠의 가슴장식.

플라스티시티 [영 plasticity] 가소성. 고체가 외력에 의해 변형해서 원형으로 복원되지 않는 성질.

플라시보 [placebo] 약효는 없지만 환자에게는 있는 것처럼 믿게 하고 주는 약. 〈의〉위약(僞藥), 안정제.

플라우 [plow, plough] 농기구의 쟁기.

플라워 [영 flower] 꽃, 화초.

플라이 [영 fly] ① 날다. ② 파리.
③ 〈야〉비구.

플라이(급) [fly 級] 〈권투〉112파운드 이하의 체중을 가진 선수.

플라이 스티치 [fly stitch] 〈자수〉Y자형으로 놓은 것.

플라이 웨이트 [fly weight]
① 자동차의 조절기의 일부.
② 〈권투〉플라이급.

플라이트 [영 flight] ① 비행.
② 〈스키〉점프.
③ 〈경〉허들이나 도약대를 뛰는 것.

플라잉 메어 [flying mare] 〈레슬링〉업어 치기.

플라잉 소서 [flying saucer] 비행 접시.

플라잉 킥 [영] flying kick 〈체〉프로레슬링(pro-wrestling)에서 뛰어올라 상대의 가슴팍을 차는 기술.

플라잉 폴 [flying fall] 〈레슬링〉메어

ㅍ

처 두 어깨가 동상에 바닥에 닿는 것.

플라자 [스 plaza] 광장, 시장.

플라주 [프 plage] 바닷가. 바닷가에 있는 행락지.

플라즈모힌 [독 Plasmochin] 학질약의 이름.

플라크 [plaque] ① 치석(齒石). ② 둥글게 돋아난 반점(斑點).

플라토닉 [영 Platonic] ① 희랍의 철학자 플라톤의. ② 정신적 청순한. 마음으로만.

플라토닉 러브 [Platonic love] 육체적 사랑이 아닌 정신적인 사랑.

플라트 [영 flirt] ① 시시덕거리다. ② 품위가 없는 여자의 행동. 바람난 여자.

플라티넘 [영 platinum] 〈화〉백금 귀금속 원소. 기호 Pt. 플라티나는 플라티남과 다른 금속과의 합금을 말함.

플라티노이드 [platinoid] 구리, 니켈, 아연, 턴스텐 등의 합금.

플라팅 [flirting] 연애, 유회.

플란넬 [영 flannel] 〈복〉 방모사로 짠 부드러운 직물.

플라넷 기어 [planet gear] 〈기계〉 유성(遊星) 톱니바퀴.

플라빈 [flavin] 〈화학〉나무 껍질에서 따는 황색소 성분으로 구충제로 쓰임.

플래셔 램프 [flasherlamp] 자동차 전면의 섬광등. 깜박등.

플래스터 [영 plaster] ① 〈약〉 고약. ② 석고, 석회와 찰흙을 풀가사리의 액체로 반죽한 것.

플래스틱 [plastic] ① 합성수지. ② 〈생물〉 정형의.

플래시 [영 flash] ① 섬광. ② 일순, 순간.

③ 〈영〉 순간적인 장면.

플래시 램프 [flash lamp] 사진용 섬광 전구. 깜박등.

플래시 파우더 [flash powder] 섬광분. 빛이 부족한데서 사진 촬영할 때 태우는 가루.

플래지오렛 [영 flageolet] 〈음〉금속성의 6개의 수혈(堅穴)이 있는 종적(縱笛).

플래토 [영 plateau] 〈지〉 대지, 고원.

플래티나 [platina] 백금.

플래퍼 [영 flapper] 말괄량이 아가씨.

플랜 [영 plan] ① 설계, 설계도. ② 계획, 기도.

플랜테이션 [plantation] ① 재배장, 농장. ② 식림(조림)지. ③ 건설. ▷ 남방 등 미개발 지역에 자본을 투입해서 자연 조건과 저임금의 노동력을 이용하는 기업적 농업 생산.

플랜트 [plant] ① 식물. ② 공장 시설, 기계 한 벌.

플랩 [flap] ① 〈의상〉 포켓 뚜껑. ② 비행기의 보조 날개.

플랫 [flat] ① 마루 바닥. ② 〈골프〉 클럽 머리와 손잡이가 만드는 각도가 작은 곳. ③ 〈음악〉 반음 내리는 기호. ④ 〈펜싱〉 칼의 등이나 옆을 쓰는 무효 동작.

플랫 [flat(shot)] 〈탁구〉 드라이브를 걸지 않고 공을 치는 것.

플랫 드라이브 [flat drive] 〈탁구〉 라켓의 면을 직각으로 공에 대는 드라이브.

플랫 사우어 [영] flat sour 〈식품〉 부패 세균 번식으로 깡통이 팽창하지 않게 된 통조림.

플랫 스핀 [flat spin] 〈탁구〉 깎아 낮

게 돌리기.

플랫폼 [영 platform] ① 고대(高坮).
② 연대(演坮).
③ 정류장의 승강장.

플랫폼 트럭 [platform truck] 〈군사〉 포차(砲車).

플러그-인 [plug-in] 〈컴퓨터〉 하드웨어나 소프트웨어에 새로운 기능을 보강하여 끼워 넣는 일. 또는 그렇게 끼워 넣어 주된 소프트웨어와 완전히 통합하여 쓸 수 있게 만든 프로그램.
▷ plug-in ; 프러그 접속식의.

플러시 [plush] 벨벳과 비슷한 무명옷감.

플러시 [영 flush] 〈신문〉
① 통신사가 중대뉴스를 즉각 신문사나 방송국에 보내는 것.
② 분출하다. 쏟아지다. 물로 씻어 내리다. 새가 날아오르다. 같은 짝 모으기(카드놀이)

플럭 [영 fluke] 프루크의 사투리. 당구에서 우연한 맞춤.

플럭 [영] pluck 〈식품〉 동물의 심장·간장·폐. 정육 업자 용어.

플럭스 [phlox] 〈식〉 북미 및 아시아 원산의 붓꽃과의 다년초.

플런저 [plunger] 피스톤과 같은 왕복운동의 구실을 하는 기계의 부분. 하수관이 막힌 것을 뚫을 때 사용하는 고무 흡인구(吸引口)가 달린 막대기.

플런저 펌프 [plunger pump] 플런저식 펌프.

플럼 [영 plum] 〈식〉 서양자두.

플레게 [독 pflegemutter의 약] 〈의〉 간호부.

플레로마 [그 pleroma > 라·독·영 pleroma] 〈그〉 '충만'의 뜻에서 온 말. 신성(神性)이 충만한 것. 현상계에 대해 이를 '이데아의 세계'로 보는 그노시스 주의에 대한 반박의 의도로 사용했다고도 볼 수 있음.

플레브스 [plebs] 고대 로마의 평민층.

플레비싯 [plebiscite] 〈정치〉 국민투표.

플레시 [fleche] 〈펜싱〉 뛰어들어 베거나 도리는 동작.

플레어 [flare]
① 흑점 등 태양의 활동영역에 갑자기 광휘가 강한 부분이 나타났다가 순식간에 소멸하는 것.
② 〈복〉 나팔꽃 모양의 끝이 넓어진 스커트.

플레이 [영 play] ① 놀이, 유희.
② 경기. ③ 연극, 희곡.
④ 연주하는 것.

플레이백 [playback] 녹음이나 녹화의 재생(再生).

플레이 볼 [play ball] 〈체육〉 시합 개시의 선언.

플레이북 [playbook] 〈연예〉 각본.

플레이스 [place] 〈체육〉 야구나 정구에서 공을 일정한 장소로 겨누어 치는 일.
① 곳, 장소.
② 위치.

플레이스 킥 [place kick] 〈축구〉 공을 땅위에 놓고 차는 것.

플레이스 힛 [place hit] 〈야구〉 겨누어 치기.

플레이오프 [play-off] 〈체육〉
① 〈골프·축구〉 동점일 때 하는 결승 시합.
② 〈야구〉 우승 결정전.

플레이크 [영 flake] 〈요〉 음식물을 얇게 썬 것 또는 얇게 말린 것. (용례: 큰 플레이크).

플레이트 [영 plait]
① 〈복〉 접은 자리, 주름
② 보릿집을 짠 것.

플레이트 [plate] ① 판, 특히 금속판.
② 〈물리〉 건판.

ㅍ

③ 지구의 표층부를 구성하는 암석층.
④ 〈인쇄〉도판.
⑤ 〈야구〉홈플레이트.

플레인 [plain] ① 평평한. ② 명백한. ③ 장식 없는, 소박한, 솔직한.

플레인 [plane] ① 평면 ② 수준. ③ 비행기.

플레인 샴푸 [plane shampoo] 〈미용〉 보통 샴푸.

플레인 콘크리트 [plane concrete] 철근을 넣지 않은 콘크리트.

플레저 보트 [영 pleasure boat] 유람선.

플렉손 [영 plexon] 연속서어 섬유에 수지 가공한 섬유.

플렉스 정년제 [flex 定年制] 일정 연령에 달한 종업원의 잔류 · 전출 · 퇴직 등, 그 후의 진로를 선택할 수 있는 고용 제도.

플렉시블 [영 flexible] 구부러지기 쉬운, 탄력성이 있는, 유연성이 있는.

플렉트럼 [plectrum] 〈음악〉현악기의 줄을 튕기는데 쓰는 나무나 상아조각.

플로라 [flora] 로마 신화의 꽃과 과실의 여신.

플로린 [영 florin] 옛날부터 유럽 각지에서 유통한 은화, 액면은 때와 장소에 따라 달라진다.

플로어 레이디 [floor lady] 술집 등에서 손님을 접대하는 여자.

플로어 매니저 [floor manager]
① 텔레비전 연출자의 보좌역.
② 사회자.

플로어 쇼 [floor show] 객석 사이를 이리저리 걸어 다니는 패션쇼.

플로어 프라이스 [floor price] 〈경제〉 최저 가격, 최저.

플로우 차트 [flow chart] 〈컴〉순서도. 프로그램의 절차를 블록 선도로 나타내어 프로그램 작성 순서를 표시한 것. 프로그램 속에서의 조작의 종류와 순서를 그림으로 그려 나타낸 것, 또는 시스템 속에서의 데이터의 작업 순서, 작업 장소를 그림으로 그려 나타낸 것.

플로지스톤 [phlogiston] 〈화학〉연소 (燃燒).

플로차트 [flowchart]
① 공정 경로 도표(工程經路圖表)(작업 공정의 순서를 도표로 나타낸 것).
② 〈컴퓨터〉정보처리 경로 도표.

플로터 [plotter] ① 계획자.
② 음모자.
③ 제도 도구, 작도(作圖) 장치.
④ 〈컴퓨터〉데이터를 도면화하는 출력장치.

플로터 볼 [floater ball] 〈골프〉물에 뜨도록 만든 공.

플로트 [영 float] ① 뜨개. ② 부초.
③ 수상 발전기의 부력기구. 수상 비행기. 승강 장치한 한 가지.

플로팅 필터 [floating filter] 〈기계〉 부동식(浮動式) 여과기.

플로피 디스크 [floppy disk] 〈컴〉 유연한 필름판을 바탕으로 하여 만들어진 자기 디스크와 지대와 같은 플라스틱 패키지에 봉입된 기록 매체. flexible disk, disket라고도 부르고 있다. 염가이고 간편한 보조 기록 매체로서 널리 사용되기 시작하고 있다. 플렉시블 디스크 또는 디스켓이라고도 불리며, 주로 마이크로컴퓨터의 주변기기로서, 또는 데이터 엔트리용이나 file의 매체로서 사용되고 있다.

플룩스 [phlox] 꽃창포과의 식물의 하나.

플록코트 [frock-coat] 남자용 예복.

플롯 [영 plot] 〈문〉소설이나 극의 구상, 줄거리, 구조.

플뢰레 [프 fleuret] 〈펜싱〉찌르기

만의 시합으로서 플리레, 어페, 사브르 셋 종목 중 가장 기초가 되는 종목이다. 사지(四肢) 및 머리를 제외한 부면을 공격과 방어의 태세로 스피디하게 찌르는 공격의 권리와 방어의 의무로 관습적인 경기이다.

플루렛 [프 Fleuret] 〈경〉
① 펜싱용의 칼.
② 머리, 손, 발을 제외하고 찌르기로 승부하는 종목중의 일종.

플루린 [영 fluorine] 〈화〉 불소. 자극성의 취기가 있는 기체로서 수소나 금속과 화합하기 쉽다.

플루크 [fluke] 〈당구〉 공이 요행으로 맞는 일.

플루타르쿠스 Plutarch (Plutarchus) 〈인〉(1세기) 그리스의 모럴리스트, 傳記作家.

플루토늄 [독 Plutonium] 〈화학〉 초우란 원소의 하나.

플리바게닝 [plea bargaining] 유죄 답변 거래. 가벼운 구형 등 검찰이 야보하고 그 대신 피고측이 유죄를 인정하는 따위의 거래.

플리스 [fleece] 〈축산〉 한 마리 분의 양털.

플리츠 [pleats]
① 스커트에 잡는 주름.
② 후레어 스커트. → 프렐어.

플리커 [flicker] 〈통신〉 깜박거림.

플리커 잽 [flicker jab]〈권투〉재빠른 가벼운 타격.

플리퍼 [flipper]
① 〈수영〉 발에 붙이는 지느러미 모양의 도구.
② 잠수부가 사용하는 기구. 〈군〉 구소련의 단좌 공격기.

플릭 [flick] 〈하키〉숏패스 등에 쓰이는 가벼운 타구법.

플린트 [영 flint] ① 부싯돌.
② 라이터돌.

플맨카 [pull man car] 철도 차량의 하나로 침대차. 좌석이 접어 넣기 식으로 되어 있다. ▷ 미국 플맨이 발명.

피 [영] fee ① 수수료. 입장료. 수업료.
② 〈광고〉 광고주(廣告主)와 광고 회사 사이의 광고 거래상의 보수로서 지불되는 요금.

피귀라티프 [프figuratif]
① 구상(具象)적인.
② 〈미술〉 구상 미술.

피규어 [영 figure] ① 형, 도.
② 〈스케이트〉 피규어 스케이팅의 약.
③ 〈문법〉문의수식. ④ 숫자.

피그미 [영 pigmy]
① 작은 사람, 난쟁이.
② 아프리카 적도부근의 삼림에 사는 피그미족. 몸집이 작은 원주민.

피그 사이클 [영 pig cycle] 돈육의 가격이 3년의 주기로 대체로 변동을 반복하는 경향.

피너클 [pinnacle] 〈등산〉 톱날 같이 생긴 바위 봉우리.

피넙 [영 pinup]사진을 벽에 붙이는 것. 그의 미인사진.

피네 [이 fine] 〈음악〉 끝.

피니시 [영 finish] ① 종결, 마무리.
② 〈경〉 최종단계, 결승.

피니언 [pinion] 〈기계〉 서로 물고 있는 톱니바퀴 중앙의 작은 것.

피닉스[phoenix]이집트 신화의 불사조.

피닝 [pinning] 〈권투〉글러브, 손바닥, 팔등으로 상대방의 글러브와 팔을 상대방의 몸에 밀어 붙이고 공격을 막는 방어법의 일종.

피더 [영 feeder]
① 〈전〉 급전선. 수신안테나로부터 수상기까지 또 송신기로부터 송신

ㅍ

안테나를 이어주는 선.
② 〈기〉 급수기, 급유기.

피드 [fid] 〈해군〉 돛대 버팀.

피드 [feed] ① 동물의 사료.
② 〈축구〉 자기편에게 공을 내주는 것.

피딩 스테이션 [영] feeding station 〈자〉 급유소. 개솔린 스탠드(gasoline stand). → 개솔린 스탠드.

피라루쿠 [프 pirarucu] 남미 아마존 강에 사는 3미터나 되는 세계 최대의 담수어(淡水魚).

피라미돈 [독·영·프 pyramidon] [러 piramidon] 〈약〉 해열·진통제. 디메틸 아미노 안티피린(dimethyl amino antipyrine)에 대한 독일 바이에르(Bayer)사의 상품명.

피라미드 [영 pyramid] 고대의 이집트인이 만든 각추형의 거대한 석탑. 왕의 묘이다.

피라지나마이드 [영 pyrazinamide] 〈약〉 결핵의 화합요법의 하나로 히드라지드와 병용하면 효과가 있다.

피레네 산맥(山脈) (Pyrenees) 〈지〉 프랑스(France)와 에스파냐(Espana)의 국경에 걸쳐 있는 산맥.

피레노이드 [pyrenoid] 〈생물〉 엽록체에 있는 것으로 단백질을 둘러싸고 녹말이 줄지어 있음.

피레드린 [pyrethrin] 〈화학〉 살충제의 하나.

피레트린 [독 pyrethrin] 〈화〉 제충국(除虫菊)의 주요성분, 살충성이 있다.

피리독신[pyridoxine] 〈생물〉비타민 B.

피리딘 [그 > 독 Pyridin] [영·프 pyridine] 〈화〉 그리스어 pyr(불)에서 온 말. 콜타르(coal tar) 경유(輕油) 또는 골유(骨油)에서 얻는 자극성 냄새가 나는 무색의 휘발성 액체. 염기성의 용해제(溶解劑). 알콜의 변성

제(變性劑) 등으로 이용함.

피리어드 [영 period] ① 기간, 시대. ② 종지부.

피망 [프 pimento] 〈식〉 서양고추.

피멘토 [pimiento] 〈식물〉피망고추의 다육 품종의 특별한 명칭.

피벗 [영 pivot] 〈기〉 구축, 회전축.

피벨 [독 Fieber] 〈의〉 체온, 열.

피봇 플레이 [영] pivot play 〈체〉 농구에서 한발 돌기. 공을 가진 선수가 한쪽 다리를 축으로 해서 방향 전환하는 플레이.

피브로인 [독 Fibroin] 단백질의 하나.

피브린 [fibrin] 섬유소(纖維素)

피션 [fission] 〈생물〉① 분열.
② 핵분열. ③ 세포 핵분열.

피션 프로덕트 [영 fission product] 〈이〉 핵분열생성물.

피스톤 펌프 [piston pump] 피스톤식 펌프.

피슈[프 fichu] 〈복〉부인용의 어깨걸이.

피스 [영 peace] 평화, 평안.

피스 [영 piece] ① 부분, 한 조각.
② 우수리.

피스 [piece of detonator 의 사투리] 뇌관.

피스 스터핑 [fish stuffing] 유지. 달걀, 우유 등으로 만든 생선 채움.

피스컬 폴리시 [fiscal policy] 재정에 의한 경기정책. 불황기에 재정에 의해 적극적으로 유효 수요를 증대시키고 호황 특히 인플레이션에 처해서는 재정에 의해 수요를 억제한다.

피스코 [peace corps]
① 미국 평화 봉사단. ② 그 단원.

피쉬 크로켓 [fish croquette] 생선 크로켓.

피스톤 핀 [piston pin] 〈기계〉피스톤과 코넥팅로드의 위쪽을 연결하는 핀.

피시 [PC=Personal Computer] 개인용 컴퓨터.

피시 [영 fish] 물고기. 생선.

피시 밀 [fish meal] 물고기의 가루.

피시스킨 [fishskin] 고기 부레로 만든 피임 용구.

피-시-에스 [PCS=Personal Communication System] 개인이 세계 어디서나 이용할 수 있는 최첨단 휴대용 무선 전화.

피아노 쿼텟 [piano quartet] 피아노 4중주.

피아노 트리오 [piano trio] 피아노 3중주.

피아르[영 PR public relations의 약자] 선전 활동. 홍보(弘報). → 퍼블릭 릴레이션스.

피아르 에이전시 [영] PR agency 〈광고〉단골의 요청에 의해 피아르(홍보) 업무를 전문적으로 하는 대행업. 피아르 카운슬링(PR counseling)과 그 밖의 업무를 대행함.

피아르 지(誌) [영 magazin for public relations] 〈광고〉PR를 위한 잡지. 사외보(社外報)의 의미로 많이 쓰임.

피아르 카운슬러 [영] PR counselor 〈광고〉피아르의 컨설턴트(consultant) 기업의 PR활동에 대해 계획을 입안하고 활동에 대한 지도 또는 조언을 하는 전문가.

피아스타 [piaster] ① 터키의 은화. ② 스페인, 멕시코의 페소(peso)에 해당. 월남에서도 쓰임.

피아스틀 [스 piastre]
① 스페인, 멕시코의 은화. ▷ 약 1달러.
② 터키의 은화. 약 7센트.

피아트 [FIAT] 이탈리아의 자동차 회사명.

피앙세 [프 fiance] 남자인 약혼자.

피앙세 [fiancee] 여자인 약혼자.

피어스이어링 [pierce earing] 귓밥에 구멍을 뚫고 매다는 고리.

피어싱 [piercing] 꿰뚫는, 날카로운. 통찰력.

피에로 [프 pierrot] 광대, 어릿광대.

피에타 [라 pietas >이·독·영 pieta] 〈그〉그리스도의 사체(死體)를 표현한 예술 작품 전반에 적용되는 말. 그리스도의 사체를 안은 성모상. 라틴어 는 '겸허·효애'의 뜻. 피에타상(像)에는 통례적으로 성모 마리아상이 포함 됨.

피에타슴 [영 pietism] 〈종〉경건주의(敬虔主義).

피엑스 [PX=Post Exchange] 군매점(軍賣店).

피-엘-오 [PLO] 팔레스타인의 해방전선.

피오더블 [POW=prisoner of war] 약칭으로 전쟁 프로라는 뜻. 포로 취급에 관한 제네바 협정은 고문의 금지, 생활 여건의 보장, 탈출시 벌칙 등 자세한 규정을 하고 있다.

피유에스에이액션 [Priorities U.S.A.Action] 미국을 위한 최우선 행동.

피전 [영 pigeon] 〈동〉비둘기.

피지 (Fiji) 〈국〉서남 태평양의 피지 제도(諸島) (Fiji Is.)로 이루어진 섬나라 영국 여왕을 원수로 하는 입헌 왕국.

피지오크래시 [영 physiocracy]중농주의. 능본주의.

피지올로지 [영 physiology] 생리학.

피지컬 [영 physical] ① 육체적. ② 물리적.

피직스 [영 physics] 물리학.

563

피진 잉글리시 [Pidgin English] 동남아시아·대양주·서아프리카·서인도제도 등에서 사용되는 영어를 토대로 한 혼성어. ▷ '피진'은 '비즈니스'의 중국어 사투리.

피처 [영 pitcher] ① 〈야〉 투수.
② 다른 그릇에 물을 따르기 위해 물을 넣어 둔 그릇. 조키.

피처 스토리 [feature story] 특종(特種). 특집 기사.

피추어 [영 feature] ①특징, 용모.
② 〈영〉 장적의 것, 한가지로 흥행하는 영화.

피치 [peach] 복숭아.

피치 [pitch] ① 〈야구〉 투구.
② 노를 젓는 속도를 1분간에 젓는 횟수.
③ 역청. ④ 〈음악〉 고도.
⑤ 톱니와 톱니 사이의 길이.
⑥ 속도, 능률.

피치드 아웃 [영 pitched out] 〈야〉 버리는 공(捨球).

피치블렌드 [pitchblende] 〈광물〉 라듐과 우라늄의 중요 광석으로 섬우란광의 하나. 〈광〉 우라늄광산.

피치트 아웃 [pitched out] 〈야구〉 투수가 도루 또는 스퀴즈 플레이를 경계하여 일부러 좋지 못한 공을 던지는 것. 웨이스트 볼.

피치 하이크 [영 pitch hike] 지나가는 자동차에 편승하는 무전여행.

피칭 [pitching]
① 〈야구〉 투수가 타자에게 공을 던지는 것.
② 배가 앞뒤로 흔들리는 것.

피칭 에이스 [pitching ace] 〈야구〉주전(主戰)투수. 제1투수.

피컬 [picul] 무게의 단위.

피케 [프 pique] 〈섬〉 모양을 수놓은 면직물. 경위 2중 조직으로 횡방향의 두둑 또는 마름모꼴·기타 모양을 나타낸 것. 또한 경사 방향에 두둑이 있는 베드퍼드 코드(bedford cord)로 칭할 때도 있음(여름 모자·부인복·의자덮개용·블라우스 감 등).

피케 보일 [영] pique voile 〈섬〉 평조직으로 경사 배열에 따라서 경 두둑, 피케와 같은 맛을 주는 보일(voile) 곧 얇은 명주.

피케팅 [picketing] 노동쟁의나 그 밖의 쟁의에 사람을 내보내서 파업을 감시하는 일. 데모.

피켈 [독 pickel] 〈등〉등산용의 곡괭이, 곡괭이가 달린 등산용 지팡이.

피켓 [picket] ① 소초(小哨). 피케팅.
② 32장의 패를 사용하는 카드놀이.
③ 〈등산〉 목제 자루에 철제 곡괭이에 같은 날이 달린 것.

피켓 라인 [picket line] 파업 배반자 감시를 위한 데모대의 줄. 데모 행렬.

피코·세컨드 [pico second] 1조분의 1초, 컴퓨터의 성능이 고도화함에 따라 그 처리 속도도 1백만분의 1초, 10억분의 1초, 이젠 피코·세컨드로 계산할 만큼 빨라졌다.

피콕 [영 peacock] ① 숫놈의 공작.
② 〈복〉 흔히 피콕 혁명이라고 한다.

피콜로 [이 piccolo] 〈음〉 소형의 뜻. 프루트가 작은 것으로서 음은 그것보다 1옥터브 높은 관악기, 목제와 금속제가 있다.

피콜로 플루트 [piccolo flute] 높은 음역을 담당하는 가장 작은 통소.

피콧 [프 picot] 〈복〉 레이스나 편물의 끝에 붙이는 링모양이 장식.

피크 [영 peak] ①정상.
② 정점, 최고점.

피크 아워 [peak hour] 전력·가스 등의 최대 소비 시간대.

피킹이즈 [pekingese] 약 2천년 전에

중국에서 난 작은 애용견으로 1860년 영국으로 수입된, 털이 많은 개.

피타고라스 (Pythagoras, 기원전 582 ~500) 〈인〉 고대 그리스의 철학자, 수학자.

피터 팬 신드롬 [Peter Pan syndrome] 피터 팬 중후군. 성인 남성이 성인 사회에 이르지 못하고 어린 아이 상태로 있는 일.

피톤 [piton] 〈등산〉바위를 타고 오를 때 바위와 바위 사이에 박아서 손잡이로 하는 쇠붙이.

피트 [영 feet]
① 길이의 단위로 의 복수.
② 발(foot)의 복수. 길이의 단위. 12인치.

피트 [영 fit] ① 〈복〉 몸에 꼭 맞는.
② 맞다, 적합하다, 확고하게.

피트 [영 peat] 〈광〉 이탄(泥炭).

피트 [영 pit] 〈경〉 점프경기의 모래장.

피트니스 [fitness] ① 적당.
② 건강. ▷ 합목적성.
③ 언행 따위가 좋음.

피페라진 [영 piperazine] 구충제의 일종. 요충이나 회충에 잘 듣는다.

피플 [people] 인민. 대중. 국민들. 사람들.

픽 [pick] 살리실산을 섞은 고약.

픽 [영 pick] ① 〈음〉 현악기를 타는 픽.
② 찌르다. ③ 비틀어 뜯다.

픽션 [fiction] 〈문학〉만든 이야기. 소설. ▷ 허구.

픽스 [fix] ① 고정하는 것.
② 〈컴퓨터〉 프로그램의 오류를 수정하는 것.

픽스트 로프 [fixed rope] 〈등산〉고정된 밧줄.

픽업 [pickup] 〈물리〉

① 전축에서 바늘의 진동을 전류의 진동으로 바꾸는 장치.
② 실외에서 만든 프로를 방송국에 연결시키는 장치.
③ 〈뜨개질〉 걷어 올리기.

픽업 [pick up] ① 발탁. ② 짐 택시.

픽업 팀 [pickup team] 각 팀에서 우수한 선수를 뽑아 만든 팀.

픽업 플레이 [미] pick up play 〈야〉 투수가 포수(捕手)의 사인으로 주자를 보지 않고 견제구를 던지는 것.

픽-오프-플레이 [pick off play] 야구에서 주자를 견제하여 죽이는 일.

픽처 [picture] 그림. 사진.

핀 [pin] ① 쇠바늘. 못바늘.
② 악기의 마개.
③ 〈골프〉 구멍을 표시하는 깃대.

핀 [pinn] 요트 경기의 한 종목(1인승).

핀 [포 pinta] 핀타의 사투리.
① 최초, 최고. ② 주사이의 눈.

핀란드 (Finland/Republic of Finland) 〈국〉북유럽 스칸디나비아 반도 (Scandinavia Pen.) 동부에 있는 공화국. 1110년 스웨덴령, 1362년에 공국(公國), 1581년 대공국(大公國), 1809년 제정(帝政) 러시아의 지배를 거쳐, 1919년 공화국으로 독립. 수도는 헬싱키(Helsinki) 한자 표기로는 분국(芬國)>분란(芬蘭). (→) 헬싱키.

핀업 [pin-up] 핀으로 벽에 꽂아 두는 미인 사진.

핀 체크 [영] pin-check 〈섬〉 경사에 백사 2올과 색사(주로 청색) 2올을 나란히 교대로 배열하고, 위사는 색사(주로 청색)를 사용하여 평조직으로 짜서 표면에 가는 바둑무늬(주로 청색)를 나타낸 것(작업복 감 등).

핀치 [pinch] ① 위기, 위급.
② 〈야구〉수비측의 난구, 위기를 말함.

핀치 런너 [pinch runner] 〈야구〉위

기 주자. 자신이 있는 주자를 난국을 타개하기 위하여 대신 달리게 하는 것.

핀칭 [pinching] 〈미용〉꼬집기.

핀볼 [pin ball] 〈레슬링〉꼭 누르며 넘어 뜨리는 기술.

핀헤드 [pinhead] 핀의 머리를 배열한 것 같은 모양의 직물.

필 [pill] ① 수면제.
② 환약(丸藥). 특히 피임을 목적으로 먹는 약.

필그림 [pilgrim] 순례자. ¶~합창단.

필더[영 fielder] 〈야〉내, 외야의 야수 = 내, 외야수.

필더스 초이스 [fielders choice] 〈야〉야수가 공을 1루 이외에 보내 모든 주자를 살려 버리는 것.

필드 [field] ① 〈체육〉운동경기 장소.
② 야구의 내야, 외야.
③ 전자석이 만드는 자계. ④ 분야.

필드 글라스 [field glass] 쌍안경.

필드 드로 [field throw] 〈농구〉자유투 이외의 모든 슛.

필드 애슬레틱스 [field athletics] 자연을 이용한 여러 가지 설비를 즐기며 몸을 단련하는 야외 운동.

필드오브 플레이 [field of play] 〈럭비〉터치라인과 골라인으로 둘러싸인 장방형의 구조.

필드 웍 [field work] 야외 작업, 야외 조사.

필드하키 [field hockey] 11명이 막대기로 공을 몰아넣는 단체 경기.

필딩 [fielding]
① 〈야구〉수비하는 것.
② 〈하키〉공을 멎게 하는 것.

필딩 엄파이어 [fielding umpire] 〈야구〉누심(壘審).

필딩 에러 [fielding error] 〈야구〉타자를 제외한 다른 플레이어가 저지른 실책.

필라리아 [filaria] 실모양의 기생충의 총칭.

필라텔리스트[영 philatelist]우표수집가.

필라프 [프 pilaf] 〈요〉양풍의 볶음밥, 불고기와 조개를 곁들린 라이스 요리.

필러 [filler]
① 깔때기. 충전물(充塡物)
② 신문 기사의 여백 메우기.
③ 벌충에 사용하는 스토리가 없는 필름.

필러 [peeler] ① 경찰관.
② 〈농업〉구근(球根)의 껍질을 벗기는 기계
③ 게, 새우 등이 허물 벗음.

필러 [feeler] ① 더듬이.
② 타진(打診).   ③ 척후(斥候).

필렛 [프 filet] 소, 돼지의 꼬리부에서 등까지의 고기이며 요리상 최상급.

필로소마 [phyllosoma] 열 개의 발이 달린 새우 벌레.

필로카루핀 [pilocarpine] 〈약〉헨루다과의 식물의 잎에서 추출한 알칼로이드이며 발한, 이뇨제에 사용된다.

필로소피[philosophy]'철학' 이란 뜻이됨. 희랍어의 사랑과 지혜의 합성어.

필로폰 [philopon] 〈약〉각성제의 일종으로 중추신경흥분제. 벤체드린의 상품명.

필리버스터 [filibuster] 의회에서 의원이 합법적으로 하는 의사 진행 방해 행위.

필리스틴 [philistine] 속물, 속인.

필리핀 (Philippines/Republic of Philippines) 〈국〉서태평양의 7,083개의 섬들로 이루어진 공화국. 1571년 에스파냐의 식민지. 1898년 미국령이 되었다가 1946년 독립. 한자 표기로는 비율빈(比律賓). 수도는 마닐라(Manila). 마닐라의 동북쪽에 인접한 케손(Quezon)이 1940년에 새 수도로 건설되었음. (→) 마닐라.

필립스 (상표명) [Philips] 네덜란드의 종합 전기 메이커, 또는 그 제품.

필링 [feeling] 감정, 감각. 정서.

필즈상 [Fields Prize] 수학 부문의 업적에 대해 수여되는 국제상. 노벨상 수여 부문이 없으므로 수학의 노벨상이라고 불린다. 24년 캐나다 토론토 대학의 필즈 교수가 거금을 희사했으며 4년마다 열리는 국제 수학자 회의에서 2명씩 선출, 수여한다.

필터 [영 filter] ① 여과기.
② 라이트. 필터의 약. 광의 통과, 차단, 제한의 사용하는 특수 유리.
③ 〈전〉특정 주파의 전류를 통과하는 장치.

필하모니 [독 Philharmonie]
① 교향악단의 이름으로 쓰임. 음악 협회의 이름.
② phil은 희랍어로 "사랑한다"의 뜻. 음악 애호인을 말함.

핑거 [finger] ① 손가락.
② 공항의 송영대(送迎臺).

핑거 그립 [finger grip] 〈골프〉 클럽을 손가락으로 걸어 잡는 것.

핑거링 [fingering] 〈음악〉운지법. 손가락 옮기는 법.

핑거 볼 [영] finger-bowl 〈요〉양식에서 식후에 손을 씻기 위해 물을 넣어 둔 기구.

핑거 웨이브 [영 finger wave] 〈미용〉손가락과 빗으로 형을 만드는 웨이브.

핑거프린트 [영] fingerprint지문.

핑크 무드 [pink mood] 도색 기분.

핑크 살롱 [일 pink salon] 퇴폐적인 행위를 하는 술집.

ㅎ

하노이 (Hanoi) 〈지〉 베트남 사회주의 공화국(Socialist Republic of Vietnam)의 수도. 송코이 강(Sonkoi R.) 델타의 중심부에 있는 도시. 1427년 대남월(大南越) 왕국의 수도, 프랑스령 시대의 수도였고, 1949년부터 베트남 공화국(Republic of Vietnam)의 수도였다가 1954년 제네바(Geneva) 휴전 협정에 따라 베트남 민주 공화국(Democratic Republic of Vietnam)의 수도는 하노이, 베트남 공화국의 수도는 사이공(Saigon)이었음. 1976년 부터는 베트남 사회주의 공화국의 수도가 됨. 한자 표기로는 하내(河內). (→) 베트남.

하니콤 코일 [honeycomb] 〈전기〉 벌집 코일.

하데스 [그] Hades 〈신〉 그리스 신화에서 명부(冥府)의 왕. 죽은 자의 영혼의 세계인 지하 세계. 황천(黃泉). 크로노스(Kronos)와 레아(Rhea) 사이의 아들. 제우스(Zeus)·포세이돈(Poseidon)과 형제간임. 하데스 말고 플루톤(Pluton)이라고도 함. 땅 속에 있기 때문에 씨앗을 성장시키는 부자·풍요의 신이기도 함.

하덴 헤어 [영 harden hair] 〈용〉 머리를 굳힌 것, 헤어 피스가 될 수도 있고 액세서리가 될 수도 있다.

하도론(지) [hard rolled paper → 일(紙)] 질긴 다갈색 서양 종이.

하드 [영 hard]
① 단단한. 상대어는 소프트.
② 곤란한, 엄격한, 피로운.

하드 디스크 [hard disk] 〈컴퓨터〉 자성 물질이 입혀진 단단한 금속성 원판.

하드 럭 [hard luck]
① 불운, 재난, 불행.
② 〈정구·기타〉 상대방의 아까운 실수를 보고 하는 말.

하드 론 [영] hard loan 〈경〉 시장 금리 또는 이에 준하는 이자율을 부과하고 다른 외화와 교환될 수 있는 경화(경화/硬化, hard currency)로 원리금을 반제하도록 규정한 차관.

하드론(지) [영 hardrolled의 사투리] 갈색의 튼튼한 종이로서 봉투나 포장지에 사용한다.

하드 머니 [Hard money] 고금리. 고리대금.

하드 보일드 [hard-boiled]
① 냉혹함. 비정함.
② 추리 소설에서 거칠고 비정하고 행동적인 인물을 주인공으로 한 작품을 가리킴.

하드 보일드 파(派) [영] hard-boild school 〈문〉 냉혹파. 냉혹·비정한 내용을 급 템포·건조한 문체로 표현한 문학. 1차 대전 뒤 헤밍웨이(Hemingway) 등 미국 문학에서 쓰여진 수법.

하드 볼 [hard ball] 〈테니스〉 굳은 공. 또는 굳은 공을 사용하는 정구.

하드 (산업) [hard 産業] 〈경제〉 물품을 만드는 산업.

하드 스노 [hard snow] 굳은 눈.

하드 스트로크 [hard stroke] 공을 세게 치는 것.

ㅎ

하드 아이스 [hard ice] 〈스케이팅〉군은 얼음.

하드 웍 [hard work] 고된 일. 맹연습.

하드 웨어 [hardware] 〈컴퓨터〉 컴퓨터의 가구부, 전원부 및 일렉트로닉스 부분의 총칭. 컴퓨터를 이용하는 시스템을 개발할 경우 비용의 배분을 하드웨어와 소프트웨어에 어떻게 할당할 것인가. 시스템의 트러블 원인은 하드웨어인가 소프트웨어인가 등으로 구분할 때 사용하는 말. 캐비닛, 랙, 진공관, 트랜지스터, 전선, 모터 등으로 구성된 자료 처리용의 전기적, 전자적 기계장치, 컴퓨터는 하드웨어와 소프트웨어로 구분할 수 있는데 하드웨어란 컴퓨터의 기계장치 그 자체를 말하는 것으로 인간에 비유하면 육체에 해당된다. 전자계산기 등의 데이터 처리 시스템을 구성하는 장치 그 자체를 말한다.

하드 카피 [hard copy] 〈컴퓨터〉 문자·도형 등을 프린터 등에 의해 인쇄한 것.

하드 커팅 [hard cutting] 〈탁구·정구〉 공을 세게 깎아 치는 것.

하드코어 포르노 [hardcore porno] 성 묘사가 노골적인 포르노 영화.

하드 코트 [hard court] 잔디 없는 정구장.

하드 큐어 [영] hard cure 〈고무〉에 보나이트 상태가 되는 가황. 고무 공업 용어.

하드 튜부 [hard tube] 경 진공관(硬眞空管).

하드 트레이닝 [hard training] 맹훈련. 강훈.

하드 히터 [영] hard hitter 〈체〉 야구나 권투에서 강타자. 맹타자.

하드 히트 [영] hard hit 〈야〉 강타당한 볼.

하디, 토머스 (Thomas Hardy, 1840~1928) 〈인〉 영국의 소설가, 시인.

하렘 [아 haram >네·독·영·프 harem]
① 부녀실. 규중(閨中).
② 회교도 집에 있는 처첩의 방. 터키 왕실의 후궁(後宮).

하르툼 (Khartoum) 〈지〉 수단 민주 공화국(Democratic Republic of Sudan)의 수도. 백 나일(白 Nile), 청 나일(靑 Nile)의 합류점에 있는 상업 도시. 1823년 이집트인 알리(Muhammad Ali)가 건설, 1865년 마하디(Ma-hadi)가 점령하여 폐허화함, 1898년 영국이 점령, 앵글로 - 이집트 - 수단(Ango Egypt Sudan)의 수도로서 재건하여 1956년 수단의 수도로 이어져 오늘에 이름. Khartum이라고도 표기함. (→) 수단.

하마슐드, 다그 얄마르 앙네 카를 (Dag Hjalmar Agne Carl Hammarskjold, 1905~1961) 〈인〉 스웨덴의 정치가, 유엔 사무 총장.

하모늄 [영 harmonium] 올간과 같은 형의 유 건악기.

하모니 [영 harmony] ① 조화 ② 〈음〉 화음.

하모닉 코딩 [harmonic cording] 〈공〉 1회선의 전화선으로 15통화까지 동시에 할수 있는 장치.

하바나시거 [영 havanacigar] 쿠바산의 담배 잎으로 만든 고급 엽권.

하바네라 [스 habanera] 〈음악〉 탱고와 비슷한 쿠바의 민속 무용곡.

하바 하바 [hubba-hubba] 본래의 뜻은 '즐거운 동의의 외침' 이었으나 한국에서는 한국 동란 때 '빨리 빨리' 의 뜻으로 보급됨. Papua 말로 제2차 대전 이후에 수입됨. 카나카의 원주민 말. '빨리빨리 서둘러' 라는 말.

하반제네레이터 [독 Habanngenerator] 하반 발전기.

ㅎ

하슈 노이즈 [harsh noise] 〈전기〉 거친 잡음.

하우스 캐디 [house caddy] 〈골프〉 항상 쓰고 있는 클럽 주머니.

하우스 키퍼 [house Keepen] 가정부. 주택이나 사무소의 관리인.

하우스 푸어 [house poor] 집을 가졌으나 가난하게 사는 사람.

하우저(식) [미 hauser meal] 〈의〉 미국의 하우저 박사가 제창한 영양식. 효모, 탈지 분유, 소맥배아, 요구르트, 조당밀의 5종을 매일 요리하지 않고 식사에 가한다.

하우징 [housing] 토지·주택·가구·인테리어 등 모든 것을 취급하는 주택산업의 총칭.

하우 투(물) [영 how to] 출판물에서 입문서의 뜻. 처세법, 성공법등

하운드 [hound] ① 사냥개. 개 ② 〈요트〉 마스트헤드 아래쪽에 뾰족 나온 것.

하운드 도그 [영 hound dog] 〈군〉 미공군의 공대지 미사일의 하나. 원폭 탄두를 장치하고 있다.

하울링 [howling] 〈전기〉 스피커로 부터 나온 음이 마이크로 들어가 증폭되어 스피커로 나오고, 또 마이크에 들어가는 것을 반복하면서 잡음이 생기는 현상.

하이네, 하인리히 (Heinrich Heine, 1797~1856) 〈인〉 독일의 유태계 시인.

하이넥 [high necked] 여성복의 높은 깃.

하이니 액션 [high knee action] 〈미식 축구〉 무릎을 높인 동작, 상대편 사이를 예각적으로 뚫고 달리는 동작.

하이데거, 마르틴 (Martin Heidegger, 1889~1977) 〈인〉 독일의 철학자.

하이데스 [희 haides] 희랍신화의 명부(冥府). 황천의 왕자.

하이드라진 [hydrazine] 거품이 일어나는 무색의 액체기.

하이드로 [hydro-] '물'의 뜻의 접두사. 하이드로플레인.

하이드로플레인 [hydroplane] 〈군사〉 수상 비행기.

하이드 아웃 플레이 [hide-out play] 〈미식축구〉 상대편의 눈에 안 뜨이는 곳에 있다가 참전하는 것.

하이라이트 [highlight]
① 〈미술〉 햇빛을 가장 많이 받는 쪽의 밝은 부분.
② 인기를 끄는 것. 흥행
③ 〈인쇄〉 밝은 부분의 망판(網版)을 제거한 사진 제판.
④ 〈사진〉 가장 강하게 광선이 닿는 부분. 흥미가 있는 장면.

하이라인 [Hy-line] 알을 잘 낳는 닭 종류.

하이라텐 [독 heiraten] 결혼하다.

하이랜드 [highland] 고원, 고지, 대지의 별장지나 유원지 등에 붙여지는 명칭.

하이 레벨 [high level] 높은 수준.

하이 레코드 [high record] 최고 기록.

하이 로 블록 [high low block] 〈미식축구〉 상대 한사람을 둘이 막는 것.

하이마트쿤스트 [독 Heimatkunst] 향토 문학.

하이멘 [hymen]
① 희랍 신화에서 결혼의 신.
② 〈의학〉 처녀막. ▷ 하멘.

하이 미스 [high miss] 나이 많은 미스.

하이 발리 [high volley] 〈테니스〉 어깨보다 높은 발리. ▷ 발리 = 공이 땅에 떨어지기 전에 치는 것.

570

ㅎ

하이버 [fiber] 파이버로 만든 운전수들이 쓰는 안전모.

하이 볼 [high ball] ① 높이 뜬 공. ② (미국에서) 위스키가 든 소다 따위를 섞은 음료.

하이브라우 [highbrow]
① 지식인, 교양인.
② 학식이 있는 체하는 사람. ▷ 원래 '이마가 벗어졌다'는 뜻.

하이브리드 [hybrid] 튀기, 혼합물.

하이브리드 로켓 엔진 [hybrid rocet engine] 〈항공〉 혼합 로켓 엔진.

하이브리드 카 [hybrid car] 전기와 가솔린의 홉합 자동차.

하이브리드 · 컴퓨터[hybrid computer] 디지털 컴퓨터의 높은 정밀도와 아날로그 컴퓨터의 고속성을 함께 구비한 혼합형. 즉 정밀한 수치를 신속히 원할 경우 널리 이용한다.

하이브리드 코일[hybrid coil]〈전기〉혼성 코일.

하이 비전 [high vision] 현행 방식보다 선명한 화질과 좋은 음질을 가진 고품질 TV의 하나.

하이 센스 [영 high+sense] 기호나 취미가 고상함. 높은 취미, 양식(良識), 굿 센스(good sense). 봉 상스 (bon sens).

하이 스틱스[high sticks]〈스케이팅〉스틱을 어깨 위로 올리는 것.

하이어 [hire] ① 임대료, 임차.
② (일본식 영어로) 운전사가 딸린 임대 자동차(우리나라의 콜택시 성격을 띰).

하이에나 [hyena]〈동물〉하이에나 과의 젖먹이동물.

하이웨이 [highway] 주요간선도로, 고속자동차도로.

하이잭 [미] hig-jack / hijack '강탈한다' 는 뜻에서 온 말. 비행중의 항공기 등을 무력으로 납치하는 것. 「계열어에 카잭(car-jack), 시잭(sea-jack), 버스잭(bus-jack)등이 있음」

하이제닉[hygienic]위생적, 건강 상태.

하이 퀄리티 [high quality] 고품질의, 품질이 좋은.

하이클리어 [high clear]〈배드민턴〉쳐올린 셔틀콕이 상대편 머리 위로 높이 날아 뒤쪽에 떨어지는 것.

하이 클린 [high clean]〈역도〉바벨을 들어올리는 연습의 하나.

하이 태클 [high tackle]〈럭비〉패스 방해에 쓰이는 태클.

하이탤런트 [일 high talent]
① 고도의 기계화, 컴퓨터의 발달과 함께 필요해진 고도의 전문 지식, 뛰어난 판단력. 특수한 재능을 지닌 사람.
② 능력이 있는 예능인.

하이테크 [high-tech ← high-technology]
① 고도의 기술, 첨단 기술.
② 기술 제품의 기계적이고 기능적인 아름다움을 가구나 실내 장식에도 도입하는 것을 가리킴.

하이티어스 [high tierce]〈펜싱〉세이버에서 패리 제3동작을 높게 하는 것.

하이틴 [high school teen-ager] 13 세로부터 19세에 이르는 고등학생.

하이파이 [high-fidelity, hi-fi] 라디오나 축음기의 소리의 재생의 충실도가 높다는 뜻.

하이퍼마켓 [hypermarket] 초대형 슈퍼마켓.

하이퍼인푸레이션 단기간에 물가가 놀랄 만큼 폭등하는 현상, 즉 전쟁으로 설비가 파괴되어 생산이 마비되었던 것이 전쟁이 끝나 갑자기 수요가 늘어날 경우 공급에 응하지 못하는 것 등.

ㅎ

하이 펀트 [high punt] 높이 차올린 펀트킥.

하이 프라임 [high prime] 〈펜싱〉세이버에서 패리 제1동작.

하이픈 [hyphen] 이음 부호 '-' ▷ 낱말과 낱말을 잇고 또는 낱말을 구분할 때 쓰는 기호.

하이 피크 [high peak] 〈전기〉최상승점(升點).

하이 허들 [high hurdle] 〈체육〉고장애물 경주.

하인네 Heine, Heinrich (1797~1856) 독일의 詩人, 諷刺家, 저널리스트.

하자드 [hazard] 〈골프〉장애물 총칭. ▷ 물, 도랑, 모래, 숲, 구멍 등

하켄 [독 Haken] 〈등산〉암벽에 박아 발판을 만드는 쇠.

하켄크로니쯔 [hakenkreuz] 갈고리 십자. ▷ 유태인 배척을 상징한 것. 나치의 심벌마크로서 국기에도 사용되었다.

하트 [heart]
① 마음, 심장, 애정, 애인.
② 트럼프의 심장 모양이 그려진 카드.

하프넬슨 [half nelson] 〈레슬링〉몸 누르기.

하프 매치 [half match] 〈핸드볼〉연습을 위한 모의 시합. 전위와 후위로 나누어 코트를 절반만 사용함.

하프 미러 [half mirror]
① 반투명경(양면에 반사막(反射膜)을 입혀서, 밝은 쪽으로 보면 거울이고, 어두운 쪽에서는 반대쪽을 볼 수 있는 유리).
② 열선(熱線) 반사 유리.

하프 스윙 [미] half swing 〈야〉타자(打者)가 뱃(bat)을 휘두르다가 도중에 중지하는 것.

하프시코드 [그 > 프 > 영 harpsichord]〈음〉현악기의 하나.

하프 웨이 라인 [half-way line] 〈축구〉경기장 중앙선. 축.

하프 타이머 [영 haif-timer] 규정 시간의 반만 출석 근무하고 나머지는 학교나 공장 등에 다니는 사람. 취업시간 중 어떤 시간을 정해 놓고 단시간 근무하는 사람은 파트 타이머(part-timer). (→) 파트 타이머.

하프톤 [half tone] 〈인쇄〉① 아연판. ② 반조색.   ③ 〈음악〉 반음(半音).

하프타임 [half time] 중간휴식, 반일 근무.

하프 트랙 [half-track] 무한 궤도차.

한니발 (Hannibal, 기원전 247~183) 〈인〉고대 카르타고의 명장.

한센(병) [Hansen's] 나병의 별칭.

할렘(街) [Harlem] '뉴욕', '맨하탄'에 있는 흑인 거주 지역.

할렐루야 [히 > 독·영hallelujah] [네 halleluia] 〈그〉구약 성서 중 시편에, 신약 성서〈묵시록〉에 나오는 말로, 성가 또는 찬송가에 쓰임. 감사·기쁨을 나타내며, 할렐루야(alleluia)라고도 함.

할로겐 [독 Halogen] 원소의 이름. 5원소(불소, 염소, 취소, 옥소, 아스타린)의 총칭.

할리우드 (Hollywood) 〈지〉미국 캘리포니아(California) 주 로스앤젤레스(Los Angeles)에 있는 영화 제작의 중심지.

함마슐드 Hammarskjold, Dag (1905~61) 〈인〉스웨덴의 政治家, U.N. 事務總長.

함박스텍 [hamburg steak] 본래 독일의 함박시에서 시작된 음식으로 잘게 썬 쇠고기를 덩이지어 졸이거나 후라이한 것.

핫 [hot] ① 뜨거운.
② 〈민속〉 째즈 음악에서 악보를 떠나 즉흥적으로 변곡을 넣는 것.
③ 자극이 강한.

핫도그 [hot dog]
① 소시지에 케이크 반죽을 씌워 기름에 튀긴 것.
② (스키나 서핑에서) 곡예 기술, 또는 그 곡예를 할 수 있는 사람.

핫 드라이브 [hot drive] 〈야구〉 공을 세게 치는 것.

핫·라인 [hot line] 63년 8월 31일에 개통된 미·러 양국 수뇌간의 직통 전화. 유선과 무선을 함께 쓰며 통화외에 영어와 노어의 '텔리타이프'도 가능하다. 우발전쟁 내지 오판에 의한 전쟁을 방지하기 위해 설치됐다.

핫 로드 [hot rod]
① 중고차에 최신형의 고성능 엔진을 달아 개조한 자동차.
② 〈음악〉 경음악의 새로운 리듬의 하나.

핫머니 [hot money] 국제 금융 시장을 이동하는 단기 자금. 각국의 단기 금리의 차이. 환율의 차이에 의한 투기적 이익을 목적으로 하는 것과 국내 통화 불안을 피하기 위한 자본 도피 등 두 가지가 있다. 이의 특징으로
① 자금 이동이 일시에 대량으로 이뤄진다는 점.
② 자금이 유통적인 형태를 취한다는 점이다.
따라서 이는 외환의 수급 관계를 크게 동요시키며 국제 금융 시장의 안정을 저해하게 된다.

핫베드 [hotbed] 온상. 특히 죄의 온상.

핫 볼 [hot ball] 〈야구〉 센 공.

핫 째즈 [hot jazz] 즉흥적으로 변곡을 넣은 째즈.

핫 코너 [미] hot corner 〈야〉 3루, 주자가 있는 누. '맹타구가 엄습하는 구

석' 이라는 뜻에서 온 말.

핫 포테이토 [hot potato] 곤란한 문제, 위험한 입장. 논쟁의 대상.

핫 플레이트 [hot plate]
① 요리용의 전열기.
② 철판구이용의 전기(가스) 철판.

핫하우스 램 [hothouse lamb] 〈축산〉 적기에 출생한 양으로 1~3월 중에 시장에 나옴.

해로 [harrow] 흙덩이를 깨는 농기구. 써레. 경운기.

해머 록 [hammer lock] 〈레슬링〉 팔을 감아 꺾는 기술로 반칙임.

헤머 밀 [hammer mill] 공이방아.

해머 스로잉 [hammer throwing] 철퇴 던지기.

해먹 [hammock] 허공에 매다는 벼리줄 요람.

해멀리스 건 [hammerless gun] 격침이 총열 속에 들어가 밖에서 볼 수 없는 총.

해미타지 [hermitage] 암자, 외딴집.

해버 색 [haversack] 식량 넣는 주머니.

해시시 [영 hashish] 인도 대마의 잎에서 만든 마약. 하시시.

해치 [hatch]
① 〈항해〉 배 갑판의 승강구.
② 주방에서 식당으로 요리를 내보내는 작은 창구.

해치백 [hatchback] (자동차의) 찻간 후부에 도어를 달아 짐을 편리하게 싣거나 내릴 수 있게 한 차.

해커 [hacker] 〈컴퓨터〉 자신의 뛰어난 컴퓨터 실력을 이용해 타인의 컴퓨터에 불법으로 침입하여 자료를 훔치거나 파괴하는 사람.

해킹 [hacking] 〈경기〉 고의로 상대방

ㅎ

을 잡거나 차거나 치는 것으로 벌칙이 적용됨. 타인의 컴퓨터에 침입하여 자료나 중요정보를 훔치거나, 파괴는 행위.

해트트릭 [hat trick] 축구시합에서 한 선수가 연속 3점을 따낸 경우를 말함. 영국 크리키트 경기에서 3득점한 선수에게 햇 보자를 씌워주던 풍습에서 따온 말이다.

해프닝 [미] happening
① 뜻밖의 사건.
② 〈예〉미국서 발생한 예술 운동. 해프닝 미술·해프닝 음악 등. 1959년 캐플로가 창시함.

해피 스모크 [happy smoke] 환각제 이름.

핵산 [영 hexane] 〈화〉메탄계 탄화수소의 하나.

핸드 [영 hand] ① 손. ② 인수.
③ 당구의 한판 시합.
④ 축구에서 손으로 공을 잡는 것.

핸드 다운 [hand down] 〈골프〉팔을 펴서 손의 위치를 내리는 것.

핸드 드릴 [hand drill] 손 송곳.

핸드 마이크 [hand microphone] 손에 들 수 있도록 된 마이크.

핸드 모터 [hand motor] 손 발동기.

핸드레일 [handrail] 난간(欄干).

핸드북 [handbook] ① 참고서.
② 여행 안내서.

핸드 브레이크 [hand brake] 손 제동기.

핸드세트 [handset] 손 수화기. 탁상 전화.

핸드 스탠딩 [hand standing] 〈체조〉물구나무서기.

핸드 스탠딩 다이브 [hand standing dive] 높은 뜀대에서 뛰는 다이빙 종목의 하나.

핸드 스프링 [hand spring] 〈체조〉팔을 세우고 돌기.

핸드 오프 [hand off] 〈럭비〉태클을 막는 동작. 손으로 떠밀기.

핸드워크 [hand work] 수세공.

핸드 토키 [hand talkie] 휴대용 소형 무선 전화기.

핸드 트랙터 [영] hand tractor 〈자〉동력 경운기(耕耘機) 중 특히 소형의 것. 가든 트랙터(garden truck)의 별칭임. → 가든 트랙터.

핸드 트럭 [영] hand truck 〈자〉단거리용 가벼운 짐을 실어나르기 위해 손으로 추진되는 2륜 이상의 트럭. 가든 트럭(garden truck). (→) 가든 트럭.

핸드 푸시 [hand push] 지르박춤의 하나.

핸들 [영 handle] ① 파수, 손잡이.
② 자동차 등에서 운전자가 방향을 잡는 둥근 링 모양의 운전기.

핸들링 [handing] 〈축구〉팔굽, 아래, 손등이 공에 닿는 것으로 반칙임.

핸디 [handy] 편리한, 간편한, 즉시 이용할 수 있는.

핸디 [영] handi 〈체〉골프나 볼링에서 약자에게 붙이는 유리한 조건. 핸드캡(handicap)의 준말. (→) 핸디캡.

핸디캡 [영] handicap 〈체〉
① 우열을 평균하기 위해 강자에게 불리한 부담을 지우는 조건. 불리한 조건.
② 골프에서 기준 타수(72)에 자기의 기록수를 더한 것. 핸디캡을 플러스(plus)라고도 함. 핸디캡 없는 경우는 스크래치 레이스(scratch race).

핸디캡 레이스 [handicap race] 핸디캡을 주고 하는 경기.

핸디 터미널 [hand terminal] 〈컴퓨

터〉운반할 수 있는 간단한 단말.

핸디토키(상표명) [hand-Talkie] 휴대용 무선기.

핸버그 [독 handurg]
① 서독, 서북의 항구촌. 함부르크의 영어 읽음.
② 산란용의 병아리.

핸섬 [영 handsome] 미끈한, 미남자.

핼로(효과) [영 halo effect] 〈광〉 위장효과, 사람이나 물건의 일부의 특징이 전체에 비치는 효과의 뜻.

핼로 [라 halo] ① 후광.
② 〈천〉 태양이나 달의 주위에 생기는 광의 고리.

핼로인 [Halloween] 만성(萬聖). 제성(諸聖)절.

핼루시네이션 [영 hallucination] 환각, 망상.

핼리버트 [halibut] 큰 넙치 고기. 광어.

핼리벗 간유(肝油) [영] halibut liver oil 〈식품〉 비타민 A · D가 가장 많은 천연 급원(天然給源)의 한 가지.

핼리어드 [halyard] 돛이나 기를 올리고 내리는 밧줄.

햄 [영 ham] ① 돈육을 훈제한 식품.
② 아마추어 무선사.

햄 라이스 [ham(and)rice] 햄을 곁들인 밥.

햄릿 [영] Hamlet 〈문〉
① 세익스피어(Shakespeare)의 4대 비극의 하나. 1600년 초연. 사상형 곧 사색 · 회의 경향이 강하고 결단 · 실행력이 약한 사람으로, 투르게네프(Turgenev)의 설에 따라 행동형인 돈키호테(Don Quixote)와 대조됨.
② 작품 「햄릿」의 우울하고 명상적인 주인공 이름.

햄릿 타입 [Hamlet type] 셰익스피어의 대표작으로 꼽히는 햄릿의 주인공인 덴마크 왕자 햄릿의 성격을 말함. 즉 내성적이며 결단력과 실행력이 결핍된 성격을 가리킴.

햄머 밀 [hammer mill] 〈축산〉 공이방아.

햄버거 [hamburger] (독일의 도시 햄벅에서) 햄벅 스테이크. 오늘날 「햄버거」는 여기서 유래되었다고 함.

햄버그 [Hamburg] ① 포도의 일종.
② 장미색 볏을 가진 독일 햄벅에서 나는 닭의 일종.

햄벅 스테이크 [hamburg steak] 잘게 썬 쇠고기를 덩이 지어 졸이거나 후라이한 것.

햄샐러드 [ham+salad] 햄에 야채 샐러드를 곁들인 양식.

햄 에그 [ham(and)eggs] 돼지고기를 소금에 저린 것에 반숙한 달걀을 곁들린 것.

햄프셔 [Hampshire] ① 지방.
② 원산의 닭과 양.
③ 〈지〉 영국 잉글랜드(England)의 주.

행 [영 hang] ① 매달다.
② 교찰하다.

행거 [영] hanger ① 양복걸이.
② 〈광고〉 점포 안에 매다는 포스터. 행거디스플레이(hanger display). 끈으로 매단 광고.

행거 도어 [영] hanger door 〈건〉 매다는 문. 상부에 레일(rail)을 설치하여 달아 맨 문을 미끄러지게 한 무거운 문.

행거 디스플레이 [영] hanger display 〈광고〉 매다는 광고. 점포 안의 천장에서 내려뜨리는 광고. 준말로는 행거(hanger). (→) 행거 ②

행글라이더 [hang glider] 조종자가

575

ㅎ

기체에 매달려서 타는 글라이더(절벽이나 언덕에서 강하하여 즐김).

행잉 라이 [hanging lie] 〈골프〉다운힐 라인.

행잉 로프 [hanging rope] 〈체조〉등산용 로프.

행잉 볼 [hanging ball] 〈골프〉공이 사면에 걸린 것.

행잉 인덴션 [hanging indention] 〈도서관〉목록에 있어서 서명을 기본 기입으로 하는 경우, 첫 행은 제일선부터 시작하고 둘째 행은 제이선부터 시작하는 특수한 목록 기술 형식.

행크 [영] hank 〈섬〉
① 방적사 길이의 단위로, △ 방모사 1 hank는 256yd.
② 방적사의 번수 표시.

허니 [honey] ① 벌꿀. ② 단 것, 단맛. ③ 사랑하는 사람을 부르는 호칭.

허니무너 [honeymooner] 신혼 여행 중인 부부.

허니문 [honeymoon] 밀월. 신혼 여행. ¶~baby

허니 콤 [영] honeycomb weave 〈섬〉변화 조직으로 직물에 벌집모양의 요철을 나타낸 직물(덧가리, 침구용 옷감 등) 벌집 직물.

허들 [hurdle영] 〈경〉장애물 경주용의 나무의 틀. 하이와 로의 구분이 있다.

허들러 [영 hurdler] 〈경〉허들의 선수.

허들 레이스 [영] hurdle-race 〈체〉육상에서 장애물 경기. (→) 허들 (hurdle)

허리케인 [hurricane] 서인도 제도에서 북미대륙으로 몰아치는 폭풍우.

허미니 피드 [hominy feed] 〈축산〉옥수수밥.

허밍 [humming] 콧소리로 노래하는 것.

허밍버드 [humming bird] 꽃술을 빨아 먹는 아주 작은 새.

허바리움 [herbarium] 〈생물〉마른 식물 채집장.

허브 [영 herb] ① 풀.
② 식용 식물, 약초, 향초.

허스키 [영 husky] 쉰 목소리의.

허스키 보이스 [husky voice] 저음으로 속삭이는 듯한 목소리.

허스트 케슬 [Hearst Castle] 허스트가가 이룩한 성곽. 관광지로도 유명하다.

허슬 [미] hustle
① 밀기. 밀치기. 소동.
② 긴장하는 것. 기민하고 정력적으로 활동하는 것. 1963년 일본의 프로 야구팀이 도미(渡美)했을 때 생겨난 말.

허슬러 [hustler] ① 분발하는 사람.
② 민완가, 활동가. ③ 남자 매춘부.
④ 도박에 강한 사람, 승부사.

허큘레스 [미 hercules] 〈군〉미공군의 전술 수송기.

헌치 [hunch] 〈건축〉무지개 허리.

헌터 [영 hunter] ① 사냥꾼, 엽사.
② 물고기나 조개를 잡는 사람.

헌트 [hunt] 사냥. 유혹. 특히 이성에 대한 적극 행동.

헌팅 [영 hunting] ① 수렵.
② 운두가 없는 둥글납작하고 간편한 모자.

헌팅 캡 [hunting cap] 운두가 없고 넓적하게 간단히 만든 모자.

헐러 [영 hurler] 〈야〉투수의 다른 호칭. hurl은 강하게 던진다는 뜻.

헐롱 [영 furlong] 경마 등에서 사용되고 있는 거리의 단위, 1헐롱은 1마일의 8분의 1약 201.17미터.

헐리 [hurly] 〈체육〉하키의 일종.

험 [hum] 〈전기〉 진공관의 전원으로 교류를 쓸 때 생기는 '붕' 소리.

험블 [영 fumble] 〈야〉 공을 놓치다. 더듬다.

험프 [영 hump] 간 등의 혹의 뜻. 주차장에서 화물열차의 편성 작업을 하기 쉽게 하기 위해서 설치한 작은 언덕.

험플 [영 humble] 이천한, 겸손한, 겸소한, 저자세의.

험핑 [영] humping 항공 회사가 좌석 수 이상으로 항공권을 발매했기 때문에, 항공권을 갖고 있는 손님의 탑승을 거절하는 것.

헝가리 (Hungary/Hungarian People's Republic) 〈국〉 동유럽 중앙부에 있는 인민 공화국. 원어로는 Magyar Nepkoztarsdasag 알프스(Alps)와 카르파티아 산맥(Carpathian Mts.)에 싸여 있는 내륙국. 896년 마자르족(Magyar 族)이 왕국을 건설. 1876년 오스트로 헝가리 제국(Austro Hungary 帝國) 수립. 1918년 분리 독립하여 공화국이 됨. 1920년 왕정 부활, 1946년 공화국선포, 1949년 인민 공화국으로 됨. 수도는 부다페스트(Budape-st) (→) 부다페스트.

헝거 [영 hunger] 굶주림, 공복, 기아.

헤게모니 [독 > 영 hegemony] 지도권. 주도권. 패권.

헤더 [header] 〈건축〉 소면(小面).

헤도니즘 [hedonism] 쾌락주의.

헤드 [head] ① 머리, 꼭대기.
② 〈골프〉 클럽의 끝.
③ 〈축구〉 헤딩.
④ 〈요트〉 물체의 끝.
⑤ 〈컴퓨터〉 기억 매체상(자기 디스크, 자기 테이프, 자기 드럼 등)의 데이터를 판독/기록 또는 소거하는 기구. ▷ 신호를 감지한 후 변환할 부분을 나타낼 때 사용하는 단어.

헤드기어 [head-gear]
① 〈권투〉 연습할 때 머리나 귀를 보호하기 위해서 사용하는 기구.
② 〈럭비〉 스크럼 캡.
③ 〈미식축구〉 헬멧.

헤드 노트 [head note] 〈도서관〉 두주(頭註).

헤드 다운 [head down] 〈럭비·기타〉 머리 숙임.

헤드 라인즈맨 [head lins man] 〈축구〉 주선심(主線審).

헤드 록 [영] head lock 〈체〉 레슬링에서 머리를 손으로 끼워 잡아서 조르는 것. 레슬링 기법의 한 가지.

헤드 보이스 [head voice] 〈음악〉
① 높은 소리.   ② 두성.

헤드세트 [headset] 〈전기〉 헤드 수화기.

헤드 스틸 [head still] 〈골프〉 휘두를 때 머리를 바꾸지 않는 것.

헤드 스프링 [head spring] 〈체조〉 체조의 일종.

헤드 슬라이딩 [head sliding] 〈야구〉 미끄러지며 베이스에 손대기.

헤드 시저 [head scissor] 〈레슬링〉 발로 머리를 끼고 조르는 반칙.

헤드십 [영 headship] 어느 그룹의 멤버의 최상위에 있으면서 그 멤버를 힘으로 복종시켜 그들의 행동을 명령으로 지배하여 멤버를 희생시키고는, 사리(私利)를 꾀하는 행동. 리더십(leadership)의 대응어. 1956년에 사회 심리학자 영(Young)이 제출한 개념.

헤드 앤드 엘보 [head and elbow] 〈레슬링〉 기술의 명칭.

헤드 업 [head up] 〈골프〉 타구하기 전에 머리를 올리는 것.

헤드 온 로케이션 [영] head on

ㅎ

location 〈광고〉 도로에 면하여 정면으로 보이도록 설치한 옥외 광고(屋外廣告). 헤드 온(head on)이라고도 함. billboard광고

헤드 워크 [headwork] 머리를 써서 하는 일.

헤드 캐리 [head carry] 〈수영〉 물에 빠진 사람을 들어 구조하는 방법.

헤드 커플즈 [head couples] 스퀘어 댄스의 짝짓기의 하나.

헤드쿼터즈 [headquarters] 본부, 사령부, 상층부.

헤드트릭 [hattrick] 축구에 한경기에서 한 선수가 3골이상 특점하는 것.

헤드피스 [headpiece] ① 헬멧. ② 첫 페이지 또는 기사(記事)의 첫 부분에 들어가는 삽화

헤드 하니스 [head harness] 〈럭비〉 머리를 보호하는 기구.

헤드 헌팅 [영 head hunting] 인재 스카웃법.

헤딩 [영 heading] ① 기사의 제목. ②〈경〉 축구 등에서 머리로 공을 받는 것.

헤라클레스 [hercules희] 희랍신화에서 제우스의 아들. 대력무쌍의 영웅.

헤럴드 [영 herald] ① 신문의 보도원. ② 신문명. ③ 예고, 전조.

헤로 [영 hero] ① 영웅, 용사 ② 소설, 예기전 등의 주인공.

헤로이즘 [heroism] 영웅적 기질.

헤로인 [heroine] 여장부. 여걸.

헤르 [독 Herr] 남자에 대한 경칭. 영어의 미스터(Mr.)에 해당.

헤르츠 [herz독] ① 심장. ② 마음, 하트. 애정.

헤링본 능직(綾織) (H.B.T.) [영]

herringbone twill 〈섬〉 오늬 무늬 능직, 물결능직의 일종으로 능선에 의하여 산모양의 무늬를 나타내는 것.

헤마티이트 [hematite] 붉은 철광.

헤모글로빈 [haemoglobin]〈생물〉적혈구에 존재하는 혈색소. 등뼈동물의 적혈구 속에 많은 물질이며 산소 운반에 중요한 역할을 하고 있음.

헤모디데린 [hemosiderin]〈생물〉젖빨이 동물의 간이나 콩팥에 든 누런쇠가 든 알맹이.

헤모시아닌 [hemocyanin]〈생물〉연체 동물의 혈장의 혈색소.

헤미티지 [hermitage] 은신처.

헤민 [hemin] 적갈색 결정에서 얻어지는 헤마틴 클로라이드.

헤밍웨이, 어니스트 (Ernest Hemingway, 1899~1961)〈인〉미국의 소설가.

헤븐 [영 heaven] ① 하늘, 대공. ② 천국, 상대어는 헬(hell).

헤비 [영 heavy] ① 중대한. ② 무거운, 상대어는 라이트. ③ 전력을 다해서 버티다.

헤비 배터 [미] heavy batter〈야〉강타자(强打者).

헤비 뷰어 [영] heavy viewer〈텔〉장시간 시청자.

헤비 코트 [heay court]〈테니스〉젖은 마당.

헤비 히터 [미] heavy hitter [야] 장거리 타자, 장타자(長打者). 슬러거 (slugger). (→) 슬러거.

헤세, 헤르만 (Herman Hesse, 1877~1962)〈인〉독일의 시인, 소설가.

헤스페리딘 [hesperidin]〈약〉피임약의 일종. 밀감의 껍데기에 포함되는 성분으로 만든 내복약.

ㅎ

헤시언 직물(織物) [영] hessian cloth 〈섬〉 황마사를 경위사에 사용한 곤포 또는 마대용 평직물.

헤아리베찌 [hairyvetch] 콩과에 속하는 한해살이 덩굴손.

헤어 [영] hair ① 머리카락. ②〈섬〉 양모 이외의 털. 굵고 강직한 털.

헤어 라인 [영] hair line 〈섬〉 간격이 아주 좁고 가는 경 무늬의 평직물.

헤어리스 [hairless] 털을 없애는 화장품 약.

헤어 코드 [영] hair cord 〈섬〉 경사 또는 경위사를 몇 올씩 걸러서 2∼4올을 합쳐서 줄을 나타낸 직물(면직물의 일종).

헤어 클로스 [영] hair cloth 〈섬〉 ① 모심지와 같은 의미로 쓰임. ② 질이 얇은 양모를 사용한 모사를 경위사에 사용하여 바닥이 얇은 평직물.

헤어핀 폴라이트 [hairpin flight] 〈배드민턴〉 네트 근처에 짧게 쳐서 올리는 것.

헤일로 [halo] 달무리, 햇무리, 후광 (後光).

헤일로 이펙트 [← halo effect] 인상 효과에 있어서, 그 인물의 특정한 인상이 너무 강하여 다른 특성이 빛을 잃는 것. 후광효과.

헤지 매리지 [hedge marrigae] 비밀 결혼.

헤지테이션 [hesitation] 주저, 망설임, 우물거림.

헤지테이트 [hesitate] 〈핸드볼〉 호각을 분 후 3초 이상을 공을 패스하지 않는 것.

헤지펀트 [hedge fund] 〈경제〉 고수익을 쫓아다니는 국제투자자금. "헤지"란 위험을 피하고, 분산시킨다는 뜻. ▶ 위험기피보다는 투기적 성격이 강함. "펀드" 자금, 소지금, 기본금, 공채, 국채.

헤지 호그 [hedge hog] ① 수중 로켓포 ② 튼튼한 방어 요새.

헤카테 [독 hekate] 희랍신화의 마의 여신.

헤테로독스 [heterodox] 정통이 아닌, 이단(異端)의.

헤테로시스 [heterosis] 〈생〉 잡종 강세. 잡종의 경우가 그의 양친보다 발달하여 뛰어난 성질을 갖는 것.

헤파이스토스 [희 hephaistos] 희랍신화에서 불, 단야공예(鍛冶工藝)의 신.

헤파롤 [heparol] 간장질환 예방이나 알콜, 니코틴 중독에 쓰임.

헤파린 [heparin] 〈생리〉 간, 허파 등에서 나는 물질.

헤프반·스타일 [hepburn style] 1954년에 여우 오드리 헤프반에 의해 대유행한 머리형.

헤픈 [영 happen] 우연히 일어난, 발생한.

헥사메토늄 [영 hexamethonium] 〈약〉 자율신경 차단제의 하나, 지율신경의 작용을 중단시킨다.

헥소산 [hexosan] 〈생화학〉 다당류의 일종.

헥실레졸신 [hexylresorcin] 〈약〉 살균 구충제, 회충 등에 유효.

헥타르 [프 hectare] 미터법의 면적의 단위. 100아르. 즉 100미터 평방.

헥토 [영 hecto] 100의 뜻을 갖는 접두어.

헨델, 프리드리히 (G. Friedrich Handel, 1685∼1759) 〈인〉 독일의 작곡가. 후반생을 영국에서 보냄.

ㅎ

헨 파티 [hen party] 여자들만의 파티.

헬 [영 hell] ① 사지, 양복지.
② 명토, 지옥, 상대어는 헤븐(heaven).

헬 [독 herr] ① 주인, 군주.
② 군, 미스터 남자에의 경칭.

헬드 [held] 〈럭비〉 태클이 되어 있음에도 불구하고 공을 놓지 않은 반칙.

헬드·볼 [영 held ball] 〈구〉 농구 등에서 양 팀의 경기자가 볼에 손을 걸어 소속 불명일 때 또 가드된 자가 플레이를 적극적으로 진행하지 않을 때 심판이 선고하는 플레이.

헬레니즘 [Helenism] 알렉산더 대왕이 구축한 대상국의 혼합 문화로 그리스 문화와 오리엔트 문화가 섞여서 헬레니즘 문화라는 독특한 영역이 이루어졌다.

헬륨 [helium] 〈화학〉 공기에 들어있는 수소. 다음으로 가벼운 원소의 하나.

헬름 [helm] 〈배〉 조타 장치. 키지루.

헬메스 [hermes희] 희랍신화의 제우스의 아들. 상업, 교통의 신, 로마 신화의 머큐리에 해당.

헬므스·트로피 [helms harold trophy] 〈경〉 로스앤젤리스의 헬므스 재단이 매년 세계에서 가장 결출한 경기자를 기념하여 증정한다.

헬스 [영 health] 건강, 장건.

헬스 서비스 [health service] 건강 보험.

헬스팬더 [영 healthpander] 근육을 단련하는 건강중진기.

헬스 푸드 [health food] 건강 식품.

헬싱키 (Helsinki) 〈지〉 핀란드 공화국(Republic of Finland)의 수도. 스웨덴어로는 헬싱포르스(Helsingfors). 핀란드 만(Finland B.) 북안에 있는 아름다운 도시, 1550년 스웨덴 왕 구스타프 1세(Gustaf I)가 건설. 1812년 핀란드의 수도가 됨. (→) 핀란드.

헬오스탯 [영 heliostat] 〈이〉 일광 반사경. 일광을 거울의 반사로 일정한 방향으로 보내는 장치.

헬츠 [독 Hertz] 헬츠. 진동수. 주파수의 단위.

헬퍼 [helper] ① 뒷바라지.
② 조수.

헬프 [영 help] ① 돕다.
② 지지하다, 버티다
③ 호텔의 임시 보이.

헴 [hem] 〈복〉 가장자리, 소매의 걷어올림.

헴록 [hemlock] 〈식물〉 미나리과의 독초.

헴프 [영 hemp] 인도 대마.

호네가 [hornegger] 달걀을 목적으로 하는 닭 종류의 하나.

호덴 [독 hoden] 고환, 불알.

호로쇼 [러 khorosho] 좋다, 알았다, 근사하다.

호루마링 [독 Formalin → 일] 〈화학〉 포름 알데히드의 용액.

호르다인 [도] Hordein 〈식품〉 대맥의 단백질.

호르몬 [독 Hormon] 〈생리〉 내분비선에서 분비되어 체액과 함께 몸 안을 순환하는 물질.

호리존트 [독 horizont] ① 지평선.
② 〈극〉 무대의 후방에 설치한 벽.

호리존틀 바이 [영] holizontal buy 수평 구매(水平購買). 여러 가지 판이한 손님을 폭넓게 많이 끌어들여 소구(訴求)하는 것.

호리존틀 스트라입 [영] horizontal stripe 〈복〉 수평 무늬. 가로 무늬.

호머 (Homer) ① 야구 홈런.
② 〈인〉 호메로스(Homeros)의 영어명.

호모사피엔스 [라 homo sapiens] 인간 지성 인간.

호모 에코노미쿠스 [라 Home economicus] 〈경제〉경제 인간(경제적·합리적으로만 행동하는 인간)

호미니 [hominy] 〈축산〉 간 옥수수.

호밍 [homing]
① 〈군사〉 미사일의 목표물을 자동적으로 따라가는 것.
② 집으로 돌아가다.

호밍 [homing torpedo] 〈군사〉 무인 유도 어뢰.

호밍 시스템[homing system] 〈항공〉 유도식(誘導式).

호버링 [영 hovering] 대공 유영, 우주 유영.

호버크래프트 [영 hovercraft] 가스 터빈으로 선풍기를 돌려 공기를 압축해서 선저에서 분출시켜서 그의 힘으로 20~30센티 떠올라서 프로펠러로 해상이나 지상에서 추진하는 것.

호버크래프트 [hovercraft] 에어쿠션항. 즉 선체의 밑으로 압축 공기를 보내 쿠션을 만들어 수면 위로 떠서 달리는 배. 압축 공기가 선체 안으로 나오므로 배가 뜬다.

호베어 [영 hovair] 운반 대와 지면의 사이에 공기를 불어넣어 뜨게 하여 물체를 운반하는 것.

호비 [영 hobby] 취미, 도락.

호산나 [히 hosianna > 영 hosanna] 〈그〉 히브리어 '구원하소서' 의 뜻에서 온 말. 기쁨과 승리를 나타내는 환호성.

호스 [영 hose] 〈복〉 긴장화, 스토킹.

호스 오페라 [horse opera] 서부극.

호스 점프 [hop step and jump] 〈경〉 3단 뛰기.

호스 직물(織物) [영] woven hose 〈섬〉 호스용 자루직물.

호스트 [host] 접대역의 바깥주인.

호스트 컨트리 [host country] 국제회의 등에서 접대에 임하는 나라.

호스트 패밀리 [host family] 홈스테이(homestay)로 유학하는 유학생을 받아들이는 가정.

호스피탈러티 [hospitality] 환대, 친절히 접대함.

호스피탈리즘 [hospitalism] 〈의학〉 병원 제도.

호스피털 [영 hospital] 병원.

호크 [네 hoec] 의복을 거는 낚시 모양의 걸이 단추.

호크 [Hawk] 〈군사〉 미군의 지대공 유도탄. 새 : 매

호킹 [hocking] 〈경기〉뒷꿈치를 높이 올리는 것.

호프 [hope] ① 희망.
② 촉망을 받고 있는 사람.

호프 [hop] 맥주의 쓴맛을 돋우는 꽃.

호프 [hop]
① 〈야구〉 타자에게 가까이 와서 갑자기 공이 떠오르는 투구 방법
② 〈소프트볼〉 투구 방법의 하나.
③ 〈스키〉 날거나 뛰는 것.
④ 〈춤〉 홉 스텝.

호프 볼 [hop ball] 〈소프트볼〉투구 방법의 하나.

혼 [영 horn] ① 각. ② 각적.

혼 [독 horn] ① 뿔.   ② 나팔.
③ 〈음〉 금관악기의 하나.

홀 [영 hole] ① 구멍, 오목한 곳.
② 〈골프〉 볼을 쳐서 넣는 구멍.

ㅎ

홀더 [영 holder] ① 소지자, 보유자. ② 고정구.

홀드 [영 hold]
① 대기하다, 억누르다, 유지하다.
② 〈보트〉 진행을 멈추기 위해서 올을 수중에 집어넣는 것.
③ 〈등〉 암벽 등반시의 버팀.
④ 〈권〉 때리는 것을 중지하고 엉켜붙는 것.

홀드 업 [hold up] '멈추라'는 명령.

홀딩 [holding]
① 〈권투〉 손 및 팔로 상대방을 억누르며 상대방 동작의 자유를 방해하는 것.
② 〈배구〉 공을 잠깐 쥐고 있는 반칙.
③ 〈농구〉 공을 가진 적을 방해하기.
④ 〈축구〉 팔을 뻗쳐서 적을 방해하기.

홀 매치 [hole match] 〈골프〉전 코스의 치는 수에 관계없이 구멍마다 승부를 다투어 전부 또는 이긴 구멍의 수가 많은 자가 승자가 됨.

홀세일 [영 wholesale] ① 도매, 특매. ② 대규모로.

홀스타인 [독 holstein] 〈동〉화란 산의 흑백 무늬의 우량한 젖소.

홀 스태프 [hall staff] 레스토랑이나 슬롯머신 가게에서 점내(店內)의 안내 · 정비 · 접객을 담당하는 사람.

홀 아웃 [hole out] 〈골프〉 공을 구멍에 넣는 것.

홀 유니오니즘 [whole unionism] 총합 조합주의.

홀인원 [영] hole in one 〈체〉 골프 용어. 첫 회 타구(打球)에서 볼이 홀(hole)에 들어가는 것.

홀즈 업 [holes up] 〈골프〉어떤 플레이어의 타수를 상대방의 홀(hole)의 수에서 떼낸 수.

홈 [← platform] 플랜폼. 플랫폼.

홈 [home] ① 가정. ② 고향, 고국.
③ 〈야구〉 홈베이스.
④ 가정적 시설.
⑤ 〈골프〉 전반의 9번째 홀 또는 18번째의 홀을 말함.

홈 드레스 [home dress] 보통 집안에서 입는 간편하고 실용적인 부인용 드레스.

홈 라이브러리 [home library] 가정 순회 문고.

홈런 더비 [home-run derby] 〈야구〉 본루타왕 경쟁.

홈리스 [homeless] 집 없는, 기르는 사람이 없는.

홈 바 [home bar] 가정의 거실 등에 설비한 음주 코너.

홈뱅킹 [home banking] 집 안에서 통신을 이용하며 은행의 모든 서비스를 받을 수 있는 제도.

홈버그 [영 homburg] 펠트제의 부드러운 중절모자.

홈 베이스 [home base] 〈야구〉 본루(本壘). 홈 플레이트.

홈 서비스 [home service] 자기 가정에 대한 봉사.

홈 소잉 [영] home+sewing 〈복〉 의복을 가정에서 만드는 것. 자가 재봉.

홈쇼핑 [home shopping] 가정에서 백화점 · 슈퍼마켓 등의 상품 정보를 보고 물건을 사는 것.

홈스테이 [home-stay] 여행 회사가 생각해 낸 새로운 해외여행 스타일. 구미(歐美)의 일반 가정에 1주일에서 반년 정도 체재하며, 풍습 · 습관 · 어학을 배우는 미니 유학.

홈 스트레치 [home stretch]
① 〈스케이팅〉 스텐드 정면에 있는 코스.
② 〈육상〉 결승점이 있는 측의 직선.

ㅎ

홈 스틸 [home steal] 〈야구〉 본루에 도루하는 것.

홈스펀 [homespun] 집에서 지었다는 뜻으로 손으로 지은 굵은 털실로 성기게 짠 옷감.

홈스펀 [영] home spun fabric 〈섬〉 굵은 방모사를 사용하여 평직 또는 능직으로 하고, 축융하지 않고 가공한 직물. 또는 이와 비슷한 직물.

홈시크니스 [home sickness] 향수. 망향병. 노스탤지어.

홈 앤드 어웨이 [home and away] 〈체육〉 홈(본거지)에서 한 번 시합하면 다음은 상대팀의 연고지에서 대전하는 방식.

홈 오토메이션 [home automation] 컴퓨터나 통신 기술을 사용해서 가사 노동을 절감하고, 홈뱅킹 등 쾌적하고 편리한 생활을 하는 일.

홈웨어 [home wear] 집에서 입는 옷. 홈 드레스

홈 퀴즈 [home quiz] 텔레비전 방송국에서 각 가정으로 보내는 퀴즈 문제.

홈 트레이드 [home trade] 내국 무역. 대외 무역과 마찬가지로 국내에서 외화수지를 발생케하는 간접 무역.

홈 팀 [home team] 〈야구〉 자기 경기장에서 시합하는 팀.

홈 파티 방식(方式) [영] home party system 〈유〉 소비자 직매의 일종. 직장 또는 가정에서 정해진 사람이 호스테스(hostess)가 되어 소규모의 파티를 열어, 그곳에 판매 업자측 세일즈맨이 찾아가 상품의 실연(實演) 판매를 하는 방식.

홈 팩시밀리 [home facsimile] 팩시밀리란 문자나 도형을 전파를 이용해서 원거리에 모양 그대로 전도하는 통신 방식. 주로 통신사나 신문사 등에서만 이용했으나 요즘은 가정에서도 많이 사용.

홈페이지 [home page] 〈컴퓨터〉 인터넷에서 정보 제공자가 구체적인 정보 내용에 들어가기 전에 그 정보의 목록과 그에 대한 간단한 소개 및 사용 요령 등을 설명해 놓는 페이지.

홈 플레이드 [home plate] 〈야구〉 본루, 홈베이스.

홉 [영] hop ① 뛰다. ② 한발 뛰기. ③ 〈야〉타자의 근처에서 떠오르는 공.

홉 스텝 점프 [hop step and jump] 〈체육〉 3단도.

홉업 [영] hopup 〈인쇄〉 입체 인쇄.

화운데이션 [foundation → 일] ① 기초 화장용 크림 ② 〈미술〉 유화의 기초로 화판에 바르는 흰 크레용.

화이트 가솔린 [white gasoline] 무연 휘발유. 납(鉛) 첨가물을 포함하지 않은 가솔린.

화이트 골드 [white gold] 금 75, 니켈 18, 아연 5. 동 2로 된 합금.

화이트 백러시 [white backlash] 대(對) 흑인 반발 현상. 흑인의 진출이나 권리 확대에 반발하는 백인의 감정이나 행동.

화이트 슬레이브 [white slave] 백인 노예.

화이트아웃 [whiteout] 남극지(南極地) 등에서 눈(雪) 때문에 천지가 모두 백색이 되어 방향 감각을 잃어버리는 상태.

화이트 오스트레일리아즘 [white Australiasm] 오스트레일리아의 이민 정책 즉 유색인종을 배척하고 구이민만 이민을 허용함으로써 동질 사회를 유지·발전시키려는 것이다.

화이트 워시 [white wash] 영패(零敗).

화이트워터 래프팅 [white-water

583

ㅎ

rafting] 〈체육〉고무보트 등으로 급류를 타고 내려가는 스포츠. 미국 젊은이들의 스포츠.

화이트칼라 [white-collar] 사무원, 봉급 생활하는 사람.

화이트 하이퍼디시즈 [white heifer disease] 〈축산〉흰 암소병.

화일 [file] 〈컴퓨터〉정보 처리의 과정에서 하나의 단위.
① 관련이 있는 레코드의 집합. 이를테면, 재고 관리에서 송장의 1행은 하나의 항목을 구성하고, 송장 전체는 하나의 레코드를 구성하며, 이러한 레코드의 모임 전체가 하나의 파일을 구성한다.
② Eop에 시스템이 조작의 대상으로 하는 논리재. 어떤 목적에 따라 조직적으로 수집된 정보. 즉 기록의 모임. 정보 처리 과정에서는 하나의 단위로써 취급하는 관련 record의 집합. 통상 레코드는 item(아이템 : 항목), 항목은 character(캐릭터 : 문자)의 조직적인 집합을 말한다. 파일의 기억 매체로서는 자기 테이프, 디스크 등이 일반적으로 사용되며 각각 테이프 파일, 디스크 화일 등으로 불리기도 한다.

후드 [영 hood] ① 두건.
② 연기나 취기를 내기 위해서 부뚜막 위에 매다는 불상형의 공기 빼기.
③ 〈사〉렌즈의 덮개.

후라 [영 hurrah] 환호의 소리. 만세, 우라.

후에네 [독 Huette] 〈등산〉산에 세워진 움막집.

후즈 후 [who's who] 인명록, 신사록.

후즈 히 [who's he] 인물 평론.

후크 [hook] ① 갈고리
② 〈권투〉팔을 직각 내의 갈고리 모양으로 굽혀 적이 접근해 왔을 경우 몸을 비틀어 꼬는 듯이 하여 측면에서 공격하는 방법.
③ 〈골프〉좌곡구.
④ 〈야구〉커브

후킹 [hooking]
① 〈체육〉럭비에서, 스크럼 속의 공을 발로 차내는 일.
② 전화의 수화기걸이를 위아래로 움직이는 것.

후프 [영 hoop] ① 통의 테, 고리.
② 운동기구의 일종.

후프 스커트 [hoop skirt] 〈의상〉좌우로 처진 듯한 넓은 스커트.

후피 [whoopee]영국인의 노블(noble)에 맞서는 말. 부어라 마셔라 하고 떠들어 대는 휘파람 재즈. 위스키 스텝으로 떠들썩한 칵테일 또는 사교계에서 예의로 쓰임.

훅 [영 hook] ① 갈고랑이, 호크.
② 〈권〉팔꿈치를 갈고리의 모양으로 구부려서 상대를 측면으로부터 때리는 것.

훅 그립 [hook grip] 〈역도〉잡는 방법의 하나.

훅 딜리버리 [hook delivery] 배구에서 던지는 방법의 하나로 커브를 준다.

훅 러그 [영] hooked rug 〈섬〉면 또는 마직물에 모사를 삽입하여 표면에 코를 형성한 직물(마루에 까는데 사용함).

훅샷 [hook shot] 〈농구〉쏘는 방법의 하나.

훅 슬라이드 [미] hook slide 〈야〉발을 갈고랑이 모양으로 해서 미끄러져 누(壘)에 들어가는 것.

훅 슬라이딩 [hook sliding] 〈야구〉도루 또는 귀루할 때 한발 끝으로 베이스에 열쇠 모양으로 대는 것.

훌라 후프 [영 hula hoop] 플라스틱제의 링으로 미용체조구.

휘슬 [영 whisle] ① 호각을 불다. ② 구적. ③ 기적, 경적.

휘프 [whiff] 〈복〉 볼레로(bolero)에 소매를 붙인 것과 같은 상의.

휘프드 크림 [영 whipped cream] 〈요〉 생크림을 설탕과 향료를 넣어서 거품을 일으킨 것.

휘휘 [중 hui-hui] 〈종〉 回回라고 쓴다. 회교, 마호멧교.

휠 [영 wheel] ① 차륜. ② 물레. ③ 배의 타륜.

훼리 [Ferry] 나룻배.

휘테 [독 Hutte] 산 속의 오두막, 산장. '방갈로'(bungalow).

휘트 미들링 [wheat middlings] 보통 밀가루.

휘프드 크림 [whipped craam] 생크림을 설탕과 향료를 넣어서 거품을 낸 것.

휠 [whirl] 〈체조〉 철봉에서 돌기의 하나.

휠 [wheel] ① 차륜. ② 물레. ③ 배의 타륜(舵輪).

휠 캡 [wheel cap] 〈자동차〉 바퀴 두껑.

휠 호 [wheel hoe] 〈농업〉 바퀴 호미.

휨퍼 텐트 [whymper tent] 〈등산〉 휨퍼가 설계한 것으로 양쪽 끝을 교착시킨 받침대를 가지고 그랜드 시트를 꿰매어 붙인 지붕형 텐트.

휩 안테나 [whip antenna] 회초리 안테나.

휴메니제이션 [humanization] 〈경〉 경영상에 있어서 인간관계의 합리화, 사람 만들기. 휴먼 릴레이션과 같음.

휴매니티 [영 humanity] ① 인도. ② 인간성, 인간다운.

휴머니스틱 [영 humanistic] 인도주의적.

휴머니제이션 [humanization] ① 인간화. ② (경영 용어로) 좋은 인간관계의 유지.

휴머니즘 [humanism] 인도주의, 인문주의.

휴먼 [human] 인도적, 인간의 인간다운.

휴먼 릴레이션(즈) [human relations] 조직·기업체에 있어서의 인간관계.

휴먼 엔지니어링 〔영〕 human engineering 인간 공학. 기계와 인간의 관계가 좋게 조화하는 조건을 알아내는 학문.

휴먼 이콜러지 [human ecology] 인간 생태학. 인간 환경.

휴먼 인터레스트 [human interest] 인간적인 흥미(관심).

휴먼 포텐셜 무브먼트 [human potential movement] 인간 잠재 능력 개발 운동. 집단 훈련으로 대인 관계를 원활하게 하고 자기 능력을 높이는 방법.

휴즈 [huse] 〈전기〉 퓨즈선. 강한 전류가 통하면 녹아 버리도록 만든 납과 주석(銀)의 합금선(合金線).

흄관 [영 hume pipe] 철사를 가운데 집어 넣은 시멘트 관으로 수도관, 도수관에 사용된다.

히더니즘 [hedonism] 〈철학〉 쾌락주의. 향락주의.

히드라지드 [영 hydrazide] 〈약〉 결핵 치료약. 이소니코틴산 히드라지드의 약.

히드라진 [hydrazine] 〈생화학〉 하이드라진. 무색. 무취. 부식성 액체기.

히로이즘 [영 heroism] 영웅주의, 영웅적 행위.

585

ㅎ

히로인 [영 heroine] ① 여걸.
② 이야기 꺼리의 여주인공. 남자는 히로.

히말라야 [Himalaya]
① 중앙아시아에 사는 곰.
② 세계에서 제일 높은 에베레스트산이 있는 인도와 티베트 사이에 있는 산맥.

히메네스 Jimenez, Juan Ramon (1881~1958) 스페인의 詩人.

히멘 [라 hymen] 〈생물〉처녀막.

히솝 [네 hyssop] 순형과 식물의 이름.

히스 [영 heath] 〈식〉황야에 자생하는 저목으로 진달래와 같은 종 모양의 꽃을 피운다. 히스테리의 약어.

히스타민 [독 histamin]
① 〈생화학〉무색 투명의 기체.
② 〈약학〉혈압저하 및 자궁 수축용약.

히스테리 [독 Hysterie] 〈의학〉신경과민증.

히스테리시스 [영 hysteresis] 〈이〉 자기, 전기, 탄성 등의 이력 현상.

히스테리컬 [hysterical] 신경이 날카로운.

히스토리 [history] ① 역사
② 〈의학〉환자의 병상 일지.

히스톤 [histone] 〈생화학〉글로빈과 같은 녹말의 종류로 물에 녹고 암모니아에는 녹지 않음.

히스티딘 [histidine] 〈생화학〉투명한 아미노산.

히싱 [hissing] ① 〈전기〉'쉿' 소리.
② 〈방송〉라디오의 잡음. 원거리 수신을 할 때 공중의 다른 전파와 섞임으로써 발생함.

히아·히아 [영 hear! hear!] 연설 등에서 근청근청의 성원의 소리.

히어링 [hearing]

① 외국어 등의 듣기.
② 공청회, 의견 청취.

히어링 보닝 [hearing boning] 〈스키〉물고기의 뼈대와 같은 모양을 그리면서 걸어 올라가는 것.

히치 [hitch] ① 병역 복무 기간.
② 〈요트〉로프를 매는 방법의 하나.

히치 걸 [hitch girl] 히치 하이크를 하는 아가씨.

히치콕, 앨프리드 (Alfred Hitchcock, 1899~1980) 〈인〉미국의 영화감독. 영국태생.

히치 킥 [hitch kick] 〈육상〉가위 뛰기.

히코리 [미 hickory]
① 북미 산의 호도과의 교목으로 미시시피 강의 유역에 많이 자생하며 단단하고 탄력이 있으므로 스키용으로 사용된다.
② 〈복〉두꺼운 천으로 능직의 목면셔츠 옷감.

히타이트 [Hittite] 소아시아의 고대 민족.

히터 [영 hitter] 〈야구〉타자(용례 : 펀치히터).

히트 [hit] ① 성공.
② 〈체육〉때리는 것
③ 〈야구〉안타. 흥행.

히트라 유겐트 [독 hitler jugend] 히트라가 만든 나치의 청년단.

히트 맨 [hit man] 암살자, 살인 청부업자. 특히 마피아나 폭력단의 살인지령을 실행하는 사람.

히트 바이 피치 [hit by pitch] 〈야구〉사구(死球). 투수가 던진 공에 타자가 맞음. 데드볼.

히트 앤드 러시 [hit and rush] 〈하키〉공을 치고는 다시 쫓아가서 치는 일.

히트 앤드 런 [hit and run] 야구에서

타자와 주자가 짜고 주자는 투수의 모션과 동시에 달리고 타자는 반드시 친다는 적극적인 공격법을 말함.

히트 앤드 어웨이 [hit and away] 〈권투〉 후퇴하면서 동시에 상대방에게 타격을 주는 방법.

히트 앨범 [hit album] 히트곡으로 구성된 프로그램.

히트 코일 [heat coil] 〈전기〉 열 코일.

히트 콘트롤 [heat control] 〈기계〉 열조정 장치.

히트 퍼레이드 [hit parade] 히트 프로를 계속해서 내는 방송.

히틀러 Hitler, Adolf (1889~1945) 독일의 獨裁政治家, 나치스 黨首, 首相.

히포크라테스 (Hippocrates, 기원전 460?~375?) 〈인〉 고대 그리스 의학자. 히포크라테스 선언(의사들의 대헌장, 대장전)

히포크릿 [영 hypocrite] 위선자, 위군자.

히프 [hip] ① 엉덩이.
② 〈의상〉 엉덩이 둘레.

히프 본 헝 [영 hip bone hung] 〈복〉 스커트.

히피 족(族) [미] Hippie 1965년 무렵 미국의 샌프란시스코를 중심으로 발생한 청년 집단의 하나. 간디(M. K. Gandhi)의 무저항주의나 선(禪)의 영향을 받음. 사람을 사랑하고 반전(反戰) 사상을 품으며 공통된 술로 건은 '자연으로 돌아가자'는 것.

힌두(교) [hindu敎] 인도 고유의 종교를 총칭한 것으로서 이와 같은 종교가 있는 것은 아니다. 회교와 대립한다.

힌터랜드 [독 hinterland] 후방 지역, 배후지, 오지.

힌트 [영 hint] 암시, 단서.

힐 다운 [heel down] 〈골프〉 타구할 때 백스윙에서 떨어진 왼쪽다리의 발뒤꿈치를 다시 땅에 붙이는 것.

힐러 [hiller] 〈농업〉 묘목 둘레에 흙을 모아 놓는 사람 또는 기계.

힐링 [heeling]
① 〈골프〉 타구 실수의 하나로 방망이 힐에 맞은 공.
② 〈럭비〉 스크럼 속의 공을 발로 처리하는 방법.

힐 백 [heel back] 〈축구〉 발뒤꿈치로 공을 차거나 또는 밀어서 보내주는 것.

힐 빌리 [hill billy] 〈음악〉 재즈의 일종으로 미국 중서부의 카우보이 사이에서 발생한 민요조의 가곡.

힐사이드 타입 [hillside type] 〈농업〉 언덕 형.

힐 아웃 [heel out] 〈럭비〉 스크럼 속에 있는 공을 발뒤축으로 차내는 것.

힐 클라임 [영 hill climbing] 자동차 레이스의 하나로 악로나 복잡한 코스의 산길의 주파를 경쟁함.

힐탭 [영] heel tab 〈고무〉 깃덮개.

힐트 [hilt] 〈펜싱〉 칼자루.

힐 트랩 [heel trap] 〈배〉 종제. 발뒤꿈치에 맞추어져 발판에 의하여 발꿈치를 유지할 수 있는 형으로 만들어진 금속제나 목제의 틀.

참고 및 인용문헌

1. 김병용, 외래어사전, 청구출판사, 1964
2. 남영신, 최신외래어사전, 설안당 2005
3. 동아일보, 현대시사용어사전
4. 배량서, 한국외래어사전, 탑출판사, 1976
5. 배인환, 외래어사전, 민중서관, 2006
6. 유성렬, 지유애, 21C최신외래어사전, 크로바출판사, 2000
7. 이승희, 국어대사전, 민중서림, 1961
8. 이우주, 영한한영의학사전, 아카데미서적, 1972
9. 이종극, 최신외래어사전, 심설당, 1982
10. 이현국, 한영전문용어사전, 한미디어 2002
11. 진인택, 오공외래어사전, 법전출판사, 1971
12. 편집국, 엣센스한영사전, 민중서림, 1996
13. 편집부, 뉴우월드한영대사전, 시사영어사, 1073
14. 한국교열기자회, 외래어사전, 한국교열기자회, 1987
15. DongA's Mate Korean-English Dictionary, 두산동아, 2003

한미교육연구원 편저서

1. 미국 유학 (우석출판사, 1987)
2. 올바른 자녀교육 (바울서신사, 1987)
3. 차돌이 교육 방랑기 (우석출판사, 1987)
4. 미국 대학 완벽 가이드 (학원사, 1988)
5. 10대 자녀문제 (학원사, 1988)
6. 청소년 그들은 누구인가 (바울서신사, 1988)
7. 미주교포들의 통일의식 구조 (L.A. 평통, 1988)
8. 미국교육의 길잡이 (바울서신사, 1988)
9. 동서양의 꽃꽂이와 테라리움 (바울서신사, 1990)
10. 꿈나무들을 위한 성교육 (바울서신사, 1990)

11. 미국의 명문 고등학교 (우석출판사, 1989)
12. 미국의 명문 대학 (우석출판사, 1990)
13. 미국의 명문 대학원 (우석출판사, 1990)
14. 성공적인 자녀교육의 비결 (바울서신사, 1990)
15. 미국의 명문고교 입학 유학 최신정보 (학원사, 1990)
16. 일하며 생각하며 (바울서신사, 1990)
17. 미국 속의 한국인 (공저) (유림문화사, 1991)
18. 갈등 그리고 화해 (국민화합해외동포협의회, 1990)
19. 미주 동포들이 보는 조국 (평화문제 연구소, 1992)
20. 백두산, 장백산, 그리고 금강산 (선진문화사, 1992)

21. 지역 갈등과 화해 (차종환, 1993)
22. 반미감정과 태평양시대 (차종환, 1993)
23. 조국을 빛낸 사람들과 미국대학 입시제도 (차종환, 1993)
24. 미국생활 가이드(공저) (중앙일보, 1993)
25. 이중국적 (차종환, 1993)

26. 한반도 통일문제 (차종환, 1994)
27. 마음은 독수리처럼 날개쳐 올라가고 (바울서신사, 1994)
28. 동서양의 길목에서 (바울서신사, 1994)
29. 남북이 잊은 사람들 (바울서신사, 1994)
30. 기적의 역사(공저) (삶과 꿈, 1994)

31. 미국교육제도와 자녀교육 (차종환, 1994)
32. 귀화동포와 이중국적문제 (한국인권문제 연구소, 1994)
33. 미국대학 및 대학원 진학 가이드 (한샘출판사, 1994)
34. 똑똑한 아이! 이렇게 키워라 (삼성출판사, 1994)
35. 미국의 교육제도 (개정판) (바울서신사, 1994)
36. 세계화 시대의 한미관계 (한미교류협회 1995)
37. 재미있는 핵 이야기 (좋은글, 1995)
38. 초등학생의 가정교육 (우석출판사, 1995)
39. 통일로 가는 길(공저) (바울서신사, 1995)
40. 한국의 국력신장을 위한 해외동포들의 역할 (해외동포 문제연구소, 1995)

41. 중·고등학교의 가정교육 (우석출판사, 1996)
42. 베트남의 황금 문이 열리다 (나산출판사, 1996)
43. 발 마사지와 신체 건강법 (오성출판사, 1996)
44. 태교 및 취학 전 아동의 가정교육 (우석출판사, 1996)
45. 꿈나무와 대학정보 (차종환, 1996)
46. 해외 동포 청소년이 통일교육 (평화문제 연구소, 1996)
47. 꼴찌와 일등은 부모가 만든다 (풀잎문학, 1996)
48. 미국을 알고 미국에 가자 (풀잎문학, 1996)
49. 통일로 향하는 마음(공저) (천일인쇄, 1997)
50. 미국인은 배꼽 아래가 길다 (우석출판사, 1997)

51. 우리 모두 통일로 가자 (나산출판사, 1997)
52. 이것이 미국 교육이다 (나산출판사, 1997)
53. 가정은 지상의 천국 (기독교 문화사, 1997)
54. 발 건강과 신체 건강 (태을출판사, 1997)
55. 꿈나무들 및 교육공로자와 대학정보 (차종환, 1997)
56. 21세기의 주인공 EQ (오성출판사, 1997)
57. EQ로 IQ가 휘청거린다 (오성출판사, 1998)
58. 영국의 명소와 명문 대학 (나산출판사, 1998)
59. 불란서의 명소와 명문 대학 (나산출판사, 1998)
60. 이태리의 명소와 명문 대학 (나산출판사, 1998)

61. 백두산의 식물생태 (예문당, 1998)
62. 배꼽 뒤집어 지는 유머 (예가, 1998)
63. 당신의 성공에는 유머가 있다 (나산출판사, 1998)
64. 미국 유학 - 이민교육필독서 (풀잎문학사, 1998)
65. 꿈나무와 페스탈로찌 (차종환, 1998)
66. 지켜야할 문화와 배워야할 문화 (나산출판사, 1998)
67. 묘향산 식물생태 (예문당, 1999)
68. 재외동포의 출입국과 법적지위 (차종환, 1999)
69. 유머백과 (예가, 1999)
70. 한국의 재외동포 정책 (차종환, 1999)

71. 꿈나무 (차종환, 1999)
72. 비무장 지대의 식물생태 (예문당, 2000)
73. 금강산 식물생태 (예문당, 2000)
74. 고사성어 399선 (예가, 2000)
75. 행복 (좋은글, 2000)
76. 건강 장수 백과 (태을출판사, 2000)
77. 스위스의 명소와 명문대학 (나산출판사, 2000)

78. 항로회춘 (나산출판사, 2000)
79. 지구 과학 (예가, 2000)
80. 꿈나무와 교육자 (차종환, 2000)

81. 독일의 명소와 명문대학 (나산출판사, 2000)
82. 재미있는 동물의 세계로(감수) (예문당, 1999)
83. 재미있는 곤충의 세계로(감수) (예문당, 1999)
84. 재미있는 식물의 세계로(감수) (예문당, 1999)
85. 재미있는 공룡의 세계로(감수) (예문당, 2000)
86. 재미있는 지구의 세계로(감수) (예문당, 2000)
87. 재미있는 우주의 세계로(감수) (예문당, 2000)
88. 재미있는 과학자의 세계로(감수) (예문당, 2000)
89. 재미있는 인체의 세계로(감수) (예문당, 2000)
90. 재미있는 환경의 세계로(감수) (예문당, 2000)

91. 재미있는 발명의 세계로(감수) (예문당, 2000)
92. 중국의 명소와 명문대학 (나산출판사, 2001)
93. 고향 생각과 자랑 (차종환, 2001)
94. 캐나다의 명소와 명문대학 (나산출판사, 2001)
95. 2000년대의 민족의 선택(공저) (한통연, 2001)
96. 영재들과 교육 공로자 (차종환, 2001)
97. 고사성어 대사전 (예가, 2001)
98. 교회의 갈등 그리고 화해(공저) (계명대학교, 2002)
99. 체코와 슬로바키아의 명소와 명문대학 (나산출판사, 2002)
100. 태교출산백과(공저) (으뜸사, 2002)

101. 남북한 통일정책과 민족교육 (차종환, 2002)
102. 북한의 교육정책과 명문대학 (평화문제연구소, 2002)
103. 전남쌀 줄게 개성 인삼다오(공저) (동진문화사, 2002)

104. 21세기와 조국통일(공저) (한통연, 2002)
105. 남북한의 통일 정책과 통일 장애요인(공저) (한통연, 2002)
106. 재외동포법 개정을 위해 (공저) (한국인권문제연구소, 2002)
107. 오스트리아의 명소와 명문대학 (나산출판사, 2002)
108. 꿈나무들과 미국의 교육정보 (한교연, 2002)
109. 민간요법보감 (태을출판사, 2002)
110. 캐나다 로키의 명소와 생태 (오성출판사, 2002)

111. 달라진 남한말과 북한말(공저) (예가, 2002)
112. 일본의 명소와 명문대학 (나산출판사, 2002)
113. 미주 한인 이민 100년사 (공저) (한미동포재단, 2002)
114. 배꼽이 뒤집어지는 유머 ② (예가, 2002)
115. L.A 4.29 폭동과 장학재단 (차종환, 2003)
116. 유머 해학 대사전 (예가, 2003)
117. L.A 4.29 폭동의 실상 (밝은 미래 재단, 2003)
118. 호주의 명소와 명문대학 (나산출판사, 2003)
119. 통일 이야기(초급) (L.A 민주 평통, 2003)
120. 인도네시아의 명소와 명문대학 (나산출판사, 2003)

121. 한국부자 미국부자 (도서출판 사사연, 2003)
122. 오직 올바르게 살자(공저) (나산출판사, 2003)
123. 6.15 공동선언과 조국통일(편저) (한통연, 2003)
124. 꿈나무들과 교육선구자 (한교연, 2003)
125. 미주한인사회와 독립운동(공편저) (미주한인 100주년 남가주 기념 사업회, 2003)
126. 미주동포의 민주화 및 통일운동 (나산출판사, 2004)
127. 나는 샐러드보다 파김치를 더 좋아한다(감수) (예가, 2004)
128. 구월산, 장수산 식물생태 (예문당, 2004)
129. 청소년을 위한 통일 이야기 (예가, 2004)

130. 신세대를 위한 통일 이야기 (예가, 2004)

131. 사진으로 본 미주 한인 100년사 (박영사, 2004)
132. 꿈나무와 교육정보 (한미교육연구원, 2004)
133. 조선향토 대백과 (제1권) 평양시 감수, 평화문제연구소 및 조선과학백과사전 출판사, 2003
134. 조선향토 대백과 (제2권) 남포, 개성, 나선시 감수, 평화문제연구소 및 조선과학백과사전 출판사, 2004
135. 조선향토 대백과 (제3권) 평안남도Ⅰ 감수, 평화문제연구소 및 조선과학백과사전 출판사, 2004
136. 조선향토 대백과 (제4권) 평안남도Ⅱ 감수, 평화문제연구소 및 조선과학백과사전 출판사, 2004
137. 조선향토 대백과 (제5권) 평안북도Ⅰ 감수, 평화문제연구소 및 조선과학백과사전 출판사, 2004
138. 조선향토 대백과 (제6권) 평안북도Ⅱ 감수, 평화문제연구소 및 조선과학백과사전 출판사, 2004
139. 조선향토 대백과 (제7권) 자강도 감수, 평화문제연구소 및 조선과학백과사전 출판사, 2004
140. 조선향토 대백과 (제8권) 황해남도Ⅰ 감수, 평화문제연구소 및 조선과학백과사전 출판사, 2004

141. 조선향토 대백과 (제9권) 황해남도Ⅱ 감수, 평화문제연구소 및 조선과학백과사전 출판사, 2004
142. 조선향토 대백과 (제10권) 황해북도 감수, 평화문제연구소 및 조선과학백과사전 출판사, 2004
143. 조선향토 대백과 (제11권) 강원도 감수, 평화문제연구소 및 조선과학백과사전 출판사, 2004
144. 조선향토 대백과 (제12권) 함경남도Ⅰ 감수, 평화문제연구소 및 조선과학백과사전 출판사, 2003

145. 조선향토 대백과 (제13권) 함경남도Ⅱ 감수, 평화문제연구소 및 조선과학백과사전 출판사, 2003
146. 조선향토 대백과 (제14권) 함경북도Ⅰ 감수, 평화문제연구소 및 조선과학백과사전 출판사, 2003
147. 조선향토 대백과 (제15권) 함경북도Ⅱ 감수, 평화문제연구소 및 조선과학백과사전 출판사, 2003
148. 조선향토 대백과 (제16권) 량강도 감수, 평화문제연구소 및 조선과학백과사전 출판사, 2004
149. 재외동포들의 권익을 위한 법률 (한미인권연구소, 2005)
150. 북한의 현실과 변화 (나산출판사, 2005)

151. 남북분단과 통일 및 국가안보 (나산출판사, 2005)
152. 남북통일과 평화교육 (나산출판사, 2005)
153. 21세기를 맞는 오늘의 북한 (양동출판사, 2005)
154. 조선향토 대백과 (제17권) 인물 (평화문제연구, 2005)
155. 조선향토 대백과 (제18권) 민속 (평화문제연구, 2005)
156. 조선향토 대백과 (제19권) 색인 (가가거리 - 새지골), (평화문제연구, 2005)
157. 조선향토 대백과 (제20권) 색인 (새지네골 - 힘샘골), (평화문제연구, 2005)
158. 미주 동포들의 인권 및 민권운동 (나산출판사, 2005)
159. 남북한 사회와 통일이야기 (LA 민주 평통, 2005)
160. 수재들과 교육 공로자 (차종환, 2005)

161. 어린이통일교육이야기 (동양서적, 2006)
162. 청소년통일교육이야기 (동양서적, 2006)
163. 최신피부미용요법 (동양서적, 2006)
164. 최신육체미용요법 (동양서적, 2006)
165. 대마도는 한국땅 (동양서적, 2006)

166. 한미관계 170년사 (동양서적, 2006)
167. 미리가본 북한 산천 (동양서적, 2007)
168. 독도의 영유권 논쟁과 대책 (동양서적, 2007)
169. 멕시코의 명소와 명문대학 (나산출판사, 2008)
170. 이것이 북한교육이다 (나산출판사, 2009)
171. 한국외래어대사전 (동양서적, 2009)
172. 글로벌영어약자대사전 (동양서적, 2009)
173. 생활영어약자사전 (동양서적, 2009)
174. 참정권시대, 복수국적시대 (동양서적, 2010)
175. Korea-Japan Relations over Dokdo (Dae Won Cultural co. 2011)
176. 미국을 알면 영주권 시민권이 보인다 (동양서적, 근간)
177. 불교생활용어사전 (동양서적, 2011)
178. 미국유학 교육가이트 (동양서적, 2011)
179. 생각하며 행동하며 (동양서적, 2011)
180. 화합 단결 그리고 미래로 (한미교육연구원, 2012)

한국외래어대사전

편찬위원

차종환 : 한미교육연구원장
장백일 : 전 국민대학교 문과대학장
정　무 : 미주민족문화예술인협회장

韓國外來語大辭典

값 20,000원

| 판 권 |
| 본 사 |

인쇄 2009년 6월 25일 한정판 발행
발행 2015년 4월 25일 재판발행

편 찬 처 : 한미교육연구원
편찬위원 : 차종환, 장백일, 정 무

발행인 : 안장훈
발행처 : 도서출판 동양서적
　　　　 경기도 안성시 일죽면 어리실길 53-26
　　　　 전화 (031) 672-4710~1　FAX (031) 672-4799
　　　　 등록일 2013년 3월 18일
　　　　 번 호 110-98-97906
　　　　 www.orientbooks.co.kr

ISBN 97889-7262-166-9　13710